ISBN 978-0-428-39264-2
PIBN 11167790

APPENDICE

AU

SOIXANTE ET UNIÈME VOLUME

DES

JOURNAUX DE LA CHAMBRE DES COMMUNES

DOMINION DU CANADA

SESSION DE FÉVRIER-JUILLET 1924

IMPRIMÉ PAR ORDRE DU PARLEMENT

1/292

OTTAWA
F. A. ACLAND
IMPRIMEUR DE SA TRÈS EXCELLENTE MAJESTÉ LE ROI
1924

LISTE DES APPENDICES—SESSION FÉVRIER-JUILLET 1924

N° 1.—Comité spécial permanent des Banques et du Commerce—recommandant dans son seizième rapport à la Chambre que ordres de renvoi, rapports, procès-verbaux et témoignages produits devant le comité concernant les déposants de la Home Bank, les crédits ruraux et divers autres sujets soient imprimés comme appendices aux Journaux de la Chambre et pour distribution. *Imprimés*. *Voir* Journaux pages **379, 423, 463** et **517**.

N° 2.—Comité spécial permanent de Divers Bills privés—faisant rapport du Bill n° 47 constituant en corporation The United Church of Canada, dans son troisième rapport et soumettant une copie de ses procès-verbaux pour la gouverne de la Chambre. *Pas imprimés*. *Voir* Journaux pages **389-390**.

N° 3.—Comité spécial permanent des Privilèges et Elections—soumettant ses procès-verbaux, les pièces déposées devant le comité et les témoignages rendus concernant l'affaire de l'honorable James Murdock, référés audit comité suivant la motion de l'honorable député de West Hastings le 22 mai. *Pas imprimés*. *Voir* Journaux pages **401-402, 439-443**.

N° 4.—Comité spécial nommé pour s'enquérir d'un système de pension pour la vieillesse en Canada—recommandant dans son second et dernier rapport à la Chambre que ses procès-verbaux et les témoignages rendus devant le comité soient imprimés comme appendices aux Journaux de la Chambre. *Imprimés*. *Voir* Journaux pages **464-465, 509**.

N° 5.—Comité spécial permanent des Chemins de fer nationaux et de la Marine Marchande—recommandant dans son cinquième et dernier rapport que les procès-verbaux ainsi que les témoignages rendus devant le comité au sujet des prévisions budgétaires des Chemins de fer canadiens nationaux et de la Marine marchande canadienne et concernant l'achat d'une certaine propriété à Paris soient imprimés comme appendices aux journaux de la Chambre. *Imprimés*. *Voir* Journaux pages **514-516, 518**.

N° 6.—Comité spécial pour considérer les questions concernant les pensions, assurance et rétablissement civil des anciens soldats—recommandant dans son sixième rapport que ordres de renvoi, rapports, procès-verbaux et témoignages rendus devant le comité ainsi qu'un index convenable s'y rapportant, soient imprimés comme appendices aux Journaux de la Chambre et pour distribution. *Imprimés*. *Voir* Journaux pages **591-592, 594**.

PROCÈS-VERBAUX

(REVISÉS)

DU

COMITÉ SPÉCIAL PERMANENT DES BANQUES ET DU COMMERCE

DE LA

CHAMBRE DES COMMUNES

Session de Février-Juillet 1924

IMPRIMÉ PAR ORDRE DU PAR   MENT

OTTAWA
F. A. ACLAND
IMPRIMEUR DE SA TRÈS EXCELLENTE MAJESTÉ LE ROI
1925

[App. 1—1924]

TABLE DES MATIÈRES

SOUS-COMITÉS

" Rapport McKeown " sur la Home Bank: Messieurs Hanson, Healy, Irvine, Malcolm, Marler (président), Spencer et Vien.

" Rapport Tory " sur le crédit agricole: Messieurs Coote, Euler, McKay (président), McMaster, Shaw, Stevens et Vien.

" Témoins ": Messieurs Baxter, Cahill (président), Good, Irvine, Mitchell et Vien.

MEMBRES DU COMITÉ

L'honorable D. G. Mitchell, président (c).

M. Thomas Vien, président (e).

Baxter, J. B. M.
Benoît, A. J.
Bird, T. W.
Black, W. A.
Black, George.
Boivin, G. H.
Bristol, l'honorable E.
Cahill, F. S.
Caldwell, T. W.
Carmichael, A. M.
Carruthers, John.
Casgrain, P. F.
Chaplin, J. D.
Chevrier, E. R. E.
Clark, J. A.
Clifford, L. O.
Coote, G. G.
Crerar, l'honorable T. A.
d'Anjou, J. E. S. E.
Desaulniers, A. L.
Descôteaux, J. F.
Drayton, sir H. L.
Duncan, M. R.
Elliott, Preston.
Elliott, Wm.
Euler, W. D. (a).
Fafard, J. F.
Fielding, le très honorable W. S.
Forke, Robert (b).
Fortier, H. A.
Garland, E. J.

German, W. M.
Good, W. M.
Grimmer, R. W.
Guthrie, l'honorable H.
Hanson, R. B.
Harris, J. H.
Hatfield, P. LaC.
Healy, A. F.
Hodgins, A. L.
Hudson, A. B.
Hughes, J. J.
Irvine, W.
Jacobs, S. W.
Kellner, D. F.
King, l'honorable J. H.
Ladner, L. J.
Laflamme, J. N. K.
Low, l'honorable T. A.
McBride, T. G.
Macdonald, l'honorable E. M.
Mackinnon, D. A.
Maclean, W. F.
Macphail, Agnes.
McCrea, F. N.
McKay, M.
McMaster, A. R.
McMurray, l'honorable E. J.
McQuarrie, W. G.
McTaggart, N. H.
Malcolm, James.

Marler, Herbert.
Maybee, M. E.
Mewburn, l'honorable S. C.
Millar, John.
Mitchell, W. G. (c).
Morin, L. S. R.
Papineau, L. J.
Porter, E. G. (d)
Power, C. G.
Rankin, J. P.
Rhéaume, J. T.
Robb, l'honorable J. A.
Robichaud, J. G.
Robitaille, Clément.
Rickman, E. B.
St-Père, E. C.
Sales, Thomas.
Senn, M. C.
Shaw, T. J.
Sinclair, D. J.
Sinclair, l'honorable J. E.
Speakman, Alfred.
Spencer, H. E.
Steedsman, James.
Stevens, l'honorable H. H.
Stork, Alfred.
Tobin, E. W.
Vien, Thomas (e).
Ward, W. J. (f).
Woods, R. J.
Woodsworth, J. S.

(a) Remplaça l'honorable W. G. Mitchell, qui démissionna comme député à la Chambre des Communes, le 15 mai 1924.
(b) Remplacé par M. W. J. Ward, le 15 avril 1924.
(c) Démissionna comme député à la Chambre des Communes, le 15 mai 1924.
(d) Démissionna comme député à la Chambre des Communes, le 27 juin 1924.
(e) Choisi comme président, le 20 mai 1924, en remplacement de l'honorable W. G. Mitchell, qui avait démissionné comme député à la Chambre des Communes.
(f) Remplaça M. Robert Forke, le 15 avril 1924.

ORDRE DE RENVOI

(BILLS AUTRES QUE LES BILLS PRIVÉS)

LUNDI, le 31 mars 1924.

Ordonné, — Que la résolution suivante, adoptée par cette Chambre le jeudi 27 mars courant, soit comme suit:

" Que suivant l'opinion de cette Chambre, considérant la faillite de la Home Bank et vu qu'il a été institué des poursuites et des enquêtes officielles ainsi qu'une Commission Royale, qui a été désignée pour enquêter sur les faits exposés dans la requête présentée par les déposants de cette banque et sur la situation des affaires de cette banque en général; et considérant qu'il sera possible d'obtenir pour fins documentaires les témoignages recueillis et à recueillir par les divers tribunaux, le comité spécial permanent des Banques et du Commerce devrait être chargé d'examiner les dispositions de la Loi des banques, en vue de recommander les modifications à la loi censées le mieux protéger les intérêts des déposants des banques en général et prévenir le retour de faillites similaires, à l'avenir. Le comité devrait également être chargé d'étudier le rapport de la Commission Royale, surtout dans ses relations avec l'état de choses actuel, et en vue de rechercher les moyens d'épargner des pertes aux déposants de la Home Bank.

Certifié.

W. B. NORTHRUP,
Greffier de la Chambre des Communes.

MARDI, 15 avril 1924.

Ordonné, — Que le nom de M. Ward soit substitué à celui de M. Forke au répertoire des membres du comité spécial permanent des Banques et du Commerce.

Certifié.

W. B. NORTHRUP,
Greffier de la Chambre des Communes.

MARDI, 6 mai 1924.

Ordonné, — Que le rapport du docteur Tory sur le crédit agricole, déposé sur le bureau de la Chambre, le 15 avril, soit renvoyé audit comité.

Certifié.

W. B. NORTHRUP,
Greffier de la Chambre des Communes.

MARDI, 13 mai 1924.

Ordonné,—Que le comité spécial permanent des Banques et du Commerce soit autorisé à faire imprimer au jour le jour, pour l'usage de ses membres et de ceux de la Chambre des Communes, ses délibérations de même que les témoignages qui peuvent être recueillis.

Certifié.

W. B. NORTHRUP,
Greffier de la Chambre des Communes.

APPENDICE No 1

MERCREDI, 14 mai 1924.

Ordonné,—Que permission soit accordée audit comité de siéger durant les séances parlementaires.

Certifié.

W. B. NORTHRUP,
Greffier de la Chambre des Communes.

MARDI, 20 mai 1924.

Ordonné,—Que le nom de M. Euler soit substitué à celui de M. Mitchell (démissionnaire) au répertoire des membres du comité spécial permanent des Banques et du Commerce.

Certifié.

W. B. NORTHRUP,
Greffier de la Chambre des Communes.

MARDI, 27 mai 1924.

Ordonné,—Que les procès-verbaux des délibérations et des témoignages recueillis par le comité spécial de l'Agriculture, à la dernière session, soient renvoyés au présent comité.

Certifié.

W. B. NORTHRUP,
Greffier de la Chambre des Communes.

JEUDI, 5 juin 1924.

Ordonné,—Que ledit comité soit chargé de déposer sur le bureau de la Chambre, comme complément de son sixième rapport, les procès-verbaux et délibérations de toutes les séances qu'il a tenues pendant la présente session, antérieurement à l'adoption dudit rapport.

Certifié.

W. B. NORTHRUP,
Greffier de la Chambre des Communes.

MERCREDI, 11 juin 1924.

Ordonné,—Que le rapport intérimaire de la Comission Royale relative à la Home Bank soit renvoyé au comité spécial permanent des Banques et du Commerce.

Certifié.

W. B. NORTHRUP,
Greffier de la Chambre des Communes.

RAPPORT

BILLS AUTRES QUE LES BILLS PRIVÉS
CONCERNANT L'ORDRE DE RENVOI
DU

COMITÉ SPÉCIAL PERMANENT DES BANQUES ET DU COMMERCE

PREMIER RAPPORT

Bills privés

DEUXIÈME RAPPORT

Bills privés

TROISIÈME RAPPORT

Bills privés

QUATRIÈME RAPPORT

Votre comité recommande qu'il soit autorisé à faire imprimer au jour le jour, pour l'usage de ses membres et de ceux de la Chambre des Communes, ses délibérations de même que les témoignages qui peuvent être recueillis, et que la Règle 74 s'y rapportant soit suspendue. (Approbation proposée et adoptée le mardi, 13 mai 1924. Voir pp. 262 et 264, Votes et Délibérations.)

CINQUIÈME RAPPORT

Votre comité recommande que permission lui soit accordée de siéger pendant que la Chambre est en session. (Approbation proposée et agréée le mercredi, 14 mai 1924. Voir page 267, Votes et Délibérations.)

SIXIÈME RAPPORT

Votre comité recommande que l'ordre de renvoi soit libellé de façon à embrasser l'étude et la considération du but, de l'organisation et de l'opération d'un type de banque centrale ou à réserve, convenablement administrée. (Approbation proposée et perdue sur vote le mercredi, 2 juillet 1924. Voir page 471, Votes et Délibérations.)

SEPTIÈME RAPPORT

Votre comité recommande que le procès-verbal des délibérations et des témoignages recueillis par le comité spécial permanent de l'Agriculture, à la dernière session, soit renvoyé au comité spécial permanent des Banques et du Commerce.

HUITIÈME RAPPORT

Bills privés

NEUVIÈME RAPPORT

Bills privés

DIXIÈME RAPPORT

Conformément à l'ordre de renvoi de la Chambre des Communes, du 31 mars 1924, votre comité, étant donnée la faillite de la Home Bank, a étudié les dispositions de la Loi des Banques en vue de recommander les modifications à la loi censées le mieux protéger les intérêts des déposants des banques en général, et prévenir le retour de faillites similaires, à l'avenir.

Et votre comité est d'opinion qu'il est expédient d'apporter une mesure tendant à modifier la Loi des Banques et il recommande que ladite loi soit modifiée comme il suit:

Que l'article 56A de la Loi des Banques soit révoqué et remplacé par le suivant:

Inspection:

56A. 1. "Le Gouverneur en Conseil, à la recommandation du ministre, nommera une personne qui, d'après lui, possède la formation et l'expérience requise et la chargera de l'exécution des fonctions décrites ci-après. Cette personne sera désignée au poste d' "Inspecteur Général des Banques". Le ministre peut désigner toute autre personne possédant telles qualités, pour remplir provisoirement les fonctions de l'inspecteur, dans le cas où ce dernier, pour cause de mauvaise santé ou autres obstacles imprévus, se trouverait dans l'incapacité de remplir ses fonctions."

2. L'inspecteur retiendra son office tant que sa conduite sera bonne, mais il peut être renvoyé par le Gouverneur en Conseil pour mauvaise conduite, incapacité, inhabileté, ou négligence dans l'accomplissement de ses devoirs.

3. Si l'inspecteur est destitué pour une raison de ce genre, l'Arrêté du Conseil décrétant telle destitution, accompagné des documents y relatifs, devra être déposé devant le Parlement, dans les quinze premiers jours de la session suivante.

4. L'inspecteur, pendant la durée de son office, ne devra s'engager dans aucun travail comportant rémunération, autre que celui prévu au présent article.

5. "Le ministre peut nommer ou employer, à la recommandation du sous-ministre des Finances et de l'inspecteur, toutes personnes possédant la formation et l'expérience requise et retenir tout le personnel qu'il jugera nécessaire à l'exécution des dispositions du présent article. Les personnes ainsi nommées ou retenues recevront tout traitement ou toute rémunération que pourra déterminer le ministre."

6. L'inspecteur devra, de temps à autre, mais au moins une fois au cours de chaque année civile, instituer ou faire instituer tout examen ou toute enquête sur les affaires et les transactions de chaque banque, de la manière qu'il jugera nécessaire ou opportune, et, dans ce but, il prendra charge de l'actif de chaque banque ou de toute partie de cet actif, s'il a lieu de s'assurer que les dispositions de cette loi, relativement à la sauvegarde des créditeurs et des actionnaires de telle banque ont été dûment observées et que la situation financière de celle-ci est solide. L'inspecteur devra, à la conclusion de chaque examen ou enquête, faire rapport de ses constatations au ministre.

7. Une copie de tous les rapports envoyés par les apurateurs de chaque banque, au gérant général et aux directeurs de celle-ci, devra, aux termes du précédent article, être transmise ou remise au ministre par les vérificateurs, concurremment à la transmission ou à la remise desdits rapports au gérant général et directeurs.

8. L'inspecteur, ou toute autre personne placée sous sa direction, aura droit d'accès aux registres, comptes documents, pièces justificatives et valeurs de la banque, et aura droit d'exiger et de se procurer des directeurs, fonctionnaires et vérificateurs de la banque toutes les données et explications qu'il jugera nécessaires à l'accomplissement de ses fonctions.

9. L'inspecteur jouira de tous les pouvoirs conférés à un commissaire, nommé aux termes de la Loi des Enquêtes, aux fins d'obtenir des témoignages sous serment, et pourra déléguer tels pouvoirs, suivant les circonstances. Toute personne refusant de porter tel témoignage ou de produire tout registre ou documents important y relatif, lorsqu'elle aura été requise de le faire, se rendra coupable d'infraction à la présente loi.

10. Lorsque l'inspecteur constatera qu'une banque est insolvable, il devra faire au ministre un rapport détaillé de la situation de la banque et ce dernier pourra, sans attendre qu'elle suspende le paiement, en espèces ou en billets du Dominion, de son passif accumulé, demander, à l'Association ou au président de l'Association, de nommer un curateur avec mission de surveiller les affaires de cette banque, et telle demande aura le même effet que si la banque avait suspendu la liquidation, en espèces ou en billets du Dominion, de toute partie de son passif acccumulé; et un curateur devra être nommé immédiatement, tel que prévu à l'article 117 de cette Loi.

11. L'inspecteur recevra un traitement déterminé par le Gouverneur en Conseil. sur la recommandation du ministre.

12. Tout traitement, toute rémunération ou autres frais afférents à l'exécution de cet article seront payés à même le fonds du revenu consolidé et tels déboursés seront ouverts, à la fin de chaque année civile, par un impôt prélevé sur les banques et basé sur la moyenne de l'actif global de chaque banque pendant l'année, tel que figurant dans les bilans mensuels établis par les banques et remis au ministre, aux termes de l'article 112 de la Loi. Tel impôt devra être payé par les banques.

13. Toutes personnes nommées sous le régime de cet article seront reconnues comme des fonctionnaires supérieurs du ministère des Finances, mais ne tomberont pas sous le coup de la Loi du Service civil de 1918.

14. Toute banque ou tout directeur, président, gérant général ou fonctionnaire supérieur d'une banque qui, directement ou indirectement, fait un prêt ou accorde ou donne toute allocation à l'inspecteur ou toute autre personne nommée ou employée sous le régime de cet article; et l'inspecteur ou toute autre personne qui accepte ou reçoit, directement ou indirectement, de tels prêts, concessions ou allocations se rend coupable d'infraction à cette Loi et est passible de la peine édictée à l'article 157 de cette Loi, en sus de toute autre pénalité prévue par ailleurs.

15. L'inspecteur ou toute autre personne nommée ou employée sous le régime de cet article, qui dévoile à toute autre personne, sauf le ministre et le sous-ministre des Finances, tout renseignement relatif à une banque, à ses affaires ou ses transactions, se rend coupable d'infraction à la Loi et est passible de la peine édictée à l'article 157 de la Loi, en sus de toute autre pénalité prévue par ailleurs.

16. Pourvu, toutefois, que le gouvernement n'encourt aucune obligation quelle qu'elle soit à l'endroit de tout déposant, créditeur ou actionnaire d'une banque, ou à l'endroit de toute autre personne, pour tous dommages, paiements, compensations ou indemnités qui pourraient lui incomber ou qu'il pourrait réclamer en

vertu de cet article ou de quelque disposition qu'il contient, ou par suite de quoi que ce soit qui aurait pu être fait ou omis sous l'empire de ses dispositions, ou par suite de quelque omission contraire à l'esprit de cet article, ou par suite de tout décret ou de toute discrétion du gouverneur général ou du ministre dans l'exécution ou l'administration des pouvoirs qui leur ont été conférés par cet article, ou par suite de toute négligence ou omission de la part du Gouverneur en Conseil ou du ministre ou de l'inspecteur, ou de tout fonctionnaire supérieur ou employé du gouvernement, dans l'exécution et l'accomplissement de tout pouvoir, autorisation ou devoir y relatif, ou enfin par suite de tout défaut, négligence, faute, erreur ou omission dans l'administration des pouvoirs et l'accomplissement des fonctions visées à cet article; et nul paiement, dommages, indemnité ni réclamation y relatif ne seront en aucuns cas autorisés, accordés ni permis par le gouvernement.

17. Cet article entrera en vigueur le premier jour d'octobre 1924, mais il n'incombe pas à l'inspecteur, aux termes de cet article, d'examiner la situation de toutes les banques, au cours de l'année civile 1924.

(Présenté le vendredi, 20 juin 1924. Voir pages 423, 424, Votes et Délilbérations. Approbation présentée et ratifiée le lundi, 23 juin 1924. Voir page 432, Votes et Délibérations.)

ONZIÈME RAPPORT

Votre comité a eu à étudier l'ordre de renvoi de cette honorable Chambre, en date du 31 mars 1924, lequel se lit comme suit:

"Que suivant l'opinion de cette Chambre, considérant la faillite de la Home Bank, et vu qu'il a été institué des poursuites et des enquêtes officielles, ainsi qu'une Commission Royale, qui a été désignée pour enquêter sur les faits exposés dans la requête présentée par les déposants de cette banque et sur la situation des affaires de la banque en général; et considérant qu'il sera possible d'obtenir pour fins documentaires les témoignages nent des Banques et du Commerce devra être chargé d'examiner les dispositions de la Loi des Banques, en vue de recommander les modifications à la Loi censées le mieux protéger les intérêts des déposants des banques en général et de prévenir le retour de faillites semblables à l'avenir. Le comité devrait également être chargé d'étudier le rapport de la Commission Royale surtout dans ses relations avec l'état de choses actuel en vue de rechercher les moyens d'éviter des pertes aux déposants de la Home Bank."

Le comité a également examiné l'ordre de renvoi du 11 juin 1924, s'énonçant comme il suit:—

"Que le rapport intérimaire de la Commission Royale relatif à la Home Bank soit renvoyé au comité spécial permanent des banques et du commerce."

Votre comité a siégé de temps à autre et a étudié le rapport intérimaire sur la Home Bank soumis par M. le juge en chef McKeown ainsi que les témoignages dont il fait mention.

Votre comité est d'avis que les faits signalés et les témoignages dont il est fait mention dans ce rapport établissent clairement que les déposants de la Home Bank n'ont, aux termes de la loi du pays, droit de recevoir du gouvernement aucune compensation pour les pertes qu'ils pourraient subir à la suite de la faillite de la Home Bank.

Mais votre comité est aussi d'avis que, vu les représentations faites au ministre des Finances, au cours des années 1916 et 1918, le gouvernement d'alors aurait pu faire, en 1916 et en 1918, une vérification efficace des comptes de la

Home Bank, sous le régime de l'article 56A de la Loi des Banques, et que, si cette vérification ou si une enquête minutieuse des affaires de la banque avait été faite, il en serait résulté:—

1. Soit la liquidation immédiate de la banque;
2. Soit son amalgamation avec une autre banque, avec le résultat qu'on aurait évité des pertes aux déposants de 1916 et de 1918.

.Votre comité a étudié les témoignages rendus devant la Commission Royale par sir Thomas White, alors ministre des Finances et, en particulier, ses déclarations: "Je n'aurais jamais voulu placer un vérificateur spécial dans une banque et courir le risque, surtout à cette époque de fermer l'établissement," (page 345); et plus loin: "Pour aucune raison, je n'aurais permis à une banque de faillir pendant la période indiquée. J'ai eu à faire face à des situations difficiles et dangereuses pendant la guerre. Dès le début, vu la panique qui régnait, le gouvernement, à ma demande, appuya les banques du Canada et donna publiquement assurance qu'il leur prêterait toutes sommes dont elles pourraient avoir besoin pour subvenir aux besoins occasionnés par la guerre et qu'il prendrait toutes autres mesures nécessaires pour sauvegarder la situation financière durant la continuation des hostilités." (page 359); et plus loin: "Les mesures que j'ai prises étaient discrétionnelles. Dans l'exercice de ses pouvoirs, un ministre doit faire la part des exigences du temps parce que ces exigences ont une portée directe sur les conséquences de son attitude vis-à-vis des banques et de la situation générale. Si vous commettez une erreur en nommant un vérificateur, en temps de paix, les conséquences seront peut-être de peu d'importance pour la banque, alors que, en temps de guerre, vous pouvez causer sa chute et, en outre, déclancher une calamité inouïe dans le pays." (page 743).

Votre comité n'a pas mission de discuter sur la manière dont sir Thomas White a utilisé les pouvoirs qui lui ont été conférés, ou de décider s'il a exercé sa discrétion à tort ou à raison.

Votre comité est d'avis que les faits signalés dans le rapport intérimaire soumis par M. le juge en chef McKeown, de même que les témoignages dont il y est fait mention, établissent que les déposants de la Home Bank ont, en équité, le droit moral d'attendre du pays une compensation pour toutes pertes qu'ils pourraient subir à la suite de la faillite de la Home Bank.

(Présenté le mardi, 1er juillet 1924. Voir page 463, Votes et Délibérations. Approbation proposée et ratifiée le lundi, 17 juillet 1924. Voir page 585, Votes et Délibérations.)

DOUZIÈME RAPPORT

Votre comité recommande que le gouvernement examine la possibilité de déposer devant le parlement, à une date ultérieure, le projet d'établir, dans les banques à charte du Canada, un mode nouveau de compte d'épargne, par lequel tout titulaire de dépôts plaçant son argent en ce genre de compte, dans chaque banque ou chaque filiale de banque, sera sauvegardé contre toutes pertes, jusqu'à concurrence de $3,000, et cela par l'institution d'un fonds à base d'assurance dont la prime sera payée tant par le déposant que par la banque, en telle proportion qu'on pourra déterminer; que le gouvernement prépare les données actuelles et autres détails nécessaires à l'établissement de cette mesure et que, après en avoir conféré avec les établissements bancaires du Canada, il soit adopté une législation visant à la mise à exécution des conclusions de ladite conférence ainsi que de tout projet qui s'en dégagera.

(Présenté le vendredi 4 juillet 1924. Voir page 485, Votes et Délibérations. Approbation proposée et ratifiée le 15. juillet 1924. Voir page 562, Votes et Délibérations.)

TREIZIÈME RAPPORT

Votre comité a eu à examiner le rapport du Dr Tory sur le crédit agricole, conformément à l'ordre de renvoi du 6 mai 1921, s'énonçant comme il suit:—

"*Ordonné* que le rapport du Dr Tory sur le crédit agricole, déposé sur le bureau de la Chambre le 15 avril, soit renvoyé audit comité."

Certifié. **W. B. NORTHRUP,**
Greffier de la Chambre des Communes.

Ce rapport montre que, sur les neuf provinces du Canada, sept ont dans leurs statuts des lois édictées dans le but d'établir des systèmes publics de crédit agricole, et

Considérant qu'une étude des systèmes en existence dans ces provinces démontre qu'il y a beaucoup de variété dans ces systèmes, en ce qui regarde les méthodes en usage à leur fonctionnement;

Considérant que ces systèmes de crédit rural ont pour objet d'accorder, en retour des meilleures sécurités, des prêts pour fins d'agriculture, à des taux d'intérêts plus bas que les taux courants exigés jusqu'ici;

Considérant qu'il est douteux que le but qu'on se propose serait même réalisé par l'institution d'un système fédéral fonctionnant dans les provinces ci-haut mentionnées—en sus des systèmes déjà existants et en concurrence avec ces derniers—ou dans les provinces où, suivant l'avis des législatures, le besoin ne s'est point fait sentir d'établir de tels systèmes;

Considérant qu'il semble expédient, tant au point de vue de l'efficacité que de l'économie, que, si l'on procède à l'établissement d'un système fédéral, ce soit un système dont l'application s'étende à tout le Canada, et qui nécessitera forcément des conférences entre les autorités fédérales et provinciales;

Par conséquent, votre comité recommande que l'enquête instituée à ce sujet soit continuée, en vue de déterminer la possibilité de coordonner les divers systèmes de crédit rural actuellement existant en un système fédéral dont l'application s'étende à tout le Canada, et que l'on procède à l'élaboration d'une législation, basée sur le résultat de ladite enquête et tendant à satisfaire aux demandes de crédit des classes agricoles du Dominion, et que le projet en soit soumis au parlement à sa prochaine session.

(Présenté le mercredi 9 juillet 1924. Voir page 507, Votes et Délibérations. Approbation proposée et ratifiée le vendredi 18 juillet 1924. Voir page 648. Votes et Délibérations.)

QUATORZIÈME RAPPORT

Votre comité recommande que l'alinéa (*f*) de l'article 76 de la Loi des Banques soit modifié en biffant tous les mots qui se trouvent après le mot "soit", en cinquième ligne, et en y substituant les suivants "Sans l'approbation unanime des directeurs présents à une réunion régulière du conseil ou à une assemblée convoquée spécialement dans tel but, pourvu que l'avis de convocation de cette réunion régulière ou spéciale détermine spécifiquement ce but."

Présenté le mercredi 9 juillet 1924. Voir page 508, Votes et Délibérations. Voir aussi les pages 544 et 545, Votes et Délibérations.

QUINZIÈME RAPPORT
Bill privé

SEIZIÈME RAPPORT

Votre comité a eu à examiner les diverses questions qui lui ont été soumises par l'ordre de renvoi, et a fait rapport sur ces questions, de temps à autre.

Votre comité a tenu, en sus d'un grand nombre de réunions des sous-comités, trente-neuf séances réparties sur vingt-sept jours différents; il a entendu le témoignage de dix témoins et a recueilli vingt-trois pièces documentaires.

Votre comité remet ci-joint, pour l'instruction de la Chambre, un exemplaire imprimé de ses délibérations et des témoignages qu'il a recueillis, ainsi que certaines pièces documentaires qui lui ont été soumises, mais qui ne sont pas comprises dans les délibérations.

Votre comité recommande que l'ordre de renvoi, les rapports, les délibérations, les témoignages qui ont été rendus devant lui, ainsi que la table des matières appropriée que doit préparer son greffier, soient imprimés en appendice aux journaux de la Chambre de la présente session, pour fins de distribution, et que la règle 74 y relative soit suspendue.

(Présenté le jeudi, 10 juillet 1924. Voir page 517, Votes et Délibérations, Approbation présentée et ratifiée le vendredi 11 juillet 1924. Voir page 542, Votes et Délibérations.)

DIX-SEPTIÈME RAPPORT

Votre comité a eu à examiner et à étudier de nouveau le rapport du docteur H. M. Tory sur le crédit agricole, lequel lui a été renvoyé le 6 mai 1924.

Votre comité constate que le crédit des personnes engagées uniquement dans la culture du sol souffre du fait de l'existence de certaines dispositions de la Loi des faillites.

Votre comité en conséquence, recommande qu'une législation soit introduite à la présente session du parlement modifiant la Loi des faillites, comme il suit:
"Une loi modifiant la Loi des faillites.

"1. Cette loi peut être citée comme ' Loi modifiant la Loi des faillites, 1924.'

"2. La Loi des faillites est modifiée en insérant après l'article 8B la clause suivante:

"8C. (1) Nonobstant toute disposition de la présente loi, si le Lieutenant Gouverneur en Conseil de toute province a autorisé un officier de la législature chargé, aux termes des statuts provinciaux, de fonctions qui, suivant son opinion, sont analogues sous quelque rapport aux fonctions de curateur et de syndic, d'agir en telle qualité de curateur et de syndic, sous le régime de cette loi, le receveur officiel devra, dans le cas d'une cession de biens faites par une personne engagée exclusivement dans la culture du sol, nommer telle personne à titre de curateur.

" (2) Tout fonctionnaire ainsi nommé à l'office de curateur par le receveur officiel sera, en outre de cette fonction, censé être le curateur autorisé, tout comme s'il avait été nommé aux termes de l'alinéa (1) de l'article 15 de cette loi, et continuera d'agir en cette qualité jusqu'à ce qu'il soit relevé de cette fonction, aux termes de l'alinéa (2) dudit article 15.

"(3) Dans le cas où tel fonctionnaire provincial serait nommé curateur et syndic, il n'aura droit de recevoir, en cette qualité, aucune rémunération ni de toucher l'équivalent d'aucuns frais désignés sous la rubrique de frais d'administration à la partie III des règles générales, mais aura droit de rentrer dans ses déboursés légaux.

3. L'article 59 de la Loi des faillites est par les présentes modifié en y ajoutant l'alinéa qui suit:

" (2) Les alinéas " b " et " c " du sous-article précédent ne s'appliqueront pas dans le cas d'une demande de libération de tout commettant qui, au temps du transfert de ses biens, était engagé uniquement dans la culture du sol."

(Présenté le vendredi, 11 juillet 1924. Voir page 523, Votes et Délibérations.)

COMMISSION ROYALE RELATIVE À LA HOME BANK

RAPPORT INTÉRIMAIRE

A Son Excellence le très honorable général Lord Byng de Vimy, G.C.B., G.C.M.G., M.V.O., Gouverneur général du Canada et Commandeur en chef du Canada.

Conformément à la Commission de Votre Excellence, en date du 22 février 1924, par laquelle j'ai été nommé commissaire pour enquêter sur tous les sujets importants se rapportant aux arrêtés du Conseil annexés à la susdite commission, j'ai l'honneur de soumettre à Votre approbation le rapport intérimaire suivant.

Ce rapport ne vise pas l'étude de toutes les questions dont il s'agit, mais seulement certaines d'entre elles qui sont intimement liées aux faits exposés dans la requête présentée à Votre Excellence par un comité administratif composé de déposants de la Home Bank du Canada, à la date du 23 février 1924, demandant que ceux qui subirent des pertes comme tels, en conséquence des faits exposés dans ladite requête, soient indemnisés de ces pertes sur la foi des motifs y exposés.

L'audition des témoignages a été commencée devant moi, dans la cité d'Ottawa, le 16 avril dernier et des dépositions ont été prises sous serment, tant à Ottawa qu'à Toronto, à diverses dates comprises entre celle marquée ci-haut et le 20 mai 1924 inclus. M. E. Lafleur, C.R., et M. H. J. Symington, C.R., comparurent chaque fois en qualité de conseils pour le gouvernement du Dominion du Canada; M. H. J. McLaughlin, C.R., M. A. G. Browning, C.R., et M. W. T. J. Lee comparurent au nom des déposants durant la continuation de l'enquête; et, en sus des conseils susnommés, sir Thomas White, C.R., M. McGregor Young, C.R., et M. R. A. Read, comparurent pour le compte de divers intérêts, de temps à autre.

Vu les questions soulevées et discutées devant moi au cours de l'enquête, il est bon, je crois, que je définisse clairement la juste portée de cette enquête, telle que limitée par les arrêtés du Conseil en vertu desquels j'ai été prié d'agir. Il n'y a aucune ambiguité qui s'y rattache, et c'est mon devoir de me limiter avec circonspection à la lettre des instructions que j'ai reçues.

Je suis d'autant plus désireux d'agir ainsi que les tribunaux de la province, tant au civil qu'au criminel, ont été saisis de la conduite de plusieurs de ceux dont il est fait mention dans les témoignages produits devant moi, et que des poursuites en justice civile et criminelle ont été instituées contre certains d'entre eux. Considérant les exigences de la situation, je devrai user de réticence complète à l'endroit des questions qui ont été soulevées en justice et au sujet desquelles les tribunaux compétents sont actuellement occupés à s'enquérir. Bien qu'il a été impossible d'éviter, au cours de la production des témoignages, certaines allusions aux actes de certains directeurs, ces dernières n'ont été faites, pour la plupart, qu'à titre de moyens subsidiaires à l'appui de la réclamation des déposants et explication des motifs qui ont servi de base à celle-ci.

Je suis tout particulièrement intéressé à m'en tenir davantage aux instructions que j'ai reçues, depuis qu'il est rumeur que le Parlement sera prié de prendre certaines mesures au sujet de la requête soumise par les déposants, et j'apprécie combien jalousement les fonctions et la responsabilité et l'intervention parlementaire sont gardées. Je ne crois pas que la Commission exige que je franchisse cette ligne. On m'a prié de répondre à des questions, et que les constatations de faits signalées dans ces réponses soient acceptées ou non, ou que l'on prenne telle ou telle mesure en conséquence de ces faits, il ne m'appartient pas d'en décider. Bien que je réalise que j'aie la permission d'exprimer une opinion sur le résultat de l'enquête et les témoignages recueillis, je reconnais que la responsabilité de toute mesure qui pourrait en dériver, repose en réalité ailleurs, et ceux qui ont à porter ce fardeau devraient, je crois, approcher leur tâche indépendamment de toute expression d'opinion de ma part. Mon devoir, tel que je le conçois, est simplement de mettre les autorités en possession de réponses explicites aux questions soumises, et cela le mieux que je le pourrai. Certains avocats m'ont fortement engagé à dire qu'à mon opinion une allocation généreuse devrait être accordée aux déposants qui ont subi des pertes et ils m'ont aussi engagé à me prononcer sur la somme de négligence de certains fonctionnaires responsables de l'administration du ministère des Finances dans son incurie des affaires de la banque. Bien que mon droit de discuter les actes discrétionnaires d'un ministre de la Couronne, à qui l'on n'impute pas de malhonnêteté, ait été vivement révoqué en doute par d'autres avocats, sur la foi que cette juridiction était du ressort du Parlement, cependant, j'ai été de nouveau invité à exprimer une opinion sur la diligence et l'honnêteté de mesures d'ordre administratif. Mais en m'en tenant strictement à la réponse aux questions désignées dans l'arrêté en Conseil, je suis contraint de mettre de côté toutes recherches sur les questions dont il est fait mention ci-haut et de m'abstenir de tous commentaires sur les sujets à l'égard desquels divers avocats m'ont engagé à me prononcer, et notamment celui de la conduite de certains ministres de la Couronne responsables de l'administration du ministère immédiatement en cause.

Bien qu'il soit, je crois, impossible de suivre les témoignages et la discussion sans se former une opinion, et parfois une forte opinion, sur les questions soulevées, cependant, l'expression de telle opinion, à mon sens, ne serait d'aucune utilité et ne servirait qu'à embrouiller les questions principales qui ont été portées à mon attention. Il se peut que d'autres questions relatives à la Home Bank soient étudiées plus tard, questions tombant sous les dispositions de l'arrêté du conseil n° 412, qui prescrit au commissaire d'enquêter sur

"les affaires de ladite banque pendant la période comprise à partir de l'émission de sa charte jusqu'à la date de sa faillite", etc.,

mais dans ce rapport intérimaire je limite ma tâche à la seule fin d'obtenir des réponses aux questions marquées par l'arrête du conseil n° 306, et qui y sont énoncées comme il suit:

"1 Est-ce que, au cours des années 1915, 1916 et 1918, on a fait des représentations au ministère des Finances du Dominion du Canada touchant la situation des affaires de la Home Bank du Canada, et, dans l'affirmative, quelles furent-elles?

"2. Pour le cas où ces représentations auraient été faites, est-ce qu'il a été révélé, sur l'état des affaires de la banque, des choses qui auraient pu motiver une enquête, en vertu des pouvoirs conférés au ministre des Finances par l'article 56A de la Loi des Banques?

3. Quelles mesures, le cas échéant, ont été prises par le ministre des Finances du temps, à la suite des représentations qui ont pu être faites?

4. Quel résultat une vérification, sous le régime de l'article 56A de la Loi des Banques, faite en 1915, 1916 et 1918 aurait-elle produit sur la conduite des affaires de ladite banque et la position des déposants actuels?

"5. Quelle était la situation financière de ladite Home Bank of Canada durant les années 1915, 1916 et 1918, respectivement, et quelles mesures, le cas échéant, auraient pu être prises par le gouvernement pour sauver la situation?"

Adhérant à la direction tracée ci-haut et, conformément à ce que je considère être les instructions de la commission à ce sujet, je désire donner d'une manière spécifique, mes réponses aux questions posées ci-haut.

La question est conçue comme suit:

"1· Est-ce que, au cours des années 1915, 1916 et 1918, on a fait des représentations au ministère des Finances du Dominion du Canada touchant la situation des affaires de la Home Bank du Canada, et, dans l'affirmative, quelles furent-elles?"

Il est à observer que cette question comprend deux propositions:

Premièrement, est-ce que, au cours des années citées, on a fait des représentations, et

Deuxièmement, dans l'affirmative, de quelle nature furent-elles?

Je crois qu'il a été établi par les témoignages que pendant l'année 1915 nulles représentations n'ont été faites au ministère des Finances touchant la situation de la Home Bank.

Il est également très clair que pendant l'année 1916 ces représentations ont été faites au ministère des Finances. Les pièces produites et classées sous les numéros compris de "2 à 42" inclus en sont la preuve. Elles montrent que l'initiative de ces représentations est redevable à MM. T.-A. Crerar, John Kennedy et John Persse, qui étaient alors directeurs de la Home Bank et résidaient à Winnipeg. Dans ces lettres, de même que dans les autres, MM. Crerar, Kennedy et Persse sont nommés "les directeurs de l'Ouest" et il est clair qu'à l'origine ils occupèrent cette position dans le but spécial de s'enquérir des opérations de la banque au Manitoba et dans les autres provinces de l'ouest du Canada. Ces représentations furent faites au moyen de trois lettres différentes au ministre des Finances d'alors, à la date du 22 janvier 1916, la première desquelles, dans son ordre de classement, porte les indications:—

(Pièce 2, p. 12.)

"*Re* Home Bank du Canada.

Re Prêt à la Cie Prudential Trust.

Mémoire confidentiel au ministre des Finances."

Elle est signée comme suit:—

"James Fisher,
  Pour les directeurs de l'Ouest."

La deuxième lettre porte les indications suivantes:—

(Pièces 3, p. 15.)

"*Re* Home Bank.

Mémoire confidentiel *re* prêt Barnard."

Elle est aussi signée:—

"James Fisher,
  Pour les directeurs de l'Ouest."

La troisième lettre porte les indications:

(Pièces 5, p. 17.)

"*Re* Home Bank du Canada.

Mémoire confidentiel de MM. Crerar, Kennedy et Persse, directeurs de la Home Bank, résidant à Winnipeg, à l'honorable ministre des Finances."

Elle est signé:—

"James Fisher,
  Au nom et sur les instructions des trois gérants de l'Ouest."

Il y a, tant dans ces lettres elles-mêmes que dans les rapports qui l'accompagnent, des renseignements relatifs à divers prêts et plusieurs plaintes touchant l'administration des affaires de la banque et autres sujets qui seront exposés aussi en détail que possible dans la réponse à la seconde partie de cette question. Ces sujets furent portés à l'attention du ministre des Finances du temps concurremment aux lettres citées ci-haut et à d'autres correspondances écrites par les directeurs de l'Ouest ou en leur nom, de même que les réponses à celles-ci, le tout couvrant la période comprise entre le 17 février 1915 et le 18 janvier 1916.

Il résulte de l'examen de cette correspondance qu'en 1915 les affaires de la banque furent en proie à la critique des directeurs de l'Ouest, qui se plaignirent aux directeurs de l'Est relativement à certains prêts et au manque de prévoyance et de souci dont on faisait preuve. Cet état de chose est mis en lumière tout particulièrement par les lettres du 17 février 1915 de MM. Crerar, Kennedy et Persse, à M. A. C. Macdonell, M.P. (Pièce 10, p, 24.)

La correspondance échangée entre les directeurs de l'Ouest et ceux de l'Est, au cours de l'année 1915, est annexée au dossier qui a été porté à l'attention du ministère en 1916 et on peut regarder comme admis qu'elle fut soumise au ministre dans le temps.

Il est, par conséquent, suffisamment clair que, en ce qui concerne l'année 1916, il a été fait des représentations au ministère des Finances du Dominion sur l'état des affaires de la Home Bank du Canada.

La même réponse peut être appliquée à l'année 1918, car toute la correspondance dont il est fait mention ci-haut a été portée de nouveau à l'attention du ministre des Finances, cette année-là. De nouvelles représentations furent faites à ce dernier sur l'état des affaires de la banque, au moyen d'une lettre—que lui adressa M. W.-A. Machaffie, qui a été pendant plusieurs années un fonctionnaire de la Home Bank. Il sera fait mention du contenu de ces lettres dans la réponse à la seconde partie de cette question.

En outre, il y eut aussi au cours des années citées ci-haut, des entrevues entre le ministre des Finances d'alors, le président et les autres directeurs de la banque et M. Z. A. Last, avocat-conseil de la Home Bank.

Résumant ce que j'ai dit plus haut touchant la première partie de la 1ère question, je répète qu'aucunes représentations ne furent faites au ministère des Finances du Dominion du Canada, relativement à l'état des affaires de la Home Bank durant l'année 1915, mais que des représentations furent faites au minis_ tère des Finances, au cours des années 1916 et 1918.

Pour ce qui est de la seconde partie de cette question, qui demande quelles furent ces représentations, il est à observer que ces représentations sont sous forme de trois mémoires spéciaux, en date du 22 janvier 1916 et signés par James Fisher pour ou au nom des directeurs de l'Ouest (pièce 2, p. 12; 3, p. 15; et 5, p. 17). Au nombre de ces documents, il en est un qui est d'un caractère plus géné_ ral et que je citerai en premier lieu (p. 5). Il portait à l'attention du ministre que, sur un capital versé de près de deux millions de dollars, une somme d'environ $500,000 était détenue dans l'Ouest; que quelques années auparavant, trois action_ naires de l'Ouest furent nommés au bureau de direction pour s'occuper des affaires de l'Ouest; qu'ils se réunirent chaque semaine et firent rapport régulièrement de leurs travaux au bureau-chef. Aucun directeur de l'Est n'assista à leurs réu_ nions et nul d'entre eux n'assista aux assemblées tenues au siège social de la compagnie, à Toronto, sauf dans le cas d'une invitation spéciale; que pendant l'automne de 1914 les membres de l'Ouest appréhendèrent que les affaires du bureau-chef à Toronto n'allaient pas bien et se rendirent à Toronto vers la mi. novembre de la même année, dans le but de s'enquérir de la situation des affaires de la maison-mère et de se plaindre de la pénurie d'argent à prêter dans leur localité; que, à leur demande, on convoqua plusieurs assemblées du bureau de direction qui délibérèrent pendant quatre jours, au cours desquels ils apprirent pour la première fois qu'il ne se faisait pas d'inspection régulière au bureau de Toronto, parce que, prétendit-on, les transactions commerciales de ce bureau étaient soumises, chaque semaine à la surveillance des directeurs de l'Est. Les plaignants exposèrent qu'ils n'étaient pas satisfaits des renseignements fournis à ces séances, tout particulièrement en ce qui touchait à certains comptes, dont l'un, fut-il constaté dès le premier jour de cette réunion, s'élevait à $1,100,000, mais le deuxième jour, à la suite d'une erreur, était estimé à $1,500,000 et, le troisième jour, atteignait le chiffre de $1,780,000; et il paraîtrait que ces derniers chiffres étaient encore inférieurs à la somme réelle, car dans la séance du 30 du mois suivant, il fut révélé que la somme en question approchait deux millions de dollars. Ils apprirent également que le gérant général de la banque était redevahle à la banque d'une somme de $35,000, qui ensuite, fut-il révélé, s'éleva à $76,000. Le même état de chose s'appliquait dans le cas d'autres clients (pièce 10, p. 24). Il fut en outre représenté au ministre que, bien, qu'on eut insisté sur une inspection immédiate des affaires du bureau de Toronto, et demandé la préparation d'un rapport pour l'assemblée annuelle suivante, ce rapport ne fut pas fait à cette date, et que le rapport annuel de la banque avait été envoyé à Ottawa, à l'insu des directeurs de l'Ouest. De plus, il fut constaté qu'on avait refusé de reconnaître la validité de l'élection de MM. Barnard et Haney au bureau de direction, en remplacement de MM. Gooderham et McNaught, qui avaient démissionné, et les directeurs de l'Ouest notifièrent le gérant qu'ils se considéraient libres de contester la validité de cette élection (pièce 9, p. 23). Un autre grief fut que, à la réunion de décembre, il avait été proposé et approuvé une résolution visant la nomination d'un comité composé du gérant général adjoint et de deux autres fonctionnaires, chargé de diriger les affaires de la banque, d'examiner toutes les créances, de faire tous les efforts possibles pour recouvrer tous les prêts en souffrance, et de dresser à bref délai un bilan établissant la situation financière de la banque, accompagné de recommandations appropriées. On ne se pressa pas d'adopter cette résolution, vu que le gérant général était alors à l'étranger en congé de maladie, mais il fut convenu qu'on suivrait cet avis, mais l'entente fut ignorée et les recommandations n'eurent aucune suite (pièce 10, p. 25). Cette lettre était d'une portée générale et, en ce sens, complémentent les données exposées dans les deux mémoires y annexés dont il est fait mention ci-après. Cependant, tous les détails indiqués ci-haut y sont exposés, ainsi que dans les pièces qui l'accompagnent et ils furent, par le fait même, portés à l'attention du ministre des Finances.

Le mémoire produit à titre de pièce documentaire n° 2 porte la même date et se rapporte au prêt consenti par la banque à la Prudential Trust Company. Il ressort des faits signalés au ministre par ce document que la banque s'était départie d'une somme de $500,000 dans une transaction avec la Prudential Trust Company, la New Orleans Southern and Great Isle Company, dont il fut rendu compte par le gérant général dans une correspondance adressée à M. Crerar, à la date du 21 décembre 1915 (pièce 31, p. 53) conçue partiellement en ces termes:

" James Mason à T. A. Crerar

"MM. Warren, Bristol et Morden ont été les promoteurs de la réorganisation de la New Orleans Southern and Great Isle Railway Company, et, en cette qualité, s'adressèrent à la Prudential Trust Company, Limited, en vue de faire un emprunt de $500,000 que cette dernière consentit à lui faire, à la condition que la banque lui avancerait les fonds nécessaires. Il fut constaté dans la suite par l'avocat de la Prudential Trust Company que, aux termes de sa charte, celle-ci ne pouvait faire cette avance mais qu'elle pouvait accepter ces fonds de la banque en vue de les placer sous formé dé prêt à la compagnie de chemin de fer et qu'elle pouvait garantir le remboursement de ce prêt à la banque. Il n'y eut aucune relation entre Warren, Bristol et Morden et la banque, leurs transactions ayant été faites directement avec la compagnie de fiducie."

Il y a un côté de la question sur lequel je me passerai de commentaires, mais je dois dire, apparemment, avant que le prêt ne fût consenti par la banque, une somme équivalente de $500,000, représentant des valeurs de l'une des provinces détenues en fiducie et alors entre les mains de la Prudential Trust Company, avait été déposée à la Home Bank. Certains d'entre les directeurs croyaient que ces fonds constituaient en quelque sorte une garantie pour le prêt consentie à la compagnie de fiducie, mais il est évident qu'il n'en pouvait être ainsi, ce qui, d'ailleurs, a été l'avis de l'avocat de la banque. Il a été donné à la Home Bank, à titre de garanties lors de ce prêt, un billet signé par la Prudential Trust Company, à l'ordre de la Home Bank du Canada, ainsi qu'une valeur de $750,000 d'obligations de la compagnie de chemin de fer, comme garantie subsidiaire. Mais le chiffre de ce prêt représentait une grande partie du capital de la banque, et les directeurs de l'Ouest, à qui l'on refusait certaines avances d'argent destinées à combler les besoins de leur territoire propre, blâmèrent cette transaction sans aucun ménagement. Les pièces documentaires montrent que les facteurs mis en œuvre autour de la question de ce prêt ont été nombreux. La compagnie de fiducie ne fit aucun effort pour restituer la somme de cet emprunt et on peut dire la même chose de la compagnie de chemin de fer.

La troisième lettre des directeurs au ministre touche à un prêt consenti à C. A. Barnard, qui avait été élu directeur de la banque, élection qui suscita les protestations des directeurs de l'Ouest, tel que mentionné ci-haut. Elle expose qu'il ressort du rapport de l'inspecteur du bureau de Toronto, écrit en juin 1915, que C. A. Barnard est redevable à la banque d'une somme de $394,000 et qu'un montant de 2,622 actions de la Home Bank était détenu en fiducie, au nom de Barnard et Pellatt. L'inspecteur constata qu'il n'existait aucun contrat fiduciaire au sujet de ces actions et que la banque devrait réaliser environ 125 p. 100 de cette créance pour échapper à une perte. On verra un peu plus loin que, en sus de ces montants considérables, il était dû à la banque, par des particuliers ou des compagnies, des sommes tout à fait disproportionnées à l'actif de la banque. Mais, dans leurs premières correspondances, les directeurs de l'Ouest attirèrent l'attention du ministre sur les trois comptes importants dont il s'agit, lesquels représentaient alors plus que la totalité du capital versé de l'établissement. Ils se plaignirent du fait qu'ils ne purent jamais obtenir aucune explication satisfaisante au sujet du prêt Barnard; qu'il avait été expliqué par le col. Mason, dans la séance annuelle de 1915, que ce prêt était affilié à la cession de la banque Internationale, mais qu'il leur fut impossible d'établir ni les motifs qui le rendirent nécessaire ni le but auquel on le destinait, et qu'ils ne purent découvrir d'aucune façon les relations existant entre les actions de la banque et le prêt en question. Alors, en signalant l'existence de ces trois comptes, ainsi que celle des autres dont il est fait mention dans les pièces documentaires, ils portèrent la situation de la banque à la connaissance du ministère. Je ne crois pas qu'il m'incombe de tracer l'histoire de ces prêts, ni de fournir aucunes précisions à ce sujet. Je réponds à la question, en ce qui concerne la nature des représentations. Il est clair que, dans l'exposé de leurs griefs sur l'administration des affaires de la banque, les directeurs de l'Ouest insistèrent sur l'existence de trois comptes, notamment, de ceux de la Prudential Trust Company, de C. A. Barnard et de la compagnie A. C. Frost, qui comportaient, à cette date, le retrait de la circulation d'une somme de plus de deux millions et demi de dollars puisés à même les fonds de la banque (pièces 4, p. 16 et 35 p. 59), et qu'il n'avait pas été payé d'intérêts sur les comptes, dont le chiffre, dans certains cas du moins, s'accrut encore plus tard. Ils constatèrent ces faits, en outre, par un relevé dont il fut donné connaissance au bureau de direction dans la séance de septembre 1915 (pièce 4, p. 17), portant, notamment, que le compte Barnard et celui de la Prudential Trust Company, de même que certains autres dont il est fait mention ci-après, s'étaient accrus, du 31 décembre 1914 au 31 août 1915, de la somme de $192,-849.30. Cette somme était, en grande partie, constituée par les augmentations survenues dans le chiffre des comptes de la Cie A. E. Frost et de la maison Pellatt et Pellatt, et, sauf par accident, la dette de ce dernier établissement ne fut pas portée à la connaissance des autorités du ministère, en 1916, dans le relevé précité des augmentations. Cette partie de la question n° 1 comporte deux propositions:—

1. Quelles représentations ont été faites en 1916? et
2. Quelles représentations ont été faites en 1918? Quant aux représentations faites en 1918, et il est à observer qu'il était encore possible de se procurer à cette date les données soumises aux autorités du ministère en 1916, en outre de la représentation faite ultérieurement par M. W. A. Machaffie, qui signait lui-même "Ci-devant adjoint du président", et qui, le 29 août 1918 (pièce 88, p. 178) communiqua par poste recommandée, certains faits très importants concernant l'état de la banque au ministre des Finances d'alors. Il porta à la connaissance du ministre les rapports de M. Fisher, préparés en février 1916, et fit aussi allusion au compte A. C. Frost, dont je parlerai plus loin, ainsi qu'à diverses transactions afférentes à la construction de navires auxquelles, prétendit-il, la banque ainsi que son président et l'un des directeurs s'étaient intéressés, avec un M. Stewart qu'il décrit comme un ami personnel de M. Haney, le vice-président. Il fit l'importante constatation que les dividendes qui avaient été réalisés, au cours des années 1916 et 1917, avaient été basés sur l'addition d'intérêts à certains comptes douteux; que l'article 153 de la Loi des Banques avait été violé, et que de hauts fonctionnaires de la Home Bank, ayant refusé de participer à ce qu'il appelle "la culpabilité" d'avoir préparé de faux rapports, durent résigner leur poste; que le vérificateur qui examina les affaires de la banque était inapte à remplir cette fonction; enfin, que les hauts fonctionnaires de la banque négligèrent de porter certaines données à la connaissance de M. Lash, l'avocat de leur maison. En somme, le caractère de cette correspondance était propre à susciter les plus vives appréhensions au sujet de l'état financier de la banque et de la sécurité des fonds qui lui avaient été coupée, même pour le cas où ces griefs n'eussent été que partiellement fondées. Et il ressort des données fournies au ministre par les fonctionnaires de la banque, sur les comptes qui avaient fait l'objet des lettres adressées à ce dernier, que la dette de la compagnie Prudential Trust envers la banque, s'était élevée au 16 novembre 1918 à la somme de $993,747.74 (pièce 107, p. 194). Cette augmentation marquée était due, en majeure partie, à une nouvelle dépense, dont le but avait été de consolider le placement primitif, mais laquelle, en 1918, donna peu d'espoir, du côté de la solution du problème suscité par ce compte. Il fut constaté, au 30 novembre 1918, que le compte de la compagnie A. C. Frost, cité parfois sous la désignation de "bois de la Colombie-Britannique", représentait une créance de $2,425,288.58 (pièce 108, p. 200). Un examen des comptes Pellatt & Pellatt montra qu'une somme de $1,900,960.69, puisée à même les fonds de la banque, y était retenue (pièce 109, p. 201). Une partie de ces sommes importantes représente l'intérêt accru sur les placements primitifs. De plus, le bilan de la banque adressé au ministre révéla le fait inquiétant qu'une somme d'intérêt de $668,-962.42, pour le compte de Frost, et de $234,955.11, pour le compte de la compagnie Prudential Trust, avait été ajoutée au principal et transformée en bénéfices (pièce 107, p. 195).

Il est, par conséquent, très clair que, par suite d'une mauvaise administration des affaires de la banque, une somme se montant à plus du double de son capital versé et de sa réserve se trouvait détenue dans plusieurs comptes non recouvrables et, pour la plupart ne rapportant pas d'intérêts, d'où il résulte que les seuls fonds disponibles, au jour le jour, furent ceux des déposants. En dépit de la déclaration des dividendes, une vérification équitable aurait révélé qu'aucuns bénéfices n'avaient été réalisés depuis des années. On comprendra mieux la portée directe de ces faits sur les affaires de la banque par l'examen du sommaire suivant:

Réponse à la question n° 1.

A. Nulles représentations n'ont été faites, en l'année 1915, au ministère des Finances du Dominion du Canada, au sujet de la Home Bank du Canada. Ces représentations ont été faites en 1916, ainsi qu'en 1918.

B. Les représentations importantes qui suivent ont été faites au ministère des Finances, au cours des années 1916 et 1918, à savoir:

1. Qu'une somme équivalente à plus du double du capital versé et de la réserve de la banque se trouvait immobilisée dans quatre comptes, somme double, titres ne pouvaient être réalisés;

2. Que des prêts tout à fait disproportionnés à l'actif de la banque avaient été consentis en retour de garanties insuffisantes qui laissaient à prévoir des pertes considérables;

3. Que des sommes représentant les intérêts en souffrance d'au moins trois comptes importants furent converties en bénéfices, d'année en année, et que les dividendes furent basés sur des gains factices;

4. Que les propositions adoptées dans une assemblée du conseil de direction, en vue d'établir le chiffre exacte des crédits accordés et de préparer, à bref délai, un bilan constatant la situation de la banque, ne furent pas mises à exécution;

5. Que de faux rapports furent envoyés par les directeurs de la banque au ministère des Finances;

6. Que les instructions formelles données par le ministre des Finances en 1916, interdisant la capitalisation des intérêts impayés, ne furent pas suivies;

7. Que le président, ainsi que certains des directeurs de la banque, étaient redevables à la banque des sommes considérables portées en comptes personnels ou empruntées par l'intermédiaire de compagnies dans lesquelles ils avaient des intérêts financiers;

8. Que le vérificateur employé par la banque d'année en année était incompétent et que certaines affaires importantes ne furent pas portées à la connaissance du bureau de direction, ni à celle de M. Lash, l'avocat-conseil de la banque.

La question n° 2 s'énonce comme il suit:

"Pour les cas où ces représentations auraient été faites, est-ce qu'il a été révélé sur l'état des affaires de la Home Bank des choses qui auraient pu motiver une enquête, en vertu des pouvoirs conférés au ministre des Finances par l'article 56A de la Loi des banques?"

Il a été avancé, à l'appui de cette proposition, que le ministre n'est responsable qu'au Parlement seulement et que, à moins qu'il ne soit accusé de malhonnêteté ou de mauvaise foi dans l'exécution de ses devoirs, l'exercice de sa discrétion ne saurait être révoquée en doute par cette commission. Je ne suis pas disposé à discuter ce point, vu que la mission qui m'a été confiée relativement à cette question est de constater si les représentations qui lui ont été faites étaient de nature à motiver de sa part la demande d'une vérification des comptes de la banque, aux termes de l'article 56A de la Loi des banques.

Il ne m'appartient pas de révoquer en doute la manière dont il a dispensé les pouvoirs qui lui ont été accordés, ni d'établir s'il a exercé sa discrétion à tort ou à raison. Il est facile à concevoir qu'il pourrait être fait à un ministre certaines représentations qui ont été faites, et me basant sur ces données, dans l'exposé de pouvoirs qui lui ont été accordés par l'article du statut précité, tandis que, d'autre part, il est également évident qu'il pourrait être fait des représentations qui, non seulement entraîneraient l'exercice de ce pouvoir discrétionnaire, mais qui l'exigeraient, sous peine d'être taxé d'ineurie administrative, s'il manquait à ce devoir. La façon, d'exercer cette discrétion constitue en soi une importante question et relève de l'autorité du ministre. Si l'on constate que le ministre a manqué à son devoir dans l'exercice de sa discrétion, il incombera au Parlement de juger la chose, sans toutefois, révoquer en doute son équité, ni la loyauté de ses motifs, quelles que soient les raisons avancées ou qui pourraient être avancées à cet égard. Mais je crois qu'il m'appartient de constater s'il a été révélé l'existence d'un état de choses qui pouvait motiver l'exercice des pouvoirs discrétionnaires accordés au ministre. En réponse à la question précédente j'ai défini les représentations qui ont été faites, et, me basant sur ces données, dans l'exposé de ma réponse à cette question, je dirai qu'il n'existait aucun doute que les représentations faites étaient d'importance assez haute pour motiver une vérification des comptes de la banque, aux termes de l'article 56A de la Loi des banques. D'ailleurs, je suis là-dessus d'accord avec les vues de sir Thomas White, tel qu'il ressort du témoignage figurant à la page 345 du recueil de documents:

"Q. Après que M. Fisher vous eut envoyé le mémoire et autres documents, vous avez demandé un rapport en vertu de l'article 113 de la Loi des banques?—R. Oui.

Q. Vous avez réalisé que l'état de choses constaté justifiait une enquête sous le régime de l'article 56A?—R. J'ai prié le vérificateur de me faire un rapport.

Q. Sous l'empire de cet article?—R. Oui, l'article 56A, assurément j'ai procédé en vertu de la Loi des banques.

Q. Bien, vous pouvez répondre à cette question; vous avez cru que vous seriez justifiable de demander un rapport suivant l'article 56A de la Loi des Banques?—R. Oui, assurément, au bureau de direction et au vérificateur.

Q. Avez-vous demandé un rapport au vérificateur, aux termes de l'article 56A de la loi?—R. Oui."

Il faut se rappeler que dans la discussion qui eut lieu lors de son témoignage, sir Thomas White soutint que, en répondant à ces question comme il l'a fait, il n'a pas laisser à entendre qu'on aurait dû retenir les services d'un vérificateur étranger, mais qu'il avait limité son assertion à dire que le vérificateur nommé par les actionnaires devrait faire rapport. Et il ajoute que si on l'avait prié de dire franchement s'il eût justifiable de retenir un vérificateur étranger, il aurait répondu dans la négative, vu que, engager un vérificateur étranger, tout particulièrement à une époque aussi critique que celle-là, aurait entraîné la fermeture de cet établissement.

Les pouvoirs accordés sous l'article 56A de la loi, telle que libellée en 1916, ne précisaient pas l'emploi d'un vérificateur étranger ni celui du vérificateur ordinaire de la banque. La loi statuait que le ministre pouvait demander à tout vérificateur " de s'enquérir de l'état des affaires de la banque ". On a soutenu qu'il aurait fallu choisir un vérificateur absolument étranger aux affaires de la banque,

14-15 GEORGE V, A. 1924

tandis que le ministre, dans l'exercice de sa discrétion et pour les raisons indiquées, crut mieux faire en désignant M. Jones, le vérificateur ordinaire de la banque. Pas n'est besoin pour moi de dire si, oui ou non, le ministre aurait dû employer un vérificateur étranger ou celui de la banque même pour ce travail. Le ministère pouvait, aux termes de cet article, désigner l'un ou l'autre et le témoignage précité montre que le ministre a, de fait exercé sa discrétion en vertu de cet article, lorsqu'il a nommé M. Jones. Il s'ensuit que, à son opinion, la situation existante justifiait l'enquête, sous l'empire de l'article 56A de la Loi des banques, indépendamment de la question de savoir si ce choix devait être fait dans une catégorie de vérificateurs ou une autre. Jusqu'à présent l'enquête a, je crois, établi que la raison pour laquelle l'on n'avait pas retenu un vérificateur étranger était que le ministre craignait que pareille mesure n'entraînât la chute de la banque. Personne n'a soutenu que l'exercice des pouvoirs accordés sous le régime de l'article 56A n'avait pas été ou n'aurait pas dû être mis en œuvre. L'argument avancé par l'avocat des actionnaires a été que cette discrétion que le ministre pouvait trouver bon d'exercer n'était d'aucune utilité. La déclaration portant que l'emploi d'un vérificateur étranger aurait causé la chute de la banque jette quelque lumière sur ce point.

La correspondance échangée entre sir Thomas White et le président de la banque. M. Lash et d'autres, montre que ce fut avec grande répugnance que le ministre abandonna sa première idée de porter à la connaissance de l'Association des Banquiers la situation de l'établissement, mais qu'il y fut poussé par certaines représentations portant qu'un changement d'administration amènerait une amélioration de cette situation, et par les déclarations de M. Lash, en qui, je dois le dire, il avait beaucoup de confiance. Mais s'il est admis que ces représentations aboutirent à une demande de vérification des comptes de la banque, en vertu de l'article 56A, il n'est pas nécessaire pour moi d'expliquer les motifs qui m'ont porté à conclure que l'état des affaires révélé par ces représentations, rendait nécessaire l'institution d'une enquête sous le régime des pouvoirs conférés au ministre par l'article 56A de la Loi des banques, car la conduite du ministre est assez claire là-dessus. La lettre qu'il adressa au général Mason, alors président de la banque, le 24 janvier 1916 (pièce 43, p. 75), immédiatement après avoir reçu la plainte des directeurs de l'Ouest, par l'entremise de M. Fisher, montre qu'il considérait la situation comme sérieuse. Il faut se rappeler que ces représentations et ces plaintes n'ont pas été faites par des étrangers ou par des personnes qui avaient certains griefs ou certaines préventions contre la banque; elles furent faites par des personnes responsables des destinées de cette institution, par des directeurs que les actionnaires avaient chargés de voir à ce que cette institution fût administrée d'une façon honnête. Dans sa lettre le ministre dit qu'il croit de son devoir de requérir tous les détails, tant du bureau de direction que du vérificateur, sur les compte de la Cie Prudential Trust, *Pellatt & Pellatt* et A. C. Froot & Cie, ainsi qu'un état détaillé des garanties couvrant ces derniers. En réponse à une lettre reçue du président, lui demandant s'il lui serait accordé le délai de trente jours, stipulé à l'article 113 de la Loi des banques, pour préparer ce rapport, le ministre l'avisa que cette affaire était d'une nature si importante qu'il croyait bon d'exiger ce rapport dans le plus court délai.

Dans sa lettre à M. Fisher à ce sujet (pièce 54, p. 86), sir Thomas ajoute:

"Vous portez certaines accusations d'un caractère si défini que je crois qu'il est de mon devoir d'instituer une enquête à ce sujet."

Cette dernière phrase traduit bien l'effet qu'a produit sur le ministre la correspondance en question.

Les témoignages révèlent que, après que sir Thomas White eut reçu cette correspondance des directeurs de l'Ouest, des efforts furent tentés pour rénover l'administration de la banque, de manière à rencontrer l'approbation de tous les directeurs, efforts qui furent portés à la connaissance du ministre des Finances et qui furent dirigés par feu M. Z. A. Lash, C.R., lequel eut plusieurs entrevues et échangea de la correspondance avec le ministre à ce sujet. Mais en dépit de l'avantage qu'on eut pu retirer à mettre d'accord tous les directeurs, sir Thomas White ne crut pas trouver là la solution de la difficulté et définit sa position par sa lettre du 17 février 1916, à M. Lash, dans les termes qui suivent (pièce 71, p. 162):

"Sir Thomas White à Z. A. Lash
Re Home Bank du Canada:

"CHER MONSIEUR LASH,—J'ai votre lettre confidentielle du 14 courant et je crois devoir exiger les relevés dont vous faites mention. Ils peuvent en soi révéler une situation qui, réserve faite des autres comptes, me forcerait à porter la situation de la banque à la connaissance de l'Association des Banquiers, par l'entremise de son président, de cette ville. Le fait est que j'ai été mis au courant, par les directeurs de Winnipeg, d'un certain état de choses qui ne laisse pas d'être inquiétant. Je ne crois pas que je sois justifiable de retarder l'enquête, parce que les directeurs de Winnipeg pourraient me prier de surseoir l'exécution de cette mesure. La question est de savoir si, en face de la situation qui sera révélée par les documents, l'on doive permettre à la banque de continuer ses affaires. Je serais, par conséquent, très heureux que vous me fissiez parvenir ces relevés. Il ne me semble pas nécessaire que vous veniez à Ottawa à ce propos, questions, toutefois, que je laisse à votre discrétion. Je désire, bien entendu, donner au bureau de direction, une fois réorganisé, ainsi qu'à l'administration, toutes les chances possibles de remettre la banque à flot. Mais cette considération doit être subordonnée aux intérêts publics."

Voilà l'attitude adoptée en cette occasion par le ministre, en 1916, et deux ans plus tard, lorsque son attention fut de nouveau rappelée sur ce sujet par la lettre de M. Machaffie. Le caractère grave des représentations qu'elle renfermait fut apprécié par le ministre, comme le montre sa lettre à M. Lash, en date du 4 septembre 1918. A cette dernière il joignit celle de M. Machaffie, en copie, et pria M. Lash de porter cette affaire devant le bureau de direction. Il s'exprimait ainsi (pièce 90, p. 179):

"Sir Thomas White à M. Lash

"Je considère la chose comme étant de la plus haute importance, et j'ai l'intention de faire instituer à ce sujet une enquête minutieuse, par l'entremise de l'Association des Banquiers ou autrement. Toutefois, avant de recourir à cette mesure, je désire obtenir une réponse de M. Haney et de son bureau de direction."

Le point que je veux élucider à l'heure actuelle, c'est celui-ci: Est-ce que, oui ou non, les représentations qui ont été faites auraient pu motiver une enquête sous l'empire de l'article 56A de la Loi des Banques? Il ressort des témoignages précités et des lettres dont j'ai donné des extraits plus haut, que ces représentations ont été considérés de toutes parts comme étant d'un caractère propre à justifier une enquête, et je me rallie absolument à cette manière de voir.

Réponse à la question 2:—

La situation de la banque, telle que révélée par les représentations, était propre à susciter une enquête, en vertu des pouvoirs conférés au ministre des Finances par l'article 56A de la Loi des Banques.

La question 6 s'énonce ainsi:

"Quelles mesures ont été prises par le ministre des Finances, lors de ces représentations, le cas échéant?"

Il est évident que pour pouvoir répondre à cette question, il faut examiner toute la correspondance qui a été échangée entre le ministre et la banque et autres intéressés. Cette correspondance révèle d'abord que le ministre avait éprouvé de vives craintes touchant la position de l'établissement, et qu'il avait cherché à la remettre sur pied.

Pour ne parler que de l'année 1916, il est évident que l'intervention du ministre a été prompte, à la réception des trois mémoires des directeurs de l'Ouest, parce que, le 24 janvier 1916, il adressa une lettre au président de la banque, analysant les renseignements qui lui avaient été soumis par M. Fisher, ainsi que les plaintes qui lui avaient été formulées. Après avoir touché à la question des comptes des Compagnies Prudential Trust, Pellatt & Pellatt et A. C. Frost, dont la sauvegarde et la sécurité étaient menacées, le ministre termine sa lettre au président de la banque dans les termes suivants (pièce 43, p. 76) :

" *Sir Thomas White à James Mason.*—" Je vous serais obligé de vouloir bien, me faire parvenir, sous le cachet officiel, une brève narration de l'histoire de ces prêts, en spécifiant, le cas échéant, les sommes d'intérêt qui sont restées impayées sur ces comptes. Je désire également obtenir un état détaillé des titres détenus en garantie subsidiaire, ainsi qu'une estimation de la somme à laquelle ces derniers sont évalués par la banque. En dehors de toute considération de garantie, ces prêts me paraissent être extrêmement élevés, eu égard au capital de votre banque. Je ne puis vous exprimer l'espoir que l'inquiétude ressentie par les directeurs soit sans fondement. En vous adressant cette lettre au sujet du mémoire qui, comme je l'ai dit, m'a été envoyée officiellement, je ne fais que suivre la coutume qui a été adoptée jusqu'ici en pareils cas, et j'agis conformément à l'article 113 de la Loi des Banques."

Le même jour le ministre adressa au vérificateur de la banque, Sydney H. Jones, une lettre qu'il accompagna d'une copie de celle qu'il avait écrite au président. Elle était conçue en ces termes (pièce 46, p. 78) :

"*Sir Thomas White à Sydney H. Jones, La Home Bank du Canada.*—"Je vous remets, pour votre gouverne, copie d'une lettre que j'ai adressée ce jour à l'honorable James Mason, président de la Home Bank, relativement à un mémoire qui m'a été envoyé officiellement, au sujet de certains comptes de cette banque, avec prière de fournir des renseignements précis sur cette affaire.

En vertu des dispositions de l'article 56A de la Loi des Banques, j'exige que, en votre qualité de vérificateur, vous vous enquériez des comptes précités et que vous me fassiez parvenir à ce sujet un rapport précis. Vous voudrez bien accorder à cette affaire vos soins immédiats et, en ce faisant, vous m'obligerez."

M. Jones accusa réception de cette lettre, le 26 janvier 1916, mais ne semble pas s'être ocucpé des instructions du ministre, qui lui écrivit de nouveau, le 24 du mois suivant, comme il suit (pièce 59, p. 89) :

"*Sir Thomas White à Sydney H. Jones, La Home Bank du Canada.*—"Comme suite à ma lettre antérieure, par laquelle je vous priais de faire l'examen de certains comptes de la Home Bank, vous voudrez bien me faire parvenir un état détaillé indiquant les avances et les recouvrements d'argent, ainsi que les intérêts se rapportant au compte de la Cie A. C.

Frost. Les membres du bureau de direction, de l'Ouest canadien ont cru bon de me prier d'obtenir ces renseignements. Veuillez donc accorder à cette affaire vos soins immédiats."

M. Jones accusa réception de cette lettre, le 26 février 1916, et, dès les premiers jours de mars suivant, il envoya au ministre un état détaillé, indiquant les avances et les recouvrements d'argent, ainsi que les intérêts afférents au compte de la Cie A. C. Frost, lequel, dit-il, il avait été vérifié d'après les registres de la banque (pièce 61, p. 90). Voilà tout ce qui a été fait par le ministre et le vérificateur, en vertu des dispositions de l'article 56A de la Loi des Banques.

Il est clair que le ministre reposa avec confiance sur les opinions exprimées par M. Lash, l'avocat de la banque, et qu'il accepta ses conclusions. Il en résulta que, à la suite des représentations faites par M. Lash et les directeurs, alors travaillant de concert, sir Thomas White leur permit de solutionner la situation, mais en agissant ainsi, il est clair que le ministre ne laissait pas de manifester certaines inquiétudes, et il est facile de constater son opinion sur l'état des affaires de la banque, à la lecture de la lettre qu'il adressa à M. Lash (pièce 84, p. 175).

"*Sir Thomas White à Z. A. Lash.*—"Je suis en possession de votre lettre du 23 courant, par laquelle vous m'exposez, en substance, les incidents qui ont marqué notre entrevue de mercredi. Vous comprenez parfaitement que je me réserve la liberté entière de conférer avec le président de l'Association des Banquiers, ou de prendre toutes autres mesures qui pourraient être, selon moi, dans l'intérêt du public, sans entrer de nouveau en communication avec M. Haney ou avec vous-même à ce sujet. Cependant, d'après votre exposé, celui de M. Haney et la lettre de M. Crerar, il me semble que la situation de la banque s'améliore. J'aimerais savoir d'une façon certaine que les intérêts sur le compte de Frost ne seront pas considérés comme des bénéfices ni distribués aux actionnaires sous forme de dividendes. Et tant que la situation relative à la Nouvelle-Orléans ne sera pas éclaircie, il me semble également opportun que vous suiviez la même ligne de conduite à l'égard de ce dernier compte."

Dans la semaine suivant la réception des lettres de M. Fisher, le ministre a eu des entrevues avec M. Haney, vice-président de la banque, et avec M. Barnard, alors administrateur (pièce 51, p. 80), dont les rapports avec la banque ont été critiqués, et il leur a rappelé la nécessité de prendre des moyens énergiques au sujet des comptes douteux, leur signalant le danger de montrer comme bénéfices des intérêts impayés. Le ministre a ensuite reçu des communications de M. Fisher, C.R., de M. Lash, C.R. et de M. J. Cooper Mason, gérant général suppléant de la banque, communications accompagnées de documents montrant l'état des comptes exigés (pièce 63, p. 93). Toutes ces communications et ces renseignements ont été reçus par le ministre dans les quatre semaines suivant la plainte des administrateurs de l'Ouest, ce qui montre qu'il n'a pas perdu de temps pour chercher à obtenir les renseignements nécessaires. La correspondance démontre que, si les administrateurs de l'Ouest et ceux de l'Est avaient réglé leur différend, il ne croyait pas devoir s'exempter de faire une enquête complète sur les affaires de la banque. (pièce 71, p. 162). Mais de nouvelles correspondances avec M. Lash et M. Crerar, des entrevues avec ces deux hommes et avec M. Haney, les renseignements reçus au sujet des comptes—dont une bonne part était trompeuse et fausse—la promesse d'une enquête complète sur les affaires de la banque, sous la direction de MM. Haney et Machaffie, les renseignements fournis par ces deux messieurs (pièce 83, p. 172) et le désir entretenu par le ministre d'empêcher la déconfiture des banques, eu égard à la situation créée par la guerre, tout a contribué à le faire acquiescer à la demande unanime du conseil d'administration de ne pas instituer d'enquête. Aucun rapport du vérificateur n'a été demandé, m reçu. Une letttre de M. Crerar (pièce 81, p. 171) a représenté au ministre qu'un changement ayant eu lieu dans la direction, il était certain que les renseignements désirés par les administrateurs de l'Ouest au sujet des affaires de la banque, de même que les changements demandés, pouvaient s'obtenir sans l'aide de l'extérieur, que la situation s'était beaucoup améliorée depuis quelques mois, et qu'il valait mieux poursuivre l'enquête dans la banque plutôt qu'à l'extérieur.

Si les renseignements ainsi fournis au ministre sur ces comptes avaient été exacts, il est assez clair que la ligne de conduite adoptée aurait été dans l'intérêt de tout le monde, y compris les déposants. Mais il est difficile de croire qu'on avait dévoilé au ministre la situation exposée par M. Lash dans sa lettre du 29 février 1916 adressée à M. Fisher (pièce 132, p. 292) :—

> "*Z. A. Lash à James Fisher*
>
> "Plus j'examine la situation de la banque, même en supposant que tous les comptes seront en définitive payés au complet, plus je me prends à douter qu'elle puisse continuer à faire des affaires. La somme immobilisée pour un temps idéfini dans quatre gros comptes représente probablement le triple du capital payé et plus de la moitié du total des dépôts. S'il arrivait quelque chose de nature à faire retirer même une partie relativement faible des dépôts, je ne vois pas comment la banque pourrait rester ouverte sans aide extérieure.
>
> "J'ai dit à sir Thomas que depuis que j'avais un aperçu de la situation de la banque, j'avais eu pour unique but d'arranger les choses de manière que si le pire se produisait, l'on puisse liquider sans fermer. Cela ne peut se faire qu'avec l'aide des autres banques, et je demande au conseil des instructions précises afin que je sache jusqu'où je puis aller dans ce sens en consultant sir Thomas White, car il compte pour beaucoup dans la circonstance, il ne faut pas l'oublier. Il m'a dit, et je ne puis contester la justesse de son attitude, qu'à la suite des renseignements pour le moins inquiétant que vous lui aviez fournis au nom des administrateurs de Winnipeg, la responsabilité retombait sur lui et qu'il ne pouvait pas s'y soustraire même si ceux qui avaient demandé son intervention désiraient qu'il s'abstienne d'agir."

Ici, l'on peut faire remarquer que cette communication n'était pas adressée à sir Thomas et que rien ne prouve qu'il ait été mis au courant des opinions de M. Lash exprimées ci-dessus. A la suite des représentations susmentionnées, la main du ministre s'est trouvée arrêtée, aucune inspection n'a eu lieu, et la vérification, si l'on peut l'appeler ainsi, a été inutile.

M. Lafleur, un des avocats du gouvernement, a signalé l'illogisme de demander des renseignements aux gens dont on suspecte la bonne foi, et que la seule ligne de conduite à suivre était d'obtenir des renseignements au moyen d'une intitiative extérieure. On ne me demande pas de commenter la ligne de conduite tenue par le ministre, mais simplement de dire ce qu'il a fait. Il appartient aux intéressés de tirer les conclusions que semblent justifier les circonstances.

Lorsqu'il reçut la plainte, en 1916, le ministre ordonna d'abord que M. Jones, le vérificateur de la banque, fasse enquête et rapport sur les comptes visés dans la plainte, en vertu de l'article 56A de la loi des banques (pièce 46, p. 78). En même temps, il demanda au président de la banque de lui fournir des rapports spéciaux en vertu de l'article 113 de la même loi (pièce 43, p. 75).

Quant à la conduite du ministre en 1918, lorsqu'on fit une nouvelle plainte, il est clair qu'en recevant la lettre de M. Machaffie, en date du 29 août 1918 (pièce 88, p. 178), le ministre en a immédiatement communiqué la teneur à M.

Lash, comme il appert par sa lettre du 4 septembre 1918, dans laquelle il met une copie de celle de M. Machaffie à lui adressée demandant que le conseil d'administration s'en occupe et fasse rapport. La lettre se lit ainsi (pièce 90, p. 179:—

" *De sir Thomas White à Z. A. Lash*

" *Au sujet de la Home Bank*

"Cher monsieur Lash,—Je vous envoie copie d'une lettre que j'ai reçue de M. Machaffie, ancien assistant du président de la banque susmentionnée. Je sarai heureux que vous discutiez la question avec le conseil administratif et que vous fassiez préparer un rapport traitant des différentes accusations portées. La question me paraît être de la plus grande importance au point de vue du public, et j'ai l'intention de faire faire une enquête complète, soit par l'Association des Banquiers ou autrement. Mais avant de prendre cette mesure, je tiens à recevoir une réponse de M. Haney et de son conseil."

L'absence de M. Lash et la maladie de M. Haney semblent être les causes du retard de la transmission de la réponse du conseil aux accusations proférées par M. Machaffie, mais cette réponse fut envoyée au ministre le 29 octobre 1918 (pièce 96, p. 182). Le rapport est volumineux. Il traite de tous les comptes douteux, conteste les accusations de M. Machaffie et dépeint une situation qui, si elle avait été exacte, aurait prouvé qu'il n'était pas nécessaire d'agir. Ce rapport est sous la forme d'une résolution du conseil administratif traitant de tous les chefs de plainte de M. Machaffie et signée par le président. Il faut regretter qu'à bien des égards ce rapport n'ait pas été vrai. Mais il semble avoir convaincu le ministre que dans les circonstances il valait mieux laisser les dirigeants éclaircir la situation.

Ayant parlé assez longuement de la lettre de M. Machaffie, je dois ajouter que le fait suivant en aurait diminué la force persuasive dans l'esprit de qui que ce soit. Le 25 février 1918, M. Machaffie avait rédigé une lettre adressée au ministre des Finances (pièce 135, p. 390) dans laquelle il faisait certaines représentations concernant le compte de Pellatt (celui de la Nouvelle-Orléans) et le compte de Frost, critiquant ces comptes et prétendant que bien d'autres étaient aussi dans une situation précaire et blâmant la conduite du président, M. Haney. Cette lettre ne fut pas envoyée au ministre des Finances, mais une copie en fut transmise à la Home Bank (pièce 146, p. 402). M. Machaffie rétracta ensuite toutes ces affirmations dans une lettre adressée à la banque, dans laquelle il admettait que ses renseignements avaient été inexacts et incomplets et que sa première lettre pouvait créer une fausse impression sur la situation de la banque et la conduite de ses affaires. Le ministre était au courant de cette rétractation, dont la raison résidait dans le fait qu'il pouvait faire régler sa réclamation contre la banque. Si l'exactitude des renseignements relatifs aux affaires de la banque dépendait des affirmations de M. Machaffie, il serait peut-être exagéré de dire qu'il n'y fallait donner aucune attention. Mais reste le fait qu'il les avait rétractées dans des circonstances singulièrement de nature à les affaiblir et à montrer leur auteur sous un jour peu favorable. Si la question n'avait concerné que M. Machaffie et les dirigeants de la banque, personne n'aurait pu s'attendre à ce qu'on tienne compte des dire de M. Machaffie. En réponse à la lettre du ministre demandant un rapport sur ces questions, on lui soumit, le 29 octobre 1918, une longue déclaration signée par le président de la banque et présentée comme un rapport unanime du conseil, priant le président d'en transmettre une copie à M. Lash et une autre au ministre (pièce 96, p. 182). Le rapport parlait de ce qu'on avait fait en 1916, des changements opérés depuis dans l'administration de la banque, des comptes qui avaient causé tant de difficultés, et donnait une bonne note sur les comptes de la Colombie-Britannique et de la Nouvelle-Orléans; il niait qu'on ait versé des dividendes à même le capital, affirmait que les bénéfices réels de la banque justifiaient le paiement des dividendes, donnait les bénéfices nets de 1917 et 1918 et contestait les dénonciations de M. Machaffie contre l'entreprise de construction maritime; il affirmait au ministre que la situation de la banque s'était raffermie petit à petit, donnait des chiffres sur ce progrès pendant une période comprenant les années 1917 et 1918, et s'étendait longuement sur la situation améliorée de l'institution. Ce rapport était de nature à rassurer tous ceux qui le croyaient et était évidemment écrit dans ce but. Le ministre l'ayant reçu n'a pas cru qu'il était nécessaire d'ordonner une nouvelle enquête. Le rapport était rédigé de manière à soulever une question entre M. Machaffie et le président et les administrateurs de la banque et à masquer ainsi la vraie question en jeu.

Réponse à la question 3:—

La conduite du ministre des Finances, lorsqu'on lui fit des représentations, a été:—

(*a*) De demander des rapports spéciaux de la banque en vertu de l'article 113 de la loi des banques.

(*b*) De demander un rapport du vérificateur de la banque en vertu de l'article 56A.

(*c*) De demander et d'obtenir des renseignements de M. Lash, avocat de la banque, du président et des autres administrateurs, y compris des états détaillés des comptes relatifs aux affaires de la banque avec les individus et les compagnies dont les noms suivent: " A. C. Frost & Co."; " Pellatt & Pellatt "; le " Prudential Trust," le compte de la Nouvelle-Orléans.

(*d*) De défendre pour l'avenir la capitalisation des intérêts des comptes douteux.

(*e*) D'obtenir de M. Lash et du président qu'ils feraient une enquête complète sur les affaires de la banque, sous la direction de M. Haney et de M. Machaffie.

Il est également juste de dire que l'intervention du ministre en 1916 a déterminé un changement dans la direction de la banque et que M. Haney est devenu le vice-président avec l'entente qu'il devait exercer les fonctions de président et avoir plein pourvoir relativement à l'organisation du personnel; ce changement sembla avoir recueilli l'approbation de tous les intéressés, bien qu'il n'ait pas amélioré la situation.

La question 4 se lit ainsi:—

" Quel effet aurait eu une vérification en vertu de l'article '56A de la loi des Banques, si cette vérification avait eu lieu en 1915, et 1916 et en 1918, sur la conduite des affaires de ladite banque et sur la situation des déposants actuels."

Me bornant aux années 1916 et 1918, vu qu'aucune partie de la preuve ne se rapporte à 1915 me paraît clair qu'une bonne vérification aurait révélé un état de choses demandant l'application immédiate de remèdes énergiques. On remarquera que, tant dans son témoignage que dans son argumentation, sir Thomas White fait remarquer qu'il a demandé le vérification de certains comptes en vertu dudit article de la loi et que l'autre avocat, tel qu'il est mentionné dans la réponse à la question 2, l'a blâmé d'avoir fait faire ce travail par le vérificateur de la "Home Bank" au lieu de choisir un apurateur étranger ou nommé par l'Association des Banquiers, comme il y avait d'abord songé. Il appert qu'il n'a reçu aucune vérification de ce genre, et à la page 346 des témoignages, il répond ainsi aux questions de M. McLaughlin:—

"Q. Ainsi vous avez demandé une vérification en vertu de l'article 56A, mais vous n'en avez jamais reçu?—R. J'ai reçu la vérification du compte de Frost.

Q. Simplement la copie du compte du grand livre?—R. Eh bien, c'est ce qui apparaît d'après les pièces. Je ne me rappelle pas avoir reçu autre chose, mais cela se peut. Je ne dis pas que j'en ai reçu.

Q. Il n'y a rien autre chose dans les pièces. Ce n'était évidemment pas là le genre de vérification indépendante que désiraient les directeurs?—R. Jusqu'à une certaine époque, non, mais jusqu'à un certain moment, ils voulaient une vérification indépendante.

Q. Et ce vérificateur était celui qui avait certifié les divers rapports de la banque d'année en année?—R. Oui.

"Q. Ainsi donc, le prier de déposer un autre rapport equivaudrait simplement à lui redemander son rapport primitif, soit, le forcer à confesser son tort?—R. Ce n'est pas ce que je crois; son premier rapport traitait de comptes généraux. Je lui ai demandé un rapport comportant tous détails congrus.

"Q. En tous cas, aucun rapport n'est jamais arrivé, si ce n'est celui-ci?—R. Il semble bien."

Les déclarations du ministre sont à l'effet que s'il eût été mis au courant des affaires telles qu'elles étaient en 1916 ou 1918, il eût fait le nécessaire pour faire face à la crise. Les mesures à prendre et qu'il a indiquées sont que, en faisant appel à l'Association des Banques, il eût pu réussir à convaincre une autre institution à prendre cette banque sous son égide. Et même, advenant que pour des raisons que l'on peut imaginer, cette transaction n'eût pu s'effectuer, je suis d'avis que la communication aux actionnaires de l'état des affaires n'eût eu d'autre effet qu'un changement complet du personnel d'administration. Toute personne dont l'argent était menacé devait comprendre sur le champ la nécessité d'exiger la liquidation des plus gros comptes dont l'inactivité drainait graduellement les ressources de la banque. Impossible de dire avec quelque certitude ce qu'il serait advenu, au sein de n'importe quelle entreprise, mise en face d'un certain état de choses; et ce qui affaiblit d'avance toute supposition en ces matières est le fait que l'opinion des gens et leur état d'âme sont exposés à subir, même inconsciemment, les effets d'événements subséquents à la période de temps soumise à l'examen. Il suit que la portée d'une réponse à une question de cette nature doit, de ce chef, perdre de sa valeur. Toutefois et en dépit de tous ces avatars, il importe de toujours se rappeler, dans les jugements que l'on porte, le jeu immanent de l'instinct de sécurité qui se manifeste en affaires de finances. Il est de fait que la révélation dans toute leur crudité des affaires de la banque en 1916 et, avec encore plus de raison en 1918, aurait dessillé les yeux et fait voir que sous l'administration du personnel d'alors, l'établissement se trouvait extrêmement exposé; que le personnel, auquel venait se joindre un autre groupe rattaché de près aux opérations, manipulait les fonds de la banque de façon incompatible avec le status de l'établissement; que le capital avait reçu de fortes entorses s'il n'était pas entièrement dilapidé, et que des chiffres fictifs de recettes étaient inscrits au compte de profits et pertes en vue de justifier la publication de dividendes inexistants; et de ce fait, il me semble que l'on peut en toute sécurité affirmer qu'un examen des livres de l'institution en 1916 ou en 1918 eût attiré l'attention des actionnaires sur un état de choses qui eût déterminé chez eux l'exigence immédiate d'un renouvellement des directeurs et une orientation absolument inverse des activités. Je trouve inconcevable que l'on eût réussi à s'assurer l'autorisation du ministère des finances ou des actionnaires de la banque pour la perpétuation d'une gestion des fonds de la banque comme celle qu'eût trahie un examen complet et sérieux des livres. Il eût pu se faire que le ministre, après examen, réussît à fusionner l'établissement avec un autre. Advenant la réussite de cette fusion, les affaires fussent passées en mains plus honnêtes et eussent trahi la nécessité; il me semble du moins, de liquider. Il suit en effet que devant la connaissance des faits, connaissance qui se fût effectuée après un examen sérieux, il se fût produit incessamment une course des dépositaires en même temps que l'éloignement de la confiance du grand public. Tout cela, ajouté à la triste condition des comptes considérables, et à l'impossibilité de les convertir en actif liquide, eût amené la liquidation.

J'en arrive maintenant à la deuxième partie de la question, à savoir:—

"Qu'eût produit, à l'endroit des dépositaires présents, un tel examen?"

Je prétends, en réponse, qu'il est acquis qu'un examen eût été effectif et complet et que, comme je l'ai déclaré, il s'en fût suivi, soit la fermeture des portes de la banque, soit la fusion avec une autre banque et, de ce faits, une assise sûre pour ses activités futures, vu que, pour les raisons que j'ai indiquées, son status indépendant eût cessé automatiquement. A la lumière de ces conjectures, il devient évident que, pour ce qui est de 1916, un examen des livres eût dégagé les dépositaires de l'époque; en effet et bien que les fonds de l'institution eussent été largement, sinon complètement absorbés, il restait un solde assez satisfaisant, si l'on en croit le témoignage de M. Edwards.

Rien de nous éclaire sur le nombre en 1916 et 1918, de ceux que l'on nous donne comme "les dépositaires présents"; toutefois il appert, du moins pour ceux qui fréquentaient les guichets de la banque en 1916, que leurs dépôts eussent été intégralement remboursés à même les fonds de la banque que venait épauler la responsabilité des actionnaires, et c'est bien cette responsabilité des actionnaires qui eût pu sauver les dépositaires en 1918.

Il est de mon devoir de promener un œil particulièrement sévère sur l'état des affaires de la banque en 1916 et 1918 pour répondre à la question qui vient ensuite, et le résultat de cette enquête se rattache de très près à la réponse que je fais à la question présente; il reste toutefois que sur cet aspect de la question 4, je trouve qu'un examen sérieux effectué en 1916 eût déclanché des initiatives qui eussent évité des pertes aux dépositaires. Bien que, faute de preuves pour asseoir une conclusion, il devienne impossible de parler avec la même assurance pour l'année 1918, il reste probable que l'examen des livres eût amené semblable découverte, si l'examen eût été effectué, suivi de certaines initiatives, cette année-là même.

Réponse à la question 4:—

Vu les considérants ci-haut, je suis d'avis qu'un examen effectué en 1916 et 1918 en vertu de l'article 56A de la Loi des Banques eût eu comme conséquence, en matière d'administration des affaires de la banque, soit:

(*a*) Une liquidation immédiate, sitôt l'examen terminé, soit

(*b*) La fusion avec une autre banque.

Pour ce qui est des intérêts des dépositaires actuels:—

Un examen effectué en 1916 eût évité toute perte aux dépositaires actuels.

Un examen effectué en 1918 eût pu leur éviter toute perte.

La question comporte ce qui suit:—

"Quel était l'état financier de ladite Home Banque du Canada dans les années 1915, 1916 et 1918 respectivement, et quelles mesures, au besoin, eussent pu, sous la conduite du Gouvernement, régler la question?"

Les rapports adressés au Gouvernement en 1916 indiquent (page 495, ex. 170) que le capital versé de la banque était de $1,946,639; la réserve, $300,000; les dépôts, $10,028,224. L'ensemble de passif, $18,722,963, et celui de l'actif, $21,030,353. A telle enseigne, il fut publiée et versé un dividende de cinq pour cent. Ces données trahissent un excédent de l'actif sur le passif de $2,307,390, excédent que les directeurs de la banque indiquèrent au Gouvernement, cette année-là, comme constituant l'état financier de la Home Bank of Canada. Les experts-comptables, MM. Clarkson et Edwards, qui sont venus devant la Commission, étaient sans nul doute parfaitement qualifiés pour trouver la réponse à cette question. Toute la divergence qui peut se trouver dans les dire de ces deux messieurs ressort de leur opinion sur ce qu'eût pu être leur jugement respectif advenant qu'on les eût mis en face de l'actif physique de la banque en 1916 et, que dans le même temps on leur eût demandé de se prononcer sur leur valeur. Si la réponse à la question: "quel était l'état financier de la Home Bank en 1916?" devait reposer uniquement sur l'estimation à faire de l'actif de la banque, en l'année 1916, je suis d'avis que cette estimation eût été difficile à faire. Me confinant pour un moment aux comptes de quelque envergure particulièrement visés il me semble que celui au sujet duquel un vérificateur eût pu parler, à l'époque, avec quelque certitude, était celui de la Prudential Trust, désigné sous le nom de compte de la Nouvelle-Orléans. Les obligations qui garantissaient le prêt, avaient perdu toute valeur du fait que le bien-fonds avait été vendu pour désintéresser un autre créancier, et il semble bien qu'ici la perte eût été complète; toutefois et pour bien montrer comme il importe de se méfier des opinions hasardeuses, il suffit de dire que pour le présent M. Clarkson entretient de grandes espérances de voir ce compte rentrer en entier, grâce à des déboursés supplémentaires consentis en vue de garantir la dette. Une estimation des valeurs épaulant le prêt consenti à A. C. Frost & Co., en 1916, a dû subir le contrecoup des rapports publiés sur le compte de ces concessions forestières et que la banque détenait, de même pour les rapports de deux des directeurs qui avaient visité en personne la localité et avaient émis un avis favorable. On peut dire la même chose pour le prêt Pellatt & Pellatt; ces derniers prêts, encore qu'ils aient plus mal tourné qu'on ne s'y attendait, n'eussent certainement pas, en 1916, donné autant à réfléchir à un expert-comptable que présentement. De plus, l'idée d'ajouter les intérêts à un prêt en cours, et de porter ces intérêts au compte de profits et pertes d'une année à l'autre, doit au point de vue de la sécurité du prêt, se juger sur la valeur du bien-fonds qui garantit le prêt. Cette considération vaut, à mon sens, pour la conclusion à laquelle en serait venu un vérificateur, en 1916, sur l'état financier de la banque, en se basant sur l'actif physique si largement représenté dans les garanties existantes pour ces deux gros prêts. Je ne puis tirer que des conclusions vagues si je tiens compte des rapports qui eussent été mis à la disposition du vérificateur en 1916. Il est de toute évidence qu'un vérificateur n'eût pas pris sur soi d'établir une estimation des concessions forestières, pas plus d'ailleurs que de porter un jugement sur toutes les propriété et garanties épaulant les prêts Pellatt ou le prêt de la Nouvelle-Orléans; toutefois eu égard aux renseignements qu'il eût pu se procurer, en 1916, sur les garanties relatives à ces gros prêts; d'un autre côté, nous reportant en imagination aux conditions de cette année-là, il est ardu de fixer le chiffre à octroyer à cet actif en 1916, et, par suite, de dire ce qu'était l'état financier de la banque, toujours en se plaçant sous cet angle de la question. Si nous nous reposons sur les renseignements acquis depuis lors, il devient facile de répondre. Mais je suis d'avis qu'il existait, pour le guider dans ses calculs, des repères plus faciles à établir et tel qu'ils eussent éclairé la religion de n'importe quel vérificateur compétent. L'un de ces repères se trouve dans la possibilité où se trouvait la banque de réaliser et de publier des dividendes d'année en année. S'il est vrai de dire que, au point de vue abstrait de garantie, comme le laisse entendre les rapports disponibles, il était assez difficile de dire à l'époque que la capitalisation des intérêts de ces comptes devait de toute nécessité constituer un danger; d'un autre côté, si l'on tient compte du fait que cette situation avait pour effet de priver la banque de son actif liquide convertissable en dividendes et en monnaie utilisable pour les fins journalières, ces comptes devaient inspirer les craintes les plus sérieuses. Il est tout aussi nécessaire pour une banque d'ordonner son actif en vue de réaliser des dividendes qu'il l'est de rendre sa solvabilité évidente pour tous par le jeu de la comparaison entre son passif d'ordre général et son actif. Or, le capital et les ressources de cette banque étant ce qu'ils étaient, la capitalisation des intérêts pour des comptes aussi importants, capitalisation faite d'année en année, était de nature à passer pour un procédé plein de périls, et de périls prochains. Par ailleurs je suis d'avis qu'il serait raisonnable de dire que l'existence même de ces comptes nécessitant la capitalisation des intérêts, constituait en soi une circonstance aggravante, compte non tenu des garanties de ces prêts. Qu'une banque laisse passer un dividende, la chose est trop commune pour que l'on y prenne garde. Il est possible d'imaginer des circonstances qui permettent aux directeurs de se croire justifiables de décider de verser des dividendes comme à l'ordinaire, même au cas où les profits des opérations ne seraient pas réalisés en argent liquide, comme c'est le cas pour cette banque. Toutefois avant de laisser s'écouler une autre année, il est hors de doute qu'il importe de prendre les initiatives nécessaires pour liquider de force les comptes qui rendent cette attitude nécessaire. S'il en était autrement, on aboutirait à la situation que nous avons sous les yeux.

Aussi, il y a toujours le danger que pour une raison ou une autre, il se produise une course sur la banque et il lui faut un certain montant d'argent liquide afin de parer à la situation. L'existence d'une cause justifiant une action de ce genre est étrangère à la question. Il arrive en effet de temps en temps que les déposants s'alarment, souvent à tort, et en conséquence ils demandent leur argent. Aucune banque ne devrait perdre de vue la possibilité qu'un incident de ce genre se produise, et être prête à y faire face. A ce point de vue il est inutile de discuter que ces comptes alors portés par la Home Bank étaient rien moins que sûrs, et je suis d'avis que tout auditeur compétent aurait été obligé de les signaler comme tels. Ici encore on s'apercevra que ceci n'a aucun rapport direct sur la suffisance de la sécurité pour le principal et l'intérêt du prêt, mais l'existence de ces prêts considérables était à mon sens, tout à fait contraire à de bons principes bancaires, pour les deux raisons brièvement exposées plus haut, et par conséquent ils mettaient la banque dans une situation très risquée. Pour ces motifs, plutôt que par la comparaison de l'actif et du passif, je pense qu'un auditeur compétent, après s'être rendu compte de l'état des affaires en 1916, aurait été forcé de signaler une situation extrêmement dangereuse relativtement à la banque, car il était évident que les dividendes étaient pàyés à même l'intérêt capitalisé; en d'autres termes, à même des recettes qui n'étaient pas disponibles. Cet auditeur aurait été obligé de s'attaquer au fait alarmant que le montant de l'intérêt ainsi capitalisé et absorbé dans les profits, s'élevait alors à beaucoup plus que tout le capital et la réserve de la banque. Il aurait vu que durant l'année 1915, bien qu'un profit de $163,900 eût été accusé, l'état réel des affaires était que des intérêts non perçus sur quatre comptes, s'élevant à un montant dépassant $275,000 avaient été absorbés dans les profits; (p. 270) que dans l'année 1916, pour laquelle il avait été accusé un profit de $133,406, des intérêts non perçus s'élevant au montant de $210,000, (p. 271) avaient été portés au compte des profits. La nécessité de prendre ces montants annuels non perçus dans les profits et pertes afin de déclarer un dividende aurait donné beaucoup à penser à un auditeur, sans tenir aucunement compte de la question comme quoi la garantie disponible pour chaque compte individuel, aurait pu résister à l'addition supplémentaire des intérêts aussi bien que du principal qu'elle était censée garantir. Il n'y a pas de doute qu'un vérificateur se serait trouvé très embarrassé de découvrir ces comptes dans l'état où ils étaient, et il aurait été forcé de le signaler accompagnés d'observations nécessaires selon son jugement à la question de la garantie, mais en outre de leur sûreté à ce point de vue, le fait qu'en capitalisant l'intérêt de ces comptes ils absorbaient plus d'argent que la banque n'en faisait d'une année à l'autre, l'aurait convaincu de l'existence d'une situation très dangereuse. J'ai démontré quelle était la situation en 1916 en me reportant aux comptes précités, mais d'autres comptes étaient dans le même état, et toutes ces choses considérées dans leur ensemble présentaient les symptômes les plus alarmants.

Pour les motifs précités, je ne puis pas trouver une réponse satisfaisante à cette question par la comparaison de l'actif et du passif. Je crois que c'est parce qu'il avait considéré la question sous ce jour, que feu M. Z. A. Lash, C.R., écrivit en février 1916 à M. Fisher, C.R., de Winnipeg (pièce 132, page 292) la lettre citée en partie précédemment, dans laquelle il exprimait des doutes quant à la possibilité pour la banque de continuer ses opérations, parce que, comme il le disait:

> "*Z. A. Lash à James Fisher.*
>
> "Le montant engagé indéfiniment dans quatre gros comptes est supérieur de peut-être trois fois au capital payé et représente plus de la moitié du total des dépôts."

Et il fit aussi allusion au danger que présentait même une légère course sur la banque.

Ayant égard à l'état dans lequel se trouvait la banque dans les années en question, après avoir fait une comparaison entre l'actif et le passif, M. Edwards a témoigné comme résultat de ses recherches que l'actif de la banque dans l'année 1916 aurait dû être réduit de la somme de trois millions de dollars, ce qui aurait laissé l'actif à peu près au même chiffre. Les déposants auraient été ainsi assurés que leur argent était en sûreté, et que tout le capital ainsi que le fonds de réserve avaient disparu. (P. 515). Pour obtenir ces chiffres M. Edwards a évalué l'actif, comme il était nécessaire pour lui de le faire, et bien que la chose puisse se faire facilement à présent, cependant, d'après les renseignements disponibles en 1916, je ne puis dire que la chose m'aurait paru aussi claire à cette époque.

M. Clarkson, l'un des liquidateurs, s'est exprimé en termes très mesurés au sujet de la situation exacte dans laquelle se trouvait la banque en 1916, mais il remarque à la page 283:

> "Il a dû croire que la banque ne faisait pas assez de profits pour lui permettre de continuer le paiement de dividendes sans capitaliser l'intérêt sur les comptes qui se trouvaient en danger, ou du moins dans une sécurité précaire; et tel étant le cas, la situation a dû lui sembler sérieuse."

Et il dit plus loin (P. 287):

> "Les présages alarmants étaient nombreux et la situation où se trouvait le revenu était l'un de ceux-ci."

Jusqu'en mai 1916, l'intérêt capitalisé sur le compte de la *A. C. Frost & Co.* a été estimé par M. Edwards à $535,000 (p. 540), et il peut ne pas être déplacé de dire que jusqu'à la date de la faillite, l'intérêt avait été capitalisé jusqu'à concurrence de deux millions de dollars.

La situation financière de la banque dans l'année 1918 alors que l'attention du ministre y a été attirée une seconde fois, était devenue plus sérieuse, bien que les rapports de cette année-là envoyés au gouvernement ne donnèrent aucun sujet d'inquiétude. Les rapports indiquaient (pièce 170, p. 495) que le capital payé avait légèrement augmenté, étant alors de $1,947,635. La réserve était la même, soit $300,000. Les dépôts accusaient une augmentation de presque cinq millions de dollars, étant de $14,988,422. Le passif total s'élevait à $25,842,635 et l'actif à $28,270,766. D'après tous ces chiffres il semblait que si l'actif était réalisable, la banque était à cet égard, sur un bon pied. Mais l'examen des livres aurait fait voir — d'après le témoignage de M. Edwards — que les intérêts accumulés et impayés pour les années 1916, 1917 et 1918 s'élevaient à $676,000 (p. 509), ce qui démontre d'une manière frappante combien ces comptes inactifs étaient dangereux. Cet examen aurait aussi fait voir qu'en 1917 l'état de la banque accusait un profit de $142,900, mais que dans cette année des intérêts s'élevant à $205,000 avaient été capitalisés et jamais perçus (p. 271); que les recettes de la banque pour 1918 étaient de $167,157. C'étaient les plus satisfaisantes depuis longtemps, mais comme question de fait, le rapport annuel représentait la banque comme ayant réalisé $228,963 au cours de cette année-là. (p. 271).

Après avoir reçu la lettre de M. Machaffie, le ministre revint à sa détermination de référer la chose à la *Canadian Bankers' Association*, mais pour les raisons dûment détaillées en réponse à la question 3, on l'a persuadé de n'en rien faire.

En ce qui concerne les autres pertes qui s'étaient produites de 1916 à 1918, il est difficile de se former une conclusion. Il est certain que cette diminution s'était produite au cours de cette période, bien que les témoignages ne donnent aucuns détails relatifs au montant. Deux dividendes annuels s'élevant à plus de $190,000 avaient été payés dans l'intervalle.

La dernière partie de cette question demande:

" Quelles mesures le gouvernement aurait-il pu prendre afin de sauver la situation? "

En considérant ce que le gouvernement aurait pu faire à cet égard dans les années précitées, on fait remarquer qu'il est probable que d'autres institutions financières seraient venues en aide à la banque. Par la surveillance continuelle sur les affaires bancaires et à cause du fait que chaque banque doit renouveler sa charte tous les dix ans, il est évident que le ministère des Finances est en mesure d'exercer une grande influence auprès de la *Bankers' Association*. Bien que le gouvernement ne possède pas le pouvoir d'obliger une banque à en absorber une autre, et que la *Bankers' Association* ne possède aucun fonds afin de lui permettre de venir en aide à une banque faible, néanmoins, la stabilité des institutions bancaires étant la loi suprême dans les cercles financiers, on peut se rendre compte de la force de l'opinion exprimée par sir Thomas White, que son intervention aurait eu pour résultat l'absorption de la Home Bank par une autre ou par d'autres banques. Strictement parlant, il n'aurait pas pu imposer cette manière d'agir à la *Bankers' Association*, ou à toute autre banque, et donc, si l'on considère ce que le gouvernement aurait pu faire à part la coopération par les autres banques ou par la *Bankers' Association*, la réponse à une question si restreinte est, je crois, qu'après que le gouvernement se serait rendu compte des faits, il aurait fermé la banque et lui aurait imposé la liquidation à une époque où à mon sens, les déposants n'auraient rien perdu. Mais il restait cependant encore l'offre de leurs services par les autres institutions financières afin de répondre au désir exprès du ministère des Finances, surtout lorsqu'on considère la très importante nécessité de la stabilité financière à cette époque. Si, à cause de la situation qu'auraient révélé alors une vérification et inspection convenables, toute autre institution financière se serait embarrassée ou non des obligations de la Home Bank, est une question à laquelle je ne puis donner une réponse précise et absolue. La déposition donnée par sir Thomas White est claire et distincte qu'il n'aurait pas permis alors à la Home Bank de faire faillite, mais il l'aurait fait absorber par une autre institution. Il a expliqué clairement toutefois qu'il n'aurait pas pu imposer cette manière d'agir à aucune banque. Il faisait allusion à l'état des affaires au point de vue national, et à la très pressante nécessité qui existait alors de garder un front financier solide devant les demandes mondiales, et de se fier au patriotisme prouvé de ceux qui dirigeaient les questions financières à l'intérieur du Canada. Sir Henry Drayton a exprimé la même opinion. En ce rappelant ces deux manières d'agir à la disposition du gouvernement, il est clair je crois, que tout ce qu'il aurait pu faire afin de sauver la situation pour les déposants aurait été, soit de fermer la banque, d'exiger la liquidation de son actif afin de faire face à ses obligations autant que possible, ou faire appuyer telle influence auprès de la *Bankers' Association*, ou quelque autre banque, qui aurait pu avoir comme résultat sa fusion avec quelque autre institution financière.

Réponse à la question 5:—

1. Situation financière de la Home Bank.

En 1916

(a) Plus du double du chiffre de son capital versé et de sa réserve était circonscrit dans quatre comptes et les valeurs y relatives n'étaient pas réalisables.

(b) Aucun intérêt n'avait été payé sur trois de ces comptes importants.

(c) Aucun argent n'était disponible pour le paiement des dividendes, sauf celui des déposants, et les dividendes payés chaque année l'avaient été à même ces fonds.

(d) La banque n'aurait pu satisfaire à aucune demande d'argent, de la part des déposants, fut-elle pour une faible fraction de leurs dépôts.

(e) La somme globale du capital versé et de la réserve de la banque avait été perdue.

(j) La banque avait éprouvé une perte d'actif estimée par M. Georges Edwards à plus de $3,000,000, laissant l'actif et le passif à peu près égal.

En 1918

(a) Il n'y avait eu aucune réduction dans le chiffre des créances dues à la banque par ses plus gros débiteurs, mais, au contraire, il s'était produit une nouvelle capitalisation d'intérêts.

(b) Toutes les difficultés qui existaient en 1916 s'accentuèrent.

(c) Les dividendes payés dans l'entretemps se montant à plus de $190,000, avaient été payés à même l'argent des déposants.

(d) De nouvelles pertes d'actifs avaient été éprouvées, mais les auditeurs ne purent déterminer au juste quel en fut le chiffre.

II. Les seules mesures que le gouvernement aurait pu prendre pour remédier à la situation auraient été d'instituer une enquête minutieuse au sujet de l'état des affaires de la banque, ce qui aurait amené:

(1) Soit la liquidation de la banque,

(2) Soit son amalgamation avec une autre banque.

Il est à remarquer que, par arrêté du Conseil n° 412, en date du 17 mars 1924, le comité du Conseil privé représenta que les pouvoirs du commissaire, en vertu de l'arrêté du Conseil n° 306: —

" Ne soient pas limités aux années 1915, 1916 et 1918 mentionnées dans la requête des déposants, mais que la période soumise à l'enquête sur les transactions de la banque devrait comprendre tout l'intervalle compris à partir de la date de l'émission de la charte de la banque jusqu'à celle de sa faillite, et devrait aussi s'étendre à toutes représentations faites au gouvernement alors au pouvoir, sur l'état de cette banque, à toutes mesures prises par l'intermédiaire du ministre des Finances, à la suite de telles représentations, le cas échéant, et à l'effet produit sur la position des déposants par toute vérification de comptes, sous le régime de l'article 56a de la Loi des Banques, faite en tout temps à la suite de ces représentations."

Je dois faire rapport qu'il ne semble pas qu'on ait fait aucunes représentations au gouvernement touchant la Home Bank du Canada, postérieurement à l'année 1918.

Après la démission de sir Thomas White, il y eut échange de correspondance entre ce dernier et son successeur, sir Henry Drayton, portant sur l'état de la Home Bank, tel qu'exposé dans le témoignage donné devant moi par sir Henry Drayton, mais il n'en résulta rien qui eut aucune portée pratique sur les faits de la requête des déposants de cette banque.

Sir Henry Drayton fit incidentellement allusion à la Home Bank, auprès de son successeur, le très honorable W. S. Fielding, lorsque ce dernier le remplaça comme ministre des Finances, mais rien ne fut dit à propos de l'existence des mémorandums ou des lettres cités ci-haut.

Nulles représentations n'ont apparemment été faites auprès de sir Henry Drayton ou du très honorable W. S. Fielding relativement à la situation de la Home Bank, et, bien que le ministre actuel des Finances ait déclaré qu'il était disposé à témoigner au besoin devant la Commission, je n'en vois pas la nécessité. Rien n'indique qu'on ait jamais attiré son attention sur l'existence des divers mémorandums ou de la correspondance dont il est question ci-haut.

En tant qu'il s'agit, par conséquent, de la portée de l'enquête, telle qu'étendue par l'arrêté du Conseil n° 412, je dois dire que nulles représentations n'ont été faites auprès du gouvernement du temps sur la situation financière de la Home Bank du Canada postérieurement à 1918, et, en conséquence, que nulle mesure n'a été prise à ce sujet par aucun des ministres des Finances.

Le tout respectueusement soumis, Ottawa, le 10 juin 1924.

HARRISON A. McKEOWN,

Commissaire.

RAPPORT SUR LE CRÉDIT AGRICOLE

PAR W. M. TORY

Ottawa, 4 avril 1924

L'hon. JAMES A. ROBB,

Ministre des Finances suppléant,

Ottawa, Ont.

MONSIEUR,—J'ai l'honneur de vous présenter, ci-joint, le rapport sur le crédit agricole, que l'honorable ministre des Finances, M. W. S. Fielding, m'avait demandé de préparer.

W. M. TORY,

Président de l'Université de l'Alberta.
Président administratif du Conseil consultatif honoraire des Recherches scientifiques et industrielles.

TABLE DES MATIÈRES

INTRODUCTION

Autorisé par une lettre du ministre des Finances, en date du 23 août 1923, j'ai entrepris une enquête sur le crédit agricole. Aux termes de cette autorisation, l'enquête devait être conduite dans le sens du rapport suivant adopté le 19 janvier 1923 par le comité spécial chargé de s'enquérir des conditions de l'agriculture.

"Il ne peut guère exister de divergence d'opinion sur la nécessité de procurer aux agriculteurs des crédits plus avantageux. Les prêts agricoles, bien choisis et bien garantis, devraient constituer les placements les plus attrayants et les plus sûrs, tandis que la garantie de produits agricoles non-périssables et d'un facile écoulement sur le marché se compare sans difficulté à celles que peuvent offrir le marchand et le manufacturier. On constate cependant, que l'agriculteur canadien, au moins en certaines parties du pays, débourse beaucoup plus sur les prêts à longue échéance, garantis par sa propriété immobilière, que plusieurs de ses concurrents en d'autres pays, de même que plusieurs de ses concitoyens livrés à d'autres occupations.

"Votre comité est d'opinion que le gouvernement, après avoir pris connaissance des suggestions ci-après respectueusement soumises, devrait promouvoir la création, au profit des agriculteurs, de crédits à long terme ainsi que de crédits intermédiaires, et que s'il y a lieu, la législation requise à cette fin devrait être adoptée dans le plus court délai possible.

"L'attention de votre comité a été forcément attirée sur le fait que les opérations du Bureau Fédéral des Prêts Agricoles aux Etats-Unis offrent aux cultivateurs de ce pays, par l'entremise des Associations Nationales de Prêts Agricoles à capital-actions, des facilités de crédit à long terme qui, prudemment utilisées, leur sont d'un immense avantage. De même, il appert que les cultivateurs de certains pays européens, aussi bien que de certaines parties du commonwealth britannique, jouissent de facilités de crédit très avantageuses.

"Le Bureau fédéral des Prêts agricoles, fonctionnant par l'entremise des banques fédérales de prêts intermédiaires et des Corporations de Crédits Agricoles aux Etats-Unis, a pour but, dans une large mesure, de fournir des crédits intermédiaires aux agriculteurs, c'est-à-dire, des prêts dont la durée varie de neuf mois à trois ans.

On se rappellera qu'il existe actuellement au Canada quelques établissements provinciaux de ce genre. Quant au succès de certains d'entre eux, les opinions varient considérablement. Il semble qu'ils manquent de fonds pour consentir des prêts.

"Jusqu'où le gouvernement fédéral devrait-il aller pour inaugurer un régime de prêts à long terme et à termes intermédiaires pour les cultivateurs; de quelle manière celui-ci, s'il est inauguré, sera-t-il rattaché aux différents établissements provinciaux; quels autres genres de crédits agricoles pourraient être avantageusement adoptés; voilà autant de questions qui méritent d'être encore étudiées sérieusement.

"Votre comité a entendu un certain nombre de témoins et a consacré beaucoup de temps à l'étude de cette question.

COMITÉ PERMANENT

"Il croit toutefois que le régime proposé est d'une si grande importance qu'on devrait en faire l'objet d'une étude plus détaillée avant de soumettre un projet de loi. Toutes les autorités conviennent, apparemment, qu'il y a là un champ de crédit que ne cultivent ni les banques ni les compagnies de prêt.

"Nous recommandons donc au gouvernement de faire enquête sur la question des crédits à longue échéance et à échéance intermédiaire, la question des organisations existantes au Canada, aux Etats-Unis et ailleurs, l'adaptation de quelque régime de crédit agricole au régime bancaire existant, ainsi que le fonctionnement des compagnies hypothécaires et de prêt; et, dans ce but, nous recommandons au gouvernement d'obtenir, de la façon qu'il jugera la plus convenable, les opinions des agriculteurs, des banquiers, des représentants des compagnies de prêt, des fonctionnaires des établissements provinciaux de prêt existants au Canada, de même que des fonctionnaires des établissements fédéraux de prêt aux Etats-Unis pour que des mesures solidement appuyées puissent être prises afin de remédier à la situation existante.

"A ce sujet, on a attiré l'attention de votre comité sur la question de décider s'il serait recommandable et conforme aux bons principes économiques et bancaires d'accorder aux provinces qui désirent obtenir des fonds pour leurs établissements de crédits ruraux les mêmes facilités que l'on concède aux banques chartées en vertu de la Loi des Finances de 1914, dispositions qui autorisent les banques à émettre des billets du Dominion contre le dépôt à la Trésorerie de certaines garanties approuvées."

Prenant, par conséquent, le rapport du comité comme base de l'enquête, nous nous sommes procuré les renseignements de la manière suivante:—

D'abord nous avons fait produire pour les étudier tous les documents, textes de loi et rapports du gouvernement fédéral qui n'étaient pas déjà en notre possession. Puis, nous avons visité les provinces du centre du Canada, l'Alberta, la Saskatchewan, le Manitoba et l'Ontario et nous avons étudié les régimes actuellement en vigueur avec les fonctionnaires responsables de l'administration de ces provinces. Lorsque cela a été possible, nous avons consulté les ministres des gouvernements provinciaux, surtout ceux qui s'étaient déjà occupés de la création ou de l'application des lois. Nous n'avons pas encore visité les Provinces maritimes et la Colombie-Britannique, faute de temps, mais nous avons examiné les lois actuelles et les rapports de ces provinces.

Dans le but d'obtenir des renseignements directs sur ce qui se fait aux Etats-Unis nous avons passé quelque temps à Washington, dans les bureaux de la Commission des prêts agricoles, qui a la direction des Banques de crédit agricole et des Banques de crédit intermédiaire. Nous y avons obtenu les renseignements les plus complets sur le fonctionnement précis du régime.

De plus, nous avons obtenu des lettres de présentation aux présidents des Banques fédérales de crédit agricole dans tous les centres où elles font affaire. Nous avons pu en visiter quelques-uns et nous renseigner de la plus intime façon sur leur manière d'opérer. Pour l'étude détaillée du fonctionnement de ce régime nous avons choisi des banques établies dans les parties du pays qui touchent aux frontières du Canada et dont les problèmes se rapprochent plus des nôtres. Nous avons visité les banques agricoles de Springfield, Mass., dont on trouve des succursales dans les états du Maine, New-Hampshire, Vermont, Massachusetts et dans le nord de New-York, et la banque de Saint-Paul que l'on trouve dans le nord du Michigan, Wisconsin, Minnesota, Dakota-Nord et Montana. Nous avons aussi visité la banque de Baltimore et étudié soigneusement son fonctionnement vu les conditions très différentes dans lesquelles elle se trouve.

Avant d'aller plus loin, nous désirons exprimer notre profonde reconnaissance pour l'accueil bienveillant que nous avons reçu de la part des officiers des organisations aux Etats-Unis et surtout du commissaire Cooper du Bureau des Prêts agricoles à Washington. C'est par son obligeance que les portes des organisation de tout le pays nous furent ouvertes.

Nous avons obtenu directement une grande partie des documents nécessaires dans les centres visités. Nous avons pu nous procurer plusieurs documents étrangers par l'entremise de M. Doherty, de l'Institut International d'Agriculture, à Ottawa, et aussi de M. Lynch, du ministère de l'Intérieur.

Nous avons aussi discuté les problèmes de cette enquête avec des gérants de banques des Etats-Unis et du Canada, ainsi qu'avec des directeurs de compagnies de prêts et d'assurance de l'Est et de l'Ouest du Canada.

Outre les renseignements ainsi obtenus, nous en avons puisé dans les documents réunis dans un voyage fait en Europe avec la Commission américaine, en 1913, et les rapports que cette commission a publiés. Autant que possible, nous nous sommes procuré les documents qui indiquent les méthodes récentes des organisations de crédit agricole en Europe et en Grande-Bretagne. Nous avons aussi obtenu des documents de la Nouvelle-Zélande, de l'Australie et de l'Afrique-Sud, des pays de l'Amérique du Sud, où des établisssements de crédit agricole fonctionnent déjà. Dans la mesure que le permettait le temps dont nous pouvions disposer, nous nous en sommes tenus à l'application pratique des principes du crédit agricole, au lieu de nous occuper de la question théorique.

Encore un mot d'explication. Nous n'avons pas suivi la méthode ordinaire de tenir une enquête publique. Les faits colligés venaient de gens responsables dont les déclarations s'appuyaient sur des documents, des textes de loi et des rapports officiels. Nous avons reçu par lettre ou dans des entrevues personnelles, un grand nombre d'expressions d'opinion que nous avons étudiées et pesées soigneusement, même dans les cas d'opinions extrêmes.

Nous avons tenté d'exposer ci-dessous les faits d'une façon précise. Nous avons laissé de côté les termes techniques et les statistiques, sauf lorsque nous les avons jugés absolument nécessaires à la clarté des sujets à exposer. Afin d'assurer la clarté de notre rapport, nous l'avons divisé en six parties, comme suit:—

Partie I—Consdérations générales.

Partie II—Crédit agricole en Europe.

Partie III—Crédit agricole dans l'Empire britannique en dehors du Canada.

    (*a*) Grande-Bretagne.

    (*b*) Australie.

    (*c*) Union sud-africaine.

    (*d*) Nouvelle-Zélande.

Partie IV—Crédit agricole aux Etats-Unis.

Partie V—Crédit agricole au Canada.

Partie VI—Etude des méthodes sous les conditions actuelles au Canada.

Nous avons essayé de faire de chacune des parties de ce rapport un tout complet, de sorte qu'après avoir lu la première partie, ceux qui s'intéressent à l'étude des problèmes spéciaux d'un certain pays n'auront pas à consulter les autres parties.

Il est à peine nécessaire de faire remarquer que le mouvement en faveur du crédit agricole sur ce continent ne constitue pas un simple incident dans l'histoire d'un pays en particulier, mais fait partie d'un mouvement qui s'étend à tout le monde civilisé, et provient du développement normal des conditions de l'agriculture moderne.

14-15 GEORGE V, A. 1924

PARTIE I

CONSIDÉRATIONS GÉNÉRALES

Les termes Crédit agricole, Crédit à brève échéance, Crédit à long terme, et Crédit intermédiaire, ont besoin d'être définis, car leur usage ambigu dans presque toute la littérature courante où il se rencontre.

Le terme *"Crédit agricole"* est employé en Europe et en Amérique dans un sens général pour désigner toutes les formes de crédit affecté à la production et à la distribution de la récolte des fermes. C'est dans ce sens qu'on l'emploiera toujours dans ce rapport.

Le terme *" Crédit à brève échéance "* n'a pas en Europe le même sens qu'on lui attache en Amérique. En Europe, ce terme désigne toutes les formes de crédit affecté à l'agriculture, autre que le crédit hypothécaire, et qui ne comporte qu'une garantie personnelle ou une garantie subsidiaire facilement négociable. Aux Etats-Unis, le terme s'emploie généralement pour désigner les opérations de change de trois à six mois. Au Canada, on lui accorde le même sens sauf dans les documents légaux qui traitent du crédit rural et dans lesquels on lui donne le sens européen. En discutant les méthodes européennes, par conséquent, il va falloir donner au mot le sens européen qui comprend celui des deux termes américains, " Crédit à brève échéance " et " Crédit intermédiaire". Dans la discussion des documents canadiens, il va falloir, pour éviter toute confusion, définir le terme lorsqu'il sera employé.

Le terme *" Crédit à longue échéance "* s'emploie partout pour désigner le crédit hypothécaire, et lorsqu'il s'agit d'agriculture, le crédit garanti par hypothèque sur une ferme pour une période de cinq ans ou plus. Il n'y a qu'en France qu'on lui accorde une signification spéciale dans l'emploi des termes " Crédit collectif à longue échéance " et " Crédit personnel à longue échéance." On verra, cependant, que dans ces cas l'exploitation que fournit le contexte suffit.

Le terme *" Crédit intermédiaire "* désigne toujours un crédit pour une période plus longue que celle des opérations de banque ordinaires de trois à six mois, et pour une période moins longue que celle du crédit hypothécaire ordinaire. La période peut varier de six mois à cinq ans. La garantie comprend des produits de ferme non périssables ou des animaux, mais non des hypothèques sur le fonds de terre. Aux Etats-Unis, où le terme est devenu officiel, il désigne une opération que fait une banque spécialement organisée pour couvrir les prêts à longue échéance dont on a parlé plus haut. On n'emploiera le mot que dans ce sens.

Le problème que les organisations de crédit agricole tentent de résoudre comprend la sauvegarde et l'avancement des intérêts économiques des agricul_teurs, surtout en leur facilitant les moyens d'obtenir le crédit dont ils ont besoin pour la production et pour la vente de leurs produits à des conditions assez favorables pour faire de l'agriculture une entreprise profitable.

Une des principales raisons pour laquelle tous les pays ont jugé la solution de ce problème nécessaire, c'est que l'agriculture est partout considérée comme l'industrie fondamentale, dont l'insuccès se fait sentir dans toutes les autres entreprises nationales. Ceci est vrai surtout de tous les pays qui songent à devenir en quelque sorte indépendants.

Dans le but de fournir les instruments de production à ceux qui ne possèdent d'autres capitaux que la terre, on a créé les prêts à longue échéance ou prêts hypothécaires. Pour rendre possibles les opérations de saison qui rendront la production et la vente profitables, on a organisé les prêts à brève échéance et intermédiaires.

En ce qui concerne l'agriculture, les régimes de crédit à longue échéance ou hypothécaire ont pour fins:—

1. De libérer le propriétaire foncier de la nécessité d'emprunter directement du particulier.

2. De réglementer le paiement de l'intérêt et du principal de façon à faire disparaître le danger et l'anxiété que comportent les demandes de remboursements lorsque les circonstances rendent ces derniers impossibles.

3. D'éviter les taux d'intérêt usuraires, en plaçant l'agriculture sur la même base que les autres commerces également solides.

L'effort pour obtenir ces conditions a créé—

1. Les obligations hypothécaires sur les terres.

2. L'autorisation, ou remboursement du principal et de l'intérêt à un taux fixe pendant un certain nombre d'années.

3. Le crédit hypothécaire coopératif sur les terres, ou réunion des garanties de plusieurs dans le but d'obtenir une réduction des taux d'intérêt.

Les raisons qui militent en faveur des obligations hypothécaires sur les terres sont comme suit:—

1. Ce régime rend possible le crédit hypothécaire à longue échéance, que l'on ne pourrait obtenir autrement, parce que le prêteur ordinaire refuse généralement d'accepter une hypothèque pour un terme de quinze, ou vingt ou trente ans. Ceci peut se faire par la création d'une corporation, d'une banque agricole, dont l'existence ne disparaît pas à la mort de l'individu.

2. Il place entre le prêteur et l'emprunteur un intermédiaire dont le rôle est d'assurer le prêt en fournissant des garanties absolues.

3. Il procure un arrangement plus flexible pour le prêteur, car ses obligations sont toujours là pour la vente en cas de besoin, ou comme garantie additionelle d'un ordre plus élevé, si on le désire.

4. Il rend possible l'application du principe de l'amortissement, c'est-à-dire, le paiement du principal d'une dette au moyen de faibles acomptes annuels en même temps que de l'intérêt, le paiement du principal et de l'intérêt provenant des revenus annuels de la terre.

5. Il reconnaît également le principe que l'hypothèque doit se racheter à même les produits de la terre, ce qui place la garantie sur une base rationnelle. L'hypothèque n'est pas, à vrai dire, une hypothèque sur bien-fonds.

6. Il rend possible cette combinaison de garanties qui assure des taux raisonnables d'intérêt pourvu que l'on suive des principes solides. Dans ce cas, on fixe une limite raisonnable pour l'hypothèque, et l'on protège ainsi et le prêteur et l'emprunteur.

7. Si par ce moyen on obtient le capital fixé, sans avoir à donner une garantie personnelle ou autre, le cultivateur a tout le reste de son actif libre de toute obligation pour les emprunts de saison que nécessite la production. Il peut en tirer partie à son gré avec la banque ordinaire ou avec les banques spéciales.

Les régimes de crédit à brève échéance qui existent en Europe et celui de crédit intermédiaire que l'on trouve aux Etats-Unis ont pour but:—

1. De donner à l'agriculteur un crédit qui convient aux besoins des saisons selon les exigences de son industrie.

2. De lui obtenir dans ces cas des taux d'intérêt conformes à la garantie que comporte son commerce.

En ce qui concerne le premier de ces buts, tous ceux qui recommandent ces systèmes de crédit prétendent partout que les banques ordinaires ne sont pas organisées de façon à répondre normalement aux besoins de l'agriculture. Il n'est pas nécessaire de revoir dans ce rapport les arguments que l'on avance, ces derniers sont bien connus. En somme ils se résument ainsi.

Les opérations du cultivateur ne donnent généralement pas des revenus immédiats. Sa période de placement est d'au moins neuf mois ou d'un an, car il lui faut attendre que la nature lui donne ses dividendes. Il est exposé à des pertes par accident, maladie et fluctuations des prix, causes sur lesquelles il n'a aucun contrôle, et qui le forcent à prendre des arrangements financiers spéciaux pour une période beaucoup plus longue que celle que demande la production de ses récoltes annuelles. Le crédit à trois mois, même avec le privilège du renouvellement, est pour lui un inconvénient et un embarras; bien qu'on lui promette le renouvellement, il est toujours difficile de l'obtenir si la récolte n'est pas un succès. De plus, les banques commerciales ordinaires, organisées surtout pour répondre aux besoins du commerce et de l'industrie, ne comprennent pas très bien la position du cultivateur qui, à cause de l'impossibilité dans laquelle il se trouve de se conformer aux règlements précis des banques, est considéré, surtout s'il est un petit cultivateur, comme un client peu désirable, non pour un motif personnel, mais parce qu'il ne peut disposer de son actif de façon à satisfaire la banque. C'est pourquoi on prétend qu'il faut une organisation financière spéciale dont le but diffère entièrement de celui de la banque ordinaire.

Quant au second but que l'on a mentionné plus haut, la difficulté à vaincre naît naturellement des conditions que l'on vient d'exposer. Si la banque commerciale ordinaire est incapable de répondre légitimement aux besoins du cultivateur, il faut que ce dernier se passe de capital d'exploitation, ou qu'il le trouve ailleurs. S'il n'obtient pas ce capital, il se trouve impuissant à moins qu'il n'ait déjà acquis un surplus. Les seules sources qu'il lui reste sont le prêteur privé ou le marchand local chez qui il peut acheter ce dont il a besoin. Dans l'un ou l'autre cas, bien qu'il puisse obtenir crédit pour la période nécessaire, il lui en coûte trop cher, la proportion est souvent trop grande pour sa production possible. Le prêteur privé est presque toujours plus impitoyable que le banquier, tandis que le crédit du marchand local est généralement le plus dispendieux de tous. Ce dernier croit toujours devoir se protéger contre les pertes en augmentant le prix de ses marchandises vendues à crédit, ou le taux de l'intérêt s'il fait des avances d'argent.

Les banques de crédit à brève échéance d'Europe, les banques de crédit intermédiaire des Etats-Unis et les nombreuses et diverses organisations financières nationalisées dans d'autres pays ont voulu faire disparaître les difficultés en plaçant la garantie du cultivateur sur une base coopérative ou semi-coopérative dans le but d'obtenir des taux raisonnables d'intérêt à une échéance assez reculée pour répondre aux besoins de l'emprunteur.

Ce qui précède ne doit pas être pris comme argument; nous avons voulu exposer aussi brièvement que possible le point de vue et le but du mouvement en faveur du crédit agricole. On verra clairement plus loin dans ce rapport jusqu'à quel point ces organisations ont réussi.

BANQUES ET COMMERCE

PARTIE II

CRÉDIT AGRICOLE EN EUROPE

Une des principales caractéristiques de l'Europe moderne est le nombre et la diversité de ses institutions financières. Des organisations privées, publiques et coopératives se sont développées partout, souvent dans le but de répondre à des besoins ou de résoudre des problèmes financiers spéciaux. Dans chaque pays, on trouve, naturellement, la banque à capital-actions. A côté de cette dernière, se trouvent les banques d'épargnes qui fonctionnent sous certaines restrictions; les banques rurales dont les opérations conviennent plus spécialement aux gens de la campagne; les banques d'utilité publique dont les opérations sont sans profit; les banques agricoles dont les opérations se résument souvent aux prêts hypothécaires sur les terres ou au crédit basé sur ces hypothèques; les banques de prêt général à capital-actions; les banques d'Etat exploitées au profit de ce dernier; et enfin, les banques coopératives spécialement organisées pour aider et promouvoir les institutions coopératives.

Des institutions de tous les genres mentionnés plus haut s'occupent des problèmes agricoles et accordent des prêts hypothécaires sur les fermes. Je ne parlerai, cependant, que des institutions de crédit agricole; c'est-à-dire des institutions dont le but est de s'occuper des problèmes agricoles seulement et de fournir aux agriculteurs de l'argent à des taux d'intérêt conformes à la garantie offerte. Ces institutions font profiter le cultivateur des avantages de leur connaissance de la valeur de sa garantie et elles ont réussi à établir le crédit agricole sur ce que l'on considère une base raisonnable. Avec leur organisation, on a arraché le petit cultivateur des mains des usuriers, dont les taux d'intérêt, il y a cinquante ans, allaient de 10 p. 100 à 50 p. 100, et on lui a prêté au taux le moins élevé du pays. Ces institutions ont fait encore plus. Leur influence a stabilisé le taux d'intérêt qu'exigent toutes les autres institutions financières qui font affaire avec le cultivateur. Comme exemple, on peut mentionner le cas des Associations de crédit hypothécaire sur les terres ou les Landschaften d'Allemagne. A la fin de 1912, les institutions financières d'Allemagne qui prêtaient de l'argent sur hypothèques avaient avancé environ $6.500,000,000 sur des hypothèques de divers genres. De ce montant, plus de $2.000,000,000 étaient prêtés sur hypothèques de fermes. De ce dernier montant, les Landschaften détenaient $850,000,000, soit environ 13 p. 100 du total, ou environ 40 p. 100 du montant placé sur des hypothèques de fermes. Le taux d'intérêt, cependant, était pratiquement celui qu'avaient fixé les Landschaften. Les chiffres donnés ci-dessus étaient pratiquement les mêmes en 1920. Dans cette partie du rapport nous traitons de la description des institutions dont le but est de faciliter le crédit agricole, de celles qui possèdent un caractère coopératif ou que supporte l'Etat, ou nous résumons des deux.

Etudiées au point de vue de leur but, ces institutions se divisent en deux groupes:—

1. Celles qui accordent le crédit à longue échéance ou hypothécaire.
2. Celles qui accordent le crédit à brève échéance ou crédit personnel.

1. Crédit à longue échéance ou hypothécaire

Des institutions qui font crédit à longue échéance ou hypothécaire, les suivantes sont les plus importantes et nous allons les décrire en détail:—

(1) Les Landschaften d'Allemagne ou Associations de crédit hypothécaire sur les fermes.

85980—1—D

(2) Les banques de crédit hypothécaire d'Allemagne.

(3) Les caisses d'épargnes d'Allemagne.

(4) Le crédit foncier de France.

(5) Les banques de crédit hypothécaire coopératif du Danemark.

(6) Les institutions de crédit des autres pays d'Europe.

On ne mentionnera les institutions semblables des autres parties de l'Europe dont les opérations sont locales ou qui ne sont que des variétés des genres que nous avons mentionnés plus haut que dans le cas où des points particuliers rendent cette mention nécessaire.

(1) Les Landschaften allemandes ou Associations de crédit hypothécaire sur les terres

Les Landschaften allemandes ou Associations de crédit hypothécaire sur les terres furent organisées à une époque qui ressemblait tellement à la nôtre, quant aux difficultés que rencontraient les agriculteurs, que les extraits de la discussion qu'elles ont soulevée semblent être de la littérature courante sur le sujet. On trouve leur origine dans la période qui a suivi la guerre de Sept Ans (1755-1763). Les propriétaires fonciers qui appartenaient surtout à la noblesse et faisaient vivre les paysans se trouvèrent en grandes difficultés. "L'agriculture était dans le marasme; les champs n'étaient pas cultivés, les habitations avaient été rasées par le feu; les troupeaux avaient péri. Les propriétaires fonciers n'étaient pas en mesure d'entreprendre les travaux de reconstruction car leur crédit était ruiné, et il était presque impossible de se procurer des capitaux. L'intérêt ne se payait pas à date, les dettes s'accumulaient, les hypothèques n'étaient pas rachetées et la banqueroute s'ensuivait. La confiance des prêteurs dans les propriétaires fonciers avait complètement disparu. Plusieurs prêts hypothécaires avaient été retirés. Les propriétaires étaient exposés à perdre une partie considérable de leur propriété." En 1759, on déclara un moratorium que l'on renouvela six ans plus tard. "Mais ce moratorium ne servit que de palliatif et aussitôt qu'il cessa d'être en vigueur le manque de crédit se fit sentir encore davantage pour les propriétaires fonciers. Plusieurs propriétés furent vendues à l'enchère. De plus, le prix des céréales, très élevé pendant la guerre, tomba rapidement, la paix signée, et de plus l'exportation de la laine fut défendue sous peine de mort. Ceci voulait dire que même dans les cas où il avait été possible d'exploiter les fermes ou de les remettre en ordre, les propriétaires se trouvaient entourés de difficultés. On ne pouvait obtenir crédit que de particuliers, à un taux d'intérêt élevé, puisque à cette époque il n'existait aucune institution comme intermédiaire entre les propriétaires qui avaient besoin de crédit et les capitalistes qui cherchaient à placer leurs fonds." Telles sont les circonstances qui ont amené la création du premier plan de crédit hypothécaire sur les terres en Europe. Les propriétaires fonciers de la Prusse d'alors se trouvaient à peu près dans la même situation que celle des propriétaires de l'Ouest de l'Amérique du Nord aujourd'hui. Ils possédaient de vastes étendues de terre, mais l'argent était rare et difficile à obtenir. Les taux d'intérêt étaient anormaux et la ruine confrontait un grand nombre de cultivateurs.

Peu de temps après l'établissement de la Landchaft, la déclaration suivante tirée d'un rapport fait au roi indique le changement qui s'était produit. "Grâce à l'appui bienveillant de Votre Majesté, le crédit de la Landschaft est maintenant très satisfaisant. Un bon nombre de familles que le manque d'argent et de crédit avait presque ruinées sont maintenant en bonne posture et complètement réhabilitées et, en conséquence, conserveront toujours pour Votre Majesté leur admiration et leur respect."

A Buhring, marchand de Berlin, revient le crédit du régime. Il exposa son idée à Frédéric le Grand en 1765.

L'idée générale du système était que la terre constituant la meilleure garantie possible, si on pouvait créer par quelque moyen sûr une valeur négociable, c'est-à-dire, si la valeur réelle de la terre pouvait servir de base à des obligations sûres et négociables, l'argent coulerait de nouveau en abondance dans les canaux où le besoin s'en fait sentir. Dans le but d'appliquer son système, il conseilla la création, avec l'approbation des autorités de l'Etat, d'une association de crédit (landschaft) par ceux qui ont besoin de fonds, laquelle au moyen d'hypothèques signées en sa faveur émettrait des obligations hypothécaires portant intérêt payable au porteur. Ainsi, l'individu ne serait pas directement responsable au prêteur, les obligations étant garanties par l'autorité centrale.

Le régime mis en vigueur en 1770 différait un peu de l'idée originale. Mais le principe fondamental, celui de placer un intermédiaire, l'association de crédit, entre l'emprunteur et le prêteur fut conservé comme la pierre angulaire de tout l'édifice.

Aujourd'hui, la Landschaft est une association d'emprunteurs qui obtiennent de l'argent en émettant des obligations garanties par des hypothèques enregistrées collectivement sur leurs propriétés. Les obligations ne sont pas garanties par une hypothèque en particulier, mais par toutes les hypothèques réunies. Le propriétaire foncier est le créancier de l'association et cette dernière, du prêteur. L'emprunteur paye intérêt à l'association et celle-ci, au prêteur.

Les obligataires sont protégés de la façon suivante:—

(*a*) Les hypothèques ne doivent pas dépasser les deux tiers de la valeur de la terre. Des officiers indépendants en fixent la valeur après un examen attentif, en se basant sur le rendement annuel possible de la terre d'après l'expérience.

(*b*) On ne doit pas émettre plus d'obligations que ne comporte le montant total des hypothèques portant un même taux d'intérêt.

(*c*) Le montant de la dette est réduit constamment par amortissement au moins jusqu'à ce qu'une certaine partie précise ait été remboursée.

(*d*) Les organisations mêmes ne font aucun profit, et sont sans capital-actions et conséquemment sans dividendes.

(*e*) Les obligations sont garanties non seulement par les hypothèques totales de l'association, mais aussi par ses réserves et par le paiement de l'amortissement accumulé des hypothèques.

(*f*) Enfin, si toutes les autres sources venaient à manquer, les propriétaires fonciers formés en corporation sont, en certains cas, responsables pour la pleine valeur de leur propriété; dans d'autres cas, la responsabilité est limitée.

Ces associations sont des corporations publiques placées sous la surveillance de l'Etat. Cette surveillance s'exerce par l'entremise d'une commission royale et les articles et règlements de l'association de crédit doivent recevoir la sanction du gouvernement, tout comme nos compagnies de chemin de fer au Canada. Elles possèdent certains privilèges spéciaux. Un des officiers permanents doit avoir subi avec succès l'examen de l'Etat le qualifiant pour la position de juge, de sorte qu'on leur permet d'opérer une saisie sans avoir recours aux tribunaux civils ordinaires. Dans les limites mentionnées plus haut, elles sont autonomes et conduisent leurs affaires sur le principe d'un gouvernement autonome. Les employés ont le statut de fonctionnaires publics. On ne peut trop souligner le fait que ces associations sont des groupements d'emprunteurs et non de prêteurs; leur but est d'épargner l'argent de leurs membres, et non de faire de l'argent pour des associés, ils n'ont rien à faire avec le capitaliste qui achète ses obligations sur le marché de la façon ordinaire. Le propriétaire foncier devient membre de l'association de crédit lorsque cette dernière prend une hypothèque sur sa terre, et cesse d'être membre, lorsque l'hypothèque a été acquittée, de sorte que la question des dividendes n'entre pas dans la conduite des affaires.

L'excellent rapport de M. J. R. Cahill au gouvernement britannique résume dans les termes suivants:—

(1) Elles permettent aux propriétaires fonciers de mobiliser pour ainsi dire, leurs propriétés foncières par la création d'obligations qui entrent dans la catégorie des valeurs; tandis que les propriétaires fonciers britanniques ne peuvent disposer que d'une hypothèque dont la valeur est très restreinte, les propriétaires fonciers allemands ont l'avantage de pouvoir convertir une hypothèque en une valeur réalisable en tout temps sur le marché général.

(2) Les prêts ne sont pas remboursables à vue.

(3) Le taux de l'intérêt est aussi modéré que possible, et correspond généralement aux taux courants du marché monétaire.

(5) Le débiteur hypothécaire a droit de réduire sa dette à son gré en faisant des paiements.

(6) L'amortissement nécessaire de la dette s'accomplit graduellement.

(7) Les frais d'évaluation et autres ne sont pas élevés.

(8) L'administration de ces associations coûte relativement peu, et les officiers sont absolument compétents.

Il existe vingt-trois de ces associations en Allemagne avec un total de prêts de 3,255,000,000 marks, en 1920, soit, au pair; une somme égale à $850,000,000. Le taux moyen d'intérêt avant la guerre était de 4 p. 100. C'est-à-dire les obligations à 4 p. 100 se vendaient au pair en 1914. Jusqu'à cette dernière année, ces obligations ont été fortes sur le marché. A l'époque des guerres napoléoniennes, alors que les obligations de la Prusse à 4 p. 100 étaient cotées à vingt, les obligations agricoles ne tombèrent jamais au-dessous de cinquante. En 1920, les obligations à 4 p. 100 de la Landschaft centrale étaient cotées à cent, et dans certaines provinces elles étaient au-dessus du pair. Ces faits démontrent la popularité, après cent cinquante ans d'expérience, de ces valeurs auprès des capitalistes allemands.

(2) Les banques de crédit hypothécaire allemandes

Les banques de crédit hypothécaire, au nombre de seize en Allemagne, sont toutes établies sous la garantie de quelque autorité publique, soit d'un état, d'une province, ou d'un district. Bien qu'elles ne soient pas restreintes aux hypothèques agricoles, elles font une somme énorme d'opérations de ce genre. En 1913, elles avaient un total de prêts de $500,000,000, dont la moitié sur des hypothèques agricoles, l'autre moitié comprenant les prêts aux autorités municipales ou communales. Les fonds de ces institutions proviennent,—

(a) De l'émission d'obligations que garantit l'état, la province ou le district dans lequel l'institution fonctionne. Ces obligations sont au nombre des placements autorisés par la loi.

(b) De dépôts.

(c) D'octrois ou de prêts de l'état ou de l'autorité intéressée.

(d) Des paiements des emprunteurs au compte des amortissements.

(e) Des fonds accumulés.

Ces banques ont été créées spécialement pour répondre aux besoins du moyen ou petit propriétaire foncier à qui on accorde des prêts à des taux modérés d'intérêt, sur un plan d'amortissement, et non remboursables à vue.

Ces banques sont généralement sous la direction d'une commission spéciale que nomme, en certains cas, l'Etat, dans d'autres, en tout ou en partie. l'Assemblée ou Conseil de l'autorité publique qui garantit les dettes de la banque. Elles sont, à vrai dire, des institutions publiques. Tout profit réalisé va à l'autorité qui fournit la garantie.

Je n'ai pu obtenir de renseignements sur la position actuelle de ces institutions. En temps normal, elles fonctionnaient au grand avantage de l'autorité responsables et des emprunteurs, petits fermiers et organisations communales, pour la plupart.

(3) Les caisses d'épargnes allemandes

Les caisses d'épargnes en Allemagne sont des institutions de crédit hypothécaire d'une très grande importance pour les cultivateurs. En 1913, le total de leurs placements sur des hypothèques agricoles était d'environ $850,000,000. Dans quelques parties de l'Allemagne elles forment la principale source de crédit pour les petits cultivateurs. La plupart de ces institutions sont des caisses publiques d'épargne, établies, administrées et garanties par l'autorité publique. En 1913, il y avait 2,844 caisses publiques d'épargne de ce genre en Allemagne, avec 7,404 succursales.

Les dépôts dans ces caisses ont atteint la somme de $4,000,000,000.

Ces institutions, régies par un bureau d'administration local, sont indépendantes du contrôle central, et ont la faculté de fixer un taux d'intérêt qui leur convienne.

Il en résulte qu'elles paient un intérêt relativement élevé sur les dépôts, jusqu'à quatre pour cent. Il n'y a pas d'entente pour fixer le taux d'intérêt sur les dépôts. Ce qui fait que les épargnes vont à ces caisses, et que les prêts se font aux gens qui vivent dans le même district. La garantie de l'autorité de district les rend absolument sûres.

Les frais imputables aux prêts sont légèrement plus élevés que dans le cas des Landschaften ou caisses provinciales.

Sur le total des dépôts de plus de $4,000,000,000 en 1919, au-delà de $2,500,-000,000 était placé sur hypothèques, dont $850,000,000 sur des terres en culture. Le change dans tous les chiffres de ce rapport est basé sur la valeur en or des devises employées.

Ces institutions sont tellement importantes pour le crédit agricole, qu'il serait intéressant de lire le résumé suivant extrait du rapport de M. Cahill:—

" Les premières caisses d'épargnes d'Allemagne ont été fondées à titre d'institutions pour protéger les classes pauvres contre le dénuement absolu en leur fournissant un endroit sûr pour déposer de petites sommes qu'elles pourraient trouver dans les temps difficiles. Etablies pour réformer des lois incomplètes, elles étaient considérées comme des institutions philanthropiques. Mais les caisses d'épargnes ont perdu ce caractère de philanthropie dès le début du dix-neuvième siècle et se sont developpées suivant les données générales des institutions ayant pour but de favoriser l'économie. Elles ont été établies généralement par les autorités publiques et avec leur garantie; et dans les cas ordinaires, elles ne visent pas à faire des profits au-delà du montant nécessaire à l'intérêt sur les dépôts et au paiement des frais d'administration. Tous les surplus qui restent après ces paiements et l'établissement d'une réserve appropriée sont appliqués à des fins d'utilité publique. Par leur but principal, elles se distinguent des banques au sens ordinaire du terme; elles recherchent les dépôts, non pas pour être en mesure de faire des prêts profitables, mais pour encourager l'économie, et elles utilisent les dépôts en placements dans l'intérêt des dépositaires seulement. Mais tout en étant différentes par leur but, les caisses d'épargnes d'Allemagne forment des sources de crédit très importantes en raison de leur développement extraordinaire et de leur liberté de placement. N'étant pas forcées de déposer leurs fonds à intérêt dans le Trésor de l'Etat, ni d'acheter des actions comme ces banques doivent le faire dans quelques autres pays, mais, cherchant à retirer de leurs placements le meilleur intérêt compatible avec la sûreté des fonds, elles ont prêté un très fort pourcentage de leurs dépôts sur hypothèques, dont une grande partie sur des propriétes rurales."

L'avantage spécial de ces caisses est de fournir aux cultivateurs une institution publique de prêt dans leur voisinage immédiat et de faciliter les relations personnelles entre l'emprunteur et le prêteur. Son caractère local et la connaissance que les officiers possèdent des conditions dans lesquelles sont les emprunteurs, expliquent la possibilité d'exempter des frais élevés surtout dans l'obtention des prêts, qui résultent d'une évaluation spéciale. Ses désavantages sont les taux élevés d'intérêt, la tendance d'élever ces taux ou d'annuler les prêts, et le peu de facilité de réduire les hypothèques.

. Les banques de crédit hypothécaire d'Allemagne et les caisses d'épargnes correspondent quelque peu aux institutions publiques de crédit que nous avons dans l'Ontario et au Manitoba.

(4) Le crédit foncier de France

Le crédit hypothécaire en France est assuré par le Crédit foncier, caisse de crédit agricole établie en 1852 pour cette fin. C'est une institution capitalisée sujette au contrôle législatif de la part du gouvernement français.

Lors de son organisation, le Crédit foncier obtint un monopole pour une période de vingt-cinq ans pour toutes les affaires de crédit hypothécaire dans une grande partie de la France. Le monopole fut ensuite étendu à tout le territoire français. Cette période expirait en 1877, mais aucune organisation concurrente n'ayant été établie, le crédit hypothécaire reste encore un monopole.

L'article suivant de la constitution explique le mode de capitalisation et la relation du capital normal avec les prêts:—

"Le capital de la société est fixé à 200,000,000 francs. Il doit servir de garantie pour les obligations de la société et surtout pour les obligations sur biens-fonds et les obligations commerciales.

"Il sera divisé en 400,000 actions de 500 francs chacune, entièrement payées.

"Le montant du capital normal des actions devra rester dans la proportion d'un vingtième au moins du capital prélevé par l'émission des obligations en circulation."

Le capital a depuis été porté à 250,000,000 de francs à condition de faire des prêts en proportion. A l'origine, le gouvernement fournit des subsides à la société jusqu'à concurrence de 10,000,000 de francs.

On verra que ce régime diffère dans son organisation d'avec la Landschaft, en ce que c'est une organisation capitalisée exploitée pour obtenir des profits; le taux de l'intérêt, cependant, est contrôlé par le gouvernement et ne doit pas excéder le taux d'intérêt sur les obligations de plus de six dixièmes de un pour cent. Comme on le voit, les banques agricoles contrôlées par le Federal Farm Loan Board aux Etats-Unis se rapprochent du principe du Crédit foncier, en tant qu'ils peuvent tous deux accepter du capital de n'importe quel citoyen. La proportion de vingt à un des prêts au capital est le même.

Le Crédit foncier accorde des prêts:—

  (a) Sur garantie hypothécaire,

  (b) Aux communes.

Les prêts hypothécaires sont nantis sur des maisons, des propriétés de ville et des biens-fonds agricoles.

Ces prêts sont faits suivant l'une des formes suivantes:

(*a*) Prêts à courte échéance sur hypothèque, pour pas plus de neuf ans, non remboursables par amortissement, ni avant la fin du terme. Le taux d'intérêt sur ces prêts est de 5 p. 100 environ.

(*b*) Prêts à long terme, de dix à soixante-dix ans, remboursables par amortissement ou au gré de l'emprunteur. Le taux de l'intérêt sur ces prêts est d'environ 5 p. 100, y compris l'amortissement. Ces prêts sont limités à la moitié de la valeur de la propriété hypothéquée. Dans le cas des vignobles, la limite est le tiers.

(*c*) Prêts de compte courant sur garantie hypothécaire, en ouvrant ce qu'on appelle un compte de crédit hypothécaire. Le taux sur ces prêts est d'environ un tiers plus élevé que dans le cas des hypothèques ordinaires, et le prêt est remboursable en six mois.

En sus des prêts hypothécaires, la société prête aux communes et aux institutions publiques. Le taux d'intérêt sur ces prêts est moindre que pour les précédents. Ces prêts sont faits pour une période de un à neuf ans.

Depuis son origine en 1852, le crédit foncier a prêté plus de 9,000,000,000 de francs, et, en 1913, le montant des prêts s'élevait à 5,000,000,000, le plein montant autorisé pour son capital. On lui a permis d'augmenter son capital à cause de cette situation. Plus de la moitié des prêts sont faits sur hypothèques.

Le capital-actions de la société a été créé pour garantir les opérations de prêts immobiliers. Tous les prêts hypothécaires sont couverts par des obligations qui sont vendues sur les bourses du pays. L'emprunteur est payé en espèces au prix courant des obligations. *Les obligations ne sont pas garanties par le gouvernement.* Elles sont remboursables dans un délai maximum de soixante-cinq ans.

L'un de ses aspects mérite une attention spéciale: le Crédit foncier fait des prêts à court terme et des prêts à long terme. Le crédit hypothécaire est établi par l'évaluation de la propriété du client; l'argent est emprunté sur cette garantie, et l'intérêt n'est calculé que sur le montant avancé. C'est une particularité qu'on ne trouve pas en Allemagne et qui n'est pas non plus pratiquée aux Etats-Unis. Le Crédit foncier est ainsi en mesure de servir ses clients soit à court terme, soit à long terme. Il est autorisé à recevoir des dépôts de ses clients. *Il peut aussi, à défaut de paiement de l'intérêt et de l'amortissement vendre sans avis et sans procédure civile devant les cours, comme les Landschaften.*

(5) Les banques coopératives hypothécaires du Danemark

Les banques coopératives hypothécaires du Danemark sont organisées sur le plan des Landschaften, et n'exigent pas par conséquent une longue description.

Une banque hypothécaire au Danemark est une association de crédit composée de propriétaires de biens-fonds (des provinces parlant le danois) fondée par la sanction du Roi dans le but de faciliter à ses membres l'emprunt d'argent à des termes faciles contre hypothèque sur leurs immeubles, et de rembourser graduellement la somme ainsi empruntée. Les emprunteurs seulement sont admis dans l'association. L'emprunteur devient membre quand il livre au caissier de l'association une hypothèque sur sa propriété et reçoit un prêt sous forme d'obligations de l'association. Les obligations sont ensuite vendues à ceux qui en veulent. L'alliance entre les parties contractantes est spécifiquement définie par les règlements suivant lesquels le prêt est fait. La garantie du principal et de l'intérêt des obligations hypothécaires est la somme totale des hypothèques prises par l'association.

Les obligataires peuvent recevoir en espèces le montant des obligations en donnant un avis de six mois. Cependant, si la demande dépasse le montant à la disposition de la banque dans son fonds d'amortissement et son fonds de réserve, l'obligataire doit attendre que les paiements deviennent dus sur les hypothèques. Quand un obligataire donne avis de son intention d'être payé, on l'avertit de la date où il pourra toucher. Les hypothèques sont purgées d'après un plan d'amortissement de 47 ans, l'amortissement représentant une annuité des trois quarts de 1 p. 100 du prêt. Un plus fort montant peut être payé à la date régulière des paiements, si le débiteur hypothécaire le désire. Si le montant dans le fonds d'amortissement dépasse à un moment donné le montant des obligations présentées pour paiement, on fait un tirage de celles qui doivent être rachetées.

Les membres de l'association peuvent emprunter jusqu'aux trois quarts de la valeur de la propriété et doivent payer 4 p. 100 d'intérêt sur les obligations, trois quarts de 1 p. 100 d'amortissement et un quart de 1 p. 100 pour les frais, ce qui fait en tout 5 p. 100. La valeur de la propriété est établie directement d'après le revenu que la propriété, au dire de l'emprunteur, rapporte annuellement.

L'association est administrée soit directement par les membres au moyen d'une assemblée générale, soit par un bureau de directeurs choisis à l'assemblée générale qui est tenue au moins une fois l'an. On donne alors toutes les explications désirées sur les méthodes suivies.

Il y a au Danemark 14 de ces associations du type Landschaft qui font des transactions sur premières hypothèques, et 9 sur deuxièmes hypothèques affectées à de petits immeubles. Ces dernières sont les seules de leur genre en Europe.

(6) Autres pays européens

Dans presque tous les pays de l'Europe, on trouve sous quelque forme des facilités de crédit hypothécaire basées sur le modèle français ou allemand. En Hollande, le gouvernement a autorisé la création de banques hypothécaires à capital-actions dans le but d'affilier les petites organisations d'épargnes qui surgissent dans les villages et les centres ruraux, et qui font affaires sur hypothèques. Elles sont subventionnées par le gouvernement et prélèvent leur fonds pour les prêts sur les épargnes déposées dans les petites caisses de village affiliées à ces banques. Les hypothèques sont souscrites pour quarante ans sur un plan d'amortissement.

En Autriche, avant la guerre, les transactions de crédit hypothécaire étaient principalement du domaine des banques d'épargnes. Six cent soixante-neuf de ces banques fonctionnaient en 1914, principalement dans les cités et villes. A cette date, ces banques avaient placé en hypothèques la somme de 3,700,000.000 couronnes, environ 55 p. 100 de la valeur des biens-fonds agricoles.

Il y avait aussi des institutions du type des Landschaften d'Allemagne qui croissaient rapidement en 1914.

Dans la Hongrie, il existe un système d'institutions autonomes bien que non subventionnées par le gouvernement. Les obligations hypothécaires sont émises contre hypothèques de la manière ordinaire. En 1911, il y avait en circulation une valeur de $500,000,000 de ces obligations, rachetables suivant des règles définies. Plusieurs de ces obligations ont été vendues en France.

En Italie, un grand nombre d'institutions font des transactions de crédit agricole sur hypothèque à longue échéance. Les institutions de crédit agricole, les banques de crédit agricole, les caisses d'épargnes et les sociétées mutuelles s'occupent toutes de semblables opérations. Elles accordent des prêts sur première hypothèque pour une valeur de 50 p. 100 de l'évaluation. La période d'amortissement est de dix à quinze ans. Les paiements annuels comprennent (a) l'intérêt, (b) l'amortissement, (c) l'impôt sur le revenu, (d) les frais de

,commission et d'administration. Les obligations sont vendues, autant que possible, contre la garantie totale des hypothèques détenues.

En Suède, il y a dix associations distinctes d'hypothèque agricole sur le type Landschaften créées par l'autorité du gouvernement. Elles ont le monopole des transactions de crédit agricole. Elles sont complétées par une institution centrale ,connue sous le nom de banque hypothécaire générale de la Suède, qui avance l'argent aux associations de district sur nantissement d'hypothèques souscrites par les membres des associations. La banque centrale est une institution semi-publique ayant des relations étroites avec le gouvernement et jouissant d'un monopole.

Quant à la valeur du système décrit, on dit que les obligations agricoles sont considérées partout comme les meilleurs devises pour les petits et les gros prêteurs. Le paiement de l'intérêt et du principal est assuré par une stricte surveillance du gouvernement qui empêche une émission trop abondante et qui voit à ce que les versements faits par les emprunteurs soient appliqués au remboursement des obligations. La renommée du système est tellement bien établie que l'argent afflue pour satisfaire à tous les besoins.

2. Crédit personnel ou crédit à courte échéance en Europe

L'expression crédit personnel ou crédit à courte échéance s'emploie partout en Europe pour désigner tous les genres de crédit agricole autres que le crédit hypothécaire. Cette forme de crédit est basée principalement sur l'aval de l'emprunteur suivant sa position dans la société et l'actif personnel qu'il possède à part les biens-fonds.

Nous n'examinerons que les institutions qui s'occupent principalement du crédit agricole. Les institutions commerciales ordinaires, les banques à capital social et les caisses d'épargnes seront donc laissées de côté, excepté lorsqu'elles formeront partie du système de crédit agricole.

Dans la partie consacrée aux remarques générales, nous avons exposé brièvement les raisons avancées pour le développement des institutions décrites dans ce volume. Nous citerons ici un court paragraphe seulement d'un document préparé par une haute autorité européenne indiquant les raisons pour lesquelles elles ont été organisées en Europe.

" Les banques urbaines connaissant surtout les entreprises commerciales et industrielles, sont moins à même de juger de la situation d'un cultivateur et de son aptitude aux affaires. Le crédit implique la confiance et la facilité de surveillance; mais le banquier ne connaît pas la culture, et les fermes sont des unités relativements isolées, plus ou moins éloignées des bureaux de la banque. Les méthodes commerciales ordinaires ne peuvent guère s'appliquer aux petits cultivateurs dont la comptabilité est très incomplète et bien peu méthodique. La même difficulté se présente au sujet des endosseurs qui sont tout naturellement des cultivateurs. Il est souvent hors de question de se procurer d'autre garantie reconnue par les banques, et il se produit bien des pertes de temps pour trouver et amener les endosseurs à la banque. Le milieu où vivent les fonctionnaires des banques n'est pas celui du cultivateur, de sorte que les deux catégories sont fréquemment inconnues l'une de l'autre. Toute la situation est encore moins favorable à cause du remplacement des petites banques locales par des succursales des grandes banques régies d'après les principes définis des quartiers généraux de la banque et dont les gérants sont fréquemment changés. De plus, les banques commerciales ne peuvent se rapprocher des petits villages. Les plus petits cultivateurs présentent souvent peu d'intérêt comme emprunteurs aux banques commerciales ordinaires, et, à part d'autres désavantages, doivent payer un pourcentage trop élevé d'intérêt et de commission sur des emprunts insignifiants. Pourtant, si les banques commerciales donnent peu de satisfaction aux cultivateurs, les besoins de ceux-ci sont fortement augmentés en ce qui concerne le capital d'exploitation. La culture plus scientifique et intensive rendue nécessaire par la concurrence, qu'ont avivée l'amélioration et les facilités de transport, les procédés de réfrigération et d'autres causes, exigent un capital plus élevé pour la main-d'œuvre, les engrais chimiques, les engrais alimentaires et les instruments aratoires; le paiement en nature est entièrement remplacé par les paiements en numéraire, tandis que les gages payables en argent sont plus élevés; et les autres dépenses, y compris les versements à faire à l'Etat et aux autres autorités publiques, sont aussi augmentées.'

Cette citation est prise dans un document européen et peut être regardée comme un exposé raisonnable des conditions qui nécessitent les institutions que je vais décrire.

Voici une courte description des institutions européennes les plus importantes qui font des prêts personnels ou à courte échéance aux cultivateurs:

(1) Les banques Raiffeisen ou sociétés de crédit d'Allemagne.

(2) Le crédit agricole de France.

(3) Des modifications des plans 1 et 2 dans d'autres parties de l'Europe, comme les caisses rurales et les caisses populaire de l'Italie, de la Hongrie et d'autres pays.

(1) Banques Raiffeisen ou sociétés de crédit d'Allemagne

Il y a deux degrés à franchir pour compléter l'organisation du crédit d'après le plan Raiffeisen. Premièrement la formation de sociétés locales de crédit, et deuxièmement l'organisation d'un groupe de sociétés en un corps collectif représenté par une caisse centrale. Ces sociétés sont basées sur ce qu'on appelle les "principes de Raiffeisen".

(a) Leur base légale est la responsabilité illimitée de tous les membres pour tout le passif de leur société particulière.

(b) Leur but est d'améliorer les conditions morales et matérielles de leurs membres.

(c) Elles n'admettent comme membres que les personnes d'un certain district, lequel doit être aussi peu étendu que possible eu égard à la capacité de la société de vivre par elle-même; c'est pourquoi aucune personne ne peut être membre de plus d'une société à la fois.

(d) Il n'y a pas d'honoraire d'entrée à payer.

(e) Quand la loi du lieu le permet, on n'émet pas d'actions; quand elle oblige de le faire, chaque membre n'a droit qu'à une action, la moins élevée possible; et s'il y a des dividendes sur ces actions, le taux ne doit pas dépasser le taux d'intérêt sur les prêts.

(f) Le seul fonctionnaire rémunéré pour ses services est le comptable (l'employé qui tient les comptes et dispose réellement de l'argent); les membres du comité d'administration et le conseil d'inspection doivent remplir leurs charges sans rémunération.

(g) Tous les profits résultant du fonctionnement sont consciencieusement portés à un fonds commun indivisible appartenant à la société comme corps.

L'exposé suivant préparé par le secrétaire général de l'Union des sociétés coopératives d'Allemagne explique clairement le but de ces sociétés et leur fonctionnement:

"La tâche assumée par les sociétés de crédit est de fournir l'argent requis pour les avances et les prêts aux membres; de pourvoir à l'approvisionnement des marchandises dont les membres ont besoin et de faire toutes autres conventions qu'elles jugent utiles pour promouvoir le bien-être matériel de leurs membres; et le but qu'elles poursuivent est de venir en aide à ceux qui sont peu fortunés et de favoriser le développement intellectuel et moral de leurs membres, plutôt que de leur rapporter des profits. La base sur laquelle ces sociétés sont édifiées est l'esprit chrétien et l'honnêteté; il est une règle permanente qui défend de toucher dans les réunions de la société toute question politique ou religieuse.

"Ces sociétés n'ont pas le droit de se lancer dans quelque spéculation. Les avances et les prêts sont faits aux membres seulement sur garantie personnelle, et pour des fins légitimes au point de vue économique, et sous la forme de prêts ou de virements dans les comptes courants. Tout prêt ou crédit doit être parfaitement garanti avant d'être consenti. Et pour chacun des prêts, les termes de remboursement sont fixés d'avance, la longueur des délais et le montant de chaque remboursement étant dans chaque cas proportionnés au but pour lequel le prêt est demandé, à la capacité et au titre de l'emprunteur. De leur côté, les emprunteurs ont la faculté de rembourser en tout temps. Dans certains cas spéciaux, les sociétés se réservent le droit de déclarer le prêt remboursable immédiatement."

Quand le régime est complètement organisé, il consiste en un groupe de ces sociétés locales, chacune étant indépendante par elle-même, mais fédérées en une caisse centrale. La caisse centrale agit comme bureau de compensation pour le groupe. Elle permet de confiner l'action de la société locale à un petit groupe d'un district fixe, ce qui rend les perceptions plus faciles. La caisse centrale sert aussi d'agence pour l'achat de matériel et la vente des produits agricoles.

La caisse centrale est une compagnie par actions, mais ses actions ne sont détenues que par les sociétés locales et certains fonctionnaires de l'institution.

Les fins de la caisse sont:

(*a*) De transiger les affaires de banque et de crédit, surtout pour balancer la pénurie ou le surplus temporaires de numéraire dans les caisses locales.

(*b*) De pourvoir aux achats collectifs de matériel ainsi qu'à la vente collective des produits agricoles.

L'argent requis pour les affaires de la caisse est prélevé comme suit:

(*a*) Par l'émission d'actions vendues aux sociétés locales.

(*b*) Par les dépôts reçus et les emprunts faits.

(*c*) Par un pourcentage de commission et une marge d'intérêt sur les affaires transigées.

(*d*) Par les profits sur le négoce des marchandises, et autres recettes semblables.

L'argent ainsi prélevé est appliqué comme suit:

(*a*) En crédits accordés aux banques coopératives locales, aux sociétés et aux banques centrales desservant des provinces ou des comtés particuliers et aux sociétés coopératives.

(*b*) A accepter de l'escompte et à faire des avances contre garanties approuvées conformément à la pratique de la banque Impériale.

(*c*) A toutes autres fins conformes au but général de l'institution.

Les profits réalisés sont appliqués:

(a) A l'accumulation d'un fonds de réserve.

(b) Au paiement de dividendes sur les actions, dividendes qui ne doivent en aucun cas dépasser quatre pour cent.

Chaque *société locale a un crédit fixé par le comité d'administration de la caisse centrale.* Ce crédit est basé sur l'évaluation des biens des membres de la société locale, leur responsabilité étant illimitée, c'est-à-dire que chaque membre est responsable conjointement de l'ensemble des obligations de la société locale à laquelle il appartient. Le pouvoir d'emprunt de chaque membre d'une société locale est déterminée par celle-ci.

Le rajustement du rôle pour déterminer le crédit maximum de chaque société locale se fait tous les trois ans.

Les affaires conclues entre la société locale et la caisse centrale sont comme suit: "Si les fonds perçus par une société locale sont insuffisants pour ses besoins réguliers, elle demande le montant dont elle a besoin à la caisse centrale. Ce montant lui est fourni soit en espèces sur le solde disponible, soit au moyen d'une traite sur la banque Impériale. Le surplus des fonds possédés par une caisse locale est versé de la même manière à la caisse centrale. Chaque caisse locale est requise de produire toutes les semaines un rapport de ses transactions et du numéraire en caisse, et tous les mois, un rapport de son bilan. Par ce moyen la caisse centrale peut exercer un contrôle régulier et effectif sur les sociétés locales. De plus, chacune de celles-ci est soumise tous les ans à une inspection rigoureuse de la part d'un comité nommé par le conseil d'inspection de la caisse centrale, agissant conjointement avec l'inspecteur en chef de l'union.

"De cette manière, la Banque centrale agricole d'Allemagne a, en dépit de sa formation en compagnie par actions, pu retenir son caractère vraiment coopératif, en faisant des affaires coopératives beaucoup plus importantes, tout en restant dans les limites de la coopération, comme le font les sociétés locales sur une petite échelle. Le fait qu'elle est enregistrée comme une compagnie par actions facilite la conduite de ses affaires avec les marchés monétaires et lui fournit, par le produit de ses actions, un capital d'exploitation qui ne peut être affecté par les changements qui pourraient influencer les sociétés locales. En se réservant les opérations monétaires avec les sociétés locales, elle est en position d'exiger un taux inférieur à celui que les sociétés seraient forcées de payer si ces opérations étaient faites par l'entremise d'institutions provinciales indépendantes; et par ses sociétés affiliées, elle se procure tous les renseignements sur l'état financier des sociétés locales, ce qui est absolument nécessaire pour déterminer le montant qu'il convient d'allouer à chacune. C'est donc une caisse centrale pouvant se supporter par elle-même et jouissant d'une administration autonome, combinant tous les avantages d'un bureau de compensation central à fonctionnement décentralisateur."

Comme je l'ai déjà dit, ces sociétés ne sont pas seulement des agences de coopération pour obtenir des prêts, mais servent aussi à l'achat et la fourniture du matériel agricole et à la vente des produits de la terre. Elles possèdent des organisations pour l'achat des engrais chimiques, des aliments, des instruments aratoires et pour la vente des produits agricoles de tous genres.

En Allemagne, il y a une Union générale des sociétés Raiffeisen avec d'autres types de coopératives, comme les coopératives laitières, etc. Elles sont toutes comprises sous le nom de "Union générale des sociétés rurales." Le but de celle-ci est éducationnel. A la fin de l'année 1913, il y avait 25,576 de ces sociétés en Allemagne, dont 16,927 étaient des caisses de prêts et d'épargnes du type décrit ci-dessus.

Ces sociétés de crédit ont pratiquement banni l'usure des centres où elles existent. Tout cultivateur de bonne renommée dans son milieu, qui s'est fait une réputation d'honnêteté, peut obtenir un capital d'exploitation à des termes raisonnables. En 1913, ces sociétés avaient prêté 1,800,000,000 marks à des taux variant entre quatre et cinq pour cent.

Tout cela s'est accompli d'une manière magique. Le résultat provient d'un effort constant et systématique pendant une longue période d'années pour établir le crédit sur une base de sécurité qui réduit au minimum le risque de pertes. En d'autres termes, tout cela a été possible parce que la garantie offerte est de nature à rendre impossible toute perte sérieuse pour le prêteur. Les caractères essentiels de la garantie sont:

(a) La responsabilité illimitée de tous les membres de la société.

(b) L'argent emprunté doit être employé à des moyens de production.

(c) Le champ d'opérations de chaque société est limité à une étendue restreinte bien définie.

(2) Le crédit agricole de France

Le régime de crédit agricole en vigueur en France est l'exemple le plus frappant en Europe d'un système de crédit entraînant la coopération parmi les emprunteurs, sur le principe de responsabilité soit limitée soit illimitée, et avec l'aide de l'Etat. C'est un régime coopératif subventionné par l'Etat.

Ce régime a été créé par une loi adoptée en 1894, et le premier noyau de l'organisation fut formé par les petites unions et les syndicats agricoles déjà en fonction dans certaines localités. L'exposé suivant par le sénateur Albert Viger de France, pendant quelque temps président de la Fédération nationale des associations coopératives agricoles, indique l'idée générale du système:—

"Le premier pas vers l'établissement d'un régime de crédit agricole en France fut l'organisation du crédit rural en partant des éléments, en le liant fortement à la population agricole elle-même. On croyait antérieurement en France comme dans d'autres pays que le crédit agricole ne pouvait être établi que par la formation de grandes banques centrales d'où le crédit serait dirigé dans les plus petites localités. Quand le gouvernement français étudia à fond la question du crédit agricole, ce dernier fut conçu sur un principe tout à fait différent. Il fut décidé que le crédit agricole devait commencer par le groupe le plus simple; que la société ou le syndicat de coopération agricole devait former sa propre banque de crédit et qu'elle devait croître par en bas. Sous le plan français, nous avons donc le syndicat de crédit qui, avec d'autres, forme l'élément des banques, départementales (caisses régionales) ordinairement situées dans les principales villes, et finalement la Fédération centrale du crédit dont je suis le président. Le développement de ce plan s'est fait par le progrès des petites unités."

On voit donc que l'unité d'organisation comme dans le régime Raiffeisen, est le petit groupe de citoyens organisés pour faciliter le crédit de ce groupe. Il y a 4,000 de ces groupes ou caisses locales organisées en France; 1,000 sur le principe de la responsabilité illimitée; 3,000 avec responsabilité limitée. Une proposition de loi est actuellement devant le parlement français pour rendre obligatoire le principe de responsabilité illimitée. Le régime est fortement spécialisé et ne comprend que les cultivateurs d'une commune.

En 1899, on fonda un régime de caisses régionales; il y en a maintenant 100 en opération. Celles-ci correspondent aux caisses centrales du système Raiffeisen. Chacune de ces 4,000 caisses locales fonctionne par l'entremise de l'une des caisses régionales. Celles-ci sont des banques par actions, favorisées par l'Etat, mais ncn possédées par lui. L'aide de l'Etat est accordée à condition que les caisses se soumettent à la surveillance de l'Etat. Cette aide stimule le développement, de sorte qu'aujourd'hui le système couvre tout le territoire national.

Les caisses régionales sont organisées pour deux raisons:—

(a) Pour escompter les billets de la caisse locale et les endosser pour la banque de France. Cela est nécessaire, parce que la banque de France ne peut légalement escompter que les billets portant trois signatures. L'aval du cultivateur, de la caisse locale puis de la banque régionale remplit cette condition. De plus, elle forme entre la banque de France et l'unité locale un intermédiaire capable d'évaluer la garantie offerte d'après des renseignements précis.

(b) Les caisses régionales étaient de plus nécessaires comme moyen de distribuer les fonds placés à la disposition du crédit agricole par le gouvernement. Chacune d'elles reçoit du gouvernement par l'entremise de la banque de France quatre fois le montant de son capital payé. Elle emploie ce montant comme fonds de réserve en dépôt à la banque de France afin d'assurer son crédit pour fins d'escompte. L'argent nécessaire à cette fin est prélevé comme suit:

La charte de la banque de France, étant expirée en 1896, fut renouvelée par le gouvernement sous certaines conditions favorables à l'agriculture. Ces conditions étaient:

Premièrement, que la banque de France avancerait au gouvernement la somme de 40,000,0C0 de francs sans intérêt pour subventionner les organisations de crédit rural.

Deuxièmement, qu'elle paierait une certaine portion de ses profits annuels comme avance au crédit agricole. Cette avance conditionnelle ne devait pas être moindre que 2.000,000 de francs. Elle a varié entre 4,000.000 et 5,000,000 de francs annuellement.

La loi de 1896 fixait l'avance annuelle des profits à douze et demi pour cent des profits nets sur les affaires d'escompte faites par la banque de France. En 1911 lorsque la charte a été de nouveau renouvelée, ce pourcentage a été augmenté à $14\frac{2}{7}$ p. 100 quand le taux de l'escompte était de $3\frac{1}{2}$ p. 100, et à $16\frac{2}{3}$ p. 100 quand le taux de l'escompte était de 4 p. 100. L'argent fourni de cette manière jusqu'à 1920 s'élève aux environs de 2.000,000 de francs.

Quand la charte de la banque de France a été renouvelée, un comité a été nommé composé de membres du Sénat, de représentants des caisses locales, de directeurs de la banque de France et de certaines autres personnes par l'entremise desquelles les fonds fournis comme ci-dessus expliqué, devaient être distribués aux banques régionales.

Dans les opérations de ces caisses, on accorde trois formes de crédit:

(a) Credit personnel à courte échéance.

(b) Credit collectif à longue échéance (sans hypothèque).

(c) Crédit personnel à long terme.

(a) Le crédit personnel à courte échéance

Ce crédit est accordé généralement pour un an. Il est strictement personnel; il n'est besoin que de l'endossement d'une personne de responsabilité reconnue. L'association locale endosse et recommande à la caisse régionale, qui à son tour, si elle n'a pas l'argent, l'endosse pour escompte à la banque de France. Comme celle-ci ne peut faire de prêt pour une plus longue période que trois mois l'avance est faite pour ce temps sujette à renouvellement. Dans un an, 85,000,-000 de francs ont été prêtés de cette manière, dont 60,000,000 provenaient de l'Etat.

(b) Crédit collectif à longue échéance (sans hypothèques)

Le but principal de cette forme de crédit et de promouvoir la prospérité des cultivateurs dont les biens-fonds sont de peu d'étendue. Il rend possible les groupements pour la production, la conservation et la mise sur le marché des produits récoltés par les membres de l'association. Les membres doivent être réellement occupés à la production. Le taux de l'intérêt pour cette forme de crédit ne doit pas excéder 4 p. 100. La période du prêt ne doit pas dépasser vingt-cinq ans. Le total des prêts à une société est limité à deux fois le capital de la société. Cette forme de crédit à longue échéance ne se trouve dans aucun autre pays de l'Europe.

(c) Crédit personnel à longue échéance

L'exposé suivant par M. Vinreux, du crédit foncier, explique cette sorte de crédit:

" La loi de 1910, en créant le crédit agricole personnel à longue échéance, forme la dernière pièce de l'édifice du crédit agricole en France. Cette forme de crédit est accordée aux caisses locales par l'entremise des caisses régionales, qui reçoivent l'argent à cette fin à même les avances faites pour le crédit agricole par le banque de France. Ce crédit n'est accordé que pour les petites propriétés, car le but de la loi est d'attacher au sol le paysan cultivateur peu fortuné."

La plus longue période de ces prêts est de quinze ans, et le prêt n'est accordé que dans le cas des jeunes cultivateurs. Le but de ces prêts est d'aider les petits cultivateurs à acheter des biens-fonds et d'encourager les jeunes gens qui ont terminé leur service militaire à s'occuper de culture.

Les prêts sont remboursables par amortissement, et le taux de l'intérêt est, règle générale, de 2 p. 100. L'emprunteur peut donner une hypothèque sur une propriété, mais on accepte la garantie d'une police d'assurance-vie ou d'un cautionnement.

Les sociétés locales françaises diffèrent des allemandes sur certains points. Elles vendent des actions, mais seulement aux personnes qui sont déjà membres de quelque syndicat professionnel agricole ou de quelque association d'assurance coopérative agricole. Elles peuvent recevoir des dépôts, mais ceux-ci sont limités dans une proportion fixe du capital payé.

A l'inverse des sociétés allemandes, la démission d'un membre ne met pas fin à sa responsabilité tant que les obligations assumées durant son stage ne sont pas réglées. De plus, le principe du vote unique par individu n'est pas appliqué, mais on se sert du vote suivant le nombre des actions. De plus, les prêts peuvent être faits par la société locale à même ses propres fonds à des cultivateurs qui ne sont pas membres, pour des fins de production. Cependant, la banque régionale à laquelle la société locale est affiliée ne peut escompter les prêts faits à des individus qui ne sont pas membres. Enfin, aucune aide d'Etat n'est accordée à la caisse locale même. La subvention de l'Etat est accordée en entier aux caisses régionales qui font les prêts directement à l'emprunteur avec l'endossement de la société locale. Vu que ces organisations monopolisent l'aide du gouvernement, la coopération de la part du cultivateur est presque obligatoire.

Au cours des lignes précédentes, on a mentionné si souvent la banque de France, qu'il semble nécessaire de donner quelques mots d'explication. La banque de France est une banque d'émission; c'est-à-dire que sa fonction est d'émettre du papier-monnaie et de le racheter. Elle émet des billets soit sur dépôts, soit sur la garantie des opérations de crédit. Il lui est interdit de flotter des emprunts sur une autre base. Le remboursement des francs-papier en circulation est garanti soit en monnaie soit en effets de commerce protégés par les obligations.

La banque de France aide l'agriculture de trois manières. Premièrement, en conformité des règlements mentionnés ci-dessus, elle aide les agriculteurs en leur facilitant les emprunts et les escomptes. Deuxièmement, elle rend possible le fonctionnement des caisses agricoles en réescomptant pour le compte des caisses régionales et autres banques commerciales. Troisièmement, elle fournit au gouvernement des fonds qu'il applique aux besoins des banques de crédit agricole.

(3) Modifications des (1) et (2) trouvées dans d'autres parties de l'Europe

On trouve dans diverses parties de l'Europe plusieurs variations des types décrits précédemment d'institutions de crédit établies pour fins de crédit personnel. A peu près tous les pays ont fait des modifications pour convenir à leurs besoins locaux. En Italie, on consent des prêts personnels dans les banques d'Etat et dans les institutions coopératives. L'aide de l'Etat, comme en France, profite à l'emprunteur par l'entremise des institutions coopératives, et non pas directement. An moyen d'une législation spéciale, le gouvernement de l'Italie a voté jusqu'à $14,000,000 pour ses prêts agricoles à des taux raisonnables d'intérêt, le taux maximum étant de 6 p. 100.

Les banques coopératives de l'Italie sont basées sur les notions déjà mentionnées. En Italie, elles portent les noms de:—

(a) Banques du peuple, organisées par Luigi Luzzatti.

(b) Banques rurales, organisées par Leone Wollenberg.

L'idée dans chaque cas est venue de l'Allemagne et n'est que l'application de principes connus. Il y a en Italie environ 2,000 banques de la deuxième catégorie, dont les deux tiers sont sous le contrôle de l'Eglise.

Dans presque tous les autres pays de l'Europe, il existe des institutions semblables pour le développement du crédit agricole. Il n'est pas osé de dire que ces institutions ont été l'un des plus importants facteurs pour améliorer les conditions des parties rurales de l'Europe. Comme l'a dit l'un des principaux admirateurs du régime: "L'usage du crédit en agriculture peut se comparer à l'usage de l'eau. Si l'apport d'eau dans les champs est fait en temps utile, d'une manière convenable et en quantité suffisante, il est d'une grande valeur; mais si le champ est inondé, ou si l'eau est fournie intempestivement, son effet est de détruire." Ces sociétés ont cherché à appliquer le crédit aux fins de production et ont assurément atteint leur but.

PARTIE III

LE CRÉDIT RURAL DANS L'EMPIRE BRITANNIQUE EN DEHORS DU CANADA

Le Royaume-Uni

La coopération dans le but d'encourager l'agriculture et d'organiser le crédit coopératif a commencé dans le Royaume-Uni vers l'année 1895. Elle a été d'abord confinée à l'Irlande, alors que fut organisée la Société irlandaise d'organisation agricole. Le même développement commença en Angleterre en 1901, et en Ecosse en 1905, lorsque des sociétés furent établies par sir Horace Plunkett sur le plan des sociétés irlandaises. La déclaration suivante de sir Horace Plunkett indique le principe sur lequel ces institutions furent organisées: " La clef de voûte de ce système réside dans la proposition que les cultivateurs doivent travailler à leur propre salut, et que leur travail ne peut être efficace que s'il forme un effort combiné."

Le but proposé était " d'assurer la coopération de tous ceux qui sont attachés à la terre, les propriétaires, occupants ou ouvriers, et de promouvoir la formation de sociétés coopératives agricoles pour l'achat du matériel, pour la vente des produits, pour les opérations de banque ou d'assurance agricoles et pour toute sorte de coopération pour le bénéfice de l'agriculture."

Toutes les organisations désireuses d'avoir la coopération ont reçu l'autorisation de s'affilier à la Société d'organisation agricole. En 1914, sur les 495 sociétés coopératives organisées et affiliées, en Grande-Bretagne il y avait 48 sociétés de crédit et une banque centrale de coopération agricole. Nous ne nous occuperons que des travaux des sociétés de crédit coopératif agricole que nous étudierons spécialement.

L'exposé suivant, publié par le Bureau de l'Agriculture et des Pêcheries en 1912, indique le point de vue adopté par les autorités britanniques à l'égard de ces sociétés: —

> " Il est possible de former une société de crédit coopératif agricole, sous l'empire de la loi des sociétés d'industrie et de prévoyance, par action à responsabilité limitée; mais en réalité, toutes les sociétés de ce genre qui existent actuellement en Angleterre et dans le pays de Galles ont été enregistrées sous l'empire de la Loi des sociétés amicales, 1896, et de l'autorité spéciale accordée par la Trésorerie conformément à l'article 8 (5) de cette loi. Une société enregistrée d'après cette autorité doit avoir pour but la création de fonds par des souscriptions mensuelles ou autrement, qui sont prêtés aux membres de la société, placés pour eux ou à leur bénéfice, et doit avoir dans ses règlements une clause stipulant qu'aucune partie des fonds ne sera divisée sous forme de profits, dividendes ou autrement parmi les membres, et que tout l'argent prêté aux membres sera appliqué aux fins que la société ou son comité d'administration pourront approuver."

Responsabilité illimitée

Toutes les sociétés organisées sous l'empire de la Loi des sociétés amicales, en Grande-Bretagne, sont des sociétés à responsabilité illimitée, c'est-à-dire que chaque membre de cette société est conjointement et personnellement responsable, à l'égal de tout autre membre, de toutes les dettes encourues par la société et de tout prêt fait à un membre, que ce membre ou ses endosseurs ne peuvent payer.

COMITÉ PERMANENT

Aucune personne n'est admise membre à moins de vivre dans un certain rayon désigné, comme le territoire d''une paroisse ou de deux ou plusieurs paroisses voisines. Elle doit en outre être reconnue de bon caractère et méritant d'être admise dans la société. Tous les membres ont également voix dans l'élection du comité d'administration.

Par ces sociétés, les prêts sont faits aux membres contre garantie approuvée pour une fin spécifique se rapportant à la production, de manière que le prêt puisse être remboursé par le revenu attaché à cette production. Le maximum des prêts est de £50.

Dépôts

Les sociétés ont la faculté de recevoir des dépôts soit des membres, soit d'autres personnes et de leur payer un intérêt. Tous les profits sont portés à un fonds de réserve destiné à couvrir des pertes possibles et il n'est pas permis de payer des dividendes. Le seul bénéfice attaché au titre de membre de la société est celui de pouvoir emprunter.

Les prêts sont accordés pour toutes fins qui, dans l'opinion du comité des prêts, peuvent rapporter des profits, comme l'achat de moutons, porcs, bêtes à cornes, chevaux, graines de semence, plants ou engrais, ou l''emploi de main-d'œuvre supplémentaire, et sont remboursables au temps où l'emprunteur peut espérer retirer un revenu de ces dépenses, généralement au bout de six à douze mois. Dans certaines conditions spéciales, les prêts sont faits pour une période de deux ans.

Le taux de l'intérêt varie entre $4\frac{1}{2}$ p. 100 et 6 p. 100.

Le montant total des prêts faits par ces sociétés n'est pas très élevé, et elles n'ont pas joué un grand rôle dans le développement de l'agriculture en Grande-Bretagne. Peut-être que la principale raison en est l'impopularité en Grande-Bretagne du principe de la responsabilité illimitée, et le fait que la Grande-Bretagne est desservie plus efficacement par les banques à capital-actions que les autres pays du continent européen.

Quelques-unes des banques à capital-actions ont désiré aidé financièrement ces sociétés; en fait, plusieurs d'entre elles ont offert leur coopération, mais malgré cela, le développement du système n'a pas progressé beaucoup plus.

En Irlande, l'organisation des sociétés de crédit du type que nous venons de décrire a été beaucoup plus rapide. En 1913, il y avait en Irlande, 236 de ces sociétés de crédit, ayant en tout 19,105 membres et un capital de prêts s'élevant aux environs de $275,000 et un montant d'affaires à peu près égal.

Cette situation est à peu près celle du Royaume-Uni au début de la guerre, relativement à l'organisation du crédit à courte échéance parmi les cultivateurs.

Crédit à longue échéance

En Grande-Bretagne, le crédit à longue échéance a toujours été considéré comme un champ d'action réservé à l'entreprise privée. Pour décider les propriétaires terriens à faire des améliorations permanentes, on a organisé des corporations spéciales, d'après des règlements édictés par le gouvernement, mais sans l'aide financière du gouvernement, dans le but de prêter aux cultivateurs. Par exemple, la Compagnie générale de drainage agricole a été formé en 1849, la Compagnie d'amendements agricoles en 1842, la Compagnie Ecossaise de drainage et d'amendement en 1856, et la Compagnie de prêts et de dégrèvements fonciers en 1860. La première et la dernière de ces compagnies ont été absorbées en 1864 par la Compagnie d'amendements agricoles.

Toutes ces compagnies sont autorisées par la loi à prendre des hypothèques sur biens-fonds. L'intérêt est limité à 5 p. 100. Depuis la guerre, on a cru nécessaire de faire disparaître la limite de 5 p. 100, et de laisser au Bureau de l'Agriculture le soin de fixer le taux de l'intérêt.

La Loi d'amélioration des terres de 1864 autorisait les propriétaires de terre à prélever des emprunts contre hypothèques sur leurs biens-fonds· Dès ses débuts, la Compagnie d'amendements agricoles, conformément à la loi, avança approximativement £13,000,000 pour diverses fins d'amélioration.

Il y avait une organisation semblable en Ecosse.

D'après ce système, l'argent est avancé pour l'érection de bâtiments de ferme et de maisons d'habitation, pour la confection de routes, égoûts, drains, et pour la construction de silos. Avant toute décision concernant le prêt, la demande doit être soumise au ministère de l'Agriculture et des Pêcheries pour être étudiée et approuvée. Les emprunts sont remboursables par annuités durant une période définie, qui varie de 15 à 40 ans, suivant la nature des améliorations.

L'hypothèque imposée passe a priorité sur les hypothèques alors en vigueur, mais non pas sur les taxes imposées par la loi. Comme ces hypothèques sont ordinairement cessibles aux compagnies d'assurances, qui les recherchent dans un but de placement, les ressources de la compagnie sont très grandes, et on peut facilement obtenir un emprunt.

Sous la loi générale de la Grande-Bretagne, il est possible d'organiser d'autres compagnies pour accomplir des œuvres similaires, de sorte que le développement des entreprises privées peut être considérable sous ce rapport.

Au cours de la guerre, la situation de l'agriculture en Angleterre a subi un grand changement. Le nombre des propriétaires terriens a augmenté sur le nombre de 1914 d'au-delà de 21,000 en Angleterre et dans le pays de Galles, et 1,600 en Ecosse. La majorité de ces achats s'est faite entre juin 1919, et juin 1921, le tout comprenant un transfert de près de 2,000,000 d'acres de terre arable.

Ce fait s'explique de deux manières—(a) Plusieurs propriétaires désiraient vendre leur terre à cause des impôts élevés, et (b) il y avait une forte demande pour acheter des terres dans un but d'établissement, par suite de la hausse des prix des produits agricoles. En octobre 1919, le premier ministre du temps donna aux cultivateurs l'assurance que les prix des principaux produits seraient maintenus malgré les baisses sur les marchés, afin de les préserver de fortes pertes. Cette promesse a été sanctionnée par une loi en 1920; une échelle de prix a été préparée sur la base du coût de production en 1919. C'est pendant cette période que les terres se sont vendues à des prix bien au-dessus de la normale. L'année suivante, 1921, les conditions ont empêché d'exécuter les clauses de la loi de 1920. et elle a été abrogée.

Le Parlement nomma un comité en 1923 pour faire enquête sur toute la question, et ce comité décida que "la promesse faite par le gouvernement pour induire les cultivateurs à acheter des terres avait eu un effet indéniable," et que, par conséquent, il fallait appliquer un remède à la situation.

La baisse des prix amena une condition sérieuse pour les cultivateurs d'Angleterre et fut causée par une baisse correspondante au Canada et aux Etats-Unis. Une grande partie de l'argent employé pour l'achat des terres avait été emprunté des banques contre des traites à découvert, et vu que les banques ne pouvaient prendre des hypothèques, la position des emprunteurs et des banques s'est trouvée très précaire.

Le même comité étudia la question du crédit à courte échéance pour permettre aux cultivateurs de rencontrer leurs obligations courantes, et examina les facilités offertes par les banques et les conditions d'après lesquelles les prêts étaient faits. Il n'est pas nécessaire de donner dans ce rapport tous les détails de l'enquête. Qu'il suffise de dire qu'une étude complète a été faite des opérations des banques et des négociants de titres. On trouva que les titres en circulation s'élevaient à environ £46,000,000 prêtés aux cultivateurs par les banques, dont £26,000,000 avaient été avancés pour l'achat de terres, et £20,000,000 pour la production courante normale. Le comité fut d'avis que les transactions avec les banques étaient surtout accessibles aux cultivateurs en bon état de fortune, mais qu'une grande proportion des cultivateurs n'avaient pas les facilités de crédit nécessaires pour réussir dans leur exploitation, parce qu'ils n'étaient pas facilement admis à transiger avec les banques. Les recommandations furent donc en faveur du crédit à courte échéance et du crédit à longue échéance, et prirent la forme d'une loi du Parlement adoptée le 31 juillet 1923.

Clauses de la loi de juillet 1923 pour les prêts à longue échéance

Cette loi accorde aux commissaires des prêts du ministère des Travaux publics le pouvoir de prêter de l'argent aux associations créées dans le but de faire des avances sur hypothèques foncières en tout temps après l'adoption de cette loi jusqu'à une limite de cinq années, le montant total devant être approuvé par la Trésorerie et soumis aux conditions que celle-ci pourrait prescrire. L'emprunteur doit être une personne qui a acheté la terre désignée par l'hypothèque, après le 5e jour d'avril 1917, et pas plus tard que le 27 juin 1921. Le but de cette clause est de couvrir la période des prix élevés pour l'achat de terres.

La terre comprise dans l'hypothèque doit être totalement ou en grande partie cultivée.

Le montant du prêt ne doit pas dépasser 75 p. 100 de la valeur reconnue à la satisfaction des commissaires, ni excéder un montant égal à trente fois le rendement annuel de la terre suivant les rapports de l'impôt sur le revenu.

Le taux de l'intérêt doit être fixé par la Trésorerie.

L'emprunt est remboursable en soixante ans par des versements annuels sur le principal avancé et les intérêts. La terre doit être possédée en franc-allen ou sous titre enregistré.

L'avance est faite par les commissaires à une association approuvée, qui, à son tour, prend l'hypothèque sur la propriété.

"Pour les fins de la présente loi, l'expression 'association approuvée' désigne une association qui est approuvée par la Trésorerie pour les fins de cette loi, et qui n'opère pas en vue de profits à retirer, et qui, par sa constitution ou autrement, est forcé quant l'intérêt sur le capital prêté, la distribution des profits parmi ses membres, de se conformer aux règlements de la Trésorerie."

Les articles de la loi qui traitent des prêts à longue échéance, comme on l'a dit antérieurement, sont destinés à aider les récents acheteurs de terre.

Clauses de la loi de 1923 pour les prêts à courte échéance

La loi oblige de plus le ministre de l'Agriculture et des Pêcheries à "faire toutes démarches pratiques pour promouvoir la formation ou le développement des sociétés de crédit agricole, c'est-à-dire, des sociétés approuvées par le ministre et inscrites en vertu de la Loi des sociétés d'industrie et de prévoyance, 1893, ayant pour but, ou pour l'un de leurs buts, de faire des avances aux membres de la société remboursables dans une période n'excédant pas cinq ans pour des fins agricoles approuvées par le ministre."

Le ministre de l'Agriculture et des Pêcheries en tout temps dans un délai de trois ans après l'adoption de la loi, ou durant toute période additionelle que la Trésorerie pourra prescrire, est autorisé à faire des avances à ces sociétés pour un montant égal au montant des actions détenues par les membres de la société et dont au moins 25 p. 100 a été payé. C'est là un véritable effort vers la création d'un intérêt plus accentué pour les sociétés de crédit agricole mentionnées plus haut.

La loi peut être citée sous le nom de " Loi des crédits agricoles de 1923."

Dans ce rapport, je n'ai pas étudié les lois spéciales pour l'achat de terres des grands propriétaires fonciers, comme les ordonnances pour l'achat de terre en Irlande.

APPENDICE No 1

On espère que grâce à l'encouragement assuré par l'aide du gouvernement, les sociétés de crédit se développeront rapidement, surtout parmi les petits cultivateurs. Cependant, il faudra quelque temps pour surmonter la tendance individualiste du cultivateur anglais.

Le Commonwealth australien

Dans tous les états de l'Union australienne, le gouvernement consent aux cultivateurs des prêts à court ou à long termes. Dans la plupart des états, on prête aux colons pour achat de fermes ou en vertu de la loi de l'établissement des anciens soldats sur des terres. Le gouvernement du commonwealth a fait des prêts aux différents états pour leur permettre de satisfaire aux exigences de ladite loi. Ces prêts aux différents états s'élevaient à quelque £32,866,000, au 30 juin 1923.

Nouvelle-Galles du Sud

En Nouvelle-Galles du Sud, il y a une caisse d'épargne du gouvernement comportant un service de crédit rural. Tous les prêts consentis aux colons passent par ce service. Les prêts à courte échéance sont de simples découverts de comptes courants. Ceux à long terme se font sur la première hypothèque pour une période d'amortissement de 31 ans. La limite des prêts effectués en vertu de cette loi est de £2,000. Ces prêts sont consentis : —

(1) Pour achat de ferme. Dans ce cas, la somme ne doit pas dépasser 80 p. 100 de l'évaluation de la garantie ni de la somme de £1,250.

(2) Sur des terres possédées en toute propriété. Le prêt ne doit pas dépasser 66 p. 100 de la garantie.

(3) Sur les terres concédées. Le prêt peut être de £500, pourvu qu'il n'excède pas la valeur des améliorations de la terre.

(4) Jusqu'à 50 p. 100 de la valeur de la garantie que l'emprunteur peut offrir.

Les caisses d'épargne sont régies par une commission revêtue du pouvoir de faire des prêts.

Les prêts aux anciens soldats étant régis par une loi spéciale, dans un but spécial, nous n'en parlerons pas.

Victoria

Dans l'état de Victoria, la Caisse d'épargne de l'Etat est l'institution par laquelle on prête de l'argent aux colons. Elle comporte un service de prêts sur hypothèque créé expressément pour les colons. Ce service peut emprunter jusqu'à £10,000,000 pour effectuer ces prêts. La Caisse est sous l'autorité d'une commission qui a le pouvoir de consentir les prêts.

La limite d'un prêt est la même que dans la Nouvelle-Galles du Sud, soit £50 à £2,000, sans dépasser les deux tiers de la garantie offerte.

Dans le cas d'une terre spéciale employée comme vignoble, comme houblonnière, comme verger, etc., on peut faire des prêts beaucoup plus considérables, avec l'assentiment des commissaires.

Les obligations hypothécaires peuvent se vendre aux fins de la loi et le prêt peut se faire en espèces ou en obligations hypothécaires à un prix fixé par les commissaires.

Outre la loi concernant les banques d'épargne d'Etat, il en existe une appelée loi concernant la colonisation intensive appliquée par une commission désignée sous le nom de commission de colonisation intensive chargée de faire les prêts utiles à l'agriculture, dans les cas suivants:

(1) Aux cultivateurs, sur la garantie de leurs lots, pour les aider à faire des clôtures et à construire des habitations.

(2) Aux locataires de terres de la Couronne pour faire de la culture ou de l'élevage et aux propriétaires de fermes pour achat de matériaux à clôture, etc.

L'intérêt, fixé à 5 p. 100 et les amortissements se payent sur le pied de quarante versements semi-annuels.

Queensland

Dans le Queensland, les prêts se font en vertu de la loi des prêts d'Etat et de la loi de production agricole coopérative. En vertu de la première de ces lois, la commission d'administration peut faire des prêts aux propriétaires fonciers, pour toutes les fins générales de l'agriculture, sur première hypothèque. La limite des prêts est de £1,200 mais ils ne doivent jamais dépasser 75 p. 100 de la valeur de la propriété.

Des prêts peuvent être consentis pour achat de propriété, remboursement de dettes contractées pour fins agricoles, achat d'animaux et d'instruments, améliorations ou en général pour toute fin agricole productive.

Le prêt est remboursable en vingt ans, par versements semi-annuels.

L'intérêt est de 5 p. 100. L'intérêt est seul exigible dans les cinq premières années. L'amortissement commence après la fin de cette période de cinq ans.

En vertu de la loi de production agricole coopérative, des prêts peuvent être consentis à toute organisation coopérative vouée à quelque fabrication relative à l'agriculture. Ces prêts peuvent atteindre les deux tiers du coût total des instruments aratoires et des bâtiments nécessaire à la fabrication.

Cette loi favorise l'organisation de sociétés dont le capital, au moins pour les deux tiers, peut être détenu par les producteurs. Sur les actions, on ne permet qu'un dividende de six pour cent. La garantie exigée est une première hypothèque sur la propriété.

Australie du Sud

Au Sud-Australien, il y a un certain nombre de lois autorisant le gouvernement à prêter aux cultivateurs. Les plus importantes sont:

(1) La loi des terres de la Couronne qui permet de prêter aux colons non-résidants pour les aider à construire des bâtiments et à améliorer leur terre. La limite du prêt est de £50.

(2) La loi de crédit de l'Etat aux colons établis sur les terres de la Couronne en vertu de laquelle une commission appelée commission de prêts aux colons pour prêter sur garantie de sa terre et des améliorations, afin d'y faire des améliorations. La limite est de £400. On peut prêter pour permettre de purger une hypothèque ou pour d'autres fins productives, à la satisfaction de la commission.

L'intérêt exigé sur ce prêt est pour les premiers cinq ans et ensuite il est payé par un fonds d'amortissement pour une période de trente ans.

(3) La loi de crédit de l'Etat, semblable à la loi du même nom précédemment indiquée. Les prêts en vertu de cette loi ne peuvent dépasser £5,000 et doivent être remboursés dans les 42 ans au plus. Le prêt se base sur les trois cinquièmes de la valeur de la propriété.

(4) La loi de l'irrigation en vertu de laquelle une commission appelée la Commission de l'Irrigation prête sur les terres en location pour permettre de défricher, de clôturer, de faire des canaux ou des drains ou de construire des

bâtiments. La limite est de £600. En outre, on peut prêter £200 pour aider aux améliorations, à l'achat d'animaux, etc. On peut faire un prêt additionel pour permettre de purger une hypothèque.

(5) La loi de crédit aux producteurs en vertu de laquelle le ministre de l'agriculture peut, sur la garantie d'une hypothèque, prêter à une société coopérative inscrite dont les trois quarts des membres sont des cultivateurs. L'argent peut être affecté à la construction de fabriques, de salaisons, etc. L'hypothèque sur la propriété est la garantie détenue par le ministre.

(6) Il y a un autre loi connue sous le nom de loi d'établissement de diplômés en agriculture sur des terres. C'est la seule loi de ce genre que nous connaissions. Elle autorise le gouvernement à acheter des terres pour y établir les diplômés des collèges d'agriculture. Les prêts effectés en vertu de cette loi peuvent atteindre le chiffre de £3,000 pour chaque diplômé, sans compter une somme additionnelle de £500 pour achat de grains de semence, d'instruments aratoires, etc. Pendant les trois premières années, l'intérêt seulement est exigible et le capital est payable par versements semi-annuels dans le courant des six années subséquentes.

Australie-Occidentale

En Australie-Occidentale, on a établi une banque agricole en 1895. L'administration de cette banque a l'autorisation de faire des prêts jusqu'au montant de £2,000, sur première hypothèque, aux personnes qui se livrent à l'agriculture. Les prêts sont remboursables dans un délai de trente ans. L'intérêt seulement est exigible dans la première décade. Le principal est payable avec l'intérêt, d'après un système de versements fixes, pendant les vingt dernières années.

Tasmanie

En Tasmanie, on prête aux cultivateurs et aux producteurs en vertu de trois lois distinctes qui fonctionnent de la même manière que celles des autres états. Ce sont, (1) la loi de crédit, (2) la loi de colonisation, et (3) la loi de crédit aux producteurs de fruits.

Sous l'autorité de ces différentes lois, en 1922, dans les états australiens, on a prêté une somme de £12,801,731. Le total des prêts jusqu'à la date du présent rapport est de £77,323,766, et les sommes dues dans les divers états s'élèvent à £53,913,716.

Union Sud-Africaine

Afin de développer le crédit agricole, la " Land and Agricultural Bank of South Africa " fut établie en 1912. Avant l'établissement de l'Union Sud-Africaine, un certain nombre des éléments qui ont formé l'Union avaient des banques de crédit qui leur étaient propres. Il y avait la " Transvaal Land and Agricultural Bank," " The Land and Agricultural Loan Fund of the Orange Free State," " The Land and Agricultural Loan Fund of Natal," " The Agricultural Credit Bank in the Cape of Good Hope." Cette dernière, toutefois, ne fonctionna jamais. Lors de l'établissement de la " Land and Agricultural Bank of South Africa," en 1912, les banques provinciales cessèrent d'exister et leur actif comme leur passif furent transférés à la nouvelle banque qui prit le nom de " The Union Land Bank."

Lorsque la " Union Land Bank " commença ses opérations, elle avait un capital de £2,735,000 provenant des banques provinciales, d'après l'arrangement qui servit de base à la fusion. En outre, son capital comprend:

Les sommes que le parlement peut voter de temps à autre et celles qui peuvent provenir du remboursement des prêts en vertu de certaines vieilles lois qui font partie du plan général, et celles que la banque peut faire souscrire afin de financer les sociétés coopératives par les moyens suivants:—

(1) Escompte à d'autres banques des billets des sociétés coopératives.

(2) Découverts des autres banques.

(3) Emission de billets de banque rurale.

A la fin de 1922, le Parlement avait autorisé des prêts pour plus de £4,000,000. Or, à cause de la guerre, cette somme ne fut pas toute versée dans les coffres de la banque, mais le ministre des finances versa £3,060,361 à cette institution, à cette fin. Cependant quelque £340,000 avait été ajoutées à l'encaisse de la banque par suite de recouvrements effectués en vertu des arrangements susmentionnés. Le capital total de la banque était donc de £6,000,000 à la fin de 1922.

Sur cette somme, le Parlement avait autorisé le paiement d'un intérêt de $3\frac{3}{4}$. Dans le moment, la banque rend à l'Etat une somme dépassant le coût de l'argent prélevé par celui-ci.

Cette banque est administrée par un bureau central, désigné par le gouverneur général, qui comprend un gérant général et quatre autres membres. En outre des bureaux locaux ont été établis à Cape-Town, à Port-Elizabeth et à Bloemfontein, à titre consultatif seulement. Le quartier général de la banque est à Prétoria.

En vertu de la loi, tout magistrat, tout cornette d'artillerie et tout officier de police, de même que le maître général des postes et tout fonctionnaire placé sous ses ordres est, de par la loi, agent de la banque lorsque le bureau central exige qu'il prête son aide.

En ce qui concerne l'agriculture, les fins de la banque sont de—

(1) Prêter aux cultivateurs sur première hypothèque de terres agricoles ou pastorales. Les prêts ne doivent pas dépasser 60 p. 100 de l'évaluation de la terre ni un maximum de £2,000.

(2) Prêter aux sociétés coopératives agricoles sur la garantie de la responsabilité commune des membres pour les dettes de la société.

(3) Prêter aux cultivateurs pour construction de silos et d'autres bâtiments pour produire ou emmagasiner l'ensilage, ou pour construire des clôtures.

(4) Prêter aux colons qui détiennent des terres de la Couronne en vertu de baux ou de patentes. Accorder les prêts consentis de temps à autre par le Parlement pour soulager la misère des cultivateurs. Ces prêts sont administrés par la banque.

(5) Encourager la coopération parmi les cultivateurs.

La banque, toutefois, n'a de relation avec les sociétés coopératives qu'à titre d'agence de prêt. Légalement, la banque n'est pas responsable de la formation de ces sociétés. Elles sont organisées en vertu d'une loi spéciale dite loi concernant l'avancement de la coopérative appliquée par le ministère de l'agriculture.

Ces sociétés coopératives, au début, étaient à responsabilité illimitée, mais la loi votée en 1922 autorise la banque à prêter aux sociétés de ce genre à responsabilité limitée, à recevoir des dépôts à terme fixe pour financer des sociétés coopératives et faire des prêts afin de permettre le clôturage des terres et des chemins publics.

Avant 1921, la banque était autorisée à exiger un intérêt de 5 p. 100 seulement; depuis 1921, on exige 6 p. 100 sur tous les prêts.

On verra donc que ce genre de banque favorise les organisations de crédit à long et à court terme dans d'autres pays, c'est-à-dire qu'elle prête aux cultiva_ teurs sur hypothèque et, en outre, leur consent des prêts à court terme, pour les fins saisonnnières, par l'"intermédiaire des sociétés coopératives organisées dans l'Union.

Depuis son établissement, en 1912 la banque a réalisé un bénéfice net de £355,596, soit 5·14 p. 100 sur le capital engagé.

"Bien que la Banque soit administrée d'après les méthodes commerciales ordinaires elle n'a pas pour but de faire de gros bénéfices, et la loi prévoit que lorsque le fonds de réserve et le capital de la banque formeront une somme suffisante, dans l'opinion de la commission, pour permettre à la banque de remplir pleinement ses fins, une somme déterminée par la Commission sera versée au ministre des finances, sur les bénéfices et le fonds de réserve de la banque, mais le fonds de réserve ne peut être réduit à une somme inférieure à £350,000. On prévoit que bientôt la banque pourra fonctionner par ses propres ressources et sera en mesure de rembourser son capital."

Le 31 décembre 1922, les sociétés coopératives devaient à la banque £750,565, tandis que le chiffre d'affaires des sociétés coopératives, pour la même année, était de £1,237,400.

Le montant des prêts hypothécaires, au 31 décembre 1922, était de £5,858,-824. Ces chiffres suffisent à montrer la relation qui existe entre le crédit à court terme consenti aux sociétés coopératives et le crédit à long terme accordé sur hypothèques.

On voit donc que, d'après le plan sud-africain, l'agriculture est appelée à se soutenir financièrement. Le gouvernement emprunte l'argent, fournit ainsi une garantie aux prêteurs et rend possible le maintien d'un taux d'intérêt raisonnable, mais la banque est censée administrer son entreprise de manière à rapporter un bénéfice à l'Etat.

Nouvelle-Zélande

L'encouragement de la colonisation agricole par l'aide financière du gouvernement a commencé, en Nouvelle-Zélande, il y a nombre d'années, et le plan s'est perfectionné dans bien des détails quant à la classification des terres et au genre de garantie offerte pour les prêts. La Nouvelle-Zélande, sous ce rapport, a précédé toutes les autres parties de l'Empire britannique.

En vertu d'une loi adoptée en 1892, le gouvernement a commencé à acheter des terres pour les vendre ou les louer à des particuliers. En 1894, on a adopté une loi intitulée loi de crédit aux colons. C'était la première d'une longue série de lois ayant pour objet de prêter de l'argent aux colons et aux ouvriers, pour l'achat et l'amélioration de fermes et pour le dévelopment des ressources du dominion.

Ces plans sont basés sur deux idées générales:—

(1) Prêter de l'argent directement aux colons sur des garanties;

(2) Solder l'arpentage et l'amélioration des terres achetées, quitte à faire dédommager le gouvernement par la vente des terres.

D'après la loi de crédit aux colons, on a établi un bureau appelé Bureau de crédit aux colons autorisé à prélever £3,000,000, dans deux ans, pour les fins de la loi.

Un certain nombre d'autres lois adoptées avant 1913 comportaient la division des terres. Elles ont été fondues dans une nouvelle loi adoptée en 1913 et appelée loi de crédit de l'Etat.

Cette loi a une portée générale. Elle se rapporte à bien des choses autres que des prêts à l'agriculture. Elle prévoit des prêts aux colons, aux ouvriers et aux autorités locales. Dans le présent rapport, sauf incidemment, nous ne parlons que des clauses de la loi qui concernent l'agriculture.

Prêts aux colons

Pour effectuer les prêts aux colons, la loi autorise l'établissement d'un bureau appelé le Bureau de crédit de l'Etat, administré par un fonctionnaire appelé surintendant, bureau qui, de droit, devient une corporation. Ce surintendant demeure en fonctions au gré du gouvernement.

D'après cette loi, la division de crédit aux colons est autorisée à faire des prêts garantis par une première hypothèque sur des terres libres de toutes charges, de tout nantissement et de tout intérêt, sauf l'intérêt du loyer. La loi appelle allodiale une terre inscrite en vertu de la loi d'enregistrement de 1908 et désigne un grand nombre d'autres genres de terres qui, d'après des formules spéciales de baux, peuvent aussi servir à garantir des prêts.

On fait des prêts de £25 à £2,000, mais ceux qui ne dépassent pas £500 ont la priorité sur les autres. Dans le cas des allodiaux, ou prête jusqu'aux trois cinquièmes de la garantie ou jusqu'aux trois cinquièmes de la valeur des intérêts du locataire.

Les prêts s'effectuent au taux de cinq pour cent d'intérêt par année et sont remboursables en 36½ ans d'après le principe de l'amortissement. L'emprunteur peut cependant rembourser, de temps à autre, une partie du principal, par montants de cinq livres au moins ou d'un multiple de cinq livres.

Pour encourager les remboursements, on remet un dixième des intérêts si l'emprunteur, n'étant pas arriéré dans ses versements, paye ses intérêts le ou avant le jour de leur échéance.

L'article 18 de la loi fixe le mode de prélèvement de l'argent:—

(1) Pour les fins du bureau des prêts, le ministre des finances, avec l'autorisation du gouverneur en conseil, peut, de temps à autre, prélever, sur la garantie et au compte du revenu public de la Nouvelle-Zélande, les sommes d'argent qu'il juge à propos, pourvu qu'elles, ne dépassent pas, dans une seule année financière, les sommes spécifiées ci-après.

(2) Les sommes maximums qui peuvent être prélevées en une seule année financière pour les opérations des différentes branches du bureau des prêts, sont les suivantes:—

Pour la division des prêts aux colons.. £1,500,000

Pour la division des prêts aux ouvriers.. 750,000

Pour prêts aux autorités locales.. 1,000,000

(3) Les sommes ainsi prélevées porteront intérêt au taux fixé par le ministre, taux qui ne dépassera pas cinq pour cent par année.

Depuis l'inauguration de ce plan, en 1894, des prêts ont été consentis à 53,228 personnes, pour un montant global de £19,826,000, dont £12,155,812 ont été remboursées et £7,670,188 restent à encaisser. Ces chiffres sont du 31 décembre 1921. Sur les prêts non remboursés à la date ci-dessus, 14,166 représentent des sommes inférieures à £500.

Sur le montant dû, £4,500,000 ont été prêtées sur des terres rurales, le reste sur des terres urbaines ou suburbaines.

Il peut être intéressant de noter que la division des prêts aux ouvriers (un "ouvrier," d'après la loi, est une personne qui ne gagne pas plus de £200), a prêté £4,446,685 et que celle des prêts aux autorités locales a prêté £4,661,000.

Outre l'argent prélevé tel qu'indiqué ci-dessus, la loi autorise de prêter aux colons des montants versés au fonds d'amortissement de la dette publique et à celui du bureau des prêts.

Sir George Elliott, président du conseil administratif de la Banque de la Nouvelle-Zélande, banque du gouvernement, déclarait récemment que la dette hypothécaire totale de la Nouvelle-Zélande était inférieure à £200,000,000. Sur ce montant, il est dû quelque £7,000,000 sous l'empire de la Loi de crédit de l'Etat, ce qui, après tout, est une somme très modérée en comparaison du montant total. Il ajoutait que sur les £200,000,000 prêtées sur hypothèque, la plus grande partie a été obtenue dans le dominion néo-zélandais et représente de l'argent possédé par des personnes d'une modeste aisance.

Comme une grande partie des prêts consentis en vertu de la loi des prêts aux colons représente des sommes inférieures ou égales à £500, il appert que la loi a profité à un grand nombre de gens peu fortunés qui, au moment de leur emprunt, étaient en voie de s'établir.

Une loi de moratorium, en vigueur en Nouvelle-Zélande en ce qui concerne le remboursement du principal des emprunts hypothécaires, prendra fin le 31 décembre 1924. Elle avait été adoptée pour neuf ans.

Pendant la guerre, la situation qui sévissait en Angleterre, aux Etats-Unis et, dans une certaine mesure, au Canada, existait aussi en Nouvelle-Zélande en ce qui concerne le prix des terres. Elle a causé de la misère et rendu le moratorium nécessaire.

Prêts à courte échéance

La Banque de la Nouvelle-Zélande, régie par un bureau relevant de l'Etat, fait aussi beaucoup d'affaires avec les cultivateurs. Sur les créances courantes au 31 mars 1922, £10,000,000 représentaient des prêts à courte échéance consentis aux cultivateurs. Une très forte proportion des prêts étaient inférieurs à £100 et étaient probablement faits à des cultivateurs d'une situation modeste.

Pendant la session du parlement de la Nouvelle-Zélande, en 1922, on a adopté une loi pour accorder la personnalité civile aux associations locales ayant un caractère coopératif. Les fins auxquelles des prêts peuvent être consentis par l'intermédiaire de ces associations sont les suivantes:—

(*a*) Défrichement, clôturage, drainage et amélioration d'un morceau de terre occupé par un membre;

(*b*) Construction de bâtiments sur ces terres;

(*c*) Achat d'outils, d'animaux, de grains de semence, de plants, d'arbres et autres choses utiles à l'occupation ou à l'exploitation de la terre;

(*d*) Achat d'instruments;

(*e*) Paiement d'hypothèques, de dettes et d'autres obligations des membres;

(*f*) Toutes les autres fins que le gouverneur en conseil peut approuver comme étant conformes à l'esprit de la présente loi.

Il ne s'était formé aucune association, sous l'empire de cette loi, au 31 juillet 1923.

Dans tous les dominions britanniques, l'agriculture a fortement ressenti les contre-coups de la guerre et les gouvernements se sont appliqués à dédommager les agriculteurs. Les rapports indiquent que les institutions susmentionnées, destinées à aider l'agriculture, fonctionnent d'une manière aussi satisfaisante qu'on pouvait l'espérer.

PARTIE IV

LE CRÉDIT RURAL AUX ÉTATS-UNIS

1. Le crédit hypothécaire ou à long terme

L'agitation en faveur du crédit rural, aux Etats-Unis, a commencé il y a bien des années. Pendant les périodes de prospérité, elle s'apaisait, pour reprendre dans les temps difficiles. Elle a abouti à l'établissement de petites banques d'Etat autorisées à faire des prêts hypothécaires. On était convaincu que les grandes banques nationales, régies par les lois fédérales, étaient tellement commerciales et industrielles dans leur esprit et leur organisation qu'il fallait créer de petites banques d'Etat pour l'agriculture. L'établissement de ces banques fut un effort tenté pour résoudre le problème du crédit hypothécaire dans les différents états. Le fait est que, sans être reconnue, l'agriculture était devenue si importante, au point de vue commercial et industriel, que les anciennes méthodes de financer ses opérations devenaient tout à fait insuffisantes, sans qu'on sache beaucoup pourquoi. Cet état de choses provenait de la colonisation persévérante des énormes étendues de terres agricoles et de la disparition graduelle des terres neuves à bon marché, faciles à mettre en exploitation; de la hausse de la valeur des terres dans les régions colonisées et de la difficulté d'obtenir de bonnes terres sans posséder un gros capital; d'une meilleure éducation de la population agricole, et, par suite, de l'application de la science moderne à l'agriculture.

A propos des terres disponibles, on peut remarquer qu'en 1915 six septièmes de toutes les terres libres des Etats-Unis avaient été prises, et ce qui restait était presqu'inculte, sec ou marécageux, c'est-à-dire impossible à mettre en culture sans une forte dépense de capital. L'adoption de la loi de 1862 concernant les homesteads avait amené ce résultat. Longtemps avant 1900, la terre, dans les régions colonisées, avait tellement monté de prix que la difficulté d'obtenir une bonne terre était devenue considérable pour ceux qui ne possédaient pas un fort capital.

Ce fait se constate par l'énorme augmentation du prix des terres accusée par le recensement des Etats-Unis et par l'accroissement rapide du nombre de cultivateurs. Des terres qui avaient été achetées en premier lieu à $1.25 l'acre valaient, en 1915, de $150 à $250 l'acre. Le prix moyen de la terre arable aux Etats-Unis, en 1919, fut estimé à $74.31 l'acre par le Bureau de la statistique agricole des Etats-Unis. Depuis 1900, la valeur moyenne des exploitations agricoles du pays avait augmenté de 400 p. 100.

Cette hausse de la valeur des terres causa une forte augmentation du nombre des cultivateurs locataires. En 1880, 25.6 p. 100 des cultivateurs des Etats-Unis étaient des locataires; en 1920, la proportion était de 38 p. 100. Les hauts prix obligeaient l'homme sans capital à se constituer locataire ou à se diriger vers les centres industriels.

Pendant la même période et avant l'établissement de la commission de crédit agricole en 1916, il y a eu une énorme augmentation des emprunts hypothécaires sur fermes par l'intermédiaire des agences établies en vertu des lois d'Etat ou fédérales à cette fin. En 1913, la valeur approximative totale des hypothèques de fermes aux Etats-Unis était de $3,599,000,000. Dans les sept années subséquentes, cette valeur atteint le chiffre énorme de $8,000,000. Elle est encore à peu près à ce chiffre. Les organismes qui accordaient ces prêts hypothécaires étaient les banques hypothécaires agricoles, les compagnies de prêts agricoles, les compagnies d'assurances, les souscripteurs locaux, les prêteurs privés, les banques d'Etat, et les banques d'épargnes.

Banques hypothécaires agricoles

Les banques hypothécaires agricoles ont été les pionniers. Elles sont nées après la guerre civile, à la suite du développement des états de l'Ouest, lorsqu'un intermédiaire devint nécessaire entre les capitalistes de l'Est qui cherchaient des moyens de placement et les cultivaturs de l'Ouest. Des gens qui vivaient dans les nouveaux centres de population, renseignées sur le pays et confiants dans son avenir, prêtaient leurs petits capitaux aux cultivateurs, sur première hypothèque, puis revendaient leurs hypothèques aux capitalistes de l'Est qui étaient plus riches et désiraient de bons placements. Après ce début modeste sont nées les banques hypothécaires agricoles qui ont remplacé les particuliers comme intermédiaires. En 1921, les banques hypothécaires agricoles et les sociétés de prêts agricoles, organisées sur le même principe, détenaient plus de $3,000,000,000 d'hypothèques. Ces institutions prêtent leur propre argent, vendent leurs créances aux capitalistes, soit directement ou au moyen d'obligations, perçoivent les intérêts et le principal et, en général, agissent comme agents des souscripteurs secondaires, tout en portant la responsabilité de la transaction en cas de faillite de l'emprunteur.

Compagnies d'assurances

Les compagnies d'assurances viennent ensuite, dans l'ordre d'importance. En 1921, elles avaient pour $1,250,000,000 d'hypothèques de fermes. Un grand nombre de ces hypothèques agricoles avaient été achetées des banques hypothécaires agricoles. Comme elles cherchent les garanties autant que les bénéfices, elles achèteront sans doute beaucoup d'obligations de la commission de prêts agricole. Un certain nombre de ces compagnies font maintenant des prêts remboursables par sommes fixes.

Banques nationales

Avant 1913, les banques nationales ne pouvaient pas prêter sur la garantie des terres. C'étaient surtout des institutions commerciales à qui il fallait un actif liquide. Plusieurs, toutefois, agissaient comme agents des particuliers et des compagnies d'assurances et jouaient le rôle de compagnies de prêts hypothécaires agricoles. Depuis 1913, les banques nationales qui ne sont pas situées dans une ville de réserve fédérale peuvent prêter sur hypothèques de fermes, sauf dans certains cas. Par exemple, un tel prêt ne peut se faire que sur la première hypothèque d'une terre améliorée et l'ensemble de ces prêts ne peut dépasser un quart du capital et de l'excédent de la banque.

Banques d'Etat

Depuis 1890, les banques d'Etat ont pris une part très importante dans les affaires de crédit hypothécaire. Il y en a près de 20,000 maintenant aux Etats-Unis. Comme nous l'avons dit, elles se sont développées rapidement dès que les terres libres furent colonisées et que la demande de crédit rural devint pressante. Elles dépendent surtout de la clientèle agricole et sont destinées à répondre à ses besoins. Beaucoup d'entre elles préfèrent la charte d'état à la charte nationale parce que la première donne plus de privilèges quant à la direction des affaires d'hypothèques. On estime que les hypothèques détenues par les banques d'état s'élevaient en 1915 à plus de $1,000,000. Mais ces banques sont des entreprises restreintes puisque la plupart ont un faible capital et ne peuvent sortir du cadre provincial.

Compagnies de fiducie et autres organisations

En outre, il se fait beaucoup de prêts sur hypothèque de ferme par les compagnies de fiducie, les associations de construction et de prêt et un grand nombre de caisses d'épargne régies par les lois d'état. Un tiers, probablement, des prêts hypothécaires se font par ces organismes.

Avec tous ces moyens en action, il semblerait que toutes les demandes légitimes d'emprunts sur hypothèque terrienne puissent être satisfaites.

Il n'en est pas ainsi, pour les causes suivantes:—

(1) Le taux élevé de l'intérêt en comparaison de ce que paye le cultivateur européen auquel le cultivateur américain doit faire concurrence, taux particulièrement élevé dans les parties nouvellement colonisées du pays, celles qui peuvent le moins payer.

(2) Le coût excessif des transactions d'emprunt: frais légaux, commissions et dépenses incidentes.

(3) L'impossibilité de purger les hypothèques avec les bénéfices de la terre à cause de la brièveté du terme des hypothèques. Cela se fait plus sentir lorsqu'il y a augmentation dans le coût des instruments et des moyens de production.

(4) La connaissance du fait que, dans d'autres pays, des plans d'une ampleur nationale ont bien fonctionné tant dans l'intérêt des pays que dans celui des cultivateurs.

Taux d'intérêt

Au sujet des taux d'intérêt, il est avéré que le taux moyen de l'intérêt sur les emprunts sur première hypothèque, dans 30 états de l'Union, en 1915, était de $7\frac{1}{15}$ p. 100.[1] A cela, il faut ajouter les frais légaux, les commissions et autres dépenses. Dans les différents états, les moyennes étaient les suivantes: Alabama, 8.8 p. 100; Arkansas, 8.8 p. 100; Arizona, 10 p. 100; Illinois, 5.5 p. 100; Indiana, 5.6 p. 100; Iowa, 5.6 p. 100; Massachusetts, 5.5 p. 100; Minnesota, 6.2 p. 100; Montana, 9.3 p. 100; Ohio, 5.7 p. 100; Oklahoma, 7.2 p. 100; Pennsylvanie, 5.3 p. 100; Texas, 8.5 p. 100; Utah, 8.7 p. 100; Wisconsin, 5.6 p. 100; Wyoming, 9.2 p. 100. Cependant, en Europe, la moyenne ne dépasse pas 5 p. 100.

1. INVESTIGATIONS CONDUITES PAR LE SERVICE D'ORGANISATION DU GOUVERNEMENT DES ETATS-UNIS

Les taux variaient non seulement d'un état à l'autre, mais d'un individu à l'autre. Au Minnesota, pour citer un exemple extrême, on prêtait à 5 p. 100 dans le sud et à 9 ou 10 p. 100 dans le nord. Sans doute, ces variations représentaient, dans une certaine mesure, des différences dans la qualité de la garantie. Le sol, le climat, le genre de culture, la distance des marchés, tout cela comptait, mais le public croyait fermement que les prêteurs l'exploitaient, surtout dans les nouvelles régions où il y avait peu de concurrence. On constata que le remède ne pouvait pas être dans les petites banques dont les moyens d'obtenir de l'argent sont limités et qui, pour faire beaucoup d'affaires, seraient obligées de réescompter.

Quant au coût excessif des emprunts, il suffit de dire que, pour les emprunts hypothécaires à court terme, de deux à cinq ans, on exigeait souvent une commission de 5 p. 100 ou plus. Cela ajoutait un ou deux pour cent à l'intérêt. Si l'on ajoute que les deux cinquièmes de la dette hypothécaire totale se trouvent dans les états de l'ouest, du nord et du centre, il semble raisonnable de présumer que la moyenne des intérêts, dans ces trente Etats, n'est pas loin de $8\frac{1}{2}$ p. 100, sans compter les frais légaux, et que, dans plusieurs états, elle est encore plus élevée que cela.

Quant à l'impossibilité de faire les versements exigés par les contrats à court terme, surtout pour les petits emprunts, elle était manifeste partout. Il est à

---

[1] Investigations conduites par le service d'organisation rurale du gouvernement des Etats-Unis.

peine nécessaire de répéter que les paiements sur hypothèques de terres ayant coûté $50 ou $75 par acre ne sont pas la même chose que des versements analogues sur des terres de $10 l'acre. Dans le dernier cas, la production peut permettre de faire les versements; dans le premier, c'est impossible, à moins que l'emprunt ne représente qu'un faible pourcentage de la valeur du bien. Il a fallu trouver d'autres moyens.

A cela s'ajoutait la connaissance du fait que des plans moins oppressifs à l'égard de l'emprunteur, d'une plus grande sécurité pour le prêteur et comportant des taux d'intérêts moins élevés fonctionnaient bien ailleurs. On a donc demandé la remise à l'étude de tout le système.

En 1915, le sous-secrétaire de l'agriculture, une autorité en fait d'agriculture, exposait ainsi la question à un groupe de banquiers: "Je crois ne pas exagérer en disant qu'un système satisfaisant de crédit rural est aussi nécessaire au développement de l'agriculture du pays qu'une large application des méthodes scientifiques. En fait, il est impossible au cultivateur d'utiliser les récentes découvertes scientifiques sans de meilleures conditions de crédit." Il est à peine nécessaire de dire que les deux se tiennent.

En 1913, deux commissions furent envoyées en Europe par les Etats-Unis pour faire une étude et un rapport sur les méthodes européennes. C'étaient la commission des Etats-Unis et la commission américaine de crédit rural. La première avait été désignée par le Congrès des Etats-Unis, la dernière, par le "Southern Commercial Congress," organisation des états du Sud intéressée surtout au développement industriel, commercial et agricole des états du Sud. Les rapports de ces commissions ont été publiés par le Sénat américain et ont servi de base à la législation, dans la suite. Un fait, signalé par ces commissions, qui a beaucoup intéressé la population américaine, c'est l'existence d'obligations ou de débentures hypothécaires remboursables par sommes fixes.

Un observateur, membre du Congrès, exprimait son opinion comme ceci: "Une des plus importantes découvertes du monde entier, c'est l'invention des obligations ou débenture hypothécaire comme instrument de crédit destiné à mobiliser et à rendre liquides les valeurs terriennes. Par l'obligation hypothécaire, l'hypothèque de ferme est devenue facile à négocier et a pris une forme telle que le porteur peut en obtenir de l'argent en tout temps."

De toute cette agitation est résultée l'adoption d'un certain nombre de lois visant à améliorer le crédit agricole. L'une de ces lois avait spécialement pour but de développer le crédit hypothécaire à long terme, à savoir:—

LOI DE CRÉDIT AGRICOLE FÉDÉRALE

Cette loi a été approuvée par le Président des Etats-Unis, le 17 juillet 1916. Elle a pour but déclaré, de "fournir des capitaux pour le développement de l'agriculture, de créer une forme type de placement basée sur l'hypothèque terrienne, d'uniformiser les taux d'intérêt sur les prêts agricoles, de fournir un marché pour les obligations des Etats-Unis, d'établir des dépositaires du gouvernement et des agents financiers des Etats-Unis, et le reste."

En vertu de cette loi, on a établi, au siège du gouvernement, au département du Trésor, une commission fédérale de prêt agricole sous la surveillance d'une

COMMISSION FÉDÉRALE DE PRÊT AGRICOLE

qui comprend sept membres y compris le secrétaire de la Trésorerie, qui en est le président, ex-officio. Les six autres membres sont désignés par le président des Etats-Unis, avec le consentement du Sénat. Sur les six, plus de trois sont membres d'un parti politique et tous doivent être citoyens des Etats-Unis. Ils consacrent tout leur temps au travail de la commission et reçoivent $10,000 par année pour leurs services. La durée des fonctions est de huit ans, et les membres ne sont congédiables que pour cause; ils ne peuvent avoir d'intérêts dans aucune entreprise s'occupant d'hypothèques ou d'obligations et doivent attester cela sous serment avant d'être nommés.

BANQUES FÉDÉRALES AGRICOLES

En vertu de la loi, la commission fédérale de prêt agricole doit diviser les Etats-Unis en douze régions, appelées districts des banques fédérales agricoles, à délimiter d'après les besoins de crédit agricole du pays.

Dans chacun de ces districts, elle peut établir une banque fédérale agricole dont le bureau principal sera situé dans la ville que la commission désignera. Le nom de la ville dans laquelle la banque est placée est inclus dans le nom de la banque. Ces banques sont actuellement situées dans les villes suivantes: Springfield, desservant le Maine, le New-Hampshire, le Vermont, le Massachusetts et le New-York; Baltimore, Md., desservant les états de Pensylvanie, Maryland, Delaware, Virginie, et Virginie occidentale; Columbia, C.S., desservant les états de North Carolina, South Carolina, Georgie et Floride; Louisville, Ky., desservant les états de Louisiane, Mississippi et Alabama; St-Louis, Mo., desservant les états d'Illinois, Missouri et Arkansas; St-Paul, desservant les états de South Dakota, Nebraska, Iowa et Wyoming; Wichta, desservant les états de Kansas, Oklahoma, Colorado et New-Mexico; Houston, desservant le Texas; Berkeley, desservant les états de Californie, Nevada, Utah et Arizona; Spokane, desservant les états de Montana, Idaho, Oregon et Washington.

Il ne peut y avoir qu'une banque fédérale de prêt agricole dans un district. Chaque banque est une corporation distincte, indépendante dans son administration et son organisation, mais placée sous la surveillance générale de la commission de prêt agricole. Chaque banque est régie par un conseil administratif composé de sept personnes, dont trois sont élues par les organisations décrites ci-après et appelées associations agricoles nationales.

Capital

Lorsque chaque banque fédérale agricole a été organisée, le gouvernement fédéral lui a fourni un capital de $750,000. En vertu de la loi, cette somme s'accroît automatiquement de 5 p. 100 de chaque prêt effectué. Ce cinq pour cent provient de la vente obligatoire d'actions à chaque membre d'une association locale, qui doit souscrire, et doit payer comptant cinq pour cent du montant qu'il désire emprunter. Le capital-actions de chaque banque monte et baisse automatiquement, suivant le montant des prêts effectués.

ASSOCIATIONS NATIONALES DE CRÉDIT AGRICOLE

Dans chaque district fédéral, les Associations Nationales de Crédit Agricole doivent être organisées par les personnes désireuses d'emprunter de l'argent sur hypothèque terrienne. Ces personnes doivent signer un contrat d'association spécifiant en termes généraux les fins pour lesquelles l'association est formée et le territoire dans lequel elle désire faire des affaires (généralement un comté). Ces associations acquièrent ainsi la personnalité civile et constituent le seul médium, sauf dans des cas très spéciaux, par lequel les personnes désirant emprunter de l'argent de la banque fédérale agricole peuvent le faire. Ce sont en réalité des associations d'emprunteurs, qui deviennent responsables du consentement de tous les prêts dans le district. Seules les personnes désirant emprunter de l'argent d'une banque fédérale agricole peuvent faire partie de ces associations.

Une association agricole nationale doit comprendre dix cultivateurs ou plus dont les demandes d'emprunts constituent une somme d'au moins $20,000. Chaque emprunteur, tel qu'indiqué précédemment, doit souscrire des actions pour une somme égale à cinq pour cent du prêt et assumer, en cas de perte, la responsabilité d'un autre cinq pour cent. En d'autres termes, les associations locales sont à double responsabilité. Par exemple, si un emprunteur désire emprunter $1,000, il doit acheter pour $50 d'actions dans l'association locale et devenir responsable d'un autre $50, si les membres de l'association locale ne rencontrent pas leurs obligations. Si le cultivateur n'a pas d'argent pour acheter ses parts, on déduit cela de la somme empruntée.

Les affaires d'une association locale sont administrées exclusivement par les fonctionnaires désignés par l'association elle-même. Chaque emprunteur a un vote pour chaque action de cinq dollars qu'il détient. Aucun sociétaire n'a plus de 20 votes, quel que soit le nombre de parts qu'il détient.

Prêts par l'intermédiaire d'agents

Outre les prêts par l'intermédiaire des associations locales, la loi fédérale de prêt agricole dispose qu'une " Federal Land Bank " peut faire des prêts sur terres agricoles par l'intermédiaire d'agents agréés par la commission. Ces agents doivent être des banques, des compagnies de fiducie, des compagnies hypothécaires ou des institutions d'épargne ayant une charte conférée par l'Etat dans lequel elles fonctionnent. On peut profiter de ce privilège dans les régions du pays où il n'y a pas assez de cultivateurs désireux d'obtenir des prêts pour organiser une association locale. Un prêt effectué par l'intermédiaire d'une association locale est endossé par cette association qui devient responsable dans la limite fixée par la clause de double responsabilité. Si c'est un agent qui consent le prêt, il doit endosser le prêt et en prendre la pleine responsabilité. En retour de cette responsabilité, il reçoit un certain pourcentage annuel sur le capital non versé. Cela est censé donner à l'agent une garantie correspondant au moins à la double responsabilité de l'association.

On verra donc qu'en vertu de la loi fédérale de prêt agricole, les banques agricoles fédérales peuvent prêter directement aux particuliers, mais seulement à ceux qui font leur demande par l'intermédiaire de ces associations et qui sont recommandés par elles. Chaque membre de l'association qui fait une recommandation devient responsable, dans la proportion de dix pour cent de ses propres emprunts, pour la dette totale de l'association. Le but précis de la banque fédérale agricole est de se tenir libre des rapports directs avec les particuliers et de déterminer l'organisation, partout où c'est possible, des associations nationales de crédit agricole.

Organisation d'une association de crédit agricole

L'exemple suivant montrera clairement la manière dont s'organise une association de ce genre. Supposons qu'un cultivateur désire emprunter la somme de $20,000. Il doit trouver au moins neuf autres personnes de la communauté désireuses d'emprunter en tout au moins $20,000 pour former avec lui une association.

On convoque une assemblée des emprunteurs et chaque postulant souscrit des parts dans la proportion de 5 P. 100 de l'emprunt qu'il désire. La loi exige que cinq administrateurs soient élus, chaque membre ayant le droit de voter à raison d'un vote pour chaque part de capital, à concurrence de 20 votes. Une assemblée des administrateurs doit alors avoir lieu pour élire un président, un vice-président, un secrétaire-trésorier et un comité des prêts composé de trois membres élus. Les administrateurs ne peuvent faire partie du comité des prêts. Tous les actionnaires doivent être membres de l'association, sauf le secrétaire-trésorier, qui doit être choisi surtout à cause de sa capacité de faire le travail. C'est souvent un gérant de banque locale. C'est le seul fonctionnaire payé pour ses services. Lorsque ce qui précède a été fait, le groupe est prêt à signer le contrat d'association. Ce contrat peut être obtenu tout rédigé de la banque fédérale agricole. Ce contrat signé, les demandes d'emprunts sont expédiées à la banque qui envoie un évaluateur pour faire enquête sur la garantie que comporteraient les prêts. Cette enquête terminée, si tout est satisfaisant, la décision de la banque est transmise, avec une recommandation, à la commission fédérale de crédit agricole qui suit presque toujours l'avis de la banque fédérale, bien qu'elle ait le pouvoir de refuser la charte. Lorsque la commission accorde la charte, celle-ci est transmise à l'association par la banque fédérale agricole du district. Lorsque les évaluations et les demandes ont été entièrement approuvées et que la charte est accordée, les prêts sont transmis au secrétaire-trésorier de l'association locale qui distribue les fonds, suivant les demandes faites. Comme nous l'avons déjà dit, les membres de l'association locale ne peuvent être que de vrais cultivateurs qui désirent emprunter sur première hypothèque.

Dès qu'une association est formée dans un district, si une autre personne désire emprunter d'après ce système, elle doit faire une demande au secrétaire-trésorier de l'association locale et être acceptée par les deux tiers des votes du conseil d'administration. En achetant la quantité de parts représentant 5 p. 100 de l'emprunt désiré, elle devient membre de l'association et sa demande est transmise, avec une recommandation, à la banque fédérale de son district. Un évaluateur de la commission de prêt agricole est alors envoyé pour porter un jugement sur le prêt. Cette appréciation est transmise à la banque fédérale agricole et comparée avec l'appréciation du comité local. Puis elle est soumise à l'approbation de la commission de prêt agricole avant que le prêt ne soit consenti. Si l'argent est accordé, il est transmis à l'emprunteur par la banque, par l'intermédiaire du secrétaire-trésorier de l'association dont il est devenu membre.

Les possesseurs de terres non résidants, les propriétaires, les spéculateurs sur terrains et autres personnes qui ne sont pas des cultivateurs *bona fide* ne sont pas admis membres de ces associations et par conséquent ne peuvent pas emprunter de ces banques.

Dividendes

L'argent versé en parts est déposé à la banque fédérale agricole comme garantie additionnelle des prêts, mais les dividendes sont payés sur ces parts, par l'intermédiaire du secrétaire de l'association, généralement au taux d'intérêt payé sur les emprunts. L'association a le droit d'en prendre une partie pour supporter les frais de l'association. Dans bien des associations, on a coutume de consacrer ces dividendes uniquement au paiement des dépenses locales.

Montant du prêt et taux de l'intérêt

La somme maximum qu'un emprunteur peut obtenir sur sa ferme est de 50 p. 100 de la valeur pour fins agricoles, plus 20 p. 100 des améliorations permanentes assurées.

Les intérêts de tous les prêts sont fixés par la loi à un maximum de 6 p. 100, mais ils ne doivent jamais être de plus de 1 p. 100 en sus des intérêts payés sur les obligations hypothécaires vendues. Par exemple, si la dernière vente d'obligations hypothécaires s'est effectuée à $4\frac{1}{2}$ p. 100, alors l'intérêt exigé ne peut dépasser $5\frac{1}{2}$ p. 100. Cela empêche la vente des obligations à un prix comptant plus que du 5 p. 100.

APPENDICE No 1

Conditions de remboursement—Amortissement

Tous les emprunts sont remboursés par sommes fixes. L'emprunteur a le droit de fixer un nombre d'années pour ses remboursements, pourvu que ce ne soit pas moins de cinq et pas plus de 40 ans. Le fonctionnement du système des sommes fixes peut probablement se comprendre mieux par un exemple. Un emprunteur obtient $1,000 à 5½ p. 100 à rembourser en 34 ans ½ par versements semi-annuels. Cela exige un taux d'amortissement d'un p. 100 outre les intérêts ordinaires. En supposant que le taux de l'intérêt soit de 5½ p. 100, alors les versements, y compris l'amortissement, seront sur le pied de 6½ p. 100. D'après ce plan, 6½ p. 100 du prêt de $1,000, soit $32.50 sera perçu tous les six mois. La différence entre la somme exigée pour l'intérêt de 5½ p. 100 sur la somme due à un moment donné et le 6½ p. 100 sur l'emprunt total sera créditée comme un versement sur le capital. Le tableau suivant indique comment la chose se calculerait dans le cas présent:

Principal $1,000.   Taux 5½ pour cent.   Versement partiel semestriel $32.50.   Versement final $32.42.

	Table des Amortissements				Table des Amortissements		
No	Intérêt	Principal	Balance	No	Intérêt	Principal	Balance
	$ c.	$ c.	$ c.		$ c.	$ c.	$ c.
1	27 50	5 00	995 00	35	19 92	12 58	711 92
2	27 36	5 14	989 86	36	19 58	12 92	699 00
3	27 22	5 28	984 58	37	19 22	13 28	685 72
4	27 08	5 42	979 16	38	18 86	13 64	672 08
5	26 93	5 57	973 59	39	18 48	14 02	658 06
6	26 77	5 73	967 86	40	18 10	14 40	643 66
7	26 62	5 88	961 98	41	17 70	14 80	628 86
8	26 45	6 05	955 93	42	17 29	15 21	613 65
9	26 29	6 21	949 72	43	16 88	15 62	598 03
10	26 12	6 38	943 34	44	16 44	16 06	581 97
11	25 94	6 56	936 78	45	16 01	16 49	565 48
12	25 76	6 74	930 04	46	15 55	16 95	548 53
13	25 58	6 92	923 12	47	15 08	17 42	531 11
14	25 38	7 12	916 00	48	14 61	17 89	513 22
15	25 19	7 31	908 69	49	14 11	18 39	494 83
16	24 99	7 51	901 18	50	13 61	18 89	475 94
17	24 78	7 72	893 46	51	13 09	19 41	456 53
18	24 57	7 93	885 53	52	12 56	19 94	436 59
19	24 35	8 15	877 38	53	12 01	20 49	416 10
20	24 13	8 37	869 01	54	11 44	21 06	395 04
21	23 90	8 60	860 41	55	10 86	21 64	373 40
22	23 66	8 84	851 57	56	10 27	22 23	351 17
23	23 42	9 08	842 49	57	9 66	22 84	328 33
24	23 17	9 33	833 16	58	9 03	23 47	304 86
25	22 91	9 59	823 57	59	8 38	24 12	280 74
26	22 65	9 85	813 72	60	7 72	24 78	255 96
27	22 37	10 13	803 59	61	7 04	25 46	230 50
28	22 10	10 40	793 19	62	6 34	26 16	204 34
29	21 81	10 69	782 50	63	5 62	26 88	177 46
30	21 52	10 98	771 52	64	4 88	27 62	149 84
31	21 22	11 28	760 24	65	4 12	28 38	121 46
32	20 91	11 59	748 65	66	3 34	29 16	92 30
33	20 59	11 91	736 74	67	2 54	29 96	62 34
34	20 26	12 24	724 50	68	1 71	30 79	31 55
				69	0 87	31 55	....

La formule du billet pris en ce cas par la banque est comme suit, et elle est tenue avec une hypothèque enregistrée contre l'immeuble de l'emprunteur:—

Emprunt.. .. ..

.. ..19....

$1,000.00

85980—1—F½

14-15 GEORGE V, A. 1924

Pour valeur reçue............promet........de payer à l'ordre de la Banque Agricole Fédérale de Saint-Paul à son bureau dans la ville de Saint-Paul, Minnesota la somme de

UN MILLE DOLLARS

avec intérêt au taux de cinq et demi pour cent par année, payable semi-annuellement de la manière suivante:

En soixante-huit versements semestriels de

TRENTE-DEUX DOLLARS ET CINQUANTE SOUS

chacun, payable..........jour de........ et de........ de chaque année, et un versement final de

TRENTE-DEUX DOLLARS ET QUARANTE-DEUX SOUS

payable le..........jour de..........19.... à moins que ce billet ne soit acquitté plus tôt par des versements additionnels sur le principal, le dit mode de paiement étant conforme au système des sommes fixes et aux tables d'amortissement imprimées au verso du présent billet qui sont, par le présent, acceptées comme formant partie du présent billet. Les versements additionnels ne peuvent être faits qu'aux dates fixées pour les versements réguliers. Ce billet est garanti par une hypothèque sur immeuble portant la même date que le présent billet.

A défaut de paiement d'un ou de plusieurs versements tel que prévu dans le présent billet, le dit ou les dits versements porteront un simple intérêt à partir de la date du dit défaut au taux de huit pour cent par année, tel que prévu par la loi fédérale de prêt agricole.

A défaut de paiement d'un ou plusieurs versements sur ce billet ou d'une condition ou convention, contenue dans l'hypothèque, qui en assure le paiement, tout le principal du présent billet restant impayé, de même que l'intérêt accumulé, au gré du porteur du présent billet, deviendra immédiatement dû et exigible.

.. ..

.. ..

En vertu de la loi de prêt agricole, toutefois, l'emprunteur a le droit, au bout de cinq ans, de rembourser à n'importe quelle date de paiement des intérêts, les versements additionnels de principal qu'il désire rembourser.

L'alinéa 9 du paragraphe 12 de la loi, qui se lit comme suit, définit la situation de l'emprunteur en ce qui concerne les omissions de paiements et les autres frais légaux:—

"Tout emprunteur doit payer un intérêt simple sur les versements omis, au taux de huit pour cent l'an, et par une condition expresse de son acte d'hypothèque, doit s'engager à payer, lorsqu'ils sont dus, tous les impôts, nantissements, jugements ou cotisations qui peuvent être légalement attribués à la terre hypothéquée. Les impôts, nantissements, jugements ou cotisations qui ne sont pas payés à leur échéance par l'emprunteur mais le sont par le créancier hypothécaire, deviennent partie de la dette hypothécaire et portent un intérêt simple au taux de huit pour cent par année. Tout emprunteur doit s'engager à tenir assurés, à la satisfaction de la commission fédérale, de prêt agricole tous les bâtiments dont la valeur a compté dans la détermination du montant du prêt. L'assurance doit être faite payable au créancier hypothécaire suivant la mesure dans laquelle il sera intéressé, au moment du sinistre, et suivant le désir du créancier hypothécaire, et sujet aux règlements généraux de la commission de prêt, les sommes ainsi reçues peuvent servir à supporter les frais de la reconstruction des bâtiments détruits."

Genre de garantie

Les prêts ne se font que sur première hypothèque de fermes et les fins auxquelles le produit de l'emprunt peut être employé sont définies dans la loi comme suit:—

"Permettre l'achat de terres pour fins agricoles.

"Permettre l'achat de matériel, d'engrais chimiques et d'animaux nécessaires à la bonne et raisonnable exploitation de la ferme hypothéquée. Le mot "matériel" doit être défini par la commission fédérale de prêt agricole.

"Construire des bâtiments et améliorer le sol de la ferme. Le mot "améliorations" doit être défini par le "Federal Farm Loan Board."

"Liquider des dettes du propriétaire de la terre hypothéquée existant au moment de l'organisation de la première association locale de crédit agricole établie dans ou pour le comté dans lequel la terre hypothéquée se trouve mentionnée dans le présent article."

Le terme "matériel" a été défini par la commission de prêt agricole comme comprenant "les instruments nécessaires, dans la conduite d'une ferme, pour en faciliter l'exploitation." Cela peut comprendre les chevaux aussi bien que les machines, les outils et les articles de ce genre.

D'après la signification qu'en a donnée le Bureau fédéral des prêts, le mot "améliorations" comprend "tout ce qui prend la forme d'une construction utile, ou d'un changement physique permanent et avantageux de nature à accroître la production, tels que le défrichement, la mise en culture, le drainage, l'établissement de clôtures et les constructions."

Prêts limités

Aux termes de la première loi, le montant des prêts était limité, c'est-à-dire un minimum de $100 et un maximum de $10,000. Au mois de mars 1923, grâce à l'adoption d'une modification à cette loi, le montant maximum autorisé a été porté à $25,000.

Frais légaux

Le Bureau des prêts agricoles autorise l'association à percevoir des emprunteurs les frais suivants:—

(1) Un droit initial de $10.00 en même temps que la demande pour couvrir les frais d'évaluation et les dépenses de l'association locale.

(2) Les frais de recherche du titre.

(3) La préparation de l'extrait.

(4) L'enregistrement des documents.

Ces frais varieront quelque peu selon la nature du titre que détient chaque emprunteur. Lorsqu'il s'agit d'un titre de propriété absolue, les frais seront peu élevés. Par contre, lorsqu'il existe certains embarras et que la propriété doit être dégrevée, les frais sont nécessairement plus élevés. D'un autre côté, il n'existe pas de frais de renouvellement, pas de commissions, pas de taxes d'enregistrement ni de taxes sur les hypothèques.

Raisons de l'existence des actions du capital de l'Association locale

Il semblerait exister trois principales raisons motivant l'achat obligatoire des actions de la part des emprunteurs:—

(1) Inspirer à l'association locale une plus grande prudence dans l'évaluation des terres et dans le choix des personnes auxquelles elle recomman-

de d'accorder des prêts, puisque tous les membres sont tenus responsables des erreurs commises, jusqu'à concurrence de dix pour cent du montant qu'ils empruntent. Les membres apporteraient donc ainsi plus de soin à ne recommander les prêts qu'à la suite d'une évaluation raisonnable des terres et à insister sur les paiements de l'intérêt et les versements d'amortissement de la part de personnes qui autrement pourraient faire preuve de négligence.

(2) Comme le total de la vente des obligations garanties par des hypothèques sur les fermes ne doit pas dépasser un montant représentant vingt fois le capital de la banque, la perception du montant de 5 p. 100 en espèces versé par l'emprunteur pour l'achat d'actions a permis à chaque emprunteur de capitaliser son propre prêt, de sorte que le capital de la banque augmente ou diminue proportionnellement au chiffre des prêts accordés.

(3) N'admettre dans l'association que des personnes de bonne réputation. On fait une enquête spéciale sur la réputation dont jouit le postulant dans sa localité et on tient compte du facteur personnel dans l'octroi des prêts.

Comme nous l'avons déclaré précédemment, l'Etat a fourni à chacune des douze banques un capital initial de $750,000, soit un total de $9,000,000 pour toutes les banques. Ce capital ne comporte aucun dividende. C'est en réalité un prêt consenti par l'Etat aux banques qui n'en retirent aucun intérêt. Le capital additionnel provient de la vente des obligations garanties par des hypothèques, et le total des obligations vendues ne doit pas dépasser un montant représentant vingt fois le capital de la banque. Le capital additionnel nécessaire en vue d'augmenter la vente des obligations provient, comme nous l'avons déclaré précédemment, de la vente aux emprunteurs d'actions pour un montant représentant un vingtième de celui qu'ils empruntent. On voit donc que toute cette organisation est essentiellement une organisation d'emprunteurs semblable au Landschaft allemand, mais différente du Crédit Foncier français, où le capital de l'organisation provient de la vente des actions aux personnes qui désirent faire des placements. Aucun capitaliste de l'extérieur ne touche des dividendes sous forme de profits. L'intérêt sur les obligations est garanti aux souscripteurs par la Banque fédérale agricole. Tous les autres profits, après que les dépenses ont été payées, sont placés dans un fonds commun dans l'intérêt de la Banque afin de produire des dividendes sur les actions des emprunteurs. Toutes les obligations émises en vertu de ce plan sont exemptes de l'impôt.

Dépôts

Ces banques fédérales agricoles ne sont pas des banques au sens ordinaire du mot. Elles ne sont pas autorisées à accepter des dépôts payables à demande, si ce n'est de leurs propres actionnaires, ni à se livrer au commerce ordinaire de banque; elles n'ont pas le droit de prêter de l'argent sur hypothèque, si ce n'est par l'entremise des associations de prêts agricoles ou aux termes de la stipulation relative aux agents dans les districts où il n'existe pas d'associations de prêts agricoles; elles n'ont pas le droit de demander ou de recevoir une commission qui n'est pas expressément autorisée par la loi; ce sont des organisations hypothécaires dont les fonctions se limitent à celles de servir d'intermédiaires entre les capitalistes qui veulent acheter des obligations et les emprunteurs qui désirent obtenir de l'argent sur hypothèque. Aux termes de la loi, toutefois, le secrétaire de la Trésorerie est autorisé, à sa discrétion, lorsque le Bureau des prêts agricoles en fait la demande, à déposer des fonds de l'Etat mis ainsi temporairement à la disposition de la Banque fédérale agricole, à même les deniers non appropriés de la Trésorerie. Sur ces dépôts la banque doit payer le taux ordinaire des dépôts de l'Etat et fournir des garanties satisfaisantes à la Trésorerie. On a d'abord limité le chiffre total de ces crédits à $6,000,000.

Au cours des années 1919, 1920, 1921 la Trésorerie des Etats-Unis fut autorisée par le Congrès à acheter chaque année pour $100,000,000 d'obligations du Bureau des prêts agricoles pour la raison que, puisque le gouvernement vendait des obligations par quantités considérables pour les fins de la guerre, il préférait monopoliser le marché pour le moment, de sorte qu'il a inclus les demandes du Bureau des prêts agricoles avec les siennes. Inutile de dire qu'il a ainsi établi un taux pour la vente des obligations.

Vente des obligations

Il avait été tout d'abord entendu que chacune des douze banques vendrait elle-même ses propres obligations sur son propre marché. Le Bureau des prêts agricoles avait en même temps fixé à 6 p. 100 le taux maximum de l'intérêt qui devait être exigé et avait demandé que l'on essayât autant que possible d'établir un taux uniforme. On ne tarda pas à constater que ces deux choses ne pouvaient être appliquées en même temps. Les obligations offertes en vente, par exemple dans l'Oregon, ne pouvaient pas se vendre aux mêmes prix qu'à Baltimore ou à Springfield. A propos de la vente de ces obligations, on s'aperçut que les mêmes causes faisant que le taux de l'intérêt exigé par les compagnies de prêts hypothécaires était plus élevé dans l'Ouest que dans l'Est, produiraient les mêmes effets et que, puisque l'on voulait s'en tenir à un même taux d'intérêt, il serait nécessaire d'avoir recours à un régime commun pour la vente des obligations. La loi a été en conséquence modifiée unifiant la responsabilité des douze banques pour la vente des obligations de chacune d'elles, et rendant possible l'établissement d'une agence centrale sous la direction du Bureau des prêts agricoles en vue de la vente de toutes les obligations émises par les différentes banques. Cette agence de vente a été organisée. La direction de cette agence est confiée à une des grandes maisons de courtage des Etats-Unis à laquelle se sont associées cinq autres maisons formant un syndicat. Relevant de ce syndicat se trouvent 800 maisons de courtage et banques moins importantes faisant affaires par l'entremise d'environ 8,000 agents de vente répandus dans toutes les parties des Etats-Unis. Le syndicat reçoit 1 p. 100 pour la vente des obligations et paie $\frac{3}{4}$ de 1 p. 100 aux sous-agences sur le montant de leurs ventes. On n'éprouve actuellement aucune difficulté à vendre toutes les obligations offertes à un taux d'intérêt de 4$\frac{1}{2}$ à 5 p. 100 au pair.

BANQUES À CAPITAL-ACTIONS

Outre les banques fédérales agricoles faisant affaires par l'intermédiaire des associations locales, la loi autorise la constitution en corporation de banques agricoles à capital-actions dans le but de faire le commerce de crédit hypothécaire en vendant des obligations de prêts agricoles. Ce sont des organisations privées, bien que leurs opérations soient explicitement limitées par les termes mêmes de la loi. Ces banques peuvent être organisées par dix personnes ou plus se constituant en corporation. Elles doivent posséder un capital souscrit d'au moins $250,000 dont la moitié doit être versée, et l'autre moitié payable à mesure que le Conseil d'administration en fera l'appel. La charte de ces banques est émise par le Bureau fédéral des prêts agricoles lorsque toutes les conditions ont été remplies, tout comme pour les banques fédérales agricoles. Elles ne peuvent émettre des obligations que lorsque leur capital souscrit a été versé en entier.

De plus, elles sont exemptes de certaines des dispositions relatives aux banques fédérales agricoles; par exemple, elles ne dépendent pas de l'administration du Bureau de prêts agricoles au point de vue de la revision et des modifications des taux d'intérêt, de temps en temps, de même qu'au point de vue de la nature de l'hypothèque. Ces banques sont autorisées à prêter de l'argent pour des fins autres que celles définies pour la banque fédérale agricole, et peuvent étendre leurs opérations en dehors des limites d'un district déterminé. Elles peuvent aussi consentir des prêts pour un montant plus élevé que le montant autorisé pour les banques fédérales agricoles, la limite étant de $37,500 pour les banques ayant un capital de $250,000 et de $50,000 pour celles qui ont un capital plus considérable. D'un autre côté, au lieu de pouvoir, comme les banques fédérales agricoles, émettre des obligations pour un montant représentant vingt fois le chiffre de leur capital versé, elles ne peuvent émettre des obligations que pour un montant représentant quinze fois le chiffre de leur capital versé et l'excédent, et elles ne reçoivent aucune subvention directe de la Trésorerie des Etats-Unis. Il semble que l'on ait voulu, en instituant ces banques, fournir un moyen d'obtenir des prêts agricoles basés sur des garanties quelque peu différentes de celles que les banques fédérales agricoles sont autorisées à accepter et de laisser à l'initiative des entreprises privées le soin de se charger de risques que ne saurait accepter le régime fédéral de prêts agricoles. Ces institutions qui réalisent des profits ont donc été créées d'après certaines méthodes administratives qui leur permettent de consentir des prêts à des personnes qui n'auraient pas été acceptées par la banque fédérale agricole. Ces banques peuvent consentir des prêts à des particuliers. Elles suivent une politique d'action quelque peu différente de celle que suivent les banques fédérales agricoles et, dans l'ensemble, demandent un taux d'intérêt plus élevé, et, en toute probabilité, acceptent comme entreprise privée les risques qu'elles croient pouvoir accepter. Elles correspondent au Crédit Foncier.

Accroissement des affaires—Banques fédérales agricoles

Les banques fédérales agricoles depuis leur inauguration il y a sept ans, ont augmenté rapidement le chiffre de leurs affaires.

Le 29 février 1924 l'actif du système des banques fédérales agricoles était..	$936,694,908 00
Les prêts hypothécaires étaient évalués à..	832,202,914 00
Le capital atteignait un total de..............................	44,684,777 00
De ce montant l'on avait recueilli des associations nationales de prêts agricoles..	42,432,667 00
De plus, l'on avait payé à la Trésorerie des Etats-Unis, en remboursement du prêt initial de $9,000,000 pour la capitalisation des douze banques..	7,014,000 00
On avait payé à l'association nationale de prêts agricoles en dividendes	8,828,173 00
Puis, il y avait une réserve totale et des profits non répartis..	7,814,341 00
Pendant les mois de janvier et de février, 1924, on a consenti des prêts pour un montant de..	35,378,000 00
On avait vendu et mis en circulation des obligations du Bureau fédéral de prêts agricoles pour..	865,206,665 00

Les prêts ont été répartis aux différentes banques du système de la manière suivante:

Springfield..	$ 30,967,968 00
Baltimore..	41,853,691 00
Columbia..	52,292,055 00
Louisville..	78,981,846 00
Nouvelle-Orléans..	74,885,917 00
St-Louis..	60,233,912 00
St-Paul..	104,154,746 00
Omaha..	97,417,171 00
Wichita..	93,690,608 00
Houston..	93,516,680 00
Berkeley..	36,254,955 00
Spokane..	87,908,359 00

APPENDICE No 1

Tous les états de l'Union de même que Porto-Rico ont bénéficié de secours pécuniers par l'entremise de ces banques pour des montants variant de $254,200 pour l'Etat du Delaware à $99,182,591 pour le Texas. D'une manière générale, ce sont les états de l'Ouest et les nouveaux états du sud-ouest qui en ont bénéficié le plus.

Accroissement des affaires—Les banques agricoles à capital-actions

Les banques agricoles à capital-actions, sous la direction du Bureau fédéral des prêts agricoles, ont suivi de bien près les banques fédérales agricoles comme l'indiquent les chiffres suivants:—

Quatre-vingts de ces banques ont été organisées depuis l'inauguration de ce système.

Le 29 février 1924, l'actif de ces banques était de...................	$438,397,336 00
Elles avaient un capital-actions payé de......................	34,233,520 00
Les obligations du bureau des prêts agricoles en circulation représen- taient le montant de......................................	368,176,900 00
Les prêts hypothécaires représentaient le montant de..............	400,988,343 00

Si l'on additionne les chiffres des banques fédérales agricoles et ceux des banques à capital actions, on constate que le nombre des prêts depuis le commencement des opérations a atteint 351,183 et que le montant ainsi prêté a été de $1,318,843,548.

Comme le total des prêts garantis par des hypothèques sur les terres aux Etats-Unis est d'environ $8,000,000,000, on verra que les banques sous la direction du Bureau des prêts agricoles détiennent actuellement 16⅓ p. 100 de tout ce montant. Les prêts consentis par l'intermédiaire de ce système devront augmenter considérablement avant d'atteindre 40 p. 100, proportion atteinte en Allemagne. Tout de même, on ne saurait nier que tout cela a déjà contribué à uniformiser les taux d'intérêt.

Ajoutons un mot sur les associations fédérales de prêts agricoles. Environ 5,000 de ces associations ont été organisées aux Etats-Unis et c'est par leur entremise qu'a été accordée la plus grande partie des prêts consentis par les banques fédérales agricoles qu'il ne faut pas confondre avec les banques à capital-actions. Comme nous l'avons déjà déclaré, le but de l'organisation de ces associations était de faire naître un esprit de coopération chez les cultivateurs et de faire en sorte que l'administration de ce système passât, en fin de compte, entre les mains des emprunteurs eux-mêmes et non, comme c'est le fait des banques à capital-actions, entre les mains de particuliers dans le but de réaliser un profit. Nous avons constaté que les opinions étaient grandement partagées sur la valeur de ces associations mais cela dépend, croyons-nous, du tempérament des adminstrateurs des banques agricoles. Par exemple, un président de banque a déclaré ouvertement qu'il ne croyait pas à la valeur réelle des associations locales, que les personnes qui en faisaient parties ne coopéraient pas entre elles, qu'à certains moments il était bien difficile de les réunir dans le but d'étudier des demandes de prêts urgents, et qu'en somme, il préférait négocier avec les particuliers par l'intermédiaire des autres agences nommées conformément aux termes de la loi des prêts agricoles fédéraux. D'un autre côté, d'autres présidents de banque se sont déclarés catégoriquement en faveur des associations locales, mais nous avons constaté que dans ces cas l'on avait consacré beaucoup de temps à essayer de faire naître l'esprit de coopération chez les emprunteurs et qu'ils étaient convaincus que dans la suite ces associations constitueraient un puissant moyen de conserver et de maintenir l'intégrité de la banque. Au commencement, les membres des associations locales étaient portés à surestimer la valeur de leurs propriétés étant, sans doute, sous l'impression que c'étaient les deniers de l'Etat qu'ils utilisaient et, par conséquent, ils étaient prêts à prendre tout ce qu'on leur permettrait. Cette impression, m'a-t-on dit, n'a pas tardé à disparaître lorsque les membres se sont rendu compte que, advenant une perte, on leur demanderait de doubler leur mise, par suite de la double responsabilité, de sorte que, après un certain nombre d'années et grâce à une meilleure entente, ces associations locales deviennent utiles non seulement dans les régions qu'elles desservent, mais aussi au point de vue du système bancaire.

Deux choses importantes ont été bel et bien accomplies grâce au système fédéral de prêts agricoles, et ce sont les suivantes:—

(1) L'uniformisation de l'intérêt, c'est-à-dire, un taux maximum de six pour cent de l'Atlantique au Pacifique. Ce résultat n'a été obtenu que grâce à l'établissement de la responsabilité mutuelle entre les douze banques et aussi au fait que ce système, se trouvant soumis à la surveillance du Bureau fédéral des prêts agricoles, a inspiré confiance au public qui lui a confié ses fonds.

(2) En deuxième lieu le ferme établissement grâce à ce plan, du principe d'amortissement des prêts agricoles. Il semble opportun de répéter ici ce que nous avons déclaré précédemment que le plan d'amortissement n'aurait pas été d'une bien grande utilité lorsque les cultivateurs pouvaient acheter des terres à bien bon marché et aussi se transporter facilement d'un endroit dans un autre pour des fins de colonisation. Dans ces circonstances il était possible au moyen de la production, en bien peu d'années, d'éteindre les hypothèques qui grevaient les terres de peu de valeur, mais par suite de l'augmentation de la valeur des terres, par suite aussi de l'augmentation du capital nécessaire à l'achat d'une ferme, l'ancien système d'hypothèque à brève échéance a rendu impossible l'extinction d'une hypothèque à même la production de la ferme et les cultivateurs des Etats-Unis se sont trouvés exactement dans la position où s'étaient trouvés ceux de l'Europe il y a cent ans. L'établissement de ce principe, contribuera énormément à affermir la position du cultivateur américain qui doit rivaliser avec le cultivateur européen.

D'un autre côté, nous croyons qu'il est sage de faire remarquer ici que le plan fédéral de prêts agricoles a été conçu comme un régime d'affaires qui pourrait suffire à ses propres besoins et finalement se libérer de toute dépendance de l'Etat. Comme résultat, on n'a accordé les prêts que dans les cas où la garantie était de nature à les permettre et à des conditions très sévères. Bien que l'on permit aux cultivateurs de jouir de l'avantage des taux d'intérêt du système d'amortissement, on ne cessa jamais d'exiger des garanties convenables en retour de l'argent prêté. Et c'est là, à mon avis, la véritable raison qui a fait que les banques fédérales agricoles des Etats du Nord-ouest se sont trouvées incapables de satisfaire à tous les besoins pécuniaires de ces régions. Dans certains parties de ces états, du moins, le rendement des terres a donné lieu a une situation telle que les banques fédérales agricoles ou toute autre banque se trouvent dans l'impossibilité de prêter de l'argent en s'en tenant aux garanties exigées par la loi. Nous sommes convaincus que la plus grande partie des plaintes portées, et ces plaintes sont nombreuses, contre le système des banques fédérales agricoles est due au fait que ces banques ont refusé d'accorder des prêts garantis par des hypothèques sur des propriétés qui n'offraient pas une garantie suffisante. En d'autres termes, elles ont refusé de devenir des institutions philanthropiques.

2. Crédit à courte échéance et prêts intermédiaires

Avant d'aborder l'étude de l'organisation des banques fédérales de prêts intermédiares, il semble nécessaire de jeter un rapide coup-d'œil sur la manière dont on a résolu aux Etats-Unis le problème des crédits à courte échéance appliqués à l'agriculture. Comme nous l'avons déclaré précédemment, on a commencé il y a plusieurs années à agiter la question de trouver un meilleur système de prêts agricoles comportant à la fois les prêts hypothécaires et les crédits à court terme. De fait, toute la question de l'établissement et du maintien de petites banques de l'Etat était inspirée par le désir de tirer parti des avantages commerciaux qu'offrait l'agriculture et en même temps assurer des moyens plus faciles d'obtenir des prêts agricoles. On en peut trouver un exemple dans la loi des Banques de l'état du Kansas, adoptée en 1897, à la suite de l'agitation qui a suivi la période de dépression de 1891 à 1895. Les méthodes et le but de ce plan tels que définis par un des auteurs de cette loi, sont les suivants:—

(1) Fournir les fonds nécessaires à l'industrie agricole.

(2) Surveiller le placement de l'argent dans l'agriculture afin qu'il devienne productif.

(3) Surveiller les travaux agricoles de l'emprunteur afin que le rendement soit avantageux.

(4) Obliger la majorité des administrateurs de la banque à élire domicile à l'endroit même où la banque se trouve située.

(5) Limiter la banque à un petit capital afin qu'elle puisse s'établir dans les centres ruraux tout en ayant à faire concurrence aux banques voisines.

On avait confiance que, grâce à une bonne organisation locale comme aussi à une bonne surveillance, on pourrait accepter des risques de particuliers que les banques plus importantes, ne possédant pas les mêmes connaissances locales, se trouvaient dans l'impossibilité d'accepter. Ces banques se contentaient de recevoir des dépôts et avaient pour but de faire servir les fonds qu'elles pourraient recueillir dans la région au développement de cette même région. Que ces banques aient prospéré tout à côté des banques nationales et privées, la chose est certaine, et les relations intimes qu'elles se sont créées dans ces régions ont été d'une très grande valeur. On pourrait en dire autant des autres systèmes de banques d'état, du moins de la plupart des états de l'Ouest américain.

Toute cette question a été de nouveau ramenée sur le tapis pendant la crise de 1907 alors qu'un si grand nombre des petites banques des Etats-Unis ont fermé leurs portes. Cet état de choses a été en grande partie dû à l'absence d'un plan permettant aux banques établies dans ce pays de s'entendre et de coopérer entre elles. En même temps que se faisait sentir l'agitation qui a finalement conduit à l'établissement du Bureau fédéral des prêts agricoles se faisait aussi sentir une agitation dans le but d'obtenir de meilleurs moyens de faire passer le capital d'une partie du pays dans un autre aux moments de crise. En 1909 les Etats-Unis ont établi une commission monétaire qui, après une étude fouillée des méthodes bancaires dans les autres pays, en vint finalement à adopter le régime connu sous le nom de " Régime de réserve fédérale." On admit alors que le régime des petites banques, au nombre de près de 30,000, par tout le pays, donnait de bons résultats, au point de vue du moins de leurs relations avec les régions où elles étaient établies. On déplora beaucoup, cependant, l'absence d'une agence de centralisation surtout dans les moments de crise. Une personne autorisée a résumé les difficultés de la manière suivante:—

(1) Décentralisation.

(2) Manque de souplesse du régime de crédit.

(3) Régime compliqué d'échange et de transfert.

(4) Organisation défectueuse au point de vue des relations entre les banques et la Trésorerie fédérale.

A propos de la première de ces difficultés il nous suffira de faire remarquer que ces 30,000 banques, possédant chacune sa réserve en espèces et n'ayant d'autres relations d'échange que celle de la chambre de compensation, rendait presque impossible le passage du capital d'un pays dans un autre et, comme bien peu de ces banques avaient des relations définies avec la Trésorerie, il leur était impossible d'obtenir du secours même de l'Etat dans les moments critiques.

La loi de réserve fédérale approuvée le 23 décembre 1913, avait pour but de surmonter ces difficultés. Elle stipulait l'établissement de douze banques de réserve fédérale. En délimitant les frontières de ces districts, on a tenu compte des moyens et du cours habituel des affaires du pays. Chacun de ces districts était assez vaste pour permettre à une banque ayant un capital minimum de $4,000,000 d'y faire des opérations. En vertu de ce plan toutes les banques nationales furent requises de faire partie du Régime, et celles des états et les compagnies de fiducie furent fortement encouragées à se joindre aux autres banques. Les banques faisant partie de ce régime furent tenues de souscrire du capital de la banque de réserve fédérale dans leur district pour un montant représentant 6 p. 100 du capital et de l'excédent de la banque faisant partie de ce régime.

Jusqu'ici on n'a fait appel que d'une partie de ce montant, mais le 21 novembre 1923, le total du capital payé dans ces banques atteignait le chciffre de $110,103,000.

Moins d'un quart du nombre des banques des Etats-Unis sont devenues membres du système de réserve fédérale, mais cela représente environ 50 p. 100 du capital des banques des Etats-Unis.

Chacune des douzes banques de réserve fédérale est administrée par un Bureau choisi dans les banques de ce système grâce à une méthode particulière absolument équitable, de sorte que ces banques sont administrées d'une manière tout à fait démocratique.

Ces douze banques relèvent d'un bureau central à Washington connu sous le nom de "Bureau de la réserve fédérale." Ce bureau est composé de sept membres, y compris le secrétaire de la Trésorerie, le Contrôleur du numéraire et de cinq membres nommés par le Président des Etats-Unis, de l'avis et du consentement du Sénat. De plus, il existe un Conseil fénéral consultatif formé de douze membres nommés par le bureau des administrateurs des douze banques de réserve fédérale. Le Bureau de réserve fédérale nomme trois des neuf administrateurs de chacune des banques de réserve fédérale, tandis que de leur côté chacune des banques de réserve fédérale nomme un membre du Conseil fédéral consultatif et, ce faisant, l'on assure un échange mutuel d'idées dans tout le régime.

Chaque banque, ou association bancaire faisant partie du régime de réserve fédérale est tenue de maintenir le plein montant de sa réserve légale sous forme de dépôt dans la banque de réserve fédérale de son district. La loi de réserve fédérale ne reconnaît qu'une seule forme de réserve légale, c'est-à-dire, le dépôt d'une banque du régime à la banque de la réserve fédérale de son district. Ces banques peuvent déposer des soldes dans d'autres banques, mais leur réserve légale, celle que le gouvernement considère le montant minimum que, dans l'intérêt public, les banques ne doivent jamais dépasser, doit être gardée en entier sous forme de dépôt dans les banques de réserve fédérale qui deviennent ainsi le réservoir de la réserve des deniers publics. Le grand but que l'on désire en cela, c'est que les réserves se trouvent ainsi disponibles au centre même des grands districts et se trouvent ainsi à la disposition des endroits du pays qui en ont le plus besoin, les banques de réserves fédérale étant autorisées à réescompter cet argent pour chacune des banques et pour toutes les banques qui font partie de ce régime.

On a beaucoup parlé de la relation entre la Réserve fédérale et le crédit agricole. Qu'il nous suffise de dire ici, pour les besoins de notre cause, que la banque de réserve fédérale, comme les autres institutions générales mentionnées dans ce rapport, ne font pas affaires directement avec les cultivateurs en particulier, ni avec aucune autre personne, quelle que soit sa profession. Le régime de la réserve fédérale exige que le cultivateur ou autre personne emprunte d'abord par l'intermédiaire de sa banque locale et celle-ci, si elle fait partie du régime de réserve fédérale, peut à son tour réescompter à la banque de réserve fédérale les billets que lui ont remis ses clients. La loi de réserve fédérale restreint dans une certaine mesure la nature du billet à être escompté, mais, en réalité, par suite des modifications de 1919 et 1923, une stipulation autorise les banques de la réserve fédérale à accorder des prêts à courte échéance pour des fins agricoles. Par exemple, toute banque de la réserve fédérale peut escompter les " billets, traites, lettres de change émis ou tirés pour des fins agricoles, industrielles, ou commerciales, ou dont le produit a été utilisé ou doit être utilisé pour ces fins." La loi ne permet pas aux banques de réserve d'escompter des effets dont le produit doit être prêté à un autre ou doit servir à faire des placements courants ou de spéculation.

La loi donne aux effets agricoles un avantage important sur les effets de commerce puisque ces derniers ne peuvent être escomptés que pour une période ne dépassant pas 90 jours, tandis que les effets émis ou tirés pour des fins agricoles, ou pour les fins de l'industrie animale, peuvent être maintenant escomptés par les banques de réserve fédérale même lorsque l'échéance ne se fera que neuf mois après la date de l'escompte. Le Bureau de réserve fédérale a inséré une clause en ce sens dans ses nouveaux règlements en rendant plus claire et plus large la définition de l'effet agricole de manière à comprendre les principes plus généreux adoptés récemment par le bureau en déterminant ce qui constitue un effet agricole. On pourra donc ainsi escompter un effet à neuf mois pourvu que le produit de l'escompte ait été ou soit utilisé par un cultivateur dans l'un ou plusieurs des travaux de plantation, de culture, de récolte ou de vente du produit de sa terre, ou d'élevage, d'engraissement ou de vente des animaux, et le Bureau de réserve fédérale a maintenu que la vente des récoltes ou des animaux comprend le fait de les garder pendant une période de temps raisonnable afin de pouvoir les mettre sur le marché en suivant un ordre plus ou moins régulier au lieu d'encombrer le marché par de fortes quantités à la foi dans le but d'obtenir de l'argent pour payer les dépenses courantes. Aux termes de cette disposition de la loi, les banques adhérentes qui ont prêté de l'argent pour une période de neuf mois à des producteurs de blé et à d'autres cultivateurs dans le but de leur permettre de récolter, de garder et de vendre leurs récoltes, pourront réescompter les billets qu'elles ont reçus des cultivateurs aux banques de réserve fédérale.

De plus, aux termes de la loi de réserve fédérale, modifiée par la loi des prêts agricoles adoptée le 4 mars 1923, les associations de vente coopérative peuvent émettre des effets escomptables pour un terme de neuf mois ou moins, lorsque le produit de l'escompte de ces effets est prêté aux membres de l'association pour des fins agricoles, ou sert à payer aux membres de l'association l'achat de produits agricoles livrés à l'association, ou à fournir des fonds à l'association pour les fins d'emballage, de préparation pour le marché, ou de vente des produits agricoles récoltés par ses membres. Les associations de vente coopérative sont autorisées à emprunter de l'argent dans le but de le prêter de nouveau à chacun des membres de l'association à certaines conditions. Dans tous les cas, l'échéance des prêts peut aller jusqu'à neuf mois au lieu de quatre-vingt-dix jours, avec l'entente que la banque locale garde le billet pendant trois mois et la banque de réserve fédérale le garde pendant les six autres mois. De plus, par suite de la modification de 1923, les banques de réserve fédérale sont autorisées à escompter des traites à vue tirées dans le but d'obtenir des fonds pour l'expédition dans le pays de pro-

14-15 GEORGE V, A. 1924

duits agricoles non périssables et pouvant être vendus immédiatement. Le terme, cependant, de ces effets, est limité à quatre-vingt-dix jours. Dans le but de donner une plus grande latitude au crédit accordé par le système de réserve fédérale aux banques plus petites, aux termes de la loi des prêts agricoles de 1923, la loi permet d'admettre les petites banques dont le capital atteint 60 p. 100 du montant requis en premier lieu, pourvu que dans un délai fixé le capital soit porté au chiffre nécessaire exigé par la loi, et pour ces fins ces banques furent autorisées à mettre de côté 20 p. 100 de leurs recettes nettes dans le but de porter leur capital au chiffre nécessaire.

Toutefois, la stipulation la plus importante de la loi de réserve fédérale, au point de vue ces prêts agricoles, a été l'autorisation accordée aux banques nationales de consentir des prêts pour une période allant jusqu'à cinq ans et garantis par des hypothèques sur les terres. Nous avons fait allusion à cette question précédemment en parlant des banques nationales. Cette autorisation ne pouvait être accordée aux banques nationales que par l'intermédiaire du système de réserve fédérale. En conséquence, les cultivateurs qui ont besoin de prêts à longue échéance peuvent emprunter pour cinq ans des banques nationales en donnant comme garanties leurs terres en culture, et le Bureau de réserve fédérale a stipulé dans ses règlements qu'au moment de l'échéance ces prêts peuvent être renouveler pour une autre période de cinq ans, bien qu'une banque nationale n'ait pas le droit de s'engager d'avance à ce faire. Il est bien évident que le régime de réserve fédérale a voulu respecter tous ses engagments au point de vue des prêts à court terme aux cultivateurs. Lors de la chute des prix en 1920, ce bureau a commencé tout de suite à augmenter ses prêts, par l'intermédiaire des membres du régime, dans le but de rétablir les conditions agricoles.

Par exemple, ce fut plusieurs mois après le commencement de la grande chute des prix que les prêts faits par les banques de Minnéapolis aux cultivateurs du Nord-ouest atteignirent leur maximum. Pendant la période qui s'est écoulée du mois de mars au mois de novembre 1920, les prêts faits par le régime dans la région de Minnéapolis ont augmenté de plus de $30,000,000, et à la fin de la période, les prêts avaient atteint le chiffre de $115,000,000. Au cours de la même période les banques de réserve fédérale, établies dans les districts agricoles, ont augmenté le montant de leurs prêts de plus de $500,000,000 et les billets de la réserve fédérale émises par elles, d'un montant presque égal.

Le régime de réserve fédérale n'a pu répondre aux demandes des districts agricoles pour deux raisons principales.

(1) Parce qu'un grand nombre des petites banques des états qui font affaires avec les cultivateurs ne sont pas devenues membres du régime de réserve fédérale et n'ont pu, par conséquent, jouir du privilège de réescompte.

(2) Parce que le terme accordé pour le privilège de réescompte était trop court pour satisfaire toutes les exigences des cultivateurs.

Dans le premier cas, la faute en était aux petites banques et dans l'autre, si faute il y avait, à la loi elle-même et non à l'administration.

C'est à la suite de ces circonstances que se produisit l'agitation qui eut pour résultat la fondation des banques fédérales de prêt intermédiaire décrites dans les pages qui suivent.

BANQUES FÉDÉRALES DE PRÊT INTERMÉDIAIRE

Les banques de prêt intermédiaire ont été organisées dans le but d'accorder des prêts pour une période plus longue que celle des prêts qu'accordent les banques ordinaires. Le but était surtout de répondre aux demandes de ce que l'on a appelé les périodes prohibées entre les périodes de trois et de six mois, permises par le système de réserve fédérale, et le terme minimum de l'hypothèque.

La loi autorise ces prêts pour des périodes qui varient de six mois à trois ans. La loi a été adoptée dans les derniers jours du 67ème Congrès au mois de mars 1923. Comme les transactions des banques de prêt intermédiaire sont de véritables transactions bancaires, ce qui les distingue des transactions hypothécaires, les fonctions de ces banques ne sont que la prolongation du terme accordé par les banques ordinaires du pays, mais dans l'intérêt bien déterminé de l'agriculture. Pour cette raison, il semblerait que ces banques auraient dû réussir plus facilement sous le régime de réserve fédérale, et l'on ne voit pas bien pourquoi il n'en a pas été ainsi. Ces banques sont cependant associées au régime de banque fédérale de prêts et relèvent du Bureau fédéral des prêts agricoles. Le principal avantage de ce plan est peut-être le fait que ces banques se trouveront à consentir des prêts de banque aux personnes mêmes qui accepteront des hypothèques des banques fédérales agricoles et il sera certainement avantageux de faire surveiller et de déterminer les prêts qui doivent être accordés aux comptes courants par les personnes mêmes qui ont déjà étudié le cas de ces individus au point de vue de prêts de capitaux. Des renseignements obtenus, nous avons conclus que c'était bien là le principal avantage découlant de l'association de ces banques aux banques fédérales agricoles, et peut-être aussi le Bureau de réserve fédérale ne désire-t-il pas s'engager dans des opérations de prêts à un terme plus long que celui ordinairement accordé à la réserve fédérale.

Aux termes de la loi créant les banques de prêt intermédiaire le Bureau des prêts agricoles est autorisé à donner des chartes à douze institutions devant être connues sous le nom de banques fédérales de prêt intermédiaire. Le mot d'ordre a été donné d'établir ces institutions dans les cités où sont établies les banques fédérales agricoles. Les officiers et administrateurs des banques fédérales agricoles deviennent *ex officio* officiers et administrateurs des différentes banques fédérales de prêt intermédiaire. Ces officiers furent autorisés à établir le rouage administratif nécessaire à retenir les services des employés nécessaires à l'expédition des affaires de la banque absolument à titre d'organisation distincte de la banque fédérale agricole. Ces banques furent autorisées à agir à titre d'agents du fisc pour le compte du gouvernement des Etats-Unis et à remplir toutes les fonctions que leur pourrait attribuer le secrétaire de la Trésorerie. En conséquence, de l'autorité même de la charte, douze institutions distinctes ont été fondées au cours de l'été de 1923.

Capital

Dans le but de fournir des capitaux pour les affaires de la banque, le gouvernement des Etats-Unis a été autorisé à souscrire du capital jusqu'à concurrence de $5,000,000 pour chacune des banques et le secrétaire de la Trésorerie a été autorisé à souscrire tout montant de ce capital lorsqu'il le jugera nécessaire en n'importe quel temps. Grâce à cette autorisation, ces banques se trouvaient ainsi en possession d'un capital possible de $60,000,000 souscrit par la Trésorerie. Lors de l'organisation des banques, la Trésorerie a souscrit pour un million de dollars du capital de chacune des banques, réservant la souscription des autres $4,000,000 lorsqu'on le jugerait nécessaire.

Le bureau fédéral des prêts agricoles a été autorisé à répartir les dépenses communes encourues au nom des banques fédérales agricoles, les banques agricoles à capital-actions et les banques fédérales de prêt intermédiaire, relevant toutes de sa juridiction parmi ces trois institutions. Il est stipulé que lorsque les dépenses nécessaire auront été payées les recettes nettes seront divisées en parts égales, la moitié devant être versée dans le Trésor des Etats-Unis et le reste dans la caisse de surplus jusqu'à ce que le surplus atteigne le montant du capital souscrit de la banque. Lorsque ce montant aura été atteint, 10 p. 100 seulement des recettes seront versées dans cette caisse de surplus, le reste devant être payé aux Etats-Unis à titre de taxe de franchise. Le produit des recettes ainsi versé dans le Trésor des Etats-Unis doit être utilisé, à la discrétion du secrétaire de la Trésorerie, soit pour augmenter la réserve d'or gardée comme garantie des billets en circulation des Etats-Unis, soit à réduire la dette des obligations en circulation. Si une banque cessait de faire affaires, tout son actif deviendrait la propriété des Etats-Unis.

Obligations

Aux termes de la loi, chaque banque fédérale de prêt intermédiaire est autorisée à émettre des obligations jusqu'à concurrence de dix fois le chiffre initial du capital payé et de l'excédent de la banque. Comme le capital initial des douze banques serait de $60,000,000, lorsqu'elles seraient en pleine opération, elles pourraient émettre des obligations pour un montant de $600,000,000, mettant à leur disposition un capital total de $660,000,000 lorsque les actions seront entièrement payées. Il est stipulé, cependant, que l'émission des obligations doit être soumise à l'approbation du Bureau fédéral des prêts agricoles et qu'aucune débenture ne doit être émise pour une période de plus de cinq ans et uniquement en retour d'espèces ou d'effets escomptés en la possession de la banque. Le taux d'intérêt des obligations a été fixé et ne doit jamais dépasser 6 p. 100.

Aucun engagement de la part de l'Etat

Il est stipulé que le gouvernement des Etats-Unis ne se rend aucunement responsable, directement ou indirectement, de l'une quelconque des obligations ou valeurs mise en circulation aux termes de la loi. Pour rendre ce point bien clair, il est stipulé que toutes les obligations ou autres valeurs doivent contenir, " en termes précis et appropriés", une déclaration définie à l'effet qu'elles ne comportent aucun engagement de la part de la Trésorerie des Etats-Unis.

Taux de l'intérêt

Quant au taux de l'intérêt, on a établi certaines restrictions définies. Le taux maximum lors de l'émission des obligations est fixé à 6 p. 100, bien que le taux doit être moins élevé, alors que les banques elles-mêmes ne doivent pas exiger un taux d'intérêt dépassant de plus de 6 p. 100 le taux de la dernière émission d'obligations. Cete clause fixe à 7 p. 100 le maximum du taux exigible sur un effet escompté. En escomptant les effets pour le compte des organisations indiquées ci-après la banque fédérale de prêt intermédiaire n'a pas le droit d'escompter des effets pour le compte d'un emprunteur quelconque qui exige un taux d'intérêt dépassant plus de la moitié de un pour cent le taux de l'escompte fixé par la banque de prêt intermédiaire. La banque est autorisée à acheter au pair, ou en dessous du pair, ses propres obligations avant qu'elles soient arrivées à termes.

Privilèges d'escompte

Ces banques jouissent d'une très grande latitude au point de vue des affaires de banque. Par exemple, elles ont le droit d'acheter les banques ou d'escompter pour l'une quelconque des banques nationales ou des banques des états, des compagnies de fiducie, des corporations de crédits agricoles (ci-après indiquées) des compagnies constituées en corporation de prêts pour l'industrie animale, des institutions d'épargnes, des caisses coopératives, des associations de crédit coopératif ou de crédit hypothécaire, des associations de producteurs agricoles, organisées aux termes des lois d'un état, en l'endossant, tout billet, traite, lettre de change, etc., ou autre obligation de ce genre dont le produit a été avancé en premier lieu pour des fins agricoles ou pour l'élevage, l'engraissement ou la mise en garantie du bétail.

Ces banques sont de plus autorisées à consentir des prêts ou à faire des avances directement à l'une quelconque des associations coopératives organisées aux termes des lois d'un état et composées de personnes qui se livrent à la production, ou à la suite des produits agricoles ordinaires et du bétail, lorsque les billets ou autres obligations de ce genre représentant les prêts sont garantis par des récépissés d'entrepôts ou autres reçus de compagnies de transport, ou l'un et l'autre, ayant trait à ces produits ou à des hypothèques sur le bétail, pourvu que le montant du prêt ne dépasse pas 75 p. 100 de la valeur marchande du produit. La seule restriction imposée sur le montant des effets ainsi escomptés que la banque fédérale de prêt intermédiaire peut détenir est (1) que le montant ne doit pas dépasser le montant du capital de la banque, et (2) qu'aucune institution ne peut réescompter pour un montant supérieur à deux fois le montant du capital intact et de l'excédent.

Responsabilité mutuelle

Comme c'est le cas pour les banques fédérales agricoles la responsabilité mutuelle existe entre les douze banques. On veut ainsi permettre à toutes les banques de jouir des mêmes facilités de crédit sur les marchés monétaires du monde. Cette responsabilité se trouve définie à l'article 207 de la loi, qui stipule:—

"Que toutes les banques fédérales de prêt intermédiaire qui émettent des obligations ou autres effets de ce genre, à ce titre, en soient en premier lieu responsables, et soient aussi responsables, sur présentation des coupons, des paiements d'intérêts dus sur ces obligations ou effets émis par une autre banque fédérale de prêt intermédiaire et encore impayés par suite du défaut de l'autre banque fédérale de prêt intermédiaire. Toutes les banques fédérales de prêt intermédiaire doivent également être responsables de toute portion du chiffre des obligations ou effets ainsi émis encore impayés lorsque l'actif de l'autre banque fédérale de prêt intermédiaire a été liquidé ou distribué. Ces pertes, lorsque pertes il y a, d'intérêt ou de principal, doivent être réparties par le Bureau fédéral des prêts agricoles entre les banques fédérales de prêt intermédiaire qui sont solvables, tenues responsables jusqu'à concurrence du chiffre de leur capital, excédent et obligations ou toutes les autres valeurs que chacune des banques peut avoir en circulation au moment de cette répartition. Chaque banque fédérale de prêt intermédiaire doit, par un acte à cet effet du bureau de ses administrateurs dûment inscrit dans les procès-verbaux, s'engager à être tenue responsable des obligations ou autres valeurs de ce genre tel que stipulé dans cet article."

Le privilège d'exemption de la taxe accordé aux obligations émises par les banques fédérales agricoles est aussi accordé aux obligations émises par les banques fédérales de prêt intermédiaire. L'article 210 en stipule de la manière suivante:—

"Que les privilèges d'exemption de la taxe accordés en exécution de l'article 26 de la présente loi s'appliquent aussi à chacune des banques fédérales de prêt intermédiaire, y compris son capital, sa réserve ou son excédent, et les recettes qui en résulteront de même que les obligations à ce titre seront censées et considérées être des effets de l'Etat et jouiront des mêmes exemptions de taxes que celles accordées aux obligations pour fins agricoles émises dans cette région."

Le régime des banques fédérales de prêt intermédiaire, au point de vue de chacun des emprunteurs, est le même que celui des banques fédérales, c'est-à-dire, qu'aucun particulier ne peut s'adresser directement à la banque dans le but d'en obtenir des prêts. Tous les prêts doivent être des prêts réescomptés consentis à des corporations responsables qui s'engagent elles-mêmes à être tenues responsables du remboursement, de sorte qu'un emprunteur, qui désire atteindre la banque fédérale de prêt intermédiaire doit le faire par l'entremise d'une autre organisation financière. Dans le but d'établir des moyens permettant d'atteindre ce but la loi autorise la création de

CORPORATIONS NATIONALES DE CRÉDIT AGRICOLE

Ces associations correspondent aux associations locales qui relèvent de la banque fédérale agricole. Ces corporations nationales de crédit agricoles, cependant, sont des institutions encore mieux organisées que les associations locales qui relèvent des banques fédérales agricoles.

Le mode de formation de ces organisations est indiqué dans la loi de la' manière suivante: "Que des corporations dans le but de fournir des facilités de crédit pour les fins des industries agricole et animale des Etats-Unis et devant être connues sous le nom de Corporations nationales de crédit agricole puissent être formées par un nombre quelconque de personnes indigènes, mais d'au moins cinq dans tous les cas. Ces personnes doivent adhérer à des règlements d'association indiquant bien le but de la corporation. Ces règlements d'association doivent être signés par les personnes qui ont l'intention de prendre part à l'organisation de la corporation et être envoyés au Contrôleur du numéraire pour être classés et conservés dans son bureau."

Le certificat d'organisation et les règlements d'association doivent être attestés devant un juge du tribunal des archives ou un notaire public avant d'être soumis à l'approbation du Contrôleur du numéraire. Lorsque l'approbation de ce dernier a été obtenue, cette association devient un corps constitué en corporation possédant des pouvoirs bien définis relativement aux opérations financières. Par exemple, ces associations peuvent:—

(1) Escompter, réescompter, ou acheter et vendre ou négocier, portant ou ne portant pas l'endossement de garantie, les billets, les traites, ou les lettres de change, et accepter les traites ou les lettres de change qui sont (a) émis ou tirés pour des fins agricoles, ou dont le produit a été utilisé ou doit être utilisé pour des fins agricoles, (b) dont le terme au moment de l'escompte, l'achat ou acceptation ne dépasse pas neuf mois, et (c) sont garantis au moment de l'escompte, de l'achat ou de l'acceptation par les récépissés d'entrepôts ou autres documents du même genre comportant le titre de produits agricoles non périssables et pouvant être vendus tout de suite, ou autres effets offrant une garantie semblable.

(2) Escompter, réescompter, ou acheter et vendre ou négocier, portant ou ne portant pas son endossement de garantie, des billets garantis par des hypothèques, mobilières comportant un premier droit lors de l'échéance, ou la production du bétail ou de troupeaux de vaches laitières et dont le terme, au moment de l'escompte du réescompte ou de l'achat, ne dépasse pas trois ans.

(3) Souscrire, acquérir, posséder, acheter, vendre au autrement négocier des certificats engageant le Trésor, des obligations ou autres valeurs des Etats-Unis pour le montant que pourra déterminer le bureau de ses adminstrateurs.

(4) Agir, lorsque le Secrétaire de la Trésorerie lui en fera la demande, à titre d'agent du fisc des Etats-Unis et accomplir les services que le secrétaire de la Trésorerie pourra exiger relativement à l'émission, la vente, le remboursement ou le rachat des obligations, des billets, des certificats du Trésor ou autres obligations des Etats-Unis.

Bien d'autres pouvoirs leur sont accordés pour l'administration des affaires ordinaires, mais le principal est celui qui leur permet, en se conformant aux exigences du Contrôleur du numéraire, des billets de dépôt subsidiaire ou des obligations dont le terme ne dépasse pas trois ans et d'engager à titre de garanties de ces billets ou de ces obligations les valeurs détenues par la corporation. Il est particulièrement stipulé, cependant, que le gouvernement des Etats-Unis ne sera tenu responsable ni directement ni indirectement des obligations ou autres valeurs émises à ce titre et toutes ces obligations et autres valeurs doivent contenir en termes précis et appropriés dont la forme et la substance devront être prescrites par le Contrôleur du numéraire et approuvées par le secrétaire de la Trésorerie, une déclaration claire qu'il n'existe aucune responsabilité de ce genre de la part de l'Etat.

Capital

La Corporation nationale agricole n'est autorisée à faire affaires que lorsque son capital payé a atteint le chiffre de $250,000, représentant au moins 50 p. 100 du capital autorisé de la corporation. Les autres 50 p. 100 doivent être payés dans un délai de six mois après que la corporation a commencé ses affaires. Ces corporations sont autorisées à consentir des prêts pour un montant représentant dix fois le capital payé.

Taux de l'intérêt

Quant au taux de l'intérêt, la corporation doit s'en tenir aux exigences des lois de l'état dans lequel elle se trouve établie. La loi comporte une sanction pénale dans les cas où, par suite de moyens directs ou indirects, on exige un taux d'intérêt plus élevé que celui que permet la loi de l'état. Lorsque la chose est faite sciemment, la corporation encourt la confiscation de tout l'intérêt de la dette et ne possède aucun droit de perception et, de plus, la personne à qui on a demandé cet intérêt, lorsque l'intérêt a été payé, a le droit de recouvrer, en s'adressant aux tribunaux, deux fois le montant de l'intérêt ainsi payé à la corporation, pourvu que les poursuites légales soient intentées dans un délai de deux ans—et cette stipulation est bien explicite et très rigoureuse.

Nous croyons en avoir dit suffisamment pour montrer que les corporations nationales de crédit agricole sont destinées à tenir une place très importante comme moyens de fournir des fonds à l'agriculture. Bien que leurs opérations relèvent des banques fédérales de prêt intermédiaire et qu'elles constituent un intermédiaire entre la banque et les particuliers, elles diffèrent entièrement des associations locales qui relèvent de la banque fédérale agricole en ce qu'elles sont des corporations privées établies dans le but de réaliser un profit, faisant affaires pour les fins agricoles et devant s'en tenir à certaines restrictions explicites relativement au taux d'intérêt et à la garantie, restrictions imposées par la Trésorerie des Etats-Unis.

Corporations de crédit formées par les banques

Il existe une disposition de la loi sur laquelle nous devrions peut-être attirer tout particulièrement votre attention, celle qui veut que toute banque particulière du régime de réserve fédérale demande par écrit au Contrôleur du numéraire la permission de placer un montant ne dépassant pas en tout dix pour cent de son capital et de son excédent dans le capital d'une ou de plusieurs corporations nationales de crédit agricole. De fait, bien qu'au début l'on ait pu vouloir que ces corporations soient formées par les producteurs les plus importants de produits agricoles et des hommes de la finance, dans plusieurs endroits les banques ont pris l'initiative de l'organisation de ces corporations, la raison s'en trouvant probablement dans le fait que, tandis que les banques elles-mêmes ne sont autorisées à réescompter aux banques fédérales de prêt intermédiaire que pour un montant représentant le double de leur capital versé et de l'excédent, ces institutions peuvent réescompter pour un montant représentant dix fois leur capital versé et l'excédent.

Nous n'avons pu encore déterminer dans quelle mesure ces institutions pourront être administrées à titre d'institutions pratiques. Jusqu'ici, si nous sommes bien renseignés, les seules corporations actuellement en opération ont été organisées par l'entremise des banques pour les fins ci-dessus mentionnées.

Les douze banques fédérales de prêt intermédiaire ont été promptement organisées après l'adoption de la loi, au mois de mars 1923. Les chiffres suivants indiquent le chiffre d'affaires qu'elles ont atteint à titre d'organisations d'affaires. Cet état porte la date du 29 février 1924.

Les prêts et escomptes directs ont atteint le chiffre de $41,409,368. Ce montant a été prêté aux centres d'affaires de banques suivants:

Springfield	$ 627.950 00
Baltimore	6.511,150 00
Colombie	4,683,355 00
Louisville	2,210.406 00
Nouvelle-Orléans	6,164,816 00
St-Louis	1,176,607 00
St-Paul	2,659,620 00
Omaha	3,262,258 00
Wichita	4,465,676 00
Houston	3.433.177 00
Berkeley	5,061,240 00
Spokane	1,163,107 00
Ces banques avaient des valeurs en circulation à la même date, pour le chiffre de	$31,750,000 00

Ces obligations sont des obligations à court terme et sont généralement vendues aux banques à titre de placements pour une courte période. Jusqu'ici le prix a été bon, puisque la capitalisation de $60,000,000 fournie par le gouvernement donne à ces obligations une garantie particulière. Personne ne peut dire ce qui se produirait si la vente dépassait de beaucoup ce montant. Il est difficile de dire ce que l'avenir réserve à ces organisations puisque l'augmentation du terme d'escompte de la réserve fédérale porté à neuf mois peut nuire grandement à leur développement.

Corporations des mesures financières de guerre.

Au cours des pages qui précèdent nous n'avons pas étudié l'opération de la Corporation des Mesures Financières de guerre qui, en aidant les petites banques et les organisations coopératives et les compagnies de prêts pour les fins de l'industrie animale, a coopéré à maintenir l'agriculture au cours des quelques dernières années. Elle ne fait pas partie du régime financier permanent du pays. Elle devait cesser ses opérations le 1er février 1924, mais par suite des conditions de l'agriculture dans les états du nord-ouest, le Congrès en a cependant étendue la durée jusqu'au 31 décembre 1924. Tout de même, le chiffre de ses opérations aura une importance particulière puisque pendant le temps qu'elle a existé elle a beaucoup contribué à fournir des fonds à l'agriculture.

Depuis le jour où elle fut autorisée à faire des prêts pour des fins agricoles, du mois d'août 1921 au 20 novembre 1923, les prêts suivants ont été faits pour des fins agricoles:—

Obligations bancaires et financières	$169.708.000
A des compagnies de prêts pour industrie animale	80.096.000
A des associations de vente coopérative	37.936,000
Faisant un total de	287.740.000
De ce montant on a remboursé	211.345.000
En circulation	76.395,000

Comme toutes les autres institutions décrites, la corporation des mesures financières de guerre n'agit que par l'entremise d'institution financières organisées.

Le diagramme suivant indique la relation qui existe entre les différentes institutions et le Bureau de prêt agricole et entre elles, de même que le chiffre minimum de la capitalisation. En remontant les différentes subdivisions de ce tableau on y voit aussi quel chemin doit suivre la demande de l'emprunteur en vue d'obtenir le résultat voulu. On y verra que pour toutes les banques, exception faite des banques à capital-actions qui sont des institutions privées soumises à des règlements particuliers, le cultivateur ne peut atteindre la banque qui avance les fonds que par l'entremise des organisations locales.

BUREAU DE PRÊT AGRICOLE

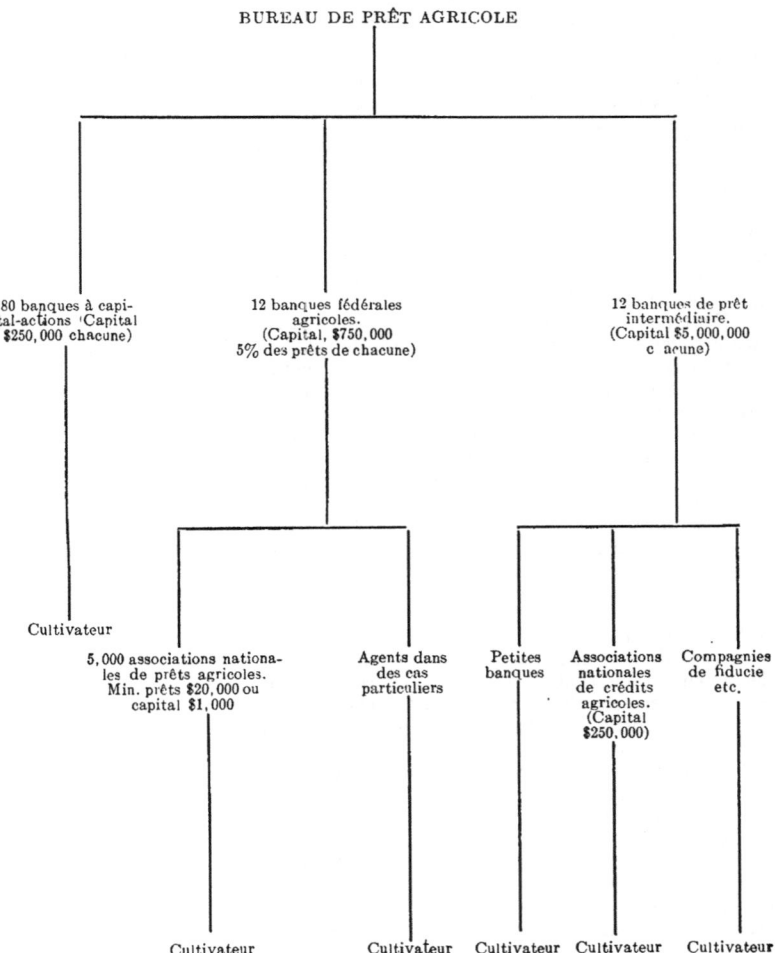

Prêts agricoles par les gouvernements des états

Outre les mesures adoptées comme nous l'avons exposé dans les paragraphes qui précèdent, par le gouvernement fédéral, un grand nombre des gouvernements des états, aux Etats-Unis, se sont occupés des prêts hypothécaires, quelques-uns en recueillant des fonds par la vente d'obligations et d'autres en autorisant la Trésorerie de l'état à faire des prêts en puisant l'argent dans un fonds spécial, en général dans le fonds permanent de l'état pour fins scolaires.

Les états de l'Idaho, Indiana, Iowa, Dakota-nord, Oklahoma, Orégon, Dakota-sud et de l'Utah ont modifié leurs constitutions de manière à prêter de l'argent aux cultivateurs sous forme de prêts hypothécaires. La plupart de ces états font leurs prêts en puisant dans certains fonds pour des fins déterminées, mais en général dans le fonds permanent de l'état pour fins scolaires ou à même les deniers provenant de la vente des terres de l'état. On a prêté de fortes sommes d'argent en se basant sur ces différentes mesures. Un certain nombre, cependant, méritent, à notre avis, qu'on s'y arrête tout particulièrement.

L'état d'Arizona, en 1915, a adopté une loi autorisant les prêts d'argent garantis pas des hypothèques sur les terres à même les deniers obtenus de la vente des terres de l'état.

En 1917, l'état de la Californie a adopté une loi de colonisation des terres de l'état ayant pour objet de "permettre une colonisation plus intense, aidant les personnes méritantes et possédant les aptitudes voulues à acheter de petites terres en culture, mettant des maisons à la disposition des travailleurs de la terre, augmentant les moyens mis à leur disposition par la loi fédérale de prêt agricole et démontrant la valeur d'un capital suffisant et d'une direction organisée dans le travail de subdivision et de préparation des terres agraires pour fins de colonisation."

C'est peut-être dans Dakota-sud et dans le Minnésota que l'on trouve les exemples les plus frappants de ce genre de travail. Dans le Dakota-sud, la constitution de l'état stipule que les fonds permanents pour fins scolaires peuvent être placés en première hypothèque sur les terres en culture et, aux termes de cette disposition, plus de six millions de dollars ont été prêtés sur hypothèques avant l'année 1912. En 1917 cependant, la législature a adopté une loi établissant un régime de prêt agricole pour l'état, créant le bureau de prêt agricole dans le but de "maintenir un régime de prêt agricole et assurant les moyens de prêter de l'argent de la part de l'état du Dakota-sud sur les immeubles situés dans l'état," et, de plus, "autorisant l'état du Dakota-sud à emprunter de l'argent sur ses valeurs et ses obligations garanties par la bonne foi et le crédit de l'état."

Les fins pour lesquelles ces prêts peuvent être faits sont presque identiques aux fins déclarées dans la loi créant le Bureau fédéral de prêt agricole. Il existe cette distinction, toutefois, que les prêts peuvent atteindre jusqu'à *soixante-dix pour cent* de la valeur de la terre et quarante pour cent de la valeur assurée des améliorations contre cinquante pour cent et vingt pour cent aux termes de la loi de prêt agricole. Le terme des prêts varie de cinq à trente-cinq ans et le remboursement se fait d'après le principe de l'amortissement. Je n'ai pas réussi à obtenir le chiffre exact du montant d'argent prêté d'après ce plan, mais on m'a dit que ce montant en était probablement maintenant de $40,000,-000. Comme les frais d'intérêt doivent être payés par le gouvernement, l'état se trouve par conséquent joliment embarrassé.

En 1923 l'état du Minnésota a adopté une loi créant un régime de prêt agricole en vue "des prêts d'argent par l'état du Minnésota sur des immeubles situés dans l'état, l'autorisant à emprunter de l'argent sur ses certificats et ses obligations garantis par la bonne foi et le crédit de l'état dans le but de maintenir ce régime de prêt agricole." Ici encore les dispositions relatives à l'objet de ces prêts sont presque identiques à celles du Bureau fédéral de prêt agricole. Ces dispositions permettent d'employer cet argent à l'achat du matériel et du bétail, aux constructions sur des terres en culture, à l'extinction des charges sur les terres, et au paiement partiel du prix d'achat d'une terre en culture, mais toujours à la condition que la terre soit occupée par le propriétaire. Le montant des prêts est limité à soixante pour cent de la valeur des améliorations, et ces prêts peuvent varier d'un montant minimum de $500 à un montant maximum de $15,000.

Dans ce dernier cas, comme dans le cas du Dakota-sud, l'argent est directement prélevé par le trésor public et mis à la disposition du bureau d'administration pour les fins d'emprunt. Ce régime est en vigueur depuis moins d'un an et déjà on a prêté environ huit millions, avec une limite actuellement fixée à quarante millions, pour le bénéfice des emprunteurs. Au mois de janvier 1924 le Minnésota se débarrassait de ses obligations à 4½ p. 100, au pair, et faisait une autre émission d'obligations de dix millions destinées aux mêmes fins. Les fermiers empruntaient d'après le système d'amortissement, à 35½ ans, avec intérêt à 5½ p. 100, plus les charges d'amortissement, soit ¼ p. 100 de moins que sous le régime du Bureau fédéral de prêt agricole. En réalité, ce système du Minnésota n'est qu'une répétition du travail du Bureau de prêt agricole et il n'a été créé que parce que certaines personnes de la législature étaient sous l'impression que le Bureau de prêt agricole n'était pas assez généreux vis-à-vis des emprunteurs, et parce que son fonctionnement, était-il rapporté, causait des retards pour obtenir des prêts.

La somme totale avancée sur hypothèques foncières sous le régimes des divers Etats s'élève présentement à bien près de $100,000,000.

En terminant ce chapitre nous croyons qu'il est permis de dire un mot au sujet de la condition financière générale de l'agriculture aux Etats-Unis. Malgré tout ce qui a été fait pour faciliter le crédit la misère est encore grande surtout dans les états de l'ouest et du nord-ouest. Vu que les organisations les plus importantes fonctionnant sous les auspices du gouvernement ne sont nullement autorisées à traiter directement avec les individus, on s'efforce maintenant de trouver un moyen plus direct d'aider surtout ceux qui sont établis sur des terres à blé et désirent se livrer à la culture mixte. Le Sénat a dernièrement défait un bill dans le but de voter un crédit de $50,000,000 à cette fin. Le Président a fait appel au président d'une nouvelle organisation financière connue sous le nom de la Corporation de crédit agricole, capitalisée à $10,000,000, fondée dans le but d'assumer la responsabilité des prêts individuels en suggérant que si des règlements convenables étaient adoptés, la Corporation financière de guerre consentirait à faire des avances substantielles à cette fin.

Dans l'intervalle, surtout dans les états susmentionnés, il y a un exode considérable que l'on constate de la campagne vers les villes. Dans son rapport au Président, à cet égard, M. Henry C. Wallace, secrétaire de l'Agriculture pour les Etats-Unis, a déclaré que plus d'un million de personnes ont laissé la terre en 1923. Récemment, les représentants d'un certain nombre d'organisations agricoles importantes des Etats-Unis ont adressé une lettre ouverte au "Président, au Congrès et au peuple des Etats-Unis," dans laquelle il est déclaré que les fermiers en 1923 ont été forcés d'abandonner leurs terres au taux de 100,000 par mois et "le mouvement se continue encore dans toute sa cruauté." "Les conditions rurales," y est-il dit, "sont au delà de toute description verbale." Les centaines de banques en déconfiture constituent un mal évident, mais la souffrance qui a fait suite à ce désastre se cache dans la brume des distances. Les efforts incessants de millions d'habitants, les vaines tentatives pour protéger la famille et la propriété sont perdus sans retour. Et la cause de tout cela persiste sans qu'on y remédie bien que la chose dure depuis cinq ans.

" La cause est évidente. Un monde désorganisé au sortir de la guerre et handicappé par suite des barrières humaines placées au travers des routes du commerce international est incapable d'absorber l'excédent de production de nos fermes et de notre industrie à des prix conformes à l'échelle américaine. Une structure élaborée de protection économique est assurée à l'industrie et à la main-d'œuvre, mais le cultivateur n'en bénéficie pas.

" Le remède est aussi évident que la cause. Il se trouve dans l'application d'une protection efficace en faveur de la classe agricole tout autant que de la classe industrielle et dans l'établissement de débouchés domestiques pour écouler les récoltes selon l'échelle de prix américaine, indépendamment des conditions mondiales, dans le genre de celle qui a déjà été établie pour le bénéfice de l'industriel américain et de la main-d'œuvre américaine."

D'après le remède proposé, les Etats-Unis devront s'isoler et perdre tout contact avec le monde extérieur. Ceci semble un remède inspiré par le désespoir. Mais en réalité, il y a deux causes à cela. La première est expliquée dans la citation qui précède: c'est-à-dire l'état désorganisé des marchés de l'univers par suite de la grande guerre et l'incapacité de l'Europe de se nourrir au prix du coût de production américaine. La seconde cause, cependant, se trouve dans le fait que durant la guerre le prix élevé des produits a déterminé les gens à acheter des terres dans de telles conditions que toute culture économique de ces mêmes terres devenait impossible en temps normal. Cela a été accentué davantage par le développement agricole de certaines régions destinées à la culture des céréales qui n'avaient pas encore été utilisées et qui étaient complètement impropres à cette culture. Nous suggérerions respectueusement que le Canada trouvà dans ce qui précède une bonne leçon.

CHAPITRE V

CRÉDIT AGRICOLE DANS LE DOMINION DU CANADA

La discussion des problèmes relatifs au crédit agricole au Canada remonte à plusieurs années en arrière. Il y a longtemps, dans quelques-unes des provinces du Canada, on a cherché à répondre aux besoins des petites villes et des districts ruraux par l'établissement d'un système de petites banques. Pour des raisons qu'il n'est pas nécessaire de discuter dans le présent rapport, ce système n'a pas réussi au Canada et, par conséquent, l'histoire de nos banques est loin de ressembler à celle des banques de nos amis des Etats-Unis. Le Canada a suivi la tradition européenne, surtout la tradition anglaise, d'établir de fortes banques centrales ayant des succursales établies dans tous les endroits où le besoin économique s'en faisait sentir. Le système bancaire canadien a eu ses hauts et ses bas, tout comme les banques des Etats-Unis, ayant ses heures de grand succès au temps de prospérité et ses faillites aux périodes de grande dépression. Au début, les fermiers ne demandaient pas beaucoup de crédit aux banques, mais avec le temps, les mêmes conditions qui avaient fait augmenter les demandes de crédit agricole aux Etats-Unis ont produit le même effet au Canada et l'agitation en faveur d'établir un système spécial en vue de financer l'agriculture suivit de près un mouvement de même nature qui avait eu son origine aux Etats-Unis.

Jusqu'à cette date, il n'a pas encore été établi de système général de crédit agricole soit pour des crédits à long terme, soit pour des crédits à court terme. De temps à autre, on a cherché à obtenir la reconnaissance légale de sociétés coopératives de crédit suivant le modèle européen mais jusqu'ici, du moins en ce qui concerne le Parlement fédéral, ces démarches n'ont pas eu de succès.

En trois occasions on a présenté au Parlement des projets de loi qui n'ont pas été adoptés. Les voici:—

1. Bill No 26, 1909-10.—Loi relative aux sociétés coopératives de crédit.

2. Bill No 11, 1910-11.—Loi relative aux sociétés coopératives de crédit.

3. Bill No 194, 1914.—Loi relative aux sociétés coopératives de crédit.

Par conséquent, pour ce qui concerne le Parlement fédéral, l'organisation des crédits à longue échéance est laissée aux mains d'entreprises privées comme les compagnies de prêts hypothécaires et les compagnies d'assurance, et celle des crédits à courte échéance aux mains des banques. Aucun effort n'a été fait, excepté par les banques, dans le but de satisfaire aux besoins de cette classe de crédits que l'on appelle les crédits à échéance intermédiaire.

Cependant, dans presque toutes les provinces du Canada on a fait des efforts en vue de l'organisation de toutes ces formes de crédit. Nous discutons ces tentatives dans les pages qui vont suivre.

Colombie-Britannique

Autant que je sache, c'est dans la Colombie-Britannique que l'on a établi pour la première fois un système quelconque de prêt agricole au Canada. En 1897-8 il y a eu une demande dans la Colombie-Britannique pour de l'argent à meilleur marché qu'on ne pouvait obtenir des banques ordinaires et des compagnies de prêts pour les fins de l'agriculture, et une loi relative aux prêts agricoles a été adoptée par le gouvernement de la Colombie-Britannique en 1898. Cette loi était basée sur le système agricole d'Allemagne. Elle avait pour auteur M.

R. E. Gosnell qui était alors au service du gouvernement de la Colombie-Britannique. Sous l'empire de ladite loi le gouvernement de la province était autorisé à prêter de l'argent à des associations de cultivateurs composées de vingt membres ou plus pour des fins déterminées, y compris la construction de clôtures, le drainage, l'achat de bestiaux, d'instruments aratoires, etc., au bénéfice des personnes qui ayant eu des terres par droit de préemption les ont cultivées depuis assez longtemps pour en obtenir leur patente de la Couronne de même que pour les autres cultivateurs qui déjà avaient leur terre en culture.

Le projet comportait une responsabilité illimitée. L'argent devait être prêté à une association d'emprunteurs qui, selon la coutume suivie en Allemagne avec le système Raiffiesen, était autorisée à prêter de l'argent aux membres sur l'endossement de deux autres membres. Le gouvernement entreprit de prêter à l'association à 3½ p. 100 permettant à cette dernière d'exiger de ses membres 5 p. 100, lui laissant une marge de 1½ p. 100 pour ses dépenses ainsi que pour créer une caisse de réserve afin de couvrir les pertes éventuelles. Cette loi a été adoptée à la suite d'une forte agitation, mais il n'y a pas eu de prêt d'effectué sous son empire pour la simple raison que les cultivateurs n'étaient pas prêts à accepter le principe de coopération que la loi impliquait.

Plus tard deux lois spéciales relatives à l'agriculture ont été adoptées, et conjointement avec les modifications qui y ont été apportés de temps à autre ces lois sont encore en vigueur dans la province. La première a été adoptée le 6 mars 1915 et elle a pour titre: "Loi relative à l'agriculture et à l'effet d'autoriser la constitution en corporation et l'organisation de sociétés agricoles et de concéder des prêts agricoles." Elle peut être citée sous le titre: "Loi agricole de 1915." L'autre, adoptée au mois de mai 1917, a pour titre, "Loi en vue d'encourager l'augmentation de la production agricole" et peut être citée sous le titre: "Loi de l'établissement et du développement." Ces deux lois contiennent des dispositions relatives aux prêts hypothécaires à longue échéance de même qu'aux prêts à courte échéance à des conditions spécialement déterminées.

Loi agricole de 1915

La loi susdite comporte la création d'une commission de prêt agricole comprenant un surintendant qui sera d'office un des administrateurs, et quatre autres administrateurs, qui ensemble formeront une organisation constituée en corporation investie des pouvoirs ordinaires de conduire des affaires de prêts telles que décrites dans la loi. Deux des administrateurs sont nommés pour une période de dix ans. Le surintendant reste en fonction pendant dix ans à moins d'être destitué par la Législature. Deux des administrateurs sont nommés pour une période de dix ans subordonnément aux mêmes conditions mais ils doivent s'occuper de culture; les deux autres directeurs sont le sous-ministre des Finances et le sous-ministre de l'Agriculture.

Tous les règlements établis par la Commission relativement à la conduite des affaires, de tous les honoraires, etc., sont sujets à l'approbation du Lieutenant-Gouverneur en conseil. La loi contient des dispositions en vue d'autoriser les méthodes ordinaires pour la poursuite des opérations d'une organisation de ce genre.

Capital d'exploitation

Le capital d'exploitation de la Commission est formé des émissions de valeurs et des fonds qui peuvent être votés de temps à autre par l'Assemblée législative et de tous autres fonds provenant du remboursement des prêts et d'autres sources. Toutes les valeurs sont vendues par le ministère des Finances de la province et elles sont absolument garanties par la province. La commission travaille en association des plus intimes avec les autorités provinciales. Elle est cependant autorisée à tenir ses propres comptes et voir à ses propres affaires de banque subordonnément à l'approbation du gouvernement. Il y est aussi prévu de la manière ordinaire pour les fins de créer une caisse d'amortissement et une caisse de réserve en vu de couvrir les valeurs qui s'accumulent.

Aux termes de la loi, la Commission est autorisée à accepter comme garantie des emprunts des premières hypothèques sur les terres agricoles dans la province de la Colombie-Britannique qui sont libres de toutes charges, obligations, et autres intérêts, excepté dans les cas où la loi contient des dispositions spéciales à ce contraires.

Les prêts sont faits pour les fins suivantes:—

(a) L'achat de terres pour des fins de culture et le paiement de toutes charges imposées sur les terres utilisées à ces fins;

(b) Le défrichement de la terre, le drainage, le creusage de fossés, l'emmagasinage des eaux et les travaux d'irrigation;

(c) La construction de bâtiments de fermes;

(d) L'achat d'animaux, d'instruments et d'engrais;

(e) Le paiement des dettes encourues pour l'amélioration et le développement des terres utilisées pour des fins agricoles et pour toute fin destinée à augmenter la production de la terre;

(f) Et pour toutes autres fins qui, dans l'opinion de la commission, augmenteront la productivité des terres pour lesquelles les prêts sont demandés;

(g) La réalisation des objets de toute association subordonnément à l'approbation préalable donnée sous forme d'un arrêté du conseil tel que ci-après prévu;

(h) Reprendre en tout ou en partie et avec l'approbation du Lieutenant Gouverneur en conseil, par arrêté du conseil, tout prêt effectué par la Couronne, dans l'exercice des droits de la province de la Colombie-Britannique, à une association quelconque, ou toutes débentures émises par une association quelconque.

Nul prêt ne sera accordé pour plus de soixante pour cent de la valeur estimée de la terre offerte comme garantie de l'emprunt, la valeur devant être calculée d'après la fertilité du terrain.

Les prêts sont accordés seulement aux personnes qui font de l'agriculture et il est défendu à tous les officiers et administrateurs de la compagnie de recevoir des prêts.

Les prêts peuvent s'effectuer pour des échéances à long terme ou à court terme ou pour une seule saison mais ils doivent, dans chaque cas, être couverts par l'hypothèque. Le taux de l'intérêt n'est pas fixé mais il ne doit pas excéder de plus de un pour cent le taux actuel de l'intérêt payé sur les valeurs qui forment la garantie de l'emprunt. Les crédits à longue échéance doivent être remboursés d'après le système d'amortissement à $36\frac{1}{2}$ ans, 30 ans ou 20 ans. Les prêts à courte échéance ne doivent pas excéder $2,000 pour le même individu et $10,000 dans le cas d'une association. Ces prêts ne doivent pas être pour moins de trois ou plus de dix ans. Les prêts pour une seule saison peuvent être obtenus sur billet à ordre et sur hypothèque, le montant total à accorder au même individu ou à la même personne étant le même que précédemment.

La loi autorise l'augmentation du montant des prêts en s'appuyant sur l'état amélioré de la propriété ou sur les sommes déjà versées en remboursement.

Des dispositions rigoureuses visent le cas où un prêt n'est pas appliqué aux fins pour lesquelles il a été obtenu. En donnant un mois d'avis, la commission peut entrer sur la propriété et procéder à vendre soit privément, soit par encan sans avoir recours à la loi, la propriété de l'emprunteur.

Jusqu'à la fin de 1922 les prêts accordés sous l'empire de cette loi se sont élevés à $1,073,300 et il y avait en souffrance $691,250 sur lesquels $32,152.53 d'intérêts sont dus.

Le plus grande partie de l'argent prêté a servi au remboursement de dettes accumulées. La loi n'a pas eu de résultats satisfaisants.

Lorsque la Loi agricole de 1915 a été adoptée, les autres lois portant sur le même sujet ont été révoquées.

Loi d'établissement et de développement, 1917

La loi d'établissement et de développement agricoles a été adoptée au mois de mai 1917 et modifiée en 1918, 1919 et 1920. Cette loi permet de créer soit dans le département des terres, soit dans le ministère de l'Agriculture, à la discrétion du lieutenant gouverneur en conseil, une commission d'établbissement sur la terre, comprenant un membre ou plus, nommés par le lieutenant gouverneur en conseil.

Aves l'autorisation du lieutenant gouverneur en conseil le ministre des Finances peut, de temps à autre, payer à cette commission, au compte du revenu consolidé de la province, toute somme d'argent votée ou autorisée par l'Assemblée législative pour les besoins de la commission. Ces avances porteront intérêt à un taux qu'il plaira au lieutenant gouverneur en conseil de fixer.

Tous les traitements et frais encourus par la commission pour l'administration de la loi sont payés avec l'argent ainsi avancé à la commission.

La commission est autorisée à faire des prêts, sujets aux règlements de la commission, à toute personne ou à toute association, garantis par première hypothèque sur les terres agricoles de la province si ces terres sont libres de toutes charges autres que les droits de la Couronne en matière de:—

(*a*) Terre retenue à titre de pleine propriété.

(*b*) Terre retenue en vertu d'inscription de préemption sous le régime de la Loi des terres.

(*c*) Terre retenue en vertu d'un certificat d'achat avec paiement différé.

De plus, la commission est autorisée à faire des prêts en acceptant des hypothèques en garantie aux associations constituées en corporation sous le régime de la Loi de 1915 pour tout montant n'excédant pas 60 p. 100 de la valeur au comptant de la propriété de l'association.

Aux termes de cette loi les prêts sont accordés pour les raisons suivantes:—

(*a*) Pour toutes fins qui dans l'opinion de la commission doivent maintenir ou augmenter la production de l'agriculture et de l'industrie animale;

(*b*) Pour donner suite à tout projet de l'association subordonnément à l'approbation préalable par arrêté en conseil;

(*c*) Reprendre en tout ou en partie et avec l'approbation du lieutenant gouverneur en conseil tout prêt effectué par la Couronne dans l'exercice des droits de la province de la Colombie-Britannique, à une association quelconque, ou toutes débentures émises par une association quelconque.

Avant d'accorder un prêt il faut observer certains règlements définis relativement à l'estimation de la valeur des garanties offertes.

Toutes les hypothèques sous le régime de cette loi contiennent l'engagement personnel de l'emprunteur. Ce dernier est aussi requis de maintenir une assurance sur toute sa propriété destructible.

Le taux de l'intérêt exigé sur ces prêts est de temps à autre fixé par le lieutenant gouverneur en conseil mais il ne doit en aucun cas excéder de plus de un pour cent le taux que le gouvernement paie pour son argent.

On accorde deux sortes de prêts:—

(1) Les prêts étendus sur 25, 20 ou 15 ans, les versements annuels étant portés à un montant suffisant pour amortir le prêt en dedans de la période convenue.

(2) Les prêts qui peuvent durer de trois à dix ans et sont appelés des prêts à courte échéance.

Ces prêts ne doivent pas dépasser la somme de $5,000 dans le cas d'un particulier et $10,000 dans le cas d'une association. Ils ne sont pas amortissables mais assujettis aux conditions imposées par la commission.

Aux termes de la loi, en cas de défaut à rencontrer les paiements, la commission peut prendre possession de la propriété pour se payer les arriérés sans avoir recours à un tribunal de justice.

Sous le régime de cette loi il y avait en souffrance à la fin de 1922, $627,-615.00 au compte du capital, et $34,486.00 en intérêts dus et non payés.

Sous le régime de ces deux lois l'argent emprunté a été principalement utilisé à dégrever les terres de toutes charges, ce qui était généralement au bénéfice des compagnies de prêts hypothécaires.

Les autorités de la Colombie-Britannique disent que les emprunteurs qui donnent le plus de satisfaction sont ceux qui commencent sur des terres neuves ayant un certain capital alors que le prêt est effectué en vue de certaines améliorations définies.

Ces organisations apparemment ne sont pas destinées à jouer un grand rôle dans le commerce des prêts sur hypothèques de fermes dans la Colombie-Britannique.

Québec

La première tentative heureuse pour introduire le principe de la petite banque dans les districts ruraux au Canada a été faite dans la province de Québec. Feu M. Alphonse Desjardins, un citoyen de la ville de Lévis, après une étude attentive du système des petites banques fonctionnant en Europe, s'est décidé à introduire dans la province de Québec un système de " Banques populaires," les " Caisses populaires " suivant le modèle des " Banques du peuple " en Italie.

La première banque organisée d'après ce projet a été fondée à Lévis le 6 décembre 1900.

Les conditions essentielles à la réussite d'un projet de ce genre existaient dans la province de Québec à un degré bien plus marqué que dans n'importe quelle autre province du Canada. L'unité sociale, raciale et religieuse qui existe dans la province a rendu facile à certains groupes du peuple la tâche de coopérer à la réalisation d'une idée commune.

Finalement ces banques ont été organisées par la loi et elles opèrent sous le régime de la Loi des syndicats de Québec adoptée en 1906 et modifiée en 1919. Depuis 1915 elles sont obligées de présenter un rapport annuel de leurs opérations au secrétaire de la province et le Bureau de la statistique est obligé de voir à la réunion et à la compilation de ces rapports pour les publier dans l'annuaire statistique.

Ces banques ne sont pas strictement des institutions rurales, c'est-à-dire qu'elles admettent comme membres d'autres personnes que des cultivateurs, mais en réalité elles profitent plus à la classe agricole qu'à toute autre classe, à cause du grand nombre de cultivateurs qui en font partie. Bien qu'elles ne cherchent pas spécialement à faire des prêts sur hypothèques, elles prêtent de l'argent sur première hypothèque sur propriété foncière. De plus elles font des prêts à leurs membres sur leur garantie personnelle.

Chacune de ces banques travaille dans une petite région limitée où le caractère personnel et l'intégrité des individus sont bien connus, de sorte que le risque
en matière de prêts est excessivement léger. Le capital pour les banques individuelles est prélevé en vendant des actions de cinq dollars et en recevant des
dépôts sur lesquels on paye l'intérêt payé par les banques d'épargnes. Les actions
et les dépôts peuvent tous les deux être retirés sur demande. La responsabilité
de l'actionnaire de la banque se limite au montant de la valeur de ses actions.
M. Desjardins a cru qu'il serait impossible d'avoir un système de responsabilité
illimitée dans la province de Québec comme cela existe en Europe et c'est probablement là la raison réelle pour laquelle il a choisi pour ses banques la méthode
suivie en Italie plutôt que celle qui était suivie en Allemagne.

Administration

Chaque banque est administrée par un conseil d'administration comprenant
au moins cinq membres. Il y a un comité de crédit de trois membres au moins.
Ce comité examine et approuve, ou désapprouve, les prêts demandés par les
actionnaires. Seuls les actionnaires peuvent emprunter. Il y a un conseil de surveillance de trois membres qui sont responsables de l'examen de la valeur des
garanties et de la vérification des comptes. Les membres de ces comités ou
conseils n'ont pas le droit d'emprunter. Ils accordent leurs services gratuitement.
Tous les officiers sont obligés de demeurer dans la paroisse, ou la cité, où la
banque est établie. Le gérant peut recevoir un salaire.

Chaque banque doit déposer au moins dix pour cent de son profit net annuel
à une caisse de réserve. La balance est distribuée entre les actionnaires sous forme
de boni ou dividende. Les actionnaires reçoivent un dividende sur leur placement variant de $4\frac{1}{2}$ p. 100 à 8 p. 100. Les déposants reçoivent de trois à quatre
pour cent sur leurs dépôts.

En 1922 il y avait 111 de ces banques dans la province de Québec avec
32,173 membres ou actionnaires. 30,583 personnes avaient des dépôts dans ces
banques. Au cours de la même année le nombre des prêts accordés s'est élevé
à 13,367 représentant une somme de $2,891,092.00. Le chiffre total des transac-
tions pour l'année en question atteint $11,148,323.00 et le profit réalisé sur ces
transactions est de $334,395.00.

La seule chose qui manque pour compléter ce système, si l'on voulait suivre
la méthode européenne, c'est la création d'une banque centrale par l'intermédiaire
de laquelle toutes les autres banques pourraient coopérer dans l'intérêt de chacune.

En vous rappelant que lorsque la première banque commença ses opérations
à Lévis, le 6 décembre 1900 les premiers dépôts s'élevèrent à peine à $26.00, et que
cette banque aujourd'hui, en 1922, a prêté $304,043.84 à plus d'un millier d'em-
prunteurs et accuse un bénéfice pour l'année de $64,243.00, tandis que pour tout
le système, les transactions ont atteint le chiffre que l'on vient de mentionner, je
crois qu'il faut admettre que cela est un succès financier d'un très haut mérite et
justifie la confiance que M. Desjardins et ses associés ont eue lorsque, pour
délivrer les petits cultivateurs et la classe ouvrière de la province de Québec de
la tyrannie des taux d'intérêt élevés ils ont décidé de fonder un système de
banques populaires dans la province.

Nouvelle-Écosse

En fait de législation au Canada au point de vue de l'organisation des crédits
agricoles c'est la Nouvelle-Ecosse qui a été la première à suivre l'exemple de la
province de Québec, en faisant adopter en 1912 une loi intitulée: "Loi ayant pour
objet d'encourager l'établissement sur des terres agricoles." Cette loi a été
modifiée en 1913 et de nouveau en 1915 et encore en 1919. De plus une loi spéciale a été adoptée en 1919 sous le titre le "Loi ayant pour but d'aider les agriculteurs à obtenir des prêts sur la garantie des hypothèques sur les fermes."

APPENDICE No 1

Prêts à longue échéance

Sous l'empire de la loi de 1912, "Loi ayant pour objet d'encourager l'établissement sur les terres," et de ses modifications, les méthodes suivantes sont prévues pour les prêts à effectuer en faveur de colons ou cultivateurs:—

(a) Par l'intermédiaire d'une compagnie de prêt de laquelle l'emprunteur peut obtenir jusqu'à quatre-vingts pour cent de la valeur de la terre agricole qui doit être hypothéquée, le Gouverneur en conseil donnant à la compagnie une garantie de ces prêts pour un montant égal à quarante pour cent de la valeur de la terre.

(b) Le Gouverneur en conseil est autorisé à acheter des propriétés dans les districts agricoles, à les subdiviser en terres ou fermes, à réparer, modifier ou ériger des bâtiments et à travailler et ensemencer la terre et à vendre les terrains, le matériel et les améliorations aux colons. Toute compagnie de prêt approuvée peut servir d'agent pour recevoir les valeurs, le principal et l'intérêt. Il y a aussi une disposition autorisant le Gouverneur en conseil à acheter le matériel et les améliorations garantis par le gage des biens mobiliers. Sous le régime de cette loi soixante et douze fermiers ont reçu des prêts pour un montant de $152,000.

La Loi de 1919, "Loi ayant pour objet d'aider les agriculteurs à obtenir des prêts sur la garantie d'hypothèques sur les fermes," prévoit à la nomination d'un conseil de trois membres,—

(a) En vue de prêter de l'argent aux agriculteurs en acceptant comme garantie une première hypothèque sur les terres agricoles.

(b) En vue d'acquérir, retenir et vendre des immeubles selon les besoins.

(c) En vue d'emprunter de l'argent afin de réaliser les fins du conseil, d'hypothéquer, engager ou grever sa propriété et de signer tous billets, lettres de crédit et contrats et les attestations de dettes ou valeurs pour argent emprunté par le conseil pour les fins susdites.

(d) En vue de fournir les moyens de placer les vétérans et autres personnes chez des cultivateurs afin de les initier à la culture, et

(e) En vue de fàire des prêts à un cultivateur qui désire construire une maison sur sa terre pour y loger toute personne à son service comme fermier.

La durée d'un prêt peut être portée à trente ans, le montant du prêt ne doit pas excéder soixante et dix pour cent de la valeur de la propriété et l'intérêt doit être fixé à un taux suffisant pour couvrir l'intérêt sur l'argent emprunté et le coût encouru pour le prélèvement de l'argent par le trésorier provincial. Cependant cette dernière loi n'a jamais été mise en vigueur.

Nouveau-Brunswick

La Législature du Nouveau-Brunswick adopta en 1912 une "Loi ayant pour objet d'encourager l'établissement sur les terres agricoles." Cette loi créa une commission d'établissement agricole avec pouvoir d'acheter dans la province des terres propres à la culture, d'améliorer ces terres, de construire des maisons et des bâtiments de ferme et de vendre ces terres à des colons de bonne foi. On exigeait des colons un paiement initial de 25 p. 100 au comptant en achetant la terre dans tous les cas où la terre était évaluée à moins de $1,000 et de 35 p. 100 quand la valeur dépassait $1,000. Le taux de l'intérêt était fixé à 5 p. 100. Le prix d'achat devait être acquitté à diverses périodes déterminées, le dernier paiement devant s'effectuer la dixième année le plus tard.

Sous le régime de cette loi, au cours des cinq dernières années, on a accordé environ une cinquantaine de prêts. A la fin de 1922 il y avait $80,439.55 en souffrance au compte des prêts. Le montant en souffrance depuis que cette loi est en vigueur n'a jamais dépassé $130,000.

Au mois d'avril 1923, on a adopté une loi nouvelle dans la province du Nouveau-Brunswick, connue sous le titre de " Loi d'assistance agricole." Son objet était d'aider les fermiers financièrement embarrassés, d'encourager le développement agricole en prêtant de l'argent sur première hypothèque sur les terres à des taux d'intérêt réduits. Sous l'empire de cette loi les municipalités sont autorisées à emprunter de l'argent dans la proportion de 75 p. 100 de la valeur totale de la propriété dans la municipalité dans le but de faire des prêts aux cultivateurs qui sont établis dans cette municipalité. La loi autorise la nomination d'un conseil agricole composé de trois membres dont deux peuvent faire partie du conseil municipal. Ce conseil établit tous les règlements nécessaires relativement aux prêts à accorder. Chaque prêt individuel ne doit pas excéder 75 p. 100 de la valeur de la terre en possession de l'emprunteur dans la municipalité, doit être garanti par une première hypothèque et remboursable suivant le système d'amortissement ne dépassant pas trente années. Le taux maximum d'intérêt est de 6 p. 100 par année.

Les prêts peuvent être accordés pour les raisons suivantes:—

(a) Dégrèvement le toutes charges encourues pour l'amélioration des terres agricoles;

(b) Achat de terres pour la culture et dégrèvement des charges dont elles sont frappées;

(c) Défrichement et drainage des terres, construction de bâtiments de ferme, achat de bestiaux et d'instruments aratoires.

L'argent est prélevé en conformité des dispositions de la Loi des débentures municipales de la province.

Je n'ai pu obtenir les renseignements relatifs au nombre et au montant des prêts effectués sous le régime de cette loi.

Ontario

Trois lois séparées relatives aux crédits agricoles ont été adoptées par la province d'Ontario pendant la même session de la Législature en 1921. La première a pour titre: " Loi ayant pour objet d'encourager le développement agricole" (modifiée en 1923); la deuxième, "Loi relative aux prêts agricoles à courte échéance dans l'Ontario " et la troisième, " Loi ayant pour objet de financer le développement agricole."

Prêts à longue échéance

La première de ces lois contient des prévisions en vue des crédits à long terme ou sur hypothèques, la deuxième prévoit aux prêts personnels à courte échéance et la troisième contient des dispositions spéciales autorisant le trésorier de la province à utiliser les caisses dépargnes en vue de financer les deux autres lois. Les lois sont basées sur la législation du Manitoba qui est décrite plus loin.

Capital

Sous le régime de la première loi une commission est établie, connue sous le nom de Commission de développement agricole, comprenant trois membres nommés par le lieutenant gouverneur en conseil. Cette commission est une organisation constituée en corporation et ses devoirs consistent à encourager le développement agricole suivant les dispositions de la loi. Avec l'approbation du lieutenant gouverneur en conseil la commission peut émettre des obligations jusqu'à $500,000, en telles coupures et à tel intérêt que la commission jugera à propos. Cette loi permet à la province d'Ontario d'acheter ces obligations et l'argent peut être déposé au crédit de la commission pour son propre usage. Outre ce qui précède la commission peut, avec l'approbation du lieutenant gouverneur en conseil, émettre de temps à autre des débentures en telles coupures qu'elle jugera convenables. Ces débentures seront émises sous forme d'obligations hypothécaires, c'est-à-dire reposant sur la garantie des hypothèques détenues par la commission. L'argent ainsi prélevé peut être utilisé pour les motifs suivants:—

(a) L'achat de terres agricoles;

(b) La construction de bâtiments de ferme essentiels à la production;

(c) Pour libérer les charges dont la terre est grevée au moment de son acquisition par l'emprunteur en vertu d'un testament ou d'un héritage par droit d'origine;

(d) Pour libérer certaines charges alors que les prêts ne devront pas excéder 50 p. 100 de la valeur de la terre;

(e) Pour des fins de drainage;

(f) Pour achat d'animaux pour élevage;

(g) Afin de consolider les charges encourues en vue d'augmenter la production agricole.

L'emprunteur doit fournir à la commission les preuves:—

(a) Qu'il est sujet britannique ayant au moins 25 ans et domicilié au Canada au moins depuis trois ans;

(b) Qu'il possède une expérience de trois années au moins en fait d'agriculture et qu'il a fait preuve d'une habileté et d'une efficacité ordinaires;

(c) Qu'il a une bonne réputation;

(d) Qu'il cultive actuellement ou qu'il a l'intention de cultiver la terre offerte en garantie du prêt demandé.

La limite fixée pour les prêts est de $12,000 et ils doivent être garantis par une première hypothèque sur les terres agricoles.

Il y est stipulé que le remboursement se fera en versements annuels couvrant principal et intérêt de manière à acquitter la dette dans une période ne dépassant pas vingt années.

Les dépenses de la commission, y compris les traitements, sont payées à même le revenu consolidé de la province.

Cette loi n'est en vigueur que depuis deux ans. Plus de 1,500 demandes de prêts ont été reçues dont 1,411 ont été acceptées. Le montant total des prêts accordés s'élève jusqu'au 31 octobre 1923 à $5,769,955.

Le système ontarien diffère du système américain en ce sens que l'individu traite directement avec la commission et non par l'intermédiaire d'une association.

Associations de prêts agricoles à courte échéance

La deuxième loi contient des prévisions relatives aux prêts à courte échéance, qui sont effectués sous la direction de la Commission de développement agricole dont les fonctions consistent aussi à s'occuper des prêts à long terme. Sous le régime d'une loi semblable il est nécessaire d'avoir des associations locales connues sous le nom d'associations de prêt agricole. Toute personne résidant dans les limites d'un certain territoire déterminé, approuvé par la commission, et qui s'occupe de culture ou s'engage à faire de la culture dans un délai d'un an est éligible aux termes de la loi.

Afin de former une association locale de prêt agricole il est nécessaire de se conformer à certaines prévisions relativement au capital-actions, savoir:—

(a) L'association doit comprendre au moins trente membres et chaque membre doit souscrire à une action d'une valeur nominale de $100;

(b) La moitié du montant souscrit par les membres doit être souscrit par les corporations des municipalités locales dans le territoire où l'association est formée;

(c) Un montant égal à celui qui est souscrit par les municipalités doit être souscrit par le gouvernement d'Ontario.

Ces mesures en vue de la capitalisation de l'association locale diffère complètement du système américain.

Chaque membre doit payer dix pour cent de la valeur nominale de ses actions au moment de sa souscription et la balance au moment des appels, et les versements effectués par les municipalités et par le gouvernement d'Ontario se font dans les mêmes conditions. Il y est aussi prévu à la réunion de deux municipalités ou plus sous une même organisation.

Le bureau d'administration comprend deux administrateurs nommés par les corporations municipales souscrivant au capital, deux administrateurs nommés par le lieutenant gouverneur en conseil; les membres actionnaires élisent entre eux le président, le vice-président et un administrateur qui, avec les quatre précédents, constituent le bureau d'administration.

Sous l'empire de cette loi des prêts à courte échéance sont accordés pour l'une ou plusieurs des raisons suivantes:—

(a) L'achat de grain de semence, d'engrais et autres fournitures;

(b) L'achat d'instruments et de machines aratoires;

(c) L'achat de bêtes à cornes, chevaux, moutons, cochons et volailles;

(d) Pour payer le coût d'exploitation d'une ferme, ou ranche, laiterie ou autre industrie agricole;

(e) Pour payer les frais de préparer la terre à la culture;

(f) Pour couvrir les frais d'assurances contre l'incendie ou sur la vie dans les cas où ces assurances sont requises, de l'avis des administrateurs, comme garantie subsidiaire d'un prêt accordé pour aucune des raisons susdites.

Les prêts ne doivent en aucun cas dépasser $2,000.

Le taux maximum d'intérêt est fixé à 7 p. 100, dont un septième va à l'association pour couvrir ses dépenses.

Jusqu'au 31 octobre 1923 la province d'Ontario comptait quinze associations et le nombre de prêts accordés étaient de 399 représentant la somme de $319,875.

Le capital requis pour la conduite des affaires de l'association peut s'obtenir de deux manières:—

(a) Le trésorier provincial d'Ontario peut, avec l'approbation du lieutenant gouverneur en conseil, faire des prêts à la commission, et

(b) Le ministre de l'Agriculture, avec l'approbation du lieutenant gouverneur en conseil, peut conclure des traités et s'engager à des garanties avec les banques, compagnies de prêts, et autres institutions financières dans le but d'obtenir de l'argent pour les fins de ces associations et peut fixer les taux de l'intérêt et les conditions de remboursement.

Il semble que cette mesure n'a pas dû jouer un grand rôle dans l'organisation financière des cultivateurs de l'Ontario.

La troisième loi ayant pour objet de financer le développement agricole autorise le trésorier d'Ontario à emprunter de l'argent au moyen de dépôts de toutes proportions, provenant de toute personne ou corporation et d'ouvrir des bureaux à cette fin en tels endroits de la province qu'il jugera convenables.

Dans la mesure que cette loi s'applique à l'agriculture elle contient des prévisions comportant que l'argent ainsi prélevé sera utilisable aux fins suivantes:—

(a) Pour faire des prêts aux membres d'associations en conformité de la loi de prêt agricole d'Ontario, et

(b) Pour acheter des obligations ou débentures émises en conformité de la loi relative au développement agricole.

Aux termes de cette loi la Commission du développement agricole peut utiliser des dépôts aux banques d'épargnes pour des fins agricoles.

Le résultat a été qu'une grande partie des épargnes dans l'Ontario s'ont passées à la caisse du gouvernement.

Manitoba

Dans la province du Manitoba trois lois ont été adoptées relativement aux prêts agricoles et elles sont maintenant en vigueur. L'une de ces lois, " Loi ayant pour objet d'encourager le développement agricole en accordant des prêts hypothécaires sur les fermes à des taux d'intérêt réduits," est une mesure de crédit à longue échéance. La deuxième, "Loi des prêts agricoles," fournit le mécanisme nécessaire pour accorder des prêts personnels à courte échéance; et la troisième a pour titre: "Loi dans le but d'encourager les épargnes, d'autoriser l'emprunt de ces épargnes et l'émission de valeurs à ces mêmes fins."

Longue échéance

Sous l'empire de la première loi une organisation fut établie dans la province sous le nom corporatif de l'Association de prêts agricole du Manitoba à laquelle, au point de vue adminstratif, sont conférés tous les pouvoirs accordés généralement aux institutions financières.

Les affaires de l'association sont dirigées par une commission connue sous le nom de Commission de prêt agricole du Manitoba comprenant cinq membres nommés par le gouvernement. De ce nombre, un, le Commissaire du Manitoba, est nommé directement par le lieutenant gouverneur en conseil, et selon son bon plaisir, un peut être nommé par l'union des municipalités de la province, et un autre par l'Association des producteurs de grains. La période de service est déterminée par le lieutenant gouverneur en conseil. Toutes les dépenses, y compris les traitements, de même que tous les frais légitimes encourus par la commission, doivent être soldés avec les fonds de l'association.

Capital-actions

Le capital-actions de l'association qui était originairement de un million de dollars est maintenant porté, en vertu d'une modification à la loi, $500,000, divisé en 100,000 actions de cinq dollars chacune. Ces actions ne peuvent être acquises que par les emprunteurs qui, sous l'empire de la loi, donnent en garantie une hypothèque sur leurs terres, et par Sa Majesté de par le droit de la province. Chaque emprunteur doit acquérir de l'association des actions pour un montant égal à 5 p. 100 de la valeur de l'emprunt à effectuer, le prix de ces actions devant être payé au comptant ou déduit du montant du prêt accordé. Les certificats d'actions émises ne sont pas cessibles à moins que la propriété hypothéquée en garantie du prêt ne soit vendue; alors les actions sont cédées à l'acquéreur.

Aux termes de la loi la moitié du capital-actions de l'association est achetée par le gouvernement qui est aussi autorisé à faire des avances à l'association pour un montant égal au capital versé par ses membres le total ne devant pas excéder $550,000.

Le taux de l'intérêt exigé sur les prêts accordés par l'association qui était à l'origine de 6 p. 100 a été fixé par la modification de 1921 à ladite loi à 7 p. 100 par année.

Le montant du prêt ne doit pas excéder cinquante pour cent de la valeur de la terre hypothéquée et de la valeur des améliorations auxdites terres, l'estimation devant être faite d'après la valeur de la terre au point de vue agricole seulement.

Les prêts sont accordés pour les raisons suivantes seulement:—

(a) L'achat de terres agricoles et la libération des charges dont sont grevées les terres utilisées pour des fins de culture;
(b) Pour le défrichement et le drainage des terres;
(c) Pour la construction de bâtiments de fermes;
(d) Pour l'achat de bestiaux et d'instruments aratoires;
(e) Pour le paiement des dettes encourues en vue de l'amélioration et du développement des terres agricoles et de tous travaux destinés à augmenter la productivité de la terre.

Les prêts sont accordés seulement à ceux qui font de la culture ou qui s'engagent à cultiver la terre et la commission peut forcer les emprunteurs, si elle le juge à propos, à assurer leurs récoltes contre la grêle, les ouragans, etc., dans une compagnie approuvée par l'association. Si en aucun cas un emprunteur devait utiliser l'argent emprunté pour d'autres fins que celles qui sont mentionnées dans sa demande d'emprunt l'hypothèque devient immédiatement due et payable.

Vente des obligations

Le lieutenant gouverneur en conseil est autorisé à donner à la commission, au bénéfice de l'association, le pouvoir de prélever au moyen d'une émission d'obligations sur première hypothèque une somme ne devant pas excéder douze millions de dollars. En aucun temps l'émission ne doit pas dépasser 95 p. 100 de la valeur des hypothèques détenues en garantie. Le taux de l'intérêt exigé sur ces obligations ne doit pas être de plus de 5 p. 100 par année. Ces obligations sont garanties quant au principal et à l'intérêt par le gouvernement de la province, et si l'association se trouvait dans l'impossibilité de faire honneur au paiement des intérêts ces derniers deviennent une charge directe sur les revenus de la province.

. De plus il est stipulé que, en attendant la vente d'obligations par l'association, approuvée par le lieutenant gouverneur en conseil, la province peut faire des avances ou donner une garantie sous forme de prêt à l'association à une banque quelconque pour un montant ne devant pas dépasser en aucun temps $1,000,000.

Toutes valeurs, y compris le capital-actions émis sous l'empire de cette loi, sont exemptes de toutes taxes, à l'exception des taxes fédérales et des droits de succession.

Toutes les hypothèques sont remboursables suivant le système d'amortissement comportant 30 versements annuels de manière à éteindre la dette en trente ans.

Jusqu'au 31 décembre 1923, environ $3,000,000 ont été prêtés sous le régime de cette loi. Il y a eu une grande demande pour d'autres prêts, mais le gouvernement n'était pas disposé à s'engager davantage pour le moment.

Il est à peine nécessaire d'ajouter que ce système, comme celui de la Saskatchewan, diffère matériellement du système de prêts agricoles des Etats-Unis. Bien que l'Association de prêts agricoles soit une corporation établie dans le but d'administrer les affaires, tout l'argent est obtenu en vertu d'une entente avec le gouvernement, et avec l'appui des garanties du gouvernement, et tous les fonctionnaires qui sont chargés de son administration sont directement responsables au lieutenant gouverneur en conseil. En réalité, les individus qui empruntent reçoivent l'argent du gouvernement avec tous les désavantages qui découlent du fait qu'ils se sentent en relation intime avec le gouvernement.

La deuxième loi, la Loi de prêt agricole, autorise les prêts à courte échéance. Elle autorise la formation de sociétés de crédit agricole en aucun endroit de la province. Toute société semblable est organisée sur requête présentée au lieutenant gouverneur en conseil signée par au moins quinze personnes s'occupant d'agriculture, établissant:—

(*a*) Les noms, adresses, et emplois des requérants avec l'indication des terres qu'ils possèdent ou cultivent;

(*b*) Que les requérants désirent organiser une société de crédit agricole dans un endroit déterminé de la province;

(*c*) Le nom de l'endroit ou de la municipalité qui doit être le siège d'affaires de la société;

(*d*) Le nom projeté de la société;

(*e*) Le montant du capital-actions et le nombre d'actions représenté par ce capital-actions ainsi que le montant versé sur chaque action souscrite;

(*f*) Les noms d'au moins trois et de pas plus de sept membres souscripteurs qui feront les administrateurs provisoires de la société.

Le lieutenant gouverneur en conseil pourra alors émettre des lettres patentes constituant la société en corporation investie des pouvoirs prescrits par la loi après quoi l'organisation de la société peut être complétée.

Il n'est pas permis à la société de commencer les affaires avant de recevoir des souscriptions au capital-actions d'au moins 35 personnes adonnées à l'agriculture ayant versé au moins 25 p. 100 sur chaque action de $100.

Le gouvernement de la province est autorisé à souscrire un montant égal à la moitié du montant total souscrit par les actionnaires individuels sujet aux mêmes conditions de paiement que pour les actionnaires individuels. Le gouvernement peut emprunter $500,000 en débentures à ces fins. Toute corporation municipale, ou tout groupe de deux municipalités ou plus peut aussi souscrire un montant égal à celui que le gouvernement de la province a souscrit. Les municipalités peuvent émettre des débentures pour couvrir le montant de leur souscription.

L'administration de chaque société est confiée à un conseil d'administrateurs composé de neuf membres dont trois sont élus annuellement par les actionnaires individuels, trois nommés par le conseil ou les conseils des municipalités souscrivant au capital-actions et trois nommés par le lieutenant gouverneur en conseil, chaque membre devant servir pendant trois ans. Il est nécessaire qu'un membre au moins soit un gradué du Collège agricole du Manitoba ou soit autrement en possession de qualifications spéciales.

Les officiers de la société sont nommés par les administrateurs et inscrits de la manière ordinaire par le Secrétaire provincial et les municipalités participantes. Le seul officier à recevoir un traitement est le secrétaire qui peut ne pas faire partie de la société et être nommé à cause de ses aptitudes spéciales, pour remplir les devoirs de cette charge. Une fois par année les membres se réunissent pour l'assemblée annuelle.

Les sociétés de crédit rural organisées sous le régime de cette loi ont pour objet:—

(*a*) de procurer aux membres des prêts à courte échéance en vue de défrayer les dépenses de toutes sortes pour l'exploitation de la ferme et l'augmentation de la production agricole;

(1) et particulièrement pour l'achat de grains de semence, de nourriture et autres effets;

(2) l'achat d'instruments et de machines aratoires;

(3) l'achat de vaches, cochons, moutons, et autres animaux;

(4) pour le paiement des frais encourus pour l'exploitation de toute ferme, ranche, laiterie ou autre industrie agricole;

    (5) pour le paiement des frais de préparation de la terre pour la cul-
ture;

    (6) pour le paiement de pas plus de la moitié du coût de construction
de silos.

  (b) d'agir comme agents pour les membres qui ont à acheter des effets et
à vendre des produits;

  (c) d'encourager la coopération en vue de l'amélioration des conditions de
la vie sur la ferme et d'étendre son application à tous les résidents du
district.

L'argent emprunté en conformité de la loi est obtenu ou des banques à charte
ou de particuliers. Les prêts sont consentis sur un billet signé par le requérant,
approuvé par les administrateurs et endossé par le secrétaire au nom de la société
qui, partant, devient responsable en cas de défaut en proportion de l'actif possédé
par la société. Le taux de l'intérêt est fixé de manière à ne pas dépasser 7 pour
cent par année dont 1-7 est payé par l'association locale pour les fins des affaires
de la société, de sorte que 6 pour cent seulement est payé au prêteur. Tous les
prêts prennent fin le 31 décembre de l'année pendant laquelle le prêt est effectué,
mais la demande pour un renouvellement d'un an au delà de cette date est ad-
missible pourvu que le prêt a été effectué pour des fins improductives dans un
délai d'un an.

En vertu d'une modification à la loi de 1923 la province est autorisée à
prêter à toute société à même le trésor, "jusqu'à mais n'excédant pas vingt fois
le capital versé et l'excédent de l'actif de la société pourvu qu'aucune société
n'encourra de dettes soit directes, soit casuelles excédant le montant de son capital
où du surplus de son actif."

Comme garantie de l'emprunt, en tant que l'individu est concerné, tous les
animaux, toutes les machines et tous les effets d'aucune sorte achetés avec le
produit de l'emprunt, ainsi que la progéniture de ces animaux, les récoltes et
tous produits résultant du fait de l'emprunt constituent une charge sans spéci-
fication documentaire.

Au cas de défaut de paiement ou de manœuvres frauduleuses de la part
de l'emprunteur des règlements très sévères sont établis.

Le capital-actions de toute société doit être placé en obligations du **gouvernement**, ou garanties par le gouvernement, et tous les revenus qui en proviennent doivent être versés à la caisse de la société pour être appliqués:—

  (a) au paiement des dépenses nécessaires de la société;

  (b) au paiement des dividendes sur le capital n'excédant pas 6 p. 100.

  (c) à l'accumulation d'une caisse de réserve qui peut être, à la discrétion
des administrateurs, placée de la même manière que le capital-actions.

Un surveillant nommé par le lieutenant gouverneur en conseil connu sous
le nom de Surveillant des sociétés de crédit rural, est chargé de la surveillance
de toutes les sociétés. Ses devoirs sont déterminés par le lieutenant gouverneur en conseil.

En 1923, le gouvernement a autorisé une enquête sur le fonctionnement de
ces sociétés et le professeur Jackman et M. Collier rédigèrent un rapport con-
damnant en termes très vigoureux l'administration des affaires de ces sociétés et
laissant prévoir que le gouvernement y perdrait une somme considérable. Environ $3,000,000 ont été avancés en prêts sous un tel régime et au moins les trois
quarts de cette somme représentent des renouvellements de prêts sur lesquels
les charges d'intérêt en souffrance sont d'environ $30,000.

A l'origine la loi ne prescrivait pas de limite au montant des emprunts avec
le résultat que certains individus ont reçu des prêts considérables. Cependant,
des amendements ont été depuis adoptés limitant le montant des prêts à $2,000.

La troisième loi, "Loi ayant pour objet d'encourager les épargnes, d'autoriser l'emprunt de ces épargnes et l'émission de valeurs à ces mêmes fins," ressemble à la loi correspondante de l'Ontario.

Saskatchewan

Depuis un certain nombre d'années un système de prêts à longue échéance ou de prêts hypothécaires est en vigueur dans la province de la Saskatchewan. Ce système fonctionne sous le régime d'une loi appelée "Loi de prêts agricoles de la Saskatchewan." La loi est administrée par une commission appelée la Commission de prêt agricole de la Saskatchewan, composée d'un commissaire et de deux autres membres nommés par le lieutenant gouverneur en conseil. La commission est une organisation constituée en corporation, et bien qu'elle reçoive ses fonds du gouvernement elle est indépendante au point de vue de l'administration.

La commission a le pouvoir:—
(a) de prêter de l'argent sur la garantie d'hypothèques sur les terres;
(b) de placer les fonds disponibles en les déposant à une banque à charte ou de toute autre manière autorisée par la loi relativement au placement des fonds en fiducie par les fidéicommissaires;
(c) d'acquérir et retenir des propriétés pour les fins de la Commission et d'en disposer lorsqu'elles ne sont plus utiles à ces fins;
(d) d'emprunter de l'argent au besoin pour les fins de la Commission et de transiger toutes transactions relatives aux garanties qu'il sera jugé nécessaires;
(e) de poursuivre et entreprendre toutes les affaires nécessaires et incidentes qui résultent de l'opération d'une agence de prêts agricoles.

Le commissaire des prêts agricoles reste en fonctions pendant dix ans à moins qu'il ne soit démis avant, pour raison valable, par décision de l'Assemblée législative. Les deux autres membres restent en fonction selon le bon plaisir du lieutenant gouverneur en conseil.

Nul prêt n'est accordé à moins que ce ne soit sur la garantie d'une première hypothèque sur des terres agricoles situées dans les limites de la province. En vertu des lois provinciales il peut cependant exister des charges qui constituent une charge première sur ces terres.

Les prêts sont accordés pour les raisons déterminées suivantes:—
(1) Pour travaux d'améliorations permanentes sur la propriété hypothéquée qui, dans l'opinion de la commission, auront pour effet d'aider au développement productif de la terre;
(2) Pour le paiement des dettes qui, de l'avis de la commission, ont été encourues pour l'une quelconque des fins susdites;
(3) Pour aider en certains cas et dans des conditions particulières à la culture des terres pour en augmenter le rendement.

Nul prêt ne doit excéder 50 p. 100 de la valeur fixée par la commission à l'égard des terres offertes en garantie.

Les prêts sonts accordés pour une période de trente années et sont remboursables suivant le système d'amortissement.

Le taux d'intérêt exigé doit être suffisant pour couvrir l'intérêt et le coût de prélèvement de l'argent de même que les frais de gestion des affaires de la commission et les autres dépenses casuelles.

· Le capital d'exploitation nécessaire est avancé de temps à autre par le trésorier provincial, avec l'autorisation du lieutenant gouverneur en conseil. La somme totale à être ainsi prélevée sous l'autorité de cette loi est portée à $10,000,000, et c'est avec les valeurs provinciales servant de garanties aux dites avances que l'argent est obtenu. La durée des prêts et le taux de l'intérêt que doit payer la province sont des questions laissées à la discrétion du lieutenant gouverneur en conseil.

Le montant des avances faites par le trésorier provincial est limité par le montant des hypothèques détenues par la commission et données au trésorier provincial en nantissement des avances recues.

En attendant la vente des valeurs, la commission est autorisée à emprunter de l'argent de toute banque ou corporation avec l'approbation du lieutenant gouverneur en conseil.

Le gouvernement n'a pas autorisé, dans l'application de la loi, la vente des obligations à un taux dépassant 5 p. 100 et il a fixé le taux d'intérêt sur les prêts à 5½ p. 100. Le gouvernement exige du bureau 5¼ p. 100, calculant que ¼ de 1 p. 100 suffit à couvrir les frais de vente et les autres faux frais du ministère. Il reste au bureau une marge de 1¼ p. 100 pour couvrir les frais d'administration et les pertes possibles. Cela est jugé suffisant par le bureau de prêts agricoles de la Saskatchewan.

Le 31 décembre 1923 on avait prêté environ $9,000,000 aux termes de l'arrangement.

On constatera qu'en Saskatchewan, bien que les fonds soient prelevés directement sur le crédit de la province, ils sont placés entre les mains du bureau, qui est une organisation distincte et qui transige toutes les affaires. En outre, il n'existe aucune association locale dans la Saskatchewan, de sorte que l'emprunteur négocie directement avec le bureau. Les relations entre l'emprunteur et le gouvernement y sont beaucoup plus étroites qu'en vertu du régime américain de prêts agricoles et l'arrangement en vigueur ressemble beaucoup à celui que vient d'inaugurer l'état du Minnesota.

La plupart des prêts ont été consentis avant 1922. La difficulté de prélever les fonds à 5 p. 100 a retardé le fonctionnement de l'arrangement.

Alberta

Il existe dans les statuts de l'Alberta deux lois portant sur le crédit rural, l'une intitulée, " Loi pour favoriser et encourager le progrès agricole par le moyen de formules-types pour les hypothèques agricoles et par l'égalisation des taux d'intérêt." Son titre abrégé est " Loi de prêt agricole de l'Alberta." L'autre, intitulée " Loi concernant le crédit coopératif," est communément appelée " Loi du crédit coopératif de l'Alberta." La première, comme son titre l'indique, légalise le crédit à longue échéance ou crédit hypothécaire; la seconde, le crédit à brève échéance ou crédit personnel.

Prêts à longue échéance

La Loi de prêt agricole de l'Alberta, adoptée en 1917, ressemble beaucoup dans ses grandes lignes et son objet, à la loi correspondante du Manitoba. Comme on n'en a pas encore fait l'application, je ne crois pas nécessaire d'en faire une description détaillée.

Elle stipule que le gouvernement peut avancer des fonds à un organe appelé le Bureau de prêt agricole de l'Alberta, organe institué pour consentir des prêts agricoles. La limite du prêt est fixée à 40 p. 100 de la valeur estimée de la terre offerte en garantie et calculée sur sa productivité; toutefois la somme maximum ne doit pas excéder $5,000.

L'objet pour lequel on peut consentir un prêt est clairement défini et est limité à la production agricole. La loi autorise l'émission d'obligations désignées sous le nom d'obligations agricoles de l'Alberta; ces obligations sont garanties sans condition par le gouvernement de la province. Les hypothèques sont remboursables selon le système ordinaire d'amortissement réparti sur une période de vingt ans. Le taux de l'intérêt n'est pas fixé. Il doit être suffisant pour couvrir l'intérêt que portent les obligations et les dépenses courantes de l'organisation.

Prêts à courte échéance

La loi prescrit que le lieutenant gouverneur en conseil garantira les valeurs à celles des autres provinces du Canada. Elle autorise l'institution dans la province de sociétés coopératives de crédit. L'organisation d'une société coopérative de crédit exige la présentation au lieutenant gouverneur en conseil d'une pétition signée par au moins quinze personnes, qui se livrent aux travaux agricoles et qui souscrivent, au pair, des actions dans la société pour au moins \$1,500 dont au moins 20 p. 100 doivent être versé; la balance doit être garantie par le billet à ordre du souscripteur en faveur de la société et portant intérêt à 6 p. 100 Toutefois la société ne peut pas commencer ses opérations avant que trente membres n'aient souscrit au capital social et versé aux conditions précitées la somme de \$3,000.

Un autre 20 p. 100 du capital échoit le premier janvier qui suit la constitution en corporation de la société; cette échéance se renouvelle chaque année jusqu'à ce que le capital soit entièrement versé.

La société est organisée pour exercer son rôle dans un district particulier.

La direction de la société est confiée à un conseil d'administrateurs; quatre de ceux-ci sont choisis par les souscripteurs à la première assemblée et à chaque assemblée annuelle subséquente, trois sont nommés par le trésorier provincial et un par la municipalité qui donne une garantie à la société.

La loi prescrit que le lieutenant gouverneur en conseil garantira les valeurs, obligations et entreprises financières de toute société. De plus, tout conseil municipal de la province peut aussi garantir les valeurs, obligations et entreprises financières de toute société jusqu'à concurrence de la moitié du montant du capital souscrit par les actionnaires. Quand elle garantit une somme d'argent à la société la muncipalité peut avancer la dite somme à même le fonds général de la municipalité sans consulter les contribuables.

Toutes les sociétés instituées aux termes de la loi sont sujettes à des règlements et à des lois municipales approuvés par le lieutenant gouverneur en conseil.

L'objet des sociétés coopératives de crédit est:—

(1) D'accorder à leurs membres des prêts à brève échéance pour leur permettre de payer les frais d'exploitation de tout genre et d'accroître le rendement de leur ferme;
  (a) L'achat de semences, de nourriture pour les animaux et autres fournitures de ferme;
  (b) l'achat d'instruments aratoires et de machines;
  (c) l'achat de vaches, chevaux, moutons, et autres bestiaux;
  (d) le paiement des frais de culture, d'élevage sur un ranche et d'élevage ordinaire, de la production laitière et autres entreprises;
  (e) le paiement des frais de préparation de la terre;
(2) D'agir en qualité d'agent pour les membres pour l'achat de marchandises, effets, bestiaux, grains, bois de chauffage, bois de service, charbon et autres articles ou denrées requis par les souscripteurs, et de vendre tous les produits des souscripteurs et de faire assurer leurs biens contre la grêle et l'incendie;
(3) D'encourager la coopération des membres en vue d'améliorer les conditions de la vie agricole.

Les prêts ne sont consentis qu'aux membres de la société et à un taux d'intérêt n'excédant pas 7½ p. 100; ½ de 1 p. 100 est destinée à couvrir les frais d'administration de la société.

Toutes les demandes de prêts doivent être accompagnées d'un état de l'actif et du passif, état endossé par la société locale. Avant que l'argent ne soit versé, l'emprunteur doit signer un billet pour la somme demandée; ce billet, portant intérêt, est endossé par la société et présenté à la banque ou compagnie approuvée par le lieutenant gouverneur en conseil, qui, on l'a dit, s'en porte garant.

Il est aussi stipulé que l'emprunteur, s'il est incapable de payer la somme à l'échéance, pourra renouveler le billet pour un an, pourvu que l'objet pour lequel le prêt a été consenti n'a pas été atteint avant un an. S'il devenait nécessaire à cause du défaut de paiement de saisir les biens de l'emprunteur, le secrétaire-trésorier peut agir comme bailli et saisir les biens sans autre autorisation que celle de l'administration de la société.

Il est décrété qu'un actionnaire peut se retirer de la société après avoir payé ses obligations.

Les bénéfices de la société provenant des intérêts ou autres sources sont affectés:

(a) au paiement des dépenses nécessaires de la société;
(b) au paiement d'un dividende d'au plus 6 p. 100 par année sur le capital versé par les souscripteurs; et
(c) à l'accumulation d'une réserve qui peut être placée de la même manière que le capital versé.

Au cours de l'année 1923, on a avancé à ces sociétés la somme de $830,560, dont $245,712 n'avaient pas encore été remboursés le 31 décembre 1923.

Il existe, en outre, dans certaines provinces du Canada, des lois portant sur des phases spéciales de l'agriculture. Je ne les ai pas trouvées assez importantes pour en faire la description dans ce rapport.

Résumé—Provinces canadiennes

Il n'existe pas de statistiques au Canada sur les prêts hypothécaires agricoles, de sorte qu'il est impossible d'indiquer le coefficient des prêts consentis par les organisations provinciales en regard de la dette hypothécaire globale du pays. Le total des prêts consentis par les organisations provinciales précitées est d'environ $23,000,000, somme qui ne représente probablement pas plus de 10 p. 100 de la dette hypothécaire globale et certainement insuffisante pour réglementer le taux de l'intérêt sur les hypothèques, mais suffisante pour démontrer aux cultivateurs la valeur du principe de l'amortissement. Il est malheureux que les organisations décrites ont dû cesser de fonctionner à cause de la difficulté d'obtenir de l'argent à un taux d'intérêt suffisamment bas et à cause du danger d'embarrasser les provinces en augmentant trop leur dette obligataire.

Il est un autre point qu'il convient de signaler. Dans toutes les provinces les bureaux d'administration ont éprouvé de la difficulté à surmonter une tendance générale chez les emprunteurs à considérer légèrement leurs obligations envers le gouvernement. On semble trop généralement dire, "c'est l'argent du gouvernement, il peut attendre." Les bureaux administratifs et les trésoriers provinciaux ont dû fréquemment attirer l'attention sur cet état d'esprit. Pour obvier à cette difficulté il faut recourir à des moyens rigoureux et décisifs. Aux Etats-Unis on eut au début à faire face à la même difficulté. On la surmonta surtout en faisant l'éducation des gens, en vendant les obligations des banques agricoles dans les districts mêmes habités par les emprunteurs, démontrant ainsi aux emprunteurs que l'argent qui leur était prêté était aussi emprunté dans leur intérêt; là où la chose était nécessaire on appliqua avec rigueur les règlements concernant les remboursements.

APPENDICE No 1

Quant aux taux d'intérêt en vigueur au Canada il y a peu à ajouter aux renseignements mis à jour l'an dernier par le comité spécial de la Chambre des Communes. Le rapport du commissaire de l'Alberta, préparé en 1922, après un examen soigné de conditions dans la province, indique que le taux sur les prêts à brève échéance consentis par les banques à charte varie de 8 à 10 p. 100 "selon les conditions du district et le degré de concurrence." L'intérêt sur les hypothèques est estimé à 8 ou 9 p. 100, la variation provenant de causes semblables. Ces chiffres s'appliquent probablement à tout l'ouest canadien. L'intérêt est un peu plus bas dans les provinces de l'est. L'objet des organisation provinciales de crédit est de rendre cette charge moins onéreuse. en fixant un taux variant de 6 à 7 p. 100. On y a réussi seulement dans la mesure des affaires transigées, car la somme totale des prêts n'est pas suffisante pour créer une concurrence effective. Il reste à déterminer si l'agriculture peut prospérer dans des conditions aussi onéreuses.

PARTIE IV

EXAMEN DES MÉTHODES EN REGARD DES CONDITIONS CANADIENNES

Crédit hypothécaire à longue échéance

Même un examen superficiel de la description précitée des méthodes diverses employées dans l'étude du problème du crédit à longue échéance ou crédit hypothécaire, révèle que, avec des divergences dans le détail, on a employé trois méthodes:

(1) La souscription privée, dans laquelle il faut comprendre la corporation privée restreinte par les conditions de la loi commune seulement;

(2) Les corporations publiques soumises à des restrictions juridiques spéciales avec ou sans appui gouvernemental:

    (*a*) pratiquant leur commerce dans l'intérêt de l'emprunteur;

    (*b*) pratiquant leur commerce dans l'intérêt du prêteur; les deux conformément aux restrictions fixées par la loi;

(3) les prêts directs de l'Etat.

Quant à la méthode (1), il est probablement vrai qu'une grande proportion du commerce hypothécaire de tout pays repose dans leurs mains. Dans cette catégorie je fais entrer le particulier qui prête directement et les compagnies organisées sous l'empire des lois générales, telles que les compagnies d'assurance et les corporations qui ne sont pas soumises à des restrictions judiciaires quant au taux d'intérêt qu'elles peuvent exiger. Je crois qu'il est vrai de dire que partout où le commerce hypothécaire a été laissé entre les mains de personnes ou compagnies qui agissent dans ces conditions, on a toujours prétendu que le taux d'intérêt se maintenait à la hausse. Autant que je sache, il n'y a pas de pays européen qui persiste à laisser la solution du problème des hypothèques agricoles entièrement entre les mains d'organisations qui procèdent de cette façon. Aux époques de prospérité on peut se trouver bien d'un tel régime, mais dans les temps de dépression presque tous les pays du monde ont eu recours à d'autres méthodes, pendant le dernier siècle en particulier. Nous l'avons déja dit, c'est le besoin d'un intérêt plus raisonnable et de la surveillance gouvernementale qui a provoqué en Europe le régime des obligations hypothécaires agricoles, que les Etats-Unis et les provinces du Canada ont copié depuis. Toutefois il convient de signaler que ceux qui prétendent que la coopération gouvernementale n'est pas nécessaire —et cette prétention est générale sur le continent américain—s'appuient sur la croyance que la concurrence est suffisante pour réglementer le commerce de prêts.

(2) (*a*) Dans tous les pays civilisés on a institué des corporations de la seconde catégorie. La Landschaft en Allemagne, par exemple, est une corporation publique organisée sous l'empire d'une loi spéciale et dont le commerce est soumis à des restrictions définies, qui a pour objet d'améliorer et réglementer la garantie des hypothèques agricoles; elle vise à obtenir des fonds à un intérêt moins élevé et à conduire son commerce uniquement dans l'intérêt des emprunteurs.

La fondation de la Landschaft n'a pas pour objet de forcer les gens à prêter leur argent à un intérêt non rémunérateur; le but avoué était de rendre le prêt hypothécaire négociable, de l'appuyer d'une telle garantie qu'il se classerait parmi les meilleurs placements publics. Il n'y a absolument aucun doute que l'on a réussi à réaliser cet objet en instituant des obligations hypothécaires à longue échéance pour le bénéfice des prêteurs à l'agriculture avec lesquels rivalisaient les gouvernements et les municipalités et à des taux d'intérêts aussi élevés que ceux qu'ils obtenaient antérieurement. Les personnes qui plaçaient leur argent dans cette entreprise le faisaient de leur propre initiative convaincus de la valeur de la garantie offerte. L'assistance gouvernementale accordée se borne à la surveillance; elle inspire confiance au public quant à la sûreté et l'honnêteté des méthodes suivies dans leurs opérations.

La méthode (2) (*b*) vise les organisations qu'autorisent en Grande-Bretagne les anciennes lois décrites au début de ce rapport. Par exemple, la loi concernant les compagnies d'améliorations rurales de 1853 accordait aux compagnies le pouvoir de faire le commerce des hypothèques agricoles à longue échéance en vue d'opérations déterminées pour améliorer l'agriculture. En adoptant cette loi, le gouvernement britannique sanctionnait l'entreprise et pour inspirer confiance au public il insista pour que toute telle entreprise fut soumise à une inspection convenable et conduite selon des méthodes bien établies. En retour de cette approbation, qui, tout en ayant l'apparence d'une restriction, donnait réellement de la sécurité à l'entreprise, il interdit à la compagnie d'exiger plus que 5 p. 100 d'intérêt. Que l'on ait toujours facilement trouvé les fonds voulus pour l'exécution des entreprises de la compagnie qui opère encore sur une grande échelle, cela démontre que le règlement n'eut pas l'effet d'une restriction et que, en toute évidence, les capitalistes étaient heureux de pouvoir investir leurs capitaux dans des placements que le règlements de la loi rendaient absolument sûrs.

Le Crédit Foncier de France est une organisation similaire. Il opère réellement dans l'intérêt des prêteurs. On lui a virtuellement accordé le monopole du commerce hypothécaire et il fut, en outre, l'objet de l'assistance gouvernementale à ses débuts. En retour des privilèges et de l'aide accordés, le gouvernement fixa une limite à l'intérêt exigible sur hypothèque, à savoir: pas plus de six dixièmes de un pour cent au delà du taux payé au public sur les obligations. Le gouvernement français ne garantit pas ces obligations, mais la surveillance et le contrôle exercés par les experts gouvernementaux ont stabilisé la valeur et inspiré une telle confiance au capitaliste français qu'il accepte volontiers le taux d'intérêt offert. En ce cas l'inspection et la surveillance furent établies à la demande du public, et parce que, sans elles, le public ne pouvait avoir suffisamment confiance en la garantie des hypothèques pour accepter un intérêt proportionné à la valeur de la garantie. On croyait fermement qu'il n'y avait pas suffisamment de concurrence chez les capitalistes pour assurer à l'agriculture, à cause de son manque d'organisation, un taux d'intérêt proportionné à la garantie qu'elle offrait et que l'organisation ferait voir au public la valeur de la garantie.

Quant aux institutions organisées sous le régime de la commission de prêt agricole des Etats-Unis, on l'a déjà signalé, les banques agricoles fédérales fonctionnent à peu près comme la Landschaft allemande, alors que les banques par actions du même système ressemblent au Crédit Foncier. C'est-à-dire, ce sont des institutions organisées sous la surveillance et le contrôle de l'Etat afin d'inspirer confiance au public prêteur et, en même temps, faisant leur commerce de telle façon que les bénéfices en excédent d'une somme garantie aux prêteurs vont aux institutions et, par conséquent, aux emprunteurs syndiqués dans le cas des banques agricoles fédérales et aux prêteurs dans le cas des banques par actions.

Bien que le gouvernement des Etats-Unis avançât $9,000,000 aux banques agricoles fédérales pour une période d'années sans intérêt, néanmoins on visait à les mettre en état d'indépendance et à faire en sorte que l'agriculture, par leur entremise, fournît elle-même la garantie de son bien-être financier.

Ces institutions ont déjà remboursé au gouvernement américain les trois quarts du capital originairement avancé par ce dernier et maintenant elles financent leurs entreprises sans obérer le trésor public. La commission fédérale de prêt agricole continue à surveiller les intérêts du public prêteur. La loi décrète

14-15 GEORGE V, A. 1924

une restriction définie quant à l'intérêt que l'on peut exiger et pour les aider à observer cette stipulation on a autorisé l'institution d'une agence nationale de vente. Le seul autre privilège dont elles jouissent, de concert avec les autres institutions de prêt, c'est l'exemption d'impôt sur leurs obligations, question très discutée. A ce sujet, je puis dire que j'ai entendu condamner le principe des obligations exemptes d'impôt par toutes les nuances d'opinion, mais la commission fédérale de prêt agricole soutient que tant que les obligations des gouvernements d'états, de municipalités, y compris les villes et les cités, seraient exemptes d'impôt, il n'était que juste que les obligations émises sur les hypothèques agricoles le soient aussi. Il est incontestable, je crois, que l'émission d'obligations exemptes d'impôt est un avantage marqué pour la classe aisée. Sans conteste, c'est aussi un avantage pour les municipalités et cela a puissamment aidé les banques agricoles fédérales dans la vente de leurs obligations.

(3) La troisième méthode antérieurement décrite est celle des prêts directs de l'Etat. Autant que je sache, cette méthode n'a pas été de pratique générale si ce n'est sur le continent américain et dans les dominions britanniques. En Grande-Bretagne, la nouvelle loi autorise les prêts de l'Etat pour un nombre limité d'années; elle a été adoptée pour aider directement des personnes qui, ayant acheté des terres sous l'empire de certaines lois, ont souffert du rappel des dites lois.

Dans la plupart des états américains, où le gouvernement de l'état consent des prêts, ils sont consentis directement ou indirectement à même la trésorerie de l'état. Même là où le gouvernement ne fait que garantir les obligations, les fonctionnaires qui administrent les fonds sont des fonctionnaires de l'Etat. On trouve le même état de choses, dans l'ensemble, dans les provinces du Canada.

Il n'y a pas de doute que l'administration des institutions qui traitent directement avec le gouvernement offre une source de danger provenant de l'immixtion politique et expose le trésor public à des pertes énormes. Même aux Etats-Unis la commission de prêt agricole, bien qu'elle soit exempte du contrôle direct de l'Etat, a souffert de ce que des politiciens ont trouvé qu'il était de leur avantage politique de critiquer ses agissements sans faire aucun effort pour se rendre compte des faits.

Si nous examinons la question du crédit à longue échéance au point de vue canadien en général, nous constatons qu'il n'a été institué aucune organisation véritablement canadienne. Ceux qui se livrent au commerce hypothécaire agricole affirment librement que la chose n'est pas nécessaire, qu'il y a actuellement assez de concurrence dans le commerce pour répondre à tous les besoins du pays.

On prétend, en outre, que les restrictions sous forme d'impôts et priorités sur les hypothèques ont pris tellement d'importance, du moins dans certaines provinces du Canada, que la liberté d'action est presque refusée aux compagnies hypothécaires dans l'exercice de leur commerce. On m'a même affirmé qu'avec une plus grande liberté d'action et moins de restrictions, le commerce hypothécaire pourrait s'exercer en ce pays à un ou deux pour cent de moins que présentement. Il est difficile de déterminer si cette affirmation est véridique ou fausse. Je n'ai pas encore rencontré un prêteur qui fût prêt à s'engager à réduire le taux d'intérêt sur les hypothèques si les restrictions étaient enlevées. A mon avis, c'est une question tellement importante qu'il conviendrait de tenir une conférence des représentants des organisations hypothécaires du Canada et des gouvernements responsables des restrictions légales dont on se plaint et des chefs des organisations agricoles pour discuter la question et décider s'il ne serait pas possible de faire disparaître le doute qui l'entoure.

On ne saurait nier, particulièrement en ce qui concerne l'ouest canadien, que le commerce hypothécaire est très dispendieux et qu'une coopération raisonnable entre les compagnies de prêt aurait pour effet de réduire énormément les frais d'administration. Les banques agricoles fédérales des Etats-Unis administrent présentement leur commerce avec une marge de un pour cent et à même cette marge elles accumulent une réserve en vue de pertes possibles. On ne peut se procurer les chiffres sur les frais d'administration du commerce des hypothèques agricoles au Canada, mais il n'y a pas de doute, à mon avis, qu'ils dépassent de beaucoup les chiffres précités.

De plus, il y a sans doute un nombre considérable de fermiers canadiens qui ayant suivi l'avis pressant donné au cours et à la fin de la guerre au sujet de la production intensive, se trouvent, en raison de la déflation prononcée, dans la même position que les fermiers anglais et américains, qui ont absolument besoin d'un régime d'amortissement pour poursuivre leur carrière agricole. Ce remède n'est appliqué qu'à un degré restreint. Il est douteux que les provinces puissent seules continuer à mousser le commerce des hypothèques à longue échéance sans assumer des risques trop considérables pour leur sécurité financière.

Tout en partageant l'opinion exprimée par sir Horace Plunket, et déjà citée, à l'effet que l'agriculture doit subvenir à ses propres besoins, je crois que la nécessité se fait sentir au Canada d'une organisation coordonnant le crédit qu'offre le fermier de façon à le rendre plus attrayant au capitaliste qui désire un placement de tout repos et un taux d'intérêt raisonnable. Tous les pays civilisés ont dû en venir là. Si l'on considère que 2 p. 100 en vertu du régime ordinaire d'amortissement amortira une hypothèque en 20 ans, il ressort qu'une réduction de 2 p. 100 dans l'intérêt représentera le capital au bout de 35 ans; cela démontre l'importance de la déclaration précitée.

Prêts à brève échéance

Quant aux prêts à brève échéance, on l'a déjà démontré, on a eu deux objets en vue:

(1) organiser la garantie offerte de façon à obtenir un taux raisonnable d'intérêt, et

(2) prolonger la durée du prêt selon la production saisonnière de l'agriculture.

Les événements relatés démontrent que l'on a employé trois méthodes pour arriver à ces fins;

(1) une meilleure réglementation de la garantie offerte au moyen de la coopération avec responsabilité limitée ou illimitée et la surveillance gouvernementale;

(2) l'assistance gouvernementale directe;

(3) une combinaison des deux méthodes.

Quant à la méthode (1), sur le continent européen en général le mouvement coopératif a visé à la meilleure organisation de la garantie pour permettre à l'agriculture de subvenir à ses propres besoins.

Les banques de crédit intermédiaire des Etats-Unis ont été organisées dans le même but. L'Etat s'est chargé de leur organisation et surveillance et leur a avancé une partie de leur capital dans le but de faire porter les frais par les intérêts qui bénéficiaient de leur institution. Un règlement spécial de l'acte d'incorporation interdit au gouvernement américain de garantir leurs obligations.

Quant à la méthode (2), l'assistance gouvernementale directe, tous les prêts, aux Etats-Unis se font, en général, par l'entremise d'organisations directement en contact avec le gouvernement, bien que, en certains cas, l'on établisse des associations coopératives locales.

Je crois que l'on peut considérer comme prêts gouvernementaux directs les prêts à brève échéance consentis par les organisations australiennes et néo-zélandaises.

(3) Dans plusieurs pays l'assistance et la coopération gouvernementales sont combinées. En France, on l'a déjà signalé dans ce rapport, la banque de France, en sa qualité de banque d'émission, est tenue de subventionner annuellement les institutions bancaires coopératives. En théorie, ces avances prennent la forme de prêts, mais je ne crois pas que l'on compte sérieusement sur le remboursement.

Jusqu'à un certain point, les banques fédérales de crédit intermédiaire tombent dans cette classification, le capital des banques ayant été fourni par le gouvernement fédéral. D'un autre côté, ces institutions sont tenues de payer intérêt sur l'argent emprunté et, disposition remarquable, bien que le gouvernement refuse de garantir les valeurs de la banque, tous les profits en excédent d'un certain chiffre doivent être remboursés au Trésor des Etats-Unis sous forme de patente ou pour être appliqués au paiement de la dette nationale.

La plupart des organisations canadiennes tombent dans cette catégorie; elles sont basées sur l'organisation de la coopération, mais elles sont gérées et soutenues par le gouvernement.

Il n'y a pas de doute qu'il soit nécessaire de réorganiser le crédit à brève échéance au Canada. Je ne veux pas que l'on interprète mes paroles comme étant une critique de l'exploitation bancaire au Canada. Ma mission ne va pas jusque-là. Je ne doute pas que les déclarations des organisations bancaires, quant aux pertes qu'elles ont subies depuis quelques années, soient absolument vraies, mais je crois qu'il est également vrai, excepté dans le cas de fermiers à l'aise, que les prêts à brève échéance actuellement consentis par les banques ne répondent pas à tous les besoins de l'agriculture. Plusieurs des principaux banquiers du pays sont de cet avis. Le directeur général de la banque canadienne du commerce, dans la déclaration suivante récemment faite, affirme que les grands banquiers du pays sont en connaissance du problème que l'agriculture doit résoudre:

"Le parlement a longuement étudié à la dernière session la question de financer les opérations du cultivateur canadien, dans l'ouest en particulier; on a entendu nombre de témoignages, mais on ne semble pas encore avoir élaboré aucun projet pratique. Indubitablement, si dans une industrie ordinaire on ne peut profitablement employer le capital déjà investi il est inutile d'en chercher davantage. Mais l'importance de l'agriculture comme industrie principale et l'embarras où se sont trouvés les cultivateurs ces dernières années nous obligent de porter à la question plus qu'une attention ordinaire. Au cours de la discussion au parlement notre banque suggéra qu'il serait possible de trouver une solution au problème en émettant des valeurs à longue échéance, dont le risque serait garanti par l'émission d'actions d'une corporation à être formée pour cette fin, les fonds étant fournis dans la proportion convenue par le gouvernement fédéral, les gouvernements des diverses provinces intéressées les banques et les autres corporations qui avancent les fonds aux cultivateurs. L'élaboration des détails peut offrir des difficultés mais l'idée de satisfaire aux besoins financiers au moyen de valeurs à longue échéance plutôt que par des effets remboursables à vue, est indiscutablement un principe sain au point de vue économique."

Il n'y a pas de doute que l'établissement d'un système de crédit à brève échéance basé sur la formation d'associations locales pour fins coopératives serait beaucoup plus difficile au Canada que dans la plupart des pays européens et même aux Etats-Unis. L'uniformité de la population et la permanence des relations familiales créent en ces pays les conditions exactes qui font fleurir les méthodes coopératives. L'expérience démontre, toutefois, qu'il serait possible d'élaborer en ce sens un projet praticable avec une surveillance et un contrôle financier et, comme conséquence, l'indépendance des cultivateurs. Il faudrait que quelque agence centrale, soit une corporation spécialement instituée pour cette fin, comme l'a suggéré le président de la banque du Commerce, ou organisée et, jusqu'à un certain point au moins commanditée par l'Etat, comme aux Etats-Unis et en France, s'occupât de l'escompte. Cela serait absolument nécessaire, à moins que les banques d'épargnes provinciales fournissent suffisamment de fonds, éventualité très douteuse pour quelques années à venir.

Un mot pour conclure. Personne ne peut douter que le Canada traverse actuellement cette phase de son développement agricole que les Etats-Unis ont traversée il y a quelques années. C'est-à-dire les meilleures terres du pays sont prises, la richesse provenant de la hausse du prix des terres cesse de s'accumuler et les hypothèques contractées pendant la hausse sont un lourd fardeau. Je n'ai aucun doute que la concurrence américaine dans le commerce des céréales ira diminuant et que, en dépit du tarif élevé, les Etats-Unis devront acheter sur notre marché, mais la concurrence de l'Europe resaisie et des autres parties du monde augmentera. Si nous voulons que l'agriculture canadienne maintienne sa place sur le marché mondial, il est temps de trouver une solution au problème financier et au développement scientifique.

Si le gouvernement décidait au cours de la présente session d'entreprendre l'élaboration d'un système de crédit à longue et à brève échéances, je crois qu'on devrait continuer de donner à l'étude de ce problème toute l'attention possible. Si l'on croit plus sage d'attendre que la question soit plus mûrement étudiée, je suggérerais respectueusement que, vu que la période accordée pour la préparation de ce rapport a été insuffisante pour permettre l'étude du problème au point de vue des parties intéressées, l'on me permette, dans l'entre-temps, de poursuivre l'étude de la question.

TÉMOINS

PIÈCES

COMITÉ PERMANENT

PIÈCE

(CE TABLEAU, AVEC DES CORRECTIONS SECONDAIRES FUT

Dans une lettre adressée au sénateur Overman, le 2 décembre 1921, concernant l'extravagance et la maladministratio le Congressional Record, le 19 décembre 1921), John Skelton Williams dit: «J'attire l'attention sur le fait important qu'on du régime de réserve fédérale et dans l'intérêt public, contre l'administration dudit régime de réserve fédérale. On n'y

Compilé d'après les renseignements officiels
par
JOHN SKELTON WILLIAMS
Autrefois
Premier secrétaire adjoint de la Trésorerie,
Contrôleur de la monnaie, et *ex-officio* membre
du Conseil de la réserve fédérale et directeur de
la division des finances et des achats de
l'administration ferroviaire des Etats-Unis.

" Notre régime de réserve fédérale, un bienfait natio

LA TRAGÉDIE DE LA DÉ

OBLIGATIONS DES MAISONS DE COMMERCE QUI ONT FAILLI EN 1921, $627,401,838—PRESQUE SI DE 1907. (CES CHIFFRES NE COMPRENNENT PAS LES MILLIERS DE CULTIVATEU SUICIDES CONSTATÉS AUX ÉTATS-UNIS, PREMIER SEMESTRE DE 1921, 7,016. PÉRIODE CORRESP

Les tableaux suivants indiquent le prix moyen des principaux produits *agricoles, miniers* et *manufacturers* pour le mois de crédit accordé par les 12 banques de réserve au cours de chaque mois compris dans la période écoulée depuis le mois

«Je te juge sur tes paroles, mé

L'ÉCROULEMENT DES PRIX DES PRODUITS AGRICOLES ET AUTRES CONCORDE AVEC L'ADOPTION

—	Maïs Nº 3 Chicago	Coton ordinaire Nouvelle-Orléans	Sucre granulé N.-Y.	Blé Nº 2 rouge d'hiver Chicago	Bétail bouvillons Chicago	Peaux salaisons lourdes bouvillons natifs	Porcs légers Chicago	Laine classement de l'Ohio	Pin jaune plancher N.-Y.
1920									
JANVIER	1·47	·403	·1537	·263	15·93	·40	15·12	1·23	112·

(Pour les quatre mois allant de la fin de janvier 1920 à la fin de mai 1920, les prêts, escomptés et valeurs escomptées eut augmentation plutôt que diminution des prix. A Chicago le prix moyen du maïs fut de 1·47 en janvier et il monta à resta stationnaire.)

MAI	1·98	·403	·2247	2·97	12·60	·35	14·75	1·16	160·
JUIN	1·83	·403	·2120	2·89	15·03	·34	15·35	1·00	160·
JUILLET	1·53	·395	·1910	2·80	15·38	·29	15·88	·90	160·

(De la fin de mai à la fin de juillet il y eu réduction de $100,000,000 dans le crédit accordé par le système de réserve Le tableau le démontre, le prix des denrées, sous l'influence de la déflation du conseil de réserve, continua à août; le blé de 2·97 en mai à 2·47 en août; la laine de 1·16 en mai à ·87 en août.)

AOÛT	1·53	·338	·1490	2·47	15·35	·28	15·73	·87	157·
SEPTEMBRE	1·29	·270	·1426	2·49	15·25	·28	17·06	·83	157·

(Le montant total du crédit accordé par le régime de la réserve fédérale, après avoir fléchi pendant les mois de juin et l'insistance à faire rembourser les prêts furent activement poursuivies dans d'autres domaines et la chute des prix s'accentua. de satisfaire à la demande des déposants sans insister sur le remboursement des prêts, qui provoqua plusieurs faillites. Pré hommes d'affaires de tout le pays, ainsi que le contrôleur de la monnaie, dont les protestations adressés au secrétaire de la changement de politique; mais les protestations furent inutiles. Les chiffres de ce tableau attestent que de la fin d'octobre pas de relâche, les prix continuèrent à tomber.)

Les petites banques nationales rurales (qui prêtent surtout aux cultivateurs) fournissent un exemple de la pression exercée; consenti pour deux semaines, du 15 septembre au 1er octobre 1920. Une partie de l'intérêt extorqué des banques affiliées faire restitution.

OCTOBRE	·87	·208	·1078	2·20	14·68	·25	14·78	·72	152·
NOVEMBRE	·80	·178	·096	2·05	14·57	·23	12·14	·69	124·
DÉCEMBRE	·73	·144	·080	2·01	12·09	·19	9·66	·54	124·
1921									
JANVIER	·65	·145	·075	1·96	9·84	·16	9·67	·54	110·
FÉVRIER	·63	·132	·070	1·91	9·31	·13	9·70	·54	95·
MARS	·61	·110	·078	1·67	9·56	·11	10·30	·52	95·
AVRIL	·55	·111	·072	1·38	8·71	·10	8·85	·52	91·
MAI	·60	·117	·063	1·56	8·42	·11	8·45	·50	91·
JUIN	·60	·110	·056	1·43	8·09	·13	8·25	·49	91·
JUILLET	·60	·114	·054	1·22	8·40	·13	10·20	·49	91·
AOÛT	·55	·129	·058	1·23	8·77	·14	10·39	·49	92·

(Du mois de mai 1920 au mois d'août 1921, période qui correspond exactement à celle de la chute épouvantable et inouïe à l'énorme somme de QUATORZE CENT DIX MILLIONS DE DOLLARS ($1,410,000,000), et coïncidemment le pays grande dépréciation de la propriété que l'histoire de la nation ait connues. Les effets funestes de la politique du conseil accentuée continuellement depuis le mois d'octobre 1920.

Du 1er janvier 1920 au 6 septembre 1921, le total des dépôts dans les banques nationales des Etats-Unis a diminué de fédérale, au lieu de remédier à la situation en accordant les prêts qui auraient permis aux banques affiliées de faire face aux crédit opéré par les 12 banques de réserve fédérale, causa, de la fin de mai 1920 au 1er septembre, 1921, le resserrement colossal ques de réserve, demandèrent le remboursement de tous leurs prêts, causant une dépréciation énorme des valeurs et la ruine

Entre la fin d'octobre 1920 et la fin d'août 1921, le montant de billets des banques de réserve fédérale en circulation d'autant plus significatif qu'une grande partie des billets de réserve furent émis sur la garantie de l'or. L'or fut retiré de

APPENDICE No 1

N° 16

PUBLIÉ DANS LE CONGRESSIONAL RECORD, LE 28 FÉVRIER 1922)

du Conseil de la réserve fédérale (laquelle lettre avec le consentement unanime du sénat des Etats-Unis, fut publiée dan ¹
n'a pas réfuté une seule des nombreuses critiques et accusations qu'il m'a été désagréable d'avoir à formuler, pour la défense
a pas répliqué et on ne saurait le faire ».

nal; sa maladministration, une calamité publique ''

FLATION ARTIFICIELLE

EFFET DE LA DÉFLATION SUR LE TRAFIC DES CHEMINS DE FER

Le trafic de marchandises sur les principaux chemins de fer a diminué, l'an dernier, de 23·3 p. 100, en comparaison avec l'année 1920; c'est la plus grande diminution que l'on a constatée en une même année sur les chemins de fer. Chiffre total net de tonnesmille, 344,167,000,000 en 1921, soit 103,390,000,000 de moins qu'en 1920.

X FOIS PLUS QU'EN 1919 ($113,301,237) ET PLUS DE TROIS FOIS AUTANT QUE PENDANT LA CRISE
RS ET D'INDIVIDUS QUE LA FAILLITE A RUINÉS PENDANT LA MÊME PÉRIODE.)
ONDANTE DE L'AN DERNIER, 2,996; AUGMENTATION DES SUICIDES, SIX MOIS, 4,120.

janvier 1920, et pour chaque mois, à compter de mai 1920 à août 1921, tous deux compris; on y trouve aussi le montant de
de mai 1920. (Ces chiffres sont compilés du Bulletin mensuel publié par le Conseil de la réserve fédérale.)
chant serviteur ».—S. Luc 19·22.

DE LA POLITIQUE RUINEUSE DE DÉFLATION DU CONSEIL DE RÉSERVE FÉDÉRALE

Fil de coton Boston	Cuir à semelle Chicago	Acier Bessemer lopins Pittsburg	Cuivre fondu N.-Y.	Plomb saumon coupellé	Pétrole brut Penna. aux puits	Fer en gueuse au fourneau	Total de tous les prêts et escomptes (y compris les «Valeurs escomptées » aux mains des 12 banques de réserve fédérale. (Selon les rapports mensuels)
·72	·56	48·00	·193	·087	5·06	37·75	$2,736,670,000

aux mains des 12 banques de réserve fédérale accusent une augmentation d'environ $200,000,000, et coïncidemment il y
1·98 en mai. Le blé passa de 2·63 en janvier à 2·97 en mai. Le coton se maintient. Le fil de coton augmenta; le cuivre

·76	·57	60·00	·190	·085	6·10	43·25	2·938·031·000
·72	·57	60·00	·190	·084	6·10	44·00	2,830,979,000
·70	·57	62·50	·190	·086	6·10	45·75	2,836,935,000

fédérale. La politique de déflation du système de réserve fut l'objet d'une rumeur inquiétante et les prix se mirent à fléchir.
baisser. Le maïs dont le prix moyen était de 1·98 en mai baissa à 1·52 en août. Le coton passa de ·403 en mai à ·338 en

·63	·55	61·00	·190	·089	6·10	48·10	2,989,124,000
·54	·51	58·25	·186	·081	6·10	48·50	3,012,038,000

juillet, augmenta quelque peu à la fin d'octobre en raison des avances faites sur la récolte, mais la réduction du crédit et
Les dépôts diminuaient et le système de réserve ne pouvait procurer l'assistance qui aurait permis aux banques affiliées
cisément à cette époque, septembre et octobre 1920, les sénateurs, les membres du Congrès, les sociétés agricoles et les
trésorerie et au conseil contre la politique destructive de ce dernier, sont connues, firent un appel pressant en faveur d'un
1920 à la fin d'août 1921, la *déflation du crédit effectuée par le système de réserve fut constante et continue*, et comme il n'y eut

une banque de réserve fédérale exigea d'elles jusqu'à 87½ p. 100—une moyenne de 45 p. 100 par année—pour un prêt de $112,000
fut remboursée quand M. Williams, par correspondance et dans des discours publics, demanda au Conseil de la réserve de

·43	·49	55·00	·167	·073	6·10	43·75	3,099,672,000
·36	·47	49·70	·145	·062	6·10	36·50	2,983,103,000
·31	·41	43·50	·136	·047	6·10	33·00	2,974,836,000

·28	·40	43·50	·128	·049	5·77	30·00	2,622,174,000
·27	·33	42·25	·128	·046	4·18	27·50	2,560,013,000
·24	·37	38·40	·122	·040	3·00	24·20	2,356,160,000
·23	·37	37·50	·124	·042	3·18	22·87	2,180,178,000
·24	·37	37·00	·128	·049	3·35	22·00	1,995,051,000
·25	·37	37·00	·128	·045	2·65	20·75	1,782,951,000
·24	·35	32·25	·125	·044	2·25	19·37	1,661,036,000
·25	·34	29·60	·117	·044	2·25	18·20	1,527,253,000

du prix des produits agricoles, le «resserrement» ou «déflation » du crédit des banques de réserve régionale s'est élevée
d'un océan à l'autre et du Canada au golfe et à la frontière du Mexique, a été témoin des plus «lourdes pertes » et de la plus
fédéral furent constaté et ressentis même avant que n'ait commencé la diminution des prêts et de l'escompte qui s'est

17,866 à 14,561 millions de dollars, soit une réduction de 3,305 millions. Pendant cette période, les banques de réserve
demandes sans précédent, insistèrent tellement sur le remboursement des emprunts, que le resserrement ou la déflation du
précité, de plus de 1,400 millions de dollars. Les banques affiliées, forcées de rembourser à la fois aux déposants et les bangénérale.

passa de $3,351,000,000 à $2,481,000,000, une diminution de $870,000,000. Cette diminution de la monnaie en circulation est
la circulation, sans qu'aucun effet commercial d'une valeur correspondante ne fût émise, pour le pourcentage statutaire de

RÉSUMÉ

Total des prêts, des escomptes et des Valeurs escomptées aux mains des 12 banques de réserVe fédérales, le 28 mai 1920..$ 1,938,031 00

Total des prêts, escomptes et des Valeurs escomptées aux mains des 12 banques do réserVe fédérale, le 31 août 1921..$ 1,527,255 00

Total des prêts, escomptes et Valeurs escomptées aux mains des 12 banques de réserVe fédérale, le 25 janVier 1922..$ 932,882 00

Resserrement du créd t accordé par le régime de réserVe fédérale, le 28 mai 1920 au 31 août 1921............$ 1,410,776 00

Resserrement du créd t accordé par le régime de réserVe fédérale, le 28 mai 1920 au 25 janVier 1922.......$ 2,005,149 00

ce qui signifie que le crédit accordé par toutes les banques de réserVe fédérale au 31 août 1921 représente seulement 52% de la somme aVancée le 28 mai 1920, et le 25 janVier 1922 le montant de crédit n'était que de 32% des chiffres du 28 mai 1920.

MOYENNE du prix de 16 produits principaux, indiqué au tableau précité, pour le mois de mai 1920 .... 87·12

MOYENNE du prix de 16 produits principaux, indiqué au tableau précité, pour le mois d'août 1921 .... 26·87

NONOBSTANT CES FAITS, CERTAINS FONCTIONNAIRES DU RÉGIME DE RÉSERVE FONT UNE PROPAGANDE EN CONTRADICTION AVEC LES FAITS, ALLÉGUANT QUE «PENDANT TOUTE LA PÉRIODE DE DÉPRESSION COMMERCIALE LE CONSEIL DE RÉSERVE FÉDÉRALE ACCORDAIT UN CRÉDIT PLUS ABONDANT ET AUGMENTAIT L'ÉMISSION DES BILLETS DE RÉSERVE FÉDÉRALE ».

OPINIONS D'HOMMES ÉMINENTS AU PAYS ET À L'ÉTRANGER

La politique paralysante et destructiVe de déflation exécutée par le conseil de réserVe fédérale aVec ses effets uniVersels est en opposition frappante aVec l'opinion des chefs les plus habiles et les plus sages de notre pays et de l'étranger.

Les extraits suiVants expriment l'opinion d'autorités éminentes, puisés parmi nombre d'autres.

L'HON. REGINALD McKENNA, d'Angleterre, ancien chancelier de l Échiquier, maintenant président de la *London Joint City and Midland Bank*, la banque la plus importante de l'uniVers.

«Je crois en aVoir dit assez pour démontrer que la déflation monétaire ne saurait aboutir qu'à paralyser les affaires et à proVoquer le chômage uniVersel. »

«La conséquence d'une chute continue des prix entraînée par un intérêt éleVé et la restriction du crédit, accentuée par de lourds impôts, ne saurait être autre que la paralysie des affaires. »

SIR EDMUND HOLDEN, ancien président de la *London Joint City and Midland Bank*:

Le président de la Ligue britannique de réformes bancaires, faisant allusion à un discours prononcé, il y a plusieurs années, par sir Edward Holden sur la «dépréciation des Valeurs relatiVement à l'or », dit:

«Dans ce saVant discours, sir EdWard démontra péremptoirement que la somme maximum de commerce dépend du Volume de prêts consentis par les banques, et que ce dernier ne dépend pas de la demande commerciale, ni de la quantité de garanties offertes, mais de la quantité de monnaie légale administrée par les banques ».

LORD LEVERHULME, probablement le plus grand industriel de l'empire britannique;

«La déflation trop rapide est sans doute la cause du chômage et de la stagnation commerciale dont nous sommes témoins.

«Le prix des denrées a atteint son extrême limite pendant la guerre, et il était de première importance de le réduire, mais la baisse a été trop subite pour qu'on puisse interVenir Cette déflation fut prcVoquée par les banques qui exigèrent. le remboursement des prêts consentis pour financer des stocks achetés à des prix éleVés, et l'effet de la liquidation forcée de ces stocks fut de baisser les prix au-dessous du prix de reVient. »

(Un écriVain anglais distingué, dans la liVre bien connu: «The Mirrors of Downing Street », dit Lord LeVerhulme «Je suppose que personne ne contestera que Lord LeVerhulme est le plus grand industriel, non seulement des Iles Britanniques, mais du monde entier. Je ne connais personne qu'on puisse comparer à son génie créateur. Même l'Amérique, le pays des grands hommes et du grand commerce, n'a produit un homme de sa taille colossale. »)

LE PRÉSIDENT DE LA LIGUE BRITANNIQUE DE RÉFORMES BANCAIRES, M. Arthur Kitson accusant réception d'un des discours de John Skelton Williams sur la politique de déflation du conseil de réserVe fédérale, qu'on lui adressa à sa demande, déclare dans une lettre adressée à M. Williams:

«Je suis d'accord aVec tout ce que Vous aVez écrit. Nous aVons à conbattre les mêmes difficultés en ce pays que Vous aVez aux Etats-Unis, et la cause en est la même. Nos fonctionnaires de la Trésrerie, sous l'influence des grands prêteurs d'argent, ont entrepris la déflation de notre monnaie.

«Le public cessa d'acheter, le commerce tomba, des maisons fermèrent leurs portes et, présentement, nous aVons le plus grand nombre de chômeurs que nous ayons connu depuis la famine de la période décennale de 1840. »

La même autorité reconnue, dans un discours publié en 1920, dit:

«La gêne qui suiVit les guerres napoléonniennes, alors que nos hommes d'Etat détruisirent la monnaie «à bon marché», qui aVait alimenté les industries de la Grande-Bretagne pendant la période de 1797 à 1815, en lui aVait substitué le régime coûteux et insuffisant de la base d'or, proVoqua l'avilissement des prix et l'ère de dépression commerciale qui suscita l'agitation relatiVe aux «Corn Laws », qui fut la cause des émeutes des chartistes et de l'inauguration du libre-échange.

«Ni les libres-échangistes ni les réformateurs du tarif ne semblent avoir compris que cette période de misère sociale était imputable au resserrement financier amené par l'Etat. »

MORETON FREWEN, éminent économiste et publiciste anglais, dit, il y a un an, en discutant la crise mondiale:

«Quels sont alors les dénominateurs communs qui expliquent l'uniVersalité du désastre qui menace la nouVelle année? J'en ai mentionné un, à saVoir: la mention du crédit et de la monnaie. Il suffit de dire que si cette destruction Voulue et malVeillante du crédit est poursuiVie usqu'à ses conclusions logiques, les courages peuVent sombrer partout en vue des jours qui s'annoncent. »

Le GOUVERNEUR DE LA BANQUE DE FRANCE, considéré aVec raison comme l'une des plus éminentes autorités bancaires de l'uniVers, déclarait dans son rapport annuel l'an dernier:

«Nous aVons accueilli, soit en les réescomptant, soit en les escomptant directement, tous les effets dont l'apparition répondaient aux besoins légitimes du commerce ou de la production. Au moyen de cette politique libérale, à laquelle nous sommes restés et nous resterons toujours fidèles, nous comptons seconder de toutes nos forces, les activités des entreprises commerciales multiples dont la France a besoin pour atténuer la Violence de la crise. »

Le PROFESSEUR GUSTAV CASSEL, économiste de réputation internationale, dit, dans son rapport présenté à la Société des Nations:

«Le fléchissement des prix n'a pas toujours été, comme on l'a prétendu quelquefois, simplement le résultat spontané de forces qui échappent à notre influence. C'est essentiellement le résultat d'une politique délibérément formulée pour proVoquer la baisse des prix et pour augmenter la Valeur de l'unité monétaire.

«Le traVail mondial a été paralysé d'une façon jusqu'ici inconnue et le chômage atteint des proportions inquiétantes, surtout dans les pays où l'on applique le plus rigoureusement la politique de déflation. »

APPENDICE No 1

Le PROFESSEUR J. LAURENCE LAUGHLIN, professeur émérite de l'école d'économie politique, université de Chicago:

«La crise provient de ce que le crédit a été exagéré pendant une période de prospérité prolongée; dans un élan optimiste les hommes d'affaires se sont lancés dans des transactions qui dépassaient leurs moyens. On l'a constaté au moment de l'échéance qui concordait avec une époque de crise et de fléchissement des prix. DANS DE TELLES CONDITIONS, LA LIQUIDATION DOIT ÊTRE LENTE SI L'ON VEUT ÉVITER LE DÉSASTRE.»

«........le grand besoin est un moyen—quel qu'il soit—qui permet à une banque *de consentir des prêts aux clients qui les sauveront de la faillite et d'une liquidation hâtive et ruineuse.*

Le PROFESSEUR IRVING FISHER, professeur d'économie politique, université de Yale:

Les journaux du 31 janvier 1922 annoncent, dans des dépêches venant de Londres, que le professeur Fisher a dit dans un discours fait à l'école d'énocomie politique de l'université de Londres que la cause fondamentale de l'écroulement des prix en ce pays réside dans la façon brusque dont le régime de réserve fédérale éleva les taux d'escompte avec «l'idée fausse qu'il fallait revenir à la norme d'avant-guerre». La dépêche cite le professeur Fisher:

«L'idée de ramener soudainement les prix au niveau de 1913, alors qu'ils avaient atteint les hauteurs de 1920, bien que juste pour les gens qui avaient négocié des contrats avant 1913, était gravement injuste pour ceux, beaucoup plus nombreux, qui avaient passé des contrats pendant la période des prix élevés.»

«Conséquemment», dit la dépêche citée, «le professeur Fisher prétendait que ce fut une grave erreur pour le conseil de réserve fédéral d'avoir élevé les taux d'escompte au point de provoquer cette chute des prix.»

La Presse Associée cite la déclaration suivante faite par feu A. BARTON HEPBURN, financier éminent de New-York, ancien contrôleur de la monnaie, après son retour l'été dernier d'une visite dans l'Extrême Orient:

«Le Japon encourage les banques qui consentent des prêts aux cultivateurs qui sont dans des difficultés et qui sans cela, sombreraient, au détriment de la vie commerciale.»

Comparez la politique intelligente des banques du Japon avec celle de la réserve fédérale, qui, par exemple, au Colorado, au Mississipi et dans l'Alabama, exigea, en certains cas, 22 p. 100 et 31 p. 100 et, dans un cas, 87½ p. 100-des banques affiliées, dont la plupart des prêts étaient consentis à des cultivateurs.»

JAPON. Un journal publié à Tokio, Japon, en avril 1920, traitant du commerce entre les Etats-Unis et la Chine, mentionna le cas de machines achetées par une maison chinoise qui accepta une traite à quatre mois ou à présentation. Le journal ajouta significativement:

«QUAND LE CONSEIL DE RÉSERVE FÉDÉRALE RAPPELA SES CRÉDITS, la maison fut avisée qu'elle devait payer contre livraison. Cela provoqua presque sa faillite.» Le journal ajoutait avec raison: «Les Chinois se souviennent longtemps»

Opinions des SÉNATEURS ET DES REPRÉSENTANTS DES ÉTATS-UNIS.

La commission mixte d'enquête sur l'agriculture, composée de sénateurs et de représentants éminents des deux partis politiques, dit, dans son rapport récemment présenté au Congrès:

«La débâcle des prix de 1920 et 1921 plaça le cultivateur dans une situation pire que ce qu'on avait vu depuis 30 ans * * Les cultivateurs éprouvent la plus grande difficulté à payer les dettes qu'ils ont contractées par rapport à la récolte de 1920 et à se procurer l'argent nécessaire à la production de la récolte de l'an prochain. La commission croit que ces difficultés sont amenés, d'une part, par les restrictions du crédit des derniers 18 mois et, d'autre part, par le fait que les institutions bancaires du pays ne s'adaptent pas suffisamment aux besoins de cultivateurs. * * *La commission est d'avis qu'on aurait pu, vers la fin de 1920 et le commencement de 1921, adopter une politique plus libérale et que l'adoption de cette politique aurait enrayé la vague de la déflation et aurait amoindri les privations et les pertes qui l'accompagnèrent.»*

LE CONSEIL DE RÉSERVE EST SOURD AUX AVERTISSEMENTS RÉPÉTÉS. Le 18 octobre 1920, le conseil de réserve fur averti par John Skelton Williams, à cette époque, contrôleur de la monnaie et *ex-officio* membre du conseil, dans les termes suivants:

«La politique qui a contribué à amener la dépréciation des principales denrées devrait être immédiatement étudiée et revisée autant que la chose est nécessaire pour faire face à la situation présente ou future. Si l'on ne se hâte pas d'agir, je crains qu'il ne surviennent des conséquences fâcheuses.» Trois jours plus tard, le 21 octobre 1920, dans une lettre adressée au secrétaire de la trésorerie, M. Houston M. Williams dit: «La tension exercée sur le système commercial en ce pays est, en quelque sorte, sans parallèle et je crois que le temps est arrivé d'employer tous les moyens salutaires et efficaces dont nous pouvons disposer. * * La situation * * s'est aggravée dernièrement, et, à moins qu'on n'y porte remède, je crois que nous ne pourrons éviter l'augmentation des faillites bancaires.»

Malgré tous les avertissements le conseil n'en continua pas moins sa politique de pression et de déflation; la réduction du crédit accordé par les banques de réserve fédérale pour les douze mois allant du 15 octobre 1920 au 26 octobre 1921, fut d'au delà de $1,722,000,000, *chaque mois* accusant une réduction. Pendant la même période, la circulation des billets de réserve fédérale diminua de $944,492,000. La dépréciation et l'anéantissement des valeurs qui accompagna la déflation du crédit dépassent la richesse des empires. Il n'y a pas, dans l'histoire mondiale, de parallèle à l'annihilation des valeurs, à la destruction des entreprises, des foyers et des fortunes, grandes et petites, dont nous avons été témoins pendant les 18 ou 20 mois qu'ont duré les expériences du conseil de réserve.

M. Williams soutint ses efforts pour faire renverser la politique destructive du conseil, mais inutilement. Il déclare dans une lettre adressée au gouverneur du conseil de réserve, en date du 17 janvier 1921: «Il est parfaitement vrai que je désire que l'on sache * * Je désire que l'on sache définitivement que j'ai fait l'impossible pour faire prendre par le conseil des mesures rémédiatrices et lui faire étudier les difficultés dont souffre le régime, afin de me libérer du moins de la critique dont nous serons l'objet si nous négligeons quelque moyen d'atténuer le malaise actuel et d'éviter le désastre. Toutefois, ma disculpation personnelle est secondaire et négligeable en comparaison de la fin que je me propose, à savoir: obtenir que le conseil prenne promptement des mesures rémédiatrices effectives.»

PIÈCE N° 19

REQUÊTE de la

Sous le régime de la Loi des finances, 1923.

AUX HONORABLES MEMBRES DE LA TRÉSORERIE,

La banque de.................... (ci-après appelée " la banque " par les présentes sollicite, sous le régime de la Loi des finances un prêt de ....dollars ou de toute somme moindre que le conseil de la trésorerie pourra approuver et offre en garantie dudit prêt les valeurs énumérées à l'annexe ci-jointe.

La banque remboursera la somme empruntée avec intérêt au taux de........ pour cent par an le ou avant le 1er mai 19....

La banque soumet ci-joint (ou s'engage à fournir aussitôt que possible *selon le cas*) une copie certifiée de la résolution du conseil d'administration de la banque autorisant la présente demande et le nantissement des valeurs mentionnées.

La banque, dès que le prêt sera autorisé, déposera lesdites valeurs entre les mains du ministre des Finances ou, pour son compte, entre les mains d'un dépositaire autorisé par lui à les recevoir, ainsi qu'une convention dûment exécutée selon la formule approuvée par le conseil du trésor.

Daté   ce   jour de   19

La banque..............................

Par...............................

Président (ou autre administrateur autorisé
par résolution du conseil).

....

Directeur général ou autre fonctionnaire
autorisé par résolution du conseil.

Approbation donnée à un prêt de $...................

....

Secrétaire de la trésorerie.

Ottawa.

APPEŃDICE No 1

LOI DES FINANCES, 1923

ANNEXE donnant une description et de brefs détails des valeurs devant être déposées selon la teneur de la demande ci-jointe par la banque.....................

Désignation et détails	Évaluation de la banque	Évaluation de la trésorerie pour servir de base au prêt

La banque..............................

par..
Président (ou vice-président ou autre administrateur autorisé par le conseil).

....
Directeur général (ou autre fonctionnaires autorisé par le conseil).

PIÈCE N° 20

CONVENTION DE GARANTIE

Sous le régime de la Loi des finances, 1923.

La banque soussignée reconnaît par la présente devoir à Sa Majesté le Roi la somme de...............................dollars avec intérêt au taux de..............pour cent par an, laquelle somme devant être payée à Sa Majesté le Roi le ou avant le 1er mai 19..... En garantie du paiement de ladite dette et de l'intérêt la banque soussignée a, concurremment avec l'exécution de la présente convention, déposé entre les mains du ministre des Finances (ou entre les mains de...............................pour le compte du ministre des Finances) en fiducie pour Sa Majesté les valeurs désignées à l'annexe A ci-jointe, et par les présentes assigne et transporte lesdites valeurs à Sa Majesté à titre de garantie, tel que précité.

Les règlements, termes et conditions de la garantie, spécifiés à l'annxe B ci-jointe ainsi que toutes les modifications y apportées de temps à autre par la trésorerie feront partie de ladite convention, et la banque soussignée consent à s'y soumettre et à exécuter de temps à autre tout autre acte ou document que pourra exiger le ministre des Finances pour donner effet à ladite convention.

Fait ce..............jour de...................19....

La banque de..............................

Par........'..........................

Président (ou vice-président ou autre administrateur autorisé).

....

Directeur général (ou autre fonctionnaire autorisé par résolution du conseil).

ANNEXE A

LOI DE FINANCE, 1923

Annexe donnant une description et de brefs détails des valeurs nanties conformément aux termes de la présente convention

Désignation et détails

La banque...

Par...

Président (ou vice-président ou autre administrateur autorisé par le conseil).

....

Directeur général (ou autre fonctionnaire autorisé) par le conseil).

ANNEXE B

RÈGLEMENTS, TERMES ET CONDITIONS APPLICABLES À TOUTES LES AVANCES CONSENTIES AUX BANQUES CHARTÉES DU CANADA AUX TERMES DE LA LOI DES FINANCES, 1923

1. Les avances porteront intérêt à compter de la date à laquelle elles sont accordées.

2. L'intérêt sera calculé au taux de cinq pour cent par an ou à tel taux plus élevé que la trésorerie pourra déterminer de temps à autre.

3. L'intérêt sera payable trimestriellement, le dernier des mois de février, mai, août et novembre, le premier paiement devant être effectué à la première de ces dates qui suivra l'octroi de chaque avance.

4. Les avances s'effectueront au bureau du receveur général à Ottawa ou au bureau de tout receveur général adjoint. Les remboursements devront se faire au bureau où les avances ont été effectuées.

5. Tant que la banque ne sera pas en défaut de paiement, elle aura droit de toucher, à sa demande, tout intérêt ou dividende payable sur les gages ou les coupons ou les certificats d'intérêt de ces derniers.

6. La banque devra en tout temps maintenir une marge des valeurs gagées en excédent des avances dont elles sont la garantie, tel que requis par la trésorerie.

7. Au fur et à mesure que les avances seront remboursées le ministre peut ordonner la remise à la banque des avances qu'il pourra désigner.

8. On devra rembourser les avances le ou avant le 1er mai de chaque année.

9. Si la banque se trouve en défaut de paiement des avances, à l'échéance, ou de l'intérêt, ou si elle néglige de maintenir la marge des valeurs gagées, ou si elle suspend le paiement de ses obligations, tout le montant de sa dette et les intérêts deviendront, sans avis ou demande, immédiatement payables, et le ministre ou son représentant pourra sur-le-champ ou à tout moment qu'il le jugera à propos, sans avis, demande, avertissement ou autre formalité, conditions qui sont par les présentes abrogées, vendre et disposer de toutes les valeurs gagées ou d'une partie quelconque d'icelles par vente publique ou privée ou à toute bourse canadienne ou étrangère et il pourra les racheter à toute vente à l'enchère et modifier ou annuler tout contrat de vente et il pourra transporter et délivrer aux acheteurs les valeurs ainsi vendues.

10. La banque pourra reprendre à l'échéance ou antérieurement toutes les valeurs soit en versant la somme requise ou en y substituant d'autres valeurs approuvées d'une somme égale, ou en partie d'une façon et en partie de l'autre.

11. Ni Sa Majesté, ni le ministre, ni son dépositaire ne seront tenus d'opérer le recouvrement du principal des valeurs gagées, ni d'en imposer le paiement ni de les réaliser; c'est la banque qui devra donner les avis de non-paiement ou protester les valeurs. Toutefois, Sa Majesté ou toute personne agissant pour elle peut exercer, sans responsabilité quant aux pertes possibles, tous les droits et remèdes que possèdent les détenteurs de valeurs.

12. Toute somme réalisée du compte des valeurs gagées, déduction faite des dépenses, commissions et frais, y compris les honoraires d'avocats, seront appliquées au paiement de la dette due par la banque à Sa Majesté et le surplus sera remis à la banque. Tous les comptes certifiés par le ministère des Finances seront définitifs.

13. Nonobstant le nantissement de valeurs, Sa Majesté aura, relativement à ses créances et aux intérêts, la jouissance de tous les autres droits et remèdes que lui reconnaît la loi, et elle ne sera pas obligée de réaliser les valeurs gagées ou aucune partie de celles-ci.

14. Sa Majesté ne sera pas responsable de la perte d'aucune valeur gagée qui pourrait survenir au cours du transport au ou du ministère des Finances ou bureau de tout receveur général adjoint.

15. "Ministre" signifie le ministre ou le ministre suppléant des Finances, ou tout sous-ministre ou sous-ministre adjoint ou tout représentant du ministre ou ministre suppléant. "Banque" signifie la banque emprunteuse.

16. Pour l'uniformité, la convention de garantie et les droits et obligations de Sa Majesté et de la banque respectivement qui découlent de ladite convention et des présents règlements seront régis par la loi de la province d'Ontario.

17. Les règlements et les termes et conditions gouvernant le dépôt des valeurs peuvent de temps à autre être amplifiés, changés ou modifiés par la trésorerie et toutes telles amplifications, changements ou modifications s'appliqueront à toutes les conventions de garantie alors existantes aussi bien qu'à celles qui seront faites ultérieurement de la même façon que si elles y étaient incorporées.

18. Quand les documents de titre sur le grain ou autre denrées sont dégagés en exécution des dispositions de l'article 4 de la loi, la banque sera requise de signer une déclaration de fiducie formulée dans les termes suivants:—

"Attendu que, sous le régime de la Loi financière de 1923, le ministre des Finances a avancé à la banque .. .., succursale de .. .. la somme de .. .. dollars ($.. .. ..) sur le gage des valeurs suivantes, à savoir: (a)

(a) Insérez ici la description et le montant de chaque billet à ordre ou lettre de change et les documents de titre s'y rapportant.

Et attendu que le ministre a, sous l'empire de l'article 4 de ladite loi, permis que les connaissements ou autres documents de titre et (ou) autre denrées sur lesquels reposent les valeurs précitées, passent sous la régie de la banque ainsi que ledit grain et (ou) autres denrées;

Ladite banque .. ..par les présentes accuse réception desdits connaissements et autres documents de titre.

Ladite banque .. ..reçoit les documents précités en fiducie pour le ministre, conformément aux dispositions de ladite loi.

Ladite banque .. ..s'engage en outre à considérer cette transaction distinctement de toutes les autres et à remettre au ministre tout le produit net encaissé ou une partie suffisante pour solder le montant des avances mentionnées avec l'intérêt à moins que lesdites avances et les intérêts aient été antérieurement acquittés.

Ladite banque s'engage à assurer le grain et (ou) les autres denrées contre les accidents, l'incendie ou autres avaries et à maintenir la police ou les polices en vigueur pour le compte du ministre.

Daté à .. ..

Banque .. ..

Succursale de .. ..

.. ..

Gérant.

PIÈCE N° 24

"La garantie des dépôts bancaires. Conférence sur le "haut commerce bancaire", Econ. pol., 31, trimestre du printemps, 1924, université de Chicago."

AVANT-PROPOS

La garantie des dépôts bancaires telle qu'elle existe dans l'ouest central est une expérience très intéressante. Bien que ses premiers partisans en firent une question politique, elle fut généralement approuvée à cause de sa popularité, parce que le peuple croyait que c'était le meilleur remède à un mal réel inséparable du commerce bancaire libre dans la région des frontières. Si, d'un côté, ses adeptes se sont laissés méprendre et pousser par l'intérêt personnel, ses opposants n'étaient pas dépourvus de prévention et d'égoïsme. L'historique de la question est imprégné de cette lutte d'intérêts.

Cela a été notre objet d'exposer, dans cette conférence, les grandes lignes de la question, comme on pourrait décrire les expériences menées dans un laboratoire. C'est pour cette raison qu'au début nous nous sommes arrêtés à ce qui nous a paru les aspects théoriques les plus importants avant d'entrer dans la description de l'application pratique et avant d'en arriver aux conclusions. Nous n'avons pas jugé nécessaire d'indiquer complètement les sources exactes des arguments présentés. Nous avons puisé librement dans les références bibliographiques énumérées à la fin de l'étude, les articles de magasines mentionnés étant particulièrement intéressants au point de vue des progrès marqués récemment constatés.

W. N. MITCHELL.

Le 2 juin 1924.

CONCLUSIONS

La conclusion qui s'impose maintenant c'est que ce projet, qui, il y a quelque temps, était en estime dans les banques d'Etat, a été une faillite complète. On se demande quelles sont les causes de ce renversement soudain. Doit-on conclure que le projet est faux dans son principe; qu'il est inutile, mauvais dans son application et qu'il doit être abandonnée? Ou doit-on attribuer la cause de sa faillite aux lacunes de la loi? Il y a sans doute de nombreux observateurs intéressés, opposés au projet par principe, qui sont fiers de dire "je vous l'avais dit" et qui l'écartent sans plus de formes. D'autre part on ne saurait examiner les dispositions des diverses lois et suivre leur application dans l'établissment d'une politique administrative sans être impressionné par le fait que dans les moments de tension l'assurance de protection que l'on entretenait fut très instable, et l'on pourrait souhaiter que la loi eût été formulée de façon à assurer une épreuve plus raisonnable du projet. On n'ignorait pas le danger que comportait le tâtonnement des politiciens qui bien que non responsable de la banqueroute finale faillit causer la ruine du projet. L'épidémie sans précédent des faillites bancaires mit fin au régime; il n'y a rien de surprenant en cela, car les faiblesses d'un régime se manifestent toujours dans les moments de crises. La difficulté c'est que la loi ne prévoyait pas une telle catastrophe et qu'elle ne tenait pas compte de ce qu'on appelle, en assurance, le risque de conflagration. Le résultat n'aurait pas probablement été différent si on avait ajourné l'épreuve suprême jusqu'à ce que le projet fut plus fermement établi. Les régimes les plus anciens et probablement les mieux établis furent les premiers à s'écrouler. Le fait qu'aucune loi ne pourvoyait la question d'un fonds de réserve basé sur une table de "mortalité" scientifiquement préparée plutôt que sur des renseignements précaires, relégua au second plan le facteur de l'âge. Il est vrai que la surveillance plus sévère que l'expérience fit naître dans plusieurs états contribua à affermir l'étalon des risques individuels. Certains témoignages semblent démontrer que l'on aurait dû agir ainsi et que l'on aurait dû surveiller plus étroitement les banques et les banquiers. La disparition des banques nationales, sujettes à une surveillance beaucoup plus sévère, fut beaucoup moindre; cela s'explique en partie par le fait que, de par la loi, les banques nationales sont des institutions comparativement importantes, et il y a lieu de compter que la disparition des banques moins importantes soit plus fréquentes. La cause réside sans doute, en partie, dans ce que l'inspection est insuffisante, mais la cause réelle semble provenir de ce que toute les lois violent le principe de l'assurance scientifique, et la faillite devait être inévitable dans les crises violentes.

COMITÉ PERMANENT   •

Les leçons qui découlent de la faillite:

Les causes que nous venons d'énumérer appellent les leçons qui découlent
de l'expérience. L'assurance qui est l'objet des lois est basée sur le même principe que celui qui gouverne les compagnies rurales d'assurance mutuelle contre
l'incendie. Ces dernières taxent les cultivateurs au *prorata* de l'assurance qui
couvre leurs biens, de façon à couvrir les pertes des membres de l'association sans
établir de fonds de réserve. Ce régime fonctionne très bien dans les campagnes,
où il n'existe pas de danger de conflagration. Si les assurés d'une telle compagnie
se trouvaient tous dans un même village, le régime serait probablement voué
tôt ou tard à la faillite. Dans le commerce de banque, particulièrement si on
l'envisage au point de vue régional comme dans un état où les intérêts économiques sont uniformes, on ne saurait éliminer le "danger de conflagration". La
plupart des faillites bancaires surviennent dans des moment de crises et dans ces
moments les faillites peuvent tourner en véritable épidémie. Pour les temps de
crise, l'assurance mutuelle, qui ne pourvoit pas à l'accumulation d'une réserve,
n'assure aucune protection. Les résultats constatés au cours des quelques dernières années ne servent qu'à faire connaître les données de l'assurance scientifique, telle que nous l'avons définie au début de ce rapport. Si ces conditions font
défaut le projet ne saurait obtenir un succès permanent dans les moments de crise.

L'avenir probable de la garantie des dépôts bancaires.

On ne peut que faire des conjectures sur ce que l'avenir réserve à cette expérience intéressante, qui semble avoir si lamentablement échoué. Il n'y a pas lieu
de douter qu'il fût possible d'adopter, pour l'avantage du pays, un mode pratique
de garantie des dépôts. Il est également certain qu'une telle mesure ne saurait
être imposée à toutes les banques du pays. Il ne faudrait rien moins qu'un
soulèvement populaire d'approbation concertée pour amener, avec notre double
régime de banques d'états et de banques nationales, l'unité d'action nécessaire
pour produire un tel résultat. Il est également certain qu'aucun des projets pré-
conisés par les divers états ne répond aux besoins de la situation. On a quelquefois réussi à crystalliser l'opinion publique sur des questions importantes. La
chose se renouvellera sans doute, et si les avantages des dépôts bancaires semblent dépasser les frais inhérents et si le besoin devenait assez impérieux, l'initiative pourrait bien en être prise. Toutefois, nous avons de bonnes raisons de
croire que le besoin d'un tel projet fera moins d'impression sur la conscience
publique à mesure que le régime bancaire sera plus étroitement surveillé et contrôlé. Nous croyons que ce serait le meilleur moyen de protéger l'intérêt public,
et avec un tel contrôle on cessera de demander la garantie des dépôts qu'avait
provoquée la situation des frontières.

BIBLIOGRAPHIE

1. Revell, Alexander Hamilton, 1908.
   Esquisse d'un plan de garantie, et discussion au point de vue du déposant, de l'homme d'affaires et du public. (Fortement en faveur du projet.)
   Crerar, 332. 1Q800.

2. Frame, Andrey Jay, 1908.
   Discours prononcé à une réunion de la State Bankers' Association dans l'Iowa. (Arguments contre la garantie.)
   Crerar, 332. 1Q803.

3. Laughlin, James Laurence, 1908.
   Discours prononcé en présence de la States Bankers' Association à Lincoln, Nebraska.
   U. de C., HGI881L3.

4. Université d'Oklahoma, cours complémentaires, 1908.
   Garantie des dépôts de banque. Arguments pour et contre.
   Crerar, 051041, v. 16.

5. Université de Wisconsin, cours supplémentaires, 1908.
   Assurance gouvernementale des dépôts de banque. Réimpression d'articles publiés par Revell, Hoch, Forgan, Laughlin, Zimmerman et autres, collectionnés par la division des Débats et de la Discussion Publique.
   Crerar, 332. 1Q802, U. de C., HGI782U5W6.

6. Herrick, Myron T., 1908.
   Discours prononcé en présence de l'Assemblée Générale de l'Ohio en réponse au discours de W. J. Bryan en faveur de la garantie des dépôts de banque.
   Crerar, 332. 1Q808.

7. Shibley, George Henry, 1914.
   Histoire de la Garantie des dépôts de banque.
   Crerar, 332. 1R. 400; U. de C., HG1782U5S5.

8. Dickinson, Zenas Clark, 1914.
   Garantie des dépôts de banque au Nebraska. Etude historique et critique publiée par le département des Sciences historiques et politiques de l'Université du Nebraska.
   U. de C., JK243ON3 No. 6.

9. Robb, Thomas Bruce, 1921.
   Garantie des dépôts de banque. Dissertation primée, Prix Hart Schafner et Marx en économie politique. Etude critique des résultats atteints dans les divers états avec une estimation impartiale des avantages et des désavantages.
   Crerar, 332. 1So04; U. de C., HGI781R66.

10. Commercial West, p. 4-5, 24 février 1923.
    Loi concernant les dépôts de banque au Nebraska. (Le paiement des pertes des banques faillies coûterait aux banques solvables 25 p. 100 de leur capital.)

11. Smith, T. H., banquier de Chicago, p. 9-10, 3 mars 1923.
      Garantie des dépôts de banque au Minnesota.

12. American Bankers' Association Journal, avril 1923.
      Garantie des dépôts dans l'état de Washington.

13. Cooke, Thornton, Quarterly Journal of Economics, novembre 1923.
      Faillite de la garantie des dépôts de banque dans l'Oklahoma. M.
      Cooke est un de ceux qui ont étudié le plus sérieusement ce mouve-
      ment et a publié plusieurs articles intéressants sur ce sujet, à diver-
      ses occasions dans le Quarterley Journal of Economics au cours des
      dix dernières années.

14. Hodap, R.G., banquier de Mountain States, p. 23-4, mars 1923.
      Loi de la Garantie des banques.

15. Commercial West, p. 18, 20 janvier 1923.
      Etude sur les Lois concernant la garantie des dépôts de banque.

16. Rapports du Contrôleur du Numéraire.
      Particulièrement celui de 1921.

17. Garret, Saturday Evening Post. Numéros du mois de mars 1924.
      Articles populaires sur la situation bancaire dans le Nord-Ouest.

PROCÈS-VERBAUX

Le comité s'assemble à 11 a.m.

Le président, M. Mitchell, au fauteuil.

Présents: Messieurs Baxter, Benoît, Black (Halifax), Black (Yukon), Cahill, Caldwell, Carmichael, Clark, Coote, Descoteaux, Drayton, Garland (Bow River), Good, Grimmer, Hanson, Healy, Irvine, McTaggart, Millar, Mitchell, Papineau, Robb, Ryckman, St-Père, Sales, Senn, Shaw, Speakman, Spencer, Steedsman, Stevens, Tobin, Vien—33.

Après avoir étudié les bills privés inscrits à l'ordre du jour—
Le président donne lecture de l'ordre de référence de la Home Bank, dans les termes suivants:—

Le lundi, 31 mars 1924.

Ordonné,—Que la résolution adoptée par la Chambre, jeudi le 27 mars, comme suit: "Dans l'opinion de cette Chambre, vu la faillite de la Home Bank et les poursuites et enquêtes déjà instituées, y compris la Commission Royale nommée pour s'enquérir des faits allégués dans la requête des déposants ainsi que des affaires de la banque en général; et considérant que la preuve faite et à faire devant plusieurs tribunaux sera disponible; le Comité permanent des Banques et du Commerce devrait recevoir instruction de scruter l'Acte des Banques dans le but de recommander des amendements qui protégeront davantage les intérêts des déposants et empêcheront de semblables occurrences à l'avenir et en outre d'étudier le rapport de la Commission Royale quant à l'effet qu'il pourra avoir sur ces questions, et aussi la possibilité d'empêcher les déposants de la Home Bank de faire des pertes," soit référée au comité des Banques et du Commerce, lequel pourra prendre toute décision qu'il jugera opportun.

Pour copie conforme.

W. B. NORTHRUP,
Greffier de la Chambre des Communes.

Un sous-comité, composé de Messieurs Good, Cahill, Baxter, Irvine, Vien et Mitchell, a été nommé pour étudier la question, les témoins à entendre *re* affaire de la Home Bank, avec pouvoir de faire rapport de temps à autre.

Le Comité ajourne et s'assemblera de nouveau à la demande du président.

WALTER TODD,
Greffier en chef des Comités.

CHAMBRES DES COMMUNES,
SALLE DU COMITÉ, N° 436,
Le MERCREDI, 7 mai 1924.

Le Comité s'assemble à 11 heures a.m.

Le président, M. Mitchell, au fauteuil.

Présents: Messieurs Baxter, Black (Halifax), Carmichael, Carruthers, Casgrain, Clark, Duncan, Elliott (Dundas), Good, Guthrie, Harris, Healy, Irvine, Macphail, McMaster, Maybee, Millar, Mitchell, Robitaille, St-Père, Sales, Shaw, Steedsman, Stevens, Tobin et Vien—26.

Après avoir étudié les bills privés inscrits à l'ordre du jour—

Le sous-comité chargé de la question des témoins rapporte progrès et demande la permission de siéger de nouveau.

Le rapport est adopté.

Le comité ajourne et doit s'assembler de nouveau à 11 a.m., jeudi, le 8 mai 1924.

WALTER TODD,
Greffier en chef des Comités.

CHAMBRES DES COMMUNES,
SALLE DU COMITÉ, N° 436,
Le JEUDI, 8 mai 1924.

Le Comité s'assemble à 11 heures a.m.

Le président, M. Mitchell, au fauteuil.

Présents: Messieurs Benoît, Carmichael, Carruthers, Clark, Coote, Descoteaux, Garland (Bow River), Good, Grimmer, Harris, Healy, Hodgins, Hudson, Irvine, Jacobs, Kellner, King (Huron), Ladner, Maclean (York), Macphail, McKay, McMaster, McQuarrie, Maybee, Mitchell, Ryckman, Spencer, Stevens, Tobin, Vien, Woods, Woodsworth—32.

M. Vien, au nom de M. Cahill, donne lecture du deuxième rapport du sous-comité, dans les termes suivants:—

RAPPORT DU SOUS-COMITÉ DES BANQUES ET DU COMMERCE

Votre sous-comité, composé de M. Frank S. Cahill, M.P., président, et des membres suivants, l'honorable Walter Mitchell, l'honorable J. B. M. Baxter, messieurs W. C. Good, William Irvine et Thomas Vien, a considéré la liste des personnes à entendre sur la question qui lui a été soumise par le Comité permanent des Banques et du Commerce. Il s'est limité à la question de l'inspection des banques.

Les noms suivants ont été suggérés:

1. M. John S. Williams, autrefois contrôleur du numéraire à Washington, D.C., maintenant de Richmond, Virginie.

2. M. Lawrence O. Murray, également ex-contrôleur du numéraire, dont l'adresse nous est inconnue en ce moment.

3. M. W. P. Malburn, American Exchange National Bank, New-York, N.-Y.

4. M. E. W. Stearns, du bureau du contrôleur du numéraire, Washington, D.C.

5. M. Charles A. McLean, vice-président la Ladd & Tilton National Bank, Portland, Ore.

6. Sir William E. Stavert, de Montréal.

7. M. G. D. Finlayson, surintendant des assurances, ministère des Finances, Ottawa.

M. Good a reçu instruction de la part du sous-comité de demander personnellement à ces messieurs s'ils consentiraient à rendre témoignage au cas où le comité des Banques et du Commerce désirerait les entendre.

Le sous-comité donna également instruction au secrétaire, M. Todd, de faire envoyer un télégramme au secrétaire de la Trésorerie à Washington, rédigé comme suit:

"Au secrétaire de la Trésorerie,
　　Washington, D.C.

Le comité des Banques de la Chambre des Communes étudie actuellement la question de l'inspection gouvernementale des banques et désire entendre des experts sur le fonctionnement de votre système. Pourriezvous nous suggérer les noms de personnes en état de nous donner des renseignements complets sur cette question. On nous a suggéré les noms suivants: John S. Williams, Lawrence O. Murray, ex-contrôleur du numéraire, W. P. Malburn, de la American Exchange National Bank, New-York, F. W. Stearns, du bureau du contrôleur. Veuillez télégraphier la réponse à nos frais.

(Signé)　　　W. G. MITCHELL.

Le sous-comité recommande que l'on demande à sir William E. Stavert, de Montréal, et à M. G. D Finlayson de rendre témoignage sur la question de l'inspection.

Votre sous-comité recommande en outre que le comité décide d'abord des autres sujets à étudier avant qu'on lui demande de suggérer d'autres noms.

FRANK S. CAHILL,
Président du sous-comité.

Sur proposition de M. Vien on adopta le rapport tel que lu.

M. Vien, au nom de M. Cahill, donna lecture des télégrammes envoyés par le secrétaire, M. Todd, et par M. Good, sur les instructions du sous-comité. Copies de ces télégrammes furent remises au greffier. M. Good donna lecture du télégramme reçu de M. John Skelton Williams, qui fut également remis au greffier.

Le président donna lecture d'un autre ordre de référence, dans les termes suivants:—

Ordonné,—que le rapport du Dr Tory sur les Crédits Agricoles, déposé sur la table le 15 avril, soit référé au dit Comité.

Pour copie conforme.

W. B. NORTHRUP,
Greffier de la Chambre des Communes.

M. Ladner suggère que l'on demande à des représentants de l'Association des Banquiers Canadiens de rendre témoignage sur l'inspection des banques. Une discussion suit et on renvoie à plus tard l'étude de la suggestion de M. Ladner.

14-15 GEORGE V, A. 1924

Le comité décide de poursuivre son enquête sur "Les systèmes d'inspection bancaire", "La sécurité des dépôts", et "La double responsabilité des actionnaires"; on étudiera plus tard le rapport du docteur Tory sur les "Crédits agricoles".

Sur proposition de M. Stevens, il est

Ordonné,—Que ce comité prie le ministre des Finances de nommer un fonctionnaire de son département qui viendra rendre témoignage en présence du comité sur la mise en vigueur et les résultats des dernières modifications apportées à la Loi des Banques.

Sur proposition de M. Vien, président-suppléant du sous-comité chargé du choix des témoins, il est

Ordonné,—Que sir William E. Stavert, de Montréal, soit assigné à comparaitre devant ce comité mardi prochain; et que le fonctionnaire désigné par le ministre des Finances soit également prié de se présenter ce même jour pour rendre témoignage.

Sur proposition de M. Ladner, il est

Ordonné,—Que le ministre des Finances soit prié par ce comité d'obtenir des banques à charte du Canada, conformément aux pouvoirs qui lui sont conférés par la Loi des Banques, les renseignements suivants:—

1. Le nombre de comptes d'épargnes dans chacune des banques à charte du Canada dont le chiffre du dépôt atteignait la somme de $3,000 ou moins, au 30 avril 1924.

2. Le total de l'argent déposé dans chacune desdites banques par ces déposants ne dépassent pas $3,000.

3. Des renseignements semblables concernant les comptes d'épargnes se chiffrent de $3,000 à $5,000.

4. Des renseignements semblables concernant les comptes d'épargnes se chiffrant de $5,000 à $10,000.

Sur proposition de M. Shaw, il est

Résolu,—Que ce comité est d'avis que la question de la garantie des dépôts tombe dans le domaine de son enquête, et en conséquence il est

Ordonné,—Que le sous-comité soit autorisé à s'enquérir des noms de témoins au courant du système ou des systèmes de garantie de dépôts en vigueur, et de faire rapport à ce sujet au comité afin que l'on fasse comparaître ces témoins.

Avis de motions

N° 1.—Par M. Shaw:—

Ce comité est d'avis que le but, l'organisation et le fonctionnement d'une banque centrale ou de réserve bien administrée sont des questions qui sont du domaine de cette enquête; et il donne instruction par les présentes au sous-comité de lui suggérer les noms de personnes compétentes pour rendre témoignage sur ce sujet.

N° 2.—Par M. Ladner: —

Ce comité recommande au Parlement de faire disparaître de la Loi des Banques 1923, toutes les mesures concernant la double responsabilité des actionnaires et qu'en conséquence l'article 125 de ladite loi et les autres articles se rapportant à la question de la double responsabilité soient abrogées.

Le comité ajourne à 12.50 a.m. pour se réunir de nouveau à 11 heures a.m., mardi, le 13 mai 1924.

S. R. GORDON,
Greffier du comité.

APPENDICE No 1

Chambre des Communes,
Salle du comité, n° 436,
Le mardi, 13 mai 1924.

Le comité s'assemble à 11 a.m.

En l'absence du président, M. Vien occupe le fauteuil.

Présents: Messieurs Baxter, Benoît, Bird, Black (Halifax), Black (Yukon), Boivin, Cahill, Caldwell, Carmichael, Carruthers, Casgrain, Chaplin, Chevrier, Clark, Clifford, Coote, d'Anjou, Desaulniers, Descoteaux, Drayton, Duncan, Elliott (Waterloo), Faford, Fortier, Garland (Bow River), Good, Grimmer, Guthrie, Hanson, Harris, Hatfield, Healy, Hodgins, Hughes, Irvine, Jacobs, Kellner, King (Huron), Ladner, Laflamme, McBride, Macdonald (Pictou), Mackinnon, Maclean (York), McCrea, McKay, McMaster, McMurray, McQuarrie, McTaggart, Malcolm, Maybee, Millar, Morin, Papineau, Porter, Rankin, Rhéaume, Robb, Robichaud, Robitaille, Ryckman, St-Père, Sales, Shaw, Sinclair (Oxford), Sinclair (Queens, I.P.-E.), Speakman, Spencer, Steedsman, Stevens, Tobin, Vien, Woods et Woodsworth.—75.

Le greffier donne lecture des télégrammes reçus de messieurs William P. Malburn, Cleveland, Ohio et A. W. Mellon, Washington, D.C. (On les trouvera au procès-verbal du jour).

Sur proposition de M. Shaw, il est

Ordonné,—Que le greffier soit chargé d'obtenir un nombre suffisant de copies de la "loi des Banques" pour l'usage des membres du comité.

Sur proposition de M. Coote, il est

Odonné,—Qu'un rapport soit présenté à la Chambre recommandant que le comité soit autorisé à faire imprimer les procès-verbaux de ses séances et les témoignages rendus, de jour en jour, pour l'usage des membres du comité et de la Chambre, et que le règlement 74 à cet effet soit suspendu.

Présenté à la Chambre le 13 mai 1924. (Voir page 262, Procès-verbaux.) • Le rapport est adopté sur proposition, 13 mai 1924. (Voir page 264, Procès-verbaux.)

Sur proposition de M. Mackinnon, il est

Ordonné,—Que le mode de procédure suivant soit adopté par ce comité:—

1. Toutes les propositions et les avis de motions devront être présentés par écrit.

2. Les amendements à la "loi des Banques" présentés au comité par des membres seront reçus comme des avis de motions à discuter et sur lesquels le vote ne sera pris qu'à une réunion subséquente du comité. On fournira des copies de ces amendements aux membres du comité.

3. On pourra disposer de tous les amendements non contentieux à la loi des Banques. On renverra l'étude de tout amendement ou clause au sujet des quels il y aura opposition à plus tard sur demande d'un membre. On poura reconsidérer une question sur avis de motion.

Le comité procéda à l'étude des avis de motions suivants inscrits au nom de M. Shaw:—

"Ce comité est d'avis que le but, l'organisation et le fonctionnement d'une banque centrale ou de réserve bien administrée sont des questions qui tombent dans le domaine de cette enquête; et il donne par les présentes instruction au sous-comité de lui suggérer les noms de personnes compétentes pour rendre témoignage sur ce sujet."

cl

Une discussion suivit.

Certains membres du comité ayant demandé si cette motion était bien du domaine de l'enquête, le president intérimaire réserva sa décision pour une séance subséquente du comité.

Sur proposition de M. Good, il est

Ordonné.—Que le sous-comité chargé du choix des témoins soit prié de recommander parmi ceux qui sont disponibles, ces témoins qu'il jugera à propos de faire entendre et de faire rapport à la prochaine réunion de ce comité.

M. George Edwards, comptable licencié, Toronto, Ontario, qui avait été désigné par le ministère des Finances comme témoin est appelé. Il rend témoignage et se retire.

Le comité ajourne à 1.05 p.m. pour s'assembler de nouveau à 11 heures a.m. le lendemain, mercredi le 14 mai 1924.

S. R. GORDON,
Greffier du comité.

CHAMBRES DES COMMUNES,
SALLE DU COMITÉ, N° 231,
Le MERCREDI, 14 mai 1924.

Le comité s'assemble à 11 heures a.m.

En l'absence du président, M. Vien occupe le fauteuil.

Présents:—Messieurs Cahill, Carmichael, Carruthers, Casgrain, Chaplin, Clark, Clifford, Coote, Descoteaux, Elliott (Dundas), Elliott (Waterloo), Garland (Bow River), Good, Grimmer, Hanson, Harris, Hatfield, Healy, Hodgins, Hudson, Hughes, Irvine, Jacobs, Kellner, King (Huron), Ladner, Laflamme, McBride, Macdonald (Pictou), Maclean (York), Macphail, McKay, McMaster, McQuarrie, McTaggart, Marler, Maybee, Miller, Morin, Papineau, Robb, Ryckman, Sales, Senn, Shaw, Sinclair (Oxford), Sinclair (Queens), Spencer, Steedsman, Stevens, Tobin, Vien, Woods et Woodsworth.—54.

Le président suppléant donne lecture d'un autre ordre de renvoi, dans les termes suivants:—

Ordonné—Que ledit comité soit autorisé à faire imprimer les procès-verbaux de ses séances et les témoignages qu'il entend, de jour en jour, pour l'usage des membres du comité et de la Chambre.

Pour copie conforme.

W. B. NORTHRUP,
Greffier de la Chambre des Communes.

TROISIÈME RAPPORT DU SOUS-COMITÉ DES BANQUES ET DU COMMERCE

Votre sous-comité a donné instruction au greffier du comité de télégraphier savoir:—

M. John Skelton Williams, Richmond, Virginie, ex-contrôleur du numéraire à Washington, sera prié de rendre témoignage mardi, le 20 mai.

M. J. W. Fole, Washington, D.C., inspecteur en chef des "National Banks," sera prié de rendre témoignage jeudi, le 22 mai.

APPENDICE No 1

Messieurs E. W. Stearns, du bureau du contrôleur à Washington, D.C., et Sherill Smith, vice-président de la Chase National Bank, de New-York, seront priés de rendre témoignage plus tard à une date qui n'est pas encore arrêtée.

Votre sous-comité a donné instruction au greffier du comité de télégraphier à messieurs Williams et Pole afin de savoir si les dates recommandés les accommodent.

FRANK S. CAHILL,
Président du sous-comité.

Sur proposion de M. Tobin le rapport du sous-comité est adopté tel que lu.

Sur proposition de M. Good, il est

Ordonné,—Que M. John Skelton Williams, Richmond, Virginia, ex-contrôleur du numéraire, soit prié de rendre témoignage en présence de ce comité mardi, le 20 mai, et que les frais de voyage et de subsistance accordés habituellement aux témoins appelés à comparaître devant les comités parlementaires lui soient offerts.

Sur proposition de M. Irvine, il est

Ordonné,—Que M. J. W. Pole, de Washington, D.C., inspecteur en chef des "National Banks," soit prié de rendre témoignage en présence de ce comité jeudi, le 22 mai, et que les frais de voyage et de subsistance accordés habituellement aux témoins appelés à comparaître devant les comités parlementaires lui soient offerts.

Sur proposition de M. Irvine, il est

Ordonné,—Qu'un rapport soit présenté à la Chambre demandant que le comité soit autorisé à siéger pendant les séances de la Chambre. Présenté à la Chambre le 14 mai 1924. Sur motion ce rapport est adopté le 14 mai 1924. (Voir page 267 des Procès-verbaux.)

M. George Edwards, comptable licencié, Toronto, qui était présent, continue son témoignage et se retire ensuite.

Avis de motion

M. Ladner donne l'avis de motion suivant:—

DÉPÔT D'ÉPARGNES ET LEUR PROTECTION

"Que de l'avis de ce comité la loi des Banques soit modifiéé de manière à assurer l'établissement dans les banques à charte du Canada d'un compte d'épargne spécial ou d'autres catégories de comptes pour les dépôts d'épargnes en plus de ceux qui existent actuellement, en vertu desquels tous les déposants aux dits comptes d'épargnes spéciaux dans une banque quelconque, ou succursale d'icelle, seront protégés ou garantis contre toute perte jusqu'à concurrence de $3,000, selon un principe semblable à celui qui est établi en vertu des articles 62 à 69 inclusivement de la loi des Banques concernant la protection du numéraire des banques par l'établissement d'un fonds spécial désigné sous le nom de "Fonds de Rachat de la Circulation des Banques;" ou que ces comptes d'épargnes spéciaux soient établis conformément à un principe quelconque d'assurance dont la prime sera payée par les déposants ou les banques à charte du Canada, ou par les deux, ou de telle autre manière que le comité pourra juger capable d'accorder une protection raisonnable aux personnes qui possèdent des comptes d'épargne jusqu'à concurrence des sommes déterminées par le comité."

Le comité ajourne à 1.15 p.m. pour s'assembler de nouveau à 11 heures a.m. le lendemain, jeudi, 15 mai 1924.

S. R. GORDON,
Greffier du comité.

CHAMBRE DES COMMUNES
SALLE DU COMITÉ, N° 231,
Le JEUDI, 15 mai 1924.

Le comité s'assemble à 11 heures a.m.

En l'absence du président, M. Vien occupe le fauteuil.

Présents: Messieurs Baxter, Benoît, Bird, Black (Halifax), Bristol, Cahill, Caldwell, Carmichael, Carruthers, Chaplin, Chevrier, Clark, Clifford, Coote, Desaulniers, Descoteaux, Drayton, Duncan, Elliott (Dundas), Elliott (Waterloo), Garland (Bow River), Good, Grimmer, Hanson, Harris, Hatfield, Healy, Hodgins, Hughes, Irvine, Jacobs, Kellner, King (Huron), Ladner, McBride, Macdonald (Pictou), Mackinnon, Maclean (York), Macphail, McCrea, McKay, McMaster, McQuarrie, McTaggart, Malcolm, Marler, Maybee, Morin, Papineau, Rankin, Robb, Robitaille, Ryckman, Sales, Senn, Shaw, Sinclair (Oxford), Sinclair (Queens, I.P.-E.), Speakman, Spencer, Steedsman, Stevens, Vien, Ward et Woods—65.

Le président suppléant donne lecture des télégrammes échangés entre M. J. Skelton Williams et le président et le greffier, dans lesquels la date de la comparution de M. Williams devant le Comité est fixée au jeudi, le 22 mai; et de ceux échangés entre M. J. Pole et le greffier dans lesquels la date de la présence de M. Pole est fixée au mardi, le 20 mai.

M. George Edwards, comptable licencié, Toronto, qui était présent, continue son témoignage puis se retire.

Le comité s'ajourne à 1.05 p.m. pour s'assembler de nouveau à 2 heures p.m.

Le comité s'assemble à 2 heures p.m., M. Vien, le président suppléant, occupe le fauteuil.

Sir William E. Stavert, financier de Montréal, qui avait répondu à l'assignation de comparaître, est appelé, assermenté, rend témoignage et est dispensé de toute autre comparution.

Le Comité ajourne à 3.10 p.m. pour s'assembler de nouveau à 11 heures a.m. jeudi, le 20 mai 1924.

S. R. GORDON,
Greffier du comité.

CHAMBRE DES COMMUNES,
SALLE DE COMITÉ, N° 429,
Le MARDI, 20 mai 1924.

Le comité s'assemble à 11 heures a.m.

Présents: Messieurs Benoît, Black (Yukon), Cahill, Caldwell, Carmichael, Carruthers, Clifford, Coote, Crerar, d'Anjou, Descoteaux, Duncan, Elliott (Dundas), Elliott (Waterloo), Fafard, Fortier, Garland (Bow River), Grimmer, Hanson, Hatfield, Healy, Hodgins, Hudson, Hughes, Kellner, Ladner, Macdonald, (Pictou), Mackinnon, Maclean (York), Mlle Macphail, Messieurs McCrea, McKay, McMaster, McQuarrie, McTaggart, Malcolm, Marler, Maybee, Miller, Morin, Papineau, Rankin, Rhéaume, Robb, St-Père, Sales, Senn, Shaw, Sinclair, (Oxford), Sinclair (Queens, I.P.-E.), Speakman, Spencer, Steedsman, Stevens, Stork, Tobin, Vien, Ward Woods, Woodsworth,—60.

Par suite de la démission de l'hon. Walter Mitchell, le président de ce Comité, comme député à la Chambre, il est nécessaire de choisir un autre président. M. Vien, choisi à l'unanimité sur proposition de Messieurs Hughes et Spencer, occupe le fauteuil et préside l'assemblée.

On a donné instruction de faire imprimer dans le procès-verbal du jour la copie d'une lettre de son Honneur le Président adressée à M. A. C. Campbell, éditeur des Débats et chef des rapporteurs du parlement, relativement aux rapports à faire des témoignages rendus en présence du Comité. (La lettre suit.)

CHAMBRE DES COMMUNES,
CANADA
Le Président

27 mars 1924.

CHER M. CAMPBELL,—Vous m'avez demandé de vous donner des instructions au sujet de vos fonctions présentes; cette lettre confirmera les déclarations que je vous ai faites oralement.

En votre qualité de chef de la division des rapporteurs vous savez que la préparation des rapports de comités parlementaires comporte de fortes dépenses, et je désire les restreindre le plus possible. Les traitements des rapporteurs de comité et de leur adjoints, ajoutés aux honoraires des rapporteurs supplémentaires, forment un total beaucoup trop considérable pour ce service. Je ne veux pas laisser supposer que vous n'avez pas porté suffisamment attention à la question de l'économie si ce n'est que, dans votre zèle pour répondre aux désirs du président et des membres des comités, vous avez ainsi que votre personnel interprété trop librement les instructions données à vos prédécesseurs dans le passé.

Votre personnel actuel de rapporteurs de comité se compose d'un chef et de deux rapporteurs, mais le nombre établi par la Chambre vous autorise à en employer un autre. Je comprends que la Commission du Service Civil a annoncé la position vacante, et que l'on tiendra un examen à cette fin. Je désire que le personnel actuel fasse le travail, en tant que faire se pourra, et que l'on n'ait recours à d'autres employés qu'en cas de besoin urgent. Vous rappelez sans doute qu'au cours de la dernière session un de vos rapporteurs temporaires présenta un compte de dépenses d'hôtel. Comme c'était du nouveau, je refusai d'abord de le payer, mais j'y consentis plus tard à cause du petit montant en jeu, et de la presse du travail qui semblait alors justifier l'emploi de la personne en question. Cependant, vous devez vous souvenir que je vous ai clairement déclaré à ce moment que ce cas ne devait pas constituer un précédent. Vous voudrez bien tenir compte de la chose en engageant vos rapporteurs supplémentaires au cours de la présente session.

Les investigations que j'ai faites à ce sujet me portent à croire que les rapports préparés par vos aides sont de beaucoup trop longs. Vous savez que le travail des rapporteurs doit se limiter à la préparation du rapport des témoignages rendus en présence des comités, et qu'il n'est pas permis de rapporter les discussions. Le Dr Thomas B. Flint, qui s'occupait de ces questions en sa qualité de Greffier de la Chambre, l'indique clairement dans des instructions qu'il donnait à ce sujet; le 15 novembre 1910 il écrivait ce qui suit:—

> Le personnel des sténographes officiels à la disposition des comités parlementaires est par les présentes averti que ses fonctions devront se limiter à la préparation des rapports des témoignages rendus en présence de ces comités. Les sténographes se contenteront de noter les objections soulevées et les décisions du président à leur sujet, ce qui est nécessaire pour rendre le rapport intelligible, et ne sténographieront pas les discussions en comité, ni ne les transcriront.

Ces instructions me semblent s'appliquer aussi bien actuellement qu'au moment où elles furent données. En conséquence elles sont renouvelées aujourd'hui. Je vous prie de les observer strictement.

Bien à vous,

(Signé)   RODOLPHE LEMIEUX,
Président.

A. C. CAMPBELL,
   Editeur des Débats et
      Chef de la division des Rapporteurs,
         Chambre des Communes.

OTTAWA, 15 novembre 1910.

MONSIEUR,—Les greffiers de comités et les sténographes sont priés de prendre connaissance du règlement suivant:—

> "Le personnel des sténographes officiels à la disposition des comités parlementaires est par les présentes averti que ses fonctions devront se limiter à la préparation des rapports des témoignages rendus en présence de ces comités. Les sténographes se contenteront de noter les objections soulevées et les décisions prises à leur sujet par le président, ce qui est nécessaire pour rendre le rapport intelligible, et ne sténographieront pas les discussions en comité, ni ne les transcriront."

Je suis,

Votre bien dévoué,

THOMAS B. FLINT,
Greffier de la Chambre des Communes.

Avis de motions

M. Spencer donne avis qu'à une date subséquente il proposera la résolution suivante:—

"Que la loi des Banques soit modifiée de manière à stipuler que l'argent du fonds de circulation soit appliqué d'abord au rachat des billets d'une banque qui a suspendu ses paiements et que le reste de l'actif de la banque ne soit pas affecté au rachat de ces billets jusqu'à ce que l'argent du fonds de circulation soit d'abord épuisé."

M. John W. Pole, inspecteur en chef des "National Banks," Washington, D.C., qui s'était rendu à notre demande, est appelé et assermenté, rend témoignage et se retire ensuite.

Le comité ajourne à 1.15 p.m. pour s'assembler de nouveau à 4 heures p.m. le même jour.

Le comité s'assemble de nouveau à 4 heures p.m.

M. John W. Pole continue son témoignage, puis se retire.

Le comité ajourne à 5.40 heures p.m. pour s'assembler de nouveau à 11 heures du matin le lendemain, mercredi, le 21 mai 1924.

S. R. GORDON,
Greffier du comité.

CHAMBRE DES COMMUNES,
SALLE DU COMITÉ, N° 429,
Le MERCREDI, 21 mai 1924.

Le comité s'assemble à 11 heures a.m.

Le président, M. Vien, occupe le fauteuil.

Présents: Messieurs Benoît, Cahill, Carmichael, Carruthers, Casgrain, Chevrier, Clifford, Coote, Crerar, Desaulniers, Descoeaux, Duncan, Elliott, (Dundas), Euler, Fafard, Garland (Bow River), Good, Hanson, Hatfield, Hodgins, Hughes, Kellner, Ladner, Macdonald (Pictou), Maclean (York), Mlle Macphail, Messieurs McKay, McMaster, McTaggart, Malcolm, Marler, Millar, Papineau, Sales, Shaw, Sinclair (Queens, I.P.-E.), Spencer, Steedsman, Stevens, Vien, Ward and Woodsworth.—42.

Avis de motions

M. Garland donne avis qu'à une date subséquente il proposera la résolution suivante:—

"Que l'annexe 'G' de la loi des Banques portant le titre 'Actif' soit modifié en y ajoutant les item suivants:—'Réserve pour pertes,' 'Réserve du Contingent,' 'Profits non répartis'."

La question du nombre de copies des rapports à imprimer ayant été soulevée, le président prit la chose en considération et doit faire rapport à une réunion subséquente du comité.

Sur proposition de M. Coote et de M. Shaw, il est

Ordonné,—Que le Dr Tory soit prié de comparaître en présence du comité mercredi, le 28 mai 1924.

M. John W. Pole, inspecteur en chef des "National Banks" Washington, D.C., qui était de nouveau présent continua son témoignage.

Un point d'ordre ayant été soulevé quant à l'admissibilité des témoignages concernant le système bancaire de réserve fédérale et une résolution proposée par M. Shaw, dont avis avait été donné, le président se prononça comme suit:—

1. L'ordre de référence de la Chambre à ce comité se lit comme suit:

" Le Comité permanent des banques devrait recevoir instruction de scruter l'Acte des Banques dans le but de recommander des modifications qui protègeront davantage les intérêts des déposants et empêcheront de semblables occurrences à l'avenir."

2. M. Shaw propose ce qui suit:

" Que ce Comité est d'avis que le but, l'organisation et le fonctionnement d'un banque centrale ou de réserve bien administrée sont des questions qui tombent dans le domaine de cette enquête; et il donne instruction par les présentes au sous-comité de lui suggérer les noms de personnes compétentes pour rendre témoignage sur ce sujet."

3. La création d'une banque centrale ou de réserve, cependant, serait une déviation radicale de notre système bancaire actuel.

4. La Chambre avait-elle l'intention d'autoriser ce Comité à faire des recommandations qui modifieraient les principes fondamentaux de l'Acte?

5. La loi est revisée tous les dix ans, et ce serait nuire à la stabilité de nos institutions financières que de la reviser entièrement tous les ans.

6. L'ordre de référence restreint nos pouvoirs à des recommandations de nature à protéger davantage les intérêts des déposants.

7. Le but d'une banque centrale ou de réserve n'est pas de protéger davantage les déposants, mais de créer de plus grandes facilités de réescompte.

8. Les difficultés des déposants de la Home Bank semblent ne pas être attribuables à l'absence de facilités d'escompte, mais au contraire à la grande facilité avec laquelle la banque à consenti des prêts sur des garanties douteuses ou sans valeur.

9. Une banque centrale ou de réserve n'aurait pas pu réescompter ces valeurs douteuses, et en conséquence n'aurait pas offert une plus grande élasticité, et les déposants n'auraient pas été protégés davantage.

10. Il n'a pas été prouvé à la satisfaction du Président que l'organisation et la mise en vigueur d'un système quelconque de banque centrale ou de réserve protégeraient davantage les intérêts des déposants et empêcheraient de semblables occurrences à l'avenir.

11. La question de l'établissement d'une banque centrale ou de réserve a été étudiée à fond l'an dernier, et un temps considérable a été consacré au rassemblement de renseignements précieux qui ont été imprimés et qui sont maintenant à la disposition des honorables membres.

12. Il est possible que tout changement apporté à loi des Banques puisse avoir une répercussion plus ou moins grande sur les intérêts des déposants.

13. Mais devrions-nous nous efforcer de suggérer des modifications que le Parlement approuvera probablement, en visant tout d'abord à augmenter d'une façon certaine et directe la sécurité des déposants.

14. A mon avis, telles étaient les instructions de la Chambre.

15. En agissant autrement nous changerions nos pouvoirs limités en des pouvoirs illimités, ce qui comporterait probablement la révision de toute la loi.

16. A mon humble avis, je suis obligé d'en arriver à cette décision, et en conséquence de décréter que la question embrassée par la motion de M. Shaw, à savoir, le but, l'organisation et le fonctionnement d'une banque centrale ou de réserve, ne tombe pas dans le domaine de notre enquête.

APPENDICE No 1

M. Shaw propose, appuyé par M. Spencer:

"Que la décision du Président ne soit pas soutenue."

La proposition de M. Shaw est battue au vote; Pour 12, contre 14. Les noms étant appelés, ils se partagent comme suit:

Pour: Messieurs Benoît, Coote, Elliott, Garland, Good, Hodgins, Maclean (York), Macphail (Mlle), McMaster, Shaw, Spencer, Ward.—12.

Contre: Messieurs Carmichael, Carruthers, Clifford, Duncan, Grimmer, Hanson, Hatfield, Hudson, Hughes, Kellner, McTaggart, Marler, Ryckman, Stevens.—14.

M. Ladner propose, appuyé par M. Good:

"Qu'un rapport soit présenté à la Chambre lui demandant que l'ordre de référence soit étendu de façon à comprendre l'étude et la considération de l'objet, l'organisation et le fonctionnement de quelque type de banque centrale ou de réserve bien administrée."

La proposition est adoptée au vote. Les noms étant appelés, ils se partagent comme suit:—

Pour: Messieurs Benoît, Carruthers, Clifford, Coote, Clifford, Elliott (Dundas), Euler, Garland, Hodgins, Hudson, Hughes, Kellner, Ladner, Maclean, McKay, McMaster, McTaggart, Sales, Shaw, Spencer, Ward, Woodsworth.—22.

Contre: Messieurs Carmichael, Grimmer, Hanson, Hatfield, Marler, Ryckman, Stevens.—7.

Ce rapport est présenté à la Chambre le 21 mai 1924 (Voir page 295, Procès-verbaux.) Le rapport étant soumis à l'approbation de la chambre le 2 juillet 1924 est battu au vote. (Voir page 471, Procès-verbaux.)

M. Pole continue son témoignage, puis se retire.

Le comité ajourne à 1.15 p.m. pour s'assembler de nouveau à 11 heures le lendemain, jeudi, le 22 mai 1924.

S. R. GORDON,
Greffier du comité.

CHAMBRE DES COMMUNES,
SALLE DU COMITÉ, N° 429,
Le JEUDI, 22 mai 1924.

Le comité s'assemble à 11 heures du matin.

Le président, M. Vien, occupe le fauteuil.

PRÉSENTS: Messieurs Baxter, Benoît, Bird, Bristol, Cahill, Carmichael, Carruthers, Chevrier, Clifford, Coote, Descoteaux, Duncan, Elliott (Dundas), Euler, Garland (Bow River), German, Good, Grimmer, Hanson, Hatfield, Healy, Hodgins, Hudson, Hughes, Kellner, Ladner, McBride, Macdonald (Pictou), Maclean (York), Macphail (Mlle), Messieurs McKay, McMaster, McQuarrie, McTaggart, Marler, Maybee, Millar, Papineau, Power, Rankin, Ryckman, St-Père, Sales, Shaw, Sinclair (Oxford), Sinclair (Queens, I.P.-E.), Spencer, Steedsman, Stevens, Tobin, Vien, Ward, Woods et Woodsworth—54.

Avis de motions

M. Hughes donne avis qu'à une date subséquente il proposera la résolution suivante:—

"Que la loi des Banques soit modifiée en y ajoutant comme paragraphe trois de l'article 125, ce qui suit:—

" (3) Le transfert ou la vente d'actions de la banque par les directeurs ou autres fonctionnaires supérieure de la banque, accompli au cours d'une période d'une année avant la suspension, par la banque, du paiement de quelqu'un de ses engagements à échéance, en espèces ou en billets du Dominion, sera nul et sans effet à l'option du cessionnaire qui pourra retourner ces actions ou quelqu'une de ces actions au cédant et sera en conséquence autorisé à recouvrer le montant du prix d'achat de ces actions, et, au cas ou cette option serait exercée le cédant sera et est responsable comme actionnaire aux termes du paragraphe un de cet article et le cessionnaire ne sera aucunement responsable au sujet des dites actions aux termes dudit paragraphe un de cet article."

Sur proposition de Messieurs McKay et McBride, il est.

Ordonné,—Que le nombre de copies des rapports de ce comité, qui seront envoyées aux membres du comité, soit limité à un maximum de dix chacun.

M. John W. Pole, inspecteur en chef des " National Banks," Washington, D.C., qui est encore présent, termine son témoignage, et est dispensé de comparaître à l'avenir. Le président remercie M. Pole, au nom du comité, d'avoir bien voulu rendre témoignage, et celui-ci fait une réponse appropriée.

Le comité ajourne à 12.50 p.m. pour s'assembler de nouveau à 2 heures p.m. le même jour.

Le comité s'assemble de nouveau à 2 heures p.m., le président, M. Vien, occupe le fauteuil.

M. J. Skelton Williams, financier de Richmond, E.-U.A., qui avait répondu à l'appel du comité, est appelé et assesmenté; il rend témoignage et est dispensé de comparaître subséquemment. Le président remercie M. Williams, au nom du comité, d'avoir bien voulu rendre témoignage, et celui-ci fait une réponse appropriée.

Le comité ajourne à 5.10 heures p.m. pour s'assembler de nouveau à 11 heures du matin, jeudi, le 27 mai 1924.

S. R. GORDON,
Greffier du comité.

CHAMBRE DES COMMUNES,
SALLE DU COMITÉ, N° 429,
Le MARDI, 27 mai 1924.

Le comité s'assemble à 11 heures a.m.

Le président, M. Vien, occupe le fauteuil.

PRÉSENTS: Messieurs, Carmichael, Carruthers, Coote, d'Anjou, Descoteaux, Elliott (Dundas), Euler, Good, Grimmer, Harris, Healy, Hodgins, Hughes, Irvine, Maclean (York), McKay, McMaster, McQuarrie, McTaggart, Marler, Maybee, Morin, Papineau, Rankin, Robb, Ryckman, St-Père, Shaw, Sinclair (Queens, I.P.-E.), Speakman, Spencer, Stevens, Vien et Ward—35.

APPENDICE No 1

Le président donne lecture de communications reçues de M. Robert Forke, M.P., qui transmet la lettre de Messieurs Campbell et Duke au sujet du change exigé sur les chèques: lettre qui est inscrite au procès-verbal du jour; de M. C. M. Cripton *re* les actionnaires de la Home Bank; de M. David Mills *re* l'inspection des banques; de M. G. G. Henderson, maire de Fernie, C.-B.; de l'Association de Secours pour les déposants de la Home Bank et de l'Organisation des Déposants de la Province de Québec *re* les déposants de la Home Bank; de M. W. O. Sealey *re* les banques d'épargnes postales et l'inspection des banques par le gouvernement.

Le président fait rapport qu'il n'y a pas eu de réunion du sous-comité depuis quelque temps mais que celui-ci a pris des mesures pour que le Dr Tory se présente devant le comité demain, mercredi; il fait également rapport que l'Association des Banquiers a demandé que l'on entende M. Charles E. Neill, président intérimaire de l'Association. Le comité décide d'entendre M. Neill vendredi prochain.

L'honorable M. Robb, ministre suppléant des Finances, expose au comité ce que le gouvernement se propose de faire relativement à la législation concernant l'inspection des banques.

Avis de motion

M. Maclean donne avis qu'à une date ultérieure il présentera la motion suivante:—

"Que de l'avis de ce comité on devrait étendre le système des banques d'épargnes des Postes en permettant l'émission de chèques sur les comptes au bureau de poste où se trouve le dépôt."

Avec le consentement unanime, sur motion de M. McMaster, appuyé par M. McKay:—

Il est ordonné,—"Qu'un rapport soit présenté à la Chambre recommandant que le procès-verbal des séances du comité spécial permanent chargé, à la dernière session, de s'enquérir des conditions de l'agriculture soit référé à ce comité." (La motion est présentée en Chambre, appuyée et adoptée le 27 mai 1924. Voir pages 326 et 327 du procès-verbal.)

M. George Finlayson, surintendant des Assurances, ministère des Finances, Ottawa, présent à la demande du comité, est appelé et examiné; le témoin se retire.

Le comité ajourne à 1.05 p.m., pour se réunir de nouveau la lendemain, à 11 heures de l'avant-midi, mercredi, le 28 mai 1924.

S. R. GORDON,
Greffier du comité.

CHAMBRE DES COMMUNES,
SALLE DE COMITÉ N° 429,
Le MERCREDI, 28 mai 1924.

Le comité s'assemble à 11 heures de l'avant-midi, sous la présidence de M. Vien.

Membres présents: Messieurs Benoît, Carmichael, Carruthers, Clifford, Coote, d'Anjou, Duncan, Elliott (Waterloo), Euler, Garland (Bow River), Good, Grimmer, Harris, Hodgins, Hughes, Irvine, Kellner, Maclean (York), McKay, McMaster, McQuarrie, Maybee, Millar, Papineau, Rickman, St-Père, Sales, Senn, Shaw, Sinclair (Queens, I.P.-E.), Speakman, Spencer, Steedsman. Stevens, Vien et Ward—36.

Le président donne lecture d'un nouvel ordre de renvoi, comme suit:

"Que le procès-verbal des séances du comité spécial permanent chargé, à la dernière session de s'enquérir des conditions de l'agriculture soit référé à ce comité."

Avis de motion

M. Hodgins donne avis qu'à une séance ultérieure il présentera la motion suivante:—

"Résolu que l'article 131 de la Loi des banques soit amendé de façon à ce que les dépôts du gouvernement n'aient pas la préséance sur les dépôts privés."

M. Coote donne avis qu'à une date ultérieure il présentera la motion suivante:

"Que de l'avis de ce comité, on devrait, au cours de la session actuelle, présenter la législation nécessaire pour l'établissement du crédit à long terme."

Le docteur H. M. Tory, président de l'Université de l'Alberta et président actif de la Commission des Recherches industrielles, présent à la demande du comité est appelé, assermenté et examiné; le témoin se retire.

Le comité ajourne à 1 heure de l'après-midi pour se réunir de nouveau à 8.30 p.m., le même jour.

Le comité s'assemble à 8.30 p.m., sous la présidence de M. Vien.

Le docteur Tory, de nouveau présent, poursuit son témoignage, puis se retire.

Le comité ajourne à 10.55 p.m., pour se réunir de nouveau à 10 heures de l'avant-midi, vendredi le 30 mai 1924.

S. R. GORDON,
Greffier du comité.

CHAMBRE DES COMMUNES,
SALLE DU COMITÉ, N° 429,
Le VENDREDI, 30 mai 1924.

Le comité se réunit à 10 heures de l'avant-midi, sous la présidence de M. Vien.

Membres présents: Messieurs Benoît, Black (Halifax), Cahill, Caldwell, Carruthers, Clark, Clifford, Coote, Euler, Garland (Bow River), German, Good, Grimmer, Hanson, Hatfield, Healy, Hodgins, Hughes, Irvine, Kellner, Ladner, McBride, Mackinnon, Maclean (York), McKay, McQuarrie, Maybee, Miller, Rankin, Ryckman, St-Père, Sales, Sinclair (Queens (île du P.-E.), Steedsman, Stevens, Tobin, Vien, Ward, Woods, Woodsworth.—40.

Après considération des bills privés,—

APPENDICE No 1

Le président donne lecture de la lettre suivante reçue de M. A. W. Mellon:—

SECRÉTARIAT DE LA TRÉSORERIE,

WASHINGTON, 26 mai 1924.

(Sceau)

CHER MONSIEUR,—J'ai reçu votre lettre du 23 mai, et si la Trésorerie peut faire davantage pour aider votre comité dans ses travaux d'enquête, veuillez m'en informer.

Bien à vous,

(Signé) A. W. MELLON,
Secrétaire de la Trésorerie.

THOMAS VIEN,
    Président du comité des Banques et du Commerce,
        Chambre des Communes,
            Ottawa, Canada.

Avis de motion

M. McQuarrie donne avis qu'à une date ultérieure il présentera la motion. suivante:—

" Que l'on prie le sous-ministre des Finances, ou quelque autre fonctionnaire de ce ministère délégué par lui, de comparaître devant ce comité pour rendre témoignage sur le système actuel de réescompte et, en général, sur les règlements qui déterminent les rapports entre le ministère des Finances et les banques et l'application de la Loi des banques."

M. Coote donne avis qu'à une date ultérieure il présentera la motion suivante:—

" Que ce comité recommande l'adoption d'un amendement à la Loi des banques stipulant que dans chaque succursale d'une banque chartrée au Canada on affiche en gros caractères, bien à la vue, un avis déclarant que le gouvernement du Canada ne se tient nullement responsable des dépôts faits à la dite banque."

M. Coote donne avis qu'à une séance ultérieure il présentera la motion suivante:—

" Que la Loi des banques soit amendée en y ajoutant ce qui suit comme article 113-A:—

' Dans les quinze jours qui suivent la fin de chaque mois civil, on affichera dans chacune des succursales des banques, bien en vue du public, un état signé par le gérant, ou gérant suppléant, de la succursale et indiquant le total des dépôts et le total des prêts courants dans la dite succursale au dernier jour du mois précédent.' "

Avec le consentement unanime, sur motion de M. Shaw, appuyé par M. Good,

Il est ordonné: Que le président nomme un sous-comité de **7** membres de ce comité pour étudier et considérer une loi d'urgence appropriée que le gouvernement fédéral adopterait pendant la session actuelle à l'effet de permettre temporairement les crédits ruraux à long terme;

Et, de plus, que ledit sous-comité étudie la Loi des faillites actuelle dans le but d'y apporter les modifications qui rendraient cette loi plus conforme aux besoins et aux conditions des districts agricoles;

Et, de plus, que ledit sous-comité soumette ses recommandations sur ces questions à ce comité à une date aussi rapprochée que possible.

M. C. E. Neill, président suppléant de l'Association des banques canadiennes, Montréal, présent est appelé, assermenté et examiné; le témoin se retire.

Le comité ajourne à 1.35 p.m., pour se réunir de nouveau à 4 heures de l'après-midi du même jour.

La comité se rassemble à 4 p.m. sous la présidence de M. Vien.

Le docteur Tory, de nouveau présent, poursuit son témoignage, puis se retire.

Le comité ajourne à 6.05 p.m. pour se réunir de nouveau à 11 heures de l'avant-midi, jeudi le 5 juin 1924.

S. R. GORDON,
Greffier du comité.

CHAMBRE DES COMMUNES,

SALLE DE COMITÉ,

JEUDI, le 5 juin 1924.

Le comité se réuni à 11 heures de l'avant-midi sous la présidence de M. Vien.

Membre présents:—Messieurs Benoit, Black (Halifax), Carmichael, Carruthers, Clifford, Coote, Descoteaux, Duncan, Elliott (Dundas), Euler, Garland (Bow River), German, Good, Harris, Hatfield, Healy, Irvine, Kellner, Ladner, Maclean (York), Macphail (Mlle), McCrea, McKay, McQuarrie, McTaggart, Malcolm, Marler, Maybee, Miller, Morin, Robb, St-Père, Sales, Shaw, Sinclair (Oxford), Spencer, Steedsman, Stevens, Vien et Ward—40.

Le président lit une lettre qu'il a reçue de M. J. W. Pole, examinateur en chef des banques Nationales, Washington, D.C.

Le président fait rapport que, conformément aux instructions du comité, il a nommé un sous-comité de sept membres, savoir, MM. Coote, Euler, McKay, McMaster, Shaw, Stevens et Vien, pour étudier avec le docteur H. M. Tory, la question de l'urgence de l'adoption d'une législation relative au crédit rural et pour faire rapport au comité.

M. McKay, au nom du sous-comité sur les crédits ruraux, rapporte progrès.

Avis de motion

M. Coote soulève la question de l'intégralité des rapports imprimés du comité et donne avis qu'à une date ultérieure il présentera la motion suivante:—

"Que ce comité demande à la Chambre des Communes l'autorisation de faire imprimer toute partie de ses discussions qu'il jugera à propos."

M. Coote donne aussi avis qu'à une séance ultérieure il soumettra la motion suivante:—

"Que, de l'avis de ce comité, la Loi des banques devrait être amendée en y ajoutant un article limitant le montant du prêt que toute banque peut accorder à toute personne, firme ou corporation à 10 p. 100 du capital payé et de la réserve de la dite banque."

M. Robb, ministre suppléant des Finances, donne avis qu'à une date ultérieure il présentera ce qui suit:—

Bill intitulé " Loi modifiant la Loi des banques."

L'article 56A de la Loi des banques est abrogé et remplacé par le suivant:

INSPECTION

56A. Le ministre désignera une personne qui possède la formation et l'expérience voulues pour remplir les fonctions ci-après décrites. Ladite personne sera connue sous le nom d'"Inspecteur général des banques ", mais ci-après on le nomme ' l'inspecteur.'

2. L'inspecteur restera en fonctions tant qu'il aura la conduite qu'il importe d'avoir, mais pourra être démis de ses fonctions par le Gouverneur en conseil pour inconduite ou incapacité, inhabilité ou défaut de s'acquitter de ses fonctions comme il convient.

3. Si l'inspecteur est démis de ses fonctions pour l'une des raisons ci-haut, l'arrêté ministériel effectuant cette démission et les documents y relatifs devront être soumis au Parlement dans les quinze jours de la session suivante.

4. L'inspecteur, le temps qu'il sera en fonctions, ne rendra aucun service rémunéré autre que le service rendu par lui sous le régime des dispositions de cet article.

5. Le ministre peut nommer ou employer, sur la recommandation du sous-ministre des Finances et de l'inspecteur, toutes personnes d'expérieuce et au courant et tous aides aux écritures qui pourront sembler nécessaires pour effectuer les dispositions de cet article et leur donner plein effet. Les personnes ainsi nommées ou employées auront droit à un salaire ou rémunération que le ministre pourra établir.

6. L'inspecteur, ou une autre personne nommée ou employée en vertu des dispositions de cet article fera sous sa direction, au moins une fois par année civile, et plus souvent si l'inspecteur ou le ministre le juge à propos, un examen et une enquête sur les opérations ou les activités de chaque banque, et adressera ensuite un rapport au ministre. Cet examen et cette enquête se feront au bureau chef de la banque ou au bureau du gérant général si le bureau de ce dernier n'est pas au bureau chef de la banque, et il ne sera pas nécessaire que l'inspecteur, ou cette autre personne, conduise une partie de cet examen dans les succursales de la banque à moins qu'il ou qu'elle ne juge que les rapports des succursales ou autres renseignements, ou l'absence de ces derniers. rendent l'examen de certaines succursales nécessaire.

7. Une copie de tous les rapports faits par les vérificateurs d'une banque au gérant général et aux directeurs sous l'empire de l'article qui précède immédiatement, sera transmise ou délivrée au ministre par les vérificateurs en même temps que lesdits rapports sont transmis ou délivrés au gérant général et aux directeurs.

8. L'inspecteur, ou la personne agissant d'après ses instructions, aura le droit d'accès aux livres, comptes, documents, pièces justificatives et aux garanties de la banque, et il aura le droit d'exiger et de recevoir des directeurs, officiers et vérificateurs de la banque, toutes informations et explications qu'il jugera nécessaires pour l'accomplissement de ses fonctions.

9. L'inspecteur, ou la personne agissant sous sa direction, a le pouvoir d'examiner sous serment le gérant général, et tout autre officier de la banque, et un gérant général ou autre officier qui refuse de se soumettre à cet examen se rend coupable d'un délit contre cette loi et est passible des peines qu'énonce l'article 157 de cette loi.

10. Chaque fois que l'inspecteur est convaincu qu'une banque est insolvable, il fera un rapport complet sur l'état de la banque au ministre, et le ministre peut, sans attendre que la banque suspende les paiements en espèces ou en billets du Dominion, de ses obligations à mesure qu'elles s'accumulent, prier l'Association ou son président, de nommer un curateur afin de surveiller les affaires de ladite banque, et cette requête aura le même effet que si la banque avait suspendu les paiements en espèces ou en billets du Dominion, d'aucune de ses obligations à mesure qu'elles s'accumulaient, et un curateur sera nommé immédiatement tel que prévu à l'article 117 de cette Loi.

11. L'inspecteur recevra un traitement fixé par le ministre ne dépassant pas $25,000 par année.

12. Tous les traitements, rémunérations et autres dépenses résultant de la mise en vigueur du présent article seront pris sur le Fonds du revenu consolidé, et le Fonds du revenu consolidé, au bout de chaque année civile, sera remboursé de ces frais par une imposition sur les banques établie d'après l'actif total moyen de chaque banque pendant l'année, tel qu'indiqué par les rapports mensuels adressés par les banques au ministre, conformément à l'article 112, et cette imposition sera payée par les banques.

13. Toutes les personnes nommées en vertu du présent article seront fonctionnaires du ministère des Finances, mais les dispositions de la loi du Service civil, 1918, ne s'appliqueront pas à ces personnes.

14. Tout administrateur, président, gérant général ou fonctionnaire supérieur d'une banque qui, directement ou indirectement, consent un prêt ou un octroi ou accorde une gratification à l'inspecteur ou à toute autre personne désignée ou employée en vertu du présent article, et l'inspecteur ou toute telle personne qui accepte ou reçoit directement ou indirectement tout tel prêt, octroi ou gratification commet un délit contre la présente loi et encourt les peines prévues à l'article 157 de la présente loi, outre toute punition autrement prévue.

15. L'inspecteur ou toute personne nommée ou employée en vertu du présent article qui divulgue à toute autre personne, sauf le ministre et le sous-ministre des Finances, un renseignement quelconque concernant une banque, ses opérations ou affaires, commet un délit contre la présente loi et encourt les peines prévues à l'article 157 de la loi.

16. Pourvu toutefois que le gouvernement n'encoure aucune responsabilité quelconque envers quelque dépositaire, créancier ou actionnaire d'une banque, ou envers quelque autre personne, pour tous dommages qu'ils pourraient subir, pour tout paiement, compensation ou indemnité qu'ils pourraient réclamer en raison du présent article ou de toute disposition du présent article, ou en raison de quelque chose fait ou omis en vertu des dispositions du présent article, ou en raison d'une chose omise qui est requise par les présentes, ou en raison de tout ordre ou direction du gouverneur en conseil ou du ministre dans l'exécution ou l'application des pouvoirs ou de quelque pouvoir conférés par le présent article, ou en raison de quelque manquement ou omission de la part du gouverneur en conseil ou du ministre ou de l'inspecteur, ou de tout officier ou employé du gouvernement, d'exécuter ou remplir tous pouvoir,

charge ou devoir ci-imposés, ou autrement en raison de tout défaut, négligence, méprise, erreur ou omission dans l'application ou exécution des pouvoirs ou devoirs qui en toute circonstance sont prévus ou autorisés pour être exécutés ou accomplis; et aucun de ces paiements, dommages, compensation ou indemnité, ni aucune réclamation y relative, ne seront en aucun cas autorisés, payés ou acceptés par le gouvernement.

Le présent article entrera en vigueur le premier jour d'octobre mil neuf cent vingt-quatre, mais il ne sera pas obligatoire pour l'inspecteur d'examiner toutes les banques sous l'empire du présent article pendant l'année civile mil neuf cent vingt-quatre.

Une discussion s'ensuit.

M. GEORGE EDWARDS, présent, est appelé, assermenté et examiné; le témoin se retire.

Le comité ajourne à 1.15 p.m. pour se réunir de nouveau à 11 heures de l'après-midi, mardi le 10 juin 1924.

S. R. GORDON,
Greffier du comité.

CHAMBRE DES COMMUNES,
SALLE DE COMITÉ 429,
MERCREDI, le 11 juin 1924.

Le comité se réunit à 11 heures de l'avant-midi.

Membres présents:—Messieurs Benoît, Black (Halifax), Carmichael, Carruthers, Casgrain, Clifford, Coote, Descoteaux, Elliott (Dundas), Euler, Fafard, Garland (Bow River), Good, Grimmer, Hanson, Healy, Hodgins, Hughes, Irvine, Kellner, Maclean (York), Macphail (Mlle), McKay, McMaster, McQuarrie, Marler, Maybee, St.-Père, Sales, Shaw, Sinclair (Oxford), Spencer, Ward et Woods—34.

Le greffier informe le comité que le président a été forcé de s'absenter.

Sur motion de M. McKay, appuyé par M. Irvine, M. McMaster est élu président suppléant.

Le président suppléant lit des communications reçues du comité de secours des déposants de la Home Bank, Toronto, et les réponses du greffier à ces communications.

M. McKay, au nom du sous-comité sur les crédits ruraux, rapporte progrès.

Avis de motion

M. Coote, ou nom de M. Ladner, donne avis qu'à une date ultérieure il présentera la motion suivante:—

" *Résolu*,—Que ce comité recommande au Parlement l'établissement, dans les banques chartrées du Canada, d'une classe additionnelle de comptes d'épargne avec entente que toute personne qui fera un dépôt dans cette classe de comptes, dans toute banque ou succursale de cette banque, sera protégée contre toute perte jusqu'à la somme de $3,000 par l'établissement d'une caisse basée sur le principe de l'assurance dont les primes seront payées par le déposant et par la banque dans la proportion que l'on déterminera; et que le gouvernement arrête les détails et les données d'actuaire nécessaires à l'organisation du dit projet et, après conférence avec les institutions bancaires du Dominion, que l'on adopte la législation pour mettre en pratique les résultats de la dite conférence et le projet que l'on pourrait arrêter."

Avis ayant été donné, sur proposition de M. McQuarrie, appuyé par M. Maclean:—

Il est ordonné,—"Que l'on prie le sous-ministre des Finances, ou quelque autre fonctionnaire de ce ministère délégué par lui, de comparaître devant ce comité pour rendre témoignage sur le système actuel de réescompte et, en général, sur les règlements qui déterminent les rapports entre le ministère des Finances et les banques et l'application de la Loi des banques."

Avec le consentement unanime, sur proposition de M. Coote, appuyé par M. Marler:—

Il est ordonné,—"Que la motion actuellement devant la Chambre sur l'approbation du rapport du comité demandant une extension de pouvoir afin de permettre l'étude de la question de l'établissement d'une banque centrale, soit proposée mardi prochain."

Avec le consentement unanime, sur proposition de M. Irvine, appuyé par M. Maclean:—

Il est ordonné,—"Que les représentants du comité de secours des déposants de la Home Bank soient entendus à une date que l'on fixera plus tard vu qu'il est préférable d'attendre que le comité ait reçu le rapport du juge McKeown que l'on attend sous peu."

M. HENRY T. ROSS, secrétaire de L'Association des banques canadiennes, Toronto, Ontario, présent, est appelé, assermenté et examiné; le témoin se retire.

Le comité ajourne à 1.15 p.m. pour se réunir de nouveau à 10 heures de l'avant-midi, jeudi le 12 juin 1924.

S. R. GORDON,
Greffier du comité.

CHAMBRE DES COMMUNES,
SALLE DE COMITÉ 429,
JEUDI, 12 juin 1924.

Le comité se réunit à 11 heures de l'avant-midi sous la présidence de M. McMaster, président suppléant.

Membres présents: Messieurs Benoît, Black (Halifax), Cahill, Caldwell, Carmichael, Chevrier, Coote, d'Anjou, Desaulniers, Descoteaux, Duncan, Elliott, Euler, Garland (Bow-River), Good, Harris, Healy, Hodgins, Hudson, Hughes, Irvine, Macdonald (Pictou), Mackinnon, Maclean (York), McCrea, McKay, McMaster, McQuarrie, Malcolm, Marler, Maybee, Miller, Morin, Rankin, Robb, Robichaud, Ryckman, St-Père, Sales, Sinclair (Oxford), Sinclair (Queens, I. du P.-E.), Speakman, Spencer, Steedsman, Stork, Vien, Ward et Woods.—48.

Après considération des bills privés,—

APPENDICE No 1

Le greffier donne lecture des ordres de renvoi additionnels qui suivent:—

JEUDI, 5 juin 1924.

Sur motion de M. Vien, ordonné,—Que le comité des Banques et du Commerce reçoive instruction de déposer sur la Table de la Chambre, comme partie de son sixième rapport les minutes et procès-verbaux de toutes ses réunions durant la session actuelle, antérieures à l'adoption dudit rapport.

Certifié.

W. B. NORTHRUP,
Greffier, Chambre des Communes.

MERCREDI, le 11 juin 1924.

Sur motion de M. Mackenzie King (York), ordonnée,—Que le rapport intérimaire de la commission royale concernant la *Home Bank* soit référé au comité des Banques et du Commerce.

Certifié.

W. B. NORTHRUP,
Greffier, Chambre des Communes.

Avec le consentement unanime, sur proposition de M. Irvine, appuyé par M. Spencer:

Il est ordonné.—"Que le président nomme un sous-comité de membres pour étudier le rapport préliminaire de juge McKeown sur la Home Bank et pour faire rapport à ce comité qui étudiera ses recommendations."

Avec le consentement unanime, sur proposition de M. Coote, appuyé par M. Benoît:

Il est ordonné,—Que le rapport du juge McKeown sur la Home Bank soit imprimé comme faisant partie du procès-verbal de ce jour. (Voir page xli.)

Avec le consentement unanime, sur proposition de M. Maclean, appuyé par M. Spencer:—

Il est ordonné,—Que le directeur général des Postes, ou un représentant de son département, soit invité à comparaître devant ce comité pour y expliquer le système des banques d'épargne des Postes.

Avis de motion

M. Spencer donne avis qu'à une date ultérieure il présentera la résolution suivante:—

"Résolu,—Qu'un amendment soit apporté à l'article 88a S.S. en y insérant les mots ' jusqu'à concurrence de $1,000 ' après le mot ' loi ' dans la seconde ligne de cet article."

M. George Finlayson, surintendant des Assurances, ministère des Finances, Ottawa, présent, poursuit son témoignage puis se retire.

M. J. C. Saunders, sous ministre des Finances, présent, est appelé, rend témoignage puis se retire.

Le comité ajourne à 1.15 p.m. pour se réunir de nouveau à 3.30 p.m., le même jour.

Le comité se réunit à 3.30 p.m. sous la présidence de M. Vien.

M. J. C. Saunders poursuit son témoignage puis se retire.

14-15 GEORGE V, A. 1924

Sur proposition de M. Spencer, l'avis de motion n° 11, bill intitulé " Loi modifiant la Loi des banques " présenté au nom du ministre suppléant des Finances, est mis à l'étude.

L'alinéa 1 était à l'étude à 5.10 p.m. lorsque le comité ajourna pour se réunir de nouveau à 11 heures de l'avant-midi, mardi le 17 juin 1924.

S. R. JORDON,
Greffier du comité.

CHAMBRE DES COMMUNES,
SALLE DE COMITÉ 429,
MARDI, 17 juin 1924.

Le comité se réunit à 11 a.m. sous la présidence de M. Vien.

Membres présents: Messieurs Benoît, Carmichael, Carruthers, Clifford, Coote, Descoteaux, Duncan, Elliott (Dundas), Garland (Bow-River), Good, Grimmer, Hanson, Healy, Hodgins, Hughes, Irvine, Kellner, Maclean (York), Macphail (Mlle), McCrea, McKay, McQuarrie, Marler, Maybee, Miller, Papineau, St-Père, Sales, Sinclair (Queens, I. du P.-E.), Spencer, Steedsman, Tobin, Vien, Woods et Woodsworth—35.

Le président donne lecture d'une lettre qu'il a reçue de Mme Mary Forsythe, Coal-Creek, C.-B., relativement à la Home Bank et de la réponse qu'il a faite.

Le président lit devant le comité la correspondance échangée entre le comité de secours des déposants de la Home Bank, Toronto, et le président et le greffier de ce comité. On ordonne de mettre cette correspondance au procès-verbal du jour comme suit:—

(Copie)

BUREAU DU TÉLÉGRAPHE DE LA COMPAGNIE DU PACIFIQUE-CANADIEN

TORONTO, 5 juin 1924.

Lieutenant-colonel THOMAS A. VIEN, C.R., M.P.,
    Président du comité des Banques et du Commerce, Ottawa.

Le comité exécutif de l'Association des déposants de la Home Bank désire obtenir l'opportunité d'exposer les faits de cette question devant votre comité jeudi prochain, ou mardi, mercredi ou jeudi de la semaine la plus rapprochée que possible. Nous aimerions à faire entendre trois témoins. Une réponse dans le plus court délai possible nous obligerait. Notre lettre suit.

(Signé)   I. E. WELDON,
Secrétaire du comité de secours des déposants de la Home Bank.

APPENDICE No 1

(Copie)

ASSOCIATION DE SECOURS DES DÉPOSANTS DE LA HOME BANK

8 rue Kingt ouest,

Toronto, 5 juin 1924.

Lieutenant-colonel Thomas A. Vien, C.R., M.P.,
Président du comité des Banques et du Commerce,
Chambre des Communes,
Ottwa, Ont.

Cher monsieur:

Je désire confirmer le télégramme que l'on vous a adressé aujourd'hui comme suit:—

"Le comité exécutif des déposants de la Home Bank désire obtenir l'opportunité d'exposer les faits de cette question devant votre comité, jeudi prochain, ou mardi, mercredi ou jeudi de la semaine la plus rapprochée que possible. Nous aimerions à faire entendre trois témoins. Une réponse dans le plus court délai possible nous obligerait. Notre lettre suit."

Bien à vous,

(Signé)   I. E. WELDON,
Secrétaire du comité de secours des déposants de la Home Bank.

(Copie)

LETTRE TÉLÉGRAPHIQUE DE NUIT
BUREAU DU TÉLÉGRAPHE DES CHEMINS DE FER NATIONAUX
DU CANADA

Ottawa, Ont., 6 juin 1924.

I. E. Weldon,
Secrétaire du comité de secours des déposants de la Home Bank,
8, rue King ouest, Toronto.

Votre télégramme et votre lettre du 5 courant adressés au président du comité des Banques et du Commerce seront placés devant le comité à la première séance mercredi prochain, le 11 courant, et nous vous communiquerons sa décision immédiatement.

S. R. JORDON,
Greffier du comité.

Télégramme de nuit acquitté.

Au compte du comité des Banques.

(Copie)

COMITÉ PERMANENT DES BANQUES ET DU COMMERCE

M. I. E. WELDON, secrétaire,
   Comité de secours des déposants de la Home Bank,
      8 rue King ouest, Toronto, Ont.

VENDREDI, 6 juin 1924.

CHER MONSIEUR,—Nous vous confirmons par la présente le télégramme qu'on vous a adressé ce soir en réponse à votre télégramme et à votre lettre au président du comité.

Aussitôt que le comité aura décidé de la date à laquelle il pourra vous entendre et du nombre de témoins, je serai heureux de vous en avertir.

Dans l'intervalle, je vous adresse par la poste, comme secrétaire du comité de secours des déposants de la Home Bank, une copie imprimée des témoignages rendus jusqu'à date devant le comité; aussi les " ordres du jour " pour mercredi contenant les 'avis de motion'.

Bien à vous,

S. R. GORDON,
Greffier du comité.

(Copie)

Télégramme de nuit

BUREAUX DU TÉLÉGRAPHE DES CHEMINS DE FER NATIONAUX DU CANADA

OTTAWA, ONT., 11 juin 1924.

I. E. WELDON,

Secrétaire du comité de secours des déposants de la Home Bank, 8 rue King ouest, Toronto.

Comité des Banques, Chambre des Communes, a décidé aujourd'hui d'entendre trois représentants de votre organisation à une date qui sera fixée après étude du rapport McKeown. Serez informé de la date fixée.

S. R. GORDON,
Greffier du comité.

Télégramme de nuit acquitté.

Au compte du comité des Banques.

APPENDICE No 1   •

(Copie)

ASSOCIATION DE SECOURS DES DÉPOSANTS DE LA HOME BANK
8 rue King ouest, TORONTO, ONT.,

12 juin **1924**.

S. R. GORDON,
    Greffier du comité des Banques et du Commerce,
        Chambre des Communes,
           Ottawa, Ont.

CHER MONSIEUR,—Je dois vous accuser réception de votre télégramme du 11 juin nous informant que le comité avait décidé d'entendre trois représentants de l'organisation des déposants de la Home Bank à une date que décidera le comité lorsqu'il aura reçu le rapport du juge McKeown, et disant que vous nous en informerez.

Nous voyons dans les journaux que le rapport du juge McKeown est actuellement entre les mains du gouvernement et nous supposons que le comité en prendra bientôt connaissance.

Vous remerciant de votre prompte transmission de la décisions du comité.

Bien à vous,

(Signé)   I. E. WELDON,
Secrétaire du comité de secours des déposants de la Home Bank.

BUREAUX DU TÉLÉGRAPHE DES CHEMINS DE FER NATIONAUX DU CANADA

OTTAWA, ONT., 14 juin **1924**.

W. T. J. LEE,
    Président de l'Association de secours des déposants de la Home Bank, 8 rue King ouest, Toronto.

J'ai remarqué dans le *Citizen* de ce matin un compte rendu de vos déclarations d'hier soir à l'effet que vous n'aviez pas reçu de réponse à la lettre dans laquelle on demandait au comité des Banques et du Commerce de recevoir des représentants des déposants. Veuillez vous informer auprès de M. Weldon, votre secrétaire, s'il n'a pas reçu un télégramme et une lettre en date du six juin et un télégramme daté du 11 du même mois. Veuillez faire disparaître l'impression créée dans les journaux à l'effet que le comité n'a pas répondu à votre message.

THOMAS VIEN,
Président.

COMITÉ PERMANENT DES BANQUES ET DU COMMERCE

Bureau du président.

OTTAWA, ONT., 14 juin 1924.

W. J. LEE,

Président, Association de secours des déposants de la Home Bank, 8 rue King ouest, Toronto, Ont.

CHER MONSIEUR,—Je désire vous confirmer par la présente mon télégramme de ce matin. J'ai lu avec surprise dans les journaux du matin que l'on n'avait pas reçu de réponse au message demandant si le comité des Banques et du Commerce recevrait une députation représentant tous les déposants. Vous trouverez par la copie de la correspondance échangée et dont je vous inclus copie, que le comité a répondu immédiatement à votre demande et par télégramme et par lettre.

Puis-je ajouter que le comité a cru bon d'étudier le rapport du juge Mc-Keown avant de vous recevoir afin de pouvoir être en meilleure mesure d'apprécier vos représentations lorsque votre délégation se présentera.

Je dirai que nous tâcherons de fixer la date au 19 ou au 20 pour la réception de votre délégation. Le comité siégera mardi le 17 courant et fixera alors une date et vous en serez informé immédiatement.

Bien à vous.

(Signé) THOMAS VIEN,
Président.

(Copie)

BUREAUX DU TÉLÉGRAPHE DES CHEMINS DE FER NATIONAUX DU CANADA

TORONTO, 16 juin 1924.

Lieut.-col. VIEN, C.R., M.P.,
Ottawa.

Viens de recevoir votre télégramme, n'ai jamais fait telle déclaration aux journaux, erreur quelque part, expliquez au comité, serai à Ottawa mardi matin et vous verrai aussitôt après arrivée.

W. T. J. LEE.

(Copie)

BUREAU DU TÉLÉGRAPHE DU PACIFIQUE-CANADIEN

TORONTO, ONT., 16 juin 1924.

Lieut.-col. THOMAS VIEN, C.R., M.P.,
Ottawa.

Ai été absent du bureau depuis une semaine pour cause de maladie. Viens d'apprendre rapport des journaux, à l'effet que Lee aurait déclaré qu'aucune réponse n'avait été reçue au message demandant au comité des Banques et du Commerce d'entendre délégation. Ne peux comprendre ce rapport; regrette beaucoup. Toute communication adressée à vous et comité Banques et Commerce a reçu réponse prompte et courtoise. Ferai tout en mon pouvoir pour faire disparaître fausse impression.

I. E. WELDON.

M. W. T. J. Lee, président de l'Association de secours des déposants de la Home Bank, Toronto, présent, parle au comité

Le président fait rapport que, d'après les instructions du comité, il a nommé un sous-comité de cinq membres, savoir, MM. Hanson, Irvine, Malcolm, Marler et Vien, pour étudier le rapport préliminaire sur la Home Bank soumis par le juge McKeown et expose au comité les recommandations du sous-comité à ce sujet.

Le président, au nom du sous-comité, dit qu'on s'est réuni ce matin et que l'on désire rapporter progrès et demander l'autorisation de siéger de nouveau.

M. Spencer propose, appuyé par M. Healy:—

" Que le sous-comité chargé d'étudier le rapport McKeown soit porter à sept membres."

La question est résolue dans l'affirmative.

Avec le consentement unanime, sur proposition de M. Irvine, appuyé par M. Maclean.

Il est ordonné,—Que ce comité entende une députation des déposants de la Home Bank demain en huit, le 25 juin 1924; et que le sous-comité prenne simplement connaissance du rapport McKeown sans entendre de témoins."

Avis de motion

M. Hanson donne avis qu'à une date ultérieure il proposera la motion suivante:—

" Que tous les membres du comité soient priés de donner avis des motions projetées le ou avant le jeudi 19 juin 1924; et que le comité ne reçoive aucun avis de motion après cette date."

M. Coote donne avis qu'à une date ultérieure il proposera la motion suivante:—

" Que l'article 61, alinéa 3-a, soit biffé et remplacé par ce qui suit:— ' 50 p. 100 du montant du capital payé intact de la banque et '."

M. Coote donne avis qu'à une date ultérieure il proposera la motion suivante:—

" Que ce comité est d'avis que la loi des banques devrait être amendée de façon à ce que l'impression et l'émission des billets de banque soient sous le contrôle du ministère des Finances, et que les règlements concernant l'impression et l'émission des dits billets devraient venir du ministère des Finances et non de l'Association des banques."

M. Henry T. Ross, secrétaire de l'Association des banques, Toronto, de nouveau présent, est appelé, rend témoignage puis se retire.

M. Austin Bill, division du revenu, ministère des Postes, Ottawa, présent, est appelé, rend témoignage, puis se retire.

Le comité ajourne à 1.15 p.m. pour se réunir de nouveau à 11 heures de l'avant-midi, mercredi le 18 juin 1924.

S. R. GORDON,
Greffier du comité.

14-15 GEORGE V, A. 1924

CHAMBRE DES COMMUNES,
SALLE DE COMITÉ 429,
MERCREDI, 18 juin 1924.

Le comité se réunit à 11 heures de l'avant-midi sous la présidence de M. Vien.

Membres présents: Messieurs Baxter, Bird, Bristol, Cahill, Caldwell, Carmichael, Carruthers, Casgrain, Clark, Clifford, Coote, Crerar, Desaulniers, Descoteaux, Duncan, Elliott (Dundas), Garland (Bow River), Good, Hanson, Harris, Healy, Hodgins, Hughes, Irvine, Kellner, Maclean (York), Macphail (Mlle), McCrea, McMaster, McQuarrie, Malcolm, Marler, Maybee, Miller, Morin, Papineau, Robb, Shaw, Sinclair (Oxford), Sinclair (Queens, I. du P.-E.), Speakman, Spencer, Steedsman, Tobin, Vien, Ward, Woods et Woodsworth.—46.

Le président donne lecture d'une lettre de l'Association des Voyageurs de commerce du Canada relative à la Home Bank et de la réponse que l'on a envoyée.

Le président fait rapport que, conformément aux instructions du comité, il a ajouté les noms de MM. Healy et Spencer au sous-comité du "rapport McKeown;" que le sous-comité s'est réuni ce matin, désire rapporter progrès et demande permission de siéger de nouveau.

M. Coote, au nom de M. McKay, président du sous-comité sur " les crédits ruraux " rapporte progrès et demande autorisation de siéger de nouveau.

Avis de motion

M. Maclean donne avis qu'à une date ultérieure il proposera la motion suivante:—

> " Que le gouvernement provincial d'Ontario soit prié d'envoyer un représentant de la division d'épargne d'Ontario pour donner au comité une idée de ce que l'on fait dans cette province."

Avis ayant été déjà donné et sur proposition de M. Hanson, appuyé par

M. Maclean:—

> *Il est ordonné*, " Que tous les membres du comité soient priés de donner avis des motions projetées le ou avant le mardi, 24 juin 1924; et qu'un avis de motion ne sera reçu par le comité après cette date à moins d'un vote des deux tiers des membres du comité présents."

Le comité passe ensuite à l'étude de l'avis de motion à l'ordre du jour enregistré au nom de ministre suppléant des Finances et intitulé " Bill intitulé ' Loi modifiant la Loi des banques.' L'article 56A de la Loi des banques est abrogé et on y substitue le suivant. *Inspection.*' "

L'alinéa 1 est lu, modifié et adopté comme suit:—

> A la recommandation du Ministre, le Gouverneur en conseil doit nommer une personne qui, à son avis, possède la formation et l'expérience voulues pour remplir les fonctions ci-après décrites. Ladite personne sera connue sous le nom d'Inspecteur général des banques." Le ministre peut charger quelque autre personne de remplir provisoirement les fonctions d'inspecteur au cas où l'inspecteur, par suite de maladie ou autre éventualité, serait incapable de remplir lesdites fonctions.

L'alinéa 2 est lu, et adopté comme suit:—

2. L'inspecteur reste en fonctions durant bonne conduite, mais peut être démis de ses fonctions par le Gouverneur en conseil pour inconduite ou incapacité, inhabileté ou défaut de s'acquitter de ses fonctions comme il convient.

L'alinéa 3 est lu, modifié et adopté comme suit:—

3. L'inspecteur est démis de ses fonctions pour l'une de ces raisons, l'arrêté en conseil décrétant ce renvoi et les documents qui s'y rattachent doivent être soumis au Parlement dans les quinze premiers jours de la session suivante.

L'alinéa 4 est lu et adopté comme suit:—

4. L'inspecteur, pendant qu'il est en fonctions, ne doit faire aucun service rémunéré autre que le service fait par lui sous le régime des dispositions du présent article.

L'alinéa 5 est lu, modifié et adopté comme suit:—

5. Le Ministre peut nommer ou employer, sur la recommandation du sous-ministre des Finances et de l'inspecteur, les personnes d'expérience et les aides aux écritures qui peuvent sembler nécessaires pour exécuter les dispositions du présent article et leur donner effet. Les personnes ainsi nommées ou employées reçoivent le salaire ou la rémunération qui peut être fixée par le Ministre.

L'alinea 6 est lu. L'étude en est remise à plus tard.

L'alinéa 7 est lu et adopté comme suit:—

7. Une copie de tous les rapports faits par les vérificateurs d'une banque au gérant général et aux directeurs sous l'empire de l'article pui précède immédiatement, est transmise ou délivrée au Ministre par les vérificateurs en même temps que ces rapports sont transmis ou délivrés au gérant général et aux directeurs.

L'alinéa 8 est lu et adopté comme suit:—

8. L'inspecteur, ou la personne agissant d'après ses instructions, a le droit d'accès aux livres et comptes, documents, pièces justificatives et valeurs de la banque, et il a le droit d'exiger et de recevoir des directeurs, fonctionnaires et vérificateurs de la banque les informations et explications qu'il juge nécessaires pour l'accomplissement de ses fonctions.

L'alinéa 9 est lu. L'étude de cet alinéa est remise à plus tard. L'alinéa 10 est lu et adopté comme suit:—

10. "Chaque fois que l'inspecteur est convaincu qu'une banque est insolvable il fera un rapport complet sur l'état de la banque au ministre, et le ministre peut, sans attendre que la banque suspende ses paiements en espèce ou en billets du Dominion, de ses obligations à mesure qu'elles s'accumulent, prier l'Association ou son président, de nommer un curateur afin de surveiller les affaires de ladite banque, et cette requête aura le même effet que si la banque avait suspendue ses paiements en espèces ou en billets du Dominion, d'aucune de ses obligations à mesure qu'elles s'accumulaient, et un curateur sera nommé immédiatement tel que prévu à l'article 117 de cette Loi.

L'alinéa 11 est lu, modifié et adopté comme suit:—

11. L'inspecteur reçevra un traitement fixé par le Gouverneur en conseil sur la recommandation du ministre.

L'alinéa 12 est lu et adopté comme suit:—

12. " Tous les traitements, rémunérations et autres dépenses résultant de la mise en vigueur du présent article seront payés à même le Fonds du revenu consolidé, et le Fonds du revenue consolidé, au bout de chaque année civile, sera remboursé de ces frais par une imposition sur les banques établie d'après l'actif total moyen de chaque banque pendant l'année, tel qu'indiqué par les rapports mensuels adressés par les banques au ministre, conformément à l'article 112, et cette imposition sera payée par les banques.''

L'alinéa 13 est lu. L'étude de cet alinéa est remise à plus tard.

Sur motion de M. Hanson, le comité s'ajourne à 1 h. 20 de l'après-midi pour se réunir de nouveau à 11 heures de l'avant-midi demain, jeudi, le 19 juin 1924.

S. R. GORDON,
Greffier du comité.

CHAMBRE DES COMMUNES,
SALLE DE COMITÉ, 429,
JEUDI, le 19 juin 1924.

Le comité se réunit à 11 heures de l'avant-midi.

Le président, M. Vien, occupe le fauteuil.

Présents: Messieurs Benoît, Black (Halifax), Bristol, Carmichael, Carruthers, Casgrain, Chaplin, Clifford, Coote, Crearer, d'Anjou, Desaulniers, Descoteaux, Duncan, Elliott (Dundas), Garland (Bow River), Good, Grimmer, Guthrie, Hanson, Healy, Hodgins, Hughes, Irvine, Jacobs, Kellner, Maclean (York), Macphail (Mlle), McCrea, McKay, McMaster, McQuarrie, Marler, Maybee, Morin, Papineau, Rankin, St-Père, Shaw, Sinclair (Oxford), Sinclair (Queens, I. P.-E.), Spencer, Steedsman, Tobin, Vien, Ward, Woods et Woodsworth—47.

Le président fait rapport au comité que le greffier a reçu de M. Austin Bill, division des Recettes, ministère des Postes, une série de formules employées dans le service des banques d'épargne postales et que ces formules seront mises au dossier comme Pièce N° 21.

L'avis en ayant été au préalable donné, M. Maclean propose:—

" Que, de l'avis de ce comité, le système des banques d'épargne des bureaux de poste au Canada devrait être étendu en permettant l'émission de chèques tirés sur les comptes aux banques de ce système au bureau où le dépôt est fait."

Le Président donne la décision suivante:—

" J'ai à déclarer que l'Ordre de Renvoi à ce comité nous autorise à étudier les dispositions de la loi des Banques; l'Ordre dit que le comité devrait être prié d'étudier les dispositions de la loi des banques dans le but de recommander les modifications à la loi des banques pouvant le mieux protéger les intérêts des déposants en général. La motion de M.

Maclean prendrait la forme d'une modification à la loi ayant trait au ministère des Postes; c'est pourquoi je ne crois pas que cette motion entre bien dans les cadres tracés par l'Ordre de Renvoi à ce comité."

La décision du Président est maintenue.

Avis de motion

M. Maclean donne avis qu'à une date subséquente il voudrait proposer ce qui suit comme substitution à l'avis de motion donné antérieurement et actuellement inscrit au feuilleton:—

"Que le Gouvernement provincial d'Ontario soit prié d'envoyer un représentant de sa Succursale Provinciale d'épargne dans le but de donner à ce comité une idée des affaires que fait cette banque d'épargne dans cette province; et que le Directeur général des Postes du Canada soit prié de comparaître devant ce comité."

L'avis de motion inscrit sur le feuilleton au nom du ministre suppléant des Finances et intitulé " Bill intitulé ' Loi modifiant la loi des Banques." L'article 56A de la loi des Banques est abrogé et remplacé par le suivant *Inspection.*" de nouveau soumis à l'étude.

L'alinéa 13 est lu comme suit:—

13. Toutes les personnes nommées en vertu du présent article seront fonctionnaires du ministère des Finances, mais les dispositions de la loi du Service civil, 1918, ne s'appliqueront pas à ces personnes."

M. Shaw propose que cet alinéa soit modifié en biffant les trois derniers mots, "à ces personnes ", et les remplaçant par les mots "exception faite des commis nécessaires."

La question étant posée sur la motion de M. Shaw, la motion est rejetée sur la division: pour 10; contre 27.

L'alinéa 13 est adopté tel que lu antérieurement.

L'alinéa 6 est lu comme suit:—

6.—Au moins une fois par année et plus souvent si jugé nécessaire l'Inspecteur effectuera ou fera effectuer un examen et enquête sur les opérations et activités de chaque banque et, à l'issu de cet examen et enquête, fera rapport au ministre. Cet examen et enquête sera fait au bureau-chef de la banque, ou au bureau du gérant général si le bureau du gérant général se trouve situé dans un endroit autre que celui où se trouve le bureau-chef de la banque, et il ne sera pas nécessaire de faire une partie de cet examen dans les succursales de la banque à moins que, de l'avis de l'Inspecteur, un examen soit nécessaire dans l'une quelconque ou dans plusieurs desdites succursales.

M. Robb propose que tous les mots après le chiffre " 6 ", à la première ligne soient biffés et remplacés par les mots suivants:—

6. " De temps à autre, mais pas moins qu'une fois par année, l'inspecteur effectuera ou fera effectuer un examen et une enquête sur les opérations ou les activités de chaque banque selon que la nécessité ou l'à-propos en apparaîtra, et pour ce faire prendra charge de l'actif de la banque ou partie de cet actif, advenant que le besoin s'en fasse sentir, en vue de bien se rendre compte par lui-même que les dispositions de cette loi relatives à la sécurité des créanciers et des actionnaires de cette

banque sont dûment respectées et que la banque est dans un état financier solide. L'inspecteur, à l'issue de cet examn et enquête, fera rapport au ministre de ses conclusions."

La question étant posée sur la motion de M. Robb elle est agréée.

L'alinéa 9 est lu comme suit:—

> 9. L'inspecteur, ou la personne agissant sous sa direction, sera autorisé à interroger sous serment le gérant général et l'un quelconque des autres officiers de la banque, et un gérant général ou tout autre officier refusant de se soumettre à cet interrogatoire se rend coupable d'une infraction à la présente loi et est passible de pénalité tel que prévu à l'article 157 de la présente loi.

M. Robb propose que tous les mots après le chiffre " 9 " à la première ligne soient biffés et remplacés par les suivants:—

> 9. " L'inspecteur sera muni des pouvoirs conférés à un commissaire nommé d'après la Loi concernant les enquêtes dans le but d'obtenir des témoignages sous serment, et il peut déléguer lesdits pouvoirs si l'occasion l'exige. Toute personne refusant de donner ledit témoignage ou de produire aucun livre ou documents d'une importance considérable pour ledit témoignage lorsqu'on exigera d'elle qu'elle le fasse, se rendra coupable d'une infraction à la loi."

La question étant posée sur la motion de M. Robb elle est agréée.

L'alinéa 14 est lu, modifié et adopté comme suit:—

> 14. " Toute banque ou tout administrateur, président, gérant général ou fonctionnaire supérieur d'une banque qui, directement ou indirectement, consent un prêt ou un octroi ou accorde une gratification à l'inspecteur ou à toute autre personne désignée ou employée en vertu du présent article, et l'inspecteur ou toute telle personne qui accepte ou reçoit directement ou indirectement tout tel prêt, octroi ou gratification commet un délit contre la présente loi et encourt les peines prévues à l'article 157 de la présente loi, outre toute punition autrement prévue."

L'alinéa 15 est lu, modifié et adopté comme suit:—

> 15. " L'inspecteur ou toute personne nommée ou employée en vertu du présent article qui divulgue à toute autre personne, sauf le ministre et le sous-ministre des Finances, un renseignement quelconque concernant une banque, ses opérations ou affaires, commet un délit contre la présente loi et encourt les peines prévues à l'article 157 de la loi.

L'alinéa 16 est lu et adopté comme suit:—

> 16. " Pourvu toutefois que le gouvernement n'encourt aucune responsabilité quelconque envers quelque déposant, créancier ou actionnaire d'une banque, ou envers quelque autre personne, pour tous dommages qu'ils pourraient subir, pour tout paiement, compensation ou indemnité qu'ils pourraient réclamer en raison du présent article ou de toute disposition du présent article, ou en raison de quelque chose fait ou omis en vertu des dispositions du présent article, ou en raison d'une chose omise qui est requise par les présentes, ou en raison de tout ordre ou direction du Gouverneur en conseil ou du ministre dans l'exécution ou l'application des pouvoirs ou de quelque pouvoir conférés par le présent article, ou en raison de quelque manquement ou omission de la part du Gouverneur en conseil ou du ministre ou de l'inspecteur, ou de tout officier ou employé

du gouvernement, d'exécuter ou remplir tous pouvoir, charge ou devoir ci-imposés, ou autrement en raison de tout défaut, négligence, méprise, erreur ou omission dans l'application ou exécution des pouvoirs ou devoirs qui en toute circonstance sont prévus ou autorisés pour être exécutés ou accomplis; et aucun de ces paiements, dommages, compensation ou indemnité, ni aucune réclamation y relative, ne seront en aucun cas autorisés, payés ou acceptés par le gouvernement."

L'alinéa 17 est lu et adopté comme suit:—

17. " Le présent article entrera en vigueur le premier jour d'octobre dix-neuf cent vingt-quatre, mais il ne sera pas obligatoire que l'inspecteur examine le nombre total des banques tombant sous les dispositions de l'article durant l'année civile mil neuf cent vingt-quatre."

Sur motion de M. McKay, appuyé par M. Maclean.

Ordonné,—Qu'un rapport soit présenté à la Chambre se lisant comme suit:—

En conformité de l'ordre de renvoi de cette Chambre en date du 31 mars 1924, votre comité, à la suite de la faillite de la *Home Bank,* a examiné les dispositions de la Loi des banques dans le but de recommander les modifications qu'il conviendrait d'apporter à ladite loi pour mieux protéger les déposants en général et pour prévenir la répétition d'un événement semblable.

Votre comité est d'avis qu'il importe de modifier la Loi des banques et il recommande qu'elle soit modifiée comme suit:

Que l'article 56A de la Loi des banques soit abrogé et qu'on lui substitue ce qui suit:

Inspection:

56A. 1. " A la recommandation du ministre, le Gouverneur en conseil désignera une personne qui, à son avis, possède la formation et l'expérience voulues pour remplir les fonctions ci-après décrites. Ladite personne sera connue sous le nom d'" Inspecteur général des banques ". Le Ministre peut charger quelque autre personne de remplir provisoirement les fonctions d'inspecteur au cas où l'inspecteur par suite de maladie ou autre éventualité, serait incapable de remplir les dites fonctions."

2. " L'inspecteur restera en fonctions tant qu'il aura la conduite qu'il importe d'avoir, mais pourra être démis de ses fonctions par le Gouverneur en conseil pour inconduite ou incapacité, inhabilité ou défaut de s'acquitter de ses fonctions comme il convient."

3. " Si l'inspecteur est démis de ses fonctions pour l'une des raisons ci-haut, l'arrêté ministériel effectuant cette démission et les documents y relatifs devront être soumis au Parlement dans les quinze jours de la session suivante."

4. " L'inspecteur, le temps qu'il sera en fonctions, ne rendra aucun service rémunéré autre que le service rendu par lui sous le régime des dispositions de cet article."

5. " Le ministre peut nommer ou employer, sur la recommandation du sous-ministre des Finances et de l'inspecteur, toutes personnes d'expérience et au courant et tous aides aux écritures qui pourront sembler nécessaires pour effectuer les dispositions de cet article et leur donner plein effet. Les personnes ainsi nommées ou employées auront droit à un salaire ou rémunération que le ministre pourra établir."

6. " De temps à autre, mais pas moins qu'une fois par année l'inspecteur, effectuera ou fera effectuer un examen et une enquête sur les

opérations ou les activités de chaque banque selon que la nécessité ou l'à-propos en apparaîtra, et pour ce faire prendra charge de l'actif de la banque ou partie de cet actif, advenant que le besoin s'en fasse sentir, en vue de bien se rendre compte par lui-même que les dispositions de cette loi relatives à la sécurité des créanciers et des actionnaires de cette banque sont dûment respectées et que la banque est dans un état financier solide. L'inspecteur, à l'issue de cet examen et enquête, fera rapport au ministre de ses conclusions."

7. " Une copie de tous les rapports faits par les vérificateurs d'une banque au gérant général et aux directeurs sous l'empire de l'article qui précède immédiatement, sera transmise ou délivrée au ministre par les vérificateurs en même temps que lesdits rapports sont transmis ou délivrés au gérant général et aux directeurs."

8. " L'inspecteur, ou la personne agissant d'après ses instructions, aura le droit d'accès aux livres, comptes, documents, pièces justificatives et aux garanties de la banque, et il aura le droit d'exiger et de recevoir des directeurs, officiers et vérificateurs de la banque, toutes informations et explications qu'il jugera nécessaires pour l'accomplissement de ses fonctions."

9. "L'inspecteur sera muni des pouvoirs conférés à un commissaire nommé d'après la Loi concernant les enquêtes dans le but d'obtenir des témoignages sous serment, et il peut déléguer lesdits pouvoirs si l'occasion l'exige. Toute personne refusant de donner ledit témoignage ou de produire aucun livre ou documents d'une importance considérable pour ledit témoignage lorsqu'on exigera d'elle qu'elle le fasse, se rendra coupable d'une infraction à la loi."

10. "Chaque fois que l'inspecteur est convaincu qu'une banque est insolvable il fera un rapport complet sur l'état de la banque au ministre, et le ministre peut, sans attendre que la banque suspende ses paiements en espèce ou en billets du Dominion, de ses obligations à mesure qu'elles s'accumulent, prier l'Association ou son président, de nommer un curateur afin de surveiller les affaires de ladite banque, et cette requête aura le même effet que si la banque avait suspendu ses paiements en espèces ou en billets du Dominion, d'aucune de ses obligations à mesure qu'elles s'accumulaient, et un curateur sera nommé immédiatement tel que prévu à l'article 117 de cette Loi."

11. "L'inspecteur recevra un traitement fixé par le Gouverneur en conseil sur la recommandation du ministre."

12. "Tous les traitements, rémunérations et autres dépenses résultant de la mise en vigueur du présent article seront payés à même le Fonds du revenu consolidé, et le Fonds du revenu consolidé, au bout de chaque année civile, sera remboursé de ces frais par une imposition sur les banques établie d'après l'actif total moyen de chaque banque pendant l'année, tel qu'indiqué par les rapports mensuels adressés par les banques au ministre, conformément à l'article 112, et cette imposition sera payée par les banques."

13. "Toutes les personne nommées en vertu du présent article seront fonctionnaires du ministère des Finances, mais les dispositions de la loi du Service civil, 1918, ne s'appliqueront pas à ces personnes."

14. "Toute banque ou tout administrateur, président, gérant général ou fonctionnaire supérieur d'une banque qui, directement ou indirectement, consent un prêt ou un octroi ou accorde une gratification à l'inspecteur ou à toute autre personne désignée ou employée en vertu du présent article, et l'inspecteur ou toute telle personne qui accepte ou

reçoit directement ou indirectement tout tel prêt, octroi ou gratification commet un délit contre la présente loi et encourt les peines prévues à l'article 157 de la présente loi, outre toute punition autrement prévue."

15. "L'inspecteur ou toute personne nommée ou employée en vertu du présent article qui divulgue à toute autre personne, sauf le ministre et le sous-ministre des Finances, un renseignement quelconque concernant une banque, ses opérations ou affaires, commet un délit contre la présente loi et encourt les peines prévues à l'article 157 de la loi.

16. "Pourvu toutefois que le gouvernement n'encoure aucune responsabilité quelconque envers quelque dépositaire, créancier ou actionnaire d'une banque, ou envers quelque autre personne, pour tous dommages qu'ils pourraient subir, pour tout paiement, compensation ou indemnité qu'ils pourraient réclamer en raison du présent article ou de toute disposition du présent article, ou en raison de quelque chose fait ou omis en vertu des dispositions du présent article, ou en raison d'une chose omise qui est requise par les présentes, ou en raison de tout ordre ou direction du Gouverneur en conseil ou du ministre dans l'exécution ou l'application des pouvoirs ou de quelque pouvoir conférés par le présent article, ou en raison de quelque manquement ou omission de la part du Gouverneur en conseil ou du ministre ou de l'inspecteur, ou de tout officier ou employé du gouvernement, d'exécuter ou remplir tous pouvoir, charge ou devoir ci-imposés, ou autrement en raison de tout défaut, négligence, méprise, erreur ou omission dans l'application ou exécution des pouvoirs ou devoirs qui en toute circonstance sont prévus ou autorisés pour être exécutés ou accomplis; et aucun de ces paiements, dommages, compensation ou indemnité, ni aucune réclamation y relative ne seront en aucun cas autorisés, payés ou acceptés par le gouvernement.

17. Le présent article entrera en vigueur le premier jour d'octobre dix-neuf cent vingt-quatre, mais il ne sera pas obligatoire que l'inspecteur examine le nombre total des banques tombant sous les dispositions de l'article durant l'année civile mil neuf cent vingt-quatre. (Présenté à la Chambre, le vendredi 20 juin 1924. Voir aux pages 423, 424, 425 des Procès-Verbaux. Adoption proposée et adoptée le lundi, 23 juin 1924, Voir page 432 des Procès-Verbaux.)

L'item "Motions inscrites sur l'ordre du jour" étant appelé.

La motion No 1, au nom de M. Ladner, reste sur l'ordre du jour à la demande de M. Hanson pour M. Ladner.

La motion No 2, au nom de M. Ladner, reste sur l'ordre du jour à la demande de M. Hanson, pour M. Ladner.

Pour la motion No. 3, M. Spencer propose

"Que la loi des Banques soit modifiée de manière à statuer que l'argent du compte des billets en cours soit d'abord employé au paiement des billets d'une banque qui a cessé de payer et que le reste de l'actif de la banque ne serve à payer ces billets que lorsque l'argent dudit compte aura été épuisé."

Suit un débat.

La motion No 3 reste comme avis de motion pour la prochaine séance.

D'un consentement unanime, sur proposition de M. Descoteaux, appuyé par M. Benoît.

Ordonné,—"Que la pièce justificative No 16 The Tragedy of artificial 'Deflation' soit imprimée comme annexe au procès-verbal."

M. Garland propose, appuyé par M. Ward.

" Que ce comité se réunisse à 11 heures du matin, demain, vendredi, le 20 juin 1924."

La question étant posée elle est agréée sur la division suivante, pour **18**, contre, **9**.

Le comité s'ajourne à **1 h. 25** de l'après-midi pour se réunir de nouveau à 11 heures du matin, demain, vendredi, le 20 juin 1924.

S. R. GORDON,
Greffier du comité.

REMARQUE

La réunion annoncée pour vendredi, le 20 juin 1924 a été remise au mercredi 25 juin 1924.

S. R. GORDON,
Greffier du comité.

CHAMBRE DES COMMUNES,
SALLE DE COMITÉ 231
MERCREDI, le 25 juin 1924.

Le comité se réunit à 11 heures du matin.

Le président, M. Vien, occupe le fauteuil.

Membres présents: Messieurs Benoît, Bird, Bristol, Carmichael, Carruthers, Casgrain, Chevrier, Clifford, Coote, Crerar, d'Anjou, Descoteaux, Duncan, Elliott (Dundas), Ellictt (Waterloo), Garland (Bow-River), Good, Guthrie, Hanson, Harris, Hatfield, Healy, Hodgins, Hudson, Irvine, Kellner, King (Huron), Ladner, Low, Macdonald (Pictou), Maclean (York), Macphail (Mlle), McKay, McMaster, McQuarrie, McTaggart, Malcolm, Marler, Maybee, Millar, Morin, Papineau, Power, Rankin, Robb, Ryckman, St-Père, Sales, Senn, Shaw, Sinclair (Oxford), Sinclair (Queens, I.P.-E.), Speakman, Spencer, Steedsman, Stevens, Tobin, Vien, Ward, Woods, Woodsworth—61.

D'un consentement unanime, sur motion de M. Shaw appuyé par M. Spencer.

Ordonné—" Que le délai pour la réception des avis de motion soit prolongé jusqu'à jeudi prochain, le 26 juin 1924."

M. Spencer soulève la question de la portée de l'ordre de renvoi. M. Irvine parle aussi sur cette question. Le Président fait part au comité que l'ordre de renvoi a été envoyé à Son Honneur l'orateur lui demandant son opinion.

Ont adressé la parole au comité les membres du comité de Secours des Déposants de la Home Bank, et les autres dont les noms suivent:—

M. W. T. Lee, président du comité de Secours des déposants de la Home Bank, Toronto, Ont.; M. R. J. McLauglin, K.C., Toronto, Ont.; M. A. G. Browning, K.C., Hamilton, Ont.; M. W. W. Hiltz, maire, Toronto, Ont.; M. H. H. Higginbotham, Calgary, Alta.; M. J. F. Edgar, Toronto, Ont.; M. J. T. Foster, Président, Trades and Labour Council, Montréal, P.Q.; M. V. A. Sinclair, Hamilton, Ont.; M. R. J. Tallon, Président, Federated Railway Trades, Toronto,

Ont.; M. A. Geo. McHugh, Ottawa, Ont.; Dr. Paul Fisson, Maire, Tecumseh, Ont.; M. H. Weinfield, Montréal, P.Q.; M. J. H. Mitchell, Maire, Alliston, Ont.; M. T. J. Turnbull, Comté de Middlesex, Ont.; M. D. M. Eagle, Comté d'Essex, Ont.; M. J. E. Coombs, Comté de Simcoe, Ont.; M. Alfred Mapes, Walkerville, Ont.; M. John O'Reilly, Préfet de Lindsay, Ont.; M. G. G. Henderson, Maire, Fernie, C.-B.; Rév. Dr Treacy, Toronto Ouest, Ont.; M. I. E. Weldon, Liquidateur conjoint, Home Bank, Toronto, Ont.

M. M. M. Gripstone a aussi adressé la parole au nom des actionnaires de la Home Bank.

M. Robb, ministre suppléant des Finances a fait, une courte déclaration.

Après en avoir obtenu l'autorisation, M. Shaw propose appuyé par M. Spencer, un vote de remerciements au comité des déposants de la Home Bank qui ont exposé leurs vues devant le comité.

La motion a été adoptée à l'unanimité et le Président a exprimé les remerciements du comité à la délégation.

Le comité s'ajourne à 1 h. 35 de l'après-midi pour se réunir de nouveau à 11 heures du matin demain, jeudi, le 26 juin 1924.

S. R. GORDON,
Greffier du comité.

REMARQUE

Le réunion annoncée pour le jeudi 26 juin 1924 a été remise au mardi, 1er juillet 1924.

S. R. GORDON,
Greffier du comité.

CHAMBRE DES COMMUNES,
SALLE DE COMITÉ 429,
MARDI, le 1er juillet **1924.**

Le comité se réunit à 11 heures du matin.

Le président, M. Vien, occupe le fauteuil.

Présents: Messieurs Benoît, Black (Halifax), Boivin, Bristol, Caldwell, Carmichael, Carruthers, Casgrain, Chevrier, Clifford, Coote, Crerar, d'Anjou, Desaulniers, Descoteaux, Duncan, Elliott (Dundas), Elliott (Waterloo), Euler, Garland, (Bow-River), Good, Grimmer, Hanson, Hatfield, Healy, Hodgins, Hughes, Irvine, Kellner, Macdonald (Pictou), Mackinnon, Maclean (York), McCrea, McKay, McMaster, McQuarrie, McTaggart, Marler, Maybee, Morin, Papineau, Power, Rankin, Robb, St.-Père, Sales, Shaw, Sinclair (Oxford), Sinclair (Queens, I.P.-E.), Speakman, Spencer, Steedsman, Tobin, Vien, Ward, Woods, Woodsworth—57.

Le président fait lecture de la lettre suivante reçue de M. G. T. Clarkson, liquidateur de la Home Bank:

TORONTO, 21 juin 1924.

THOMAS VIEN, Ecr., C.R., M.P.,
    Président,
        Comité permanent des Banques et du Commerce de banque,
            Chambre des Communes, Ottawa.

Home Bank of Canada

CHER MONSIEUR,—

En réponse à votre requête me demandant: 1. Le montant total des dépôts de la Home Bank, 2, la proportion des dépôts payée aux déposants, 3, les autres paiements probables aux déposants, 4, les montants perçus du fait de la double responsabilité, et 5, les réclamations contre les Directeurs de la Home Bank of Canada.

J'ai l'honneur de vous déclarer ce qui suit:

1. *Montant total des dépôts*, d'après le rapport soumis lors de la suspension des affaires le total des réclamations des déposants et des autres personnes ayant en mains des traites et des chèques tirés sur la Home Bank du Canada et des agents de ladite banque était de $15,-531,552.

Depuis la préparation de ce rapport, on a liquidé un montant considérable des dépôts par des dédommagements et des contre-réclamations et les montants approximatifs des réclamations (autres que celles qui ont trait à la circulation et aux montants dus aux gouvernements fédéral et provinciaux) sont les suivants:

Dû aux déposants................................	$14,767,511
Montant approximatif dû aux banques canadiennes...	175,000
Réclamations des banques étrangères..........	208,932
Traites émises, en cours, canadiennes..........	109,681
Traites émises, en cours, américaines..........	22,090
Réclamations pour loyer et dommages..........	15,000
Réserve pour imprévus..........................	250,000
Total................................	$15,548,214

En plus de ces réclamations, il est dû à la province d'Ontario environ $1,250,000; il est dû sur billets en cours environ $67,896; et au Gouvernement fédéral un montant de $49,000 qui peut être compensé par le montant des taxes remboursables.

2. *Proportion des dépôts payés aux déposants.*—Lors du paiement du dividende de 25 p. 100 déclaré vers le 22 décembre 1923, la somme de $3,453.590 a été déposée dans les banques canadiennes pour répondre à 25 p. 100 des réclamations des déposants.

Les dividendes ont été réclamés pour tout ce montant à l'exception de $500,000 non encore réclamé ou faisant l'objet d'un litige.

3. *Autres paiements probables aux déposants.*—En réponse à votre enquête sur la probabilité des nouveaux paiements que l'on fera aux déposants, je desire déclarer qu'il est impossible dans le moment de

déterminer le montant que nous pourrons réaliser d'un certain nombre de
biens importants et cela, joint au fait qu'un certain nombre de causes
sont actuellement en délibéré devant les tribunaux parce que les déposants
essaient de recouvrer le plein paiement des dépôts faits peu de temps
avant la fermeture de la banque, et aussi au fait qu'un grand nombre
d'actionnaires essaient de leur côté de ne pas payer le double de leur mise
pour la raison que les actions qui leur ont été émises ne l'ont pas été
d'une manière légale et convenable, me place dans l'impossibilité absolue
de vous donner dans le moment des renseignements précis sur ce que la
succession de la Banque pourra donner aux déposants.

On a déjà payé un dividende de 25 p. 100 aux déposants et, au
meilleur de ma connaissance, si la succession de la Banque peut obtenir
un succès raisonnable dans la vente de ses biens et ne pas se trouver dans
l'obligation de rembourser en entier les dépôts qui ont été faits peu de
temps avant la faillite de la banque, il semble probable que la Banque
donnera encore à ses déposants 10 p. 100 de plus, faisant un total de
35 p. 100 de la réclamation des déposants.

Que si les déposants qui essaient d'obtenir le remboursement des
montants déposés peu de temps avant la faillite gagnent leur point, il est
probable que le dividende ne dépassera pas 30 p. 100. De plus, si les
actionnaires étaient dispensés de doubler leur mise, rien ne peut vous
assurer qu'un autre dividende pourra être payé aux déposants, outre le
dividende déjà payé.

En préparant ces calculs estimatifs qui ne peuvent aucunement être
définis, je désire souligner le fait que la succession doit encore $68,000
par suite des billets en cours, et environ $1,300,000 aux gouvernements
fédéral et provinciaux, et $1,200,000 par suite de montants empruntés des
banques canadiennes dans le but de permettre le paiement du dividende
de 25 p. 100 déjà réparti entre les créanciers.

4. *Perception du fait de la double responsabilité.*—Jusqu'à ce jour
les perceptions ont atteint le chiffre de $329,705, tandis qu'un montant
de $1,722,864 reste impayé pour le principal du capital impayé, des
primes sur le capital et de la double responsabilité. A propos de ce montant de $1,722,864, un chiffre qui atteint $500,000 est dû par des personnes que nous savons sans ressources pécuniaires et une forte proportion de la balance est due par des personnes dont la solvabilité est douteuse.

Dans de telles circonstances, je suis d'avis que la banque ne peut pas
s'attendre à recouvrer plus de $300,000 à $400,000 du fait de la double
responsabilité.

Comme nous l'avons mentionné précédemment un grand nombre
d'actionnaires contestent cette responsabilité en prétendant que les
actions qu'ils possèdent n'ont pas été légalement émises et si les tribunaux leur donnent gain de cause, il est tout probable que la banque ne
recouvrera pas plus de $300,000 du montant qu'elle réclame. En
d'autres termes, elle ne touchera pas beaucoup plus que le montant
qu'elle a déjà encaissé.

5. *Réclamations contre les administrateurs.*—La succession a émis
un bref contre les administrateurs dans le but de recouvrer $5,000,000 en
invoquant des raisons de mauvaise administration. Le droit qu'a la
banque de recouvrer un montant des administrateurs est le point en
cause et si la banque avait gain de cause les montants qu'elle pourra
recouvrer seront limités aux biens que possèdent les administrateurs.
A mon avis, ce montant ne dépassera pas $250,000 à $300,000.

Je regrette de ne pouvoir vous donner des renseignements plus précis mais comme la valeur des biens et l'issue de la cause en délibéré sont bien incertains, il est impossible de faire une déclaration assez exacte pour qu'on puisse s'y arrêter tant que l'issue de la cause ne sera pas connue et qu'il ne se sera écoulé un temps suffisamment long pour nous permettre de déterminer avec plus de précision le montant que nous pourrons probablement réaliser des biens les plus importants.

Votre dévoué,

(Signé)   G. T. CLARKSON.

Le président a aussi donné lecture d'une lettre et d'une résolution reçues du président et de l'avocat du comité de Secours national des déposants de la Home Bank, comme suit:

OTTAWA, ONT., le 26 juin 1924.

THOMAS VIEN, Ecr., M.P.,
       Président,
   Comité des Banques et du Commerce de Banque,
      Chambre des Communes.

Home Bank

CHER M. VIEN,—

J'ai l'honneur de vous transmettre une résolution qui a été adoptée à l'unanimité par le Comité National de secours des déposants à la réunion tenue ici, hier, et je serais heureux, si vous le jugez à propos, de la faire connaître à votre comité.

Je prends la liberté de transmettre une copie au premier ministre et à M. Robb, le ministre intérimaire des Finances.

En vous priant d'accepter mes remerciements pour les nombreuses obligations auxquelles le comité et moi-même vous sommes redevables.

J'ai l'honneur d'être,

très cordialement à vous,

W. T. J. LEE,

Président du comité national de secours
aux déposants.

RÉSOLUTION adoptée à l'unanimité par le comité national de secours aux déposants, à une assemblée tenue à Ottawa, le 25 juin 1924.

Attendu que les prévisions obtenues par les liquidateurs conjoints de la *Home Bank of Canada* démontrent, qu'en outre du dividende de vingt-cinq p. 100 (25) déjà payé, il y a possibilité qu'un autre dividende soit payé, lequel à tout événement, ne dépassera pas quinze (15) cents à la piastre;

Attendu que les déposants croient qu'ils ont établi le bien-fondé de leurs réclamations auprès du gouvernement, afin que celui-ci leur vienne en aide, en raison des pertes subies du fait de la faillite de la *Home Bank;*

Qu'il soit résolu:

Que le gouvernement soit respectueusement prié de payer aux déposants soixante (60) cents à la piastre sur le montant de leurs réclamations respectives, lequel paiement, le comité national de secours aux déposants, acceptera de leur part, comme règlement complet de toutes les réclamations pour obtenir de l'aide du gouvernement;

Et qu'au cas où les liquidateurs déclareraient un autre dividende dépassant quinze (15) cents à la piastre, que le gouvernement soit par la présente subrogé en ce qui concerne les droits des déposants pour tous les autres dividendes, dépassant quinze (15) cents à la piastre.

R. J. McLAUGHLIN, C.R.,
W. T. J. LEE,
A. G. BROWNING, C.R.,
Avocats du comité national de secours aux déposants.

Le président lit aussi une lettre reçue de l'Association des déposants de la Home Bank de Calgary, que l'on ordonne de mettre en liasse avec les archives du comité.

Le président déclare que le sous-comité nommé afin de considérer le " rapport McKeown" sur la Home Bank était prêt à faire rapport, et priait le comité d'exprimer son désir, quant à décider si le comité devait ou ne devait pas recevoir le rapport et le discuter, à huis-clos.

M. Woodsworth propose, secondé par M. Irvine.

"Que la presse soit admise à cette séance comme à toutes les autres séances du comité."

La question étant mise aux voix, elle est rejetée sur la division suivante: Pour; 8. Contre; 17.

M. Marler, en sa qualité de président intérimaire lit le rapport du sous-comité, sur le rapport McKeown, comme suit:—

RAPPORT du sous-comité nommé afin d'étudier le rapport intérimaire sur la Home Bank, soumis par M. le juge McKeown.

Au comité permanent choisi sur les Banques et le Commerce de la Chambre des communes du Canada, Ottawa, Ont.:

A une assemblée du comité permanent des Banques et du Commerce (appelé ci-après le comité), tenue le jeudi 12 juin 1924, il a été ordonné à l'unanimité:

"Qu'un sous-comité de cinq membres choisis par le président, soit nommé, afin d'étudier le rapport intérimaire sur la Home Bank soumis par le juge McKeown, et qu'il fasse rapport à ce comité de ses recommandations à ce sujet, pour sa considération."

A une assemblée ultérieure du comité tenue le mardi 17 juin 1924, le président signale qu'il avait nommé un sous-comité de cinq membres à cette fin, tel qu'exposé dans le dit ordre.

A la même réunion du 17 juin 1924, le comité résolut subséquemment que le sous-comité mentionné, dans l'ordre adopté par le comité le 12 juin 1924, et précité, (mentionné ci-après comme le sous-comité), soit composé de sept membres, et à la même réunion il est aussi ordonné ce qui suit:

"Que ce comité entende une députation des déposants de la Home Bank, dans une semaine à partir de demain mercredi, le 25 juin 1924, et que le sous-comité prenne connaissance simplement du rapport McKeown, et n'entende pas de témoins."

Votre comité a siégé à différents intervalles, et il a étudié le rapport intérimaire sur la Home Bank, soumis par M. le juge McKeown.

Votre sous-comité considère que les faits qui y sont exposés et les témoignages qui y sont, mentionnés, établissent clairement que les déposants de la Home Bank ne peuvent s'appuyer sur aucune disposition statutaire, pour être indemnisés par le pays, par suite des pertes qu'ils ont pu subir, en raison de la faillite de la Home Bank.

Mais votre comité considère aussi, qu'en vue des représentations faites au ministère des Finances dans les années 1916 et 1918, le gouvernement d'alors aurait pu faire en 1916 et en 1918 une vérification exacte en vertu de l'article 56-A de la loi des banques, et si une vérification minutieuse ou enquête complète sur les affaires de la banque avait été faite, elle aurait eu pour résultats:

1. La liquidation immédiate de la banque, ou

2. Sa fusion avec une autre banque, et il en serait résulté que les déposants n'auraient rien perdu en 1916 ou en 1918.

Votre sous-comité a étudié le témoignage rendu devant la Commission Royale par sir Thomas White, qui était alors ministre des Finances et surtout ses déclarations: " Je n'aurais jamais pensé à nommer un vérificateur spécial pour la banque et à courir le risque, surtout à un temps comme celui-là de faire fermer la banque," (page 345) et plus loin: "A aucun prix je n'aurais permis à une banque de faire faillite à l'époque en question. J'ai eu à faire face à bien des situations financières difficiles et dangereuses durant la guerre. A son début, à cause de la panique qui avait éclaté, le gouvernement, sur ma demande, est venu en aide aux banques canadiennes et leur a assuré publiquement qu'il leur prêterait les sommes dont elles pourraient avoir besoin, afin de faire face aux conditions créées par la guerre, et prendrait toutes autres mesures nécessaires afin de sauvegarder la situation financière pendant la crise", (page 359) et plus loin: "J'avais toute discrétion pour faire ce que j'ai fait. En exerçant sa discrétion, il faut qu'un ministre tienne compte des circonstances, parce que les conditions ont un effet direct, sur les conséquences qui découlent de sa manière d'agir envers une banque et sur la situation générale. Si l'on commet la faute de faire vérifier les comptes de la banque, il peut en résulter, en temps de paix, une course sur la banque dont celle-ci ne s'aperçoit guère; en temps de guerre, cela peut causer la faillite de la banque, et en outre, il peut en résulter un malheur effroyable pour le pays," (page 743).

Votre comité n'est pas appelé à mettre en doute la manière dont sir Thomas White s'est servi des pouvoirs qui lui ont été accordés, ou s'il a exercé son jugement à bon droit ou autrement.

Votre sous-comité estime que les faits exposés dans le rapport intérimaire soumis par M. le juge McKeown, et dans les dépositions qui y sont mentionnées, établissent que les déposants de la Home Bank ont un recours moral en justice, pour être indemnisés par le pays de toute perte qu'ils peuvent subir, par suite de la faillite de la Home Bank.

Votre sous-comité est aussi d'avis que le comité permanent des Banques et du Commerce, devrait recommander à la Chambre des Communes, que le gouvernement prenne en considération immédiate le fait qu'il est désirable de payer auxdits déposants, les indemnités mentionnées dans le paragraphe précédent, à brève échéance.

HERBERT MARLER,
Président intérimaire.

M. Marler propose, appuyé par M. Spencer:

"Que le rapport du sous-comité tel que lu, soit adopté."

La discussion suit.

Du consentement du comité, M. Marler propose, appuyé par M. Spencer:

" Que le rapport du sous-comité soit modifié en biffant le dernier paragraphe de son rapport."

La question étant mise aux voix, elle est adoptée sur la division suivante: Pour, 29; contre, 9.

La discussion suit.

La proposition principale étant mise aux voix elle est adoptée sur la division suivante: Pour, 27; contre, 11, et le président ordonne de présenter un rapport à la Chambre cet après-midi, comprenant les principes du rapport du sous-comité, tel qu'adopté par ce comité. (Le rapport n° 11 se trouve à la page xii.)

Le comité s'ajourne à 1 h. 45 de l'après-midi pour se réunir à onze heures du matin, demain, mercredi, le 2 juillet 1924.

S. R. GORDON,
Greffier du comité.

CHAMBRE DES COMMUNES,
SALLE DE COMITÉ 429,
MERCREDI, le 2 juillet 1924.

Le comité se réunit à onze heures du matin.

Le président, M. Vien, est au fauteuil.

Présents: Messieurs: Baxter, Benoît, Bird, Black (Halifax), Bristol, Cahill, Carmichael, Carruthers, Casgrain, Chevrier, Clifford, Coote, Crerar, Desaulniers, Descoteaux, Duncan, Elliott (Dundas), Elliott (Waterloo), Euler, Garland (Bow-River), Good, Grimmer, Guthrie, Hanson, Harris, Healy, Hodgins, Hughes, Irvine, Jacobs, Kellner, Ladner, Mackinnon, Maclean (York), McKay, McMaster, McQuarrie, McTaggart, Malcolm, Marler, Maybee, Mewburn, Millar, Morin, Papineau, Power, Robb, Robichaud, Robitaille, St-Père, Senn, Shaw, Sinclair (Oxford), Sinclair (Queen's, île du P.-E.), Spencer, Steedsman, Stevens, Vien, Ward, Woods, Woodsworth.—61.

M. McKay, le président du sous-comité sur les "crédits agricoles" et les "faillites" fait rapport au nom du sous-comité, comme suit:

RAPPORTS

COMITÉ PERMANENT CHOISI SUR LES BANQUES ET LE COMMERCE

Votre sous-comité nommé en vue de l'adoption d'une loi d'urgence concernant les crédits agricoles, a l'honneur de faire rapport comme suit:

(1) Que tout plan conçu dans le but d'accorder de l'aide fédérale aux provinces devrait être applicable à tout le reste du Canada;

(2) Qu'actuellement, dans seulement six des neuf provinces du Canada, existent des organisations des gouvernements provinciaux, par l'entremise desquelles l'aide fédérale pourrait devenir disponible;

(3) Qu'il serait impossible de créer un mécanisme nouveau pour l'utilisation de l'aide précitée, couvrant tout le Canada, à temps pour qu'il soit efficace cette année;

(4) En vue de ce qui précède, il semblerait plus sage pour le comité de concentrer son attention sur la possibilité d'effectuer un développement plus général d'un projet permanent.

M. McKAY,
Président du sous-comité

Votre comité a aussi l'honneur de recommander que la Loi des faillites soit modifiée comme suit:

LOI MODIFIANT LA LOI DES FAILLITES

1. Cette loi peut se nommer "Loi modifiant la Loi des faillites, 1924."

2. La Loi des faillites est modifiée en insérant après l'article 8B, l'article suivant:—

"8C (1) Nonobstant toute disposition contraire, si le lieutenant-gouverneur en conseil de n'importe quelle province a autorisé tout officier du gouvernement provincial chargé en vertu du statut provincial de fonctions, qui, dans l'opinion du lieutenant-gouverneur sont analogues à n'importe quel égard à celles remplies par un gardien et fiduciaire, pour remplir les fonctions de gardien et de fiduciaire sous l'empire de cette loi, le receveur officiel, dans le cas de cession, par une personne s'occupant seulement d'agriculture ou de culture, nommera l'officier susdit en qualité de dépositaire.

"(2) Tout officier ainsi nommé pour remplir les fonctions de gardien par le receveur officiel, sera immédiatement considéré en outre comme étant le fiduciaire autorisé, comme s'il avait été nommé en vertu du sous-article (1) de l'article 15 de cette loi, et il continuera à être le fiduciaire autorisé jusqu'à ce qu'il quitte régulièrement son poste sous l'empire du sous-article (2) dudit article 15."

(3) Au cas où tout fonctionnaire provincial est nommé gardien et fiduciaire, il n'aura droit à aucune rémunération en qualité de gardien ou de fiduciaire ni à aucuns des frais énumérés comme attachés à ce poste dans la IIIe partie des règlements généraux."

4. L'article 59 de la Loi des faillites est par la présente modifié en y ajoutant le paragraphe suivant:

"(2) Les alinéas b, c,........du paragraphe précédent, ne s'appliqueront pas dans le cas d'une demande d'acquittement par tout cédant qui à l'époque de l'acquittement autorisé s'occupait seulement d'agriculture ou de culture du sol."

Cet article ne sera en vigueur que pendant deux ans.

M. McKAY,
Président du sous-comité

Les "propositions sur l'ordre du jour" ayant été appelées.

N° 3. M. Spencer propose:—

Que l'article 131, paragraphe (a) de la Loi des banques soit abrogé et qu'on lui substitut ce qui suit:

(Dans le cas de faillite de toute banque.)

(a) Les billets émis ou émis de nouveau par ladite banque, destinés à la circulation et alors en circulation, de même que tout intérêt payé ou payable sur ceux-ci, tel que prévu ci-dessus, seront rachetés à même la Caisse de rachat de la circulation de la banque, jusqu'à concurrence de ladite Caisse. Le solde de ces billets, s'il en est, qui ne seront pas alors rachetés, constituera une première charge sur l'actif de ladite banque. Si, après la disparition de ladite banque, et après que toutes ses obligations auront été payées, il reste un solde entre les mains du liquidateur, celui-ci servira à rembourser ladite Caisse de rachat de la circulation, par le montant que les autres banques y auront contribué, et employé de là pour le rachat desdits billets. Si ledit solde restant entre les mains du liquidateur, n'est pas suffisant pour rembourser ladite Caisse de circulation par ledit montant, les autres banques y contribueront, tel que prévu à l'article 66 de cette loi."

La discussion suit.

La question étant mise aux voix, elle est rejetée d'après le vote suivant: Pour, 20; contre, 33; les noms appelés étant inscrits comme suit:

Oui: Messieurs Bird, Cahill, Carruthers, Coote, Elliott (Dundas), Garland (Bow-River), Good, Hughes, Irvine, Kellner, Maclean (York), McKay, St-Père, Sales, Shaw, Spencer, Steedsman, Ward, Woods, Woodsworth—20.

. *Non:* Messieurs Baxter, Benoît, Black (Halifax), Bristol, Carmichael, Casgrain, Chevrier, Crerar, Desaulniers, Descoteaux, Duncan, Euler, Grimmer, Guthrie, Hanson, Harris, Hodgins, Ladner, Mackinnon, McMaster, McQuarrie, McTaggart, Malcolm, Marler, Maybee, Mewburn, Millar, Morin, Power, Robb, Robitaille, Senn, Sinclair (Oxford)—33.

N° 1 M. Ladner propose:—

"Que ce comité recommande au Parlement l'élimination de la Loi des banques de 1923, de toutes les dispositions relatives à la double responsabilité des actionnaires et qu'alors, l'article 125 de ladite Loi et les autres articles ayant, trait à la question de la double responsabilité, soient abrogés."

La discussion suit. Le proposeur consent à abandonner sa proposition.

N° 2 M. Ladner propose:

LES DÉPÔTS D'ÉPARGNES ET LEUR PROTECTION

"Que dans l'opinion de ce comité, la Loi des banques devrait être modifiée de telle manière à pourvoir à l'établissement dans les banques à charte du Canada, d'un compte spécial pour les dépôts d'épargnes, ou autre classe de comptes pour les dépôts d'épargnes, en outre de ceux qui existent à l'heure actuelle, en vertu duquel tous les détenteurs de dépôts dans tout tel compte d'épargnes spécial dans toute banque, ou une de ses succursales, seront protégés ou garantis contre toute perte, jusqu'à la somme de $3,000, selon le même principe que celui auquel il est maintenant pourvu dans les articles 62 à 69 inclusivement de la Loi des banques, ayant trait à la protection des billets de banque, par l'établissement d'une caisse appelée Caisse de rachat de la circulation des banques, ou que tel compte spécial d'épargnes soit établi conformément à quelque autre principe d'assurance dont la prime sera payée par les déposants des banques à charte du Canada, ou par les deux, ou de telle autre manière que le comité peut juger capable d'accorder une protection raisonnable aux déposants dans les comptes d'épargnes, selon les sommes que le comité peut déterminer."

La discussion suit: La proposition est abandonnée, du consentement de son auteur.

N° 4 M. Hodgins propose:—

"Résolu que, l'article 131 de la Loi des banques soit modifié de telle manière, que les dépôts du gouvernement n'auront pas la préséance sur les dépôts des particuliers."

La discussion suit.

M. Spencer propose, appuyé par M. Garland, que ladite proposition soit modifiée en ajoutant le mot "fédéral" entre les mots "que" et "gouvernement" dans la deuxième ligne.

La discussion suit.

La question de la proposition principale étant mise aux voix elle a été rejetée par le vote suivant: Oui, 15; Non, 18.

N° 5 M. Coote propose:—

"Que dans l'opinion de ce comité, une loi devrait être adoptée à cette session afin de pourvoir à l'établissement de crédits agricoles à longue échéance."

Du consentement de son auteur, la proposition reste en suspens, afin d'être considérée relativement au rapport du sous-comité sur les crédits agricoles.

N° 6 M. Coote propose:—

" Que ce comité recommande une modification à la Loi des banques qui pourvoirait à ce que dans chaque bureau d'une banque à charte du Canada, un avis écrit en gros caractères devrait être placé dans un endroit en vue, disant que le gouvernement canadien n'assume aucune responsabilité à l'égard de tout argent déposé dans ladite banque."

La discussion suit.

La proposition reste en suspens afin d'être considérée de nouveau.

Sur proposition de M. Chevrier, le comité s'ajourne à une heure et cinq de l'après-midi, afin de se réunir de nouveau à onze heures du matin, demain, jeudi, le 3 juillet 1924.

S. R. GORDON,
Greffier du comité.

CHAMBRE DES COMMUNES,
SALLE DE COMITÉ 429,
JEUDI, le 3· juillet 1924.

Le comité se réunit à onze heures du matin.

Le président, M. Vien, est au fauteuil.

Présents: MM. Baxter, Benoît, Bird, Black (Halifax), Black (Yukon), Boivin, Bristol, Cahill, Carmichael, Carruthers, Casgrain, Chaplin, Chevrier, Clark, Clifford, Coote, Desaulniers, Descoteaux, Duncan, Elliott (Dundas), Elliott (Waterloo), Euler, Fafard, Garland (Bow-River), Good, Grimmer, Hanson, Harris, Hatfield, Healy, Hodgins, Hughes, Irvine, Kellner, Ladner, Macdonald (Pictou), Mackinnon, Maclean (York), Mlle Macphail, McCrea, McKay, McMaster, McTaggart, Malcolm, Marler, Maybee, Mewburn, Millar, Morin, Papineau, Power, Rankin, Robb, St-Père, Sales, Senn, Shaw, Sinclair (Oxford), Sinclair (Queen's, île du P.-E.), Spencer, Steedsman, Tobin, Vien, Ward, Woods, Woodsworth—66.

Les propositions à l'ordre du jour ayant été appelées.

N° 6 M. Coote propose:—

"Que ce comité recommande une modification à la Loi des banques qui pourvoirait à ce que dans chaque bureau d'une banque à charte du Canada, un avis écrit en gros caractères, devrait être placé dans un endroit en vue, disant que le gouvernement canadien n'assume aucune responsabilité à l'égard de tout argent déposé dans ladite banque."

La discussion suit.

La question étant mise aux voix, la proposition est rejetée par le vote suivant: Pour, 8; Contre, 29.

N° 7 M. Coote propose:—

"Que la Loi des Banques soit modifiée en y ajoutant comme l'article

113-A, ce qui suit:—

"Il sera affiché dans un endroit en vue où le public a accès, dans les quinze jours précédant la fin, de chaque mois civil dans chaque succursale de la banque, une déclaration signée par le gérant ou le gérant intérimaire de ladite succursale, indiquant le total des dépôts dans ladite succursale et le total des prêts en souffrance au dernier jour du mois précédent."

La discussion suit.

La question étant mise aux voix, la proposition est rejetée par le vote suivant: Pour, 6; contre, 33.

N° 8 M. Coote propose:—

"Que ce comité demande à la Chambre des communes la permission d'imprimer telles de ses délibérations qu'il peut juger à propos."

La discussion suit. L'auteur de la proposition consent à la retirer.

N° 9 M. Coote propose:—

"Que dans l'opinion de se comité, la Loi des banques devrait être modifiée en y ajoutant un article qui pourvoirait à la limitation du montant d'un prêt qui pourrait être accordé par toute banque à toute personne, firme ou corporation, jusqu'à un montant ne dépassant pas dix p. 100 du capital et des fonds de réserve de ladite banque."

Le président lit l'extrait suivant d'une lettre reçue de M. John R. Lamb, gérant général de la Banque de Toronto, adressée à M. Henry T. Ross, secrétaire de la *Canadian Bankers' Association,* que l'on ordonne d'imprimer avec le procès-verbal d'aujourd'hui.

"Nous accordons nous-mêmes des crédits qui dépassent 10 p. 100 de notre capital et de notre fonds de réserve, sans demander aucune garantie autre que l'effet de l'emprunteur—pour la raison que c'est une très bonne affaire et qu'une garantie est inutile. Ces emprunteurs n'auraient aucune difficulté à obtenir les mêmes conditions de toute banque en mesure d'y consentir. Au cas où nous refuserions ces faveurs, une des institutions bancaires plus considérables que la nôtre s'en emparerait. En outre, nous avons plusieurs comptes pas aussi considérables, mais que nous sommes convaincus ne seraient pas gardés par une banque non en mesure, grâce à un décret de ce genre, de leur venir en aide, au cas où ils auraient besoin temporairement dans l'avenir de crédits plus élevés. Il n'y a pas doute que toute entreprise considérable, prévoyant l'avenir, désirerait établir des relations avec l'une des banques les plus fortes, plutôt qu'avec une banque telle que la nôtre, de sorte qu'au cas où elle aurait besoin de forts crédits des années après, elle ne pourrait les obtenir sans la difficulté à laquelle elle devrait faire face si elle faisait affaire avec une banque possédant un capital moyen.

.   Je suis très certain que cette limitation projetée serait très désavantagense aux banques possédant des capitaux moyens. La situation actuelle renferme des facteurs défavorables aux banques petites et moyennes, dans la concurrence qu'elles ont à subir de la part des institutions considérables. Cette disposition aurait les mêmes résultats et produirait presque des fusions.

Nous n'avons jamais dans notre expérience de plus de soixante ans, rencontré de difficultés sérieuses relatives à un compte élevé. Dans le cas des affaires peu importantes on peut courir des risques, mais il faut que les affaires importantes reposent sur une base sûre."

Le président lit un extrait d'une lettre de M. A. W. Phipps, gérant général de la Imperial Bank of Canada, adressée à M. Henry T. Ross, secrétaire de la *Canadian Bankers' Association*, que l'on ordonne d'imprimer dans le procès-verbal d'aujourd'hui.

" Je ne puis m'empêcher de signifier par écrit mon opposition en ma qualité de gérant général de l'une des banques intermédiaires, à la modification N° 9 projetée, pourvoyant à la limitation des prêts jusqu'au montant de dix p. 100 du capital acquitté et des réserves des diverses banques. Je considérerais qu'un arrangement de ce genre serait très injuste, vu qu'il favoriserait indûment ce que l'on pourrait appeler les grosses banques, lesquelles seraient en mesure si une telle modification était faite à la Loi des banques, de nous faire une vive concurrence, afin d'obtenir les comptes moyens, qui seraient les seuls qui resteraient aux banques intermédiaires. Les grosses banques sauraient que les comptes considérables leur appartiendraient en toute sûreté, par suite de la limitation relative aux prêts imposée par l'amendement."

Du consentement de son auteur, la proposition est retirée.

N° 10 M. Ladner propose:—

" Résolu que ce comité recommande au Parlement l'établissement dans les banques à charte du Canada, d'une catégorie additionnelle de comptes d'épargnes, en vertu de laquelle tous les détenteurs de dépôts, qui placeront leurs économies dans cette catégorie de comptes, dans toute banque ou succursale de cette banque, seront protégés contre toute perte jusqu'à concurrence de la somme de $3,000, par l'établissement d'une caisse d'après le système d'assurance. Le déposant et la banque contribueront aux primes dans la proportion qui pourra être déterminée, et le gouvernement s'occupera des détails et des données actuarielles nécessaires pour l'établissement de ladite proposition et après avoir conféré avec les institutions bancaires canadiennes, afin qu'une loi puisse être décrétée afin de mettre à exécution les résultats de ladite conférence et de tel projet qui pourra en résulter."

Du consentement de son auteur, la proposition est modifiée en ajoutant les mots " si praticable " après le mot " établissement " dans la deuxième ligne.

La discussion suit.

La proposition reste en suspens afin d'être considérée de nouveau.

APPENDICE No 1

N° 11 M. Spencer propose:—

"Résolu qu'une modification soit ajoutée à l'article 88a, S. S. 1 en insérant les mots " dans un montant dépassant $1,000 après le mot " Loi " dans la deuxième ligne."

La discussion suit. Du consentement de son auteur, la proposition est retirée.

Le comité s'ajourne à une heure et cinq de l'après-midi pour se réunir de nouveau à onze heures du matin, demain, vendredi, le 4 juillet 1924.

S. R. GORDON,
Greffier du comité.

CHAMBRE DES COMMUNES,
SALLE DE COMITÉ 429,
VENDREDI, le 4 juillet 1924.

Le comité se réunit à onze heures du matin.

Le président, M. Vien, est au fauteuil.

Présents: Messieurs Benoît, Bird, Black (Halifax), Bristol, Carmichael, Carruthers, Casgrain, Chevrier, Clifford, Coote, Crerar, d'Anjou, Desaulniers, Descoteaux, Duncan, Elliott, (Dundas), Elliott (Waterloo), Euler, Fafard, Garland, (Bow-River), Good, Grimmer, Hanson, Harris, Hatfield, Healy, Hodgins, Hughes, Irvine, Kellner, Ladner, McBride,. Macdonald, (Pictou), Mackinnon, Maclean, (York), McCrea, McKay, McMaster, McQuarrie, McTaggart, Malcolm, Marler, Maybee, Morin, Papineau, Power, Rankin, Rhéaume, Robitaille, St-Père, Sales, Shaw, Sinclair (Oxford), Sinclair, (Queens, île du P.-E.), Spencer, Steedsman, Tobin, Ward, Woods, Woodsworth—60.

Les propositions à l'ordre du jour étant appelées:

N° 14 M. Maclean propose:—

" Que le gouvernement provincial d'Ontario soit prié d'envoyer un représentatnt de son Service de caisse d'épargnes provincial, afin de donner à ce comité une idée des affaires qu'il transige dans cette province; et que le ministre des Postes du Canada soit prié de comparaître devant ce comité."

M. Maclean consent à modifier sa proposition de manière à ce qu'elle se lise ainsi:—

" Que le gouvernement provincial d'Ontario soit prié d'envoyer un représentant de son Service de caisses d'épargnes provincial afin de donner à ce comité une idée des affaires qu'il transige dans cette province; et que le ministre des Postes du Canada ainsi que le sous-ministre des Finances soient priés de rendre témoignage, sur les opérations des caisses d'épargnes postales et de la caisse d'épargne fédérale."

La discussion suit.

La question étant mise aux voix, la proposition est rejetée sur division: Pour, 12; Contre, 15.

N° 10—M. Ladner consent à proposer que la proposition faite par lui soit modifiée de manière à se lire comme suit:—

"Résolu que ce comité recommande que le gouvernement devrait étudier la praticabilité de soumettre au Parlement à une date ultérieure l'établissement dans les banques à charte du Canada, d'une catégorie additionnelle de comptes d'épargnes par lesquels tous les détenteurs de dépôts, qui peuvent placer leurs fonds dans ladite catégorie de comptes dans toute banque ou dans l'une de ses succursales, seront protégés contre toute perte jusqu'à concurrence de la somme de $3,000, par l'établissement d'une caisse d'après une base d'assurance. Les déposants et la banque contribueront à ces primes dans telle proportion qui pourra être déterminée et le gouvernement s'occupera des détails et des données actuarielles nécessaires pour l'établissement de la proposition précitée, et après avoir conféré avec les institutions bancaires du Canada, afin qu'une loi puisse être adoptée pour mettre à exécution les résultats de ladite conférence et de tel projet qui pourra en résulter."

La question étant mise aux voix, la proposition est adoptée à l'unanimité, et le président est prié de présenter la résolution à la Chambre ainsi que le douzième rapport intérimaire du comité.

(Le rapport apparaît à la page xiii).

N° 15 M. Shaw propose:

Une modification à la Loi des banques en y ajoutant le paragraphe 4, qui se lit comme suit:—

"Chaque contrat pour la vente d'actions dans le capital-actions d'une banque est un contrat basé sur la plus entière bonne foi et exige la révélation la plus complète de toutes les circonstances matérielles connues. Si la plus entière bonne foi n'est pas observée ou s'il n'y a pas la révélation la plus complète de tous les faits matériels connus, la partie lésée peut ne pas se conformer au contrat."

La discussion suit.

Un point d'ordre ayant été soulevé, le président décide que la proposition ne peut faire l'objet d'un point d'ordre.

N° 16—M. Shaw propose.

Que l'article 125 de la Loi des Banques soit prorogé et de lui substituer ce qui suit:—

" 125. S'il arrive que les biens et l'actif de la banque ne suffisent pas à payer ses dettes et obligations, ou dans le cas où le capital payé de la banque a été diminué par des pertes, ou le paiement de dividendes, ou le paiement de boni ou autres, chaque actionnaire de la banque doit être responsable du déficit, à un montant égal à la valeur au pair des actions qu'il possède en sus de toute montant par lui non versé sur ses actions.

(2). "Actionnaires" au sens du présent article doit inclure un principal caché et, dans la mesure de son intérêt, une fiducie cestui que de la part de laquelle ou pour le bénéfice de laquelle sont tenues des actions du capital social de la banque.

"(3) Subordonnément aux deux paragraphes précédent immédiatement, si en aucun temps l'inspecteur, par inspection ou autrement, reconnaît que le capital payé d'une banque est devenu diminué par des pertes ou par le paiement de dividendes ou par le paiement d'une boni, ou autrement, il devra incessamment, au reçu de l'approbation du ministre et par avis écrit au gérant général, ordonner à cette banque de remettre la somme de cette diminution du capital payé, en faisant appel aux actionnaires proportionnément au capital détenu par chacun d'eux. Si la banque néglige dans les quatre mois qui suivront le reçu dudit avis de se conformer à l'ordre de l'inspecteur, le ministre pourra exercer les pouvoirs que lui confère le paragraphe 10 de l'article 56-A de la présente Loi; cependent, si tout le capital souscrit a été payé en plein, les directeurs, subordonnément aux dispositions du présent article, possèderont et exerceront relativement aux appels sur les actions, le recouvrement et à l'application de ces appels soit par poursuite, confiscation, vente ou autrement, les mêmes pouvoirs qu'ils ont, possèdent et exercent sous l'empire de la présente Loi pour les appels sur les actions impayées, leur recouvrement et leur mise en vigueur.

La discussion suit.

Après débat, la question étant posée elle est rejetée sur la division suivante:—

Pour: Benoît, Coote, Elliott (Dundas), Garland (Bow-River), Good, Hodgins, Hughes, Irvine, Kellner, Maclean (York), Shaw, Spencer, Woods, Woodsworth—14.

Contre: Black (Halifax), Bristol, Carmichael, Carruthers, Casgrain, Fafard, Harris, Healy, McBride, Mackinnon, McKay, McMaster, McTaggart, Marler, Morin, Papineau, Rhéaume, Robitaille, St-Père, Sales, Steedsman—21.

" The Guaranty of Bank Deposits (Submitted as Term Paper in "Advanced Banking," Pol. Econ. 31 Spring Quarter, 1924) University of Chicago," a été déposé comme Pièce n° 24 et ordre a été donné d'imprimer l'Avant-Propos et les conclusions dudit article sous forme d'appendice aux Procès-Verbaux (*voir* page CXXXVII.)

Le comité ajourne à une heure et dix de l'après-midi pour s'assembler de nouveau mardi, le 8 juillet à onze heures de l'avant-midi.

S. R. GORDON,
Greffier du comité.

CHAMBRE DES COMMUNES,
SALLE DU COMITÉ 429,
MARDI, le 8 juillet 1924.

Le comité s'assemble à onze heures du matin avec M. Vien, président, au fauteuil.

Membres présents: MM. Benoît, Carmichael, Carruthers, Casgrain, Chevrier, Clark, Clifford, Coote, d'Anjou, Desaulniers, Descoteaux, Duncan, Elliott (Dundas), Elliott (Waterloo), Garland (Bow-River), Good, Grimmer, Hanson, Harris, Hatfield, Healy, Hodgins, Hughes, Irvine, Kellner, Ladner, McBride, Macdonald (Pictou), Mackinnon, Maclean (York), Macphail (Mlle), McCrea, McKay, McMaster, McTaggart, Malcolm, Marler, Maybee, Mewburn, Millar, Morin, Power, Rankin, Robb, Sales, Senn, Shaw, Sinclair (Oxford), Sinclair (Queens, île du P.-E.), Spencer, Steedsman, Stevens, Tobin, Vien, Ward, Woods, Woodsworth—57.

L'item "Motions sur feuilleton des ordres" ayant été appelé, n° **17**, M. Garland propose:—

" Que le paragraphe (f) de l'article 76 de la Loi des Banques soit modifié en biffant tous les mots après le mot "cas" dans la sixième ligne et en leur substituant les suivants: " sans le consentement unanime des directeurs présents à une assemblée régulière du bureau ou à une assemblée spécialement convoquée pour tel objet, pourvu que l'avis convoquant telle assemblée régulière ou spéciale fasse spécifiquement mention dudit objet."

Et la question étant posée sur ledit amendement, elle est agréée sur la division suivante: pour, 23; contre, 10. (Présenté à la Chambre mercredi le 9 juillet 1924. Voir aussi page 508 des Procès-verbaux. Voir aussi pages 544 et 545 des Procès-verbaux.)

Sur la motion de M. Kellner le comité s'exprime unanimement en faveur d'étudier maintenant la question des " Crédits agricoles ".

M. McKay propose l'adoption du rapport du sous-comité comme suit:—

Votre comité sur les Lois d'urgence relativement aux crédits agricoles a l'honneur de faire rapport comme suit:—

(1) Tout plan élaboré en vue d'accorder l'assistance fédérale aux provinces doit s'appliquer à tout le Canada.

(2) Il n'y a à l'heure actuelle que six provinces sur neuf dans lesquelles existent des organisations provinciales par l'entremise desquelles les fonds du Dominion pourraient être utilisés.

(3) Il est trop tard maintenant pour créer un nouveau mécanisme applicable à tout le Canada pour les fins de l'assistance fédérale en temps pour qu'il soit en vigueur au cours de la présente année.

(4) En vue de ce qui précède le comité croit qu'il sera plus sage de concentrer son attention sur la possibilité du développement d'un projet plus général d'un caractère permanent.

M. McKAY,
Président du sous-comité.

M. Coote propose en amendement:—

Que le rapport du sous-comité ne soit pas adopté mais qu'il soit renvoyé avec instruction de l'étudier à nouveau et de revenir avec le rapport suivant:—

Votre sous-comité est frappé de l'urgente nécessité qu'il y a chez les cultivateurs canadiens d'obtenir des facilités de crédit meilleures, plus appropriées et à meilleur marché et est d'opinion qu'en attendant l'inauguration d'un projet permanent de crédits agricoles le gouvernement du Dominion devra édicter des mesures d'urgence en vue de remédier temporairement à la situation.

A ces fins le sous-comité soumet les recommandations suivantes:—

1. " Que le gouvernement fédéral soit autorisé à établir une caisse n'excédant pas $15,000,000 pour les fins des crédits agricoles. Cette disposition sera en vigueur pendant un an à titre de mesure d'urgence."

2. " Que des prêts soient effectués aux gouvernements provinciaux qui, à leur tour, soit par des moyens à leur disposition, soit par des méthodes nouvelles qu'ils jugeront à propos d'adopter, prêteront cet argent aux cultivateurs."

3. "Que le maximum d'un prêt agricole en faveur d'un même individu ne devra pas excéder \$5,000. Le maximum d'un prêt ne devra pas excéder 50 p. 100 de la valeur estimée de la terre plus 25 p. 100 de la valeur estimée et assurée des bâtisses."

4. "Que le taux de l'intérêt exigé de l'emprunteur soit le même que celui qui est exigé du gouvernement plus 1 p. 100 afin de couvrir tous les frais de gestion, d'estimation, de perception, etc."

5. "Que tous les prêts seront effectués sur le plan d'amortissement pour une période ne dépassant pas 35 ans."

6. "Que le Gouverneur général en conseil peut imposer tous autres règlements et conditions qu'il jugera convenables aux fins susdites."

Après débat la question étant posée sur ledit amendement, elle a été rejetée sur la division suivante:—

Pour: Benoît, Carmichael, Coote, Elliott (Dundas), Garland (Bow-River), Good, Hanson, Irvine, Maclean (York), Macphail (Mlle), Millar, Sales, Snaw, Spencer, Steedsman, Stevens, Ward, Woodsworth.—18.

Contre: Carruthers, Casgrain, Clark, Clifford, Desaulniers, Descoteaux, Duncan, Elliott (Waterloo), Harris, Hatfield, Hodgins, Hughes, Kellner, McBride, Mackinnon, McCrea, McKay, McMaster, McTaggart, Maybee, Mewburn, Power, Rankin, Robb, Robitaille, Senn, Sinclair (Oxford), Woods.—28.

Et la question sur la motion principale étant posée, elle est agréée.

Sur la motion de M. McKay, le comité est unanime à demander à son président de soumettre à la Chambre le rapport suivant sur les crédits agricoles:—

Conformément à l'ordre de renvoi, en date du 6 mai 1924, se lisant comme suit:—

Ordonné:—Que le rapport du Dr Tory sur les crédits agricoles, déposé sur le bureau de la Chambre le 15 avril, soit référé au comité des *Banques* et du Commerce,

Attesté:

W. B. NORTHRUP,
Greffier de la Chambre des Communes.

Votre comité a pris en considération le rapport du Dr Tory sur les crédits agricoles.

Ce rapport fait voir que des neuf provinces du Canada, sept ont déjà dans leurs statuts des lois tendant à l'établissement de systèmes publics de crédit agricole; et

Considérant qu'une étude des systèmes existants dans ces provinces fait voir une diversité considérable de ces systèmes, quant à la méthode et quant aux détails également; et

Considérant que le but de tous ces systèmes de crédit rural est de procurer au moyen d'une organisation meilleure de garantie, des prêts pour des fins agricoles à des taux d'intérêt meilleurs que ceux qui ont été en vigueur jusqu'ici; et

Considérant qu'on peut se demander si cette fin pourrait être mieux atteinte par l'établissement d'un système fédéral fonctionnant dans les provinces ci-dessus mentionnées, en outre des systèmes déjà existants et en concurrence avec eux ou dans les provinces où, à l'estime des autorités provinciales, le besoin ne s'est pas fait sentir assez pour excuser l'établissement d'un système semblable; et

Considérant qu'il semblerait sage, du point de vue et de l'efficacité et de l'économie également, si l'on doit établir un système fédéral, que ce dernier fût une forme pour tout le Canada, ce qui nécessairement nécessi-terait des pourparlers entre les autorités fédérales et les autorités pro-vinciales;

En conséquence, votre comité recommande que l'enquête sur ce sujet soit continué, afin de démontrer s'il est possible de coordonner les diffé-rents systèmes de crédit rural maintenant en vigueur dans un système fédéral s'appliquant à tout le Canada, et que l'on prépare une loi basée sur des recherches supplémentaires et tendant à faire face au besoin de crédit des classes agricoles du Dominion, et qui sera soumis au Parlement à la prochaine session. (Présenté à la Chambre mercredi, le 9 juillet 1924. Voir page 507 des Procès-verbaux. Approuvé vendredi, le 18 juillet 1924. Voir page 648 des Procès-verbaux.)

Le comité ajourne à une heure et 25 minutes de l'après-midi pour se réunir à nouveau mercredi, le 9 juillet 1924, à onze heures du matin.

S. R. GORDON,
Greffier du comité.

CHAMBRE DES COMMUNES,
SALLE DU COMITÉ 429,
MERCREDI, le 9 juillet 1924.

Le comité se réunit à onze heures du matin.

Le président, M. Vien, occupe le fauteuil.

Membres présents: MM. Benoît Carmichael, Casgrain, Chevrier, Clark, Clifford, Coote, d'Anjou, Desaulniers, Descoteaux, Duncan, Elliott (Dundas), Elliott (Waterloo), Fortier, Garland (Bow-River), Good, Grimmer, Guthrie, Hanson, Harris, Hatfield, Healy, Hodgins, Hughes, Irvine, Jacobs, Kellner, Ladner, McBride, Macdonald (Pictou), Mackinnon, Maclean (York), Macphail (Mlle), McCrea, McKay, McMaster, McTaggart, Malcolm, Marler, Maybee, Mewburn, Millar, Morin, Papineau, Power, Rankin, Robb, Robitaille, St-Père, Sales, Sinclair (Oxford), Sinclair (Queens, I. P.-E.), Spencer, Steedsman, Stevents, Tobin, Vien, Woods—58.

"Motions à l'Ordre du jour."

N° 5, M. Coote propose:—

"Que le comité est d'opinion qu'une loi doit être adoptée au cours de la présente session en vue d'établir des prêts agricoles à long terme."

Après débat la question étant posée elle est rejetée: Pour, 4; contre, 19.

M. Spencer soulève la question de la date probable du débat sur les affaires de la Home Bank.

Le président informe le comité que ce débat n'aura pas lieu avant mardi ou mercredi de la semaine prochaine.

N° 12, M. Coote propose:—

"Que l'alinéa 3-A de l'article 61 soit biffé et de lui substituer ce qui suit: "50 p. 100 du capital versé et intact de la banque et"."

Et un débat s'ensuivant la motion est retirée avec le consentement du comité.

N° 13, M. Coote propose:—

"Que c'est l'opinion de ce comité que la Loi des Banques doit être modifiée de manière à stipuler que l'impression et l'émission des billets de banque seront sous le contrôle du ministère des Finances et que l'application des règlements concernant l'impression et l'émission desdits billets sera confiée au ministère des Finances et non à l'Association des banquiers."

Et un débat s'esuivant le comité entendit M. H. T. Ross, secrétaire de l'Association des banquiers canadiens qui répondit à un certain nombre de questions relativement aux effets de cette motion si elle était adoptée.

Et la question étant posée elle est rejetée: Pour, 10; contre, 29.

N° 18, M. Garland propose:—

"Que l'article 76 de la Loi des Banques soit modifié en ajoutant le paragraphe (g) de l'alinéa 2 dudit article, comme suit:—

"Nulle banque ne peut accepter des dépôts payables après avis dont le montant total excédera six fois le montant du capital versé de la banque après le 1er octobre 1925."

Après débat la question étant posée elle est rejetée: Pour, 4; contre, 34.

N° 19, M. Coote propose:—

" Que l'article 13 de la Loi des Banques soit modifié en biffant les mots "cinq cent" à la deuxième ligne dudit article et en les remplaçant par le mot "cinquante". Et en biffant les mots "deux cent cinquante" à la huitième ligne pour les remplacer par les mots "vingt-cinq"."

Après débat la question étant posée elle est rejetée: Pour 11, contre 29.

N° 20, M. Coote propose:—

" Que l'article 10 de la Loi des Banques soit modifié en biffant les mots "cinq cent mille" à la deuxième ligne dudit article et en les remplaçant par les mots "cinquante mille"."

Du consentement du comité cette motion est retirée.

N° 21, M. Spencer propose:—

" Que les mots suivants soient ajoutés au paragraphe 6, article 54:—

" Que le compte des profits et pertes doit comprendre et faire voir d'une part le montant

"(a) De la balance du compte des profits et pertes reportée de l'année précédente;

"(b) De la réduction de l'intérêt sur les billets non échues à la fin de l'année précédente;

"(c) Des profits bruts, y compris les balances de tous intérêts, commissions, change, et autres comptes rapportant certains revenus;

"(d) Des primes sur les nouvelles actions vendues;

"(e) Des mauvaises créances encaissées après avoir été biffées du bilan, et cet état doit comprendre et faire voir d'autre part:

"(a) Des dépenses d'administration et d'exploitation, en détails;

"(b) Des intérêts payés sur les dépôts;

"(c) L'intérêt réservé sur les billets non échus;

"(*d*) Le montant biffé sur la valeur des immeubles de la banque;

"(*e*) Le montant transféré au compte des pertes;

"(*f*) Le montant transféré à la caisse de retraite des fonctionnaires;

"(*g*) Les divers crédits ou déboursés non compris dans les item précédents et mentionnés en détails;

"(*h*) Des dividendes déclarés (spécifiant le nombre et la date) ;

"(*i*) Le montant transféré au compte de la réserve;

"(*j*) Balance au crédit du compte des profits et pertes.

Après débat la question étant posée elle est rejetée: Pour 12, contre 23.

Sur motion de M. Irvine le comité ajourne à 12 h. 40 de l'après-midi pour se réunir à nouveau à 11 heures de l'avant-midi, demain, jeudi le 10 juillet 1924.

S. R. GORDON,
Greffier du comité.

CHAMBRE DES COMMUNES,
SALLE DU COMITÉ 429,
JEULI, le 10 juillet 1924.

Le comité se réunit à 11 heures du matin, M. Vien, président au fauteuil.

Membres présents: Messieurs: Benoît, Bird Carmichael, Carruthers, Casgrain, Chevrier, Coote, Desaulniers, Descoteaux, Fortier, Garland, (Bow-River), Good, Hatfield, Helay, Hodgins, Hughes, Laflamme, McBride, McKay, McMaster, Marler, Morin, Power, Rankin, Rhéaume, Robichaud, St-Père, Shaw, Sinclair (Oxford), Steedsman, Stevens, Vien, Ward, Woods, Woodsworth.—35.

Après l'étude d'un bill privé sur le Feuilleton des ordres—

Sur motion de M. McKay, appuyé par M. Morin,

Ordonné,—"Que le rapport du Dr Tory sur les Crédits agricoles soit imprimé sous forme d'appendice aux procès-verbaux, de ce comité."

(Voir page XLI.)

Sur motion de M. McKay, appuyé par M. Hatfield,

Ordonné,—Que le Président du comité soit prié de présenter le seizième rapport du comité, comme suit:

Votre comité a pris en considération les diverses questions qui lui ont été référées par ordre de renvoi, de temps à autre.

Votre comité, en outre des nombreuses réunions de ses sous-comités, a tenu trente-neuf comités, en vingt-sept jours séparés; il a entendu la preuve faite par dix témoins et il a reçu vingt-trois documents qui ont formé dossier.

Votre comité soumet ci-joint, pour l'information de la Chambre, une copie imprimée de ses procédures, la preuve faite devant le comité, et aussi certains documents qu'on lui a soumis à titre de preuves justificatives, mais qui ne sont pas contenus dans les procédures.

Votre comité recommande que l'ordre de renvoi, les rapports, les procédures et la preuve faite devant le comité ainsi qu'un index approprié que le greffier du comité préparera soient imprimés à titre d'appendice aux Journaux de la Chambre de la présente session, et pour distribution, et qu'on suspende la règle 74 à cet égard.

APPENDICE No 1

(Présenté à la Chambre, jeudi le 10 juillet 1924. Voir page 517 des Procès-Verbaux. Approuvé et sanctionné vendredi le 11 juillet 1924.

Voir page 542, Procès-Verbaux.)

Sur motion de M. Benoît le comité ajourne pour se réunir de nouveau sur avis du Président.

S. R. GORDON,
Greffier du comité.

CHAMBRE DES COMMUNES,
SALLE DU COMITÉ, 429,
VENDREDI, le 11 juillet 1924.

Le comité se réunit à 11 heures du matin avec M. Vien président occupant le fauteuil.

Membres présents: Messieurs: Benoît, Chevrier, Clifford, Coote, Descoteaux, Elliott (Waterloo), Fortier, Garland (Bow-River), Good, Hatfield, Hodgins, Irvine, Jacobs, McBride, Maclean (York), McKay, McMaster, Millar, Morin, Sales, Shaw, Spencer, Steedsman, Vien, Ward, Woods, Woodsworth.—27.

M. McKay, président du sous-comité sur les crédits agricoles propose que le rapport du sous-comité sur le "faillite" soit adopté.

Un débat s'ensuivant, sur motion de M. McKay, appuyé par M. McMaster, le président est prié à l'unanimité de présenter à la Chambre un rapport renfermant le rapport du sous-comité sur la "faillite" tel que modifié comme suit:—

Dix-septième rapport

Votre comité a pris en considération, à nouveau, et à étudié le rapport du Dr Tory sur le "Crédit Agricole" qu'on lui avait référé le 6 mai 1924.

Votre comité constate que le crédit des personnes qui ne se livrent qu'à l'agriculture ou qu'au labourage de la terre est affecté par certaines stipulations de la loi relative à la faillite.

En conséquence, votre comité recommande qu'on soumette au cours de la présente session du Parlement, une loi modifiant la Loi de Faillite comme suit:

Loi modifiant la Loi de Faillite

" 1. Cette loi peut être citée sous le titre de "Loi modifiant la Loi de Faillite, 1924".

"2. La Loi de Faillite est modifiée par l'insertion après l'article 8B de ladite loi de l'article suivant:

"8C (1) Nonobstant rien de contenu dans cette loi, si le Lieutenant-Gouveurs officiel doit dès lors, en sus de cette fonction, agir et être considéré comme gouvernement provincial, chargé d'après une loi provinciale de fonctions qui, de l'avis du Lieutenant-Gouverneur en Conseil, sont analogues sous tous rapports à celles de gardiens et de syndic pour agir à titre de gardiens et de syndic d'après la présente loi, le receveur officiel doit, dans le cas d'une cession faite par une personne qui se livre qu'à la culture ou qu'au labourage de la terre nommer ce fonctionnaire à titre de gardien.

"(2) Tout fonctionnaire ainsi nommé à la fonction de gardien par le receveur officiel doit dès lors, en sus de cette fonction, agir et être considéré comme syndic autorisé, de même que s'il était nommé en vertu du paragraphe 1 de l'article 15 de la présente loi, et il continuera d'être le syndic autorisé jusqu'à ce qu'il ait été révoqué conformément au paragraphe 2 dudit article 15.

14-15 GEORGE V, A. 1924

" (3) Au cas où un tel fonctionnaire d'un tel gouvernement provincial est nommé gardien et syndic, il n'aura pas droit de se faire payer aucune rénumération comme gardien ou syndic, ni aucun des frais énumérés comme frais du gardien dans la troisième partie des règles générales, mais il aura droit aux déboursés qu'il aura faits légalement.

"3· L'article 59 de la loi de faillite est modifié en lui ajoutant le paragraphe suivant:

"(2) Les alinéas (*b*) et (*c*) du paragraphe précédent ne s'appliqueront pas au cas d'une requête pour être relevé de ses fonctions faites par aucun cédant qui, au temps de la cession autorisée, se livrait exclusivement à la culture ou au labourage du sol."

Cette assemblée étant la dernière du comité, il y eut échange de compliments entre le Président et les divers membres présents.

Le comité ajourne à une heure de l'après-midi, *sine die.*

S. R. GORDON,
Greffier du comité.

MINUTES DES TÉMOIGNAGES

CHAMBRE DES COMMUNES,
SALLE DE COMITÉ, 436,
JEUDI, 13 mai 1924.

Le comité spécial permanent sur les affaires de banque et du commerce s'est assemblé à 11.00 a.m., M. Vien, président.

Le SECRÉTAIRE: Le président du comité, l'hon. M. Mitchell, ne peut être présent ce matin et je prierais les membres du comité de nommer un vice-président.

M. TOBIN: Je propose que M. Vien, Lotbinière, préside.

M. VIEN ayant prie le fauteuil.

Le VICE-PRÉSIDENT: La première chose à considérer est la correspondance. Je demanderais au secrétaire de lire les communications.

Le SECRÉTAIRE: Le télégramme suivant a été reçu.

"Cleveland, Ohio,
L'hon. W. C. Good,

"Votre télégramme m'a été transmis de New-York. Je serai heureux de comparaître devant votre comité si on le veut et je tâcherai de m'arranger de façon à me présenter quand on le voudra. D'ici à lundi, douze mai, vous pouvez me télégraphier à l'hôtel Cleveland, Cleveland, Ohio. Après cette date, vous pourriez me télégraphier au soin de la "American Exchange National Bank", New-York, et l'on me transmettra le message; je ne sais au juste où je serai le mois prochain.

(Signé)   William P. Malburn."

Le télégramme suivant a aussi été reçu:

"Washington, D.C.,
L'hon. W. G. Mitchell,
"Président, chambre des communes, comité sur les affaires de banques.

En réponse votre télégramme sept, suggérerais E. W. Stearns bureau du contrôleur, Sherrill Smith, vice-président Chase National Bank, New-York, ou J. W. Pole, examinateur de la Chief National Bank, sous-contrôleur de la monnaie.

(Signé)   A. W. Mellon."

Ceci est en réponse à un télégramme que M. Mitchell a envoyé, demandant de suggérer les noms de témoins en ce qui concerne l'examen ou l'inspection des banques.   M. Good a peut-être reçu d'autres télégrammes.

M. GOOD: Oui, M. le Président, j'ai reçu des réponses de presque tous les gens à qui j'ai envoyé des télégrammes d'après les instructions du sous-comité. Je croyais que le secrétaire les lirait aussi. A la dernière assemblée du comité, j'en ai lu un de M. Williams, qui se mettait à notre disposition. J'ai aussi eu une réponse de M. Maclean, de Portland, dont le nom a été mentionné, mais il dit qu'il sera difficile, sinon impossible, pour lui de venir. L'autre personne était M. Stearns. Il a télégraphié qu'il sera disponible. Il ne reste plus qu'une autre personne dont il avait été question et nous n'avons pas son adresse. Je ne crois pas que le secrétaire ait eu une réponse de ce monsieur.

Le SECRÉTAIRE: Nous n'avons pas encore eu cette réponse.

M. GOOD: Je crois que ce sont là tous les renseignements que nous avons à donner au comité à l'heure actuelle. J'ai des copies des réponses dans ma chambre, et je puis les faire venir si c'est nécessaire.

Le VICE-PRÉSIDENT: Vous pourriez les remettre au secrétaire.

M. GOOD: Je croyais qu'il avait des copies, mais s'il n'en a pas je lui en fournirai.

Le VICE-PRÉSIDENT: La deuxième chose à considérer est le rapport du sous-comité. Je crois comprendre que le sous-comité n'a pas siégé depuis notre dernière assemblée.

Viennent ensuite les motions. Un certain nombre de motions sont soumises à la considération du comité.

M. Shaw propose, secondé par M. Irvine, que

"Le greffier reçoive instruction d'obtenir un nombre suffisant de copies de la loi des Banques pour l'usage des membres du comité."

Motion approuvée.

M. Coote propose, secondé par M. Spencer,

"Qu'un rapport soit présenté à la chambre recommandant que le comité soit autorisé à faire imprimer chaque jour pour l'usage des membres du comité et de la chambre ses procès-verbaux et les témoignages qui peuvent être entendus, et que le règlement 74 soit suspendu à ce sujet."

Motion approuvée.

Le VICE-PRÉSIDENT: A la dernière assemblée du comité; la question de notre manière de procéder a été discutée et je crois que l'opinion générale était à peu près dans le sens de la motion suivante que je soumets à votre attention.

M. Mackinnon propose, secondé par M. McBride,

"Que la manière de procéder de ce comité soit comme suit:—

1. Toutes les motions et les avis de motion doivent être par écrit.

2. Les modifications à la loi des Banques introduites en comité par les membres peuvent être reçues comme avis de motion à être discutée et n'être soumises au vote qu'à l'assemblée suivante du comité. Les membres du comité recevront des copies de ses modifications.

3. On pourra s'occuper d'abord des modifications non contentieuses à la loi des Banques. Toute modification ou article contre lequel on a porté des objections sera remis pour plus ample considération à la demande d'un membre. Nouvel examen sera permis sur avis de motion."

Motion approuvée.

Viennent ensuite les avis de motion. A la dernière assemblée du comité il fut décidé que nous entendrions aujourd'hui M. Edwards du ministère des Finances, M. Finlayson du département des Assurances et Sir William Stavert. On me dit que Sir William Stavert aimerait mieux ne donner son témoignage qu'à la prochaine assemblée du comité; je suggérerais que le témoignage de Sir William Stavert ne soit entendu qu'à la prochaine assemblée du comité si on le veut bien.

Maintenant, messieurs, M. Edwards du ministère des Finances est ici présent, ainsi que M. Finlayson, de la division des Assurances du ministère des Finances. Qui désirez-vous entendre le premier?

M. SHAW: Avant de procéder à l'examen des témoins, je ferai remarquer, qu'il y a un avis de motion à mon nom. Il est au dos de l'avis convoquant cette assemblée, et il serait peut-être bon d'en disposer afin que nous puissions ensuite nous occuper des autres questions, si c'est le bon plaisir du comité.

[M. George Edwards.]

APPENDICE No 1

Le VICE-PRÉSIDENT: L'avis de motion au nom de M. Shaw est le suivant:—

" Que ce comité est d'avis que le but, l'organisation et l'opération d'un certain genre de banque centrale ou de réserve proprement adminis trée tombent dans les limites du Renvoi, et que par les présentes instruc tions sont données au sous-comité de suggérer à ce comité les noms de témoins capables de fournir des renseignements sur ce sujet."

La question est soumise.

Le VICE-PRÉSIDENT: Messieurs, je ne suis que président suppléant de ce comité et je crois qu'afin de ne pas entraver nos délibérations je réserverai ma décision jusqu'à notre prochaine assemblée, ou si le président est ici il donnera une déci sion. Il s'agit de la question de savoir si le but, l'organisation et l'operation d'un certain genre de banque centrale ou de réserve proprement administrée tombent dans les limites du Renvoi.

Y a-t-il d'autres motions, messieurs? Je crois comprendre que M. Good est intéressé dans la comparution des témoins et j'aimerais qu'il dise, ou que tout autre membre du comité dise, quel témoin sera examiné le premier.

M. IRVINE: A mon avis, il serait bon de donner instructions au sous-comité de considérer la question de savoir lesquels des témoins à qui nous avons télégra phié devraient être appelés.

M. GOOD: Pour faciliter les choses, je proposerais que l'on demande au sous comité de suggérer ou de recommander à notre prochaine assemblée les noms de témoins compétents parmi ceux avec qui nous nous sommes mis en communica tion.

M. IRVINE: Je seconde cette motion.

M. GOOD: A moins que le comité ne juge qu'il vaille mieux les appeler immé diatement, on pourrait peut-être attendre que le sous-comité considère la ques tion et fasse une recommandation.

Le VICE-PRÉSIDENT: Vous suggérez que les noms des témoins que nous avons soient référés au sous-comité pour qu'il puisse choisir les témoins à appeler.

M. GOOD: Et qu'il fasse une recommandation à cet effet.

Motion approuvée.

Le VICE-PRÉSIDENT: Qui sera le premier témoin?

M. SHAW: Je suggère que ce soit M. Finlayson.

Le VICE-PRÉSIDENT: En attendant l'arrivée de M. Finlayson, nous pourrions entendre M. Edwards, si c'est le désir du comité.

GEORGE E. EDWARDS, comptable diplômé, Toronto, Ont., est appelé.

M. GARLAND: M. Edwards est-il prêt à dire quelques mots concernant l'ins pection des banques? Ce serait peut-être là un moyen d'entrer en matière.

Le VICE-PRÉSIDENT: M. Edwards, de Toronto, de la firme Edwards, Morgan & Company, comptable diplômé, est votre témoin.

M. GOOD: Puis-je demander à la suggestion de qui M. Edwards a été appelé?

Le VICE-PRÉSIDENT: A la dernière assemblée du comité, instruction furent données au sous-comité de s'aboucher avec le ministère des Finances et lui de mander de consentir à ce qu'un officier du ministère rende témoignage devant le comité sur la question de l'inspection des banques. M. Edwards est l'aviseur du ministre quand il doit donner son avis sur les questions d'affaires de banque et de finance.

M. IRVINE: J'avais compris que M. Edwards devait témoigner sur les modi fications à la loi des banques adoptée l'année dernière, nous dire comment on peut s'attendre à ce qu'ils protègent les déposants.

Le VICE-PRÉSIDENT: C'est cela. M. Edwards n'a rien préparé par écrit, mais il est prêt à répondre aux questions que les membres lui poseront.

[M. George Edwards.]

M. Shaw: Je suggérerais que M. Edwards donne son avis sur l'application de ces modifications. Il les connaît bien.

M. W. F. Maclean:

Q. Que connaissez-vous de la Home Bank, monsieur Edwards?

Le VICE-FRÉSIDENT: Je crois que nous ferons des progrès plus rapides si M. Edwards nous dit ce qu'il pense de l'effet des modifications à la loi des banques.

M. Gardner: M. Edwards pourrait peut-être nous dire ce qu'il sait de l'effet de l'article 88 (*a*) quant à l'avis d'intention de donner des garanties et quel effet il a eu.

Le VICE-PRÉSIDENT: Je suggérerais que le témoin fasse d'abord une déclaration générale et qu'il réponde ensuite aux questions qui se présenteront.

Le TÉMOIN: Monsieur le président, parlant d'une façon générale des nouvelles parties de la loi des banques, devenues en vigueur l'année dernière, je dirai que ces articles sont appliqués à l'heure actuelle à l'exception de deux ou trois. Je parlerai des modifications principales, de celles que l'on voulait être d'application générale, ou de celles que le comité considère en ce moment et qui se rapportent à la protection des déposants et des actionnaires. La première modification importante introduite dans la loi à la dernière session a été l'article 18 concernant le fonds de pension. Je ne puis dire si les banques se sont déjà entièrement conformées aux exigences de cet article qui a pour but d'obtenir pour les employés de banque que leur fonds de pension soit placé dans des garanties en fidéicommis. On devrait accorder un certain temps aux banques pour faire la conversion, mais **je** crois que le temps devrait être à la discrétion du ministre. Je suis certain, toutefois, que la question reçoit toute l'attention nécessaire, si elle n'a **pas** encore été complètement réglée.

Le premier article par ordre d'importance est l'article 54.

M. McMaster:

Q. Avant d'abandonner le sujet du fonds de pension, voulez-vous nous dire de quelle nature étaient les placements dans le passé?—R. Dans le cas de la banque des Marchands les officiers de la banque avaient placé le fonds de pension en actions de leur propre banque et, par conséquent, s'il devenait nécessaire de se prévaloir de la double responsabilité la banque perdait. Dans le cas de la banque des Marchands, le fonds avait été placé en actions de la banque des Marchands à 160 environ, et d'après les termes de la vente à la banque de Montréal ces actions n'ont rapporté que 110. Par conséquent, ceux qui ont droit à une pension ne recevront, je crois, en définitive que 72 p. 100 de la pension sur laquelle ils comptaient.

M. Ladner:

Q. Y avait-il un fonds de ce genre dans la Home Bank?—R. Il n'y avait pas de fonds de pension dans la Home Bank.

M. Shaw:

Q. Si la banque des Marchands était devenue insolvable, que serait-il advenu de la double responsabilité sur ces actions? Quelle aurait été la situation?—R. Naturellement, c'est ce qui a suggéré la modification, le fait que ces gens, les employés de la banque, n'avaient en réalité rien à dire quant à l'administration du fonds auquel ils avaient contribué, pour une part du moins, et que le fonds serait placé sans leur avis. C'est ce qui a suggéré la modification à la dernière session.

M. W. F. Maclean:

Q. Se conforme-t-on à l'amendement?—R. Comme je l'ai dit, je ne sais pas si tous s'y sont conformés, parce qu'on avait accordé un certain temps aux ban-

[M. George Edwards.]

ques pour convertir ces garanties. Si M. Ross en sait plus, il pourrait renseigner le comité, mais je ne le sais pas au juste.

M. McMaster:

Q. Il exige des placements dans diverses provinces?—R. Ils sont énumérés dans la loi des compagnies fidéicommissaires du Dominion du Canada en vertu de laquelle le département des assurances surveille les placements des compagnies d'assurance sur la vie et autres sociétés; et la nature de ces valeurs est indiquée dans la loi. La modification a été tirée de cette loi.

M. Coote:

Q. Puis-je vous poser une question concernant le fonds de pension? Je suis sous l'impression que dans certaines banques les employés doivent payer au fonds de pension un certain percentage de leur traitement, et s'ils quittent le service de la banque, ou sont renvoyés avant un certain nombre d'années, ils ne reçoivent absolument rien du fonds de pension. Savez-vous si cela est bien vrai, et, dans l'affirmative, n'est-ce pas injuste envers les employés de banque?—R. Je ne sais pas si cela est vrai, mais je connais le cas d'un employé qui a été renvoyé et à qui on a remis l'argent qu'il avait versé au fonds de pension. Mais si c'est là une coutume générale je ne saurais dire. Je crois que tous ceux qui contribuent au fonds de pension à même leur traitement reçoivent quelque chose s'ils quittent le service de la banque; je ne puis dire exactement ce qu'on leur remet.

Q. Je crois que si le comité voulait aller au fond de cette question il trouverait que d'après les règlements de nos banques, les employés n'ont pas droit, s'ils quittent la banque ou sont renvoyés, à l'argent qu'ils ont dû verser au fonds de pension. C'est peut-être le bon temps de mentionner ce fait.

M. Irvine:

Q. A votre avis, cet amendement à l'article concernant le fonds de pension protège-t-il beaucoup les déposants?—R. Non, mais il protège les employés de banque.

M. SALES: M. Ross pourrait-il nous donner des renseignements sur cette question?

Le VICE-PRÉSIDENT: Je veux attirer l'attention du témoin sur le point que nous sommes à étudier. Le renvoi est en ce qui touche la protection des déposants. Vous verrez par la réponse donnée à M. Irvine que les intérêts des déposants ne sont pas en jeu. Par conséquent, on ne devrait pas à mon avis trop appuyer sur ce point.

Quelques honorable DÉPUTÉS: Bien, bien!

M. Healy:

Q. Avant d'abandonner cette modification, vous avez dit que les actions en lesquelles le fonds avait été placé seraient affectées par la clause de la double responsabilité. Sommes-nous en droit de dire que tout l'argent placé en actions d'une banque à même ce fonds de pension serait perdu, que la double responsabilité serait complètement perdue et ne profiterait à personne?—R. Elle ne serait peut-être pas complètement perdue si les autres placements étaient suffisants en tout ou en partie pour répondre à l'appel de la double responsabilité.

Q. Ce n'est pas là tout à fait le point que je soulève. Un certain montant d'argent a été placé en actions de banque à même ce fonds. Si une banque faillit, la clause de la double responsabilité ne serait-elle d'aucun bénéfice à qui que ce soit, pour ce qui est de l'argent placé dans ces actions?—R. Si le fonds de pension n'avait pas d'autres ressources, la banque perdrait certainement; les déposants perdraient le bénéfice de la double responsabilité, mais j'aimerais à bien comprendre votre question.

[M. George Edwards.]

L'hon. M. Stevens: Me permettra-t-on de faire remarquer que ce genre de placement n'est plus permis.

Le témoin: Non, pas maintenant.

L'hon. M. Stevens: C'est de l'histoire ancienne.

M. Healy: Je vous demande pardon, c'est une question qui est loin d'être morte. Il s'agit de toute cette question de double responsabilité. Ce que je veux dire c'est que si une banque faillit ceux qui connaissent les rouages de la banque peuvent transférer leurs actions, se débarrasser de la double responsabilité — transférer leurs actions aux propriétaires qui n'ont aucune responsabilité financière. C'est pourquoi, la double responsabilité en ce qui concerne les actions de banque devient inutile. Ce que je prétends c'est qu'une banque qui place ce fonds ou d'autres fonds dans leurs propres actions se débarrassent immédiatement de leur double comme un actif. Elle disparaît entièrement des livres.

Le témoin: Je comprends votre question. Le fonds de pension n'est pas la banque; c'est un fonds séparé. C'est un fonds de fidéicommis. Si le fonds de pension était la banque elle-même, je crois que votre manière de voir serait juste et le bénéfice de la double responsabilité serait entièrement perdu. Mais ces fonds de pension ne sont pas les fonds de la banque. Dans le rapport financier des banques ils sont entrés comme argent en dépôt en autant que l'argent est réellement en dépôt; mais, à part cela, ce sont des placements séparés qui ne paraissent pas dans les affaires de la banque du tout. Par conséquent, le fonds de pension est un actionnaire de la banque au même sens que vous et moi peuvent l'être.

Un honorable député: S'il n'est plus permis de le faire, à quoi bon en parler?

Le vice-président: Je suggère que le témoin parle des modifications à la loi des banques adoptées l'an dernier en ce qui concerne le dépôt et la protection des déposants, en tant qu'ils affectent la protection des déposants.

M. McMaster: Naturellement, toute l'administration des banques affecte la protection des déposants.

L'hon. M. Baxter: Ce serait beau si nous pouvions entendre ce que le témoin a à dire sur ce sujet et garder charitablement nos questions pour quand il aura fini.

Le témoin: L'article 54 est celui qui prescrit la forme des rapports présentés au public et aux actionnaires. Il y a eu des modifications à cet article l'an dernier dans le but de le rendre plus clair. Ce que les diverses classifications comprendraient au juste, et en tant qu'elles fournissent plus de renseignements, elles sont, je dirais, de la nature d'un contrôle moral sur la banque dans la classification et la disposition de leurs états annuels. Je n'aimerais pas à dire jusqu'à quel point elles contribueront à la protection des déposants, mais elles fournissent des renseignements que le public est en droit d'avoir. Il y a un sous-article important à l'article 54 concernant la manière dont une banque fait rapport des opérations qu'elle fait au nom d'une corporation contrôlée. C'est le sous-article 4. Il se lit:

> "Quand une partie quelconque des opérations d'une banque sont au nom d'une corporation contrôlée par telle banque, alors l'état financier devra être accompagné d'un autre ou d'autres états financiers montrant l'actif et le passif de chacune de ces corporations, et la valeur donnée aux intérêts de la banque dans la corporation; et les vérificateurs de la banque seront, pour toutes fins du ressort de cette loi, considérés vérificateurs de ces corporations contrôlées, et les actionnaires de la banque à chaque assemblée générale annuelle nommeront certaines personnes qui agiront comme fondés de pouvoir pour la banque à l'une quelconque ou à toutes les assemblées de telle corporation contrôlée tel qu'il sera jugé à propos".

Les banques soumettent maintenant à leurs actionnaires tous les états financiers de leurs corporations contrôlées, et elles les publient avec leurs propres états

[M. George Edwards.]

financiers. Des renseignements précieux sont ainsi fournis aux actionnaires et ils peuvent s'en servir pour leur propre protection. Les déposants sont également protégés, car si les actionnaires sont protégés il s'en suit qu'il le sont aussi.

Un autre article important est l'article 56 qui exige une vérification d'actionnaires. Cet article a été presque entièrement refait dans la revision à la dernière session, et il est mis en pratique, à l'exception de l'un des sous-articles peut-être. Cet article, à mon avis, augmente et définit les devoirs des vérificateurs d'une telle façon qu'ils ne peuvent plus offrir d'excuses s'ils ne se rendent pas compte pleinement de la vraie position de la banque. Ils ont à certifier finalement:

" (a) Si oui ou non ils ont obtenu tous les renseignements et toutes les explications dont ils ont eu besoin,

" (b) si, à leur avis, les transactions de la banque dont ils ont pris connaissance ont été dans les limites du pouvoir de la banque;

" (c) si, à leur avis, l'état mentionné dans le rapport montre la condition vraie dans laquelle se trouve la banque;

" (d) si l'état est conforme aux livres de la banque ".

La différence importante dans ce certificat est que le vérificateur donne sa propre opinion de la situation financière de la banque, ce qu'il ne faisait pas sous la loi telle qu'elle était rédigée auparavant. C'est un article qui fera conprendre à tout vérificateur jusqu'à quel point il est responsable de ce qu'il dit dans son certificat.

Le sous-article 10 est une grande amélioration sur l'ancienne loi en ce qu'il oblige les vérificateurs à suivre le cours des affaires de temps en temps durant l'année. L'ancienne clause sur la vérification permettait à un vérificateur d'être présent deux fois par année pour certaines fins, et s'il vérifiait à sa satisfaction une fois par année sous les termes de la loi telle que rédigée alors, il avait fait son devoir; mais sous la présente loi un vérificateur n'a pas fait son devoir quand il a fait cela, il lui faut aller plus loin et examiner les crédits et les garanties et il doit faire rapport aux directeurs de temps à autre. chaque vérificateur est responsable de ce travail, et chaque vérificateur doit renseigner chacun des diecteurs par écrit de la façon prescrite par la loi sur la condition de ces crédits et sur tout ce dont il n'est pas satisfait concernant ces crédits. Je crois que c'est là une clause qui va tenir les vérificateurs sur le qui-vive et qu'elle protégera à un haut degré les intérêts des déposants.

M. Hanson:

Q. Pouvez-vous nous dire si elle est efficace?—R. Je crois que oui. J'ai parlé à plusieurs vérificateurs de banque et des vérificateurs de banque m'ont demandé quelle était l'étendue de leurs responsabilités sous cet article; et je crois qu'ils réalisent pleinement toutes les responsabilités qu'ils assument comme vérificateurs de banque.

M. Woodsworth:

Q. A votre avis, si ces articles avaient existé, aurait-il été possible d'avoir la faillite de la Home Bank?—R. La Home Bank n'aurait pu continuer ses oprération toutes ces dernières années si cet article avait été dans la loi.

M. Ladner:

Q. La Home Bank eut-elle pu commencer ses opérations?—R. Oui, la Home Bank était une institution absolument solide au début. Son actif était très fort.

M. Woodsworth:

Q. Jusqu'à quelle période?—R. Pendant deux ou trois ans après sa fondation, je crois.

[M. George Edwards.]

Q. Sous ces règlements, à quelle époque les irrégularités ou les points faibles auraient-ils pu être découverts en premier lieu?—R. Je crois que les points faibles auraient pu être découverts quelques mois seulement après leur apparition dans l'administration de la banque. Il se peut que dans ces premiers temps le vérificateur n'aurait pas vu combien sérieuse était la situation et ce à quoi elle pouvait conduire; mais tout homme compétent qui aurait connu ce qui s'est passé dans les premiers jours de la Home Bank n'aurait pu manquer, à mon avis, de faire rapport sur la situation, si les clauses d'aujourd'hui concernant la vérification avaient existé alors.

L'hon. M. Stevens:

Q. En d'autres termes, ces causes de faiblesse n'auraient pas existé?—R. On n'aurait pas permis qu'elles se développent. Dès qu'un vérificateur aurait connu les circonstances, il y aurait eu nécessairement un nettoyage.

M. Woodsworth:

Q. Croyez-vous que ceci veut dire plus qu'une vérification de livres?—R. Certainement.

M. McQuarrie:

Q. Auriez-vous d'autres mesures de sûreté à suggérer?—R. Je vais vous dire ce que j'en pense. J'attirerai votre attention sur le sous-article 9 de l'article 56, qui se lit comme suit:—

"Le Ministre peut de temps à autre exiger que les vérificateurs de banque lui fassent rapport concernant la suffisance des mesures adoptées par la banque pour la protection de ses créanciers et actionnaires et concernant la suffisance de leur propre méthode de vérifier les affaires de la banque; et le Ministre peut à sa discrétion augmenter ou étendre la portée de la vérification, ou donner ordre que tout autre examen ou examen spécial soit fait ou que toute autre manière de procéder soit établie dans le cas particulier tel que l'intérêt public peut sembler le demander."

Ce que je remarque surtout au sujet de ce sous-article c'est qu'il est très large d'application et qu'il permet au Ministre d'exiger des vérificateurs tous les renseignements qu'il désire. En vertu de cet article on peut aller au fin fond des méthodes employées dans les affaires de banque, voir comment le bureau de direction fonctionne, comment le département de l'inspection fonctionne, et comment les comptes sont reçus et coordonnés. De fait, il n'y a rien dans ce paragraphe qui ne soit du ressort du Ministre de la manière prescrite par le paragraphe lui-même.

M. Shaw:

Q. Ce paragraphe est nouveau?—R. Oui.

M. Woodsworth:

D'après les règlements mentionnés ci-dessus le Ministre a un pouvoir étendu. Le public est-il assuré que le Ministre exercera son pouvoir, et que les vérifications seront plus soigneuses que dans le passé?

M. McQuarrie:

Q. Dois-je comprendre que vous répondrez plus tard à la question que j'ai posée. Vous avez commencé à répondre à ma question au sujet des mesures de protection additionnelles que vous pourriez suggérer, et vous avez mentionné le sous-article 9 que nous avons déjà.—R. Pour répondre à votre question, monsieur—et j'y arrivais—je dirai que ma suggestion est que le Ministre peut prendre d'autres mesures et les appliquer à sa discrétion. Il serait facile au

[M. George Edwards.]

ministère des Finances, par l'entremise du Ministre, d'obtenir tous les renseignements qu'il désire, ou d'imposer à une banque toute autre condition additionnelle de nature à augmenter la protection des déposants de la banque.

M. McQuarrie:

Q. Nous avons déjà cela. J'ai demandé si on pouvait ajouter quelque chose
à cet article pour le rendre plus satisfaisant. Par exemple, je pensais à l'inspection par le Gouvernement, je me demandais si cette inspection ou vérification
particulière est satisfaisante, ou s'il ne vaudrait pas mieux avoir un système
complet d'inspection du Gouvernement.—R. Bien, l'inspection par le Gouvernement ne serait pas, à mon avis, une amélioration sur le présent système d'inspection des banques, si le résultat de cette inspection interne est coordonné et
porté à la connaissance du Ministre, pour qu'il puisse prendre une décision dans
un cas d'urgence.

M. Irvine:

Q. Vu que la clause que nous discutons est laissée à la discrétion du Ministre,
suggéreriez-vous des mesures de protection additionnelles pour les déposants.
Naturellement, je ne parle que de choses qui pourraient arriver, elles ne se sont
pas encore présentées dans l'histoire du Canada, mais le parti ouvrier peut venir
au pouvoir et nous pourrions avoir un Ministre sans discrétion. En vue du fait
que la protection des déposants pourrait être à la discrétion d'un Ministre sans
discrétion, que suggérez-vous?—R. Telle est la loi à l'heure actuelle.

M. McLean:

Q. Y a-t-il inspection par le Gouvernement aux Etats-Unis?—R. Oui.

Q. Quand cette inspection commence-t-elle ou ont-ils cette inspection tout
le temps?—R. Aux Etats-Unis, les banques nationales sont inspectées deux fois
l'an par les officiers des contrôleurs de la monnaie. Je ne crois pas qu'il y ait
d'inspection interne parce qu'il n'y a presque pas de succursales dans les banques
nationales, et par conséquent l'exécutif surveille directement tout ce qui s'y passe.

Q. Je remarque qu'aux Etats-Unis quand une banque est en difficulté l'inspecteur du Gouvernement arrive le lendemain?—R. Je ne suis pas sûr de cela.
Je crois que c'est plutôt la présence de l'inspecteur du Gouvernement qui amène
la difficulté.

M. McLean: Mais il prend possession le jour suivant.

M. Ladner:

Q. Au sujet de cette question d'inspection et de responsabilité; ne croyez-
vous pas qu'une sorte d'inspection des comptes les plus importants au bureau
principal avec responsabilité directe au Gouvernement serait plus efficace que le
présent système?—R. Un système d'inspection n'est, à mon avis, que l'inspection de certains comptes. Ce serait l'inspection d'une façon générale de tous les
comptes, ou du moins des renseignements suffisants quant à tous les comptes,
puis la mise de tous ces renseignements sous forme d'état, qui démontrerait par
ses résultats si la banque est solvable ou non, dans quelle situation se trouve la
banque.

Q. Mais ce serait là la perfection. Prenons la situation telle que nous
l'avons en pratique. N'est-il pas vrai que l'inspection des gros comptes au
bureau-chef, surtout au point de vue de leur valeur et de leurs garanties, aurait
empêché des faillites de banque et des difficultés qui sont survenues? Je veux
parler d'une inspection par le Gouvernement et d'une responsabilité autre que
celle envers la banque ou les parties intéressées?—R. Certainement, mais l'inspection au bureau principal mettra tout à jour et, par conséquent, une inspection
des garanties au bureau principal serait une mesure efficace.

[M. George Edwards.]

14-15 GEORGE V, A. 1924

Q. Bien, M. Edwards, vous avez beaucoup d'expérience dans les questions d'affaires de banque, et nous avons eu le bénéfice de votre avis l'an dernier, et cette question est très importante. Je vous demande votre opinion en qualité d'expert—si oui ou non vous croyez que nous devrions avoir immédiatement un système d'inspection du Gouvernement pour les plus gros comptes au bureau principal, et si nous pouvons trouver un meilleur système que celui-là nous pourrons l'établir plus tard.

M. MACLEAN: C'est là le point.

Le TÉMOIN: Mes vues à la dernière session...

M. Ladner:

Q. Quelle est votre opinion maintenant, en vue de votre expérience à la dernière session et de la faillite de la Home Bank?

M. MACLEAN: En vue de la présente situation.

Le TÉMOIN: L'inspection des comptes importants par des inspecteurs du Gouvernement serait, je crois, très utile.

M. MACLEAN: C'est là le point.

M. Ladner:

Q. En votre qualité de comptable expert en affaires de banque, conseilleriez-vous au Gouvernement d'instituer un tel système à l'heure actuelle, à cette présente session du Parlement?—R. Je ne crois pas que je conseillerais d'instituer un tel système à l'heure actuelle, avant qu'on ait éprouvé l'efficacité des articles de la présente loi.

M. MACLEAN: Et qu'un terrible exemple n'ait été donné entre temps.

M. Ladner:

Q. Alors, si je comprends bien, vous croyez qu'un système d'inspection responsable à la direction de la banque est aussi efficace qu'un système qui serait responsable au Gouvernement et de cette façon au public?—R. Si la nature de l'inspection est connue du Gouvernement.

M. Ward:

Q. Qu'entendez-vous par "Gouvernement"?—R. Le ministre en ce cas. J'aurais dû dire le ministre. Si le ministre, à sa discrétion, se renseigne, comme il a le droit de le faire, sur la nature de l'inspection qui est faite...

M. Gardiner:

Q. Quel moyen a le ministre de se renseigner, si ce n'est par ses officiers?—R. Il peut ordonner aux vérificateurs des banques de lui faire rapport.

Q. Ne serait-il pas plus sûr, au lieu d'avoir ce pouvoir discrétionnaire incertain à exercer, souvent quand il est trop tard, d'avoir un système de responsabilité appliqué automatiquement pendant toute l'année? Comme expert, ne vaudrait-il pas mieux pour vous d'obtenir la meilleure protection possible?—R. Si on ajoute au présent système d'inspection interne des banques que les directeurs doivent fournir des renseignements aux vérificateurs, et par l'entremise des vérificateurs au ministre, je dirais oui, mais pour le remplacer je dirais non.

M. MACLEAN: Pourquoi ne pas dire "Le Gouvernement peut à certaines époques faire telle et telle chose"?

M. Ladner:

Q. Il me semble que le meilleur moyen d'obtenir de bons résultats est de poursuivre votre raisonnement jusqu'au bout et d'en arriver à une conclusion définitive. La conclusion que je veux est celle-ci. Est-il dans l'intérêt des banques et du public à l'heure actuelle, en vue de ce qui est arrivé, de créer un système d'inspection par le Gouvernement des gros comptes au bureau principal,

[M. George Edwards.]

établissant une responsabilité directe de la banque au Gouvernement, au lieu de la banque à son propre bureau de direction, bien qu'il y ait, dans ce dernier système, un pouvoir discrétionnaire accordé au ministre en vertu de la présente loi?—R. Je crois qu'il devrait y avoir une forme d'inspection ou moyens d'obtenir des renseignements qui donneraient au ministre une meilleure idée de la situation quant à ces comptes importants.

Q. Est-ce que vous voudriez un système qui serait appliqué automatiquement, qui serait impératif au mandataire, ou un système discrétionnaire?—R. Bien, cela devrait être fait, mais mon opinion est que cela peut être fait sous la présente loi.

M. MACLEAN: Il ne faut que ce soit fait; c'est là le point.

M. LADNER: Ne serait-il pas mieux qu'il soit dit que "Cette inspection doit être faite à des intervalles réguliers", de façon à ce que le ministre n'ait pas de pouvoir discrétionnaire du tout.

M. MACLEAN: Et ne pas avoir des responsabilités qu'il n'aime pas.

M. McQuarrie:

Q. Ce sous-article dépend-il du ministre qui se trouve en charge et de la manière dont il exerce son pouvoir discrétionnaire? Ce que je vous ai demandé d'abord c'est si vous aviez quelque chose à suggérer. Je voulais savoir si vous étiez satisfait de la loi que la Chambre a adoptée l'an dernier? Naturellement, comme membre de ce comité je puis dire que je n'étais pas pleinement renseigné sur les conditions des affaires de banque en ce pays, et j'ai un autre point de vue cette année après l'enquête de la Home Bank, et certains incidents qui se sont produits. Je crois qu'un grand nombre de renseignements ont été délibérément cachés à ce comité l'an dernier, et je vous ai posé cette question parce que je suppose que vous avez beaucoup de renseignements maintenant que vous n'aviez pas l'an dernier. En vue de ce qui est arrivé, ne croyez-vous pas qu'il serait possible de faire quelque chose pour améliorer la situation, et, dans l'affirmative, que suggérez-vous?—R. Je crois que les pouvoirs mentionnés dans le sous-article 9 devraient être mieux définis.

M. Hanson:

Q. Qu'entendez-vous par cela?—R. Je veux dire que pour faire suite au système de l'inspection faite par les vérificateurs il devrait y avoir logiquement parlant quelque chose d'obligation...

M. MACLEAN: Une inspection du Gouvernement.

Le TÉMOIN: Une action obligatoire de la part du ministre.

L'hon. M. BAXTER: Comme question de fait, ce sous-article 56 n'exige pas, à moins que le ministre ne le demande spécialement, la transmission à lui ou au ministère de tous rapports faits par les vérificateurs.

Le TÉMOIN: Il ne l'exige pas à moins que le ministre n'en fasse la demande.

L'hon. M. Baxter:

Q. Que diriez-vous si les vérificateurs étaient tenus d'envoyer une copie de leurs rapports non seulement aux actionnaires ou aux directeurs, mais aussi au ministre? Il n'aurait pas à les étudier lui-même, mais quelqu'un dans le ministère serait chargé de les étudier et de signaler les dangers?—R. Vous voulez parler des rapports en vertu du sous-article qui vient ensuite.

Q. En vertu du sous-article 10 de l'article 56?—R. Le rapport annuel est envoyé au ministre. C'est d'obligation.

Q. Mais j'ai particulièrement à l'esprit les renseignements qui peuvent être obtenus sous l'autorité du sous-article 10.—R. Je suis de votre avis.

[M. George Edwards.]

M. Maclean: Cela ne devrait-il pas être fait directement par un inspecteur du Gouvernement, qui irait chercher les renseignements lui-même et les donnerait au public?

L'hon. M. Baxter: Que pourrait-il faire de plus que les gens nommés par les actionnaires, qui ont ces devoirs à remplir d'après la loi?

M. Maclean: Ils ne l'ont pas fait dans le passé.

L'hon. M. Baxter: Ce n'était pas leur devoir dans le passé, pas avant la modification à la loi l'année dernière.

Le témoin: Les vérificateurs se rendent mieux compte de leurs responsabilités maintenant. Ils ont certains devoirs bien définis à remplir. Je dirais en réponse à la question de M. Baxter qu'une copie de ces rapports envoyés aux directeurs devrait être envoyée au ministre.

L'hon. M. Baxter: Qu'elle soit envoyée aux directeurs ou aux actionnaires, une copie devrait être envoyée au ministre.

M. Maclean: Le ministre ne pourrait rien faire. Ce que le public veut c'est qu'un officier soit au courant des faits dès le commencement et le public demande " l'inspection par le gouvernement ".

Le vice-président: Je suggère que vous posiez la question au témoin et que vous écoutiez sa réponse.

M. Ladner:

Q. Dois-je conclure de vos réponses que vous êtes d'opinion qu'un système d'inspection obligatoire du gouvernement quant aux gros comptes devrait être mis en vigueur?—R. Cela dépend de ce que vous voulez dire par cela, M. Ladner. Je dirais que le ministre devrait tirer partie de tous les moyens qu'il a maintenant d'obtenir des renseignements, la création d'un département d'inspection en vue de mettre cette idée à exécution. Mais je crains que cela ne donne lieu à un certain nombre d'autres difficultés.

Q. Alors vous n'êtes pas en faveur, ou, comme expert, ne seriez pas en faveur de conseiller au gouvernement de créer maintenant un système d'inspection du gouvernement des comptes au bureau principal, laissant de côté les idées du ministre exerçant le pouvoir discrétionnaire, mais rendant obligatoire et impératif qu'un certain système d'inspection doit exister?—R. Je ne serais pas en faveur de conseiller, sans étudier de nouveau le sujet et sans obtenir plus de renseignements par un examen de la situation, qu'un système indépendant d'inspection gouvernementale soit établi en ce qui regarde les comptes importants.

Q. Vous avez laissé entendre que cette question de comptabilité de banque et d'inspection de banque — vous en avez parlé longuement l'année dernière, et apparemment vous êtes bien renseigné sur la Home Bank, et vous devez avoir lu un grand nombre d'articles de journaux; vous faut-il plus de renseignements pour en venir à une conclusion?—R. Je pense aux difficultés qu'offre la mise en pratique d'un système indépendant d'inspection gouvernementale, tel que semble le suggérer votre question.

Q. Pourriez-vous établir un système d'inspection gouvernementale des comptes au bureau principal — des comptes les plus importants?—R. Je crois que la chose est possible.

Q. Pourriez-vous le faire?—R. Je crois que oui.

Q. Aimeriez-vous à le faire?—R. Oui, si vous me donnez le temps voulu.

M. Maclean:

Q. Combien de temps vous faudrait-il?

M. Gardiner:

Q. Oui, combien de temps?—R. Ce n'est pas une question que je peux régler en un instant, ni dans une semaine ou un mois. Il s'agirait de se renseigner quant

[M. George Edwards.]

à la situation interne des banques, par tous les moyens à notre disposition à l'heure actuelle.

Q. Pourriez-vous finir ce travail avant la fin de la présente session du Parlement — disons pour la fin de juin?—R. Non, monsieur, je ne le pourrais pas.

M. Shaw: Je ne sais pas si vous allez le questionner sur la modification que vous avez soumise l'an dernier, M. Woodsworth.

M. Woodsworth: Oui, je vais le questionner sur ce point.

M. Shaw: Alors, je m'abstiendrai d'en parler.

M. Shaw:

Q. M. Edwards, je vois qu'en vertu de l'article 56a le ministre a le pouvoir discrétionnaire d'exiger que le vérificateur d'une banque ou tout autre vérificateur, lui fasse rapport à lui-même. Est-ce vrai?—R. Oui, c'est cela.

Q. Et ce pouvoir fut invoqué par un ancien ministre des Finances au sujet de la Home Bank?—R. Oui.

Q. Dans ce cas en particulier, si je comprends bien les témoignages, aucun des directeurs ne connaissait bien la situation dans laquelle se trouvait la banque?—R. En 1916, une des raisons pour porter la chose devant le ministre des Finances était que certains directeurs n'étaient pas tenus au courant de ce qui se passait.

Q. Ils obtinrent les renseignements par la suite?—R. Ils se déclarèrent satisfaits sur ce point, et le ministre demanda des renseignements sous l'autorité de l'article et il en obtint un grand nombre?—R. Le ministre demanda des renseignements sur trois comptes en particulier.

Q. Oui, je me rappelle cela.—Voyons la situation: supposons que le ministre a exercé son pouvoir discrétionnaire, ce qu'il a fait; supposons que le vérificateur de la banque a fourni tous les renseignements tels qu'il les connaît, indiquant, disons pour les besoins de la discussion, que la banque était dans une condition absolument insolvable, que va faire le ministre alors? Pouvez-vous m'indiquer un article quelconque de la loi des banques qui dise ce qu'un ministre doit faire?—R. Non, je crois que le pouvoir du ministre n'est pas explicitement mentionné dans la loi des banques, mais tous, je crois, s'accordent à reconnaître que ses pouvoirs sont très étendus en de pareilles circonstances.

Q. Quels pouvoirs est-il supposé avoir? Je ne peux rien trouver de défini à ce sujet. Peut-il fermer les portes de la banque?—R. Les témoignages donnés devant la Commission d'enquête sur la Home Bank semblent indiquer que les autres banques auraient pu être forcées de remédier à la situation.

Q. Vous ne voulez sûrement pas suggérer que le ministère des Finances aurait pu aller aux autres banques et dire, "Vous devez vous charger de cette banque"?—R. Ce n'est pas ce que j'ai dit; cela a été dit.

Q. Mais on prétend que c'est ce qu'il a dit...

M. Maclean: Le ministre a entendu les autres banques.

M. Shaw:

Q. N'est-il pas vrai qu'une conférence fut tenue par l'Association des banquiers et qu'ils rejetèrent toute idée d'amalgamation? Comme question de fait, rien dans la loi ne donnait au ministre le pouvoir d'ordonner aux autres banques de se charger d'une banque insolvable. Il n'y a rien que le ministre pouvait faire? Il ne pouvait fermer la banque—R. Non.

Q. La banque ne pouvait être fermée à moins qu'elle...?—R. Je veux répondre à votre question correctement. J'admets que la loi ne lui donne aucun pouvoir.

Q. Y a-t-il quelque chose qui lui donne des pouvoirs?—R. Je crois que le ministre a le pouvoir moral de faire beaucoup de choses qui ne sont pas spécifiées dans la loi.

[M. George Edwards.]

Q. M. Edwards, seriez-vous en faveur d'une clause qui donnerait au ministre le pouvoir de fermer une banque si, après enquête complète, il trouve qu'elle ne devrait pas continuer les affaires?—R. Oui, si après une bonne enquête. . .

Q. Vous dites que les pouvoirs qu'il a en vertu des articles 56 et 56a sont suffisants pour cela?—R. Je crois qu'il devrait avoir ce pouvoir.

Q. Pour sauver la banque et empêcher de plus lourdes pertes?—R. Oui.

M. Shaw: Je suis pleinement de votre avis.

M. Maclean: Mais ceci n'a rien à faire avec la question de l'inspection par le Gouvernement, M. Shaw. Vous vous éloignez du sujet vous-même.

M. Shaw: Non, je ne m'en éloigne pas.

M. Shaw:

Q. Vous vous souvenez que M. Woodsworth a suggéré une modification l'an dernier dans le but de faire nommer un vérificateur du Gouvernement qui serait constamment à l'œuvre; un officier permanent dont les fonctions seraient d'avoir l'œil ouvert sur ces banques, et qui aurait le pouvoir de demander de plus amples rapports, de s'occuper de ces questions de vérification, de surveiller les vérifications, et de faire toutes les autres choses jugées nécessaires à ce sujet? En d'autres termes, cette modification remplaçait les pouvoirs discrétionnaires du ministre par des devoirs obligatoires de la part d'officiers du Gouvernement. Etes-vous en faveur d'une mesure de ce genre?—R. Si certains changements étaient apportés à cette modification, je puis dire que je l'approuverais.

Q. Quelles modifications suggéreriez-vous?—R. La modification stipulant entre autres choses que les renseignements obtenus devraient être soumis à la Chambre au commencement de la session, mais je ne crois pas qu'il serait dans l'intérêt public de déposer devant le Parlement tous les renseignements que le ministre pourrait obtenir au cours de ses enquêtes par l'entremise des vérificateurs du Gouvernement.

Q. Avez-vous d'autres objections, M. Edwards, à part celle-là?—R. J'ai dit dans le temps que je croyais la mesure prématurée. Pour cette raison-ci; que j'espérais que les vérificateurs nommés en vertu de l'article modifié formeraient leur propre organisation dans le but de fournir au ministre les renseignements suggérés dans ce sous-article, et que ce serait là une manière de procéder utile et efficace. J'ai changé d'opinion sur ce point parce que les vérificateurs ne sont pas tous nommés en même temps; ils sont changés, ou ils étaient changés, constamment, et il leur était presque impossible de s'assembler pour préparer une telle organisation dans le but d'aider le ministre, de sorte que j'ai changé d'opinion sur ce point. Je crois, cependant, qu'il devrait y avoir tel officier.

Q. M. Edwards, approuveriez-vous comme point de départ la proposition de M. Woodsworth de l'an dernier avec cette réserve que vous avez faite concernant le rapport au Parlement?—R. Je crois que ce serait là une bonne base.

M. Maclean:

Q. Avez-vous un auditeur général en ce pays?—R. Oui.

Q. Ses devoirs sont-ils impérieux?—R. Ils sont définis par la loi sur le Revenu consolidé et l'Audition.

M. Maclean: Ce que nous voulons réellement c'est un officier dont les devoirs seraient d'obligation et qui ferait continuellement des enquêtes dans les banques. S'il y a quelque chose qui n'est pas bien dans les commencements on le saura et il sera possible d'y remédier; la banque pourra ainsi être sauvée et le public sera protégé, mais il sera impossible d'obtenir cela sans un officier public.

M. Hanson:

Q. Etes-vous d'avis qu'aucun autre changement immédiat concernant l'inspecteur ne devrait être fait dans la loi avant que l'on ait fait l'épreuve de

[M. George Edwards.]

l'efficacité ou du manque d'efficacité des modifications de l'année dernière, **en** particulier des articles 56 et 56a?—R. Et de plus amples renseignements obtenus par le ministre dans l'exercice du pouvoir discrétionnaire qui lui est donné pour découvrir quel serait le meilleur système possible de contrôle.

M. *Ladner:*

Q. Vous croyez qu'il ne devrait pas y avoir d'inspecteur par le Gouvernement avant que l'on ait fait l'épreuve de ce système de discrétion? Ce n'est pas là la réponse que vous m'avez donnée d'abord.—R. J'espère que je ne me contredis pas.

Q. Nous voulons une réponse claire. Vous êtes un expert et nous voulons savoir ce que vous recommandez et combien de temps cela prendra?—R. Bien, je ne crois pas que nous puissions préparer quoi que ce soit en temps pour la présente session du Parlement.

Q. Pourrions-nous le faire avant la prochaine session?—R. Vous auriez peut-être à le changer plus tard à la prochaine session.

Q. Pourriez-vous préparer un projet, ou des experts pourraient-ils préparer un projet pour la prochaine session, disons pour mars prochain?—R. Oui.

Q. Croyez-vous que d'ici à la prochaine session il y aurait temps suffisant pour mettre le projet à l'épreuve et trouver les résultats dont M. Hanson a parlé? —R. Oui, je le crois.

Q. En une année?—R. Oui.

Q. Le témoin a parlé il y a un instant...

M. WARD: Est-ce que cela pourrait être fait avant que nous ayons une autre faillite de banque?

Le VICE-PRÉSIDENT: Il est maintenant une heure. Quand siégerons-nous de nouveau? Le comité des chemins de fer siège demain.

M. MACLEAN: Siégeons demain.

M. GOOD: Je crois que nous devrions avoir une séance tous les jours. Plusieurs ici qui n'ont pas à aller à l'autre comité pourraient très bien questionner M. Edwards demain. Je crois que nous devrions avoir une séance demain matin.

M. HANSON: Il y a cette objection que des membres de ce comité anxieux d'assister à nos assemblées peuvent avoir aussi à être présents aux autres comités, Nous ne devrions pas accaparer tout le temps. S'assembler tous les deux jours serait suffisant, à mon avis.

M. McQUARRIE: Il me semble que nous devrions nous assembler tous les jours et en finir avec ce travail. Nous avons à nous occuper des affaires de banque, et, à mon avis, nous devrions nous mettre sérieusement à l'œuvre. Nous avons déjà perdu assez de temps cette session.

M. GARLAND: Je crois que ce comité devrait éviter autant que possible de siéger en même temps que la Chambre. Il nous faudrait alors siéger tous les matins. Je crois que l'objection offerte par M. Hanson s'est aussi présentée l'an dernier et cela n'a pas empêché ce comité de siéger deux ou trois fois par jour.

M. GARDINER: Je propose que nous siégions demain matin à onze heures.

M. COOTE: J'appuie la motion.

(Motion approuvée.)

Le comité s'ajourne.

CHAMBRE 231,
CHAMBRE DES COMMUNES,
MERCREDI, 14 mai 1924.

Le comité spécial permanent sur les affaires de banque et le commerce s'est assemblé à 11 a.m., M. Vien président.

Le VICE-PRÉSIDENT: Messieurs, hier j'ai soumis à la Chambre des Communes le quatrième rapport du comité sur les affaires de banque et le commerce, et la Chambre a bien voulu l'approuver. Le rapport était comme suit:

[M. George Edwards.]

14-15 GEORGE V, A. 1924

"Votre comité recommande qu'il soit autorisé à faire imprimer chaque jour pour l'usage des membres du comité et de la Chambre ses procès-
.verbaux et les témoignages qui peuvent être entendus, et que le règlement
74 soit suspendu à ce sujet."

D'après les règlements de la Commission d'Economie interne, le nombre des
copies qui peuvent être imprimées est limité à 500. Je crois que ce nombre sera
suffisant pour tous les intéressés, pour les membres de la Chambre des Communes et les membres du Sénat. Les procès-verbaux d'hier sont, je crois, sous presse,
et seront distribués au cours de la journée; et à l'avenir, jour par jour, ce sera
comme l'an dernier. J'attirerai, cependant, l'attention du comité sur ce point
que l'ordre de la Chambre est pour l'impression des procès-verbaux et des témoignages seulement; les délibérations ne sont pas supposées être publiées. Si, au
cours de nos travaux, nous trouvons que les délibérations devraient être imprimées, il nous faudra faire une nouvelle demande au président de la Chambre.
Naturellement, tout est pris à la sténographie, et peut être imprimé, si le comité
décide de demander la permission nécessaire au président.

M. Good: Comment allons-nous pouvoir différencier entre ce qui est témoignage et ce qui est discussion? Les deux vont de pair.

Le vice-président: L'examen des témoins et l'interrogatoire font partie des
témoignages, mais une discussion qui survient entre les membres du comité fait
partie des délibérations et non des témoignages. L'ordre permettant l'impression
s'applique simplement aux procès-verbaux et aux témoignages, aux motions,
avis de motion, ordres du jour et témoignages, et non à la discussion qui peut
survenir entre les membres du comité.

J'ai le troisième rapport du sous-comité, lequel se lit comme suit:

"Votre sous-comité recommande que les témoins suivants soient appelés, à savoir:—

"M. John Skelton Williams, Richmond, Virginie, ancien contrôleur
de la monnaie à Washington, sera prié de témoigner mardi, 20 mai.

"M. J. W. Pole, Washington, D.C., examinateur en chef de la banque
Nationale, sera prié de témoigner jeudi, 22 mai.

MM. E. W. Sterns, du bureau du contrôleur, Washington, D.C., et
Sherill Smith, vice-président de la banque nationale Chase, New-York,
seront priés de témoigner à une date qui sera fixée plus tard.

"Votre sous-comité a donné instruction au greffier du comité de télégraphier à MM. Williams et Pole afin de s'assurer si les dates recomman-
dées conviennent.

(Signé)   FRANK CAHILL,
Président du sous-comité."

Le rapport du sous-comité sera-t-il adopté?

Motion appuyée par M. McMaster et approuvée.

Le vice-président: Motions.

M. Good: Sera-t-il nécessaire d'adopter une motion spéciale concernant les
témoins spéciaux?

Le vice-président: Oui.

M. Good: Alors je propose que M. John Skelton Williams, Richmond, Virginie, ancien contrôleur de la monnaie, soit prié de rendre témoignage devant ce
comité mardi, le 20 mai, et qu'on offre à M. Williams les frais ordinaires de
transport et d'entretien que reçoivent les témoins devant les comités parlementaires.

[M. George Edwards.]

M. Shaw: J'appuie cette motion.

M. McQuarrie: On voudra peut-être bien nous donner quelques renseignements sur ce monsieur et pourquoi on le fait venir ici. Quant à moi, je ne le connais pas, je n'en ai jamais entendu parler et j'aimerais à être renseigné.

Le vice-président: M. Good, voudriez-vous donner les renseignements demandés.

M. Good: Cette question a été discutée au long devant le sous-comité hier et tous les membres du sous-comité ont jugé que les qualifications de M. Williams étaient satisfaisantes. Je n'ai pas les renseignements ici, mais je peux me les procurer.

M. McQuarrie: Est-ce recommandé par le sous-comité?

M. Good: Certainement.

Le vice-président: Puis-je faire remarquer, bien que je ne veuille pas insister sur le point d'ordre, que nous venons d'adopter à l'unanimité le rapport du sous-comité recommandant que ces personnes soient appelées. Maintenant, la question n'est plus à discuter. Nous avons adopté ce rapport. Toutefois, je ne veux pas insister sur l'observance de la règle, si M. McQuarrie veut avoir des renseignements. Comme vient de le dire M. Good, nous avons discuté les qualifications de M. Williams hier au sous-comité. M. Williams était contrôleur de la monnaie au début du système d'une réserve nationale en 1913, et pendant huit ans ensuite il a agi en cette qualité.

M. McQuarrie: Si la chose a été recommandée par le sous-comité c'est très bien. A mon regret, j'ai été un peu en retard ce matin, et je ne savais pas cela.

Motion approuvée.

M. Irvine: Je propose, appuyé par M. Garland, que M. J. Pole, Washington, D.C., examinateur en chef de la banque Nationale, soit prié de rendre témoignage devant ce comité, jeudi, 22 mai, et qu'on offre à M. Pole les frais ordinaires de transport et d'entretien que reçoivent les témoins devant les comités parlementaires.

Motion approuvée.

Le vice-président: Hier, nous avons discuté la question des séances pendant que la Chambre est en session. Règle générale, certains membres du comité s'objectent à ce que nous siégions en même temps que la Chambre, et avec raison; mais nous faisons venir des témoins de Washington et de New-York, et à mon avis il ne serait pas juste de leur demander de venir ici de 11 heures à 1 heure et de les faire ensuite attendre un jour ou deux avant de terminer leur témoignage. Je crois que nous devrions demander à la Chambre la permission de siéger quand la Chambre est en session, et le comité aura toujours le droit de décider quand il devra et quand il ne devra pas siéger. Si nous voulons avancer dans notre travail et ne pas retenir ces personnes trop longtemps, je crois qu'il serait bon de demander à la Chambre la permission de siéger et nous pourrions ensuite fixer à discrétion la date de nos séances.

M. Irvine propose, appuyé par M. Carruthers:

"Qu'un rapport soit présenté à la Chambre demandant que le comité reçoive permission de siéger quand la Chambre est en session".

Motion approuvée.

Le vice-président: J'ai dit hier que je donnerais ma décision ce matin concernant la motion de M. Shaw marquée n° 1 sur les ordres du jour. J'espère que M. Mitchell, président du comité sera ici cet après-midi, et j'ai décidé d'attendre à demain, pour qu'il puisse donner une décision lui-même.

M. W. F. Maclean: Aurons-nous une assemblée cet après-midi?

Le vice-président: Non, demain.

M. W. F. Maclean: Cela me convient.

[M. George Edwards.]

Le VICE-PRÉSIDENT: Je donnerai ma décision sur la motion de M. Shaw demain. Nous allons maintenant continuer à entendre le témoignage de M. Edwards sur l'inspection des banques.

M. W. F. MACLEAN: Puis-je demander quand les rapports quotidiens des délibérations de ce comité seront distribués aux membres?

Le VICE-PRÉSIDENT: J'ai informé le comité avant que vous arriviez qu'ils étaient sous presse et que le premier rapport quotidien sera distribué au bureau de poste vers 1 heure aujourd'hui.

M. W. F. MACLEAN: Est-ce que nous aurons le rapport imprimé des délibérations le jour suivant?

Le VICE-PRÉSIDENT: Oui.

M. GEORGE EDWARDS rappelé.

M. GARLAND: Il vaudrait peut-être mieux que chaque membre qui interroge un témoin finisse son examen avant qu'un autre examinateur pose des questions à son tour.

M. McQUARRIE: Qu'entendez-vous par là?

Le VICE-PRÉSIDENT: Nous pourrions peut-être adopter un système d'interrogatoire des témoins. Les sujets que couvre le témoignage de M. Edwards sont nombreux et il vaudrait peut-être mieux le laisser parler d'abord; les membres du comité pourraient ensuite lui poser des questions...

M. W. F. MACLEAN: Et épuiser ce sujet avant d'en pendre un autre?

Le VICE-PRÉSIDENT: Et épuiser ce sujet. Alors M. Edwards pourra passer à un autre point, et la même chose pourra se répéter. Si le témoin ne peut dire ce qu'il veut dire sur le sujet dont il parle, il est difficile pour lui de se faire comprendre. Hier, nous avons entendu M. Edwards sur la question des fonds de pension des employés de banque, et dès qu'il aura fini, nous pourrons passer à la question de l'inspection des banques, aux amendements à la loi concernant l'inspection des banques.

M. W. F. MACLEAN: Je sais que le président protégera les droits des membres.

Le VICE-PRÉSIDENT: M. Edwards répondait aux questions concernant le fonds de pension des employés des banques.

M. McMASTER: Ce sujet avait été épuisé, nous en étions à l'inspection. Nous demandions à M. Edwards s'il était possible et sage d'avoir une vérification par le gouvernement.

M. Woodsworth:

Q. Je crois que l'on a mentionné hier une modification que j'ai proposée à la dernière session. Il y a deux ou trois choses que j'aimerais à demander à ce sujet. Ma modification de l'année dernière proposait la nomination d'un vérificateur du gouvernement qui aurait le droit de faire des enquêtes et de faire une vérification plus en détail, et sous la loi des enquêtes faire comparaître des témoins, etc. M. Edwards croit-il qu'un vérificateur de ce genre en interrogeant les autres vérificateurs et en examinant les livres au bureau principal d'une banque serait capable de se renseigner assez bien pour protéger les intérêts du public?—R. Dans la plupart des cas, oui. Il pourrait avoir à compléter ses enquêtes par l'entremise des vérificateurs, mais dans la plupart des cas ce serait suffisant.

Q. Il ne serait pas nécessaire à votre avis de reprendre tout le travail maintenant fait par les vérificateurs de banques?—R. Je crois que cela serait impossible et inutile. Je crois que tout système d'inspection sous le contrôle du gouvernement devrait tirer parti des moyens actuels d'obtenir une foule de renseignements, pour ensuite les analyser et les examiner afin d'en arriver à une conclusion.

Q. Ma modification de l'année dernière proposait plutôt une inspection supplémentaire.—R. Oui.

[M. George Edwards.]

Q. Vous l'avez désapprouvée, je crois, sur un point, là où il est dit dans la dernière clause que le vérificateur du Gouvernement devra chaque année faire un rapport au Ministre, ou à toute personne qu'il indiquera, et que ses recommandations et le rapport devront être déposés devant le Parlement dans les limites de vingt et un jours du commencement de chaque session. Hier, vous avez dit que cela ne serait pas une mesure opportune et j'aimerais que vous donniez plus d'explications sur ce point?—R. Je crois que la mesure ne serait pas opportune parce que beaucoup de choses peuvent être portées à la connaissance du Ministre qu'il vaudrait mieux ne pas liver au public.

Q. Pourquoi pas?—R. Bien, les banques sont très susceptibles quant à tout ce qui touche à leurs affaires et le public comprend souvent mal; cela pourrait nuire aux banques et leur faire du tort injustement; il pourrait n'être pas juste de faire un rapport sur tous les détails d'un examen de ses affaires au Parlement.

Q. Pourriez-vous donner un exemple d'une chose qui pourrait nuire à une banque?

M. McMaster: Qui lui nuirait si c'était connu.

M. Woodsworth: Oui.

Le Témoin: Certains détails concernant certains prêts, les prêts les plus importants. Je crois que cela ferait du tort au crédit d'un emprunteur solvable si on discutait ouvertement en Chambre les circonstances de ces prêts.

M. Woodsworth:

Q. Ne croyez-vous pas qu'il aurait valu beaucoup mieux faire connaître au public des prêts tels que ceux accordés au chemin de fer de la Nouvelle-Orléans, par exemple; et d'autres prêts de ce genre?—R. Bien, je crois qu'il serait naturellement dans l'intérêt public que des prêts de cette nature fussent connus d'une façon générale, sinon en détail, mais je ne parle pas maintenant des banques dans la situation où se trouvait la Home Bank. Je pensais aux banques parfaitement solvables et solides, conduisant leurs affaires du mieux possible et qui auraient sur les bras des prêts qui commenceraient à donner de l'anxiété.

Q. Mais je suppose que l'idée d'une vérification publique est de donner au public des renseignements sur l'état financier de la banque?—R. Je ne sais trop ce que vous entendez par " vérification publique".

Q. Bien, une vérification par le Gouvernement?—R. Je ne dirais pas qu'une vérification par le Gouvernement est nécessairement une chose entièrement connue du public, mais une vérification faite dans le but de satisfaire le Ministre sur la situation dans laquelle se trouve la banque.

Q. Alors vous croyez que le Ministre devrait assumer toutes les responsabilités?—R. C'est lui qui sévirait contre la banque.

Q. L'année dernière l'objection à cette modification était que le Gouvernement ne pouvait pas accepter ces responsabilités.—R. Naturellement, c'est au Gouvernement à décider ce qu'il peut faire. Je ne me souviens pas quelle était l'attitude de M. Fielding alors.

Q. Comme expert en ces matières, voyez-vous comment le Gouvernement peut refuser d'accepter ces responsabilités?—R. Si par "responsabilités" on entend une garantie des dépôts de banque, je ne crois pas qu'un Gouvernement devrait accepter ces responsabilités. Il n'y a pas de doute qu'un gouvernement peut raisonnablement accepter des responsabilités d'un certain genre, la responsabilité, par exemple, de connaître la condition des affaires de la banque et d'appliquer un remède en temps...

Q. Vous avez dit, M. Edwards, que le public est incapable de juger; qu'il pourrait être dangereux de donner les renseignements au public. Si le public ne peut obtenir ces renseignements, alors, naturellement, il ne reste plus que le Ministre qui pourrait être responsable.—R. Je crois que oui.

[M. George Edwards.]

Q. Si c'est lui qui a les responsabilités et le public en général n'a aucun renseignement, ne tiendrons-nous pas le Ministre et le Gouvernement responsables?—R. Responsables, je dirais, quant à l'application d'un remède, ou même quant à la nécessité de fermer les portes d'une banque, si les circonstances l'exigent, mais non pas responsables quant aux dépôts ou au point de vue des finances de la banque.

Q. Alors vous ne verriez aucune objection à une modification de ce genre en tant qu'il donne plus de responsabilités au Gouvernement?—R. Ce n'est pas à moi à dire si le Gouvernement veut, ou non, assumer une plus grande responsabilité, mais je crois que le Gouvernement ne devrait pas aller plus loin, plus loin que de se rendre compte si les banques conduisent leurs affaires d'une façon convenable, si elles sont solvables et dignes de recevoir les dépôts du public.

Q. Je ne vois pas comment le Gouvernement ou le Ministre peuvent assumer la responsabilité sans que cela en vienne à dire en pratique qu'ils donnent une garantie. Pouvez-vous dire comment ils pourraient assumer la responsabilité envers le public, refusant au public le droit d'aller aux chiffres, et pourtant ne pas donner une garantie?—R. Tout dépend de ce que l'on entend par "responsabilité". La responsabilité de prendre les mesures nécessaires quand les circonstances le demandent peut être limitée. Je ne crois pas que le mot "responsabilité" implique une responsabilité sans limites pour tout ce qui peut arriver dans une certaine situation.

Q. Si le Gouvernement nie au public le droit d'accès aux faits essentiels, ne devrait-il pas promettre de donner une garantie au public?—R. Je ne crois pas que cela soit nécessaire. Vous devez avoir confiance dans le Gouvernement. Vous devez vous fier à quelqu'un. Le public ne peut être juge dans tous ces cas.

Q. Si nous nous fions au Gouvernement et que le Gouvernement ou le Ministre se trompent, qu'arrivera-t-il alors?—R. Je suppose qu'il est possible de se tromper, mais si le Ministre est bien renseigné...

M. McLean: "Si".

Le TÉMOIN: Et s'il prend toutes les précautions voulues pour en arriver à une décision juste, il ne se trompera que rarement dans des cas de ce genre.

M. Woodsworth:

Q. Il faut prévoir les circonstances imprévues. Qu'adviendra-t-il du public? —R. Le public peut aussi se tromper.

Q. Mais le public peut perdre, comme dans le cas de la Home Bank?— R. Oui.

Q. Quel recours a le public contre le jugement d'un ministre qui peut ne plus être au pouvoir.—R. C'est là une question plutôt compliquée; je ne crois pas que mon témoignage vaille beaucoup sur ce point.

Q. Je crois que nous pourrions au moins demander cette question. Quelle autre garantie suggéreriez-vous? Nous suggérons comme garantie de tenir le public au courant de façon à ce qu'il puisse juger une fois par année.—R. Permettez-moi de faire remarquer que l'inspection gouvernementale des banques nationales ne comporte aucune garantie des dépôts.

M. McMaster:

Q. D'après le système américain?—R. D'après le système américain.

M. Woodsworth:

Q. Cela est vrai.—R. Oui, je dirais qu'il serait possible au Gouvernement d'accepter simplement une responsabilité limitée sans être obligé d'assumer la responsabilité des dépôts.

Q. Pour revenir à cette autre question. Croyez-vous que l'on devrait s'occuper beaucoup de cette susceptibilité des banques, susceptibilité dont elles n'ont que trop fait preuve l'année dernière? Ne devrait-on pas attacher plus de poids

[M. George Edwards.]

aux intérêts du public?—R. Je crois que l'on devrait tout faire pour éviter de faire perdre confiance dans les banques. Le ministre devrait être absolument sûr qu'il est nécessaire de faire quelque chose avant de donner les détails au public.

Q. Je demande simplement qu'un état annuel soit soumis au Parlement. Ce n'est pas l'intention de consulter le public chaque fois qu'une crise se présente. Ne croyez-vous pas que le public aurait une plus grande confiance dans les banques s'il savait qu'un état annuel est présenté?—D. Dans ces limites, je dirais qu'il y a certaines choses qu'un employé du Gouvernement pourrait inclure dans un rapport au Parlement. J'ai poussé l'idée d'un rapport au Parlement à ses conclusions logiques, j'ai supposé que tous les détails seraient donnés. Les officiers du Gouvernement pourraient peut-être faire une sorte de rapport ordinaire, pour inspirer confiance; cela suffirait peut-être. Tout dépend de ce qui serait inclus dans ce rapport.

Q. C'est là un point qui a été soulevé l'autre jour. Croyez-vous que ce serait une amélioration si les enquêtes de ce genre pouvaient être impérieuses au lieu d'être comme elles sont aujourd'hui?—R. Je crois que la clause quant à l'exercice des pouvoirs conférés au ministre à l'heure actuelle devrait prescrire une obligation.

M. Garland:

Q. Pour faire suite aux questions de M. Woodsworth, puis-je vous demander quelle sorte d'expérience vous avez eue au ministère des Finances? Je veux dire combien de temps avez-vous été employé et quelle a été la nature de vos devoirs?—R. De mes devoirs?

Q. Oui, concernant les travaux du ministère des Finances?—R. J'ai été appelé en consultation dans la plupart des cas où il s'agissait des relations du ministère des Finances avec les banques. Je ne puis pas énumérer tous mes devoirs.

Q. En quoi exactement consistaient vos devoirs. Quelle était la nature de votre travail?—R. Mes premières instructions du ministère des Finances concernant les affaires de banques furent de faire une enquête sur la situation de la Merchants Bank.

M. Maclean:

Q. A quelle date?—R. C'était en 1922. J'étais présent au procès et j'ai rendu témoignage et j'ai fait tout ce que l'on m'a demandé de faire à ce sujet.

M. Garland:

Q. Vous avez été employé plus ou moins régulièrement par le ministère depuis ce temps-là?—R. A diverses époques. Je suis encore à la tête de mon propre bureau. La deuxième tâche que l'on m'a confiée a été d'étudier la loi des Banques en vue de modifier les clauses qui remédieraient aux conditions que j'ai découvertes dans le cas de la Merchants Bank.

Q. Etiez-vous au courant de la condition dans laquelle se trouvait la Banque Nationale?—R. Par rumeurs seulement jusqu'au mois de novembre.

Q. Etiez-vous au courant dans le cas de la Home Bank?—R. Non, pas avant que les portes ne fussent fermées—après cela.

Q. Vos devoirs au ministère des Finances ne vous faisaient pas une obligation de connaître l'état de ces banques?—R. Il était entièrement à la discrétion des ministres de me donner des instructions dans les matières de ce genre.

Q. Connaissez-vous quelque chose de la condition des banques aujourd'hui?—R. Oui.

Q. Seriez-vous prêt à donner au comité un compte-rendu concernant la condition des diverses banques?

[M. George Edwards.]

14-15 GEORGE V, A. 1924

M. Hanson: Je crois que cela est entièrement en dehors des limites de nos attributions.

M. Garland: Cela est compris dans le sujet de l'inspection.

M. Hanson: Je maintiens que cette question est absolument hors d'ordre.

M. Garland: Je lui demande simplement si au cas où le comité désirerait ces renseignements il serait prêt à donner un compte-rendu de la condition des diverses banques aujourd'hui. L'année dernière nous ne connaissions pas la condition dans laquelle se trouvaient la Banque Nationale et la Home Bank. Certaines gens la connaissaient peut-être, mais le comité l'ignorait. Nous voulons en tant que possible trouver en quelle situation se trouvent les banques du pays en ce moment, et non l'année prochaine, quand il y aura peut-être eu deux ou trois autres faillites.

M. Hanson: Nous ne sommes pas à faire une enquête sur la situation dans laquelle se trouvent les banques du Canada.

Le vice-président: Le témoin nous a dit ce qu'il pensait du système d'inspection des banques par le Gouvernement. Il a été décidé, je crois, que nous devions l'interroger sur ce point. Si les honorables membres veulent introduire un sujet mentionné maintenant, je crois que nous devrions en faire un sujet spécial à discuter plus tard, mais je crois qu'il serait préférable, si le comité veut que le témoignage soit compréhensible, de limiter les questions à la surveillance des banques par le Gouvernement.

M. Garland: Ceci se rapporte directement à l'inspection par le Gouvernement. Nous voulons savoir quels renseignements le ministère des Finances et le ministre ont concernant la condition dans laquelle se trouvent les banques; nous voulons savoir quelle protection il y a pour les gens de ce pays à ce sujet et j'ai demandé au témoin s'il connaissait la situation des banques, et si non, de qui le ministre des Finances pourrait obtenir les renseignements dans son ministère.

M. Hanson: Je crois que cela est hors d'ordre.

Le vice-président: Je crois que la question telle que posée maintenant sous une forme générale se rapporte au sujet.

M. Garland:

Q. Si vous ne connaissez pas la condition des banques à l'heure actuelle, de qui, dans le ministère des Finances, ce comité peut-il obtenir des renseignements à ce sujet?—R. Je crois que tous les renseignements qu'il est possible d'avoir sur le sujet sont en possession ou du ministre des Finances ou de moi-même.

Q. Quelles occasions avez-vous eues d'obtenir ces renseignements?—R. Le ministre, dans l'exercice des pouvoirs qui lui ont été conférés par les modifications de la dernière session, a demandé un grand nombre de renseignements additionnels aux banques et ils ont été fournis et je les ai examinés.

Q. Vous croyez que le ministre et son ministère seront en meilleure position à l'avenir de connaître la situation des banques?—R. Je considère que le ministère est dans une position infiniment meilleure qu'il l'était il y a un an pour connaître la situation des banques.

Q. Aura-t-il assez de renseignements maintenant pour empêcher que des désastres comme celui de la Home Bank et de la Banque Nationale ne se répètent?—R. Je suis porté à croire que oui, mais je n'aimerais pas à paraître trop sûr à ce sujet.

Q. Vous n'aimez pas à répondre à cette question?—R. Je ne peux pas répondre sans restrictions maintenant.

Q. Concernant cette question d'inspection des banques par le gouvernement, question des plus importantes, et gardant en vue vos connaissances du système bancaire canadien, n'admettrez-vous pas cet avancé, que la solvabilité d'une banque dépend entièrement de la valeur de ses garanties, et de la façon dont la banque emploie l'argent des déposants?—R. Oui, de leur valeur et de leur convertibilité.

[M. George Edwards.]

Q. Et naturellement de la stabilité et de la convertibilité liquides des garanties?—R. Oui.

Q. Croyez-vous qu'une inspection du gouvernement mettrait le ministre en mesure d'analyser exactement la valeur des garanties des banques, surtout dans les succursales?—R. Je crois que si on tire parti des clauses de la loi actuelle la chose serait possible.

Q. Voulez-vous donner quelques explications à ce sujet? De quelle manière, à votre avis, l'inspecteur de banque du gouvernement ordinaire, comme ils les ont aux Etats-Unis, pourrait-il évaluer les garanties subsidiaires remises aux banques, disons à Cuba, ou dans l'une quelconque des provinces du Canada? Serait-il en meilleure position de faire cette évaluation que le sont les inspecteurs des banques eux-mêmes?—R. Les fonctions d'un vérificateur sont clairement judiciaires. Il a le droit d'aller trouver tous ceux qui, à son avis, peuvent l'aider et le renseigner, soit sur la question de la valeur, soit sur toute autre question, et il a le droit, je dirai même que c'est son devoir, en sa qualité de vérificateur sous la présente loi, d'examiner tout ce qui lui est soumis et de juger par lui-même. Et je dirai qu'après avoir obtenu tous les renseignements à obtenir, qu'après avoir examiné les officiers de la banque, les rapports des inspecteurs, et tout le reste, il est en état de se former une juste idée de la situation.

M. McMaster:

Q. Et ce jugement peut-être libre et indépendant? N'est-ce pas là la valeur d'une inspection par le gouvernement?—R. C'est là la théorie, oui.

M. Hanson:

Q. Vous êtes au courant de l'inspection des banques aux Etats-Unis?—R. Pas beaucoup. J'en connais quelque chose, cependant.

Q. N'est-il pas vrai que leur système d'inspection par le gouvernement n'a pas empêché les faillites de banque? N'est-il pas vrai que l'inspection aux Etats-Unis amène la faillite des banques qui ne sont pas fortes?—R. L'inspection gouvernementale des banques nationales est supposée être faite deux fois l'an dans chaque banque nationale. Il n'est pas possible de dire si ces inspections semi-annuelles par un inspecteur du gouvernement a eu un effet salutaire sur la situation future de la banque. Je ne crois pas que le public soit mis au courant de ces faits.

M. Morin:

Q. A-t-elle empêché les faillites?—R. Je dirais qu'il est bien probable qu'elle a empêché des faillites parce que certaines banques ont reçu avis d'avoir à restreindre leurs affaires et à les mettre en meilleur ordre. Je ne doute pas qu'elle ait eu un bon effet.

M. Marler:

Q. Vous connaissez bien le présent système d'inspection des banques et les rapports faits par les vérificateurs et vous savez à qui ils sont envoyés? Vous connaissez tout cela?—R. Oui.

Q. Vous connaissez aussi les formules de compte-rendu que ces vérificateurs doivent remplir?—R. Oui.

Q. Vous êtes aussi au courant sans doute de la façon de procéder des vérificateurs avant que les rapports ne soient signés par les vérificateurs eux-mêmes et les officiers au nom de la banque?—R. Oui.

Q. Vous êtes aussi sûr des précautions que prennent ces vérificateurs dans la préparation de leurs états? En d'autres termes, vous savez quels livres et valeurs ils examinent et quelle est la teneur du compte-rendu qu'ils soumettent pour examen final?—R. Oui.

[M. George Edwards.]

14-15 GEORGE V, A. 1924

Q. Dois-je comprendre que vous avez dit quand vous avez été examiné par M. Woodsworth ce matin que tout système d'inspection gouvernementale devra consister en une inspection primaire, ou en une inspection secondaire? J'entends par là un inspecteur du gouvernement ferait-il une autre inspection des garanties ou de la valeur des garanties et des divers livres de compte, ou l'inspecteur du gouvernement accepterait-il comme satisfaisante une inspection primaire faite par les vérificateurs sous l'autorité de la loi des banques à l'heure actuelle?—R. Si après un examen général de la situation il était satisfait de la façon dont les vérificateurs nommés par la banque ont rempli leurs devoirs à ce sujet, il attacherait une grande importance à leur travail.

Q. M. Edwards, c'est là un point très important parce que sous le système d'inspection du gouvernement l'inspection serait ou bonne, ou mauvaise, l'inspection serait d'une grande valeur aux actionnaires, ou elle ne le serait pas, et nous sommes tous très anxieux d'apprendre tout ce que nous pouvons à ce sujet, en vue de ce qui est arrivé dans ces derniers temps. Voulez-vous dire au comité comment, s'il y avait une inspection par le gouvernement, l'inspecteur du gouvernement pourrait obtenir plus qu'une idée générale de la condition des affaires en n'étudiant que les rapports faits par les vérificateurs ordinaires de la banque? Avant de répondre à cette question, voulez-vous aussi considérer ce point? L'état soumis et approuvé par les vérificateurs de la Banque Nationale n'est-il pas simplement un état général, qui ne considère pas la valeur des item? Je veux que vous me renseigniez.—R. Pas du tout. Le vérificateur, d'après la loi, doit se former une opinion personnelle, c'est-à-dire qu'il doit déclarer que l'état en question fait connaître la situation dans laquelle se trouve réellement la banque. C'est l'article 56, sous-article II, et je dirais qu'a moins d'être raisonnablement sûr de la valeur des garanties il ne peut donner de certificat.

Q. Dans le passé, si un vérificateur était satisfait de la valeur des garanties, prêts, et hypothèques pris par la banque en guise de valeurs subsidiaires et soumettait cela comme étant un véritable compte-rendu montrant la valeur de l'actif, est-ce que c'était suffisant?—R. C'est mon avis que toute bonne firme de vérificateurs ferait cela, que ce soit exigé par la loi ou non, et je crois que dans la plupart des cas c'était fait sous l'ancienne loi.

Q. C'est ce que vous avez constaté?—R. Je ne l'ai pas constaté dans le cas de la Merchants Bank ou de la Home Bank, mais je crois que cela était fait dans la plupart des cas.

Q. Vous n'avez pas constaté la chose dans le cas de la Home Bank?—R. Le cas de la Home Bank, naturellement...

Q. Je vous demande des renseignements?—R. Je ne sais pas jusqu'à quel point je devrais parler des méthodes employées par un homme qui est sous le coup d'une accusation à l'heure actuelle, mais il ne s'est pas occupé de la valeur.

Q. Vous n'avez pas constaté la chose dans le cas de la Banque Nationale?—R. Je n'ai rien eu à faire en ce cas. Je ne puis en rien dire.

Q. Avez-vous constaté la chose? C'est là une question sérieuse, parce que le rapport ne montrait rien ou presque rien qui pouvait vouloir dire quelque chose.—R. Je n'aime pas à donner mon opinion sur ce que je ne connais pas.

Le VICE-PRÉSIDENT: Je ne sais trop si cette question est dans l'ordre si le témoin dit qu'il ne veut pas donner une opinion, parce qu'il n'a rien eu à faire avec ce cas.

M. Marler:

Q. Je ne cherche pas à jeter des soupçons sur ce que vous avez déclaré, mais je veux en arriver à la procédure qui sera réellement en vigueur si nous avons l'inspection des banques par le gouvernement, parce qu'il va sans dire qu'à moins d'avoir une inspection efficace, il vaut aussi bien n'en pas avoir du tout et je cite ces cas particuliers concernant ces banques, parce que si c'est une ins-

[M. George Edwards.]

pection secondaire qui sera faite, c'est-à-dire si c'est l'inspection d'une inspection: je me demande si nous serons plus avancés que nous le sommes maintenant. Dans le passé, ces inspections n'avaient apparement aucune valeur, et ce que je veux vous demander de nouveau, c'est si nous aurons un meilleur système d'inspection si ces inspections ne sont que secondaires?—R. Il y a quatorze banques, et il est bien possible qu'il y ait quatorze points de vue différents quant aux règles à appliquer à la valeur des garanties. Je ne crois pas qu'il y en a autant que cela, mais à mon avis l'avantage qui résulterait du fait qu'un officier viendrait en contact avec toutes les banques est qu'il pourrait standardiser le point de vue, et cela aiderait beaucoup. En d'autres termes, une banque dans une situation très forte peut appliquer des règles qui diffèrent des règles qu'applique une banque dans une situation moins forte, et un homme qui pourrait avoir une vue d'ensemble serait capable de comparer l'étalon des valeurs en usage dans une banque à celui des valeurs en usage dans une autre banque et se former une idée juste au point de vue à appliquer à toutes les banques.

Q. Est-ce que ceci n'est pas appliqué en général dans les institutions de ce genre? Je veux dire que l'inspecteur du gouvernement standardiserait en définitive les valeurs en adoptant la procédure suivie dans une bonne banque, la banque de Montréal, par exemple. Est-ce l'intention de l'inspecteur dans le cas d'une inspection de banque d'aller aux faits eux-mêmes et voir si, oui ou non, les garanties mentionnées dans l'état sont des bonnes garanties ou des mauvaises garanties?—R. Je crois que cela devrait être inclus.

Q. En d'autres termes, ce serait là une inspection directe par l'inspecteur du gouvernement de ces garanties, n'acceptant pas l'inspection par les vérificateurs sous la loi des banques, de sorte que cet inspecteur pourrait voir si chaque item en particulier dans le compte tel qu'envoyé au ministre des Finances est juste ou non?—R. Entendez-vous par garanties les prêts et les valeurs, les prêts courants et commerciaux, tout?

Q. Oui.—R. Il serait presque impossible à un vérificateur de faire un examen de ce genre sans avoir un nombreux personnel.

Q. C'est là où je veux en venir. Il serait impossible à un inspecteur du gouvernement de faire l'inspection de ces garanties, les prêts commerciaux, les prêts courants, divers prêts non courants, les hypothèques acceptées en garantie, les prêts contre valeurs subsidiaires, et cinquante autres transactions—il serait absolument impossible au gouvernement, sans un personnel nombreux, de vérifier toutes ces choses?—R. Dans le premier cas, oui.

Q. Votre réponse veut dire non, il ne pourrait pas?—R. Non.

Q. Une inspection du gouvernement se réduirait à une inspection secondaire. Il faudrait nécessairement que ce soit cela?—R. Une inspection du gouvernement s'occuperait des méthodes. Je crois que c'est une chose importante à considérer, les méthodes qu'adopte une banque pour la protection de ses créanciers et de ses actionnaires; en d'autres termes, le système interne, sa valeur, son efficacité, aussi le personnel—toutes ces choses renseigneraient le vérificateur et l'aideraient à se former une idée de la situation. Je crois que cela ne pourrait être fait que de cette manière.

Q. De quelle valeur la vérification serait-elle au ministre des Finances si l'inspecteur du gouvernement étudie simplement les méthodes d'une banque d'une façon générale et se contente de voir si les affaires sont conduites correctement ou non. Cela est superficiel. A quoi servirait-il de savoir que les prêts courants de $20,000,000 valent ou ne valent pas $20,000,000?—R. Je puis vous assurer que cela serait d'une grande valeur. Même si une inspection de l'extérieur des méthodes de la Merchants Bank et de la Home Bank s'était limitée à une étude des méthodes de ces banques, on s'en serait occupé plus tôt.

[M George Edwards.]

Q. Si je ne prends pas trop de temps, étudions les méthodes; vous entendez par méthodes comment, et à qui, un prêt est fait et contre quelles garanties il est fait? Est-ce bien cela?—R. Et quel examen est fait, et quelles précautions sont prises avant de l'accorder.

Q. Cela veut dire, en définitive, que pour chaque gros prêt l'inspecteur du gouvernement devra lui-même étudier les méthodes?—R. Je crois que l'inspecteur du gouvernement pourrait se mettre au courant des méthodes sans aller dans tous les détails.

Q. Pourrait-il le faire sans évaluer les garanties?—R. Il a pour l'aider en cela l'inspection interne des banques, les rapports des gérants de succursales quant aux garanties de l'extérieur, et il a des états périodiques et tous ces renseignements ont une valeur collective énorme.

Q. Aussi, j'ajouterai, les renseignements qui lui sont donnés par les vérificateurs ordinaires de la banque?—R. Parfaitement.

Q. En d'autres termes, ces renseignements sont d'abord obtenus par les vérificateurs ordinaires et envoyés au bureau chef. Ces rapports sont faits par les vérificateurs de banque ordinaires en vertu de la loi des banques, et le vérificateur du gouvernement arrive et examine le tout de nouveau. Que gagnons-nous en cela? Remarquez bien, il accepte la valeur donnée aux garanties par les propres inspecteurs des banques et par les propres vérificateurs des banques et le personnel est à son service. Vous admettrez avec moi...

M. HEALY: Je crois que nous ne devrions pas argumenter avec le témoin sur ces points.

M. MARLER: Je n'argumente pas; je cherche à résoudre une question très importante, celle de savoir si un inspecteur du Gouvernement serait de quelque utilité. Si c'est un bon système que nous apprenions à le connaître.

M. HEALY: Vous argumentez en ce moment; nous voulons entendre le témoignage.

Le VICE-PRÉSIDENT: Dans un interrogatoire contradictoire un honorable membre qui pose une question peut argumenter avec le témoin pour obtenir de plus amples renseignements ou son point de vue sur un certain sujet. Naturellement, nous ne devons pas abuser de ce privilège, mais je crois que l'honorable membre est dans l'ordre.

M. MARLER: Je ne veux pas faire de discours.

M. HEALY: C'est ce que vous faisiez, certainement.

M. MARLER: Vous me pardonnerez, M. Edwards,—

Le TÉMOIN: Vos questions m'intéressent beaucoup.

M. Marler:

Q. Je voudrais que le comité et moi-même se rendions bien compte de la valeur de l'inspection par le Gouvernement. Je crois que vous conviendrez avec moi, que le comité conviendra peut-être avec moi, et aussi le ministre des Finances—

L'hon. M. ROBB: Pas toujours.

M. MARLER: Si le Gouvernement institue l'inspection gouvernementale il devra assumer une certaine responsabilité à ce sujet. Comment pourrait-il en être autrement? L'inspection du Gouvernement ne veut dire quelque chose que si le public sait que le Gouvernement approuve le rapport qui est fait—il n'y a pas à sortir de là.

. Le TÉMOIN: Je suppose que la valeur de l'inspection du Gouvernement réside dans le fait qu'on saura que les affaires d'une banque sont en bonne condition si le Gouvernement ne sévit pas contre elle.

[M. George Edwards.]

M. Marler:

Q. C'est ce que nous avons à l'heure actuelle. Comme aucune mesure n'était prise contre les autres banques dans le passé, le public en a conclu que ces banques étaient solvables.—R. Naturellement, il y a la nouvelle loi.

Q. Il y a la nouvelle loi et depuis qu'elle a été adoptée il est arrivé beaucoup de choses; nous savons cela?—R. Je crois que c'est là une louange à l'adresse de la nouvelle loi.

Q. Peut-être que c'est une louange; la nouvelle loi remédiera peut-être a beaucoup de choses. Mais pour revenir à la question de l'inspection des banques, suis-je en droit de croire que cette inspection qui est suggérée sera une inspection secondaire?—R. Ce sera une inspection secondaire en grande partie.

L'hon. M. Robb: Avant de quitter ce sujet, je remarque que M. Marler et d'autres hon. membres ont fait souvent allusion à l'amalgamation de la Banque Nationale, et à la faillite de la Banque des Marchands et de la Home Bank. J'aimerais que M. Edwards nous explique la différence qu'il y a entre la présente loi telle que modifiée à la dernière session et l'ancienne loi, et qu'il nous dise si, à son avis, la nouvelle loi a amélioré la situation, si elle a protégé les déposants dans la Banque Nationale et amené la crise dans la Home Bank.

M. W. F. Maclean: Ils sont protégés, mais il semble que cette protection ne peut être accordée que de l'initiative d'une certaine personne. Y aura-t-il quelque chose d'obligatoire quand le système amélioré dont parle le ministre suppléant sera mis en pratique. Le ministre croit-il que la nouvelle loi impose une obligation à quelqu'un de voir à ce qu'il y ait une véritable inspection des banques?

L'hon. M. Robb: Le ministre a des opinions très arrêtées sur ce que le Gouvernement se propose de faire, mais je veux que le témoin, qui est un expert, nous explique, quels sont les pouvoirs réels accordés par la nouvelle loi, quelle est la différence entre cette loi et l'ancienne loi.

M. W. F. Maclean: Est-ce qu'elle dépend d'un "si"?

Le témoin: En tant que je l'ai pu, j'ai avisé le ministre à la dernière session quant aux modifications qui pourraient être faites dans la loi pour corriger les défectuosités de l'ancienne loi. Un de ses défauts, qui est devenu apparent dans le cas de la Merchants Bank, était celui-ci: il y avait une opinion légale à l'effet qu'une banque n'était pas obligée de pourvoir aux pertes subies au cours de l'année avant l'époque de la publication de son rapport annuel. Je crois que je ne me trompe pas en disant qu'on a exprimé l'opinion au cours du procès à Montréal des directeurs de la Merchants Bank qu'un rapport conforme aux livres était le seul rapport qui pouvait être fait au Gouvernement. Maintenant, dans la nouvelle loi, tout cela est changé. Chaque rapport mensuel doit faire voir la véritable situation d'après les derniers renseignements; c'est-à-dire que toute perte survenue dans les trente jours précédents doit être portée au rapport et des sommes doivent être mises de côté mois par mois pour couvrir ces pertes.

M. Hughes:

Q. Quel article est-ce?—R. L'article 113, paragraphe 4.

"Nonobstant quoi que ce soit contenu dans l'article précédent, il ne sera pas suffisant, excepté quant au comptable en chef et au comptable en chef suppléant de la banque, pour ce qui est de tout rapport prévu ou exigé en vertu de cet article que tel rapport s'accorde avec les livres de la banque, mais le rapport devra exposer la situation financière exacte de la banque au dernier jour légal du dernier mois précédant la date du rapport d'après les derniers renseignements en possession, ou raisonnablement à la disposition, des officiers, ou de l'un quelconque des officiers qui ont signé le rapport."

[M. George Edwards.]

Je vois que c'est là une modification très importante. On pourrait l'appliquer à la situation qui s'est présentée dans le cas de la Merchants Bank.

M. Spencer:

Q. Quelles sont les peines légales?—R. Elles sont mentionnées à l'article 153. Il y a emprisonnement pour cinq ans quand la chose est faite avec intention, et quand il y a négligence, un emprisonnement n'excédant pas trois ans.

M. Sales:

Q. C'est une offense criminelle?—R. C'est une offense criminelle. Puis en ce qui concerne les vérificateurs. Je crois que j'ai bien expliqué au comité, quand j'ai comparu l'année dernière, que les articles concernant la vérification étaient sans effet; je veux dire que les articles concernant la vérification ne permettaient aux vérificateurs que d'aller jusqu'à un certain point. En d'autres termes, leur examen des affaires de la banque était limité si le bureau de direction voulait limiter cette inspection à certains points spécifiques mentionnés dans la loi.

M. W. F. Maclean:

Dans quel article de la loi?—R. C'était l'article 56, l'ancien article 56. Je ne l'ai pas ici. Maintenant, tout est changé, et un vérificateur donne son opinion sans réserve sur la situation dans laquelle se trouve la banque.

Q. Est-ce stipulé à l'alinéa 8 ou à l'alinéa 9, page 26 de la nouvelle loi?— R. A l'alinéa 8 de l'ancienne loi.

Q. Aux alinéas 8 et 9?—R. L'alinéa 8 dit: "Tout vérificateur d'une banque a accès."

Q. Ce que je désire savoir c'est où se trouve dans la nouvelle loi cette amélioration que le ministre vous demande d'expliquer?—R. Vous parlez de l'alinéa 8. C'est le même dans la nouvelle loi que dans l'ancienne, mais à cause du contexte des autres alinéas de la loi, l'effet n'en est pas le même.

Q. L'effet en est meilleur?—R. Oui.

Q. Mais tout dépend du reste?—R. L'alinéa dit:—

"Tout vérificateur d'une banque a accès aux livres, comptes, encaisse, valeurs, documents et factures de la banque, et a droit d'exiger et de recevoir des directeurs et officiers de la banque et d'en recevoir tout renseignement et explications nécessaires à l'accomplissement de ses devoirs de vérificateur."

Les autres articles de l'ancienne loi définissaient les devoirs des vérificateurs. En réalité, ils n'avaient pas accès à certains livres.

Q. Voilà pour la protection du vérificateur. Il doit agir. Mais pour la protection du public, nous avons l'alinéa 9 qui dit:—

"Le ministre peut, de temps à autre, exiger que les vérificateurs d'une banque lui fassent rapport sur la suffisance des méthodes qu'a adoptées la banque ou sur la sécurité de ses créanciers et actionnaires."

et le reste. Il n'est pas tenu de le faire. Est-ce qu'il ne devrait pas se trouver un officier tenu de faire quelque chose pour la protection du public? Il y a une autre remarque que je désire faire. Mon honorable ami de Montréal (M. Marler), a dit quelque chose à l'effet que l'inspection publique n'était pas saine. Nous allons avoir un homme qui sait ce que signifie l'inspection des banques aux Etats-Unis, et je veux que les témoins viennent ici et nous disent ce que signifie réellement l'inspection gouvernementale.

M. McMaster: J'ai tardé à poser une question afin de donner au témoin tout le temps voulu pour répondre à la question du ministre, et je crois que l'on devrait m'en fournir l'occasion.

[M. George Edwards.]

Le VICE-PRÉSIDENT: Je demande que l'on écoute le témoin et ensuite ceux qui désirent le questionner pourront le faire.

M. IRVINE: Je crois que l'honorable ministre suppléant des Finances est responsable du manque d'ordre. S'il désire obtenir des renseignements, pourquoi ne pose-t-il pas lui-même les questions et n'obtient-il pas les renseignements?

M. McMASTER: Il a demandé au témoin de traiter de certaines questions, et le témoin a été interrompu et n'a pu donner sa réponse.

Le TÉMOIN: Ce que je dis de l'alinéa 8, c'est que c'est le même alinéa, les devoirs des vérificateurs sont différemment définis. Il donne des pouvoirs d'accès plus complets au vérificateur, bien que l'on emploie les mêmes mots que dans l'ancienne loi. Quant à l'alinéa, j'ai déjà déclaré ici ce qui, à mon avis, devrait compléter cet article. Je crois que l'alinéa 10 est très important. Ce qui m'a frappé au cours de mon inspection des affaires de la Banque des Marchands c'est l'ignorance dans laquelle se trouvaient les directeurs sur des faits très importants concernant la position de la banque. A cause de cela, on amenda plusieurs clauses ou articles de la Loi des Banques dans le but de faire ressortir la responsabilité des directeurs; et une des choses que l'on a faites, dans le but d'aider aux directeurs à se tenir au courant de toutes questions et d'empêcher que rien ne leur soit caché, c'est l'adoption de l'alinéa 10 qui fait un devoir aux vérificateurs de porter ces questions à la connaissance des directeurs dans un document écrit adressé à chacun d'eux; et chaque directeur a cette responsabilité. Ainsi, un directeur a deux chances indépendantes, par l'entremise de deux vérificateurs, d'obtenir des renseignements qu'on aurait pu lui cacher auparavant. Dans la plupart des cas, je crois, les directeurs prendront leurs devoirs sérieusement s'ils ont les faits, et ceci a pour but de s'assurer que les directeurs auront les faits; et je crois qu'en ce sens c'est une grosse amélioration sur la loi de la dernière session.

Maintenant, il y a une autre amélioration dans le fait qu'il y a deux vérificateurs indépendants. C'est-à-dire, ces derniers ne travaillent pas de concert; ils font un travail séparé. Chacun est responsable de ses propres actes. C'est un point qu'a soulevé l'étude du cas de la Banque des Marchands, alors que deux associés furent nommés vérificateurs et presque tout le travail retomba sur l'un d'eux, tandis que l'autre ne se tenait responsable que de ce qu'il faisait. Cela ne peut se produire de nouveau. Une autre disposition pourvoit à la rotation des vérificateurs—pas ça exactement—dans tous les cas, à ce qu'un des vérificateurs soit changé à tous les deux ans, de sorte que, quel qu'ait été les choses répréhensibles au point de vue des vérificateurs précédents, un nouveau vérificateur arrive sans être au courant et, considérant les choses pour la première fois, exprime son opinion personnelle. C'est là un point excellent. Je crois que les articles qui touchent à la vérification sont bien supérieurs aux anciens et offrent une grande mesure de sécurité aux déposants, ou aux compagnies d'assurance, ou à la banque même. Maintenant, dans le cas de la Home Bank, on n'a pas tombé sous le coup de la nouvelle loi; on n'a jamais fait un rapport conformément aux dispositions de la nouvelle loi.

M. Hanson:

Q. On ne le pouvait pas?—R. La faillite se produisit avant la mise en vigueur de la nouvelle loi. On ne put se conformer aux dispositions de la nouvelle loi.

Q. Ceci est également vrai de la Banque Nationale?—R. Comme je l'ai dit, je ne connais pas ce cas.

M. McMaster:

Q. M. Edwards, ai-je raison de dire que les faillites de banques au cours des dernières années sont dues surtout à l'administration des bureaux chefs plutôt qu'à celle des succursales?—R. Elles étaient dues à des causes que l'on pouvait découvrir par l'inspection des comptes des bureaux chefs.

[M. George Edwards.]

Q. Est-ce qu'elles ne sont pas dues, jusqu'à un certain point, à l'avance de très fortes sommes d'argent comparativement aux réserves totales de la banque, à un petit nombre de clients?—R. Bien, dans certains cas.

Q. Est-ce que cela ne serait pas facile à découvrir à la suite d'une vérification du gouvernement?—R. Bien facile, oui.

Q. Est-ce que la vérification du gouvernement pourrait découvrir sans recherches bien grandes, une comparaison de la nature des garanties acceptées par les différentes banques?—R. Je crois que oui, et ce serait un renseignement précieux. Vous auriez une étude comparative de chaque banque.

Q. Si une banque semblait prêter des sommes considérables d'argent—disons sur un produit comme le fromage—tandis que les autres banques réduiraient leurs avances d'argent sur ce produit, est-ce qu'un vérificateur du gouvernement ne pourrait pas facilement découvrir cela et est-ce qu'il ne pourrait pas attirer l'attention du gouvernement sur ce point?—R. Il s'ensuivrait une enquête.

Q. Est-ce qu'une vérification du gouvernement n'indiquerait pas facilement si les banques avancent différentes sommes d'argent sur des garanties plus ou moins de la même valeur? Laissez-moi donner un exemple. Supposons qu'un certain nombre de banques avancent des sommes considérables d'argent sur le commerce du bois, disons, sur les limites à bois; est-ce qu'il ne serait pas facile de voir si une banque avance un montant beaucoup plus élevé par mille carré que ne le font les autres banques sur des limites d'une valeur à peu près égale? —R. Certainement, et il faudrait aussi une enquête. Je crois que si une banque prête trop sur une classe quelconque de garanties que peut affecter l'état du marché, il peut se produire un désastre.

Q. Est-ce qu'il ne serait pas facile de découvrir, avec la vérification du gouvernement, si certaines banques prêtent à un ou deux clients une proportion beaucoup plus large de leurs réserves totales, en capital et en dépôts, que ne le permettent les règles ordinaires du commerce bancaire?—R. Oui.

Q. Alors, vous croyez, d'après ce que vous me dites, que bien que le vérificateur du gouvernement puisse utiliser une somme énorme du travail du vérificateur privé de la banque, il peut dans une large mesure empêcher la création d'une telle situation?—R. Oui.

M. W. F. MACLEAN: Par vérification du gouvernement, voulez-vous dire l'inspection du gouvernement?

M. McMASTER: Oui, l'inspection gouvernementale.

Le TÉMOIN: Tandis que nous sommes sur ce point, je désire faire cette déclaration relativement à la valeur des renseignements que l'on peut obtenir des bureaux mêmes de la banque. M. Marler a semblé dire, je crois, que l'on ne pourrait trop se fier, si les renseignements viennent des bureaux de la banque. Il peut se faire que l'on ne puisse se fier à certains officiers d'une banque.

M. MARLER: Comme preuve secondaire, non première. On peut s'y fier relativement à l'inspection secondaire.

Le TÉMOIN: Mon point est celui-ci: si vous avez des rapports soumis par les gérants de 500 succursales, ce sont les vues de 500 personnes sur les faits qu'ils ont devant les yeux, respectivement. C'est là une source presque inépuisable de renseignements, collectivement. Il peut se trouver quelques optimistes, et il peut y avoir certains pessimistes, ou quelques-uns qui cachent délibérément les faits. Mais dans l'ensemble, vous aurez des renseignements sûrs, sur lesquels les vérificateurs du gouvernement pourront compter, s'ils jugent que le système est convenablement appliqué et que l'on procède régulièrement.

[M. George Edwards.]

M. Irvine:

Q. Monsieur Edwards, je crois que vous avez dit, il y a un instant, que vous aviez avisé le ministre l'an dernier sur les amendements que l'on a apportés à la loi des banques?—R. Oui.

Q. L'avez-vous avisé sur ceux que l'on a abandonnés sur sa propre motion? —R. Je ne sais ce dont vous voulez parler, monsieur Irvine. Je sais que le ministre a changé la forme de certains amendements. Il déclara au début qu'il serait peut-être forcé d'en agir ainsi, à la lumière des arguments.

Q. M. Fielding proposa de biffer les clauses "M" et "N". C'étaient là ses propres alinéas?—R. De quel article?

Q. De l'article 54. On les abandonna, et il prétendit qu'on les abandonnait sur l'avis des représentants des banques, parce que c'étaient peut-être des renseignements que l'on ne devait pas donner?—R. Je me rappelle.

Q. Je me demandais qui l'avait avisé?—R. Le comité avait décidé de laisser le ministre libre d'obtenir les renseignements de toute façon, et on adopta des alinéas spéciaux pour permettre au ministre de faire cela, et ceci se faisait entièrement entre les séances.

Q. Croyiez-vous, l'an dernier, que toute forme d'inspection gouvernementale serait utile aux déposants?—R. Je ne me rappelle pas au juste quelle attitude je pris l'an dernier.

Q. Vous n'avez pas avisé le ministre de s'opposer à l'adoption de la résolution de M. Woodsworth, n'est-ce pas?—R. J'ai pris la responsabilité de commenter cette résolution devant le ministre.

Q. Défavorablement?—R. Je n'ai rien dit au ministre que je n'aie répété devant le comité.

M. SHAW: Vraiment, le témoin doit avoir le privilège de changer d'idée.

M. IRVINE: Certainement.

M. Irvine:

Q. Je suppose que vous allez vous opposer à quelque chose que je vais suggérer dans quelques minutes; il ne s'ensuivra pas que je sois dans le tort de faire cette suggestion. Vous l'approuverez peut-être l'an prochain, lorsque nous aurons eu quatre ou cinq nouvelles faillites de banques, mais lorsque les autres ont fait leur devoir au meilleur de leurs connaissances, conformément à la loi des banques, lorsque le ministre des Finances a usé de discrétion et fait son devoir d'après cette discrétion, n'est-il pas encore impossible d'empêcher une banque de faillir?—R. Non.

Q. Ainsi une banque peut faillir même lorsque l'on a fait son possible avec la loi des banques actuelle?—R. Oui.

Q. Ou même si elle était amendée?—R. C'est vrai. Une banque peut faillir à la suite de causes tout à fait étrangères à la discrétion du ministre.

Q. Vous ne pouvez voir un moyen qui puisse permettre à un ministre d'accepter la responsabilité des pertes publiques, mais vous pouvez donner des avis en certains cas?—R. Non, à moins qu'il soit prêt à prendre charge de la direction de la banque. Si le ministre faisait cela, il en résulterait, sans aucun doute, une laxité de direction.

Q. Vous avez suggéré il y a quelques minutes à M. Woodsworth qu'il ne pouvait accepter cette responsabilité?—R. Je ne crois pas avoir dit exactement cela. Je dirai qu'il ne devrait pas accepter une responsabilité comportant une garantie des dépôts.

Q. Et je crois que vous avez aussi suggéré qu'il ne serait pas sage de permettre au public de connaître les faits sur la manière dont les banques placent les fonds?—R. Je crois que ce serait très dangereux.

[M. George Edwards.]

Q. Alors vous admettez que les banquiers ont toute la protection que l'on peut logiquement leur accorder pendant qu'ils ont le privilège, d'après leur charte, de disposer des fonds publics, mais le public n'a absolument aucune protection. Est-ce là la situation?—R. Je ne vous saisis pas très bien. Je crois n'avoir rien dit qui amène cette conclusion.

Q. Contredisez-vous cela?—R. Ce que j'ai fait pour la Loi des banques, à la demande du ministre, a été entièrement dans l'intérêt public.

Q. Oui, mais vous avez admis que lorsque vous avez fait votre possible, vous ne pouvez protéger le public contre la faillite des banques?—R. Je comprends qu'il y a des faits imprévus contre lesquels la loi ne peut rien.

Q. Alors, le fait est que le ministre ne peut accepter la responsabilité, ou du moins, vous ne le lui conseilleriez pas, mais vous lui suggéreriez de ne pas mettre le public au courant des conditions de leurs dépôts et de la manière dont les banquiers les administrent. Nous avons une loi qui protège les banquiers sous ce rapport, mais nous n'avons aucune loi qui protège le public?—R. Je crois que toute la loi des banques vise à la protection du public.

Q. Alors toute la loi manque son but lorsque la crise vient?—R. D'après moi, elle offre une très grande mesure de protection.

Q. Croyez-vous au principe général que les épargnes du public doivent être protégées?—R. Je crois que oui.

Q. Alors puisque l'on doit cacher les faits au public, et puisque le ministre ne peut être tenu responsable des pertes encourues par une corporation privée à qui on a donné le crédit du pays, et puisque l'inspection gouvernementale ne peut donner aucune garantie de la sauvegarde des dépôts, vous ne conseilleriez pas que les gens retirassent des banques le droit de contrôler leur crédit?—R. C'est là une question plutôt complexe.

Q. Je la tire de vos propres déclarations, monsieur Edwards. Je vous ai suivi dans tout ce que vous avez dit que l'on ne pouvait faire, et qu'il n'est pas sage de faire, et dans les faits que présente la situation actuelle. Vous ne pouvez dire qu'il n'y aura pas de faillite de banques la semaine prochaine; vous n'avez pas répondu à la question de M. Garland sur l'état actuel des banques. Elles peuvent tomber demain. Je crois que vous connaissez les affaires de banque et que vous croyez qu'il y a quelque chose de défectueux, puisque vous ne pouvez nous dire ce que c'est?—R. Non, vous avez absolument tort.

Q. C'est là l'impression qui m'est restée. Peut-être d'autres ont eu une impression différente.

Le VICE-PRÉSIDENT: Je crois difficilement que cette question ait été posée convenablement?

M. IRVINE: Je n'insiste pas sur la question.

Le VICE-PRÉSIDENT: Vous faites subir un interrogatoire au témoin. Posez des questions.

M. IRVINE: Je ramenais ma question précédente à cette situation. Je n'insiste pas sur une réponse à cette question.

M. Irvine:

Q. J'ai essayé de suivre votre raisonnement pendant que d'autres vous questionnaient, monsieur Edwards, et vous avez dit clairement que le public ne devrait pas être mis au courant exactement de ce que font les banques. C'est là une chose que vous avez dite. Vous avez aussi dit qu'il n'était pas désirable que le ministre acceptât la responsabilité de garantir les dépôts, et vous avez admis que, en tant que vous sachiez, il n'existe aucun système d'inspection des banques qui garantisse absolument contre toutes pertes?—R. A peu près.

Q. Vous n'êtes pas obligé d'admettre; c'est un fait général que le public subit des pertes à cause des conditions qui prévalent actuellement, et comme, d'après vous, elles ne peuvent être changées dans le sens que nous demandons,

[M. George Edwards.]

êtes-vous en faveur de remettre aux gens, d'une façon ou d'une autre, le contrôle du crédit que les banquiers monopolisent actuellement en vertu de notre législation?—R. Il me faudrait être un peu plus au courant de ces faits pour répondre à cette question.

Q. Supposons que je suggère que le gouvernement nationalise les banques, puisque les banquiers ne peuvent garantir les dépôts — je ne dis pas que ce soit le meilleur moyen, mais c'est un moyen; seriez-vous en faveur de cette mesure?—R. Je crois que ce serait une expérimentation très difficile, la nationalisation **des** banques. Je sais qu'on l'a fait en Australie, mais je ne pourrais, immédiatement, exprimer une opinion sur ce sujet.

Q. Diriez-vous que le système actuel tel qu'il fonctionne aujourd'hui constitue une expérimentation très difficile?—R. C'est un système bien établi.

Q. Oui, bien établi, mais la Home Bank et la banque des Marchands et la Farmers Bank ont failli complètement. Etes-vous satisfait de cela?—R. Ce sont là, naturellement, des incidents regrettables, mais ils n'ébranlent pas ma confiance dans le système général des banques de ce pays.

Q. Ils ébranlent la confiance d'un grand nombre d'autres gens qui peut-être comptent plus au point de vue des banques que vous-même—les déposants.—R. Ils ont sans doute ébranlé la confiance publique.

Q. Avez-vous en ce moment quelque chose à suggérer qui pourrait rétablir la confiance publique maintenant que l'on sait qu'il n'y a plus de sécurité pour les déposants? Pensez-vous que vous pourriez rétablir la confiance sur cette base?—R. Je crois que cela aiderait.

M. McMaster:

Q. L'amendement que vous avez suggéré aiderait?—R. Oui. Oh! voulez-vous dire l'amendement de la dernière session?

M. Irvine:

Q. Oui. D'après vos connaissances personnelles vous admettez qu'on ne peut garantir davantage les dépôts?—R. Je m'exprimerai comme suit: Je crois que la vérification et les autres articles que l'on a placés dans la loi l'an dernier étaient de beaucoup supérieurs aux conditions passées. Je crois qu'un système obligatoire d'inspection des banques par un officier du gouvernement serait une autre avance sur ce que la loi exige actuellement. Je ne dis pas que ce serait le " remède infaillible " ou que la garantie serait absolue.

Q. Mais je demande si vous croyez pouvoir rétablir la confiance sans cette garantie?—R. Je ne vois pas pourquoi on ne le pourrait pas. Il existe une garantie des dépôts de banque, après tout.

Q. Peut-être, mais vous admettrez facilement qu'au Canada, actuellement, il y a défiance générale du système bancaire?—R. J'ignore cela. Je crois que certains se le persuadent, mais je ne crois pas que ce soit un fait.

Q. J'aimerais à vous convaincre que c'est un fait et que les raisons en sont nombreuses. Il nous faudrait quelque chose pour rétablir cette confiance, dans l'intérêt du Canada, et je prétends que sur la base actuelle, on ne peut le faire. Admettez-vous cela avec moi?—R. Non, je ne l'admets pas.

L'hon. M. Stevens:

Q. Je désire poser une question. On prétend que peut-être nous pourrions compléter le système de vérification actuel en rendant obligatoire l'inspection des bureaux-chefs. Pensant à l'alinéa 9 de l'article 56, par exemple, je désire vous demander si, en faisant un devoir au ministre au lieu de le laisser simplement libre d'exiger des vérificateurs un rapport à des périodes précises, disons à tous les trois ou six mois, au lieu de rapports de temps à autre, le ministre ou

[M. George Edwards.]

un officier nommé par lui ne se trouverait pas en possession de tous les faits essentiels nécessaires pour se faire une idée juste de l'état des banques tout aussi bien que si le ministre nommait quelqu'un pour aller faire l'inspction des livres? —R. Je crois que oui.

Q. De sorte qu'un officier du ministère des Finances, compétent, naturellement, ferait tout ce que nous discutons actuellement relativement à une vérification additionnelle tout aussi bien que par l'inspection réelle des comptes des bureaux-chefs?—R. Je le crois, mais d'un autre côté cela n'empêcherait pas l'officier du gouvernement de faire enquête personnellement sur un point quelconque.

L'hon. M. Stevens: Oui, cela doit être bien compris, que cela n'empêcherait pas un examen plus approfondi.

M. Hughes:

Q. Est-ce que l'Association des banques est au courant des méthodes que suivent les banques, si ces méthodes sont conformes aux principes bancaires ordinaires, si elles sont prudentes ou imprudentes?—R. Je ne suis pas assez au courant pour répondre à cette question d'une façon générale, mais je me rappelle une conversation que j'ai eue avec le gérant général d'une banque et je discutai avec lui le degré de connaissance que l'on aurait supposé que les autres banques auraient dû avoir de l'état de la Home Bank pendant les quelques années qui ont précédé sa chute, et il me répondit que dans ce cas il était difficile de comprendre la situation. Les opinions différaient sur la position de la Home Bank; quelquefois, on pensait qu'elle n'était pas aussi solide qu'elle aurait dû l'être, et à d'autres moments, les opinions changeaient. Je ne puis que vous demander de tirer vos propres conclusions de cette conversation, car c'est tout ce qui s'est dit.

Q. On avait des doutes, dans tous les cas?—R. On soulevait des doutes de temps à autre. Je dis cela dans le but de vous montrer que probablement les banques ne peuvent facilement s'assurer de l'état des autres banques.

Q. Est-ce que l'Association des banques a accès aux rapports que l'on soumet au gouvernement?—R. Les rapports mensuels, oui. On les publie dans la *Gazette.*

Q. Mais elle n'a accès qu'aux documents qui sont rendus publics?—R. Bien, en tant que je sache.

Q. En examinant ces rapports est-ce que l'on pourrait se faire une opinion sur les méthodes que suivent les diverses banques et sur la solidité de ces dernières?—R. On peut se faire une idée assez bonne si on prend tous les documents que l'on soumet au gouvernement sous forme de rapports; ce n'est pas complet, cependant.

Q. Si l'Association des banques ou un officier désigné par elle avait le pouvoir ou le droit de se procurer tous les renseignements envoyés chez le ministre des Finances, est-ce que ce serait là une procédure convenable?—R. Une méthode pratique?

Q. Oui, une méthode pratique?—R. Ce serait pratique si l'Association des banques était prête à adopter cette procédure ou l'y était forcée; ce serait une bonne chose, je crois, si les banques convenaient d'en agir ainsi.

Q. Que l'Association des banques en connaîtrait alors autant que le ministre des Finances ou son sous-ministre?—R. Si les pouvoirs de se procurer les renseignements étaient les mêmes que ceux que possède actuellement le ministre.

Q. Auriez-vous quelque objection à une inspection personnelle ou jugez. vous que cela ne peut se faire au point de vue du public?—R. Je ne vois rien qui s'y oppose; si l'Association des banques peut le faire, je n'aurais aucune objection.

[M. George Edwards.]

M. Ladner:

Q. Sur cette même question, hier, j'ai compris d'après votre témoignage que vous êtes d'avis qu'il est de l'intérêt du pays et des banques que l'on adopte une loi établissant le système d'inspection gouvernementale séparée des gros comptes aux bureaux chefs. Maintenant, je ne parle pas de l'époque où cela devrait se faire. Etes-vous encore du même avis et seriez-vous à conseiller cette mesure au ministre des Finances?—R. Je crois avoir dit hier, monsieur Ladner, que cette mesure aurait ses avantages, mais je veux déclarer clairement que cela seul ne constituerait pas une inspection gouvernementale complète, si le gouvernement décidait d'établir cette vérification.

Q. Si on compare avec le système actuel, ne serait-il pas avantageux d'établir un système d'inspection gouvernementale des plus gros comptes aux bureaux chefs, car ce sont ces comptes qui ont amené la ruine des banques? En dehors de la question de perfection, ne serait-il pas sage de faire cela, comme vous l'avez dit hier, je crois, à la prochaine session du Parlement?—R. Je crois que vous pourriez aller plus loin en vertu des pouvoirs que le ministre possède actuellement.

Q. S'il exerce maintenant ses pouvoirs soudainement, est-ce que l'on ne fera pas tort à la banque inspectée, à moins que vous n'en fassiez une inspection obligatoire et régulière?—R. C'est vrai. Tout exercice de ces pouvoirs, je crois, devrait s'appliquer à toutes les banques afin de ne pas attirer l'attention.

Q. De sorte que l'efficacité de cette disposition de la loi qui permet au ministre de faire une inspection est à peu près nulle dans la pratique?—R. Pas nécessairement.

Q. Ce n'est apparemment que dans un cas très grave que le ministre serait disposé à exercer les pouvoirs que lui confère cet article, et à envoyer un vérificateur ou auditeur à la banque?—R. Je ne crois pas que l'alinéa ne vise qu'un certain nombre de circonstances spéciales, monsieur Ladner. J'ai eu à m'occuper de la rédaction de cet article, et je sais que ce n'est pas ce que j'ai voulu inclure.

Q. Ce n'est pas ce que vous vouliez dire; c'est ce que l'on a exprimé.—R. Je crois que l'on a exprimé mon idée aussi. Je ne crois pas que l'article laisse nécessairement l'impression que l'on devait y faire appel dans les cas spéciaux seulement.

Q. Vous croyez que le ministre ne pourrait agir en vertu de cet article à moins de faire l'inspection de toutes les banques?—R. Non, mais je crois que ce serait imprudent de l'appliquer dans le cas d'une banque en particulier.

Q. Alors l'article ne vaut pas grand'chose?—R. Oui, car il peut user de discrétion dans le cas de toutes les banques.

Q. Vous êtes d'avis que si quelque chose va mal dans une banque le ministre manquerait de prudence s'il exerçait les pouvoirs que lui confère cet article, à moins qu'il ne fasse l'inspection de toutes les banques depuis la plus grande jusqu'à la plus petite? Cela ne peut se faire facilement.—R. Je crois que l'article est très pratique.

Q. Ne croyez-vous pas qu'une inspection irrégulière et impulsive, bien qu'imprudente et nuisible, peut-être, ne serait pas aussi bonne qu'un système d'inspection gouvernementale des gros comptes aux bureaux-chefs, avec responsabilité directe de la banque au gouvernement, non pas aux vérificateurs de la banque, mais à l'inspecteur du gouvernement?—R. Non, je n'oublierais pas les vérificateurs de la banque, ou la responsabilité des officiers de la banque.

Q. Je ne vous demande pas d'oublier les vérificateurs de la banque, je vous demande s'il ne serait pas dans l'intérêt du pays et des banques d'avoir un système d'inspection gouvernementale, par les employés du gouvernement, des gros comptes aux bureaux-chefs. C'est là une proposition très simple,

[M. George Edwards.]

l'approuvez-vous ou non?—R. Si on ne pouvait rien obtenir de mieux, je dirais que cela aiderait, mais je crois que nous avons déjà mieux dans la loi.

Q. Avec cet article?—R. Oui.

Q. L'article dit que le ministre doit inspecter toutes les banques lorsqu'il veut en inspecter une?—R. Pourquoi désirerait-il en inspecter une? Il est absolument libre de les inspecter toutes.

Q. Parce qu'il a la preuve qu'une banque n'a pas agi de bonne foi, ou qu'elle a agi irrégulièrement, est-ce une raison pour qu'il les inspecte toutes?—R. Je ne crois pas que ce soit là le but de l'article. Je crois que l'on avait en vue une enquête générale sur toutes les banques dans le sens indiqué.

Q. C'est certainement là une démarche futile?—R. Non, certainement; c'est une démarche très utile.

Q. Supposons qu'il découvre quelque chose d'irrégulier dans une banque; que doit faire le ministre?—R. Si vous dites que la chose est futile, vous devez penser que quelques-unes des banques sont solides et que d'autres ne le sont pas, et ce n'est pas juste de votre part.

M. LADNER: Je crois qu'il est juste de dire que certaines banques sont plus solides que d'autres—beaucoup plus solides.

L'hou. M. ROBB: Voulez-vous communiquer au département le nom des banques qui ne sont pas solides?

M. LADNER: Est-ce que le ministre est d'avis que toutes les banques sont aussi solides les unes que les autres?

L'hon. M. ROBB: Non, mais j'aimerais à ce que vous informassiez le département quant aux banques que vous croyez peu solides.

M. LADNER: J'admets que certaines banques sont plus solides que les autres. Dans le passé, nous nous trouvions en face d'une situation dificile, c'est que le public croyait que toutes les banques étaient solides tandis que certaines se trouvaient absolument malhonnêtes. Je veux dire qu'avec ce plan, dont a parlé M. Edwards, dans la loi, en dehors de cet article, nous pouvons naturellement tirer la conclusion que le ministre peut inspecter une banque particulière lorsqu'il a lieu de croire qu'il y a quelque chose d'irrégulier.

Le TÉMOIN: Il a certainement ce pouvoir en vertu de la loi, il ne s'agit que de savoir avec quelle discrétion le ministre peut agir.

M. Ladner:

Q. En dehors de cet article?—R. Non, en vertu de cet article, monsieur Ladner.

Q. Monsieur Edwards, votre conclusion est qu'il devrait inspecter toutes les banques?—R. Je le crois.

L'hon. M. ROBB: Vous opposez-vous à cela, monsieur Ladner?

M. LADNER: Non, je ne m'y oppose pas, seulement je crois que ce n'est pas pratique.

L'hon. M. ROBB: D'inspecter toutes banques.

M. LADNER: Oui, et avec le pouvoir discrétionnaire, ce n'est pas juste.

M. Maclean:

Je désire vous poser une question sur ce devoir que vous imposez actuellement aux vérificateurs des banques, à l'effet de savoir s'il existe une peine dans le cas où ce devoir n'est pas rempli?—R. Je le crois. L'article 153 s'applique aux vérificateurs. Il dit: "Tout président, vice-président, vérificateur, gérant général ou autre officier qui négligemment," etc.

Q. Qu'arrive-t-il?—R. L'article parle par lui-même.

Q. Mais quelle est votre opinion?—R. Je crois que ceci place le vérificateur sous le coup de la loi s'il ne fait pas son devoir.

[M. George Edwards]

Q. Vous savez en substance que les banques du gouvernement pourraient être dangereuses. Je veux vous demander si vous savez, de fait, que le gouvernement des Etats-Unis, tout le crédit des Etats-Unis est soumis à un système de réescompte qui fait du gouvernement des Etats-Unis le plus grand banquier du monde et le pilier de la circulation des Etats-Unis et du crédit de toutes les banques? Admettez-vous cela?—R. Je ne puis faire aucune déclaration précise sur le crédit du système bancaire des Etats-Unis.

Q. C'est là votre déclaration. Si vos connaissances sont limitées vous n'auriez pas dû faire cette déclaration?

M. Healy:

Q. J'ai compris d'après votre témoignage d'hier que nous en étions au point où vous étiez prêt à aviser le gouvernement, avant la prochaine session, d'établir un système d'inspection gouvernementale?—R. Oui, j'ai dit hier, je crois, que la création d'un système d'inspection gouvernementale demanderait plus de temps que peut accorder la session actuelle du parlement, mais que l'on pourrait le faire pour la prochaine session.

Q. Mais nous avons pu conclure que vous êtes prêt à aviser le gouvernement que la chose est nécessaire?—R. Je ne crois pas avoir donné une opinion absolue sur l'inspection gouvernementale. Je crois que je me suis tenu dans la réserve en disant qu'il fallait un système d'inspection qui compléterait les moyens actuels de vérification des comptes de banques; je favoriserais cela, mais si on voulait un système indépendant d'inspection gouvernementale, je m'y opposerais.

Q. Peu importe la méthode, puisque vous êtes en faveur de l'inspection gouvernementale. Pouvons-nous tirer cette conclusion?—R. Je suis en faveur du perfectionnement du système actuel.

Q. D'inspection gouvernementale?—R. Oui.

Q. Mais cette inspection pourrait se limiter aux bureaux chefs, ou aux centres de réserve, si on veut être pratique?—R. Et à quelques succursales si les circonstances le demandent.

Q. Puis si cette inspection portait le gouvernement à soupçonner un gros compte dans une succursale, on aurait l'autorisation d'y aller?—R. Oui.

Q. Et vous auriez alors en pratique l'inspection gouvernementale des banques?

M. McMaster:

Q. Et on augmenterait davantage la sécurité des dépôts du peuple?—R. Oui.

M. Healy:

Q. Vous êtes à recommander cela?—R. Je le suis.

M. HEALY: Alors pourquoi discuter davantage la question de l'inspection?

Q. Vous avez fait une autre déclaration sur laquelle vous voudrez bien me corriger si j'ai tiré une fausse conclusion. Vous dites que nous n'avons pas de dépôts garantis au Canada?—R. Nous n'avons pas de banques dont les dépôts sont garantis par le gouvernement.

Q. Que dites-vous des dépôts des banques d'épargnes des Postes?—R. J'admets ce cas, mais ce n'est pas là du commerce bancaire.

Q. C'est ce que je vous ai demandé. On y garantit les dépôts?—R. Alors permettez-moi de corriger ma déclaration, car je n'ai pas l'intention de considérer les banques d'épargnes des Postes comme une institution bancaire. Je parle des banques dans l'acception générale du terme; les gens qui s'occupent du commerce de banque.

[M. George Edwards.]

Q. Mais je parle des dépôts garantis.—R. Il existe plusieurs sortes de dépositaires qui garantissent les dépôts; les compagnies de fiducie, par exemple, doivent consacrer une partie de leurs valeurs à la garantie des dépôts.

Q. C'est vrai. Ce sont là des dépôts que garantit le gouvernement. Est-ce cela?—R. C'est bien cela.

Q. Maintenant, est-ce qu'il y en a d'autres? Est-ce que la province d'Ontario ne garantit pas les dépôts de sa banque?—R. Oui.

M. Shaw:

Q. Monsieur Edwards, vous avez beaucoup de confiance dans l'amendement que vous avez proposé l'an dernier, et personne ne peut vous blâmer d'avoir confiance dans votre propre enfant, mais vous avez dit que dans le cas de la banque des Marchands vous avez été surpris de l'ignorance des directeurs, et conséquemment vous avez ajouté cette disposition dans laquelle on force les vérificateurs à faire rapport aux directeurs. Vous avez étudié le cas de la Home Bank. Etes-vous convaincu que dans ce cas les directeurs étaient au courant?—R. Je crois que les directeurs ne savaient rien, comme corps.

Q. Mais est-ce qu'ils n'étaient pas absolument au courant des faits?—R. Je ne sais, monsieur Shaw, si je dois répondre à cette question, car les directeurs sont actuellement accusés de conspiration.

Le VICE-PRÉSIDENT: Nous avons dépassé l'heure, car il est une heure passée, et si M. Shaw veut bien suspendre son interrogatoire maintenant, il aura le privilège d'être le premier à questionner M. Edwards à la prochaine séance du comité.

Je dois informer le comité que j'ai reçu de M. Ladner un avis de motion à l'effet qu'à la prochaine séance du comité il proposera

> " Que, de l'avis de ce comité, la loi des banques devrait être modifiée de façon à pourvoir à l'établissement, dans les banques chartrées du Canada, d'un compte spécial d'épargnes ou autre compte de dépôts d'épargnes en outre de ceux qui existent déjà, d'après lequel tous les dépositaires à ce compte spécial d'épargnes dans toute banque ou toute succursale de banque, seront protégés ou recevront une garantie jusqu'à concurrence de \$3,000 conformément à un principe similaire à celui qu'établissent actuellement les articles 62 à 69, inclusivement, de la loi des banques relatifs à la protection des billets de banque, par l'établissement d'un fonds connu sous le nom de Fonds de rachat de circulation des banques, ou que ce compte spécial d'épargnes soit établi conformément à quelque principe d'assurance, dont la prime sera payée par les déposants ou par les banques chartrées du Canada, ou par les deux, ou de toute autre manière que le comité croira apte à fournir la protection raisonnable aux déposants à ce compte d'épargnes en telles sommes que le comité pourra fixer."

Ceci, naturellement, restera sur le bureau comme avis de motion jusqu'à la prochaine séance du comité, et paraîtra à l'ordre du jour de cette séance. Je puis dire, cependant, que je me suis demandé si cette motion est régulière, vu qu'une motion au même effet est actuellement devant la Chambre.

M. LADNER: On en a disposé devant la Chambre.

Le VICE-PRÉSIDENT: L'avis reste à l'ordre du jour.

M. LADNER: Je puis facilement en changer le montant de \$3,000 à \$3,001.

Le VICE-PRÉSIDENT: Je ne désire pas discuter cette question actuellement, mais simplement attirer l'attention de M. Ladner sur ce point afin qu'il sache à quoi s'en tenir à la prochaine séance.

M. LADNER: Je serai prêt.

[M. George Edwards.]

APPENDICE No 1

Le VICE-PRÉSIDENT: A la prochaine séance, nous continuerons le témoignage de M. Edwards et M. Finlayson sera aussi présent. Je puis dire que sir William Staver est ici aujourd'hui et comme M. Finlayson peut toujours être présent, je suggérerai que le témoignage de M. Edwards terminé, nous passions à celui de sir William Staver. Je puis ajouter que nous avons adressé aujourd'hui un télé-gramme à M. Williams lui demandant d'être ici le 20, et à M. Pole lui deman-dant d'être ici le 22, mais nous n'avons pas encore reçu de réponse.

Le comité s'ajourne.

SALLE 231,

CHAMBRE DES COMMUNES,

JEUDI, le 15 mai 1924.

Le comité spécial permanent des banques et du commerce se réunit à 11 h. de l'avant-midi, sous le présidence de M. Vien.

Le VICE-PRÉSIDENT: Je dois communiquer au comité qu'hier le Chambre a approuvé le rapport du comité demandant que ce dernier soit autorisé à siéger pendant les séances de la Chambre.

Nous avons reçu le télégramme suivant de M. Skelton Williams:—

Richmond, Va.

S. P. GORDON,
Comité des banques.

" Télégramme reçu aujourd'hui; si comité désire serai heureux com-paraître devant comité, dans but proposé, à midi jeudi 22 courant après arrivée par New-York Central convoi 21 dû à Ottawa à 11.15 a.m., pour revenir par New-York Central Sud convoi 8 quittant Ottawa 4.25 même jour. Veuillez promptement télégraphier si comité agrée."

Nous avions décidé d'inviter M. Williams mardi le 20, mais comme il ne peut venir que le 22, nous avons répondu:—

" Votre télégramme reçu annulant télégramme adressé à vous de bonne heure même jour. Arrangements très satisfaisants. Comité sera heureux vous entendre jour et heure fixés. Veuillez venir au comité des banques, Chambre des Communes, aussitôt après arrivée.

(Signé)   W. G. MITCHELL,
Président.

Dans ces circonstances, nous avons téléphoné immédiatement à M. Pole pour lui demander de venir si possible mardi. Nous lui avions déjà télégraphié de venir jeudi.

M. HEALY: Dois-je comprendre que M. Williams sera ici mardi?

Le VICE-PRÉSIDENT: Nous lui avions télégraphié de venir mardi, mais il nous dit qu'il ne peut pas venir avant jeudi.

M. HEALY: Il n'arrivera pas avant une heure jeudi.

Le VICE-PRÉSIDENT: 11 heures, me dit-on.

M. HEALY: Le convoi entre en gare à 12.15, et comme nous aurons l'heure avancée la semaine prochaine, cela veut dire 1.15 heure.

Le VICE-PRÉSIDENT: Le télégramme dit que le convoi est dû à Ottawa à 11.15 du matin. Nous avons téléphoné à M. Pole et ce dernier a répondu par télé-gramme comme suit:—

[M. George Edwards.]

" Serai heureux de comparaître devant comité des banques Chambres des Communes à date fixée."

Par conséquent, mardi prochain, nous aurons M. Pole, vérificateur des banques Nationales.

M. W. F. MACLEAN: Un officier du gouvernement?

Le VICE-PRÉSIDENT: Oui, il est sous le contrôle du numéraire là-bas, et est inspecteur des banques Nationales. Par conséquent, le programme comprendra, d'après cette entente, mardi prochain, témoignage de M. Pole, et jeudi, témoignage de M. Williams.

M. W. F. MACLEAN: Nous siégerons dans l'après-midi, s'il le faut?

Le VICE-PRÉSIDENT: Oui.

M. GOOD: Je crois que nous devons nous entendre très clairement sur l'heure d'arrivée et de départ de M. Williams. S'il ne peut comparaître avant 3 heures jeudi, il semble qu'il lui faudra partir peu après 4 heures, et il serait à peu près inutile dans ces circonstances de le faire venir.

Le VICE-PRÉSIDENT: Je crois qu'il serait bon lorsque ces messieurs viendront que le comité ajournât pour quelques instants à l'heure de midi pour siéger de nouveau, disons, à 2 heures. Peut-être que le jour précédent, nous pourrions décider de siéger à 10 heures du matin au lieu de 11 heures.

M. W. F. MACLEAN: Nous vous laissons libre de décider, monsieur le président.

M. SPEAKMAN: Est-ce que l'heure avancée sera adoptée la semaine prochaine? Si oui, nous perdons une heure.

Le VICE-PRÉSIDENT: Je crois que oui. S'il n'y a aucun avis de motion, nous allons poursuivre le témoignage de M. Edwards.

M. GEORGE EDWARDS est rappelé.

M. Shaw:

Q. Lorsque vous parliez, hier, sur la fin de la séance, de l'ignorance des administrateurs à l'égard de la situation véritable de la banque, n'avez-vous pas exprimé l'opinion que le texte proposé par vous, l'année dernière, permettrait aux administrateurs de se tenir parfaitement au courant?—R. Oui.

Q. Et n'avez-vous pas déclaré que vous étiez surpris du peu que connaissaient les administrateurs de la Banque des Marchands dans la direction de l'établissement?—R. Oui.

Q. C'était la justification de votre proposition?—R. Oui.

Q. Je vous ai signalé que les administrateurs de la Home Bank avaient, selon toute vraisemblance, une connaissance parfaite de la situation véritable, mais je ne me souviens pas que vous ayez fait aucune observation.—R. Il n'est pas très sûr que les administrateurs de la Home Bank fussent suffisamment renseignés. Je crois avoir dit, vers la fin de l'enquête, que les administrateurs étaient sous le coup d'une accusation de fraude et que leurs déclarations pourraient être invoquées contre eux.

Q. Vous pensez cela?—R. Oui.

Q. Evidemment, je ne voudrais pas entamer aucun de leurs droits. Je vous demanderai seulement si vous n'avez pas été convaincu de leur ignorance des faits?—R. C'était mon sentiment. J'ai constaté qu'ils se rendaient peu compte de la situation des choses, en ce qui se rapporte aux affaires de la banque.

Q. Ah! voilà. Vous voulez dire que vous avez été convaincu que ces messieurs ne comprenaient pas toute l'étendue de leurs obligations?—R. De la situation.

Q. Mais en ce qui concerne les principaux faits, d'après vous les administrateurs étaient assez bien au courant?—R. Je suis d'avis qu'ils connaissaient les faits principaux.

[M. George Edwards.]

Q. Vous avez remarqué aussi dans les modifications apportées à la loi, l'année dernière, une disposition qui prescrivait l'emploi d'auditeurs par roulement?—R. Oui.

Q. En d'autres termes, vous êtes en faveur de changer le vérificateur après qu'il a acquis une connaissance réelle des opérations de l'établissement et de lui substituer un autre comptable ne connaissant rien des affaires de la banque?—R. Je pense que ce serait avantageux, car on bénéficierait de l'avis d'un nouvel expert non prévenu dans un sens ou dans l'autre, et qui pourrait apercevoir un aspect de la situation qui aurait échappé à son prédécesseur.

Q. Vous estimez cette considération de plus haute valeur que l'expérience acquise par un vérificateur dans la conduite des affaires de la banque?—R. Parfaitement.

Q. Vous accordez également une grande valeur au certificat délivré par les vérificateurs, conformément aux dispositions nouvelles de la loi?—R. Ce certificat a beaucoup plus de valeur.

Q. Je vais vous donner lecture d'un certificat de vérificateur comme on en donnait avant le changement fait à la loi. En voici les termes:—

> Conformément aux paragraphes 19 et 20 de l'article 56 de la Loi des Banques de 1913, je fais la déclaration suivante: Le bilan ci-dessus a été examiné d'après les livres et les pièces justificatives au siège de l'institution et d'après les états certifiés provenant des succursales, et le tout concorde. J'ai obtenu des directeurs de la banque tous les renseignements nécessaires et je suis d'avis que les opérations examinées par moi rentraient dans les pouvoirs de la banque. La caisse a été vérifiée et les sûretés obtenues par la banque examinées au siège social, une première fois le 31 mai 1923 et une autre fois au cours de l'année. La caisse et les garanties possédées par une des succursales ont été aussi vérifiées, et en chaque cas elles se sont trouvées conformes aux inscriptions portées dans les livres de l'établissement. A mon avis, le bilan ci-dessus est établi conformément à la situation réelle, suivant les informations et les explications que j'ai reçues et suivant les inscriptions faites dans les livres de la banque.

Voilà un rapport d'apurateur assez complet, et cependant si on l'observe un peu de près on voit son défaut; je l'ai mis étroitement en regard avec les prescriptions actuelles de la loi et je suis obligé de dire qu'on ne pourrait faire mieux, du moins j'inviterais M. Edwards à nous en proposer un meilleur. Vous reconnaissez ce certificat? C'est le certificat d'apurement des comptes de la Home Bank, délivré par le vérificateur le 31 mai dernier.—R. Je ne le reconnais pas; mais je n'ai aucun doute que c'est bien lui.

Q. Pouvez-vous expliquer cela?—R. Je dois dire d'abord que je n'ai pas à la mémoire toutes les prescriptions de la loi. Je n'ai pas le texte de l'acte de 1913 dans lequel se trouvent les dispositions relatives à l'apurement des comptes. Le vérificateur déclare se conformer aux prescriptions des paragraphes 19 et 20 de l'article invoqué. Cette déclaration n'est pas assez large, d'après-moi, pour s'étendre à tout le champ qu'il eut fallu examiner pour faire une vérification complète des affaires de la banque, mais l'examinateur ne pouvait guère pousser au delà dans sa vérification, à moins d'outrepasser les pouvoirs que lui confère la loi et d'agir d'une façon indépendante. Les dispositions en question, si je m'en souviens bien, l'autorisaient à faire telle et telle chose. Il doit vérifier le bilan d'après les livres; il doit s'assurer que les garanties sont inscrites dans les livres et possèdent la valeur qui leur est attribuée...

Q. M. Edwards, nous allons, si vous le voulez éclaircir la chose. Vous avez par devers vous le texte de la loi de 1923. En tête de la page 27 est un modèle du certificat que le vérificateur doit délivrer aux actionnaires; il y doit déclarer: "(a) s'il a reçu toutes les informations et explications dont il a eu besoin". Ce

[M. George Edwards.]

14-15 GEORGE V, A. 1924

point est indiqué dans le certificat dont j'ai donné lecture. En deuxième lieu, le paragraphe *b* lui fait une obligation de déclarer: "si les opérations de la banque qu'il a examinées rentraient dans les pouvoirs de l'institution". Le vérificateur de la Home Bank a fait cette déclaration, n'est-il pas vrai?—R. Oui.

Q. On lit ensuite: "(*c*) si dans son opinion l'état qui fait l'objet de son rapport est conforme à la situation réelle de la banque". Et le vérificateur écrit: "à mon avis le bilan ci-dessus est établi conformément à la situation réelle, suivant les informations et les explications que j'ai reçues et suivant les inscriptions dans les livres de la banque"; qu'en pensez-vous?—R. Suivant les inscriptions portées aux livres.

Q. Il dit: "suivant les informations et explications que j'ai reçues".—R. Oui, suivant les informations et explications qu'il a reçues. Les renseignements qu'on doit lui donner, aux termes de l'ancienne loi, ne sont pas suffisants pour lui permettre d'établir le certificat exigé de lui par la nouvelle loi.

Q. Vous pensez donc que le certificat seul suffit à garantir les actionnaires de l'exactitude du bilan de l'institution?—R. Pour établir son certificat l'auditeur doit prendre tous les moyens qu'il juge utiles et nécessaires pour se convaincre de l'état véritable des affaires de la banque.

Q. C'est un pouvoir qu'il ne possédait pas auparavant?—R. Vous l'avez dit.

Q. Vous reconnaîtrez tout de même que le certificat établi au sujet de la Home Bank...—R. Ce certificat est rédigé d'une façon assez claire, mais il n'est pas assez général.

Q. En me reportant à ce que vous avez répondu à M. Marler, la grande objection contre l'inspection des banques, si on l'établissait, c'est qu'elle ouvrirait la question de savoir si l'Etat ne devrait pas rembourser les perdants?—R. C'est possible.

Q. Est-ce que cela existe aux Etats-Unis? où l'inspection gouvernementale est en vigueur?—R. Si je ne me trompe, aux Etats-Unis le gouvernement n'est pas responsable vis-à-vis des particuliers et ne se porte pas garant des dépôts.

Q. Et il ne se charge d'aucune responsabilité, bien que l'inspection gouvernementale ait lieu?—R. Parfaitement.

Q. Je vous poserai quelques questions à ce sujet. Vous convenez, n'est-ce pas, qu'une banque n'est pas ce qu'on peut appeler une institution privée, mais un établissement quasi-public.—R. C'est ce que je pense. Je ne saisis pas très bien toute l'étendue juridique du terme, autant que vous peut-être.

Q. On peut toujours dire que la banque diffère d'une institution particulière en ce sens qu'elle a des obligations à exécuter envers le public?—R. Parfaitement.

Q. Donc, on peut dire que l'intervention de l'Etat, si l'expression est admise et je l'emploie en bonne part ou plutôt cette réclementation établie par le ministère des Finances et la loi des banques a pour but d'assurer l'accomplissement exact de cette partie des fonctions de la banque qui intéresse le public?—R. Oui, autant que faire ce peut.

Q. Et le Gouvernement ou le Parlement, aux termes de la loi des banques, reconnaissent évidemment la responsabilité des institutions de crédit envers le public, les déposants, les créanciers et autres?—R. Je suis de votre avis.

Q. Et maintenant dites-nous, monsieur Edwards, si en de telles circonstances, étant donnée la fonction de la banque et sa responsabilité vis-à-vis du public, le Gouvernement ne devrait pas faire en sorte que l'établissement, c'est-à-dire la banque, s'acquitte d'une manière complète de ses obligations envers le public? —R. C'est mon avis.

Il s'ensuivrait, par conséquent, que la responsabilité de l'État est engagée du fait que ces garanties auxquelles le public a droit ne sont pas exécutées?—R. Je le pense.

[M. George Edwards.]

Q. J'en conclus nécessairement que l'inspection publique des banques est une garantie que l'Etat doit ajouter aux autres pour s'assurer que les banques s'acquittent de leurs obligations envers le public?—R. Si l'Etat prend cette responsabilité il doit évidemment s'en acquitter.

Q. Je crois savoir que vous avez déjà reconnu que l'inspection est nécessaire pour protéger le public?—R. Une certaine inspection, toujours.

Q. Et si l'Etat doit être responsable, il n'a qu'un moyen d'exercer sa responsabilité, c'est en recourant à tous les moyens jugés nécessaires?—R. Cela me paraît indiscutable.

Q. Je pourrais donc dire, monsieur Edwards, que l'Etat devient responsable non par l'inspection des banques mais par le défaut d'inspection?—R. Je crois que vous avez raison.

Q. Vous avez dû lire dans la brochure distribuée par l'association des banques—vous le saviez du reste auparavant—que les déposants viennent au quatrième rang parmi les créanciers d'une banque?—R. Oui.

Q. Cette affirmation n'est peut-être pas absolument exacte au point de vue légal, mais c'est ce qu'on lit dans la brochure en question?—R. Oui.

M. MacMaster:

D. Connaissez-vous l'auteur de ces écrits anonymes dont on nous fait la distribution an nom des banques?—R. Non, monsieur, je ne connais pas les auteurs.

M. MACLEAN: N'y a-t-il pas ici un représentant de l'association des banques qui pourrait nous renseigner à cet égard?

Le VICE-PRÉSIDENT: Si l'on veut avoir ce renseignement, on pourra en parler plus tard.

M. Shaw:

Q. En tout cas, vous savez que, d'après la loi des banques, la première responsabilité est envers les porteurs de billets?—R. Oui.

Q. La seconde envers le gouvernement fédéral?—R. Oui.

Q. La troisième, envers le gouvernement provincial?—R. Oui.

Q. Les déposants n'ont satisfaction qu'après que les précédents ont été désintéressés?—R. Oui.

Q. Avez-vous jamais pensé qu'on pourrait écarter quelques-unes de ces créances privilégiées, afin de donner un meilleur rang aux déposants en cas de faillite d'une banque?—R. J'ai examiné la question de faire disparaître le privilège des créances d'Etat, mais je dois confesser que je n'ai pas tous les renseignements nécessaires pour me former une opinion éclairée sur la question. Il peut exister des motifs en faveur du maintien du rang de priorité acquis par ces créances, et que je n'ai pas eu le loisir d'examiner.

Q. Je vais vous les faire connaître, ces motifs, tels que je les emprunte au juge Coate qui vivait il y a trois cent cinquante ans. Il disait que le roi était trop occupé à faire la guerre et à conclure la paix pour avoir le temps de surveiller l'administration du trésor et qu'il devait avoir rang privilégié. Notre loi des banques a incorporé dans ses dispositions ce privilège royal représenté par le pouvoir fédéral et par le pouvoir provincial.—R. Il serait temps de changer quelque chose à cette situation.

Q. Serait-il injuste d'abolir quelques-uns de ces privilèges possédés par les gouvernements?—R. Pour ma part, je ne le pense pas. On pourrait les abolir sans que personne en souffre.

Q. Mais si on les maintient, n'est-il pas logique et utile, monsieur Edwards, d'étendre la priorité de l'administration à tous les services publics, c'est-à-dire à l'autorité municipale, à l'arrondissement scolaire, en plus du gouvernement fédéral et des gouvernements provinciaux?—R. C'est possible; mais ces administrations ne représentent pas la couronne.

[M. George Edwards.]

Q. Passons. Les billets en circulation ont priorité de gage sur tous les biens de la banque, n'est-ce pas?—R. Oui.

Q. A cela s'ajoute la garantie du fonds de remboursement des billets en circulation?—R. Oui.

Q. Constitué par les banques elles-mêmes?—R. Oui.

Q. Je vous demanderai, monsieur Edwards,—il s'agit d'ajouter à la garantie possédée par le déposants—ce que vous penseriez si le fonds de remboursement des billets était mis à contribution pour racheter les billets lancés par la banque et qu'ensuite les billets de la banque en déconfiture eussent priorité pour la partie non remboursée. Saisissez-vous ce que je veux dire?—R. Oui.

M. HUGHES: On épuiserait le fonds de remboursement.

M. SHAW: Effectivement, on épuiserait le fonds de remboursements, et le reste des billets seraient remboursés par priorité sur les biens de la banque au plein montant, au lieu qu'aujourd'hui on ne s'adresse au fonds de remboursement qu'après que l'actif de la faillite s'est trouvé insuffisant pour faire ce remboursement.

Le TÉMOIN: Il s'ensuivrait que les contributions de toutes les banques au fonds de remboursement viendraient diminuer l'importance de cette créance privilégiée. Je n'ai pas examiné cet aspect de la question.

M. Shaw:

Q. Comprenez-vous la question?—R. Je comprends votre question, mais je n'ai pas eu le loisir de l'étudier.

Q. Vous aurez peut-être l'occasion de le faire, et vous nous donnerez votre réponse.—R. Oui.

Q. Connaissez-vous d'autres moyens de venir en aide aux déposants que celui que vous avez mentionné déjà et les autres exposés ce matin?—R. Vous voulez dire d'autres moyens que ceux autorisés par la loi actuellement?

Q. Oui.—R. Le seul autre moyen que je connaisse—et je le donne sous toute réserve—c'est une disposition législative qui permettrait de réaliser un plus gros montant sur la double responsabilité des actionnaires quand une banque ferme ses guichets. Actuellement la double responsabilité ne rend pas grand'chose, pour diverses raisons. Dans les faillites de banques nationales, je tiens de bonne source que le principe de la double responsabilité a fait réaliser environ 45 p. 100 en moyenne des obligations imputables aux actionnaires.

Q. Aux E.-U.?—R. Aux E.-U. C'est un renseignement qui m'a été donné. Tout le monde sait qu'en Canada la double responsabilité produit très peu. C'est un fait connu. Dans le cas de la Home Bank on recueillera très peu de chose.

M. W. F. Maclean:

Q. Quelle proportion?—R. Je puis dire d'une façon générale que la double responsabilité des actionnaires d'une banque qui s'est vue obligée de cesser ses opérations, et qui a ainsi fourni à un certain nombre de ses actionnaires l'occasion de se soustraire par la vente de leurs actions à toute responsabilité dans la faillite, ne rapporte que la moitié de la valeur imputable au règlement de la faillite.

M. Hanson:

Q. Permettez-moi une question. Pouvez-vous nous dire le pourcentage en ce qui concerne la banque de l'Ontario?—R. Je ne le connais pas.

Q. J'ai su que la banque de Yarmouth a produit 90 p. 100 et la banque de l'Ontario 93 p. 100, ce qui a permis d'éteindre toutes les obligations contractées. —R. Je ne connaissais pas ce renseignement.

[M. George Edwards.]

M. Shaw:

Q. Que proposeriez-vous, monsieur Edwards, au sujet de la double responsabilité?—R. Je ne sais si mon idée est pratique, mais il faudrait faire en sorte que les actions fussent détenues par les porteurs véritables. Est-il possible d'obtenir cela, je ne sais.

Q. Je vous demanderai maintenant si vous avez étudié la question d'une banque centrale ou banque de réserve?—R. Non.

Q. Votre connaissance des questions de finance publique vous permet sans doute d'affirmer que la réserve fédérale, système adopté aux Etats-Unis, constitue nécessairement une garantie sérieuse en ce qui concerne les banques américaines. —R. Oui, sans doute. Mais les choses sont si différentes qu'il n'y a aucun point de comparaison avec notre système.

Q. D'accord. J'envisage la situation telle qu'elle existe aux Etats-Unis, et je vous demande si les facilités de crédit ne sont pas plus étendues dans le pays voisin depuis l'adoption de ce système?—R. Sans aucun doute.

Q. N'avez-vous pas pensé qu'il serait utile d'étendre au Canada quelques-uns des avantages de ce système?—R. Je puis vous dire que la direction de toute banque canadienne fait l'office, en quelque sorte, d'une banque de réserve pour l'avantage de toutes ses succursales; là où le système devient insuffisant la loi des banques y pourvoit.

Q. Vous savez sans doute que la loi de finance du temps de guerre s'applique suivant les règles inflexibles. On apporte des sûretés et l'on obtient un emprunt à tel taux d'intérêt.—R. D'après ce que je comprends de la loi de finance, le mode d'opérer est à peu près le même. Voici ce qui se passe; la banque présente les sûretés qu'elle a obtenues, le comité des banquiers en examine la valeur, et s'il la juge suffisante il prête l'argent. L'Etat, c'est-à-dire le département du trésor, reçoit des garanties suffisantes. Ainsi fonctionne la réserve fédérale aux Etats-Unis.

Q. Sans doute le taux de l'escompte n'est pas fixé dans le but de stabiliser le marché?—R. Je n'en sais rien.

Q. On ne vise pas à influencer le marché monétaire?—R. Je ne pourrais le dire. Je ne sais pas si on le fait, mais la loi elle-même ne contient rien à cet égard.

Q. N'est-ce pas parce que le taux de l'intérêt est fixé d'une façon permanente?—R. C'est un minimum.

Q. C'est un maximum qui est fixé?—R. Oui, oui, le maximum.

M. Hughes:

Q. M. Shaw me permet de poser une question. Notre collègue a voulu savoir si la banque de réserve aux Etats-Unis ne facilitait pas l'obtention de crédit et vous avez répondu affirmativement. A mon tour, je demande si ce régime ne rend pas également plus facile l'émission des billets de banque. L'émission de la monnaie aux Etats-Unis est régie dans des bornes étroites, et j'aimerais à savoir si le système de la réserve a pour effet d'en rendre la distribution plus élastique.—R. Je ne pourrais exprimer une opinion ferme sur ce point, car je ne l'ai pas étudié.

Q. Je vous demanderai ceci: l'émission de la monnaie canadienne obéit à des règles plus élastiques; il s'ensuit que la monnaie circule plus facilement en Canada qu'aux Etats-Unis. Est-ce vrai?—R. Je ne suis pas prêt à me prononcer là-dessus.

Q. Je désire poser une autre question se rapportant à l'enquête de M. Shaw. Il a demandé, si je m'en souviens bien: "Seriez-vous partisan de changer les auditeurs tous les deux ans, de sorte que le nouveau vérificateur ne connaîtrait rien des principes de la comptabilité des banques", et vous avez paru acquiescer.

[M. George Edwards.]

14-15 GEORGE V, A. 1924

—R. Ma prétention est qu'il n'est pas nécessaire de bien connaître le fonctionnement des banques pour être vérificateur; il suffit d'avoir une bonne formation générale et des aptitudes pour le commerce.

Q. Vous m'avez paru vous rallier à cette opinion, mais j'ai cru que vous ne saisissiez pas toute la portée de la question.—R. Souvent un apurateur s'acquittera d'autant mieux d'une tâche qu'il en ignore les tenants et aboutissants.

Q. On n'emploierait certainement pas comme examinateur un comptable ignorant des choses de la banque.—R. Un apurateur en sait toujours assez long dans les opérations de banque pour faire son examen. Les experts comptables sont instruits dans ce sens.

M. Coote:

Q. Monsieur Edwards, affirmez-vous que la principale qualité d'un auditeur, c'est-à-dire un auditeur de banque, est d'être capable d'apprécier la garantie acceptée par la banque pour chaque prêt qu'elle a accordé?—R. La qualité maîtresse d'un auditeur de banque, la qualité exigible de lui, c'est qu'il comprenne la corrélation des différentes opérations de la banque entre elles et sache se rendre exactement compte de sa situation définitive. Il doit aussi posséder la faculté d'apprécier la valeur des sûretés données en garantie des emprunts.

Q. Vous n'affirmez pas que c'est la principale qualité qu'il doit posséder?—R. S'il ne savait que cela, sa science serait insuffisante, à moins qu'il n'eût le talent de rapporter cette appréciation au reste des opérations soumises à son examen. Un auditeur ne peut arriver à un résultat définitif qu'en réunissant ses conclusions autour d'une série de points donnés qui éclaireront ce résultat.

Q. Je crois que sir Thomas White a déclaré qu'il avait peu confiance dans la capacité d'un vérificateur ordinaire pour apprécier la valeur des garanties détenues par une banque. Il a dit qu'il préférerait de beaucoup confier ce soin à un banquier de profession.—R. Sir Thomas White a bien voulu me déclarer au cours de la journée d'hier, qu'il allait modifier son opinion. Il doit témoigner aujourd'hui devant la commission des affaires de la Home Bank.

Q. C'est après s'être consulté avec vous?—R. Du tout; il m'a simplement annoncé que son point de vue s'était modifié.

M. McMaster: Sir Thomas devrait être disposé à accueillir la connaissance de faits nouveaux, de quelque source qu'ils viennent.

M. W. F. Maclean: Il apprend tous les jours.

M. Coote:

Q. Avez-vous, monsieur Edwards, quelque expérience des assemblées d'actionnaires des banques autorisées? Les actionnaires y assistent-ils en grand nombre?—R. Mes renseignements se bornent à ceux qui nous sont donnés dans les comptes rendus annuels.

Q. N'est-il pas vrai que ceux qui assistent à ces assemblées sont en bien petit nombre proportionnellement?—R. Oui.

Q. La vérification qui est faite aujourd'hui ne s'appelle-t-elle pas la vérification des actionnaires?—R. Oui.

Q. Etant donné le petit nombre de ceux qui assistent aux assemblées annuelles, n'est-il pas vrai que la masse des actionnaires ordinaires a peu d'influence pour déterminer le choix de l'expert comptable chargé de protéger leurs intérêts?—R. Ils en auraient s'ils assistaient aux assemblées ou s'ils donnaient procuration à quelqu'un méritant leur confiance. Ils ont le pouvoir de se protéger; c'est à eux de l'exercer.

Q. Je vous cite l'exemple des actionnaires demeurant dans le Nord-Ouest; peut-on raisonnablement compter qu'ils vont faire les dépenses d'un voyage à Montréal pour assister à l'assemblée des actionnaires?—R. C'est vrai, mais ils pourraient toujours se faire représenter par un délégué en qui ils auraient confiance.

[M. George Edwards.]

Q. A condition de pouvoir en trouver. Un fondé de pouvoirs qui ne serait pas actionnaire serait-il admis à l'assemblée?—R. Je ne crois pas; il faut être actionnaire soi-même pour exercer une procuration.

Q. Au sujet de la question de M. Shaw relative au privilège qu'il conviendrait de reconnaître aux possesseurs des billets de la banque, pensez-vous que ceux-ci devraient avoir la priorité sur les déposants?—R. C'est mon avis. La raison en a été mentionnée à différentes reprises: c'est parce que les billets de banque circulent de main en main, qu'on est pour ainsi dire obligé de les accepter comme de l'or et que tout le monde en a en sa possession.

Q. La loi oblige-t-elle un individu à les accepter en payement d'une dette? —R. Je ne pense pas.

Le VICE-PRÉSIDENT: La question de savoir si des billets de banque peuvent constituer une monnaie légale relève du Code civil qui définit ce qu'est une monnaie légale. C'est une question qui appartient au domaine de la législation provinciale.

M. Coote:

Q. Vous ne pourriez pas répondre à cette question?—R. Je n'aimerais pas à faire connaître mon opinion sur la valeur des billets de banque comme monnaie légale, mais ils sont acceptés comme telle dans le cours ordinaire des affaires. Les billets de banque sont acceptés sans discussion en règlement d'une affaire.

Q. Mais vous ne voulez pas nous déclarer nettement si vous considérez les billets de banque comme une monnaie légale?—R. Je ne veux rien ajouter avant d'avoir eu l'occasion d'examiner le point davantage.

Q. Pouvez-vous certifier que les billets de banque en circulation constituent une valeur absolument garantie?—R. Oui.

Q. Comment cela?—R. Ils sont d'abord garantis par le fonds de remboursement et ensuite par priorité sur les biens de la banque qui les a émis.

Q. Cette priorité est de premier rang?—R. De premier rang.

Q. Le fonds de circulation de la banque vient ensuite, ou est-ce la double responsabilité des actionnaires?—R. Non; le privilège s'exerce, je crois, sur les biens de l'institution. J'ignore si, à ce moment-là, on peut s'adresser au fonds de circulation.

Q. Au cas où l'actif de la banque ne serait pas suffisant pour rembourser les billets en circulation, pensez-vous qu'on pourrait exercer son recours contre les actionnaires?--R. Je ne peux pas vous donner de réponse à cela.

Q. En supposant que l'actif de la banque et la responsabilité des actionnaires ne suffiraient pas à rembourser les billets détenus par le public, on pourrait alors s'adresser au fonds de circulation de la banque?—R. C'est ce que je crois. La supposition est exagérée. Je ne me souviens pas avoir eu l'occasion de m'occuper d'un cas semblable.

Q. Si ces deux sources se trouvaient insuffisantes, qui payerait le reste des billets?—R. Je ne peux pas vous le dire.

M. SPENCER: Monsieur le président, on ne peut pas comprendre les réponses du témoin.

Le VICE-PRÉSIDENT: Je prie nos collègues de porter attention à la déposition du témoin, autrement il aura de la difficulté à se faire entendre. Lors de notre première réunion dans une autre pièce certains collègues se sont plaints qu'elle était trop petite. Celle-ci a l'air d'être trop grande pour que le témoin parvienne à se faire comprendre sur tous les sièges, à plus forte raison si l'on converse à haute voix. Je prie M. Edwards de faire de son mieux et nos collègues de lui prêter leur concours. Je proposerais que si quelqu'un désire poser une série de questions au témoin il vienne se placer en avant afin que l'on comprenne la demande et la réponse.

[M. George Edwards.]

14-15 GEORGE V, A. 1924

M. Coote:

Q. J'aurai bientôt fini. Je n'ai qu'une question de plus à poser au sujet des émissions de billets. N'est-il pas vrai, monsieur Edwards, que la circulation dépasse 100 millions de dollars?—R. En effet.

Q. Tandis que le fonds de remboursement n'est guère plus de 6 millions?—R. Oui.

Q. Les déposants ne seraient-ils pas garantis davantage, si la réclamation des porteurs de billets, c'est-à-dire la réclamation privilégiée des porteurs de billets contre les biens de la banque était abolie?—R. Je n'ai pas examiné ce côté de la question. Il a été si bien exposé en théorie que l'occasion ne s'est pas présentée pour moi de l'envisager.

Q. Ce point de la question a été exposé dans l'intérêt des porteurs de billets, mais non dans celui des déposants, n'est-ce pas?—R. Je n'ai pas aperçu l'utilité de supprimer le privilège des possesseurs de billets.

Q. Vous n'étiez peut-être pas un des déposants de la Home Bank; mais peut-être aviez-vous de ses billets en main?—R. Je n'avais pas de billets de cette banque.

Q. J'envisage la question au point de vue d'un client qui a déposé ses fonds dans une succursale de la Home Bank là où il n'y avait pas d'autre banque. C'est bien le seul endroit à peu près où l'on dépose ses économies. D'après votre expérience, pouvez-vous nous dire, monsieur Edwards, ou plutôt pensez-vous qu'une expertise pratiquée au siège de la banque serait seule capable d'établir si la situation de la maison est excellente? Je vous soumets le cas d'une banque dont environ la moitié de ses succursales sont situées dans des localités éloignées de mille milles et davantage du siège de l'établissement.—R. D'après moi, le vérificateur, par un examen personnel fait au siège de la banque et portant aussi sur les principales succursales est en position de juger suffisamment bien les renseignements transmis au bureau central par les gérants locaux, par les inspecteurs et les délégués envoyés en tournée d'examen. Le vérificateur, en examinant les archives qui sont au siège de la banque, en pesant les renseignements qu'il y recueille, est en mesure d'apprécier la situation véritable de la banque.

Q. Ne pourrait-il pas se convaincre de la situation de la banque en questionnant les inspecteurs?—R. Cela fait partie de sa fonction. Le bureau central n'est pas toujours soumis aux investigations des inspecteurs. Cela se fait quelquefois; mais l'inspection a lieu surtout pour les succursales.

Q. N'est-il pas vrai que l'auditeur des actionnaires examine les comptes du bureau central aussi complètement que ceux des succursales?—R. Il faut distinguer. Au siège de la banque se trouve généralement la plus importante succursale. Ainsi, à Montréal la banque des Marchands y avait son siège social et sa succursale montréalaise. Au bureau central on ne traitait aucune affaire avec le public. Les bureaux de Montréal étaient distincts du bureau central. Celui-ci n'a pas de contact avec les clients.

M. Hanson:

Q. M. Shaw vous a questionné au sujet du rapport qui existe entre les sûretés et les dépôts. D'après ce que vous savez du fonctionnement de la Réserve fédérale en vigueur aux Etats-Unis, quelle garantie celle-ci offre-t-elle?

M. IRVINE: Permettez. Le témoin était en train de répondre à M. Coote.

M. Coote:

Q. Je fais allusion à la réponse que vous avez donnée à M. Shaw, quand vous avez dit que l'administration centrale de nos banques remplissait une fonction analogue à la banque fédérale de réserve américaine.—R. Elle remplit une partie de ces fonctions, en ce qu'elle distribue les fonds à qui de droit.

Q. Les avances consenties au siège de la banque ne dépassent-elles la masse des dépôts?—R. Il y a du vrai.

[M. George Edwards.]

Q. Est-ce que cela se produit avec le système de, la réserve fédérale? Les banques de réserve avancent-elles aux banques régionales plus d'argent qu'elles n'en reçoivent de ces dernières? Pouvez-vous nous renseigner à cet égard?—R. Je ne saurais dire. Il me paraît inévitable que les banques-succursales très éloignées, dans les Etats-Unis, doivent obtenir des fonds de certaines banques centrales pour prêter aux clients.

M. Marler:

Q. M. Coote veut-il me permettre de poser une question? Avez-vous dit, monsieur Edwards, que le total des avances faites par l'administration centrale dépasse le montant des dépôts?—R. Les prêts faits par le bureau central dépassent le montant des dépôts, dites-vous? Le bureau central ne fait pas de prêts et n'accepte pas de dépôts.

Q. Ainsi, à la banque des Marchands de Montréal, les prêts sont faits aux guichets de la succursale montréalaise, non par l'administration générale. Celle-ci ne fait de prêts à personne, n'est-il pas vrai?—R. Parfaitement.

M. Coote:

Q. Comment expliquez-vous les dépôts considérables qui se trouvent à la direction, si cette dernière ne prête pas d'argent? Est-ce qu'on veut jouer sur les mots? Le bureau principal de la direction, n'est-ce pas la même chose? —R. Je voudrais éclaircir la question. L'administration centrale ne prête pas d'argent; elle administre. Si une difficulté se présente dans la conduite d'une succursale, il en est référé au bureau principal qui peut se trouver dans le même édifice que la principale succursale. Le devoir de la direction générale est d'assurer le bon fonctionnement des succursales et de se réserver le contrôle de toutes les questions difficiles.

Q. La direction contrôle avec soin l'administration des succursales?—R. C'est une règle générale; il a pu y avoir des exceptions.

Q. C'est elle qui limite le montant qu'une succursale peut prêter?—R. Oui.

Q. Ce montant ne doit pas être considérable pour les petites succursales?— R. Cela dépend. Il peut y avoir dans le voisinage une grosse industrie qui aurait besoin d'avances considérables; mais cela n'arrive pas toujours.

Q. N'est-il pas vrai que les avances de fonds exagérées faites par le bureau central ont été en certains cas la cause directe de la chute de quelques banques? —R. C'est un fait.

Q. Un moyen de protéger l'argent des déposants ne serait-il pas de limiter à un certain pourcentage le montant des prêts qu'une banque pourrait faire à ses clients?—R. D'après moi, ce ne serait pas un moyen praticable. Il empêcherait des opérations de crédit très utiles et légitimes.

Q. Mais si cette limitation était pratique, ne serait-elle pas avantageuse aux déposants?—R. Dans ce cas, le risque se trouverait partagé, et les pertes, s'il s'en produisait, seraient moins grandes.

Q. Mais ces pertes ne se produiraient peut-être pas?—R. Si les risques de perte étaient répartis sur un plus grand nombre, ces pertes ne seraient plus aussi considérables proportionnellement.

Q. J'ai une question à vous poser au sujet de la banque Nationale?—R. J'ai déjà dit que je connais très peu les affaires de la banque Nationale, sauf ce que j'ai pu apprendre au département des Finances.

Q. Ce que vous avez appris là va vous permettre, je pense, de répondre à ma question. N'est-il pas vrai que les administrateurs de cette banque ont prêté à un seul établissement industriel un montant double du capital de la banque?— R. Je crois que oui.

Q. Si notre loi des banques contenait une prescription comme celle que je propose, pensez-vous qu'il eut été possible qu'un prêt de cette sorte fut consenti à

[M. George Edwards.]

14-15 GEORGE V, A. 1924

l'établissement en question?—R. Après ce qu'on sait aujourd'hui, je ne crois pas que la chose eut pu se faire. Mais on ne saurait dire en quelle circonstance particulière la banque a cru devoir faire le prêt dont il est question.

Q. Si la loi avait défendu de faire un prêt aussi considérable, celui-ci n'aurait pu avoir lieu?—R. C'était faire preuve d'une grave imprudence, avec les ressources qu'on avait, de prêter aussi gros.

Q. Ne peut-on dire que si la loi restreignait les banques en ce sens, elle préviendrait des pertes d'argent et même la faillite de quelques-unes?—R. Le moyen ne serait pas sans défaut, car si les administrateurs d'une banque voulaient absolument soutenir une industrie, il leur serait facile de la faire fractionner en différentes parties, et chacune recevrait une portion du prêt dont le montant véritable se trouverait ainsi déguisé, et la situation pourrait être pire.

Q. Le moyen serait pire que le mal, pensez-vous?

M. McMaster:

Q. Monsieur Edwards, est-ce que, en bonne administration, une banque ne doit pas limiter chacun de ses prêts proportionnellement à son capital et à sa réserve.

Q. Puisque cette précaution est conforme aux principes d'une bonne administration, pourquoi ne serait-il pas utile de l'inscrire dans la loi?—R. Parce qu'une défense pareille inscrite dans la loi pourrait causer des torts. Il est impossible de décider si une affaire est bonne ou mauvaise sans un examen des faits et de leurs circonstances, et seuls le gérant et les administrateurs sont juges en pareil cas.

M. Coote:

Il y a des membres ici qui voudraient savoir qui aurait à souffrir de la disposition proposée. Seraient-ce les banques?—R. Non, c'est une industrie sérieuse peut-être.

M. W. F. MACLEAN: Seraient-ce les déposants, les pauvres?

M. Coote:

Q. Les banques disent que leur mission consiste à avancer des fonds aux établissements commerciaux pour leurs besoins courants, et non pour leurs frais d'établissement?—R. Ce n'est pas non plus mon avis que la fonction des banques consiste à fournir de l'argent pour les frais de premier établissement des maisons industrielles, mais seulement pour leurs besoins courants.

Q. Est-il conforme aux principes d'une bonne administration qu'une banque avance, pour une seule affaire, un montant supérieur à son capital versé?—R. Ce n'est pas mon avis.

Q. Qu'est-ce qui s'oppose à ce que cette condition soit inscrite dans la loi des banques?—R. La question est venue lors de la session précédente. Il me semble qu'il existe déjà une disposition à cet effet. Il est prévu que le conseil d'administration doit se prononcer au préalable.

Q. Nous avons déjà vu que les administrateurs administrent peu. C'est un fait généralement connu?—R. Vous devez faire allusion à ce qui existait avant le vote de la dernière loi.

Q. Pardon, je me souviens fort bien de la modification introduite l'année dernière?—R. Depuis cette date, on ne peut pas dire que les administrateurs ont manqué à leur devoir, du moins pas à ma connaissance.

Q. D'après vous, les administrateurs s'occupent aujourd'hui réellement de la gestion?—R. Je crois qu'ils se rendent un compte plus exact de leurs responsabilités et qu'ils prennent une part active à la gestion de leur banque.

Q. Pensez-vous qu'un administrateur dont la banque a engagé 40 p. 100 de ses fonds hors du Canada possède les données suffisantes pour connaître la situa-

[M. George Edwards.]

tion réelle de la banque?—R. Je le crois, s'il a des moyens suffisants de se renseigner et s'il peut tirer parti des renseignements qu'il obtient.

Q. Sur qui peut-il se reposer de l'exactitude de ces renseignements?—R. Sur le gérant général.

Q. C'est le gérant général qui est chargé de lui fournir toutes les informations utiles?—R. Corroborées par d'autres, évidemment. Il peut se faire remettre des rapports et se renseigner personnellement. Il n'est pas possible de préciser tous les éléments de certitude qui peuvent convaincre un administrateur.

Q. Que saurait-il de la sûreté d'un prêt fait à un client de Cuba ou des Antilles?—R. Les gérants de succursales dans ces pays envoient leurs rapports concernant les prêts accordés; il y a aussi les inspecteurs qui examinent ces opérations. Quelques administrateurs eux-mêmes font le voyage pour se rendre compte sur place de la valeur des affaires traitées. Je sais que ces choses-là se sont faites.

Q. C'est parfait; mais vous ne voudriez pas nous donner à entendre que les administrateurs ou la plupart d'entre eux entreprennent de pareils voyages?—R. Je ne vois pas ce qui les en empêcherait. Je présume que quelques-uns des administrateurs peuvent faire ces tournées et inspirer confiance à leurs collègues.

Q. Les administrateurs seraient donc de deux catégories, ceux qui sont importants et ceux qui le sont moins?—R. Un certain nombre peuvent avoir des aptitudes qui ne sont pas nécessairement l'apanage de tous.

Q. Les administrateurs ont pour mandat de protéger les intérês de la banque, n'est-ce pas?—R. Oui.

Q. Voyez-vous un inconvénient à ce que les administrateurs présentent chaque année aux actionnaires, en assemblée générale, leur avis sur les opérations de la banque?—R. Ce serait très utile. Ils donnent déjà leur approbation au rapport annuel. Les formalités en usage actuellement engagent leur responsabilité.

Q. Je crains fort, monsieur Edwards, que la loi actuelle n'arrache à un administrateur demeurant à Winnipeg, par exemple, son approbation pour des transactions qu'il ne connaît qu'en deuxième main?—R. S'il prend la responsabilité de ces tranctions, c'est son affaire. C'est son droit comme membre du conseil d'administration. Certes, il est entendu qu'il doit agir d'une façon intelligente et en toute sincérité.

Q. N'est-ce pas beaucoup présumer? Permettez-moi de vous demander ceci: Prétendez-vous, monsieur Edwards, pouvoir vous faire une idée exacte de la situation d'une banque dont 40 p. 100 des opérations se font à l'étranger seulement en examinant les archives conservées au siège de la banque?—R. Tout dépendrait des renseignements que je pourrais obtenir sur les affaires traitées hors du Canada. Si ces renseignements étaient suffisants, je le pourrais.

Q. Encore une question au sujet de la responsabilité financière des administrateurs. Ne serait-il pas bon d'augmenter la responsabilité des membres du conseil d'administration, un peu plus qu'elle n'est déjà prévue dans la loi en vigueur?—R. La loi actuelle charge les membres du conseil d'administration d'une plus grande responsabilité que celle qui appartient aux actionnaires. D'ordinaire les administrateurs sont choisis parmi les plus forts actionnaires, et si quelque chose va mal c'est eux qui sont exposés à perdre le plus. La double responsabilité dont ils sont chargés retombe lourdement sur eux. Je trouve naturel que les petits actionnaires s'en rapportent aux plus grands, parmi lesquels se recrutent les membres du conseil d'administration et que l'on désigne à ce poste parce que l'on présume que leur intérêt individuel les engageront à surveiller les affaires de la banque.

Q. C'est une confiance béate?—R. Il faut avoir confiance en quelqu'un en ce bas monde, monsieur Coote.

[M. George Edwards.]

Q. Est-ce qu'on n'armerait pas la loi des banques, si l'on statuait que la moitié de la fortune des administrateurs serait mise à contribution pour le règlement des réclamations contre la banque en faillite?—R. Je n'ai pas d'opinion à exprimer à cet égard. Quand un administrateur s'est acquitté en conscience et d'une manière avisée de son mandat, je ne vois pas pourquoi il aurait à souffrir à cause de sa situation dans le personnel de la banque.

L'hon. M. Robb: Quelle mesure prendrait-on contre un administrateur sans fortune personnelle?

M. Coote: Sa situation ne différerait pas de celle d'aujourd'hui.

M. Coote:

Q. Dans l'état actuel des choses, y a-t-il quelqu'un à part le ministre des Finances et son personnel, qui est renseigné sur la situation réelle des banques? Je m'exprime autrement: Croyez-vous que le public ou les déposants aient la facilité de se renseigner?—R. En règle générale, on peut se fier aux déclarations émanant des directeurs de maisons de banque.

Q. Vous voulez qu'on vous croie sur parole?—R. Sur ce que je viens de dire?

Q. Oui.—R. Et pourquoi pas? Il est impossible de traiter une affaire avec qui que ce soit, si l'on n'a pas quelque confiance en son correspondant, en quelqu'un occupant une position de responsabilité.

Q. Le dernier état publié par la Home Bank ne contenait rien qui pût faire soupçonner sa mauvaise situation?—R. C'est une exception qui prouve la règle, comme on dit quelquefois.

Q. Est-ce la seule garantie que possède le public de l'existence de cette règle?—R. Aux termes de la nouvelle loi en vigueur, le public peut se reposer sur l'examen de deux apurateurs, opérant indépendamment l'un de l'autre, et sur d'autres mesures de précaution établies par la loi. C'est un avantage très important.

Q. Hier, vous avez approuvé la création d'un système d'inspection par des agents de l'État?—R. C'est la suite logique des dispositions existantes.

Q. Après l'inspection par ses agents, qui empêcherait le Gouvernement, par l'entremise du ministre des Finances, de faire une déclaration annuelle concernant les banques qui ont été visitées?—R. Il pourrait très bien le faire.

Q. En précisant si les établissements inspectés sont dignes de la confiance du public ou ne le sont pas, suivant le cas?—R. Il est fort improbable que le ministre voudrait prendre cette responsabilité; mais, si l'on me consultait à ce sujet, je lui donnerais le conseil d'être bien prudent. Je demande à réfléchir plus longtemps sur cette proposition avant d'exprimer un avis.

Q. D'après votre expérience, monsieur Edwards, vous qui vous êtes occupé d'examiner les opérations de ces banques, admettez-vous qu'il y a des succursales qui ne font pas leurs frais?—R. Toutes les banques possèdent quelques succursales qui ne font pas leurs frais. Généralement, quand une succursale ne fait pas suffisamment d'affaires, on la ferme. On supprime des succursales et on en ouvre d'autres; c'est une chose qui se fait fréquemment. Je crois que les banques ont installé environ neuf cents succursales au cours de 1919.

Q. Pouvez-vous nous dire si la majorité de ces nouvelles succursales ont perdu de l'argent depuis qu'elles fonctionnent?—R. Suivant moi, le but des banques est de servir le public, si on peut le faire sans perte; au cas contraire, on les supprime. C'est une preuve qu'on a le sens des affaires.

Q. Est-ce que le but principal des banques n'est pas plutôt de faire des bénéfices que de favoriser le public?—R. Les deux. Il faut offrir des avantages au public pour en tirer profit; les bénéfices sont impossibles si le public ne retire pas d'avantages.

Q. Mais les banquiers sont bien plus animés à faire des bénéfices qu'à servir le public?—R. Il faut toujours faire des profits.

[M. George Edwards.]

M. W. F. Maclean:

Q. Vous avez parlé des créances privilégiées, au nombre desquelles vous avez rangé les billets de banque. Vous avez fait allusion à la Réserve nationale telle qu'elle existe aux Etats-Unis. Est-ce que le porteur d'un billet de banque aux Etats-Unis est obligé d'aller en demander le payement quelque part si la banque fait faillite?

M. HUGHES: Ces billets sont garantis par des obligations de l'Etat.

M. W. F. Maclean:

Q. Pardon, ce sont des billets du Trésor, et quiconque a un de ces billets en sa possession n'a pas à s'adresser ailleurs pour en obtenir l'équivalent. N'est-ce pas le cas?—R. Non.

Q. Expliquez-vous.—R. La vérité est que la banque dépose certaines valeurs entre les mains du Trésor qui l'autorise en conséquence à faire une émission de billets qui sont appelés billets de banque nationaux.

Q. Est-ce la même chose qui se fait en Canada?—R. Vous savez ce qui se fait en Canada. Les billets sont gagés par priorité sur les biens de la banque et un fonds de circulation vient encore renforcir cette garantie. Les deux systèmes sont aussi bons l'un que l'autre.

Q. Je le conteste. On les rembourse à perte et personne ne veut accepter de billets d'une banque en déconfiture.—R. Les billets d'une banque qui a fermé ses guichets sont encore plus avantageux que ceux d'une institution en plein fonctionnement, parce qu'ils portent intérêt.

Q. Voyez-vous un inconvénient à ce que les banques du Canada se servent de billets nationaux dont la valeur ne pourrait être mise en question?—R. Je ne sais. C'est une question à examiner.

Q. Vous dites que le système canadien est aussi bon que le système américain?—R. Oui, au point de vue de la garantie offerte aux porteurs de billets.

M. Hanson:

Q. Comment le système de la réserve national aux Etats-Unis ajoute-t-il à la garantie que possèdent les déposants des banques nationales?—R. Quand une banque a besoin de papier monnaie elle engage à la Banque fédérale les sûretés contre lesquelles elle a déjà avancé des fonds à ses clients. Contre ce gage elle reçoit des billets fédéraux.

Q. La banque ordinaire emprunte donc à la Réserve fédérale?—R. Oui.

Q. Les déposants n'en sont pas mieux garantis?—R. Au contraire.

M. Hughes:

Q. A propos de l'émission de papier monnaie aux Etats-Unis, lorsqu'une banque nationale achète des obligations du Trésor, elle les dépose à la trésorerie fédérale et reçoit en échange l'autorisation de frapper du papier jusqu'à concurrence de 90 p. 100 de la valeur de ces obligations?—R. C'est exact.

M. Irvine:

Q. La Home Bank avait pour 2 millions de dollars de billets en circulation? —R. Oui.

Q. Le payement de ces billets fut garanti par l'actif liquidable de la banque lors de sa chute?—R. Oui.

Q. Si le fonds de remboursement avait servi à payer ces deux millions, est-ce que les déposants n'en auraient pas bénéficié?—R. Je ne sais pas. Les banques qui contribuent au fonds de remboursement deviennent créancières de la banque faillie sur le même pied que les déposants; on voit par là que ces derniers n'en seraient nullement favorisés. Autrement dit, les banques contribuant au fonds de circulation deviennent, au même titre que les déposants, créancières de la banque insolvable pour le montant de leurs contributions.

[M. George Edwards.]

M. Shaw:

Q. Les déposants s'en trouvent favorisés?—R. Je ne sais. · ·

M. Irvine:

Q. Que deviennent les 2 millions de dollars?

M. Shaw:

Q. Ils seraient ajoutés au fonds général?—R. Oui. Je ne puis faire ce calcul mentalement.

M. Ladner:

Q. Connaissez-vous les dispositions de la loi de finance de 1914 relative au réescompte?—R. Oui, en gros.

Q. Les banques s'en sont-elles prévalues davantage depuis la dernière session parlementaire?—R. Je ne saurais vous dire; je ne me suis pas occupé de cette question.

Q. Je me souviens avoir lu dans un rapport que les banques sont plus disposées à se prévaloir de la faculté de réescompter leur papier, tel que le permet la loi de finance, depuis la dernière revision. Avez-vous appris quelque chose dans ce sens?—R. Le fait n'est pas douteux.

Q. Avez-vous remarqué si depuis la chute de la Home Bank il y a tendance chez les épargnistes à retirer leurs fonds des petites banques pour les confier aux grandes institutions ou pour acquérir des titres d'Etat?—R. Je l'ai entendu dire, mais je ne l'ai pas constaté moi-même.

Q. Avant de venir témoigner devant le comité, avez-vous examiné les états présentés par les banques en exécution de la dernière loi?—R. Pas récemment.

Q. Ne savez-vous pas qu'environ 70 p. 100 des dépôts sont dans les caisses des quatre plus grandes banques du pays?—R. C'est ce que je pense.

Q. Et les 30 p. 100 restants sont distribués entre dix autres maisons?—R. Oui.

Q. Savez-vous qu'en 1890 ces rapports se trouvaient renversés?—R. On a constaté que les dépôts se dirigeaient de préférence vers les grandes banques.

Q. Après l'accident de la Home Bank et l'inquiétude du public, croyez-vous que ce mouvement va se maintenir?—R. Je ne sais; mais les banques disparaissent les unes après les autres. Il n'y en a plus que quatorze. L'année dernière on en comptait encore dix-sept. Mais je ne saurais dire si cela va continuer ainsi.

Q. En se basant sur l'expérience des trente-trois dernières années; en voyant les fusions qui s'opèrent de nos jours et la chute de la Home Bank pensez-vous que les banques à petit capital peuvent réduire leurs frais généraux—R. C'est une question difficile à résoudre. Depuis la guerre les frais n'ont pas accusé une diminution appréciable.

Q. Un financier de longue expérience m'a déclaré que l'établissement de succursales rendait la réduction des frais généraux bien difficile. Savez-vous si c'est le cas?—R. Je ne pourrais pas vous dire en ce moment.

Q. Pensez-vous que ce renseignement soit exact?—R. Très probablement.

Q. Si le transfert des fonds se continue au profit des grands établissements, dû au manque de confiance du public, ne croyez-vous pas qu'on devrait prendre des mesures immédiates pour assurer la stabilité des banques moins importantes, afin de maintenir la concurrence?—R. Ce serait une bonne chose, si ces banques sont solides.

Q. Les grosses banques sont-elles solides?—A. Evidemment, si une banque vient en mauvaise passe, il faut recourir à d'autres mesures.

Q. La plupart d'entre nous croient sincèrement que les autres banques sont en bonne posture?—R. Je le pense aussi.

[M. George Edwards.]

Q. Etant donné que le nombre des banques va en diminuant—les chiffres nous sont connus—je désire avant de conclure vous demander votre opinion sur les augmentations de capital. Le capital versé de toutes les banques, au 31 décembre 1890, était de 60 millions; en 1900, de 77 millions; en 1910, de 100 millions; en 1923, de 123 millions. Ainsi en trente-trois ans, le capital des banques s'est donc trouvé augmenté de 84 p. 100. Les règlements de banques depuis 1893—je n'ai pas les chiffres pour 1890...

M. W. F. MACLEAN: Ces chiffres désignent-ils le capital ou la réserve?

M. Ladner:

Q. Je n'ai pas les chiffres relatifs à la réserve; ils se rapportent au capital. Le chiffre d'affaires est passé de 900 millions, qu'il était en 1893, à 7 milliards et demi en 1923. Si les choses continuent de ce train, croyez-vous qu'il y a assez de capitaux à la disposition des banques pour les besoins grandissants du pays?—R. Le capital de banques devrait être augmenté.

Q. Que pensez-vous de garantir une certaine catégorie d'épargnes en créant un compte spécial comme celui que j'ai proposé, un compte de $3,000 dans toutes les banques, sur le principe de l'assurance? Croyez-vous que ce moyen favoriserait un retour de la confiance publique dans toutes nos banques, petites comme grandes. Il s'agirait de créer un fonds d'assurance et de l'administrer d'après les règles usitées en assurance?—R. Il y a des précédents qui nous montrent la valeur d'un plan comme celui-là. Il n'a encore réussi nulle part.

Q. Pouvez-vous me citer un de ces précédents?—R. On l'a essayé dans l'Oklahoma.

Q. On voulait garantir tous les dépôts et je suis d'avis que cela n'est pas praticable. Il ne peut pas être question de garantir les dépôts. Je parle d'un dépôt de $3,000 ou au dessous, sans toucher aux banques et autres affaires existantes aujourd'hui. Je ne suis pas en faveur de l'intervention du Parlement dans la conduite des banques, sauf dans les cas d'absolue nécessité. Je voudrais qu'on mît à la disposition des déposants une caisse spéciale qui donnerait, par exemple, 2.77 p. 100 d'intérêt au lieu de 3. Le déposant paierait ainsi une partie de la prime d'assurance, et la banque en ferait autant de son côté. Croyez-vous que ce plan aurait quelque chance de succès et pourrait rétablir la confiance du public dans nos établissements de modeste importance?

M. MARLER: Cette discussion a-t-elle quelque rapport à la question?

M. LADNER: Il s'agit toujours de la réserve fédérale...

Le VICE-PRÉSIDENT: Cette question de la réserve fédérale fait l'objet d'un rappel au règlement.

M. LADNER: Ma demande se rapporte aussi à la protection des déposants.

Le VICE-PRÉSIDENT: Je conviens que la demande est recevable en tant qu'elle touche à la question de garantir les déposants; néanmoins, il est convenu entre nous d'entendre M. Edwards sur l'inspection des banques. Pour cette raison votre demande est peut être prématurée.

M. LADNER: Depuis une heure je ne trouve pas que les questions posées se rapportent absolument à l'inspection des banques.

M. MARLER: Vous avez saisi le comité d'une motion.

M. LADNER: J'arrive au point qui fait l'objet de ma proposition. J'aimerais à continuer, car je tiens à voir le fond.

Le VICE-PRÉSIDENT: Personne de nos collègues, j'en suis sûr, n'a la moindre idée d'empêcher M. Ladner d'exposer le point qu'il veut mettre en lumière. C'est une simple question de procédure. Si notre collègue veut bien formuler sa demande, nous allons voir si elle rentre dans la question.

M. LADNER: Je l'ai formulée.

[M. George Edwards.]

Le VICE-PRÉSIDENT: Faut-il en demander la lecture ou l'honorable membre veut-il être assez bon de la renouveler.

M. LADNER: On pourrait prier le sténographe d'en donner lecture, comme cela se fait quelquefois devant le tribunal.

Le VICE-PRÉSIDENT: Je prie le sténographe de nous lire la question.

> Sur l'invitation de M. le vice-président, le sténographe donne lecture de la demande: "On voulait garantir tous les dépôts, et je suis d'avis que cela n'est pas praticable. Il ne peut pas être question de garantir les dépôts. Je parle d'un dépôts de $3,000 ou au dessous, sans toucher aux banques et autres affaires existantes aujourd'hui. Je ne suis pas en faveur de l'intervention du Parlement dans la conduite des banques sauf dans les cas d'absolue nécessité. Je voudrais qu'on mît à la disposition des déposants une caisse spéciale qui donnerait, par exemple, 2.7 p. 100 d'intérèt au lieu de 3."

Le VICE-PRÉSIDENT: M. Ladner n'est-il pas d'avis qu'il vaudrait mieux refaire la question plus courte.

M. MARLER: Je désire faire remarquer que si l'on répond à cette question elle en provoquera d'autres à n'en plus finir; cette question est prévue dans la proposition qui a été déposée. Je prierais notre collègue d'ajourner sa demande jusqu'à l'examen de sa proposition.

M. LADNER: D'autre part, elle tient à la question visant la protection des déposants.

M. MARLER: J'en conviens, mais ce n'est pas le moment de l'aborder.

Le VICE-PRÉSIDENT: Il me semble, monsieur Ladner, que l'on irait plus vite en interrogeant le témoin sur la question d'inspection, quitte à revenir ensuite sur celle qui fait l'objet de votre motion.

M. LADNER: A mon entrée dans la salle tout le monde discutait le système de la réserve fédérale, et plusieurs posaient des questions; j'ai cru que je pouvais poser la mienne. Dans tous les cas, j'y reviendrai un peu plus tard.

Le VICE-PRÉSIDENT: J'ai laissé poser les questions, parce que j'ai cru qu'on n'insisterait pas. Quoi qu'il en soit, si vous voulez poser votre question. . .

M. HEALEY: Sans vouloir interrompre, le témoin a déclaré hier, je crois, que la question de l'inspection publique était close en ce qui le concerne; il s'est affirmé en faveur.

M. W. F. MACLEAN: Le ministre était présent et il s'est rallié à cette opinion.

M. HEALEY: Ne faut-il pas conclure que cet expert s'est prononcé. La question de l'inspection est finie; ainsi, on pourrait s'occuper maintenant du point soulevé par M. Ladner.

L'hon. M. STEVENS: Je soulève un point de règlement. J'ai assisté pendant deux heures à la séance l'autre jour; voilà une heure et trois quarts que je suis ici ce matin. J'ai prêté beaucoup d'attention aux demandes qui ont été posées. Je trouverais malheureux d'être empêché de revenir en ce moment sur la question de l'inspection. On ne devrait pas nous empêcher de questionner le témoin sur ce sujet.

M. HEALEY: Il n'est pas question de cela.

L'hon. M. STEVENS: M. Healey a exprimé l'opinion que la question est réglée.

M. HEALEY: En ce qui concerne l'avis de cet expert. Je n'ai pas voulu dire qu'on ne pourrait poser d'autres questions.

L'hon. M. STEVENS: J'ai guetté le moment de poser quelques questions à M. Edwards. J'ai attendu longtemps et j'attendrai une semaine s'il le faut, mais je voudrais pouvoir poser deux ou trois questions.

[M. George Edwards.]

Le VICE-PRÉSIDENT: Monsieur Ladner, avez-vous des questions à poser?

M. LADNER: Je n'en ai pas sur l'inspection des banques. J'en ai cinq au sujet de la double responsabilité, mais ce sujet est différent.

Le VICE-PRÉSIDENT: Très bien. Monsieur Marler, désirez-vous poser quelques questions?

M. MARLER: Au cours de l'interrogatoire de M. Coote il a été question des prêts faits par les succursales éloignées du siège de la banque et par les succursales les plus importantes, c'est-à-dire celles installées au chef-lieu de la banque?—R. Oui.

Q. On a parlé aussi du pouvoir laissé aux gérants de succursales d'avancer des fonds. Vous vous en souvenez?—R. Oui.

Q. M. Coote n'a pas poussé la question plus loin. Je voudrais savoir s'il n'est pas exact que dans les petites succursales l'opération d'un prêt n'est pas exécutée de la même manière qu'on le ferait dans une succursale plus importante? —R. C'est mon opinion.

Q. A la vérité, les gérants de succursale ne sont peut-être pas autorisés à avancer de l'argent sans en référer au bureau principal; mais après consultation avec la direction de la banque, la succursale pourra obtenir tous les fonds dont elle aura besoin, de la même manière qu'une autre succursale plus importante. Autrement dit, l'obtention d'un emprunt se fait dans les mêmes conditions aux succursales des petites villes que des grandes villes.

M. SALES: Quelle que soit l'importance de l'emprunt?

M. MARLER: Quel que soit le montant d'un emprunt, la succursale de campagne est sur le même pied que les autres.

M. HEALEY: C'est un fait.

M. SALES: Pourtant, on nous dit souvent dans l'Ouest qu'on n'a pas d'argent à prêter.

M. MARLER: Les banques n'ont pas d'argent à prêter, dites-vous?

M. SALES: Oui.

M. MARLER: Je suis bien surpris d'apprendre cela; car j'ai toujours cru que toute succursale qui possède les garanties suffisantes a les mêmes facilités que n'importe quelle autre.

M. SALES: De quelles facilités voulez-vous parler?

M. HEALEY: On pourrait appeler M. Marler à la barre des témoins.

M. MARLER: Je le veux bien.

Le VICE-PRÉSIDENT: Si le comité désire poser une question à M. Marler, je n'y ferai pas d'empêchement; mais je crois qu'on avancerait davantage en permettant à M. Marler de questionner M. Edwards. Il y a ici sir William Stavert qui attend depuis hier d'être entendu par le comité. Je proposerais qu'on l'entende.

M. Marler:

Q. D'après vous, monsieur Edwards, les facilités d'emprunt aux petites succursales sont-elles aussi grandes qu'aux succursales des chefs-lieux.

M. COOTE: Qu'entendez-vous par là, monsieur Marler?

M. MARLER: J'entends la facilité de se procurer de l'argent à cette banque.

Q. Autrement dit, quand une banque a de l'argent à prêter, toutes les succursales sont sur un pied d'égalité avec les bureaux du chef-lieu pour procurer des fonds à un emprunteur?—R. Oui.

M. HUGHES: Ce n'est pas ce qui se fait dans la pratique.

M. Cahill:

Q. Je demanderai à M. Edwards s'il a répondu suffisamment à M. Marler en disant simplement: oui. Est-il vrai qu'on peut obtenir aussi facilement de l'argent à Okotoks dans l'Alberta, qu'au bureau principal de la banque à Mont-

[M. George Edwards.]

14-15 GEORGE V, A. 1924

réal? Est-il vrai que le gérant de la petite succursale a la même lattitude que le gérant des bureaux de Montréal qui se trouvent à proximité de la direction générale et du conseil d'administration? Croyez-vous qu'il soit aussi facile, pour un client de l'Alberta, d'obtenir de l'argent à la succursale de la banque de Montréal que pour un autre client de cette ville qui s'adresserait au bureau du chef-lieu placé sous la surveillance immédiate de la direction générale?—R. Sans doute, à cause de la distance, il faudrait du temps pour bâcler l'affaire; mais si une industrie établie à Montréal et aidée par les fonds de la banque se transportait, avec tout son outillage à Okotoks, elle pourrait y continuer ses affaires avec les mêmes avantages dont elle jouissait à Montréal.

Q. C'est exactement la question. S'il y a une bonne affaire à traiter à Okotoks, elle est exploitée non par un habitant de la localité, mais par un industriel de Montréal. Toute la question des banques est là.—R. Pour être plus précis, un industriel d'Okotoks qui aurait une bonne affaire en main et aurait besoin d'un crédit à la banque, en obtiendrait de sa succursale avec la même facilité que si son établissement se trouvait à Montréal. Son crédit ne serait pas meilleur s'il transportait son industrie à Montréal.

Q. Pensez-vous que la recommandation de la succursale d'Okotoks pour un prêt considérable serait accueillie au siège social de la banque ausi bien que la demande du gérant de la première succursale de Montréal, qui, lui, peut aller exposer son affaire personnellement au gérant général?—R. Je pense que la proposition serait examinée et décidée de la même manière.

Le VICE-PRÉSIDENT: Avez-vous quelques questions à poser, monsieur Good?

M. GOOD: Comme M. Edwards doit revenir, j'attendrai plus tard pour poser mes questions.

Le VICE-PRÉSIDENT: Très bien. M. Stevens à la parole.

M. Stevens:

Q. Je serai aussi court que possible dans mes questions. Monsieur Edwards, vous avez acquis beaucoup d'expérience comme expert comptable et comme vérificateur de banque, ainsi que dans les assemblées d'actionnaires. Les actionnaires des banques sont-ils dans une situation différente des actionnaires d'autres sociétés commerciales en ce qui concerne le droit d'assister aux assemblées annuelles et de participer à la direction?—R. Leurs droits légaux sont les mêmes.

Q. Leurs droits à cet égard sont les mêmes que dans tout autre grande compagnie?—R. C'est mon opinion.

Q. La question des états transmis par les succursales est beaucoup discutée; d'après votre expérience comme apurateur, pouvez-vous nous dire si les états émanant des gérants de succursales sont généralement exacts et dignes de confiance?—R. C'est mon avis; en général ces états sont satisfaisants.

Q. Connaissez-vous des cas particuliers—sans les désigner,—dans lesquels une banque aurait fait des pertes importantes à la suite d'états ou de rapports faux ou erronés émanant de gérants de succursales?—R. Je n'en connais point.

Q. Je parle de succursales éloignées du chef-lieu.—R. Je n'en connais point.

Q. Je pourrais vous poser la question suivante sous la forme d'une affirmation et de vous demander de l'accepter, mais je ne suivrai point ce procédé fallacieux. L'article 56, paragraphe 10, concerne les rapports. Je n'en donnerai pas lecture, parce que cela n'est pas nécessaire. Il statue que le vérificateur fera rapport au conseil d'administration, entre autres sur les prêts au-dessus de 1 p. 100. Si la présentation d'un tel rapport au ministre des Finances était rendu obligatoire c'est un point qui n'a pas été éclairci l'autre jour, quand je me suis informé—s'il était obligatoire de faire ces rapports au ministre des Finances aussi bien qu'aux administrateurs et au gérant général, est-ce que le public n'en serait pas mieux favorisé?—R. C'est mon avis, car si le ministre était tenu au courant

[M. George Edwards.]

du travail des vérificateurs il pourrait en augmenter l'utilité en réclamant d'eux au besoin des rapports sur les mesures prises par les administrateurs concernant les faits portés à leur attention. Ce serait un bon système. La confiance du public grandirait, en sachant que ces questions font l'objet d'un examen de ce genre.

Q. Sauf le cas de fraude intentionnelle par les administrateurs et les gérants généraux, est-ce que, d'après vous, la loi des banques, revisée l'année dernière, offre au public le maximum de garantie et de protection?—R. Comme je l'ai déjà dit, elle pourrait être renforcée par une inspection gouvernementale.

Q. Avec cette mesure en plus?—R. Avec cette mesure en plus.

Q. Encore une simple question. Malgré l'inspection au siège social par le gouvernement, si la direction ou le gérant général voulait faire un prêt risqué, un prêt qui pourrait, comme on l'a déjà vu, amener la chute de l'institution, ne pourrait-elle y réussir en se servant d'une succursale éloignée du chef-lieu, afin d'échapper à la surveillance des pouvoirs publics?—R. On pourrait peut-être éviter le contrôle direct des examinateurs de l'Etat, mais on tomberait quand même sous l'inspection établie par la banque, et cette inspection est à son tour soumise au contrôle et à la vérification de l'apurateur du ministère des Finances.

Q. Entre les deux propositions, celle relative à l'inspection directe par des examinateurs de l'Etat et l'amélioration ou l'extention du paragraphe 10 relatif aux rapports, laquelle estimez-vous devoir donner plus de garanties au public et aux déposants?—R. D'après moi, le système en vigueur actuellement offre plus de protection au public.

Q. Vous voulez dire les rapport qu'on doit faire au ministre et l'amélioration du paragraphe 10 dans le sens proposé?—R. C'est-à-dire moyennant que le ministre soit tenu pleinement renseigné, qu'on l'autorise à agir, et qu'il ait sous ses ordres un fonctionnaire muni des pouvoirs nécessaires pour intervenir en certains cas.

Q. Sur la question des billets en circulation et de leur garantie par privilège, est-ce que la confiance du public dans notre monnaie, c'est-à-dire dans le papier-monnaie émis par les banques, n'est pas fondé sur la garantie qui répond des billets?—R. Oui.

Q. Le gage qui répond de la valeur des billets de banque aujourd'hui est tel qu'il inspire confiance?—R. Oui. On a fait la remarque que jusqu'à présent, la chute d'une banque n'a jamais rien fait perdre aux porteurs de son papier.

Q. Parfaitement. Si donc ou écoutait la proposition de changer quelque chose au privilège que possède les billets sur l'actif de la banque, secondé par le fonds de circulation, est-ce que la confiance du public n'en serait pas ébranlée?—R. J'estime que la confiance du public se trouverait amoindrie dans le papier-monnaie.

M. W. F. Maclean:

Q. Dans la monnaie nationale?—R. Non, dans la monnaie de banque.

M. Irvine: Je ne comprends pas beaucoup la question; voulez-vous dire que la garantie ou la confiance du public dépendent des sûretés sur lesquelles reposent les billets de la banque ou les prêts qu'elle a accordés?

L'hon. M. Stevens:

Q. Je parle des billets émis par les banques. Je ne veux pas faire de discussion, mais je poserai la question encore une fois et je suis sûr que le témoin va y répondre de nouveau. Est-ce que la confiance dans la monnaie du pays, constituée pour la majeur partie par les billets de banque, ne dépend pas principalement de la solide garantie sur laquelle ce papier repose?—R. Oui.

Q. Je répète ma deuxième question. Si, comme on le propose, le privilège du porteur, gagé sur l'actif de la banque et le fonds de remboursement, qui consti-

[M. George Edwards.]

tuent ensemble la garantie de notre monnaie, sont modifiés et amoindris, est-ce que la confiance du public n'en recevrait pas une atteinte?—R. La confiance du public dans le papier des banques, oui.

Q. Je n'ai plus qu'une question à poser, celle par laquelles je voulais finir. Votre expérience d'expert comptable vous permet-elle d'affrmer qu'on ne saurait, en aucun pays, réussir des affaires si la monnaie n'y est pas solide et n'a pas la confiance du public?—R. Oui.

Q. Toute atteinte portée à cette confiance n'aurait-elle pas un effet déplorable sur les affaires commerciales?—R. Certes, si le papier des banques baissait dans la confiance publique à la suite de cette intervention, la monnaie nationale prendrait immédiatement sa place.

Q. Pardonnez, vous n'avez pas bien compris ma question. Je ne veux pas discuter l'à-propos de changer notre système monétaire; je parle de ce système tel qu'il est aujourd'hui. Je demande: si la confiance dans notre monnaie de banque était ébranlée, l'effet ne se ferait-il pas sentir dans les affaires en général? —R. Les gens qui se servent du papier-monnaie peuvent exiger des billets du Dominion, du papier de l'Etat au lieu de l'autre; il est même probable qu'avec le temps le papier des banques viendra à disparaître et sera remplacé par du papier de l'Etat.

Q. Mais si cette substitution se produisait à un moment comme celui dont vous parlez, est-ce qu'elle ne troublerait pas le cours des affaires?—R. Cela pourrait déranger les affaires, c'est très possible. Dans quelle mesure, je ne saurais le dire.

Q. Une dernière question. Vous venez de dire qu'on pourrait, un jour, adopter l'emploi exclusif de billets fédéraux. Etes-vous d'avis, comme expert de grande expérience dans les questions financières, qu'il existe quelque raison valable de changer le système existant qui comporte l'emploi simultané du papier des banques et des billets fédéraux?—R. Le public ne le demande pas. Le système actuel remplit son objet.

Q. Au point de vue de l'intérêt public il n'y a aucun besoin d'un changement? —R. Je n'en vois pas, quant à moi.

M. Hughes:

Q. Je désirerais poser une question à propos d'une réponse donnée par M. Edwards à M. Marler. Ce dernier avait demandé si les succursales sont aussi promptes à consentir des prêts aux clients que les bureaux sous la main immédiate de la direction générale. Le témoin a répondu affirmativement. Je lui demanderai à mon tour s'il ne sait pas que les instructions données aux gérants de succursales comportent que leur affaire est d'obtenir des dépôts et non de faire des prêts aux clients?—R. J'ignore cela.

Q. Bien qu'il ignore ce fait, le témoin a tout de même répondu à M. Marler que les succursales prêtent aussi facilement que le gérant général et le bureau central. Il a parlé de facilités, mais je ne sais ce qu'il entend par ce mot. Le témoin ignore que les gérants de succursales, en particulier des plus petites, sont avertis que les fonds de la banque ne doivent être prêtés qu'une fois, que la direction générale s'en charge elle-même et que les plus petites succursales n'ont pas autre chose à faire qu'à recevoir des dépôts d'argent.—R. J'ai déjà répondu que c'est un point qui n'est pas venu à ma connaissance.

Le VICE-PRÉSIDENT: Messieurs, avez-vous d'autres questions à poser à M. Edwards? En ce cas, il faudra prier M. Edwards de se présenter à notre prochaine réunion. Quel jour le comité entend-il fixer pour la prochaine séance? Je ferai observer qu'il doit y avoir un vote ce soir à la Chambre, ou peut-être fort tard dans la nuit et qu'il sera impossible au comité de se réunir demain matin. Je suggérerais donc mardi prochain, à onze heures, pour notre prochaine réunion, si le comité est satisfait.

[M. George Edwards.]

M. McQUARRIE: Ne pourrions-nous pas siéger ce soir, monsieur le vice-président?

Le VICE-PRÉSIDENT: J'apprends que le chef de l'opposition n'a pas encore terminé son discours et que plusieurs de nos collègues aimeraient sans doute à l'entendre et à écouter également les intéressants discours qui seront prononcés cet après-midi et ce soir. Il n'est pas facile de dire d'avance à quel moment du débat nos collègues s'intéressent, surtout lorsqu'il tire à sa fin. Je pense donc que nous serions aussi avancés d'ajourner à mardi prochain, onze heures.

M. SHAW: Pourquoi ne pas siéger à deux heures? Je crois que sir William Stavert est ici. Il pourrait nous donner son avis entre deux et trois heures.

Le VICE-PRÉSIDENT: C'est parfait, s'il est entendu que la séance prendra fin à trois heures.

M. IRVINE: Je propose que le comité siège de deux à trois heures cet après-midi. Il est donc compris que nous entendrons sir William Stavert et que M. Edwards se tiendra également à la disposition du comité. Le séance sera reprise à deux heures.

(Le témoin se retire.)

Le comité, après suspension, se réunit de nouveau à deux heures sous la présidence de M. Vien, vice-président.

Le VICE-PRÉSIDENT: Sir William Stavert de Montréal, financier, est le témoin pour cet après-midi.

(Sir WILLIAM E. STAVERT est appelé à la barre.)

Le VICE-PRÉSIDENT: Sir William, je vous prie de déclarer au comité vos qualités et votre expérience, afin de lui donner une idée de ce que vous savez en matière financière, en questions de banque et de commerce.

Le TÉMOIN: En ce qui concerne mes titres et qualités, monsieur le président et messieurs, c'est à vous d'en juger. Je puis vous dire, cependant, quelle est mon expérience. Je suis entré jeune dans la carrière, d'abord dans la maison de banque de mon père, à l'île du Prince-Edouard; ensuite à la banque des Marchands d'Halifax, devenue la banque Royale du Canada, puis à la banque de la Nouvelle-Ecosse. Plus tard, je devins gérant général de la banque du Nouveau-Brunswick, à Saint-Jean, et je passai enfin à la banque des Montréal dont je me retirai vers 1912.

M. W. F. Maclean:

Q. Vous étiez gérant?—R. J'étais alors surintendant des succursales. Dans le même temps et subséquemment je fus chargé de la liquidation de diverses banques. La première fut la banque de Pictou, en 1888 ou 1889. Pendant que j'étais administrateur général de la banque du Neauveau-Brunswick à Saint-Jean, la banque de Yarmouth tomba en faillite. Je fus nommé syndic, puis choisi liquidateur par les actionnaires et les déposants. Etant à la banque de Montréal, je fus chargé de fonctions importantes à la banque d'Ontario (Toronto) qui faillit en 1907. Après la liquidation de la banque d'Ontario, on me confia les mêmes charges pour la banque Sovereign, la banque de Saint-Hyacinthe, la People's Bank de Frédéricton et la banque de Summerside, qui avait appartenu à mon père. Voilà pour les banques. Plus tard, pendant que je faisais encore partie de la banque de Montréal, je remplis les fonctions de syndic pour la United-States Banking Company à Mexico. Dans le fait, je suis encore liquidateurs de cette maison de banque, car les règlements sont longs à faire dans ce pays, à cause des troubles politiques.

M. McMaster:

Q. Vous avez donc assisté aux derniers moments et enterré la dépouille de plusieurs banques, sir William?—R. Oui.

[M. George Edwards.]

14-15 GEORGE V, A. 1924

Q. Pourriez-vous expliquer la cause de ces désastres et nous donner une idée générale des vices du système?—R. Sans doute.

Le VICE-PRÉSIDENT: Pour l'information du comité, je puis lui dire que sir William Stavert a préparé une note sur la question. Le comité trouvera utile que sir William lui en donne lecture.

L'hon. M. SEVENS: On pourra poser des questions après?

Le VICE-PRÉSIDENT: Certainement.

Le TÉMOIN: Monsieur le président, vous avez bien désigné le travail que j'ai préparé. C'est une note ou plutôt une revue de la question que je termine par quelques propositions qui, je crois, répondent au but poursuivi par le comité. Je vais en donner lecture:

" Dans ma longue expérience des banques qui ont mal tourné, j'ai découvert que dans la majorité des cas leurs opérations ordinaires étaient bonnes et n'auraient jamais rien fait perdre aux déposants et que les difficultés qui sont survenues avaient pour cause quelque irrégularité commise au mépris des règles les plus connues en matière de banque, dans lesquelles se trouvaient en jeu des sommes considérables. Ces erreurs ont été confessées, dans la plupart des cas, par l'administration. Elles avaient commencé par des opérations assez prudentes, mais qui, petit à petit, prirent de l'extension et dont le danger ne put être conjuré en dépit de tous les efforts pour rétablir la situation. Dans tous ces cas-là, un homme d'expérience autorisé à faire un examen approfondi et à prendre toute mesure nécessitée par les circonstances aurait vite découvert le vice de l'organisation et empêché un désastre ou diminué les pertes.

" On peut donc conclure que si l'administration est faite avec honnêteté et habileté, il n'y a pas de meilleur système d'inspection et de vérification que celui en usage jusqu'à présent dans les banques du Canada. Il est calqué sur le système anglais et écossais qui a subi l'épreuve de plusieurs générations et a donné les meilleurs résultats, sauf une seule malheureuse exception.

" La dernière loi des banques a ajouté aux mesures de précaution qui étaient en vigueur. Si l'on peut en imaginer d'autres, on ferait bien de les mettre en pratique.

" Le public en général et les personnes désireuses de garantir les déposants font peu de cas du système d'inspection qui a été pratiqué pendant nombre d'années par plusieurs banques parmi les plus prospères. L'inspection par un agent de l'Etat ou l'examen par des comptables n'a pas de différence aux yeux des banques. Tous les systèmes ont leurs avantages et je crois que les banques canadiennes jouissent à présent de tous ces avantages réunis.

" Ce qui est arrivé tout récemment n'a pas besoin d'être relaté, car les faits sont encore présents à toutes les mémoires. Il s'agit d'en empêcher la répétition. Après un examen complet de toute la question, suivant l'ordre du comité, je suis d'avis que les nouvelles dispositions de la loi des banques pourraient être mises à profit au moyen d'une simple modification que je vais lui soumettre en vue de son adoption immédiate:

" Modifier la loi pour créer un organisme confié aux mains d'un banquier d'expérience et de haute sagacité, chargé de recevoir des rapports détaillés concernant, entre autres, les succursales éloignées comme celles situées près de la direction générale; d'étudier et de critiquer les méthodes de l'administration révélées par ces rapports, vérifier la valeur assignée aux biens de l'actif par les comptables; communiquer ces critiques au gérant général de la banque en conseil d'administration convoqué par correspondance; se tenir en contact étroit avec les banques en général; visiter en personne le bureau central de chaque banque ainsi que les grandes succursales une fois, ou mieux deux fois par année à sa discrétion, dans le but de se rendre un compte personnel de la situation et d'en discuter les aspects; enfin, de prendre toutes mesures qu'il jugera nécessaires pour connaître la véritable situation des banques autant que possible.

[Sir William E. Stavert.]

" Mon expérience me permet d'affirmer qu'un homme possédant les capacités voulues découvrira sans tarder les erreurs d'administration et les discutera avec les administrateurs. Sa fonction ne consistera pas précisément à faire un second examen des méthodes administratives de la banque qu'il visitera, mais plutôt une revue générale. Cet examen sera fait par l'inspecteur de la banque, par l'administration et par les comptables au service des actionnaires. Le rôle principal du fonctionnaire que je veux créer serait d'obtenir une vue d'ensemble de la situation, formée par l'étude des rapports dressés par les apurateurs, des rapports des inspecteurs de la banque, des fiches sur les créanciers emprunteurs et la marche des principaux comptes tenus au siège social et dans les succursales. Il aura les mêmes pouvoirs reconnus par les articles 56 et 112 aux examinateurs et au ministre des Finances de se faire représenter toute information qu'il pourra exiger; il saurait ce qu'il lui faut connaître et le demanderait.

" Ce fonctionnaire devra faire rapport au ministre des Finances. En cas de difficulté, il transmettra son avis au ministre, et si aucune suite n'est donnée à ses conclusions, il entrera en pourparlers avec un comité qui serait nommé par l'association des banquiers et il agira, sans recours contre lui.

" Un pareil système ne préviendra peut-être pas des faillites causées par des erreurs commises avant l'adoption de ce système ou au mépris des règles nouvelles, mais son influence serait sensible sur les financiers tentés de mal agir; il empêcherait les opérations suspectes et les méthodes louches et les étoufferait dans l'œuf. Il rendrait inutile le recours à des moyens de défense qui viennent trop tard pour rétablir les choses en bon état et qui généralement n'aboutissent qu'à un désordre encore pire, comme on l'a vu dernièrement.

" Une charge comme celle-là devrait être largement rétribuée et la nomination du titulaire soustraite aux protections politiques. Je propose que la nomination en soit faite par la cour Suprême ou le juge en chef, ou par un autre fonctionnaire de l'ordre judiciaire, en l'absence du juge en chef. L'article de la loi relatif à la nomination de cet expert devra statuer que le juge en chef appellera les représentants des principales banques, leurs présidents ou leurs gérants généraux, à lui faire connaître leur avis sur les titres et les qualités des candidats à la nouvelle fonction. La loi fera un devoir aux représentants des banques de fournir les renseignements demandés aussi complètement que possible, sans encourir pour ce faire aucune responsabilité tant pour eux-mêmes que pour les institutions qu'ils dirigent.

"Les frais de ce service, y compris le traitement du chef, seraient à la charge des banques, proportionnellement à leur avoir constaté par leur bilan. On objectera peut-être contre ce plan la responsabilité dont le Gouvernement se trouverait chargé en cas d'une faillite désastreuse. On peut répondre à cela que les pouvoirs publics ont toujours une certaine responsabilité en pareils cas, même morale, puisqu'ils ont jugé nécessaire d'établir une loi et une surveillance sur les opérations de banque, et que cette responsabilité a encore été étendue par la dernière révision. Cette responsabilité se trouverait bien peu augmentée avec mon plan, du moins sous le rapport des sauvegardes. Mais en quoi consiste réellement cette responsabilité? On dit qu'il n'y a pas pour l'État de responsabilité légale. La loi pourrait le déclarer expressément. Rappelons qu'aux Etats-Unis le gouvernement intervient d'autorité pour contrôler l'administration des banques, et il n'encourt de ce fait aucune responsabilité financière. La loi pourrait décréter que les fonctionnaires du nouveau service seront nommés et révoqués par la Cour suprême ou le juge en chef. Le directeur du service choisira les aides dont il aura besoin. Leurs appointements seront semblables à ceux qui sont payés par les banques à des fonctionnaires de même rang. Il est entendu que le service devra être fait d'une façon économique, en supprimant les détails d'administration et en mettant à profit le personnel des

[Sir William E. Stavert.]

banques et le travail des vérificateurs. En un mot, l'organisation opérera comme un service du ministère des Finances, ce qu'il serait en pratique.

M. Shaw:

Q. Avez-vous pris connaissance de la proposition présentée l'année dernière par M. Woodsworth, député de Winnipeg, sur le même sujet?—R: Non.

Q. Il a présenté au comité et ensuite à la Chambre une proposition qui est en tous points semblable à la vôtre quant au fond. Vous n'avez pas eu l'occasion d'examiner ce projet?—R. Non.

Q. Dans votre projet vous proposez de mettre les frais d'exécution à la charge des banques?—R. Oui.

Q. Votre projet a-t-il pour but de protéger le public ou de protéger les banques?—R. De protéger le public.

Q. Alors, pourquoi n'est-ce pas le public qui devra payer pour être protégé? —R. C'est un détail.

Q. Ce détail n'est-il pas très important?—R. Non, monsieur.

Q. Quand des employés sont payés par l'Etat, c'est à l'Etat qu'ils doivent rendre compte; s'ils sont payés par la banque, ça peut être différent?—R. C'est possible.

Q. La question de responsabilité est indécise. Vous ne voyez pas d'inconvénient à ce que le personnel que vous proposez soit rétribué sur les fonds publics?—R. Non.

Q. Mais cependant vous êtes d'avis que l'inspection des banques par l'Etat ne fait encourir à celui-ci aucune responsabilité?—R. C'est mon avis.

Q. Si l'Etat s'abstient d'inspecter les banques, une part de responsabilité peut-elle lui revenir?—R. Il se pourrait.

Q. Vous seriez donc d'accord avec M. Edwards qui a dit ce matin que le défaut par le Gouvernement de prendre les mesures utiles, au nombre desquelles figure l'inspection des banques, le rend responsable des conséquences?—R. Oui.

Q. D'un autre côté, est-ce que l'inspection des banques ne donnerait pas quelque responsabilité à l'Etat?—R. Parfaitement.

Q. En supposant votre projet adopté, avez-vous examiné d'autres moyens de protéger les déposants?—R. Pas précisément.

Q. Connaissez-vous le système de la banque nationale ou de réserve?—R. Pour en avoir entendu parler.

Q. Vous êtes-vous livré à quelques recherches sur ce sujet?—R. Non.

Q. Là-dessus, vous ne vous croyez pas aussi bien renseigné que sur notre loi des banques que vous connaissez dans tous ses détails?—R. Comme vous le dites.

Q. Quelqu'un a prétendu que les porteurs de billets canadiens n'avaient rien perdu. Qu'en savez-vous?—R. Je n'ai eu connaissance d'aucune perte de ce genre dans ces dernières années.

Q. Mais quelqu'un a perdu avant l'adoption de cette nouvelle disposition de la loi relative à la garantie des billets?—R. Avant la création...

L'hon. M. Stevens:

Q. Quand?

M. Shaw:

Q. Savez-vous, sir William?—R. La banque de Liverpool et la banque Acadia...

Le VICE-PRÉSIDENT: Il y a combien de temps, sir William?

M. Shaw:

Q. Depuis que les porteurs de billets ont subi des pertes?—R. Il doit y avoir cinquante-cinq ans.

[Sir William E. Stavert.]

Q. En tout cas, sir William, ce devrait être avant l'inauguration du système actuel?—R. Oui, monsieur.

Q. Quand on a parlé de la question de priorité, étiez-vous dans la salle?—R. Oui, monsieur.

Q. La question des créances privilégiées vous est bien connue. Le premier rang appartient aux porteurs de billets, le gouvernement fédéral vient en deuxième et le gouvernement provincial en troisième; si l'on supprimait le rang privilégié de ces réclamants, les déposants s'en trouveraient favorisés?—R. Pourvu qu'une banque en faillite reçût l'aide financière des gouvernements.

Q. L'aide de qui, du gouvernement provincial?—R. Oui.

Q. Je ne propose pas qu'on fasse disparaître la garantie des billets de banque. Je suis d'avis, au contraire, qu'il faut la conserver. Mais voyez-vous une raison qui empêcherait de recourir au fonds de circulation pour le remboursement des billets émis par une banque en faillite, à condition que ce fonds soit rétabli par les banques elles-mêmes?—R. La loi y pourvoit déjà.

Q. Non pas. Permettez-moi, sir William, de vous faire remarquer ce qui se passe. Le fonds de remboursement possède actuellement six millions de dollars. Quand une banque tombe en faillite—comme la Home Bank, par exemple—les porteurs de billets sont les premiers à être désintéressés sur l'actif de la banqueroute; ils ont un privilège de premier rang. Si les biens de la banque sont insuffisants, on s'adresse pour le reste au fonds de remboursement; mais on ne le fait point si l'actif de la faillite est capable de rembourser les porteurs de billets. Voyez-vous où je veux en venir?—R. Pas tout à fait.

Q. Je vais recommencer. Le fonds de circulation est riche de six millions de dollars. Disons qu'au moment de sa chute la Home Bank avait deux millions de dollars en circulation. Les porteurs de ces billets n'ont pas droit à se faire rembourser sur le fonds de circulation. Ils exercent leur privilège sur les biens de faillite...

M. Good: Qui comprend l'argent des déposants.

M. Shaw: Qui comprend l'argent des déposants.

Q. ...et c'est au cas seulement où ces biens sont insuffisants pour les rembourser qu'ils font valoir leur réclamation contre le fonds de remboursement. Est-ce bien comme ça?—R. Oui.

Q. Seriez-vous opposé à ce que les porteurs soient remboursés sur le fonds de circulation avant d'y employer l'actif de la banque; comme à présent?—R. Je ne vois aucune raison de m'y opposer.

M. Marler:

Q. Comprenez bien, sir William. On veut que le fonds constitué par les banques soit distribué d'abord?—R. Sous réserve que le fonds sera reconstitué par les banques.

M. Marler: C'est ainsi que la question a été posée. Il faut que le comité s'en rende bien compte. Mais peut-être que je fais erreur.

M. Shaw: Pas du tout. Moi aussi je tiens a ce que sir William comprenne bien la question.

M. Marler: Je crois que le raisonnement de M. Shaw est celui-ci: faire servir le fonds de circulation au remboursement des billets émis par l'institution en banqueroute. Chacun sait que le fonds de circulation est formé des contributions de plusieurs banques. Il pourrait arriver que les billets d'une banque, comme la Home Bank, par exemple, fussent pour un montant bien supérieur au chiffre de sa contribution au fonds de remboursement. Il s'ensuivrait que les billets de la Home Bank seraient payés avec les fonds pourvus par les autres banques.

M. Shaw: C'est exact.

Le témoin: Je n'avais pas compris la question de M. Shaw.

[Sir William E. Stavert.]

M. Marler: Je désire ajouter ceci: que les banques n'auraient aucun recours pour se faire rembourser des sommes qu'elles auraient fourmes.

M. Shaw:

Q. Le fonds de remboursement pourrait venir dans le partage de l'actif au *pro rata* de sa créance. Cela ne vous conviendrait pas?—R. Non.

Q. Vous approuvez que le fonds de remboursement ne soit mis à contribution que dans le cas où l'actif de la faillite, y compris l'argent des déposants, ne suffirait pas à désintéresser les porteurs.—R. Certainement.

M. Irvine: A quoi sert donc un fonds de ce genre? La Home Bank, qui a reçu peut-être 100,000 dollars de ce fonds, aurait aussi bien pu les verser dans un fonds de réserve créé par elle-même? Je ne vois pas l'utilité d'un fonds de secours, s'il n'est pas appelé à garantir les intéressés dans une banqueroute.

M. Shaw:

Q. Nous nous comprenons très bien, sir William et moi. En mettant à exécution l'idée que je préconise, toutes les banques, n'est-ce pas, seraient intéressées à la bonne administration de chacune.—R. Elles le sont actuellement.

Q. Mais pas financièrement?—R. Oui.

Q. Vous voulez parler de l'effet sur la confiance publique?—R. Je veux parler aussi du remboursement des billets par le fonds de circulation en cas d'insuffisance de l'actif.

Q. Cela n'est pas encore arrivé?—R. Non.

Q. La Home Bank n'ayant que 2 millions de dollars en circulation, le fonds de remboursement, riche de 6 millions, offrait toute facilité de rembourser les porteurs complètement?—R. Les autres banques demeurent tout de même intéressées.

Q. Oui, mais d'une manière problématique.—R. Oui.

Q. Enfin, dans le plan dont je vous parle toutes les banques seraient étroitement intéressées financièrement à la bonne gestion de chacune d'elles?—R. Elles le sont.

Q. Le seraient-elles davantage?—R. C'est une question de mesure.

Q. Leur intérêt serait-il plus grand?—R. Je ne le crois pas.

Q. Au sujet du privilège de l'Etat, fédéral ou provincial, seriez-vous disposé à l'abolir? Il figurerait au même rang que les autres créanciers.

M. Maclean: A ses risque et péril, selon les lois en vigueur.

Le TÉMOIN: Je n'y vois aucun inconvénient.

M. Shaw:

Q. Vous savez que le Gouvernement fédéral a aujourd'hui les moyens d'obtenir des banques toutes les informations exigibles. Il est donc bien placé pour faire choix de la banque où il dépose ses fonds. Aujourd'hui, il est mieux renseigné que les déposants n'est-ce pas?—R. Je ne sais pas. Les états fournis par les banques sont livrés au public comme au Gouvernement.

Q. Mais le Gouvernement n'est-il pas autorisé à demander certains rapports qui ne sont jamais rendus publics?—R. Oui.

Q. Dans ce cas il n'y a pas de raison de reconnaître un rang privilégié à la créance de l'Etat?—R. Non.

Q. S'il devait y avoir une différence, l'Etat devrait venir après les déposants, parce que l'Etat a accès à des sources d'information qui sont refusées aux déposants ordinaires.—R. Théoriquement.

Q. Ainsi, vous ne vous opposez pas à la suppression du privilège de gouvernements?—R. Pour ma part, non.

M. Maclean: La reconnaissance du privilège de l'Etat fait tort aux déposants qui fournissent la plus grande partie des fonds maniés par les banques.

[Sir William E. Stavert.]

L'hon. M. Stevens:

Q. Dans votre projet, sir William, ce fonctionnaire, que j'appellerai un contrôleur, quoique vous ne lui ayez pas donné ce nom, pourrait-il recevoir des banques des informations sûres et complètes, à part des renseignements sur les principales succursales, sans un examen personnel?—R. Je le crois.

Q. D'après votre expérience les états transmis régulièrement tous les jours, toutes les semaines ou tous les mois par les succursales à la direction sont-ils généralement très exacts?—R. Oui.

Q. J'ai posé cette question à M. Edwards, ce matin. Elle a une grande importance dans un plan comme celui que vous avez proposé. Leur exactitude est-elle assez grande pour vous permettre d'affirmer que le risque est pour ainsi dire inexistant?—R. C'est mon avis.

M. MacMaster:

Q. Sir William, vous avez proposé un mode de nomination qui sort de l'ordinaire. Vous avez proposé que le contrôleur soit désigné par le juge en chef de la Cour suprême. Quel motif vous a déterminé à recommander ce mode?—R. J'ai été influencé par des événements récents.

Q. Je ne le vois pas bien. Parlez avec une franchise complète. Vous êtes avec des gens sympathiques?—R. Je n'ai pas voulu en parler. On a dit que dans un cas tout récent le Gouvernement avait fait faire un examen, mais que ce dernier ne prit aucune mesure. De plus, en soustrayant cette nomination à l'influence politique, le public bénéficiera d'un meilleur choix.

Q. Je poursuis. A supposer que le juge en chef désigne un homme inférieur à la tâche, que faudra-t-il faire?—R. Prendre les moyens de le révoquer.

Q. Révoquer le juge en chef pour avoir fait un mauvais choix ou révoquer le contrôleur choisi?—R. Révoquer le contrôleur.

M. W. F. Maclean:

Q. Avez-vous une objection contre le système américain relatif à l'inspection? Celui que vous proposez sera-t-il meilleur?—R. Oui.

Q. Le système américain a-t-il fait faillite aux Etats-Unis?—R. Je n'en sais rien.

M. Good:

Q. Pour faire suite à cette question de nomination, je demanderai à sir William ce qu'il penserait de l'idée de faire nommer le commissaire dans les mêmes conditions que l'auditeur général qui est révocable par le Parlement. Il serait nommé et révoqué par le Parlement.

L'hon. M. STEVENS: L'auditeur n'est pas nommé par le Parlement, il est choisi par le conseil des Ministres.

M. GOOD: Est-il possible de faire nommer quelqu'un par le Parlement sans l'influence politique?

Le TÉMOIN: Je répondrai la même chose. Le choix serait meilleur, parce qu'il serait fait par des hommes qui connaîtraient les capacités réelles du candidat.

M. McMaster:

Q. Sir William, depuis vingt-cinq ans le ministère des Finances a vu passer à sa tête M. Fielding, sir Thomas White, sir Henry Drayton, l'honorable A. K. Maclean, et M. Robb; affirmez-vous que le président de la Cour suprême, pendant cette même période, a été plus en mesure que ces messieurs de juger des capacités d'un contrôleur comme celui que vous proposez?—R. Oui, s'il prend des gérants de banques.

Q. Dans votre projet le président de la Cour suprême ne sera donc que l'exécuteur du vœu des présidents et des gérants de banque qui l'aviseront dans le choix du contrôleur?—R. Je l'ai dit, après avoir pris l'avis des présidents et des gérants de banques.

M. W. F. Maclean:

Q. Mais sans prendre celui du public représenté par le Parlement?— R. Cette condition pourrait être ajoutée.

M. Irvine:

Q. Ne visez-vous pas, dans votre projet, à soustraire les banques au contrôle du Gouvernement, bien qu'elles soient après tout des sociétés commerciales? Est-ce votre idée?—R. Non.

Q. Seriez-vous plutôt influencé par l'incurie dont les gouvernements auraient fait preuve jusqu'ici?—R. Non pas; c'est pour obtenir un meilleur choix.

Q. Au lieu de désigner un seul contrôleur, que penseriez-vous de créer une commission de trois membres, un à la désignation de l'association des banquiers, un autre à celle des fabricants et commerçants et le troisième à celle du Ministre des Finances? Est-ce que vous approuveriez un comité de trois ou quatre membres pour remplir cette fonction?—R. Je n'y vois pas d'inconvénient, mais je crois que mon plan permettrait un meilleur choix.

Q. Votre plan se contente d'un seul contrôleur, mais ma proposition augmente les chances d'avoir, sur les quatre, un homme compétent?—R. Nous avons déjà un grand nombre de présidents et de gérants de banque.

M. McMaster:

Q. Vous redoutez que l'esprit de parti fasse faire un mauvais choix et vous voulez éviter cela?—R. J'aime mieux dire que c'est pour assurer un meilleur choix.

M. Hughes:

Q. Sir William, votre proposition se ramène à dire que le juge en chef, versé dans la connaissance du droit, possédant beaucoup d'expérience en toutes choses, mais manquant un peu des connaissances pratiques nécessaires pour faire le choix d'un contrôleur des banques, se ferait aviser dans cette tâche par les présidents et les gérants des principales banques du Canada. Est-ce que neuf fois sur dix, et peut-être 99 fois sur 100 il n'accepterait pas l'avis qui lui serait donné pour désigner le contrôleur?—R. C'est bien probable.

Q. En réalité le contrôleur serait choisi par les présidents et les gérants de banque et recevrait l'investiture du juge en chef de la Cour suprême?—R. Si vous voulez; mais le juge en chef est maître du choix.

Q. Eh bien, s'il m'est permis de dire mon opinion personnelle, j'aime mieux ce mode de nomination que celle qui serait faite par le public par le Gouvernement ou par le Parlement.—R. Grand merci.

Q. On a proposé—il y a même une motion déposée devant la Chambre, à cet effet—de garantir les déposants. On désire que les petits déposants jusqu'à **3,000** dollars soient garantis par la création d'un fonds semblable au fonds de remboursement des billets de banque.

M. McMaster: Ce sujet ne devrait pas être abordé en l'absence de M. Ladner qui n'en a pas prévu la discussion.

M. Hughes: Très bien, je n'en demanderai pas davantage. Je pensais seulement que c'était une bonne occasion de provoquer l'avis du témoin, qui a eu de l'expérience en cette matière.

M. W. F. Maclean:

Q. Etes-vous en faveur de proposer un seul candidat au juge en chef ou plusieurs?—R. Un nombre quelconque.

M. Marler: Serait-il permis de poser au témoin une question un peu étran-

[Sir William E. Stavert.]

gère à celle de l'inspection des banques?

Le VICE-PRÉSIDENT: Très bien.

M. Marler:

Q. Je n'ai qu'une question à poser, c'est celle que j'ai déjà adressée ce matin au sujet des facilités de crédit accordées par les succursales éloignées de la direction. Sir William et le comité savent ce dont il s'agit. Les succursales éloignées offrent-elles les mêmes facilités aux emprunteurs que les succursales placées près de la direction?—R. Absolument.

Q. Autrement dit, les gérants des succursales extérieures disposent avec la même facilité des fonds de la banque que les gérants des succursales placées dans les grands centres.—R. Oui.

M. Spencer:

Q. Pour compléter la question de M. Marler, est-il vrai que des clients sûrs qui ont sollicité un crédit de leur succursale se sont vu refuser par le gérant, pour la raison que le bureau central de la banque avait décidé d'arrêter les crédits accordés jusque là à certaines succursales?—R. J'ai entendu parler de cas semblables, mais j'ai acquis la preuve que la défaite du gérant n'avait pas de justification sérieuse.

Q. Je sais parfaitement que des gérants ont donné cette excuse.—R. Le fait est indéniable.

Q. Pendant que j'ai la parole, je vais poser une autre question. Vous avez dit il y a un instant que l'inspection des banques canadiennes était, à votre jugement, mieux faite ici que dans les Etats-Unis. Voulez-vous nous faire connaître pourquoi vous pensez ainsi? Mais peut-être que je fais erreur?—R. Ce n'est pas tout à fait exact. J'ai dit que notre système, emprunté à l'Ecosse et à l'Angleterre, donnait bonne satisfaction. Je ne l'ai pas comparé au système américain.

M. SPENCER: Excusez-moi, c'est ce que j'avais cru comprendre.

M. Good:

Q. En parlant du système suivi par nos banques et leurs succursales?—R. Oui.

M. McTaggart:

Q. Je désirerais savoir, pour ma propre information, si les prêts accordés par une succursale doivent être en proportion des dépôts qu'elle reçoit?—R. Pas du tout.

Q. Il n'y a pas de rapport entre les deux?—R. Non.

M. W. F. Maclean:

Q. Pensez-vous que les petites banques ne peuvent pas faire davantage pour leur localité que les succursales dépendant de grandes banques dont la direction a son siège dans un centre éloigné? Malgré l'expérience du passé serait-il possible à de petites maisons de banque de s'installer et de progresser dans les petits centres?—R. L'expérience m'a prouvé que les succursales de grandes banques font plus d'affaires que les petites banques qui leur font concurrence dans la localité, pour la raison que le gérant de la succursale connaît seul les affaires du client, tandis que ce dernier est obligé de les divulguer au conseil d'administration de la petite banque locale.

M. McMaster:

Q. Est-ce un désavantage?—R. Je me contente de dire ce que j'ai vu.

M. Irvine:

Q. Votre expérience a-t-elle porté sur une petite banque indépendante?—R. Oui.

[Sir William E. Stavert.]

14-15 GEORGE V, A. 1924

M. Garland:

Q. N'est-il pas vrai que les petites succursales sont limitées pour l'ouverture d'un crédit beaucoup plus que les succursales des grandes villes ou du chef-lieu?—R. L'autorisation varie très peu d'un lieu à l'autre.

Q. Je dois différer d'avis d'après ce que je sais. Si vous pouvez nous mentionner la limite de crédit accordé à la succursale de la banque de Montréal à Toronto, je vous dirai à mon tour quelle est la limite que ne doit pas dépasser la succursale de la même banque dans la ville que j'habite, et vous verrez qu'il y a une grande différence. Par conséquent les facilités ne sont pas égales.

M. Marler:

Q. Avant que vous répondiez à cette question j'ai un mot à dire. Il peut être vrai et j'avoue qu'il est vrai que le gérant d'une succursale ne peut pas, de sa seule autorité, prêter les fonds de la banque. Mais tous les fonds de la banque sont à sa disposition pour ouvrir un crédit après en avoir référé à la direction générale. N'est-ce pas le cas?—R. Oui.

M. Garland:

Q. A ce propos, la rectification de M. Marler, n'est pas très justifiée. Une petite succursale de la banque de Montréal peut prêter dans le cours ordinaire jusqu'à 500 piastres, c'est la limite laissée à la discrétion du gérant. Au-dessus de ce chiffre on doit s'adresser au bureau de Calgary. Pour un crédit de 10,000 à 20,000 piastres—je ne suis pas sûr du montant—le bureau de Calgary doit en référer au siège de la banque, en sorte qu'il y a toute une série de démarches à faire. On voit donc que les facilités de crédit ne sont pas les mêmes à Montréal et à Toronto qu'à Rumsey. N'est-ce pas vrai?—R. Les facilités sont plus grandes quand on peut faire usage du télégraphe. Un gros emprunt peut être négocié en vingt-quatre heures quand on peut communiquer par dépêches. Avec une banque locale il faut attendre la décision du conseil d'administration qui se réunit peut-être une ou deux fois par semaine seulement. Si l'on veut des exemples je peux en citer.

M. W. F. Maclean:

Q. Vous n'êtes pas opposé aux fusions de banques?

M. McMASTER: Il ne l'a pas dit.

M. MACLEAN: J'ai cru comprendre qu'il a déclaré que les fusions de banques sont utiles au pays.

M. MARLER: C'est une autre question.

M. MACLEAN: Je le sais.

Le VICE-PRÉSIDENT: Que voulez-vous savoir?

M. Maclean:

Q. Je voudrais savoir si sir William est d'avis qu'il faudrait arrêter les fusions de banques?

Le VICE-PRÉSIDENT: Il n'y a pas d'opposition à cette question?

Le TÉMOIN: Les fusions ne peuvent avoir lieu qu'avec l'assentiment du ministre des Finances. Le public est prévenu contre ces opérations, mais les financiers estiment qu'elles sont quelquefois nécessaires, comme cela est arrivé en Angleterre où il n'y a plus que cinq banques aujourd'hui pour une population de 40,000,000 d'habitants.

M. Ward:

Q. La question que l'on examine depuis tout à l'heure est très intéressante et des plus importantes, celle concernant les facilités respectives accordées aux

[Sir William E. Stavert.]

succursales des districts ruraux et à celles des grands centres pour donner crédit. Malgré ce que vient de dire M. Marler, M. Edwards et le témoin, je pourrais vous mentionner un exemple qui intéressera le comité. Il n'y a pas longtemps, un petit industriel de ma localité...

Le VICE-PRÉSIDENT: Je désire rappeler à notre collègue que sir William Stavert n'a que quelques moments à notre disposition. Si vous avez une question à poser, c'est parfait, mais c'est perdre le temps du témoin et le temps du comité que d'entrer dans la discussion de cette question en ce moment.

M. WARD: Si vous m'aviez laissé continuer, j'aurais fini.

Le VICE-PRÉSIDENT: C'est parfait, posez votre question.

M. WARD: Je connais un homme qui a passé trois mois à faire des démarches pour obtenir un crédit du gérant de la succursale. Finalement il a dû faire le voyage jusqu'à Montréal et là en s'adressant à la direction il a obtenu que son crédit fût doublé. Je pourrais citer deux ou trois autres faits semblables arrivés dans notre ville. Les questions de tout à l'heure sont de nature à égarer le comité en lui faisant croire à tort qu'il est aussi facile d'obtenir un prêt à la campagne qu'à la ville.

Le VICE-PRÉSIDENT: Messieurs, y a-t-il d'autres questions?

M. Coote:

Q. Une question seulement. Sir William a proposé, je crois, de déclarer en propres termes dans la loi que le Gouvernement n'accepte pas de responsabilité à l'égard des déposants. Qu'est-ce que le témoin penserait de faire une obligation d'afficher dans les succursales de banque une pancarte prévenant le public que le Gouvernement ne se porte pas garant de l'argent déposé dans les banques?

—R. Je ne peux pas répondre à cette question.

M. Hughes:

Q. Sir William, est-ce que le but principal des banques, en ouvrant des succursales dans les petits centres, n'est pas de recevoir des dépôts d'argent plutôt que d'en prêter?

Le VICE-PRÉSIDENT: Notre temps est épuisé, il faut lever la séance. Je suis sûr d'être l'interprète de la pensée du comité en remerciant sir William Stavert pour les choses importantes qu'il nous a apprises. La prochaine séance est fixée à mardi, onze heures.

(Le témoin se retire.)

Le comité lève la séance.

SALLE DE COMITÉ N° 429
CHAMBRE DES COMMUNES
MARDI, 20 mai 1924.

Le comité spécial permanent des Banques et du Commerce se réunit à onze heures du matin.

Le SECRÉTAIRE: Le mardi 15 mai Son Honneur monsieur l'Orateur a lu à la Chambre le lettre de démission de l'honorable Walter G. Mitchell, membre de la Chambre. M. Mitchell était président de ce comité, je dois en conséquence demander aux membres d'élire un nouveau président.

M. HUGHES: M. Vien a rempli les fonctions de président depuis quelques jours à la satisfaction générale, je crois; je propose donc qu'il soit élu président du comité.

M. SPENSER: J'appuie la proposition.

Le SECRÉTAIRE: Y a-t-il d'autres candidats? En ce cas je déclare M. Vien élu et le prie de prendre le fauteuil.

M. Vien prend le fauteuil.

[Sir William E. Stavert.]

Le PRÉSIDENT: Je vous remercie cordialement pour l'honneur qui m'est fait et pour cette marque de confiance. Je connais trop l'humilité de mes moyens pour croire que mes capacités m'ont mérité cet honneur. Depuis que je fais partie du comité des Banques et du Commerce, depuis 1921 surtout, mes relations avec les membres de ce comité, ont été des plus agréables et j'ai appris à connaître la sincérité et le dévouement qui les animaient; je compte donc sur leur encouragement pour m'aider dans ma tâche. J'accepte l'honneur qui m'est offert et je ferai tout en mon pouvoir pour exécuter mes fonctions du mieux possible. J'espère m'élever à la hauteur de votre attente.

Messieurs, j'ai à vous communiquer une lettre du président de la Chambre au chef du service sténographique de la Chambre des Communes. Cette lettre porte sur les règles concernant le recueillement et l'impression des délibérations des comités. Elle sera imprimée dans notre compte rendu, de sorte que les membres du comité pourront en prendre connaissance demain. (Voir page cxlx).

On passe aux avis de motion.

M. W. F. MACLEAN: Voulez-vous faire connaître le programme de l'audition des témoins?

Le PRÉSIDENT: Je le ferai dans un instant. J'ai reçu le texte d'une motion de M. Spencer ainsi conçue:

> Que la loi des banques soit modifiée et statue que les fonds de la caisse de circulation servent d'abord à rembourser les billets émis par une banque qui a fermé ses guichets et que l'actif de la banque ne soit employé au payement de ces billets qu'après avoir épuisé les fonds de ladite caisse.

Y-a-t-il d'autres avis de motion?

Messieurs, nous avons le plaisir d'avoir au milieu de nous ce matin M. John W. Pole, premier examinateur des Banques Nationales attaché au département du Trésor à Washington. M. Pole a bien voulu se rendre à notre invitation pour venir donner son témoignage sur le fonctionnement du système d'inspection des banques dans les Etats-Unis. Nous allons l'entendre le premier. Nous entendrons ensuite M. Skelton Williams, jeudi prochain. M. Pole est à notre disposition aujourd'hui et demain.

L'hou. M. STEVENS: Je proposerais, monsieur le président, d'entendre ce que M. Pole a à nous dire avant de lui poser des questions. Autrement, étant donné la proportion des comités de ce genre à poser questions sur questions à un témoin, nous pourrions perdre une grande partie de la valeur de son témoignage. Après qu'il aura parlé, je suppose qu'il n'aura pas d'objection à ce qu'on lui fasse des questions.

Le PRÉSIDENT: La proposition de M. Stevens est très heureuse. Elle s'inspire de la procédure que le comité a établie et suivie depuis l'ouverture de cette enquête, et d'après laquelle le témoin expose son point de vue et répond ensuite aux questions qui lui sont posées.

M. W. F. MACLEAN: Combien de temps le témoin va-t-il demeurer ici?

Le PRÉSIDENT: Aujourd'hui et demain. Dans l'intervalle on va suspendre le témoignage de M. Edwards, afin de ne pas retenir les deux messieurs qui nous viennent des Etats-Unis.

M. HUGHES: Y a-t-il une limite de temps imposée à chaque membre qui veut questionner le témoin?

M. McMASTER: Ce point est laissé à la discrétion du président qui agira sagement et justement.

Le PRÉSIDENT: Il ne serait pas correct de limiter les membres du comité. Il y en a qui sont plus intéressés que d'autres à questionner les témoins. J'ai dit tout à l'heure que nous croyons tous à la sincérité des intentions de chacun de nos collègues. Nous sommes tous désireux de faire notre devoir et de répondre

[M. John W. Pole.]

pleinement à l'attente du Parlement. La Chambre nous a chargés d'étudier l'ap-propos de faire des changements à la loi des banques, pour prévenir le retour de l'incident malheureux comme celui de la faillite de la Home Bank et de garantir davantage l'argent des déposants.

M. W. F. MacLean: Dans le même ordre d'idées, monsieur le président et vu que le temps des témoins est limité, je proposerais que nos questions soient aussi brèves que possibles.

Le PRÉSIDENT: La proposition est pleine de bon sens.

M. G. W. Pole est appelé à la barre.

Le PRÉSIDENT: Monsieur Pole, puis-je vous demander de faire au comité un court historique de votre carrière dans l'administration des banques, afin que le comité puisse vous admettre à témoigner comme expert.

Le TÉMOIN: Je suis né en Angleterre et j'y ai vécu jusqu'à l'âge de vingt-trois ans, en sorte que je puis dire que je me sens pratiquement chez moi dans une ville qui arbore l'Union-Jack. J'émigrai aux Etats-Unis en 1893, où je prati-quai le génie civil pendant quelque temps, puis j'entrai dans la banque au Ken-tucky, plus tard dans l'Alabama où je fis partie de l'administration de plusieurs maisons de banque. En 1915 j'ai été nommé examinateur des banques nationales. A partir de ce moment et après avoir parcouru plusieurs régions des Etats-Unis pour faire l'épuration des comptes de diverses banques, je restai pendant cinq ans examinateur en chef des banques nationales,—fonctions que j'expliquerai tout à l'heure,—dans le 6e district fédéral, après quoi, l'année dernière je fus nommé examinateur en chef des banques nationales pour tous les Etats-Unis, ayant mes bureaux à Washington dans l'édifice du Trésor.

Le PRÉSIDENT: Monsieur Pole, la Chambre a chargé le comité de lui pro-poser des modifications à la loi des banques qui empêcheraient le retour d'acci-dents comme celui de la faillite de la Home Bank qui a mis les déposants en grand danger de perdre tout leur argent. Le Comité désire beaucoup vous enten-dre sur la question d'inspection des banques, et principalement sur le mode en usage dans les Etats-Unis, afin de savoir si l'on ne pourrait pas améliorer notre système en empruntant quelque chose au vôtre. Pour ce motif, nous vous prions de nous exposer en gros les règles adoptées chez vous dans l'inspection des ban-ques et, si vous êtes en état de le faire, d'en montrer les différences avec le sys-tème canadien.

Le TÉMOIN: Monsieur le président et messieurs, quand je reçus votre télé-gramme et jusqu'à il y a un instant, avant que vous prissiez la parole, je me demandais ce que vous attendiez de moi au juste. Je supposais bien qu'il devait être question d'expertise, d'examen de comptes, mais je ne connaissais encore rien de votre système. Je ne savais même pas que vous en eussiez. Je croyais que vos banques n'étaient obligées de présenter au ministre des Finances qu'une vérification par un comptable.

M. W. F. MacLean: C'est le cas.

Le TÉMOIN: Comme vous le savez tous, messieurs, nous avons aux Etats-Unis deux sortes de banques. Il y a les banques d'état exploitées conformément aux lois de chaque état et qui sont soumises à l'examen du département des ban-ques existant dans les états. Nous avons quarante-huit états, par conséquent qua-rante-huit systèmes différents, avec des lois différentes et des modes de vérifica-tion différents aussi. Il est généralement reconnu que l'examen de ces banques est plus ou moins sévère, comme le prouve ce fait que les faillites des banques d'état sont beaucoup plus nombreuses que les banqueroutes des banques nationales. Le contrôleur de la monnaie est chargé de la surveillance et de l'examen des banques pour le gouvernement des Etats-Unis. Tous les contrôleurs qui se sont succédé ont cherché à rendre cet examen plus strict et ils ont travaillé à garantir davantage l'intérêt des déposants, des créanciers et des actionnaires.

[M John W. Pole.]

Durant le passage de M. John Skelton Williams, qui doit être entendu devant vous, je crois, il a été fait des changements radicaux dans l'examen des banques. Cet examen a été rendu plus sévère.

M. Hughes:

Q. Vous parlez de l'examen des banques d'état et des banques nationales? —R. Je parle des banques nationales. Sous la direction de M. Dawes, l'examen est devenu peut-être encore plus technique et plus pratique. Mon explication, monsieur le président, sera nécessairement incomplète, parce que je dois me fier à ma mémoire.

Le corps des examinateurs aux Etats-Unis comprend environ deux cent cinquante titulaires et deux cent cinquante adjoints, dirigés par douze examinateurs principaux. Le territoire de la république est divisé en douze régions de la Réserve fédérale, à la tête de chacune se trouve un examinateur en chef pour toutes les banques comprises dans ses limites. La loi décrète que les banques seront examinées deux fois par année; mais le contrôleur de la monnaie a le pouvoir de faire l'examen d'une banque autant de fois qu'il le juge à propos, et il n'est pas rare que l'examen soit renouvelé tous les deux mois, quand il arrive qu'une banque est dans une situation peu satisfaisante.

M. W. F. Maclean:

Q. Est-ce qu'on avertit qu'un examen aura lieu?—R. On n'est pas informé d'avance, monsieur Maclean. Le fait est que les examens ont lieu à intervalles irréguliers, de sorte que les directeurs de la banque ne sont pas prévenus quand l'examinateur se présente.

Q. Parlez-vous de l'examen des banques nationales?—R. Oui, monsieur. La fonction de l'examinateur principal consiste à surveiller le travail des examinateurs dans son district. Les examinateurs et leurs adjoints font rapport à l'examinateur principal du district de la Réserve fédérale; ces rapports sont imprimés et expédiés à Washington. Un exemplaire du rapport d'examen est remis à la banque, un autre à l'examinateur pour s'y référer à l'examen suivant, un troisième demeure aux archives de son bureau et un quatrième est envoyé à la banque fédérale de réserve de la région. Les rapports envoyés à Washington y sont examinés par des techniciens expérimentés provenant des diverses régions de la République dotées de banques et appelés Assistant Chief National Bank Examiners, aides-examinateurs en chef des banques nationales. Ce sont tous des hommes ayant acquis de l'expérience dans la conduite des banques, choisis pour leur habileté à analyser un rapport et à correspondre avec les banques pour faire rectifier des erreurs ou des imperfections que l'examen a mises au jour. On procède à l'examen sous forme de questionnaire dont je vous communiquerai, avec plaisir, un modèle, ainsi que d'autres renseignements qui pourraient intéresser le Comité.

Q. Combien de pages ce questionnaire couvre-t-il?—R. Environ douze pages; il constitue avec les réponses une analyse complète des affaires de la banque. L'examinateur se présente avec ses aides sans se faire annoncer. Dans une grande institution comme la Banque Nationale de la ville de New-York, par exemple, l'examinateur est assisté de trois adjoints et d'un personnel de cinquante commis; dans les banques moins importantes l'examinateur avec un aide suffit à la besogne. L'examen ne comprend pas la vérification des prêts chez les emprunteurs ni les dépôts. En outre, on considère comme plus important, vu que les grandes banques ont elles-mêmes un service de vérification, d'analyser avec soin les inscriptions à l'actif de la banque. Le rapport les qualifie *lents*, *douteux* ou *pertes*, suivant le cas. Est-ce que le Comité trouverait intéressant si

[M. John W. Pole.]

APPENDICE No 1

je lui expliquais le caractère de quelques-unes des questions qui sont faites au cours de l'examen?

La formule est jointe au dossier comme pièce n° 1 (non imprimé).

Le PRÉSIDENT: Ce serait un bon plan, je crois.

Le TÉMOIN: Cela vous donnerait une idée de notre mode d'examen. La première page comprend un état de la situation de la banque, c'est-à-dire (*pièce n° 1*) le rapport de l'examinateur sur la situation de la banque. On y donne le nom du président et celui du caissier, et l'état de la banque comprenant tout son actif et tout son passif.

M. Hughes:

Q. Cet état est dressé par les fonctionnaires de la banque?—R. Cet état est dressé par nos examinateurs d'après le grand-livre. Les fonctionnaires et les commis de la banque nous aident bien peu dans notre travail. Nous n'avons pas besoin de leur aide et nous ne la leur demandons pas. Nous puisons nos renseignements directement dans les livres de la banque. Puis vient la liste des engagements accidentels et, à la suite, les noms de tous les administrateurs ou directeurs de la banque, leur domicile postal, le nombre d'actions qu'ils possèdent, le nombre d'assemblées auxquelles ils ont assisté depuis le dernier examen et des renseignements sur les engagements contractés par les directeurs individuellement ou au nom de leur maison. On constate aussi les engagements des directeurs par endossement ou caution et la profession ou l'état des directeurs, de sorte que l'on connaît les avances faites par la banque directement ou indirectement, auxquelles sont ajoutés les prêts aux commis et fonctionnaires. Après cela. nous dressons la liste des avances faites aux compagnies dans lesquelle les administrateurs ont un intérêt. C'est un tableau très important. Il comprend les commis et fonctionnaires, puis le président, le vice-président, le caissier et ses aides avec ce qu'ils doivent à la banque. Il y a des questions relatives au cautionnement, des employés, le chiffre du cautionnement s'il est constitué par un dépôt personnel ou par une caution, s'il est suffisant, s'il est effectif et qui en a la garde; s'il fait l'objet d'un examen; enfin, si les cautionnements ont été dûment approuvés par le conseil d'administration. Sous l'en-tête *Prêts et escomptes* figure la liste des maisons industrielles et autres emprunteurs qui ont reçu des avances; la répartition des prêts est-elle juste entre les différentes catégories d'emprunteurs et dans le montant des prêts?" "Mentionnez le caractère général des sûretés et si l'on tient un registre des sûretés"; inscrivez les faits directement ou indirectement à des compagnies ou à des entreprises dans lesquelles un fonctionnaire ou un directeur de la banque est intéressé pour une grande part, avec le nom de l'emprunteur". Dans le cas où un prêt est sujet à caution, mention en est faite aux pages suivantes. Engagements des administrateurs ou fonctionnaires, comme faiseurs ou endosseurs, sujets à caution; donnez une explication complète"; "Mentionnez si tout le papier que la banque prétend être sa propriété, y compris les sûretés, porte un endos suffisant ou lui a été légalement cédé, et si toutes les hypothèques et les gages ont été inscrits comme ils le devaient. Vient ensuite le taux de l'intérêt payé par la banque, le plus élevé, le plus bas et le taux moyen. "La banque place-t-elle des valeurs-papier dans d'autres banques et quelle est la responsabilité acceptée par celle-ci en conséquence?" — "Est-ce inscrit comme engagement?" — "Ce papier est-il endossé?"

M. Hughes:

Q. On place du papier, cela veut dire qu'on l'escompte?—R. Non, le papier est placé. On l'appelle du papier vendu; ce n'est pas une valeur réescomptée. Ce papier est vendu à une autre banque apparemment sans recours, et souvent avec une garantie souscrite par la banque qui livre le papier et qui contracte ainsi un engagement, quoique cet engagement ne figure pas aux écritures. L'affaire est

[M. John W. Pole.]

14-15 GEORGE V, A. 1924

importante, parce que plusieurs banques se sont trouvées en difficultés à cause de cela. C'est une pratique dangereuse, assez répandue, particulièrement dans l'Ouest.

M. McMaster:

Q. Voulez-vous nous expliquer ce mode d'opération?—R. La banque accorde un crédit à un client qui est bien prêt de l'avoir épuisé. Elle vend du papier ou les sûretés qu'elle a reçus à un de ses correspondants, afin de lui permettre de continuer son crédit au client; elle endosse le papier sans recours, et se trouve à l'avoir placé sans obligation de sa part. Cependant, le caissier envoie une lettre à la banque qui a acheté le papier pour l'aviser d'en inscrire la valeur au compte de la première, lorsqu'il deviendra dû, et que celle-ci en fera le règlement, ce qui constitue une garantie. Voilà ce qui se fait.

Q. Quelle est l'utilité de l'endossement sans recours?—R. C'est d'empêcher une inscription au passif dans les livres de la banque. "Inscrivez les certificats émis par d'autres banques nationales, comme ils se trouvent entre les mains de la banque et autres détails utiles". Vient ensuite la liste de toutes les autres valeurs entre les mains de la Banque Nationale. Le numéro suivant sur le crédit dont la banque peut disposer et sur les renseignements y relatifs. On dresse ensuite une liste de tous les prêts considérés comme mauvais. Ce sont les prêts sur lesquels aucun intérêt n'a été payé depuis six mois, dont la garantie est insuffisante et qui sont mis en recouvrement. On fait une liste de ces prêts. On en fait une autre, évidemment, des autres effets devenus dus, avec tous les détails nécessaires, afin d'établir le rapport entre les effets en retard et le nombre des prêts accordés. On dresse ensuite un tableau des prêts dépassant la limite réglementaire. C'est un abus que les banques commettent assez fréquemment...

M. Maclean:

Q. Qui fixe cette limite?—R. Elle est fixée par la loi.

M. Coote:

Q. Voulez-vous dire en quoi consiste cette limite?—R. Elle est établie par l'article 5200 de la loi sur les banques nationales; elle a de nombreuses exceptions.

Q. Voulez-vous nous en donner un aperçu?—R. Elle est en général fixée à 10 p. 100 du capital et de l'excédent des recettes de la banque.

M. Maclean:

Q. Pour un client?—R. Pour un client; il y a de nombreuses exceptions. Ainsi, exception est faite pour le papier et les effets commerciaux, pour les prêts garantis par des marchandises de placement immédiat et non sujettes à s'avarier. D'autres exceptions sont faites en faveur des bonds de la liberté. La limite de 10 p. 100 s'applique au papier ordinaire. Je dépose un tableau des diverses exceptions à la règle de limiter les prêts à 10 p. 100.

(Ce document est joint au dossier sous le numéro 2.) (Voir p. 80).

[M. John W. Pole.]

PIÈCE N° 2

Enumération des prêts qu'on peut faire au-dessus de 10 p. 100 du capital et de l'excédent de la banque.

Les sommes qu'une banque nationale peut prêter à un seul individu, à une compagnie, une société un établissement (mettant ensemble les engagements d'une société ou compagnie et ceux des membres qui la composent), par application des dispositions de l'article 5200, modifié par la loi entrée en vigueur le 22 octobre 1919, sont représentés par le pourcentage du capital versé et libre et par l'excédent de la banque qui fait le prêt.

Particularités du prêt.	Limites des prêts.
(A) Prêt direct ou de complaisance sur un seul ou plusieurs noms. Prêts garantis par des actions, des obligations et des hypothèques autorisées sur immeubles.	Limite maximum: 10 p. 100 du capital versé et non engagé et de l'excédent de la banque. La loi ne met aucune limite.
(B) Lettres de change tirées sur des valeurs réelles. La loi décrète que dans cette formule rentrent:	
(a) Traités et lettres de change garanties par des actes d'expédition qui transportent le titre ou l'engage sur les marchandises chargées.	On exceptera les traites tirées par un agent sur son principal et garanties dans les conditions indiquées; la vente de la marchandise n'est pas une condition nécessaire. Comprend les billets et les traites.
(b) Engagements à vue, garantis par des documents concernant des marchandises transportées.	L'expression "marchandises transportées" ne signifie pas nécessairement qu'elles sont chargées sur les wagons, mais s'entend de marchandises effectivement réunies et livrées aux voituriers sans délais inutiles et évitables.
(c) Effets acceptés par le banquier et énumérés à l'article 13 du Federal Reserve Act.	Effets acceptés précédemment par d'autres banques.
(C) Effets commerciaux (tirés par d'autres faiseurs) devenus la propriété de l'individu, de la maison, société ou compagnie qui les négocie.	La loi ne met aucune limite.
(D) Billets garantis par des actes d'expédition, récépissés d'entrepôt ou autres documents transportant ou engageant le titre sur des marchandises d'un placement immédiat et non sujettes à s'avarier, y compris le bétail. Toutefois, la banque ne pourra faire de prêts prévus à la lettre (D) ci-dessus:	15 p. 100 du capital et de l'excédent de la banque en plus du montant permis et prévu sous la lettre (A); mais si le montant prévu à la lettre (A) n'est pas atteint, alors le montant permis sous la lettre (D) peut être augmenté par la partie demeurée inutilisée prévue à la lettre (A). Autrement dit, le montant du prêt autorisé sous la lettre (A) ne doit pas dépasser 10 p. 100, mais le montant réuni des lettres (A) et (D) peut aller jusqu'à 25 p. 100. sans les dépasser.
(a) Si la valeur marchande réelle des objets donnés en garantie est inférieure à 115 p. 100 du montant inscrit sur le billet;	
(b) Si les objets engagés ne sont pas assurés à leur pleine valeur, et en aucun cas les avantages prévus à la lettre (D) ne seront conférés à un seul client pendant plus de six mois sur douze mois consécutifs.	10 p. 100 du capital et de l'excédent de la banque en plus du montant permis et prévu sous la lettre (A); mais si le montant prévu à la lettre (A) n'est pas atteint, alors le montant permis sous la lettre (E) peut être augmenté par la partie demeurée inutilisée prévue à la lettre (A). Autrement dit, le montant du prêt autorisé sous la lettre (A) ne doit pas dépasser 10 p. 100, mais le montant réuni des lettres (A) et (E) peut aller jusqu'à 20 p. 100, sans les dépasser.
(E) Billets garantis pour un montant égal par des obligations ou des billets des Etats-Unis, émis postérieurement au 24 avril 1917, ou par des certificats ou reconnaissances de dette du gouvernement des Etats-Unis.	Il n'y a pas de limite, mais cet avantage expire le 31 décembre 1920, en vertu des règlements établis par le Contrôleur de la monnaie.
(F) Billets garantis par des obligations du gouvernement des Etats-Unis définis sous la lettre (E) et dont le montant doit égaler au moins 105 p. 100 du montant des billets du client.	

Le TÉMOIN: Monsieur le Président, est-ce que je me tiens dans les limites désirées par le comité?

Le PRÉSIDENT: C'est bien cela.

Le TÉMOIN: Je désire vous renseigner au meilleur de ma connaissance. Il est permis aux banques de prêter sur immeubles; la chose leur est permise jusqu'à un certain point. Il leur est permis de prêter sur hypothèque à de simples personnes, jusqu'à concurrence de leur capital et de leur surplus.

M. McMaster:

Q. Dans quelle proportion de la valeur?—R. Jusqu'à 50 p. 100 de l'évaluation, mais ne dépassant jamais, dans le cas de propriétés améliorées, des échéances de cinq ans, et dans le cas de propriétés urbaines améliorées, un an.

M. Hughes:

Q. Evaluées par qui?—R. Pas nécessairement l'évaluation des cotiseurs, mais une évaluation raisonnable à laquelle on arrive par les meilleurs moyens possible.

L'hon. M. Crerar:

Q. Et qui comprend les améliorations?—R. Qui comprend les améliorations.

M. Maclean:

Q. Vous prenez en considération les hypothèques qui existent déjà?—R. Il faut à la banque une première hypothèque, et la propriété doit être dans le district ou dans un rayon de cent milles de la Federal Reserve Bank faisant le prêt. Une banque peut prêter sur immeuble dans l'ensemble, 25 p. 100 de son capital et surplus, ou un tiers de ses dépôts à terme. Selon la loi McFadden, qui vient d'être proposée et dont nous souhaitons l'adoption parce qu'elle rend plus claire la loi des banques nationales, et c'est son premier éclaircissement depuis 1865, il est permis aux banques de prêter sur immeuble jusqu'à concurrence de 50 p. 100 de leurs dépôts à terme, et pour que les prêts sur propriétés urbaines deviennent plus liquides, les échéances sont étendues d'un à cinq ans. Il y a aux Etats-Unis un marché pour les prêts n'échéant pas avant cinq ans, alors qu'il n'y en a pas pour les prêts remboursables dans un an. Cependant, une banque peut se protéger en prenant une hypothèque sur toute autre chose afin de garantir une dette contractée antérieurement. Elle peut prendre une première, deuxième ou troisième hypothèques.

L'item suivant en importance est celui des gros comptes. Cela s'applique aux crédits qui ne sont pas technicalement excessifs, mais qui, parfois, sont trop lourds pour les ressources de la banque, et que l'examinateur considère comme une trop grande extension de crédit. Ces comptes, qui sont sujets à la critique parce qu'ils représentent des extensions injustifiées de crédit à une même firme ou à plusieurs intérêts affiliés, comprennent les prêts, les actions, les obligations et autres formes de crédit, et qui peuvent être hors de proportion avec les ressources de la banque. Ces effets sont inscrits avec les garanties collatérales. Il existe une autre entrée spéciale pour autres avances qui peuvent paraître considérables et au sujet desquelles il y a si peu d'information que l'examinateur n'a pas les moyens de se rendre compte de la valeur du compte. Viennent ensuite les comptes courants qui sont classifiés en lents, douteux et perdus; il y a ensuite une cédule des obligations et autres sécurités détenues par la banque ainsi que leur valeur de garantie et leur valeur marchande. Les item immobiliers. Il y a ensuite les maisons bancaires. Une banque nationale n'a pas le droit de posséder des immeubles pour autre fin que leur occupation immédiate ou prochaine, mais elle peut de temps à autre acquérir des immeubles pour la protection de certains comptes, et cela devient alors un item très lent.

[M. John W. Pole.]

M. Hughes:

Q. Pendant combien de temps la banque peut-elle garder les immeubles? —R. Pendant cinq ans.

M. Marler:

Q. Elle peut les garder seulement cinq ans?—R. Oui.

Q. Qu'arrive-t-il alors?—R. La loi exige que la propriété soit vendue dans les cinq ans. Si ellle n'est pas vendue il faut en disposer le plus tôt posisble. Je crois qu'ici vous avez douze ans, n'est-ce pas?

Q. Oui.—R. Et il y a une pénalité si la propriété n'est pas vendue dans le temps prescrit est-ce bien cela?

Q. Oui.—R. Mais une des faiblesses de la loi des banques nationales est que souvent la pénalité dépasse son but. Le seul remède entre les mains du contrôleur c'est de prendre des procédures pour la suspension de la charte, ce qui serait une chose absolument absurde dans le cas d'une banque détenant une propriété pendant plus de cinq ans.

M. Hanson:

Q. A-t-on jamais eu recours à ce procédé?—R. Jamais.

M. Woodsworth:

Q. Peut-il y avoir une extension de temps?—R. Naturellement. Nous sommes dans la position suivante: Si une banque acquiert un immeuble, et si, après cinq ans il lui est impossible d'en disposer, tout ce qu'elle peut faire, c'est de rester propriétaire, de sorte qu'il y a automatiquèment extension de temps, et personne ne s'en préoccupe, si ce n'est de vendre au plus tôt.

M. Spencer:

Q. Il n'y a pas de vente forcée?—R. Non, il n'y en a pas du tout.

L'hon. M. Crerar:

Q. Dans ce cas, l'immeuble est porté comme partie de l'actif de la banque? —R. Naturellement, c'est une partie de l'actif.

M. Woodsworth:

Q. Si la propriété était transférée à une compagnie commanditaire dont la majorité des actions serait détenue par la banque, la chose serait-elle considérée comme légitime?—R. La banque n'aurait pas le droit de détenir des actions de la compagnie affiliée, mais les directeurs pourraient personnellement porter ces actions, et s'ils le jugeaient à propos, soulager la banque de cette propriété, ce qui serait parfaitement permis. En d'autres termes, la banque traiterait avec cette corporation affiliée comme elle traiterait avec toute autre corporation désintéressée.

Q. Mais serait-il permis à la banque elle-même de contrôler le capital-actions?—R. Il ne serait pas permis à la banque de contrôler le capital-actions, à moins que les actions ne soient détenues par l'intermédiaire des actionnaires de la banque.

M. Shaw:

Q. Dans le cas que vous suggérez, la banque serait forcée de faire payer sa réclamation en entier?—R. Pas nécessairement en entier. Elle peut prêter à une compagnie l'argent nécessaire à l'achat de la propriété, ou elle peut vendre à une corporation une propriété à un prix raisonnable, mais pas nécessairement la pleine valeur à laquelle elle figure dans les livres de la banque.

[M. John W. Pole.]

M. Woodsworth:

Q. La même règle s'aplique-t-elle aux compagnies subsidiaires?—R. En ce qui concerne les actions?

Q. Oui?—R. A l'exception des actions des compagnies de fiducie et des actions des corporations pour faire des opérations bancaires à l'étranger, et naturellement, aussi, des actions que la banque nationale détient dans la Federal Reserve Bank. Ce sont les seules exceptions.

Q. Que dites-vous des compagnies commanditaires dans le cas où elles possèdent les immeubles de la banque?—R. La banque peut en posséder des actions.

M. Hughes:

Q. Une partie, ou le contrôle?—R. Soit une partie, soit la majorité. Maintenant, nous parlons des immeubles occupés par les banques, de leur évaluation, s'ils sont surévalués, si elles sont propres à leur fin, ou s'ils sont un embarras, s'ils sont bien assurés, si les voûtes sont ce qu'elles devraient être, etc.

M. Coote:

Q. Y a-t-il une limite quelconque au montant qu'une banque peut placer dans un immeuble?—R. Il n'existe aucune législation à cet effet.

M. Woodsworth:

Q. Comment se fait l'évaluation des propriétés d'une banque?—R. La chose est possible sur une base de revenu, ou sur une base de valeur marchande, mais généralement les banques sont très modestes dans l'évaluation de leurs propriétés, et c'est qu'on s'efforce toujours d'atteindre.

Q. Est-il possible, cependant, d'en arriver à une évaluation raisonnable des propriétés d'une banque?—R. L'évaluation des propriétés d'une banque est généralement faite par un bureau d'évaluateurs, d'agents d'immeubles ou d'ingénieurs, nommés ou par la banque ou par le département, et quand il y a conflit, le contrôleur a le droit de faire faire une évaluation, et il a toute discrétion à ce sujet.

M. Spencer:

Q. Quelle est la proportion du capital qu'une banque peut engager dans ses immeubles?—R. Il n'y a rien de cela dans la loi des banques. C'est laissé à la discrétion des directeurs.

Q. Je comprends cela, mais quel est le pourcentage ordinaire?—R. En général?

Q. Quelle est la moyenne?—R. Je pourrais dire environ 50 p. 100 dans le cas des petites banques. Cela varie, et je ne puis pas faire une estimation. Il n'est pas possible d'établir une moyenne.

M. Coote:

Q. Vous n'avez pas de chiffres?—R. Non.

M. McMaster:

Q. Comme banquier, quelle doit être dans votre opinion, la valeur des propriétés d'une banque comparativement au total de ses ressources?—R. C'est une chose qui varie beaucoup suivant les milieux et je ne voudrais pas me prononcer sur ce point. C'est une chose qui a été beaucoup discutée mais je ne crois pas qu'on en soit jamais arrivé à une conclusion.

M. Maclean:

Q. Ce n'est pas une chose définie dans aucune banque?—R. Non, mais il y a partout des efforts pour diminuer autant que possible la valeur des immenbles portés par la banque.

[M. John W. Pole.]

M. Woodsworth:

Q. La dépréciation est-elle déduite chaque année sur la valeur des édifices d'une banque telle que portée à l'actif, de sorte que la valeur totale vient à s'éliminer complètement?—R. Cela est possible, mais ne se fait pas dans un grand nombre de cas.

Q. Cela n'est pas requis?—R. Non, cela n'est pas exigé. La banque a le droit de porter à son actif la valeur de ses édifices sur une évaluation raisonnable.

Q. Une banque peut-elle construire un grand édifice et n'en occuper qu'une partie?—R. Oui, cela se peut; il n'y a aucune objection à cela?

Le président:

Q. Est-ce l'habitude de créer une réserve secrète en augmentant ou diminuant l'évaluation des édifices de la banque?—R. Oui, cela se fait souvent dans le cas des édifices bancaires.

Q. Dans d'autres cas?—R. Fréquemment.

M. Hanson:

Q. Cela se fait-il souvent avec d'autres sécurités?—R. Nous exigeons que tout l'actif de la banque figure dans ses livres. Naturellement, il y a parfois des comptes qui sont gonflés, mais quand nous les découvrons, nous exigeons que les livres en fassent mention.

Q. Les comptes sont-ils des fois dépréciés pour créer une réserve secrète?—R. Quand cela arrive, nous exigeons qu'ils soient rétablis à leur juste valeur. Vous parlez d'obligations et titres?

Q. Oui.

Le président:

Q. Si vous découvrez que l'actif d'une banque a été sous-évalué dans le but de créer une réserve secrète, il ne peut y avoir d'objections?—R. De sérieuses objections.

Q. Vous exigez que les rapports donnent les valeurs actuelles?—R. Oui, excepté dans le cas des maisons bancaires qui sont là pour s'expliquer.

Q. Si au cours de votre inspection vous découvrez que les immeubles d'une banque ne sont pas inscrits à leur pleine valeur, vous n'y voyez aucune objection?—R. Non, nous ne nous opposons pas à cela, mais il en est autrement pour le reste de l'actif; nous exigeons qu'il soit porté à sa valeur raisonnable.

M. Woodsworth:

Q. Combien y a-t-il de classes de valeurs collatérales dans cette cédule?—R. Il y a simplement une cédule pour obligations et titres. Avez-vous parlé des classes de valeurs collatérales?

Q. Oui, combien de classes dans les valeurs collatérales?—R. Dans les obligations et sécurités, dites-vous?

Q. Dans la cédule que vous avez mentionnée il y a un instant, y a-t-il différentes classes de valeurs collatérales?—R. Vous voulez parler du caractère général des valeurs collatérales?

Q. Oui.—R. Il n'y a pas de classes. C'est tout simplement pour guider l'examinateur. Si, dans une banque, il constate que certaines valeurs collatérales sont toutes du même genre, s'il y a trop des mêmes actions ou obligations, il notera la chose dans son rapport. Il doit naturellement faire un examen minutieux du numéraire et des espèces. "Capital-actions".—La banque n'a pas le droit d'être propriétaire de ses propres actions. Si elle en acquiert, elle doit en disposer dans six mois.

[M. John W. Pole.]

14-15 GEORGE V, A. 1924

M. W. F. Maclean:

Q. Elle ne peut porter ses propres actions même pour un fonds de pension?
—R. Elle ne peut sous aucun prétexte porter ses propres actions pendant plus de six mois, et à la fin de six mois, elles doivent être vendues à l'enchère.

M. Coote:

Q. Peut-elle porter les actions d'autres banques?—R. Seulement comme collatéral. Elle ne peut acquérir les actions des autres banques.
Q. Peut-elle acquérir les actions d'une compagnie de fiducie qui est simplement subsidiaire?—R. Non, elle ne le peut pas.

M. Woodsworth:

Q. Les actions portées sont-elles considérées comme une base de crédit?—R. Vous voulez dire par la banque?
Q. Oui.—R. Pas du tout; une banque ne peut prêter sur ses propres actions.

M. Hanson:

Q. Mais une autre banque le peut?—R. Oui, une autre banque le peut.
Q. Y a-t-il la double responsabilité pour une banque?—R. Oui
Q. Recommandez-vous la continuation de cela?—R. Assurément.

M. Woodsworth:

Q. Comment pourrez-vous faire payer la double responsabilité?—Le paiement peut être exigé par le receveur, ou les créanciers eux-mêmes peuvent réclamer la sanction de la double responsabilité dans le cas d'une banque insolvable. Naturellement, dans le cas d'une banque dont le capital est ébréché, et il ne s'en suit pas qu'une banque soit pour cela insolvable, la double responsabilité est appliquée.

M. Shaw:

Q. Même sans que la banque devienne insolvable?—R. Même sans que la banque devienne insolvable. Si son capital se trouve entamé, un avis de répartition est signifié aux actionnaires.

Le président:

Q. C'est ce qui se fait en pratique?—R. Oui, très fréquemment.

M. W. F. Maclean:

Q. Selon la loi, est-ce la pratique?—R. C'est prévu par un article de la loi des banques.
M. McMaster: Pourrai-je rappeler aux membres du comité que le témoin n'a pas encore terminé sa déposition sur l'inspection.

M. W. F. Maclean:

Q. J'ai compris que vous aviez dit qu'il y avait un projet de loi soumis au Congrès?—R. Oui.
Q. Ce projet pourvoit-il à la consolidation de tout le système jusqu'à date?—R. Je pourrais dire que la loi des banques nationales est mise à date. Je ne pourrais pas dire que c'est la consolidation de tout le système.
Q. Elle est refondue à date?—R. Oui.
Q. Et il est probable que le projet sera adopté?—R. Je le crois, bien que ce soit un peu tôt pour le dire.
Q. Ce projet a des clauses pour la protection du public?—R. Oui; des améliorations signalées.
Le PRÉSIDENT: Je suggérerais qu'il soit permis à M. Pole de compléter sa déposition sur l'inspection des banques après quoi les membres du comité pourront le questionner à loisir.

[M. John W. Pole.]

APPENDICE No 1

Le TÉMOIN: J'arrive à la question des dividendes et du surplus. Le rapport de l'examinateur exige " la date de déclaration du dernier dividende; quand il a été rapporté, s'il était semi-annuel ou trimestriel". Après chaque période de dividende, la banque doit soumettre au contrôleur de la monnaie un rapport de ses bénéfices et de ses dividendes. Je produis l'exhibit n° 3. Ce rapport des bénéfices et dividendes a été étudié minutieusement par l'examinateur à la date de l'inspection suivant la déclaration du dividende. Vient ensuite la question: "La banque inclut-elle tous les intérêts reçus dans ses recettes brutes, et tous les intérêts payés, dans ses dépenses: déclarer si certains profits sont portés irrégulièrement au grand-livre des clients, à des comptes spéciaux, ou transportés dans les livres". Je crois que vous avez interrogé sur l'accumulation d'un surplus basé sur une chose ou une autre. Pour ce qui est du compte des dépenses donné item par item, l'examinateur va au fond de tout item qui lui paraît plus ou moins irrégulier. Vient ensuite la question: "Les directeurs ou le comité des surveillants approuvent-ils périodiquement le compte des dépenses, et si oui, à quels intervalles; les minutes font-elles mention de chaque approbation; avez-vous examiné tous les comptes à profit depuis le dernier examen; donner le montant des pertes débitées depuis le dernier examen des prêts et obligations, et donner le montant recouvré sur l'actif débité depuis le dernier examen." Nous en arrivons ensuite aux dépôts individuels. " Donnez le minimum et le maximum d'intérêt payé sur les comptes courants. Quel est le taux des certificats de dépôt? Déclarer si un registre est tenu de tous les certificats de dépôt, des chèques du caissier et des chèques certifiés", etc. "Si cette banque a un département d'épargnes, donner la méthode de vérification des livrets des déposants, le taux de l'intérêt et si payé trimestriellement, semestriellement ou annuellement," et autres informations du même genre. Sur les avis de retrait de dépôt: "Donner le total au grand livre des fonds à terme; comment sont protégés les retraits?; dire si les certificats sont résiliés et gardés par ordre numérique pour le vérificateur; dire si les certificats, les chèques du caissier, les chèques certifiés, les dépôts d'épargne et les grands livres des dépôts à terme ont été examinés à cette visite et si les certificats de dépôt ont été comparés avec la liste prise lors de l'examen précédent. " Pour ce qui est des certificats de retrait, la résiliation et le classement des certificats, des chèques du caissier, des grands livres, etc., nous faisons un examen très minutieux. " Dire si une liste numérique des certificats de dépôt en vigueur a été faite pour servir au prochain examen." Nos examinateurs gardent toujours une liste préparée par eux-mêmes, de tous les certificats de dépôt, afin qu'ils ne soient pas forcés de s'en tenir aux livres de la banque pour ces documents.

" Réescomptes et emprunts—La banque a-t-elle des obligations qui n'apparaissent pas dans les livres? La banque emprunte-t-elle habituellement, et si elle emprunte, est-ce de la Federal Reserve Bank, ou d'ailleurs?" Vient ensuite une liste des argents empruntés soit sur billets payables, soit sur réescompte, ou à compte courant, ou sur certificats de dépôt, ou sur obligations vendues avec promesse de rachat, ou autrement. Les examinateurs doivent donner sur tout cela des détails couvrant la date de l'emprunt, la date de l'échéance, le taux de l'intérêt, la garantie donnée et la forme de l'emprunt et s'il est autorisé par le Bureau des Directeurs; le grand total des emprunts de la Federal Reserve Bank ou de la War Finance Corporation, ou d'autre source.

L'item suivant est: "Livres et comptes". Pour le grand livre général: " par qui tenu"?, et plusieurs autres questions de régie et d'administration qui seraient demandées dans tout examen ordinaire.

[M. John W. Pole.]

M. W. F. Maclean:

Q. Est-ce une formule suivie dans tous les cas, ou seulement lors de la visite d'un examinateur? Ou est-ce la coutume générale?—R. Ce rapport est fait par l'examinateur seulement. Il n'y a aucune formule de ce rapport envoyée à la banque pour soumettre au contrôleur. C'est ce que vous vouliez savoir?

Q. Oui.—R. Non.

Q. Il n'y a pas d'examen régulièrement?—R. Les examens sont faits à intervalles irréguliers.

Q. Alors, il y a certaines banques qui ne sont pas atteintes par la loi?—R. Toutes. Chaque banque nationale est visitée deux fois par année.

Q. Alors, c'est un système régulier auquel elles doivent se conformer?—R. Elles sont examinées régulièrement deux fois par année, mais à des périodes irrégulières.

Le paragraphe suivant a pour titre: "Information au sujet de l'administration et du contrôle des directeurs—Dire la fréquence des assemblées du bureau de direction, le jour de la semaine, la date du mois, de leur tenue habituelle; de quelle manière sont approuvés et autorisés les prêts et escomptes? dire s'ils ont un comité actif des escomptes; leurs assemblées et décisions sont-elles bien enregistrées? dire s'ils ont un comité actif d'examen; y a-t-il un rapport complet et satisfaisant au dossier."

M. McMaster:

Q. Ces questions font présupposer que les directeurs dirigent la banque.

M. W. F. MACLEAN: C'est pour savoir s'ils dirigent ou non.

Le TÉMOIN: Je ne sais pas; nous n'allons pas jusqu'à présupposer que les directeurs dirigent; nous présupposons plutôt qu'ils ne dirigent pas.

M. Hanson:

Q. Quel est le résultat; pouvez-vous vous assurer qu'ils dirigent?—R. C'est le but de cette question, de trouver si oui ou non les directeurs dirigent réellement la banque, bien que tout le sujet ne soit pas couvert en entier.

M. McMaster: .

Q. Par exemple, le comité d'escompte; cela laisse supposer que la décision des directeurs sur différents effets de commerce est adoptée?—R. Voici la question nᵘ 3. "Dire s'ils ont un comité actif d'escompte" et dans l'affirmative, "Ses assemblées et ses décisions sont-elles enregistrées?" Non, malheureusement, nous ne pouvons pas toujours présumer que les directeurs dirigent.

M. Hughes:

Q. Faut-il nécessairement que le comité d'escompte soit composé de directeurs?—R. De directeurs et d'officiers de la banque; probablement deux ou trois directeurs et un ou deux officiers, mais pas exclusivement d'officiers de la banque.

Q. Et pas exclusivement de directeurs?—R. Probablement pas; il faut au moins un officier de la banque.

M. Woodsworth:

Q. Y a-t-il une limite au pouvoir d'emprunt des directeurs ou des officiers?—R. Non, ils sont précisément dans la même position que les autres emprunteurs; il n'y a aucune distinction entre les directeurs et les autres emprunteurs.

M. Hanson:

Q. Y a-t-il une limite au pouvoir d'emprunt des officiers?—R. Aucune, à moins que la banque elle-même en impose une, ce qui arrive très souvent. Il arrive fréquemment que les règlements de la banque spécifient, par exemple, que

[M. John W. Pole.]

les emprunts des directeurs devront être garantis par un subsidiaire suffisant, et que les directeurs ne pourront agir à leur guise.

M. McMaster:

Q. A leur guise?—R. Qu'ils n'auront pas d'avances sans garanties. Tel peut être le cas, mais ce n'est pas exigé par la loi des banques. C'est un règlement de la banque. Quant à ce qui est fait du rapport de l'examen, une copie en est expédiée à la banque et les directeurs sont au moins supposés en prendre connaissance, et se guider en conséqence; il n'est pas exigé que les minutes de leurs réunions mentionnent quelle conduite ils adoptent à ce sujet.

M. Woodsworth:

Q. A-t-il jamais été suggéré qu'il devrait y avoir une limite aux montants que peuvent emprunter les directeurs et officiers de la banque?—R. Je ne sache pas que cela ait été fait. Il arrive souvent que les lois de l'Etat couvrent ce point, mais cette législation se trouve nullifiée généralement par un article des règlements spécifiant un vote des deux tiers des directeurs. Aucun directeur ne peut emprunter au delà d'un certain montant sans l'assentiment des deux tiers du bureau de direction, ou quelque chose comme cela, ce qui ne veut pas dire beaucoup.

M. Millar:

Q. Y a-t-il une tendance chez les banques les plus faibles à payer des dividendes trop forts pour leurs profits?—R. Oui.

M. Hughes:

Q. Chez les banques nationales?—R. Chez les banques nationales. J'ai compris que vous disiez une tendance.

M. MILLAR: Oui.

M. Hanson:

Q. Leur est-il permis de payer un dividende pour l'année courante à moins qu'elles ne l'aient réalisé en profits?—R. Oui, pourvu que leur surplus soit de 20 p. 100 plus élevé que leur capital. Mais il y a un surplus stationnaire ou légal qui ne peut être entamé pour le paiement de dividendes.

M. W. F. Maclean:

Q. Si une banque est orientée dans une mauvaise direction, est-ce que, sous ce système, deux de vos inspections... R. Signaleraient le danger?
Q. Découvriraient le mal, ou protégeraient le public. Deux inspections peuvent-elles suffire à un examinateur pour s'assurer qu'une banque s'en va dans la mauvaise direction?—R. Bien, il peut y avoir des conditions qui dans le cours d'une année ne peuvent indiquer d'une manière définie qu'une banque s'en va à la ruine. La tendance générale peut être ascendante. En même temps, il peut se produire une reculade temporaire, et il serait juste d'en conclure que la banque est en baisse. Il peut toujours se produire une dépression temporaire qui peut affecter la banque.
Q. Mais vous pouvez toujours mesurer la moyenne?—R. Naturellement, cela permet toujours d'établir que l'année courante a été désastreuse. S'il y a un déclin très apparent, il peut y avoir jusqu'à quatre inspections au cours de l'année.

L'hon. M. Crerar:

Q. Combien y a-t-il de banques nationales?—R. 8,300.
Q. Combien de faillites depuis trois ans?—R. L'an dernier a surpassé tout ce qui s'était vu; 79 banques nationales ont fermé leurs portes.

[M. John W. Pole.]

Q. Sur 8,000?—R. Sur 8,300.

Q. Ces banques étaient-elles soumises à l'inspection que vous venez de décrire?—R. Oui.

Q. Quelle raison donnez-vous pour ces faillites?—R. Le plus grand nombre de ces faillites s'est produit dans le nord-ouest.

Q. Dans la région agricole?—R. Dans les districts agricoles et dans les états centraux, jusqu'au Nouveau-Mexique, le pays du bétail. La baisse des prix a été si grande, il y a eu une telle dépréciation de la valeur des terres et de toutes les denrées que les effets de commerce ont perdu leur prix. Aussi, il y a eu quelques cas de forte défalcation.

M. McMaster:

Q. Sont-elles responsables pour un grand nombre dans les 79?—R. Les défalcations?

Q. Oui.?—R. Non, pas un grand nombre.

M. Shaw:

Q. Les déposants ont-ils perdu dans chaque cas?—R. Non, loin de là.

Q. Dans quelle proportion les déposants ont-ils perdu?—R. Je pourrais dire environ 50 pour 100 des cas.

Q. Et dans les autres 50 pour 100, ils ne perdront pas 100 cents dans la piastre?—R. Non, dans aucun cas je ne suppose qu'ils perdront 100 cents dans la piastre; pas tout, dans tous les cas.

Q. Quand vous parlez de faillites, cela veut dire les banques qui ont fermé leurs portes?—R. Oui, une banque dont le contrôleur a dû prendre charge.

Q. Vous nous parlerez de cette prise en mains par le contrôleur avant de nous quitter?—R. Oui.

M. McMaster:

Q. Pouvez-vous nous donner le total du capital des banques qui ont failli, proportionnellement à celui de 8,000 banques?—R. C'est une proportion négligeable. Je ne suis pas en état de vous donner des chiffres dans le moment.

M. Shaw:

Q. Pourriez-vous nous les faire parvenir?—R. Oui. Ils ont été publiés dans le rapport du contrôleur et je me ferai un plaisir de vous les adresser.

M. Marler:

Q. Ces banques particulières, je suppose, opéraient dans certains districts et prêtaient sur certains produits spéciaux à leurs districts; est-ce là la cause des faillites?—R. Pas tout à fait; parce que la vérité est que ces banques ne prêtaient pas sur des denrées, en règle générale. C'étaient de petites banques rurales qui prêtaient aux cultivateurs dont les perspectives étaient brillantes à la date de l'emprunt, mais qui ont eu de mauvaises récoltes plusieurs années de suite; ces prêts n'étaient pas protégés par des denrées ou des produits; ils étaient sur effets de commerce basés sur l'agriculture.

Q. Dans une classe particulière?—R. Généralement des cultivateurs.

M. W. F. Maclean:

Q. La caractéristique de ces dernières années a été la faillite des cultivateurs et la baisse des produits agricoles?—R. Oui. Il n'y a jamais eu un temps où il se soit produit autant de faillites; l'an dernier a été un record dans les faillites de banque.

M. Woodsworth:

Q. Pouvez-vous nous donner une idée de la proportion de la double responsabilité qui sera réalisée sur ces 79 banques?—R. Environ 50 pour 100.

[M. John W. Pole.]

M. Marler:

Q. Ces banques ont-elles accès à la Federal Reserve Bank?—R. Elles avaient toutes l'avantage de ce système.

M. F. W. Maclean:

Q. Quand une banque produit un rapport de son état à la banque de réserve centrale, les autres banques ne servent-elles pas comme d'un certain contrôle de cette banque en particulier en vertu de l'information entre les mains de la National Reserve Bank de la région?—R. Vous parlez des National Reserve Banks elles-mêmes.

Q. Non, des banques affiliées. Chaque banque doit produire un rapport à la Central Reserve?—R. Oui.

Q. Cette information n'est-elle pas accessible à toutes les autres banques affiliées?—R. Oh non, pas du tout.

Q. Une banque pourrait refréner toutes les autres banques?—R. Non, d'aucune manière.

Le PRÉSIDENT: Pourrais-je suggérer que nous suivions le témoin dans sa description de l'inspection.

L'hon. M. STEVENS: C'est moi qui ai suggéré cette procédure, mais j'aimerais à poser une ou deux questions.

Le PRÉSIDENT: Je veux donner à tous l'occasion de se renseigner, mais je crois que nous avancerons plus rapidement, et la déposition sera plus claire, si le témoin peut continuer. Je crois que les honorables membres seront mieux en état de poser des questions s'ils veulent suivre cette procédure.

L'hon. M. STEVENS: Essayez d'appliquer cette règle générale, monsieur le président.

Le PRÉSIDENT: Je ferai de mon mieux.

M. HUGHES: Sauf votre respect, je crois qu'une brève question de temps à autre met les choses au point.

Le PRÉSIDENT: Je prierai le témoin de procéder à sa description de l'inspection.

Le TÉMOIN: Pour ce qui est de l'information sur le contrôle exercé par les directeurs, nous en arrivons à la question de savoir si le bureau de direction décide ou ne décide pas des prêts et escomptes aux compagnies et corporations dans lesquelles sont intéressés les directeurs, et si les règlements à ce sujet sont observés; si les lettres les plus importantes du contrôleur sont insérées dans les minutes. Ceci a trait à la correspondance qui peut résulter d'un examen de la banque à la suite duquel il est bon de conférer avec les directeurs.

Nous en venons ensuite à l'article touchant les affiliations. " Dire s'il existe quelque affiliation avec une banque d'état, banque d'épargne ou compagnie de fiducie par le contrôle d'un certain nombre d'actions par les mêmes actionnaires, par pratiquement la même administration, ou de toute autre manière, et donner le nom de la banque affiliée ". " S'il y a eu transfert de certificats d'actions de la banque nationale, ou transfert d'actions de la banque affiliée, le déclarer ". " Dire si les actions de la banque affiliée détenues par les actionnaires de la banque nationale sont détenues par eux comme individus ou comme une corporation ". " Dire si les actions de la banque affiliée sont en fidéi-commis pour le bénéfice des actionnaires de la banque nationale ". " Dire si un directeur ou officier de la banque est directeur ou officier d'une autre banque, etc. ".

Vient ensuite la récapitulation des valeurs " lentes ", " douteuses " et " perdues " portées à l'actif et ne figurant pas dans les livres, et " les mauvais comptes, les effets en souffrance, tous autres prêts et documents, débits, primes sur les obligations des Etats-Unis, obligations, sécurités ", etc., meubles et garnitures, agencement, autres immeubles, espèces, découverts, jugements, comptes dus, etc., et si une estimation des pertes a été déduite à la fin de l'examen. Après

[M. John W. Pole.]

14-15 GEORGE V, A. 1924

l'examen, dans le cas d'une banque dont la condition n'est pas satisfaisante et qui a subi des pertes de conséquence, l'inspecteur doit convoquer le bureau de direction et discuter avec lui les points faibles dans le but d'y apporter remède, et il est prévu que le bureau, à sa prochaine réunion, débitera les pertes suivant l'estimation de l'examinateur. Il expose ensuite sa critique, s'il y a lieu, de la banque, de son actif, de son administration, et de tout autre défaut.

Telle est la formule d'examen qui est retournée à la banque. La banque a une copie de cet examen, mais il y a aussi un rapport supplémentaire qui est strictement confidentiel, qui va à la Federal Reserve Bank et au contrôleur. Ce dernier rapport ne va pas à la banque. De fait, la banque ignore qu'il y a une partie confidentielle dans le rapport d'examen. Ceci couvre plusieurs choses importantes qui devraient vous intéresser, telles que les salaires des officiers et des employés, la position des différents officiers et directeurs et les salaires annuels de tous les employés, de même que la liste complète de tous les salaires de la banque; la valeur estimative de chaque directeur; si leurs rapports financiers sont au dossier comme ils devraient l'être; si la banque porte de fortes balances de l'état, de comté, de municipalités ou de possessions insulaires, retirables à demande, et quel taux d'intérêt est payé sur ces dépôts.

Ensuite, à intervalles irréguliers, trois fois par année, le contrôleur demande un rapport complet sur l'état de la banque, ce qui est un document assez volumineux. Ce rapport est déposé à Washington et assermenté par les officiers de la banque, et il est revisé par l'examinateur quand il retourne à la banque.

M. Hughes:

Q. Ce rapport est fait par les officiers de la banque?—R. Ce rapport est fait par les officiers de la banque.

M. McMaster:

Q. Combien souvent?—R. Trois fois par année, ou plus souvent.

M. Woodsworth:

Q. Avant de compléter le rapport, y a-t-il consultation entre l'inspecteur et les officiers?—R. Avant ce rapport? Oui. A la conclusion de son examen, l'inspecteur convoque les officiers ou les directeurs de la banque, s'il y a quelque chose de conséquence. Si c'est quelque chose que les officiers peuvent corriger, et si la banque est en bon état, il n'est pas nécessaire de convoquer les directeurs, mais s'il y a quelque chose qui louche, les directeurs doivent se réunir et tenir une assemblée pour discuter conjointement avec l'inspecteur.

M. Hughes:

Q. Dois-je comprendre qu'une copie du rapport préparé par l'examinateur est remise à la banque?—R. Oui.

Q. Rien de confidentiel?—R. Non.

M. Woodsworth:

Q. Dans le cas d'une faillite de banque, le rapport des inspecteurs donne-t-il aux déposants quelque indication de faiblesse aggravante?—R. Non; les déposants n'y ont pas accès.

M. Coote:

Q. Les actionnaires peuvent-ils y avoir accès?—R. Ils le peuvent.

Q. Mais seulement en en faisant la demande?—R. Seulement s'ils en font la demande. Naturellement, les directeurs sont censés les mettre au courant du contenu de la formule.

M. Marler:

Q. Où sont publiés ces rapports?—R. Où ils sont publiées?

[M. John W. Pole.]

Q. Oui?—R. Ils sont écrits au dactylographe dans le bureau de l'examinateur en chef du district où ils sont préparés. Il n'y en a que cinq copies.

Q. Il n'y a pas obligation de les publier dans un journal officiel?—R. Non.

M. Woodsworth:

Q. Le contrôleur est-il tenu de mettre le public au courant quand la tendance générale d'une banque est à la faiblesse?—R. Oui. Parlez-vous des rapports qu'exige le contrôleur et qui sont faits par les officiers de la banque au moins trois fois par année?—Naturellement, ces rapports doivent être publiés, mais pas en détail, mais les conclusions du rapport; le rapport de la banque doit être publié suivant une certaine formule, Exhibit N° .... quel qu'il soit, mais le rapport de l'examen n'est pas publié.

M. Marler:

Q. C'est confidentiel?—R. Plus ou moins confidentiel.

M. Woodsworth:

Q. Dans le cas d'une banque qui va évidemment mal, le contrôleur est-il obligé d'en informer le public? La Loi prévoit-elle le cas?—R. Non, la loi n'y prévoit pas. Si le capital de la banque est entamé, le contrôleur de la monnaie doit nécessairement voir à ce qu'il soit reconstitué, mais pour ce qui est des comptes lents, ou de ceux qui ne sont pas satisfaisants sans être toutefois classés comme des pertes, le public n'est nullement mis au courant.

Le PRÉSIDENT: M. Stevens, je crois que vous avez à poser quelques questions?

M. STEVENS: J'en ai plusieurs.

Le PRÉSIDENT: Vous pouvez procéder.

L'hon. M. Stevens:

Q. J'aimerais à poser plusieurs questions. D'abord, au sujet des faillites, j'ai ici le rapport de Dunn's qui corrobore ce que vous venez de dire pour l'an dernier. Je crois que vous avez dit soixante-dix-neuf?—R. Je parlais de mémoire.

Q. De fait, il y en a eu 77, avec un passif de $36,568,000.

M. Maclean:

Q. Quel est le total?

L'hon. M. STEVENS: C'est le total du passif des banques nationales.

Le TÉMOIN: Le total du passif des 77 banques.

L'hon. M. Stevens:

Q. Il y a donc cinq cent une banques d'Etat, avec un passif de $167,000,000 qui ont fait faillite l'an dernier? Votre département n'a rien à faire avec les banques d'Etat?—R. Rien du tout.

Q. Elles ont des examinateurs d'état?—Elles ont des examinateurs d'état.

Q. Nommés par les autorités de l'Etat?—R. Nommés par les autorités de l'Etat.

Q. Pouvez-vous me dire si chaque Etat séparé a son propre système d'examen des banques, bien que cela ne relève pas de votre département?—R. C'est absolument cela.

. Q. Chaque état a son système particulier?—R. Oui.

Q. Et il y a une grande variété de systèmes parmi les examinateurs d'état nommés par les lois locales?—R. Oui, une grande variété.

Q. J'ai aussi le rapport de Dunn's sur les quatre premiers mois de cette année, et je vous prie de croire que je n'ai nullement l'intention de critiquer ce que vous nous avez dit?—R. Je comprends cela.

Q. Je veux tout simplement des faits parce qu'ils ont pour nous une grande importance. Le rapport de Dunn's montre qu'au cours des quatre premiers mois

[M. John W. Pole.]

14-15 GEORGE V, A. 1924

de cette année il y a eu soixante-quatre faillites de banques nationales avec un passif total de $40,000,000. Est-ce exact?—R. Je crois que c'est exact.

Q. Et trois cent onze faillites de banque d'Etat?

M. Spencer: Sur combien?

Le témoin: Sur vingt-deux mille.

L'hon. M. Stevens: J'ai cela ici. Il y a huit mille banques nationales et un plus grand nombre de banques d'état.

Le témoin: Vingt et un mille neuf cent, l'an dernier.

M. Shaw: M. Stevens, puis-je vous interrompre pour vous demander si vous avez l'actif de ces banques nationales?

L'hon. M. Stevens: Non, il n'est pas indiqué dans le rapport Dunn's.

M. Shaw:

Q. Avez-vous cela M. Pole?—R. Le caractère de l'actif?

Q. Non, la valeur totale?—R. Oui.

Q. Vous pourriez peut-être nous laisser cela?—Je le ferai avec plaisir.

M. Maclean:

Q. Et la capitalisation totale des banques d'Etat?—R. Je crois que M. Stevens a dit qu'elle était de $36,000,000.

L'hon. M. Stevens: $36,568,000 dans les banques nationales et $167,170,000 dans les banques d'Etat.

M. Shaw: C'est le passif et non pas l'actif.

L'hon. M. Stevens: C'est le rapport de Dunn's. Je ne sais pas si Dunn's donne l'excédent du passif sur l'actif. Dans tous les cas, ces banques ont failli; elles sont insolvables et nous pouvons en déduire que ceci indique approximativement leur responsabilité au public.

Le témoin: Quand vous dites " leur actif " vous voulez dire la valeur de leur actif?

M. Shaw: Oui.

Le témoin: C'est une chose très difficile à établir tant que les receveurs n'auront par terminé la liquidation.

M. Shaw: Je crois que vous pourriez en faire une estimation.

Le témoin: C'est une chose pratiquement impossible. Nous ne pouvons faire une estimation de cela.

L'hon. M. Stevens:

Q. Quand vous nous produirez le rapport que vous avez eu l'amabilité de nous promettre, vous serait-il possible de donner en même temps le nombre de banques nationales qui ont failli au cours des six dernières années?—R. Je le ferai avec plaisir.

Q. Au sujet de l'examen des banques nationales, suis-je sous une fausse impression en pensant qu'il est impossible de prévenir les faillites?—R. Je crois que vous êtes sous la vraie impression.

Q. Vous vous prononcez en vous basant sur la grande expérience que nous vous connaissons?—R. Oui.

Q. Et vous croyez que ce rapport est exact?—R. Oui.

Q. Je sais que je suis sur un terrain contentieux, en autant que ce comité est concerné, mais tout ce que je veux, c'est déterrer la vérité et non pas prôner une théorie en particulier, bien que certaines personnes puissent croire que je veux des théories et non des faits.—

M. McMaster: Même sous les apparences du contraire?

L'hon. M. Stevens: Je veux la vérité. Croyez-vous qu'il soit possible d'améliorer le système américain d'inspection des banques au point d'en arriver à empêcher les faillites?

[M. John W. Pole.]

Le TÉMOIN: Je ne crois pas que ce soit possible.

M. MACLEAN: Mais peut-être d'en diminuer le nombre.

L'hon. M. Stevens:

Q. Une autre question dans le même sens. Vous faites l'inspection d'une banque deux fois par année et même trois fois quand cette banque n'est pas absolument dans des conditions satisfaisantes?—R. Oui.

Q. Quand vous faites, disons, la première inspection et vous constatez que quelque chose commence à fléchir dans les opérations de la banque, où et à quel point le contrôleur de la monnaie intervient-il pour déclarer que la banque est insolvable? Par quoi est-il guidé en cela?—R. Quand intervient-il pour déclarer la banque insolvable?

Q. Oui, pour la prendre selon la loi?—R. Il y a une grande marge entre une banque qui est dans de mauvaises conditions et une banque qui est insolvable; si au cours d'une inspection il est relevé beaucoup d'effets à réalisation lente, le sommaire du rapport indique qu'une grande partie de l'actif de la banque est de liquidation lente, et vous l'analysez comme vous analyseriez probablement un rapport commercial, comparant la proportion d'actif à liquidation lente avec les obligations courantes, et ceci vous amènerait immédiatement à conclure s'il faut l'intervention immédiate du bureau, et le contrôleur interviendrait immédiatement pour empêcher la banque de déchoir et s'efforcerait de proposer quelques remèdes afin de stimuler un relèvement de la banque en retirant plus de secours des effets subsidiaires qui sont classifiés comme lents, ou en faisant liquider ces effets avant qu'il soit trop tard. Voilà la première opération.

Q. C'est bien cela, mais l'examen suivant, et l'autre examen peuvent révéler un plus grand affaissement?—R. Oui.

Q. Et il se peut qu'il faille un an ou un an et demi avant que le contrôleur juge à propos d'intervenir?—R. Oui.

Q. Est-ce bien ce qui se produit généralement dans le cas d'une faillite ordinaire?—R. Je crois que c'est à peu près cela.

Q. En attendant, le contrôleur fait de son mieux avec les officiers de l'institution elle-même pour ramener celle-ci sur ses pieds?—R. Oui. Bien que ces faillites soient dues la plupart du temps à des causes économiques, et que, en même temps une grande partie soit le résultat d'une mauvaise administration, il n'y a pas de législation qui puisse les prévenir.

Q. Non, mais en grande partie, le jugement du contrôleur et de ses examinateurs sont le facteur qui décide quand une banque doit être fermée?—R. Quand une banque doit être fermée?

Q. Oui.—R. Ah, oui.

Q. C'est une question laissée entièrement au jugement du contrôleur?—R. Conjointement avec les membres du Bureau qui peuvent travailler avec l'examinateur. Je veux dire qu'ordinairement le contrôleur ne prend pas une décision arbitraire.

M. Hughes:

Q. Quel Bureau?—R. Le Bureau de direction de la banque. Si un de nos examinateurs vient dans une banque et trouve une forte quantité d'effets à réalisation lente ou douteuse, il fera immédiatement une estimation des pertes. Cette analyse montrera à l'évidence aux directeurs qui travaillent avec lui que les faits sont représentés d'une manière droite et la question sera ensuite débattue devant tout le bureau, ce qui arrive toujours quand une banque se trouve dans une telle position. De sorte que c'est non seulement l'opinion de l'examinateur, mais celle aussi des directeurs les mieux éclairés qui fait l'évaluation de cet actif et qui guide le contrôleur dans sa détermination.

[M. John W. Pole.]

L'hon. M. Stevens:

Q. Sur ce point seulement; vous avez dans votre rapport un article, ou un titre, sous lequel l'examinateur soumet sa critique?—R. Oui.

Q. Dans votre expérience comme examinateur en chef, arrive-t-il souvent ou rarement que les examinateurs soumettent une assez vive critique?—R. Souvent.

Q. Assez souvent?—R. Oui, très souvent. Quand tout va bien, il n'est pas l'habitude d'y penser, parce que le principe établi est qu'une banque doit toujours conduire ses affaires sagement, et quand tout est bien, il n'y a pas de fleurs pour l'administration.

Q. Mais les critiques ne sont pas rares?—R. Assez fréquentes.

M. Maclean:

Q. Même dans le cas des banques d'épargnes?—R. Oui.

L'hon. M. Stevens:

Q. Je voudrais poser une autre question pendant que nous sommes sur ce sujet. Je suppose que vous connaissez notre système assez bien. Croyez-vous que le système actuellement en vigueur pour l'examen des banques nationales des Etats-Unis soit applicable au système bancaire du Canada?—R. J'hésite à répondre à cette question parce que je ne connais pas assez votre système, mais dans l'ensemble je crois qu'il n'est pas applicable.

Q. Je voudrais faire précéder ma prochaine question par l'information que nous avons un double système de vérification des banques; chaque banque, en vertu de la loi adoptée à la dernière session, a deux vérificateurs, distincts l'un de l'autre, deux firmes différentes. Ils font un rapport aux directeurs, aux gérants généraux, etc. Croyez-vous que la vérification faite par les apurateurs des banques canadiennes vaille l'examen des banques nationales par les examinateurs des Etats-Unis?—R. Pas du tout, monsieur.

Q. Pourriez-vous m'indiquer quelles sont les différences dans votre opinion? —R. C'est que les vérifications dont vous parlez sont celles des comptes et celles de la comptabilité, mais n'ont rien à faire dans les chiffres donnés sur l'évaluation de l'actif. Suis-je exact?

Q. Pas tout à fait. Je crois que la question n'est pas loyale si elle n'est pas accompagnée de renseignements complets sur la loi dirigeant nos vérificateurs de banque, ce qui me serait impossible immédiatement. Vous serait-il possible, cet après-midi, ou en autre temps, mais avant de prendre congé de nous, de repasser la loi sur les devoirs de nos vérificateurs, et alors je crois que votre réponse à ma question aurait un grand poids devant ce comité.

Le PRÉSIDENT: Je suggérerais que si M. Edwards est ici, il ait une conférence avec le témoin, discute le sujet, afin que ce dernier soit mieux en état de nous donner une comparaison, peut-être demain.

Le TÉMOIN: Je m'en ferai un plaisir. M. Edwards est-il votre commissaire des banques?

Le PRÉSIDENT: Non, il est l'aviseur du ministre des Finances.

Le TÉMOIN: Puis-je dire un mot? Les examens du contrôleur de la monnaie ne sont pas des vérifications...

M. MACLEAN: C'est le point.

Le TÉMOIN: Une grande majorité des banques, en plus des examens faits chaque année par le contrôleur, emploient des vérificateurs pour analyser leurs affaires une ou deux fois par année; des bureaux comme Marwick, Mitchell, Peet & Company, et autres grandes firmes de comptables.

M. Marier:

Q. Des comptables diplômés?—R. Des comptables diplômés.

[M. John W. Pole.]

L'hon. M. Stevens:

Q. Le contrôleur de la monnaie, ou son examinateur en chef, accepteraient-ils le rapport de ces vérificateurs sur l'exactitude des comptes?—R. Oui.

Q. Comme base de leurs examens?—R. Non. D'après la loi, les directeurs sont tenus de connaître les affaires internes de la banque qu'ils dirigent, et pour qu'ils se conforment à la loi à ce sujet, il est nécessaire de faire l'examen de la situation de la banque afin de les aviser, mais il leur est permis d'employer ces firmes de comptables dans ces examens, et c'est généralement de cette manière que les comptables sont employés.

Q. Leur serait-il permis d'employer un comptable qui est le vérificateur de la banque?—R. Non.

Q. Il leur faut avoir recours à une autre firme?—R. Le contrôleur ne s'opposerait pas à ce que la banque fasse autant d'examens et vérifications qu'elle le désirerait, mais le rapport ne serait pas accepté par son bureau.

Q. Maintenant, un mot au sujet des immeubles. Les banques sont-elles obligées de porter les immeubles à leur valeur actuelle? Supposant qu'une banque de New-York possède et occupe une propriété sur la cinquième avenue, ou la quarante-deuxième rue, ou toute autre localité où le prix de la propriété est très élevé, mais l'aurait occupée depuis trente ans et l'aurait acquise à très bas prix; la banque devrait-elle l'évaluer chaque année au prix qu'elle a coûté ou bien à sa valeur marchande?—R. Le cas que vous citez est très rare. Si une banque possédait une propriété dans les conditions que vous avez mentionnées, il est probable qu'elle serait portée à sa valeur marchande.

Q. Est-il nécessaire, d'après la loi, de tenir un compte des propriétés à leur valeur actuelle?—R. Dans un sens général, la banque est tenue de montrer dans son actif la valeur réelle de ce qu'elle possède. Il n'est fait aucune mention spéciale des propriétés.

L'hon. M. Crerar:

Q. La loi permet-elle de tenir compte de l'appréciation d'une propriété?—R. Oui, ia banque peut porter cet actif à une valeur raisonnable.

L'hon. M. Stevens:

Q. Il se peut que vous ne soyez pas capable de répondre officiellement pour le contrôleur de la monnaie, mais en votre qualité d'examinateur en chef vous êtes bien au courant des affaires bancaires des Etats-Unis. Etes-vous en faveur d'un système de garantie gouvernementale des dépôts?—R. En aucune façon.

Q. Pourriez-vous donner une ou deux raisons de votre objection?—R. Je dois citer l'expérience des états, et ils sont nombreux, qui ont entrepris de garantir les dépôts, et le système a été partout une déception. L'état de Mississippi, par exemple.

M. Spencer:

Q. La garantie des dépôts dans les institutions privées?—R. Les banques d'état, non pas les institutions privées.

Q. Vous ne parliez pas de la garantie des dépôts dans les institutions du gouvernement?—R. Non, ce n'est pas ce que je disais mais c'est ce qui a provoqué la question.

l'hon. M. Stevens:

Q. Je parlais des banques américaines?—R. Oui. L'état de Mississippi a une loi de garantie, et le fonds est maintenant dans une telle condition que je crois qu'il faudrait cinquante ans de pleine cotisation pour couvrir tout le passif actuel. Les valeurs ont atteint un tel point que le fonds de garantie est insuffisant pour faire face à toutes ses charges. Sous ce système, quand une

[M. John W. Pole.]

banque faillit, l'état émet un mandat, qui porte intérêt à six pour cent, jusqu'à ce que l'actif ait été liquidé, de sorte que le Trésor peut être remboursé, et ces mandats sont payés par ordre numérique. Il y a actuellement un déficit de $2,000,000, et je crois que cette loi va être abrogée.

Q. Est-il à votre connaissance que, chaque fois que l'état garantit les dépôts, il y a un ralentissement dans la vigilance et les efforts des banquiers?— R. Je ne suis pas en position de me prononcer là-dessus.

L'hon. M. STEVENS: Il se peut que la question ne soit pas juste.

Q. Ce que vous avez dit de votre opposition à la garantie des dépôts par le gouvernement s'applique aux banques nationales aussi bien qu'aux banques d'état?—R. Aussi bien qu'aux banques d'état.

L'hon. M. ROBB: Il se peut que je ne sois pas ici cet après-midi, et je voudrais poser une question.

Q. M. Pole, vous êtes examinateur en chef des banques fédérales des Etats-Unis?—R. Non, des banques nationales. Quand vous dites banques fédérales, je comprends que vous voulez dire Federal Reserve.

Q. Oui.—R. Non, les banques de la Federal Reserve ont leur propre système.

Q. Pourriez-vous déposer devant ce comité, ou nous la faire parvenir pour consultation par le ministère, l'autorité statutaire de votre office, montrant les pouvoirs et les limitations des pouvoirs de l'examinateur en chef?—R. De notre office?

Q. Oui.—R. Oui.

L'hon. M. STEVENS: Cela devrait se trouver dans la loi des banques, M. le Ministre.

M. MACLEAN: Mais ses pouvoirs sont presque illimités.

L'hon. M. ROBB: C'est le point que je veux élucider. Je veux connaître ses limitations.

Le TÉMOIN: Je le ferai avec plaisir.

Le comité s'ajourne.

———

Le Comité des Banques et du Commerce reprend ses délibérations à 4 heures de l'après-midi. M. Vien au fauteuil.

Le PRÉSIDENT: M. Pole va continuer sa déposition.

M. W. F. MACLEAN: Puis-je poser une question?

Le PRÉSIDENT: Oui.

Par M. Maclean:

Q. Je voudrais demander au témoin si les banques qui sont membres de la Federal Reserve sont soumises à ce système d'inspection?—R. Elles y sont soumises, naturellement,—

Q. Je veux dire l'examen—R. Oui elles sont sujettes à l'examen des autorités de l'état; de plus, la Federal Reserve Bank peut les examiner n'importe quand.

Q. Le faites-vous souvent?—R. Cela arrive assez souvent. Le bureau du contrôleur n'a aucune autorité sur les banques d'état. Ce travail est fait par les examinateurs des banques fédérales. Ils peuvent accepter le rapport de l'examen d'état.

Q. Mais les examinateurs des banques fédérales peuvent faire l'inspection? —R. Les examinateurs des banques fédérales le peuvent.

Q. Maintenant, je voudrais demander au témoin si un système de simple vérification par les banques peut accomplir autant que l'examen des banques nationales?—R. Voulez-vous répéter la question, s'il vous plaît?

[M. John W. Pole.]

Q. Un système de vérification par les banques peut-il avoir autant d'effet que votre système, en tant qu'examen? Serait-il satisfaisant pour le public?—R. Il ne serait pas satisfaisant pour le contrôleur.

Q. Ou pour le public américain?—R. Ou pour le public américain, parce que nous avons un système de banques individuelles; nous entrons dans une banque, y faisons nos propres chiffres et tirons nos conclusions de ces chiffres.

Q. Etes-vous d'avis que votre système fédéral d'examen a été d'un grand service au public des Etats-Unis?—R. Sans aucun doute; il a sauvé plusieurs banques.

Q. Et vous y associez le réescompte par la système de la Federal Reserve Bank?—R. Oui, ceci a été d'une très grande valeur pour le pays.

Q. En troisième lieu, considéreriez-vous la circulation du papier-monnaie national comme une partie du système national?—R. Comme partie du système national.

M. Hughes:

Q. Sous quel système les banques nationales émettent-elles leurs crédits? Quelle est la garantie des billets qu'elles émettent?—R. La circulation des banques nationales est garantie exclusivement par des obligations du gouvernement. Le système des banques nationales n'est que le fruit d'efforts par le gouvernement de créer un marché pour ses obligations, en 1863, et les banques ont acheté ces obligations. Elles les ont déposées au bureau du Trésor, et ont émis des billets pour leur équivalent.

Q. Jusqu'à quelle limite?—R. Jusqu'à concurrence de leur capital.

Q. Quel pourcentage des obligations?—R. Jusqu'à concurrence du capital de la banque.

M. McMaster:

Q. Mais combien d'obligations vous faut-il avoir?—R. Nous pouvons émettre du papier monnaie et des obligations au pair.

M. W. F. Maclean:

Q. Est-ce une monnaie nationale, ou la monnaie des banques nationales? —R. Les banques n'ont pas d'autre circulation que celle-là. Il y a une taxe d'état de 10 pour cent sur la circulation des banques, ce qui est prohibitif et l'a fait disparaître.

M. Hughes:

Q. Il y a quelques années, si je comprends bien votre système, les banques émettaient leurs propres billets jusqu'à concurrence de 90 pour cent de la valeur nominale des obligations du gouvernement?—R. Il y a de cela plusieurs années; c'était dans les débuts; en mil huit cent-soixante et soixante-dix.

Q. Je crois que c'était plus tard que cela; je crois que ce système a été suivi plus tard?—R. Il se peut que ce soit plus tard, mais il y a nombre d'années que ce système n'est plus en vogue; un bon nombre d'années.

Q. Quel est le système actuel?—R. Le système est que les banques peuvent émettre de la circulation à l'égal des obligations du gouvernement.

Q. Jusqu'à concurrence de la valeur des obligations au pair?—R. Jusqu'à concurrence de la valeur au pair des obligations du gouvernement.

Q. Mais les banques émettent leurs propres billets?—R. Oui.

M. W. F. Maclean:

Q. Il n'y a pas de marque à ces billets aux Etats-Unis?—R. La forme est prescrite par le gouvernement. Le nom du gouvernement est sur les billets et ils sont fournis par le gouvernement aux frais de la banque.

Q. Et le gouvernement connaît exactement le montant de l'émission?—R. Oui.

[M. John W. Pole.]

14-15 GEORGE V, A. 1924

M. McMaster:

Q. L'émission ne peut pas être plus considérable que le capital de la banque? —R. Oui.

Q. Et elle doit être garantie dollar pour dollar par des obligations du gouvernement?—R. Obligations du gouvernement qui portent le privilège de la circulation. Ainsi, les Consols à deux pour cent et les obligations du gouvernement à quatre pour cent sont les seules obligations qui ont ce privilège de circulation. Ainsi, les Consols à deux pour cent et les obligations du goune portent pas le privilège de la circulation.

M. Shaw:

Q. Que voulez-vous dire par le privilège de circulation?—R. Vous ne pouvez déposer ces obligations et émettre de la circulation contre elles.

M. Ladner:

Q. Quelle est dans les plus grandes banques la proportion du capital vis-à-vis les engagements au public? Quel en est le pourcentage approximatif?— R. Je crois que la moyenne est de dix pour un. C'est une sorte de règlement de l'office du contrôleur. Si les engagements d'une banque dépassent dix fois son capital, nous conseillons à la banque d'augmenter son capital.

Q. Je suppose que vous savez que sous notre système les banques donnent tous les mois un rapport de leurs obligations au public?—R. Oui.

Q. Cela comprend pratiquement tout le passif en dehors du capital. Est-ce que le dix pour un dont vous parlez inclut cette classe de passif?—R. Non, je ne pourrais pas avancer cela; c'est une obligation aux déposants de dix pour un.

Q. Cela couvre toutes les classes de dépôts?—R. Oui, toutes les classes de dépôts. Cela ne comprend pas les engagements pour argents empruntés, et autres du même genre. Naturellement, ce n'st pas là un montant fixe, c'est tout simplement une proportion que nous nous efforçons de maintenir, dix contre un.

Q. Est-ce une sorte de règle entendue pour toutes les banques?—R. Je parle des banques nationales.

M. Hughes:

Q. En réponse à M. Stevens, vous avez dit que vous étiez opposé au principe de la garantie des dépôts par les banques réciproquement, et que le système avait mal fonctionné aux Etats-Unis?—R. Oui.

Q. Pour cette raison et pour d'autres aussi, peut-être, vous croyez que le principe n'est pas sage?—R. Oui.

Q. Aux Etats-Unis, ce système était limité aux banques d'état?—R. Oui, entièrement.

Q. Vous ne l'avez jamais essayé dans les banques nationales du pays?—R. Non, bien qu'il ait été prêché par plusieurs contrôleurs.

Q. A propos des banques d'état des Etats-Unis où ce système a été mis à l'épreuve, pourriez-vous donner à ce comité une idée approximative de leur capital, au plus ou au moins, ou à peu près, afin de nous donner une idée du capital des banques qui ont adopté ce système et n'en ont pas été satisfaites?—R. Oui, je le puis; je puis dire que leur capital minimum était de $10,000 et leur maximum de $500,000.

Q. Il y avait une garantie de tous les dépôts de toutes les banques?—R. Voici, les lois varient suivant les états, comme vous le savez. Il n'y a pas de loi uniforme de garantie des dépôts. Par exemple, la loi de l'Oklahoma est une chose, et celle du Texas en est une autre. Dans certains états, il est possible à une banque de souscrire à cette loi de garantie des dépôts. Elle est facultative, tandis qu'elle est impérative dans certains autres états.

[M. John W. Pole.]

Q. Elle est obligatoire dans certains états et ne l'est pas dans d'autres?—R. Obligatoire dans certains états et volontaire dans d'autres.

Q. Je crois que vous avez aussi déclaré que la loi ne pourrait pas mieux fonctionner avec les banques nationales qu'avec les banques d'état?—R. Je ne vois pas pourquoi il y aurait une différence, à moins qu'il y ait un certain système de garantie du gouvernement, qui rendrait la chose aboslument certaine.

Q. Ce serait une autre chose?—R. Bien sûr que ce serait une autre chose.

Q. Pourvu que la garantie soit limitée à un certain montant, croyez-vous que les objections seraient aussi grandes?—R. Pourvu que la garantie se limite à des montants aussi faibles que possible dans le but de protéger les petits déposants, y verriez-vous certains mérites?—R. Je ne suis pas du tout un avocat de la garantie des dépôts, mais je crois que M. Williams a fait une étude de cette question. Il doit paraître devant vous et il aura probablement à vous offrir de nombreuses statistiques qui éclaireront le comité dans la discussion de cette idée.

Q. Vous croyez qu'il pourrait répondre mieux que vous sur cette question? —R. Je suis certain qu'il le peut parce que pendant son stage comme contrôleur il était un avocat de la garantie des dépôts par le gouvernement.

Q. Je présume que je puis me permettre la question suivante qui est à la fois une question et une suggestion. Les principes bancaires des Etats-Unis et ceux du Canada ne peuvent se comparer à tous les points de vue?—R. Non.

Q. Nous avons ici le système des succursales avec un petit nombre de grandes institutions?—R. Oui.

Q. Et les Etats-Unis ont des banques individuelles?—R. Oui.

Q. De sorte que sous plusieurs aspects les systèmes ne sont pas comparables?—R. Non. Nous avons trente mille banques.

M. Ladner:

Q. Le capital comprenait-il..—R. Le surplus? Non. J'ai compris que vous vouliez parler du capital à l'exclusion du surplus. Si vous voulez des chiffres définis, je crois que je puis vous les donner s'ils valent la peine d'être intercalés dans le rapport.

Q. Je crois que le comité trouverait intéressant de les avoir au dossier.— R. Si je produis ce rapport devant le comité, ce sera purement une question de mathématiques.

M. LADNER: Je suggère, monsieur le Président, que ce rapport soit produit.

Q. Qu'avez-vous dit qu'il traitait?—R. C'est un rapport succinct sur les conditions des Banques nationales.

Le président:

Q. De quelle date?—R. Du 5 février 1924.

M. Ladner:

Q. Maintenant, les dépôts garantis dont vous avez parlé, M. Pole, dans le cas où un certain nombre de banques s'entendent pour garantir les dépôts de toutes les banques composant le groupe, il y a obligation conjointe et séparée?— R. Oui.

Q. En d'autres mots, une banque garantit pratiquement les bonnes affaires de toutes les autres banques?—R. Oui.

Q. Ce qui a été trouvé impossible en application?—R. Je ne suis pas prêt à dire cela. Je ne voudrais pas aller aussi loin. Quand vous dites "garantir les bonnes affaires " d'une banque, je présume que vous voulez dire réellement garantir les mauvaises affaires?

[M. John W. Pole.]

Q. Les deux puisque c'est garantir qu'elles seront bonnes quand elles seront mauvaises?—R. Oui. Nous avons aux Etats-Unis un certain système de succursales de banques, des chaînes de banques...

Q. Procédons immédiatement aux faits. Où cette méthode a-t-elle réussi, si elle a réussi, et est-elle encore en opération?—R. Bien, elle est encore en opération là où un groupe de banques ont en commun un fonds de garantie. J'ai présent à l'esprit un système comprenant cent quatre-vingt-sept banques...

Q. Sont-ce ces banques importantes, au moins pour quelques-unes d'entre elles?—R. Non, ce sont de petites banques.

Q. Elles ont contracté cette union pour des fins de protection mutuelle?— R. Oui, ostensiblement.

Q. Et quels ont été les résultats?—R. Toutes les banques sont bien en vie et il y a quelque chose au crédit du fonds de garantie.

Q. Ce fonds de garantie est-il une sorte de fonds d'assurance?—R. Chaque banque est cotisée à tant.

Q. Cette cotisation est-elle limitée?—R. Je crois que oui.

Q. C'est-à-dire que chaque année elles contribuent une somme de tant au fonds, et ce fonds reste là pour la protection des déposants de toute banque qui viendrait à faillir?—R. C'est bien cela.

Q. C'est un arrangement qui fonctionne avec succès?—R. Il y a encore quelque chose au crédit de ce fonds. En cas de faillite d'un ou deux membres du système, le fonds n'irait pas très loin.

Q. Ce n'est pas le point. Je veux parler des résultats. Comment désigneriez-vous ce groupe de cent quatre-vingt-sept banques?—R. C'est un groupe de banques qui s'étend de New-York à la Floride.

Q. Comment les appelez-vous?

Le président:

Q. Banques nationales ou banques d'état?—R. Banques nationales et banques d'état.

M. Ladner:

Q. En parlant d'elles entre banquiers, comment les désignez-vous—quelque chose comme un groupe.—R. J'en ai parlé comme d'un système particulier de banques. Est-il nécessaire de donner le nom de ce groupe en particulier?

Q. Non, cela n'est pas nécessaire. En posant la question, j'ai pensé que nous aimerions peut-être à consulter à ce sujet quelques auteurs de la bibliothèque. Si nous désirons cette information, nous pourrions peut-être l'avoir de vous privément?—R. Je m'en ferai un plaisir.

Q. J'ai soumis au comité une proposition directe que je vais vous lire et sur laquelle j'aimerais à entendre vos commentaires, vu votre expérience des autres systèmes:

"Résolu,—Que ce comité recommande au Parlement l'établissement, dans les banques chartrées du Canada, d'une classe additionnelle de comptes d'épargne avec entente que toute personne qui fera un dépôt dans cette classe de comptes, dans toute banque ou succursale de cette banque, sera protégée contre toute perte jusqu'à la somme de $3,000 par l'établissement d'une caisse basée sur le principe de l'assurance dont les primes seront payées par le déposant et par la banque dans la proportion que l'on déterminera; et que le gouvernement arrête les détails et les données d'actuaire nécessaires à l'organisation dudit projet et, après conférence avec les institutions bancaires du Dominion, que l'on adopte la législation pour mettre en pratique les résultats de ladite conférence et le projet que l'on pourrait arrêter."

[M. John W. Pole.]

Vous remarquerez qu'il y a une importante différence de principe dans cette suggestion et celle d'une garantie générale?—R. Oui, je vois.

Q. En d'autres termes, il s'agit de laisser les banques existantes telles qu'elles sont, et simplement d'établir pour ceux qui ont des doutes sur la solvabilité de la banque, et qui recherchent surtout la protection, une classe nouvelle de comptes différant de ceux qui existent actuellement?—R. Oui.

Q. Et ces comptes, au lieu de retirer un intérêt de 3 pour cent, comme actuellement, retireraient un peu moins, quelque chose comme 2.7, ou 2.8, ou 2.5, et la différence entre 2.7 et 3 p. 100, ou toute autre base établie par des actuaires, constituerait une assurance pour les déposants, servant à la création d'un fonds d'assurance auquel les banques contribueraient une égale proportion. Ce fonds serait, jusqu'à épuisement, la protection des déposants qui s'inquiètent beaucoup de la sécurité de leurs dépôts. Les hommes d'affaires qui sont dans le grand commerce, qui connaissent la solvabilité des banques, continueraient sans doute sous le vieux système. Y a-t-il aux Etats-Unis quelque système de ce genre en activité?—R. Bien, je sais qu'il y a des systèmes qui peuvent protéger les déposants jusqu'à un certain point, mais le projet ne laisse pas entendre qu'il ne doive atteindre qu'un certain montant.

Q. Il est limité à $3,000.—R. Je vois.

Q. Si vous avez plus de $3,000, la protection ne s'étend pas à l'excédent.—R. Je vois.

Q. Et vous devez ouvrir un compte spécial, montrant que vous avez un motif, que vous désirez cette protection. Ainsi le public est protégé. Pouvez-vous comparer cela à quelque chose qui ait été essayé aux Etats-Unis et en tirer des conclusions utiles?—R. Naturellement, on peut dire que dans un grand nombre de banques de la campagne, il est probable que la moyenne des dépôts est beaucoup au-dessous de $3,000...

Q. Mais vous savez.

Le PRÉSIDENT: Vous ne donnez pas au témoin le temps de répondre.

M. LADNER: Mais je sais ce qu'il va dire.

M. SHAW: Mais nous ne le savons pas.

Le PRÉSIDENT: Nous voudrions savoir ce que le témoin a dans l'idée, et j'ai remarqué que deux ou trois fois vous passiez à une question nouvelle avant qu'il eût complété son idée.

M. LADNER: Je faisais cela pour abréger l'examen.

Q. Qu'alliez-vous dire?—R. Je disais que dans un très grand nombre de banques de la campagne la moyenne des dépôts ne dépasse pas $3,000, de sorte que ce serait approximativement la garantie de tous les dépôts dans les banques de campagne.

Q. Avez-vous dans l'idée les banques de campagne des Etats-Unis ou celles du Canada?—R. Des Etats-Unis.

M. LADNER: C'est pour cela que j'ai interrompu. Je croyais qu'il dirait cela. Nous aurions pu épargner ce temps.

Le TÉMOIN: Je ne suis pas très renseigné sur les banques canadiennes.

M. Ladner:

Q. Nous voudrions, autant que possible, appliquer ce système au Canada où il y a quatorze banques principales, et sous notre système de succursales, nous en avons quatre mille quatre cent quarante-quatre, ou du moins c'est ce que nous avions il y a quelques jours. Dans un système comme celui-là, les dépôts changent beaucoup, et une grande partie des affaires se négocie dans les grands bureaux, même à distance. Votre expérience vous permet-elle de mesurer l'applicabilité du système projeté au Canada?—R. Je puis voir que son effet serait tout à fait différent avec un grand système de succursales comme vous avez au Canada, et qui ne ressemble pas du tout à notre système de banques indivi-

[M. John W. Pole.]

duelles. Nous maintenons que toute sorte de garantie des dépôts est un encouragement aux affaires bancaires risquées; une banque est simplement aussi bonne
qu'une autre, et tel ne serait pas le cas avec votre système de succursales.

M. McMaster: Puis-je interposer une question, non pas au témoin, mais au
président? M. Pole a-t-il terminé sa déposition principale?

Le président: C'est ce que je me demandais ce matin, mais j'ai remarqué
qu'après avoir établi comme règle qu'un témoin après avoir abordé un sujet
l'épuiserait, le comité semble beaucoup tenir à l'interroger, c'est pourquoi je ne
suis pas intervenu. Si tel est le bon plaisir du comité, je suggérerais que M. Pole
puisse terminer sa déposition sans interruptions, après quoi il pourra être interrogé suivant le désir des honorables membres du comité.

M. McMaster: Vous avez établi une règle, et nous l'avons tous enfreinte
plus ou moins et je me demande s'il ne serait pas bon de la rétablir.

Le président: Il y a un autre point d'ordre qui me revient à la mémoire.
M. Ladner a inscrit une proposition au feuilleton de ce comité sur laquelle il
n'y a pas eu de discussion, et je me demande s'il n'y a pas une question d'é-
tiquette parlementaire parce qu'une proposition semblable est devant la Chambre pour discussion.

M. Ladner: Je l'ai retirée l'autre jour.

Le président: Je ne le savais pas.

M. Ladner: Puis-je suggérer, monsieur le président, qu'ayant abordé une
certaine série d'idées, il me soit permis de terminer? Je ne serai pas long.

Le président: Vous pouvez procéder.

M. Ladner:

Q. Je présume que vous connaissez notre système de garantie de la circulation des banques?—R. Oui.

Q. Croyez-vous qu'un plan comme celui-là pour des comptes de $3,000 ou
moins, avec notre système de succursales, puisse être tracé d'une manière pratique?—R. Avec le système des succursales de banque, je crois qu'il le pourrait.

Q. Maintenant, nous avons eu la preuve que, vu certaines conditions au
Canada — la Home Bank et autres — les dépôts passent des petites banques aux grosses, de sorte que les grosses banques ont pratiquement 70 pour
100 de tous les dépôts du pays, et suivant mon information, cela se continue
pendant que les frais généraux des petites banques sont toujours aussi lourds.
Croyez-vous qu'un plan de ce genre restaurerait la confiance du public dans les
petites banques comme dans les grosses?—R. Je puis certainement dire que cela
contribuerait à donner plus de confiance aux petites banques. Cela augmenterait aussi la confiance dans toutes les banques, s'il y a l'assurance d'un fonds
de garantie devant servir à cette fin; je veux dire si ce fonds peut réellement
garantir. Notre expérience avec les fonds de garantie, c'est qu'ils ne garantissent
pas.

Q. Mais prenez le groupe dont vous avez parlé il y a un instant. Depuis
combien de temps est-il en opération?—R. Depuis un bon nombre d'années.

Q. Combien d'années, quinze ans ou vingt-cinq?—R. Au moins quinze.

Q. Et il fonctionne encore avec succès?—R. Oui.

Q. Et le fonds d'assurance est toujours là?—R. Il y a toujours un fonds
d'assurance.

Q. Il ne s'agit pas seulement du montant d'assurance que vous pouvez avoir
à réclamer — en se basant sur l'expérience, c'est le montant de la prime que vous
devez réclamer?—R. Nécessairement c'est ce qui devrait être.

Q. Et c'est une assurance de tous les dépôts, n'est-ce pas?—R. De tous
les dépôts.

Q. N'est-il pas plus probable que si vous assuriez seulement les dépôts de
$3,000 ou moins, et seulement ceux des personnes qui en font le choix — neptenant

[M. John W. Pole.]

pas compte de ceux qui sont satisfaits du système actuel — une telle proposition aurait une meilleure chance de succès que celle du groupe dont vous avez parlé? —R. Je comprends que cela peut être vrai, excepté que, dans le groupe dont j'ai parlé, le fonds d'assurance qui a été accumulé ne pourrait pas couvrir les pertes d'un certain nombre de banques s'il leur arrivait malheur; le seul fait que les banques sont encore en existence peut être pris comme une preuve qu'elles vont continuer d'exister, mais si un certain nombre d'entre elles subissait un désastre, il est évident que le fonds d'assurance ne serait qu'une bagatelle en comparaison des montants garantis.

Q. Il y a des gens qui croient qu'il est de l'intérêt public d'avoir un très petit nombre, quatre ou cinq, de très grandes banques avec des succursales, au lieu d'un système de banques plus nombreuses mais moins considérables par leur capital et leurs dépôts. Votre expérience vous permet-elle de donner une conclusion sur cette question?—R. Je n'ai pas saisi la question bien clairement.

Q. Serait-il préférable que le Canada, ou les Etats-Unis (ait quatre ou cinq grandes banques contrôlant toutes les affaires du pays, pour différentes raisons rendant impossible la création ou la continuation d'autres banques. Ce système serait-il mieux pour le pays, ou vaut-il mieux avoir un grand nombre de banques? —R. Vous me posez là une question très vaste sur le système de succursales de votre pays, et me demandez s'il est préférable au système des banques individuelles.

Q. Non. Ce serait le même système avec quatre ou cinq banques. Le nombre de succursales ne serait pas diminué, et le public aurait le même service?—R. Dans un pays exploitant le système de succursales, je crois possible que les institutions fortes et dominant tout soient préférables à celles qui ne sont pas aussi fortes mais qui sont en plus grand nombre. Mais je ne sais pas; c'est une chose sur laquelle je ne puis exprimer une opinion.

Q. Nous avons au Canada quatorze banques; ce sont toutes de grandes institutions, comparativement à celles que vous avez aux Etats-Unis—R. Oui.

Q. Mais il y en a quatre qui sont beaucoup plus grandes que les autres. Je demande si dans votre opinion, pour la facilité des opérations bancaires et le service au public, il serait mieux de n'avoir que ces quatre banques au Canada, ayant à elles toutes les succursales, ou s'il est préférable d'en avoir quatorze?— R. Je ne tiens pas à m'exprimer là-dessus, M. Ladner.

M. W. F. Maclean:

Q. Avec votre permission et celle du comité, je voudrais relever quelque chose qu'a dite M. Ladner. Je veux demander au témoin s'il est vrai que le public américain d'aujourd'hui, quand il veut s'assurer de ses dépôts, peut les placer dans les banques d'épargnes du gouvernement—R. Oui, il le peut.

Q. Et il est absolument protégé?—R. Aussi sauf que le gouvernement.

Q. Et les Etats-Unis sont aujourd'hui la plus grande force financière au monde. Il y a aussi une autre chose que je voudrais faire élucider en deux ou trois mots: nous pourrons y revenir demain; c'est que les citoyens américains peuvent aller à n'importe quelle succursale de la National Reserve Bank ou à la National Reserve Bank elle-même, acheter un certificat de dépôt, portant intérêt à?—R. Quatre et demi pour cent.

Q. Ils peuvent avoir un certificat de dépôt du gouvernement pour n'importe quel montant?—R. Un certificat du Trésor pour jusqu'à $5,000.

Q. Sur lequel ils retirent $4\frac{1}{2}$ pour cent, et qu'ils peuvent réaliser n'importe quand?—R. Ils peuvent réaliser en tout temps, mais ils perdent alors une partie de l'intérêt.

Q. Il peuvent redéposer cet argent et tirer des chèques sur le montant?— R. Oui.

[M. John W. Pole.]

Q. Tout citoyen américain peut acheter un certificat de dépôt jusqu'à concurrence de $5,000, mais vous n'avez pas un système de depôts du gouvernement comme nous en avons un dans ce pays, une banque d'épargnes du gouvernement, indépendante de la caisse d'épagnes du ministère des Postes?—R. Nous avons cela: la caisse d'épargnes des Postes et les certificats du Trésor jusqu'à $5,000.

Q. Et jusqu'à date, cela a donné satisfaction? Dequis quand le système est-il en force?—R. Le seul point qui n'a pas donné satisfaction, c'est qu'un grand nombre de déposants ont retiré leurs fonds de banques qui n'étaient pas trop prospères et qui n'inspiraient pas une trop grande confiance, et les ont placés au gouvernement, s'assurant ce qu'ils croient une parfaite sécurité.

M. KELLNER: Je propose que le témoin continue maintenant sa déposition.

Le PRÉSIDENT: Je suis certain que M. Ladner le désire maintenant.

M. KELLNER: Le comité désire beaucoup recevoir maintenant les déclarations du témoin.

Le PRÉSIDENT: Voulez-vous continuer maintenant votre exposé du système d'inspection des Etats-Unis que vous avez commencé ce matin.

Le TÉMOIN: Monsieur le président, j'avais à peu près terminé l'exposé des systèmes d'inspection en vogue aux Etats-Unis. J'ai parlé du rapport des examinateurs dans tous ses détails, et je crois que je me suis arrêté au point où l'examinateur délégué a terminé son travail, n'est-ce pas? Maintenant, après que ces examens sont terminés et que les sujets susceptibles de critique, les questions d'intérêts, ont été discutés avec les bureaux de direction de ces banques, le rapport est envoyé à Washington où il est analysé par des hommes qui ont été bien en contact avec les choses du dehors; ils ont de l'expérience comme examinateurs et peuvent facilement se rendre compte d'une situation, parce que le rapport d'une localité parvient à une homme qui a déjà inspecté cette même localité, de sorte qu'il connaît précisément les conditions locales, et se rend compte de la situation. Après cela, il dicte quelques lettres à la banque attirant son attention sur certaines choses qui doivent être corrigées; il s'adresse souvent au bureau des directeurs et exige que certaines corrections soient faites. Ainsi, au sujet des gros prêts et, des grandes lignes de crédit et des découverts, ou de trop grandes extensions de temps, etc., la lettre est adressée au bureau de direction et sera lue à la prochaine asssemblée régulière, et une réponse doit être envoyée au contrôleur l'avisant des mesures adoptées pour corriger ce qui a été signalé. Si cela n'est pas fait, une deuxième lettre suit, et si les critiques sont d'une certaine importance et si les corrections ne sont pas faites, un examinateur retourne à la banque; le but de son voyage peut être de chercher ce qui peut être fait pour améliorer la situation. Cette méthode a été trouve très effective. Ceci couvre à peu près tout le chapitre des examens.

Le président:

Q. Avez-vous autre chose dans vos notes qui pourrait intéresser le Comité? —R. J'aimerais à produire devant vous une copie du rapport annuel du contrôleur, traitant des succursales de banque, et qui devrait vous intéresser.

M. MARLER: Monsieur le président, j'aimerais à poser encore quelques questions quand vous serez prêt.

M. HUGHES: Je voudrais poser quelques questions pour élucider certains points que les correspondants de journaux n'ont pas compris clairement.

Le président:

Q. Quelle est la date de ce rapport du contrôleur?—R. Du 3 décembre 1923.

Le Document est déposé et marqué Exhibit n° 5 (Pas imprimé).

Le TÉMOIN: C'est d'intérêt tout particulier parce que la question des suceursales affecte l'existence du système de la Federal Reserve, et je suis certain qu'il vous intéressera.

[M. John W. Pole.]

M. Ladner:

Q. De quelle manière?—R. Parce que les banques d'Etat sont des membres simplement volontaires, et que les banques nationales sont forcées d'être membres, et l'admission des banques nationales au titre de membre dépend du système Federal Reserve, et si la loi des succursales de banque et les autres législations prévues par la loi McFadden étaient adoptées, il est probable qu'un grand nombre de banques nationales abandonneraient ce système pour devenir banques d'Etat, et comme il n'y a que 1,600 banques sur 20,000, qui sont membres volontaires, il est probable qu'un grand nombre de banques nationales, une fois devenues banques d'Etat, ne voudraient plus du système, ce qui mettrait celui-ci en danger.

Le président:

Q. Dois-je comprendre que vous préférez le système des succursales à celui de la Federal Reserve?—R. Il s'agit de permettre aux banques nationales d'établir des succursales en compétition avec les banques d'Etat. Actuellement, les banques nationales n'ont pas le droit d'avoir des succursales.

Q. Comment pourriez-vous les forcer de sortir du système de la Federal Reserve si elles établissaient des succursales?—R. Parce que le système de la Federal Reserve ne permettra plus l'existence de succursales.

M. Coote:

Q. Il n'est pas permis aux succursales de banque d'appartenir à la Federal Reserve?—R. Oui; il ne leur sera plus permis. Cela n'inclut pas les succursales qui se trouvent dans la même ville que l'organisation mère.

M. Hughes:

Q. Vous avez dit, cet après-midi, qu'il y avait douze districts d'inspection aux Etats-Unis?—R. Oui, monsieur Hughes.

Q. Et vous avez dit qu'il y avait un grand nombre d'examinateurs et d'assistants-examinateurs?—R. Il y a deux cent cinquante examinateurs et un nombre égal d'assistants. Il y a 250 à 260 examinateurs, en comptant les 12 examinateurs en chef.

Q. Et 250 assistants?—R. Deux cent cinquante assistants.

M. W. F. Maclean:

Q. Et un grand nombre de commis aussi?—R. Oui.

Q. Ce sont tous des experts de profession dans les affaires bancaires?—R. Ces examinateurs sont recrutés parmi des hommes qui ont fait un succès comme banquiers, officiers ou employés de banque, et les assistants sont pris parmi les commis du département.

Q. Et ils sont tous assez bien payés?—R. Le gouvernement n'est pas précisément un payeur de gros salaires; les salaires, dans le cas des examinateurs, varient de $3,000 à $20,000 par année, et dans le cas des assistants, de $1,500 à $3,500.

M. Hughes:

Q. Puis-je poser une autre question? Est-ce l'habitude des banques des Etats-Unis de permettre à leurs clients de soutirer leurs comptes jusqu'à une certaine limite?—R. Pas autant qu'autrefois; c'était l'habitude avant l'administration de M. Williams, mais il lui a fait tellement la guerre qu'elle est maintenant beaucoup diminuée.

Q. Quelle peut en être maintenant la proportion?—R. Très faible.

Q. Comparativement aux effets escomptés?—R. Oh, non. Par exemple, en date du 31 décembre 1923, dans 8,184 banques, les prêts et escomptes formaient

[M. John W. Pole.]

14-15 GEORGE V, A. 1924

en chiffres ronds onze billions huit cents millions, tandis que les découverts formaient dix millions.

Q. Quelle était la date?—R. L'an dernier, en décembre.

M. Marler:

Q. Monsieur Pole, votre examen de ce matin a porté en grande partie sur l'inspection des banques et le contrôle du gouvernement. Ce que le comité recherche, c'est des informations sur la possibilité d'appliquer une inspection du gouvernement aux banques de ce pays. Vous nous avez parlé de vos inspecteurs de banque et vous nous avez dit ce qu'ils faisaient quand ils visitaient une banque. Vous nous avez dit, je crois, que les inspections se faisaient à intervalles irréguliers, ce qui veut dire que les inspecteurs sont susceptibles d'arriver à une banque en aucun temps, sans s'annoncer. Maintenant, quand un de ces inspecteurs arrive à une banque, prenons l'exemple que vous avez mentionné ce matin, la National City Bank of New York, que demande-t-il d'abord, ou tout simplement que dit-il? Dit-il simplement: "Produisez vos livres, nous voulons les examiner"?—R. Il n'emploie pas tout à fait ce langage, mais c'est ce que cela veut dire. Quand vous parlez de la National City Bank of New-York, vous parlez d'une institution colossale, ce qui n'est pas un exemple pour fins de comparaison; c'est presque une loi par elle-même. Bien qu'il y ait quelques immenses institutions de ce genre à New-York, il y a aussi, comme vous le savez, 500 autres institutions dont le capital est d'un demi-million de dollars. Quand un examinateur arrive à une banque, il a pris tous ses arrangements, afin que chacun de ses assistants examine un des départements et prenne charge de ce département en entrant dans la banque. Il scelle les sécurités, prend charge du portefeuille des billets, scelle la caisse aux espèces, et prend tout à sa charge, et il remet ensuite le tout en aussi bon état que possible, s'efforçant toujours de causer à la banque le moins de dérangement possible.

Q. Vous savez sans doute, comme on vous l'a d'ailleurs fait remarquer, que nous avons en ce pays plusieurs très grandes institutions bancaires que vous connaissez probablement. Par exemple, nous avons la banque de Montréal, la banque de Commerce, la banque Royale et la banque Nova Scotia; ce sont les quatre principales institutions du pays, ayant chacune un grand nombre de succursales?—R. Oui.

Q. Voici où je voudrais en arriver comme point de départ: ces examinateurs des Etats-Unis ne demandent aucun rapport particulier préparé par cette banque, n'examinent pas le rapport pour le vérifier, mais ils font eux-mêmes un rapport de ce qu'ils constatent?—R. Le rapport qu'ils font serait le rapport de l'état des affaires de la banque lors de la fermeture, le soir de leur visite. Ils font un rapport général suivant le grand livre. S'ils vont dans une banque le vendredi après-midi, à la fermeture, après que le rapport a été fait, c'est l'état du vendredi soir qu'ils ont établi.

Q. En d'autres termes, ils prennent un état préparé par les officiers de la banque comme base de leurs constatations?—R. Oui, mais après avoir contrôlé l'exactitude de cet état par un examen général des livres.

Q. Maintenant, cet état doit donner les item principaux d'une maison bancaire: prêts, escomptes, immeubles et une centaine d'autres item que vous avez tous les jours dans l'état de n'importe quelle banque?—R. Oui.

Q. Les examinateurs prennent cet état, le vérifient par les livres d'abord et s'assurent si cet état, par ses chiffres du moins, est exact. Vont-ils jusque là? Vont-ils plus loin et examinent-ils chaque prêt et chaque item en particulier pour s'assurer si les prêts sont bons ou risqués suivant que les garanties subsidiaires sont bonnes ou mauvaises?—R. Oui, puisque c'est là le principal motif de l'examen. L'autre motif pourrait être considéré comme une simple vérifi-

[M. John W. Pole.]

cation. C'est plus particulièrement à cette partie de l'examen que nous attachons de l'importance, l'examen rigoureux de tous les prêts, de toutes les valeurs
à l'actif, et quand ce portefeuille des titres et effets est reçu, il est généralement,
pour vous donner un exemple, porté dans le salon des directeurs où l'attendent
un groupe d'hommes qui examineront chaque billet, pièce par pièce, qui dresse-
ront des feuilles de groupements; c'est-à-dire, qu'en passant les billets, chaque
fois, qu'arrive la signature ou un effet de Jones, il en est pris note; la même
chose se fait pour Smith, et lorsque le portefeuille est épuisé, l'examinateur a
une liste de tous les prêts importants de la banque; de plus, ces prêts sont véri-
fiés dans le grand livre du passif, pour s'assurer que l'engagement de l'emprunteur correspond à l'emprunt qu'il a reçu. Après que ces prêts ont été disséqués
ainsi, l'état du crédit est lu, et toutes les informations relatives au crédit sont
passées en revue, et c'est alors que tel prêt sera classé comme satisfaisant, lent,
douteux, ou, comme perte totale ou partielle. C'est la partie la plus importante
de l'examen et où il a de la valeur pour le bureau du contrôleur.

Q. En d'autres termes, s'il y a un million de dollars en prêts, chaque item
particulier, même s'il y en a cent, est examiné et inscrit au rapport à sa valeur
réelle?—R. Oui.

Q. De sorte que le million est un actif réel?—R. Oui.

Q. Il ne s'y fait rien de fictif; les avances au commerce sur un fort actif
seront également examinées?—R. Oui, c'est l'intention de l'examen.

Q. Pour voir s'il y a une valeur commerciale derrière chaque prêt. Je présume que les prêts contre sécurités sont soumis au même examen?—R. Exactement.

Q. Et il en est de même de l'actif détenu par la banque; l'état soumis exige
un examen réel de l'actif qui est mentionné?—R. C'est précisément cela.

M. MARLER: Je crois que c'est une information très importante.

Le TÉMOIN: Nous faisons une différence entre ce que nous appelons un
examen et ce que nous appelons une vérification. La vérification ne couvre que
l'exactitude des chiffres, tandis que l'examen touche la valeur de l'actif de la
banque.

Q. Vous avez une vérification de l'actif et du passif de la banque, et quand
les examinateurs de l'état ont passé, vous avez la vérification que les sécurités
et les débits sont tels que montrés?—R. Autant qu'il est possible de le déterminer par une enquête.

Q. Avant la revision de la loi des banques en 1913, nos banques avaient ce
que vous appelleriez aux Etats-Unis et ce que nous appelons ici, une vérification interne; c'est-à-dire une vérification par les officiers de la banque. Les
inspecteurs en chef et les sous-inspecteurs visitent les différentes succursales,
en font l'examen, et envoient au bureau chef un rapport qu'ils ont certifié comme
exact.—R. Oui.

Q. En 1913, une vérification a été ajoutée à cela. Deux vérificateurs sont
nommés par les actionnaires qui examinent aussi les affaires de la banque?—R.
C'est sous le système canadien?

Q. Oui. Je veux simplement vous expliquer avant de poser une question.
Quand est venue la revision de la loi des banques en 1923, cette vérification
inaugurée en 1913 a été maintenue avec quelques amendements; le principal
amendement a été que l'un des vérificateurs serait plus ou moins permanent
tandis que l'autre, appartenant à une firme différente, changerait de temps à
autre. C'est ce qui fait que nous avons une vérification interne et une vérification externe de nos banques. Maintenant, le Comité est à étudier une autre
suggestion très sage: c'est que nous y ajoutions une autre inspection par un
officier du gouvernement. Cela nous donnerait à proprement parler trois vérifications différentes. Vous nous avez expliqué ce matin l'organisation des offi-

[M. John W. Pole.]

ciers des banques d'état et de l'inspection qu'ils font, et je crois que vous nous avez dit que cette organisation occupait un grand nombre d'officiers supérieurs et subalternes des banques, une organisation que je juge assez coûteuse, et qui, si elle était appliquée à notre pays, entraînerait d'assez fortes dépenses.   Maintenant, là où vos examinateurs d'état procèdent à un examen systématique tel que décrit, ne croyez-vous pas qu'il serait bon d'avoir ici au Canada un petit bureau composé de comparativement peu d'examinateurs, et d'attacher à ce bureau les vérificateurs actuellement nommés en conformité avec la loi des banques, dans le but de faire un examen extérieur des affaires de la banque? Ma question est-elle suffisament claire?—R. Oui. Je crois qu'il ne serait pas pratique pour vous de maintenir un personnel d'examinateurs assez nombreux pour faire simultanément l'examen de vos banques et de toutes leurs succursales; et à moins de cela, l'examen perd une grande partie de sa valeur. Mais il me semble que le système que vous avez ici est splendide, surtout parce que j'ai lu dans votre loi que ces vérificateurs doivent être des hommes de la plus haute compétence, de sorte que vous pouvez vous fier à tout rapport qu'ils font, des gens comme Price-Waterhouse, et des comptables diplômés de grande réputation.

Q. Très bien. Puis-je faire remarquer, pour votre information, M. Pole, qu'il s'est produit des cas où ces vérifications n'ont pas été entièrement satisfaisantes?—R. Je comprends très bien que cela peut arriver en certains cas. Je présume que cela ne peut arriver souvent si la vérification est confiée à des firmes de comptables responsables.

Le PRÉSIDENT: C'était avant le changement de la loi des banques, l'an dernier.

Le TÉMOIN: Votre système de vérification exige qu'elle soit confiée à un groupe choisi d'apurateurs, n'est-ce pas?

M. MARLER: Oui.

Le PRÉSIDENT: Depuis l'an dernier.

Le TÉMOIN: C'est la loi aujourd'uni?

Le PRÉSIDENT: Oui.

Le TÉMOIN: De sorte que cela diminue d'autant la possibilité d'avoir des rapports qui ne seraient pas justes. Ce qui me frappe, c'est qu'avec le grand nombre de succursales que vous avez au pays, il serait impossible d'en faire l'examen simultané. Mais si vous continuez la vérification par ces firmes de comptables responsables, et si en plus de leur reddition de compte, vous leur demandez un rapport ressemblant en quelque sorte à celui que j'ai esquissé en partie, c'est-à-dire donnant une analyse des prêts, de la valeur des garanties, etc.; si ce rapport est envoyé à un bureau central où il est coordonné par un chef nommé à cette fin, capable de peser la valeur du rapport et assez expérimenté pour intervenir en cas de besoin et s'adresser directement à la banque pour exiger des corrections et voir à ce qu'elles soient faites, je crois que vous auriez autant de satisfaction et beaucoup moins de frais qu'avec notre système.

M. HUGHES: Je crois que M. Marler a mentionné les banques d'état quand il voulait dire les banques nationales?

M. MARLER: Je voulais dire les banques nationales.

Le TÉMOIN: Les départements d'état ne maintiennent pas un examen aussi sévère que les banques nationales; c'est une chose généralement comprise.

M. Marler:

Q. Voici où je veux en venir: si nous prolongeons l'interrogatoire d'une personne aussi hautement qualifiée que vous, ou de toute autre personne, c'est que nous voulons trouver une solution pratique, une méthode d'inspection qui serait tout à l'avantage des banques de la communauté en général. C'est la raison pour laquelle je vous demande toutes ces questions.—R. Oui.

[M. John W. Pole.]

Q. J'ai cru que je pouvais vous demander si vous ne croyiez pas que la continuation de notre présent système de vérification d'après la loi des banques, doublé d'un petit bureau d'inspecteurs, tous hommes de grande expérience qui travailleraient sous la direction d'un bureau central, examineraient les garanties et autres valeurs d'une banque, ne pourrait pas nous rendre les mêmes services que votre bureau d'examinateurs?—R. Je le crois, dans une large mesure. Je crois que c'est réellement la seule solution pratique de l'inspection des banques quand vous avez un grand nombre de succursales.

Q. Autrement dit, avec notre système de succursales, vous croyez qu'il ne serait pas pratique de créer un mécanisme absolument nouveau, et peut-être pas aussi pratique que de garder le présent système en lui ajoutant un nouveau bureau composé de quelques officiers seulement?—R. Oui, je crois que ce serait efficace. Je crois de plus que de ce bureau, que vous mentionnez, naîtraient certaines suggestions démontrant la nécessité d'exiger peut-être de chaque succursale, un rapport direct au bureau central, qui pourrait être dressé en tableau pour informations futures; je veux dire directement au bureau central d'inspection, non pas à la banque elle-même.

Q. Il pourrait y avoir le danger suivant—les autres membres du comité voudront croire peut-être que je ne le crains pas—que ces vérificateurs actuellement en office en vertu de la loi des banques ne soient influencés par les officiers de la banque?—R. Avec votre système actuel, c'est toujours une possibilité.

Q. Cette possibilité vous apparaît-elle de grande importance?—R. Sous le système de rotation—je crois que je puis l'appeler ainsi—où une banque est examinée seulement en ce qui regarde certaines restrictions de la loi, je crois que le danger n'est pas grand. Je crois que ce danger a été éliminé autant que possible.

Q. Puis-je répéter ma question; ce système se comparerait-il favorablement avec, et serait-il l'égal de votre système d'examen des banques?—R. Autant que les deux systèmes sont comparables. Vous pouvez difficilement comparer des banques individuelles à des banques à succursales. Ainsi, nous ne voudrions pas prendre un jour la Chase Bank, ou la City Bank, examiner la banque mère un jour, ou ce mois-ci, et inspecter ensuite les succursales à tour de rôle. Nous examinerions la banque mère et toutes ses succursales en même temps, et nous ferions la compilation de nos chiffres de manière qu'il ne puisse y avoir aucune possibilité de subterfuge, d'échange ou d'accommodation. En dehors de cela, je dis oui.

M. Marler: Monsieur le Président, il a déjà été suggéré que nous pourrions discuter la garantie des dépôts. Désirez-vous aborder immédiatement cette question, ou est-ce votre désir de la remettre à plus tard?

Le président: Nous avons arrêté de poser des questions sur la garantie des dépôts parce que nous voulions entendre la fin de l'exposé de M. Pole sur l'inspection des banques. Je crois qu'il a maintenant terminé.

Le témoin: Je le crois.

Le président: D'autres questions?

M. Shaw:

Q. Monsieur Pole, quel était le but du gouvernement fédéral des Etats-Unis en imposant aux banques ce système d'inspection?—R. Le premier but était la protection des déposants.

Q. J'en déduis que le principal objet de l'inspection est de protéger le déposant?—R. Protéger le déposant d'abord.

M. W. F. Maclean: Vous voulez dire l'examen?

M. Shaw: Je me sers des mots "examen" et "inspection" comme voulant dire la même chose.

[M. John W. Pole.]

14-15 GEORGE V, A. 1924

M. Shaw:

Q. Advenant la faillite d'une banque inspectée, d'une banque soumise à l'inspection du gouvernement, ce dernier encourt-il une responsabilité financière vis-à-vis du déposant?—R. Aucune.

Q. Ne croyez-vous pas que si le gouvernement adopte des mesures adéquates de protection, y compris l'inspection, qu'il encourt une certaine responsabilité au sujet des dépôts?—R. Aucune.

Q. D'autre part, ne serait-il pas juste que, si le gouvernement ne donne pas une protection suffisante aux dépôts, y compris l'inspection, alors et alors seulement, le gouvernement peut devenir responsable de la perte des dépôts?—R. Je crois que le gouvernement pourrait être blâmé pour avoir négligé ses devoirs.

Q. Au cours de votre intéressant exposé de ce matin, vous nous avez montré le contrôleur de la monnaie, à la suite de rapports reçus, communiquant avec les directeurs de la banque et insistant pour que quelque chose fût fait dans l'intérêt de la banque. Maintenant, je demande quel pouvoir le contrôleur de la monnaie a-t-il de fermer une banque et de l'empêcher de recevoir des dépôts, s'il a tels pouvoirs?—R. Il a un pouvoir absolu, pourvu que dans son estimation la banque ne soit pas solvable.

Q. C'est, je comprends...—R. C'est indiscutable.

Q. Le contrôleur de la monnaie a le plein pouvoir, à sa discrétion, de fermer une banque en tout temps?—R. En tout temps.

Q. Pouvez-vous nous donner approximativement quelle proportion des banques, auxquelles vous avez référé ce matin comme ayant failli, ont été fermées de cette manière par le contrôleur de la monnaie?—R. Fermées par le contrôleur de la monnaie?

Q. Oui.—R. Je dois dire un très petit pourcentage.

Q. Par quoi la fermeture était-elle provoquée ou forcée; par les réclamations des créanciers?—R. Dans le cas d'une banque qui ne peut plus continuer ses opérations, la décision de fermer vient généralement des directeurs. Nous leur laissons cette responsabilité généralement, et les forçons à fermer leur propre banque. Je crois que c'est généralement fait à la suggestion de l'examinateur, mais seulement après que les directeurs en sont venus à la conclusion que la meilleure chose à faire est de fermer.

Q. Je comprends par vos remarques, monsieur Pole, que dans l'exercice de ses fonctions, le contrôleur de la monnaie recommande aux directeurs de fermer, et ils préfèrent suivre son avis avant qu'il les ferme lui-même?—R. C'est cela. Le contrôleur ne veut jamais fermer une banque tant qu'elle est en état de recevoir des dépôts et de les garder en sécurité. Il désire toujours éviter une fermeture; c'est une chose très difficile de déterminer exactement la solvabilité d'une banque, spécialement dans les localités où ces 57 banques ont été fermées, parce que ce sont des régions agricoles, et les lignes de crédit de ces populations sont en grande partie basée sur des probabilités. Vous savez que ce sont ces districts agricoles. C'est exactement la même chose que dans les districts agricoles du Canada où les banques ont subi une dépression, où les valeurs ont déprécié, où les dépôts se sont condensés et où la banque en est rendue à un point qu'elle ne peut plus emprunter; des fois, elle a déjà trop emprunté, et comme elle ne peut plus s'adresser nulle part, il ne lui reste qu'à fermer ses portes.

Q. Supposant que les rapports au contrôleur révèlent que le capital d'une banque est entamé; que fait le contrôleur?—R. Cela dépend beaucoup de l'endroit où est située la banque et des conditions qui l'entourent, mais dans des conditions normales, le contrôleur émettrait immédiatement un avis d'insolvabilité.

[M. John W. Pole]

Q. Qu'est-ce que cela veut dire?—R. Il informerait les directeurs qu'il est nécessaire de restaurer le capital de la banque, qui, suivant le rapport est diminué de, disons 50 p. 100, et les directeurs enverraient ensuite un avis aux actionnaires, ceux-ci devant se réunir dans les trente jours pour décider s'ils vont ou restaurer le capital, ou liquider volontairement, parce que le capital de la banque étant entamé, la banque n'est plus solvable.

Q. Les actionnaires ont alors l'alternative?—R. L'alternative ou de se cotiser ou de liquider volontairement.

Q. Autrement dit, le contrôleur intime aux actionnaires qu'ils doivent ou mettre la main dans leur gousset ou liquider?—R. C'est bien cela.

Q. Maintenant, s'il appert par le rapport au contrôleur que des dividendes ont été déclarés et que le paiement de ces dividendes doit être pris à même le capital de la banque, quel usage le contrôleur fait-il de ses pouvoirs?—R. D'abord, un dividende ne peut pas être déclaré à moins que pendant la période couverte par ce dividende, il ait été versé au compte de surplus 10 p. 100 des bénéfices nets de cette période, que la banque ait déduit toutes les mauvaises dettes et toutes ses pertes, et si après tout cela elle ne peut pas payer de dividende mais en déclare un quand même, les actionnaires sont exposés à avoir à rembourser le dividende à la demande du receveur si la banque est mise en liquidation.

Q. Mais il me semble que le contrôleur devrait aussi avoir le droit d'intimer aux actionnaires de rembourser un dividende récemment payé?—R. Oui, il le peut.

Q. Ainsi, si je m'en rapporte à votre excellent exposé de ce matin, le contrôleur a des pouvoirs absolument illimités?—R. Des pouvoirs très vastes.

M. Shaw:

Q. Advenant l'insolvabilité d'une banque, le gouvernement a-t-il une certaine priorité au cas où il y aurait des fonds en dépôt, ou est-il sur le même pied que les créanciers ordinaires?—R. Le gouvernement est un créancier ordinaire, mais il ne faut pas oublier que tous les dépôts du gouvernement sont garantis par des sécurités collatérales approuvées par le Bureau du Trésor des Etats-Unis.

Q. Le gouvernement ne dépose pas d'argent?—R. En compte courant?

Q. En compte courant?—R. Non.

Q. Et il est sur un pied d'égalité avec les autres créanciers?—R. Sur un pied d'égalité.

Q. Il n'y a pas priorité de par la loi?—R. Aucune.

Q. En votre qualité d'expert en la matière, pensez-vous que, dans votre pays, le fait d'accorder une priorité au gouvernement fédéral et aux gouvernements provinciaux soit au détriment des autres déposants, quand une banque fait faillite, et que le gouvernement y a des dépôts en compte courant?—R. Dans le cas des comptes courants, j'ose dire que c'est un détriment, mais comme les choses se font aux Etats-Unis cela ne fait pas de différence parce que le gouvernement n'a aucune priorité et n'en réclame aucune. Il ne veut pas de préférence parce qu'il a une garantie.

Q. Est-ce la même chose pour les différents états?—R. Non.

Q. Les gouvernements d'état ont-ils une priorité?—R. Ils en ont généralement une. Il y a généralement toute une liste de comptes où les gouvernements apparaissent comme créanciers.

Q. Je comprends alors que les gouvernements d'état, quand ils ont des fonds en compte ouvert à une banque ont priorité jusqu'à concurrence du montant déposé?—R. C'est le cas dans certains états, mais pas partout.

Q. Cela dépend des lois de chaque état?—R. Oui, des lois d'état. Par exemple, je me rappelle que dans l'état de Georgie, l'état vient en premier lieu, ensuite

[M. John W. Pole.]

viennent les autres fonds publics, les fonds de comté et de municipalité, ceux du gouvernement fédéral, ensuite certains dépôts d'épargne et enfin les comptes courants.

Le président:

Q. Cela s'applique seulement aux banques d'état?—R. Cela s'applique à un état en particulier, l'état de Georgie dans le cas actuel.

Q. Mais cela s'applique aux banques d'état et non aux banques fédérales? —R. Non, au gouvernement fédéral.

M. Shaw:

Q. Mais cela ne fait guère de différence puisque le gouvernement fédéral ne dépose que contre les garanties?—R. C'est bien cela.

Q. Je veux vous poser encore une ou deux questions au sujet de l'inspection au Canada. Il a déjà été exposé que les banques ont un système d'inspection qui est d'elles?—R. Vous voulez dire une vérification interne?

Q. Oui?—R. Oui.

Q. Ensuite, nous avons la vérification des actionnaires, payés par la banque? —R. Oui.

Q. Le secret de votre inspection, aux Etats-Unis, c'est qu'elle est entière ment indépendante des banques, et payée par le gouvernement?—R. Payée par la banque.

Q. De quelle manière?—R. Par cotisation.

Q. Vous voulez dire par taxation?—R. Par cotisation.

Q. Basée sur quoi?—R. Sur ces ressources totales.

Q. Ce que vous faites alors, monsieur Pole, c'est de faire la somme des ressources de toutes les banques des Etats-Unis et de cotiser chaque banque suivant sa proportion de ces ressources?—R. C'est ce à quoi l'opération se résume, parce que la banque est cotisée d'abord à $50 pour les premiers $25,000 de son actif, et trois cents par mille piastres de l'excédent de $25,000 dans ses ressources totales.

Q. De sorte que c'est en effet une forme de taxe?—R. Oui, sous forme de taxe.

Q. Mais le personnel d'inspection est engagé et payé par le gouvernement des Etats-Unis?—R. Oui.

Q. Ces employés ne sont payés par aucune des banques?—R. Non, pas maintenant.

M. McMaster:

Q. Ils l'étaient autrefois?—R. Oui.

M. Shaw:

Q. L'an dernier on nous a suggéré d'avoir, attaché au ministère des Finances, un vérificateur, inspecteur ou commissaire des banques, appelez-le comme vous voudrez, qui serait en position de contrôler non seulement les vérificateurs des banques et les rapports des banques, mais qui pourrait uniformiser ces rapports ou vérifications, qui pourrait exiger des banques de plus amples détails que ceux mentionnés dans la loi des banques, et qui aurait le droit, quand il le jugerait à propos, d'aller à n'importe quelle banque ou succursale pour y faire une inspection à fond?—R. Oui.

Q. Croyez-vous que l'imposition d'un tel fonctionnaire, un officier du gouvernement chargé de la surveillance des banques, et de cela uniquement, donnerait satisfaction et améliorerait notre présent système d'inspection?—R. Je crois que ce serait une très précieuse addition.

Q. Et qui donnerait une plus grande protection que celle que nous avons actuellement?—R. Décidément oui. Je crois qu'il ne se contenterait pas d'ac-

[M. John W. Pole.]

cepter ces vérifications telles que présentées, mais qu'il irait plus loin et exigerait certaines autres informations pour la compilation de ses propres rapports.

Q. Et qui aurait le droit d'aller faire des examens en personne?—R. Le droit d'aller faire des examens en personne quand il le jugerait nécessaire.

Q. Et surtout suivant les lignes que vous avez suggérées, pour faire une évaluation de l'actif, à sa propre satisfaction?—R. Oui, c'est ce à quoi je pensais quand j'ai dit qu'il pourrait exiger des informations plus détaillées que celles couvertes actuellement par la loi; je faisais allusion à l'évaluation de l'actif d'une banque, ce qui, à mon avis est une chose très importante, si ce n'est la chose la plus importante.

Q. Je voudrais vous demander une autre chose, monsieur Pole. Je voudrais savoir si le système de la Federal Reserve, aux Etats-Unis, a augmenté la protection donnée aux déposants?—R. Je n'ai aucune hésitation à répondre que oui, de toute manière. Je pourrais même insister sur...

Q. C'est très bien, expliquez-vous?—R. Ce système donne à la banque accès à des fonds qu'elle n'aurait probablement pas autrement de ses correspondants pour lui permettre de faire son chemin en attendant de meilleures conditions et de continuer ses opérations, alors qu'autrement, étant à bout de ressources, elle aurait à fermer ses portes.

Q. N'est-ce pas le cas qu'avant l'adoption du système de la Federal Reserve...

Le PRÉSIDENT: Le témoin sera encore ici demain, et cette question, monsieur, Shaw, est à l'étude sur un point d'ordre.

M. SHAW: S'il m'est permis d'interrompre, monsieur le président, si vous vous rappelez bien, quand le point a été pris en considération par le fauteuil, il a été entendu qu'en attendant votre décision nous aurions le privilège de transquestionner les témoins.

Le PRÉSIDENT: C'est vrai, et c'est la raison pour laquelle je n'aime pas à intervenir, mais je désire attirer votre attention sur le fait que M. Pole est venu ici de son propre gré et qu'il a été sur la sellette pendant trois heures et demie aujourd'hui. Nous aurons encore le plaisir de l'écouter demain, et comme il est maintenant 5.35 heures je suggère, si c'est votre bon plaisir, que nous ajournions, et que M. Shaw continue son interrogatoire demain matin. En attendant, j'étudierai le point d'ordre et je m'efforcerai de rendre une décision demain matin sur votre motion, mais je n'ai aucun doute que, même si le point est rejeté, les questions posées à M. Pole touchant la protection que l'établissement d'un tel système pourrait donner aux déposants ne seraient nullement déplacées.

Le témoin se retire.

Le Comité s'ajourne.

CHAMBRE DES COMMUNES,

SALLE DE COMITÉ 429,

MERCREDI, 21 mai 1924.

Le Comité des Banques et du Commerce se réunit à 11 heures du matin, le président, M. Vien, étant au fauteuil.

Le PRÉSIDENT: Avis de motion.

M. GARLAND propose:

> "Que la cédule G de la Loi des Banques, sous l'entête "actif", soit modifiée par l'addition des item suivants:—
> "Compte de crédits, réserves contingentes, profits non distribués."

Ceci restera sur la table et sera imprimé dans le rapport de demain. Je suggère que les autres avis de motion restent en suspens jusqu'à demain matin, parce que nous aurons alors plus de temps pour les étudier. M. Williams sera

14–15 GEORGE V, A. 1924

ici demain, mais il n'arrivera pas à Ottawa avant une heure et quart. Il ne sera donc pas ici avant deux heures. Je suggère donc que nous nous réunissions demain à onze heures pour disposer des affaires de routine et des avis de motion, après quoi nous pourrons ajourner à deux heures.

M. GARLAND: Je désire attirer l'attention du Comité sur quelque chose. Comme vous le savez probablement, monsieur le président, le public s'intéresse plus que jamais à la réforme bancaire, et j'ai reçu plusieurs demandes pour copies de nos délibérations. Je crois que les autres membres du comité ont reçu des requêtes semblables. L'an dernier, il y avait un tirage assez fort, et il y en avait assez. Je regrette qu'il n'en soit pas de même cette année. Je suis d'avis que le public est intéressé et que nous devons lui donner satisfaction. Je proposerais donc qu'il soit imprimé un assez grand nombre de rapports de nos délibérations pour que chaque membre en ait suffisamment pour les correspondants qui lui en demandent des exemplaires.

Le PRÉSIDENT: Voudriez-vous nous dire combien il en faut?

M. GARLAND: Je le puis en ce qui me concerne, mais je ne puis pas parler pour les autres membres du comité.

Le PRÉSIDENT: L'imprimeur a reçu instruction de tirer 600 exemplaires. Il y a 235 membres de la Chambre des Communes et 96 sénateurs, ce qui laisse, après disposition de quelques exemplaires, environ une centaine en disponibilité.

M. GARLAND: C'est bien ce que j'ai compris.

Le PRÉSIDENT: Quel nombre faudrait-il, je ne le sais pas. Je ne vois pas qu'il puisse y avoir des objections à ce que nous ayons 100 exemplaires de plus. Nous aurons à expliquer la chose aux autorités de la Chambre et j'aimerais bien savoir combien il nous faudra de copies, si c'est possible.

M. COOTE: Le greffier pourrait nous dire de combien il a disposé l'an dernier?

Le GREFFIER: Le Comité a commencé avec 800 exemplaires et ce nombre a été ensuite porté à 1,000.

M. COOTE: Je suppose que tous les exemplaires ont été employés?

Le GREFFIER: Pratiquement tous.

M. SPENCER: Je crois que nous devrions en avoir autant cette année. Je sais que plusieurs personnes m'en ont demandé et ont été désappointées de voir que je ne pouvais leur fournir le nombre désiré.

Le PRÉSIDENT: Je vais communiquer avec l'Orateur qui est, comme chef de la Commission de de Régie Interne, l'autorité en la matière, et m'efforcer d'obtenir ce que les honorables membres du Comité demandent maintenant.

M. CHEVRIER: Supposons que vous placiez dix exemplaires à la disposition de chaque membre du comité. Ceux qui n'en veulent pas pourront en fournir aux autres.

Le PRÉSIDENT: C'est une bonne suggestion, mais je suppose que certains membres n'ont pas besoin de dix copies alors que d'autres en veulent plus que cela. Si les membres du Comité informaient le greffier de leurs besoins, nous pourrions en arriver rapidement à une bonne distribution. J'aviserai le comité cet après-midi ou demain, sur ce que j'aurai pu obtenir en consultant l'Orateur, · et je m'efforcerai de satisfaire les désirs du Comité.

M. COOTE: Je voudrais porter une autre chose à l'attention du comité. Nous avons trois questions distinctes devant nous. Il y a d'abord la question de la Home Bank et les changements dans la loi des banques pour mieux protéger les déposants. Il y a ensuite la question des crédits ruraux que la Chambre des Communes a référée à ce Comité. Jusqu'à présent le Comité n'a pas encore eu le temps de s'occuper de cette question et rien n'a été fait à son sujet.

Le PRÉSIDENT: Vous voulez parler du rapport Tory?

[M. John W. Pole.]

M. Coote: Oui, le rapport du docteur Tory. J'ai rencontré le docteur Tory hier, et j'ai profité de l'occasion pour lui demander quand il reviendrait à Ottawa, parce que j'ai pensé que le comité aimerait peut-être à faire comparaître le docteur Tory et à le questionner sur ce rapport. Le docteur Tory m'a dit qu'il partirait d'Ottawa hier après-midi, et son secrétaire m'en a adressé le mémoire suivant:

"Le docteur Tory me charge de vous informer qu'il est parti d'Ottawa cet après-midi et qu'il sera absent jusqu'au 27 mai. Il s'attend ensuite de rester ici jusqu'à la fin de la semaine prochaine et il sera encore à Ottawa le 3 juin, après quoi il sera de nouveau absent pour plusieurs jours."

Je voudrais suggérer au comité de faire comparaître le docteur Tory mercredi ou jeudi, ou si possible, mercredi et jeudi.

Le président: Je comprends que jeudi est jour de fête, mais nous pourrions probablement nous arranger pour faire venir le docteur Tory au cours de la semaine prochaine.

M. Coote: Je voudrais savoir si le comité est disposé à consacrer deux jours de la semaine prochaine à cette importante question. Pour l'ouest canadien, il n'y a pas de question plus importante que celle du crédit rural, et je ne voudrais pas que ce travail soit retardé trop longtemps.

Le président: Je concède qu'il y a beaucoup de vrai dans ce que vient de dire l'honorable député, mais le comité doit d'abord disposer de la question de la Home Bank; si la chose est agréable au comité, dès que nous aurons terminé avec M. Williams, je n'ai aucune objection à entendre le docteur Tory s'il est à notre disposition. Je ne crois pas que le travail du comité soit grandement dérangé si nous fixons une date de la semaine prochaine pour l'entendre.

L'hon. M. Stevens: Il doit être absent jusqu'au 27.

Le président: La semaine prochaine, je crois qu'il nous sera possible d'entendre le docteur Tory. Hier, j'ai essayé d'obtenir pour les membres du comité des copies imprimées du rapport du docteur Tory. Comme il y avait des erreurs dans la première impression, le travail a dû être renvoyé à l'imprimerie. Je crois que nous l'aurons pour distribution aujourd'hui ou demain. Aussitôt que nous aurons entendu M. Williams, le comité pourra décider quel jour de la semaine prochaine il désire entendre le docteur Tory.

M. Ward: Y aura-t-il des copies additionnelles du rapport du docteur Tory. On m'en a demandé plusieurs exemplaires.

Le président: Le rapport du docteur Tory est un rapport de la Chambre, et il suffit d'en demander des copies au bureau de distribution. Ce comité doit en recevoir 100 exemplaires et je dois ajouter que 200 copies seront mises à la disposition des membres. Si les honorables membres du comité en désirent d'autres copies, ils devront s'adresser au chef du bureau de distribution.

M. Ward: C'est ce que j'ai fait et je n'ai pas pu en obtenir.

Le président: Il ne vous reste plus qu'à vous adresser personnellement à l'Orateur.

M. Thurston: Je puis déclarer comme membre du Comité des Impressions que nous avons donné l'impression de ce rapport.

Le président: La question est sur le nombre d'exemplaires disponibles.

M. Thurston: Je pense qu'il en a été distribué 500 exemplaires aux membres de la Chambre.

M. Coote: Je voudrais savoir si je dois prendre pour acquit que le comité va s'arranger pour appeler le docteur Tory la semaine prochaine?

Le président· Voulez-vous faire une proposition à ce sujet?

M. Coote: Je ferai bien la proposition.

M. Shaw: Je l'appuierai.

[M. John W. Pole.]

Le PRÉSIDENT: Il serait beaucoup plus simple de proposer que le docteur Tory soit prié de comparaître un jour la semaine prochaine, un jour à être fixé.

M. COOTE: Je propose cela.

Le PRÉSIDENT: Mercredi.

M. COOTE: Mercredi, si possible.

Proposition adoptée.

M. J. W. POLE est rappelé.

M. SHAW: Avant de continuer avec la déposition de M. Pole je désire faire une suggestion. Serait-il possible au témoin de nous donner un entretien de quinze ou vingt minutes sur le système Federal Reserve, nous exposant peut-être ce qu'êtaient les défauts du système bancaire américain avant son adoption, nous montrant son objet et ses rapports avec le système d'inspection qu'il nous a décrit hier.

M. W. F. MACLEAN: Puis-je ajouter d'une autre manière, que j'avais l'intention de demander pratiquement la même chose. Je voudrais demander ceci au témoin: La force et l'efficacité du système des banques nationales des Etats-Unis sont-elles liées à, et dépendent-elles de (1) la monnaie nationale; (2) l'escompte national pour les banques membres de la Federal Reserve Bank; (3) l'examen national de ces banques tel que fait par votre département et (4) quelle est la relation de la réserve d'or avec les systèmes bancaires mentionnés. C'est là tout le contentieux devant nous, et avec votre permission, monsieur Shaw, je voudrais que le témoin répondît à ces questions.

Le PRÉSIDENT: S'il était entendu que M. Pole ferait sa déclaration tout simplement et que les membres du comité ne commenceraient pas à le trans-questionner sur sa déclaration, je n'y aurais aucune objection. Mais s'il s'agit de commencer une enquête sur l'établissement d'une réserve centrale ou fédérale au Canada, comme le suggère l'avis de motion de M. Shaw, qui apparaît au feuilleton, je dois attendre jusqu'à ce que j'aie rendu ma décision sur l'avis de motion.

M. W. F. MACLEAN: Quand vous attendez-vous à rendre votre décision?

Le PRÉSIDENT: Je ne veux pas prendre trop de temps aujourd'hui, mais je suis prêt à la rendre en n'importe quel temps.

Il s'ensuit une discussion.

Le PRÉSIDENT: Dans mon opinion, les questions se rapportant à la protection des dépôts dans les banques sont dans l'ordre, mais celles qui ne touchent pas ce point ne le sont pas. C'est mon impression pour le moment. Nous allons entendre M. Pole.

Le TÉMOIN: Je crois, messieurs, que vous me pardonnerez si je vous lis un extrait du rapport annuel du contrôleur de la monnaie traitant du Federal Reserve System, et de la nécessité ou de l'inutilité de ce système:—

"La nécessité du Federal Reserve System.—En face de ce que cette organisation a déjà accompli, il ne semble pas nécessaire d'aborder une argumentation élaborée, mais il peut être bon de rappeler ici quelques-unes des considérations qui lui ont fait donner sa forme actuelle. Le principe d'une banque centrale a été un sujet de controverses depuis plus d'un siècle. Comme concession au préjugé inné et général des Américains contre le principe de centralisation dans une unique banque du gouvernement, douze banques ont été établies dans différentes sections du pays afin d'être toujours en contact intime avec les banques filiales locales et comprendre les conditions de la population locale et de s'y adapter. L'opération de ces douze banques se faisant avec une bonne connaissance des besoins et des conditions locaux, pendant que par l'intermédiaire du Federal Reserve Board il y a liaison entre les différents districts avec cependant le détachement nécessaire pour obtenir l'équilibre entre les inté-

[M. John W. Pole.]

rêts locaux et la politique nationale. Par le Federal Reserve Board le transfert de fonds des points de surplus aux points de déficit se fait en ayant toujours pour but premier les intérêts de tout le pays et non pas de permettre aux individus d'une section d'obtenir un avantage financier aux dépens des autres. Si on peut prétendre que l'outillage pour transférer les fonds pourrait être fourni par un système privé, tel qu'une institution bancaire avec succursales, il est cependant difficile de prétendre que la cause motivante ne serait autre que le profit.

De toute nécessité, dans les ajustements de cette nature une succursale de banque, ou un individu, considère d'abord l'intérêt privé et non le bien public."

M. MACLEAN: C'est une excellente doctrine.

Le TÉMOIN: Je continue ma lecture:—

"Toute la charpente du Federal Reserve System a une frappante analogie avec les principes généraux du gouvernement américain, étant basée sur un système de chèques et de balances calculées pour protéger l'indépendance locale sous un contrôle central et coordonné. Ce serait distinctement un tel pas en arrière et une telle aventure dangereuse que détruire la coopération réglée des facilités bancaires qu'il semble parfaitement inutile de discuter plus longtemps la nécessité d'un certain système de réserve, et le point à décider est: cela doit-il être fait par coopération gouvernementale ou par centralisation privée?"

J'aimerais à vous lire aussi quelque chose au sujet d'une question soulevée hier sur la simultanéité d'examen des succursales d'une banque:—

"Comme considération pratique, à côté d'aspects plus étendus du cas, il faut toujours se rappeler que le Federal Reserve System ne peut être maintenu avec succès qui si les autorités administratives ont une connaissance adéquate des banques qui en font partie. Cela nécessite un examen qui, dans le cas des banques nationales, est fourni par le contrôleur de la monnaie, et ces banques nationales ne peuvent s'engager dans des opérations bancaires en dehors des limites de la ville où elles sont situées. Dans l'examen des banques d'état, le Federal Reserve System est obligé de s'en rapporter à ses examinateurs et à toute collaboration et assistance volonaire qu'il peut obtenir de différents fonctionnaires d'état."

L'examen d'une institution avec les succursales et des subsidiaires est une chose très difficile. Les entremaillages des départements compliquent la chose. Il est plus difficile d'examiner dix institutions d'une grandeur donnée et qui sont associées dans un système de succursales que ce le serait d'examiner dix institutions indépendantes, parce qu'il faut analyser toutes les transactions entre les différentes succursales, et il faut nombre d'éliminations et d'ajustements avant d'obtenir un aperçu vrai et prévenir les manipulations dans l'actif. Ceci ne peut être fait d'une manière satisfaisante sans un examen simultané de la banque mère et de toutes ses succursales. L'examen d'une banque va beaucoup plus loin que la confirmation des chiffres. Il y a des questions de caractère moral, de réputation locale, d'évaluation des sécurités, d'observance des règlements et des lois, et plusieurs autres éléments qui entrent dans un examen bien fait. Dans le cas d'une grande banque, avec soixante-quinze ou cent succursales, il serait impossible de mobiliser un personnel suffisant d'examinateurs capables de faire une analyse intelligente de la situation de

[M. John W. Pole.]

chaque institution individuelle, même s'il est accepté que le caractère du banquier n'est pas un facteur important dans la condition de la banque."

Le National Bank System est en force depuis 1865, et le Federal Reserve Act depuis 1913. Les pouvoirs de ce corps sont:—

" 1. Adopter et employer un sceau corporatif.

2. Exister pendant une période de vingt ans depuis son organisation à moins d'être plus tôt dissous par le Congrès, ou à moins que sa franchise ne soit révoquée pour violation de la loi.

3. Faire des contrats.

4. Ester en justice devant tous les tribunaux du pays.

5. Nommer par son bureau de directeurs tels officiers et employés qui ne sont pas autrement nommés dans cette loi, de définir leurs devoirs, en exiger des cautionnements, décréter les pénalités et congédier ces officiers et employés suivant bon plaisir.

6. Faire, par son Bureau de Directeurs, des règlements compatibles avec les lois, régularisant la conduite de ses affaires générales et la manière dont doivent être accordés et employés les privilèges qui lui sont accordés par la loi.

7. Exercer par son Bureau de Directeurs, ou par ses officiers ou agents dûment autorisés tous les pouvoirs accordés spécifiquement par cette loi, et tous pouvoirs incidents jugés nécessaires dans la conduite d'afffaires bancaires dans les limites prescrites par cette loi.

8. Sur déposition auprès du Trésorier des Etats-Unis de toutes obligations des Etats-Unis de la manière prévue par la loi des banques nationales, recevoir du contrôleur de la monnaie des billets de circulation en blanc, enregistrés et contresignés comme l'exige la loi, en montant égal à la valeur des obligations ainsi déposées, lesdits billets devant être émis aux mêmes conditions et restrictions légales que celles s'appliquant à la circulation de billets par les banques nationales, garantis par les obligations des Etats-Unis portant le privilège de circulation, excepté que l'émission de tels billets ne sera pas limitée au capital-actions de ladite Federal Reserve Bank. Mais aucune Federal Reserve Bank ne transigera d'affaires excepté celles qui sont incidentes et nécessaires à son organisation préliminaire, tant qu'elle n'aura pas reçu du contrôleur de la monnaie l'autorisation de commencer ses affaires en vertu de la présente loi.

Chaque Federal Reserve Bank sera conduite sous la direction et le contrôle d'un Bureau de directeurs.

Le Bureau des directeurs sera investi des devoirs ordinaires des directeurs d'associations bancaires et tous autres devoirs prescrits par la loi.

Ledit Bureau administrera les affaires de ladite banque avec justice et impartialité, sans favoritisme ou préjugé pour ou contre toute banque ou banques membres du système, et sera sujet aux lois et règlements du Federal Reserve Board, donnant aux banques qui en sont membres, les escomptes, avances et accommodations qu'il sera prudent et raisonnable de faire en tenant compte des réclamations et demandes des autres banques."

Le Bureau des Directeurs se compose de neuf membres en trois classes, A, B et C. Les membres de la classe A sont choisis par les représentants des banques-actionnaires; ceux de la classe B, qui sont trois, sont des hommes activement engagés dans le commerce, l'agriculture ou l'industrie dans le district où est située la banque; les directeurs de la classe C sont les trois membres désignés par le Federal Reserve Board.

[M. John W. Pole.]

M. Ladner:

Q. Ils sont tous nommés par le Président?—R. Les directeurs de la classe A, ils sont trois, sont nommés par les banques-actionnaires; les trois autres de la classe sont B choisis parmi des commerçants ou industriels; et les trois de la classe C sont nommés par le Bureau.

Le président:

Q. Qui élit les directeurs de la classe B?—R. Les actionnaires, mais on ne peut élire des banquiers.

M. Good:

Q. Monsieur Pole, parlez-vous maintenant des directeurs des banques régionales?—R. Oui, il y en a douze.

M. LADNER: Il parle de la *Federal Reserve Bank.*

M. Shaw:

Q. L'exécutif de la réserve fédérale est nommé par le Président?—R. L'exécutif de la réserve fédérale est nommé par le Président, mais je parle maintenant des douze *Federal Reserve Banks.*

M. Hughes:

Les classes A et B sont toutes deux nommées par les banques actionnaires? —R. Oui.

M. GOOD: Puis-je suggérer qu'avant de se retirer, M. Pole nous parle des relations entre la septième de réserve fédérale tel qu'établi aux Etats-Unis et la sauvegarde des déposants? Je crois que c'est là un des points qui nous intéresse d'une manière particulière et qui se rapporte à la question. Je crois que M. Shaw a parlé des conditions aux Etats-Unis, avant l'adoption de ce système, des défauts qui existaient alors et de la manière dont le système a corrigé ces défauts au sujet de la sauvegarde des déposants.

Le PRÉSIDENT: Mais le comité ne doit pas oublier que le système qui existait alors aux Etats-Unis était tout à fait différent; c'était un système de banques individuelles.

Le TÉMOIN: Avant l'adoption de la loi de réserve fédérale, le système de réserve différait totalement de ce qu'il est sous la loi actuelle. Auparavant, une banque devait placer sa réserve dans des centres urbains de réserves, et, de fait, cela voulait dire qu'il y avait une pyramide de réserves, résultant, en dernière analyse, que toutes les réserves étaient placées à New-York, Chicago et Saint-Louis, ces trois villes étant le centre de réserves. Après l'établissement du système fédéral de réserve, les banques-actionnaires, ou les banques nationales...

M. Shaw:

Q. Puis-je poser une question? Voulez-vous expliquer la faiblesse de la concentration de la réserve dans ces centres, et comment elle affectait les déposants? —R. La réserve centralisée paraissait très satisfaisante en temps normal, mais en temps de dépression, quand il n'y avait pas moyen d'obtenir d'argent excepté par le canal des banques correspondantes dans lesquelles les réserves étaient déposées, la probabilité est que ces localités étaient elles-mêmes dans de telles conditions qu'elles ne pouvaient faire les avances de fonds à leurs correspondants par tout le pays, et cela, naturellement, ajoutait à la rareté des fonds; tandis que la *Federal Reserve Bank* est divisée en douze unités et que ces douze unités géographiquement arrangées de façon à ce que le pays est bien couvert et que la réserve de chaque banque distincte—de chaque membre du système fédéral de réserve—est conservé dans la *Federal Reserve Bank* de son propre district. Donc, l'avantage particulier du système fédéral de réserve est

[M. John W. Pole.]

14-15 GEORGE V, A. 1924

le privilège de réescompte qu'il offre à ses membres, et cela, à mon avis, est chose extrêmement importante. Les billets de la *National Bank* sont d'importance secondaire comparés au privilège de réescompte, car son endossement par l'une quelconque des banques affiliées, toute *Federal Revenue Bank* peut escompter des billets, des traites et des billets de change émis au cours de transactions commerciales; c'est-à-dire des billets, traites et lettres tirées pour des besoins agricoles, industriels ou commerciaux, et dont les profits ont servi ou serviront à ces besoins, la *Federal Revenue Bank* ayant le droit de définir ou de déterminer le caractère des valeurs.

M. LADNER: Monsieur le Président, au sujet du réescompte: M. Pole voudrait-il expliquer la différence des systèmes anglais et américains? Je comprends que celui des Etats-Unis tend à l'inflation et que celui d'Angleterre à une tendance contraire.

M. McMASTER: Je crois qu'il vaudrait mieux permettre à M. Pole de terminer sa vue d'ensemble.

Le PRÉSIDENT: Je suggère que M. Pole continue ses explications.

Le TÉMOIN: La nature des valeurs éligibles au réescompte, est agricole ou industrielle, d'un caractère courant; c'est-à-dire autant que possible d'un caractère liquide. La maturité est de quatre-vingt-dix jours dans le cas des valeurs commerciales, et de neuf mois pour les agricoles et les prêts sur le bétail, et je crois qu'elles correspondent beaucoup à la classe des valeurs escomptables en vertu de notre loi qui a pour titre: "La loi des Finances". Naturellement, les avantages sont visibles, car en temps de dépression, avec des dépôts diminués, la banque peut apporter à la *Federal Revenue Bank* ses valeurs escomptables et en obtenir des fonds, et l'on peut dire que ceci a une tendance à l'inflation, mais cela est facilement réglé, parce que les *Federal Revenue Banks*, adoptent, en général ce qu'elles nomment une ligne *basique*, et que cette ligne basique est déterminée par la somme des fonds disponibles divisée proportionnellement en raison du capital et du surplus, par exemple; cela guide la banque, et elle a de plus l'autorité de faire une échelle mobile des taux d'intérêt, de sorte que lorsqu'une banque dépasse sa ligne basique, le taux d'intérêt montera, disons, de $5\frac{1}{2}$ à 6 par cent, et si elle dépasse un autre point, de 6 à $6\frac{1}{2}$ par cent, et si elle dépasse un troisième point, de $6\frac{1}{2}$ à 7 par cent, etc. Ce système fut en vogue en 1920, mais l'on n'a pas eu occasion de s'en servir depuis.

Monsieur le Président, si les membres désiraient me poser quelques questions sur un point quelconque relatif au système de banques de réserve fédérale, cela me servirait de guide et je pourrais alors mieux leur expliquer ce qu'ils veulent savoir.

Le PRÉSIDENT: Avant de permettre aux membres du comité de poser des questions, il me faudrait rendre une décision qui, après tout, pourrait éclaircir l'atmosphère d'autant, puis après cela, le comité pourra poursuivre son contre-interrogatoire sur les points qui les intéressent. Je croyais que d'après l'entente acceptée unanimement par le comité que nous attendrions à demain pour ma décision.

M. LADNER: Le Président ne pourrait-il pas donner sa décision maintenant, vu que toute la question est maintenant vivace dans notre esprit, et que le présent est le meilleur temps de poser des questions.

Le PRÉSIDENT: La décision se rapporte à une motion de M. Shaw, laquelle paraît dans un avis de motion sur l'Ordre du Jour.

1. L'Ordre de référence de la Chambre à ce Comité se lit comme suit:

> "Le Comité spécial permanent des Banques et du Commerce devra recevoir instruction d'étudier les dispositions de la loi des banques en vue de recommander les modifications à la loi, pour mieux protéger les intérêts des déposants en général et pour prévenir de semblables événements à l'avenir."

[M. John W. Pole.]

2. M. Shaw propose la motion suivante:

"Que ce Comité est d'avis que le but, l'organisation et l'opération d'un type quelconque de banque centrale ou de réserve bien administrée, tombent dans son champ d'action, et que le sous-comité reçoive par la présente instruction de suggérer à ce comité les noms de personnes compétentes à témoigner sur le sujet."

3. L'établissement d'une banque centrale ou de réserve, créerait néanmoins, un nouveau système de banque.

4. La Chambre avait-elle l'intention de donner à ce comité le pouvoir de faire des changements radicaux à la loi?

5. La loi est revisée tous les dix ans, et ce serait au détriment de la stabilité de nos institutions financières si l'on devait faire une révision complète tous les ans.

6. L'Ordre de renvoi ne nous permet pas de recommander que des amendements qui protègent davantage les intérêts des déposants.

7. Le but d'une banque centrale ou de réserve n'est pas de mieux protéger les déposants, mais de donner plus de facilité pour le réescompte.

8. Les embarras que rencontrent les déposants de la *Home Bank* sont dus, non au manque de facilité d'escompte, mais au contraire, à la grande facilité qu'a eue la banque à faire des avances de fonds sur des valeurs douteuses ou mauvaises.

9. Une banque centrale ou de réserve n'aurait pas pu réescompter ces valeurs douteuses, et, conséquemment, n'aurait pas offert plus d'élasticité, et les déposants n'auraient obtenu aucune garantie additionnelle.

10. L'on n'a pas prouvé à la satisfaction du président que l'établissement et l'opération d'un type quelconque de banque centrale protégeait mieux les intérêts des déposants en général, ni qu'elle empêcherait le retour de semblables événements à l'avenir.

11. La question d'établissement d'une banque centrale ou de réserve a été pleinement étudiée l'an dernier, et l'on a dépensé beaucoup de temps à recueillir des renseignements précieux, lesquels ont été imprimés et qui sont maintenant à la disposition des membres.

12. Il se peut que des modifications quelconques à la loi des banques affectent plus ou moins les intérêts des déposants.

13. Mais ne devait-on pas essayer de suggérer des modifications qui auraient chance de recevoir l'approbation du Parlement, et, d'abord, quelque moyen certain, direct et décisif et qui augmentaient la sauvegarde des déposants?

14. Voilà, à mon sens, ce que demande la Chambre.

15. Agir autrement serait donner au comité un champ illimité, entraînant possiblement la revision de toute la loi.

16. Je dois ainsi décider et trouver que la matière que couvre la motion de M. Shaw, à savoir: le but, l'établissement et l'opération d'une banque centrale ou de réserve, ne tombe pas dans les attributions de l'ordre de référence.

M. LADNER: M. le Président, je propose que votre décision soit envoyée à la Chambre, et qu'on lui demande la permission d'étudier la question d'une banque centrale ou de réserve. Je crois que le Président erre en disant que l'an dernier la question a été complètement étudiée ou que l'on n'ait pas cette année le droit de l'étudier. A la dernière séance de ce comité, l'an dernier, j'ai spécifiquement offert une résolution à ce sujet, parce que ma proposition d'établir une banque fédérale de réserve était sur le tapis, et j'ai demandé au comité de ne prendre une décision finale; et je crois que le comité en a aussi décidé l'an dernier, laissant la question à l'étude à cause des limites imposés alors à notre enquête. Vu que nous avons cette année des témoins venus des Etats-Unis et à cause de la

[M. John W. Pole.]

situation actuelle du pays, je crois que nous ne devions pas mettre de côté la question de sauvegarde des déposants, mais plutôt de faire un enquête approfondie.

(Une discussion s'ensuit.)

M. Shaw: Sans vouloir vous manquer de respect, monsieur le président, mais simplement dans le but de mettre la question devant le comité, je désire en appeler de votre décision.

Le président: M. Shaw propose que la décision du Président ne soit pas soutenue.

La motion est déclarée perdue sur division: 12 oui; 14 non.

Le vote est enregistré aux minutes sur motion de M. Spencer.

M. Ladner: Je propose que la décision du président au sujet de la réception des témoignages au sujet d'une banque fédérale de réserve soit référée à la Chambre, avec une requête à l'effet que le comité reçoive le pouvoir d'étudier cette question.

M. Shaw: Que les attributions du comité soient étendues?

M. Ladner: Oui, que ses attributions soient étendues.

Le président: Si M. Ladner veut mettre sa motion par écrit, elle restera comme avis de motion pour demain.

M. Good: Quand pourra-t-on soumettre cette question à la Chambre?

Le président: Après notre prochaine séance, ou bien, l'on peut prendre le vote dès maintenant si le comité y consent unanimement.

M. Shaw: Je suggère que, du consentement unanime du comité, l'on demande au comité de se prononcer maintenant sur la question de demander à la Chambre d'augmenter les pouvoirs du comité de façon à étudier cette question, et ainsi de permettre que la question vienne devant la Chambre cet après-midi.

Le président: Si c'est l'avis unanime du comité, nous prendrons le vote maintenant; mais si ce n'est pas l'avis unanime du comité, il faudra s'en tenir à la décision du président.

M. McMaster: Je suggèrerais à M. Ladner de modifier sa motion de façon à ce qu'elle demande au président de solliciter de la Chambre telle augmentation de pouvoirs qui nous permettre d'entendre les témoignages sur la question de l'établissement d'une banque fédérale de réserve.

M. Ladner: La motion devrait être que les minutes de cette séance soit soumises à la Chambre, et je fais une motion dans ce sens.

(La discussion s'ensuit.)

Le président: La motion est à l'effet qu'un rapport de ce comité soit présenté à la Chambre dans le but d'obtenir une augmentation des pouvoirs conférés par l'ordre de renvoi de manière à embrasser le but, l'organisation et l'opération d'une banque centrale ou de réserve bien administrée.

M. Ladner: Je fais cette motion qui est appuyée par M. Good.

(Une discussion s'ensuit.)

Le président: Il est proposé par M. Ladner, appuyé par M. Good, que le rapport de ce comité soit présenté à la Chambre dans le but d'en obtenir une augmentation de pouvoirs de manière à embrasser le but, l'organisation et l'opération d'une banque centrale ou de réserve bien administrée.

Est-ce le bon plaisir du comité d'enregistrer le vote?

M. Good: Avant que vous soumettiez la question, monsieur le président, il me semble qu'il y quelques malentendus au sujet de la motion. M. Hughes désirerait voir le mot "étude" dans cette motion.

M. Hughes: Ou "considération".

Le président: De manière à ce qu'elle se lise:

" Que le rapport de ce comité soit présenté à la Chambre dans le but d'obtenir une augmentation de pouvoirs afin de pouvoir étudier ou prendre en considération.

[M. John W. Pole.]

M. McMaster: Les deux—"étude" et "considération".

M. Ladner: Pourquoi pas les deux?

Le président: Alors, la motion se lit ainsi: " de façon à embrasser l'étude et la considération du but, de l'organisation et de l'opération d'une banque centrale ou de réserve bien administrée ".

(Le comité vote sur la motion de M. Ladner, laquelle est remportée par **22** voix contre **7**).

M. Shaw:

Q. Au sujet du système de réserve fédérale, M. Pole, je désire faire ressortir en quelques mots, un point qui a retenu mon attention en étudiant le système américain autrefois en vigueur. N'est-ce pas un fait que le système américain en vigueur avant l'introduction de la loi de réserve fédérale souffrait de ce que j'appellerai " les réserves décentralisées "?—R. Oui, ainsi que l'inélasticité de la circulation monétaire.

Q. Bien, le but du système de réserve fédérale est de mobiliser ces réserves dans douze régions, chacune sous la direction d'une *Federal Reserve Bank*?—R. C'est cela.

Q. Et, naturellement, ce système prévoit qu'au cas où une partie du pays souffrirait en raison du manque de réserve à un moment donné, toutes les réserves peuvent être facilement mobilisées, ou du moins, une portion nécessaire peut l'être?—R. C'est ça. De cette façon, une *Federal Revenue Bank* doit réescompter pour une autre.

Q. Vous vous rappelez, nécessairement la panique de 1907?—R. Oui.

Q. Et l'Acte de réserve fédérale n'était pas alors en vigueur?—R. Non.

Q. On avait alors le système de réserves centrales dont vous avez parlé?—R. Oui.

Q. N'est-ce pas un fait que les réserves aux Etats-Unis étaient presque toutes concentrées dans les trois villes de réserve centrales, Chicago, New-York et Saint-Louis, et qu'il n'était pas facile de se prévaloir de ces réserves en dehors de ces centres?—R. C'est un fait?—R. C'est cela.

Q. Et comme résultat de cette pénurie plusieurs banques faillirent dans toute l'étendue des Etats-Unis?—R. En 1907, les réserves des banques de la campagne étaient concentrées dans les villes de réserve, et celle des villes de réserve étaient conservées dans les villes centres de réserve et le résultat fut que les banques de la campagne portaient fréquemment leurs réserves dans les villes de réserve sous forme d'item non perçus, et la même chose se répétait dans le cas des banques avec les banques centrales de réserve; de façon que, comme question de fait, la réserve des banques des campagnes n'était plus une réserve du tout; elle était fictive, et, en grande partie, la même chose était vraie dans toutes les grandes villes...

Q. Oui, mais n'est-il pas vrai, M. Pole, que même alors, on pouvait difficilement se servir des réserves dans les villes de réserve et qu'il fallait avoir recours aux comptoirs de règlement, dont les certificats n'avaient guère de valeur à cause des nécessités?—R. Oui.

Q. Et en conséquence, un grand nombre de banques durent fermer leurs portes?—R. Oui.

Q. Causant d'énormes pertes aux déposants d'alors?—R. C'est cela.

Q. Ainsi, en résumé, le système de réserves fédérales mobilise les réserves, les rendant disponibles pour toute section du pays?—R. En tout temps.

Q. Dans un temps de crise?—R. C'est bien cela.

M. McMaster: Qu'arriverait-il si la crise était générale?

M. Shaw:

Q. En supposant une crise nationale, qu'arriverait-il?—R. Sous le système des Réserves fédérales il ne saurait y avoir de panique monétaire, avec les pri-

[M. John W. Pole.]

vilèges actuels de réescompte que fournit le système, parce qu'il n'y a pratiquement pas de limite au nombre de billets que la réserve fédérale peut émettre contre
des valeurs commerciales ou agricoles, de sorte que des fonds sont disponibles
pour besoins immédiats au moyen d'émission par l'une quelconque des *Federal
Reserve Banks.*

M. McMaster:

Q. Elasticité?—R. Elasticité.

M. Shaw:

Q. Vous avez parlé d'une autre affaire qui me fait penser, par déduction,
que l'ancien système n'était pas assez élastique, et que le système actuel de réserve fédérale fournit, dans une grande mesure, l'élasticité nécessaire. Si je
vous ai bien compris hier, les *National Banks* purent obtenir des fonds jusqu'à
concurrence du chiffre de leur capital, en déposant des valeurs dollar pour dollar?
—R. Oui, c'est cela.

Q. Mais en cas d'expansion nécessaire, elles ne pourraient dépasser cette
limite?—R. Non, la limite est le chiffre de leur capital. Naturellement, outre
cela, une banque pourrait toujours emprunter de l'argent. Une banque ne retire
aucun avantage particulier en émettant sa circulation.

Q. Voulez-vous expliquer, M. Pole, s'il vous plaît, comment on a obtenu
l'élasticité de l'émission des billets par le système de réserve fédérale?—R. En ce
qu'une banque peut prendre dans son portefeuille en aucun temps ses valeurs
escomptables et les offrir à la *Federal Reserve Bank*, et cette banque émettra
immédiatement, en retour, des billets de la réserve fédérale—non pas des billets de
banque, mais des billets de la réserve fédérale.

Q. Et ainsi on obtient l'élasticité nécessaire?—R. Oui. Les billets de la réserve fédérale, si une banque le désire, lui sont envoyés directement de la *Federal
Reserve Bank*—c'est-à-dire la monnaie.

M. Hughes:

Q. Quelle différence y a-t-il entre les billets de la réserve fédérale et ceux des
Federal Reserve Banks?—R. La différence entre les billets de la réserve fédérale
et ceux des *Federal Reserve Banks* est que dans le premier cas un billet de la réserve fédérale s'obtient en échange de valeurs commerciales acceptables à un
agent de la réserve fédérale quand elles lui sont présentées par une *Federal Reserve
Bank* — l'agent de la réserve félérale étant le représentant du gouvernement
dans cette banque—et contre ces valeurs les billets de la réserve fédérale sont
émis.

Q. Ces billets peuvent circuler de main en main?—R. Très facilement.

M. MACLEAN: ·Et ces billets s'appuient sur le crédit des Etats-Unis?

Le TÉMOIN: Les billets de la *Federal Reserve Bank* sont émis et sont garantis
par des débentures fédérales.

L'hon: M. Stevens:

Q. Cette garantie vaut-elle mieux que l'autre?—R. Elle vaut l'autre, pas
davantage.

M. Hughes:

Q. Elles sont d'égale valeur?—R. D'égale valeur.

M. Shaw:

Q. Alors l'effet de ces deux points, dites-vous, M .Pole, a été de mobiliser
les réserves commerciales des Etats-Unis, lesquelles, avant la mise en vigueur
du *Federal Reserve Act*, étaient immobilisées.—R. Oui.

Q. Jusqu'à leur maturité?—R. C'est cela.

[M. John W. Pole.]

Q. Même dans le cas des valeurs commerciales à courte échéance?—R. C'est tout à fait cela.

Q. Il y a un autre point que j'ai déjà mentionné et sur lequel je voudrais encore vous questionner. Avant l'inauguration de ce système n'y avait-il pas un manque—peut-être manque complet de contrôle de l'autorité centrale quant à ce qui regarde la mobilisation des réserves?—R. Il y avait manque d'autorité sur ce point.

Q. Il y a maintenant une autorité qui, de façon intelligente, présumablement du moins, guide le système bancaire aux Etats-Unis, n'est-ce pas?—R. Cette autorité c'est le *Federal Reserve Board.*

Q. Qui est, comme vous l'avez dit déjà, nommé par le président?—R. Oui.

Q. Conséquemment, ces quatre points, la mobilisation des réserves dont vous avez parlé, la mobilisation de ce qui autrement serait des valeurs commerciales immobiles, la création de l'élacticité au moyen de l'émission des billets, le contrôle central maintenant en usage, tous et chacun contribuent, n'est-ce pas, d'une manière directe à la sauvegarde des déposants dans les banques américaines?—R. Sans aucun doute.

M. Maclean:

Q. La différence entre les anciennes dispositions de l'acte américain, et les présentes, n'implique-t-elle pas que tout le crédit des Etats-Unis vient à la rescousse, à un moment donné, tandis qu'il ne le faisait pas auparavant?—R. C'est bien là l'idée; tout-à-fait.

L'hon. M. Stevens:

Q. M. Shaw a signalé une chose que vous avez admise, qu'en 1907 il y eut grande panique, et beaucoup de souffrance,—pour me servir de l'expression de M. Shaw—et que d'énormes pertes eurent lieu. Ceci se passait avant l'établissement de la *Reserve Bank*?—R. Oui.

Q. Et l'on prétend que l'établissement d'une *Federal Reserve Bank* a été un remède, ou a prévenu de fortes pertes comme celles qui avaient eu lieu en cette année.—R. C'est ça.

Q. J'ai ici une copie du rapport de Dun et je désire poser une question au sujet de certains chiffres pertinents. En 1907 il y eut douze faillites de *National Banks* et cent vingt de *State Banks*, comportant, dans le second cas, une perte de $220,000,000, et de $12,000,000 dans le premier. Voyons maintenant 1914, la première année après l'établissement de la *Federal Reserve Bank*...

M. SHAW: Au sujet de ces chiffres, je ne sais trop s'il serait juste que l'on prit une année quelconque...

L'hon. M. STEVENS: Je prends six ans. Prenons 1914: il y eut 19 faillites de *National Banks* et 193 de *State Banks* avec pertes totales approximatives de $55,000,000. En 1915, 18 *National Banks* faillirent et 115 *State Banks* eurent le même sort; pertes totales environ $37,000,000; il y eut ensuite quelques années où les pertes furent moindres, et nous arrivons à 1920 qui fut une année très prospère. En 1920 il y eut 10 faillites de *National Banks* et 109 de *State Banks*, les pertes totales étant d'environ $50,000,000. Ces sommes sont toutes en chiffres ronds. En 1921 il y eut 47 faillites de *National Banks* et 357 de *State Banks*, comportant une perte d'à peu près $170,000,000; puis en 1922 il y eut 35 faillites de *National Banks* et 242 de *State Banks*, comportant une perte d'environ $73,-000,000, et en 1923 il y eut 77 faillites de *National Banks* et 501 de *State Banks*, causant une perte d'environ $200,000,000. Pour résumer, depuis 1913—c'est-à-dire depuis dix ans—il y a eu 222 faillites de *National Banks* et 1,664 de *State Banks*. Je n'ai pas eu le temps d'additionner la perte totale mais la somme est énorme. Maintenant, mon point est celui-ci, M. Pole, si vous me le permettez, en regard de ces faillites croissantes et des pertes aux Etats-Unis durant ces

[M. John W. Pole.]

dernières années, depuis l'établissement de la *Federal Reserve Bank*, comment peut-on prétendre que le *Federal Reserve Bank* a sensiblement contribué à prévenir les faillites?—R. Je ne crois pas que ce soit un criterium de la valeur du système, lorsque vous prenez la première période d'après guerre. Naturellement, l'on fit d'immenses profits jusqu'à l'année 1920, mais depuis, la déflation a été tellement énorme, et les temps ont été si anormaux, que l'on est presque tenté de poser la question "Que serait-il advenu si l'on n'eut pas eu le système de réserve fédéral?" En outre, puis-je ajouter que vos chiffres attribuent une large proportion des pertes aux *State Banks*. Des 20,000 *State Banks*, 1,600 seulement appartiennent au système de réserve fédérale.

Q. Néanmoins, les faits sont corrects.—R. Je n'en disconviens pas.

Q. Dans le fond, le point que je veux établir est que aucun système n'est infaillible et peut prévenir les faillites.—R. Absolument aucun, à ma connaissance; on n'en a jamais inventé un.

Q. Faisons une comparaison entre votre système et le nôtre. Vous avez bien voulu référer à la loi de réserve fédérale et lire, je crois, le chapitre 13?—R. Oui.

Q. Je ne relirai pas, mais dans ce chapitre on explique le caractère de l'escompte que l'on trouve dans la Loi des Finances, que vous avez lu, je crois, et nous avons une liste des valeurs qui peuvent être escomptées par le Bureauchef d'une banque avec le ministre, ou, pour mieux dire, le département du Trésor, des bons du Trésor, des obligations, ou des effets du Dominion du Canada, du Royaume-Uni, d'une province canadienne ou d'une possession britannique quelconque; les valeurs du gouvernement des Etats-Unis, des municipalités canadiennes, des billets à ordre et lettres de change obtenus par titre documentaire sur le blé, l'avoine, le seigle, de l'orge, le maïs, le sarrazin, le lin et autres produits, et des billets à ordre et de lettres de change émis ou tirés pour fins agricoles, industrielles et commerciales et qui ont servi ou devront servir à ces fins. N'y a-t-il pas là une plus grande variété d'escompte, sous la loi canadienne que celle adoptée et acceptée par le système bancaire de réserve fédéral des Etats-Unis?—R. Je crois que non. Il n'y a rien dans votre énumération qui ne puisse être négocié. Je ne dirais pas "réescompté" parce que les bons du Trésor ne peuvent être réescomptés—mais en tant que les bons du Trésors, les obligations, ou autres effets du Dominion du Canada sont concernés, toute banque aux Etats-Unis peut emprunter sur les bons payables par la *Federal Reserve Bank* sur de telles valeurs.

Q. Vous n'incluez pas les valeurs municipales dans votre liste?—R. Non. Je vois que dans votre loi vous avez inclus les valeurs municipales.

Q. Acceptez-vous les valeurs étrangères?—R. On fait une exception au sujet des valeurs étrangères; elles ne sont pas incluses; cela fait peu de différence.

Q. Notre loi est un peu plus libérale?—R. En interprétant les clauses D et E dans un sens libéral.

Q. Oui, il faudrait nécessairement que cela se fasse d'après la définition de la Loi?—R. Oui, je crois qu'en ce cas il y a une grande variété de lettres de change et de valeurs agricoles qui peuvent être escomptées sous le système de réserve fédérale des Etats-Unis.

Q. Eu égard au système de succursales de nos banques canadiennes, qui ont le privilège de réescompter au ministre des Finances, voyez-vous quelque grand avantage dans l'établissement d'un second système de réescompte au Canada?—R. Naturellement comme je ne suis pas très familier avec les détails du système bancaire canadien, je ne sais si mon opinion sur ce point aurait quelque valeur. Je ne prétends pas qu'une telle nouvelle loi des finances ajouterait beaucoup au système actuel.

[M. John W. Pole.]

Q. C'est-à-dire de faciliter le réescompte?—R. Oui.

Q. Comparable, non en volume, mais au point de vue du service, au système américain de réserve fédéral?—R. Tout à fait.

Q. Laissez-moi poser ma question autrement. Avant l'inauguration du système de réserve fédérale aux Etats-Unis, il n'y avait pas de facilités semblables pour le réescompte?—R. Excepté des mesures d'urgence.

Q. Lesquelles, naturellement, existaient dans ce pays aussi. Nous avions aussi des mesures d'urgence?—R. Oui.

Q. Alors le système de réserve fédérale aux Etats-Unis devait servir à un système de banques individuelles alors en vogue aux Etats-Unis?—R. C'est cela.

Q. Quant à ce qui concerne le système de banque avec succursales aux Etats-Unis—j'ai ici quelques chiffres—ils concernent plusieurs Etats et en particulier, par exemple, la Californie. C'est cela, n'est-ce pas?—R. Oui.

Q. L'extension du système bancaire à succursales fournit-il plus de facilités à ses banques de servir le public?—R. Je ne crois pas.

Q. Le ferait-il sous le système de réserve fédérale?—R. Le système de réserve fédérale n'accepte pas l'affiliation des banques qui ont un grand nombre de succursales.

Q. Vous avez parlé, il y a un instant du petit nombre des *State Banks?* Est-il vrai ou non qu'un certain nombre de *National Banks* sont redevenues des *State Banks* ou ont limité leurs opérations?—R. C'est vrai.

Q. N'est-il pas vrai aussi que toute *State Bank*, si elle le désire, peut, en obtenant l'endossement d'une banque actionnaire de la *Federal Reserve* participer aux avantages du système de réserve fédérale?—R. C'est bien cela.

Q. Avec des valeurs négociables, naturellement. N'est-il pas vrai que chacune des 22,000 *State Banks* peut obtenir les facilités de réescompte offertes par le système de réserve fédérale pourvu qu'elle ait l'endossement d'une banque actionnaire?—R. Indirectement, par sa banque correspondante.

Q. De sorte que quoique le chiffre des *State Banks* actionnaires ne soit que de 1,600, il est tout à fait possible qu'un grand nombre des autres *State Banks* ont recours au système de réescompte par la voie des banques actionnaires?—R. Sans doute, un certain nombre d'entre elles le font, mais seulement en autant que la banque correspondante veut bien leur aider.

M. Hughes:

Q. La banque correspondante serait une banque de réserve?—R. Ce serait une banque correspondante dans une grande ville.

L'hon. M. Stevens:

Q. Au sujet de l'examen des banques, vous avez dit hier quelque chose de très pertinent, et je vois que vous avez répété ce matin qu'il était très difficile de faire l'examen d'une banque qui a un grand nombre de succursales et que s'il y avait un système de banques à succursales, je crois que le rapport du contrôleur de la circulation indique qu'il serait impossible d'employer un personnel assez considérable pour faire l'ouvrage?—R. Il n'y a aucun doute à ce sujet.

Q. Ainsi un système d'examen au Canada avec ses banques succursales et bureau-chef ne pourrait être semblable à celui en vigueur aux Etats-Unis?—R. Je ne crois pas.

Q. D'après vous, il serait si encombrant qu'il ne serait pas serviable?—R. Je le crois bien; il serait très dispendieux et impraticable.

Q. Vous connaissez, je crois, monsieur Pole, le système suivi en Canada; c'est-à-dire que nous avons une vérification interne des banques; nous avons en plus des inspecteurs ayant des pouvoirs correspondants aux examinateurs des banques américaines; seulement, ici au Canada, c'est un employé du bureau-chef

[M. John W. Pole.]

14–15 GEORGE V, A. 1924

de la banque. Il arrive dans une succursale, en prend charge, exactement comme vous avez dit—prend pleine possession de cette succursale, s'empare immédiatement de l'argent et des valeurs, et les examine pratiquement de la même manière que font les examinateurs des banques américaines, n'est-ce pas?—R. Oui.

Q. Ne croyez-vous pas que cette vérification interne, plus l'examen de l'inspecteur dont je viens de parler, et qui se fait à des périodes irrégulières, plus les vérifications additionnelles prévues par notre loi de l'an dernier, ne correspondent assez bien au système qui se pratique aux Etats-Unis, eu égard à la différence des deux systèmes?—R. Eu égard à la différence des systèmes et en éliminant l'idée qu'un examen simultané du bureau-chef d'une branche et de toutes ses succursales est essentiel à un bon examen de la banque, je crois que le système actuellement en vigueur est aussi bon qu'il peut l'être.

Q. Au Canada?—R. Au Canada. Je veux dire que ce système est probablement le meilleur qui puisse être adopté, mais qu'il pourrait tout de même, comme je l'ai dit hier, aller un peu plus loin.

Q. Je crois que nous sommes d'accord sur ce point?—R. Oui.

Q. Se rappelant alors les systèmes canadien et américain et d'après votre expérience comme examinateur, serait-il possible et expédient d'adapter le système d'examen des banques américaine aux banques canadiennes, sans changer le principe de notre système bancaire et de le faire correspondre à celui du système bancaire américain?—R. Cela ne pourrait se faire.

Q. Cela ne pourrait se faire sans faire ce changement?—R. Cela ne pourrait pas se faire.

Le comité s'ajourne jusqu'à onze heures, mardi, le 22 mai.

CHAMBRE DES COMMUNES,
CHAMBRE DU COMITÉ (429),
MARDI, le 22 mai 1924.

Le comité spécial permanent des Banques et du Commerce se réunit à 11 heures de l'avant-midi, le président, M. Vien, au fauteuil.

Le PRÉSIDENT: M. Hughes propose:

"Que la Loi des Banques soit modifiée en y ajoutant un paragraphe trois à l'article 125, comme suit:—

" (3) Le transport ou la vente des parts de banque par des directeurs ou autres officiers de l'exécutif de cette banque, fait dans une période d'un an précédant la suspension par une banque du paiement de ses obligations lorsqu'elles deviennent dues en espèces ou en billets du Dominion sera nul et de nul effet à la demande du cessionnaire qui pourra, s'il le désire, remettre les parts ou une partie d'icelles, au cédant et pourra recouvrer le montant du prix d'achat, et, si le cessionnaire exerce cette option, le cédant sera et deviendra responsable comme actionnaire sous le paragraphe numéro un de cet article et le cessionnaire ne sera responsable en aucune façon quant aux parts transférées en vertu du paragraphe n° 1 de cet article."

Cette motion restera comme avis de motion pour la prochaine séance.

Je désire annoncer au comité que je me suis enquis du nombre de copies du rapport des travaux du comité que l'on pourra avoir. Si les honorables membres veulent bien indiquer au greffier la quantité qu'ils désirent, nous tâcherons de nous rendre à leur demande, pourvu qu'elle soit raisonnable. J'ai essayé de faire des arrangements pour me procurer une liste des adresses auxquelles les honorables membres aimeraient à faire expédier leur copie tous les jours, mais je trouve qu'il est impossible de faire cela. Ce serait demander au greffier ou à son assistant d'adresser 600, 700 ou 800 copies par jour; mais si les honorables membres

[M. John W. Pole.]

disent la quantité qu'il leur faut, les copies seront envoyées tous les jours à leur bureau, et ce sera chose facile pour les députés de les faire adresser par leurs sténographes. Cet arrangement est beaucoup plus simple que d'employer un personnel additionnel pour faire le travail que cela entraînerait. Des demandes pour copies devront être faites à M. Gordon, chambre 433, et chaque matin le nombre des copies requises par les députés sera envoyé à leurs chambres.

M. McBride: Je crois que la quantité devrait être limitée. C'est une dépense considérable et je crois qu'on devrait limiter la quantité à celle du Hansard que reçoivent les députés.

M. McKay propose, appuyé par M. McBride que le nombre de copies envoyé à chaque député soit limité à dix, et ce sur requête seulement.

Motion adoptée.

M. Healy: Le président sait-il si le ministre des Finances doit venir?

Le président: Il m'a dit qu'il viendrait.

M. Healy: Je vois dans le Hansard qu'il y a eu malentendu dans la Chambre hier lorsque le président a fait rapport à la Chambre, en l'absence du ministre. Il n'a pas été entendu que l'enquête de ce comité serait limitée comme on l'avait suggéré hier, et la Chambre aurait dû corriger cette erreur. Puisque le ministre n'était pas là et qu'il n'a pu entendre ce que l'on a dit en Chambre, je crois qu'il devrait venir ici afin qu'il n'y ait plus de malentendu.

M. Good: De quoi parlait-on?

M. Healy: Nous sommes dans une position telle que l'on ne peut aujourd'hui poser aux témoins des questions au sujet du système de réescompte ou autres questions de ce genre, à cause de la décision du président hier.

Le président: Je puis dire à l'honorable député que la motion de M. Shaw est venue sur le tapis hier et que j'ai décidé qu'elle était hors d'ordre. Ma décision a été soutenue par le comité. Une motion fut ensuite adoptée autorisant le comité de faire rapport à la Chambre et d'essayer d'en obtenir plus de pouvoir afin de permettre à M. Shaw de procéder.

M. Healy: C'est bien ce que je comprends.

Le président: C'est ce qui a été fait. Quand je fis rapport à la Chambre il me fallut proposer l'adoption du rapport du comité, sur quoi le ministre des Finances se leva et dit qu'il ne pouvait accepter l'adoption immédiate, laquelle exigeait le consentement unanime de la Chambre. La motion pour adoption du rapport du comité ne peut passer en Chambre sans un avis de motion.

M. Healy: C'est exactement ce dont je parlais.

Le président: Le ministre des Finances dit qu'il n'avait pu prendre connaissance du rapport du comité avant l'ouverture de la Chambre, et il suggéra que le rapport fut déposé sur la table afin qu'il pût décider, avant que la motion soit faite.

M. Healy: Dans quelle position cela nous met-il, aujourd'hui, que M. Williams doit venir?

M. W. F. Maclean: Il n'y aura pas de restriction.

Le président: Faites du mieux que vous pourrez, nous avons suivi les règlements.

M. Healy: Comment peut-on faire de notre mieux quand vous avez décidé contre nous?

M. Euler: Je crois que le président peut user de beaucoup de discrétion quant aux questions qui seront posées.

Le président: Oui. Ma décision est à l'effet que le sujet de la motion de M. Shaw n'est pas autorisé par l'ordre de renvoi à ce comité, mais que toute question se rapportant à la sauvegarde des déposants d'une banque centrale, est dans l'ordre. M. Pole est ici et il est prêt à continuer son témoignage.

M. J. W. Pole est rappelé.

[M. John W. Pole.]

M. Hughes: Lors de l'ajournement hier, nous discutions le système bancaire de réserve américain, et j'aimerais à poser deux ou trois questions.

Le président: Lors de l'ajournement, M. Stevens examinait le témoin.

L'hon. M. Stevens: Il n'y a plus que deux questions que je désirerais poser.

L'hon. M. Stevens:

Q. J'ai attiré l'attention de M. Pole sur notre Loi de Finance et j'avais lu la clause 2 indiquant les valeurs dont les banques canadiennes pouvaient se servir, en vertu de la Loi des Finances. Je voulais attirer un instant son attention sur la clause 3, un autre point important de notre système bancaire. La clause 3 se lit comme suit: "Ces valeurs (c'est-à-dire celles mentionnées dans la clause 2) seront déposées au bureau du ministre ou chez le receveur général adjoint." Afin de rendre la chose claire, il me faut ajouter que nous avons un receveur général adjoint dans chaque province?—R. Oui.

Q. Chacun demeurant dans un centre commercial de sa province, de sorte que sous le système canadien, les banques ont virtuellement les privilèges de réescompte, si l'on peut dire, au bureau du ministre et aux bureaux d'environ une douzaine d'adjoints du receveur général. Maintenant, cette question n'est simplement qu'ajoutée à la question d'hier, et pensant au tout, croyez-vous qu'il y aurait avantage pour le Canada d'établir un système de banque de réserve fédérale ou d'autres institutions semblables?—R. Le système en vigueur me paraît tout à fait satisfaisant, en tant que la Loi des Finances offre autant de facilités, pratiquement, qu'une *Federal Reserve Bank* offre et cela à un coût d'opération moindre.

Q. Maintenant, une autre question, qui ne relève pas immédiatement du sujet, mais qui est tout de même importante. Au sujet de la mise en vigueur du système de réserve fédérale comme garantie supplémentaire envers le public, et au système bancaire des Etats-Unis, en général, l'on a passé cette année aux Etats-Unis, une loi—je ne sais comment on l'appelle—je crois qu'elle fut suggérée par le président, M. Coolidge; elle alloue $10,000,000 pour venir en aide aux *State Banks* et aux *National Banks* de la partie agricole de l'ouest central, lesquelles sur le rapport de l'examinateur, je suppose, paraissaient entraînées vers la banqueroute, à cause de la diminution des valeurs, au nombre d'environ 170, je crois?—R. Au nombre d'environ 170 banques?

Q. Oui, à peu près. La question que je veux poser maintenant est celle-ci, cela n'indique-t-il pas que si parfait que peut être un système—et en même temps en accordant que le système de réserve fédérale des Etats-Unis ait eu un effet éminemment salutaire sur le système bancaire en général, cela n'indique-t-il pas que des conditions peuvent surgir, et surgiront à l'avenir, dont nul système ne pourra avoir raison, et qu'il faudra toujours revenir à une législation d'urgence? —R. C'est indubitablement vrai. Il n'était cependant pas question de législation; la corporation dont vous parlez était une corporation non incorporée.

Q. A la demande du président?—R. A la suggestion du président.

Q. Veuillez nous donner quelques renseignements supplémentaires sur ce sujet.—R. Je le ferai avec plaisir. C'était une corporation privée formée à Minneapolis, et le capital fut souscrit volontairement par des banques de Chicago, de New-York et d'ailleurs, et cette corporation fut organisée dans le but de réescompter et de négocier des valeurs. Mais ce n'est pas l'intention de cette corporation de faire des contributions volontaires aux banques qui sont dans l'embarras. Je puis dire que les rapports des examinateurs des *National Banks* sont acceptés par cette corporation comme base de leurs transactions, et si l'on voit une banque dans ce district infortuné et dans de telles circonstances qui peut être solvable, mais dont le capital est sérieusement entamé, la corporation, après examen du passif et de l'actif de la banque déterminera s'il est nécessaire, par exemple, de faire un appel de 75 p. 100 du capital. Mais si l'on voit que les

[M. John W. Pole.]

actionnaires de cette institution ne peuvent répondre à cet appel de 75 p. 100 —la probabilité est, comme beaucoup d'autres banques dans cette partie du pays, que les actionnaires ont déjà largement contribué les fonds pour soutenir la banque, et qu'on ne peut leur imposer un fardeau nouveau; de sorte que la corporation appelée *The Agricultural Credit Corporation* vient à l'aide des actionnaires dans le but de rétablir le capital de cette banque, lui permettant ainsi de continuer ses affaires avec un capital pleinement rétabli.

Q. Quant à la condition de ces banques dois-je comprendre qu'une bonne partie des valeurs qu'elles détiennent ont probablement été réescomptées et non payées à maturité et qu'elles avaient été classées par l'examinateur des *State Banks* ou des *National Banks*, suivant le cas comme étant "mauvaises" ou "tardives", etc.; cela serait-il une cause conduisant à la banqueroute ou tendant à entamer leur capital?—R. Les effets dans ces districts pourraient raisonnablement être classifiés comme étant presque tous au moins "tardifs"; une partie est de valeur douteuse, mais en résumant la situation, on prend note de ces valeurs douteuses, elles sont estimées au rabais et c'est cette valeur qui est prise en considération dans les cas de capital entamé.

Q. Par exemple, sous votre système de réserve fédérale, vous limitez la période de paiement des valeurs agricoles à neuf mois, si je me rappelle bien?—R. C'est-à-dire pour les fins de réescompte.

Q. Une bonne partie des valeurs agricoles de ce district étant "tardives" ne pourraient servir aux banques pour les fins de réescompte si elles n'étaient payées à maturité, soit, disons 9 mois?—R. Ceci est à la discrétion de la *Federal Reserve Bank* de ce district. Elle peut accepter des valeurs "tardives" si elle se sent disposée dans ce sens. Le fait qu'une valeur a été renouvelée ne la rend pas nécessairement inéligible au réescompte.

Q. Alors au bout des 9 mois ces valeurs seront renouvelées en plein et seront acceptées?—R. C'est à la *Federal Reserve Bank* de déterminer le cas.

Q. Mais cette corporation de $10,000,000 supplée donc les fonctions de la *Federal Reserve Bank* et le système de réescompte de cette banque?—R. Elle remplit une fonction tout à fait différente de celles des *Federal Reserve Banks.* Elle prête des fonds aux individus pour qu'ils puissent rencontrer leurs appels dans les cas où il est nécessaire de maintenir la banque sur pied.

M. Maclean:

Q. N'est-il pas vrai que le président Wilson a, pendant son terme d'office, inventé ce système de *Federal Reserve Bank* et l'a développé?—R. Plusieurs personnes réclament la paternité de ce système de réserve fédérale.

Q. Depuis que j'ai vu l'énoncé qu'il y a une grande différence dans les provisions du système bancaire de réserve fédérale—une grande différence entre la proportion des fonds alloués aux affaires agricoles, et au commerce général, et que ce n'est pas tout à fait ça, comme M. Stevens a essayé de le prouver, qu'il y a amplement de fonds dans les divers Etats pour les besoins agricoles, et que la loi bancaire de réserve fédérale a été étendue de façon à protéger les intérêts agricoles—est-ce vrai?—R. Je ne le crois pas, M. Maclean.

Q. Alors, croyez-vous que le crédit agricole soit—au moyen de la réserve fédérale sur le même pied que pour les affaires en général?—R. Je crois qu'elles sont toutes deux sur le même pied.

Q. Alors pourquoi a-t-on amené cette mesure?—R. Cette mesure récente fut mise en vigueur parce que les *Federal Reserve Banks* doivent, en vertu de la loi, ne réescompter que certaines valeurs. Les actions de banque, par exemple, ne sont pas regardées comme des obligations et ne sont pas éligibles pour réescompte, mais la corporation dont vous parlez a été organisée, entr'autres buts, pour faire des placements d'actions des *National* ou des *State Banks*, et quoique la *Federal*

[M. John W. Pole.]

Reserve Bank ait amplement de fonds pour des cas d'urgence, cette classe d'obligation n'est pas éligible. Il y a, néanmoins, pour les fins agricoles un certain nombre de facteurs en sus de la *Federal Bank* qui sont des facteurs gouvernementaux, tel que le *Federal Farm Loan Board, The War Finance Corporation,* et la *Intermediate Credit Bank.* Ces trois sont très importants.

Q. Et malgré cette aide, la dépression agricole est décourageante?—R. Les facilités de crédit n'ont pas fait défaut aux agriculteurs, M. Maclean. On leur en a peut-être même trop donné.

L'hon. M. Stevens:

Q. Je vous ai posé une question hier, juste au moment de l'ajournement et vous n'avez fait aucun commentaire, répondant tout simplement à ma question. Je vais la lire et je vous demanderai de vouloir bien commenter un peu votre réponse. Je vais lire la question que j'ai posée hier parce que c'est celle que j'ai dans l'idée:—

"Q. Se rappelant alors les systèmes canadien et américain et d'après votre expérience comme examinateur, serait-il possible et expédient d'adapter le système d'examen des banques américaines aux banques canadiennes, sans changer le principe de notre système bancaire et de le faire correspondre à celui du système bancaire américain?"

et vous avez répondu: "Cela ne pourrait se faire", et puis nous ajournâmes. Il ne serait peut-être pas juste de ne pas vous permettre de commentaires sur cette question; votre réponse ne me donne pas toute votre opinion sur le sujet.—R. J'ai préparé un petit mémoire sur ce point et je le lirai au comité, s'il me le permet, et l'on me pardonnera si je parais être quelque peu présomptueux en exprimant une opinion, quoique vous me l'ayez demandé.

Après avoir étudié le système bancaire en vigueur aux Etats-Unis et au Canada, il devient évident que les méthodes de surveillance doivent différer mais non dans leurs éléments essentiels.

L'examen des "Unit Banks" aux Etats-Unis peut être arrangé de façon à ce qu'un grand nombre d'examinateurs et d'aides soient constamment occupés, et les banques qui ont des succursales étant comparativement peu nombreuses il est tout à fait possible de faire simultanément l'examen du bureau chef et des succursales.

Au Canada, pour faire l'examen simultané des bureaux chefs et de leurs succursales, il faudrait un personnel très nombreux et si dispendieux qu'il serait prohibitif. Le système en vigueur me paraît le meilleur pour rencontrer les besoins actuels.

L'emploi de comptables chartrés pour des affaires d'une banque, tout en étant peut-être pas aussi satisfaisant que le serait l'emploi d'hommes sous la direction du gouvernement et dont les seuls devoirs seraient de se tenir en constant rapport avec les banques dans leur juridiction immédiate et qui serait impraticable dans les circonstances actuelles; il est tout à fait suffisant pour répondre à tous les besoins, excepté que, en autant que j'ai pu l'observer, il semble nécessaire d'étendre les pouvoirs des vérificateurs de façon à embrasser une analyse approfondie de l'actif des banques comprenant les cédules additionnelles telles que " grandes extensions des crédits aux individus, aux compagnies ou aux corporations, ainsi qu'à leurs filiales, et de prêts injustifiables dans une classe quelconque de valeurs" ainsi que de renseignements sur leurs directions.

Il me semble qu'il devrait y avoir un officier de grande expérience dans les affaires de banque, avec un personnel suffisant dont l'occupation consisterait à compiler les statistiques et à interpréter les renseignements recueillis; qu'il devrait avoir d'amples pouvoirs pour traiter avec les

[M. John W. Pole.]

bureaux de direction au sujet des règlements de comptes et corriger les défauts d'une analyse des rapports des examinateurs pourraient découvrir. Avec un tel directeur en charge des examens, il surgirait sans doute diverses occasions où ses services seraient d'une valeur inestimable aux banques elles-mêmes dans leurs règlements de, comptes et en coordonnant le commerce de banque du Canada, tout en protégeant pleinement l'intérêt public.

Le système de réserve fédérale a rendu des services inestimables aux banques des Etats-Unis de mille manières diverses. Premièrement, avec le privilège de réescompte qu'il offre à ses membres, il a aidé un grand nombre de banques à continuer leurs affaires dans des périodes de dépression, lorsqu'il aurait été impossible d'obtenir des fonds ailleurs, et qu'elles auraient été forcées de fermer leurs portes, et causer de lourdes pertes aux déposants. Et quoique les membres du système aient failli en dépit des facilités qu'offraient les *Federal Reserve Banks*, la question se pose tout naturellement combien calamiteuse aurait été la situation s'il n'y eut pas eu un tel système—et le monde ne le saurait jamais, mais ceux qui ont été à même de voir les conditions de près depuis l'établissement du système peuvent juger des faits.

Le système de réserve fédérale est admirablement adapté au "Unit system" de banque, mais pour un petit nombre de banques possédant de nombreuses succursales, essayer de s'y accommoder nous paraît hautement impraticable.

En vertu des dispositions de la Loi des Finances il paraîtrait possible à toute banque canadienne dont l'actif est d'un caractère assez liquide pour lui permettre de prendre avantage des facilités offertes par le système de réserve, de se prévaloir d'avantages égaux offerts par la Loi des Finances, dont l'opération est facile et peu dispendieuse, et, jugeant de la manière dont il a fonctionné, très effectif.

Au Canada paraît donc devoir être entre un système de réserve fédérale accompagné d'un "Unit System" de banque, ce qui amènerait des difficultes infinies, et une combinaison du système bancaire à succursales avec la Loi des Finances, qui me paraît rencontrer tous les besoins bancaires.

M. Maclean:

Q. Echangeriez-vous le système américain contre le nôtre, si vous en aviez la chance?

M. Hughes:

Q. Quelques-unes des questions que je me proposais de poser l'ont été par d'autres députés. Je vais néanmoins en poser encore une ou deux. L'inélasticité de la monnaie américaine était-elle un défaut qui a été corrigé par l'établissement du système de réserve?—R. C'en était un des plus grands.

Q. C'était le plus grand?—R. J'en suis convaincu.

Q. Je crois aussi que les *National Banks* ont le privilège ou le droit de prêter sur immeuble jusqu'à 50 p. 100 de leur capital?—R. Et surplus, ou un tiers des dépôts à terme. Jusqu'à 50 p. 100 avez-vous dit.

Q. Jusqu'à 50 p. 100 de leur capital et surplus?—R. 25 p. 100 de leur capital et surplus, ou un tiers des dépôts à terme.

M. McMaster:

Q. C'est-à-dire le plus élevé?—R. Le plus élevé.

M. Hughes:

Q. Ou un tiers de leurs dépôts à terme?—R. Oui.

[M. John W. Pole.]

Q. Vous appelleriez alors des prêts de cette nature non-liquides, ou gelés—peut-être non-liquides vaut-il mieux, ou non-actifs?—R. Il y a dans le pays un marché bien établi pour les prêts sur immeubles de haute classe.

M. McKay:

Q. Il y a une limite de temps fixée à cinq ans, n'est-ce pas?—R. Il y a une limite de cinq ans sur les fermes cultivées.

Q. Et sur la propriété de ville, un an?—R. Oui sur la propriété de ville, un an.

M. Hughes:

Q. Les *Federal Reserve Banks* émettent leurs propres billets—réescomptent les valeurs que leur apportent les banqus affiliées? Ces valeurs, en général, je suppose, représentent des prêts faits sur un actif liquide et facilement réalisable?—R. C'est là une des choses exigées.

Q. Si elles réescomptaient des prêts à longs termes représentant des valeurs qui ne rapporteraient pas suffisamment y aurait-il danger d'inflation de la circulation dans un tel système?—R. Il n'y en aurait pas, pour la raison que les valeurs dont vous parlez ne sont pas éligibles pour réescompte.

Q. Je croyais que les prêts sur valeurs agricoles?—R. Une *National Bank* peut faire de tels prêts, mais une *Federal Reserve Bank* ne peut le faire.

Q. Elle le peut?—R. Elle ne peut pas.

Q. Mais elle le peut aussi?—R. Elle ne le peut pas.

M. McMaster:

Q. Elle ne doit pas le faire?—R. Elle ne peut le faire.

M. Hughes:

Q. Alors dans votre opinion, il n'y a aucun danger d'inflation de la circulation sous le système de réserve fédérale?—R. Vu l'administration prudente des *Federal Reserve Banks*, je crois qu'il n'y a aucun danger.

M. McMaster:

Q. Accompagné d'un examen adéquat des banques?—R. L'examen des *Federal Reserve Banks* fait par le *Federal Reserve Board* ou par le contrôleur de la circulation, de sorte que je ne puis me vanter de l'examen.

M. Hughes:

Q. Sous le système de réserve fédérale américain et sous le système que nous avons au Canada en vertu de la Loi des Finances, voyez-vous une différence essentielle entre les deux systèmes?—R. Il y a beaucoup de similitude.

Q. M. Stevens dans l'une de ses questions, aujourd'hui, vous a demandé si vous considériez opportun ou nécessaire de superposer un système semblable au système de réserve fédérale américain sur le système que nous avons maintenant, et je crois que votre réponse a été que vous n'en voyiez pas la nécessité ou que vous ne le croyiez pas opportun, ou quelque chose de ce genre; mais, puisque les deux systèmes sont presque identiques, auriez-vous objection à substituer l'un à l'autre?—R. Je doute fort que le système de réserve fédérale puisse être substitué à l'Acte des Finances.

Q. Pourquoi?—R. Pour la raison que j'ai donnée dans mes remarques qu'il est tout à fait adapté à un "Unit System" de banque, mais à...

Q. Système à succursales?—R. Système à succursales.

Q. Pourquoi?—R. Parce qu'il serait trop dispendieux et trop encombrant pour le nombre d'unités dont il aurait à prendre soin. Comme il n'y a que quatorze banques, si elles entreprenaient d'établir un système de réserve fédérale, ce serait pour elles une opération dispendieuse.

[M. John W. Pole.]

Q. A cause de la dépense? Ce serait là surtout votre objection?—R. Ce serait là une des objections, quand le même but peut être atteint en vertu des dispositions de l'Acte des Finances.

M. Maclean:

Q. Vous dites que les deux systèmes se ressemblent beaucoup. N'y a-t-il pas une grande différence dans le fait que le système bancaire américain se sert le billets du gouvernement tandis que nous nous servons de billets de banque, et les billets de banque ont été la cause de beaucoup de trouble dans ce pays?

M. Hughes:

Q. Une autre question pour terminer. Les *Federal Reserve Banks* émettent des billets de toutes dénominations, j'imagine, pour circulation dans le pays?—R. Oui.

Q. Pour la circulation " nationale " du pays?—R. Oui.

M. Shaw:

Q. Maintenant, M. Pole, vous avez eu l'occasion d'étudier le système bancaire canadien, du moins durant votre visite ici?—R. Une très bonne occasion.

Q. Et je suppose que vous avez étudié non seulement la Loi des Finances, mais les dispositions du War Finance Act, et vous savez que' en pratique, le taux d'intérêt est fixé à 5 p. 100? Vous savez cela?—R. Je le sais.

M. McMaster: Sous quel rapport?

M. Shaw: Le réescompte des valeurs.

Le témoin: L'emprunt de fonds.

M. Shaw:

Q. Vous savez, n'est-ce pas, que le système est sous la direction du Trésor, composé du ministre des Finances, et je crois, de deux autres ministres de la Couronne — vous le savez, n'est-ce pas?—R. Je le sais, M. Shaw.

Q. Et vous savez que ces ministres de la Couronne changent assez souvent dans le pays? Ce n'est pas un corps constant?—R. Je comprends cela.

Q. Les messieurs qui composent le bureau de la Trésorerie ne sont pas nécessairement des hommes de la finance ou des personnes très au courant des affaires de finance. Vous reconnaissez ce fait? Notre système politique est tel qu'il doit en être ainsi?—R. Oui.

Q. Vous avez aussi découvert, sans doute, au cours de vos études, une organisation appelée la *Canadian Banker's Association*, qui a certains pouvoirs disciplinaires envers ses membres?—R. D'une façon, oui.

Q. Et je suppose que vous avez aussi étudié ce qu'on appelle la réserve centraie de l'or, laquelle, comme vous le savez, est sous la garde d'un commissaire nommé par le gouvernement et de deux autres nommés par les banques. C'est-à-dire par trois commissaires en tout?—R. Oui.

Q. Et nous sommes en train maintenant de développer ici un système de vérification ou d'inspection au ministère des Finances. Autrefois c'était le ministère des Finances qui recevait les rapports des banques, en faisait la compilation et les livrait au public?—R. Oui.

Q. Je ne veux pas que vous croyiez que nous essayons d'imposer dans ce pays le système de réserve fédérale, M. Pole, car vous avez l'air de le croire, mais ce que je veux vous demander c'est ceci: supposant que nous aurions ce que nous pourrions appeler une banque centrale, ou — le nom n'y fait rien — appelons-la une commission bancaire, si vous voulez, qui aurait charge non seulement de l'inspection, de la vérification, de l'investigation ou de l'examen, ou de n'importe quel nom qu'on lui donne, indépendante des banques, mais qui aurait aussi charge de la réserve centrale de l'or, ou des pouvoirs disciplinaires que possède maintenant l'association des banquiers sous la *Bankers' Association Act,*

[M. John W. Pole.]

et qu'elle eut ensuite les devoirs qui sont maintenant du ressort du bureau de la Trésorerie, en vertu du *War Finance Act*, croyez-vous qu'il serait désirable d'avoir une autorité centrale coordonnée, laquelle coordonnerait les différentes fonctions bancaires sous l'autorité d'une autorité responsable, commission bancaire ou autre autorité sous un nom quelconque?—R. J'étais sous l'impression que le ministre des Finances remplissait ces fonctions.

Q. Vous croyez qu'il coordonne tous ces services divers?—R. J'imaginais qu'ils étaient de son ressort.

Q. Savez-vous que dans le cas d'une banque en difficultés, il n'a pas plus de pouvoir que vous en avez, quant à ce qui concerne la législation?—R. J'ignorais cela.

Q. Il n'a pas le pouvoir de fermer une banque. La fermeture d'une banque tombe sous la loi comme celle de n'importe quelle corporation insolvable?—R. Oui.

Q. Et le seul pouvoir qu'il a est celui de persuasion?—R. Oui.

Q. Je vous demande, M. Pole, eu égard aux circonstances que j'ai décrites aujourd'hui, ne serait-il pas désirable de placer entre les mains de quelque corps central, banque ou organisation — peu importe comment on la nomme — un corps d'hommes compétents et bien dressés, expérimentés dans toutes les fonctions de banque, et en outre, peut-être serait-ce ce corps qui plus tard pourrait émettre des billets au nom du pays au lieu des banques comme cela se pratique aujourd'hui — pas maintenant, mais peut-être plus tard?—R. Je crois qu'il serait fort désirable qu'une commission bancaire fût établie, si la chose n'a pas encore été faite.

Q. Chargée de ces diverses fonctions?—R. Chargée de ces diverses fonctions. Ce serait fort désirable.

Q. Je désirais attirer votre attention sur ce fait parce que je crois que l'on est sous l'impression que des membres de ce comité désirent établir des *Federal Reserve Banks*. Je suis certain que la chose n'est pas possible, mais j'aimerais voir un endroit central où l'on pourrait fixer les responsabilités pour tous ces services.—R. J'étais sous l'impression que cela tombait sous la direction du ministre des Finances.

Q. Il en dirige l'administration?—R. Je crois que oui en tant que le temps le lui permet. Je sais que le contrôleur de la circulation aux Etats-Unis n'a pas le temps de s'occuper de toutes les banques, mais qu'il a des adjoints à qui il délègue une certaine autorité.

Q. Le fait est que le Ministre des Finances de ce pays est membre du ministère, et il doit siéger en parlement quatre ou cinq mois de l'année. Il a la charge de l'administration, mais on ne peut raisonnablement s'attendre, en vue de notre système politique, qu'il soit un expert financier, et il est impossible d'ailleurs pour lui de faire tout l'ouvrage?—R. Je comprends cela.

L'hon. M. Stevens: Ceci s'applique à tous les ministres de la Couronne quel qu'il soit. Le ministre est le chef nominal et il a des officiers responsables sous lui pour faire les différents travaux?—R. Le Secrétaire du Trésor aux Etats-Unis est responsable de toutes les opérations de son département, mais il n'a pas le temps de s'occuper personnellement de tous les détails.

M. Shaw:

Q. Il n'est pas responsable au Congrès.—R. Je dirais qu'il est responsable au Congrès pour les opérations de son département.

Q. Je vous demanderais plus d'éclaircissements sur cette question.—R. Je crois votre suggestion de grande valeur. Comme question de fait pour répéter ce que j'ai dit précédemment j'étais sous l'impression que le Ministre des Finances avait justement les attributions que vous venez de définir et que le *Banking Bureau* existait déjà sous sa direction.

[M. John W. Pole.]

Q. Prenez par exemple les avances faites sous le *War Finance Act*, croyez-vous qu'il soit désirable que cela soit sous la direction d'un corps d'hommes bien entraînés qui auraient le droit et le pouvoir de faire une échelle mobile des taux d'intérêt, comme vous le suggériez hier?—R. Oui.

Q. C'est désirable parce que cela préviendra l'inflation ou la déflation.—R. Pourvu que l'administration de la Loi des Finances soit bonne et soignée.

Q. Mais comme vous le savez, le taux de l'intérêt a été stationnaire, en pratique, comme vous l'avez déjà suggéré?—R. Oui.

Q. Croyez-vous que les avances de fonds sous la Loi des Finances devraient être faites à la suite de rapports d'inspections que peut se procurer le Ministère des Finances ou aucun autre Ministère?—R. Le système de réserve fédéral base les opérations du Contrôleur de la circulation, sur les rapports des banques.

Q. Vous avez déjà dit que l'inspection se coordonnait avec le système de réserve fédérale?—R. Oui, les *Federal Reserve Banks* basent leurs avances sur les renseignements qu'elles peuvent trouver dans le rapport, en outre de l'analyse des valeurs mêmes qui sont offertes pour l'escompte.

Q. Dans la suggestion que je vous ai faite, j'ai suggéré que le département de l'Inspection, ou Département d'Examen, ou de quelque nom qu'on le nomme, soit aussi sous le contrôle de ce corps central, de manière à ce que les opérations sous la Loi des Finances seraient équivalentes aux rapports d'inspection?—R. Je crois que cela devrait certainement être une des fonctions de ce Bureau.

M. Ladner:

Q. M. Pole, l'an dernier devant le comité des Banques et du Commerce a été étudié superficiellement la question d'une banque de réserve centrale, et j'ai alors soumis une proposition qui a été reçue comme pièce **8** que l'on peut trouver à la page 254 du dernier rapport du Comité des Banques. Cette proposition fut soumise au sujet d'un établissement d'une réserve fédérale au Canada. Auriez-vous par hasard vu cette proposition?—R. Je ne l'ai pas vue.

Q. Je veux maintenant faire une réserve des principes que je considérais alors comme applicables au Canada, principes pris dans le système américain, mais pas tous les principes de ce système parce qu'ils ne sont pas tous applicables au Canada. Je laisserai de côté les points qu'a étudiés M. Shaw. La proposition que j'ai mise de l'avant l'an dernier, sous le titre de "Proposition pour une banque de réserve au Canada", a un sous-titre "Operations".

"La *Federal Reserve Bank* exercera les fonctions suivantes:
"(*a*) Elle agira comme banque de réescompte opérant seulement avec les banques."

C'est là un des caractères essentiels d'une banque fédérale de réserve?—R. C'est ça.
Q. Puis

"(*b*) Elle aura le droit de faire des opérations sur le marché ouvert comme le font actuellement les *Federal Reserve Banks* des Etats-Unis."

Je ne sais pas si ces opérations sur le marché ont été expliquées au comité. Voudriez-vous m'expliquer ce que c'est?—R. Les opérations du marché ouvert sont des opérations par lesquelles la *Federal Reserve Bank* peut acheter, sur le marché ouvert à New-York ou dans d'autres grands centres monétaires, des valeurs afin d'employer son surplus.

Q. Maintenant, si le taux de l'intérêt exigé par une banque associée ou par toute autre banque était trop élevé, est-ce que la banque de réserve fédérale n'a pas le droit, après lui en avoir donné avis, d'intervenir et de réduire le taux afin de forcer ces banques à adopter des taux raisonnables?—R. Cela peut se faire, ce droit existe aujourd'hui.

[M. John W. Pole.]

14-15 GEORGE V, A. 1924

Q. De fait, la banque de réserve fédérale des Etats-Unis a le droit d'en agir ainsi?—R. Oui.

Q. Puis

" (*c*) D'agir comme en qualité d'agent de crédit pour les banques en ce qui concerne les opérations d'un caractère international afin de faciliter les transactions commerciales entre le Canada et les autres parties du monde, grandement d'après le même principe que celui qui est en honneur à la banque d'Angleterre."

Voulez-vous nous expliquer comment l'on procède aux Etats-Unis et dans la Grande-Bretagne?—R. Je ne suis pas au courant des opérations dans la Grande-Bretagne, mais aux Etats-Unis les banques font un fort volume d'affaires étrangères, naturellement; je veux dire les banques de New-York...

Q. La banque de réserve fédérale?

Le présidENT: Laissez-le terminer sa réponse.

M. Ledner:

Q. La banque de réserve fédérale.—R. Ne fait pas directement d'opérations étrangères, excepté dans le cas d'escompte des billets par l'intermédiaire des banques qui lui sont associées.

Q. Au point de vue du commerce international, ce genre d'affaires de la banque fédérale constitue un grand avantage?—R. Grandement. Il n'est fait aucune distinction entre un billet à ordre de provenance étrangère qui est acceptable et endossé par une banque associée et un billet de provenance américaine qui est également acceptable.

Q. De cette manière, au point de vue du commerce avec l'étranger, ce système est supérieur à celui des banques privées?—R. Il est probable que ces banques qui escompteraient le papier étranger de cette classe auraient dans leur portefeuille des quantités de valeurs qu'elles seraient en état d'escompter si elles le désiraient, parce que ces transactions sont effectuées par des banques très importantes dont l'actif, d'une manière générale, est strictement d'une nature négociable.

Q. Ensuite (*d*) concerne les émissions de billets et la mise en opération de la loi financière, la garantie-or et les billets du Dominion. Je crois que M. Shaw a examiné ce point. Nous avons eu votre opinion à ce sujet. Puis

" (*e*) D'agir en qualité de banquiers ou d'agents de perception du gouvernement."

Voilà une des fonctions de la banque de réserve fédérale des Etats-Unis?—R. Oui.

Q. Comment ce système fonctionne-t-il en ce qui concerne la question de financer les transactions gouvernementales, en comparaison avec l'ancien système?—R. On me dit que l'on en retire entière satisfaction et qu'il en résulte une forte économie pour le gouvernement.

Q. Voulez-vous avoir la bonté de comparer brièvement les deux systèmes?—R. L'ancien système de sous-trésoreries—les billets émis au bénéfice des différentes sections du pays, ont tous été repris par les banques de réserve fédérale, et les sous-trésoreries, qui fonctionnaient au prix de frais considérables, ont cessé leurs opérations. Le volume considérable des affaires transigées par les banques de réserve fédérale comme agents de perception est dû à la forte émission de valeurs du gouvernement sous forme de Bons de la Liberté et autres valeurs du même genre qui, naturellement, sont postérieures à cette émission; de sorte que les activités fiduciaires du gouvernement ont pris une extension formidable depuis l'établissement du système de la réserve fédérale.

[M. John W. Pole.]

Q. J'ai entendu dire, et j'aimerais à avoir votre opinion à cet égard, que l'établissement d'une commission de réserve fédérale a engendré une sorte de parenté politique en vertu de laquelle pendant la guerre le taux de l'intérêt a été maintenu artificiellement au cours de la vente des Bons de la Liberté afin que ces obligations soient vendues à une banque; et qu'une fois la guerre finie, la période de déflation étant survenue, la réserve fédérale s'efforça de diminuer le taux de l'intérêt et les Bons de la Liberté se vendirent à un prix bien inférieur en tant que la valeur au pair est concernée. Voilà l'histoire que nous avons entendue?—R. Je ne suis pas prêt à exprimer une opinion relativement aux activités de la commission de la réserve fédérale sous ce rapport. En dehors des comptes rendus des journaux je ne sais absolument rien de ces choses.

Q. Puis (f) de mon projet vise la question des profits. Je crois que sous le régime de la réserve fédérale les profits sont limités à 6 p. 100?—R. Vous voulez parler du montant des bénéfices qu'une banque de réserve fédérale peut faire? Il n'y a pas de limite en ce qui concerne le montant de bénéfices qu'une banque de réserve fédérale peut faire.

Q. Mais si elle perçoit 6 p. 100 ce surplus va au gouvernement?—R. Il y a bien une certaine limite; les actionnaires des banques de réserve fédérale ne peuvent pas recevoir de dividendes supérieurs à 6 p. 100 par année, après quoi un certain montant est porté au compte de l'excédent et le reste va au gouvernement à titre de contribution au fonds d'amortissement.

Q. La clause suivante (g) "D'agir en qualité d'organisme disciplinaire à l'égard des banques qui seraient disposées à s'engager dans des opérations douteuses"?—R. Les banques de réserve fédérale font l'office, par l'intermédiaire de leur exécutif, de corps consultatifs auprès des banques.

Q. Si elles constatent qu'un certain nombre de banques s'engagent dans des entreprises coûteuses ou peut-être dans des opérations financières douteuses, n'ont-elles pas le pouvoir de les arrêter, de les retenir ou de leur imposer des sanctions?—R. Elles n'ont pas ce pouvoir si ce n'est que cette banque pourrait faire de l'escompte à la réserve fédérale, ce qui influerait sur la valeur des opérations. La question de discipline relève du contrôleur de la circulation: ce n'est pas la fonction de la banque de réserve qui s'occupe uniquement de prêter de l'argent sur de bonnes garanties.

Q. La clause (h) traite de la question de l'inspection et nous avons examiné ce point.—R. Oui.

Q. La dernière clause (i) a été discutée par M. Shaw. Il y est question de l'établissement d'une banque centrale qui assumerait les fonctions de la Trésorerie et des fidéicommissaires de la réserve-or et des opérations de la loi financière de 1914. Maintenant, ce n'est pas votre opinion que vous pourriez établir au Canada un système de banque de réserve fédérale ou centrale? Est-ce que je vous ai bien compris?—R. Un système de réserve fédérale tel que celui qui est en opération aux Etats-Unis ne conviendrait pas au système bancaire qui existe au Canada.

Q. Parce que les deux systèmes sont fondamentalement différents; dans un cas vous avez un système de succursales et dans l'autre un système de banque privée?—R. Précisément.

Q. Est-ce que ce système ne pourrait pas s'appliquer avantageusement au Canada? Ne pourrions-nous pas choisir dans le système de réserve fédérale aux Etats-Unis les principes applicables au Canada et dont nous avons eu une énumération?—R. Je crois que cela peut fort bien se réaliser sous la direction de la commission dont vous avez parlé et avec une bonne administration.

Q. Vous nous avez dit hier que si les banques nationales ne pouvaient pas établir de succursales la Commission de la Réserve fédérale ne pourrait pas continuer en fonctions?—R. Je crois que vous ne m'avez pas exactement compris à ce sujet.

[M. John W. Pole.]

14-15 GEORGE V, A. 1924

Q. J'ai pris note de vos paroles et ce que j'en ai retenu, c'est que le maintient de la commission de la réserve fédérale dépendait des opérations des banques et de leurs succursales en ce sens que les banques nationales ont été converties en banques d'Etat afin de profiter des taux de cette façon?—R. Je dis que si les banques nationales veulent maintenir leur existence elles devront s'unir au système de réserve fédérale.·

Q. N'avez-vous pas dit aussi qu'il était essentiel pour les banques nationales de s'engager dans les opérations de banques succursales pour assurer la continuation du système de réserve fédérale?—R. Non, j'ai dit qu'elles ont des chances égales de faire concurrence aux banques d'Etat et qu'elles devraient jouir du privilège de fonder des succursales dans les cités où elles étaient établies, mais non en dehors.

Q. Pourquoi pas en dehors?—R. Parce que ce système de banques est basé sur le principe unitaire. Vous en arrivez maintenant à la question des banques-succursales. Ce système est envisagé comme un système monopoliste et non approprié aux Etats-Unis. Le système unitaire est en vogue et il convient aux idées d'autonomie locale bien mieux que le système de banques avec succursales bien qu'il y ait en Amérique beaucoup de gens en faveur du système des suceursales.

M. McMaster: Vous voulez dire cette partie de l'Amérique connue sous le nom des Etats-Unis?

Le témoin: Je vous demande pardon, oui.

M. Ladner:

Q. Ne croyez-vous pas qu'en examinant le système des banques canadiennes avec leurs succursales et les banques sous le régime de la réserve fédérale aux Etats-Unis, nous ne pourrions pas élaborer un système ayant pour base une commission centrale ou fédérale pour remplir ces fonctions et ne croyez-vous pas que ce serait avantageux pour le Canada et que ce système ne serait pas trop onéreux?—R. Il n'y a aucun doute que cette commission de contrôle, sous la direction d'un haut fonctionnaire—je pensais au ministre des Finances— pourrait sans aucun doute choisir plusieurs clauses du système de réserve fédérale qui s'appliqueraient d'une façon générale à votre système bancaire au Canada.

Q. Sans remplacer la Loi financière ou la Trésorerie, ou autres institutions semblables mais plutôt de manière à agir conjointement avec les corps actuellement organisés?—R. Oui, mais avec le système que vous suggérez il y aura absorption des fonctions pour l'exécution desquelles la Loi financière a été mise en vigueur.

Q. Et maintenant comprenez-vous la situation au bureau du receveur général?—R. Oui, d'une manière générale.

Q. Ne pourrions-nous pas prendre tout le mécanisme que nous avons en activité au bureau du receveur général et coordonner cela avec un système de Commission de réserve centrale ou fédérale, à peu de frais additionnels?—R. Ne revenez-vous pas précisément à la question de la mise en opération de la Loi financière?

Q. Non, j'en suis à la question des dépenses. Dans le moment croyez-vous que les banques ou le pays seraient exposés à beaucoup plus de dépenses qu'avec le système actuel?—R. Eh bien, dans votre suggestion, j'entrevois le fonctionnement de la Loi financière.

Q. Avec des pouvoirs supplémentaires?—R. Oui.

Q. Est-ce que vous ne prévoyez pas des dépenses considérables du fait de ce changement?—R. Les frais peuvent être très considérables ou restreinte aux besoins de chaque cas.

[M. John W. Pole.]

M. Marler:

Q. M. Pole, il y a une couple de questions que je désire vous poser? Vous avez dit que les banques américaines fonctionnant d'après le système unitaire étaient autorisées à faire des prêts sur immeubles et vous avez déclaré qu'aux Etats-Unis il y a constamment un marché pour les prêts sur immeubles. Qu'avez-vous voulu dire par là? Que ces prêts une fois négociés par les banques pouvaient être facilement vendus aux autres?—R. Oui; généralement, il y a les compagnies hypothécaires et les compagnies d'assurance qui sont toujours très heureuses de racheter des prêts effectués sur la base des taux auxquels les banques nationales sont autorisées à le faire parce que le taux de l'intérêt sur ces prêts est joliment rémunérateur. Ce sont des valeurs facilement négociables.

Q. Eu égard à notre système de banques avec succursales pensez-vous qu'il serait prudent de laisser à nos banques la discrétion de faire des placements de ce genre? Ou laissez-moi vous poser la question autrement: Est-ce que ces prêts sur immeubles n'ont pas pour effet plus ou moins d'engager le capital liquide?—R. Naturellement, cela dépend du rapport qui existe entre le total de ces prêts et le montant des dépôts autres que ceux qui peuvent être retirés sur demande. Je suis d'opinion cependant qu'au lieu de laisser les banques se lancer dans le commerce de prêts sur immeubles il serait bien préférable de laisser à une banque fédérale de prêts agricoles ou à toute agence qui pourrait être établie au Canada le soin d'effectuer ces prêts sur immeubles.

Q. En d'autres mots sous le présent régime qui existe ici ce n'est pas là une fonction de nos banques en tant que vous pouvez le constater?—R. Non.

M. McLean:

Q. Mais aux Etats-Unis cette fonction existe pour les banques?—R. Non. Seulement la chose est tolérée. Mais les banquiers à l'esprit conservateur entretiennent des doutes sérieux au sujet de la sagesse de placer trop d'argent des banques dans les prêts sur immeubles.

M. Marler:

Q. Maintenant, M. Pole, nous avons discuté bien au long la question d'établir en ce pays un système de réserve fédérale et vous avez lu devant nous ce matin un exposé très clair. Une ou deux questions s'il vous plaît sous ce rapport. Vous avez passé en revue avec soin la Loi financière que vous nous avez expliquée; vous avez approfondi l'étude du système de banques avec succursales en ce pays; dites-nous maintenant si vous voyez quelque avantage à retirer, en tant que notre système de banques avec succursales est en vogue au pays, du fait de l'établissement d'un système de réserve fédérale semblable ou apparenté à celui qui existe aux Etats-Unis?—R. Je n'y vois aucun avantage particulier si votre Loi financière est administrée d'une manière convenable.

Q. Maintenant M. Shaw a soulevé la question d'un bureau central d'inspection? Est-ce bien cela, M. Shaw?

M. Shaw: Non, j'ai parlé d'un bureau de banque ou d'une commission bancaire.

M. Marler:

Q. Très bien, une commission bancaire avec le pouvoir de procéder aux inspections. Avant-hier et hier nous avons discuté la question de l'inspection des banques et de plus vous avez lu au comité ce matin un exposé. Cela éclaircit la question, comme vous le savez, de l'inspection intérieure, d'une espèce de vérification et des autres matières qui survinrent sous ce rapport. Je vous ai bien compris, n'est-ce pas, lorsque vous avez dit que cette inspection, associée, si c'est possible, à un petit bureau chargé de recevoir, réunir et réexaminer ces rapports, constituerait à votre avis un système d'inspection parfaitement sûr en tant que les déposants sont concernés?—R. C'est bien l'idée que j'ai voulu exprimer.

[M. John W. Pole.]

Q. En d'autres mots, vous êtes positif sous ce rapport?—R. Tout à fait.

Q. Pouvez-vous voir quelque avantage particulier dans une autre émission de billet?—R. J'ignore quels sont les besoins du pays, mais je suis fondé à croire que les mediums de circulation ne font pas défaut au Canada. Dans de telles circonstances il n'y a pas lieu de procéder apparemment à aucun changement.

Q. En d'autres mots la création d'une banque de réserve fédérale ou de toute autre banque de ce genre d'augmenterait pas la circulation de manière à venir en aide au commerce du pays?—R. Sous le régime de la Loi financière je crois que cela équivaut à une émission supplémentaire de billets du Dominion garantis par des valeurs subsidiaires autres que l'or.

M. McLean: Mais ces billets du Dominion disparaissent et les billets de banque prennent leur place. C'est là le côté tragique de la situation. Nous en avons vu exemple sur exemple.

M. Marler:

Q. Nous voulons savoir si la circulation des billets de banque est suffisamment liquide ou non. C'est la question que j'ai posée au témoin et je crois qu'il a répondu "oui".

M. Shaw: Il a dit que c'est le renseignement qu'il a obtenu. Peut-être nous dira-t-il la source de ses renseignements.

M. Marler: M. Pole a étudié avec le plus grand soin le système qui est actuellement en vogue au pays.

M. McMaster: Avec qui?

M. Marler: Il a étudié notre système tout seul. Il s'est fait une opinion et il semble en être arrivé à des conclusions assez raisonnables. Il semble connaître la situation à fond.

Le président: Je ne crois pas juste de demander à M. Pole où il a pris ses renseignements. Il appartient au comité de juger si le témoin a répondu au meilleur de ses connaissances.

M. Coote: Puis-je suggérer à M. Marler d'interroger le témoin aussi rapidement que possible. Vous avez fait la suggestion d'ajourner à midi et demi et que M. Good et M. Cahill auraient l'occasion de poser des questions.

M. Good:

Q. M. Pole, je crois qu'il y a eu un malentendu au sujet de l'application au Canada des principes de la réserve fédérale. Je désire déclarer pour votre propre information que je n'ai jamais entendu parler ici d'aucun projet destiné à remplacer le présent mécanisme qui préside à nos opérations d'escompte, et le reste, mais il y a eu l'année dernière, comme M. Ladner l'a dit, une proposition, en termes précis, qui n'a pas encore été prise en sérieuse considération, aux fins de procéder à la coordination des facilités de réescompte sous le régime de la Loi financière, ou d'un système d'inspection, ou de tout autre règlement d'un caractère public—avec l'inspection extérieure, les pouvoirs disciplinaires de l'Association des banquiers canadiens et l'établissement d'une réserve—or centrale. J'aimerais à vous entendre de nouveau reconnaître que dans les circonstances ce système de coordination serait avantageux pour le Canada?—R. Un système d'inspection comme celui que j'ai décrit au cours de mes remarques serait une chose bien profitable.

Q. Oui, ce système de surveillance de la mise en vigueur simultanée et coordonnée de la Loi financière, et de l'administration d'une réserve-or centrale et de tous pouvoirs disciplinaires qui sont maintenant entre les mains de l'Association des banquiers canadiens. Serait-ce dans l'intérêt du Canada que ces diverses fonctions, qui sont maintenant remplies séparément, soient coordonnées sous la direction d'un seul conseil ou d'une seule commission ou bureau?—R. J'oserais dire qu'à l'exception de la réserve-or un bureau ou office qui remplirait l'une de

[M. John W. Pole.]

ces fonctions remplirait les autres et qu'un tel bureau—je pensais qu'il existait déjà—devrait certainement être institué.

Q. Je désire faire suivre la question de M. Shaw en soumettant un cas spécial. Supposons qu'une banque canadienne qui n'est pas assujétie à l'inspection gouvernementale—prenons la Home Bank—ait fait une demande d'avances au Conseil de la Trésorerie en conformité de la Loi financière et supposons que le seul état financier auquel le Conseil de la Trésorerie peut avoir accès ne serait pas de nature à révéler la véritable situation de cette banque; ou dans le cas contraire supposons que les fonctionnaires du Conseil de la Trésorerie ne puissent pas interpréter cet état financier, et que des avances pour des montants considérables soient faites à une banque insolvable. Selon vous, n'est-ce pas là un système désavantageux?—R. Le Conseil ou la Commission des finances serait certainement exposé à la censure pour connaître si peu ou rien du tout au sujet d'une banque à laquelle elle fait des avances, et je crois que tout d'abord les garanties visées par la Loi financière concernent celles offertes par la banque, tout en tenant compte du fait que c'est nécessairement le devoir du Conseil de se renseigner sur la manière que les affaires de la banque sont conduites.

Q. Alors vous croyez que ceux qui sont en charge des opérations de réescompte ou des avances d'argent sous le régime de notre loi financière devraient avoir une connaissance assez exacte de la situation de la banque, de la situation de la banque présentant cette demande de prêt, et de l'administration de cette banque?—R. Je crois que la chose est essentielle.

Q. Donc, le service d'inspection et l'administration de la loi financière devraient être liés intimement?—R. Oui. Je crois que les rapports des inspections qui sont faites, ainsi qu'une analyse détaillée de l'actif de la banque, de même que l'appréciation sur sa direction et sur ses affaires en général devraient être accessibles à ces messieurs qui sont autorisés à faire de telles avances à ces banques.

Q. Est-ce qu'il est grandement désirable que l'administration des opérations de réescompte soit entre les mains d'hommes capables et expérimentés?—R. Assurément.

Q. A votre avis, dans quelle mesure la situation actuelle, plutôt regrettable, des banques américaines et des banques canadiennes, est-elle due à l'inflation qui a eu lieu pendant la période des années 1916-1920 et à la déflation subséquente? Dans quelle mesure ces facteurs ont-ils contribué à la présente situation malheureuse?—R. Sans aucun doute ces facteurs y ont contribué très largement. Il faut tenir aussi compte du fait du manque de jugement dans les opérations de banque en ce sens qu'elles n'ont pas prévu d'assez loin l'avenir et que les gens ont tiré profit de la baisse des prix sans concevoir les résultats de la hausse énorme.

Q. Est-ce que cela, par conséquent, conduirait ou contribuerait à la stabilité de nos institutions bancaires, en général, si l'on pouvait exercer un contrôle sur ces périodes d'inflation et de déflation? Si nous pouvions avoir une plus grande stabilité dans le niveau des prix?—R. Je crois que la stabilité du crédit serait d'une grande assistance pour n'importe quel système de banque.

Q. Les déposants seraient-ils protégés si le niveau général des prix pouvait être stabilisé. Je veux dire si la stabilisation du niveau des prix contribuerait à la stabilité des banques en général, et partant, contribuerait-elle à la sécurité des dépôts et des déposants?—R. C'est là une question d'ordre économique à laquelle il est bien difficile de répondre mais toutefois je répondrais dans l'affirmative.

Q. Est-ce que la fonction de la présente Commission de réserve fédérale de régulariser le taux de l'intérêt ou de réescompte de manière à assurer une plus grande stabilité, à assurer la stabilisation du niveau des prix?—R. Des taux de l'intérêt?

[M. John W. Pole.]

14-15 GEORGE V, A. 1924

Q. Je veux parler de l'inflation et de la déflation?—R. C'est là un facteur qu'il faut prendre en considération.

Q. Serait-ce possible d'obtenir une régularisation de ce genre, ou qu'elle soit mise en pratique, si vous n'aviez pas une banque centrale? Prenez la situation antérieure à l'établissement du système de la Commission de réserve fédérale; était-il possible alors de régulariser le taux de l'intérêt en vue d'obtenir la stabilisation telle qu'elle existe aujourd'hui?—R. La chose était impossible dans les circonstances d'alors. Naturellement, dans les présentes circonstances les banques de réserve fédérale déterminent leurs propres taux sur l'avis de la Commission de réserve fédérale, et les taux dans un district fédéral peuvent différer de ceux d'un autre district bien que dans la pratique ou constate que cette différence est très légère et que les prix sont passablement uniformes.

. La Commission de réserve fédérale représente plus ou moins le public aux Etats-Unis n'est-ce pas? Est-ce qu'elle représente les banques à l'exclusion du public en général ou le public à l'exclusion des banques?—R. Elle représente le public.

Q. Et par conséquent la Commission est censée agir au meilleur de sa connaissance dans l'intérêt public?—R. Exactement.

L'hon. M. Stevens:

Q. Elle est nommée par...—R. Le président.

M. Garland:

Q. Sur l'avis de quelqu'un?—R. Non.

M. Good: M. Coote vient de me passer une couple de questions, mais je préférerais le laisser interroger lui-même le témoin.

M. Cahill:

Q. M. Pole, pensez-vous que le présent système de banque présentement en vogue au Canada est susceptible d'une inspection compétente par le gouvernement?—R. C'est mon avis, avec certaines modifications au système.

Q. J'ai compris que vous aviez dit qu'un système de réserve fédérale ne pourrait pas être surajouté à notre présent système au Canada. Exprimeriez-vous une opinion au sujet de savoir lequel des deux systèmes est préférable, en tenant compte de la sécurité des déposants et du service au pays, du système de banque avec succursales tel qu'il est en vogue au Canada ou le système local tel qu'il existe aux Etats-Unis?

Le Président: Puis-je suggérer d'ajouter à cette question " en tenant compte de la situation générale aux Etats-Unis et au Canada "?

M. Cahill: Je préfère poser mes questions comme je l'entends.

Le Témoin: C'est une question d'une grande portée.

M. McMaster: Je suggère au témoin de ne pas permettre à des sentiments de modestie nationale de l'empêcher de nous donner sa franche opinion.

Le Témoin: La question est si vaste que celle de savoir lequel des deux systèmes est préférable, de celui des banques avec succursales ou des banques uniques par district, ou lequel convient mieux à ce pays, que je pourrais à peine exprimer une opinion sans avoir plus de temps pour y réfléchir.

M. Ryckman: Vous avez les deux systèmes aux Etats-Unis.

M. Cahill: Est-ce que M. Pole doit revenir devant le comité plus tard?

Le Président: Je crains que non. Il doit retourner à New-York ce soir.

M. Cahill: Peut-être qu'il nous donnera une réponse par écrit plus tard.

Le Président: Si le comité y consent je n'ai pas d'objection à prier M. Pole, si tel est son bon plaisir, de rédiger sa réponse et soumettre au comité un exposé écrit au sujet de la question soulevée par M. Cahill.

M. Marler: Nous n'aurions pas l'occasion d'interroger M. Pole à l'égard de cet exposé. Il y a des questions par douzaines que nous pourrions lui poser qui

[M. John W. Pole.]

lui permettraient de préparer une réponse plus intelligente. Il peut en arriver à une opinion tout à fait erronnée.

Le TÉMOIN: Puis-je vous demander de répéter cette question. J'ai compris ceci: " Est-ce que le système de banques avec succursales convient mieux à l'ordre de choses qui existe au Canada que le système d'une banque unique par district? "

M. CAHILL: C'est à peu près cela, en tenant compte de la question du service vis-à-vis du public et de la sécurité des déposants.

Le TÉMOIN: Il est fort possible qu'un système de banque avec succursales convienne très bien aux besoins du pays.

M. Cahill:

Q. Quelle est votre opinion en ce qui concerne les Etats-Unis? Pensez-vous qu'un système avec succursales tel que nous l'avons ici au pays serait aussi commode pour le public américain que le présent système que vous avez aux Etats-Unis?—R. Rien d'aussi bon.

M. Coote:

Q. Aimeriez-vous à voir les Etats-Unis, M. Pole, restreints à quatorze banques dont quatre contrôlent 70 p. 100 des dépôts aux Etats-Unis?—R. Loin de là, parce que s'il y avait quatre banques ayant le contrôle des dépôts aux Etats-Unis le résultat probable serait qu'un seul homme pourrait avoir le contrôle des quatre banques et cette situation déplairait complètement au public américain à cause du contrôle des finances ainsi placé dans les mains d'un seul homme.

Q. Il est facile de supposer qu'un tel système au Canada pourrait placer le contrôle financier aux mains d'un seul individu?—R. J'y vois bien ce danger.

Q. Et si cela arrivait serait-ce dans l'intérêt du Canada?—R. Il y aurait danger de ce côté.

Q. Maintenant M. Pole, dites-moi votre opinion, est-ce qu'un commis de banque de New-York serait capable de gérer une banque rurale dans l'un des Etats de l'ouest?

Le PRÉSIDENT: Pensez-vous que c'est bien dans l'ordre de poser cette question?

M. COOTE: M. Pole n'a pas besoin d'y répondre s'il juge à propos de s'abstenir. Je ne tiens pas à m'étendre vu que le temps est limité.

Le TÉMOIN: D'une manière générale, non.

M. Coote:

Q. Sous le régime américain est-ce qu'il y a eu des cas où vous aviez cinq banques dans une ville avec une population variant de 1,500 à 2,000 âmes?—R. Il y en a eu quelques cas.

Q. Cette condition n'est pas générale?—R. Non, quoique la concurrence est passablement forte.

Q. Aimeriez-vous, pour nous donner simplement votre opinion, à vivre dans une ville où il n'y a qu'une banque et où le contrôle de cette banque serait aux mains de quelqu'un à 2,500 milles de distance, alors que ce serait le seul endroit où vous pourriez transiger vos affaires de banque? Pour m'exprimer autrement, croiriez-vous que vous êtes placé dans une situation désavantageuse sous un régime comme celui-là comparé à un système sous lequel vous auriez une banque dont le contrôle serait aux mains de gens de l'endroit?—R. Je crois que la préférence doit être grandement en faveur de la banque qui serait sous un contrôle local.

M. Ladner:

Q. Est-ce que certains profits ont été versés au gouvernement par la Commission de la réserve fédérale depuis son établissement, et dans l'affirmative pouvez-vous nous donner une idée du montant ainsi versé?—R. $135,000,000.

[M. John W. Pole.]

M. Healy:

Q. J'ai compris que vous deviez nous donner une réponse comparant le système de banque avec succursales avec le système de banques uniques par district?—R. C'est ce que j'ai fait.

Q. Eh bien, en considérant que vous avez les deux systèmes aux Etats-Unis et lorsque je m'exprime ainsi je réfère spécialement à votre cinquième banque en importance qui opère dans l'Etat de Californie et aussi dans le district de New-York, je veux dire la Banque d'Italie—en envisageant les deux systèmes, pouvez-vous nous donner votre opinion relativement à leur fonctionnement aux Etats-Unis de même qu'au point de vue de savoir lequel est le plus avantageux pour le peuple?—R. Le système de banque avec succursales est établi sur une grande échelle dans cette partie de l'Etat de Californie, et la plus importante banque en Californie qui ait des succursales est la Banque d'Italie. Cette dernière a fait l'acquisition de ses succursales si récemment qu'il serait difficile de se prononcer sur le degré de satisfaction qui découle de leur fonctionnement. Je sais qu'il y a eu des plaintes nombreuses au sujet de la manière que ces succursales ont été acquises. On a accusé la Banque d'Italie d'avoir envoyé ses représentants dans les petites villes qui avaient des banques sous la direction d'hommes de la localité et d'avoir engagé les employés de ces banques à des salaires beaucoup plus élevés, de sorte que ces banques locales se sont vues dans l'impossibilité de fonctionner. Les succursales de la Banque d'Italie peuvent fonctionner tout en subissant de pertes sérieuses mais cela ne fait aucune différence pour la Banque vu que ce n'est que pour une courte période. La banque *Pacific Southwest*, la deuxième banque en Californie, est plus ou moins dans la même situation, et elle multiplie ses succursales très, très rapidement, mais nulle d'entre elles n'est en opération depuis assez longtemps pour me permettre d'exprimer une opinion au sujet de la satisfaction qui accompagne le fonctionnement de ces succursales.

M. Ryckman:

Q. Que pensez-vous du fait que la Banque d'Italie a envahi le district de New-York? Comment la chose est-elle vue aux Etats-Unis? Ce système devient un système national dès que l'on traverse le continent?—R. International.

Q. National.—R. International. Je crois que c'est son ambition. La Banque d'Italie a déjà ses liaisons à New-York et le capital-actions de la Banque d'Italie et de ses différentes associations sont souvent entre les mains d'une compagnie de contrôle; mais si la Banque d'Italie espère pouvoir continuer comme membre du système de réserve fédérale il lui sera impossible d'acquérir d'autres succursales parce que la Commission de réserve fédérale ne le permettrait pas.

M. Euler:

Q. Pourquoi l'appelez-vous "International"?—R. Parce que c'est là l'ambition de son propriétaire. On sait que M. Gionninni veut non seulement que sa banque traverse le continent américain mais aussi qu'elle pénètre dans l'Italie et dans les autres pays.

M. McLean: En tant que l'Europe est concernée cette banque n'est pas internationale.

M. Ryckman:

Q. Non, elle est américaine entièrement?—R. Entièrement.

Le PRÉSIDENT: Je regrette de vous dire que nous n'aurons pas le plaisir de revoir M. Pole parce que le témoignage de M. Williams va prendre plus que la séance de cet après-midi et M. Pole doit partir ce soir. Je crois que je me fais l'interprète du comité en exprimant à M. Pole nos sentiments de vive gratitude pour son empressement à venir de Washington à Ottawa afin de nous donner son

[M. John W. Pole.]

opinion si précieuse en ce qui concerne le système de banque qui existe aux Etats-Unis et je désire aussi exprimer par son entremise à l'honorable M. Mellon, secrétaire de la Trésorerie des Etats-Unis, notre reconnaissance pour nous avoir suggéré son nom et de lui avoir donné la permission de venir devant notre comité.

M. POLES: Monsieur le président, et messieurs, je désire vous remercier de la courtoisie dont j'ai été l'objet pendant tout le temps que j'ai été ici. J'ai grandement joui de ma visite à Ottawa et je vous remercie.

PIECE N° 6. Loi de la Réserve fédérale telle que modifiée jusqu'en 1923 déposée par le témoin. (Non imprimée).

Le témoin se retire.

Le comité ajourne.

Le Comité spécial permanent de la banque et du commerce s'est réuni à 2 heures de l'après-midi avec M. Vien au fauteuil.

Le PRÉSIDENT: Messieurs, nous avons le plaisir d'avoir au milieu de nous cet après-midi l'honorable J. Skelton Williams, ci-devant contrôleur de la circulation aux Etats-Unis, de 1913 à 1921. Pendant plus de trente ans il a été directeur, vice-président, président et chef de l'exécutif de compagnies fiduciaires et de banques, banques nationales ou banques d'Etat, dans les Etats du sud, de Baltimore et de la cité de New-York. Il a été président et chef de l'exécutif de la section des compagnies fiduciaires de la *American Bankers' Association;* membre de l'exécutif de la *Bankers Association;* et pendant huit ans il a été le premier secrétaire adjoint de la Trésorerie et contrôleur de la circulation. Il y a environ vingt-huit ans il devint président d'une compagnie de chemin de fer dans le sud. Trois ans plus tard il organisa la *Seaboard Line* dont il fut le président. Cette ligne comprend environ 3,000 milles de voie ferrée. Il en abandonna la direction en 1904. Trois ans plus tard, alors que l'entreprise se trouva dans une situation difficile, après la crise de 1907, il fut induit à reprendre la direction de ses affaires. La réorganisation à laquelle il procéda fut couronnée d'un tel succès que les créanciers représentant, la dette-flottante de la compagnie furent payés en entier sans faire d'appel aux actionnaires et le crédit de la compagnie fut entièrement rétabli. Il se retira du bureau d'administration quelques mois avant de se. rendre. à Washington en 1913. C'est en 1913 qu'il accepta du président Wilson et de M. McAdoo la position de premier secrétaire adjoint de la Trésorerie; et pendant l'absence de M. McAdoo, le président le nomma secrétaire suppléant. Il refusa d'abord l'offre de la position de contrôleur de la circulation mais il l'accepta plus tard lorsqu'elle lui fut offerte pour la seconde fois, et il devint alors membre *ex officio* de la Commission de la Réserve fédérale.

En 1917, lorsque le gouvernement prit en mains l'administration des chemins de fer le Directeur général McAdoo le nomma directeur de la division des Finances et de la division des achats, position qu'il occupa jusqu'en 1919, date de sa résignation. En 1918, il faisait partie du comité *Capital Issues Committee* et en sa qualité de membre de ce comité il était autorisé à approuver ou refuser les demandes concernant l'émission de nouvelles valeurs.

Je suis certain, messieurs, que je me fais l'interprète de vos sentiments unanimes en souhaitant à M. Williams la bienvenue la plus cordiale et en le remerciant du trouble qu'il s'est imposé en venant à Ottawa pour nous aider à éclaircir les problèmes qu'il nous faut étudier au cours de la présente session du Parlement. Nous regrettons vivement qu'il ne soit pas possible à M. Williams de nous consacrer plus que l'après-midi. Il lui faut repartir d'Ottawa par le convoi de 5 heures 25 du soir. Par conséquent je ferais la suggestion qu'on lui permette de nous communiquer son exposé sans aucune interruption. Ce sera à l'avantage du témoin comme à l'avantage du comité d'en agir ainsi, et si nous

[M. John W. Pole.]

14-15 GEORGE V, A. 1924

avons du temps de reste je suis certain que M. Williams sera heureux de répondre à toute question que les membres du comité désireront lui poser.

M. W. F. MACLEAN: Peut-être qu'il lui sera possible de terminer son exposé de manière à nous laisser une heure pour l'interroger.

L'hon. JOHN SKELTON WILLIAMS est appelé et assermenté.

Le TÉMOIN: Permettez-moi, M. le Président et Messieurs, de vous exprimer mes remerciements pour la bienveillance de votre accueil ainsi que pour le privilège que vous m'accordez de vous communiquer mon exposé, sans être interrompu, au sujet des questions que vous m'avez demandé de traiter. De plus, je serai très heureux de répondre, au cours de mes remarques, à toute question que l'on voudra bien me poser parce que cela ne me dérangera en aucune façon de me demander plus de renseignements sur un point quelconque au sujet duquel je ne me serais pas exprimé d'une manière suffisamment claire.

Tel que j'ai compris le télégramme que vous m'avez envoyé, il y a quelques jours, M. le Président, à Richmond, vous désirez que je rende témoignage au sujet du système d'inspection des banques tel qu'il existait aux Etats-Unis pendant que j'occupais la position de contrôleur de la circulation et que j'étais membre *ex officio* de la Commission de la réserve fédérale. A l'époque de mon départ pour Washington j'occupais le poste de premier secrétaire adjoint de la Trésorerie et, comme tel, j'étais chargé de la surveillance de tous les bureaux de perception du gouvernement, y compris le bureau du contrôleur de la circulation, celui du directeur de la Monnaie et autres bureaux de perception semblables. A titre de premier secrétaire adjoint de la Trésorerie j'ai pris un vif intérêt dans l'administration du bureau du contrôleur pour la raison particulière que l'ancien contrôleur avait donné sa démission peu de temps après l'arrivée au pouvoir de la présente administration et que la position est restée vacante à partir de la date de sa démission jusqu'au mois de février 1914. Au cours de cet intervalle la loi de la réserve fédérale a été adoptée et sous l'empire des dispositions de cette loi les fonctions du contrôleur de la circulation ont acquis plus d'importance. Outre les devoirs que cette position comportait le contrôleur de la circulation devenait membre de la Commission de la réserve fédérale. C'est après l'adoption de la loi de la réserve fédérale qui stipulait que le contrôleur de la circulation serait un membre *ex officio* de la Commission que l'on m'a offert de nouveau la position de contrôleur et j'ai accepté. Avant l'adoption de la loi de la réserve fédérale le système d'inspection des banques aux Etats-Unis était nul et de nul effet. Une des objections aux méthodes alors en vogue c'était que les inspecteurs de banques recevaient des honoraires et non un traitement régulier. Et sous le régime d'un tel système d'honoraires il était grandement dans l'intérêt d'un inspecteur des banques nationales, qui était plus soucieux de son propre confort et de sa rémunération que de la sécurité des banques, d'abréger le cours de certaines inspections et de s'étendre dans le cas de quelques autres. Sous l'ancien régime une banque ayant un certain capital payait un certain honoraire pour l'inspection. Par exemple, nous dirons qu'une banque d'une certaine importance devra payer à l'inspecteur un honoraire de \$25. Il peut arriver qu'une banque ayant un capital exigeant le paiement d'un honoraire de \$25 ait un actif peu considérable tandis qu'une autre banque avec le même capital peut avoir un actif cinq ou dix fois plus considérable. Mais les inspecteurs étaient portés quelquefois à négliger leur devoir. De fait lorsque je partis pour Washington la rumeur circulait qu'une certaine banque avait été examinée par téléphone. Je puis vous assurer qu'il n'y a pas eu d'inspection par téléphone sous le nouveau régime. Depuis l'inauguration du système de la réserve fédérale les examinateurs ou inspecteurs sont tous payés un traitement régulier. Les salaires varient de \$2,400 à \$16,000 ou \$18,000 par année: ce dernier salaire est celui qui est payé dans la cité de New-York.

APPENDICE No 1

M. McLean:

Q. Il consacre tout son temps à ses fonctions?—R. Oui. Je crois que l'inspecteur en chef du district de New-York est le seul à recevoir un salaire aussi élevé que celui-là. D'autres salaires dans les cités importantes varient entre à peu près $7,000 ou $8,000 et $12,000 ou $13,000. A l'époque que nous avons pris la charge du bureau du contrôleur il y n'y avait que des inspecteurs régionaux. Je crois qu'il y avait entre 100 et 120 de ces inspecteurs. Ces derniers étaient assignés à certains districts particuliers. Ils étaient censés faire l'inspection de toutes les banques de leur district deux fois par année. Les districts étaient constitués dans le bureau du contrôleur de telle manière que ces inspections pouvaient être faites selon la loi, c'est-à-dire deux fois par année. Lors de l'adoption de la loi de la réserve fédérale, ou peu de temps après, j'ai introduit un système un peu différent. J'ai divisé l'effectif des inspecteurs de la banque nationale en 12 districts correspondant aux 12 districts de la réserve fédérale et dans chacun de ces 12 districts j'ai nommé un inspecteur en chef auquel les inspecteurs régionaux du district devaient faire leurs rapports. Comme résultat du fait d'avoir ces 12 districts dans New-York, Boston, Richmond, Dallas, San Francisco, Chicago, et les autres cités du système de réserve fédérale, nous pouvons procéder à une surveillance des banques nationales beaucoup plus suivie qu'il n'était possible de le faire sous l'ancien régime. Après l'inspection des banques ces inspecteurs régionaux envoient une copie de leurs rapports à l'inspecteur en chef des divers districts, San Francisco, Dallas, Minneapolis, ou tout autre district, en même temps qu'une copie du même rapport au bureau principal ou au bureau du contrôleur. Une fois que le rapport de l'inspecteur régional arrive au bureau du contrôleur il est passé à l'une des six divisions dont se compose le bureau, savoir, la division de l'inspecteur—je crois qu'il est préférable de vous dire avant d'aller plus loin que le bureau du contrôleur comprend cinq ou six divisions, la division de l'inspection, la division de la statistique, la division des banques insolvables qui s'occupe des banques en faillite ou en liquidation, la division de l'organisation qui s'occupe de l'organisation des banques nouvelles, de la consolidation des banques; et la division des teneurs de livres, celle du commis en chef. Chacune de ces divisions dans le bureau du contrôleur a son chef de division et ces chefs de division font rapport au sous-contrôleur et par l'entremise de ce dernier au contrôleur. Le rapport de l'inspecteur régional est analysé dans la division de l'inspection. Il est pris note des infractions à la loi, des cas de relâchement ou de négligence dans l'administration et alors une lettre est préparée et envoyée directement à la banque au sujet de l'inspection. En écrivant à une banque nationale par l'intermédiaire du bureau du contrôleur au sujet des omissions ou des infractions à la loi ou à l'existence de méthodes trop libérales c'est la coutume pour le contrôleur de donner instruction à la banque à qui la lettre est envoyée de lire cette lettre à une réunion de son conseil d'administration avant de tenir sa prochaine assemblée et d'avoir les termes de sa réponse approuvés par l'exécutif à une assemblée générale. Outre l'inspecteur régional et l'inspecteur en chef on a jugé à propos, quelques années avant ma démission, de nommer aussi des inspecteurs surveillants. Ces inspecteurs avaient un territoire plus vaste; il y avait peut-être de quatre à six de ces inspecteurs surveillants, chacun ayant la charge d'un, deux ou même trois districts principaux—par ces districts principaux on entend les 12 districts qui embrassent tout le pays. Outre l'inspection des banques ces inspecteurs étaient censés surveiller les inspecteurs eux-mêmes et faire rapport au contrôleur relativement à l'efficacité ou au mérite ou à l'inefficacité du travail des divers inspecteurs sous leur surveillance. Ces inspecteurs-surveillants constituaient un certain moyen de contrôle non seulement vis-à-vis des inspecteurs ordinaires mais aussi vis-à-vis des banques elles-mêmes.

[M. J. Skelton Williams.]

14-15 GEORGE V, A. 1924

Voilà brièvement le système d'inspection des banques nationales tel qu'il a été mis en pratique pendant les sept années que j'ai eu l'honneur de remplir la position de contrôleur de la circulation. Je ne crois pas qu'il soit utile pour le comité que j'entre dans les détails des méthodes suivies par les inspecteurs pour procéder à leur inspection, mais je puis vous déclarer que ces inspections étaient très complètes et très impartiales. J'ai raison de me dire fier des services des jeunes gens que j'ai eu la bonne fortune d'avoir dans mon bureau pour m'aider pendant ces sept années de travail énervant et déprimant, de 1913-14 à 1919. Chaque inspecteur avait été averti que son rapport devait être rédigé et envoyé uniquement pour l'usage du contrôleur de la circulation et qu'il ne devait recevoir d'instruction ni d'ordre pour le détourner de son travail de nul autre que le contrôleur lui-même. Ces inspecteurs savaient aussi que tant qu'ils s'acquitteraient de leurs devoirs sans crainte ils pourraient compter entièrement sur l'appui du contrôleur. C'est à ce fait que j'attribue grandement le succès que nous avons obtenu au cours de l'inspection des banques qui ont été ainsi maintenue pendant toutes ces années dans une situation forte et au-dessus de tout reproche. Il n'y avait pas d'influence politique en jeu ni aucune autre influence qui aurait pu détourner un inspecteur du droit chemin ni de son devoir dans le cours de l'inspection d'une banque quelconque. Un tel état de choses eût été impossible si je n'avais pas eu le bonheur de compter sur l'appui entier du président Wilson et du secrétaire McAdoo. Le président Wilson et le secrétaire McAdoo désiraient voir les banques maintenues dans une situation forte et inattaquable et il n'était question d'aucune influence politique qui aurait pu les porter à suggérer que l'inspection des banques devrait être poursuivie autrement que d'après les règles les plus strictes de moralité et de droiture en affaires. Nous avons eu naturellement, en certaines occasions, à combattre des influences d'une nature qui n'étaient pas favorables mais il a fallu bien peu de temps pour faire comprendre à tous les intéressés que les banques devaient être et étaient soumises à une inspection rigide et complète. Maintenant, comme résultat de cette manière d'agir et de l'application de ces principes ce fut un légitime honneur pour moi de pouvoir faire rapport au Président en l'année 1919, peu de temps avant de me retirer, qu'avec huit mille banques nationales et plus de vingt millions de déposants dont les dépôts représentaient une richesse de plus de $20,000,000,000, il n'y a pas un seul déposant qui ait perdu le moindre dollar dans une banque nationale quelconque des Etats-Unis. L'accomplissement de ces devoirs et l'application sévère des règlements créait quelquefois une situation difficile et embarrassante et, naturellement, il y a eu un très grand nombre de plaintes d'un genre ou l'autre qui nous arrivaient ordinairement d'une manière indirecte; mais aussi j'ai le plaisir de déclarer publiquement que pendant toutes ces années il n'y a pas eu une seule plainte qui soit jamais parvenue au bureau du contrôleur de nature à démontrer que l'on ait négligé ou manqué de s'acquitter parfaitement des devoirs attachés à cette position, soit de la part du contrôleur, soit de ceux qui travaillaient sous sa direction dans le bureau de Washington. Sous ce rapport je vous ferai remarquer que peu de temps après la fin du régime Wilson, lorsque le Président soumit pour la troisième fois au sénat ma nomination comme contrôleur, il y a eu des influences politiques en jeu pour empêcher la confirmation de ma nomination, et le comité de la banque et de la circulation du sénat des Etats-Unis a tenu des séances publiques et j'ai le grand plaisir de constater que malgré des invitations répétées faites aux banquiers du pays de venir présenter toute plainte motivée contre le bureau du contrôleur je ne crois pas qu'il y eût un seul administrateur d'une banque nationale quelconque des Etats-Unis qui ait eu le courage de se présenter ouvertement et exprimer ses griefs.

Le document portant le titre "Carte des districts de réserve fédérale" est déposé comme Pièce n° 7. (Non imprimé.)

[M. J. Skelton Williams.]

Le TÉMOIN: Je prendrai la liberté de vous lire un ou deux extraits du rapport du contrôleur pour l'année 1920 (Pièce n° 8). Je viens justement de vous parler du fonctionnement des banques nationales en 1919 et voici maintenant pour 1920. (Lisant):

"Au point de vue de l'absence des faillites les résultats pour les derniers douze mois sont les meilleurs depuis environ quarante ans, si l'on fait exception pour l'année 1919. Le capital total des cinq petites banques nationales qui ont fait faillite au cours de l'année représente $225,000, soit 17/1,000 de 1.p. 100 du capital total de toutes les banques nationales. Ce pourcentage est environ de seize fois meilleur que la moyenne de toute autre période au cours des cinquante-sept années qui se sont écoulées depuis l'inauguration du système des banques nationales jusqu'à nos jours."

On est naturellement porté à se demander si un tel système semblant fonctionner tellement à l'avantage des déposants des banques nationales mais causant tant d'ennuis et d'embarras et imposant tant de dépenses aux banques nationales, ne mettait pas ces dernières dans l'impossibilité de faire des opérations profitables. Nous avons cherché à être justes pour les intéressés des deux catégories en prenant soin à la fois des déposants et des actionnaires, et au point de vue des actionnaires ce qui suit vous intéressera:

"Les recettes des banques nationales tant brutes que nettes ont dépassé celles de toutes les années précédentes. Les recettes nettes pour l'année finissant le 30 juin 1920 se sont élevées à $282,000,000, soit une augmentation de $41,700,000 sur l'année précédente, et l'augmentation des recettes nettes des banques nationales au cours des sept dernières années a dépassé par $18,000,000 l'augmentation totale des recettes au cours de la période de 43 ans écoulés de 1870 à 1913."

C'est là un exemple de la vertu récompensée. Voilà pour ce qui concerne les effets de la discipline exercée par le bureau du contrôleur en fait de protection pour les déposants comme pour les banques. Maintenant est-ce que les banques ont fait des progrès au point de vue de la richesse?

"Au cours du dernier exercice la richesse des banques nationales a atteint le plus haut sommet dans leur histoire, soit, au 1er janvier 1920, $22,711,000,000, ce qui indique une augmentation de $2,600,000,000 sur l'année 1919. Au cours des six mois suivant le 1er janvier la richesse des banques nationales est retombée à $22,196,000,000 et elle était encore à ce chiffre au 30 juin 1920.

"C'est-à-dire que pendant la période des sept années écoulées depuis le mois de juin 1913 à juin 1920 la richesse des banques a augmenté de $11,159,000,000, ce qui représente une augmentation plus considérable que l'augmentation totale constatée au cours de toute la période des cinquante années écoulées depuis l'inauguration du système des banques nationales en 1863 jusqu'en 1913."

Je désire vous faire remarquer, monsieur le Président et Messieurs, que le succès qui a accompagné l'administration et la surveillance des banques nationales a été grandement dû aux efforts des administrateurs eux-mêmes de ces banques, parce qu'ils ont été avertis qu'ils seraient tenus responsables de l'accomplissement fidèle de leurs devoirs et que s'ils étaient négligents, inattentifs ou imprévoyants, ou coupables d'infractions à la loi, ils seraient tenus responsables des pertes subies par la banque, et au moyen de circulaires et de communications émanant des inspecteurs de banque, et autrement, on a insisté auprès des directeurs sur la nécessité de s'acquitter de ce devoir d'une manière

[M. J. Skelton Williams.]

14-15 GEORGE V, A. 1924

telle qu'il ne leur serait pas facile de l'oublier. Pour vous en donner un exemple je vous parlerai d'un cas dont j'ai fait la découverte au cours d'une inspection; il s'agit ici d'une banque importante. Cette banque s'était rendue coupable d'infraction à la loi des banques et avait fait un placement *ultra vires*. J'ai fait venir le président à Washington et attiré son attention sur ce placement illégal qui avait fait perdre $1,000,000 et plus à la banque. Ce placement avait été effectué plusieurs années auparavant et il protesta qu'il n'en était pas responsable, qu'il n'était pas président de la banque alors et il ajouta, "Les autres directeurs ne sont pas responsables de cette perte," et il me déclara: "Il n'y avait que deux directeurs qui aient eu connaissance de cela." Qui sont-ils? "lui demandai-je et il me communiqua le nom de l'un de ces directeurs dont le nom vous est à tous familier, messieurs, et l'autre est maintenant en Europe. Le premier n'est plus de ce monde. Je lui répondis: "Je n'y puis rien, la loi a été violée, vos directeurs auraient dû être au courant de la situation, et, qu'ils aient eu connaissance de la chose ou non, je dois vous demander de verser à la caisse de la banque le montant que la banque a perdu." Il y avait certaines circonstances atténuantes; cela était arrivé une ou deux années auparavant, de sorte que nous avons pris en considération les circonstances particulières qu'il nous a expliquées et réglé la question en lui offrant de verser $500,000 à la caisse de la banque. Les directeurs se sont réunis et de leurs propres goussets ont fourni la somme de $500,000 qui a été payée à la banque. Lorsque je le revis une ou deux années plus tard, avant de partir de Washington—ce n'était pas un banquier de Washington—je lui fis la remarque qu'à mon avis le meilleur placement que son bureau de direction ait jamais fait était probablement ce placement de $500,000. C'est par des leçons de ce genre que l'on faisait comprendre aux banques qu'il fallait respecter et observer les lois.

M. McMaster:

Q. N'avez-vous pas imposé d'autres sanctions pénales outre la restitution? --R. Non, pas dans le cas de cette banque en particulier. Naturellement, il y a eu un certain nombre de cas où des officiers de banque ont été convaincus de violations des statuts et ont été condamnés à des amendes et en certains cas à la prison. Je crois que votre comité apprendra avec un certain intérêt le cas d'une banque de la Nouvelle-Angleterre qui avait à son emploi un homme qui était indigne de la position qu'il occupait. Malgré le fait que les membres de l'exécutif de la banque savaient que cet employé ou fonctionnaire particulier n'était pas un homme de bon caractère à qui l'on pouvait se fier, néanmoins, ils le gardèrent à l'emploi de la banque, et le résultat a été que cet employé s'est enfui avec deux ou trois cent mille dollars des fonds de la banque et il nous a fallu intenter une poursuite contre le président alléguant qu'il savait que cet homme employé par sa banque était indigne de confiance et qu'il était responsable des pertes qui étaient dues à sa négligence ou à quelque chose de pire. La cause a été portée en cour suprême des Etats-Unis. Dans l'intervalle le président de la banque mourut et lorsque la cour suprême des Etats-Unis finalement rendit son jugement la succession du président de la banque versa aux créanciers de la banque la somme de $300,000. Les officiers des banques de tout le pays se rendaient compte que les inspections que nous faisions faire des banques étaient de véritables inspections et que nous n'étions pas pour tolérer ni traiter à la légère les cas d'infraction à la loi, ce qui a eu des résultats comme ceux que je viens de vous démontrer. Je crois qu'il est surtout digne de remarque que ces résultats extraordinaires sont dus au fait, comme je l'ai dit, que les officiers des banques eux-mêmes ont surveillé les affaires de leurs banques respectives et qu'ils ont cherché à obéir à la loi à l'exception d'un nombre comparativement peu élevé d'officiers qui étaient indignes des positions qu'ils occupaient et qui, pour la plupart, en ont déjà subi le châtiment. Mais les directeurs de ces banques ont compris et se sont rendu compte que leur responsabilité était réelle et ils s'ap-

[M. J. Skelton Williams.]

pliquèrent sérieusement à l'accomplissement de leurs devoirs et ceci a eu pour résultat d'aider immensément à maintenir nos banques dans une situation solide pendant la Grande Guerre et leur a permis de fonctionner à 100 p. 100 à l'heure qu'il était important, plus qu'en aucun autre temps dans l'histoire du monde, que les banques fussent conduites par une administration honnête et solide.

Maintenant, je dois vous dire que de temps à autre le bureau du contrôleur envoyait des lettres-circulaires aux membres associés ou aux banques nationales, attirant leur attention aux abus d'un genre ou l'autre dont l'existence était constatée au sujet de certaines banques et tous recevaient les avertissements nécessaires d'avoir à prévenir les infractions à la loi et à améliorer si possible la situation qui les concernait.

Q. Il ne vous a pas fallu beaucoup de temps pour connaître ces choses?— R. Oui, quelquefois. Quelquefois les gens étaient très habiles pour cacher les faits mais nous avions des inspecteurs très capables et très habile, et nous allions au fond des chose et nos hommes n'étaient pas de ceux-là qui pouvaient être intimidés par les menaces des officiers de la banque, des hommes politiques ou de n'importe quelle autre classe. Le but ou la fin de l'établissement du bureau du contrôleur c'était d'assurer l'administration honnête des banques et de les forcer à obéir aux lois et il n'y avait aucun désir de vengeance ou de punition des coupables. Au contraire, le fait qu'une banque mal administrée devenait une institution prospère et bien conduite donnait lieu plutôt à des réjouissances et, en bien des occasions, il y a eu des banques qui ont été sauvées du désastre en les retirant pour ainsi dire par la pointe des cheveux. Quelques-unes d'entre elles étaient à moitié noyées, ayant sombré deux ou trois fois et nous les avons arrachées de l'abime et ramenées à la vie. Il y a eu un très grand nombre de ressuscitations de ce genre qui n'ont pas été ébruités ni mentionnés dans les journaux, et nous avons pensé que tant que la vie n'était pas complètement éteinte nous devions espérer; et, dans bien des circonstances, au moyen de persuasion morale et grâce à nos soins et à notre attention nous avons réussi à purger les banques nationales des employés ou fonctionnaires indignes et à les faire remplacer par des personnes dignes de confiance. Le contrôleur n'avait aucune autorité au point de vue du renvoi des officiers de banque. C'est là une modification à la Loi des banques qui aurait dû, je crois, être accueillie favorablement—celle visant le renvoi des employés; mais cette question devait être approchée avec délicatesse. Tout de même il y a eu bien des cas où les banques qui, pour s'être éloignées des saines méthodes d'administration, se trouvaient dans une situation précaire et qui sont aujourd'hui des institutions solides et florissantes. Les inspecteurs étaient tenus au courant et informés de temps à autre par le bureau du contrôleur, au meilleur de nos connaissance, des dangers qui nous menaçaient ou des dangers qui menaçaient certains districts en particulier et ils en étaient avertis. De plus nous faisions convoquer les inspecteurs des banques nationales à des assemblées tenues au bureaux des inspecteurs en chef, et là, ces jeunes gens, les inspecteurs régionaux, recevaient leurs instructions relativement aux devoirs de leur charge et ils étaient ainsi en mesure de consulter directement leurs officers supérieurs, les inspecteurs en chef, sur toute question au sujet de laquelle ils désiraient leur conseil et direction. Ces réunions tenues de temps à autre étaient des plus utiles. De plus, le contrôleur rencontrait les 12 inspecteurs en chef et tenait des conférences avec eux. Les affaires de chaque district étaient passées en revue, les points dangereux ou inquiétants discutés, et les suggestions pour y remédier soumises. Le résultat a été que le bureau du contrôleur était parfaitement renseigné sur les conditions qui existaient dans tout le pays. Les cas délicats ou d'un caractère dangereux n'étaient pas laissés à la discrétion de l'inspecteur régional, ni de l'inspecteur en chef; et lorsqu'un cas se présentait qui était de nature particulièrement grave nous faisions venir le président ou autres officiers de la banque, ou peut-être plusieurs

[M. J. Skelton Williams.]

14-15 GEORGE V, A. 1924

d'entre eux, en conférence à Washington où nous discutions leurs difficultés et cherchions à y remédier et à prévenir la répétition des abus qui les avaient conduits dans cette situation malheureuse. C'est grâce à cette théorie, à ces méthodes, à cette surveillance suivie et à cette direction étroite et grâce encore, comme je l'ai dit, à la coopération intime des directeurs de la banque que nous avons pu, en 1919, faire rapport qu'il n'y avait pas eu un seul dollar de perdu pour les déposants de n'importe quelle banque nationale dans tour les Etats-Unis.

Maintenant M. le Président, si les membres du comité désirent me poser des questions concernant l'inspection des banques, afin d'être mieux renseignés, je serai heureux de répondre à ces questions.

M. McLean:

Q. Est-ce que cette inspection était d'ordre supérieur à l'inspection des banques d'Etat?—R. Je n'aime pas à critiquer nos amis des banques d'Etat, mais je n'ai aucune objection à vous dire que, lorsque j'étais à Washington, l'opinion alors était que les méthodes suivies par le personnel d'inspection des banques nationales avaient beaucoup mieux réussi à prévenir les faillites de banque que les méthodes en vogue dans certains Etats. Dans quelques-uns de ces Etats le système d'inspection des banques d'Etat était excellent, mais dans d'autres le système d'inspection était simplement une farce et vous seriez surpris d'apprendre que dans certains Etats où l'inspection des banques était insuffisante vous auriez espéré un système d'inspection plus efficace. En d'autres termes, au lieu d'une inspection conduite en certains cas sur le pied strictement d'affaires dans le but de maintenir la banque dans une situation forte et solide des influences politiques entraient en jeu qui non seulement faisaient obstacle à l'efficacité de l'inspection, mais encore au libre choix des inspecteurs nommés pour remplir cette mission délicate. Je vous déclarerai que pendant le temps que j'étais à Washington il n'y a pas eu un seul inspecteur nommé par influence politique et que nul inspecteur n'a été renvoyé pour le même motif et c'est à cette connaissance de la part des inspecteurs qu'ils tenaient leurs positions uniquement pour leur mérite personnel que j'attribue une grande mesure du succès de notre travail. De fait, j'ai eu l'occasion et le plaisir de nommer un bon nombre d'inspecteurs appartenant au parti politique opposé au mien et je n'ai jamais renvoyé un inspecteur pour des raisons de politique.

M. Cahill:

Q. Pour combien de temps étaient-ils nommés?—R. Pour aussi longtemps que leurs services étaient satisfaisants.

Q. Ils n'étaient pas exposés à être renvoyés par une nouvelle administration?—R. Ils pouvaient être renvoyés ou changés par le contrôleur de la circulation.

Q. Par lui seulement?—R. Oui.

M. Shaw:

Q. Vous avez suggéré que vous étiez en faveur de donner au contrôleur de la circulation le pouvoir de destituer les officiers de banque?—R. Oui, pour des motifs fondés tels que pour négligence ou relâchement dans l'exécution de leurs fonctions.

Q. Maintenant, monsieur, voulez-vous nous dire quelle serait la ligne de conduite du contrôleur de la circulation dans le cas où une banque serait convaincue de violer la loi ou de refuser d'observer vos instructions? Comment donneriez-vous suite à votre décision s'il devenait nécessaire de le faire en raison du pouvoir que vous avez?—R. Cela dépendrait dans une grande mesure sur le degré de l'offense. Une infraction à la loi d'un certain caractère serait traitée

[M. J. Skelton Williams.]

d'une certaine façon et peut-être qu'il faudrait tenir une autre ligne de conduite dans le cas d'une autre. Si un homme persistait à ignorer la loi ou si les infractions dont il était coupable étaient notoires il y a une méthode par laquelle nous pouvons faire nommer un receveur en prenant des procédures auprès d'un tribunal en vue de mettre une banque, quoique solvable, dans les mains d'un receveur.

Q. Est-ce que le contrôleur pouvait fermer la banque lui-même?—R. Je n'ai jamais eu connaissance qu'une banque ait été fermée par le contrôleur pour d'autre raison que l'insolvabilité de cette banque. Naturellement, un cas d'insolvabilité éventuelle et une négligence constante ou des infractions à la loi détermineraient des procédures en justice comme celles que j'ai suggérés.

M. Ryckman:

Q. Est-ce que des banques ont été fermées pendant votre terme d'office?— R. Oui, je serai heureux de vous faire voir ce qui a été fait. En 1914, c'était ma première année, il y a eu vingt et une faillites; l'année suivante il y en a eu quatorze; treize pour l'année suivante; sept pour l'autre; deux en 1918 mais en 1919 il n'y eut qu'une seule faillite de banque et les créanciers ont tous été payés en entier.

Q. Comment avez-vous pu arriver à ce résultat sans perte pour les déposants?—R. Nous avons réalisé assez avec l'actif de la banque en faillite pour rembourser les déposants en entier.

Q. Et nous direz-vous comment vous pouviez intervenir assez tôt pour fermer une banque en temps pour protéger les déposants?—R. Dès que nous constatons qu'une banque devenait insolvable, incapable de faire face à ses obligations, nous nommions un receveur. Les receveurs sont nommés par le contrôleur de la circulation. J'aimerais à vous dire en passant qu'une grande mesure du succès obtenu dans l'administration d'une banque en faillite dépend du caractère de l'administrateur ou du receveur et du fait qu'il possède ou non les notions suffisantes pour conduire son affaire. Beaucoup d'influences ont été exercées auprès de nous en vue de faire nommer des créatures politiques pour remplir ces fonctions mais nous avons refusé dans tous les cas, à moins que ces personnes ne fussent compétentes, efficaces et honnêtes, et comme résultat d'avoir placé à ce poste des hommes d'expérience, des hommes sur qui nous pouvions absolument compter, nous avons eu un succès des plus extraordinaires, même en ouvrant les portes des quelques banques qui ont fait faillite, dans l'administration de cette charge à un minimum de dépenses. Il n'y a aucune comparaison à faire entre les dépenses encourues pour l'administration des banques nationales et celle des institutions de l'Etat qui ont mal tourné.

M. Euler:

Q. Avez-vous le pouvoir absolu de fermer une banque lorsque vous savez qu'elle est insolvable, même si elle n'en fait pas la déclaration?—R. Le contrôleur de la circulation use de son pouvoir discrétionnaire dans une circonstance comme celle-là.

Q. Vous appuieriez-vous sur le rapport d'un inspecteur, ou bien si les inspecteurs peuvent, dans un délai donné, savoir qu'une banque est insolvable?—R. La banque ordinairement sait si elle peut continuer ses opérations ou non. Lorsqu'elle ne peut pas honorer un chèque au comptoir c'est le temps de fermer ses portes.

Q. Mais elle peut ne pas se déclarer insolvable?—R. Oui, mais nous pourrions placer en charge un inspecteur de banque jusqu'au moment qu'elle se croirait justifiée d'alléguer qu'elle a droit à un receveur.

Q. Avec votre système il vous serait possible de découvrir qu'une banque est insolvable?—R. Oui, je le crois. Nous avons très bien réussi en ce sens.

[M. J. Skelton Williams.]

M. Cahill:

Q. Et vous avez le pouvoir de fermer une banque ou d'y placer un receveur si vous croyez qu'une banque est insolvable?—R. Oui, dans le cas d'une institution insolvable.

M. Hughes:

Q. Dans le cas des banques en faillite dont vous avez parlé, avez-vous eu à recourir à l'application de la clause de la double responsabilité des actionnaires, surtout dans le cas de celles dont les déposants ont été remboursés en entier?—R. Quelquefois nous constatons qu'une banque est absolument insolvable au point de vue de son capital-actions actuellement versé. Alors dans ce cas on fait appel aux actionnaires pour qu'ils versent au trésor le plein montant de leurs actions ou un fonds suffisant pour pouvoir, dans l'opinion du contrôleur de la circulation, remettre la banque dans un état de solvabilité. Si ces gens versaient ensuite leur 100 p. 100 des actions souscrites, ou telle proportion de ces actions que le contrôleur aura déterminée, alors la banque peut avoir la permission de continuer ses opérations. Naturellement, il est concevable qu'une banque peut être solvable—éventuellement solvable et soit cependant dans l'impossibilité de continuer en affaires. En d'autres mots ces banques n'ont pas les fonds nécessaires pour faire honneur aux chèques qui leur sont présentés. J'ai à l'esprit un curieux exemple d'un cas semblable. Je me rappelle une banque qui était administrée d'une manière atroce par son président et j'ai nommé un receveur pour prendre charge de la banque et l'administrer pendant plusieurs années. L'administration du receveur a été si heureuse que les déposants ont tous été payés au complet et même les actionnaires ont reçu un peu plus de $100 par action.

M. Garland:

Q. Vous nous avez dit que dans le cas où une banque se trouverait dans une situation embarrassante qu'un appel peut être fait aux actionnaires mais pour un montant variable?—R. Oui, mais ne devant pas excéder 100 p. 100 du capital-actions.

Q. Dans ce cas-là les actionnaires sont libérés de la balance du montant à verser en vertu de la clause de la double responsabilité?—R. Oui.

Q. Ils le sont?—R. Oui. Les actionnaires ne sont responsables que pour 100 p. 100 de ce capital-actions.

Q. Le témoin dit que la banque peut avoir l'autorisation de continuer en affaires même s'il y a danger pour elle de ne plus faire honneur à ses obligations?—R. Non, elles ne peuvent pas réduire leur capital. Disons que le capital-actions d'une banque est de $100,000, et disons qu'elle ait d'autres obligations s'élevant à $400,000, ce qui fait un passif total de $500,000. Maintenant cette banque perd à la suite de prêts imprudents $100,000, ce qui fait disparaître son capital-actions. Nous faisons un appel. Ou disons qu'elle perd $200,000, nous pouvons faire un appel égal à 100 p. 100 du capital. Cela lui permet de payer ses dettes en entier, mais naturellement il ne reste rien pour les actionnaires.

M. Shaw:

Q. Supposons que le banque continue en affaires et que plus tard elle le devienne insolvable, est-ce que les actionnaires sont responsables?—R. Pas pour un nouvel appel.

M. McLean: C'est une responsabilitée limitée.

M. Good:

Q. Est-ce que vos banques fonctionnent généralement d'après le principe de de double responsabilité?—R. Oui, toutes les banques nationales.

[M. J. Skelton Williams.]

M. Garland:

Q. Est-ce que je vous ai bien compris; peut-être que je n'ai pas bien saisi vos paroles — dois-je comprendre que les banques peuvent avoir la permission de continuer en affaires, ayant fait face à leurs obligations d'après le plan projeté du témoin, même si la responsabilité totale des actionnaires est diminuée, je dirais même épuisée?—R. Dans l'intervalle, oui.

Q. Au cas où une banque se retrouverait plus tard dans des circonstances difficiles vous ne pourriez pas vous rattraper sur la réserve de la double responsabilité?—R. Vous ne pouvez en appeler aux actionnaires qu'une seule fois.

M. McMaster:

Q. Monsieur, il a été dit en comité que la clause de la double responsabilité empêchait les gens de souscrire au capital-actions d'une banque et qu'à ce point de vue il était peu sage de maintenir cette clause. Nous aimerions à avoir votre opinion à cet égard.—R. Je crois que pour les banques nationales cette clause a été excellente. Dans certains Etats la double responsabilité est exigée pour les banques d'Etat. J'oublie leurs noms dans le moment. Il y en a d'autres qui exigent aussi la double responsabilité. Je crois que c'est une bonne protection.

M. Benoît:

Q. Pouvez-vous appliquer la double responsabilité en aucun temps. R. Oui, mais une fois seulement.

M. Cahill:

Q. En tenant compte du système de banques au Canada, avec 4,000 ou 5,000 succursales, je présume que vous n'ignorez pas que nous avons 14 banques—R. Oui. Et 4,000 succursales.

Q. Distribuées dans tout le pays les unes situées à près de 3,000 milles d'ici; croyez-vous qu'un système comme celui que vous avez mentionné peut être établi, au Canada de manière à rendre possible l'inspection des banques avec le système de banque actuel, et que ce système serait aussi efficace que celui dont vous venez de nous parler?—R. Eh bien vous me permettez peut-être de répondre d'abord à une partie de votre question. Je ne suis pas prêt, sans une connaisssance complète de la question, à me prononcer sur l'efficacité que l'on peut obtenir au Canada en comparaison avec l'efficacité que nous avons aux Etats-Unis. Mais d'après ce que je sais du système canadien je ne vois pas du tout la raison pour que vous n'ayiez pas un système indépendant pour l'inspection de vos banques, laquelle inspection serait efficace et satisfaisante, et pourrait prévenir des banqueroutes comme celles que vous avez eues quelquefois au Canada. Je devrais probablement dire que l'établissement d'un système de ce genre pourrait entraîner quelques changements dans les méthodes que vous suivez en ce qui concerne l'administration des succursales de manière à permettre à l'inspecteur de procéder à l'inspection de ces succursales comme s'il avait affaire à un corps distinct et séparé. Comme je le comprends, on a suggéré que lorsque vous faites l'inspection d'une banque qui a un grand nombre de succursales vous ne pouvez pas en même temps procéder à l'inspection de toutes les succursales, ce qui offre une occasion et le temps de jongler avec les documents ou de falsifier les comptes. Je crois qu'il vous est parfaitement possible de modifier vos lois de manière, si la chose est nécessaire, à réduire le danger des comptes transférés et des bilans réduits au minimum; de sorte que si vous procédez à l'inspection d'une banque vous pouvez dire passablement bien si l'inspection est complète ou bien si les livres, comptes ou affaires n'ont pas été transférés au bureau principal ou à d'autre succursale plus importante. Je crois qu'il est parfaitement possible de mettre en vigueur au Canada un système d'inspection pour vos 3,000 ou 4,000 succursales qui permettrait de procéder à l'inspection de ces succursales les unes après

[M. J. Skelton Williams.]

14-15 GEORGE V, A. 1924

les autres. J'ai eu de l'expérience en ce qui concerne l'inspection de banques avec des succursales, à Washington; avec des succursales non seulement dans ce pays mais aussi à l'étranger. Il y avait à New-York une banque qui probablement possède 30 ou 40 succursales dans l'Amérique du sud, Cuba et en Europe. J'ai pu procéder à l'inspection de cette banque et de ses succursales et donner satisfaction au bureau du contrôleur quoique ces banques fussent séparées par une distance de 3,000 ou 4,000 milles.

M. McMaster:

Q. Veuillez donc nous décrire votre méthode sous ce rapport?—R. La première chose c'était d'avoir des inspecteurs expérimentés et compétents, habitués au travail d'inspection des banques et qui connaissaient les points au sujet desquels ils devaient se mettre en garde.

M. Cahill:

Q. Ils visitaient ces succursales?—R. Ils visitaient les succursales. Cette banque dont je vous parle avait probablement 50 succursales en différentes parties du monde. M. Pole occupait une position très importante dans le département de l'inspection du *National Banking System* ayant charge, comme inspecteur en chef, du district de réserve fédérale d'Atlanta. Il a eu une grande expérience en ce qui concerne les banques nationales et j'étais très content de lire dans un journal de ce matin qu'il avait eu l'occasion de vous faire bénéficier de ses connaissances et de son expérience.

M. McLean:

Q. L'inspection d'un bureau principal vous donnerait une assez bonne idée? —R. Pour vous montrer ce que les inspecteurs font quelques-fois et combien ils voient beaucoup plus de choses que les directeurs ne le supposent, je puis vous mentionner le fait que nous avons envoyé une fois un de nos inspecteurs visiter une banque importante et à peine rendu sur les lieux depuis trois ou quatre jours il avertit le contrôleur que là banque avait subi une perte de $3,000,000 et que les directeurs n'en savaient pas le premier mot. Les directeurs l'ignoraient et cependant l'inspecteur s'en est rendu compte en trois jours.

M. Ladner:

Q. Mais qui le savait?—R. Le fonctionnaire coupable.

Q. Etait-ce un gérant général ou son assistant?—R. Il était gérant d'un département.

M. Euler:

Q. C'est un fait reconnu que le gouvernement des Etats-Unis s'occupe de l'inspection des banques. Est-ce que cela veut dire qu'il se rend responsable des pertes que les déposants pourraient subir?—R. Le gouvernement des Etats-Unis?

Q. Oui—R. Pas du tout. Le gouvernement n'est aucunement responsable des pertes ni est-il tenu de les rembourser: tout ce qu'il fait c'est de prévenir les pertes.

Q. Mais si quelques pertes sont subies il n'est pas tenu de dédommager les déposants?—R. Non, assurément.

L'hon. M. Stevens:

Q. Ce qui nous intéresse c'est d'étudier le système américain et de le comparer avec le nôtre, en tenant compte des différences entre les deux. Puis-je rafraîchir votre mémoire en ce qui concerne le système que nous avons au Canada?—R. Oui, si vous le voulez bien.

[M. J. Skelton Williams.]

. Q. D'après le système qui existe ici les vérificateurs, naturellement, sont nommés par la banque. Je ne veux pas lire tout l'article, mais seulement une ou deux parties de l'article qui rafraîcheront votre mémoire.—R. J'ai lu votre loi des banques, hier.

Q. Par exemple, relativement au choix des vérificateurs et des améliorations apportées à la loi des banques l'année dernière je désire vous lire particulièrement le paragraphe 10 qui me semble le paragraphe le plus important de l'article 56.

10. Les vérificateurs, individuellement ou conjointement ainsi qu'ils le jugent à propos, ont le devoir de rapporter par écrit au gérant général et aux directeurs, toutes transactions ou conditions affectant la prospérité de la banque et dont ils ne sont pas satisfaits, et qui, à leur avis, exigent un redressement, et sans restreindre la portée générale de cette prescription, ils doivent, à discrétion, faire rapport spécifiquement au gérant général et aux directeurs, sur les prêts excédant un pour cent du capital versé de la banque qui, à leur avis, sont insuffisamment garantis; mais la présente disposition ne doit pas être interprétée de manière à exempter un directeur de l'exercice convenable et approprié des fonctions de directeur. Le rapport doit être transmis ou délivré par les vérificateurs au génant général, à son bureau, et à chaque directeur à sa dernière adresse postale connue, et ledit rapport doit être incorporé dans le procès-verbal de l'assemblée des directeurs qui suit immédiatement la réception dudit rapport.

Considérant ce point, ainsi que les autres faits qui touchent à l'audition, vous semble-t-il que ce soit là une audition juste et raisonnable d'une banque? —R. C'est très bien, tant que cela va.

Q. Très bien. De plus, vous savez sans doute que les banques du Canada maintiennent un service d'inspection; c'est-à-dire, des inspecteurs ayant à peu près la même habileté et les mêmes devoirs que les examinateurs du gouverne-ment américain?—R. Leurs propres auditeurs.

Q. Au point de vue de leurs connaissances techniques, ils sont sur le même pied, mais, naturellement, ce sont des employés de la banque. Ces inspecteurs vont d'une succursale à l'autre dans tout le pays et sont attendus—dans chaque cas—font une inspection complète de la banque—je puis me servir du terme qui vous est plus familier, ils font un examen des plus complets des banques. Avec cela, plus l'audition des actionnaires et le fait que ces rapports doivent être addressés aux directeurs, ne croyez-vous pas que ce soit là un système raisonnable d'inspection ou examen des banques?—R. Je ne crois pas qu'un système d'examen que contrôle et dirige la banque même puisse être aussi effectif, aussi complet et aussi sérieux qu'un examen absolument désintéressé d'un agent du gouvernement.

Q. J'ai déjà suggéré, et à cause de votre grande expérience, je veux vous demander si cette clause, qui stipule que l'auditeur fera rapport aux directeurs et au gérant général, ne devrait pas exiger que copie de ce rapport soit soumis au ministre des Finances—et lorsque je dis le ministre des Finances... R. Vous voulez dire une copie du rapport de l'auditeur?

Q. Oui, que ce rapport devrait être soumis au ministre des Finances. Cela compléterait notre système actuel. Maintenant, avec ce changement, et les services d'un officier compétent—on suppose toujours qu'ils sont compétents— est-ce que cela ne remplirait pas le vide possible que vous voyez actuellement dans notre système comparé au vôtre?—R. Je ne crois pas que cela soit aussi effectif que si vous soumettiez le rapport à un bureau placé sous votre ministre des Finances qui a le devoir immédiat de surveiller les banques.

[M. J. Skelton Williams.]

14-15 GEORGE V, A. 1924

Q. C'est exactement là son devoir.—R. Et il aurait l'autorité d'envoyer son propre homme désintéressé vérifier cette audition. Peut-être me permettra-t-on d'expliquer un point que je n'ai pas touché encore. C'est que les banques Nationales sont déjà inspectées par des comités de leurs propres directeurs, mais on a trouvé que ces inspections ne peuvent se comparer à celles que conduit le bureau du contrôleur.

Q. Je comprends très bien. Lorsque j'emploie le terme " Ministre " je l'emploie dans le même sens que vous employez le terme "Secrétaire de la Trésorerie".—R. Le bureau du contrôleur est sous l'autorité du secrétaire.

Q. Naturellement, tout système demanderait l'organisation nécessaire et un tel officier?—R. Si je comprends bien votre question, vous voulez savoir si les auditeurs choisis par la banque seraient aussi efficaces que ceux de la Trésorerie.

Q. Laissez-moi mentionner un ou deux faits, et je ne veux pas que vous croyiez qu'en posant ces questions, je discrédite le système des banques Nationales des Etats-Unis; je cherche des renseignements.—R. J'espère que vous ne vous gênerez pas en posant vos questions. Je répondrai à toute question que vous désirez poser.

Q. J'ai une copie du rapport de Dun sur les faillites de banques et on y corrobore votre déclaration que, pendant la période de 7 années que vous avez été contrôleur de la Trésorerie, les banques Nationales étaient très fortes. On peut le voir dans cet état. Après votre départ, en 1920, je crois, ce rapport indique qu'en 1921, on a eu la faillite de 47 banques Nationales et de 357 banques d'état; en 1922, 35 banques Nationales et 242 banques d'état durent fermer leurs portes; en 1923, on a eu la faillite de 77 banques Nationales et de 501 banques d'états et pendant les quatre premiers de 1924, on a eu 64 faillites. Maintenant, je veux vous demander...—R. D'après les chiffres que vous venez de lire, il semble qu'il y a eu plus de faillites l'an dernier que pendant les sept années pendant lesquelles j'ai eu l'honneur de surveiller les banques Nationales.

Q. Vraiment?—R. Vous voulez savoir pourquoi avec le même système d'examen en vigueur il y a eu au cours de ces années une si grande augmentation dans le nombre des faillites?

Q. J'allais poser ainsi la question, si vous me le permettez: On m'accusera peut-être d'indélicatesse sur ce point, mais je veux profiter de l'occasion pour dire que j'ai souvent lu que vos services ont toujours été des plus satisfaisants; ainsi ma question ne peut vous causer aucun préjudice. Pendant que vous occupiez ce poste, on traversait une période de hausse, une période d'activité anormale et d'expansion graduelle et de hausse dans toutes les affaires, dans celles de banques et de finance surtout. Mais les trois années qui ont amené ces faillites ont été des années de baisse. Maintenant, est-ce que l'absence de faillites pendant cette période de hausse et la multiplication de ces dernières pendant la période de baisse sont dues, en partie du moins, à ces raisons autant qu'au système d'inspection?—R. Je crois que vous pourriez même poser la question plus clairement. Je suis heureux que vous ayez soulevé le point. C'est là une question fondamentale. Je dirai d'abord que je suis persuadé que si l'on avait maintenu en vigueur les politiques en vogue au temps du président Wilson, alors que McAdoo était secrétaire de la Trésorerie, et si ce dernier était resté à ce poste, nous n'aurions pas eu aux Etats-Unis cette période de baisse subite, artificielle et inutile que nous avons eue. De fait, j'ai préparé avec beaucoup de soin, un graphique indiquant la tragédie de la baisse artificielle, et j'ai indiqué comment la chute des prix et la baisse subite qui se produisit étaient le résultat du changement de politique de la part des autorités des banques de réserve fédérale des Etats-Unis qui restreignirent le crédit en demandant le remboursement des prêts; et que, à mesure que le remboursement des crédits se faisait et que les prêts et les billets de la banque de réserve disparaissaient, les prix tombaient, *pari passu* avec la disparition du crédit. Si M. McAdoo avait été à la tête de la Trésorerie pendant

[M. J. Skelton Williams.]

cette période, du printemps de 1920 au printemps de 1921, à mon avis, cette baisse n'aurait jamais été aussi subite et aussi cruelle qu'elle l'a été. J'étais membre du bureau de la réserve à cette époque, et je protestai contre les politiques en vigueur, contre la restriction des crédits qui se poursuivait d'une façon déraisonnable et extrême. Je n'ai pas besoin de répéter maintenant tout ce que j'ai dit alors, mais j'adressai mes protestations écrites au bureau de la réserve fédérale dans l'été de 1920; de nouveau à l'automne et au cours de l'hiver de 1920, et pendant tous ces mois pendant lesquels les prix tombaient et que le monde financier et commercial croulait, et je demandais la suspension des politiques en vigueur.

M. W. F. Maclean:

Q. Qui s'occupait de la mise en vigueur de ces politiques?—R. Au lieu de la politique de l'ancien gouvernement ou de la réserve fédérale, on avait adopté une politique de contraction déraisonnable. Lorsque je présentai mes objections au président du bureau, il me répondit que c'était le cas d'un ballon rempli d'air chaud; ce dernier était lancé et il fallait le crever. "C'est ce que nous sommes à faire dit-il, nous sommes à crever le ballon." Je répondis que lorsque le ballon a pris l'air avec des passagers, il faut le ramener à terre d'une façon intelligente en se servant des soupapes et du lest et non en le crevant.

Quelques honorables MEMBRES: Très bien, très bien.

Le TÉMOIN: D'après moi, c'est exactement ce que l'on était à faire; on crevait le ballon au lieu de l'amener à terre d'une façon intelligente. S. M. McAdoo avait été au gouvernail lorsque j'adressai mes protestations, je crois que l'on aurait adopté une autre politique. Je crois que si M. McAdoo s'était trouvé là alors, il aurait épargné à notre pays bien des billions de dollars et des milliers de vies humaines, la vie d'hommes qui, ruinés, recoururent au suicide parce qu'ils avaient tout perdu à la suite de la baisse effrénée et déraisonnable.

Q. Je crois que vous avez mentionné 1923 comme étant la date?—R. J'aurais dû dire 1920. Les vues que j'ai exprimées publiquement et privément sur les politiques drastiques de baisse des autorités de la réserve fédérale des Etats-Unis sont, je crois, corroborées et approuvées, jusqu'à un certain point, par des hommes dont vous respectez les opinions sur les sujets de finance, des hommes comme Reginald McKenna, ancien chancelier de l'Echiquier; le professeur Irving Fisher de New-Haven et plusieurs autres du même calibre cités dans les déclarations que j'ai publiées à ce sujet.

Q. Vous admettrez cependant, monsieur Williams, qu'il y a deux classes d'idées sur ce sujet.—R. Je ne crois pas qu'il y ait deux classes d'idées sur la façon de crever un balon.

Q. Je suis avec vous sur ce point. Je ne puis croire, cependant, qu'il soit juste de supposer que c'était là l'opinion préconçue du président du bureau. Je ne connais pas l'homme, mais j'imagine qu'il a employé une figure de style regrettable peut-être et que personne n'approuvait.—R. Je vais vous donner un exemple. Pendant que je tentais d'amener la baisse d'une façon raisonnable, je lus dans un journal de New-York que certains fonctionnaires permanents qui avaient à s'occuper de l'administration de nos finances étaient à étudier deux bills dont l'un était à l'effet de savoir s'il ne valait pas mieux exercer une pression encore plus forte dans le but d'en tuer un plus grand nombre et de finir les blessés afin que les membres et les cadavres ne pavent pas la route pour d'autres. C'est là une proposition que soutenaient certains financiers de l'époque. Je crois avoir exposé ce point dans mon témoignage devant le comité sur l'agriculture à Washington. C'était une suggestion que je ne puis comprendre chez un homme sain d'esprit.

Q. C'est une opinion très claire que personne ne peut comprendre. Mais pour revenir à ce que j'ai dit il y a un instant relativement à ces faillites, je

[M. J. Skelton Williams.]

crois que l'on peut dire que l'absence de faillites pendant la période précédente était plus ou moins due à la question de baisse et à la condition de hausse. Laissez-moi ajouter une idée et vous verrez ce que ma question peut réellement dire. Peu importe le système, peu importe la perfection du système d'inspection qui existe, il ne s'ensuit pas qu'il n'y aura aucune faillite?—R. Je crois que je puis répondre à cela en faisant la déclaration suivante: Si vous avez un système parfait d'audition, quelles que soient les influences possibles à l'œuvre, la baisse ou autre chose, vous aurez moins de faillites avec un bon système d'inspection qu'avec rien du tout.

Q. Mais même avec ce bon système d'inspection, il se produira encore des faillites?—R. Même avec le meilleur système d'inspection, si on adopte une politique de baisse, comme la chose peut se faire, les banques et les maisons d'affaires et les individus peuvent être ruinés.

Q. Bien, prenez notre propre système au Canada, libre de toute intervention arbitraire, disons, d'un corps comme le bureau de la réserve fédérale, la banque ne songerait pas à créer une baisse qui la ruinerait? Le point que vous établissez ne s'appliquerait guère au système canadien?—R. Voici ce qui s'est produit lorsque la pression fut exercée par certaines autorités des Etats-Unis qui, au lieu d'étendre le crédit, le retirèrent; certaines banques, pour se sauver, durent faire appel à leurs créanciers, et dans certains cas les banques réussirent à sauver leur peau, mais leurs créanciers furent ruinés; si on avait réglé intelligemment la situation du crédit, on aurait sauvé et les banques et les créanciers.

Q. Maintenant, dans votre description du système d'inspection, vous avez mentionné que bien souvent vous avez jugé nécessaire de ressusciter des banques, et que certaines banques se trouvaient en mauvaise posture et que vous avez réussi à les ramener en bon état. Maintenant, cette condition n'était pas connue du public?—R. En général, non.

Q. Conseilleriez-vous... R. Pardon, je ne veux pas que vous tiriez de cette réponse la conclusion que nous permettions à une banque de poursuivre ses opérations bien qu'insolvable. Si une banque se trouvait dans un état précaire, nous voyions tranquillement les officiers et les directeurs sans que personne en sache un mot, afin de les décider à mettre assez d'argent pour sauver la banque pendant la période de difficulté.

Q. Je crois que je vous ai entendu vous servir d'une figure de langage, à l'effet que quelquefois une banque fait comme le noyé elle s'enfonce trois fois pour revenir à la surface et être ressuscitée. La question que je désire baser sur cette déclaration est celle-ci: Conseilleriez-vous de rendre publics les faits que contiennent les rapports des examinateurs au contrôleur du numéraire, rapports dont nous avons une copie au dossier?—R. Dans le volume II du rapport du contrôleur se trouve un état indiquant la condition dans laquelle se trouve chaque banque nationale des Etats-Unis, d'après la visite de l'automne, en septembre. Cet état, naturellement, ne donne pas autant de détails sur les affaires de la banque que le rapport de l'inspecteur. Vraiment, dans bien des cas, il serait fatal de rendre public le rapport de l'inspecteur au contrôleur du numéraire, car les déposants diraient, "la banque est dans un état précaire, peut-être est-il possible de la sauver, mais nous ne savons pas si elle le sera ou non, et nous ne prendrons pas le risque, nous allons retirer nos fonds". Et vous auriez une course sur la banque. Le contrôleur examine les conditions pour juger de ce qu'il y a lieu de faire. S'il est possible, ou si nous croyons qu'il soit possible de sauver la banque, et si les actionnaires ou les directeurs peuvent et veulent avancer assez d'argent pour la rendre solvable, c'est ce qui se fait immédiatment et la chose est tenue secrète; la banque poursuit ses opérations dans un état solide et honnête.

Q. Avez-vous étudié les rapports mensuels que les banques canadiennes présentent?—R. Non.

[M. J. Skelton Williams.]

Q. Alors il est évident qu'il n'est pas sage de rendre publics les faits que contient le rapport de l'inspecteur au contrôleur?—R. Certainement.

Q. Et ce rapport devrait être confidentiel et les autorités à qui ce rapport est adressé, dans votre cas, le contrôleur du numéraire... R. Oui, le rapport, naturellement, est déposé au bureau intéressé; si c'est une agence gouvernementale, on le dépose à ce bureau où il est étudié et où on prend les mesures nécessaires pour remédier à la situation.

Q. Dans le cas où le Canada adopterait votre système d'audition comportant, dans un sens, l'inspection des banques canadiennes, ces rapports... R. Ne devraient jamais être publiés au complet.

Q. Leur publication nuirait sérieusement à l'efficacité de l'inspection?—R. Elle pourrait nuire à la réhabilitation des banques. Nous allons supposer un cas où le rapport soumis par l'inspecteur est vrai du premier mot jusqu'au dernier. Il présente un état de choses des plus dangereux. Le contrôleur l'examine, et il est entendu que si les choses se continuent ainsi, la banque est vouée à la faillite, et on dit: " Nous pouvons la sauver et nous le pouvons immédiatement ". On dit: " Nous croyons pouvoir demander aux actionnaires et aux directeurs de placer au crédit de la banque un certain montant, et si ce montant est payé, la banque balancera ses affaires ". Nous tenons la chose secrète et la banque est solide.

Le président:

Q. Est-ce que cette levée de fonds n'est pas connue un peu partout et est-ce que le crédit de l'institution n'en est pas affecté?—R. On ne publie jamais cela. C'est toujours là une question privée. Il est de l'intérêt des actionnaires de ne pas en parler.

Q. Pouvez-vous faire payer tous les actionnaires d'une institution sans que le public le sache?—R. Naturellement, il y a toujours danger, mais c'est l'avantage des actionnaires de se taire. Ils peuvent s'entendre et payer privément. Cela se fait souvent sans publicité.

L'hon. M. Stevens:

Q. D'après votre expérience avec les banques qui marchaient vers la faillite, alors que vous étiez contrôleur du numéraire, combien de temps s'écoulait-il entre le moment où vous faisiez venir les officiers à Washington pour discuter la situation et la réhabilitation de la banque?—R. Il pouvait s'écouler une semaine, un mois ou six semaines. Tout dépend du caractère, de la direction et de l'état de la banque.

Q. Dans certains cas, il a pu s'écouler six ou huit ou dix mois?—R. Monsieur Pole, vous avez eu dans votre district des banques que vous avez dû alimenter pendant six ou huit mois avant de pouvoir balancer leurs affaires, n'est-ce pas?

M. POLE: Oui, et quelques-unes, pendant un an, monsieur Williams.

Le TÉMOIN: Cette situation critique ne dure pas.

L'hon. M. Stevens:

Q. Elle va en diminuant?—R. Oui.

Q. D'après votre expérience vous croyez qu'il vaut mieux ramener ces institutions à un état de solvabilité complète plutôt que de précipiter leur faillite?—R. A moins que la situation ne soit désespérée.

Q. Alors, dans la plupart des cas, le capital de la banque n'est plus intact, mais il vaut mieux relever la banque que de fermer les portes?—R. Je vais vous donner des cas où nous les avons relevées et ramenées dans un état de solvabilité et de solidité. Nous avons trouvé un certain nombre de cas où des banques Nationales, dans un moment de ferveur patriotique, pendant la guerre, s'étaient chargées d'obligations Liberty. Elles en achetèrent plus que ne le permettait la

[M. J. Skelton Williams.]

14-15 GEORGE V, A. 1924

prudence. Comme vous le savez, les obligations Liberty descendirent à quatre-vingts et quatre-vingt-cinq cents. J'ai eu à m'occuper de plusieurs cas de ce genre, et quelquefois il était très intéressant de décider de la solvabilité de ces banques. Je décidai que, si la banque était solvable pourvu que le gouvernement rachetât ses obligations et les payât en entier, nous pourrions prendre le risque et permettre à la banque de conserver ces obligations au pair ou à peu près, si nous savions que, avant longtemps, elle rentrerait dans ses fonds, et je crois que dans ce cas nos succès ont atteint 100 p. 100, n'est-ce pas, monsieur Pole?

M. POLE: Oui.

Le TÉMOIN: Et notre confiance dans la stabilité du gouvernement américain et dans son crédit et dans les obligations Liberty qui, éventuellement, remontèrent de 80c. ou 83c. à un dollar, sauva les banques, tandis que si nous avions dit: "Il faut vous défaire de vos obligations Liberty et perdre $170,000 sur chaque million de dollars placé"—et quelques-unes avaient placé jusqu'à cinq millions ou même dix millions—les banques auraient fermé leurs portes.

L'hon. M. Stevens:

Q. Est-ce qu'on ne compte pas environ deux mille banques Nationales?—R. Huit mille.

Q. Et quelque vingt-trois mille banques d états?—R. Oui.

Q. Depuis quelques années, un assez grand nombre de banques Nationales ont été converties en banques d'états. Pouvez-vous nous en donner les raisons? —R. Je crois que pour ce qui est de l'administration actuelle des banques Nationales, il vaut mieux que je n'entre pas dans trop de détails. Je puis dire, d'une façon générale, qu'on s'imagine qu'une banque d'état jouit de privilèges plus grands, sans avoir la même responsabilité; qu'elles sont plus libres que les banques Nationales; ou que les banquiers ont plus de liberté dans les premières que dans ces dernières. D'un autre côté, je ferai remarquer le fait que les banques Nationales du pays maintiennent comparativement leur prestige, bien que le nombre des faillites de banques Nationales ait augmenté et comme je l'ai dit, cette augmentation est due en grande partie à la mise en vigueur des politiques de baisse que l on avait adoptées. Cependant, la proportion du nombre des banques Nationales qui ont failli est de beaucoup moindre que celle des banques d'états et, par conséquent, les banques Nationales sont considérées comme beaucoup plus sûres que les autres, d'après ce que j'ai pu remarquer. Dans quelques états, une banque d'état est inspectée à la hâte; dans d'autres, elle l'est à fond. Je ne discrédite pas la banque lorsque je dis que certaines banques sont si démocratiques qu'elles ressentent tout ingérence gouvernementale.

Q. Je crois que le premier rapport du contrôleur du numéraire dit qu'il y a discussion sur la nécessité dans laquelle les banques Nationales se trouvent d'étendre ou d'adopter le système des succursales afin de faire concurrence à la banque d'état dont l'influence et la force grandissent continuellement. Pouvez-vous nous éclairer sur ce sujet?—R. Le problème de l'établissement de succursales des banques Nationales est très grave et très compliqué. J'ai soumis une recommandation dans mes rapports passés à l'effet de permettre la diffusion limitée des succursales.

Q. Je me rappelle. Maintenant, est-ce que la tendance vers l'établissement du système des succursales pour les banques Nationales des Etats-Unis ne grandit pas d'année en année, et est-ce que le besoin ne s'en fait pas sentir de plus en plus dans les affaires?—R. Je ne crois pas que dans notre pays il y ait nécessité de l'extension du système des succursales de banques. Je crois que dans certains cas les banques ont cru qu'il était de leur avantage et de celui de leurs clients et de leurs actionnaires d'établir des succursales çà et là, mais je ne crois pas que

[M. J. Skelton Williams.]

nous n'adoptions jamais aux Etats-Unis le système des succursales sur une vaste échelle comme la chose se pratique en Angleterre et dans ce pays.

Q. Non, je ne le crois pas moi-même, mais il y a une évolution en ce sens?
—R. Oui.

Q. Une autre question: voici une question que j'ai posée à M. Pole ce matin, et j'espère que vous ne vous offusquerez pas si je vous la pose de nouveau. Si l'on considère que vous avez un système de banques qui comprend surtout des banques individuelles qui ont grandi avec les siècles, tandis que nous avons au Canada un système entièrement différent comprenant quatorze banques centrales avec quatre ou cinq mille succursales, croyez-vous que le système d'inspection que dirige le contrôleur du numéraire des Etats-Unis pourrait être adopté comme système canadien?—R. Je crois avoir répondu à cette question au commencement de mon témoignage.

Q. Vous avez répondu d'une façon générale, je me rappelle, mais avez-vous objection à répondre de nouveau? Je ne veux pas insister si vous préférez ne pas répondre.—R. Je n'ai aucune objection à donner mon opinion. Je ne crois pas qu'il soit entièrement possible pour le gouvernement canadien, s'il juge à propos de le faire, d'inaugurer un système d'inspection des banques plus ou moins analogue au système que nous avons aux Etats-Unis, et qui serait effectif et satisfaisant, malgré le fait que votre système diffère tant du nôtre, puisque vous avez quatorze ou quinze banques comptant quelque trente-cinq mille succursales. Comme je l'ai déjà dit, pour rendre ce système effectif, il vous faudrait peut-être modifier votre loi des banques de façon à prescrire des méthodes de tenue de livres et le dépôt des valeurs, etc., pour chaque succursale afin de permettre à votre inspecteur de faire l'examen réel et impartial et complet de ces succursales sans les confondre avec les autres.

Q. En d'autres termes, vous dites qu'en étendant le système d'audition actuel du Canada, de façon à comprendre l'autre inspection, la chose peut se faire?—R. Puisque vous voulez que je dise toute ma pensée, si j'étais chargé de le faire, si j'avais la surveillance des banques au Canada, j'aurais mon propre bureau d'inspecteurs. Je ne permettrais pas aux banques Nationales de choisir leurs propres inspecteurs d'année en année à même une liste comparativement limitée.

Q. Votre raisonnement, naturellement, est très juste à votre point de vue. Je ne puis et ne veux entreprendre une discussion, mais je crois que si quelqu'un pouvait, en quelques mots, donner la pleine valeur de notre système actuel d'audition, vous verriez qu'une grande partie du travail que font les inspecteurs d'état ou les inspecteurs de l'autre côté de la frontière, se fait actuellement ici. C'est ce que je voulais prouver il y a un instant.

M. MACLEAN: Ce travail ne se fait pas; c'est là toute la difficulté.

L'hon. M. Stevens:

Q. Vous avez voulu prouver, monsieur Williams, qu'une inspection d'état, comme vous avez de l'autre côté de la frontière, pourrait s'appliquer à notre système? C'est réellement là, je crois, l'impression que le comité a recueillie de votre réponse. Est-ce là ce que vous avez voulu dire ou non, je ne saurais dire. Cependant, afin de pouvoir réduire ma question à sa plus simple expression, disons qu'avec ce système très complet d'audition—et il faut se rappeler qu'il y a deux auditeurs indépendants, qui ne dépendent ni l'un ni l'autre de la banque—nous avons un système d'inspection; nous avons les rapports, et il est généralement admis que ces derniers pourraient être plus complets et certains prétendent que l'on devrait adopter l'inspection extérieure, mais ce qui divise ce comité c'est que quelques-uns croient que nous devrions adopter entièrement le système américain d'inspection, tandis que d'autres pensent différemment.

[M. J. Skelton Williams.]

14-15 GEORGE V, A. 1924

Nous savons que l'extension de notre système est nécessaire. Auriez-vous quelque chose à ajouter après cette observation?—R. Oui, je serais heureux de faire la déclaration suivante: que le système d'inspection des banques Nationales aux Etats-Unis a été si efficace et si satisfaisant que les Associations de Clearing Houses de certaines villes qui autrefois tenaient des bureaux séparés pour l'inspection de leurs banques locales décidèrent d'abandonner leurs bureaux locaux pour l'inspection de leurs banques locales et d'accepter le rapport des inspecteurs des banques Nationales au lieu de leur propre rapport.

Q. Je crois que cela s'est fait pendant votre administration. J'ai entendu dire à maintes reprises que votre administration était des plus compétentes et des plus complètes. Cependant, permettez-moi de demander ceci: tout le système d'inspection et d'administration du département du contrôleur du numéraire dépend de la personnalité, de l'habileté et de l'intégrité du titulaire. N'est-ce pas vrai?—R. C'est le cas dans toute position.

Q. Et ce titulaire, dans le cas du contrôleur du numéraire des Etats-Unis, peut être changé au gré du gouvernement au pouvoir?—R. Heureusement, règle générale, nous avons eu des hommes compétents à la tête de ce bureau important.

Q. Je ne veux nullement parler de l'individu, mais c'est là un fait, pour ce qui est de ce système, n'est-ce pas?—R. Ce n'est pas un fait pour les banques Nationales seulement; cela s'applique à tout le gouvernement, à partir du président en descendant.

Q. Et vous attribuez en partie du moins la faillite des banques Nationales, l'augmentation du nombre des faillites, au changement fait en 1921, et à la politique adoptée, et à l'administration de ce bureau?—R. J'espère que vous n'avez pas conclu de ce que j'ai dit que j'attribuais le grand nombre de faillites à l'incompétence des inspecteurs des banques.

Q. Au changement de politique?—R. Oh! je ne crois pas que les faillites étaient d'abord et surtout dues aux effets de la baisse.

Q. Et au changement de politique—je crois que vous avez employé vous-même ce terme?—R. C'était une politique de baisse qui a prévalu après le départ de M. McAdoo de la Trésorerie.

Q. Ces changements vont avec le système? Le changement du personnel et le changement de politique vont avec le système?—R. Le changement de politique va avec tout système bancaire; tout système bancaire peut réussir avec telle politique et languir avec telle autre. Pour ce qui est de l'inspection individuelle des banques, je devrais dire—naturellement, vous savez que plusieurs banques Nationales n'ont pas seulement les inspections périodiques, mais elles ont leurs propres auditeurs comme dans ce pays, et ces derniers font l'examen périodique et sont supposés suivre les affaires de près et porter à l'attention du bureau de direction les questions qui demandent d'être étudiées, mais malheureusement les auditions conduites par les banques elles-mêmes n'ont pas été complètes.

M. Ladner:

Q. Monsieur Williams, je désire poser quelques questions sur la double responsabilité. Vous avez laissé entendre que vous êtes en faveur de ce système. Pour quelle raison croyez-vous que la double responsabilité doit s'appliquer aux actionnaires, ce qui se fait très fréquemment dans nos temps modernes?—R. Le résultat qu'a obtenu le bureau du contrôleur du numéraire. Bien des banques ont été sauvées de la ruine par cette double responsabilité.

Q. Au point de vue du bureau de direction d'une banque, en sauvant l'institution, mais au point de vue de l'actionnaire et des gens du dehors qui placent leurs capitaux, que dites-vous?—R. Je vois votre question telle que vous l'avez posée. Je crois que c'est mieux au point de vue de l'actionnaire comme au

[M. J. Skelton Williams.]

point de vue du déposant, et je vais dire pourquoi. D'abord, l'actionnaire d'une banque sait que si la banque est mal administrée, il sera appelé à payer cent cents au dollar sur son placement, en plus de la perte du dividende, et il sera plus porté à surveiller le personnel d'administration et à voir à ce que des personnes efficaces et compétentes soient en charge de la banque. Au point de vue du déposant, ce dernier sait qu'il est doublement protégé, parce que le capital est souscrit par des gens qui ont réellement de l'argent à placer et non par des gens qui empruntent, et, par conséquent, les déposants sont prêts à déposer leur argent dans les banques à capital moins élevé que celui qu'il leur faudrait autrement.

Q. Pourquoi n'appliquerait-on pas le principe de la double responsabilité aux autres compagnies—aux compagnies de fiducie?—R. Il s'applique dans certains cas aux compagnies de fiducie tout comme aux banques. Je suis avec vous, c'est une méthode plus sûre pour les compagnies de fiducie et les autres qui reçoivent des dépôts.

Q. Alors vous n'appliqueriez la double responsabilité qu'aux compagnies qui reçoivent des dépôts?—R. Oui.

Q. Bien, prenez les compagnies de chemin de fer?—R. Les chemins de fer ne reçoivent pas les fonds des déposants ou des gens d'affaires.

Q. Alors c'est surtout pour les institutions qui reçoivent des dépôts?—R. Ils ont droit à une garantie additionnelle.

Q. A la garantie additionnelle que donne la double responsabilité?—R. Oui. Lorsque les banques acceptent en dépôt, les fonds du public et les utilisent pour leurs propres affaires...

Q. Trouvez-vous que dans la pratique aux Etats-Unis, en cas de faillite, on réussit à percevoir cette double responsabilité?—R. Vous pouvez toujours compter sur une certaine proportion; dans certains cas, on n'a pu percevoir 100 p. 100; dans d'autres, les montants perçus étaient très satisfaisants.

Q. Avez-vous une idée du pourcentage?—R. Quelle qu'en soit la proportion, on a toujours trouvé que cette double responsabilité était une grande protection pour les déposants.

Q. Et trouvez-vous que cette double responsabilité empêche le placement de capitaux dans les valeurs de banque?—R. Je ne crois pas, à en juger par la capitalisation des banques lorsque j'étais contrôleur. Je crois que le pays était bien pourvu de capitaux pendant ces sept années que j'ai passées avec les banques Nationales malgré le fait que la double responsabilité existait.

M. Cahill:

Q. Est-ce que les actions étaient très dispersées ou se trouvaient-elles en grande partie dans le district où la banque conduisait ses opérations?—R. Naturellement, les actions des banques Nationales se trouvent en grande partie dans le district où la banque est située.

M. Ladner:

Q. Maintenant, je désire poser quelques questions sur la protection des dépôts d'épargnes. On a soumis à ce comité une proposition qui comporterait en outre des comptes ordinaires, comptes courants et comptes d'épargnes, une autre classe de comptes que l'on établirait dans toutes les banques chartrées et sur lesquels les déposants recevraient moins de 3 p. 100, 2.7 ou 2.8 p. 100, ou un taux quelconque. L'idée serait que les comptes de cette classe spéciale jusqu'à concurrence de $3,000 seraient protégés par l'établissement d'une assurance à laquelle contribueraient les déposants et la banque à peu près de la même façon que dans le cas du fonds de rachat des banques qui existe actuellement pour les billets de banque. Je désire savoir si, à votre avis, un système d'assurance de ce genre aurait pour résultat de stabiliser la confiance des gens dans les petites

[M. J. Skelton Williams.]

14-15 GEORGE V, A. 1924

banques et de protéger les déposants?—R. J'ai recommandé dans un de mes rapports il y a plusieurs années, la garantie des dépôts de $5,000 ou moins, et j'en donnais les raisons.

Q. Cela se trouve dans un de vos rapports?—R. Oui.

Q. Et vous avez calculé que le taux de l'assurance serait de $25 par million?—R. J'étais justement à chercher ces chiffres. Le montant en était inconcevablement petit. En d'autres termes, ces chiffres étaient basés sur les résultats des années précédentes.

Q. Maintenant, il existe un certain nombre de systèmes par lesquels il y a garantie totale de tous les dépôts. Je désire établir une distinction entre ce projet et celui qui limite les dépôts garantis à $3,000 ou moins, c'est-à-dire, cette classe spéciale de comptes que le déposant choisirait parce qu'il se sentirait protégé.—R. Je crois qu'il ne serait pas sage de garantir tous les dépôts de banque.

Q. Jusqu'à quel montant serait-il sage de le faire?—R. Jusqu'à $5,000.

Q. $5,000 ou moins?—R. Oui.

Q. Voulez-vous expliquer cela un peu?

Le PRÉSIDENT: Voulez-vous être assez bon de lire une partie de votre rapport à ce sujet?

Le TÉMOIN: Oui; "Garantie totale des dépôts de banque pour $25 le million."

Au cours des six dernières années de travail et d'effort, les pertes des déposants des banques Nationales ont été réduites à des chiffres si minimes qu'une prime annuelle sur tous les dépôts de 2½ dix-millièmes de 1 p. 100 aurait plus que suffi pour couvrir toutes les pertes des déposants de nos banques Nationales pendant cette période. On croit qu'il serait préférable au début, comme on le recommande ici, de garantir les balances de dépôts de $5,000 ou de moins, et le plan de garantie pourra ensuite se développer d'après les résultats de l'expérience.

Si les banques Nationales maintiennent les résultats excellents des six dernières années au point de vue de l'absence de faillites, le gouvernement pourrait payer toutes les pertes que comporterait la garantie des dépôts dans les banques Nationales à même 1 p. 100 des profits annuels qu'il retirerait comme taxe sur les opérations des banques de réserve fédérale, même en supposant qu'à l'avenir ces banques ne retireront que la moitié des recettes nettes qu'elles ont retirées au cours des derniers douze mois.

On ne peut rien suggérer de plus propre à ramener la circulation des sommes énormes d'argent actuellement cachées et conservées en dehors des banques par des gens timides et nerveux. La garantie de tous les dépôts des banques Nationales de $5,000 ou de moins offrirait pleine protection aux valeurs de plus de 19,000,000 de déposants dont le total des comptes dans les banques Nationales s'élève à environ six mille millions de dollars. Le reste des dépôts individuels dans les banques Nationales, environ huit billions de dollars, se trouve au crédit de déposants dont les balances dépassent $5,000 et ces plus forts déposants ne comptent, d'après les dernières estimations, que pour moins de 5 p. 100 du nombre total des déposants.

Ma raison la plus forte de recommander la garantie et cette limitation, c'est que l'on protégerait ainsi les gens qui ont le plus besoin de protection, les pauvres gens qui placent leurs épargnes à la banque; dans bien des cas, tout ce qu'ils possèdent au monde se trouve dans la banque; et lorsqu'ils font un placement qu'ils savent sûr, ils ont un sentiment de sécurité qu'ils ne pourraient avoir autrement.

M[J. Skelton Williams.]

Q. Vous pensez qu'un projet de ce genre pourrait se mettre en pratique au Canada et aux Etats-Unis?--R. Je ne veux pas vous donner de conseils, mais je ne vois pas de raison qui s'y oppose au Canada. Je crois qu'on pourrait l'appliquer avec avantage aux Etats-Unis, mais le Congrès n'était pas du même avis.

Q. Est-ce que ce n'est pas simplement une question de taux d'assurance, une question d'actuaire, sur l'expérience du passé?—R. Vous pouvez faire le calcul d'après l'expérience du passé; vous ne pouvez rien dire sur l'avenir. Mon avis est que c'est un risque que l'on peut assumer raisonnablement avec un système efficace d'inspection des banques. Je ne voudrais pas recommander un système de ce genre sans avoir en même temps un système complet, efficace et sérieux d'inspection des banques.

Au point de vue du déposant, la chose est naturellement très importante. Maintenant, au point de vue de la banque, j'attirerai votre attention sur ce qui existe actuellement au Canada. En 1923, au 31 décembre, du total des dépôts, à environ un demi pour cent près, 70 p. 100 de ces dépôts se trouvaient dans nos quatre plus fortes banques, et 30 p. 100 dans les 10 autres; et à cause de la faillite de la Home Bank, je crois, et pour d'autres causes peut-être, on a dit qu'il s'était produit un mouvement très fort des valeurs des petites institutions aux grandes, laissant les premières avec les mêmes frais fixes et des dépôts considérablement réduits. Maintenant, est-ce qu'un projet de ce genre, à votre avis, stabiliserait la confiance des gens dans les petites institutions et permettrait à ces dernières de lutter contre les banques plus fortes?—R. Je ne crois pas que ce soit là une question d'opinion, c'est un fait.

Q. Croyez-vous que le fait que nous avons le système des succursales, un système de 14 banques avec succursales, au lieu d'un système unique, nuirait à l'application du projet?—R. Quel argument y a-t-il en cela contre le projet?

Q. Je n'en vois pas. J'approuve le projet, vous savez.—R. Je ne vois aucune objection.

Q. Dans votre recommandation, monsieur Williams, proposez-vous que les déposants payent une proportion de la prime de cette assurance?—R. Non.

Q. Vous croyez que la banque doit payer toute la prime?—R. Je suggère de payer cette prime en retenant une faible proportion de l'excédent des recettes des banques de réserve fédérale.

Q. Depuis l'établissement des banques de réserve fédérale, on nous dit qu'elles ont retiré un profit de $135,000,000 qui est allé au gouvernement?—R. Les profits ont été énormes.

M. POLE: $136,000,000.

M. Ladner:

Q. A votre avis, est-ce que l'établissement d'un tel système de garantie porterait tous les déposants à en profiter jusqu'à concurrence de $5,000?—R. Pourquoi pas, s'il ne leur en coûte rien? La chose se ferait automatiquement. Cela voudrait dire que tout déposant qui place son argent dans une banque canadienne a une garantie jusqu'au montant de $5,000.

Q. Supposons qu'au lieu de recevoir le plein pourcentage de l'intérêt, on ne leur en accorderait qu'une partie, disons, 2.8 p. 100, ils paieraient ainsi une partie de la prime; ne croyez-vous pas que ceci aurait pour effet de porter les grandes institutions et les gens qui comprennent la solvabilité des banques de laisser leurs fonds aux comptes courants et aux comptes d'épargnes, comme ils le font aujourd'hui, rendant ainsi plus facile l'application du système?—R. Je ne saisis pas exactement le point de la question.

Q. Si une personne peut obtenir un taux d'intérêt aussi élevé dans cette nouvelle classe de comptes d'épargnes qu'elle obtient sous les conditions actuel-

14-15 GEORGE V, A. 1924

les, elle en prendra naturellement avantage?—R. Elle prendra avantage de la protection qu'offre le gouvernement.

Q. Mais si les déposants avaient à payer un peu pour le pauvre homme qui désire être protégé, il serait prêt à prendre un peu moins?—R. Mon point est qu'il faut prendre soin du pauvre homme. Si je pouvais le faire sans dépenses additionnelles, je le ferais.

Q. Le résultat serait que tout le monde, pauvre ou autre, ceux qui comprennent la solvabilité d'une banque et ceux qui ne la comprennent pas, tirerait avantage de ce compte et peut-être nuiriez-vous aux opérations de la banque? —R. Je ne vois comment vous nuiriez aux opérations de la banque avec la garantie du gouvernement. Comment pourriez-vous nuire aux opérations de la banque?

Q. Votre proposition comporte la garantie du gouvernement, mais ma proposition ne comporte pas nécessairement la garantie de l'Etat. Jusqu'où va la garantie du gouvernement?—R. Au plein montant de $5,000.

M. W. F. Maclean:

Q. Il s'agit des banques Nationales?—R. Des banques Nationales.

M. Ladner:

Q. Est-ce que tout le monde se prévaut de cet avantage?—R. Oui.
Q. Vous avez étudié ce projet...

M. Cahill:

Q. Le gouvernement des Etats-Unis retire un profit des opérations de la banque de réserve que vous pourriez utiliser comme prime d'assurance. Cela fait une différence?—R. Naturellement, le gouvernement des Etats-Unis retire un double profit des banques Nationales. Il y a une certaine taxe sur la circulation et de plus les banques de réserve fédérale elles-mêmes font un profit dont une partie va au gouvernement, de sorte que si vous vous placez strictement au point de vue affaires, la prime que vous pourriez payer vient indirectement des profits des banques Nationales que le gouvernement a retirés.

M. Ladner:

Q. En somme, le projet a d'abord pour but de protéger...—R. Le petit déposant.
Q. Qui ne connaît rien sur une institution ou sur une autre?—R. Oui.

L'hon. M. Stevens:

Q. Est-ce que ceci ne porterait pas les gens à retirer leur dépôt des banques d'état pour les placer dans les banques Nationales?
M. W. F. Maclean: Qu'est-ce que cela fait?
Le témoin: Oui, ceci porterait les banques d'état à se nationaliser pour empêcher le retrait des fonds de l'application du système, immédiatement, je crois.
M. Ladner: Il y a ceux qui disent qu'il existe deux classes d'idée...
M. Shaw: Je désire suggérer qu'il vaudrait mieux que le comité donnât à M. Williams le temps de nous faire l'exposé général du système des réserves fédérales et des raisons de l'adoption de ce système.
Le témoin: Je serais heureux de le faire si le temps le permet.
Le président: Je suggère que les membres s'empressent de poser leurs questions car nous avons à peine une heure.

M. Ladner:

Q. Il est question que le gouvernement ouvre des bureaux d'épargnes pour recevoir les dépôts des gens et sur lesquels on accorderait un intérêt de 3 à 4 p. 100, en concurrence avec les banques?—R. Dans ce pays?

[M. J. Skelton Williams.]

Q. Oui. Si cela se fait, croyez-vous que ce sera à l'avantage du public et de nos institutions commerciales, ou croyez-vous que les banques devraient recevoir les dépôts, avec l'inspection nécessaire, et offrir leurs services aux gens du commerce et de l'industrie?—R. Dans notre pays, nous avons réglé cette question en adoptant le système des bureaux d'épargnes des Postes et chaque bureau de poste dans la plupart des endroits peut accepter les dépôts des gens de l'endroit.

M. W. F. Maclean:

Q. Avec chèques marqués?—R. Non, avec des certificats de dépôt, portant intérêt à 2 ou à $2\frac{1}{2}$ p. 100, je crois. Peut-être M. Pole pourrait-il vous dire au juste.

M. Pole: $2\frac{1}{2}$ p. 100 au moins.

Le témoin: Lorsque l'ouvrier industriel retire cet argent de la circulation et le dépose au bureau de poste, ce dernier le transmet à une banque Nationale de sorte que ce capital ne se trouve pas immobilisé mais continue à travailler. La banque Nationale qui le reçoit donne une garantie que l'on dépose au bureau du trésor des Etats-Unis et qui couvre le dépôt particulier de cette banque.

M. W. F. Maclean:

Q. Comment le déposant retire-t-il ses fonds?—R. Ces dépôts sont facilement convertibles. Je crois qu'il est stipulé qu'après une certaine période il peut convertir son dépôt en obligations du gouvernement portant 3 p. 100 ou en certificats portant le même taux d'intérêt. Je ne sais pas jusqu'à quel point on a pu changer ou modifier ces règlements l'an dernier ou vers ce temps. Mais le principe général est tel que je l'ai dit. Tout individu peut faire un dépôt au bureau de poste à $2\frac{1}{2}$ p. 100, et le maître de poste transmet ces fonds à une banque Nationale qui limite le taux de l'intérêt à $2\frac{1}{2}$ p. 100, je crois, et donne une garantie pour le montant.

M. Ladner:

Q. L'an dernier, nous nous sommes occupés d'un projet que j'ai eu occasion de soumettre sur l'établissement d'une banque de réserve fédérale ou banque centrale de réescompte au Canada. J'ai l'intention de vous demander votre opinion à ce sujet, mais auparavant, peut-être devrais-je attirer votre attention sur les conditions qui existent au Canada avec notre système de succursales de banque et notre loi des finances. Connaissez-vous notre loi des finances?—R. Non, je ne la connais pas.

Q. Elle facilite le réescompte au moyen de garanties...

Le président: Je désire attirer votre attention, monsieur Ladner, sur le fait que deux autres membres du comité ont manifesté le désir de poser des questions.

M. Ladner: Je lui demande maintenant de faire une déclaration basée sur les conditions qui existent au Canada.

Le président: Pour ma part, je serais heureux d'entendre cette déclaration, mais je crois que ce serait injuste envers les deux autres membres qui désirent poser des questions. Je suggère qu'on laisse ce point que l'on pourrait inclure dans le mémoire que M. Williams laissera à la suggestion de M. Shaw. J'aimerais, si possible, à permettre aux autres membres du comité qui ont des questions à poser de le faire maintenant, si c'est le bon plaisir du comité.

M. McMaster:

Q. Monsieur Williams, voulez-vous dire au comité si les principales banques nationales des Etats-Unis sont heureuses de coopérer avec votre système d'inspection ou si elles l'ont accepté de mauvaise grâce?—R Les deux sont vrais. Lorsque le système était à s'organiser, un grand nombre des plus importantes

[M. J. Skelton Williams.]

banques le virent d'un mauvais œil. Elles y étaient opposées; elles le ridiculisèrent, elles le déprécièrent de toutes façons, et certaines doutaient de l'efficacité de la loi et de la possibilité d'en faire un succès. Cependant, lorsque le Congrès adopta la loi des réserves fédérales, et que l'organisation se mit à fonctionner, et que les banques entrèrent en lisse, je puis dire que 95 p. 100 des ennemis du système en furent satisfaits. Je crois que si aujourd'hui il se prenait un vote parmi les banques nationales des Etats-Unis pas moins de 95 p. 100 des banques se prononceraient en faveur du système.

M. McLean:

Q. Est-il obligatoire? Les banques sont-elles tenues de s'y soumettre?— R. Lorsque le système fut inauguré, on prétendit que quelques-unes des banques nationales ne l'accepteraient jamais; qu'elles abandonneraient leur statut de banques nationales; mais le système était obligatoire et pour conserver le statut de banque nationale il fallait l'accepter. Elles étaient libres de refuser. Quelques-uns prétendaient que le refus serait général et que les banques nationales se retireraient et accepteraient une charte d'état. Lorsque le système fut mis en vigueur, les défections furent bien peu nombreuses, s'il y en eut. Toutes les banques l'acceptèrent, et je crois que maintenant la grande majorité des banques nationales du pays le considèrent comme une mesure admirable dont elles ne pourraient se passer si la chose était possible.

M. McMaster:

Q. Si je me rappelle bien, l'opposition était très forte au début, et le gouvernement dut réellement forcer les banques à accepter la mesure?—R. Le gouvernement leur donna le choix entre la charte ou le système et quelques-unes seulement, s'il y en a eu, abandonnèrent leur charte et je crois qu'aujourd'hui toutes sont satisfaites de l'avoir conservée.

Q. Ai-je raison de conclure de vos remarques que le contrôleur du numéraire, lorsqu'une banque est dans un état précaire, a le droit, avant que la faillite se déclare, de faire appel aux actionnaires pour rétablir le capital de la banque?— R. Vous voulez dire avant la faillite de la banque?

Q. Oui?—R. Oui, je ne veux pas être mal compris relativement aux remarques que j'ai faites contre la politique du système de réserve fédérale. Je crois que ce système est aujourd'hui le plus grand système bancaire et monétaire en vogue dans tout pays, mais j'en ai critiqué l'administration sous certains rapports. Je crois que le Léviathan est un vaisseau admirable, mais nous pouvons voir qu'un désastre est possible si le Léviathan est confié à un capitaine et à un équipage qui n'ont pas les connaissances nécessaires et qui sont incapables de diriger le navire dans une tempête. Il s'agit de l'administration du système de la réserve fédérale et non du système même. Je crois, comme je vous l'ai déjà fait remarquer, que si le système de la réserve fédérale n'avait pas été privé de l'avis et de la direction, à une époque très critique de l'histoire de notre pays, de M. McAdoo, et comme j'ai dit, du président Wilson, du secrétaire Glass et du sénateur Owens, qui l'avaient en grande partie institué, si ces hommes avaient été là, et si M. McAdoo était resté à la tête du bureau de direction, ce dernier aurait prévu les dangers qu'offrait la politique de restriction du crédit poussée trop loin, et alors l'histoire économique et financière de notre pays et du monde des trois ou quatre dernières années aurait été bien différente. Maintenant, naturellement, il est très important pour qu'une machine compliquée ou qu'une loi importante soit bien administrée que l'efficacité atteigne le plus haut degré possible. Nous sommes tous humains, et des erreurs se glisseront toujours dans la gouverne d'un corps quelconque ou dans la direction d'une machine compliquée. Le point important, c'est de rendre l'organisation aussi à "l'épreuve des bombes" que possible. Je désirais faire cette déclaration parce qu'elle représente mon opinion

[M. J. Skelton Williams.]

sur la loi de la réserve fédérale. Je dirai ici que, comme contrôleur du numéraire, il était de mon devoir conformémement à la loi de la réserve fédérale, et comme membre du comité d'organisation, de concert avec le secrétaire du Trésor et le secrétaire de l'Agriculture, de diviser les Etats-Unis en douze districts fédéraux. Ce devoir fut confié à ces trois officiers. Ces trois officiers publics établirent les douze districts de réserve fédérale, et les douze villes de réserve fédérale, et j'ai dû signer comme contrôleur du numéraire la charte de chacune des banques de la réserve fédérale, de sorte que j'ai toutes les raisons de respecter cette loi et d'avoir confiance en son efficacité, et de ressentir toute maladministration du système, ou toute erreur qui peut se produire, comme cela arrive dans toute proposition. Si vous le désirez, je me ferai un plaisir de lire un passage de mon rapport annuel, comme contrôleur du numéraire pour l'année 1914.

Le PRÉSIDENT: Voulez-vous permettre d'abord à M. Good de poser quelques questions?

M. GOOD: Comme le temps passe très vite, je crois devoir profiter de l'occasion pour poser quelques questions à M. Williams aussitôt qu'il aura fait sa déclaration sur le système de réserve fédérale. Puis-je lui demander, cependant, avant qu'il ne commence, de nous donner sous ce rapport non un état détaillé de la constitution et du fonctionnement du système, mais une idée générale de la situation financière des Etats-Unis avant l'établissement du système; une idée des faiblesses dont on souffrait; un exposé des grandes lignes du système; quelques-unes des réformes que le système a effectuées après sa mise en vigueur, surtout pour ce qui est de la protection des déposants. M. Williams a expliqué à ce comité les rapports qui existent entre la question de l'établissement d'une banque centrale et celle de la protection des déposants. Je voudrais aussi l'entendre sur la question de l'établissement d'une banque de réserve fédérale ou d'une banque centrale de réescompte et de réserve sous le rapport de la protection des déposants. Je désirerais entendre M. Williams sur les possibilités qu'une banque de ce genre puisse stabiliser les prix et prévenir ces désastres terribles dont il a parlé. Je crois qu'il a dit à M. Stevens que les désastres qui ont frappé les banques des Etats-Unis au cours des dernières années ont eu pour cause...

Le TÉMOIN: Surtout.

M. GOOD: ...les politiques de baisse radicale et trop rapide adoptée en 1920. Monsieur le président, si M. Williams veut bien nous donner une idée générale, à son point de vue, du système de réserve fédérale, et peut-être, en conclusion, s'il a étudié la question, son opinion sur l'adaptation du principe du système américain d'une banque centrale aux conditions canadiennes, je serais heureux de l'entendre.

Le TÉMOIN: Je crois que dans mon rapport comme contrôleur du numéraire pour l'année 1914 (Pièce n° 9), je donne ce que l'on peut appeler une idée générale de la situation, et si au cours de la lecture que je vais en faire quelqu'un désire m'interrompre pour poser une question sur un point quelconque, je me ferai un plaisir d'y répondre.

La Loi de la réserve fédérale, approuvée par le président Wilson le 23 décembre 1913, a pour but non seulement de faire disparaître les faiblesses et les défauts du système monétaire sous lequel nous avons peiné, et quelquefois chancelé dans le passé, car les conditions et les circonstances auxquelles ce système devait spécialement répondre avaient changé, mais d'offrir aux gens de ce pays maints avantages nouveaux tout en soustrayant les affaires à bien des maux, des difficultés et des embarras dont elles ont beaucoup souffert et auxquels elles n'ont pu échapper.

[M. J. Skelton Williams.]

14-15 GEORGE V, A. 1924

Parmi les principaux avantages directs que le nouvelle loi confère se trouvent les suivants:—

Premièrement.—Elle procure un médium de circulation absolument sûr, forcément acceptable à sa valeur nominale dans toutes les parties du pays, bien qu'assez élastique pour répondre promptement aux demandes périodiques de numéraire additionnel qui suivent les mouvements des récoltes, et pour répondre aussi promptement aux besoins en cas d'effervescence d'activité industrielle ou commerciale, tout en étant susceptible de retrait automatique lorsque les demandes légitimes en ont cessé. Avec l'application de cette loi, les crises, ou "paniques" financières et commerciales comme celles qui ont visité le pays en 1873, en 1893 et de nouveau en 1907, avec leur cortège de malheurs et de ruines, semblent mathématiquement impossibles.

Secondement.—Elle pourvoit effectivement et scientifiquement à la mobilisation des réserves des banques des douze districts de réserve fédérale, où non seulement ces fonds sont disponibles pour les banques individuelles de chaque district respectif, mais, conformément aux stipulations sages et sévères de la loi, où le surplus d'argent de tout district particulier peut servir aux besoins légitimes de tout autre district qui en fait la demande.

Troisièmement.—Elle élimine la taxe indirecte de plusieurs millions de dollars chaque année sur le commerce et l'industrie du pays, payée sous forme de frais de "change" sur les chèques, et elle inaugure un système de virements par lequel il est entendu que tout chèque ou toute traite sur une banque de l'un des douze districts de réserve fédérale peut être payée sans les frais de change imposés dans le passé et peut être chargé dans les livres de la banque de réserve fédérale au compte de la banque sur laquelle il est tiré, dans la plupart des cas, dans les vingt-quatre heures ou moins qui en suivent le dépôt dans une banque du système. Cette clause libère plusieurs millions de dollars transportés autrefois en transit par la poste d'après un système de perception dispendieux et lent; ces fonds se trouvaient souvent absolument improductifs, alors que l'on en aurait eu grand besoin, retenus en transit d'un point à un autre.

Quatrièmement.—Elle fournit un système d'escompte par lequel toute banque bien dirigée est libre d'encaisser, en réescomptant, jusqu'au point jugé nécessaire ou désirable, tous les effets de commerce dont la date de l'échéance ne dépasse pas trois mois et que la banque a reçus dans le cours ordinaire de ses opérations. La nouvelle loi enlève, pour ce qui est des emprunts d'argent d'une banque de réserve fédérale, la clause qui défendait à une banque nationale d'emprunter un montant d'argent dépassant de 100 p. 100 son capital. On comprendra l'importance de la disparition de cette restriction si on sait que quelques-unes des banques nationales ont des dépôts qui égalent jusqu'à dix fois leur capital ou plus. La faculté de n'emprunter qu'un montant égal au capital ne permettrait pas, dans bien des cas, aux banques de répondre aux demandes qui arrivent avec les courses imprévues, les crises financières, ou les autres cas de demandes exceptionnelles.

Elle fait disparaître les peines dont étaient autrefois frappées les banques prospères et bien administrées en raison même de leur prospérité et de leur succès.

Elle enlève les restrictions qui affectaient la banque bien administrée quant au capital initial placé et lui donne les avantages légitimes de son entreprise et de ses opérations.

[M. J. Skelton Williams.]

Cinquièmement.—En plaçant toute banque bien administrée à même de convertir son actif promptement en espèces pour répondre à des circonstances imprévues ou à une course, elle a fait cesser la nécessité des fortes réserves du passé. On estime que cette diminution des réserves seule libérera plus de quatre cents millions de dollars ou de crédits immobilisés dans le passé pour les faire servir aux fins commerciales et aux demandes légitimes des affaires.

Sixièmement.—La nouvelle loi permet aussi aux banques nationales de prêter de l'argent sur des terres améliorées et libres de toute obligation, ce qui permet aux cultivateurs, classe la plus nombreuse et, sous bien des rapports, la plus importante de notre population de tirer directement avantage de la nouvelle loi.

Septièmement.—La nouvelle loi stipule que les banques nationales peuvent établir des succursales dans les pays étrangers; ces succursales sont placées sous la juridiction et sont soumises aux règlements et à l'inspection du bureau du contrôleur. Ces succursales devraient compter pour beaucoup au point de vue de notre commerce étranger.

Huitièmement.—L'ancien système de payer les inspecteurs des banques nationales en honoraires est aboli; et les inspecteurs de toutes les banques affiliées, nationales et d'état, sont maintenant placés sur une base qui nécessairement assure une efficacité et une compétence impossibles dans le passé.

Avec les dispositions de la nouvelle loi, la faillite d'une banque administrée efficacement et honnêtement est pratiquement impossible et il est facile de surveiller de plus près les banques affiliées. L'inspection plus complète et plus sérieuse de chaque banque en particulier est facile. Ces faits devraient réduire les dangers de malhonnêteté ou d'administration incompétente à leur minimum. On espère éviter à l'avenir toute faillite d'une banque nationale.

Neuvièmement.—La loi établit un système d'acceptation bancaire et un marché libre pour les effets de commerce qui, espère-t-on, permettra à ce pays d'obtenir une part plus large du commerce international et mondial."

Ce sont là les neuf points et avantages qu'apporte l'institution du système de réserve fédérale que j'ai remarqués alors.

M. McMaster:

Q. Monsieur, voulez-vous nous dire maintenant comment vous avez établi ces banques? Comprenez que quelques-uns d'entre nous ne savent absolument rien de la question, et expliquez-nous le système, et comment il fonctionne surtout au point de vue de la protection des déposants?—R. Vous parlez du système de réserve fédérale?

Q. De toute l'affaire?—R. Voulez-vous discuter le système bancaire fédéral avant l'établissement du système de réserve fédérale? Avant l'adoption de la loi concernant la réserve fédérale, notre système bancaire national était basé sur une mesure de guerre adoptée vers 1864 qui établissait une catégorie de banques autorisées à émettre du numéraire que garantissait les obligations du gouvernement. La seule base de garantie que les banques pouvait donner était les obligations du gouvernement. On imposait en même temps sur ces banques une taxe qui empêchait pratiquement les banques d'états d'émettre du numéraire. Je crois que c'était une taxe de 10 ou de 15 p. 100, n'est-ce pas monsieur Pole?

M. Pole: 10 p. 100, je crois.

Le témoin: C'était une taxe prohibitive sur le numéraire, de sorte qu'après l'inauguration du système bancaire national, les banques nationales seules pou-

[M. J. Skelton Williams.]

14-15 GEORGE V, A. 1924

vaient émettre du numéraire. A la fin de la guerre, il y avait environ trois
millions de dollars d'obligations au dehors, et ces obligations étaient la base du
numéraire que les banques nationales émettaient. Depuis la guerre, la dette
publique avait été payée presque entièrement, réduite à environ un billion, vers
1912 ou 1913, de sorte que l'occasion d'émettre du numéraire sur les obligations
du gouvernement disparaissait, et il n'y avait pas de numéraire facile à émettre,
aucun moyen d'augmenter l'approvisionnement d'argent du pays à mesure que
ce dernier se développait et augmentait le chiffre de ses affaires, de son commerce et de son industrie. Comme question de fait, une banque nationale avec
un capital d'un million de dollars et autorisée à émettre un million de billets ne
suffisait pas à augmenter l'argent en circulation par l'émission de ces billets. Il
leur fallait prendre un million de leurs fonds pour acheter un million d'obligations du gouvernement; lorsque les banques achetaient pour un million de ces
obligations du gouvernement, elles n'avaient que pour un million de billets des
banques nationales qu'il leur fallait avancer d'une façon ou d'une autre et de plus
il leur fallait placer 5 p. 100 au fonds de rachat. De sorte qu'en définitive le
montant d'argent en circulation avait diminué au lieu augmenter. Ce fonds de
rachat de 5 p. 100 était conservé et comme les billets des banques nationales pas-
saient d'une banque à une autre pour être payés, ils étaient payés par le trésorier
des Etats-Unis qui en chargeait le montant; il les payait à même le fonds de
rachat et avertissait la banque de bien vouloir en payer le montant. Comme
vous pouvez voir, ce système était loin d'être élastique et avec la disparition des
obligations du gouvernement, la base d'émission du numéraire diminuait constamment. Alors, en 1913, comme le pays se trouvait sous certains rapports deux
ou trois fois plus grand qu'en 1864, on avait que le tiers des obligations du gouvernement comme base d'émission du numéraire qu'il y avait il y a 50 ans. Nous
avions des paniques périodiques chaque année. Lorsque le temps de disposer de
la récolte arrivait, on se demandait, "Où va-t-on prendre l'argent?" Sous l'ancien
système des réserves, les banques du pays gardaient leurs prétendues réserves—
je ferais mieux d'être plus précis ici. Je crois qu'il y avait environ 47
grandes villes dans le pays, dont les banques nationales étaient appelées banques
de réserve et ces villes, villes de réserve. Les 3 plus grandes de ces villes, New-
York, Chicago et Saint-Louis étaient appelées villes de réserve centrale. Une
banque d'une ville de 10,000, ou 15,000, ou 30,000 de population conservait une
partie de sa réserve dans les villes de réserve, une des 47 villes; les banques plus
petites de réserve devait garder une partie de leur réserve dans les 3 grandes
villes, New-York, Chicago et Saint-Louis. Voici ce qui arriva. Lorsque les
banques de la contrée avaient besoin d'argent, et voulaient tirer sur leurs réserves
de la ville de réserve, cette dernière tirait sur New-York qui avait peut-être en
même temps une forte demande de fonds et ne savait pas où prendre l'argent et,
comme vous savez, au cours des 30 ou 40 dernières années, il s'est produit plusieurs paniques alors que les banques étaient toutes solvables mais n'avaient
pas assez de numéraire pour répondre à la demande. La loi de réserve fédérale
avait pour fin et pour but de remédier à cet inconvénient. Une petite banque
pouvait envoyer mille dollars à une grosse banque, et ce montant était envoyé
à New-York et escompté deux ou trois fois au cours du procédé, créant une
balance fictive qui ne pouvait répondre à la demande. Comme résultat de ce
système, nous avions ces paniques fréquentes et, presque chaque été, lorsque le
mouvement des récoltes arrivait, il y avait pénurie de fonds. Comme je l'ai dit,
les 12 villes de réserve avaient été désignées par ce comité composé du trésorier,
du secrétaire de l'agriculture et du contrôleur du numéraire; ces villes comprenaient New-York, San-Francisco et plusieurs autres villes du sud et de l'ouest
central. Il était stipulé que chacune des banques nationales souscrirait au
capital-actions de la banque de réserve de son district, qu'elle souscrirait 6 p. 100

[M. J. Skelton Williams.]

du capital et paierait 3 p. 100. Je crois que c'est cela, n'est-ce pas, monsieur Pole? la souscription originelle était de 6 p. 100?

M. POLE: Six p. 100, oui.

Le TÉMOIN: Elles en payaient 3 p. 100 en espèces et étaient tenues responsables pour les autres 3 p. 100. Comme le capital des banques était alors d'environ un billion de dollars, la contribution initiale au capital était d'environ soixante millions de dollars pour les banques de réserve fédérale, et la contribution moyenne était d'environ quatre ou cinq millions. Maintenant, les banques avaient ce fonds initial de soixante ou soixante-dix millions au commencement des opérations; ce fonds est aujourd'hui de plus de cent millions, et ensuite on dit aux banques de réserve: "Il vous faut laisser toute votre réserve dans les banques de réserve fédérale; au lieu de la laisser dans les villes de réserve ou à New-York, placez-la toute dans votre banque de réserve." De cette façon, on a créé une réserve de ces banques—peut-être devrais-je dire qu'il était stipulé **que** dans ces prétendues banques de la contrée il faut conserver 7 p. 100 des dépôts en réserve, 7 p. 100 des dépôts payables sur demande et 3 p. 100 des dépôts à terme. Les villes de réserve doivent conserver dans leur banque 10 p. 100 des dépôts, et les banques des villes de réserve centrale, au nombre de trois, New-York, Chicago et St-Louis, doivent conserver dans la banque de réserve 12 p. 100 des dépôts en espèces. Il fallait que ces réserves soient payées en or et en son équivalent. Naturellement, les douze banques de réserve fédérale ont pu accumuler en plus de leur capital de soixante-deux millions, une balance de réserve de mille millions, ou de douze cents millions, toute en or, et c'est sur cette base qu'elles ont accommodé les autres banques affiliées du pays. A une certaine époque, le montant en était de trois millions en tout.

M. McMaster:

Q. Puis-je poser une question? Est-ce que les banques de réserve ne prêtent qu'aux autres banques?—R. Les banques de réserve ne peuvent prêter qu'aux banques affiliées de leur propre district, sauf que la loi leur permet d'acheter sur le marché les effets certifiés des banques ou du commerce payables à terme plus ou moins long. Elles ne font affaires qu'avec leurs propres banques. Les douze banques de réserve peuvent aussi prêter à d'autres banques de réserve qui ont besoin d'argent pour l'accommodation de leurs clients. Une des dispositions de la loi permet de forcer une banque de réserve fédérale à prêter à une autre banque si on est lent à accorder l'accommodement dont une autre banque peut avoir besoin. Ainsi, si la banque de New-York dit: "Nous allons garder tout notre argent ici", le bureau de contrôle de la réserve peut dire: "Non, prêtez cinquante millions à San-Francisco", la banque de New-York devrait s'exécuter. Les douze banques sont pour ainsi dire ainsi canalisées. Si les fonds d'une banque sont bas, elle peut ouvrir la soupape et laisser l'argent de l'autre s'écouler, et il est ainsi possible de les maintenir au même niveau si on le juge désirable. Cependant, les réserves s'élèvent de soixante-trois millions à soixante-dix ou quatre-vingts ou quatre-vingt-dix millions. Si on jugeait à propos de les forcer à maintenir une réserve égale, on pourrait le faire.

M. Cahill:

Q. Est-ce que le capital-actions appartient entièrement à la banque affiliée? —R. Le capital-actions appartient tout aux banques affiliées. Une des dispositions de la loi, je crois, autorisait le bureau de contrôle à accepter des souscriptions publiques pour telle partie du capital-actions que n'avaient pas souscrit les banques affiliées, mais on n'a jamais été forcé de recourir à cette mesure.

M. Good:

Q. J'espère que M. Williams n'oubliera pas un ou deux des points que j'ai mentionnés; les possibilités de stabiliser les prix; l'application possible du prin-

[M. J. Skelton Williams.]

cipe d'une banque centrale aux conditions actuelles du Canada et de plus, la protection des déposants en général?—R. Je vais d'abord parler de la protection des déposants. En vertu des dispositions de la loi de la réserve fédérale toute banque bien administrée, honnêtement et prudemment administrée, peut toujours convertir ses effets de commerce, ses effets négotiables en espèces, plus facilement que dans le passé.

Q. Le nombre des faillites est réduit au minimum?—R. Sans aucun doute. Conséquemment, une banque dont les coffres sont remplis de bons effets de commerce n'a aucune raison de fermer ses portes, car sa banque de réserve peut toujours accepter ces effets. Si elle est rempli d'effets sans valeur et qu'elle a été malhonnêtement administrée, et est devenue insolvable. . .

M. W. F. Maclean:

Q. Et a été convenablement inspectée?—R. Oui; rien dans la loi ne peut forcer la banque de réserve à combler un déficit réel et à payer en espèce des effets sans valeur. mais si la banque a été prudemment administrée, si elle n'a pas dépassé la limite des prêts, et n'a pas prêté plus qu'elle n'était autorisée à le faire, il n'est pas probable que l'actif soit détruit ou disparaisse soudainement.

Q. Ainsi l'escompte pourrait être suivi de près par le service d'inspection? --R. Sans doute.

Le président:

Q. Est-ce que la loi stipule quant aux effets escomptables?—R. Oui, elle le dit clairement. Je vous laisserai les instructions très précises à ce sujet. On sait s'ils sont négociables ou non; on a pris des précautions sous ce rapport; les effets émis pour des fins agricoles, commerciales ou d'affaires peuvent être escomptés, mais les effets émis comme placement ou spéculation ne peuvent être escomptés.

M. Good:

Q. Et pour ce qui est de la possibilité de stabiliser les prix à un taux raisonnable d'intérêt?—R. C'est là, je crois, un sujet qui mérite toute la considération et devrait être étudié avec soin. Je ne crois pas que le bureau de contrôle de la réserve fédérale devrait se mêler trop de la question des prix. Je crois que l'on devrait se contenter des fonctions des banques. Je crois que le bureau de la réserve fédérale a eu tort, s'il l'a fait délibérément, d'entreprendre la baisse des prix en retirant le crédit; je crois que c'était là une démarche injustifiable.

M. McMaster:

Q. C'est là l'effet qu'a produit le retrait du crédit?—R. Si c'était là le but, on a eu tort de le faire. Les prix, à un moment donné, étaient trop élevés, mais tout économiste ou homme d'affaires pouvait voir qu'ils n'étaient pas pour demeurer ainsi indéfiniment. Est-ce qu'il n'aurait pas été plus avantageux pour le pays de procéder lentement et de laisser le consommateur absorber les produits dispendieux graduellement et réduire le coût par degré, afin d'éviter la baisse subite que l'on a eue?

M. Good:

Q. Le point que j'ai soulevé est celui-ci. M. Williams a dit très clairement que, à son avis, la mauvaise administration du système a conduit à des conséquences très sérieuses.—R. Je crois qu'au lieu de "mauvaise administration" j'aimerais mieux vous entendre dire la "politique malheureuse" qu'ils suivirent. Le résultat en a été la mauvaise administration, mais je n'irais pas jusqu'à dire que la chose a été délibérée. Je crois qu'ils poussèrent trop loin la politique de baisse.

[M. J. Skelton Williams.]

Q. Si la politique était malheureuse, je soulève alors la question de la possibilité d'utiliser ce système pour la mise en vigueur d'une politique heureuse, susceptible d'assurer le bien-être général en empêchant la baisse ou la hausse.—R. C'est là une question très vaste qu'il faut considérer sous tous ses aspects les plus larges, la question de savoir jusqu'à quel point le système bancaire doit s'ingérer dans la question des prix. C'est une question très vaste.

M. McMaster:

Q. Avec l'organisation actuelle du crédit, est-ce que les banques ne sont pas forcées de déplacer le niveau des prix?—R. Je crois que le système de réserve fédérale aurait tort de réduire les taux d'escompte à un niveau absurde, car tout le monde courrait emprunter de l'argent, puis les prix monteraient de nouveau.

M. Good:

Q. Ce qui amènerait la hausse des prix?—R. Ce qui amènerait la hausse, et je crois qu'il serait également malheureux, et peut-être davantage, si on causait une baisse au-dessous de la valeur réelle des choses.

Q. Sans pousser la question plus loin, j'aimerais à entendre vos vues quant à la possibilité d'appliquer ce principe au Canada. Je puis dire que dans ce pays, je crois, il y a maintenant un peu plus de 10 ans, des réserves centrales d'or où les banques peuvent déposer soit leur or, soit des billets du Dominion, avec permission d'y substituer leurs propres billets et aussi...

M. Garland: Pas y substituer, est-ce qu'il n'y a pas un proportion?

M. Good:

Q. Non, dollar pour dollar, je crois. Puis en 1914, nous avons eu la loi de finance de guerre qui accorda le privilège du réescompte aux banques. C'était là une mesure de guerre, mais elle est restée dans les statuts depuis.

M. Shaw: Je crois que vous devriez faire remarquer que cette réserve est sous le contrôle du bureau.

M. Good:

Q. Oui, la réserve centrale d'or est confiée à trois commissaires; deux représentent les banques canadiennes et un le gouvernement. L'administration de la Loi des finances de guerre est évidemment sous le ministre des Finances, mais en réalité sous le bureau du Trésor. Maintenant, on a discuté quelque peu ce matin une proposition qu'on avait été discutée à plusieurs reprises et laquelle comporte la création d'un bureau central, ou la nomination d'un directeur ou surintendant, ou d'une personne ou d'un comité, sous le ministère des Finances, et qui serait chargé de coordonner ces services divers qui ont actuellement leur organisation distincte; ceci comprendrait l'administration du réescompte, la direction de tout genre d'inspection que le gouvernement pourrait adopter à l'avenir et l'administration des réserves qui, comme vous le savez, donnent un certain degré d'élasticité à notre numéraire. Je désire obtenir votre opinion sur ceci: on a questionné M. Pole ce matin sur les avantages de la coordination de ces divers services, ainsi que de l'établissement au Canada d'une sorte de banque centrale de réserve comme celle qui existe aux Etats-Unis.—R. Je crois pouvoir répondre à cette question, si vous me le permettez, en disant que je ne vois rien dans votre système de banques, ou dans vos lois de banques, ou dans les conditions qui existent au Canada, qui puisse vous empêcher d'adopter un système semblable à celui que l'on a établi aux Etats-Unis. Je ne puis dire qu'absolument rien ne s'y oppose, ou qu'il n'existe aucune raison à l'encontre du projet, mais je dirai que je ne puis voir aucune raison pour qu'un tel système ne réussisse pas au Canada et je crois que la chose est absolument faisable. Je crois que les conditions ici sont, sous plusieurs rapports, les mêmes qu'aux Etats-Unis. Vous avez une vaste contrée

[M. J. Skelton Williams.]

85980—1—12

où les conditions varient, de l'Atlantique au Pacifique, et vous pourriez avoir, disons, quatre ou cinq banques de réserve fédérale entre Montréal et Vancouver qui rempliraient les mêmes fonctions que nos 12 banques de réserve fédérale remplissent dans nos 48 états.

Q. Ces banques seraient au courant des conditions locales?—R. Elles connaîtraient les conditions locales. Je ne vois aucune raison qui s'oppose au projet.

Q. Cette organisation pourrait, alors, s'occuper du réescompte qui se fait actuellement, de l'inspection et des réserves?—R. Certainement. Vous pourriez avoir, si vous aimez, la même base monétaire que nous avons. Une chose que je ne vous ai pas expliquée clairement, c'est notre façon d'émettre les valeurs. M. Jones se présente à une certaine banque et dit: "Voici cinquante mille dollars d'effets de commerce émis pour des fins d'affaires, des fins industrielles, et je désire les escompter." La première banque Nationale de Montréal dit: "Très bien, nous allons prendre vos effets. Nous vous avancerons l'argent si vous désirez." On va présenter ces effets à votre banque de réserve de Montréal, et on dit: "Voici cinquante mille dollars de M. Jones et $50,000 de M. Smith, $100,000 en tout. Nous désirons escompter ce montant." On répond: "Très bien, nous allons le faire," et on vous donne un crédit de $100,000—non, on vous remet la somme. Puis vous prenez ces effets et allez voir l'agent de la réserve fédérale à la banque et dites: "Voici $100,000 en effet; nous désirons obtenir $100,000 en billets pour répondre de l'argent que nous venons de prêter." L'agent de la banque de réserve fédérale répond: "Très bien, vous avez 40 p. 100 d'or contre ces billets?" Vous dites que oui et il ajoute: "Voici $100,000 de billets de la réserve fédérale du Canada," et il vous remet ces billets, garantis par 40 p. 100 d'or et par $100,000 d'effets, et je crois que dans ce pays les billets seraient aussi bons que ceux des Etats-Unis.

M. Benoit:

Q. Considérez-vous votre système bancaire comme le meilleur au monde? —R. Il répond très bien à notre situation. Je ne crois pas que nous soyons disposés à le changer pour tout autre.

M. W. F. Maclean:

Q. Je désire vous demander s'il se trouve dans la loi américaine des banques une disposition qui empêche les directeurs d'une banque de prêter la grosse partie de leur capital à deux ou trois individus?—R. Oui, certainement. Il y a toutes sortes de restrictions qui empêchent une chose de ce genre. Il existe une limite pour le montant qu'une banque peut prêter au même individu. Elles ne peuvent obtenir que tant d'effets; elles ne peuvent prêter que tant, basé, disons, sur 10 p. 100 de leur capital, au même individu, quel qu'il soit. Elles ne peuvent prêter que telle somme, et si elles ne peuvent accepter que tant en effets d'un individu, la banque de réserve fédérale ne peut prêter que proportionnellement.

M. McMaster:

Q. Trouvez-vous que cette disposition suffit?—R. Si un homme allait à deux ou trois banques dans le but d'escompter des effets, les banques de réserve fédérale s'en apercevraient. Les banques de réserve fédérale sont au courant de l'état des banques; les examinateurs leur envoient des rapports et, en plus, des rapports du contrôleur du numéraire, ils ont le pouvoir d'envoyer leurs propres inspecteurs à toute banque pour voir comment vont les choses. Je n'ai jamais entendu parler d'abus de ce genre.

M. Cahill:

Q. Croyez-vous le système américain plus utile pour le public que le système canadien?—R. Il répond à notre situation.

[M. J. Skelton Williams.]

Q. Vous n'aimeriez pas à tenter notre système?—R. Non.

Le PRÉSIDENT: Messieurs, dans quelques minutes, M. Williams devra nous quitter; conséquemment, je lui demanderai s'il y a quelque chose qu'il ne nous a pas encore communiqué.

Le TÉMOIN: Avec votre permission, je me permettrai de vous adresser certains documents qui touchent aux points que j'ai eu le plaisir de vous exposer aujourd'hui, y compris ce graphique dont je vous ai parlé, ainsi que des lettres circulaires et des états que l'on a publiés de temps à autre relativement à la période de baisse. Je vais vous laisser une copie du rapport du contrôleur (pièce n° 8), ainsi qu'une copie du rapport dont j'ai lu des passages concernant la réserve fédérale, le rapport de 1914 (pièce n° 9) ; et je vais vous embarrasser de mon rapport des six ou sept dernières années (pièces n°s 10 et 11). Je laisserai aussi à votre président ou à votre secrétaire un résumé du rapport soumis de temps à autre par les banques Nationales (pièce n° 12). Puis, voici la formule de demande de réescompte qu'a soumise une banque pour une des banques de réserve fédérale (pièce n° 13) ; une copie de la loi même des banques de réserve fédérale (pièce n° 6) ; et voici des documents sur notre dossier, différentes formules et listes (pièce n° 15) ; voici la formule du rapport de l'examinateur sur les conditions (pièce n° 14). Vous remarquerez dans ce cas deux ou trois feuilles jaunes. Ces feuilles servent au rapport confidentiel. Ce rapport est si confidentiel qu'il est remis séparément. Puis, voici une copie du résumé qu'a préparé la division de la statistique du bureau du contrôleur (pièce n° 4). Ceci indique comment les rapports des 8,000 banques sont compilés à mesure qu'ils arrivent. Il y a d'autres formules que je vais vous laisser et que votre secrétaire pourrait étudier ; ces matériaux pourront servir d'une façon ou d'une autre (pièce n° 15).

M. LADNER: Je crois que nous devrions inclure toutes ces formules dans notre rapport.

Le PRÉSIDENT: Je puis dire que j'ai examiné quelques-unes de ces formules avec le greffier du comité et je ferai rapport à ce dernier sur la question de leur impression.

Le TÉMOIN: Dans ce rapport de 1919, se trouvent trois graphiques dont je suis, à bon droit, je crois, très fier et satisfait, et qui indiquent la réduction du nombre des faillites de banques, le montant des profits et le reste.

Maintenant, je crois que c'est tout. Je désire vous remercier tous de la patience dont vous avez fait preuve en écoutant l'exposé que j'ai fait d'un sujet plutôt aride et technique. Je suis heureux de l'occasion qui m'a été fournie de vous rencontrer.

Le PRÉSIDENT: Je regrette de ne pouvoir trouver des mots qui expriment exactement les sentiments du comité, sentiments de gratitude envers l'honorable M. Williams qui a eu l'obligeance d'accepter l'invitation de venir ici pour communiquer à ce comité tant de renseignements précieux. Je suis sûr que cette occasion de le rencontrer et de nous rapprocher de lui contribuera largement à resserrer les sentiments cordiaux de confraternité et de bonne volonté qui existent déjà entre le Canada et les Etats-Unis.

M. WILLIAMS: En vous remerciant, monsieur le président et messieurs, permettez-moi de souligner la bienveillance et l'admiration que les Etats-Unis entretiennent envers le Canada, sentiments qui ont été doublement cimentés et augmentés à la suite de la part glorieuse que vous avez prise dans la grande guerre. · Je crois que les sacrifices que le Canada a faits en hommes et en argent n'ont été nulle part surpassés. Aucun des alliés n'a fait plus que le Canada. Je me suis trouvé à Washington pendant toute la période de la guerre et je me suis trouvé en communication intime avec le Canada de plusieurs façons, et je comprends plus que vous ne pensez le rôle admirable que vous avez rempli. Je suis

[M. J. Skelton Williams.]

heureux d'avoir l'occasion de contribuer, même faiblement, au bien-être du Canada, en vous aidant dans l'œuvre que vous avez en main et qui touche aux intérêts d'un peuple qui nous est rattaché par les liens du sang.

Le comité s'ajourne.

CHAMBRE DES COMMUNES,
SALLE DE COMITÉ N° 429,
MARDI, le 27 mai 1924.

Le comité spécial permanent des banques et du commerce se réunit à 11 heures de l'avant-midi sous la présidence de M. Vien.

Le PRÉSIDENT: A l'ordre du jour, nous avons d'abord la "correspondance". J'ai reçu une lettre de l'organisation des déposants de la Home Bank de la province de Québec, signée par M. Logan comme président et par M. Mitchell comme secrétaire-trésorier au nom des déposants de cette banque. Je vais remettre cette lettre au greffier du comité. Nous avons une autre lettre de l'Association au bénéfice des déposants de la Home Bank, signée par John Pullen, de l'Association exécutive nationale au bénéfice des déposants de la Home Bank. Cette dernière vient du n° 301, Transportation Building, Montréal.

J'ai reçu de Niagara-sur-le-lac une lettre de M. Gripton, dans le même sens et dans laquelle on demande que le comité s'occupe des intérêts des déposants de la Home Bank. J'ai une autre lettre de M. David Mills, 29 rue Grafton, London, Ontario, relatitve à un système d'audition pour les banques. Je les remettrai au greffier.

M. MACLEAN: Ces lettres paraîtront-elles au procès-verbal?

Le PRÉSIDENT: On n'a pas coutume de le faire. On les conserve généralement au dossier du comité, mais si quelques honorables membres demandent à ce qu'elles soient imprimées, le comité prendra une décision. Bien que je sois forcé de les communiquer au comité, ces lettres ne fournissent aucun renseignement nouveau. J'ai aussi une lettre de M. Forke adressée à M. Mitchell qui me l'a renvoyée; ci-joint se trouve une lettre de MM. Campbell et Duke, de Stewart, C.-B., à M. Forke, dans laquelle on traite de la question du change sur les chèques entre les banques.

M. MACLEAN: Je crois que nous devrions imprimer celle-là.

Le PRÉSIDENT: Je vais en donner lecture au comité. Ces lettres sont déposées sur le bureau du comité et on pourra y référer en tout temps. Cette lettre dit:

"STEWART, C.-B., 23 avril 1924.

M. FORKE,
Ottawa.

Cher monsieur,—Nous avons envoyé un chèque à Vancouver au montant de $11.60 et la banque Standard de cette ville nous a chargé 50 cents de change; ceci nous paraît du vol de grand chemin. J'ai envoyé une copie de la lettre au ministre des Finances, car le gouvernement exerce un contrôle sur les banques. Veuillez porter cette question devant le comité des banques de la Chambre, car il est temps que l'on fasse quelque chose au sujet des banques. Nous sommes d'avis que le gouvernement devrait s'occuper de cette question et que le comité des banques a intérêt à connaître ce détail.

Nous demeurons,
Vos bien dévoués,

CAMPBELL & DUKE,
par Howard Campbell."

' Le PRÉSIDENT: J'ai une autre lettre de M. W. O. Sealey, 61 rue Hunter, Hamilton, Ontario, relative aux comptes d'épargnes des postes, et dans laquelle on recommande l'abolition de la limite des dépôts dans ces banques d'épargnes et l'autorisation d'émettre des chèques sur ces dépôts.

M. MACLEAN: Je désire voir imprimer cette lettre, monsieur le président.

Le PRÉSIDENT: Les honorables membres du comité peuvent voir ces lettres. Si quelqu'un désire qu'elles soient imprimées...

M. MACLEAN: J'aimerais à ce que celle-ci soit imprimée.

Le PRÉSIDENT: Que l'honorable membre présente une motion à cet effet en due forme et le comité décidera si oui ou non on doit l'imprimer. J'ai aussi une lettre signée par G. G. Henderson, maire de Fernie, C.-B., parlant au nom des déposants de Fernie et de Coal Creek de la défunte Home Bank, et demandant notre assistance.

M. IRVINE: Avez-vous l'intention de présenter aujourd'hui à la Chambre votre recommandation sur l'extension de l'enquête?

Le PRÉSIDENT: Je ne sais s'il me sera possible d'être en mesure de présenter cette motion aujourd'hui. Je la présenterai certainement demain, mais je ferai tout en mon pouvoir pour la présenter aujourd'hui. Vient ensuite, sur l'ordre du jour, "rapport du sous-comité." Le sous-comité ne s'est pas réuni depuis notre dernière séance pour la recommandation des noms des témoins, mais en réponse à M. Maclean, je puis dire que l'Association des Banques du Canada m'a demandé de permettre à M. Neill, président suppléant de cette association, de comparaître relativement à la question d'inspection, et, conséquemment, je suggère que ce comité ou le sous-comité recommande que M. Neill soit entendu. Je ne crois pas qu'il soit nécessaire d'attendre que le sous-comité fasse cette recommandation, et je propose que nous fixions une date à laquelle les banques pourront exposer leur opinion sur la question de l'inspection gouvernementale.

M. IRVINE: Je suggérerai, monsieur le président, que si le ministre des Finances a admis que l'inspection des banques est nécessaire, nous entendions le témoin mentionné lorsque la modification couvrant ce point aura été rédigée et sera devant le comité pour discussion. Je suis d'avis que l'Association des banques ne sait pas beaucoup ce qu'est l'inspection des banques, car cette inspection ne s'est jamais faite et je ne vois pas comment cette association pourrait nous renseigner sur ce sujet.

Le PRÉSIDENT: Les banques canadiennes ont de gros intérêts et elles se rendent compte de l'effet qu'un système gouvernemental pourrait avoir sur leur commerce; conséquemment, je crois qu'il vaut mieux que le comité entende ce qu'elles ont à dire sur la question.

M. MACLEAN: Monsieur le président, j'aimerais à demander au ministre des Finances s'il est prêt à recommander pour ce pays un système d'inspection gouvernementale des banques, et, si oui, j'aimerais à ce qu'il nous montrât le projet de loi et à ce qu'il permît aux banques de le voir en même temps, et nous serons alors en mesure d'en arriver à une conclusion. Si nous ne réglons pas bientôt quelques-unes de ces questions, nous allons nous trouver à la fin de la session sans avoir réglé définitivement ces questions importantes, et ces dernières seront de nouveau renvoyées à plus tard. On les a étudiées dans le passé, et je suis d'avis que la seule façon de les régler est de présenter un projet concret. Il est temps que nous ayons devant le comité un projet sur l'inspection gouvernementale des banques, et surtout l'inspection sous le ministère des Finances. Si le ministre pouvait déclarer aujourd'hui qu'il a accepté la proposition, ou qu'il est à l'étudier, et que ses légistes sont à préparer l'amendement, nous pourrions passer à l'étude de quelque autre proposition.

L'hou. M. ROBB: Monsieur le président, j'ignorais qu'il avait été question de faire comparaître M. Neill jusqu'au moment où vous en avez fait la décla-

14-15 GEORGE V, A. 1924

ration. Je crois que le point que M. Maclean a soulevé est raisonnable, qu'il est temps que le gouvernement expose sa politique, et je dis franchement maintenant que le gouvernement a décidé d'établir un système d'inspection des banques sous le ministre des Finances, et nous soumettrons au comité dans un avenir rapproché un projet à cet effet. Il se peut que le titulaire que l'on placera à la tête de ce service se nomme "l'inspecteur des banques" et non "l'auditeur en chef". Nous sommes à étudier soigneusement dans ces jours où tout le monde parle d'économie, la question de savoir s'il serait possible d'utiliser l'organisation actuelle afin d'éviter le chevauchement et l'addition d'un certain nombre de nouveaux auditeurs. S'il est possible d'utiliser les auditeurs des actionnaires, nous voulons le faire. Vous comprenez que ces auditeurs doivent être d'une classe choisie, des hommes de haute réputation; ces auditeurs doivent être changés de temps à autre; nous sommes à considérer la question de savoir si cet inspecteur doit d'abord forcer ces auditeurs à lui envoyer, comme ils font actuellement pour les directeurs, l'état assermenté qu'ils vérifieront, et faire l'inspection des banques au bureau chef ou à toute succursale où on le jugera à propos au moins une fois par année et peut-être plus souvent. Mais nous voulons que ce système fonctionne de façon à ce que le public comprenne que le fait qu'un inspecteur visite une banque dans le but d'y faire une inspection n'indique pas qu'il y a quelque chose d'anormal dans cette banque. Dans le passé, lorsqu'on envoyait un auditeur dans une banque, il y avait aussitôt danger de soupçons graves contre l'institution. Nous voulons maintenant faire fonctionner le système de façon à ce que ce soit une chose ordinaire et naturelle de voir arriver l'inspecteur en aucun temps et le public croira que le ministère fait simplement son devoir. En somme, c'est là le projet que nous considérons et que nous voulons mettre en pratique et nous soumettrons bientôt une proposition à ce comité. Je serais heureux de voir comparaître M. Neill devant ce comité afin d'obtenir l'opinion des banques. Je ne vois aucune objection à cela; même, j'y vois un grand avantage.

M. MACLEAN: Me permettra-t-on une autre suggestion? Je désire poser une question au ministre des Finances et attirer son attention sur la classe d'officiers qui ont comparu ici et qui venaient des Etats-Unis. Je suggérerais au ministre que quelques-uns d'entre nous favorisent la nomination d'un officier quelconque, comme ceux dont j'ai parlé, qui remplirait simultanément l'office de receveur général et de directeur de l'inspection des banques, et autres choses de ce genre, mais il nous faudrait des officiers responsables de la plus haute compétence. Je lui donnerais $10,000 ou $20,000 par année pour ses service...

Le PRÉSIDENT: Nous sommes hors d'ordre. Si M. Ross veut bien nous dire quand M. Neill pourra se rendre ici...

M. ROSS: M. Neill est à New-York aujourd'hui, mais je puis l'atteindre et il se rendra ici au bon plaisir du comité.

M. IRVINE: Je propose que nous obtenions d'abord le projet du gouvernement, puis nous appellerons M. Neill et nous verrons quelles objections les banques peuvent avoir.

L'hon. M. ROBB: Qui est M. Neill?

M. ROSS: C'est le président suppléant de l'Association des banques canadiennes, et avec votre permission je dirai au comité que la remarque du ministre à l'effet que M. Neill pourrait être en mesure de faire des suggestions sur cet amendement est juste.

L'hon. M. ROBB: J'aimerais à entendre M. Neill.

M. RYCKMAN: J'ai remarqué que vous suggérez que le témoignage de M. Neill ne touche qu'à l'inspection des banques. Je crois que son opinion sur les autres questions serait précieuse pour ce comité, et j'aimerais à l'entendre également sur d'autres points.

Le PRÉSIDENT: Je crois que je me suis montré très libéral pour ce qui est de l'examen des témoins sur le sujet de l'enquête et même un peu en dehors.

M. McMASTER: Lui donnant une interprétation très large.

Le PRÉSIDENT: Oui.

M. RICKMAN: On devrait dire à M. Neill sur quoi porteront les questions.

Le PRÉSIDENT: Si le comité est satisfait, je crois que nous pouvons fixer à vendredi la comparution de M. Neill. Demain, nous aurons le témoignage du docteur Tory et nous pourrons entendre M. Neill vendredi à 11 heures.

M. IRVINE: Quand vous proposez-vous de prendre l'autre partie de l'enquête, concernant le remboursement des déposants de la Home Bank?

Le PRÉSIDENT: Je ne crois pas que le sujet soit devant le comité actuellement.

M. IRVINE: L'étude de la question l'est.

M. MACLEAN: Relativement à l'extension des banques d'épargnes des Postes, je donne l'avis de motion suivant:

> "Que de l'avis de ce comité le système de banques d'épargnes des postes devrait être étendu en permettant l'émission de chèques sur les comptes au bureau où se trouve le dépôt."

Ceci serait d'un grand avantage pour le public si on permettait l'émission de chèques.

Le PRÉSIDENT: Cet avis est déposé sur le bureau jusqu'à la prochaine séance du comité.

M. McMASTER: Je propose, appuyé par M. McKay,—

> Que l'on présente un rapport à la Chambre recommandant que les procès-verbaux et les témoignages du comité spécial permanent sur les conditions agricoles de la dernière session soient référés à ce comité.

La raison pour laquelle je présente cette résolution c'est que l'an dernier nous avons obtenu une foule de renseignements précieux, à mon avis, de plusieurs témoignages du comité spécial permanent sur les conditions agricoles de la année, je crois qu'il serait bon que le comité obtienne ces procès-verbaux d'une façon formelle afin de pouvoir référer régulièrement aux témoignages rendus et aux questions que ce comité a étudiées.

Le PRÉSIDENT: M. McMaster propose, appuyé par M. McKay, qu'un rapport soit présenté à la Chambre recommandant que les procès-verbaux et les témoignages du comité spécial permanent sur les conditions agricoles de la dernière session soient référés à ce comité.

La motion est adoptée.

Le PRÉSIDENT: Je crois que le rapport du comité a déjà été distribué avec les documents parlementaires de l'an dernier, mais j'essaierai d'en obtenir une nouvelle copie pour tous les membres du comité.

L'hon. M. STEVENS: Vous ne voulez pas dire une nouvelle impression?

Le PRÉSIDENT: Non; je crois qu'il en reste assez de copies pour les membres du comité. Nous avions décidé à la dernière séance que le premier témoin ce matin serait M. Finlayson, sur la question de l'inspection des banques. Nous allons l'entendre maintenant.

GEORGE D. FINLAYSON est appelé:

Le président:

Q. M. Finlayson, vous êtes le surintendant des assurances?—R. Oui, monsieur.

Q. Avez-vous une déclaration à faire au comité sur l'introduction d'un système d'inspection gouvernementale des banques? Si oui, veuillez procéder et

[M. George D. Finlayson.]

ensuite, peut-être, certains membres du comité vous poseront quelques questions.

M. MACLEAN: Est-ce que cette déclaration est personnelle ou est-elle faite au nom du département?

Le PRÉSIDENT: Au nom du département.

Le TÉMOIN: Monsieur le président, je n'ai préparé aucune déclaration sur la question de l'inspection des banques. Je n'ai pas étudié du tout la question des banques. Je n'ai aucune expérience avec ces institutions. Notre département fait chaque année l'inspection de quelque trois cents compagnies d'assurance, de fiducie ou de prêts, et j'étais sous l'impression que mon témoignage porterait surtout sur l'expérience acquise avec ces compagnies plutôt que sur les banques. Nous n'avons jamais fait l'inspection des banques et n'avons jamais même étudié officiellement les rapports des banques.

M. GOOD: Monsieur le président, je suggère que M. Finlayson nous donne une idée de l'utilité de l'inspection des compagnies de fiducie et de prêts, qui ressemblent beaucoup aux banques, inspection que l'on a établie, je crois, il y a une couple d'années. Je crois que s'il nous relate ses expériences, ou fait une déclaration sur ces points, le comité en retirera un grand avantage.

Le TÉMOIN: Monsieur le président, la loi autorisant l'inspection gouvernementale systématique des compagnies de prêts et de fiducie fut inaugurée il y a quatre ans, en 1920. Antérieurement, on avait adopté en 1914, des lois générales, la Loi concernant les compagnies de prêts, 1914, et la Loi concernant les compagnies de fiducie, 1914. Ce sont là les premières lois générales qui visent les compagnies de prêts et de fiducie de ce genre à charte du Dominion. Avant cela, elles tombaient sous l'autorité d'un article de la Loi des compagnies. Relativement aux compagnies de prêts, les lois de 1914 contenaient une disposition quelque peu semblable à celle de la loi des banques d'aujourd'hui. L'article 68 de la Loi des compagnies de fiducie, 1914, stipule que la compagnie doit adresser des états annuels au ministre des Finances. Puis l'article **10** dit:—

> "Le Conseil de la Trésorerie, sur le rapport du ministre, peut nommer quelque personne compétente en qualité d'inspecteur pour faire une enquête sur les opérations et l'administration de la compagnie, et doit en faire rapport au ministre, et le Conseil de la Trésorerie peut aussi prescrire de quelle manière et dans quelle mesure l'enquête doit être faite. Tous les officiers et serviteurs de la compagnie sont tenus de produire pour l'examen de cet inspecteur tous les livres ou documents dont ils ont la garde ou le contrôle et se rapportant aux matières faisant l'objet de l'enquête. Tout pareil inspecteur peut interroger sous serment les officiers et serviteurs de la compagnie relativement à ses opérations et peut faire prêter serment en conséquence."

L'article de la Loi concernant les compagnies de prêts est exactement semblable. Il est important de remarquer que c'est là un article qui permet, "Le bureau du Trésor peut nommer" quelqu'un. Il fallait d'abord un rapport du ministre au bureau du Trésor qui pouvait alors nommer une personne chargée d'enquêter spécialement sur les affaires de telle compagnie. Ces deux lois demeurèrent en vigueur pendant six ans, mais on ne recourut jamais aux stipulations de ces articles et s'ils étaient demeurés en vigueur pendant vingt ans, il est permis de dire qu'ils n'auraient jamais été invoqués, pour la raison qu'ils visaient d'abord un rapport sur une compagnie en particulier. Au cours de ces six ans il est bien connu je crois, qu'il existait des compagnies de prêts et de fiducie qui auraient dû être inspectées, qui avaient besoin d'une inspection; cependant, pour la raison que le ministre vient de mentionner au sujet des banques, elles ne furent

[M. George D. Finlayson.]

jamais inspectées. On savait que du moment que le gouvernement nommait un homme pour faire l'inspection de cette compagnie, les soupçons se répandaient. Si elle avait besoin d'une inspection, il y avait alors danger d'une course sur la compagnie, et cette dernière en souffrait probablement. Si au contraire, elle n'avait pas besoin de cette inspection, si les soupçons n'étaient pas fondés, on commettait alors une grave injustice envers la compagnie. En 1920, on décida de faire l'inspection systématique et périodique des compagnies de prêts et de fiducie, et au cours de cette année les deux lois furent modifiées de façon à stipuler que, "le surintendant doit inspecter lui-même ou faire inspecter par un membre dûment autorisé de son personnel, au moins une fois par année, le siège social de chaque compagnie ténue par la présente loi d'adresser des rapports au ministre". Depuis cette époque, à partir de 1921, on a fait l'inspection annuelle de toutes les compagnies de prêts et de fiducie.

M. Maclean:

Q. Combien d'employés faut-il pour ce travail?—R. Un seul.

M. McQuarrie:

Q. Les résultats en ont-ils été satisfaisants?—R. Nous le croyons.

M. Maclean:

Q. Avez-vous fait disparaître des abus avec ce système?—R. Nous croyons que oui.

M. Euler:

Q. Combien de ces compagnies y a-t-il?—R. Quinze de prêts et quinze de fiducie.

M. Spencer:

Q. Avec 300 bureaux?—R. Je parle maintenant des compagnies de prêts et de fiducie. On en compte 30 en tout. Puis, les compagnies d'assurances vont de 275 à 280 environ.

M. Marler:

Q. Combien d'hommes avez-vous sur votre personnel d'inspection, monsieur Finlayson?—R. Nous avons 8 ou 9 hommes en tout.

Q. Ils font l'inspection de quelque trois cents bureaux?—R. Oui.

Q. Ils vérifient les valeurs?—R. Oui.

Q. Les hypothèques?—R. Oui.

Q. La valeur des hypothèques?—R. Oui.

Q. L'enregistrement de ces dernières?—R. Oui.

Q. Et la garantie de ces dernières?—R. Pas dans chaque cas. Ce n'est que dans un faible pourcentage des cas que nous avons à étudier les valeurs et les garanties, mais on examine toutes les nouvelles hypothèques de toute compagnie d'assurance, de fiducie ou de prêts à moins d'un an après le placement. On examine les documents, les titres, le certificat de l'avocat et l'hypothèque elle-même.

L'hon. M. Stevens:

Q. C'est-à-dire, vous examinez les documents se rapportant à ces points dans les bureaux de la compagnie?—R. Les documents qui se trouvent dans les bureaux de la compagnie, puis nous examinons la garantie, le terrain grevé, et s'il semble y avoir une raison de pousser plus loin notre enquête, nous faisons évaluer la propriété.

[M. George D. Finlayson.]

M. Marler:

Q. Allez-vous voir au bureau d'enregistrement si ces hypothèques sont ou non en vigueur?—R. Ce n'est généralement pas nécessaire. Dans l'ouest du Canada, nous avons un certificat; ce dernier indique l'enregistrement de l'hypothèque et le titre.

Q. Il n'indique pas l'annulation, cependant; l'hypothèque peut avoir été antérieurement annulée. Le certificat indique que l'hypothèque a été enregistrée, mais vous n'examinez pas si l'hypothèque a été annulée ou non?—R. Généralement, non. Nous prenons le compte du grand livre. Si les paiements se font régulièrement, nous supposons que l'hypothèque est en vigueur. Si non, nous cherchons pourquoi. Si le prêt a été remboursé, nous supposons que l'hypothèque a été régulièrement rachetée. Règle générale, nous ne faisons pas enquête sur les rachats.

. Q. Vous prenez les livres de la compagnie?—R. Oui.

M. Spencer:

Q. Si vous avez des soupçons vous pouvez pousser votre enquête beaucoup plus loin?—R. Certainement.

M. IRVINE: Monsieur le président, je soulève un point d'ordre; est-ce que M. Finlayson a terminé sa déclaration, ou allons-nous commencer à lui poser des questions?

M. MARLER: Veuillez m'excuser, monsieur le président.

Le TÉMOIN: Je crois que j'avais à peu près terminé lorsque j'ai répondu à ces questions.

M. McQuarrie:

Q. Avant de passer à autre chose, voulez-vous être assez bon d'expliquer les bénéfices qui ont résulté de ce système d'inspection gouvernementale des compagnies de prêts et de fiducie, et sous quels rapports le nouveau système est meilleur que l'ancien?—R. Naturellement, il n'y avait pas de système d'inspection anciennement; l'ancien système se résumait à rien du tout pour ce qui est du gouvernement. Nous recevions les états; nous les compilons simplement d'après les rapports reçus, et on les publiait sous forme de sommaire abstrait. On ne prétendait pas faire une inspection. Règle générale, je crois, on ne changeait rien aux chiffres soumis. On découvrit lorsque l'on fit enquête sur les affaires de ces compagnies que certains placements n'avaient jamais été autorisés, des placements qui dépassaient les pouvoirs de la compagnie. La compagnie, d'après sa charte, ou en vertu de la loi générale, était autorisée à faire certains placements. Dans certains cas, des compagnies avaient dépassé leurs pouvoirs. Prenez, par exemple, une compagnie qui reçoit le pouvoir de faire des placements dans des valeurs canadiennes, des valeurs fédérales, municipales, ou de corporations à charte fédérale, ou provinciale. Dans certains cas, nous avons trouvé que l'on avait acheté des obligations de pays étrangers. Dans d'autres cas, on avait acheté des obligations de corporations à charte américaine. Il s'est rencontré plusieurs cas de ce genre. C'étaient des placements non autorisés. Dans plusieurs cas, ces placements ont causés des pertes. Ceci, je crois, ne peut plus se faire aujourd'hui.

M. Maclean: .

Q. On a fait disparaître tous ces placements illégaux?—R. On s'en est débarrassé ou on les a perdus; je ne dis pas qu'on a retiré tous ces placements. Il y avait aussi la quesiton des prêts aux directeurs. D'après l'ancienne loi de 1914. les prêts aux directeurs étaient permis; rien ne s'y opposait. La loi de 1922 défend ces prêts. A la suite de notre enquête, nous avons trouvé qu'entre 1820 et 1822, une grande partie de l'embarras et de la faiblesse de ces compagnies

[M. George D. Finlayson.]

venait du fait que les directeurs de la compagnie avaient emprunté sans garantie convenable. Sous l'empire de la loi des assurances de 1910, aucun prêt aux directeurs des compagnies d'assurance n'était autorisé. Les prêts aux directeurs qui dataient d'avant 1910, dans le cas de la loi des assurances, restèrent en vigueur; la loi n'était pas rétroactive. Les prêts faits de bonne foi avant l'adoption de la loi furent approuvés, mais on défendit de faire de nouveaux prêts. Nous suivîmes la même ligne de conduite en modifiant la loi des compagnies de prêts et de fiducie de 1922; nous déclarâmes qu'à l'avenir, tout prêt aux directeurs de ces compagnies étaient défendus. Les prêts faits de bonne foi avant cette date furent maintenus. Il y a aussi la question de l'intérêt sur les prêts en souffrance. Nous avons trouvé que plusieurs compagnies chargeaient intérêt sur des prêts en souffrance depuis longtemps. Certaines compagnies avaient crédité l'intérêt chargé sur ces prêts tout comme si l'intérêt avait été encaissé. Dans certains cas, nous avons trouvé que l'on avait payé des dividendes aux actionnaires à même cet intérêt non encaissé mais crédité. Dans d'autres cas, nous avons trouvé ceci: des compagnies avaient des prêts en souffrance et avaient saisi la propriété, mais elles continuaient à exiger l'intérêt au taux initial sur l'hypothèque au compte des immeubles.

M. Euler:

Q. Est-ce que ce règlement défendant tout prêt aux directeurs s'applique aux compagnies dont les directeurs de la compagnie d'assurance sont peut-être aussi directeurs?—R. Non, nous n'avons pas été jusque-là encore, monsieur. Nous comprenons la difficulté d'aller jusque-là, de dire qu'une compagnie de prêts ne peut faire un prêt à une autre compagnie dans laquelle le directeur de la compagnie de prêts est aussi directeur. C'est ce que vous voulez dire, n'est-ce pas?

Q. Oui?—R. On ne va pas jusque-là. Relativement à cette question des immeubles, nous avons trouvé que quelques compagnies—elles ne sont pas nombreuses, devrai-je dire—avaient suivi la pratique suivante: elles avaient fait un prêt de 8 p. 100, 9 p. 100 et 10 p. 100; le prêt était tombé en souffrance, et elles avaient opéré une saisie. Elles ont obtenu une évaluation de la propriété de beaucoup plus élevée que le montant de l'hypothèque au moment de la saisie, et elles ont continué à créditer l'intérêt au compte des immeubles au taux initial de 8 p. 100, 9 p. 100 et 10 p. 100, bien que la propriété ne rapportât rien ou presque rien. Naturellement, nous avons considéré cette pratique comme très mauvaise, et au cours de notre première année d'inspection, dans tous les cas, nous avons soustrait cet intérêt ou nous avons réduit d'autant la valeur au livre de la propriété.

M. Good:

Q. Vous avez dû rectifier les états financiers de ces compagnies?—R. Oh! très souvent.

Q. Rajuster leur actif?—R. Oui, monsieur. Dans le cas des immeubles, nous avons dû faire l'évaluation des propriétés des compagnies de prêts et de fiducie plus souvent au cours des deux ou trois dernières années que nous ne l'avons fait dans le cas des propriétés des compagnies d'assurance au cours des dernières quinze années; surtout, je crois, à cause du fait que ces prêts avaient été inscrits sans évaluation convenable.

L'hon. M. Stevens:

Q. Combien de ces compagnies de prêts acceptent des dépôts?—R. Environ la moitié, je crois. Je puis vous donner le chiffre exact.

M. Maclean:

Q. En chiffres ronds, quel est le total des dépôts?—R. Les dépôts des quinze compagnies de prêt à charte du Dominion s'élevaient en 1923, à quinze millions de dollars, en chiffres ronds.

[M. George D. Finlayson.]

14-15 GEORGE V, A. 1924

L'hon. M. Stevens:

Q. C'est là le total?—R. Oui. Des quinze compagnies, huit reçoivent des dépôts.

Q. Et les compagnies de fiducie?—R. Ces dernières reçoivent des dépôts mais on les appelle "fonds garantis"; c'est-à-dire, de l'argent remis à la compagnie en fiducie pour placement. Il ne s'agit pas de débiteur et de créancier, mais d'un dépôt en fiducie.

M. Good:

Q. Avez-vous trouvé des cas où on risquait les dépôts soit à cause d'une mauvaise administration ou d'une tenue de livres défectueuse?—R. Bien, naturellement, les affaires des compagnies en général ont souffert à la suite de mauvais placements dans certains cas.

M. Coote:

Q. Avez-vous eu des faillites?—R. Non, monsieur.

Q. Vous n'avez pas été forcé de fermer aucune de ces compagnies?—R. Pas encore.

M. Euler:

Q. Avez-vous l'autorisation de fermer les portes d'une compagnie, si vous le jugez nécessaire?—R. Oui, monsieur.

M. McQuarrie:

Q. Croyez-vous que l'inspection gouvernementale a prévenu des désastres?— R. Il est toujours difficile de dire ce qui serait arrivé.

M. Euler:

Q. Avez-vous déjà fermé les bureaux d'une compagnie?—R. Une compagnie de prêts ou une compagnie de fiducie?

Q. Oui, à la suite de votre inspection, à cause de son état financier?—R. Non.

M. Maclean:

Q. Mais vous les avez forcées à améliorer leur situation?—R. Nous le croyons.

M. Irvine:

Q. L'inspecteur est-il tenu sous clause pénale de faire son rapport annuellement au ministre?—R. Non, mais la loi l'exige et il s'y est toujours conformé.

Q. Quel est exactement le pouvoir du ministre des Finances lorsqu'il reçoit ce rapport?—R. La loi actuelle, avec les modifications de 1920 et de 1922, exige l'inspection annuelle systématique des compagnies et oblige le surintendant de faire rapport au ministre. Puis on procède comme suit:—

(1) Si, à la suite de l'examen susdit d'une compagnie, le Surintendant croit que l'actif de cette dernière ne suffit pas à justifier la poursuite de ses affaires, il doit faire une rapport spécial au Ministre sur la situation de cette compagnie.

(2) Si le Ministre, après avoir donné un délai raisonnable à la compagnie pour se faire entendre devant lui, et après avoir fait tout autre enquête et investigation qu'il juge à propos d'instituer, partage l'opinion du Surintendant, il peut suspendre ou annuler le certificat de la compagnie et elle cesse alors d'entreprendre d'autres affaires; néanmoins, le Ministre peut, durant cette suspension ou annulation, émettre le certificat conditionnel qu'il peut juger nécessaire à la protection du public.

[M. George D. Finlayson.]

(3) Si le Ministre le juge à propos, ledit certificat conditionnel peut prescrire que la compagnie doit, pendant la durée dudit certificat conditionnel négocier la vente de son actif et le transport de son passif à quelque autre compagnie, en vertu des dispositions des articles soixante-onze et soixante-douze de la présente loi.

(4) Si, à l'expiration du certificat conditionnel, il n'a été conclu aucun arrangement satisfaisant aux yeux du ministre, relativement à cette vente et à ce transport, et si la situation de la compagnie n'est pas alors de nature à justifier le rétablissement du certificat de la compagnie, cette dernière est réputée insolvable.

M. Euler:

Q. Croyez-vous, monsieur Finlayson, que si vous aviez la double responsabilité dans la loi, le public serait mieux protégé?—R. Je ne crois pas que ce soit nécessaire. Je dis cela d'après mon expérience avec les compagnies d'assurance. Nous n'avons pas la double responsabilité dans ce cas et les compagnies d'assurance constituent une entreprise beaucoup plus hasardeuse, surtout celle des compagnies d'assurance contre les incendies, que celles des compagnies de prêts, de fiducie ou d'assurance sur la vie. Nous n'avons jamais pensé qu'il y aurait avantage à imposer la double responsabilité aux actionnaires. Je devrais faire remarquer que dans nos états revisés nous ne créditons jamais le capital souscrit mais non payé. Certaines compagnies portent ce capital souscrit à l'actif et le considèrent comme une valeur sûre, mais nous l'ignorons entièrement.

M. Irvine:

Q. Croyez-vous, monsieur Finlayson, que l'on pourrait faire dans le cas des banques ce que vous faites pour les compagnies d'assurance?—R. Je crois que cette question devrait être posée à des experts banquiers; je ne suis pas un expert banquier ou, de fait, je ne suis pas du tout un banquier.

Q. D'après votre expérience générale, croyez-vous que la chose soit possible?—R. Je n'ai jamais pu comprendre, dans le cas de nouvelles transactions, pourquoi l'inspection ne serait pas avantageuse. Quand à savoir si l'inspection des banques remédierait au mal actuel, c'est une autre question.

Q. Je n'ai pas limité ma question au principe de l'inspection, mais au principe de l'assurance.—R. Vous voulez parler des dépôts seulement?

Q. Non, du principe sur lequel l'assurance est basée, l'idée coopération.—R. La plupart de nos compagnies d'assurance ne sont pas coopératives.

Q. Est-ce que les assurés ne sont pas réellement actionnaires dans la plupart des compagnies?—R. Non; nous n'avons qu'une seule compagnie d'assurance purement mutuelle sur la vie au Canada. Toutes les autres compagnies sont à fonds social.

Q. Est-ce que la tendance n'est pas vers l'assurance mutuelle?—R. Cette tendance ne se remarque pas au Canada.

M. Speakman:

Q. Avant d'abandonner ce sujet, est-ce qu'il existe des compagnies de prêts, de fiducie ou d'assurance à charte purement provinciale? Si oui, est-ce que vos droits d'inspection s'étendent à ces compagnies?—R. Non. Il existe un assez grand nombre de compagnies de prêts et de fiducie à charte provinciale. De fait, la majorité des compagnies de fiducie sont sous la juridiction provinciale. Quant aux compagnies de prêts, je dirai qu'il y en a environ la moitié à charte fédérale et la moitié à charte provinciale. Dans le cas des compagnies de fiducie, les plus fortes sont sous la juridiction des provinces; je dirai que, probablement, les trois quarts de l'actif des compagnies de fiducie sont dans des corporations provinciales, et d'après notre système constitutionnel au Canada le parlement du Dominion n'a aucune autorité sur ces compagnies à charte provinciale.

[M. George D. Finlayson.]

14-15 GEORGE V, A. 1924

M. Irvine:

Q. Est-ce que l'inspection s'occupe du taux de l'intérêt, peut-on le réglementer?—R. Non.

M. Maclean:

Q. En somme, pour ce qui est de ces compagnies à charte fédérale, vous croyez que l'intérêt public demande que cette inspection soit maintenue?—R. Nous le croyons; nous ne disons pas que l'inspection gouvernementale a remédié à toutes les faiblesses de ces compagnies; ces faiblesses étaient enracinées, et l'inspection gouvernementale ne pouvait, en si peu de temps, les faire disparaître. Nous croyons, cependant, que pour ce qui est de nouvelles transactions, l'inspection gouvernementale a été et sera d'un grand avantage.

M. Coote:

Q. Est-ce que la loi limite le montant du prêt que vous pouvez faire d'après le capital payé de la compagnie?—R. Non, monsieur.

Q. Y a-t-il des cas où les prêts surpassent le capital payé de la compagnie? —R. Je n'en connais pas. De fait, je crois pouvoir dire qu'il n'y en a pas.

M. Maclean:

Q. Est-ce que la plupart des grosses compagnies de fiducie de Toronto et de Montréal se trouvent sous la juridiction provinciale?—R. Les plus grosses le sont. La *National Trust Company* et la *Toronto General Trust Company*—ce sont celles dont vous vouliez parler, probablement, sont sous la juridiction provinciale. La *Trust and Guarantee Company* est une compagnie provinciale.

M. Spencer:

Q. Est-ce qu'elles sont toutes soumises à l'inspection du gouvernement provincial?—R. Pas dans toutes les provinces. L'inspection se fait dans Ontario maintenant. La province de Québec fait l'inspection des compagnies de fiducie depuis quelques années. Le système d'inspection de la province d'Ontario est très récent, on l'a introduit en 1921 ou 1922.

M. Maclean:

Q. Est-ce que cela comprend les compagnies de prêts aussi?—R. Oui.

M. Coote:

Q. Vous êtes-vous informé auprès des directeurs de ces compagnies si réellement ils connaissent bien les affaires de leurs compagnies? En d'autres termes, croyez-vous que ces directeurs sont réellement compétents?—R. Dans quelques cas, les directeurs ne sont pas tenus au courant des affaires de la compagnie. Dans certains cas, ils sont dans l'obscurité absolue. Le comité trouvera peut-être intéressant de connaître nos expériences sur les compagnies qui donnent des signes de faiblesse. Nous nous sommes occupés des compagnies d'assurance longtemps avant que nous nous occupions des compagnies de prêts ou de fiducie et nous avons adopté la coutume de voir à ce que les directeurs soient mis au courant de tout ce qui semble être dangereux ou non autorisé par la loi. Si nous découvrons des placements que n'autorise pas la loi, ou des placements dont la garantie est faible, ou si nous croyons que certains faits connus du bureau chef ne sont pas portés à la connaissance des directeurs, nous adressons d'abord des reproches au gérant et lui demandons de communiquer les faits aux directeurs. Si nous constatons que ceci n'a pas été fait, nous écrivons au gérant de la compagnie et nous adressons copie de la lettre, sous pli recommandé, à chacun des directeurs de la compagnie.

[M. George D. Finlayson]

M. Euler:

Q. Est-ce que règle générale vous ne trouvez pas qu'un exécutif peu nombreux s'occupe de ces questions?—R. Très souvent, oui; dans bien des cas, le gérant constitue tout le bureau de direction, ou on a un exécutif peu nombreux. D'autres directeurs, à cause de leur position, de l'endroit où ils demeurent, ne peuvent s'occuper beaucoup des affaires de la compagnie. Nous croyons que ces directeurs devraient être mis au courant de tout ce que nous jugeons dangereux dans la gérance de la compagnie. Je puis dire que d'après l'expérience acquise avec les compagnies d'assurance, de prêts et de fiducie, cette méthode d'inspection est absolument effective lorsque les directeurs sont indépendants de la compagnie. Par cela je veux dire des directeurs qui ne doivent rien à la compagnie sous forme d'emprunts sans garantie suffisante.

M. Shaw:

Q. Vous avez un système, n'est-ce pas, d'après lequel vous faites l'estimation des valeurs?—R. Oui, monsieur.

Q. Si je consulte le livre que vous publiez sur l'estimation des valeurs, je remarque que la dernière estimation des actions de la Home Bank est de 94, et naturellement, ces actions ne valent réellement rien. Je me demandais d'abord, comment vous obteniez cette estimation, et ensuite, pour ce qui est des actions des banques, si vous aviez accès aux autres divisions du ministère des Finances pour obtenir des renseignements sur les banques.—R. Parlez-vous de notre livre de 1923 ou de celui de 1922?

Q. Je crois que celui que j'ai vu est celui de 1922.—R. On n'a rien publié en 1923.

Q. L'estimation était de 94 tandis qu'en réalité, les actions ne valaient rien.

M. McQuarrie:

Q. Dites-vous qu'il n'y avait pas de Home Bank en 1923?—R. Nous n'avons donné aucune estimation des actions de cette banque.

M. Good:

Q. Quand ce rapport a-t-il été publié, celui de 1923?—R. Cette liste d'évaluation?

Q. Oui.—R. Elle porte la date du 1er janvier 1924, mais je crois qu'elle a paru le 20 ou le 23 janvier de cette année.

Q. Alors, la liste a été préparée avant la faillite de la Home Bank?—R. Oui.

M. Shaw:

Q. Comment établissez-vous ces estimations?—R. Dans le cas des actions des banques, la chose est simple; nous prenons la cote.

Q. Avez-vous accès au ministère des Finances pour y trouver les renseignements dont vous avez besoin?—R. Je suppose que oui, mais nous n'avons jamais rien demandé. Nous ne croyons pas que ces renseignements puissent être plus précieux que la cote ordinaire. Nous n'aurions rien eu de plus dans le cas des actions de la Home Bank.

M. Coote:

Q. Ne serait-il pas sage de stipuler dans la loi concernant les compagnies de fiducie que ces dernières ne doivent pas détenir des actions de banque, ou toute action à laquelle s'applique la double responsabilité?—R. Je dois dire que les actions de banque ne sont pas populaires comme placement avec ces compagnies, et elles ne l'ont pas été depuis quelques années. Elles ont toujours craint la double responsabilité.

[M George D. Finlayson.]

M. McMaster:

Q. Avant d'aller plus loin sur cet aspect de la question, il y a un point que je ne comprends pas très bien. Est-ce que, dans votre département, vous n'examinez jamais les affaires des compagnies de fiducie à charte provinciale?—R. Non, monsieur, nous n'avons pas le droit de le faire.

Q. Par exemple, est-ce que vous ne faites pas l'inspection de la *Royal Trust Company?*—R. Non, monsieur. Je dois faire une exception dans ce cas. La province de la Nouvelle-Ecosse a adopté une loi concernant les compagnies de prêts et de fiducie presque identique à la nôtre, et on nous a demandé de prêter notre concours dans l'inauguration du système d'inspection. De fait, nous avons fait l'inspection des compagnies de prêts et de fiducie de cette province l'an dernier, mais plutôt à la suite d'une entente entre les deux gouvernements plutôt qu'en vertu de toute autorité de notre part.

M. Coote:

Q. Est-ce que les actions des banques forment partie des placements autorisés des compagnies de fiducie?—R. Oui, ces dernières peuvent y placer leurs fonds, mais non ceux des dépôts de fiducie. Une compagnie de fiducie a ses propres capitaux et sa réserve qu'elle peut placer dans des actions de banque.

M. Maclean:

Q. Et peuvent-elles prêter de l'argent aux courtiers sur des actions de banque?—R. Naturellement, vous devez vous rappeler qu'en ce qui concerne les fonds fiduciaires, des fonds que l'on confie à des compagnies de fiducie pour être placés, à moins qu'autorisation en soit donnée, la loi de fiducie s'applique et le placement doit se faire dans des valeurs autorisées. Cependant, toutes les compagnies de fiducie sont autorisées à placer des fonds fiduciaires conformément aux termes du dépôt. Le déposant peut confier de l'argent à la compagnie de fiducie et signer un document qui laisse le placement de ces fonds à la discrétion de la compagnie. Avec cette formule, la compagnie est absolument libre de placer cet argent à son gré car le placement est conforme aux termes du dépôt.

Le président:

Q. Et le déposant n'a pas d'autre garantie que celle d'un déposant d'une banque ordinaire?—R. C'est le cas lorsque le dépôt se fait dans ces termes, et c'est là un point que nous avons tenté de contrôler dans cette loi des compagnies de fiducie, par les modifications de 1922.

M. Coote:

Q. Est-ce que ces compagnies de fiducie ne placent pas beaucoup d'argent sur des hypothèques de biens-fonds?—R. Oui; c'est une valeur de fiducie.

Q. Une forte partie de l'argent?—R. Une forte proportion.

Q. Que savez-vous relativement aux prêts que certaines compagnies de fiducie ont faits sur des immeubles dans l'Ouest? N'ont-elles pas subi des pertes énormes?—R. Oui, quelques-unes ont subi des pertes; quelques-unes ont perdu les intérêts, d'autres le capital; elles ont opéré des saisies et subi des pertes.

Q. Avez-vous envoyé vos inspecteurs aux bureaux de ces compagnies dans l'Ouest?—R. Dans quelques cas.

Q. Pour enquêter sur la garantie réelle de ces hypothèques?—R. Oui.

M. Shaw:

Q. Vous avez dit que la personne qui dépose son argent dans une compagnie de fiducie n'occupe pas la position du débiteur et du créancier; ce rapport n'est pas établi. Maintenant, ne serait-il pas possible d'étendre ce même principe aux banques jusqu'à un certain point, et alors les déposants pourraient avoir la pré-

[M. George D. Finlayson.]

férence, tandis qu'aujourd'hui ce sont des créditeurs non protégés?—R. Ils ont la préférence actuellement.

Q. Pas les déposants?—R. Oui, sur les actionnaires.

M. McMaster: Oui, mais ils ont cela dans toute compagnie.

M. Shaw:

Q. Supposons que vous remettez à une compagnie de fiducie la somme de $1,000 avec instructions de placer ce montant soit en votre nom, soit au nom de la compagnie, et cette dernière fait un certain placement; les bénéfices vont à vous entièrement, et si la compagnie tombe, vous êtes parfaitement protégé tant que votre garantie existe. Est-ce bien çà?—R. Pourvu que la garantie soit bonne, très bien; mais supposons que la garantie particulièrement assignée à ce compte soit mauvaise, dans un cas de faillite, le déposant se trouve en plus mauvaise posture que s'il avait une réclamation générale contre l'actif de la compagnie. Tout dépend des circonstances. Mais d'après votre méthode, si la compagnie se trouve en mauvaise posture et devient insolvable, votre déposant doit compter sur sa garantie particulière. Cette garantie peut être la plus mauvaise de toutes et il souffrirait plus que s'il avait accepté le sort commun des autres déposants et avait accepté comme garantie l'actif général de la compagnie.

M. Spencer:

Q. Avec l'inspection du gouvernement sa garantie est susceptible d'être assez bonne?—R. Nous croyons que les chances sont bonnes.

M. W. F. Maclean:

Q. Y aurait-il moyen d'amener les compagnies de prêts et de fiducie du pays sous la juridiction fédérale?—R. En modifiant la Loi de l'Amérique britannique du Nord seulement.

Q. Vous n'aimeriez pas à donner votre opinion quant à la sagesse de cette mesure?—R. Nous sommes peut-être préjugés.

M. Shaw:

Q. Il y a quelque chose d'intéressant à lire dans les témoignages sur la Home Bank; je remarque que cette banque était mêlée aux affaires d'une compagnie connu sous le nom de *Prudential Trust Company.* Cette compagnie avait placé un montant considérable d'argent contrairement aux dispositions de sa charte. C'était une transaction *ultra vires.* Avez-vous des détails sur cette affaire?—R. Oui, j'en ai entendu parler.

Q. Pouvez-vous démêler ce nœud au profit du comité?—R. D'après ce que je puis voir, c'est là une transaction très compliquée; il n'y a pas de doute à ce sujet. La transaction a finalement pris la forme d'un placement de compagnie de fiducie ou d'un dépôt d'argent dans un but de placement, mais avec instructions pratiquement spécifiques de le placer dans une valeur particulière.

Q. Parlez-vous de la *Prudential Trust Company* maintenant?—R. Oui. Nous disons que ceci est inconséquent; nous disons que ce ne peut être un placement garanti, un placement garanti de fiducie, puisque l'on n'a rien laissé à la discrétion de la compagnie de fiducie dans le placement de ces fonds. Dans ce cas, nous disons que la compagnie remplit le rôle d'agent. Elle n'exerce aucune discrétion. On lui a fait nominalement un dépôt d'argent en fiducie pour placement, mais on lui a dit de placer les fonds dans telle valeur. Par conséquent, nous disons qu'il ne pouvait y avoir aucune garantie; c'était une transaction d'argent.

M. W. F. Maclean:

Q. L'inspection gouvernementale des banques aurait pu vérifier cela pour ce qui est de la banque?—R. Je crois que oui.

[M. George D. Finlayson.]

M. Healey:

Q. Quel taux d'intérêt est-ce que les compagnies de prêts payent généralement sur les dépôts d'épargne?—R. Généralement 4 p. 100.

Q. La différence entre 3 p. 100 et 4 p. 100 serait de 1 p. 100. Croyez-vous qu'on pourrait réserver ce 1 p. 100 pour assurer les dépôts d'épargne?—R. Je ne saurais dire.

Q. Est-ce que vos actuaires pourraient nous dire cela?—R. Si vous pouviez me dire quelle serait la prime de l'assurance des dépôts d'épargne...

Q. C'est la différence entre 3 p. 100 et 4 p. 100; c'est 1 p. 100 par année?—R. Quelle est la prime nette de l'assurance des dépôts d'épargne? C'est là ce qu'il en coûterait. Ce n'est pas là un problème d'actuaire car il n'existe, à ma connaissance, aucune donnée sur les risques dans ce cas. Il vous faudrait trouver le risque pour savoir le bénéfice que donne une compagnie d'assurance ou le gouvernement.

Q. Vous avez 20 ans d'expérience avec les banques chartrées du Canada?—R. Ceci reste à savoir; je ne puis dire facilement quels ont été les résultats.

Q. Est-ce que cela pourrait se faire?—R. Tout ce que je puis dire c'est que je ne crois pas qu'on l'est fait avec succès.

Q. Nous ne l'avons jamais tenté au Canada?—R. Non; on me dit que certains états l'ont essayé. Je n'en sais rien officiellement; je n'ai jamais cherché à le savoir.

M. Good:

Q. Quant au pourcentage des pertes?—R. Oui. Si vous voulez savoir quelle prime il faudrait payer, il vous faut d'abord trouver les risques et la valeur des bénéfices. Ensuite, il serait bien facile de calculer la prime annuelle de l'assurance. Je ne crois pas qu'il existe de statistiques qui permettent de faire le calcul. Je n'en ai jamais entendu parler.

M. Coote:

Q. Les conditions financières fluctuent tant entre les différentes époques que vous croyez qu'il vaudrait mieux déterminer les risques?—R. Je crois que oui; je ne vois pas comment on pourrait le faire scientifiquement.

M. Spencer: •

Q. Vous dites qu'avant que le gouvernement prit charge de l'inspection des compagnies de fiducie et d'hypothèques, ces dernières étaient tenues de faire un rapport mensuel au ministre des Finances?—R. Pas mensuel, annuel.

Q. Puis, lorsque le temps arriva de procéder à l'inspection, vous avez trouvé qu'il existait bien des lacunes?—R. Oui.

Q. Serait-il juste de dire que le ministère des Finances prêtait à peu près la même attention aux rapports des compagnies de prêts et de fiducie que l'on prête actuellement aux rapports des banques, c'est-à-dire, les rapports étaient simplement compilés et publiés?—R. Oui, je crois que l'on se contentait de les compiler, on n'avait pas l'autorisation de changer un état. Le ministre ou tout officier du ministère n'avait pas l'autorité de biffer les placements non autorisés ou toute autre chose de ce genre. Il fallait pratiquement accepter les états tels qu'ils étaient officiellement soumis.

Q. Alors il est très évident que si nous avons l'inspection gouvernementale des banques, cette inspection gouvernementale sera aussi utile au point de vue du système bancaire actuel que l'inspection gouvernementale l'a été pour ces compagnies de prêts hypothécaire ou de fiducie?—R. Je ne puis parler comme expert banquier. Il peut y avoir des particularités dans le système bancaire. Je crois, cependant, qu'à première vue, il en sera ainsi; on en retirera un avantage. Relativement à cette question, je désire faire remarquer qu'il existe une différence vitale entre l'actif des compagnies d'assurance, de prêts et de fiducie, et l'actif

[M. George D. Finlayson.]

des banques; en ceci surtout: que dans ces compagnies, on n'accorde aucune considération à la garantie personnelle. Les compagnies d'assurance, de prêts et de fiducie sont autorisées à faire des prêts sur des garanties subsidiaires. Nous évaluons ce prêt sévèrement et nous évaluons la garantie subsidiaire tangible. Si nous trouvons que la valeur de la garantie tangible ne couvre pas le prêt, on fait une déduction ou bien le prêt est biffé. Un homme qui possède de grandes ressources peut obtenir un prêt comparativement faible d'une de ces compagnies...

M. McQuarrie:

Q. Que voulez-vous dire par le prêt est biffé?—R. Si la garantie est de nulle valeur, nous refusons simplement de reconnaître le prêt, peu importe la valeur du contrat des emprunteurs.

M. Hughes:

Q. Vous voulez dire que le montant est biffé?—R. Oui, biffé. Nous n'accordons aucune considération à la garantie personnelle de l'emprunteur.

M. McQuarrie:

Q. Mais il faudra que l'emprunteur paye?—R. Il est lié par son contrat, mais nous ne comptons pas sur ce dernier. Dans notre vérification de l'état, nous disons que si la garantie tangible donnée est sans valeur, le prêt ne vaut rien, à notre point de vue. Nous ne donnons aucun crédit pour le contrat personnel. Nous sommes forcés d'en agir ainsi. Dans le cas des banques, la chose est tout à fait différente. Une banque prête sur garantie personnelle et sur toutes sortes de garanties. Il est intéressant d'étudier ce qui constitue l'actif de nos compagnies d'assurance canadiennes sur la vie. A la fin de 1923, l'immeuble constituait 3 p. 100 du total. C'est à peu près la même proportion que pour les banques. Environ 3 p. 100 de leur actif représente des immeubles. Nous voyons dans les compagnies d'assurances sur la vie que les hypothèques constituent 25 p. 100 de l'actif; les prêts sur polices, c'est-à-dire, les prêts sur les polices de la compagnie données comme garantie, 14 p. 100; les obligations et les débentures, 45 p. 100; les actions, 4½ p. 100; l'encaisse, 1 p. 100; la solde des agents, 3 p. 100. C'est là à vrai dire le seul item où la garantie personnelle est acceptée. La compagnie a une certaine balance que ses agents doivent et ces derniers sont supposés honnêtes.

M. Healy:

Q. Quelle genre d'actions sont-elles autorisées à acheter?—R. Les actions de compagnies dans le cas de compagnies d'assurance et des compagnies de prêts et de fiducie; des actions qui ont déjà payé un dividende.

Q. Les actions de compagnies industrielles?—R. Oui. Dans le cas des actions privilégiées, ces dernières doivent avoir payé un dividende depuis au moins cinq ans; dans le cas des actions ordinaires, ces actions doivent avoir payé un dividende d'au moins 4 p. 100 pendant sept années consécutives avant qu'on en permette l'achat.

M. Coote:

Q. J'ai remarqué qu'une compagnie a placé environ un million et demi en actions ordinaires d'une corporation industrielle, et ces actions étaient pratiquement toutes *à l'eau*. Croyez-vous que ce soit là un bon placement?—R. Que valent-elles aujourd'hui? Ces actions étaient peut-être originellement *à l'eau*. Notre évaluation, croyons-nous, couvre cela. Nous disons, "Que valent-elles aujourd'hui?" Et ont-elles payé le dividende exigé, un dividende régulier pendant sept ans? C'est réellement là une condition très sévère. Il est surprenant de voir combien peu d'actions ordinaires remplissent cette condition.

[M. George D. Finlayson.]

M. Good:

Q. Supposons que les dividendes ne sont pas payés mais vont dans la réserve. La compagnie se trouverait en meilleure posture que si elle avait payé les dividendes?—R. C'est vrai; ici on demande que le dividende soit payé.

Q. A ce point de vue la loi est-elle défectueuse?—R. L'objection est raisonnable; il est difficile de dire si la compagnie qui place ses dividendes dans la réserve possède réellement une réserve.

M. McQuarrie:

Q. Est-ce que votre division pourrait se charger de l'inspection des banques? —R. Je ne crois pas. Je crois que c'est la tâche d'un expert banquier.

M. Euler:

Q. Faites-vous l'inspection de toutes les succursales des compagnies dans tout le pays?—R. Non, monsieur. Nous avons trouvé ceci dans le cas des compagnies d'assurance. Je crois qu'il est permis de dire que nous n'avons jamais fait l'inspection d'une douzaine de succursales de toutes les compagnies depuis que nous nous occupons de ce travail.

Q. Juste les bureaux chefs?—R. Juste les bureaux chefs.

Q. Je crois que vous avez dit que d'abord vous n'aviez qu'un seul inspecteur et que maintenant vous en avez neuf?—R. La première question se rapportait aux compagnies de prêts et de fiducie. Aujourd'hui nous avons trente de ces compagnies et j'ai dit que le même homme en fait l'inspection.

Q. Est-ce l'inspection des bureaux chefs?—R. Oui, et en certains cas, des succursales des compagnies de prêts et de fiducie, les succursales importantes où on administre une partie de l'actif.

Q. Et les neuf hommes?—R. Ils font l'inspection des compagnies d'assurance.

M. Coote:

Q. Y a-t-il une limite au taux d'intérêt que ces compagnies peuvent payer ou au taux d'intérêt qu'elles peuvent charger?—R. Aucune limite.

M. Shaw:

Q. Changez-vous vos auditeurs d'un district à un autre de temps en temps? —R. Règle générale, oui. Nous aimons à ce que nos hommes se familiarisent avec toutes sortes de compagnies autant que possible; nous comprenons l'importance de l'expérience dans un travail de ce genre.

M. McQuarrie:

Q. Quelles additions faudrait-il faire à votre personnel, croyez-vous, s'il vous fallait entreprendre l'inspection des banques?—R. Je n'ai jamais songé à cela, monsieur McQuarrie, je ne puis réellement pas dire. Comme je l'ai dit, nous n'avons aucune expérience avec les banques; nous ne sommes pas des banquiers.

M. W. F. Maclean:

Q. Comme les banques ont des succursales au Canada, seriez-vous prêt à dire si un système d'inspection des banques devrait comprendre l'inspection des succursales aussi bien que des bureaux chefs?—R. Je ne pourrais répondre à cette question si ce n'était de l'analogie avec nos autres compagnies, et je ne puis voir que l'inspection des succursales soit nécessaire. Il semble que d'après notre expérience les faiblesses viennent à la suite de grosses transactions; et peu importe où ces transactions se sont faites, on en trouve tous les détails au bureau chef.

M. Shaw:

Q. Est-ce que l'on s'est opposé au début à l'inspection des compagnies de prêts, de fiducie et d'assurance?—R. Je n'étais pas là alors, mais si j'en juge par les dossiers, je ne crois pas qu'il y ait eu d'opposition sérieuse.

[M. George D. Finlayson.]

Q. Est-ce que les compagnies sont en faveur de l'inspection maintenant?—R. Je crois que oui, en général. Il peut se rencontrer une exception, mais je crois qu'on l'accepte avec plaisir. Il est intéressant de lire les commentaires que l'on trouve dans les Débats de 1875 lorsque l'on suggéra pour la première fois l'inspection des compagnies d'assurance.

M. Hughes:

Q. Est-ce que le gouvernement paye le salaire de vos hommes ou est-ce que les compagnies en payent une partie?—R. Le gouvernement paye les salaires, et on répartit le montant total des dépenses sur les compagnies.

Q. Que voulez-vous dire par les dépenses?—R. Tout. Toutes les dépenses de cette division du service sont réparties sur les compagnies d'assurance.

M. W. F. Maclean:

Q. Il faut qu'elles payent sans protester?—R. Règle générale, on ne s'objecte pas.

M. Healy:

Q. Est-ce que l'on pourrait trouver le montant total des dépôts pour une période de plus de 20 ans dans les banques chartrées du Canada?—R. Je crois que nous pourrions trouver cela dans nos dossiers.

Q. Aussi la somme totale des pertes pour une période de vingt ans que les déposants ont subies à la suite de la faillite de banques chartrées?—R. Je crois que cela se trouve dans les dossiers.

Q. Pourriez-vous, d'après ces deux états, nous dire quel pourcentage d'intérêt sur les dépôts il faudrait réserver pour assurer les dépôts d'épargne à compter d'aujourd'hui, disons?

M. Good: En supposant que les pertes futures seront les mêmes que dans le passé.

M. Healey: Nous espérons qu'elles seront moindres.

Le témoin: Si vous pouviez supposer que les pertes à l'avenir, des 20 prochaines années, seront les mêmes que celles des 20 dernières années, vous pourriez, comme vous avez suggéré, trouver le pourcentage.

M. Healy:

Q. Pouvez-vous donner au secrétaire un état de cela?—R. Je pourrais l'avoir du ministère des Finances où on l'a peut-être déjà dans les dossiers.

Q. Je demande cela, parce que c'est la besogne des actuaires d'assurance de donner des chiffres.—R. Je n'affirmerais pas que c'est là un genre d'affaires qui regarde les compagnies d'assurances, car à ma connaissance en aucune partie du monde on ne peut trouver des compagnies assurant les dépôts ordinaires dans les banques.

Q. Nous avons actuellement en Ontario une banque supportée par le gouvernement et qui paie quatre pour cent d'intérêt sur les dépôts.—R. Oui, c'est une banque appartenant à un gouvernement.

Q. Ce que quelques-uns d'entre nous voudraient savoir dans le cas où la banque de ce pays tomberait exclusivement sous le régime gouvernemental...; voici une banque en particulier qui paie 4 p. 100 sur des dépôts assurés, tandis que les banques à charte paient seulement 3 p. 100 sur des dépôts non assurés, et il y a un danger que le gouvernement fasse concurrence aux banques à charte.

Un honorable membre: Laissons-le faire.

M. Healy: Ce serait un malheur. Je crois que quelques-uns d'entre nous sont d'avis que quelques dépôts d'épargne devraient être assurés, afin que les banques à charte puissent garder leur clientèle, qui sans cela irait à la banque du gouvernement.

[M. George D. Finlayson.]

M. W. F. Maclean: Ne savez-vous pas que le gouvernement des Etats-Unis émet maintenant des certificats portant 4 p. 100 d'intérêt?

M. Healy: Je parle de la banque de ce pays.

M. Good: Je crois que M. Finlayson comprend bien la question. Il lui faut un peu de temps pour préparer sa réponse.

Le témoin: Je n'ai pas les chiffres voulus à la main.

M. Euler:

Q. Connaissez-vous quelque institution organisée spécialement dans le but d'assurer les dépôts?—R. Je suis presque certain qu'il n'en existe pas. Aux Etats-Unis, les compagnies d'assurances assurent dans quelques cas des dépôts d'une certaine catégorie. C'est-à-dire qu'il y a dans les banques des Etats-Unis des dépôts qui, d'après les lois, doivent être assurés: ce sont les dépôts faits par des corps publics, comme les syndics, les corporations de districts scolaires et autres institutions de ce genre. Dans ce cas, les compagnies d'assurances émettent une garantie. Il est obligatoire pour quelques états que leurs fonds déposés dans une banque soient assurés, et les compagnies prennent ce genre de risque; mais l'assurance sur les dépôts ordinaires par le public est inconnue, je crois, aux Etats-Unis.

M. McMaster:

Q. Connaissez-vous le montant de la prime exigée sur ces dépôts par les compagnies d'assurances?—R. J'ai cela dans mes dossiers, monsieur McMaster, mais je ne pourrais le dire de mémoire. Je dis ce dont je me souviens. Je pourrais facilement fournir ce renseignement au comité.

Q. Cette prime est-elle très élevée?—R. Non, elle est relativement faible.

M. Good:

Q. Est-ce à peu près 1 p. 100?—R. Je crois que c'est environ $\frac{1}{2}$ p. 100.

M. Shaw:

Q. M. Williams nous a dit qu'une prime de $25 pourrait assurer un dépôt de $1,000,000?—R. Ce chiffre est basé sur les pertes subies sur les dépôts.

M. Good: M. Finlayson pourra déposer au dossier tous les renseignements qu'il pourra se procurer.

Le témoin: Je pourrai vous fournir un état des dépôts garantis aux Etats-Unis par les compagnies d'assurances.

M. Spencer:

Q. Depuis que nous avons une inspection faite par le gouvernement des compagnies de fiducie et de prêt, les déposants dans ce genre d'affaires ont-ils perdu de l'argent en Canada?—R. Non, monsieur, pas dans les compagnies faisant affaires dans le Dominion.

Le président:

Q. En avaient-ils perdu avant cela?—R. Oui.

Q. Dans les compagnies de prêt et de fiducie?—R. Par la faillite de compagnies de prêt et de fiducie. Je vais vous lire un paragraphe que j'ai ici au sujet de l'origine de l inspection des compagnies d'assurances. Le premier essai de règlement est antérieur à la Confédération. Dans la province du Nouveau-Brunswick, il y avait une clause concernant les compagnies d'assurances étrangères faisant affaires dans la province. Elles étaient obligées de s'enregistrer et de soumettre un état annuel. Dans l'ancienne province du Canada, vers 1860 ou 1863, il y avait une clause semblable, et une autre exigeant un dépôt de $50,000 pour obtenir un permis. Après la Confédération, en 1868, la même

[M. George D. Finlayson.]

clause a été incorporée dans les statuts fédéraux, et la situation resta la même jusqu'à 1875. Il y eut alors plusieurs faillites de compagnies d'assurances aux Etats-Unis, et sous la poussée de l'opinion publique, plus ou moins inquiète, on adopta pendant la session de 1875 une loi établissant l'inspection systématique des compagnies d'assurance, loi qui fut complétée en 1877. En 1875, la loi ne s'appliquait qu'aux compagnies d'assurance-incendie, et en 1877, elle fut étendue à toutes les compagnies d'assurance-vie, et dans le cas des compagnies étrangères, on adopta le principe d'exiger le placement en Canada d'une part d'actif suffisante pour couvrir complètement les responsabilités des compagnies envers les assurés canadiens. Il est assez intéressant de remarquer que l'inspection des compagnies d'assurances a originé en Canada à propos des compagnies étrangères seulement, sans qu'il soit question des compagnies canadiennes. On devait s'occuper d'abord des compagnies étrangères, puis, apparemment pour ne pas faire de distinction, l'inspection a été appliquée aux compagnies canadiennes. C'est en 1875 que la chose a été suggérée, et je trouve dans les Débats:—

> "Les efforts que l'on a faits dans le but d'obtenir une plus grande sécurité pour la masse du peuple qui se confit à l'assurance-vie, au moyen d'une inspection par le gouvernement, ont été tout à fait inutiles."

Avant cette date, on faisait une inspection aux Etats-Unis.

> "Les circonstances révélées dans l'état de New-York au sujet de l'une des plus fortes et des plus importantes compagnies d'assurance-vie. sur le continent et au Canada, ont démontré qu'il est absolument impossible d'avoir une garantie pour le public au moyen d'une inspection faite par le gouvernement."

M. McMaster: Nous avons entendu cela souvent.

M. Shaw: Qui a prononcé ces paroles?

Le témoin: (Lisant):

> "Des institutions que l'on croyait très solides, absolument dignes de, la confiance du public se sont écroulées, enlevant à un nombre incalculable de personnes, qui avaient versé des sommes énormes à ces compagnies, l'espoir de laisser à leur famille les bénéfices d'un confort qu'elles s'étaient efforcées de leur assurer. Ces institutions sont tombées en ruines et ont répandu la misère et le malheur dans toute l'étendue du pays. Je crois que le temps est arrivé où le gouvernement doit se faire un devoir sérieux de fournir une garantie plus directe, une certitude plus absolue aux personnes qui placent leurs économies dans les assurances-vie."

M. W. F. Maclean: Et dans les banques.

Le témoin: Il alla jusqu'à suggérer une garantie par le gouvernement du capital de l'assurance-vie dans chaque police. Cette proposition n'a pas été acceptée, mais le système d'inspection par le gouvernement a été inauguré en 1875, il y a cinquante ans: et jusqu'à présent, pas un seul assuré dans une compagnie d'assurance canadienne n'a perdu un sou.

M. Euler:

Q. Cette inspection s'étend-elle jusqu'aux assurances des mutualités fraternelles?—R. Oui.

M. W. F. Maclean:

Q. Peut-on trouver dans les comptes publics les montants que le gouvernement reçoit des compagnies pour le service d'inspection? Vous dites qu'elles paient les dépenses d'inspection. Où cela se trouve-t-il dans les comptes publics?

[M. George D. Finlayson.]

—R. Oh! oui, les frais du département des assurances, tel qu'il est maintenant organisé, y compris les salaires, frais généraux et tout le reste.

Q. Le ministre des Finances ou un autre membre peut-il nous dire ce qu'il en coûterait au pays de répartir les frais d'inspection des banques sur les banques elles-mêmes, en suivant l'exemple suivi pour l'inspection des compagnies d'assurance?

M. McQuarrie: Si l'inspection est faite de la même manière.

M. W. F. Maclean: Si l'inspection est parfaite, les banques devraient en payer les frais.

Le témoin: Les dépenses du département des assurances sont défrayées absolument de la même manière que celles des autres services. Elles sont comprises dans le budget et paraissent dans les comptes publics. Mais nous faisons une répartition sur toutes les compagnies en proportion de leurs recettes en primes pour les années précédentes, et elles versent leurs contribution suivant ce taux pour couvrir le total des frais. Les dépenses du département se sont élevées aux environs de $100,000.

M. Hughes:

Q. Les contributions sont versées au receveur général?—R. Oui.

M. McMaster:

Q. Combien a coûté aux compagnies l'inspection de l'année dernière?—R. L'année dernière le total des dépenses du département a été de $100,000 environ.

Q. Mais il y a certainement quelques dépenses qui ne s'appliquent pas aux recherches que les employés font?—R. Rien de bien élevé, et cela ne vaut pas la peine d'en parler.

Q. Sur combien de compagnies de prêt, de fiducie et d'assurance le montant est-il divisé?—R. Le chiffre est d'environ 300. Actuellement, la cotisation est répartie sur les compagnies d'assurance seulement. Nous avons l'idée de l'appliquer aux compagnies de prêt et de fiducie, aussitôt que nous pourrons fixer une base convenable de répartition. Je puis dire que le montant à répartir sur les compagnies de prêt et de fiducie ne dépasserait pas une proportion de 5 p. 100 du total. La contribution de chaque compagnie est donnée en bloc dans notre rapport annuel. Voici le montant réparti sur les compagnies d'assurance-incendie...

M. W. F. Maclean: Donnez-nous la page seulement.

Le témoin: Page 97 (a) dans la dernière partie de notre rapport; c'est le volume I de l'exercice financier de 1922. Le plus fort montant payé par une compagnie d'assurance-incendie a été de $1,476 pour cette année-là. Les contributions des compagnies sont probablement plus élevées. On les trouve à la page 135A du volume II, transactions de l'exercice 1922; le plus fort montant payé par une compagnie a été de $10,000.

M. Spencer:

Q. Quelle est cette compagnie?—R. La *Metropolitan-Life.*

M. Good: Monsieur le président, je voudrais avoir l'opinion de M. Finlayson au sujet de la publication de ces rapports. On y donne une certaine somme de renseignements pour le public, et il parle de rapports à faire au ministre des Finances, mais nous avons eu divers témoins qui nous ont parlé de plus ou moins d'à-propos de publier certains renseignements concernant les banques, et je voudrais avoir l'opinion de M. Finlayson au sujet de la ligne de démarcation entre les renseignements qu'il convient de donner au public, et ceux qui doivent faire l'objet d'un rapport confidentiel au ministre des Finances.

Le témoin: Nous donnons la plus grande publicité à nos rapports, comme tous les membres peuvent s'en convaincre en les consultant. Nous croyons cela

[M. George D. Finlayson.]

utile. Pratiquement tout l'actif de chaque compagnie est donné en détail, en spécifiant la valeur portée au grand livre et la cote du marché, celle-ci étant le chiffre que nous adoptons. Nous croyons cela préférable, parce que l'on peut se tromper dans l'évaluation de l'actif. Nous nous efforçons d'appuyer nos évaluation de l'actif. Nous nous efforçons d'appuyer nos évaluations du mieux que nous le pouvons, mais cependant nous pouvons nous tromper, et le public a toute liberté...

M. Good: De les contester?

Le témoin: Oui, et si nous avons tort, de les corriger à leur propre estime, de sorte que nous attachons la plus grande importante à la publicité sur les états financiers des compagnies. Je ne saurais dire si la chose serait possible dans le cas des banques.

M. Maclean:

Q. Cela vous met sur vos gardes?—R. Probablement, et c'est une bonne chose pour les compagnies et pour le public.

M. Hughes:

Q. Il s'agit de placements permanents?—R. Oui, et il y a une grande différence entre l'actif d'une compagnie d'assurance et celui d'une banque. Comme j'allais vous le dire, j'ai ici les placements faits par les compagnies d'assurance-vie canadiennes et l'on y trouve des valeurs de tout repos pour une proportion de 97 p. 100, valeurs que l'on peut évaluer à la plus haute cote du marché, de sorte qu'il ne reste que 3 p. 100 des placements ne reposant que sur une garantie personnelle. Mais quand nous passons aux banques, le tableau est tout à fait différent. Nous avons les prêts courants ordinaires...

M. Hughes: Certes, ceci ne peut être divulgué.

Le témoin: Les prêts courants et les escomptes forment 50 p. 100 de l'actif.

M. Hughes:

Q. Ces prêts changent de jour en jour.—R. Il y a ensuite de forts montants nantis sur garanties subsidiaires, mais dans le cas d'une banque, il faut considérer plus que cela, il faut voir l'élément de garantie personnelle en sus.

Q. Sur les effets de commerce?—R. Oui; je dis que 75 p. 100 au moins de l'actif d'une banque entre dans la catégorie des prêts sur garantie personnelle, tandis que dans les assurances, les prêts et la fiducie, 95 p. 100 des placements sont d'un autre caractère.

Q. Serait-il possible de les traiter de la même manière?—R. Il y a une différence excessivement prononcée.

M. Maclean:

Q. Il faut avoir un mode d'inspection pour chaque catégorie de prêts?—R. Oui, les compagnies d'assurance, de prêts et de fiducie ont un actif à peu près identique, mais pour les banques, les garanties et l'actif sont tout à fait différents.

Le président: Avez-vous d'autres questions à poser à M. Finlayson?

M. McMaster: Je ne crois pas que nous devions terminer aussi soudainement.

Le président: M. Finlayson sera à la disposition du comité en tout temps au cas où les membres auraient des questions à lui poser.

M. McMaster: Monsieur le président, je crois exprimer l'opinion de tous les membres en disant à M. Finlayson que nous lui devons beaucoup de reconnaissance pour le témoignage qu'il est venu rendre et les renseignements excellents qu'il nous a donnés.

Le témoin se retire. Le comité est ajourné.

[M. George D. Finlayson.]

SALLE DE COMITÉ, 429,
CHAMBRE DES COMMUNES,
MERCREDI, le 28 mai 1924.

Le comité spécial permanent de la Banque et du Commerce se réunit à 11.00, heures de l'avant-midi sous la présidence de M. Vien.

Le PRÉSIDENT: Avez-vous quelque communication ce matin? Des avis de motion?

Le PRÉSIDENT: Je dois informer le comité qu'hier j'ai proposé à la Chambre l'approbation du septième rapport de ce comité et qu'il a été ordonné:—

"Que les procès-verbaux et les témoignages du comité spécial de l'agriculture de la dernière session sur les Conditions agricoles soient référés à ce comité".

Toutes les copies que nous avons pu trouver du rapport du comité permanent sur les Conditions agricoles sont maintenant déposées sur cette table, et si les honorables membres en veulent une copie, ils peuvent en profiter. Je ne sais s'il y aura une copie pour chacun des membres du comité, mais je crois que plusieurs d'entre vous ont dans leurs documents de la dernière session un exemplaire de ces procès-verbaux.

M. McMASTER: On y trouve des renseignements de grande valeur.

M. MACLEAN: Avez-vous un autre rapport à faire approuver pour le soumettre à la Chambre?

Le PRÉSIDENT: Oui, c'est le rapport qui concerne la réserve fédérale. Est-ce de celui-là que vous voulez parler?

M. MACLEAN: N'avons-nous pas devant la Chambre deux rapports, dont l'un a été approuvé?

Le PRÉSIDENT: Oui.

M. MACLEAN: Quel est l'autre?

Le PRÉSIDENT: C'est le sixième rapport concernant l'étude du but, de l'organisation et du fonctionnement d'une banque de réserve fédérale.

M. MACLEAN: Nous n'avons pas encore été autorisés par la Chambre à entamer ce sujet?

Le PRÉSIDENT: Nous devions demander l'approbation de la Chambre cet après-midi, mais vu que c'est aujourd'hui mercredi, et que nous ne siégeons pas après six heures, quelques membres ont cru bon de remettre le sujet à plus tard. Nous pourrions aborder cela vendredi. Malheureusement plusieurs membres qui désirent parler sur cette question doivent être absents vendredi; ils partent par les trains de l'après-midi; mardi est un jour de congé, et par conséquent ce ne sera pas avant mercredi ou jeudi de la semaine prochaine que nous pourrons demander l'approbation de la Chambre.

M. MACLEAN: A moins de le faire aujourd'hui.

Le PRÉSIDENT: Oui, mais plusieurs membres s'y opposent. Je n'ai pas d'objection à présenter le rapport aujourd'hui, mais il y a opposition de la part de plusieurs membres.

M. GOOD: Pour ma part, je m'y oppose, monsieur le président. Je vous ai fait part de mon opposition, et je crois que plusieurs membres sont de mon avis. Nous ajournons à six heures, et nous savons tous que, s'il y a discussion, nous ne pourrons avoir un vote aujourd'hui, et la question restera indéfiniment en suspens. Je crois l'objection raisonnablement fondée.

Le PRÉSIDENT: Si la motion est renvoyée aujourd'hui, elle tombera à la fin de l'ordre du jour, et je crois que M. Good a raison à ce sujet; et c'est pourquoi j'ai accepté son opposition et j'ai conclu que tous les membres devraient avoir l'avantage d'exprimer leur opinion sur cette question.

[Dr. H. M. Tory.]

M. McMaster: Un des journalistes me rappelle que M. Graham, doit donner aujourd'hui son rapport sur les chemins de fer, et cela prendra certainement une grande partie du temps.

Le président: J'ai un avis de motion de M. Hodgins rédigé comme suit:—

"Résolu que l'article 131 de la Loi des Banques soit modifié de manière que les dépôts du gouvernement ne jouissent d'aucune préférence sur les dépôts des particuliers."

Ce sujet restera en suspens jusqu'à la prochaine réunion. Avez-vous d'autres avis de motion?

M. Maclean: Je voudrais en venir à celui que j'ai donné, le numéro 6.

Le président: Je vous demande de déposer tous vos avis de motion, afin qu'ils paraissent sur l'ordre du jour de la prochaine réunion, mais il est entendu que nous terminerons les témoignages des personnes convoquées avant d'aborder la discussion de ces avis. Il est aussi entendu que vendredi nous nous réunirons à dix heures et demie pour étudier la Loi concernant la compagnie générale d'assurance du cheptel du Canada, et qu'à onze heures nous entendrons M. Neill.

Messieurs, nous sommes honorés par la présence du Dr H. M. Tory, président de l'université de l'Alberta, président administratif du Conseil honoraire concernant les recherches scientifiques et industrielles. Le ministre des Finances lui a demandé de préparer un rapport sur la question du crédit rural. Son rapport a été imprimé et distribué, et il est classé dans les documents sessionnels sous le numéro 142 de 1924. Je suppose que nous pouvons demander au Dr Tory de nous faire un exposé, et si les membres ont quelques questions à poser, ils pourront le faire après que le docteur aura fini son exposé, si la chose vous agrée. Je crois que nous avancerons plus rapidement de cette manière.

M. McMaster: Le Dr Tory veut-il procéder de cette manière?

Dr Tory: Oui, monsieur McMaster.

Le président: En conséquence, je demande aux honorables membres de bien vouloir remettre leurs questions à la fin de l'exposé du Dr Tory.

M. Maclean: Pourrions-nous terminer son témoignage aujourd'hui?

Le président: Avez-vous une idée du temps qu'il vous faudra, docteur?

Dr Tory: Je suis ici pour aujourd'hui et demain.

Le président: Nous ferons de notre mieux, et nous verrons à une heure où nous en sommes rendus.

Le Dr Tory est appelé, prête serment et rend témoignage.

Le président:

Q. Je vous demanderais, docteur, de nous donner d'abord vos qualités, car je suis certain que cela intéressera les membres du comité.—R. M.A., D.Sc., LL.D., M.S.R.C., M.S.R.H.

M. McMaster:

Q. Que signifient ces dernières abbréviations?—R. Membre de la Société royale d'Histoire; président de l'université de l'Alberta, président administratif du Conseil pour les recherches scientifiques et industrielles du Canada.

M. Maclean: Et vous êtes aussi membre de cette sainte famille?

M. McMaster: Mais à un titre restreint. Monsieur le président, je crois que nous devrions demander au Dr Tory de nous décrire son travail.

Le président:

Q. Quels sont les travaux que vous avez faits au Canada à propos du crédit rural?—R. J'étais membre de la commission envoyée en Europe en 1913 par le gouvernement de l'Alberta et formant partie de la commission améri-

[Dr. H. M. Tory.]

caine pour l'étude du crédit rural, et j'ai aidé à rédiger le rapport qui a été publié plus tard par le Sénat des Etats-Unis comme document de ce Sénat sur le crédit rural en Europe. C'est la principale partie de mes études sur le crédit rural. J'ai fait un rapport au gouvernement de l'Alberta en 1914 sur le sujet que nous discutons présentement. Ce rapport traite de la situation européenne. Il n'y a pas actuellement en Amérique de plan général pour l'application du crédit rural. C'est pourquoi nous travaillons sur les méthodes européennes afin d'en tirer quelque renseignement.

Q. Et depuis quand, docteur?—R. Depuis que je suis président de l'université de l'Alberta et que je m'intéresse à ce sujet, mais avant d'être nommé pour étudier cette question, je ne m'étais pas du tout occupé du crédit rural.

Q. Quand avez-vous été nommé?—R. Le 23 août 1923.

Q. Par une lettre du ministre des Finances?—R. Oui.

Q. Cette lettre vous a donné les instructions que l'on voit à la page 7 de votre rapport?—R. Oui. Dans l'interprétation des instructions qui m'ont été données par le ministre des Finances, j'ai compris qu'il voulait me faire colliger des renseignements sur les systèmes de crédit rural, comme le veut ce comité, ou comme le demandait le comité de l'Agriculture de l'année dernière, et sa lettre était accompagnée d'un document que j'ai inclus dans ce rapport, et qui est la conclusion finale adoptée par ce comité de l'Agriculture, recommandant d'étudier encore ce problème. Je puis dire, monsieur le président, que j'ai bien été demandé de faire ce travail le 23 août, mais je me trouvais en vacance et n'ai pu m'y mettre que le premier novembre, de sorte que le rapport déposé devant le comité a été rédigé rapidement, afin de me conformer à la demande du ministre de le soumettre cette année au Parlement. Cela peut expliquer les erreurs de forme qui peuvent s'y trouver, vu qu'il m'a fallu faire beaucoup de recherches et écrire d'une manière presque continue.

M. Maclean:

Q. Quand avez-vous présenté ce rapport?—R. La lettre est datée. . .

Le PRÉSIDENT: Il n'est pas fait mention de la date.

Le TÉMOIN: Je crois que c'est le 4 avril.

M. McMASTER: L'ouvrage est très intéressant.

Le TÉMOIN: Après cette interprétation du travail que j'avais à faire, je commençai une tournée dans les parties les plus accessibles du Canada, d'abord dans ma propre province, et me rendant dans l'est jusque dans la province de Québec. Je ne suis pas allé dans les Provinces maritimes, et c'est pourquoi tous les renseignements qui sont dans ce document au sujet des Provinces maritimes me sont venus par voie de correspondance. Je n'ai pu non plus me rendre dans la Colombie-Britannique pour la même raison, et c'est pour cela que les renseignements concernant cette province proviennent soit de correspondances, soit d'une étude des documents. Après avoir voyagé en Canada, je me suis rendu aux Etats-Unis, car il est fait une mention spéciale du plan américain dans les instructions qui m'ont été données. J'ai passé quelque temps à Washington, revoyant tout le mécanisme des organisations de crédit rural établies par le gouvernement de Washington, et j'ai apporté avec moi des lettres d'introduction dans trois ou quatre centres principaux s'occupant de ce genre de banque, afin de pouvoir observer sur place le fonctionnement de ce système; en sus de cela, j'ai colligé tous les documents que je croyais intéressants au point de vue de mon travail, et alors j'ai passé quelque temps à rassembler dans tout cela et dans les documents que j'avais apportés d'Europe en 1913, les matériaux du rapport que vous avez devant vous. Vous connaissez suffisamment, je crois, ma méthode d'aborder ce sujet.

Maintenant, malgré qu'il m'ait été demandé de faire une étude spéciale du système américain, j'ai cru bon, pour bien comprendre le sujet à l'étude d'inclure dans ce document l'histoire du mouvement en faveur du crédit rural. Vous trou-

[Dr. H. M. Tory.]

verez à la page XLV une liste des parties de ce rapport. La première partie traite de considérations générales, définit simplement les termes usités dans le rapport, et discute certains principes fondamentaux. Je me suis efforcé d'éviter toute expression technique et d'établir les faits d'une manière directe et simple. La deuxième partie est un exposé du crédit rural en Europe. Je n'ai fait qu'établir la continuité historique et donner un aperçu général du but poursuivi dans les établissements européens de crédit rural. Je ne crois pas que nous puissions comprendre quelque chose à la question du crédit rural à moins de voir ce qui a été fait en Europe, car le plan américain résulte des études faites en Europe en 1913. Dans la troisième partie, j'ai présenté un bref exposé des méthodes appliquées dans l'Empire britannique, à part le Canada. La quatrième partie, qui, j'en suis sûr, vous intéressera beaucoup, décrit le mécanisme et le but du mouvement en faveur du crédit rural aux Etats-Unis. Dans la cinquième partie, vous trouverez un chapitre sur la situation locale du gouvernement en Canada, puis vient une discussion générale à la fin de la sixième partie. Maintenant, il est peut-être bon de prendre pour acquis que ce document n'a pas encore été très soigneusement étudié, et je ferais mieux de vous expliquer d'une manière générale au moins les idées qu'on y trouve.

Le PRÉSIDENT: Nous l'avons depuis deux jours seulement.

Le TÉMOIN: Or, en abordant ce sujet dans un sens large, voici comment j'interprète la situation: le mouvement en faveur du crédit rural a deux buts distincts, d'après la forme suivie en Europe, et maintenant copiée dans le continent de l'Amérique du Nord. Ils s'agit d'abord de combiner les garanties que les cultivateurs peuvent offrir pour obtenir un taux raisonnable d'intérêt, et deuxièmement d'obtenir des emprunts à longs termes ou à courts termes dans des conditions raisonnables de remboursement. On a compris rapidement que l'emprunteur retirerait un avantage appréciable de la substitution d'une garantie donnée par des hommes réunis en organisation puissante comportant une coordination des crédits, à la garantie offerte par un individu. Le mouvement du crédit rural en Europe est parti entièrement de l'idée de coordonner le crédit de ceux qui s'occupent d'agriculture, afin que l'argent afflue naturellement, non par un cours forcé, mais d'une manière tout à fait naturelle, dans les centres agricoles et à des taux d'intérêt raisonnables. Les premiers résultats constatés furent l'organisation ou la réunion d'emprunteurs qui prenaient une responsabilité illimitée pour tous les emprunts faits par les membres associés. C'est-à-dire, que 50 hommes propriétaires de terre dans un centre se réunissaient et s'engageaient toutes leurs propriétés contre les emprunts hypothécaires de toute l'organisation, disposaient le montant d'argent que chacun aurait la permission d'emprunter, et émettaient des obligations sur le marché, dans leur entourage du moins, et ces obligations étaient garanties par le total de l'apport de tous les membres. Cette idée de responsabilité illimitée a été la première qui ait servi de base au crédit rural en Europe. Il s'agit surtout d'emprunts hypothécaires ou à long terme. En Allemagne, ce mouvement a commencé de 1765 à 1770, après la guerre de sept ans, alors que les conditions étaient à peu près semblables à celles que nous avons aujourd'hui dans ce pays, et peut-être plus semblables à celles que nous avions il y a deux ans. L'argent était rare, et la seule méthode d'emprunter était l'emprunt individuel. Bien des personnes déclaraient banqueroute parmi les propriétaires terriens, à cause de leur incapacité de se procurer de l'argent pour continuer leur exploitation. Il fallait absolument un plan de crédit organisé. On ne voulait pas lever de l'argent par des moyens forcés, mais créer une garantie qui amènerait l'argent par des méthodes naturelles. On voit que la chose a réussi en Allemagne par le fait que cinquante années après, alors que les valeurs des cités et des villes et du gouvernement des états allemands sont tombées. si ma mémoire est fidèle, quand le 4 p. 100 est tombé à la cote de 20, les obligations de ces organisations n'ont jamais baissé au-dessous de 50: même en 1920, dans le présent siècle, les obligations de plusieurs de ces organisations

[Dr. H. M. Tory.]

(les Landschaften) qui sont réellement des compagnies de prêts hypothécaires, leurs 4 p. 100 sont encore cotés au-dessus du pair. Je ne sais ce qui est arrivé depuis 1920, mais cela indique que l'argent trouve un débouché naturel vers ces organisations, parce que les gens qui ont de l'argent à prêter sont satisfaits de cette garantie et consentent à le prêter à des taux proportionnés à la forme de garantie. En aucun temps après leur début, ces organisations ont été forcées, d'après ce que j'en connais, à payer plus d'intérêt que le gouvernement ou les cités et villes ou les municipalités. C'est le résultat de la coordination du crédit groupant ensemble les personnes qui veulent emprunter. Or, en Allemagne, tout le plan fonctionne dans le but de prendre l'intérêt de l'emprunteur. C'est-à-dire que les emprunteurs fournissent tous une garantie, et s'il y a des profits, ils sont versés à l'organisation à laquelle ces membres appartiennent. Il n'y a pas de dividendes aux prêteurs, à part l'intérêt déterminé par les obligations vendues. Les prêteurs placent leur argent comme ils le prêteraient au gouvernement, et ils retirent leur intérêt; tous les profits résultant des opérations retournent aux organisations elles-mêmes.

En France, nous avons un système tout différent. Les organisations correspondantes portent en France le nom de Crédit foncier, corps fonctionnant sous le contrôle législatif grâce à une subvention accordée par le gouvernement au début pour partir le mouvement. Je crois que le montant total est de 10,000,000 francs, et cette somme a été mise à la disposition du Crédit foncier pour le mettre sur pied. C'est une compagnie à capital-actions administrée par une compagnie privée, mais les taux d'intérêt sont réglés par le gouvernement. Je vous mentionne l'Allemagne et la France, parce que leurs institutions forment les types des organisations adoptées. En un mot, nous avons d'un côté des groupes d'emprunteurs qui, cherchant leur propre avantage, mettent dans leurs règlements des taux d'intérêt aussi bas que possible, et dans l'autre cas, une compagnie dont les taux d'intérêt sont déterminés par le gouvernement.

M. McMaster:

Q. Par l'Etat?—R. Oui, par l'Etat. En France, le taux de l'intérêt ne peut dépasser 6 p. 100 du coût de l'argent provenant de la vente des obligations. Dans toutes ces organisations, l'argent est prélevé au moyen de la vente d'obligations à long terme. En Allemagne, les obligations souvent ne sont pas rachetables, et il n'y a pas réellement de terme fixé pour le remboursement. En France, les obligations circulent pendant parfois 70 ans. Il y a un taux d'intérêt fixe basé sur le prix de revient de l'argent obtenu par les obligations. Je ne ne sais ce qui est survenu depuis la guerre au sujet des taux d'intérêt en France. Il peut y avoir des changements. Pour l'Allemagne, j'ai eu des renseignements allant jusqu'à 1920, mais pour la France je n'ai pu savoir rien de plus que les renseignements que j'avais déjà et datés de 1914. Le principe d'amortissement s'applique dans tous les cas. C'est-à-dire que les remboursements sont étagés suivant un certain pourcentage pour toute la période de nantissement. D'une manière générale, l'amortissement ne dépasse pas 1 p. 100, et il est parfois de $\frac{1}{2}$ p. 100. Je crois que ce dernier taux peut rembourser une obligation en 70 ans, tandis que 1 p. 100 effectue le remboursement en 35 ans. Je n'ai pas vérifié ces détails. Cependant, le point principal que je veux souligner, c'est que tous les plans européens sont à base d'amortissement, et la dette doit se rembourser par les revenus de la terre. Si un homme hypothèque sa terre il est entendu que l'argent emprunté doit être remboursé par les recettes provenant de la terre.

La commission américaine a été fortement frappée de cette idée d'amortissement, et je crois quelle a été portée à penser que l'idée vraiment utile qu'elle a apportée d'Europe est celle de l'amortissement sur hypothèque à long terme. En 1916, après une période d'agitation, le gouvernement des Etats-Unis a conçu un plan qui sera décrit dans le quatrième chapitre de ce rapport.

[Dr. H. M. Tory.]

M. W. F. Maclean:

Q. A quelle page?—R. A là page LXXVI: "Crédits ruraux aux Etats-Unis." J'ai essayé de décrire brièvement les raisons qui ont imposé ce problème aux Etats-Unis, et j'ai interprété les faits comme suit: durant les périodes où la terre se vend à bas prix, disons à un ou deux dollars l'acre, elle était d'abord de 1 à 3 dollars l'acre, il est facile d'acheter une terre, et si un cultivateur a la chance de se procurer des terres assez bonnes à proximité des marchés, il peut espérer recupérer le prix de sa terre en trois ou cinq ans. Mais en 1915, le ministère de l'Agriculture des Etats-Unis déclara que les 6/7 des bonnes terres sur le territoire américan avaient été prises. C'est alors que le prix de la terre s'est élevé du prix initial, environ $1.25 l'acre, jusqu'à $250 l'acre dans certains cas, et manifestement la question de rembourser le capital sur les terres achetées à $1.25 l'acre est tout à fait différente du remboursement à $250 l'acre, à moins que le possesseur ne trouve d'autres ressources en dehors de sa terre. S'il possède certaines ressources qui peuvent valoir pour un certain temps, il peut prendre une hypothèque pour cette période et purger cette hypothèque dans le temps prévu mais d'après ce que j'ai pu conclure, insensiblement le marché des hypothèques est devenu difficile, à cause de la rapide extension de la culture dans l'ouest des Etats-Unis. La situation est devenue plus compliquée par l'augmentation du prix des terres et la plus grande valeur qu'il fallait investir pour chaque cultivateur. C'est pour cela qu'il fallut un plan pour faciliter le crédit. Aux pages LXXVI et LXXVII, vous verrez une petite discussion sur le développement du marché hypothécaire aux Etats-Unis. En 1913, le ministère de l'Agriculture estimait qu'une somme de $3,599,000,000 était placée en hypothèques sur les terres agricoles des Etats-Unis. En sept ans cette somme est montée à plus de $8,000,000,000. C'est-à-dire qu'en sept ans les hypothèques sur les terres agricoles ont augmenté de 138 p. 100, augmentation énorme du marché hypothécaire de ce pays. Cette somme paraît énorme, mais en 1914, les mêmes hypothèques en Allemagne étaient au montant de $2,000,000,000, environ ¼. Si l'on se rappelle que l'Allemagne est un pays d'une superficie égale à environ 50,000 milles carrés, c'est-à-dire l'Allemagne d'avant la guerre, et elle est maintenant plus petite, moins étendue que l'Alberta ou la Saskatchewan, deux des provinces de l'Ouest, beaucoup plus petite que la province d'Ontario, on voit que l'augmentation de la dette hypothécaire n'est pas aussi sérieuse aux Etats-Unis, prenant en considération l'étendue des terres agricoles de ce dernier pays. Il est peu probable que l'Allemagne ait des terres productives d'une plus grande étendue que nos provinces agricoles comme l'Alberta et la Saskatchewan, où la plus grande partie de la terre est utilisée pour des fins agricoles. A la page LXVII, j'ai discuté les diverses méthodes d'obtenir du crédit, afin de mettre en lumière les raisons qui ont amené les Etats-Unis à établir le Bureau des prêts agricoles (The Farm Loan Board) avec ses diverses organisations. A la page LXVIII j'ai donné les raisons pour lesquelles toutes les dispositions déjà prises par le gouvernement des Etats-Unis n'avaient pu aonner satisfaction aux cultivateurs. Je vais vous lire cette partie afin de la souligner devant vous:—

Avec tous ces moyens d'action, il semblerait possible de faire face à tous les besoins d'argent contre garantie hypothécaire sur une terre agricole.

Mais il n'en est pas ainsi par suite des causes suivantes:—

(1) La haute moyenne des taux de l'intérêt en comparaison avec ce que doit payer le cultivateur européen, le concurrent du cultivateur américain, surtout dans les parties nouvellement ouvertes à la culture, les parties les moins susceptibles de donner une rendement en argent.

[Dr. H. M. Tory.]

14-15 GEORGE V, A. 1924

(2) Les frais trop considérables inhérents aux marchés d'emprunt, savoir les honoraires d'hommes de loi, les commissions et autres dépenses incidentes.

(3) L'impossibilité de retirer les versements sur les productions de la terre par suite des courts termes suivant lesquels les emprunts sont faits. Cet obstacle est encore plus important par suite de l'augmentation du prix de revient des instruments et méthodes de production.

(4) La connaissance que dans les autres pays on a trouvé des systèmes d'une caractère national fonctionnant pour l'avantage de la nation et des cultivateurs en particulier.

Ce sont les quatre raisons que j'ai saisies dans plusieurs conversations que j'ai eues avec des hommes bien au courant du mouvement, raisons qui ont amené l'établissement du Bureau des prêts agricoles. Ce bureau a été fondé par un acte du Congrès en 1916. L'objet de cette loi était de créer un certain nombre de banques de réserve fédérale. En réalité, ce ne sont pas des banques dans le sens que l'on attache à ce mot en Canada; ce ne sont pas des caisses où les gens déposent de l'argent avec faculté d'émettre des chèques valables sur ces dépôts. Ce sont des banques établies dans le but du commerce hypothècaire. On a établi 12 de ces banques dans 12 principales cités des Etats-Unis, et elles ont pour mission de desservir tout le territoire, chacune ayant une part assignée dans laquelle elle doit concentrer ses activités. Elles n'ont pas pour but de transiger avec les individus, et je crois qu'il convient de retenir ce détail. Aucun individu n'a accès à transiger avec ces 12 banques de réserve fédérale. Il doit parvenir aux banques agricoles en demandant un emprunt à une organisation locale correspondant à nos associations coopératives locales en Canada. C'est-à-dire qu'on a d'abord établi les 12 banques pour couvrir tout le territoire. Celles-ci ont le pouvoir d'organiser des associations locales, et ces dernières sont les intermédiaires pour obtenir les emprunts dans un certain groupement; elles avalisent le prêt, l'argent étant fourni par le système des caisses agricoles (Land Bank System). J'ai décrit à la page XCIX au moyen d'un petit diagramme le mode de fonctionnement de ces caisses. Le voici. Or, le Congrès américain s'est efforcé de mettre dans son système les mêmes idées que l'on trouve dans les systèmes allemands et français. Il a essayé de combiner les deux modes; c'est-à-dire que les banques agricoles fédérales sont des organisations montées dans les intérêts des emprunteurs, et dans un certain groupement, les emprunteurs se réunissent pour former un noyau. Ce noyau s'adresse à la banque agricole du district pour obtenir de l'argent. La banque a le droit de vendre des obligations et trouver de l'argent sur le crédit des gens demeurant dans son district. Elle ne reçoit pas d'argent des particuliers par la vente d'actions. L'argent qu'elle reçoit est levé à un taux fixe d'intérêt sur les obligations émises, et tous les profits vont aux emprunteurs eux-mêmes pour soutenir leurs institutions locales. Sur ce point, les banques fédérales agricoles suivent le système des Landschaften allemandes.

M. Maclean:

Q. Sur la garantie d'une hypothèque générale?—R. Sur la garantie d'une hypothèque couvrant toute la propriété. Mais les groupes locaux n'ont pas, comme en Allemagne une responsabilité illimitée des emprunts sur les propriétés. Si un homme veut emprunter $1,000, il doit acheter une action du groupe local au montant de 5 p. 100 de son emprunt, savoir $50 qu'il paye comptant, et il assume la responsabilité d'un autre montant égal, $50. Il souscrit $50 comptant, et en cas de perte il est responsable d'un autre $50. S'il n'a pas d'argent pour payer ce 5 p. 100 au début, il peut le prendre sur le produit de son emprunt.

[Dr. H. M. Tory.]

M. McMaster:

Q. Mais il doit acheter pour un montant de 5 p. 100 d'actions de son organisation locale? Je crois que vous avez dit de la banque?—R. Il achète pour
5 p. 100 d'actions du groupe local. Sur cette somme il reçoit des dividendes.
Ces dividendes se sont élevés en moyenne à 6 p. 100.

La raison de cet achat de 5 p. 100 en actions, c'est que le gouvernement a
déposé dans chacune de ces banques une réserve de $750,000, soit en tout $9,000,-
000; on a mis comme condition que les prêts en aucun temps ne doivent dépasser
le montant de 20 fois le capital versé à la banque. Pour commencer, le montant
des prêts pouvait être de 20 fois cette somme de $750,000. Et pour maintenir
le capital de la banque, tout homme qui emprunte achète des actions pour une
valeur de 5 p. 100 de son emprunt, de sorte qu'il capitalise son propre emprunt,
vu que les $50 représentent le capital nécessaire à un emprunt de $1,000. Chaque
emprunteur fournit donc le capital nécessaire à son propre emprunt. En sus, il
est responsable pour une autre valeur de $50 en cas de pertes faites par son asso-
ciation. Les associations locales sont donc de petites banques à double responsabilité.

M. Maclean:

Q. Les emprunts sont-ils limités?—R. Oui, mais aussi longtemps que la valeur
des terres reste conforme à l'évaluation déterminée par l'évaluateur officiel, chaque
banque peut augmenter indéfiniment ses prêts suivant les demandes qui lui sont
faites. Cela dépend réellement du nombre d'individus qui sollicitent des emprunts.

M. Hughes:

Q. Lorsque l'emprunt est remboursé, le capital est-il remis?—R. On le
rembourse, et l'emprunteur n'a plus de responsabilité envers l'association.

M. McMaster:

Q. La banque ne vend-elle pas des obligations pour trouver de l'argent?—
R. Oui, mais c'est une transaction d'un tout autre caractère. Toutes les douze
banques sont autorisées à effectuer des prêts à un taux qui ne dépasse pas six
p. 100, et elles ne doivent pas exiger plus de 1 p. 100 en sus du prix de revient
de l'argent réalisé par la vente des obligations; de sorte que les obligations ne
portent jamais plus de 5 p. 100. Si elles peuvent vendre à 4½ p. 100, elles peuvent prêter à 5½ p. 100; il leur est alloué 1 p. 100 pour la transaction des affaires.
Or, on a constaté, peu après les débuts du fonctionnement de tout le système,
qu'il était impossible de concilier l'idée de laisser chaque banque fonctionner
dans un district déterminé, et celle de forcer les douze banques, qui sont des
corporations séparées n'ayant pas de responsabilité les unes envers les autres,
à prêter leur argent à un même taux d'intérêt pour tout le territoire des Etats-
Unis, vu que l'argent peut s'obtenir à meilleures conditions dans certaines localités que dans d'autres. C'est alors que l'on a établi une responsabilité mutuelle
entre les douze banques; c'est-à-dire qu'on a mis leur responsabilité en commun pour tous les prêts. Le bureau des prêts agricoles surveille les relations
entre les douze banques. Il a organisé une agence de vente avec quelques
grandes maisons obligataires des Etats-Unis et celles-ci, avec l'organisation
centrale, s'occupent de la vente des obligations. Elles ont placé environ $800,-
000,000 d'obligations. On trouve ces chiffres dans le rapport. Ces obligations
ont été vendues surtout dans les états de l'est, et il en est résulté que l'on a pu
prêter dans tout le pays à un taux uniforme. Vous trouverez un exposé de tout
cela à la page XCIX; 12 banques fédérales agricoles ayant un capital de
$750,000, plus le cinq p. 100 des prêts. Ces banques font affaires avec les
cinq mille associations locales, et dans quelques cas spéciaux avec des agents.
Les cultivateurs peuvent faire affaires avec ces banques par l'entremise des

[Dr. H. M. Tory.]

associations locales. Dans quelques cas où il n'y a pas d'association locale de formée, il peut s'adresser aux banques par l'entremise d'agents locaux, mais dans chaque cas les agents sont responsables de la dette envers la banque fédérale agricole. Si l'agent est une compagnie de fiducie, et si la banque prête l'argent par ·l'entremise d'un agent, celui-ci doit avaliser le prêt fait par la banque fédérale agricole. On alloue ½ p. 100 pour la transaction. Jusqu'à présent le plan américain de banque fédérale agricole est semblable aux Landschaften d'Allemagne. Les quatre-vingts banques à capital social, mentionnées à la page XCIX du rapport, dont le fonctionnement est sous le contrôle du Bureau des prêts agricoles correspondent quelque peu au Crédit foncier. Ce sont des organisations ayant un capital social, acceptant de l'argent des particuliers et jouissant de certains privilèges spéciaux pour leurs prêts aux individus. Le cultivateur peut s'adresser directement à ces banques comme à toute autre institution privée. La seule précaution prise est que le taux de l'intérêt est fixé et que le Bureau des prêts agricoles doit donner sa sanction à la vente des obligations de ces banques. Mais ce bureau n'a rien à faire avec les finances de la banque. Les banques à capital social distribuent les profits aux actionnaires.

Le président:

Q. D'où tirent-elles ses profits?—R. Du capital social qui doit être d'au moins $250,000. Ce capital est souscrit, puis la banque lève des fonds par la vente d'obligations; il lui est alloué 1 p. 100. Elles ont le privilège de faire aussi d'autres transactions.

M. McMaster:

Q. Si je me rappelle bien, plusieurs de ces quatre-vingts banques à fonds social sont des institutions qui s'occupaient de crédit rural avant la formation du plan de prêts agricoles, et on leur a permis de continuer leurs opérations, à condition qu'elles consentent à laisser fixer leur taux d'intérêt par le gouvernement?—R. Je ne puis dire jusqu'à quel point ces banques ont fonctionné auparavant. Ces institutions doivent se conformer au règlement qui concerne le taux d'intérêt absolument comme le Crédit foncier, et c'est le secret de leur prospérité. Elles font aujourd'hui un fort volume d'affaires.

Le président:

Q. Leur nombre est-il limité à 80?—R. Non, mais elles doivent avoir un capital entièrement versé de $250,000 avant de commencer la transaction des affaires.

M. Hughes:

Q. Combien d'entre elles ont eu des embarras financiers?—R. Aucune.

M. Shaw:

Q. Le contrôle du taux d'intérêt est-il efficace?—R. Absolument.

Q. Nous ne pourrions obtenir cela en Canada, et je me demande comment ils ont pu y parvenir?—R. Les obligations doivent être vendues par l'agence centrale, et aucune obligation n'est lancée autrement. De plus le fonctionnement se fait d'après des règles bien définies.

M. W. F. MACLEAN: Parce que le crédit de toute la nation garantit le système.

Le TÉMOIN: Permettez-moi d'ajouter ceci au sujet du crédit de la nation. Ces organisations n'ont aucune garantie du gouvernement des Etats-Unis, à part le dépôt initial de $750,000, et déjà elles ont remboursé avec les profits une somme de $7,000,000 sur les $9,000,000 d'avance initiale. Le gouvernement des Etats-Unis a fait inscrire sur chaque émission d'obligation que celles-ci n'étaient nullement avalisées par le gouvernement.

[Dr. H. M. Tory.]

M. Irvine:

Q. Pensez-vous qu'il serait pratique de la part du gouvernement d'escompter les valeurs subsidiaires de ces sociétés. Ce mode ne serait-il pas tout aussi efficace et n'épargnerait-il pas bien des frais?—R. Vous parlez du crédit intermédiaire; je parle du crédit à long terme.

Q. Non, je veux parler du crédit à long terme?—R. D'après mes trente années d'expérience, je ne crois pas que vous puissiez trouver dans le monde entier un système bancaire pouvant tirer, au moyen d'un escompte de ce genre, sur l'argent servant aux affaires courantes.

Q. Mais le gouvernement?—R. Pour l'instant, tout ce que je puis dire, c'est que le gouvernement ne l'a pas fait. Le plan du gouvernement consiste à organiser les cultivateurs dans leur propre intérêt, et à leur faire disposer leurs garanties de manière à obtenir de l'argent à de meilleures conditions. L'argent afflue vers le crédit comme dans le cours ordinaire des affaires, et c'est ce que le gouvernement avait en vue. Vous trouverez à la page LXXXVIII les montants prêtés. Les banques fédérales agricoles, celles qui ont été organisées dans l'intérêt des emprunteurs, ont des obligations en circulation pour un montant de $865,000,000, tandis que les banques agricoles à fonds social en ont pour une somme de $360,000,000, un peu moins de la moitié des autres. J'appelle votre attention sur ce fait qu'aucun effort n'a été fait pour mettre en valeur l'un des systèmes plus que l'autre. Tout ce qu'on a tenté, c'est d'avoir un montant suffisant de prêts pour faire subir aux autres organisations l'influence régulatrice des taux d'intérêt. En 1914, environ 40 p. 100 des prêts faits aux cultivateurs allemands avaient été effectués par ces organisations, et le reste provenait d'organisations particulières de divers genres. Je crois hors de tout doute que cette proportion de 40 p. 100 sert pratiquement de base pour déterminer le taux d'intérêt des organisations concurrentes. Aux Etats-Unis, ces deux organisations, celles qui établissent la norme du taux d'intérêt, ont des prêts au montant de $1,300,000,000 sur un total de $8,000,000,000, ces chiffres étant donnés pour jusqu'à la date du 24 février. Cela forme 16 p. 100 environ, une proportion bien inférieure au 40 p. 100 allemand. Mais il n'y a pas de doute que ces deux plans ont déjà eu une influence prépondérante sur le taux de l'intérêt, surtout dans les centres favorisés. Ce sont là les deux types de banques pour les prêts à long terme. On y trouve le principe d'une corporation privée et le principe de corporation publique, et le gouvernement leur a accordé une aide suffisante pour les lancer, mais c'est là toute la garantie accordée. Je crois qu'il est bon de mentionner, et la chose m'a été dite par plusieurs fonctionnaires du gouvernement, que l'on croit aux Etats-Unis que ces organisations, ayant été créées par le gouvernement et étant surveillées par le gouvernement, avec en plus une certaine protection au sujet des transactions, ne peuvent s'en aller à la faillite sans que le gouvernement leur vienne en aide.

Le président:

Q. Quand vous dites que ces corporations ont été créées par le gouvernement, parlez-vous des banques fédérales agricoles ou des compagnies à capital social?—R. Des deux, car toutes deux ont été établies par une législation spéciale du gouvernement.

M. Maclean:

Q. Une législation qui a étendu le sens du mot "banque"?—R. Oui, on emploie ce mot là-bas dans le même sens qu'on l'entend d'habitude sur le continent européen.

[Dr. H. M. Tory.]

M. Garland:

Q. Voulez-vous dire que les banques agricoles à fonds social ont été créées par une législation spéciale?—R. Elles doivent leur existence première à la Loi des prêts agricoles.

Q. Peut-on appeler cela une législation spéciale?—R. Ce que j'entends par législation spéciale, c'est que la même législation qui a établi les banques fédérales agricoles a aussi autorisé la formation, sous la direction du bureau des prêts agricoles, de ces banques agricoles à fonds social. Certes, dans ce dernier cas, il faut que les individus prennent l'initiative.

Le président:

Q. Je crois que le comité voudrait bien rendre ce point bien clair. Ce que comprennent quelques-uns des membres, c'est que ces banques à fonds social ont existé avant de s'adapter au nouveau plan?—R. Oui, elles sont considérées comme banques agricoles du moment qu'elles se conforment à la nouvelle loi.

M. Garland:

Q. Il s'agit pour elles tout simplement de se conformer à la loi?—R. Exactement.

Q. Elles ne doivent pas leur existence à une législation spéciale, elles existaient déjà?—R. Pas nécessairement. Plusieurs d'entre elles se sont adaptées à la nouvelle législation, mais il en a été organisé de nouvelles.

Le président:

Q. Mais plusieurs existaient déjà, et elles se sont simplement conformées au nouveau plan?—R. Oui, il y a eu une réorganisation dans quelques cas, afin de se conformer à la nouvelle loi. Je n'ai peut-être pas expliqué cela clairement. Par une loi, on a créé les banques fédérales agricoles afin de venir en aide à tous les emprunteurs. On a autorisé en même temps les banques à fonds social, sans en mentionner le nombre, à se conformer à la nouvelle loi en acceptant les taux d'intérêt fixés. Cette adaptation a été entièrement laissée à l'initiative privée. Le but visé était d'appliquer l'idée du crédit foncier qui reçoit de l'argent des particuliers, et le système allemand où tout l'argent est fourni de manière à profiter aux emprunteurs.

M. W. F. Maclean:

Q. Ces banques doivent se conformer à la clause du taux d'intérêt?—R. Oui.

Le président:

Q. Le capital de \$250,000 est-il un maximum ou un minimum?—R. Un minimum.

M. Hughes:

Q. Les obligations émises par ces corporations sont-elles sujettes à la taxe? —R. Non. J'en arrive à ce point. D'une manière générale, c'est là l'exposé du plan, mais s'il y a quelques détails que vous ne comprenez pas, je répondrai avec plaisir à vos questions. Quelqu'un d'entre vous peut soulever la question de l'organisation, vu que je n'ai pas donné de détails, même dans le rapport que j'ai soumis, où je ne parle pas du mode d'évaluation des terres. Tous les détails sont fixés par la loi. J'ai les documents ici.

M. W. F. Maclean:

Q. Voulez-vous nous dire comment se font les retraits par forclusion?

Le PRÉSIDENT: Je crois que l'on devrait permettre au témoin de continuer.

Le TÉMOIN: Naturellement quand ces banques poursuivent leurs opérations, les prêts augmentent rapidement. Environ 60 p. 100, je ne puis que donner des

[Dr. H. M. Tory.]

chiffres approximatifs, des prêts consentis dans le système fédéral de prêts agricoles étaient des prêts pour éteindre d'autres dettes; c'est-à-dire que les prêts
sont pris à d'autres compagnies et acceptés par le système nouveau.

M. Sales:

Q. En purgeant les anciennes hypothèques?—R. Oui, en éteignant les anciennes hypothèques et les vieilles dettes. Il en a été ainsi surtout dans ces dernières
années, alors que l'on a consolidé les anciens crédits et les vieilles dettes pour les
transmettre à une organisation centrale. La majorité de ces prêts ont été consentis sur un plan d'amortissement de 34 ans. Si vous regardez à la page
LXXXIII, vous verrez un exemple de la manière de rembourser les emprunts.
Quand l'intérêt est de $5\frac{1}{2}$ p. 100, on ajoute un taux de $\frac{1}{2}$ p. 100 pour l'amortissement de la dette. Ce taux éteint la dette en 69 paiements semi-annuels ou en
34 ans et demi. La recommandation générale que j'ai reçue des gens placés à la
tête de ce système aux Etats-Unis, c'est que la période de 35 ans est un peu
longue. Je crois qu'ils préféreraient en général un amortissement de 20 ans au
lieu de 35 ans. C'est là, il me semble, l'opinion générale. Quant à la manière
dont s'applique le plan d'amortissement, c'est des cas où il faut avoir recours au
retrait par forclusion; mais on m'a informé à Springfield et à Baltimore que ces
cas ne produisent pas une perte complète du prêt, et que les pertes n'ont pas
dépassé $1,000 dans ces deux banques à la suite des retraits. Il a fallu adopter
cette procédure dans une certaine région, mais on a pu vendre les terres pour
récupérer les sommes placées. Je n'ai pas ici les chiffres des principaux retraits
dans les états du nord-ouest. La banque de Saint-Paul, dont le territoire comprend le Michigan, le Minnesota et le North-Dakota, avait fait un fort montant
de retraits dans le temps où j'ai parlé de cette question avec les autorités, mais
celles-ci ne croient pas devoir subir de fortes pertes.

Le président:

Q. Exerce-t-on une grande sévérité pour l'application de cette procédure de
forclusion?—R. On l'a appliquée fermement. Maintenant, on est porté à croire
que le nouveau système pouvait donner satisfaction aux gens et qu'au moins on
se servirait du mécanisme ainsi établi pour les transactions des affaires dans le
pays; au lieu de cela, quelques états de l'Union se sont mis à faire une concurrence
au Bureau des prêts agricoles, et c'est un point, il me semble, qui peut nous porter
à réfléchir avant d'entreprendre l'application d'un système semblable. Dans le
Minnesota, la législature a probablement cru que le Bureau des prêts agricoles
mettait trop de temps à développer son système, qu'il lui fallait trop de temps
pour effectuer des prêts. On m'a dit que c'est l'une des raisons qui ont incité la
législature du Minnesota à instituer un bureau de prêts agricoles l'année dernière,
bureau procédant exactement sur le même principe, et qui fait des prêts absolument sur le même système et dans le même territoire, je pourrais dire presque
sur les mêmes terrains que le Bureau fédéral de prêts agricoles. C'est une question que nous pourrions discuter plus au long, et il conviendrait de voir s'il est
prudent d'encourager la concurrence dans l'application de ce système. Le but
de ces organisations a été de créer une concurrence efficace en opposant un nouvel
organisme aux corporations privées, mais sans vouloir faire cesser les transactions
de ces corporations, et simplement dans le désir de grouper les garanties et avoir
une sûreté égale à celle qui est exigée pour les fonds de fiducie au sujet des hypothèques. A part de cela, à mon avis, toute concurrence est absolument inutile.
Cela signifie que l'on emploie plus de personnes au dépens des profits réalisés par
ce genre de transactions.

M. W. F. Maclean:

Q. Il doit y avoir eu un grand nombre de corporations privées qui ont abandonné la lutte en face de cette concurrence?—R. Sur un total de $8,000,000,000

[Dr. H. M. Tory.]

de prêts, et l'augmentation est telle qu'avant dix ans il y aura probablement un total de $16,000,000,000, il reste encore des transactions à faire pour les corporations privées. Ce qui est arrivé, c'est que quelques-unes des grandes compagnies américaines ont adopté le plan d'amortissement; elles prêtent maintenant leur argent avec remboursement par amortissement. Je crois devoir insister encore une fois sur l'achat de terres à bas prix. Prenons une terre dans l'ouest du Canada dans les temps d'abondance. La terre achetée à $10 l'acre pouvait se payer en deux ou trois ans; mais quand on payait $75 l'acre, ce n'était plus la même chose. Le plan d'amortissement exige essentiellement un revenu de la propriété pour effectuer les versements. Et même un terre achetée à $75 l'acre peut être libérée d'hypothèques au moyen de l'amortissement. Il faut une proportion entre le revenu de la propriété et le montant que l'emprunteur doit payer. Certes, il faut tenir compte de l'habileté de l'emprunteur lui-même. Dans les états du nord-ouest, je n'ai pas de chiffres exacts ici, mais on me l'a dit, on n'a jamais été obligé de vendre des terres sans avoir un montant suffisant pour couvrir les frais hypothécaires grevant la propriété.

M. W. F. Maclean:

Q. L'amortissement est l'un des grands avantages du système?—R. L'amortissement et les règlements concernant le taux d'intérêt; ce sont les deux grands avantages.

M. Kellner:

Q. Mais si la terre augmente de valeur?—R. Si la culture est conduite de manière à calculer sur la plus-value des terres, ce n'est plus de la culture du tout.
M. W. F. MACLEAN: C'est de la spéculation.
Le TÉMOIN: C'est de la spéculation tout simplement.

M. Sales:

Q. Vous ne diriez pas que plusieurs cultivateurs ont pu réussir à cause de cela?—R. Je ne crois pas que la culture puisse être exploitée à ce point de vue; la spéculation se fait grâce à la hausse des prix. Mais je ne pense pas que cela affecte beaucoup les opérations culturales ordinaires. Cela peut sans doute augmenter la richesse d'un homme et lui permettre d'acheter des machines.

M. Garland:

Q. Et lui permettre d'avoir plus de crédit à la banque?—R. Oui. C'est la supposition sur laquelle le plan est basé. Il est basé entièrement sur la supposition que la dette sera remboursée par la production normale de la terre; c'est-à-dire que tout le plan européen est basé sur cette idée.

M. McLean:

Q. Et si la culture ne réussit pas, le remboursement ne peut se faire?—R. Non. L'augmentation de la valeur de la terre augmente la somme de crédit, mais n'aide pas du tout à la production.

M. Spencer:

Q. Et les taxes sont plus élevées?—R. C'est absolument cela. C'est le moyen de comprendre le système de prêts. On pourrait croire que c'est là une solution satisfaisante de la difficulté, mais je vais vous donner une ou deux raisons pour lesquelles cette solution n'est pas satisfaisante. D'après moi, la véritable raison pour laquelle le système fédéral de prêts n'a pas donné entièrement satisfaction aux Etats-Unis, c'est qu'il y a un grand nombre de cultivateurs dans les états du nord-ouest en particulier dont les propriétés ne valent pas assez actuellement pour leur permettre d'emprunter sur une base de 50 p. 100 de la valeur de leur propriété. Le système est assez élastique pour répondre aux

[Dr. H. M. Tory.]

besoins de tout le pays, mais pas assez pour faire face aux besoins d'un homme qui n'a pas de garantie à offrir. C'est la cause de l'agitation qu'il y a eu aux Etats-Unis. . .

M. W. F. MACLEAN: Et au Canada.

Le TÉMOIN: Et au Canada.

Le président:

Q. La base de la valeur est-elle leur évaluation ou l'évaluation municipale? —R. Voici comment les terres sont évaluées; la première évaluation est déterminée par un comité d'évaluateurs de l'association locale. Quand ce chiffre est communiqué à la banque, celle-ci envoie son propre évaluateur. Celui-ci est payé par le gouvernement fédéral des Etats-Unis, et le prêt est basé sur une proportion de 50 p. 100 de la valeur qu'il assigne à la propriété. On a fait plusieurs déclarations à propos du remboursement de ces obligations. Je trouve que, d'une manière générale, les gens avaient au début une tendance à évaluer trop fortement leurs terres. Un groupe d'amis se réunissait, et naturellement ces gens n'aimaient pas à diminuer la valeur des terres de leurs voisins. C'est pourquoi il a fallu une autre évaluation. On est porté à croire que cet argent vient du gouvernement et qu'il faut en profiter. On a dit bien des choses à ce sujet, mais je trouve qu'en prenant par exemple la banque de Springfield, la manière dont le travail d'éducation a été fait chez le peuple fut de s'efforcer de vendre des obligations dans tout le pays, même dans les plus petits villages, afin de démontrer que l'argent venait des gens qui prêtaient leurs économies, et non pas du gouvernement, et qu'il s'agissait plutôt d'une institution locale mettant en jeu les apports des amis et des voisins. Le peuple a compris cela promptement dans les états de l'est, puis plus tard dans les états de l'ouest. Il est même arrivé dans plusieurs états du nord, le North-Dakota, par exemple, que l'on était disposé à refuser des prêts aux hommes s'occupant exclusivement de la culture du blé. On voulait prêter seulement à ceux qui pratiquaient la culture générale, vu que la culture exclusive du blé était devenue une entreprise si coûteuse, comme on le voit dans le rapport de la commission des Etats-Unis à ce sujet, où il est dit que chaque boisseau de blé récolté dans le North-Dakota coûte $1.22, et les compagnies de prêts refusaient de prêter à ceux qui ne s'occupaient que de la production du blé.

M. McMaster:

Q. N'est-ce pas cette commission qui a dit que la production du blé canadien coûtait 70 cents le boisseau?—R. Elle a dit 62 cents pour la partie nord d'Edmonton. Je crois qu'il est bon de constater l'effet considérable produit par ces déclarations sur la politique des organisations de prêts actuelles, et elles croient que la culture du blé est devenue trop onéreuse aux Etats-Unis, par suite de la diminution des rendements de blé et à cause des incertitudes qui entourent cette récolte; on hésite à prêter de l'argent aux gens qui disent: "Je ne garderai pas de bétail", ou "Je ne ferai pas de culture mixte".

M. Sales:

Q. Dr Tory, je présume que vous savez que toutes vos paroles sont prises en note, et que vous ne désirez pas être mal interprété. Vous n'affirmez pas que le chiffre de 60 cents est une juste évaluation du prix de revient d'un boisseau de blé récolté en Canada?—R. Non, j'ai simplement donné la déclaration faite officiellement par la commission des Etats-Unis, commission qui est venue en Canada et dans les états du nord pour se renseigner au sujet du tarif à établir entre les deux pays, et qui a fixé à $1.22 le coût d'un boisseau de blé récolté dans le North-Dakota, et 60 cents, je crois, pour le nord de l'Alberta.

[Dr. H. M. Tory.]

M. McMaster: C'est 72 cents, si je me rappelle bien, et elle a fait une comparaison entre le coût de production du blé aux Etats-Unis et celui du Canada, trouvant une différence de 42 cents environ, et elle a fixé le tarif à 30 ou 35 cents le boisseau.

M. Sales: Vous feriez mieux de déclarer franchement votre opinion à ce sujet.

Le témoin: Je ne fais que citer.

M. Garland: Dans votre opinion, le chiffre de 60 cents est-il trop élevé ou trop bas?

Le témoin: Je crois qu'il est très bas, mais ce n'est là qu'une opinion. Nous récoltons un peu de blé sur la ferme de l'université, et je puis dire que le coût en est plus élevé.

M. Sales:

Q. Combien vous coûte la production de ce blé?

M. McMaster: Je crois que le témoin ne devrait pas répondre à cette question à moins d'avoir l'avis d'un avocat.

M. Coote: Je vais vous poser une question maintenant, mais vous pourrez répondre plus tard si cela vous convient mieux.

Q. Pouvez-vous donner à ce comité une idée du pourcentage des cultivateurs des états du nord qui sont dans la position que vous avez mentionnée, n'ayant pas de garantie suffisante à offrir pour obtenir un emprunt du système fédéral de prêts agricoles?—R. Je n'ai pas ici les chiffres exacts concernant ce renseignement, mais le secrétaire Wallace dans son rapport au Congrès dit qu'il y avait aux Etats-Unis plus de 100,000 cultivateurs qui laissaient chaque mois leurs terres, parce qu'ils ne pouvaient continuer à les cultiver.

Q. Mais vous ne pouvez nous donner une idée du pourcentage?—R. Non. J'essayerai de vous trouver ce renseignement. Dans le même rapport, le secrétaire Wallace dit que 15 p. 100 des cultivateurs des états de l'ouest sont en faillite. Si vous voulez me le permettre, je chercherai les chiffres exacts sur ce point. J'ai ce document, et je pourrai vous donner des renseignements précis.

Le président: Vous pouvez nous dire si d'une manière générale le système fonctionne bien.

Le témoin: Je puis dire que je n'ai pas rencontré un seul membre de l'administration de ces organisations qui n'ait pas vanté le fonctionnement du système. Ces organisations ont régularisé le développement des affaires, ont ouvert des débouchés par lesquels l'argent du public a pu se diriger vers l'agriculture.

M. Cocte:

Q. Vous pouvez donc dire, docteur Tory, que, même dans les états du nord-ouest, ce système a eu pour effet de garder un grand nombre de cultivateurs sur leurs terres?—R. Je ne crois pas qu'il y ait quelque doute sur ce point.

M. Maclean:

Q. En somme, donc, le système a rendu de grands services?—R. Je ne vois pas de doute non plus dans ce sens. Je ne sais ce qui serait arrivé sans l'inauguration de ce système. Permettez-moi de citer des chiffres. Grâce au système des prêts agricoles, l'un des centres, Saint-Paul, a fait des prêts d'un peu plus de $104,000,000 du début des opérations au 28 février dernier; un autre centre, Omaha, a prêté la somme totale de $97,000,000; Spokane, $87,000,000; Columbia, $78,000,000; et la Nouvelle-Orléans, $74,000,000. Voici maintenant une déclaration générale: "Chaque état de l'Union de Porto-Rico, a reçu une aide financière de ces banques, en montants variant de $250,000 pour le Delaware à $93,000,000 pour le Texas". Je cite les états séparément. L'état qui a reçu le plus de ces organisations est celui du Texas, un montant de $93,000,000. Je

[Dr. H. M. Tory.]

pourrais maintenant si vous le voulez aborder l'autre côté de la question des prêts agricoles au moyen d'obligations, c'est-à-dire parler des banques de crédit intermédiaire. Le besoin de prêts agricoles que nous appelons intermédiaires ou crédit à court terme, s'est fait sentir aux Etats-Unis il y a déjà plusieurs années, et plusieurs des banques des états ont été organisées dans le but de faire face à ce problème et de profiter des transactions qui leur étaient offertes grâce à un meilleur système de crédit rural. Tout le mécanisme créé par le bureau de réserve fédérale avait pour but d'augmenter et de simplifier le crédit, peut-être d'améliorer l'état financier des petites banques du pays et faciliter la transaction de leurs affaires dans le temps. La plus grande difficulté était, je crois, de décentraliser les réserves des banques, et l'impossibilité de les faire appliquer dans les endroits où on en sentait le besoin. C'est alors que la réserve fédérale a été créée dans le but de coordonner l'action des banques, de mettre leur actif en un fonds commun qui pourrait être distribué suivant les besoins des localités. Au début, le prêt ordinaire sur escompte à trois mois était tout ce que les banques pouvaient faire. On l'a prolongé à un terme de six mois, mais tout cela a été rajusté en 1923. On a considéré que la réserve fédérale ne pouvait convenir à toutes les conditions de l'agriculture, parce que les termes des prêts étaient encore trop courts. Je parle du crédit ordinaire à court terme, et non pas du prêt hypothécaire. L'agitation qui a amené l'établissement de la banque de crédit intermédiaire aux Etats-Unis, crédit dont il est question maintenant, est survenue par suite de la croyance que le bureau de réserve fédérale ne pouvait convenir pour les exploitations courantes des cultivateurs. C'est-à-dire que les termes des prêts étaient encore trop courts. Jusqu'à 1923, le terme de six mois formait la limite; on a prolongé ce terme à neuf mois, et je crois que c'est à la suite de ce prolongement du terme, tout probablement, par le Bureau de réserve fédérale, que se sont développées les opérations des banques de crédit intermédiaire. En mars 1923, le gouvernement des Etats-Unis entreprit d'établir, en corrélation avec la banque fédérale agricole, les banques de crédit intermédiaire. Il autorisa la formation de 12 banques de crédit intermédiaire dans les mêmes centres que ceux des banques fédérales agricoles, et sous la même administration. Les deux genres d'affaires sont tout à fait séparés. Ces 12 banques ont été formées peu après mars 1923. Le gouvernement fédéral mit à leur disposition une somme de $5,000,000 pour chacun; c'est-à-dire qu'elles reçurent l'autorisation de former un capital de $5,000,000 chacune. Elles reçurent le droit d'émettre des obligations au montant de 10 fois leur capital; en d'autres termes, elles peuvent prêter jusqu'à un total de $600,000,000 pour l'ensemble de toutes les banques de ce groupe. Malgré que chacune des banques fût indépendante des autres, elles doivent se supporter mutuellement, chacune étant responsable des dettes des autres. Les profits réalisés viennent en définitive à la Trésorerie des Etats-Unis, après qu'elles ont remboursé leur dette initiale. Elles peuvent émettre des obligations remboursables dans un délai ne dépassant pas 5 ans, suivant la longueur du terme assigné aux prêts. Elles peuvent faire des prêts remboursables après un délai allant jusqu'à trois ans, variant de six mois à 3 ans; ce dernier terme est le plus long qui soit permis.

M. *Spencer:*

Q. Quel est le taux de l'intérêt que le gouvernement exige?—R. Le même taux que pour les banques agricoles.

M. *Hughes:*

Q. Sur les hypothèques?—R. Oui, un taux allant jusqu'à 6 p. 100. La garantie procède du mode ordinaire. On peut emprunter de l'argent sur les produits de la ferme, c'est-à-dire les produits non périssables, mais ici encore on ne transige pas avec les individus. Ceux-ci doivent s'adresser à la banque

[Dr. H. M. Tory.]

locale qui est le seul intermédiaire reconnu pour l'escompte. Le cultivateur peut emprunter à sa banque habituelle à un taux fixe d'intérêt qui ne doit pas être plus de 1 p. 100 au-dessus du taux retiré par la banque centrale, soit 7 p. 100 en tout. La banque centrale retire 6 p. 100, et l'agence locale d'escompte a droit d'avoir 1 p. 100 en plus. Les détails sont donnés dans ce rapport.

M. McMaster:

Q. Quand la banque centrale demande plus que six p. 100, la banque intermédiaire ne peut-elle demander plus de 7 p. 100?—R. Si une banque intermédiaire demande plus de $\frac{1}{2}$ p. 100 au-dessus du taux permis par la loi—, permettez-moi de répéter que la banque centrale prête à 6 p. 100 et que les agences d'escompte ou banques intermédiaires ne peuvent demander plus de 7 p. 100. Si elles dépassent $7\frac{1}{2}$ p. 100, la dette est annulée. Il y a une loi excessivement sévère sous ce rapport. Ces banques sont sous le contrôle du gouvernement et ont le bénéfice d'une inspection gouvernementale.

L'hon. M. Stevens:

Q. La banque est-elle obligée de prêter de l'argent?—R. Non. Permettez-moi de répéter encore une fois. Dans ce système, on n'a jamais tenté de forcer quelqu'un à prêter son argent, quand il ne voulait pas le faire. Le but du régime est de simplifier les transactions et soutenir le crédit des emprunteurs afin que l'argent puisse affluer vers eux.

M. Garland:

Q. Voulez-vous répéter afin de la rendre plus claire, la déclaration que vous avez faite au sujet de la pénalité imposée dans les cas où le taux d'intérêt exigé dépasse $7\frac{1}{2}$ p. 100?—R. Permettez-moi de vous demander, afin qu'il n'y ait pas d'erreur, d'annuler ma déclaration, et je vais vous dire ce qui en est exactement. Je vois que cette question soulève beaucoup d'intérêt. Le détail est donné dans ce document et je ne voudrais pas le donner de mémoire seulement.

M. Good: Est-ce au bas de la page XCIV ou au haut de la page XCV?

Le témoin: Ce n'est pas cela, M. Good. C'est la pénalité que je cherche.

M. McBride: A la page XCVII, au milieu de la page XCVII.

Le témoin: Non, ceci concerne les corporations agricoles. Ce n'est pas la même chose.

Le président: Je crois que c'est au haut de la page XCV.

Le témoin: Oui, c'est cela. Je vais lire le texte pour être plus exact.

"Il y a des restrictions bien définies au sujet du taux d'intérêt exigé. Le taux maximum fixé pour les obligations est de 6 p. 100, et le Bureau des prêts agricoles a le pouvoir de déterminer un taux inférieur; mais la banque elle-même ne peut exiger un taux d'escompte de plus de 1 p. 100 en plus du taux d'intérêt sur les dernières émissions d'obligations. Cela fixe le taux d'escompte à 7 p. 100. En escomptant les effets de ces organisations décrites ci-après, la banque fédérale de crédit intermédiaire ne peut accepter les transactions des prêteurs qui exigent plus de $\frac{1}{2}$ p. 100 en plus du taux d'escompte fixé par la banque de crédit intermédiaire. La banque peut acheter sur le marché ses propres obligations avant maturité et au pair ou au-dessous."

Il y a autre chose à part cela. Je le trouverai pour l'inscrire au procès-verbal.

M. Miller: Ces restrictions ont-elles pour effet d'effrayer le capital?

Le témoin: Permettez-moi de dire quelques mots pour expliquer ce point? Le système a une garantie de $60,000,000 que le gouvernement a placée dans ces banques; celles-ci vendent leurs obligations à peu près au même taux d'intérêt que celles qui se vendent pour les prêts hypothécaires. Cet avantage se main-

[Dr. H. M. Tory.]

tiendra-t-il quand le montant des prêts dépassera la garantie accordée par le gouvernement, il est difficile de le dire. Pour le moment, on n'a aucune difficulté à trouver de l'argent. En réponse à la question de mon ami, M. Hughes, je puis dire que l'une des raisons qui rendent ces obligations populaires aux Etats-Unis, c'est qu'elles sont exemptes de l'impôt sur le revenu. Je n'ai pas trouvé un seul homme aux Etats-Unis qui ait pu justifier cette exemption de l'impôt.

M. McMaster:

Q. Voulez-vous répéter cela?—R. Je n'ai pas trouvé aux Etats-Unis un seul homme qui ait pu justifier au point de vue théorique l'exemption d'impôt accordée à ces obligations, mais il est un argument allégué par ceux qui s'occupent de prêts agricoles, et c'est que les villes et les états ayant le privilège d'emprunter contre des obligations exemptes d'impôt, l'agriculture doit jouir des mêmes avantages. C'est l'opinion généralement émise, et il y a une telle quantité d'obligations exemptes d'impôt dans les Etats-Unis que le Bureau des prêts agricoles dit: "Nous ne voyons pas pourquoi nous serions privés de cet avantage"; mais sur les mérites intrinsèques de cette exemption, je n'ai trouvé personne qui ait pu présenter une raison valable.

M. Maclean:

Q. Les personnes riches cherchent-elles à accumuler de forts montants de ces obligations?—R. Puis-je avoir le privilège de répondre sans inerire ma réponse au procès-verbal?

Le PRÉSIDENT: Certainement.

M. McMASTER: La nature humaine est la même des deux côtés de la frontière.

(La réponse donnée par le témoin à la question de M. Maclean n'est pas insérée dans le procès-verbal, sur l'ordre du président.)

Le TÉMOIN: Il m'importe peu, monsieur le président, que l'on dise que j'ai simplement exprimé une opinion. En réalité, j'ai dit dans ce document que les personnes riches profitent sans aucun donte de cet avantage, et c'est ce qui explique la vente rapide de ces obligations.

M. Hughes:

Q. Ces obligations sont-elles sur la liste des valeurs acceptées pour les placements de fiducie?—R. Oui; les fonds de fiducie peuvent être transformés en ces obligations.

M. Sales:

Q. Savez-vous, docteur Tory, si la même chose serait nécessaire au Canada?—R. Une exemption d'impôt pour ce genre d'obligations?

Q. Oui?—R. Les conditions sont bien différentes au Canada.

Q. Afin de trouver de l'argent de cette manière?—R. Je n'ai pas réfléchi assez longuement pour donner une réponse à ce propos. Je crois que l'argent affluerait plus facilement, cela ne fait pas de doute. A Baltimore, je crois, on a pu vendre un montànt de $50,000,000 en deux heures.

Le président:

Q. Les émissions des 12 banques sont-elles faites séparément, ou par une organisation centrale pour les 12 districts?—R. Elles sont lancées par les organisations centrales, mais elles portent le nom du district pour lequel elles sont émises.

Q. Et elles portent hypothèque sur ce district seulement?—R. Je ne puis répondre spécifiquement à cette question, mais je puis donner une réponse indirecte. Les banques ont réellement une responsabilité les unes envers les autres, mais je ne sais si le premier appel se ferait seulement sur les hypothèques de la localité. Il y a une responsabilité indirecte, sinon directe.

[Dr. H. M. Tory.]

14-15 GEORGE V, A. 1924

L'hon. M. Stevens:

Q. L'escompte de ces valeurs par les banques intermédiaires dépend de l'aval par les banques locales qui sollicitent cet escompte?—R. Oui, c'est cet aval qui compte en premier lieu. Les banques fédérales intermédiaires ne s'occupent pas du tout de la dette des individus; elles considèrent l'aval de la banque d'escompte. Mais je trouve que dans les états du nord-ouest où la situation des banques locales est moins brillante, la banque fédérale s'assure de la solvabilité de l'emprunteur lui-même. En d'autres termes, tout en comptant sur la petite banque pour solder la dette, elle prend la précaution de savoir que l'individu est solvable au moins pour le montant prêté. J'ai exposé à la page XCIV sous forme de diagramme les relations de ces banques intermédiaires avec les autres banques du système, et vous verrez que ces institutions ne traitent pas directement avec les individus, mais qu'il y a trois modes d'établir les relations: l'individu peut s'adresser à la banque locale ou à une compagnie de fiducie qui prend la responsabilité de l'emprunt, ou à l'Association nationale de crédit agricole qui est autorisée à faire la transaction sous l'empire de la loi. Ce premier stage correspond aux groupes agricoles quand il s'agit des prêts hypothécaires. Ces banques doivent avoir un capital entièrement versé de $250,000 avant de commencer leurs opérations. Elles ont un pouvoir très spécial, mais un caractère constant dans tout le système, c'est que l'individu qui veut emprunter doit s'adresser à l'organisation locale. A tous les stages de l'organisation, la banque centrale n'entre en relations avec l'individu que de cette manière.

Q. Et les conditions du prêt ainsi que les taux d'intérêt sont les mêmes pour le cultivateur, qu'il s'adresse à l'organisation elle-même ou à la banque à fonds social?—R. Oui, tout est disposé à cette fin. Peut-être, monsieur le président que je pourrais maintenant répondre aux questions que l'on voudra me poser, car je crois que c'est le système américain qui vous intéresse le plus.

Il est proposé par M. Coote, appuyé par M. Garland, que le comité soit ajourné à 8.30 du soir.

La motion est agréée.

Le comité est ajourné.

SÉANCE DE L'APRÈS-MIDI

Le comité permanent de la Banque et du Commerce reprend ses séances à 8.30 heures du soir sous la présidence de M. Vien.

Le PRÉSIDENT: Le docteur Tory va continuer son exposé.

Le docteur H. M. TORY est rappelé.

Le TÉMOIN: Monsieur le président, j'ai regardé les points sur lesquels on avait des doutes ce matin. Au sujet des taux d'intérêt, j'étais dans l'erreur. Veuillez regarder à la page XCIX du rapport et vous verrez que les cultivateurs s'adressent soit à une petite banque, soit à l'Association nationale de crédit agricole, ou à une compagnie de fiducie, ou encore à un agent. Les frais d'intérêt à la petite banque, c'est-à-dire les banques des états en vertu de la loi dont nous avons parlé, sont déterminés par la loi de chaque état. Car presque tous les états ont des lois concernant les taux d'intérêt, et ceux-ci doivent être conformes à ces lois. C'est l'intérêt exigé par l'Association nationale d'agriculture dont j'ai fait mention ce matin, et nous trouvons une explication à ce sujet à la page XCVII. Je vais vous la lire:

"Quant aux taux d'intérêt, il faut qu'ils soient conformes aux règlements imposés par les lois de l'état où la corporation est située. On impose une pénalité spéciale si, en tout temps, par quelque moyen, directement ou indirectement, il est exigé un taux d'intérêt plus élevé que celui qu'impose la loi de l'état. Dans le cas d'un délit volontaire, la corporation coupable perd tous ses droits à l'intérêt sur la dette et n'a plus le pouvoir de per-

[Dr. H. M. Tory]

cevoir cet intérêt, et de plus, l'emprunteur a le droit de réclamer en justice le double du montant d'intérêt ainsi payé à la corporation, pourvu que l'instance soit inscrite en cour dans un délai de deux ans, — clause bien claire et très sévère ".

Vous trouverez à la page CI l'autre déclaration sur laquelle nous avions des doutes. Les commentaires sont de moi, mais les chiffres sont tirés du rapport officiel.

"Dans l'intervalle, il y eut un exode important de la campagne vers les cités, surtout dans les états mentionnés ci-haut. Dans son rapport au président sur cette question, M. Henry C. Wallace, le secrétaire de l'Agriculture pour les Etats-Unis, dit que plus d'un million de personnes ont laissé la terre en 1923. Récemment, des représentants de plusieurs des plus importantes organisations agricoles des Etats-Unis ont publié une lettre ouverte adressée au président, au Congrès et au peuple des Etats-Unis, dans laquelle ils déclarent que les cultivateurs ont été forcés de quitter en 1923 leurs terres au nombre de 100,000 par mois, et que " cette malheureuse migration persiste toujours dans la même proportion ". " Les conditions du pays ", dit-on, " ne peuvent se décrire." Il est absolument vrai que des centaines de banques sont tombées, mais la misère qui en est résultée semble voilée par l'effet de la distance. Des milliers de gens peinent inutilement cherchant à protéger leur famille et sauver leurs propriétés perdues sans retour. Les causes de cette situation demeurent, malgré qu'il en soit ainsi depuis cinq ans."

M. Maclean:

Q. Ce sont des gens qu'on ne peut apparemment pas atteindre?—R. En dépit des efforts que l'on a faits, c'est là la situation les gens vivant dans les états du nord-ouest.

Q. Mais ce système leur viendra en aide?—R. Dans le paragraphe antérieur, on peut voir ce qu'on a fait pour eux.

" En dépit de tout ce qu'on a fait pour trouver du crédit, il existe encore une grande détresse surtout dans les états de l'ouest et du nord-ouest. Vu qu'aucune des grandes organisations gouvernementales ne peuvent transiger directement avec les individus, on fait actuellement des efforts pour trouver un moyen direct de leur venir en aide, surtout en assistant ceux qui vivent dans les régions cultivées en céréales et qui veulent se mettre à la culture mixte. Le président a demandé au président d'une nouvelle organisation financière connue sous le nom de Corporation de crédit agricole, capitalisée à $10,000,000, d'entreprendre des prêts individuels, suggérant que la Corporation des finances de guerre consente à faire des avances à cette fin en suivant des règlements appropriés ".

En d'autres termes, on cherche actuellement aux Etats-Unis le moyen d'atteindre les gens dont nous venons de parler et qui ne peuvent participer aux avantages ordinaires du crédit à cause du défaut de garantie suffisante.

M. W. F. Maclean:

Q. Quelle est cette Corporation des finances de guerre?—R. Elle a été créée d'abord dans le but de trouver des fonds pour la guerre, et en 1921, on lui a donné pour tâche de fournir des fonds pour l'agriculture. Il y a un court paragraphe sur ce sujet au bas de la page XCVIII.

Q. Elle existe encore?—R. Son existence devait expirer le 28 février de cette année, mais à cause de cette difficulté dont nous parlons, on a prolongé son existence jusqu'au 31 décembre.

[Dr. H. M. Tory.]

14-15 GEORGE V, A. 1924

M. Sales:

Q. Pourquoi cette phrase: "surtout en assistant ceux qui vivent dans les régions cultivées en céréales et qui veulent se mettre à la culture mixte".—R. On en fait une mention spéciale à cause des efforts du Congrès pour adopter des lois tendant à développer la culture mixte.

Q. Croyez-vous que cela peut résoudre la question?—R. Je décris ce que les Etats-Unis tentent de faire. Ils ne prêtent pas d'argent à ceux qui ne font que la culture des céréales, mais ils le font à ceux qui veulent changer la culture exclusive des céréales en culture mixte. Ce sont les seuls qui peuvent actuellement emprunter de l'argent.

Le président:

Q. Serait-il exact de dire qu'ils s'opposent à avancer de l'argent à moins que le remboursement ne soit garanti, et que les producteurs de blé ne peuvent actuellement offrir cette garantie?—R. C'est absolument cela.

M. Sales:

Q. Et c'est la valeur des autres produits qui peuvent fournir une semblable garantie?—R. Toutes les personnes qui font des recommandations aux cultivateurs, puis au gouvernement, parlent dans ce sens.

M. W. F. Maclean:

Q. Et elles connaissent les conditions de la culture dans ces régions?—R. Oui. Permettez-moi de dire que le docteur Coulter, le directeur en chef du collège d'Agriculture de North-Dakota, probablement l'autorité la plus compétente en Amérique, je ne connais personne qui soit plus compétent pour parler de ce sujet, soit au point de vue de l'expérience, soit en considération des services rendus, dit que cette proposition de $50,000,000 devait être utilisée pour diriger les cultivateurs vers la culture mixte.

M. Coote:

Q. Cette mesure fut défaite au Sénat?—R. Oui.

M. Sales:

Q. Mais considérez les conditions de l'agriculture aujourd'hui, alors que les œufs valent de 10c. à 15c. la douzaine, que le beurre et le bœuf sont à si bas prix, un éleveur de bétail est dans une situation encore pire, ou du moins aussi mauvaise que celle du producteur de blé, et je doute fort que cela puisse résoudre le problème.—R. Pourquoi en douter? Il n'y a pas de doute qu'ils essaient de la régler de cette manière.

Le président:

Q. D'après ce que je puis comprendre, il n'est pas question de savoir si la méthode peut réussir ou non, mais plutôt de constater le fait réel que les Etats-Unis, à tort ou à raison, considèrent la culture mixte comme la seule qui doive recevoir de l'aide en vertu de ce système.

M. Coote:

Q. S'ensuit-il nécessairement que si cette politique est bonne pour les Etats-Unis nous devrons aussi nécessairement faire la même chose ici?—R. Pas nécessairement.

Q. Depuis combien de temps les gens des états de Dakota et de Minnesota cultivent-ils exclusivement du blé?—R. Je puis dire depuis 30 à 35 ans; plusieurs des plus anciens cultivateurs du North-Dakota sont en très bonne situation financière malgré leurs pertes, mais durant la guerre les gens se sont dirigés vers le nord-ouest du North-Dakota; il y a là des personnes qui n'ont pas

[Dr. E. M. Tory.]

encore payé leur premier grain de semence, et des blocs entiers de la région sont désertés, et pour ces gens, la meilleure chose, d'après le Dr Coulter, c'est de les remettre sur pied financièrement pour qu'ils recommencent.

Q. Ne serait-il pas mieux pour eux de quitter la région?—R. Si on peut leur trouver une autre occupation.

M. Sales:

Q. Durant la guerre, ils ont été tentés par les prix élevés du blé de se livrer à cette culture sur des terres qui ne sont pas propres à ce genre de travaux?—R. Oui. Dans ce rapport, j'ai fait la déclaration suivante à la page CII:—

"En réalité, il y a deux causes dont l'une est mentionnée dans la citation ci-dessus, savoir: le mauvais état des marchés mondiaux par suite de la guerre mondiale et de l'impuissance de l'Europe à s'approvisionner au prix de revient des produits américains. La seconde cause provient de ce que durant la guerre les prix élevés des produits ont amené l'achat de terres à des conditions qui rendent la culture impossible en temps normaux. Cette situation a été accentuée par le développement agricole de régions cultivées en céréales jusque-là inexploitées et impropres à cette culture."

Je vous suggère respectueusement, monsieur le président et messieurs, d'en tirer une leçon pour nous.

Le président:

Q. Que voulez-vous dire par "les conditions dans lesquelles les terres ont été achetées"?—R. Le prix payé et la qualité de la terre. Je ne sais si ma citation est absolument juste, mais en réalité, en moins de trois ou quatre mois, le prix des terres a fait un bond subit dans l'état d'Iowa, de $150 à $450 et $500 l'acre, presque entièrement dû au fait de la spéculation sur les terrains.

M. GOOD: Monsieur le président, il serait peut-être intéressant pour le comité de savoir que le 1er septembre j'ai eu une longue conversation avec le Dr Coulter sur cette question. Il venait de terminer une tournée dans les régions cultivées en blé des Etats-Unis, et j'en ai conclu qu'il est bien qualifié pour exprimer une opinion sur ce sujet.

Le TÉMOIN: Il n'y a pas de doute sur la compétence du Dr Coulter.

M. Coote:

Q. Au cours de votre enquête aux Etats-Unis, docteur, avez-vous remarqué une tendance chez les hommes d'affaires à tenir peu compte de la situation sérieuse des cultivateurs des états de l'ouest?—R. Je n'ai pas constaté de sentiment de ce genre dans les états de l'ouest. J'ai visité trois organisations bancaires, une des grandes banques nationales, une autre sous la gérance du Bureau fédéral, et aussi le siège social du système de prêts agricoles, et je n'ai pas constaté de tendance semblable chez les hommes placés à la tête de ces institutions. Ils se demandent ce qui surviendra ensuite. Ici encore je suis dans une position délicate en parlant des choses qui concernent les Etats-Unis, et mes paroles ne devraient pas entrer au procès-verbal. On m'a renseigné amicalement, et j'en ai profité pour rédiger mon travail sans entrer dans les détails.

(A la demande du président, le reste de la réponse du témoin n'est pas inscrit au procès-verbal.)

M. Sales:

Q. Je conclus de vos remarques que cela dépend du prix élevé de revient des articles que le cultivateur doit acheter...—R. Je vais vous lire quelques lignes de la page précédente, page CI du rapport, qui indiquent le remède suggéré par quelques organisations agricoles des Etats-Unis.

[Dr. H. M. Tory.]

" La cause est évidente. La guerre a produit un bouleversement dans le monde, et les barrières artificielles imposées au commerce international empêchent le commerce d'absorber le surplus de production de nos terres et de nos industries à des prix qui soient en proportion du coût de production en Amérique. L'industrie jouit d'un système complet de protection économique, protection qui rejaillit sur la main-d'œuvre, mais la même mesure ne peut bénéficier aux cultivateurs.

" Le remède est aussi patent que la cause. Il consiste dans l'application d'une protection efficace de la culture à un degré égal à celui dont jouit toute autre industrie: l'établissement de marchés domestiques pour les produits de la ferme sur une base américaine, en dehors des conditions mondiales, afin que la culture ait les mêmes avantages que les industries de fabrication et le monde ouvrier."

M. SALES: Allez encore plus loin.

Le TÉMOIN: Oui, voici un commentaire de la situation:—

" Le remède proposé, c'est que les Etats-Unis ferment leurs frontière au commerce extérieur. Cela semble un remède désespéré. En réalité, il y a deux causes, dont l'une est mentionnée dans la citation ci-dessus, savoir le mauvais état des marchés mondiaux par suite de la guerre mondiale et de l'impuissance de l'Europe à s'approvisionner au prix de revient des produits américains. La seconde cause provient de ce que durant la guerre les prix élevés des produits ont amené l'achat de terres à des conditions qui rendent la culture impossible en temps normal. Cette situation a été accentuée par le développement agricole de régions cultivées en céréales jusque-là inexploitées et impropres à cette culture."

M. SALES: Vous ne trouvez pas que ce remède serait efficace?

Le TÉMOIN: Non.

M. Maclean:

Q. Leur nouveau remède est la législation.—R. Je ne crois pas que les Etats-Unis puissent être fermés aux marchés du monde et malgré tout vendre leurs produits à l'extérieur.

M. Sales:

Q. Croyez-vous qu'il soit possible de protéger les cultivateurs?—R. Bien, je ne vois pas comment le cultivateur peut être protégé dans un pays qui exporte une partie considérable de ses produits.

Q. Pour l'exploitation?—R. Oui. Il peut l'être sur le marché domestique.

L'hon. M. STEVENS: Je vois que nous allons discuter le tarif.

Le président:

Q. Quand vous dites: " l'établissement d'un marché domestique pour l'écoulement des produits agricoles doit être sur une base américaine ", cela ne signifie pas nécessairement: protection; cela signifie aussi la création complète d'un marché?—R. Oui, plus que cela.

M. Kellner:

Q. Vous avez dit il y a un instant que l'intérêt était contrôlé par les lois des états?—R. Oui.

Q. Et je vous ai entendu dire ce matin que le Bureau des prêts agricoles avait le contrôle et ne vendait les obligations qu'à cette condition?—R. Il s'agit ici des banques de crédit intermédiaire. Je parlais alors des corporations et des banques des états où les cultivateurs pouvaient demander des emprunts, c'est-

[Dr. H. M. Tory.]

à-dire les organisations inférieures. Vous voyez cela à la page **XCIX**. Je parlais du groupe intermédiaire dont il est question au bas de la page, sous la rubrique " crédit intermédiaire ".

Le président:

Q. Les petites banques et les compagnies de fiducie?—R. Oui.

M. Sales:

Q. Je m'intéresse aux remarques de M. Stevens, mais ce n'est pas le comité qui refuse d'aller dans ce sens, comme on peut s'en assurer. Voici:—

> "Le remède est aussi patent que la cause. Il consiste dans l'application d'une protection efficace de la culture à un degré égal à celui dont jouit toute autre industrie: l'établissement de marchés domestiques pour l'écoulement des produits de la ferme sur une base américaine, en dehors des conditions mondiales, afin que la culture ait les mêmes avantages que les industries de fabrication et le monde ouvrier."

L'hon. M. STEVENS: Je suggérais seulement que nous puissions avoir un débat très complet sur le tarif. J'aurais quelques questions à poser, et je voudrais y arriver, si possible.

M. COOTE: Continuons.

Le TÉMOIN: Permettez-moi de parler clairement. On voit à la page CI de ce rapport:—

> " Il consiste dans l'application d'une protection efficace de la culture à un degré égal à celle dont jouit toute autre industrie: l'établissement de marchés domestiques pour l'écoulement des produits de la ferme sur une base américaine, en dehors des conditions mondiales—"

C'est sur ce point que je veux insister spécialement. Le remède ne consiste pas à empêcher tout contact avec le monde extérieur. Je ne parle pas du tout de la protection comme politique, et je suis encore de la même opinion; c'est là une simple expression d'opinion.

Le président:

Q. Il faut aussi assurer à " la culture les mêmes avantages que les industries de fabrication et le monde ouvrier". Cela mettrait donc sur le même pied les produits de la ferme et tous les produits résultant les industries de transformation?—R. C'est dire pratiquement que nous perdrions tout contact avec le monde extérieur. La chose est possible si nous ne voulons pas vendre aux autres. Ce fut la principale raison de l'agitation contre la protection des produits de la ferme à Washington, que l'on provoquerait par là l'opposition des autres pays.—Je voulais mettre au point ces deux détails que nous avions laissés incomplétés ce matin.

Q. Vous avez fait mention des difficultés que les banques rencontrent actuellement à prêter leur argent aux cultivateurs et aussi de la grande inquiétude qui existe maintenant?—R. Oui.

Q. Cela n'indique-t-il pas que les banques de prêts agricoles ont des difficultés au sujet de ces prêts aux cultviateurs?—R. Je parlais alors des petites banques des états seulement.

Q. Et non pas des banques de prêts agricoles?—R. Non.

Q. Des petites banques seulement?—R. Oui, je parlais des plus petites banques des Etats-Unis, dont plus de 500 ont liquidé leurs fonds au cours des trois ou quatre derniers mois.

[Dr. H. M. Tory.]

Q. Elles ne pouvaient escompter aux banques de crédit ni aux banques fédérales agricoles sur les valeurs qu'elles avaient en portefeuille?—R. Non. Voici ce qui est arrivé. Les petites banques ont prêté sur hypothèques à des termes de deux ou trois ans; les banques des états ont le droit de prêter d'après ce mode. Elles escomptèrent ces valeurs à la banque de réserve fédérale, et une ou deux de ces banques ayant fait faillite, le peuple se mit à retirer ses dépôts; les petites banques ayant disposé de leurs fonds sur des hypothèques et ne recevant pas de dépôts, ne pouvaient plus transiger d'affaires, et elles tombèrent comme les feuilles au vent.

M. Shaw:

Q. Y a-t-il quelque relation entre l'une de ces formes de banque, qu'il s'agisse des banques fédérales agricoles, des banques à capital social, ou des banques de crédit intermédiaire, avec le système de réserve fédérale?—R. Je crois pouvoir expliquer cela en une seule phrase. Le système de réserve fédérale a reçu le pouvoir de s'affilier toutes les banques nationales, ou en d'autres termes, les banques nationales ont été forcées de joindre le système, et les banques des états qui remplissaient certaines conditions de capitalisation et se soumettaient aux règlements avaient la permission d'entrer quand elles le désiraient. Or, toutes les banques nationales sont entrées dans le système, et environ 14 p. 100 des banques des états ont fait de même. Le reste, 86 p. 100, des banques des états est resté hors du système, et l'on fait une enquête sur ce qui adviendra d'elles. On a changé la loi en 1923, afin de faciliter leur entrée.

Q. Cela ne répond pas à la question que j'ai posée, docteur. Ce que je veux savoir c'est si ces banques fédérales agricoles ou ces banques de crédit intermédiaire qui ont été organisées sous les dispositions de cette loi fédérale concernant les banques agricoles ont des relations de quelque genre avec le système de réserve fédérale, et dans ce cas, quelles sont ces relations?—R. Non, ces institutions, les banques fédérales agricoles et les banques de crédit intermédiaire ne sont pas affiliées au système de réserve fédérale.

Q. Sont-elles sous le contrôle de la Trésorerie?—R. Elle sont sous le contrôle du Bureau des prêts agricoles, et celui-ci est une commission de la Trésorerie, mais forme une entité séparée.

M. Maclean:

Q. Au point de vue des avantages pour le public, considérant le système de banques de réserve fédérale actuellement en opération aux Etats-Unis avec les facilités d'escompte pour les banques affiliées dans les nombreux districts de banque de réserve de ce pays; considérant la législation nationale créant le Bureau fédéral agricole avec ses banques fédérales agricoles, ses banques à fonds social et ses banques de crédit intermédiaire; considérant toutes ces agences se servant de la circulation fiduciaire nationale, et l'action du Congrès des Etats-Unis fournissant à tout le pays, et par conséquent au commerce en général, à l'industrie aussi bien qu'à l'agriculture, un service de crédit substantiel et pratique à des taux d'intérêt bas et uniforme, croyez-vous qu'une semblable législation serait à l'avantage du commerce, de l'industrie et de l'agriculture en Canada?

Le PRÉSIDENT: Je ne crois pas que la question soit bien posée pour le témoin; en premier lieu, elle n'est pas sous forme de question, c'est plutôt une déclaration.

M. MACLEAN: Je dis que s'il admet toutes ces choses...

Le PRÉSIDENT: Je suggère que la question soit posée, mais que le témoin ait la faculté de faire son propre exposé.

M. Maclean:

Q. Bien, connaissez-vous le système fédéral des banques de réserve avec les facilités d'escompte qu'il offre aux divers districts?—R. Oui.

[Dr. H. M. Tory.]

Q. Savez-vous si ce système est avantageux pour. le commerce et l'industrie?
—R. Je puis dire que l'un des grands avantages de la réserve fédérale aux Etats-Unis a été de centraliser et garder les réserves des banques qui ont voulu s'affilier au système; on a par là augmenté d'autant la garantie de ces banques en détenant leurs réserves dans les organisations centrales, et pour les banques qui se sont affiliées, on a monté un système presque idéal pour réescompter et transporter au besoin l'argent d'une partie du pays dans une autre. L'une des difficultés qui empêchent le succès complet, et cette difficulté a été la cause de critiques très amères aux Etats-Unis, critiques venant surtout des cultivateurs, c'est d'abord que la plupart des petites banques qui font affaires avec les cultivateurs ne se sont pas jointes au système; elles refusent d'accepter les règlements établis par le Bureau de réserve fédérale comme condition d'entrée de ces banques, et alors elles ne peuvent rendre les services attendus, et l'autre raison c'est que l'on n'a pu par conséquent centraliser les fonds de réserve de la nation en un endroit où ils auraient été disponibles.

Q. Et l'on a tenté la même chose avec le Bureau de prêts agricoles?—R. Avec les banques de crédit intermédiaire pour l'agriculture.

Q. Mais au total, on a tenté de régler les difficultés financières de tout le territoire?—R. Monsieur le président, il n'y a pas de doute, si je puis m'exprimer ainsi, que le Congrès des Etats-Unis, à tort ou à raison, a fait un effort gigantesque, je crois que ce sera l'une des plus grandes tentatives financières quand nous la verrons à la distance de quelques années, pour résoudre la question du crédit agricole sur une base solide, mais il faut compter toujours avec les défauts de la nature humaine, et les difficultés actuelles proviennent de là.

Le président:

Q. D'après ce que vous pouvez en juger, ce système a-t-il réussi aux Etats-Unis?—R. Il a parfaitement réussi pour les gens qui ont pu l'utiliser, les gens qui avaient une garantie à offrir. Les banques de crédit intermédiaire ont prêté en neuf mois plus de trente millions de dollars, et pour les gens qui ont pu obtenir une part de cette somme l'organisation a été un succès; mais il est bien vrai que les cultivateurs du North-Dakota n'ont pu avoir d'argent; ils n'ont pu emprunter parce qu'ils n'avaient pas le genre de garantie qu'il fallait.

Q. Ce système ne peut aider aux gens qui n'ont pas de garantie à offrir?—R. Non.

Q. Il peut aider aux cultivateurs qui ont une garantie suffisante en leur procurant de l'argent à un meilleur taux d'intérêt?—R. Oui.

M. Maclean:

Q. Que feriez-vous pour les cultivateurs du Canada?—R. J'en viendrai à ce point un peu plus tard, si vous le voulez.

M. Shaw:

Q. Le but de l'entreprise montée par les Etats-Unis n'était-il pas de fournir aux cultivateurs les moyens de se servir de leur propre crédit?—R. Oui.

Q. N'est-ce pas là le principe même du système?—R. Oui; le système a d'abord commencé à répéter ce qui a été fait en Europe: organiser les valeurs offertes par le cultivateur afin de consolider son crédit. On n'en fait pas un mendiant qui voudrait avoir de l'argent pour rien, mais on le met en mesure d'offrir une meilleure garantie.

M. Coote:

Q. Vous avez fait usage bien des fois des expressions "crédit à long terme" et "crédit à court terme"?—R. Oui.

[Dr. H. M. Tory.]

Q. Quelle est la période que vous appelez "court terme," et en quoi diffère-t-elle du "long terme"?—R. Dans le premier et le deuxième chapitre de mon rapport, je me suis efforcé de définir clairement ces expressions, parce qu'elles ont une signification assez vague dans la plupart des publications. Le crédit à long terme est le crédit sur hypothèque, pour une période de cinq ans et plus, et son emploi dans tous les systèmes dont nous avons parlé forme le crédit hypothécaire basé sur la vente d'obligations hypothécaires pour lever les fonds.

L'hon. M. Stevens:

Q. Avec amortissement?—R. Oui. En Europe, on emploie l'expression "crédit à court terme" pour désigner tout autre crédit que l'hypothèque.

M. Coote:

Q. Tous les autres crédits à part l'hypothèque sur la terre?—R. Oui. Aux Etats-Unis et au Canada, on emploie l'expression "crédit à court terme" pour désigner les opérations ordinaires des banques et les prêts intermédiaires pour six mois à trois ans.

Le président:

Q. Les prêts à court terme peuvent-ils s'appliquer aux hypothèques?—R. En France on peut avoir du crédit à court terme sur hypothèque, mais d'une manière générale, on ne prend pas d'hypothèque au début.

M. Sales:

Q. Il s'agit alors de gages?—R. Oui, sur nantissement de récépissés d'entrepôts ou sur la récolte, ou tout autre objet non périssable. Le crédit à court terme dans le sens que nous y attachons comprend ordinairement le crédit à court terme et le crédit intermédiaire. Le terme "crédit intermédiaire" vient des Etats-Unis et n'est en usage que dans ce pays.

M. Coote:

Q. Je suis d'opinion que nous n'avons jamais eu réellement un système de crédits à long terme en Canada, et je voudrais avoir votre opinion sur ce point, car je crois que la plupart de nos hypothèques sont pour des termes n'excédant pas cinq ans. Pensez-vous que cette période soit assez longue pour permettre au cultivateur de rembourser un emprunt?—R. J'ai tenté ce matin d'établir clairement que lorsque la terre est achetée aux prix courants actuels, aucun cultivateur ne peut espérer se libérer en cinq ans à moins d'avoir d'autres sources de revenus.

M. Sales:

Q. En fait, vous avez suggéré 30 ans?—R. Oui. En Grande-Bretagne, par exemple, tout le système est sur une base de 60 ans.

M. Coote:

Q. Vous n'hésiteriez pas à dire que nous n'aurions pas besoin de termes plus longs?—R. Pas du tout.

Q. Et qu'il nous faut des prêts avec amortissement?—R. Oui.

Q. Et que ce système de prêts n'est pas en usage en Canada aujourd'hui...

M.McKay: Il y en a en Ontario.

Le TÉMOIN: On ne peut obtenir de ces prêts que des organisations locales du gouvernement, et je crois qu'il y a une ou deux compagnies d'assurance des Etats-Unis qui en font, mais en Canada, il n'y a que les organisations locales du gouvernement qui en accordent.

[Dr. H. M. Tory.]

M. Garland:

Q. Dans tous les pays où l'on a mis en pratique le système de prêts à longs termes avec amortissement, il y a eu une réduction immédiate et générale des taux d'intérêt; est-ce vrai?—R. Je ne dirai pas une réduction immédiate; je puis dire qu'aussitôt que les affaires transigées sont en proportion de la somme des affaires du pays, les taux d'intérêt se mettent à diminuer.

Q. Mais il y a une diminution appréciable comme conséquence de l'établissement de ces organisations?—R. Il y a eu réglementation des taux d'intérêt dans tout le continent de l'Amérique du Nord. Je ne voudrais pas dire que d'une manière absolue les taux d'intérêt, dans les états de l'est par exemple, sont devenus bien moins élevés. Il y a eu une forte réduction dans les états de l'ouest.

Q. A votre avis, l'établissement de semblables organismes en Canada aurait-il pour effet de réduire les taux d'intérêt pour les cultivateurs canadiens? —R. Aussitôt que l'on trouvera une quantité suffisante d'argent à des taux plus bas.

M. McKay:

Q. Croyez-vous que cela pourrait rendre uniformes les taux d'intérêt dans tout le Canada ou dans les Etats-Unis?—R. Je crois saisir ce que vous voulez trouver. Voici ce qui est arrivé aux Etats-Unis. Toute grosse compagnie s'occupant de prêts hypothécaires et allant faire des affaires dans l'ouest se trouve à avoir pour concurrent ce système de prêts agricoles. La somme de $104,000,000 prêtée à St-Paul montre bien la concurrence existant dans ce district. Or, qu'arrive-t-il? Ces grosses compagnies prêtent réellement à meilleur compte que le Bureau des prêts agricoles dans quelques districts, mais ces districts sont choisis; elles ne prennent pas les prêts qui présentent trop de risque. Il y a alors danger que les grosses compagnies de prêts hypothécaires ne consentent des transactions qu'avec les personnes absolument solvables et éprouvées; elles choisissent les bons districts ou elles fragmentent certains districts, et le Bureau des prêts agricoles n'a que les parties laissées par les compagnies.

M. Maclean: .

Q. Ne cherche-t-on pas à morceler tous les crédits de manière qu'ils soient uniformes partout?—R. Vous parlez du Bureau des prêts agricoles?

Q. Oui?—R. Il n'y a pas de doute à ce propos; tout le plan est préparé pour diffuser le crédit sur tout le pays à un taux d'intérêt uniforme, et pour cela on vend des obligations ordinaires, et toutes les opérations sont uniformes. Le système représente une compagnie dont les opérations couvriraient tout le pays.

M. Sales:

Q. Pensez-vous que les parties nouvellement ouvertes du pays peuvent contribuer au succès de ce système?—R. Non, je suis porté à dire que les parties nouvelles du pays ne retireront pas autant de bénéfices du système que les parties bien établies, parce que la terre neuve à peu de valeur pour former une garantie. Je croirais que les cultivateurs bien établis, à l'aise, ne s'adresseront pas à cette organisation, parce qu'ils ne veulent pas du plan de coopération. Ce sont les cultivateurs de moyenne fortune qui formeront la clientèle principale, et toutes les chances de succès viendront de ceux que nous appelons la classe moyenne des cultivateurs, correspondant dans l'industrie à la main-d'œuvre experte ou la classe des artisans, et formant le milieu entre les cultivateurs commerçants d'un côté et les ouvriers à la journée de l'autre.

[Dr. H. M. Tory.]

M. McKay:

Q. Vous n'avez pas l'espérance de trouver un plan pouvant convenir à tous les cultivateurs?—R. Je ne crois pas qu'il soit possible de trouver un plan pouvant convenir à ʒous les cultivateurs, à moins de leur donner l'argent en pur don.

Q. Je vois dans le plan d'Ontario, 1,234 demandes pour l'année dernière, et 953 ont été acceptées, tandis que 281 ont été refusées.—R. Oui.

Q. C'est là toute la question; il y aura toujours des demandes rejetées?—R. Oui, et sont toujours celles-là qui sont cause de trouble pour les autres.

M. Ward:

Q. Combien de provinces ont adopté ce plan ou un plan de ce genre?—R. En commençant dans l'ouest: la Colombie-Britannique, l'Alberta, la Saskatchewan, le Manitoba et l'Ontario; Québec n'en a pas; la Nouvelle-Ecosse et le Nouveau-Brunswick l'ont. Il n'y a que deux provinces qui n'en ont pas, l'île du Prince-Edouard et Québec.

M. Coote:

Q. La province de l'Alberta a-t-elle prêté beaucoup d'argent en prêts à longs termes?—R. L'Alberta a une loi à ce sujet datant de 1917, je crois. Elle n'a jamais été appliquée. Cette année une nouvelle loi a été adoptée qui doit être appliquée, suppose-t-on, mais elle ne l'a pas encore été.

Le président:

Q. La législation dans les provinces de l'Ouest est à peu près semblable d'une province à l'autre?—R. A peu près.

M. Coote:

Q. Vous connaissez assez bien, je crois, cette question du crédit agricole dans le monde entier, ainsi que la question des conditions de l'agriculture. Pensez-vous que le cultivateur canadien puisse continuer à lutter sur les marchés du monde si on le force à payer 8 à 9 p. 100 d'intérêt sur les prêts à long terme...

M. Sales: Et 10 p. 100.

M. Coote:

Q. Oui, 10 p. 100, tandis que les cultivateurs des autres pays peuvent emprunter à 5 p. 100 et 5½ p. 100?—R. Je crois avoir répondu à cette question dans le rapport.

Le président: Nous allons passer à la cinquième partie du rapport où il est question du crédit rural dans le Dominion du Canada.

Le témoin: Permettez-moi d'ajouter un mot. Je voudrais attirer votre attention sur le point suivant: ce matin j'ai souligné les deux modes de crédit à long terme. Le premier est l'organisation des emprunteurs, et le deuxième, l'organisation des prêteurs, contrôlant les taux d'intérêt dans les deux cas. Voilà deux plans. Il y en a un troisième en usage dans plusieurs pays, et c'est le plan des prêts faits directement par le gouvernement. En Grande-Bretagne, la nouvelle loi prévoit des prêts faits directement par le gouvernement, la Trésorerie prêtant à certaines catégories de cultivateurs. Par exemple, cette loi avait surtout pour but d'aider aux cultivateurs qui ont acheté des terres entre 1917 et 1921, au nombre de 21,000. Ces nouveaux propriétaires sont au nombre de 21,000 dans la Grande-Bretagne et de 16,000 dans l'Ecosse. Ils ont acheté leurs terres en partie sur la promesse du gouvernement que les prix des produits se maintiendraient. Je crois que ce fut en 1919 que Lloyd George fit cette déclaration que les prix resteraient au même niveau et que les cultivateurs pouvaient continuer leurs travaux en toute sûreté, et il en est résulté de forts achats de terrains. En 1921, on a constaté que ce plan n'était pas pratique, et la loi à ce sujet fut abrogé; les acheteurs se trouvèrent alors dans une position difficile. L'année suivante, en 1922, un comité de la Chambre des Communes étudia

[Dr. H. M. Tory.]

toute la question, et il fut décidé que ces gens avaient de justes raisons de se plaindre, ayant été induits à acheter des terres par la promesse du gouvernement, et qu'il fallait par conséquent leur venir en aide. On adopta une loi par laquelle la Trésorerie de la Grande-Bretagne peut faire des prêts aux hommes qui avaient acheté des terres entre 1917 et 1921, prêts dont le remboursement doit se faire par amortissement de 60 ans, si ma mémoire est fidèle.

M. Sales:

Q. Et quel est le taux de l'intérêt, docteur?—R. Le taux d'intérêt doit être fixé par la Trésorerie.

Q. Vous ne savez pas à quel chiffre?—R. Je pense que c'est 5 p. 100.

L'hon. M. Stevens:

Q. On voulait racheter une obligation contractée par le gouvernement envers ces gens?—R. Oui, c'est dans ce sens que le comité s'est prononcé. Il y avait des personnes qui se trouvaient dans une situation très difficile et qui avaient été induits à agir comme ils l'ont fait.

M. Kellner:

Q. Je voudrais vous demander quelque chose à propos d'un paragraphe de la page XLIV, le troisième paragraphe du haut de la page. Il s'agit d'une suggestion faite au comité de l'année dernière, et je voudrais savoir si vous voulez ajouter quelque commentaire. C'est le deuxième paragraphe portant des guillemets.—R. (Lisant):—

"A ce propos l'attention de votre comité a été attirée sur la question de savoir s'il est bon et conforme aux données d'une bonne économie et des principes de la banque d'accorder aux provinces qui veulent obtenir de l'argent pour leur système de crédit rural les facilités de crédit dont jouissent les banques à charte sous l'empire de la Loi des Finances de 1914, facilités par lesquelles les banques échangent contre des billets du Dominion certaines valeurs approuvées par la Trésorerie".

Q. Avez-vous quelques remarques à ajouter?—R. Permettez-moi de remettre ma réponse jusqu'à ce que nous discutions ce qui concerne le Canada. Nous y viendrons dans un instant, et je veux élucider ces autres points d'abord.

M. Coote:

Q. Permettez-moi une autre question au sujet des prêts accordés en Grande-Bretagne. L'obligation avouée venait-elle de la promesse faite par le premier ministre de la Grande-Bretagne?—R. Oui; il est dit spécifiquement dans le rapport que le premier ministre a fait cette déclaration: qu'ils auraient une protection par le maintien du prix des produits.

M. Garland:

Q. N'est-il pas vrai que dans des pays où de telles conditions ont été faites il existe deux systèmes gouvernementaux?—R. Je ne pense pas que j'avais commencé à en parler quand je fus interrompu.

Le PRÉSIDENT: Je suggérerais, messieurs, que pour le moment, nous permettions au docteur Tory de continuer.

Le TÉMOIN: En Grande-Bretagne, on a adopté ce principe mais seulement en tant que le principe des prêts a été adopté. On encourage aussi les associations locales qui s'occupent de crédits à courte échéance. D'une manière générale, c'est ce qu'on fait. Dans tous les autres Dominions britanniques, le Sud-Africain, la Nouvelle-Zélande et l'Australie, on accorde les prêts directement de la Trésorerie. C'est-à-dire qu'il y a des conseils d'organisés, mais l'argent est trouvé par la Trésorerie et donné à un officier du conseil, de sorte

[Dr. H. M. Tory.]

que le principe de prêter de l'argent directement des fonds du gouvernement a été accepté dans les principales possessions britanniques. Il a été aussi accepté dans tous les Etats de l'Union faisant affaires comme Etats. Le Minnesota a passé, l'année dernière, sa loi intitulée: Loi de crédit agricole fédéral, et dans l'Etat de Minnesota, la Trésorerie obtient l'argent directement et le donne au Conseil administratif pour le prêter. C'est-à-dire que c'est de l'argent de l'Etat qui est prêté dans tous les Etats. En tout, environ cent millions de dollars ont été prêtés par les Etats de l'Union. Il y en a environ une vingtaine, je crois, qui prêtent de l'argent actuellement, en empruntant directement de l'Etat.

M. Maclean:

Q. Au même taux d'intérêt?—R. Non. Le taux d'intérêt varie avec les Etats; ils doivent se procurer l'argent moyennant le taux exigé. L'Etat du Dakota-Sud a, à l'heure qu'il est, tout près de quarante millions de dollars empruntés d'après ce système. Je voulais justement vous expliquer clairement qu'il existe un groupe, à part les deux que nous avons étudiés ce matin, un groupe de pays finançant au moyen de prêts faits directement par l'Etat. Maintenant, considérons la situation au Canada.

Le président:

Q. Avant de passer à d'autre sujet, voudriez-vous dire au comité si vous considérez qu'il est particulièrement avantageux que l'Etat se procure directement les fonds et les avances au Conseil?—R. Le seul avantage que j'y vois c'est celui des taux plus bas que l'on paye pour se procurer l'argent. C'est-à-dire que l'Etat peut généralement obtenir de l'argent à meilleur marché que n'importe quelle autre institution. Ceci n'est pas le cas où des systèmes dits crédit agricole sont bien établis, comme en Europe, où une organisation indépendante dont le crédit est assuré, peut se procurer de l'argent moyennant un taux aussi bas. C'est le seul avantage. Je n'hésite pas à dire que le principal désavantage consiste en la difficulté et le danger d'un contrat entre le gouvernement et l'individu, pour emprunter directement des fonds du gouvernement. Un tel danger n'est pas probable.

M. Shaw:

Q. N'est-il pas vrai que pour obtenir de l'argent à un taux d'intérêt raisonnable, il faut recourir à un prêt à longue échéance?—R. Oui.

Q. Quel serait l'effet de notre loi concernant l'intérêt, dont une stipulation dit que l'emprunteur peut, à l'expiration de cinq années, racheter son hypothèque en versant un boni représentant l'intérêt pour trois mois?— Devrait-on abroger cela?—R. Non. D'après le projet dit crédit agricole, établi aux Etats-Unis, un homme peut acquitter son hypothèque après cinq années, s'il le désire.

M. McKay:

Q. Ceci est vrai au Manitoba, n'est-ce pas?—R. Oui, et la banque du crédit agricole peut aller sur le marché et acheter ses propres obligations avec l'argent nécessaire, afin de se débarrasser en même temps de ses obligations.

M. Coote:

Q. J'aimerais à vous poser une autre question au sujet de la situation aux Etats-Unis. . Quel pourcentage des fermiers dans les Etats de l'Ouest ont, d'après vous, suffisamment de garanties pour obtenir un emprunt sous le système de crédit agricole fédéral?—R. Je ne pourrais pas vous donner une réponse précise.

Le président:

Q. Y a-t-il des statistiques sur ce sujet?—R. Non, on n'a pas compilé de statistiques, mais les banquiers vous diraient qu'environ 25 p. 100 peuvent obtenir des prêts. Je crois que les banquiers diraient cela.

[Dr. H. M. Tory.]

M. Spencer:

Q. Que pourriez-vous faire avec une telle classe de fermiers?—R. Voici le problème que le Congrès des Etats-Unis essaie de résoudre aujourd'hui. On présenta un projet de cinquante millions de dollars, mais le Sénat le rejeta. Le président en appela à la nouvelle corporation des Finances, qui, est établie sur une base de dix millions, et dit: "Si vous voulez fournir de l'argent à ces gens, nous vous accorderons de l'aide en vertu de la loi concernant les finances en temps de guerre." La question est devant le Congrès sous une forme quelconque.

M. McKay:

Q. Au cas où les gouvernements avanceraient, de cette manière, de l'argent aux fermiers, à disons, cinq ou six p. cent, quel en serait l'effet sur les compagnies d'assurance-vie?—R. C'est une question à laquelle il est difficile de répondre.

Q. C'est une question qui se rapporte au sujet qui nous occupe.—R. J'imagine qu'une étude des statistiques des compagnies d'assurance me montrerait que pas plus de 10 p. 100 des grosses compagnies dans l'Est. Je m'exprimerai autrement: Je serais surpris si plus de 10 p. 100 de leurs placements sont dans des hypothèques sur des fermes.

Q. Que dites-vous des compagnies de crédit?—R. Les compagnies de crédit auraient sans doute des hypothèques; elles laisseraient leurs hypothèques en vigueur jusqu'à la date d'échéance.

Q. Je suppose que 80 p. 100 des prêts accordés par les compagnies de crédit sont placés dans des hypothèques?—R. Je serais d'avis qu'il y en aurait plus que cela.

Q. Alors, quel en serait l'effet sur les compagnies de crédit?—R. Le gouvernement de la Saskatchewan a prêté $9,000,000 et la loi l'autorise de prêter neuf autres millions, sous forme de crédit foncier, et ceci n'a pas eu beaucoup d'effet sur les taux d'intérêt.

Q. Je me préoccupe de l'avenir.—R. Le fait est que les compagnies prêtant sur hypothèque, placent leur argent au même taux d'intérêt qu'elles le faisaient antérieurement. En d'autres mots, la concurrence n'a pas été assez sérieuse pour les inquiéter.

Q. C'est parce que les gouvernements locaux n'avaient pas les fonds, mais supposons qu'ils en posséderaient et pourraient se procurer $100,000,000 où en seraient les compagnies de crédit?—R. Elles seraient obligées d'adopter le même taux d'intérêt ou abandonner les affaires. Si la Saskatchewan pouvait prêter $100,000,000, elle pourrait s'emparer de toutes les affaires. Mais, permettez-moi de dire que, à ma connaissance, aucune de ces compagnies n'a pu réussir à forcer les autres compagnies d'abandonner les affaires. Ce qu'elles ont réussi à accomplir, c'est d'obtenir juste assez d'affaires pour régulariser la situation. La Commission du Crédit agricole est absolument consentante, dans certaines localités, de ne pas prêter plus; elle ne veut pas prêter plus; elle préfère que les compagnies fassent les prêts. Elle existe là comme organisation concurrente quant aux taux d'intérêt.

Q. Les compagnies d'assurance-vie et d'assurance-feu ne prêtent-elles pas d'argent sur des fermes?—R. Les compagnies d'assurance-vie de l'Ouest, n'importe où elles font affaires, ne veulent pas donner de statistiques. Je n'ai pu obtenir de ces compagnies faisant affaires au Canada aucunes statistiques concernant leurs opérations.

M. Sales:

Q. Ont-elles refusé de vous donner des renseignements?—R. Elles disent qu'il n'y a pas de statistiques à donner. Je me suis adressé au bureau des statistiques et il n'y avait pas de statistiques à donner.

[Dr. H. M. Tory.]

14-15 GEORGE V, A. 1924

M. Coote:

Q. Si ces compagnies d'assurance-vie pouvaient placer tout leur argent dans des obligations de la Commission du crédit agricole rapportant un intérêt de 5 pour 100, sans avoir de dépenses à faire pour la perception, ne pensez-vous pas qu'elles gagneraient un très bon taux d'intérêt sur l'argent qu'elles ont à placer? —R. Je suis convaincu qu'une fois établie sur des bases solides, une organisation n'éprouverait aucune difficulté à vendre des obligations moyennant cinq et demi ou six pour cent. Pourrait-elle vendre à cinq pour cent? C'est une autre question.

Q. Ces compagnies d'assurance-vie ont beaucoup d'argent placé dans les obligations rapportant cinq pour cent d'intérêt?—R. Je suis d'avis que des sommes énormes sont placées dans des obligations du gouvernement, aux Etats-Unis et au Canada.

Q. Je crois que si vous pouviez étudier les affaires de quelques-unes de nos compagnies d'assurance-vie, vous trouveriez qu'elles ont beaucoup d'argent de placé dans des fermes leur appartenant par forclusion d'hypothèques.—R. J'ai insisté sur ce fait, à la page cxxiii de ce rapport, à savoir: Cette assertion m'a été faite par les compagnies d'hypothèques, que les restrictions placées, dans l'Ouest du Canada, sur les hypothèques et la priorité, avaient augmenté le taux d'intérêt d'un à deux pour cent. C'est-à-dire que si l'on enlevait ces restrictions, ces compagnies pourraient faire des affaires à au moins un pour cent à meilleur marché qu'elles ne le peuvent actuellement; certaines compagnies sont d'avis qu'elles pourraient se maintenir avec deux pour cent de moins. J'affirme ici que je n'ai trouvé personne qui a voulu me promettre que si ces restrictions étaient levées, on commencerait à prêter à un plus bas taux d'intérêt.

M. Garland:

Q. N'est-il pas vrai que les gouvernements des provinces où ces accusations ont été faites, ont nié qu'une telle priorité d'hypothèque existait?—R. Il n'y a pas de doute qu'il s'agit d'une question qui donne lieu à une vive controverse. Je dis ceci: je n'ai pas encore trouvé un prêteur d'argent qui consentirait à s'engager par une entente à baisser le prix d'hypothèques, si ces restrictions étaient levées. J'ajoute ceci:

" D'après moi, cette question est d'une importance telle, qu'une conférence entre des représentants des organisations d'hypothèques du Canada et les gouvernements responsables des limitations légales dont on se plaint, ainsi que les prêteurs d'argent des associations de cultivateurs, devraient avoir lieu afin de discuter toute la question dans le but de trouver quelques moyens par lesquels on pourrait dissiper les soupçons et la méfiance qui l'entourent ".

Q. Il n'y a aucun doute qu'il existe des soupçons dans l'esprit des gens de l'Ouest au sujet des compagnies d'hypothèques.

M. Sales:

Q. N'est-ce pas un fait qu'avant d'inclure ces localités, on exigeait autant pour notre argent, il y a plusieurs années, qu'on exige aujourd'hui?—R. Avec ce que j'ai dit devant vous, vous pouvez juger la chose vous-même.

M. Garland:

Q. Vous êtes-vous informé relativement aux taux qui existaient avant que cette loi restrictive ait été mise en vigueur?—R. Je n'ai pas pu découvrir qu'il y avait eu une très grande variation dans les taux d'intérêt. Maintenant, permettez-moi de dire quelques mots au sujet de la situation au Canada. On a essayé trois fois de faire passer une loi au parlement du Canada, sous le même titre chaque fois, à l'effet d'établir sur une base nationale, dans ce pays, le prin-

[Dr. H. M. Tory.]

cipe de coopération dans l'achat et l'approvisionnement des produits agricoles, au moyen de petites banques. Chaque fois, le bill a été rejeté. La dernière fois qu'il fut soumis au parlement canadien, en 1914, ce bill fut rejeté. Nul autre effort n'a été tenté en ce sens, depuis, dans le but d'établir une organisation nationale pour le Canada. Dans l'intervalle, la coopération a été établie, comme je l'ai déjà dit, dans toutes les provinces. Une coopération relativement aux prêts à courte échéance, et certain plan au moyen duquel on obtient l'"aide du gouvernement pour des prêts à longue échéance, ont été adoptés dans toutes les provinces, à l'exception de Québec et de l'île du Prince-Edouard. Dans la province de Québec, depuis 1900, il y a un petit système de banque rurale du genre de celui établi en Allemagne et en Italie. D'après moi, c'est à peu près une des organisations financières les plus remarquables que nous ayons en ce pays; c'est une petite banque rurale et elle s'est développée, si je me le rappelle, sans aucune aide, même sans la surveillance du gouvernement.

Le PRÉSIDENT: Depuis une couple d'années, il y a certains règlements.

Le TÉMOIN: Elle s'est développée d'une manière très remarquable. L'année dernière, on y a fait des affaires pour la somme de $11,000,000, consistant en petits prêts aux cultivateurs et aux ouvriers des diverses localités. C'est la plus vieille institution de crédits à courte échéance que nous ayons au Canada, et c'est aussi la mieux organisée; elle s'est développée sans l'assistance de qui que ce soit. Les organisations de crédit à longue échéance qui se trouvent dans les provinces aujourd'hui ne fonctionnent pas, pour ainsi dire. On en a fondé une nouvelle dans la Nouvelle-Ecosse; les statuts en font mention, mais elle n'a pas été développée et ses rouages n'ont pas été mis en mouvement. Celle du Manitoba fonctionne depuis quelque temps. Je crois qu'elle a presque $5,000,000 de prêtés; je vous donne ces chiffres de mémoire. Dans la Saskatchewan, il y a $9,000,000 prêtés, mais nous n'avons pas de système de crédit à longue échéance dans l'Alberta. Dans la Colombie-Britannique, il y a environ $2,000,000 prêtés. Il y a dans cette province deux lois qui sont tout à fait différentes. Je crois qu'il y a environ $2,000,000 placés en prêts à longue échéance. Maintenant, nous arrivons aux crédits à courte échéance. Dans la Nouvelle-Ecosse, je crois que nous avons $150,000 prêtés en crédits à courte échéance. Le Manitoba en a environ $3,000,000. La Saskatchewan n'a pas d'organisation de crédits à courte échéance, et l'Alberta a environ $800,000 placés en prêts à courte échéance par l'intermédiaire d'associations coopératives. On a un certain montant de prêté, soit environ $500,000, dans la Colombie-Britannique. Telle est la situation existant dans les provinces. Comme je l'ai déjà dit, les organisations de crédit à longue échéance, au Canada, en tant que les gouvernements locaux sont concernés, ne fonctionnent pas en ce moment, à cause des difficultés qu'on éprouve pour obtenir de l'argent. Je voudrais m'en rapporter au dernier paragraphe de mon rapport, et alors je répondrai aux questions qu'on voudra bien me poser. A la page cxxvi, vous trouverez les grandes lignes des divers systèmes en opération, et, au haut de la page cxxiv, vous trouverez mon opinion sur la question.

"De plus, il y a, nous ne pouvons pas en douter, un nombre considérable de cultivateurs, au Canada, qui, pour s'être conformés au conseil pressant qui leur fut donné pendant la guerre et à la fin de celle-ci, à savoir: de continuer la production, se trouvent, à cause d'une déflation considérable, dans la même situation où se trouvèrent les cultivateurs de l'Angleterre et des Etats-Unis, et pour lesquels un système d'amortissement de prêts quelconque est absolument nécessaire, s'ils veulent continuer de vivre sur la ferme. Cette demande leur est aujourd'hui accordée, mais d'une manière très restreinte. Il est fort douteux que les provinces puissent seules continuer de développer des organisations d'hypothèques à longue échéance sans courir de risques plus grands que ceux auxquels on s'expose dans l'administration de ses propres finances.

[Dr. H. M. Tory.]

"Maintenant, bien que je partage absolument l'opinion exprimée par sir Horace Plunkett et qui est souvent citée, à savoir: que l'agriculture doit être une industrie se suffisant à elle-même, je crois avec autant de confiance que le besoin se fait sentir au Canada d'une organisation quelconque pouvant coordonner le crédit que le cultivateur a à offrir, de manière à le rendre plus attrayant à l'homme qui désire prêter son argent moyennant un taux d'intérêt raisonnable et contre des garanties suffisantes. Tous les pays du monde civilisé ont été finalement obligés de recourir à de telles mesures. Quand l'on sait qu'un taux de deux pour cent, d'après un système d'amortissement ordinaire, éteindra en vingt ans un hypothèque sur une ferme,—par conséquent, une réduction de deux pour cent dans l'intérêt sera égale en 35 ans à la dette capitale,—la signification de ce que je viens de dire est évidente."

Je n'ai pas suggéré d'une manière définitive quelle devra être cette forme d'organisation, mais je crois que je me suis exprimé catégoriquement quant à l'à-propos de faire quelque chose.

M. Maclean:

Q. Vous ne voudriez pas dire qu'un tel système devrait être fédéral?—R. Je pense que j'ai fortement insinué qu'il devrait être fédéral, si les provinces ne pouvaient pas fournir l'argent nécessaire à son administration. Maintenant, tournez à la dernière page, page cxxvi? (Lisant):

"Un mot en terminant. Il devrait être clair à tout le monde que le Canada traverse lentement la même période de développement agricole que les Etats-Unis ont traversé il y a quelques années, à savoir: les meilleurs terrains du pays ont été pris, les richesses s'accumulant à cause de l'augmentation des prix du terrain, cesseront en grande partie de s'accroître, et les hypothèques sur ces terres, basés sur des prix s'augmentant, deviendront plus difficiles à maintenir. Je n'ai aucun doute que la concurrence des Etats-Unis, en tant que les céréales sont concernés, diminuera et que, malgré les tarifs élevés, les Etats-Unis devront finalement acheter de nous, mais la concurrence d'une Europe régénérée et d'autres parties du monde, augmentera. Si nous désirons qu'à l'avenir l'agriculture canadienne conserve sa place dans la concurrence universelle, il est temps de commencer à organiser une administration rationnelle tant dans ses finances que dans son développement scientifique."

Telle est ma conclusion, et alors je fais cette suggestion. (Lisant):

"Si le gouvernement jugeait à propos, au cours de la présente session du parlement, d'agir relativement à la fondation d'un système pour le développement du crédit à courte et à longue échéances, je suggérerais respectueusement qu'on continue une étude approfondie de ce problème. Si l'on considérait qu'il est plus sage d'attendre que l'opinion publique se soit plus formée sur ce sujet, alors je suggérerais respectueusement, étant donné que le temps alloué pour la préparation de ce rapport a été à peine suffisant pour étudier le problème, au point de vue des parties du pays qui désirent en bénéficier, qu'on me permette dans l'intervalle de continuer l'étude de ce problème."

Maintenant, messieurs, un mot encore pour terminer. Ma position quant à ce sujet,—j'y ai réfléchi longuement,—est celle-ci: S'il y a une chose que nous devons éviter, au Canada, c'est la duplication dans l'organisation. Je ne crois pas que nous puissions commencer à doubler notre organisation provinciale sans augmenter finalement le coût des prêts faits aux cultivateurs. En d'autres mots,

[Dr H. M. Tory.]

si vous avez une organisation dispendieuse, vous allez rendre les affaires dispendieuses. Je suis d'avis que, dans le Minnesota, aux Etats-Unis, on commet une très grande erreur en doublant le système fédéral. Ce que j'avais dans l'idée quand j'ai écrit ce rapport, c'est ceci: il devrait y avoir une coordination d'efforts entre les provinces et le gouvernement fédéral. La question est de savoir s'il serait plus sage de se servir du rouage actuel, tel qu'organisé par les gouvernements locaux, n'importe où l'on voudrait s'en servir, en imposant au gouvernement fédéral la responsabilité d'accorder l'assistance nécessaire au développement du système. Je ne sais pas jusqu'à quel point la chose serait possible, constitués comme nous le sommes, nous Anglo-Saxons, surtout ceux demeurant dans l'Ouest. Mais je suis fortement convaincu que nous devons dès maintenant étudier cette question afin d'en arriver à une conclusion. Ne nous hâtons pas trop, mais soyons sûrs que nous avons le bon plan, et s'il est nécessaire d'avoir de l'aide, on devrait le trouver de suite. Je sais que plusieurs d'entre vous ont des idées très prononcées sur ce sujet. Mon opinion est qu'un arrangement général devrait être adopté, en attendant la fondation d'une organisation finale ou permanente; je m'opposerais certainement à tout système qui mettrait le gouvernement fédéral en concurrence avec les gouvernements locaux, et je me prononcerais contre une telle chose. Le système devrait être unifié, et si les difficultés existant actuellement pouvaient être surmontées temporairement afin de nous donner un peu plus de temps, je consacrerais volontiers beaucoup plus de travail ardu dans le but de savoir si nous ne pouvons pas établir quelque chose capable de résister à l'épreuve du temps, en s'y prenant de la bonne manière. Voici ce que j'en pense.

M. Sales:

Q. Je voudrais que vous traitiez le paragraphe auquel vous avez fait allusion à la page xliv.—R. En réponse à ceci, je dois vous dire que je ne pense pas que vous puissiez avoir un système de crédit à courte échéance par tout le Canada sans avoir une agence d'escompte quelconque.

Q. Avez-vous le paragraphe auquel j'ai fait allusion? Il est à la page xliv. M. Kellner a soulevé la question pour savoir si les gouvernements provinciaux devraient avoir, en vertu de la Loi financière (1914), les même privilèges de déposer leurs garanties, dans les provinces désirant obtenir de l'argent pour leur système de crédit rural.—R. Je crois que j'ai répondu à cela d'une manière spécifique. Si vous me demandez carrément si des facilités d'escompte devraient être accordées aux provinces par le gouvernement du Dominion, je ne suis pas prêt à vous donner une réponse; mais si vous voulez savoir s'il devrait y avoir une agence d'escompte consistant en même temps en une organisation pour le réescompte, je vous répondrais: oui.

M. Good:

Q. Avez-vous considéré cette proposition comme une mesure d'urgence pour, disons, l'année?—R. Non. Je ne l'ai pas fait. Ce qui, d'après moi, pourrait être fait, c'est qu'on pourrait passer une loi d'urgence accordant une autorisation étendue afin de parer à certaines difficultés actuelles, en prenant le temps de la mettre en œuvre avec soin. Je ne dis pas que je conçois la chose comme elle devrait l'être dans sa forme définitive; j'aimerais à étudier davantage la question.

L'hou. M. Stevens: Personnellement, j'ai tiré beaucoup de profit de la discussion de ce sujet par le docteur Tory, et j'aimerais à demander s'il est possible d'avoir une autre occasion d'étudier cette question avec lui. Il y a des questions plutôt importantes que je voudrais lui posser, mais comme il se fait tard, je ne voudrais pas y aller à la légère.

[Dr. H. M. Tory.]

M. Maclean:

Q. Quand attendez-vous une réponse du gouvernement au sujet de ce rapport?—R. Je n'attends aucune réponse du gouvernement. Le gouvernement m'a demandé de préparer un rapport et je l'ai fait. Il peut être accepté comme un rapport intérimaire, si on le désire.

M. Irvine:

Q. Je voudrais savoir si vous ne pourriez pas exprimer votre recommandation d'une manière plus précise que vous ne l'avez fait. Je me rends compte tout à fait de la nécessité de coordonner toutes les diverses agences qui essaient d'accorder des crédits à longue échéance, mais ne pourriez-vous pas être un peu plus clair quant aux moyens à prendre pour effectuer cette coordination?—R. Si l'on me disait que ceci doit être fait, je n'ai aucun doute que je pourrais me mettre à l'œuvre et étudier parfaitement la question, mais personnellement, je préférerais, avant de suggérer un plan définitif, étudier les localités un peu plus que je n'ai été capable de le faire dans le court temps qui m'a été accordé à cette fin.

M. Maclean:

Q. En avez-vous l'autorité maintenant?—R. On peut me demander, si on le désire.

M. SALES: A la page xliii, il y a un rapport du comité spécial de l'année dernière, dont le deuxième paragraphe se lit comme suit:—

> "Quant à la nécessité du crédit à des conditions plus avantageuses aux cultivateurs du pays, presque tout le monde s'accorde là-dessus. Des prêts fonciers bien choisis et bien garantis devraient être considérés comme placements des plus sûrs et des plus attrayants, tandis que les garanties offertes en donnant gages des produits agricoles non périssables et de vente facile, sont certainement comparables à celles qu'offrent les marchands et les fabricants. Malgré ces faits, l'agriculteur du Canada, en certains endroits au moins, paye beaucoup plus pour des crédits à longues échéance obtenus sur sa propriété, que beaucoup de ses concurrents demeurant en d'autres pays, et même plus que payent pour la même commodité plusieurs de ses concitoyens engagés dans d'autres activités de la vie."

Q. Etes-vous d'avis que l'agriculteur paye beaucoup plus pour ses crédits à longue échéance obtenus sur sa propriété que plusieurs de ses concurrents, et même plus que payent plusieurs de ses concitoyens?

Le TÉMOIN: Je suis parfaitement d'avis qu'il paye plus que n'importe quel de ses concurrents. J'affirme qu'il n'y a aucun doute qu'il paye plus d'intérêt que ses concurrents; quant à savoir s'il paye plus que ses concurrents dans les maisons d'affaires ordinaires, je préfère ne pas exprimer d'opinion. Peut-être ne paye-t-il pas beaucoup plus, bien que les taux dans l'Ouest du Canada sont à peu près les mêmes: huit ou neuf pour cent, règle générale. J'ai moi-même emprunté un peu d'argent, de temps à autre, quand je me suis trouvé dans des difficultés financières, mais je n'ai jamais rien trouvé, dans l'Alberta, pour moins de huit pour cent.

M. Shaw:

Q. Et ceci est de l'intérêt composé à tous les trois mois?—R. Oui.

M. Coote:

Q. Voulez-vous répondre à ma question maintenant?—R. Je serai heureux de répondre à toutes les questions, si je le puis.

[Dr. H. M. Tory.]

Q. Quelles chances le cultivateur canadien a-t-il de faire concurrence, dans les marchés du monde, aux cultivateurs de ces autres pays où le taux d'intérêt est beaucoup plus bas que celui que les cultivateurs canadiens ont actuellement à payer?—R. Je crois que la différence de deux pour cent dans le taux d'intérêt peut représenter la différence qu'il y a, dans des conditions de concurrence, entre le succès et la faillite, et comme nous nous installons dans l'Ouest du Canada, sur des terrains plus ou moins chers, nous ressentons sans aucun doute les effets de la concurrence de six pour cent contre huit pour cent.

M. Shaw:

Q. Je voudrais connaître un peu votre idée d'une loi d'urgence—comment s'y prendrait-on? Supposons que nous ne pouvons pas former un plan défini. —R. Si vous vous proposez de vous réunir, vendredi à quatre heures, pour discuter la question avec moi, j'aimerais à penser au sujet d'ici samedi. Je considère qu'il s'agit d'une question très importante.

M. GOOD: Je suis d'avis, Dr Tory, que si vous voulez réfléchir à ce problème et nous suggérer quelque chose, vendredi, votre proposition nous serait d'une grande valeur.

M. Coote:

Q. Je voudrais vous demander si vous pensez qu'il est désirable de procurer le plus tôt possible un taux d'intérêt plus bas pour nos cultivateurs.—R. Sans doute.

Q. Pensez-vous qu'il est possible de le faire sans courir de risques graves?— R. Je serais enclin à donner cette réponse, bien que ce ne soit pas une réponse définitive· il n'est pas possible de le faire si les organisations de cultivateurs n'appuient pas le projet. J'ai une ferme confiance que l'organisation de cultivateurs donnerait son appui à son propre crédit, ne serait-ce que dans un but éducationnel. Dans tous les pays du monde, c'est sur cette base que se faisaient la composition et la coordination du crédit du groupe appuyant l'individu, et que se donnaient les garanties pour dissiper le doute quant aux garanties, et si vous faites cela, le taux d'intérêt baissera comme par enchantement.

Q. Si vous aviez une organisation de crédit semblable à celle des Etats-Unis, qui emprunte de la Commission du crédit agricole; serions-nous alors en état de prêter de l'argent à nos cultivateurs moyennant un certain taux sans courir de trop grands risques?—R. Si vous pouvez vous procurer de l'argent sur des obligations d'hypothèques à cinq pour cent, vous pouvez le prêter à six ou six et demi pour cent. Un ou un et demi pour cent suffira à tout les frais d'administration.

Q. Je voudrais savoir votre opinion, si vous pouvez la donner, sur un point, à savoir: croyez-vous qu'une certaine proportion de nos cultivateurs de l'Ouest se trouvent dans une situation telle qu'on pourrait en toute sûreté leur prêter cet argent?—R. Je ne pense pas qu'il y ait de doute là-dessus.

Q. Vous pensez qu'ils possèdent de garanties suffisantes?—R. Certainement.

Le président:

Q. Avez-vous une idée quant à la proportion de ces cultivateurs auxquels on pourrait prêter de l'argent sans danger?—R. Non, M. le Président, je ne le sais pas.

Q. Permettez que j'attire votre attention sur l'assertion que le professeur Swanson faisait l'année dernière.—R. Oui, je l'ai lue, mais je ne me le rappelle plus.

Q. Voulez-vous le lire encore, surtout les pages **787** et **788** du rapport de l'année dernière, et nous dire à la prochaine séance ce que vous en pensez?—R. Oui, avec plaisir.

[Dr. H. M. Tory.]

14-15 GEORGE V, A. 1924

M. Coote:

Q. Je pense que vous avez dit, docteur, qu'il serait dangereux d'aller trop vite en faisant passer de telles lois au Canada?—R. Oui.

Q. Quel est le plus grand danger d'après vous, aller trop vite ou aller trop lentement?—R. Ce que je voulais dire par mes paroles, c'est ceci: j'ai dit dans ce rapport que le temps était arrivé pour préparer une administration financière et scientifique convenable de l'agriculture. Je veux dire que nous devrions prendre le temps maintenant de faire le mieux possible, ou, si je puis ainsi m'exprimer, de faire les choses aussi bien que possible.

M. Ward:

Q. Cela n'empêcherait pas une loi d'urgence?—R. Non. Nous accomplissons des choses non pas autant pour le présent que pour l'avenir, pour 100 ans probablement, et si nous pouvons commencer et continuer de la bonne manière, nous pourrons peut-être accomplir pour l'agriculture la plus grande chose qui n'aît jamais été faite au Canada. Je crois qu'il n'est pas sage de forcer des hommes de penser plus vite qu'ils ne le peuvent sur certains de ces sujets.

M. Spencer:

Q. Recommanderiez-vous une loi d'urgence?—R. Encore une fois, c'est une question qui est du ressort du parlement, c'est à vous à décider. Je ne suis jamais allé encore dans les districts agricoles pour voir les choses de mes yeux, mais vous savez comment difficile est la situation. J'imagine qu'une certaine loi, une, par exemple, par laquelle on pourrait fournir de l'argent aux gouvernements de l'Ouest, qui en seraient responsables, afin d'améliorer la situation pour le moment, une telle loi, dis-je, serait tout ce qui est nécessaire.

M. Steadman:

Q. Vous connaissez, sans doute, les systèmes provinciaux, par exemple, la Commission du crédit agricole du Manitoba?—R. Oui.

Q. Il n'y a pas un seul système qui a besoin de plus d'aide que celui-là, en ce moment. Suggéreriez-vous qu'il serait sage que le gouvernement du Manitoba devrait lui venir en aide dans ses efforts pour trouver de l'argent pour secourir les cultivateurs aussitôt que possible, cette année? Nous ne pouvons attendre qu'on adopte un système perfectionné. Considérez-vous que ce serait un moyen sûr pour assister financièrement les cultivateurs?—R. Je suis d'avis que le système du Manitoba, tel qu'il fonctionne maintenant, est assez sûr; il n'a pas accusé de gains considérables.

M. McKay:

Q. Cela n'est-il pas dû à la guerre?—R. Cela est dû à d'autres conditions que nous ne discutons pas ici. Je pense que le système du Manitoba est un système parfaitement sûr, et je suis aussi d'avis que le système de l'Alberta est un système absolument sûr et sain.

M. Gardiner:

Q. Pensez-vous qu'il serait possible de vendre des obligations, au Canada, au taux d'escompte qui existe aux Etats-Unis?—R. Non, mais je suis convaincu qu'avec une organisation perfectionnée, nous pourrions vendre des obligations dans les Etats-Unis. Un des gérants-banquiers de la Commission du crédit agricole a dit qu'il n'y avait aucune difficulté à trouver de l'argent dans les Etats de l'est, mais il faut être convenablement protégé.

Le président:

Q. Lui serait-il aussi facile de vendre ses obligations si elles n'étaient pas exemptes d'impôt?—R. Non, car il lui faudrait payer la moitié d'un pour cent

[Dr. H. M. Tory.]

de plus. Les Américains vendent des obligations, pour leurs systèmes de crédit, moyennant quatre et demi pour cent, et vous seriez obligés de payer un demi pour cent de plus que cela, ainsi que la différence de la valeur de la monnaie canadienne et celle des Etats-Unis.

M. Steadman:

Q. Quel pourcentage, pensez-vous, serait nécessaire au système du gouvernement pour lui permettre de maintenir le taux d'intérêt égal à l'intérêt exigé par les autres corporations?—R. Aux Etats-Unis, les hypothèques de la Commission du crédit agricole sont toutes basées sur 50 pour 100 de l'évaluation de la propriété. C'est-à-dire, on ne vous prêterait pas pour plus de 50 pour 100 de la valeur de la propriété.

Q. Et quel pourcentage du montant prêté aux cultivateurs le Commission du crédit agricole serait-elle obligée de payer afin d'influencer le taux d'intérêt dans les autres pays, parce que l'essentiel c'est de réduire le taux d'intérêt? Il importe peu qui sont ceux qui détiennent les hypothèques, pourvu que nous ayons un plan d'amortissement.—R. Je vous ai dit ce matin qu'en Allemagne, 14 pour 100 des prêts ont été faits par ces organisations, et elles contrôlent pour ainsi dire le taux d'intérêt sur les hypothèques. En France, le Crédit Foncier a le monopole de l'émission des hypothèques, avec un taux d'intérêt fixe. Personne ne fait affaire avec les fermiers, excepté le Crédit Foncier. Aux Etats-Unis, on a prêté environ 16 pour 100 du total, c'est-à-dire que 16 pour 100 est entre les mains de la Commission du crédit agricole. Il n'y a pas de doute qu'en certains endroits, aujourd'hui, ces systèmes ont un effet sensible sur le taux d'intérêt.

M. Good:

Q. Pensez-vous que 20 ou 30 pour 100 aurait de l'effet?—R. Je suis d'avis que 20 pour 100 aurait de l'effet, mais vous devez envisager cette situation, et il vaut mieux que vous teniez compte de tous les faits, à savoir: les concurrents que vous aurez sous la forme de compagnies de crédit prendront les transactions dans les meilleurs endroits du pays et laisseront les autres territoires pour la Commission du crédit agricole.

M. Spencer:

Q. Les compagnies d'hypothèques se sont-elles déjà prononcées contre la fondation d'un crédit rural?—R. Je n'ai aucun doute qu'elles s'y opposeraient, car elles sont contre ce système partout.

M. Coote:

Q. De combien d'années, pensez-vous, sommes-nous en arrière des Etats-Unis en ce qui concerne les crédits à longue échéance?—R. Seulement depuis 1916.

Q. Et vous ne pouvez pas vous étonner, alors, que certains de nos cultivateurs de l'Ouest sont un peu découragés du peu d'intérêt dont ce gouvernement fait preuve à leur égard.—R. C'est une question politique à laquelle je ne veux pas répondre.

Q. Je n'avais nullement l'intention d'y donner une portée politique. Peut-être n'aurais-je pas dû dire: "Ce gouvernement", et que j'aurais dû dire: "Le parlement d'Ottawa"?—R. Je suis d'avis qu'il est à remarquer que le parlement à Ottawa n'a pas passé depuis longtemps une loi, une loi nationale, pour établir une coopération; je n'ai jamais compris pourquoi le projet a été battu en 1914.

M. Good: J'ai fait une certaine investigation sur ce sujet, au cours de la présente session.

Le président:

Q. Quelle est la question?

[Dr. H. M. Tory.]

14–15 GEORGE V, A. 1924

M. Coote:

Q. Ne pensez-vous pas que ce serait exposer notre industrie agricole à un très grand danger que d'attendre trop tard pour présenter un système quelconque de crédit rural à longue échéance?—R. Je suis absolument convaincu qu'il nous faudra en venir au système de crédit rural à longue échéance, si nous voulons faire concurrence au reste du monde. J'en suis certain. Vous pouvez répondre à ma question mieux que je ne pourrais le faire, car vous connaissez mieux que moi le pays, quant à savoir si le besoin s'en fait sentir ou non. Je n'ai aucun doute qu'un très grand nombre de gens profitera immédiatement de crédits à longue échéance, mais ces gens pourront-ils attendre six mois ou une année, je ne le sais pas.

Q. Ne serait-il pas plus facile de présenter un plan d'organisation convenable pour un système de crédits à longue échéance que pour un système de crédit à courte échéance?—R. Oui, je crois que l'argent est plus facile à obtenir.

Q. Et c'est là où l'on doit commencer, si l'on veut commencer du tout?—R. Dans le rapport du Dr MacGibbon, il est dit que les cultivateurs se préoccupent moins des crédits à longue échéance que de ceux à courte échéance. Ceci était en 1923. Il prétendait que les affaires d'hypothèques n'étaient pas aussi urgentes que le crédit à courte échéance, que ce problème relatif au crédit de trois mois constituait une difficulté sérieuse.

Q. J'admets cela volontiers.—R. Mais vous me demandez de faire une comparaison, de comparer deux choses, et tout ce que je puis faire, c'est de me baser sur les preuves qui m'ont été soumises.

Q. Justement sur la question de la possibilité d'un tel projet, n'êtes-vous pas convaincu qu'un système de crédit à longue échéance est beaucoup plus facile à introduire?—R. Si vraiment la chose ne dépend que du gouvernement, tout le système de crédits à longue échéance pourrait être établi en deux mois, mais la difficulté consiste à nous y adapter nous-mêmes, à coordonner tous les autres systèmes. Je ne vois aucune difficulté légale ou financière dans l'établissement d'un système de crédits à longue échéance. Sans prétendre posséder des connaissances légales, j'ose dire que je pourrais aider à la rédaction d'un bill et le finir en trois jours, mais il ne résoudrait pas le problème de la coordination de toutes ces tentatives.

M. Spencer:

Q. Cela ne pourrait-il pas être fait après?—R. Je ne sais pas. J'aimerais avoir une conférence là-dessus.

Le président:

Q. J'aimerais à demander au docteur s'il n'est pas d'avis que la grande justification de ce retard dans l'introduction d'une telle loi par le Parlement, est le fait que la chose a été laissée à l'intiative des provinces, et que sept provinces sur neuf en ont pris l'initiative, et avec raison?—R. Oui. Les trois provinces de l'Ouest ont envoyé des délégations avec la Commission américaine en 1913. J'y représentais ma propre province, et la Saskatchewan, comme résultat de ses enquêtes en Europe,—sa délégation alla avec la Commission, mais comme corps indépendant,—fonda un système de crédit foncier, qui existe depuis 1915, je crois, et cette province a prêté jusqu'à neuf millions de dollars. L'initiative a été prise par toutes les provinces, en cette affaire. Il n'y avait pas de représentants du gouvernement du Dominion avec cette commission.

M. Coote:

Q. Je désire vous assurer, vous et le comité, que je n'avais pas l'intention de mêler de politique au sujet devant le comité, par la question que j'ai posée au Dr Tory. C'était tout simplement pour faire ressortir devant le comité et le Dr Tory

[Dr. H. M. Tory.]

le fait que le peuple du Canada n'avait pas fait d'efforts pour régler la question du crédit rural, bien que les Etats-Unis s'en soient occupés il y a sept ans.

Le PRÉSIDENT: Mais même à ce point de vue, j'ai trouvé que la remarque n'était pas tout à fait juste, non pas parce qu'elle était un reproche à un parti politique quelconque ni qu'il y était question de politique, mais parce que j'ai pensé qu'il n'était pas absolument vrai de dire que le peuple du Canada n'avait pris aucune initiative dans cette affaire. Je crois qu'il serait plus juste de dire que l'initiative fut laissée aux provinces, et que sept provinces sur neuf ont déjà pris des mesures pour améliorer la situation, et qu'elles l'ont fait de leur mieux. Il est très probable que le jour est arrivé où le parlement fédéral doit étudier davantage la question et d'adopter la méthode que le comité pourrait suggérer. Et le témoin s'est exprimé en ce sens, mais je ne crois pas qu'on devrait blâmer aucun parti politique ou le Parlement lui-même pour n'avoir pas pris cette initiative qui jusqu'ici a été laissée aux provinces.

M. SHAW: Ce ne serait pas un crime de lèse-majesté, cependant.

Le PRÉSIDENT: Non, je ne dis pas cela, et, par conséquent, je ne dirai pas que l'assertion n'est pas régulière, mais j'ai cru bon de rectifier cette assertion en posant une question au témoin, et il y a répondu.

Le président:

Q. Maintenant, j'ai une autre question que je dois poser au témoin et qui pourrait jeter de la lumière sur le sujet, sur ce point en particulier. N'est-il pas vrai, docteur, que tout projet de crédit rural, établi soit par le gouvernement fédéral ou les autorités provinciales, ne pourrait pas suffire aux demandes faites par une proportion considérable des futurs emprunteurs, qui ne peuvent offrir les garanties suffisantes pour obtenir leurs prêts?—R. Sans doute.

Q. Par conséquent, une bonne partie du malaise et de la misère existant dans les trois provinces de l'Ouest et ailleurs au Canada,—parce que je pense qu'il est faux de dire que la classe agricole des trois provinces des prairies sont les seules qui souffrent; il y a de la misère dans chaque province, dans la province d'Ontario, dans la province de Québec, les cultivateurs ont subi les mêmes difficultés, à savoir: ils ont souffert comme résultat de la contraction des prix, les prix des produits qu'ils vendent, tandis qu'ils sont obligés de payer pour les choses qu'ils achètent presque les mêmes prix du temps de la guerre. N'est-il pas vrai que nul système ne pourra suffire aux demandes, surtout à cause du fait que celui qui se propose d'emprunter ne peut pas, dans bien des cas, offrir les garanties nécessaires?—R. Pour répondre à ceci, je dirai que sur 1,500 demandes faites en Ontario—vous aviez les chiffres tout à l'heure—un peu plus de 900 seulement ne purent obtenir des emprunts, et je crois que les statistiques de la Saskatchewan montreraient qu'environ deux tiers des personnes qui demandèrent à emprunter obtinrent l'argent et qu'on a refusé des prêts aux autres.

M. Garland:

Q. Ces deux tiers en avaient certainement besoin.—R. Sans doute.

Le PRÉSIDENT: Avez-vous une autre question, M. Coote?

M. COOTE: Je voudrais dire quelque chose en réponse à ce que vous venez de dire.

Le PRÉSIDENT: Très bien, allez-y.

M. COOTE: Voici ce que j'ai à dire: je suis d'avis que l'assertion que vous avez faite concernant la situation des cultivateurs dans toutes les provinces du Canada justifie ce que j'ai dit au sujet de la négligence dont s'est rendu coupable notre parlement en ne passant pas une loi, il y a quelques années, afin de marcher de pair avec les Etats-Unis. Le contrôle des finances du Canada est du ressort du Dominion, non des provinces, et c'est à cause de cette négligence de la part

[Dr. H. M. Tory.]

du gouvernement, en ne prenant pas les mesures nécessaires pour l'établissment du système du crédit rural, que les provinces ont fait certaines démarches afin d'initier un système de crédit rural. Je terminerai en posant cette question au Dr Tory:

Q. N'est-il pas vrai que dans la province d'Alberta, quoiqu'on ait passé une loi, comme résultat des rapports préparés par vous et vos associés, à votre retour d'Europe, étant donné que la province d'Alberta ne possède pas les fonds nécessaires, elle n'a pas été capable d'accorder de prêts à longue échéance aux fermiers de l'Alberta.—R. Il y en a d'autres dans cette salle qui peuvent mieux que moi répondre à cette question. Pour dire le vrai, le gouvernement de l'Alberta n'a pas accordé d'emprunts d'après la loi qu'il a passé. Il n'a pas encore fait de prêts en vertu de cette loi. Si c'est parce qu'on n'a pas pu se procurer l'argent, ou pour d'autres raisons, je ne suis pas tout à fait prêt à le dire. Je crois que la difficulté d'obtenir de l'argent constitue l'un des grands obstacles, mais je suis enclin à penser qu'il y a d'autres causes pour ce malaise.

Q. Permettez-moi de vous poser une autre question. Si le gouvernement fédéral des Etats-Unis avait laissé aux gouvernement des divers Etats la tâche de résoudre le problème du crédit rural, pensez-vous que le problème du crédit rural aux Etats-Unis serait ou resolu bon état qu'il ne l'est aujourd'hui?—R. Non. Je m'accorde absolument avec vous; il n'y a pas de doute là-dessus. Le système du gouvernement fédéral est si général, qu'il est plutôt singulier que les gouvernements locaux y font maintenant concurrence.

Q. Il y a une autres question que je voudrais poser. Si, aux Etats-Unis, l'on avait attendu jusqu'à ce qu'on fût capable de coordonner tous les systèmes, et de faire se ranger chaque Etat sous le système fédéral, il est possible qu'on aurait pris plusieurs années pour établir cette loi.—R. Oui, mais naturellement voici ma réponse à ceci: la question laisserait entendre une critique de mon affirmation précédente. Voici ce que je répondrai: l'Amérique est un pays de cent dix millions d'âmes; l'Etat de New-York a plus de population que tout le Dominion du Canada...

Le président:

Q. Et plus d'argent?—R. Oui, et nous avons une population très éparpillée. Si les Etats-Unis commençaient avec une population de neuf millions, je ne pense pas qu'ils auraient commencé par des organisations d'Etat du tout. C'est pourquoi je prétends que nous n'avons pas de place pour des organisations concurrentes. Nous rendrons nul le but véritable vers lequel nous tendons si nous avons des organisations se détruisant les unes les autres par la concurrence et en mêlant de la politique à l'administration, parce que c'est ce qui arrivera. J'organiserais la chose en commençant par le commencement à présent, mais, en attendant, si—quel était le mot? une loi d'urgence?—était jugée nécessaire, je pense que nous pourrions facilement trouver les moyens pour la rendre efficace.

M. Coote:

Q. Si nous attendons pendant une autre année avant même de commencer? —R. Je n'ai même pas suggéré que nous attendions une autre année.

Q. Dans les autres provinces où l'on ne fait pas encore de prêts à longue échéance, n'y aurait-il pas une grande influence les induisant à mettre leurs systèmes en opération, et alors nous pourrions en trouver deux autres pour pouvoir les coordonner?—R. Je pense que nous devrions y procéder de suite, naturellement. Que rien de ce que je vous ai dit vous laisse entendre que je demande un retard. Je voudrais qu'on fît quelque chose qui en vaudrait la peine; j'ai insisté là-dessus depuis le commencement, à savoir: obtenir des informations sur lesquelles on pourrait baser un projet qui vaudrait quelque chose, et si une loi d'urgence est nécessaire, qu'on nous la donne.

[Dr. H. M. Tory.]

M. McKay:

Q. Il doit y avoir une coordination complète de toutes les provinces dans le projet, afin d'éliminer toutes les organisations locales que nous avons actuellement.—R. Ou nous pourrions nous en servir comme une base d'une plus grande organisation.

Q. Mais le projet doit être d'un caractère universel?—R. Oui, c'est le seul moyen que vous pouvez espérer avoir pour établir un taux d'intérêt uniforme.

Q. Nous devons avoir, l'été prochain, une conférence nationale pour étudier le système d'impôts, un projet qui a été discuté pendant plusieurs années. Ne serait-il pas à propos d'y inclure ceci et avoir une discussion nationale sur les deux sujets?

M. SHAW: La discussion n'aidera pas les cultivateurs.

M. Ward:

Q. Vous avez dit, ce matin, docteur, quand vous faisiez allusion aux banques de crédit fédéral, que les emprunteurs se prêtaient de l'argent l'un à l'autre.—R. Non, je n'ai pas dit cela. J'ai dit que les emprunteurs capitalisaient leurs propres prêts, ce qui n'est pas tout à fait la même chose. Ce que je voulais dire, c'est ceci: ces banques d'emprunts ont la permission de prêter vingt fois plus que leur capital, de sorte que si un cultivateur s'engage à acheter des actions pour $50, sur cette garantie il peut emprunter $1,000; or, en réalité, il capitalise son propre prêt.

Q. C'est-à-dire qu'on utilise les richesses de la localité pour le développement de celle-ci?—R. Oui, à ce point de vue, c'est vrai.

Q. Auriez-vous des objections à ce que cela se fît dans la sphère plus vaste du développepment d'une nation, au Canada, si vous voulez? Le Canada pourrait utiliser ses propres richesses pour son propre développement, plutôt que d'émettre des obligations dans un pays étranger.—R. Précisément, s'il peut le faire. Reste à savoir jusqu'à quel point la chose est possible.

M. Maclean:

Q. Si la sorte de banque dont nous parlons était établie, est-ce que cela ne serait pas d'un grand secours pour les banques du Canada? Elles devraient donner un coup de main.—R. Je ne pourrais dire; les banques diraient elles-mêmes ce qu'elles en pensent. Je ne connais pas suffisammnt l'administration des banques pour savoir si oui ou non elles en seraient affectées.

M. Shaw:

Q. Dans le projet relatif à une loi d'urgence, quand vous étudierez la chose, je voudrais que vous preniez en considération un système qui a été suggéré. Je ne sais pas s'il convient à tous les membres du comité, mais il s'agit d'une proposition pour l'organisation de ce qu'on appelle une banque centrale, qui aurait les pouvoirs de réescompter, et je voudrais que vous ne perdissiez pas de vue l'établissement d'une telle institution, qui serait, naturellement, sous le contrôle du gouvernement.

M. Good:

Q. J'allais exprimer l'opinion que, peut-être, une des raisons pour laquelle le parlement du Canada et le public en général n'avaient pas pris cette question en considération dans le passé, était parce que le besoin ne s'en est pas fait sentir avant la déflation qui eut lieu en 1920 et 1921, et je voulais demander au docteur Tory si oui ou non il avait étudié d'une manière particulière les effets de cette déflation sur l'agriculture, au point de vue de la nécessité se faisant plus pressante du développement d'un système de crédit rural.—R. Je l'ai étudié un peu; je crois que je l'ai étudié suffisamment pour pouvoir dire que la déflation dans les

[Dr. H. M. Tory.]

prix est en grande partie la cause de toutes nos difficultés actuelles. Je dirais qu'il y a deux causes: la déflation et la perte des marchés. La perte des marchés européens y a aussi contribué.

M. Coote:

Q. N'envoyons-nous pas une plus grande quantité de produits agricoles sur les marchés européens qu'auparavant?—R. Je ne sais pas si nous, au Canada, en expédions plus; je n'en ai pas vérifié les chiffres.

M. Good:

Q. Justement, à ce propos, M. McMaster a fait une enquête quelconque l'année dernière. Il n'est pas ici pour nous en parler lui-même, mais le résultat général de son investigation était ceci: le montant des exportations agricoles en Europe dépassait considérablement celui d'avant-guerre, et que, règle générale, les prix étaient meilleurs. Vous avez mentionné que nous avons perdu nos marchés. La déflation ne s'est pas produite avant deux années après la guerre, donc il est singulier que les prix étaient élevés de 1918 à 1920.—R. Le plus difficile à expliquer—je dirais que ceci constitue les principaux faits de la question. D'abord, quand la guerre fut finie, et même jusqu'à 1919, le premier ministre de la Grande-Bretagne était si convaincu que les prix ne changeraient pas, qu'il promit aux cultivateurs de fixer les prix au moyen d'une loi. Il n'a pas prévu ce qui arriverait. L'Europe n'avait rien à manger et elle acheta beaucoup immédiatement après la guerre. Une quantité considérable de matériaux a été achetée immédiatement après la guerre. On nous disait que les prix resteraient les mêmes pour au moins cinq années; cela m'a été dit par des hommes qui semblaient être des autorités compétentes. Même après que la guerre était finie, on nous a dit de continuer à travailler, parce que personne n'a prévu la baisse qui s'est produite, une fois que l'Europe s'était procurée tout ce dont elle avait besoin dans le moment, en 1920.

Q. Il y en a qui prétendent que la déflation a été causée de propos délibéré. M. Williams, l'ancien contrôleur de la monnaie aux Etats-Unis, a insinué ici, l'autre jour, que c'était la politique financière inaugurée en 1920 qui a été la cause de cette déflation soudaine, et je pense que M. McKenna, en Angleterre, a dit la même chose. Je me demandais si vous l'aviez entendu dire?—R. Oui, j'ai entendu les deux côtés de la question. Si vous lisez le rapport de la banque de réserve fédérale de Minneapolis, publié en mars 1923, vous verrez qu'elle présente une pleine exposition de sa cause pour démontrer qu'elle n'était pas responsable. Elle dit qu'elle a continué de prêter en abondance de l'argent aux cultivateurs, que la situation était universelle et qu'elle ne pouvait pas la contrôler. Je suis d'avis que c'est une question sur laquelle les gens ne s'accorderont jamais. Nous pourrons peut-être en arriver à une solution en cent années d'ici, mais pas beaucoup plus tôt.

M. Maclean:

Q. Voudriez-vous que nous eussions des bas prix pour les produits agricoles?

M. SPENCER: Ne les avons-nous pas à présent ?

M. Maclean:

Q. Si les prix baissaient, cela améliorerait-il la situation?

Le PRÉSIDENT: Messieurs, je suppose que nous pourrions ajourner maintenant jusqu'à vendredi, à 10 heures, et vendredi après-midi, à 4 heures, nous nous réunirons à nouveau pour la continuation du témoignage du docteur Tory.

Le témoin se retire.

Le comité s'ajourne.

[Dr. H. M. Tory.]

SALLE DE COMITÉ, N° 429,

CHAMBRE DES COMMUNES,

VENDREDI, 30 mai 1924.

Le comité spécial permanent des banques et du commerce s'est réuni à 10 heures de l'après-midi; le président, M. Vien, est au fauteuil.

C. E. NEILL est appelé et assermenté.

Le PRÉSIDENT: Je suggérerais au comité que nous adoptions la manière de procéder que nous avons suivie pour l'audition des témoins précédents, en permettant à M. Neill de dire ce qu'il a à dire, s'il en a, et ensuite en lui posant des questions. M. Neill, veuillez avoir l'obligeance de donner au comité votre capacité dans le monde financier, votre occupation et votre expérience, à titre de renseignement pour le comité.

Le TÉMOIN: En l'absence de sir John Aird, qui est en Angleterre, et qui est président de l'association des banquiers, je représente, comme vice-président, cette association. Ma position, comme vous le savez probablement est celle de gérant général de la Banque Royale du Canada. Il serait peut-être à propos de dire en commençant que je n'ai pas eu l'occasion de consulter les banquiers en général sur ce que je vais dire. Bien que représentant l'Association, les opinions que j'exprime ici sont mes opinions personnelles.

M. W. F. Maclean:

Q. Non pas les opinions de l'Association?—R. Non, je n'ai pas d'assertion à faire; je préférerais que les membres du comité me posent toutes les questions qu'ils désireront me poser.

Le président:

Q. M. Neill, d'après l'ordre transmis à ce comité, nous avons étudié la situation dans laquelle se trouvent les déposants comme résultat de la faillite de la Home Bank. Nos instructions exigent que nous considérions les stipulations de la loi des Banques dans le but de recommander toute modification à la loi qui pourrait protéger davantage les intérêts des déposants en général et de prévenir à l'avenir des choses semblables. On a suggéré au comité, à savoir: le gouvernement devrait établir un système d'inspection ou d'examen de banque, à part et distinct de la vérification des comptes de banque actuellement en vigueur, sous le contrôle du gouvernement et par des officiers nommés par la Couronne. Nous voudrions savoir votre opinion au sujet des modifications faites l'année dernière à la Loi des banques, de même qu'au sujet de l'organisation par le gouvernement d'un bureau d'inspection, séparé et distinct du système de vérification actuellement en vigueur.—R. Je puis mieux exprimer mon opinion en lisant ce que j'ai dit à la dernière assemblée annuelle de nos actionnaires. C'était ceci:—

"En certains milieux, on demande l'inspection par le gouvernement. Parlant au nom de cette banque, je désire dire que bien que nous ayons un système d'inspection interne très développé, et, en plus, une vérification complète par des vérificateurs capables et d'expérience nommés par les actionnaires, nous serons très heureux de nous soumettre à tout autre système de vérification ou inspection raisonnable qui sera requis, soit par le gouvernement ou autrement, à condition qu'une telle inspection soit efficace."

C'est ce que nous demandons: une inspection efficace.

[M. C. E. Neill.]

M. W. F. Maclean:

Q. Votre association n'a pas fait de déclaration en ce sens?—R. Notre association ne l'a pas fait, je pense que je puis dire sans me tromper que la majorité des banquiers canadiens se sont peut-être exprimés en ce sens. Plusieurs ne l'ont pas fait, mais, d'un autre côté, je crois que la plupart se sont prononcés.

M. Euler:

Q. Comme association, ils n'ont pris aucune action?—R. Non.

M. Good:

Q. Pouvez-vous me dire, si vous le savez, quelle était l'attitude de l'association, l'année dernière, quand cette question était devant le comité?—R. Cela serait dans les procès-verbaux des assemblées de l'année dernière, monsieur Good. Je ne le sais pas.

Q. Quelle était la proposition faite l'année dernière et qui fut rejetée? Je veux savoir quelle était l'attitude des banquiers canadiens, l'année dernière, relativement au projet auquel ils ont maintenant donné leur assentiment autorisé?—R. Je ne sais pas, monsieur Good, si les banquiers canadiens, comme association, en sont arrivés à une conclusion quelconque. Je crois, si je me le rappelle bien, que certains banquiers se sont exprimés comme n'étant pas en faveur d'une inspection par le gouvernement; si oui ou non d'autres se sont prononcés en faveur, je ne le sais pas.

Q. A votre connaissance, y a-t-il eu, l'année dernière, un changement dans l'attitude des principaux banquiers canadiens relativement à cette question?—R. Peut-être. Pour dire le vrai, bien qu'il puisse se faire que les banquiers ne soient pas d'avis qu'une inspection par le gouvernement est une nécessité, ils sont tout de même d'avis que si le public exige une inspection par le gouvernement, il n'y a pas de raison de la lui refuser, pourvu que cette inspection soit efficace.

Q. Est-ce que ce ne serait pas un moyen de rétablir la confiance en nos banques?—R. C'est possible.

Q. Relativement à l'article 56 (a), qui accorde au ministre le pouvoir de faire un examen spécial en tout temps, que pensiez-vous l'année dernière de cette stipulation que M. Fielding, je crois, considérait suffisante?—R. Vous voulez savoir mon opinion personnelle?

Q. Oui.—R. Je n'y voyais aucune objection.

Q. Trouviez-vous alors que cet article était assez efficace?—R. Si j'y ai pensé du tout, je dirais oui.

Q. Le considérez-vous à présent comme étant efficace?—R. Vous voulez dire que si le ministre des Finances....

Q. Je lirai l'article si vous voulez. (Lisant):—

> " Le ministre peut donner ordre à tout vérificateur nommé sous le régime de l'article précédent de la présente loi, et exiger de lui, ou de tout autre vérificateur qu'il peut choisir, d'examiner et de s'enquérir spécialement des affaires ou opérations de la banque."

Et ainsi de suite. C'est la stipulation qui permet au ministre de faire un examen spécial des affaires de n'importe quelle banque en particulier.

M. Shaw: Cela a été passé en 1913.

M. Good:

Q. Oui, ce n'est pas un nouvel article, mais on a prétendu, l'année dernière, que c'était suffisant. Je veux savoir quelle était votre attitude l'année dernière, et quelle est votre opinion, cette année, de cet article en particulier.—R. Mon

[M. C. E. Neill.]

attitude, cette année, est celle-ci: si le comité ne considère pas que cela est suffisant, je serais disposé à aller plus loin pour satisfaire le comité.

Q. Considérez-vous que ce moyen peut être raisonnablement efficace dans tous les ,cas? Peut-être ne comprenez-vous pas mon idée. Si vous avez lu le compte rendu de l'enquête relative à la Home Bank, ainsi que les rapports du présent comité, vous avez dû trouver qu'un certain nombre de gens, y compris le ministre suppléant des Finances actuel, et sir Thomas White, ainsi que d'autres, ont exprimé l'opinion qu'à moins que d'y être forcé, aucun ministre n'entreprendra un examen spécial dans une banque, à cause du soupçon qu'une telle inspection ferait planer autour de cette banque; que, par conséquent, étant donnée son hésitation à jeter du soupçon sur une institution qui pourrait être absolument solvable, il ne ferait pas d'examen spécial. Je crois que tel était le cas quand la situation de la Home Bank a été signalée à l'attention de sir Thomas White, il y a quelques années. Le point que je veux souligner est celui-ci: dans de telles circonstances, l'article serait efficace et pratique? Ou pouvait-on s'attendre à ce qu'il devienne pratique?—R. Je ne comprends pas pourquoi il ne pourrait pas être efficace. Je ne comprends pas pourquoi le ministre ne pourrait pas envoyer un officier à une banque, en tout temps, s'il le jugeait à propos.

Q. Etes-vous d'avis qu'une telle action de la part du ministre jeterait du soupçon sur une banque qu'on aurait désignée comme devant être examinée?—R. Peut-être; je ne puis pas affirmer que cela ne serait pas. La chose est possible, il ne tiendrait qu'au ministre de décider, dans les circonstances, quelle serait la meilleure ligne de conduite à suivre.

Q. Supposez, comme gérant général de la banque Royale, que le ministre vous envoyât soudainement un vérificateur ou un personnel dans votre banque pour en faire une inspection spéciale, il serait difficile d'empêcher, peut-être, la chose de s'ébruiter; protesteriez-vous contre une telle action?—R. Nous n'aimerions pas cela, mais nous saurions que le ministre ne le ferait pas sans bonne raison, et s'il y avait bonne raison, nous ne nous y opposerions pas.

Q. Comment sauriez-vous qu'il y eût une raison suffisante, avant que l'examen eût lieu?—R. Par des renseignements qui pourraient lui être transmis.

Q. Par qui?—R. Toute personne qu'il considérerait digne de confiance.

Q. Je comprends alors, monsieur Neill, que vous hésitez quelque peu à endosser l'assertion faite par M. Robb et par sir Thomas White, ainsi qu'un nombre d'autres personnes, relativement à l'inefficacité de cet article. Je ne désire faire durer la discussion sur ce point, mais vous n'êtes pas censé endosser ce qu'ils ont dit?—R. Je ne sais pas précisément ce qu'ils ont dit.

Q. Je n'ai pas les documents ici, mais. . .—R. Ils étaient d'avis que cet article était inefficace?

Q. M. Robb a dit ici, dans cette salle, l'autre jour, qu'il hésiterait beaucoup, en effet, à choisir une banque quelconque et en faire l'examen, à cause du soupçon que cela jeterait sur cette banque; qu'il préférerait beaucoup faire un examen de toutes les banques, en la manière ordinaire de faire les choses, de sorte qu'aucune distinction ne serait apparente.—R. Je puis très bien apprécier la manière de voir de M. Robb.

Q. Préféreriez-vous un examen systématique régulier de toutes les banques à la désignation d'une banque en particulier pour la soumettre à un examen, quand le ministre apprend d'une manière ou d'une autre que les affaires de cette banque ne sont pas en aussi bon état qu'il le souhaiterait?—R. Oui.

Q. Je crois que ceci est satisfaisant. On a distribué aux députés, il y a quelque temps, une petite brochure écrite par un homme de Toronto, dont j'ai un exemplaire dans ma main. Vous l'avez peut-être vue. Elle est intitulée: *"A Better Banking System for Canada"* (un meilleur système de banque pour le Canada). A la page 2, l'auteur dit:—

[M. C. E. Neill.]

"Les circonstances qui entraînèrent finalement la Home Bank à la faillite étaient connues de plusieurs personnes, y compris moi-même, il y a cinq ans. On ne peut pas concevoir que ces irrégularités eussent pu continuer aussi longtemps sous le régime d'une vérification indépendante et d'un scrutateur indépendant."

Cet homme est un homme d'affaires de Toronto, qui prit des renseignements; il est engagé dans l'importation de marchandises. Connaissiez-vous quelque chose de la situation de la Home Bank, il y a quelques années?—R. Rien de défini.

Q. Vous entendiez les rumeurs, je suppose?—R. J'ai entendu dire que la banque n'était pas supposée être en très bon état.

Q. Savez-vous si l'association des banquiers avait connaissance de la situation de la Home Bank, disons, au cours de nos séances de l'année dernière, en avril, mai et juin derniers?—R. Non, à ma connaissance, l'association des banquiers n'avait aucun renseignement précis.

Q. Aviez-vous des renseignements que vous considériez comme fondés, relativement à la situation de la banque alors?—R. Je ne puis répondre à cette question; je ne sais pas. J'aurais pu avoir des soupçons ou j'avais peut-être des renseignements à propos desquels je ne pouvais prendre aucune action ou qui n'étaient pas fondés, peut-être. Mais je ne puis répondre; je ne me rappelle rien. Je dois dire que la faillite de la Home Bank, quand elle eut lieu, fut une surprise pour moi, la chose s'étant produite si soudainement.

Q. Pensez-vous que vous connaissez quoi que ce soit de la situation des banques canadiennes, en ce moment, à part la vôtre?—R. Par réputation, seulement.

Q. Serait-il possible que la vérification des affaires de certaines banques déjà existantes, soit ou ait pu être défectueuse comme l'a été la vérification dans la Home Bank?—R. Oui.

Q. Que pourrait-on faire pour rétablir la confiance en la vérification des affaires des banques canadiennes, après ce qui est arrivé? Que pourrait-on faire pour assurer le peuple canadien que les états émis par les banques de temps à autre, sont exacts?—R. Peut-être l'inspection par le gouvernement.

Q. Alors ceci, d'après vous, serait un moyen possible de rétablir la confiance du public?—R. Oui.

Q. Et, personnellement, vous êtes prêt à endosser une telle manière de voir?—R. A condition que la chose soit efficace et satisfaisante.

Q. Qu'entendez-vous par cette expression, à savoir: "à condition que la chose soit efficace"? Qu'avez-vous dans l'idée? Je crois que le comité serait heureux de le savoir?—R. A condition que l'inspection soit faite par des banquiers ou un banquier expérimentés, compétents et raisonnables; par un homme capable de juger comme il le faut la situation de la banque.

Q. Quel genre d'inspection serait, selon vous, inefficace, nuisible ou sans effet?—R. En plaçant à la tête du bureau d'inspection un homme qui n'est pas compétent et qui ne connaît pas les affaires de banque.

Q. Qu'est-ce qui pourrait arriver en ce cas? Donnez un exemple.—R. Si un homme incapable et incompétent allait au bureau de n'importe quelle banque pour en faire l'inspection, il pourrait peut-être faire des critiques absolument injustifiables. Peut-être ne pourrait-il pas être capable d'évaluer l'actif de la banque et d'en apprécier justement la situation.

Q. Par conséquent, il pourrait peut-être causer une injustice à cette banque? —R. Précisément.

Q. Et créer une impression alarmante sans qu'il n'y ait nécessité?—R. C'est absolument vrai.

[M. C. E. Neill.]

Q. C'est ce que vous avez dans l'idée?—R. Oui.

Q. Etes-vous d'avis que tous les actionnaires d'une banque devraient être entièrement au courant de l'état des affaires de la banque?—R. Oui.

Q. Ou est-ce qu'on devrait leur cacher certains renseignements?—R. Je puis concevoir qu'il y a certains renseignements qu'il ne serait pas sage de porter à la connaissance des actionnaires, tels que les renseignements relatifs aux fonds de contingence ou cachés.

Q. Pourquoi les actionnaires ne devraient-ils pas être au courant de ces choses?—R. Pour plusieurs raisons. Ils pourraient peut-être demander des dividendes plus élevés, s'ils croyaient que la banque avait trop d'argent dans le fonds de contingence, et ils ne seraient pas en état de juger quel montant une banque devrait avoir dans ce fonds.

Q. Pourquoi ne devrait-il pas être raisonnablement renseigné par les dirceteurs sur la situation concernant les appropriations et les fonds de réserve?—R. Je ne vois aucune bonne raison pour agir ainsi.

Q. Il y a certaines choses qui d'après vous devraient être gardées confidentielles?—R. Oui.

Q. Combien de personnes devraient être au courant de toutes ces choses?—R. Les directeurs de la banque.

Q. Tous les directeurs? —R. Oui.

Q. Vous pensez qu'il n'y a rien qui devrait être caché aux directeurs?—R. Absolument rien.

Q. L'année dernière, on a proposé une modification à l'article 54, exigeant que plus de renseignements soient incorporés dans les états financiers annuels des banques. Je ne sais pas si vous y avez porté attention, mais je vous le lirai, afin que vous puissiez avoir une idée de ce qu'on demandait. La modification **fut** rejetée. (Lisant) :—

"Que tous les mots ci-après soient ajoutés au paragraphe 4 de l'article 54:

"L'état des profits et pertes doit comprendre et indiquer, d'une part, le montant

(a) de la balance du compte des profits et pertes reportée de l'exercice précédent;

(b) de la diminution de l'intérêt sur les billets non échus à la clôture de l'exercice précédent;

(c) des profits bruts, y compris les balances de tous les comptes d'intérêt, de commission, d'échange et de tous les autres comptes rapportant des revenus;

(d) des primes sur les nouvelles actions vendues;

(e) des mauvaises dettes perçues, précédemment rayées des livres, et l'état doit comprendre et indiquer, d'autre part:

(a) les frais d'administration et de service;

(b) les intérêts payés sur les dépôts;

(c) les intérêts payés sur les billets non échus;

(d) le montant déduit du compte des immeubles de la banque;

(e) le montant porté au compte des crédits pour pertes;

(f) le montant porté aux fonds de retraite des officiers;

(g) les divers crédits ou déboursés non compris sous les titres susénoncés, et devant être indiqués en détail;

(h) les dividendes déclarés (spécifier le numéro et la date) ;

(i) le montant porté au compte de réserve;

(j) la balance au crédit du compte des profits et pertes."

[M. C. E. Neill.]

Sont-ce là, d'après vous, de nouveaux renseignements qui devraient être fournis aux actionnaires, et qui, par conséquent, devraient être inclus dans l'état annuel; ou est-ce que ce sont des renseignements qui devraient être, totalement ou en partie, destinés aux directeurs seulement?—R. Je suis d'avis qu'une partie en devrait être réservée aux directeurs seulement.

Q. Vous n'êtes donc pas prêt à endosser l'opinion que ces renseignements devraient être inclus dans les états annuels envoyés aux actionnaires?—R. Non, pas tous.

Q. Pensez-vous qu'il serait prudent de donner aux actionnaires plus de renseignements que ceux requis par la loi?—R. Ce seraient peut-être des renseignements supplémentaires que les actionnaires demanderaient; il serait peut-être tout à fait prudent de les leur fournir.

Q. Y aurait-il d'objection à leur fournir tout renseignement quant aux salaires et aux dépenses?—R. Vous voulez dire: le salaire de chaque officier ou le montant total des salaires?

Q. Vous ne pourriez pas les donner en détails, je suppose?—R. Il n'y a pas de raison pourquoi les actionnaires ne sauraient pas la somme totale payée en salaires, s'ils le voulaient, mais cela ne leur dirait rien.

Q. Ou les dépenses d'administration et d'opérations?—R. Je ne vois pas pourquoi ils n'auraient pas tous ces chiffres.

M. Woodsworth:

Q. Il y a de l'objection à donner les salaires par individu?—R. Je le penserais; je n'aimerais pas que tout le monde sût quel est mon salaire.

M. Good:

Q. Y aurait-il d'objection à donner un tel renseignement aux actionnaires, aux cours d'une assemblée d'actionnaires, si quelqu'un demandait quel est le salaire de tel ou tel officier?—R. Je ne crois pas que c'est l'habitude dans une compagnie pour un actionnaire de demander quel salaire tel ou tel officier reçoit.

Q. Voilà une assertion plutôt remarquable. Cependant, j'ai quelques chiffres, M. Neill, quant au gain des banques canadiennes à comparer avec celui des autres banques, et je voudrais savoir si vous avez étudié cette question. En 1922-23, les recettes nettes étaient environ $15,927,000, et les dividendes qui furent distribués s'élevaient à environ $15,563,000 sur un actif—l'actif total et le passif total étaient à peu près les mêmes—de $2,618,000,000. Les chiffres des banques australiennes avec des recettes de presque $25,000,000, un actif de $2,067,000,000; relativement aux banques australiennes, d'après les renseignements que j'en ai, plus de 30 pour 100 des gains est versé dans le fonds de réserve. Dans les banques d'Australasie, avec un actif de $188,000,000, les recettes, en 1922, étaient environ de deux millions et demi. Les banques canadiennes—je ne mentionnerai pas de noms—avec un actif de $427,000,000, accusaient un gain de $2,388,000. indiquant une énorme diminution dans les recettes des banques canadiennes, à comparer avec celles des banques australiennes. Avez-vous étudié ces gains des banques canadiennes en les comparant avec ceux des banques américaines et des banques australiennes?—R. Non, M. Good.

Q. Vous n'avez pas étudié cela du tout?—R. Non, jamais.

Q. Avez-vous pris connaissance de la disproportion s'accroissant entre le capital et le passif total, depuis une vingtaine d'années?—R. Oui.

Q. Pensez-vous qu'à ce point de vue, la présente situation est alarmante?—R. Non.

Q. Ne pensez-vous pas qu'il serait désirable qu'il y eût un minimum au delà duquel le capital ne devrait pas baisser? Je comprends qu'actuellement la proportion est d'environ 4 pour 100.—R. Je n'ai jamais considéré la question; elle n'a jamais été suffisament. . .

[M. C. E. Neill.]

Q. Est-ce qu'il serait prudent que le capital disparût entièrement?—R. Non; il devrait toujours y avoir un rapport raisonnable entre le passif et le capital.

Q. Avez-vous examiné la proportion entre le capital et le passif total, en moyenne, disons, dans les banques américaines, européennes et australiennes? —R. Non.

Q. Supposons que vous appreniez qu'ailleurs les banques insistaient sur un minimum de, disons, six à un. . .—R. C'est à dire, six à un de votre capital —un sixième de vos dépôts?

Q. Oui, un sixième du passif total; et vous trouviez que les banques canadiennes avaient une proportion d'un à vingt; considéreriez-vous cela parfaitement satisfaisant?—R. Je considérerais la proportion d'un à six bien trop limitée.

Q. C'est à dire, vous croyez qu'en un tel cas le capital serait surabondant? —R. Oui.

Q. M. Ladner porta cette question à l'attention de la Chambre, il y a quelques semaines, et peut-être continuera-t-il la discussion mais j'ai ici . . .

M. LADNER: Un à dix.

Le TÉMOIN: Quelle est la proportion dans les banques anglaises, M. Ladner?

M. LADNER: A peu près la même, mais dans le cas des banques canadiennes il faut tenir compte du fonds de réserve.

Le TÉMOIN: Quelle est la proportion entre les dépôts d'une banque telle que la banque *London City and Midland* et son capital?

M. LADNER: Je ne sais pas . . .

Le TÉMOIN: Consultez les chiffres de cette banque, et je crois que vous verrez que la proportion est bien plus élevée.

M. Good:

Q. Je veux savoir si oui ou non vous avez considéré cette question comme ayant une certaine importance, parce qu'il y a une très grande difference entre la situation au Canada et la situation ailleurs. J'ai ici des chiffres qui montrent que le capital et le fonds de réserve s'élevaient, en 1914, à $228,000,000, et en ajoutant les versements faits plus tard pour de nouvelles actions, soit $34,000,000, vous avez le total actuel de $262,000,000; après avoir fait certaines déductions pour les pertes considérables qui se sont produites récemment,—dans les cas de la banque des Marchands et de la *Home Bank*, etc.,—le montant est réduit à $243,000,009. Dans l'intervalle, le passif s'est accru de $1,-323,000 à $2,440,000; approximativement, le passif s'est doublé et le capital est demeuré stationnaire pendant cette période de dix années. Pensez-vous que cela est regrettable?—R. Non.

Q. Parfaitement sûr et solide, d'après vous?—R. Oui.

Q. Il n'y a aucun danger?—R. Pas le moins du monde.

Q. On a suggéré, ici, M. Neill, que la stipulation relative à la double responsabilité devrait être annulée, afin de rendre la situation plus attrayante pour ceux qui veulent faire des placements et d'augmenter le capital. Qu'en pensez-vous?—R. Je ne pense pas que les banques s'opposent à la double responsabilité, bien que si cette stipulation était abrogée, les actions de banques seraient plus populaires. En même temps, elle constitue une plus forte garantie pour les déposants, et je ne vois pas pourquoi cette stipulation de la loi serait abrogée.

[M. C. E. Neill.]

M. Ladner:

Q. Cette stipulation est-elle considérée comme étant tant soit peu un actif, en tenant compte des facilités de perception, dans le passé?—R. Jusqu'à un certain point seulement.

Q. Avez-vous une idée des chiffres?—R. Cela dépend de la banque.

Q. Supposons qu'une banque ait un capital de $25,000,000, en vous basant sur votre expérience dans la perception, dans le passé, dites-nous jusqu'à quel point on peut s'y fier avec certitude?—R. Le seul moyen à suivre serait de prendre comme base l'expérience du passé. Je ne puis pas dire, par example, si une banque quelconque faisait faillite, ce que vous pourriez sauver de son passif. En certains cas, le montant pourrait être considérable; en d'autres cas, il pourrait être bien petit; cela dépendrait des actionnaires.

M. Good:

Q. Vous opposez-vous d'un manière particulière à la proposition qui est faite, à savoir: annuler la double responsabilité?—R. Point du tout.

En tant que les immeubles de banque sont concernés, avez-vous comparé les placements faits dans des immeubles par les banques canadiennes avec ceux faits par les banques des autres pays?—R. De temps à autre, oui.

Q. Savez-vous que dans les banques anglaises et continentales, la valeur des immeubles représente environ 1.1 pour 100 de l'actif.—R. Je ne suis pas au courant des chiffres.

Q. Et que le reste des succursales de banques en dehors du Canada et d'Australie ont une proportion de 1.5 pour 100, et que dans la banque de Commerce elle est 1.5 pour 100, et qu'on a déduit un huitième de la valeur annuellement, pendant cette période de 1898 à 1913; de 1914 à 1923, l'appropriation fut diminuée à 73 pour 100, et actuellement on éteint la dette en se basant sur une période d'amortissement de 70 années. Avez-vous étudié du tout cette question?—R. Oui.

Q. Pourriez-vous donner au comité des renseignements sur ce qu'a fait la banque Royale? Est-ce qu'il a a plus de diminution actuellement qu'il n'y en a eue il y a quinze ans?—R. Il y en a eu plus.

Q. Une plus grande proportion?—R. Je ne sais si la proportion est plus grande, M. Good, mais le montant était certainement plus élevé.

Q. On me dit que la période d'extinction actuelle de la banque de Montréal est de 200 années. Est-ce vrai?—R. Je ne sais pas.

Q. Savez-vous quel est le pourcentage des immeubles appartenant aux banques canadiennes en proportion de leur actif total?—R. Non.

Q. Vous n'avez pas étudié ce point-là?—R. Non.

Q. On me dit que ce pourcentage est d'environ 3 pour 100, à comparer avec ce que les autres banques considèrent comme un montant sûr, soit 1.5 pour 100?—R. Naturellement, la situation au Canada et dans les banques canadiennes est différente de celle des banques européennes. Les banques canadiennes se sont développées considérablement au cours des 20 dernières années, et pour cette raison, il leut fut nécessaire d'acheter des propriétés et de construire des bâtiments pour suffire à leurs activités croissantes, tandis que les banques européennes ne se sont pas développées de la même manière.

Q. Pensez-vous qu'il y a actuellement une partie excessive ou trop grande de l'actif des banques engagée dans l'immeuble?—R. Il est possible qu'on ait fait des erreurs, en certains cas.

Q. Qu'arriverait-il si une dépression atteignait les banques ayant un montant d'argent considérable placé dans des immeubles? La solvabilité de ces banques en serait-elle menacée?—R. Je ne puis pas dire que la solvabilité d'une banque serait en danger à cause des immeubles qu'elle posséderait.

[M. C. E. Neill.]

Q. Supposons qu'une banque fasse faillite, quel montant pourriez-vous réaliser de la vente de ses immeubles?—R. En certains cas, beaucoup moins que ces immeubles n'ont coûté.

Q. Par exemple, prenez la banque de Toronto, à Toronto.—R. Je ne voudrais pas prendre en considération le cas de la banque de Toronto en particulier, ou aucune autre banque, mais d'une manière générale, je dirais que vous ne pourriez pas recouvrer, en certains cas, autant que vous avez placé.

L'hon. M. Stevens:

Q. Dans des bâtiments?—R. Dans des bâtiments.

Q. Ceci ne s'applique pas nécessairement à la valeur des terrains?—R. Non.

M. Good:

Q. Je faisais allusion aux bâtiments, non à la valeur des emplacements.— R. Nous avons acheté un nombre de propriétés de banque, et notre expérience a été celle-ci: nous n'avons jamais reçu de la vente de propriétés autant que nous espérions réaliser.

Q. Avez-vous pris connaissance du courant des dépôts, au cours des derniers mois, depuis la faillite de la *Home Bank*, partant de quelques-unes des plus petites banques canadiennes?—R. Oui, mais pensez-vous, M. Good, qu'il est sage pour nous de discuter cela?

Une discussion suivit.

M. Good:

Q. J'omettrai quelques-unes de mes questions, mais j'en mentionnerai une concernant le pourcentage des profits nets payés par les diverses banques au cours de l'année dernière ou à peu près. D'après moi, dans un des Etats de l'union, avec un actif de $593,000,000, le pourcentage des profits des actionnaires était de 1.3 pour 100, et le pourcentage des profits payés en dividendes était de .53. Dans trois banques, en Australie, les profits des actionnaires s'élevaient à 1.34 pour 100, et le pourcentage versé en dividendes était de .69. La banque de Montréal—je ne puis pas donner son actif, mais c'est égal—les profits des actionnaires étaient de .56. C'est-à-dire, moins de la moitié; avec 97 pour 100 de ce montant versé en dividendes. A la banque Royale—M. Neill, vous devez en savoir quelque chose—.62 pour 100, dont 98 pour 100 versé en dividendes. La banque du Commerce, .62, dont 93 pour 100 versé en dividendes. Je veux vous demander si vous avez étudié ces détails, et si vous avez une opinion à donner au comité quant à l'exactitude de ces chiffres, et si vous êtes d'avis qu'on devrait prendre action, et si ceci ne dénote pas une situation à laquelle il faudrait rémédier. Si je suis bien renseigné, cette comparaison démontre que la situation au Canada n'est pas si bonne.—R. Cela démontre que les banques du Canada ne font pas de gros profits, ce qui est absolument vrai.

Q. Pourquoi les banques payeraient-elles tous les profits nets en dividendes? —R. Parce qu'elles doivent pourvoir au payement de leurs dettes, et après l'avoir fait, et après avoir pourvu aux appropriations nécessaires, il n'y a pas lieu de ne pas verser aux actionnaires—ayant accumulé un fonds de réserve presque égal à leur capital...

Q. La seule question que je voudrais traiter est une question d'ordre général. Je ne consentirai pas à ce que cette discussion continue, mais après ce qui est arrivé, je suis d'avis qu'à titre de représentants du peuple, nous devrions être renseignés quant aux faits, mais nous n'avons pas les moyens de savoir ces choses. M. Neill est au courant de bien des choses, et je suis d'avis que le présent comité devrait apprendre de quelqu'un quelle est la situation, afin que nous puissions recourir aux remèdes convenables; autrement, nous n'aurons qu'une répétition de ce qui s'est passé depuis quelques années.

[M. C. E. Neill.]

14-15 GEORGE V, A. 1924

M. Ladner:

Q. M. Good a déjà traité en partie ce sujet, mais je voudrais poser une question relativement à la double responsabilité. Est-ce qu'on considère la double responsabilité comme un actif dans les états des banques?—R. Non.

Q. Avez-vous des renseignements quant aux montants perçus d'après la double responsabilité, dans les cas de faillites des trois dernières années?—R. Non.

Q. A votre avis, la double responsabilité empêche-t-elle les personnes qui placent de l'argent d'acheter des actions de banques?—R. Oui.

Q. Pensez-vous qu'il serait dans l'intérêt du public et des institutions financières d'abroger cet article de la Loi?—R. Non.

Q. Bien, d'après l'expérience qu'on en a, peu d'argent a été perçu, à ce que je puis comprendre, en vertu de l'article de la double responsabilité, dans le cas des banques qui ont fait faillite. Les banques solides, naturellement, ne font pas faillite. Ceci est vrai, n'est-ce pas?—R. Oui.

Q. Vous nous avez dit que cet article avait un effet préventif sur les placements. Où est la justice ou la sagesse d'une loi imposant une double responsabilité à des actionnaires innocents, si celle-ci ne constitue pas un actif pour la banque et a, en même temps, un effet préventif sur l'achat d'actions?—R. Jusqu'à un certain point, c'est un actif.

Q. Jusqu'à quel point?—R. Cela dépend de la responsabilité des actionnaires.

Q. C'est très limité, n'est-ce pas?—R. C'est vrai, mais vous pouvez concevoir qu'il soit possible de percevoir le plein montant.

Q. Si les affaires se développaient au Canada au cours des treize années prochaines, de la même manière qu'elles se sont développées durant les treize dernières années, soit environ trois fois plus, tandis que le capital a augmenté de 23 pour 100, ne pensez-vous pas qu'il serait sage d'encourager le placement d'argent dans le capital en éliminant cette double responsabilité?—R. Quant à la double responsabilité, elle rend plus grande la sécurité que doivent avoir les créanciers. Prenons le cas de la banque que je représente; nous avons un capital de $20,000,000; nous avons une réserve de près de $20,000,000. Supposons que nous ne pourrions percevoir que 50 pour 100 du capital en vertu de la double responsabilité, il y aurait $10,000,000 de plus, ce qui représente une marge de $50,000,000 avant que les déposants subiraient des pertes.

Q. Mais ces grandes institutions ne font pas faillite. Prenez, par exemple, le cas de la banque *Home*, qui a fait faillite; le montant qu'on a perçu est bien petit, n'est-ce pas?—R. Vous ne pouvez pas dire encore combien on pourra percevoir, dans le cas de cette banque. M. Ross m'informe que 90 pour 100 du montant dû en vertu de la double responsabilité fut perçu, dans le cas de la banque de Yarmouth, et 93 pour 100 dans le cas de la banque d'Ontario.

Q. Combien fut perçu, dans le cas de la banque des Fermiers?—R. Je ne sais pas; je n'ai pas les chiffres.

M. Ross: Je n'ai aucun renseignement à ce sujet.

Le TÉMOIN: Pour dire le vrai, parlant au point de vue des banques, nous voudrions être exemptés de la double responsabilité. D'un autre côté, cela protège sans doute le public et les déposants jusqu'à un certain point, et ils y ont peut-être droit. En tant que les banques sont concernées, évidemment, nous voudrions qu'on enlève l'article de la double responsabilité. Tout de même, nous ne demanderons jamais une telle chose parce que cela assure plus de sécurité aux déposants.

Q. Maintenant, on a fait une proposition à l'effet d'établir une protection basée sur le principe d'assurance, pour une classe spéciale de comptes d'épargnes ne dépassant pas $3,000, de sorte qu'une personne ordinaire désirant de la pro-

[M. C. E. Neill.]

tection, pourrait aller à la banque et au lieu d'accepter le taux d'intérêt régulier de 3 pour 100, elle choisirait la classe de comptes d'épargnes où le pourcentage d'intérêt serait un peu moindre, contribuant de cette manière en payement de la prime. Voilà les grandes lignes du projet. Pensez-vous qu'un projet de ce genre pourrait fonctionner à l'avantage et des banques et du public?—R. Je crains que la chose ne soit pas pratique et qu'elle soit propre à induire en erreur. . Je ne sais pas véritablement ce qu'est la proposition; je ne l'ai pas étudiée et je n'en connais rien.

Q. Le projet serait à peu près semblable au fonds de rachat du cours des banques?—R. Pouvez-vous établir un fonds assez considérable pour protéger les petits déposants. Combien d'argent vous faudrait-il; combien les banques auraient-elles à fournir?

Q. Cela s'appliquerait aux déposants de $3,000 et moins. Avez-vous une idée de ce que cela représente dans les dépôts totaux des banques?—R. Des comptes d'épargnes, entre 75 et 80 pour 100. L'Association des Banquiers a préparé des détails à ce sujet, et ceux-ci montrent que le petit déposant dans le département d'épargne d'une banque constitue un facteur très important.

Q. L'avez-vous calculé en vous basant sur le dépôt maximum de $3,000? —R. Ces données sont pour six banques, mais elles ne seraient pas les six plus grandes, parce qu'en notre propre cas, nous n'avons pas inclus chaque succursale; ce serait trop. Nous avons pris quelques-unes des succursales que nous considérions comme de bons exemples.

Q. Pour déterminer une moyenne?—R. Oui.

Q. Cet état s'applique aux dépôts de $3,000?—R. 78 pour 100. Entre $3,000 et $5,000, 12 pour 100; et dans le cas des dépôts de $5,000, seulement 10 pour 100. Par conséquent, si vous voulez protéger 90 pour 100 des épargnes des déposants, au Canada, il vous faudra un fonds énorme.

M. Good:

Q. Pourquoi faudrait-il qu'il soit énorme quand le pourcentage des pertes est bas?—R. Vous voulez dire: quand une petite banque fait faillite?

Q. Non, pourquoi faudrait-il que le fonds soit énorme quand le pourcentage des pertes est, en moyenne, peu considérable?—R. Je ne sais pas ce qu'est le projet de M. Ladner. Il dit que ce serait un fonds semblable au fonds de rachat du cours des banques.

M. Ladner:

Q. Voici le projet: en plus de votre système actuel avec ses divers comptes, comptes courants et d'épargnes, vous établissez une garantie spéciale pour les épargnes, ou quel que soit le nom que vous lui donniez, pour protéger les comptes d'épargnes qui retireraient moins d'intérêt que les comptes d'épargnes réguliers, de sorte que les gens cherchant de la protection sauraient qu'ils pourraient avoir l'argent quand ils en auraient besoin, où ils pourraient déposer leur argent jusqu'à concurrence de $3,000 tout en étant protégés au moyen d'un fonds d'assurance organisé sur une base scientifique, d'après l'expérience passée, avec un taux d'assurance calculé de cette manière; de cette façon le déposant payerait une partie, et la banque payerait peut-être une partie de ce fonds spécial, parce qu'ils en profiteraient tous les deux. Cela constituerait la prime, et jusqu'à concurrence du montant dans ce fonds, ils seraient protégés. Voilà le projet.—R. Ce serait tout simplement garantir les dépôts d'une manière différente, et vous savez que la charge de garantir les dépôts a été désastreuse.

Q. Nous avions M. Skelton Williams ici, l'autre jour, et M. Pole pour nous expliquer le système de garantie des dépôts aux Etats-Unis. Ceci est une garantie limitée, limitée par le montant du fonds, dans le premier cas.—R. Vous ne pensez pas que ceci serait propre à induire en erreur?

[M. C. E. Neill.]

85980—1—17

14-15 GEORGE V, A. 1924

Q. Comment pourrait-on induire le public en erreur en lui expliquant le système?—R. Supposons qu'une grande banque ait $1,000,000 en dépôts, et supposons que cette banque fasse faillite et perde tout; quel est le fonds d'assurance capable de protéger ces déposants?

Q. Il est très improbable qu'il se produirait un résultat semblable?—R. Ce n'est pas probable, mais c'est possible.

Q. Ne pensez-vous pas que les banques, qui auraient la responsabilité d'un fonds particulier, placeraient une partie de ces dépôts de telle manière que ce fonds serait vraiment protégé?—R. Voici ce que j'en pense: tout système de garantie de dépôts ou toute assurance de dépôts — tout projet de ce genre serait susceptible de causer de mauvaises affaires.

Q. De quelle manière?—R. L'administration, en certains cas. On peut facilement concevoir que si l'administration d'une banque pensait que les déposants recouvreraient leur argent, elle prendrait de plus grands risques en faisant ses prêts et en gérant les affaires de la banque.

Q. Les administrateurs auraient eux aussi leurs responsabilités?—R. Oui, mais je crois qu'on a compris d'une manière générale et qu'on a admis comme un fait accompli que l'assurance ou la garantie des dépôts est susceptible de conduire à une mauvaise administration des affaires.

Q. M. Skelton Williams, qui était ici, l'autre jour, est un ancien contrôleur de la monnaie aux Etats-Unis. Il fut contrôleur de la monnaie durant sept années, et il a calculé qu'aux Etats-Unis, on peut garantir de cette manière les dépôts jusqu'à concurrence de $5,000, au taux de $25 par million, tout en étant absolument protégé.—R. De quelle manière serait-on assuré?

Q. On poserait son propre projet d'assurance sur une base scientifique en tenant compte de l'expérience du passé.

Q. Avez-vous quelque renseignement, ou peut-être M. Ross en a-t-il, au sujet des difficultés dans ce pays, maintenant que nous avons le renseignement que 78 pour 100 des dépôts se trouve dans les comptes de $3,000 et moins? Y a-t-il d'autre renseignement?—R. Aucun renseignement, à ma connaissance.

Q. Voici à quoi je veux en venir, et je m'appuie fortement sur le renseignement que 78 pour 100 des dépôts appartient aux personnes ayant des comptes de $3,000 ou moins—cela démontre que la masse place son argent de cette manière—ne pensez-vous pas qu'un tel système serait une aide aux banques elles-mêmes?—R. Non, je ne sais pas, parce que je crains qu'un tel projet ne soit pas pratique. Je ne comprends pas comment il pourrait fonctionner. Si vous pouvez me montrer comment un projet de ce genre peut être mis en pratique, je suis sûr que les banques seraient heureuses de le considérer, mais je ne pense pas que ce soit pratique.

Q. Mais M. Skelton Williams, qui durant sept années était contrôleur de la monnaie aux Etats-Unis, et qui est apparemment, un homme très compétent, a résolu le problème et recommandé le projet au Congrès. N'est-il pas une bonne autorité?—R. Il fait certainement autorité, mais vous pourriez peut-être trouver une autorité aussi grande que M. Williams qui vous dirait que le système est faux.

Q. Etant donnée la situation en notre pays, telle que nous la connaissons tous, pensez-vous qu'il serait utile si des autorités comme M. Williams et d'autres appuyant le système, si quelque comité d'experts pouvaient affirmer qu'un tel projet serait pratique, au Canada, et pourrait fonctionner à l'avantage du public et des banques?—R. Non, je ne crois pas qu'il serait sage de faire cela, parce que je ne crois pas qu'un système acceptable pourrait être mis en pratique.

M. Good:

Q. Seriez-vous disposé à étudier la question?—R. Certainement, je suis prêt à étudier tout sujet d'une nature constructive et d'y consacrer ma meilleure considération.

[M. C. E. Neill.]

M. *Ladner:*

Q. J'essaie de contribuer quelque chose à la solution du problème. Je ne connais pas beaucoup le sujet, mais avec l'autorité de M. Skelton Williams et d'experts comme lui, ne pensez-vous pas que vous pourriez organiser un système?—R. Je ne pense pas que nous le pourrions, mais je ne vois pas pourquoi nous ne serions pas disposés à recevoir toute proposition constructive que l'on voudrait nous soumettre.

Q. Quelques-uns des banquiers ne pourraient-ils pas consacrer leurs connaissances d'experts à un projet quelconque?—R. Peut-être, mais je ne crois pas qu'ils soient en faveur de l'idée; ils n'y croient pas.

Q. Des calculs ont-ils été faits sur lesquels vous basez votre opinion quand vous dites que le projet n'est pas pratique?—R. Non, la seule chose sur laquelle nous nous basons, c'est, je crois, ce qui s'est produit en des cas où les dépôts étaient garantis.

Q. Ce n'est pas du tout le même chose aux Etats-Unis. Aux Etats-Unis, tous les dépôts sont garantis?—R. Oui. Le principe n'est-il pas le même?

Q. Non, parce que là, tous les dépôts, ceux des comptes courants et des comptes d'épargnes, sont garantis. N'est-ce pas vrai?—R. Je le crois.

M. Ross: Non, les dépôts garantis n'étaient pas les épargnes. Tout argent portant intérêt n'était pas garanti.

M. *Ladner:*

Q. Ceci est tout simplement une garantie de bonnes et de mauvaises affaires; c'est tout à fait une autre proposition. Aux Etats-Unis, on garantit ce que nous appelons le compte courant; il s'agit des comptes de ceux engagés dans les affaires et dans des entreprises. Ce projet est pour protéger l'homme qui place son argent pour recevoir une protection.—R. Tout ce que je puis dire, comme je l'ai dit déjà, c'est que je ne crois pas que le système soit pratique, mais si vous pouvez trouver quelque projet d'une nature constructive, je suis sûr que tous les banquiers seraient heureux de discuter la chose avec vous.

Q. L'Association des Banquiers a publié une brochure dans laquelle elle essaie de montrer l'impraticabilité d'un tel système en le comparant avec des projets qui ont été mis en pratique aux Etats-Unis. Je veux vous faire remarquer, vous et le comité, que les deux systèmes sont tout à fait différents. Comme le dit M. Ross, l'un protège les comptes courants et celui-ci protège les comptes d'épargnes.—R. D'après moi, ce que vous avez à faire, serait de soumettre un état montrant quelle est la situation relativement à la garantie des dépôts aux Etats-Unis, et décrivant votre projet. Je ne comprends pas comment vous pourriez vous y prendre. Si vous pouvez nous dire comment vous le feriez, je serais très heureux de vous donner son opinion pour ce qu'elle vaut.

M. W. F. *Maclean:*

Q. Etes-vous en faveur de telles préférences relativement aux banques?—R. Non.

Q. Y a-t-il des préférences dans les banques?—R. Quant aux dépôts du gouvernement, oui.

Q. Et les cours des banques n'est-il pas protégé?—R. Oui.

Q. Il doit être payé à même les dépôts?—R. Oui.

Q. Ne serait-il pas mieux pour la sécurité du public si nous avions, comme aux Etats-Unis, des banques se servant de la monnaie nationale seulement?—R. Je ne suis pas en faveur des banques cédant le droit d'émettre leur propre monnaie.

Q. Mais le public serait-il peut-être en faveur d'un tel système. Maintenant, M. Neill, vous avez dit que vous étiez en faveur de l'inspection des ban-

[M. C. E. Neill.]

ques si telle inspection était complète. Est-ce là votre opinion: si l'inspection était efficace?—R. Oui.

Q. Considéreriez-vous le système national d'inspection .des banques, le système d'inspection des banques nationales, aux Etats-Unis, comme étant efficace?—R. D'après les renseignements que j'en ai, je serais d'avis que ce système est efficace.

Q. Et il ne cause presque pas de torts aux banques?—R. D'après ce que je puis voir, non.

Q. On a là un système où l'inspecteur peut entrer dans une banque quand il le veut?—R. Oui. dans les banques nationales.

Q. Au sujet d'amalgamations, nous avons eu un bon nombre d'amalgamations de banques dans notre pays. C'est un fait?—R. Oui.

Q. Et on parle d'autres amalgamations dans le pays. Combien de banques avons-nous maintenant?- –R. Quatorze.

Q. Devrait-il y avoir une limite à l'amalgamation des banques dans notre pays?—R. Je serais de cet avis.

Q. Où poseriez-vous cette limite?—R. Cela dépend des circonstances. Je crois que quand une banque est dans une.mauvaise situation, il est certainement plus à son avantage de s'amalgamer à une autre banque que de faire faillite.

Q. Je partagerais votre opinion là-dessus. Relativement à la Home Bank, on avait suggéré de l'amalgamer à une autre, mais il était probablement trop tard. Un appel n'a-t-il pas été fait aux banques en général leur demandant de sauver cette banque?— R. Pas à ma connaissance.

Q. Vous êtes en faveur de l'inspection des banques si une telle inspection est efficace, et vous n'avez pas beaucoup d'objection au système d'inspection des banques fédérales, aux Etats-Unis, s'appliquant aux banques nationales?— R. Je ne crois pas qu'on puisse introduire au Canada le système des Etats-Unis. Là, on a des banques d'unité; ici, nous avons des succursales de banques.

Q. Il convient de demander ici si le système de succursales de banques est le meilleur pour le Canada?—R. Peut-être.

Q. Quelle est votre opinion là-dessus?—R. Je crois en un système de succursales de banques.

L'hon. M. Stevens:

Q. M. Neill, je voudrais vous poser quelques questions seulement.· D'abord, au sujet de l'examen des banques, vous vous êtes servi du mot "efficace". Je vous demanderais ceci: Vous dites que vous ne vous opposeriez pas à l'inspection par le gouvernement, si elle était efficace?—R. Et raisonnable.

Q. Au paragraphe 10 de l'article 56, il y a une clause importante relativement au système de vérification actuel, faisant allusion aux pouvoirs qu'ont les vérificateurs de demander certains rapports destinés aux directeurs et aux gérants, sous certaines conditions.—R. Oui.

Q. Vous opposeriez-vous à ce que ces mêmes rapports soit envoyés au ministre?—R. Non.

Q. Vous n'y voyez aucune objection?—R. Non.

Q. Si nous avions sous la direction du ministre, dans le ministère des Finances, un officier compétent dont le devoir serait d'étudier ces rapports attentivement, auriez-vous d'objection à ce que cet officier ait l'autorité supplémentaire d'aller au bureau-chef des banques et d'y examiner les comptes?—R. Aucune objection, à condition qu'il soit un homme compétent.

Q. Ou à certaines autres succursales qu'il désirerait examiner pour des fins de vérification?—R. Aucune objection. Je crois que tout homme compétent nommé par le gouvernement pourrait aller au bureau-chef de n'importe quelle banque au Canada, et s'assurer en un très court temps si oui ou non ladite banque est solvable. Je n'hésite nullement à affirmer cela.

[M. C. E. Neill.]

Q. Vous avez parlé d'efficacité; voudriez-vous donner au comité votre interprétation du mot "efficace", dire ce que vous entendez par "officier compétent" et "méthode efficace", en tenant compte de ce que vous venez de dire?—R. Vous voulez dire qu'au cas où le ministre des Finances nommerait un inspecteur dont les devoirs seraient d'aller au bureau-chef des diverses banques? Je serais d'avis qu'un officier compétent serait un gérant de banque d'expérience, un homme qui a acquis de l'expérience à une succursale, de l'expérience comme prêteur d'argent, de l'expérience dans l'évaluation d'actif et qui a eu une certaine expérience au bureau-chef, car une connaissance de l'administration au bureau-chef d'une banque est nécessaire pour qu'une personne puisse se rendre compte facilement de la situation générale de la banque.

Q. Vous pensez que l'on peut se procurer un tel officier au Canada?—R. Je le crois.

M. W. F. Maclean:

Q. Sous les ordres de qui?—R. Du ministre des Finances.

L'hon. M. Stevens:

Q. Un tel officier placé sous le contrôle du ministre des Finances et, je dirais, à son service, ou au service du gouvernement et entièrement responsable au ministre des Finances?—R. Oui.

Q. Nullement responsable aux banques?—R. Non.

M. W. F. Maclean:

Q. Ce que je veux dire c'est qu'il devrait y avoir un officier ayant une telle compétence qui s'acquitterait rigoureusement de ces devoirs, s'il jugeait à propos de le faire. Il sera responsable au ministre des Finances seulement.—R. Il n'y a aucune objection.

Q. Aux Etats-Unis, les examinateurs le font et doivent le faire?—R. Cela est très acceptable.

L'hon. M. Stevens:

Q. C'est ce que je voulais faire ressortir avec ma question; cet inspecteur, si un tel inspecteur est nommé, devrait être responsable au ministre des Finances, représentant le gouvernement, et avoir la pleine autorité de faire ces examens.—R. Il serait obligé d'aller à chaque banque et les visiter de manière à ne pas faire soupçonner qu'il fait de la distinction entre les banques.

Q. Votre banque a-t-elle des succursales aux Etats-Unis?—R. A New-York.

Q. Avez-vous eu certaine expérience personnelle dans le système d'inspection des Etats-Unis?—R. Très peu; nous sommes peu importunés.

Q. Etant donné vos connaissances du système de banque aux Etats-Unis, êtes-vous au courant de leur système d'inspection des bureaux de virement?—R. J'en sais très peu de chose, M. Stevens; je sais qu'à New-York, le privilège des bureaux de virement est rigoureusement limité aux banques àmericaines. Il est très difficile d'entrer dans un bureau de virement de New-York, et afin de se protéger, on a le privilège, quand une nouvelle banque y entre, de lui poser cette question: "Nous exigeons le privilège d'entrer chez vous et d'y faire une inspection, comme bureau de virement, quand vous le voudrez."

Q. Cet examen est à part l'inspection par l'Etat?—R. Oui.

M. W. F. Maclean:

Q. Est-ce que cela ne fait pas partie du système de Réserve fédérale?—R. Il n'y a aucun rapport; le bureau de virement fait cela.

[M. C. E. Neill.]

L'hon. M. Stevens:

Q. Cela n'a rien à faire avec l'inspection par le gouvernement ou l'Etat des banques de réserve ou n'importe quel système de l'Etat?—R. Nullement. Cette inspection est faite quand le bureau de virement le juge à propos.

Q. Elle est contrôlée entièrement par le bureau de virement dont les membres sont des représentants de banques?—R. Oui.

Le président:

Q. Des membres des banques nationales ou de l'Etat?—R. Nationales, je crois. Je n'en suis pas absolument sûr. Mais c'est mon impression, et je pense que j'ai raison.

L'hon. M. Stevens:

Q. Je ne crois pas que cette inspection est limitée aux banques nationales. Savez-vous combien de villes mettent en pratique cette inspection par le bureau de virement?—R. Non, je ne sais pas. Chicago et New-York, je pense. Je crois que la plupart des grandes villes ont ce système, mais je le suppose seulement.

Q. Cela est-il considéré comme une plus grande protection pour le public et les banques?—R. Je le pense.

Q. Pour l'inspection générale par l'Etat?—R. Je le pense.

Q. Relativement au système d'inspection canadien, voudriez-vous décrire brièvement devant le comité le système d'inspection des banques au Canada; c'est-à-dire en tenant compte de votre inspection interne, votre double vérification et l'inspection par le bureau de virement?—R. Nous n'avons pas d'inspection par le bureau de virement au Canada.

M. W. F. MACLEAN: C'est justement le point sur lequel je veux insister. Pourquoi n'avons nous pas ce système d'inspection?

Le TÉMOIN: Il ne serait pas pratique ici. Nous avons discuté cette question entre nous, c'est-à-dire un système d'inspection par le bureau de virement. Par exemple, à Montreal, il ne serait pas pratique comme il l'est à New-York, parce que là vous avez les affaires de la banque sous un seul toit. Une inspection par le bureau de virement ne serait pas un système d'inspection satisfaisant pour des banques ayant des succursales par tout le pays.

L'hon. M. Stevens:

Q. Voudriez-vous nous parler du système d'inspection que nous avons ici?— R. D'après notre système d'inspection interne—toutes les banques canadiennes ont un système d'inspection interne élaboré; chaque banque doit être soumise à l'inspection une ou deux fois par année, ou peut-être plus souvent, par un homme compétent qui examine soigneusement et de très près les affaires de la banque. Il compte l'argent, il certifie les garanties de tout l'actif et il évalue celui-ci. Ces rapports d'inspection sont envoyés au bureau-chef et sont étudiés là par le département du crédit, et tout point faible est signalé au gérant et ces points faibles sont rectifiés si possible. Les vérificateurs nommés par les actionnaires, en tant que notre banque est concernée, sont presque constamment dans la banque du 1er janvier au 1er décembre. Ils examinent minutieusement les affaires, ils ont accès au grand-livre, au bureau-chef, aux rapports du gouvernement, à tous les rapports des succursales, aux rapports d'inspection et à toute la correspondance. Par exemple, si le département du gérant général critique un gérant pour avoir fait un mauvais prêt, lorsque le prêt est assez considérable, les vérificateurs en prennent connaissance et ils sont en état, en examinant la correspondance, de détermier si oui ou non le prêt est mauvais.

Q. Règle générale, examinez-vous cette correspondance?—R. Très soigneusement, en certains cas. Il est relativement très facile pour un vérificateur com-

[M. C. E. Neill.]

pétent de prendre le rapport d'une succursale relatif au passif et de mettre le doigt, en un court temps, sur les comptes faibles dans ce rapport, les comptes faibles les plus considérables; les petits comptes faibles sont de peu d'importance. Une banque ne fait jamais faillite à cause de ses petits comptes; la faillite d'une banque est toujours causée par trois ou quatre comptes faibles considérables.

Q. Relativement au changement fait l'année dernière, établissant une double vérification, quel effet cette modification a-t-elle eu en pratique?—R. Tout ce que je puis dire c'est qu'en notre cas, nous avons dû employer une autre société de vérificateurs. Auparavant, nous en avions deux; maintenant, nous en avons trois, et il nous faut tourner comme dans un cercle. Il y a trois sociétés différentes qui examinent notre actif.

Q. D'après votre expérience de l'année dernière, avez-vous reçu des rapports des vérificateurs relativement aux comptes, que vous ne receviez pas antérieurement?—R. Les vérificateurs préparèrent certains rapports, conformément à la Loi des banques telle que revisée, pour les directeurs de la banque; ils firent des rapports spéciaux concernant les comptes de plus de 1 pour 100, je crois, du capital.

Q. Maintenant, quant aux conditions de notre Loi financière, à comparer avec la loi relative à la réserve fédérale, vous vous rappellerez que notre Loi financière accorde certains privilèges aux banques, par les articles 2 et 3, permettant virtuellement l'escompte?—R. Oui.

Q. Voulez-vous comparer brièvement les conditions de notre Loi financière et ses facilités avec le système d'escompte de la réserve fédérale?—R. D'après moi, quant aux besoins du Canada et des banques canadiennes, ainsi que le public canadien, les facilités de réescompte accordées par la loi des finances sont tout à fait satisfaisantes; c'est tout ce qu'il nous faut.

Q. En prenez-vous avantage?—R. Oui.

Q. Ainsi que la plupart des banques?—R. Quelquefois.

Q. Vous trouvez que c'est commode quand il s'agit de fournir du crédit supplémentaire pendant des périodes où il y a une grande demande pour des prêts?—R. Oui, c'est très commode, et le système fonctionne admirablement.

Q. Et vous considérez, en tenant compte du système de banques-succursales que nous avons au Canada, quand vous le comparez au système d'unité de banques, aux Etats-Unis, que notre système est un peu semblable à leur système de réserve?—R. Oui, il suffit, au même degré, à nos besoins, et peut-être nous sert-il plus que la banque de Réserve fédérale est utile aux banques des Etats-Unis.

Q. Qu'avez-vous à dire, M. Neill, au sujet de l'assertion qu'avec le système de banques-succursales, les districts desservis par les succursales les plus éloignées reçoivent un service moins bon que les centres les plus rapprochés?—R. Je ne pense pas que cette assertion soit fondée.

Q. Voulez-vous nous en donner les raisons?—R. Nous essayons à bien servir nos clients; toutes les banques essayent de servir leurs clients le mieux possible.

Q. Diriez-vous qu'il y a une comparaison entre les déposants d'un district et ceux d'un autre; prenons, par exemple, ma province, la Colombie-Britannique, quelle est la différence entre les emprunts et les dépôts?—R. Je crois que dans la Colombie-Britannique les dépôts excèdent les emprunts.

Q. Cela viendrait de l'Est?—R. Non, les dépôts de la Colombie-Britannique sont plus élevés que les emprunts.

Q. Pensez-vous qu'on en souffre dans cette province?—R. Non.

Q. Avez-vous reçu des plaintes?—R. Nous avons reçu des plaintes, oui, mais elles n'étaient pas raisonnables. Vous entendrez toujours des plaintes si vous ne prêtez pas assez d'argent.

[M. C. E. Neill.]

Q. Considérant que l'Ouest est un district qui se développe,—la Colombie-Britannique, par exemple, — pensez-vous qu'il serait désirable d'accorder là le maximum de prêts?—R. Nous serons toujours bien aise de le faire, à condition que les garanties offertes soient suffisantes.

Q. Il s'agit de garanties supplémentaires?—R. La Colombie-Britannique n'est pas un centre manufacturier, M. Stevens...

Q. Faites attention quand vous dites cela... R. D'après moi, cela dépend beaucoup de la nature de la province.

Q. J'ai mentionné la Colombie-Britannique, non pas parce que j'y demeure, mais simplement comme une province. Et les autres trois provinces? Quelle est la différence entre les emprunts et les dépôts?—R. Je crois que dans l'Ouest central, les gens ont une plus grande proportion des prêts que n'importe où ailleurs.

Q. A comparer avec leurs dépôts?—R. Oui, je crois qu'ils ont été beaucoup mieux traités que les autres.

M. Hanson:

Q. Quelle est la situation dans les Provinces maritimes?—R. Naturellement, les Provinces maritimes sont plus un centre de dépôts qu'un centre d'emprunts.

L'hon. M. Stevens:

Q. Au sujet de la Loi financière, M. Neill, et la stipulation relative au réescompte, quelles sont les demandes faites par le ministère des Finances, concernant les garanties?—R. Les garanties sont spécifiées dans la loi, et les banques demandent, réellement, un emprunt à crédit, déposant leurs garanties et obtiennent l'emprunt quand elles le veulent.

Q. Que reçoivent-elles?—R. De la monnaie légale.

Q. Oui, mais sous quelle forme?—R. De la monnaie légale, nous déposons comme garanties nos obligations du Dominion...

Q. Des billets du Dominion?—R. Oui.

Q. Qu'en faites-vous?

M. MACLEAN: Vous les convertissez en billets de banques?

Le TÉMOIN: Nous nous en servons.

M. Shaw:

Q. Les présentez-vous à la réserve d'or pour obtenir des billets de banque?—R. Oui, nous nous en servons dans nos affaires, pour suffire à nos emprunts.

M. W. F. Maclean:

Q. A la réserve d'or centrale?—R. Oui, nous les déposons dans la réserve d'or centrale.

Q. Et votre circulation remplace la monnaie légale?—R. Non, notre circulation est protégée par la monnaie légale au delà du capital payé. Quant à nous, nous pourrions tout aussi bien mettre en circulation la petite monnaie légale au delà du montant du capital payé. Nous ne retirons aucun avantage des circulations au delà de notre capital acquitté.

L'hon. M. Stevens:

Q. En d'autres mots, si vous réescomptez et obtenez une émission de monnaie légale pour vos propres billets, vous ne pouvez en émettre que pour le montant de la monnaie légale que vous recevez?—R. Nous pouvons émettre nos propres billets jusqu'à concurrence de notre capital acquitté, en notre cas: $20,000,000, et pour émettre plus que cela, nous devons émettre de la réserve d'or; en ce cas, le gouvernement du Canada bénéficie de notre circulation. Tandis que nos billets sont en circulation, le gouvernement du Canada en profite. Il en retire les profits.

Q. Relativement à ce profit, M. Skelton Williams a dit que la banque de Réserve fédérale a gagné pour le gouvernement, depuis 1913, des profits pour

[M. C. E. Neill.]

$135,000,000; est-ce qu'il y a au Canada, proportionnellement, de tels gains sous notre système de finance?—R. Oui, le gouvernement obtient des profits très considérables, en vertu de la Loi financière.

Q. Avez-vous des détails ou des chiffres là-dessus?—R. Oui je crois avoir ici un état des profits qu'a fait le gouvernement.

Q. Je crois que cela serait très intéressant.—R.

INTÉRÊT REÇU PAR LE GOUVERNEMENT SUR DES PRÊTS FAITS AUX BANQUES EN VERTU DE LA LOI DES FINANCES

1914-15.................................$	211,551 97
1915-16.................................	62,722 49
1916-17.................................	177,690 24
1917-18.................................	869,125 83
1918-19.................................	2,471,593 02
1919-20.................................	3,399,110 84
1920-21.................................	3,644,056 72
1921-22.................................	2,426,342 01
1922-23.................................	1,249,677 90
1923-24.................................	775,170 38
1924 jusqu'à date.......................	10,306 26
	$ 15,297,347 66

M. Sales:

Q. En 10 années?—R. Depuis 1914, quand ce système fut mis en vigueur.

L'hon. M. Stevens:

Q. La loi fut passée en 1914, oui. C'est un profit qui correspond à celui des Etats-Unis?—R. Vous devez comprendre ceci: la banque de réserve fédérale aux Etats-Unis a un système remarquable et a édifié une grande organisation, et les profits faits par ce système sont en grande partie dus au réescompte. Si l'argent est facile à obtenir, cela signifie que la source de profits n'existe pas.

Q. Les profits diminueront?—R. Oui; pour dire le vrai, cette clause de profits est de beaucoup réduite aujourd'hui. J'étais à New-York, la semaine dernière, et un banquier m'a dit que la réserve fédérale était en train d'occuper une position telle qu'elle ne pourrait peut-être pas gagner suffisamment pour défrayer ses dépenses. Je ne sais pas si la chose est vraie ou non; c'est justement des ouï-dire.

Q. Permettez-moi de vous poser une question là-dessus. Hier, les emprunts étaient je crois, de 3 à 3½?—R. De 2½, la veille.

Q. Je sais qu'il est très bas depuis quelque temps. Vous soutenez que lorsque le taux d'escompte à demande et à terme est peu élevé, il était hier de 4 p. 100, on ne se prévaudra pas des privilèges de réescompte de la réserve fédérale?—R. Non.

Q. Jusqu'à ce que l'argent disponible sur le marché ait été utilisé. La période pendant laquelle la réserve fédérale a réalisé un profit de $135,000,000 correspond à la période pendant laquelle la loi des finances du Canada a donné un profit considérable?—R. Oui. Lorsque le taux de l'argent est peu élevé au Canada, l'on constate que le gouvernement ne fait pas autant de profits avec la loi des finances que dans les temps de rareté de l'argent.

Q. En d'autres termes, le système de la réserve fédérale donne des profits proportionnels à ceux qu'indique l'état de la loi des finances?—R. Je n'ai pas voulu faire de comparaison, mais, en termes généraux, c'est exact.

Q. Naturellement ce profit énorme de $135,000,000 des banques de la réserve fédérale correspond aux affaires gigantesques des Etats-Unis, et indique

[M. C. E. Neill.]

que le profit de $15,000,000 de la loi des finances. du Canada et de notre système de réescompte est raisonnable. . . —R. Au Canada, nous n'avons aucun déboursé tandis qu'aux Etats-Unis on doit faire des dépenses considérables pour maintenir l'organisation.

Q. Vous voulez dire que le Gouvernement n'a aucune dépense à faire de ce chef?—R. Non.

Q. Toutes les dépenses sont payées par la banque?—R. Je ne vois pas quelle dépense on peut faire. Les frais de la réserve centrale d'or sont payés par la banque.

Q. Je veux vous poser encore une question relativement au capital et à ses rapports avec les responsabilités financières. On a soulevé ce point en deux ou trois occasions, monsieur Neil. On a prétendu que les capitaux des banques canadiennes n'étaient pas aussi considérables aujourd'hui qu'en 1913, lors de la dernière revision de la loi des banques, relativement à leur responsabilité. En quelques mots, le capital des banques canadiennes a été presque entièrement souscrit et payé avant la guerre. On n'a ajouté que très peu de nouveaux capitaux depuis?—R. Oui.

Q. Alors, le capital—ou les chiffres mentionnés dans l'état des banques n'augmente pas proportionnellement à l'inflation du papier-monnaie?—R. Non.

Q. Les chiffres ne varient pas beaucoup—c'est-à-dire que les chiffres indiquant notre actif et notre passif augmentent rapidement avec l'inflation de la monnaie de papier?—R. Oui.

Q. Sans une augmentation proportionnelle de la valeur réelle. Voyez-vous où je veux en venir?—R. Oui, je le vois.

Q. En d'autres termes, je crois que l'indice de Fisher n'attribue aujourd'hui au dollar qu'une valeur de 58 ou 60 cents. . .

Un honorable DÉPUTÉ: 58 cents.

L'hon. M. STEVENS: Disons 60 cents pour les fins de la discussion. Naturellement, il varie. Le capital est aujourd'hui presque le même qu'avant la guerre, c'est-à-dire qu'il est encore représenté par le nombre-indice 100?

Le TÉMOIN: Oui.

L'hon. M. Stevens:

Q. De même que le passif, en vertu de cette inflation commune au monde entier; de sorte que la puissance d'achat du dollar étant aujourd'hui de 60 cents, il faudrait également diminuer le capital à 60 p. 100 de sa valeur nominale afin que la comparaison soit juste?—R. Je ne voudrais pas répondre à une question de cette nature sur-le-champ. En comparant le capital avec le passif total, je crois qu'il n'est pas juste de nous placer sur le même pied que l'Australie ou l'Union sud-africaine, ou même les Etats-Unis, ou la Grande-Bretagne, ou la France. Le calcul pourrait être fait et les résultats soumis au comité; je suis convaincu que l'on trouverait la proportion très satisfaisante en ce qui a trait au Canada.

Q. J'allais vous poser une question relativement aux chiffres cités par M. Good pour les recettes et la distribution. Quand on dit "recettes nettes", on a prévu aux mauvaises dettes, aux dépenses casuelles, à la dépréciation et à la réserve?—R. Non pas à la dépréciation; aux mauvaises dettes et à tous les déboursés, oui. La dépréciation et la valeur des immeubles de banque sont indiqués sur nos états financiers, d'une manière générale; quelques banques les mentionnent tardis que d'autres ne le font pas.

Q. Lorsque vous indiquez le chiffre des recettes nettes de votre banque, vous en distribuez bien 96 p. 100, comme M. Good le dit?—R. Oui.

Q. Le chiffre des recettes nettes apparaissant dans l'état financier de votre banque est indépendant de la réserve pour les mauvaises dettes et pour les dépenses contingentes?—R. Oui.

[M. C. E. Neill.]

Q. Maintenant, que signifient les chiffres indiquant la situation de l'Australie—naturellement, il ne s'agit que d'une question de comptabilité, ou d'une méthode de comptabilité—certains comptables indiquent les recettes nettes et établissent ensuite les réserves?—R. Il faudrait comparer les états des différentes banques. Il est impossible d'établir une comparaison sans étude, parce que la procédure varie avec chaque banque.

Q. Et, par conséquent, si vous ne pouvez l'étudier l'état exact des banques australiennes. . . —R. Il est impossible de faire une comparaison juste. Les conclusions pourraient être fausses.

M. Good: Je proteste contre toute insinuation que mon calcul était de nature à induire en erreur.

L'hon. M. Stevens: Je n'insinuais pas qu'il fût de nature à induire en erreur. Je regrette que M. Good se soit offensé de mes paroles. Je fais simplement remarquer qu'il existe deux systèmes, peut-être pas de comptabilité, mais deux méthodes par lesquelles un comptable peut établir son état financier; d'aucuns indiqueront les recettes nettes avant d'avoir fait une déduction pour les mauvaises dettes ou les dépenses casuelles, ou la dépréciation; tandis que d'autres établiront d'abord ces réserves avant d'indiquer les recettes nettes. Il est impossible de faire une comparaison juste sans connaître la méthode suivie dans chaque cas.

M. Irvine:

Q. Savez-vous quelle méthode suivent les banques australiennes?

L'hon. M. Stevens: Je n'ai jamais connu deux vérificateurs qui préparaient leurs états financiers exactement de la même manière.

Q. Il vous faudrait pouvoir comparer l'état des pertes et des profits avant de vous prononcer?—R. Oui.

L'hon. M. Stevens: Il n'est pas question de blâmer qui que ce soit. Il s'agit simplement de déterminer comment on a obtenu les résultats finals.

Q. Je désirerais poser une ou deux questions au sujet de ces états financiers. Je vous questionnerai d'abord au sujet des chiffres. M. Coote a proposé un projet de résolution qui rencontre mes vues d'une manière générale. Le voici:

"Ce comité est d'avis qu'on devrait adopter au cours de la présente session une loi tendant à l'établissement d'un système de crédit rural à long terme."

En votre qualité de banquier, reconnaissez-vous le besoin, principalement pour certains districts agricoles du pays, de crédit à longue échéance, qui n'est pas actuellement prévu par la loi des banques?—R. Oui.

Q. Vous opposeriez-vous à une mesure ayant cet objet en vue?—R. Je l'approuverais.

L'hon. M. Stevens: Je suis heureux d'entendre cette déclaration.

Q. J'aimerais à vous entendre exprimer une opinion, ou faire une suggestion dans ce sens, monsieur Neill, si cela vous convient?—R. Si vous me le permettez, je citerai de nouveau ce que je disais à notre assemblée annuelle:—

"Dans les provinces des Prairies, il y a certainement une classe de crédit qu'on ne peut obtenir, mais les banques ne sauraient légitimement faire de prêts hypothécaires. Les emprunts nécessaires pour le développement des fermes constituent en quelque sorte une forme de capital et les emprunteurs ne pourraient les rembourser que s'ils étaient répartis sur une longue période. Les banques doivent éviter ce genre d'affaires, en toute justice pour leurs déposants. Les dépôts remboursables à demande doivent être employés pour des prêts faciles à percevoir. Les prêts hypothécaires à longue échéance doivent être faits par des compagnies spé-

[M. C. E. Neill.]

cialement constituées dans ce but. Il est encourageant de constater que le gouvernement fédéral a nommé une commission pour étudier toute cette question et il est du devoir des banques d'encourager activement tout projet raisonnable que l'on pourrait proposer dans ce but."

Q. Alors, vos associés et vous-même êtes disposé à prêter votre concours?— R. De toute manière, parce que tout ce qui fait l'affaire du pays est aussi à l'avantage des banques.

Q. On a proposé une autre résolution au sujet de laquelle j'aimerais à connaître votre opinion. M. Garland en est l'auteur et elle est rédigée dans les termes suivants:—

"Que l'annexe "G" de la loi des banques, au paragraphe "Actif", soit modifiée en y ajoutant les termes suivants: "Compte de crédits", "Réserves casuelles", "Profits non distribués".

En d'autres termes, cette résolution exige que l'on publie ces états. Voulez-vous répéter au comité, vos objections de l'an dernier, si vous êtes encore du même avis, à ce que l'on ajoute ces dispositions à la loi?—R. Je pense que la caisse casuelle ou secrète d'une banque ne devrait pas être connue du public. Il y a plusieurs raisons pour cela. En premier lieu, on établirait des comparaisons entre certaines banques. Les banques qui auraient une réserve casuelle considérable seraient peut-être plus mal vues que celles dont la réserve casuelle serait moins élevée, bien qu'en certains cas un banquier prudent puisse juger à propos de biffer certaines dettes légèrement douteuses alors qu'un autre banquier ne juge pas cette mesure nécessaire. La réserve casuelle d'une banque pourrait être plus considérable que celle d'une autre banque, bien qu'il n'y ait réellement aucune différence dans la véritable situation financière des deux institutions. Tout dépend du jugement des personnes qui sont chargées de biffer les mauvaises dettes.

Q. Comme les autres institutions du même genre, votre banque a des ramifications dans tout le Canada. Advenant qu'il se produise un effondrement industriel ou financier—disons dans la Colombie-Britannique, ou dans la Nouvelle-Ecosse, ou dans une province quelconque ou partie du pays—et que les succursales de ce district subissent des pertes considérables, couvririez-vous ces pertes avec votre réserve contingente? Est-ce là le but de cette réserve?—R. Oui. Si nos profits annuels ne suffisaient pas à couvrir ces pertes, nous les imputerions à la réserve casuelle et le public pourrait mal interpréter cette mesure. On pourrait dire: "La banque a subi des pertes considérables et sa situation n'est plus aussi favorable". Je ne vois pas quel avantage le public aurait à connaître les chiffres de notre réserve secrète.

Q. Vous jugez alors qu'il est sage, au point de vue de l'administration d'une banque de faire des réserves dans les temps prospères pour prévoir aux pertes des périodes défavorables?—R. Cela ne fait aucun doute.

Q. Vous pensez qu'il ne serait pas sage de publier ces chiffres à cause de la comparaison que l'on pourrait faire, par exemple, entre une institution de fondation récente, dont la réserve casuelle n'est pas considérable et une banque plus ancienne?—R. Je ne vois pas quel avantage il y aurait à publier ces chiffres et il est certainement plus sage de ne pas le faire.

Q. Je veux vous poser une dernière question sur ce point. Que dites-vous de l'opinion que les réserves casuelles et les ressources secrètes sont, au point de vue commercial, immorales, mauvaises et basées sur de faux principes?—R. Je ne puis concevoir pourquoi on les trouve immorales ou mauvaises. Elles sont nécessaires.

Q. Et justes et raisonnables?—R. Absolument.

Q. C'est là votre opinion?—R. Oui.

[M. C. E. Neill.]

Q. On a aussi proposé la résolution suivante:—

"Que la loi des banques soit modifiée afin que le Fonds de circulation soit d'abord appliqué au paiement des billets d'une banque qui a cessé ses paiements et que les autres ressources de cette banque ne soient pas employées au paiement de ces billets tant qu'on n'aura pas d'abord épuisé le dit fonds."

En d'autres termes, que les ressources du fonds de rachat des billets en circulation soient entièrement appliquées au paiement des billets d'une banque faillie, avant qu'on ne touche aux autres item de l'actif?—R. Je ne vois pas pourquoi les autres banques devraient payer les billets d'une banque faillie. Car c'est ce que cela signifie.

Q. On prétend—je n'exprime pas là mon opinion, je répète les arguments que l'on a avancés—que ce fonds a été établi pour le rachat des billets?—R. Aussi rapidement que possible.

Q. Alors on doit en premier lieu s'adresser à ce fonds pour le rachat des billets?—R. Oui, je crois que cela est juste.

M. Shaw:

Q. Il s'agit là d'une chose temporaire?—R. Oui, ces fonds sont ensuite remboursés par la banque. Je ne comprends pas bien la portée de cette résolution. Veut-on dire que les billets seraient payés à même le fonds et que les autres banques seraient ensuite tenues de le reconstituer?

L'hon. M. Stevens:

Q. Voici comment j'expliquerais la chose. La Home Bank a fait faillite; on prétend que le fonds de rachat des billets aurait dû être utilisé pour le paiement des billets de la Home Bank sans tirer sur les autres ressources de cette dernière?—R. Reconstituerait-on le fonds avec les ressources de cette banque?

Q. On prétend ensuite que toutes les ressources de la banque, pourvu qu'il y eût assez d'argent dans le fonds pour racheter les billets, devraient être employées au remboursement des déposants?—R. En d'autres termes, si ces ressources ne suffisaient pas pour le remboursement des déposants, les autres banques se verraient obligées de reconstituer le fonds de circulation. Je ne vois pas pourquoi l'on taxerait les autres banques pour racheter les billets d'une banque en faillite.

M. Irvine:

Q. Alors les billets ne sont pas protégés?—R. Au cas où les ressources ne suffiraient pas au rachat...

L'hon. M. Stevens:

Q. Posons le problème autrement: Le fonds de circulation créé par les banques pour suppléer aux ressources d'une banque en faillite, n'a-t-il pour but que de protéger la circulation des billets seulement? C'est-à-dire lorsque les ressources sont épuisées et n'ont pas suffi au rachat des billets?—R. Les banques doivent alors payer, mais pas avant que les ressources n'aient été épuisées. Je ne comprends peut-être pas votre question, mais je sais comment ce fonds fonctionne.

Q. Bien, expliquez la chose à votre manière?—R. S'il est nécessaire, les billets d'une banque en faillite sont rachetés au moyen du fonds de circulation. Ce fonds est ensuite reconstitué par la liquidation de l'actif de la banque.

M. Shaw:

Q. Les billets ont la priorité sur tout l'actif de la banque?—R. Oui.

[M. C. E. Neill.]

14-15 GEORGE V, A. 1924

Q. La question se résume alors à ceci, allez-vous faire disparaître cette priorité des billets?—R. Je n'en vois pas la raison.

Q. En ce qui a trait au fonds de circulation et de rachat?—R. Je ne vois pas pourquoi.

M. Hanson:

Q. Quel effet aurait l'abolition de la priorité des billets sur la circulation en général?—R. Vous n'auriez plus confiance en la valeur des billets.

M. Shaw:

Q. Mais si l'on emploie le fonds pour maintenir...?—R. Rien n'empêche qu'on le reconstitue ensuite avec l'actif de la banque.

M. Hanson:

Q. En réalité, c'est une protection...

L'hon. M. Stevens:

Q. Vous soutenez que les ressources de la banque devraient être complètement utilisées avant qu'on ne tire sur le fonds d'une manière permanente?

M. Spencer:

Q. Et les déposants sont obligés de payer?

M. MACLEAN: En d'autres termes, l'émission des billets par l'Etat serait préférable à la circulation individuelle. Vous opposeriez-vous à la substitution de billets de l'Etat à vos propres billets?

Le TÉMOIN: Oui.

M. Maclean:

Q. Pourquoi?—R. Parce que c'est là le privilège des banques.

M. Woodsworth:

Q. Monsieur Neill, vous ne vous opposez pas à la double responsabilité—R. Non. Naturellement, au point de vue des banquiers, j'aimerais à la voir disparaître, mais je ne crois pas que les banques s'y opposent bien fortement.

Q. Vous croyez que certaines opérations de banque ne doivent être connues que des administrateurs?—R. Oui.

Q. Est-il juste que les actionnaires soient chargés de la double responsabilité lorsqu'ils ne connaissent rien de certaines transactions de la banque?—R. Je crois qu'il est de l'intérêt des actionnaires eux-mêmes d'ignorer certaines transactions, telles que celles de la réserve casuelle, etc.

Q. Mais est-il raisonnable qu'on les oblige à payer le double alors qu'ils peuvent ignorer certains faits essentiels?—R. Les actionnaires jugeront cela eux-mêmes. S'ils ne sont pas satisfaits, ils n'auront qu'à ne pas acheter d'actions de banque.

Q. Mais s'ils en achètent, on devrait bien les mettre au courant du fait qu'ils ne seront pas renseignés sur certains faits essentiels?—R. La plupart des actionnaires savent qu'ils n'auront jamais de renseignements au sujet de la réserve casuelle.

M. Shaw:

Q. Mais les actions ne sont pas vendues avec cette entente?—R. Non.

M. Woodsworth:

Q. Puis-je vous demander, monsieur Neill, si l'association des banquiers verrait d'un bon œil l'abrogation de la loi des finances?—R. Elle n'est pas en faveur de son abrogation. Elle est unanime à croire que la loi des finances répond admirablement bien aux besoins du pays et ne voudrait pas qu'on l'abrogeât.

[M. C. E. Neill.]

Q. Vous avez dit que.le gouvernement a fait un profit d'environ 15 millions?
—R. Oui.

Q. Ce profit provient de l'intérêt à 5 p. 100?—R. Oui.

Q. Si je vous ai bien compris, les banques n'ont fait aucun profit de ce chef?—R. Les banques en profitent jusqu'à un certain point, elles ont plus d'argent à prêter.

Q. C'est-à-dire qu'elles touchent de huit à dix pour cent alors que le gouvernement n'en a que cinq?—R. Elles n'obtiennent pas tant que cela. Elles font un léger profit au-delà des 5 p. 100, mais, dans bien des cas, ce profit est minime. Nous nous prévalons de la loi des finances pendant la saison de la récolte car autrement nous n'aurions pas l'argent voulu pour suffire aux besoins. Très souvent nous n'obtenons que 6 p. 100.

. Q. Si le Gouvernement a réalisé ce prêt de 15 millions d'une seule émission, ne ferait-il pas un profit bien plus considérable en émettant tous les billets?—R. Le Gouvernement ferait peut-être un certain profit s'il enlevait aux banques le privilège de la circulation.

Q. Beaucoup plus que 15 millions?—R. Oui, je le crois.

Q. Ce profit de 15 millions provient des avances additionnelles?—R. Ce serait une mauvaise chose pour le pays en général, si le Gouvernement enlevait aux banques le privilège de la circulation.

M. Garland:

Q. Pourquoi?—R. Le crédit se trouverait diminué, parce qu'il nous faudrait réduire nos prêts d'autant et, d'autre part, nous nous verrions obligés de clore un grand nombre de petites succursales que nous avons dans toutes les parties du pays. Les billets gardés dans les petites succursales—car nous maintenons une réserve sous forme de billets de banque—ne deviennent pas réellement de la monnaie; ils ne sont que du papier sans valeur tant qu'ils ne sont pas mis en circulation. Si nous ne jouissions pas du privilège de l'émission des billets, il nous faudrait obtenir des billets du Dominion; en d'autres termes, la réserve des petites succursales serait en monnaie réelle au lieu de billets; c'est pourquoi ces petites sucursales cesseraient d'être profitables.

M. W. F. Maclean:

Q. C'est là une partie de votre actif?—R. Certainement, personne ne met cela en doute.

M. Woodsworth:

Q. Pour revenir à la question d'un inspecteur, croyez-vous que la vérification des comptes du bureau chef constitue une sauvegarde suffisante pour le public?—R. Je suis convaincu qu'un homme compétent qui entre au bureau chef d'une banque canadienne peut en très peu de temps découvrir si l'institution est solvable ou non, pourvu qu'on lui donne accès aux livres, aux rapports et à la correspondance et qu'il soit capable de questionner les vérificateurs et les différents officiers de la banque.

Q. Faudrait-il un inspecteur permanent pour chaque bureau-chef de banque? —R. Non.

Q. Un inspecteur ou vérificateur d'occasion peut-il convenablement estimer l'actif d'une banque?—R. Oui, il peut facilement vérifier cette partie de l'actif d'une banque qui détermine sa solvabilité. Par exemple, un inspecteur n'aura pas à déterminer la valeur des prêts minimes; une banque ne faillit jamais à cause de ses petits prêts, mais à cause de ses comptes importants. Le cas de la Home Bank en est une preuve. Tout individu entrant dans cette banque aurait pu découvrir en deux heures qu'elle était insolvable. S'il y avait eu un inspecteur comme celui que vous vous proposez de nommer, il s'en serait rendu compte en une heure.

[M. C. E. Neill.]

Q. Vu que nous avons au Canada le système des succursales, n'y aurait-il pas de difficultés à faire l'inspection, à cause de l'impossibilité de procéder à une vérification simultanée?—R. Je ne le crois pas et je vais vous dire mes raisons. Nous formons toujours notre jugement en nous basant sur notre expérience personnelle. Nous avons acheté quatre différentes banques, de sorte que nous savons à quoi nous en tenir. Je fis l'inspection moi-même et—je ne voudrais pas paraître outrecuidant—en moins de deux semaines dans chaque cas j'avais découvert la valeur de la banque. La suite a prouvé que je n'avais pas commis d'erreur importante. D'autre part, je soutiens qu'un homme d'expérience—il n'a pas besoin d'inspiration du ciel—peut entrer dans une banque et déterminer en très peu de temps, s'il a accès aux documents voulus, le degré de solvabilité de la banque.

Q. Avez-vous lu le projet d'amendement que j'ai proposé l'an dernier, visant à la nomination d'un vérificateur du Gouvernement?—R. Je suis bien certain de l'avoir lu, mais je ne m'en souviens plus; si vous vouliez me rafraichir la mémoire.

Q. Vous ne vous souvenez pas si l'association des banques a adopté une attitude définie au sujet de cet amendement, l'année dernière?—R. Je crois que l'association des banques ne se souciait pas d'avoir l'inspection du Gouvernement, mais d'autre part si le public exige l'inspection du Gouvernement, la majorité des banquiers se feront un plaisir de se rendre aux désirs du public et de ce comité. Je sais que certains banquiers s'y opposent.

Q. Quels renseignements possède l'association des banques relativement à la solvabilité des diverses banques qui en font partie?—R. Aucun.

Q. Quels pouvoirs disciplinaires l'association des banques peut-elle exercer sur l'un quelconque de ses membres?—R. Je ne crois pas qu'elle puisse faire usage de ses pouvoirs sans en être requise par le ministre des Finances; c'est là mon opinion.

Q. Si elle vient à savoir qu'une banque se trouve dans une situation précaire, ell n'a aucune autorité d'agir?—R. Pas que je sache. On peut nommer un curateur en vertu de la loi des banques.

Q. Mais avant que les choses en soient rendues à ce point?—R. Non.

Q. En ce qui a trait au taux de l'intérêt, l'association des banques en est-elle venue à une entente quant à l'intérêt à payer aux déposants de la caisse d'épargnes?—R. Oui.

Q. On s'est entendu sur ce point à l'association des banques?—R. Au sujet des dépôts à la caisse d'épargne, oui.

Q. Maintenant passons au taux d'intérêt exigé des emprunteurs?—R. Je crois qu'on en est venu à une entente quant à certaines classes de transactions, mais en général il n'existe aucun accord.

M. Hanson: Au sujet des municipalités.

Le témoin: Oui. Nous nous entendons pour accorder un taux d'intérêt raisonnable à certaines classes d'affaires, mais, en général, il n'y a pas d'entente.

Q. D'après les témoignages entendus l'an dernier, j'ai conclu que les banques s'étaient entendues en une ou deux occasions importantes pour restreindre le crédit et produire une certaine déflation? Ai-je raison?—R. A ma connaissance, les banques canadiennes ne se sont jamais entendues pour restreindre le crédit. La diminution des prêts est régie par le bureau-chef de chaque banque. Par exemple, si les administrateurs d'une banque, sur l'avis du gérant général et des directeurs, décident qu'il faut diminuer le nombre des prêts, ils prennent cette décision sans consulter les autres banques.

Q. Il n'y a pas d'action concertée?—R. Non.

Q. Si une banque en particulier, ou deux ou trois des principales banques sont d'avis qu'il faut diminuer les prêts, à la suite d'une étude des conditions générales, cela ne peut manquer de produire une réaction marquée dans tout

[M. C. E. Neill.]

le pays?—R. La situation deviendra plus difficile pour les emprunteurs, mais je ne pense pas que les banques aient jamais pris leurs débiteurs à la gorge.

Q. Cette action aurait aussi un effet sur le prix des denrées en général, n'est-ce pas?—R. Je ne le crois pas.

Q. Vous n'avez pas songé à cette question?—R. J'y ai songé beaucoup, mais je ne crois pas qu'un tel résultant découle de l'action des banques.

Q. Ne croyez-vous pas qu'il y a un rapport direct entre l'inflation et la déflation et le niveau des prix?—R. Oh, oui; mais je ne crois pas que nous ayons eu à faire face à cette situation au Canada.

Q. Qu'est-ce qui a provoqué les hausses et les baisses générales des prix?—R. Vous le savez probablement aussi bien que moi.

Q. Ce n'est pas le résultat d'un accident?—R. Je suppose que l'inflation fait augmenter le prix des denrées; c'est un principe généralement admis, non seulement au Canada, mais dans le monde entier.

Q. C'est vrai. Je mentionne simplement qu'il existe une loi économique que les banques peuvent modifier le niveau des prix en causant l'inflation ou la déflation?—R. C'est possible, si les banques adoptent des mesures draconiennes, mais je ne sache pas que les banques, ou la restriction du crédit aient contribué à l'inflation ou à la déflation.

M. Shaw:

Q. Et-ce que cela n'a pas eu un effet sur le niveau des prix aux Etats-Unis?—R. C'est probable, mais je n'en sais rien. Comme vous le savez, les banques de la réserve fédérale ont causé une déflation rapide et on les a accusées à ce sujet d'avoir été responsables de bien des difficultés.

Q. Cette action a-t-elle pu avoir un retentissement sur les affaires au Canada?—R. Je le crois. Toute fluctuation des affaires aux Etats-Unis a un retentissement ici.

M. Woodsworth:

Q. D'après la loi actuelle, les billets de banque sont garantis d'une manière générale?—R. Oui.

Q. Alors pourquoi ne garantirait-on pas également les dépôts?—R. Les billets de banque sont en circulation et il ne serait pas sage de laisser planer le moindre doute sur leur sécurité. La question de la garantie des billets de banque est bien différente de celle de la garantie des dépôts.

M. Coote:

Q. Une banque pourrait-elle faire des affaires si elle n'avait pas de dépôts?—R. Non, elle n'aurait rien à prêter excepté son capital.

Q. Pourrait-elle se passer de ses propres billets?—R. Certainement.

M. Woodsworth:

Q. La garde et l'administration de la réserve d'or centrale sont actuellement entre les mains de l'association des banques?—R. Entre les mains de fidéicommissaires nommés par le Gouvernement: La Royal Trust Company, la Banque de Montréal, la Banque Canadienne du Commerce et la Banque Royale du Canada.

Q. Ils ont pratiquement le contrôle de la réserve d'or?—R. Oui. Les fidéicommissaires sont nommés par le Gouvernement.

Q. Ils en ont le contrôle absolu?—R. Je ne comprends pas ce que vous voulez dire par contrôle absolu.

Q. A titre de fidéicommissaires?—R. Ils contrôlent l'argent qu'il y a dans la réserve.

[M. C. E. Neill.]

85980—1—18

14-15 GEORGE V, A. 1924

Q. Il n'y a aucune raison spéciale pour que le Trésor lui-même administre cette réserve?—R. Je ne le pense pas; il a été jugé plus commode de la confier à des fidéicommissaires.

Q. Nous avons là le noyau d'une banque centrale de réserve, n'est-ce pas?—R. Je ne suis pas prêt à admettre cela.

Q. On a prétendu que si le Gouvernement se chargeait d'une vérification systématique, il se trouverait par là à garantir les banques, n'est-ce pas?—R. Je ne le crois pas. Je ne vois pas pourquoi le Gouvernement deviendrait responsable plus que le gouvernement des Etats-Unis, qui fait aussi l'inspection des banques.

Q. Pour revenir à la question de publicité: s'il est désirable dans l'intérêt des actionnaires et du public en général que certains renseignements soient tenus secrets et confidentiels, les administrateurs se trouvent chargés d'une lourde responsabilité. Y aurait-il moyen de les tenir responsables?—R. Vous voulez dire responsables des pertes que les déposants pourraient subir?

Q. Oui?—R. Si vous adoptiez une disposition de ce genre, vous ne pourriez plus trouver d'administrateurs pour les banques.

Q. Je veux étudier la chose au point de vue pratique; c'est le travail dont ce comité a été chargé. Les déposants et les actionnaires de la Home Bank ont subi des pertes, justement parce que certains renseignements furent gardés secrets pendant des années, sans que les actionnaires et les déposants pussent se renseigner?—R. Si les administrateurs d'une banque se rendent criminellement responsables, s'ils font de fausses déclarations, ou s'ils fournissent de faux renseignements au gouvernement, je pense qu'on devrait les tenir responsables.

Q. Non seulement des fausses déclarations, mais du fait même qu'ils gardent secrets certains faits essentiels dont ils assument la responsabilité?—R. Parce qu'ils ne révèlent pas leurs réserves secrètes?

Q. Oui.—R. Cela ne comporte pas une grande responsabilité.

Q. S'ils ne révèlent pas certains faits essentiels?—R. A ma connaissance, il n'y a pas eu de faits essentiels dans ce cas.

Q. Dans le cas de la Home Bank, on a fait des placements très importants qui étaient des plus risqués?—R. Si les administrateurs de la Home Bank savaient que ces valeurs étaient fictives et s'ils ont déclaré dans leurs rapports qu'elles étaient bonnes, en connaissance de cause, on doit les tenir responsables.

Q. J'irai plus loin. En refusant de divulguer certains faits essentiels aux actionnaires et au public, les administrateurs n'assument-ils pas une responsabilité, même si leurs rapports sont exacts?—R. Je crois que les administrateurs des banques sont de bonne foi et font leur devoir de leur mieux. Si on les trompe, je crois qu'il serait injuste de les tenir responsables, quand ils ont rempli correctement leurs obligations.

Q. Dans ce cas, les déposants et les actionnaires doivent subir leurs pertes et n'ont aucun recours?—R. Oui, si les administrateurs ont rempli leurs devoirs; autrement ceux-ci doivent porter la responsabilité de leurs actes.

M. Cahill:

Q. Monsieur Neill, qui administre ces réserves secrètes? Tous les directeurs en connaissent-ils l'existence?—R. Oui.

Q. Et l'inspecteur ou le vérificateur des actionnaires peut en prendre connaissance?—R. Oui, il doit le savoir.

Q. En fait-il une inspection?—R. Peut-être. Si vous me le permettez, je vous ferai remarquer qu'une réserve casuelle est un fonds créé par la banque pour prévoir aux mauvaises dettes en cas de besoin; en somme ce n'est qu'un compte au grand-livre.

[M. C. E. Neill.]

M. Hanson:

Q. Quelle en est la forme?—R. Il n'a pas de forme spéciale. Il peut être de 20 ou de 50 millions—je mentionne là des chiffres absurdes—mais c'est une somme gardée dans les livres et qui est disponible en cas de besoin. Elle est placée comme les autres fonds de la banque.

M. Maclean:

Q. Et toutes les dettes biffées sont imputées à ce compte?—R. Oui.

M. Cahill:

Q. Qui est sujet à l'inspection des vérificateurs nommés par les actionnaires?—R. Oui.

Q. Il tomberait sous l'inspection du gouvernement?—R. Oui.

M. Irvine:

Q. Permettez-moi de poser quelques questions touchant à l'interrogatoire de MM. Good et Woodsworth que je n'ai pas bien compris. Je comprends, monsieur Neill, que vous niez à l'association des banquiers tout pouvoir de contrôler le crédit en ce qui a trait à la déflation et à l'inflation?—R. En effet.

Q. Soutenez-vous qu'il est préférable que notre système de crédit ne soit soumis à aucun contrôle?—R. Oui.

Q. Il faut le laisser au petit bonheur?—R. Les banquiers doivent faire exercice de leur intelligence.

Q. Comment peuvent-ils faire exercice de leur intelligence, s'ils n'exercent aucun contrôle?—R. Chaque banque contrôle ses prêts.

Q. C'est-à-dire que chaque banque contrôle le volume de son crédit?—R. Oui.

Q. Vous disiez que les banques n'exercent aucun contrôle sur le crédit de la nation?—R. Comme association.

Q. Ne croyez-vous pas que quelqu'un devrait exercer ce contrôle?—R. Un contrôle sur les prêts des banques?

Q. Un contrôle sur le crédit national—relativement aux affaires nationales? —R. Je ne pense pas que ce soit nécessaire.

Q. Vous pensez que ce ne serait pas sage?—R. En effet.

Q. Vous avez aussi mentionné que si le gouvernement était chargé de l'émission de toute la monnaie du pays, il en résulterait une restriction du crédit?—R. Oui, dans une certaine mesure.

Q. Je n'ai pas bien compris comment cela pourrait se produire. Je vais vous poser le problème: quelle est la somme des billets de banque en circulation au Canada à l'heure actuelle?—R. Je ne saurais vous le dire. Ces chiffres sont publiés dans les rapports mensuels du gouvernement. A la fin de mars, les billets en circulation s'élevaient à **$170,850,000**.

Q. Si le gouvernement émettait, en sus de ses billets ordinaires, des billets pour une somme additionnelle de 170 millions et qu'il les distribuât exactement comme ils le sont aujourd'hui, comment le crédit se trouverait-il restreint?—R. Vous devez comprendre qu'une partie de ces 170 millions est garantie par de l'or déposé à la réserve centrale. Laissez-moi calculer combien il faut soustraire de la réserve d'or centrale. Les dépôts à la réserve d'or centrale représentent une somme de 61 millions. La circulation des billets du gouvernement serait alors de 110 millions.

Q. Je veux dire si le gouvernement émettait des billets—billet pour billet— en remplacement des billets actuels qui, je suppose, sont étayés par quelque garantie subsidiaire?—R. Oui.

[M. C. E. Neill.]

Q. Si le gouvernement émettait billet pour billet, comment cela restreindrait-il le crédit?—R. Parce que les banques ont actuellement en circulation des billets à ordre au montant de 110 millions. Il leur faudrait racheter ces billets et en acheter un montant égal du gouvernement.

Q. Mais en achetant un même montant du gouvernement, vous auriez la même somme à votre disposition pour vos affaires?—R. Au lieu d'avoir 110 millions, nous aurions dépensé cette somme pour acheter des billets du gouvernement.

Q. Le gouvernement ne pourrait-il pas vous avancer 110 millions en billets sur la garantie subsidiaire que portent vos billets actuels?—R. M. Irvine, notre circulation s'élève à 110 millions; c'est-à-dire que nous avons promis de payer cette somme sur la garantie de l'actif général de la banque. S'il nous fallait acheter ces billets, nous n'aurions plus cette somme à prêter.

Q. Je ne comprends pas ce point?—R. C'est un privilège spécial.

Q. Mais sûrement, si le gouvernement accorde des privilèges spéciaux aux banques, il peut s'en prévaloir lui-même?—R. Si vous ne me comprenez pas, je ne crois pas que je puisse m'expliquer plus clairement.

L'hon. M. Stevens:

Q. Faites répéter au témoin sa déclaration au sujet des billets qui sont détenus dans les voûtes des banques?—R. C'est là l'explication.

M. Hanson:

Q. Seriez-vous obligé d'acheter les billets du gouvernement?—R. En plus des billets en circulation, il nous faudrait en avoir une certaine quantité en réserve dans nos succursales pour la transaction des affaires courantes.

M. Irvine:

Q. Nous pouvons peut-être examiner la situation, en ce qui a trait à ce privilège. Vous donnez vos garanties subsidiaires au bureau du Trésor?—R. Non pas pour notre circulation ordinaire.

Q. Pouvez-vous faire des émissions de billets?—R. Non pour les avances faites en vertu de la loi des finances—nous ne pouvons émettre des billets au delà de notre capital payé.

M. Maclean:

Q. Et c'est là un privilège?—R. Oui, et pendant certaines saisons, par exemple, du 1er septembre jusqu'au mois de février, nous pouvons émettre des billets jusqu'à concurrence de 15 p. 100 de plus que notre capital payé, mais il nous faut payer un intérêt de 5 p. 100. C'est en vue des récoltes.

M. Irvine:

Q. Mais si le gouvernement vous accordait des billets jusqu'au plein montant de votre capital payé, comment cela pourrait-il restreindre le crédit?—R. Si nous n'avions pas à les acheter, rien ne serait changé.

M. Coote:

Q. Mais s'il vous fallait payer un intérêt, M. Neill?—R. Tout dépendrait du taux de l'intérêt.

M. MACLEAN: Ce pourrait être $2\frac{1}{2}$ p. 100, ou tout autre taux.

Le TÉMOIN: On a dû déposer des obligations du gouvernement, aux Etats-Unis.

M. Irvine:

Q. Avez-vous dit que la disparité entre le capital des banques et leur passif ne constitue pas un danger réel?—R. Je ne pense pas que cela en soit un à l'heure actuelle.

[M. C. E. Neill.]

Q. Devons-nous conclure de cette réponse que le capital n'est qu'une affaire secondaire dans les affaires de banque?—R. Pas du tout.

Q. S'il y a aucun rapport entre le capital et le passif d'une banque, à quoi sert le capital?—R. Il y a un rapport; au Canada, nous sommes encore en sûreté et notre coefficient est bien moins élevé qu'en Angleterre.

Q. Quel est le coefficient de sûreté?—R. Je ne suis pas assez bien renseigné sur ce point. Vous pouvez le juger aussi bien que moi.

Q. Ne pensez-vous pas que tout le monde devrait savoir à quoi s'en tenir sur ce point au Canada?—R. Nous sommes en sûreté.

Q. Je ne doute pas que vous n'ayez aucune crainte?—R. Si nous venons à être en danger, nous y verrons.

M. Woodsworth:

Q. Comment le saurez-vous? Quelques-uns d'entre nous l'ignorent?—R. Je suis certain que notre coefficient de sûreté est meilleur qu'en Angleterre, par exemple.

M. Irvine:

Q. Mais les affaires ne sont pas sûres en Angleterre?—R. Comment pouvez-vous vous prononcer sur ce point?

Q. C'est un point que je voudrais établir?—R. Je ne connais pas de règle précise pour déterminer ce point.

Q. Vous dites qu'il devrait y avoir un certain coefficient de sûreté, j'aimerais à le connaître?—R. Je ne puis vous le dire.

Q. Vous ne pouvez nous le dire?—R. Non.

Q. Vous avez dit que vous n'avez pas étudié la proposition de M. Ladner à l'effet d'assurer les dépôts?—R. Non, parce que je n'ai jamais bien compris le sens de la proposition de M. Ladner.

Q. Vous avez pensé que ce n'est pas une mesure sage?—R. C'est mon avis.

Q. Voudriez-vous étudier cette proposition, nous ne savons pas si la chose est pratique?—R. Je le ferai bien volontiers.

Q. Seriez-vous assez bon de convoquer une assemblée de l'Association des Banques pour étudier la proposition de M. Ladner et nous faire rapport?—R. Si M. Ladner veut bien rédiger sa proposition en termes précis et d'une manière pratique et me la confier, je dirai aux membres de l'association que votre comité nous a demandé de nous réunir et de lui communiquer nos vues.

Q. C'est tout ce que je désire; il se peut que la proposition de M. Ladner ne soit pas pratique, mais j'aimerais à le savoir.

Le PRÉSIDENT: A ce sujet, il serait peut-être bon de demander à M. Neill s'il faut d'autres détails pour que la proposition de M. Ladner soit plus précise, c'est-à-dire en sus de ce qui apparaît à l'ordre du jour.

M. Irvine:

Q. Vous avez entendu la question du président?—R. Il serait très difficile, je pense, d'établir un fonds semblable à la caisse de rachat des billets en circulation, afin de garantir les dépôts. Je ne puis concevoir comment on pourrait y réussir et sur quelle base il faudrait taxer les banques.

Q. Vous avez dit que votre opposition était basée sur le fait que la chose n'a pas réussi aux Etats-Unis?—R. La garantie des dépôts n'a pas réussi.

Q. Avez-vous étudié la brochure publiée l'an dernier par l'association des banques et distribuée aux députés?—R. Oui.

Q. L'avez-vous préparée?—R. Non.

Q. Savez-vous qui l'a préparée?...

Le PRÉSIDENT: Est-il à propos de poser cette question?

M. IRVINE: Je pense que oui.

[M. C. E. Neill.]

14-15 GEORGE V, A. 1924

Le TÉMOIN: Je crois connaître l'auteur de la brochure, mais je ne suis pas assez certain pour prononcer un nom. Je ne l'ai pas rencontré.

M. Irvine:

Q. Voudriez-vous nous dire le nom que vous avez à l'esprit?—R. J'aimerais à consulter M. Ross sur ce point. (A M. Ross) Savez-vous qui l'a rédigée?

M. Ross: Elle a été rédigée en collaboration.

M. Irvine:

Q. Est-ce le fruit de l'intelligence concertée des banquiers du Canada?— R. Je le crois.

Q. Savez-vous que cette brochure affirme qu'il n'y a pas de comparaison possible entre le système bancaire canadien et le système américain?—R. On n'en fait pas de comparaison.

Q. Oui. Les détails des systèmes ne peuvent être comparés?—R. Je pense qu'il est très difficile de les comparer.

Q. S'il n'est pas possible d'établir une comparaison, alors ce qui s'est produit aux Etats-Unis relativement à la garantie des dépôts ne s'applique pas nécessairement à la situation au Canada?—R. Je ne pousserais pas mes conclusions si loin que cela. Il est généralement admis que le principe de garantir les dépôts est faux. La question de l'importance des banques n'entre pas en jeu. C'est un faux principe en finances.

Q. Il ne serait pas sage d'affirmer que cela est généralement admis. Le témoin a prouvé clairement qu'il serait contraire aux intérêts d'une banque si ses affaires étaient connues du public en certaines occasions?—R. Je n'ai fait cette déclaration qu'en ce qui a trait à la réserve casuelle.

Q. D'après votre réponse à une certaine question, j'ai cru comprendre que si les difficultés d'une banque étaient connues du public, sa situation deviendrait encore plus difficile?—R. Je le crois.

Q. Vous avez aussi dit que l'assurance pourrait peut-être résulter en un manque de prudence dans l'administration des banques?—R. Oui.

Q. Ne pensez-vous pas que le secret, c'est-à-dire le fait qu'un banquier sait que ses placements ne seront pas connus du public, peut aussi résulter en un manque de prudence?—R. Je ne le crois pas; vous ne pouvez comparez ces deux cas. Les prêts des banques ne sont pas connus des actionnaires.

Q. Mais ne pensez-vous pas qu'un actionnaire désireux d'emprunter, disons deux millions pour faire une placement risqué n'y songerait pas deux fois s'il savait que la chose serait publiée le lendemain en gros titres dans les journaux et portée ainsi à la connaissance du public?—R. Ce serait un drôle de banquier qui prêterait deux millions à une entreprise risquée.

Q. C'est ce que l'on a fait; nous sommes à en recueillir les preuves dans un certain cas et nous ne savons pas combien d'autres agissent de la même façon? —R. Voudriez-vous que les banques donnent de la publicité à tous leurs prêts?

Q. Je vous demandais si vous pensiez que le secret des opérations de banque n'est pas de nature à faire négliger la prudence?—R. Non, car je ne vois pas comment vous pourriez faire connaître complètement la situation d'une banque au public. Il faudrait publier la liste complète de l'actif d'une banque, c'est-à-dire de tout ce qu'elle possède et de tout ses prêts.

M. Garland:

Q. Ce serait peut-être sage?—R. Je ne le crois pas.

M. Maclean:

Q. Vous dites que vous pouvez entrer dans une banque et vous faire une excellente idée de sa situation financière en deux semaines?—R. Oui.

[M. C. E. Neill.]

Q. Dans ce cas, si vous aviez eu l'occasion de faire l'inspection de la Banque des Marchands, qui rendait de grands services au pays, on aurait peut-être pu la sauver?—Alors, en admettant qu'une visite de deux semaines suffise pour révéler l'état financier d'une banque et vu que mon ami, M. Stevens, se déclare en faveur de l'inspection des banques, cette inspection ne devrait-elle pas être faite sous la direction du ministre des Finances du Canada?

M. HANSON: A sa discrétion?

M. Maclean:

Q. Et n'est-il pas impératif que ce travail soit confié à un employé compétent, plutôt que de devenir un rouage politique?—R. Si l'on établit l'inspection du Gouvernement, ce serait là le moyen de la rendre effective.

M. Shaw:

Q. Connaissez-vous le système d'inspection des Etats-Unis, monsieur Neill? —R. Non.

Q. Connaissez-vous les devoirs du Contrôleur de la monnaie et la part qu'il a à l'inspection et à l'administration de la réserve fédérale?—R. Pas suffisamment pour être en mesure de les discuter.

Q. Convenez-vous que toute inspection imposée par le Gouvernement devrait être indépendante?—R. Oui, mais que voulez-vous dire au juste par "indépendante"?

Q. C'est-à-dire qu'elle soit faite par une autorité indépendante responsable au Gouvernement?—R. Oui.

Le président:

Q. Indépendante de la banque?—R. Oui.

M. Shaw:

Q. Et nous devons essayer de trouver un moyen pour que cette inspection soit la plus efficace possible, étant donné les moyens à notre disposition?— R. Oui.

Q. Avez-vous lu la preuve dans le cas de la Home Bank?—R. J'en ai lu certaines parties.

Q. N'avez-vous pas été frappé, monsieur Neil, par le fait étonnant que tous ces renseignements au sujet de la situation financière de la banque étant connus des administrateurs, et apparemment du ministre des Finances—même de deux ou trois ministres des finances—et malgré les rumeurs qui circulaient dans le monde des banques, aucun déposant n'ait entendu au cours de ces sept ou huit années aucun mot qui eût pu lui permettre de se protéger? N'est-ce pas là un fait étonnant?

M. HANSON: Le gouvernement du Nouveau-Brunswick eut vent de l'affaire.

Le TÉMOIN: Je pense que certains déposants savaient que la situation financière de la Home Bank n'était pas très forte.

Q. Et ils retirèrent leur argent?—R. Oui.

Q. N'est-il pas affligeant qu'une situation semblable puisse se produire?— R. Certainement, le cas de la Home Bank est des plus affligeants.

Q. Ce n'est guère au crédit de la loi des banques?—R. Non, la Home Bank n'avait pas de bons vérificateurs.

M. W. F. MACLEAN: Ni d'inspection du gouvernement.

M. HANSON: Elle n'avait pas même d'inspection particulière.

M. Shaw:

Q. Etes-vous satisfait de cette rotation de vérificateurs?—R. Ce système fonctionne bien.

[M. C. E. Neill.]

Q. Croyez-vous qu'il soit sage de changer un vérificateur d'expérience pour un autre qui est inexpérimenté?—R. C'est un pas dans la bonne voie, mais je ne dirai pas que c'est un système infaillible.

Q. Je ne comprends pas pourquoi il est plus avantageux de substituer à un vérificateur expérimenté quelqu'un qui n'a aucune expérience?—R. C'est parce qu'il y a plus dans deux têtes que dans une et plus dans trois que dans deux.

Q. Vous opposez d'une part l'expérience dans les affaires de banque et la malhonnêteté ou la collusion?—R. Ou le manque de jugement.

Q. Mais le manque de jugement peut toujours exister quand même?—R. Le risque de mauvais jugement est moins considérable dans trois têtes que dans une.

Q. Etes-vous en faveur—je ferais peut-être mieux de faire précéder ma question par celle-ci: Quels sont les pouvoirs du ministre des Finances quand il découvre qu'une banque est en mauvaise situation, après une enquête en vertu de l'article 56 (a)?—R. Il peut exiger la fermeture de la banque ou demander à l'association des banques d'exprimer son opinion.

Q. Comment pourrait-il exiger que la banque ferme ses portes?—R. Il pourrait faire nommer un curateur en vertu de la loi des banques; ou exiger que les administrateurs nomment un curateur.

Q. Mais il peut avoir affaire à des administrateurs obstinés qui refuseront de fermer la banque. N'est-il pas vrai que les banques ne ferment leurs portes que dans les cas où elles ne peuvent rencontrer leurs obligations, tout comme les autres institutions?—R. Je le crois.

Q. Dans ce cas, le ministre des Finances n'a aucun pouvoir de fermer la banque, n'est-ce pas?

M. Ross: Il peut exercer une pression sur les administrateurs en leur disant: "Nous allons déposer une plainte contre vous et vous poursuivre". Ils auraient tôt fait de fermer leurs portes.

Le TÉMOIN: Ne croyez-vous pas que le ministre pourrait faire fermer une banque s'il le voulait?

Q. Etes-vous en faveur de lui donner cette autorité?—R. Oui.

M. SHAW: J'approuve cette idée. Je voudrais que le ministre des Finances fût ici pour entendre cela.

M. Shaw:

Q. Je voudrais vous demander ensuite si, aux Etats-Unis, le contrôleur de la Trésorerie peut, lorsqu'il découvre que le capital d'une banque a été entamé, exiger que les actionnaires renouvellent le capital de leur banque, ce qui est porté au crédit de leur double responsabilité? Seriez-vous en faveur que l'on donne un semblable pouvoir au ministre des Finances ou à son représentant?—R. Je ne sais pas; je n'ai pas étudié ce point. Ce n'est guère probable.

Q. Notre loi des finances permet, comme vous l'avez dit, d'escompter des valeurs d'une certaine nature et de déterminer le taux de l'intérêt?—R. Je crois que le taux de l'intérêt est variable.

Q. Le maximum n'est-il pas déterminé?—R. Non.

Q. Ou c'est peut-être le minimum?—R. Aucun taux n'est déterminé.

Q. Mais en pratique, il a toujours été de 5 p. 100? Il n'a jamais varié?—R. Pas récemment.

Q. A-t-il jamais varié?—R. Il a varié durant la guerre pour certaines classes de valeurs.

Q. Mais depuis la guerre, il n'a pas varié?—R. Non.

Q. Aujourd'hui cette administration incombe à la Trésorerie, en vertu de la loi des Finances?—R. Oui.

Q. Et la Trésorerie est composée du ministre des Finances, du sous-ministre des Finances, qui en est le secrétaire et de quatre ou cinq autres ministres de la Couronne?—R. Oui.

[M. C. E. Neill.]

Q. C'est là un corps politique, n'est-ce pas?—R. Oui.

Q. Diriez-vous que tous ces messieurs sont des banquiers d'expérience?—R. C'est peu probable.

Q. Et, avec notre système, il est peu probable que se soient jamais des banquiers d'expérience?—R. Je ne le crois pas.

Q. Je voudrais comprendre clairement comment les choses se passent. Je suppose que vous, à titre de représentant de la Banque Royale, vous vous présentiez devant la Trésorerie et disiez: "Voici des valeurs, je voudrais obtenir de l'argent à 5 p. 100", et que l'on vous répondrait: "Très bien, monsieur Neil, nous allons vous l'accorder". On émettrait dans ce cas des billets du Trésor, n'est-ce pas?—R. Oui.

Q. Que feriez-vous avec ces billets du Dominion?—R. Nous en ferions des prêts.

Q. Mais vous n'aimez pas à augmenter la circulation des billets du Dominion?—R. Nous les déposerions dans notre réserve d'or et nous émettrions nos propres billets.

Q. C'est là un moyen d'augmenter votre propre circulation?—R. Oui, mais elle est garantie par des billets du Dominion.

Q. Très bien. Les billets du Dominion se trouveraient dans la réserve d'or centrale?—R. Oui.

Q. Et à titre de garantie, vous émettez vos propres billets qui sont mis en circulation et portent un taux d'intérêt—R. Oui, disons 6 p. 100, tandis que nous payons 5 p. 100 au gouvernement.

Q. De sorte que c'est une opération profitable pour vous, dans ce cas, d'émettre vos propres billets? Si cela ne vous payait pas vous ne les émettriez pas?—R. A moins que nous ayons besoin d'argent.

Q. Je veux arriver à ceci. Cette réserve est sous le contrôle de quatre fidéicommissaires, n'est-ce pas?—R. Oui.

Q. Et la loi des finances est administrée par la Trésorerie. En outre, nous avons les rapports de la banque faits au ministre des Finances mensuellement ou annuellement. Vous êtes au courant de cela, n'est-ce pas?—R. Oui. '

Q. Et ces rapports sont soumis aux officiers du ministère, qui n'ont aucune expérience. C'est-à-dire qu'il s'agit simplement d'une machine à additionner à la disposition du ministre des Finances?—R. Je ne dirais pas que ces officiers sont incompétents.

Q. Ce ne sont pas des banquiers d'expérience, dans tous les cas?—R. Non, ce ne sont pas des banquiers d'expérience.

Q. Tout ce qu'ils font consiste à préparer des tableaux, comme une machine à additionner, qui sont ensuite publiés dans la *Gazette du Canada*?—R. Oui.

Q. En réalité, les fonctionnaires du ministère de Finances n'ont jamais découvert la fausseté des états soumis au ministre?—R. C'est vrai.

Q. Nous voulons maintenant organiser un autre service et nommer un inspecteur choisi par le ministère des Finances, ce qui veut dire en définitive le ministre; j'attire votre attention sur ce projet, monsieur Neill, et je vous demande de l'étudier. La loi des finances est administrée par une commission, la réserve centrale d'or est sous une autre direction, l'inspection relèvera d'une autre autorité, le ministère des Finances continuera à recevoir les rapports et à les compiler pour le public. Nous avons aussi, comme l'a mentionné M. Maclean, un hôtel des monnaies administré par le gouvernement anglais. Cela vous semble-t-il un système de banque centralisé?—R. Il fonctionne très bien.

Q. Ce rouage fonctionne, mais est-ce toujours d'une manière intelligente? —R. Il fonctionne avantageusement à mon avis.

Q. Je dirais que si nous avions une espèce de bureau central des banques composé, disons de trois experts financiers, qui seraient chargés de la direction

[M. C. E. Neill.]

de tout le système, qui pourraient coordonner l'inspection avec l'administration et tout ce qui se fait aujourd'hui relativement à la loi des finances et à la réserve centrale d'or, il n'y a pas de doute que ce système serait plus avantageux. Qu'en dites-vous?—R. C'est probable, mais, monsieur Shaw, je crois qu'il est possible de compter sur une inspection complète et efficace en nommant un inspecteur qui visitera les banques chaque année.

Q. Mais, croyez-vous, monsieur Neill, que le système d'inspection devrait être apparenté au système d'escompte?—R. Il le serait d'une certaine manière car si l'on demandait au ministre de se prononcer sur la valeur de certaines garanties, ou la solvabilité d'une banque, il aurait naturellement recours à l'avis de ses inspecteurs.

Q. Comme vous le dites, avec le système actuel, le ministre des Finances n'est pas nécessairement un expert financier, nous ne voulons pas nous fier à son jugement et c'est pour cela que nous voulons avoir les services d'un financier compétent?—R. Le ministre n'aura aucune difficulté. Les garanties subsidiaires requises par la loi des finances sont clairement définies. Il n'y a aucune difficulté quand il s'agit d'obligations du gouvernement, de valeurs municipales ou de garanties de cette catégorie. La seule difficulté se rapporterait aux valeurs commerciales. Le ministre peut alors demander aux fidéicommissaires de la réserve centrale d'or de lui donner leur avis; il ne saurait avoir de meilleurs conseillers, car, trois de ces quatre fidéicommissaires sont les directeurs des plus grandes banques du Canada.

Q. Mais ils pourraient être intéressés à certaines transactions?—R. Je ne puis concevoir que le gérant général d'une banque puisse être intéressé ou ose demander au ministre des avances irrégulières.

Q. Il pourrait être le candidat à ces avances?—R. Dans ce cas, on ne lui demanderait pas de conseils. Si la Banque Royale demande des avances et que le ministre n'est pas prêt à prendre une décision seul, il demandera en consultation les trois autres fidéicommissaires de la réserve d'or, M. H. B. Mackenzie, gérant général de la Royal Trust Company, le gérant général de la Banque de Montréal, et le gérant général de la Banque du Commerce. Il demandera à ces experts d'estimer les garanties offertes et il aura aussi l'avis de son inspecteur. Il agira ainsi en toute sûreté.

Q. Alors vous êtes parfaitement satisfait du système actuel, pourvu qu'on y ajoute l'inspection?—R. En vertu de la loi des finances?

Q. Oui. Vous ne désirez pas plus de coordination qu'il y en a actuellement? ~ R. Non.

Q. Connaissez-vous un monsieur Pease?—R. Oui.

Q. Il a fait une étude très complète du système de réserve fédérale?—R. Oui.

Q. Dans son exposé aux actionnaires, en 1918, il a fait remarquer que l'heure était venue d'adapter au système canadien des méthodes semblables à celles du système de réserve fédérale aux Etats-Unis?—R. M. Pease avaient des idées arrêtées sur ce point, mais on n'avait pas alors proposé de proroger la loi des finances. C'était une mesure de guerre qui devait se terminer automatiquement à la déclaration de la paix. Après avoir étudié la question très soigneusement, le ministre décida d'en faire une mesure permanente, afin de faciliter le réescompte aux banques. Lorsque M. Pease a fait sa déclaration—je ne sais pas quelles sont ses vues aujourd'hui—il n'avait aucune idée qu'on allait proroger la loi des finances. Les privilèges de réescompte sont, à mon avis essentiels.

Q. Avez-vous déjà songé à la possibilité d'agrandir le champ d'action de la loi des finances afin de permettre à un gouvernement provincial de placer ses propres valeurs en garantie de l'argent voulu pour les fins du crédit rural?—R.

[M. C. E. Neill.]

Le gouvernement provincial devrait d'abord s'adresser à une banque pour qu'elle lui fasse un prêt; la banque aurait ensuite recours au gouvernement.

Q. Pourquoi ne modifierions-nous pas la loi pour qu'un gouvernement provincial puisse s'adresser directement à la Trésorerie pour obtenir un prêt, comme vous le faites. Pourquoi doit-il s'adresser à une banque?—R. C'est là un point que je n'ai jamais étudié et sur lequel je n'aimerais pas à me prononcer.

Q. J'espérais qu'en venant devant le comité vous seriez prêt à nous éclairer sur tous les points.

M. HEALY: J'allais poser quelques questions au sujet de la Home Bank, si le comité peut m'accorder quelques instants.

Q. Avez-vous étudié les témoignages rendus devant le commissaire, monsieur Neill?—R. Non.

Q. Mais vous connaissez la situation assez bien?—R. Oui.

Q. Et la cause de la faillite?—R. Oui.

Q. On dit que si la banque avait fermé ses portes en 1916, les déposants auraient pu sauver environ 79 millions du désastre? Pensez-vous que ce soit exact?—R. Je ne sais pas quelle était la situation de la banque en 1916, par comparaison avec son état au moment de la faillite, mais il est probable que sa situation a empiré de 1916 à 1924.

Q. Aurait-on dû la fermer en 1916, à votre avis?—R. Tout dépend de la situation générale à ce moment. Vous connaissez les raisons qu'a mentionnées le ministre des Finances et pour lesquelles il n'a pas forcé la banque de fermer ses portes à ce moment.

Q. Quelles étaient ces raisons?—R. C'étaient des raisons d'urgence.

Q. On voulait éviter une crise financière?—R. Oui, il aurait pu y avoir une crise, si la banque avait fermé ses portes à ce moment.

Q. Quelle est votre opinion à ce sujet?—R. Je n'ai aucune opinion.

Q. Je vous pose cette question en votre qualité de plus grand expert financier au Canada?—R. Je regrette de ne pouvoir accepter cet honneur.

Q. Vous êtes au courant des circonstances qui existaient en 1916?—R. Il est fort possible qu'un crise eût pu se produire.

Q. Et si cette crise s'était produite, quels auraient été les premiers à en souffrir financièrement? Sont-ce les banques?—R. Quelques-unes auraient pu en souffrir.

Q. Elles en auraient toutes souffert, si la crise avait été assez forte?—R. Je ne le crois pas. Quelques-unes en auraient souffert, mais pas toutes.

Q. Je ne voudrais pas entreprendre une discussion au sujet des retraits de dépôts, mais si la crise avait été assez forte, toutes les institutions auraient été mises en péril?—R. Je ne puis concevoir une crise assez forte pour causer une telle situation.

Q. N'est-ce pas ce que le ministre des Finances avait à l'esprit?—R. Il a pensé qu'une situation malheureuse pourrait se produire. Je ne sais pas jusqu'à quel point il a pensé que les choses pourraient aller.

Q. Quand a-t-on demandé pour la première fois à l'association des banques de venir à l'aide de la Home Bank.—R. Je ne saurais le dire; la première nouvelle que j'en ai eue a été un message téléphonique et, à ce moment, la banque était pratiquement en banqueroute.

Q. Cet appel eut lieu juste avant que la banque ferme ses portes?—R. Tout ce que je sais, c'est qu'on m'a téléphoné que la Home Bank était à la dernière extrémité et on ne pouvait rien faire pour l'empêcher de faillir. Je crois même qu'elle avait fermé ses portes à ce moment.

Q. Les banquiers en général connaissaient-ils la situation de la Home Bank depuis un an ou deux?—R. Pas définitivement; ils pouvaient bien se douter que les choses n'étaient pas en bon état, mais personne ne soupçonnait la gravité de la situation.

[M. C. E. Neill.]

14-15 GEORGE V, A. 1924

Q. L'association des banques a-t-elle considéré la question du remboursement des déposants de la Home Bank ou même de leur venir en aide?—R. Certaines personnes ont demandé à l'association des banques si elle consentirait à rembourser les déposants et nous leur avons répondu que nous le pouvions pas, parce que nous ne croyions pas pouvoir le faire au point de vue de nos actionnaires.

Q. Et vu l'opinion exprimée par le ministre des Finances et à laquelle vous avez partiellement souscrit, que si la banque eut fermé ses portes en 1916, un grand nombre de déposants n'eussent pas souffert, croyez-vous que quelqu'un devrait rembourser les déposants?—R. Je n'aimerais pas à répondre à cette question.

Q. A titre d'expert comparaissant devant le comité, j'aimerais à connaître votre opinion à ce sujet?—R. En ce qui concerne les banques, je ne crois pas qu'elles devraient les rembourser.

Q. Ou leur venir en aide—R. Ou même cela—je parle encore des banques.

Q. On les a sacrifiés au bénéfice de quelques-uns—je voudrais entendre l'expression de votre opinion, à titre d'expert, monsieur Neill?—R. Mon opinion au sujet de la question de la Home Bank ne vous serait d'aucune utilité.

Q. Oui, parce que plusieurs d'entre nous prétendent que les déposants devraient être remboursés?—R. La seule opinion que je puisse exprimer, c'est qu'on ne peut demander aux banques de faire ce remboursement. Il n'y a aucune raison pour quelles le fassent.

Q. Il existe une différence d'opinion à ce sujet?—R. Il peut y avoir une différence d'opinion, mais je vous donne mon avis. Parlant au nom de ma propre banque, nous n'avons aucunement bénéficié du fait que le ministre des Finances a empêché toute action.

Q. Je vais vous poser une question générale. Pourquoi le dollar canadien n'est-il pas actuellement sur la base de l'or?—R. Posez cette question au ministre des Finances.

Q. Le ministre des Finances en est-il responsable?—R. Le Parlement du Canada en porte la responsabilité.

Q. Etes-vous d'avis que le dollar repose actuellement sur la base de l'or? —R. Oui.

Q. Il pourrait l'être?—R. Oui.

M. Hanson:

Q. Il devrait l'être?—R. Oui. La décision est entre les mains du Parlement. Il peut placer le dollar sur la base de l'or.

M. Spencer:

Q. Comment cela se pourrait-il?—R. On a prohibé l'exportation de l'or. Qu'on fasse disparaître cette prohibition et que le Gouvernement rachète ses billets en or.

M. Shaw:

Q. Avez-vous lu le livre de M. Keynes?—R. Non.

Le témoin se retire.

Le comité s'ajourne.

[M. C. E. Neill.]

APPENDICE No 1

Le comité spécial permanent des Banques et du Commerce se réunit à quatre heures de l'après-midi, sous la présidence de M. Vien.

Le docteur TORY est rappelé.

Le président:

Q. Docteur Tory, désirez-vous faire quelque autre déclaration au comité relativement au crédit rural?—R. Monsieur le président, je désirerais répondre à la suggestion que l'on m'a faite lorsqu'on m'a demandé de revoir la page 787 du rapport de l'an dernier et d'exprimer mon opinion à ce sujet. Je suis du même avis que le professeur Swanson. Un grand nombre de gens se trouvent dans les difficultés financières et qui ne peuvent facilement offrir des garanties convenables à la banque en vue d'obtenir un prêt. D'autre part, un grand nombre de personnes n'éprouvent aucune difficulté à offrir les garanties voulues, parce que leurs terres, et leurs propriétés ont atteint un développement très avancé. Je suis certain de ce fait. Je puis illustrer cette déclaration en disant que je me suis informé auprès de l'un des inspecteurs d'une grande compagnie de prêts d'Edmonton. Il m'a répondu que sa compagnie a prêté environ deux millions de dollars dans le district dont Edmonton est le centre et qu'un seul de ces prêts est quelque peu risqué. Ce district a atteint un degré de développement très avancé. Cette compagnie n'a aucune inquiétude au sujet de ses prêts dans ce district. Il ajouta que si l'on s'éloignait de ce district en allant plus au nord, où les terres sont moins bien cultivées, ou sont moins bonnes, on trouverait un grand nombre de gens dans un triste état financier. Je n'ai pas pu recueillir de chiffres exacts au sujet du nombre de gens qui se trouvent ainsi dans des difficultés financières. J'espérais pouvoir faire un relevé de certains districts, mais il m'a été impossible de le faire. Ces explications suffiront sans doute sur ce sujet.

Q. En un mot, on créerait un système pour l'usage de ceux qui peuvent offrir des garanties et on leur rendrait service en ce sens qu'on établirait un plan d'amortissement qui, à un taux d'intérêt peu élevé, leur permettrait d'éteindre leurs dettes?—R. C'est le système que l'on a adopté presque partout. Il y a aussi une autre question.

Q. Il y a cependant un certain nombre de gens qui ne pourront tirer aucun avantage de ce système parce qu'ils ne peuvent donner les garanties voulues?—R. Ils seront dans l'impossibilité de donner les garanties exigées. Il faudra pourvoir à leurs besoins d'une autre manière. En revoyant mon témoignage d'hier, je m'aperçois que j'ai fait une erreur; j'ai dit que le taux d'intérêt exigé par les banques intermédiaires était le même que celui des banques agraires. Ce n'est pas tout à fait exact. Les banques agraires vendent leurs obligations à un maximum de 5 p. 100 de sorte que les taux maximums qu'elles exigent est de 6 p. 100. On permet aux banques intermédiaires de vendre des obligations portant un intérêt maximum de 6 p. 100, ce qui, additionné de 1 p. 100, fait un intérêt maximum de 7 p. 100 pour les banques intermédiaires. Quelqu'un m'avait demandé si les taux étaient les mêmes et j'ai répondu "Oui" sans songer à la différence qu'il y a entre les deux.

Maintenant, monsieur le président, on m'a demandé — vu que personne ne m'interroge sur d'autres sujets, je suppose qu'on voudrait que je réponde à cette question — ce que je recommanderais comme mesure d'urgence. C'est là une question bien définie et très sérieuse et je confesse que je n'avais jamais songé qu'on me poserait une question aussi spécifique. J'ai réfléchi longuement à cette question depuis hier, j'en ai examiné tous les aspects relevés au cours de mes observations au Canada et aux Etats-Unis et j'en suis venu à ces conclusions. Je

[Dr. H. M. Tory.]

14-15 GEORGE V, A. 1924

vais vous parler quelque peu de ces conclusions avant de vous recommander les mesures d'urgence.

M. Maclean:

Q. Par mesures urgentes, vous entendez quelque chose que l'on devra faire cette année?—R. Oui, c'est l'expression que nous avons employée hier, et ces mesures seront appliquées temporairement pendant que l'on étudiera davantage la question. J'en suis venu aux conclusions suivantes: en premier lieu je conclus que le principe des Prêts agricoles est sain, absolument sain.

M. Spencer:

Q. Qu'entendez-vous par Commission des Prêts agricoles?—R. Je parle actuellement de ce qui se fait aux Etats-Unis, du principe de la Commission des Prêts agricoles tel qu'appliqué en ce pays...

M. Maclean:

Q. Et soutenue par le gouvernement?—R. Je discuterai ce point dans un instant—ce principe est sain et pourrait fort bien être appliqué au Canada. Je suis convaincu de la chose. En deuxième lieu il faudrait que le gouvernement prête mainte forte à cette commission en lui fournissant le capital, et je crois que ce principe est également sain. L'expérience des Etats-Unis démontre que le gouvernement peut en toute sécurité, sans s'exposer à des pertes, s'engager à capitaliser un projet de prêts agricoles. Je doute fort qu'il soit sage d'établir un système de prêts d'état directs au Canada.

M. Maclean:

Q. Faits par l'entremise d'une Commission de Prêts agricoles?—R. Non, par un gouvernement qui consentirait directement ces prêts. J'ai de forts doutes à ce sujet et voici quelles sont mes raisons: d'abord il y a danger que la personne obtenant ce prêt directement du gouvernement ne fasse pas preuve d'une grande initiative; il y a également grand danger d'intervention politique dans l'administration de cette chose, et il faut aussi craindre que bon nombre des bénéficiaires de ces prêts n'aient pas une haute idée de leur responsabilité. Je vous donne franchement le résultat de mes réflexions depuis hier. Je ne dis pas que la chose n'est pas sage, mais j'ai certainement de forts doutes sur la sagesse de tout projet fédéral comportant des prêts d'état directs. J'irai plus loin et j'ajouterai que nous devrions viser à l'établissement d'une Commission Nationale de Prêts agricoles, laquelle serait chargée de surveiller et de contrôler une banque ou des banques qui absorberaient les organisations actuelles des gouvernements locaux ou agiraient par leur entremise.

M. Garland:

Q. Les coopératives locales?—R. Je parle actuellement des organisations des gouvernements locaux.

M. Good:

Q. Provinciales?—R. Les organisations des gouvernements provinciaux. Tout projet mis en vigueur par nous devrait comporter l'absorption des organisations qui existent présentement dans les diverses provinces.

L'hon. M. Stevens:

Q. Ce ne serait pas une duplication de leur travail?—R. Ce ne serait pas une duplication de leur travail.

M. Garland:

Q. Comprenez-vous les banques?—R. Non, je ne parle actuellement que des organisations gouvernementales.

[Dr. H. M. Tory.]

M. Maclean:

Q. Le danger d'intervention politique se rencontre-t-il actuellement dans ces organisations provinciales?—R. Je préférerais ne pas répondre à cette question, monsieur Maclean. L'historique de ces organisations n'est pas chose agréable à se remémorer, et je crois que les membres de l'Ouest, qui connaissent ces détails sont de cet avis. Je disais que cette organisation pourrait absorber ces organisations des gouvernements provinciaux, de sorte qu'il n'existerait qu'une organisation centrale embrassant tout le Canada. Les gouvernements fédéral et provinciaux devraient capitaliser ces banques, si on ne pouvait obtenir cet argent de particuliers. Aux Etats-Unis on a essayé de faire capitaliser ces banques par des particuliers en même temps que par l'état, mais on n'a pas réussi. On a obtenu de l'argent en abondance par la vente d'obligations. Ces institutions devraient être financées par la vente d'obligations; elles devraient être autonomes mais soumises à un contrôle central; elles devraient être réglementées quant aux taux d'intérêt exigés; elles devraient verser des dividendes fixes; et elles devraient exiger une certaine coopération de la part de l'emprunteur—et ici je reviens aux organisations locales—il devrait y avoir coopération de la part de l'emprunteur, soit par l'achat d'actions ou la souscription d'autres engagements jugés nécessaires pour lui faire comprendre sa responsabilité. En plus, on ne devrait consentir des prêts que pour des fins productives, et selon les cas contre garanties, et en dernier lieu ces prêts devront comporter un plan d'amortissement.

M. Spencer:

Q. Me permettez-vous une question, docteur Tory? Vous dites que les prêts ne seront accordés que pour des fins productives?—R. Oui. Il serait peut-être mieux de dire "fins agricoles" plutôt que "productives".

M. Garland:

Q. Pour le paiment de dettes échues?—R. Oui, d'après un plan d'amortissement. J'ai essayé de vous donner le plus brièvement possible...

M. McKay:

Q. Sont-ce des prêts à longue ou à courte échéances?—R. Je ne parle en ce moment que des prêts à longue échéance.

M. Maclean:

Q. Combien faudrait-il de temps pour mettre un tel projet à exécution de manière à venir en aide aux gens dans le besoin?—R. La grande difficulté à surmonter, comme je vous l'ai fait remarquer hier, c'est d'en arriver à coordonner les organisations actuelles en un système commun, et voici ce que je recommanderais à ce sujet. Vous m'avez demandé de dire ce que je ferais dans un cas d'urgence. Si j'étais libre de faire ce que je croirais sage en cas d'urgence, je recommanderais que ce parlement passât une loi autorisant le gouvernement fédérale à avancer de l'argent temporairement aux gouvernements provinciaux sur la garantie de ceux-ci qui le prêteraient par l'entremise de leurs organisations, en attendant que nous ayons le temps de formuler un projet général embrassant tout le pays.

M. Maclean:

Q. Il importe surtout d'obtenir l'autorisation du parlement?—R. J'ai beaucoup réfléchi à cette question, et je ne vois comment nous pourrions trouver le temps de formuler un projet tout en secourant les gens dans le besoin si ce n'est en ayant recours ou gouvernement.

M. Good:

Q. On a suggéré à la dernière séance à laquelle vous avez assisté que ce secours prenne la forme d'avances faites aux banques en vertu de la loi finan-

[Dr. H. M. Tory.]

cière. Avez-vous songé à cela?—R. Oui. Vous soulevez là la question que m'a posée M. Shaw au sujet d'une banque qui servirait de réserve centrale.

Q. Pas nécessairement, je crois?—R. Elle comporte cette idée dans une certaine mesure en ce qui concerne les prêts à longue échéance. Je crois qu'il serait assez difficile de consentir des prêts à longue échéance en vertu de la loi financière ou au moyen d'une banque centrale, mais je ne vois aucune difficulté lorsqu'il s'agit de prêts à courte échéance.

Q. Vous ne me comprenez pas. Je ne fais allusion qu'à la législation temporaire, et non à un projet permanent.—R. A mon avis si le gouvernement fédéral adoptait une telle législation, il devrait la rédiger de manière à en rendre l'application facile.

Q. Avez-vous songé de quelle manière le gouvernement pourrait accorder son aide? Voici ce que je veux dire. Supposons que le gouvernement emprunte des banques à 6 p. 100, et prête cet argent aux gouvernements provinciaux à 7 p. 100, ou à peu près, ou disons au même taux. Il faudra en·conséquence prêter à un taux élevé, et il est douteux que les gouvernements provinciaux puissent s'occuper de ce projet, à moins de ne le faire à perte?—R. Je suppose que si le gouvernement décidait de faire quelque chose en ce sens, il prendrait les moyens d'obtenir de l'argent à aussi bonnes conditions que possible.

Je crois que l'an dernier, ou il y a deux ans on a emprunté cent millions de dollars à New-York sur la garantie du gouvernement fédéral, et je me demandais si vous aviez songé à cet aspect de la question?—R. Non, je me suis simplement dit que si le gouvernement décidait de prendre des mesures à ce sujet, il en obtiendrait l'autorisation du parlement et ferait ses prêts aux gouvernements provinciaux. Je n'ai pas songé à la manière d'obtenir cet argent.

M. Millar:

Q. Vous avez fait allusion à la difficulté d'accorder du secours à ceux qui ne peuvent pas donner des garanties suffisantes. Prenez le cas de cet individu qui, par suite de la baisse de la valeur de sa propriété, ne peut obtenir que $5,000, sur cette garantie, de la nouvelle organisation alors qu'il doit $6,000. Lui serait-il possible d'obtenir du secours, et dans quelle mesure?—R. Voulez-vous dire dans un cas où la dette est de $6,000 et la propriété évaluée à $5,000 seulement?

Q. Non, l'organisation considère que sa propriété ne peut garantir un prêt de plus de $5,000.—R. Je répondrai qu'un homme sage tiendrait compte de la valeur personnelle de l'individu. Je sais qu'aux Etats-Unis on considère la valeur personnelle comme un facteur important lorsqu'il s'agit de déterminer le montant du prêt. Si la réputation est bonne, on en tiendra compte.

M. McKay:

Q. Des prêts sur réputation?—R. Oui. On m'a cité le cas d'un individu à qui on devait faire un prêt et sur la ferme duquel on trouve un alambic; on lui refusa immédiatement le prêt. On ne saurait avoir confiance en un homme de ce genre, à un violateur de la loi.

M. Coote: Il faisait probablement plus d'argent avec l'alambic qu'avec la ferme.

Le témoin: Il me semble d'après la situation actuelle qu'un tel projet aiderait les personnes qui sont dignes de secours à surmonter les difficultés provenant de causes qu'elles, et que de fait personne, ne peuvent contrôler. D'après ce système on étudierait les cas avec indulgence, tout en prenant soin de ne pas trop s'éloigner des saines lois économiques.

M. Good:

Q. Vous n'établiriez pas une clause rigide fixant le montant du prêt au maximum de 50 p. 100 de la valeur?—R. Lorsque j'ai parlé de cette clause, j'en ai oublié une autre. J'aurais dû ajouter "Et 20 p. 100 des améliorations assu-

[Dr. H. M. Tory.]

rables". Je crois que c'est le terme usité. Le prêt peut dépasser 50 p. 100 de la valeur du terrain, car on tient compte de la valeur de la maison, de la grange et des autres dépendances.

M. Miller:

Q. Cela répond en quelque sorte au point que je voulais éclaircir. Supposons qu'un homme payant 8 p. 100 sur une dette de $6,000 puisse obtenir un prêt de $5,000 à 6 ou 6½ p. 100, cela l'aiderait beaucoup?—R. Oui.

Q. Ou même $4,000?—R. Oui.

Q. Pourrait-on faire cela?—R. Vous voulez dire prêter sur deuxième hypothèque?

Q. Il semble que ce serait une deuxième hypothèque?—R. Il existe des compagnies en Europe, en Allemagne qui ne prêtent que sur deuxième hypothèque; c'est-à-dire qu'elles ne prêtent pas sur première hypothèque. Elles sont organisées tout particulièrement aux fins de venir en aide à des cas de ce genre. Elles exigent un intérêt supplémentaire d'environ un pour cent. Je m'en rapporte à ma mémoire quant à ce détail. On fait la même chose au Danemark. On y trouve ce qu'on appelle des compagnies de prêts sur deuxième hypothèque. Je crois, en ce qui concerne notre cas, qu'il faudrait l'étudier à ses mérites. Il est assez difficile de donner une réponse générale à une telle question. Me permettrez-vous d'ajouter une remarque qui intéressera le comité, j'en suis certain. J'ai constaté qu'en 1912 on avait inauguré un système d'assurance en Allemagne pour couvrir les soldes des prêts consentis d'après le plan d'amortissement, et j'ai étudié des cas particuliers comme celui dont il est question dans le rapport afin de trouver combien coûterait l'assurance d'un tel prêt pendant la période de l'amortissement. J'ai constaté que la somme n'était pas élevée, et que cette assurance avait pour but de dégager la compagnie et la famille en cas de décès. Si un homme meurt, sa dette est payée parce qu'il a payé un taux d'intérêt un peu plus élevé pendant sa vie. Je n'ai pas de chiffres absolument sûrs à ce sujet. Je sais que cette assurance est très répandue en Europe. Je recommanderais que l'on étudie la question de l'assurance lorsqu'on élaborera un projet pour couvrir ces cas spéciaux, et je crois que la chose pourrait être utile, si elle ne comporte pas une trop forte dépense de la part de l'assuré.

W. F. MACLEAN: Nous devrions nous en tenir à la proposition principale et ne pas entrer dans trop de détails. Essayons d'en arriver à quelque chose que nous pourrons soumettre au Parlement au cours de la présente session.

Le TÉMOIN: J'ai étudié la question soigneusement, et je ne vois aucun moyen de faire face directement à l'urgence du moment. Si les gouvernements provinciaux ne peuvent pas se procurer les fonds nécessaires pour le faire, il semble que l'intervention du gouvernement fédéral serait le seul moyen rapide d'en arriver au but désiré. Combien d'argent faudrait-il dans les circonstances, je ne saurais le dire d'aucune façon.

M. W. F. Maclean:

Q. S'il vous fallait rédiger un projet, ne pourriez-vous pas faire consentir les gouvernements provinciaux à aller le présenter au gouvernement fédéral avec ce comité?—R. La chose ne serait pas nécessaire en ce moment, si on mettait mon projet à exécution. Il suffirait d'obtenir l'autorisation du Parlement, et d'en laisser l'application au Gouvernement lui-même. Vous pourriez établir un maximum quant au total. Je sais que c'est une chose assez dangereuse à faire, et je me demande si vous obtiendrez l'assentiment du gouvernement. Ce serait tout de même la bonne procédure à suivre.

[Dr. H. M. Tory.]

M. Spencer:

Q. Est-ce que la législature de l'Alberta n'a pas adopté une loi à sa dernière session l'autorisant à coopérer avec le gouvernement fédéral?—R. Je crois que le plan est d'assurer cette coopération, et je sais que le gouvernement du Manitoba y consentirait. Je ne saurais dire quant à la Saskatchewan, car elle a établi un système qui fonctionne assez bien.

L'hon. M. Stevens:

Q. Je désirerais vous poser quelques questions sur votre enquête, laquelle est certainement très instructive. D'abord, les garanties sur prêts dans les districts établis sont beaucoup plus acceptables que dans les centres nouveaux?—R. Evidemment.

Q. C'est un principe reconnu que les taux sont naturellement plus élevés lorsque les conditions sont bouleversées que lorsqu'elles sont stables?—R. Si vous faites allusion aux compagnies de prêts sur hypothèque, je l'admets.

Q. Je parle des taux d'intérêt en général.—R. Vous ne parlez pas de ces organisations?

Q. Non. Serait-il correct de poser ainsi la question: Votre enquête aux Etats-Unis, particulièrement,—je crois que nous pouvons nous en tenir à cela,—au cours de votre enquête vous avez rencontré trois catégories d'emprunteurs, parmi ceux qui avaient besoin de prêts; d'abord il y a la catégorie de ceux qui possèdent des biens immeubles considérés comme de bonnes garanties hypothécaires?—R. Oui.

Q. Ensuite vous avez la catégorie de ceux qui ont des dettes gênantes sur les machines, le bétail et ainsi de suite; ceux-ci entrent dans la catégorie des prêts intermédiaires, dont la garantie n'est pas aussi bonne. Puis vous avez une troisième catégorie aux Etats-Unis, comme par exemple les personnes de cet Etat du nord-ouest auxquelles vous faites allusion, dont les biens immeubles, le bétail et le matériel ne représentent pas une garantie suffisante pour couvrir leurs besoins?—R. Oui.

Q. C'est là le problème?—R. Ces deux catégories réunies, je crois, constituent le problème.

Q. Mais la dernière tout particulièrement?—R. Oui, surtout la dernière.

Q. C'est une répartition ou classification assez exacte pour les Etats-Unis? —R. Oui.

Q. Avez-vous constaté que la Commission des prêts agricoles avec ses diverses subdivisions, auxquelles je ferai allusion dans un instant, répondaient assez bien aux besoins de ces deux catégories?—R. Je dirai qu'elle n'a pas refusé de prêts lorsque l'on satisfaisait raisonnablement aux deux premières conditions. Je crois que l'on peut affirmer cela.

Q. A la première?—R. Sans aucun doute.

Q. Et à la seconde assez bien, mais la troisième n'est pas comprise du tout d'après ceci?—R. Non.

Q. Maintenant revenons à notre propre pays, particulièrement au nord-ouest canadien, et à certains districts de la Colombie-Britannique, mais surtout aux trois provinces des Prairies. La présence d'un nombre considérable d'emprunteurs de la troisième catégorie, sans égards aux causes, contribue-t-elle à faire monter le taux de l'intérêt pour les deux autres catégories?—R. Il est évident que je ne peux pas donner une réponse catégorique à cette question, mais les compagnies de prêts sur hypothèque semblent établir leurs taux d'intérêt sur une moyenne; en d'autres termes, elles se garantissent avec les bons prêts.

Q. Je ne crois pas que l'on puisse critiquer ce procédé. En d'autres termes, c'est la méthode de l'épicier qui fait crédit à ses clients, les mauvais paient pour les bons; il en est de même pour les prêts, les bons paient pour les mauvais. C'est un fait reconnu, je crois.

[Dr. H. M. Tory.]

M. Kellner: Ce principe s'applique-t-il aux banques?

L'hon. M. Stevens: Certainement, règle générale. Je n'ai pas l'intention de soulever une discussion. Je ne pose pas ces questions dans le but de tendre un piège au docteur Tory. Je veux simplement trouver une base au projet que nous discutons.

L'hon. M. Stevens:

Q. Maintenant un projet, qui comporterait une vaste source de crédit pour les catégories numéro un et numéro deux, permettrait de prêter à un taux d'intérêt beaucoup moins élevé qu'on ne le fait aujourd'hui. Si nous classons les emprunteurs en trois catégories, et éliminons la troisième pour le moment, nous devrions pouvoir établir un système de prêts en faveur des deux premières et exiger d'elles un taux d'intérêt sensiblement moins élevé?—R. Certainement, si vous éliminez l'élément dangereux des prêts; mais il faut remarquer qu'il n'y a pas de compagnie qui prête actuellement à cette troisième catégorie.

Q. Je comprends bien cela, mais je disais que tels seraient les effets?—R. Oui.

Q. Ne serait-il pas correct de prétendre que nous devrions tenir cette troisième catégorie à part et la considérer par elle-même?—R. C'est que l'on essaie de faire aux Etats-Unis actuellement.

Q. Croyez-vous qu'il nous faudra en venir là?—R. Je le crois.

Q. C'est un problème auquel le pays doit faire face. J'essaie de diviser la question de manière à pouvoir l'envisager à deux points de vue. D'un côté c'est une bonne affaire et de l'autre c'est une mauvaise affaire. Maintenant, permettez-moi de vous demander si un projet général semblable à celui des Etats-Unis peut être transformé en un système de prêts agraires consentis aux deux premières catégories au Canada?—R. Oui.

Q. Et vous auriez là la solution de leurs difficultés?—R. Je le crois.

Q. La deuxième catégorie à laquelle j'ai fait allusion comprendrait particulièrement nos fermiers de l'Ouest qui sont chargés de fortes obligations par suite d'achats d'instruments aratoires; ils sont obligés de faire face à des billets à courte échéance pour achat de machines et quelquefois de semences lorsque la récolte a fait défaut, et je crois qu'on pourrait grouper toutes ces obligations d'après le système américain?—R. Je ne saurais dire si cette catégorie d'emprunteurs bénéficierait beaucoup de ce genre de prêts agraires.

M. Garland:

Q. N'est-il pas vrai qu'en ce qui concerne le Nord-Ouest, ces quelques dernières années ont vu disparaître les emprunteurs de cette catégorie, de la catégorie mentionnée par M. Stevens, et qu'il n'existe réellement maintenant que la première et la dernière de ces catégorie. M. Stevens a fait allusion à une catégorie de personnes endettées chez les marchands de bois, les marchands d'instruments aratoires, et ainsi de suite; à mon avis ces personnes ont en grande partie rencontré leurs obligations ces dernières années?—R. Vous êtes probablement mieux renseigné que moi à ce sujet, mais à mon avis il existe encore un grand nombre de tels cas.

L'hon. M. Stevens:

Q. Passons à un autre aspect de la question maintenant, docteur. D'après ce système de Prêts agricoles, que nous trouvons à la page xcix du rapport qui est compris dans ce document, puis-je affirmer que dans chaque cas ou le premier emprunteur—on emploie le terme "fermier",—obtient une avance de fonds, il ne l'obtient que lorsque sa requête et de fait lorsque son billet est endossé par une institution coopérative ou une banque?—R. Oui, sauf lorsqu'il à affaire à une banque à capital-actions.

[Dr. H. M. Tory.]

14-15 GEORGE V, A. 1924

Q. Même en ce cas la banque à capital-actions doit endosser son billet?—R. La banque à capital-actions fait le prêt.

Q. La banque à capital-actions fait le prêt directement?—R. Oui.

Q. Mais dans les autres cas?—R. Il faut faire endosser par quelqu'un.

Q. Maintenant examinons le projet—en supposant que cette urgence dont vous avez parlé existe—en vertu duquel le Gouvernement fédéral avancerait de l'argent aux provinces, et ces dernières feraient les prêts par l'entremise de leurs organisations, recevraient les garanties et les endosseraient; déposant les garanties subsidiaires qu'elles ont endossées entre les mains du Gouvernement? —R. J'ai cru que cela était compris dans la suggestion que j'ai faite. Le genre de garantie que le Gouvernement fédéral désirerait obtenir du gouvernement local pourrait comprendre l'hypothèque comme garantie subsidiaire, et la responsabilité retomberait,—comme elle le ferait en dernier ressort, si l'emprunteur manque à ses engagements,—sur le gouvernement local. Je doute que la remise de l'hypothèque au gouvernement puisse donner plus de valeur à sa garantie. C'est le gouvernement local qui constituerait probablement la garantie.

Q. Recommanderiez-vous une avance de la part du Gouvernement fédéral à une province au montant, disons de $25,000,000 en laissant celle-ci entièrement libre de faire n'importe quel prêt?—R. Non, je ne recommanderais pas une telle somme. Je n'ai songé qu'à une somme beaucoup plus modique pour faire face à l'urgence actuelle, seulement, en attendant que l'on puisse débrouiller cette situation.

Q. Peu importe la somme; renseignez-nous sur la méthode?—R. Si la somme ne dépasse pas le pouvoir normal d'emprunt de la province, je ne vois pas pourquoi on ne ferait pas le prêt à la province, en tenant celle-ci responsable.

M. Shaw: Quelque chose de semblable au projet des logements?

Le PRÉSIDENT: Pour le projet des logements et la loi des grandes routes, c'est ce qu'on a fait, mais on a établi des règlements par Arrêté en Conseil déterminant les conditions des prêts aux municipalités individuellement.

Le TÉMOIN: Je crois que l'on devrait procéder de cette manière.

L'hon. M. Stevens:

Q. Maintenant, au sujet des banques—j'ai posé la question à M. Neill ce matin et il m'a répondu franchement que les banques approuveraient tout projet pratique de crédit agricole. Avez-vous étudié un projet en vertu duquel nous pourrions nous assurer la coopération des grosses banques au Canada en ce qui concerne ces crédits agricoles?—R. J'ai discuté avec deux ou trois banquiers de la possibilité de faire coopérer les banques avec le Gouvernement fédéral et les gouvernements locaux, et j'ai constaté beaucoup de bonne volonté de la part de ces banquiers.

Q. Seriez-vous prêt,—je n'ai aucunement l'intention de vous critiquer, je ne m'arrête qu'aux faits,—croyez-vous que vous êtes suffisamment renseigné sur la situation au Canada et sur la possibilité d'appliquer ce système de crédits agraires, pour prendre part à une discussion avec les banquiers et les représentants du Gouvernement?—R. Je crois que je suis assez bien renseigné pour prendre part à une discussion de ce genre.

Q. Vous croyez que votre projet soit suffisamment élaboré pour être discuté? —R. Oui, mais comme je l'ai fait remarquer l'autre soir, j'aurais aimé avoir l'occasion d'étudier la question au cœur du pays même. Je n'ai pas pu le faire en hiver, la chose était impossible.

Q. Que pensez-vous de la suggestion faite par le ministre des Finances—et lorsque je dis le "ministre des Finances", j'entends son représentant,—qui propose que vous discutiez la question avec lui, l'Association des Banquiers, ou son représentant dans le but de préparer un projet de législation immédiat, et par immédiat j'entends qui serait soumis à la présente session?—R. La chose pren-

[Dr. H. M. Tory.]

drait un peu de temps, mais personnellement je suis prêt à laisser tout de côté et à m'y mettre, si c'est nécessaire.

Q. Croyez-vous qu'il en résulterait quelque chose?—R. Je doute fort que nous puissions préparer un projet de loi pour la présente session, car un tel projet serait assez contentieux, et il faudrait beaucoup de temps pour le faire adopter, à moins que nous n'obtenions d'avance l'approbation de toutes les parties intéressées.

Q. Au sujet de cette législation d'urgence dont nous avons parlé, ne croyez-vous pas que nous pourrions préparer et adopter au cours de la présente session une législation qui répondrait aux besoins de cette troisième catégorie, la plus malheureuse et celle dont la situation présente les plus grandes difficultés?—R. J'ai de forts doutes à ce sujet, monsieur Stevens; je ne crois pas qu'une législation d'urgence puisse apporter un grand soulagement à un nombre considérable de cette troisième catégorie, dont il est question. Certains des membres sont plus au courant de la situation au pays que je ne le suis.

Q. Avez-vous songé à cet aspect de la question—ne nous arrêtons pas à vos renseignements sur le Canada, mais prenons votre expérience aux Etats-Unis—croyez-vous qu'il serait sage de la part du gouvernement, par exemple, d'encourager ces gens à faire faillite, à se déclarer failli. S'il n'y a plus d'espoir, si la situation est sans remède comme de nombreuses enquêtes semblent le démontrer? Avez-vous considéré ce point de vue?—R. Je n'y ai pas songé, monsieur Stevens. Voici comment je comprends la situation. Il y a certains individus qui finiront par se déclarer en faillite, et il est assez facile de trouver quels sont ces gens à l'examen des cas individuels, mais l'expérience de M. Fraem, du Bureau de Règlement des Dettes, démontre qu'avec un peu d'attention on peut amener les intéressés, les débiteurs et les créanciers, à s'entendre au sujet de règlements qui permettent à bon nombre de débiteurs de se tirer d'affaire. C'est-à-dire, qu'ils n'iront pas devant le Tribunal des Faillites, mais que l'on en arrivera à des ententes leur donnant une chance de recommencer à neuf. On a réglé quantité de ces cas en Alberta avec succès; je ne sais pas le nombre exact, mais plusieurs centaines en tout. M. Fraem, qui s'occupe de ces questions, vous dira, j'en suis certain, qu'il ne veut pas d'intervention de la part de qui que ce soit, qu'il désire être libre d'arranger ces choses avec les compagnies de prêts. Il a trouvé tant de bonne volonté lorsqu'il s'est agi de faire ces règlements, qu'il ne veut pas d'intervention de l'extérieur.

Le président:

Q. Procèdent-ils en vertu de la loi des faillites?—R. Non, on se rencontre autour d'une table, et on examine l'actif et le passif de l'individu. Je n'ai pas suivi les détails, mais j'ai eu connaissance de bon nombre de cas de ce genre.

L'hon. M. Stevens:

Q. Voici où je veux en venir. Y a-t-il espoir pour cette troisième catégorie, et dans l'affirmative, que pouvons-nous faire pour la secourir partiellement ou entièrement, en tenant compte de tout ce que vous nous avez dit et particulièrement de cette expérience de l'Alberta? Peut-on adopter une législation au cours de la présente session pour venir en aide à cette troisième catégorie d'emprunteurs?—R. On aiderait certainement ces gens si on pouvait régler leurs affaires de manière à couvrir leurs dettes au moyen d'une hypothèque sur leur propriété, en faisant des concessions,—c'est le terme employé dans les faillites, je crois.

Q. C'est-à-dire en procédant comme on le fait en Alberta?—R. Oui, en réunissant un groupe d'hommes locaux qui étudieraient la question et essayeraient de trouver une solution.

Q. Alors vous croyez qu'on n'en arrivera à ce résultat qu'en adoptant une loi dite "Loi d'autorisation", qui placerait une somme d'argent entre les mains

[Dr. H. M. Tory.]

14-15 GEORGE V, A. 1924

du gouvernement fédéral dont celui-ci se servirait pour ces cas d'urgence?—R. Réellement, après avoir étudié sérieusement la question, je ne vois pas d'autre moyen d'en sortir, à moins que l'on ne décide que c'est le devoir du gouvernement de se lancer dans le commerce des prêts en concurrence avec les gouvernements locaux, mais je doute fort que nous puissions faire beaucoup au cours de cette session.

M. Garland:

Q. Il n'y aurait pas beaucoup de concurrence en ce moment.—R. Pas beau‐coup, je suppose.

Le président:

Q. Les provinces ne prêtent plus actuellement, elles jouent maintenant le rôle d'emprunteurs.

L'hon. M. Stevens:

Q. Avez-vous une idée de la somme requise pour secourir ces cas?—R. Non je n'en sais rien.

Q. Pourriez-vous nous dire s'il existe des chiffres pouvant nous permettre de faire des calculs à ce sujet?—R. Je crois que nous pourrions obtenir une estima‐tion. J'ai essayé d'obtenir une estimation au Manitoba, par exemple, mais je n'ai pas obtenu de renseignements satisfaisants. On m'a dit au Manitoba, "Si nous disposions de trois ou quatre millions cela nous aiderait immensément." On a fait cette remarque générale.

Le président:

Q. Au Manitoba?—R. Oui. Je ne sais jusqu'à quel point dix millions contribueraient à la solution de cette difficulté.

M. Maclean:

Q. Les gouvernements locaux ont-ils adopté des systèmes particuliers, ou se sont-ils adressés au gouvernement fédéral pour obtenir du secours?—R. Non, je crois qu'ils attendent le résultat de la présente discussion. Ils ont suivi les débats avec beaucoup d'intérêt l'an dernier; ils ont attendu anxieusement espé‐rant que l'on prendrait des mesures à ce sujet. J'ai parlé à M. Black à Winnipeg, et aussi à M. Reid, notre trésorier à Edmonton, et je leur ai suggéré d'attendre que nous ayons eu une conférence, au cas où ils auraient l'intention de présenter une législation quelconque à ce sujet. Ils étaient d'avis qu'il fallait faire quelque chose, et que peut-être on prendrait l'initiative ici.

Q. Alors les gouvernements locaux s'attendent à ce que l'on tienne une con‐férence?—R. Je crois qu'ils y prendraient part avec plaisir. Je ne parle que des gouvernements de l'Ouest.

M. Coote: Je crois que l'on nous accorde beaucoup de latitude en ce qui concerne la question des crédits agricoles, et je demanderai au président de m'ac‐corder la permission de couvrir le même terrain que M. Stevens.

Le président: Je crois que le comité accordera toute la latitude voulue à ce sujet. Nous essayons de voir s'il y a possibilité de présenter un projet de loi pour remédier à la situation, et en conséquence je crois que nous devons accorder toute la latitude désirée, car c'est le seul moyen d'avancer.

Le témoin: Me permettrez-vous un mot avant que M. Coote commence son interrogatoire? La question de M. Stevens a fait ressortir la raison pour laquelle j'ai hésité à faire une recommandation, c'est parce que le point faible de mon enquête porte sur la campagne. On m'a demandé de faire ce travail à l'automne, et je ne pouvais pas me rendre à la campagne, et lorsque je l'ai pu la chose était impossible. J'avais l'intention de faire cette partie de l'enquête

[Dr. H. M. Tory.]

plus tard lorsque les conditions seraient plus favorables. Vous voyez alors pourquoi j'ai hésité à faire une recommandation formelle:

M. Caldwell:

Q. Que pensez-vous de la praticabilité de l'établissement d'un système de prêts agricoles dans chacune des provinces? Les frais généraux seraient-ils assez élevés pour rendre la chose impossible?—R. La chose se pratique dans certaines parties de l'Europe ou la population est assez dense.

M. Garland:

Q. J'ai cru comprendre d'après le témoignage rendu par M. Neill, ce matin, qu'un projet de crédit à long terme ne pouvait pas et ne devrait pas être incorporé dans le système bancaire actuel du Canada. Etes-vous de cet avis?—R. Oui, absolument.

Q. Ce projet ne devrait pas être incorporé dans notre système bancaire actuel?—R. Non.

Q. La somme d'argent à prêter devrait l'être d'après un système de prêts hypothécaires à longue échéance semblable à celui dont vous avez parlé ce matin, mais à votre avis, ne faudrait-il pas qu'elle soit assez considérable pour faire concurrence au commerce des prêts hypothécaires, si elle doit avoir pour effet de faire baisser les taux?—R. Si elle doit servir à faire baisser les taux...

Q. Vous croyez qu'il serait à peu près inutile d'inaugurer un système de prêts hypothécaires à longue échéance à moins que ces opérations ne se fassent sur une échelle assez vaste pour faire baisser les taux d'intérêt? C'est là votre avis?—R. Oui.

Q. Je n'ai pas l'intention d'insister sur ce point, mais je le crois essentiel — et on posera certainement cette question lorsqu'il s'agira de rédiger la législation d'urgence — pourriez-vous donner une idée approximative au comité de la somme requise, disons, dans les trois provinces des Prairies? Je sais que ce n'est pas facile, mais vous pourriez peut-être nous donner une estimation?—R. Je peux certainement vous suggérer un pourcentage. En Allemagne, comme je l'ai fait remarquer, ces prêts se font sur une base de 40 p. 100; en France le commerce des prêts hypothécaires est un monopole; aux Etats-Unis les prêts se chiffrent actuellement à environ 16 p. 100. Il n'y a pas de doute que ce 16 p. 100 produit des effets en ce moment. Je dirais de 16 à 20 p. 100.

Q. Alors il serait essentiel que l'on fournisse des chiffres aussi exacts que possible au gouvernement, indiquant la dette hypothécaire de la province à laquelle on appliquerait cette législation?—R. Je me trouve dans une position très délicate — je pourrais ajouter ceci...

Q. Je ne vous demande pas de donner de chiffres. Je désire que vous répondiez à cette question. Pour que cette législation soit utile il est essentiel qu'elle puisse faire diminuer le taux de l'intérêt. N'est-ce pas?—R. Oui.

Q. Et afin de contribuer à la diminution des taux d'intérêt, il faudra disposer d'une somme considérable d'argent pour faire des prêts hypothécaires, si on veut faire baisser les taux?—R. Je ne crois pas qu'il existe suffisamment d'argent disponible, en ce sens que nous pouvons facilement l'obtenir, parce que l'argent vient avec la demande et lorsque la demande atteint 20 p. 100 elle devient un facteur énormément important.

Q. Le but principal de l'établissement d'un système de crédit à longue échéance c'est de faire de la concurrence?—R. Oui.

Q. Alors pour en arriver là, il faut que l'on renseigne le gouvernement fédéral quant aux chiffres des prêts hypothécaires actuellement en souffrance?—R. Je ne le crois pas.

Q. Comment pourra-t-il alors déterminer une somme?—R. Je ne crois qu'il cherche à déterminer un montant. Je crois que le chiffre s'établira normalement,

[Dr. H. M. Tory.]

14-15 GEORGE V, A. 1924

à mesure que l'on fera les prêts. Le gouvernement américain ne possédait pas de chiffres exacts sur les hypothèques lorsqu'il inaugura ce système, mais dès qu'il commença à faire des prêts il rencontra de la concurrence. Il ne savait pas quel montant atteindrait ces prêts, mais avec le système en vigueur cela n'avait pas une grande importance, parce que chaque emprunteur capitalisait son propre prêt; le système est absolument sain, et ainsi peu importe le montant atteint.

Q. Si la mesure d'urgence dont vous avez parlé est mise en vigueur, les gouvernements provinciaux emprunteront directement du gouvernement fédéral?
—R. Je ne dis pas comment la chose doit se faire. C'est un détail qu'il faudra régler, mais j'ai suggéré que le gouvernement fédéral fasse les prêts aux gouvernements locaux.

Q. Il m'est justement venu à l'idée, et je me demande si vous y avez songé, qu'actuellement les gouvernements provinciaux ont de la difficulté à se procurer des fonds à un taux d'intérêt suffisamment bas pour que ça vaille la peine d'emprunter?—R. Oui.

Q. Si elles se mettaient à emprunter de grosses sommes du gouvernement fédéral pour mettre ce projet en vigueur, est-ce que cela ne nuirait pas à leur pouvoir d'emprunt pour d'autres fins?—R. Je crois qu'il y aurait grand danger de nuire au crédit des provinces si celles-ci empruntaient et prêtaient de trop fortes sommes, mais les sommes prêtées d'après ce projet temporaire ne seraient pas considérables; le rouage administratif ne fonctionnerait pas assez rapidement pour que l'on puisse atteindre un gros chiffre.

Q. Vous croyez qu'il serait possible d'établir en ce moment un système de prêts directs fédéraux, en attendant le développement de votre projet de crédit à long terme, aux organisations rurales qui existent; on ferait les prêts directement aux gouvernements provinciaux sans que ceux-ci en soient responsables, du moins apparemmment. Ces prêts nuiraient au crédit des gouvernements provinciaux, mais les associations rurales de prêts seraient responsables, ou plutôt le crédit collectif des emprunteurs serait responsable au gouvernement fédéral?
—R. Il n'y a aucune difficulté au point de vue de la loi; c'est une chose fort simple à arranger.

Le président:

Q. Conseilleriez-vous au gouvernement fédéral de faire cela?—R. Dans notre province, celle que je connais le mieux, l'Alberta, il n'existe que 25 associations coopératives.

M. STEEDSMAN: C'est à peu près cela.

Le TÉMOIN: Il vous faudrait développer le rouage administratif.

M. Garland:

Q. La chose pourrait tout de même se faire?—R. Il vous faudrait créer ici un mécanisme pour appliquer ce projet.

Q. Mon plan consisterait à se servir du gouvernement provincial le plus possible.—R. Je crois qu'il sera difficile de convaincre le gouvernement de la sagesse de ce projet.

Q. C'est là la seule difficulté?—R. Je crois que c'est là la vraie difficulté.

M. Good:

Q. Il n'existe pas d'organisations locales dans Ontario concernant les prêts à longue échéance; ces prêts se font par l'entremise de la Commission des Prêts agricoles.—R. Oui, c'est bien cela.

Q. Dans ce cas, tout développement du système de l'aide fédéral dans l'Ontario devra se faire par l'entremise des organisations provinciales, parce qu'il n'existe pas de corps chargés des prêts à longue échéance. Il peut se faire qu'il en soit autrement dans d'autres parties de la province, mais je crois que l'appli-

[Dr. H. M. Tory.]

cation sera très difficile, à moins qu'il n'y ait répartition égale du rouage existant actuellement. Il me semble que le gouvernement devrait considérer la question des prêts et tenir la province responsable. Je ne sais pas si la chose serait possible. On pourrait courir des chances, et quelquefois il n'est pas mauvais d'en prendre.

M. Caldwell:

Q. J'aimerais que vous nous donniez votre avis sur ce que l'on pourrait faire au Nouveau-Brunswick où il n'existe pas d'organisation. Nous avons un système provincial d'Etablissement sur les terres, qui sert au développement de la colonisation, et une Commission Fédérale de l'Etablissement des soldats sur des terres avec succursales au Nouveau-Brunswick. Voulez-vous étudier la question dans ses effets au Nouveau-Brunswick?—R. La Commission de l'Etablissement des soldats pourrait rendre service.

Q. Y aurait-il moyen de faire appliquer ce projet par la Commission de l'Etablissement des soldats, ou par la Commission provinciale de l'Etablissement sur des terres?—R. La chose est fort possible.

M. Garland:

Q. Docteur Tory, lorsque M. Stevens vous interrogeait cet après-midi il a dit que dans les districts bien établis, le taux d'intérêt sur les prêts hypothécaires était moins élevé que dans les districts où la population n'est pas dense. Etes-vous d'avis qu'un système de prêts agraires à longue échéance, pour être d'une utilité quelconque au pays, doit varier ses taux d'intérêt selon les provinces?—R. Non, je ne crois pas qu'il m'ait demandé de dire si cette différence existait. Il a simplement parlé de la question.

Q. Je n'attribue rien à M. Stevens.—R. Oui, mais dans ma réponse j'ai fait allusion aux compagnies de prêts hypothécaires, qui dans des cas de ce genre exigent un taux d'intérêt uniforme.

Q. Vous croyez alors que le taux d'intérêt sur les prêts agraires hypothécaires à longue échéance devrait être uniforme pour tout le pays?—R. Oui, conforme à la garantie—seulement à un certain type de garantie.

M. Steedsman:

Q. Vous approuvez en général la classification des emprunteurs en trois catégories, faite par M. Stevens?—R. Je pourrais les classifier de deux ou trois autres manières, aussi efficacement.

Q. Mais il est généralement reconnu qu'ils tombent dans ces catégories?— R. Oui.

Q. Maintenant revenons à la province du Manitoba. D'après vous le besoin d'un fonds d'urgence pour venir en aide actuellement aux provinces se fait sentir, règle générale, dans ces cas où l'échéance des prêts tombe cette année. Si ces personnes ne peuvent pas les renouveler elles passent de la deuxième à la troisième catégorie de la classification dont nous parlions il y a un instant; ce fonds servirait à secourir les gens qui sont sur le point de devenir insolvables Vous ne recommanderiez pas l'avance de sommes considérables à aucune province, mais seulement un montant limité pour aider les cas de ce genre?—R. Oui, les cas en danger.

M. Good:

Q. Docteur Tory, croyez-vous que la somme de dix ou de quinze millions serait une mesure suffisante de secours pour cette année, si nous prenons le pays dans son ensemble?—R. Je doute fort que les organisations actuelles puissent administrer efficacement une somme plus considérable. Toutefois je ne contesterais pas l'opinion de personnes bien renseignées sur l'ensemble de ces organi-

[Dr. H. M. Tory.]

sations, mais j'imagine que c'est autant que l'on pourrait prêter. Je dirais dix millions au plus.

> *M. Benoit:*
> Q. Pour toutes les provinces?—R. Oui.
> Le témoin se retire.
> Le comité s'ajourne.

SALLE DE COMITÉ, N° 429,
CHAMBRE DES COMMUNES,
JEUDI, 5 juin 1924.

Le comité spécial permanent des Banques et du Commerce s'assemble à 11 a.m., sous la présidence de M. Vien.

Le PRÉSIDENT: Le ministre intérimaire des Finances désire faire une déclaration au comité.

L'hon. M. ROBB: Monsieur le Président et messieurs, vous vous rappelez qu'à une séance antérieure on a dit que le Gouvernement était à étudier une modification à la loi des banques dans le but d'améliorer le système d'inspection. Je déposerai la modification projetée afin qu'elle soit imprimée au procès-verbal. J'espère que cette proposition recevra l'approbation du comité.

La modification projetée est déposée. (Voir page clviii).

L'hon. M. ROBB: Voici quels sont les points importants à ce sujet: Ce nouveau fonctionnaire portera le titre d'inspecteur; il sera nommé par le ministre et restera en fonctions tant que sa conduite sera satisfaisante. On pourra le relever de ses fonctions par Arrêté en Conseil pour mauvaise conduite, incapacité et incompétence. Cet inspecteur devra visiter les bureaux chefs de toutes les banques au moins une fois l'an; et toute succursale qu'il jugera à propos de visiter. D'après cette modification les rapports confidentiels préparés, en vertu de la loi actuelle, par le vérificateur des actionnaires et envoyés aux directeurs devront être envoyés à l'inspecteur. On pourra y avoir accès. Puis on autorisera l'inspecteur à interroger le gérant général ou tout autre employé de la banque sous serment. Il n'y a rien dans la loi actuellement qui peut obliger une banque à la liquidation si elle se lance dans de mauvaises affaires ou semble s'engager dans cette voie, tant qu'elle ne suspend pas ses paiements; c'est-à-dire que le ministre ne peut pas intervenir. D'après la modification projetée lorsque l'inspecteur constatera que la banque est insolvable, il fera rapport au ministre et demandera ensuite à l'Association des Banquiers de prendre la responsabilité des opérations de cette banque et de nommer un curateur. Cela empêchera automatiquement une banque de continuer à recevoir des dépôts. Vous avez là les grandes lignes de la modification, mais en passant je vous ferai remarquer qu'on a suggéré que l'on autorise le président de l'Association des Banquiers à consulter le rapport de l'inspecteur au ministre, cependant cela n'y est pas compris. J'aimerais à avoir un peu plus de temps pour étudier cet aspect de la question, et je demanderais au comité de l'étudier également lorsqu'il discutera cette modification. Il est également proposé de taxer les banques d'après le chiffre de leur actif pour couvrir les dépenses occasionnées par cet inspecteur et les fonctionnaires qui l'aideront à faire ce travail. Je suppose que ces questions seront inscrites au procès-verbal et discutées à une séance ultérieure.

M. W. F. MACLEAN: A ce sujet, je désirerais demander au ministre si cet inspecteur sera indépendant du ministère des Finances, et pourra inspecter toutes les banques lorsqu'il le jugera à propos, sans attendre d'instructions du ministre.

L'hon. M. ROBB: Oui, ce sera son devoir de faire l'inspection des banques, mais il fera partie du ministère des Finances. Il faut nécessairement qu'un ministère quelconque soit responsable, et c'est le ministère des Finances qui s'occupe de ces questions. En réalité c'est le ministre des Finances qui essuie toute la critique si une banque est prise dans de mauvaises affaires.

M. W. F. MACLEAN: Aux Etats-Unis, il y a un inspecteur de banques, qui est indépendant de la Trésorerie.

Le PRÉSIDENT: Non, M. Pole a clairement déclaré au comité qu'en sa qualité d'inspecteur en chef des banques nationales il était fonctionnaire du département de la Trésorerie. Il relève non seulement du Secrétaire de la Trésorerie, qui est ministre des Finances, mais aussi du Contrôleur du Numéraire. Le Contrôleur du Numéraire relève du Secrétaire de la Trésorerie.

L'hon. M. STEVENS: Est-ce que l'on présentera cette modification au comité comme une modification projetée à la loi des banques?

Le PRÉSIDENT: Oui.

L'hon. M. STEVENS: La présentera-t-on en Chambre d'abord, ou commencera-t-on par l'étudier ici.

L'hon. M. ROBB: Je la soumets au comité pour étude avant de la présenter en Chambre.

Une discussion suivit.

M. SHAW: Je désire demander au ministre si les deux modifications projetées, dont l'une pourvoit à l'établissement d'un système d'inspection et l'autre autorise le ministre à fermer une banque en cas d'insolvabilité, sont les deux seules modifications que le ministre se propose de faire à la Loi des Banques? A-t-il étudié, par exemple, la question de la priorité des dépôts du gouvernement, ou toute autre des nombreuses questions soulevées concernant la sécurité des dépôts.

L'hon. M. ROBB: Lorsqu'on en aura fait l'impression demain, l'honorable membre pourra en juger par lui-même.

M. SHAW: Je pose cette question au ministre maintenant, mais il est évident qu'il veut que nous attendions à demain pour la réponse.

L'hon. M. ROBB: Il n'y a rien de semblable à ce que vous suggérez.

M. SHAW: Alors le ministre ne propose pas d'autres modifications.

Le PRÉSIDENT: Le ministre a dit qu'il déposait son rapport, on le trouvera au procès-verbal demain. Les autres sujets mentionnés dans les nombreuses résolutions qui apparaissent à notre feuilleton ne sont pas compris dans cette modification, mais cela ne veut pas dire que le ministre n'en soumettra pas d'autres.

Une discussion suivit.

M. W. F. MACLEAN: Je désire demander au ministre s'il a l'intention, en vertu de la législation projetée, de coordonner un certain nombre des bureaux du ministère des Finances, comme on l'a fait pour un certain nombre de bureaux relevant du contrôleur de la trésorerie à Washington. Par exemple, lorsque le ministre nommera un inspecteur des banques, j'aimerais qu'il fît un peu plus et qu'il confie à cet inspecteur—à qui je payerais volontiers un salaire de $25,000 ou $30,000—l'émission des billets du gouvernement, les réescomptes des banques, et qu'il établît une organisation régulière à cette fin. Il pourrait également prendre la direction de l'Hôtel des Monnaies et de l'émission du numéraire des banques aussi bien que de leur inspection. Ce fonctionnaire devrait être responsable au Parlement et au peuple plutôt qu'au ministre. Le public aurait alors une plus grande confiance en lui. Il prendrait aussi la direction d'une autre institution importante, qui est disparue. Le bureau de l'assistant receveur général constituait la plus grande banque d'épargne au Canada. Je crois savoir que ce fonctionnaire recevait des dépôts dans les provinces Maritimes et aussi en Colombie-Britannique. A Toronto, la meilleure banque d'épargne se trouvait dans le bureau de l'assistant receveur général en cette ville, mais pour une raison quelconque il a cessé de recevoir des dépôts il y a quelques années. Le ministre pourrait-il me dire si ce fonctionnaire reçoit des dépôts et fait un commerce de

[M. George Edwards.]

banque actuellement dans les provinces Maritimes et en Colombie-Britannique. J'espère que le ministre tiendra compte de ces suggestions et qu'on les inscrira au procès-verbal.

L'hon. M. Robb: En réponse à M. Maclean, je lui ferai remarquer ainsi qu'au comité que le gouvernement a actuellement dans la personne du sous-ministre un excellent fonctionnaire qui fait partie du service depuis nombre d'années. D'après notre projet l'inspecteur général sera directement responsable au ministre, mais il consacrera tout son temps à ce travail particulier. Quant aux autres points, il faudra les étudier. Je n'admets pas que les canadiens soient inférieurs aux nationaux de tout autre pays, et je n'admets pas davantage que le système bancaire des Etats-Unis soit supérieur à celui de notre pays. Dans notre loi financière on trouve toutes les facilités de réescomptes nécessaires et la preuve c'est que nous n'avons jamais eu de difficulté à ce sujet depuis que la loi existe.

Une discussion suivit.

M. W. F. Maclean: Le ministre devrait répondre à ma question au sujet de l'assistant Receveur Général.

L'hon. M. Robb: J'y verrai, M. Maclean.

Le président: M. Spencer propose que M. Edwards soit rappelé.

La motion est adoptée.

M. George Edwards est rappelé.

M. Good:

Q. Je n'ai pas encore eu l'occasion d'interroger M. Edwards, et je désirerais le faire; j'espère ne pas être trop long. Depuis quand faites-vous partie du ministère des Finances, monsieur Edwards?—R. Faites-vous allusion aux questions bancaires?

Q. Oui.—R. La première fois que le ministère des Finances me demanda de m'occuper de questions bancaires, ce fut lorsqu'il me pria d'examiner les affaires de la banque des Marchands.

Q. Quand, après cela?—R. Après cela, on me demanda comment on pourrait améliorer la Loi en profitant de l'expérience de la banque des Marchands.

Q. Vous êtes l'auteur, je crois, ainsi que le ministre des Finances d'un certain nombre d'amendements qui ont été proposés l'an dernier?—R. J'ai fait plusieurs suggestions au ministre.

Q. Depuis la fin du dernier exercice, combien de temps avez-vous consacré à des questions bancaires pour le compte du ministère des Finances?—R. Lorsque l'on mit en vigueur les dispositions de la nouvelle loi des Banques, on me demanda au mois d'octobre d'étudier certains renseignements spéciaux fournis par les banques; des rapports que le ministre avait demandés.

Q. Depuis le mois d'octobre combien de temps avez-vous consacré à ce travail particulier?—R. Très peu de temps.

Q. Combien de temps environ?—R. Pas plus de dix jours, j'oserais dire, à l'examen de ces rapports.

Q. Pendant les derniers huit mois, approximativement?—R. Oui.

Q. Avez-vous obtenu des renseignements au cours de ces dix jours?—R. Oui.

Q. Dont certains ont un caractère confidentiel, je suppose?—R. Oui, c'est ce que j'ai compris.

Q. Croyez-vous que les dix jours consacrés à l'examen des rapports soumis par les vérificateurs des banques—je suppose que c'est ce que vous avez fait—vous ont suffisamment renseigné pour vous permettre de faire des recommandations cette année?—R. L'examen que j'ai fait des renseignements spéciaux fournis par les banques m'a permis d'en découvrir la nature et de me faire une opinion à ce sujet dans les dix jours en question.

Q. Vous avez parlé de renseignements spéciaux fournis par les banques. Qui a demandé ces renseignements?—R. Le ministre.

[M. George Edwards.]

Q. Sur votre suggestion ou recommandation?—R. J'ai donné mon avis au ministre à ce sujet.

Q. Vous avez dit que vous désiriez obtenir certains renseignements des banques?—R. Oui.

Q. Et il demanda aux banques de fournir ces renseignements, elles ont transmis ces renseignements, et vous les avez examinés?—R. Oui.

Q. Et vous en êtes arrivé à certaines conclusions après avoir examiné ces renseignements?—R. Oui.

Q. Seriez-vous prêt à renseigner le comité sur la situation telle que vous l'avez trouvée, si on siégeait à huis clos?—R. Oui, si le ministre y consentait.

Q. Avez-vous établi une comparaison entre les faillites de banques au Canada et dans les autres pays, disons au cours des dix ou des 25 dernières années?—R. Je sais ce que tout le monde en général sait sur l'étendue des faillites au Canada et aux Etats-Unis.

Q. Je comprends que l'on ne s'entend pas sur les faits à ce sujet, et je désire savoir si vous avez une enquête personnelle sur cette question?—R. Je n'ai fait aucune enquête sur la situation aux Etats-Unis. Tous mes renseignements sont tirés des rapports officiels.

Q. Croyez-vous qu'il soit sage de donner de plus amples renseignements aux actionnaires sur les affaires de la banque, comme on le suggérait dans la modification de l'an dernier dont j'ai donné lecture à M. Neill l'autre jour. Je ne sais si vous étiez ici à ce moment là. Cette modification exigeait que

"L'état des profits et pertes comprenne et indique d'une part le montant

(a) du solde de compte des profits et pertes reporté de l'année antérieure;

(b) Du rabais d'intérêt sur effets de commerce non échus à la fin de l'année antérieure;

(c) Des profits bruts, y compris les soldes de tous les intérêts, commissions, change et autres comptes producteurs de revenus;

(d) De la prime sur les nouvelles actions vendues;

(e) Des mauvaises dettes recouvrées, antérieurement biffées, et que l'état comprenne et indique d'autre part;

(a) Les frais d'administration et d'opération;

(b) L'intérêt payé sur les dépôts;

(c) L'intérêt réservé sur les effets de commerce non échus;

(d) Le montant biffé sur l'évaluation de l'immeuble de la banque;

(e) Le montant transporté au compte des pertes;

(f) Le montant transporté au fonds de pension des employés;

(g) Les crédits divers ou dépenses non compris sous les titres susmentionnés, et les indiquer en détail;

(h) Dividendes déclarés (spécifier le nombre et la date);

(i) Le montant transporté au compte de la réserve;

(j) Solde au crédit du compte des profits et pertes."

Ce sont là les renseignements additionnels que l'on a suggéré d'inclure dans le rapport annuel soumis aux actionnaires et au public. Que pensez-vous de ces modifications?—R. Une certaine partie des renseignements énumérés dans le tableau dont vous nous avez donné lecture sont déjà fournis aux actionnaires lors de leur réunion.

Q. Sont-ils compris dans le rapport annuel, ou donnés verbalement?—R. J'en ai vu une grande partie dans les rapports publiés; comme le montant biffé sur l'évaluation de l'immeuble, le chiffre des dividendes. Je ne me rappelle pas toutes les catégories, mais je me rappelle l'amendement à ce sujet; je crois que c'est la substance de l'amendement de l'an dernier?

[M. George Edwards.]

Q. C'est bien cela.—R. Après avoir étudié cette modification, j'en suis venu à cette conclusion: On fournit déjà une grande partie de ces renseignements aux actionnaires; certains de ces renseignements à proprement parler ne peuvent pas être compris dans un état des profits et pertes; et on demande a d'autres qui ne peuvent pas être donnés ainsi d'après la méthode de comptabilité suivie dans les banques.

Q. Vous dites que l'on fournit déjà une certaine partie des renseignements aux actionnaires; toutefois, la loi n'exige pas qu'on le fasse, n'est-ce pas?—R. On les fournit d'ordinaire, mais la loi ne l'exige pas.

Q. A votre avis, ne vaudrait-il pas mieux que l'on étende quelque peu les stipulations de la loi de manière à obliger les banques à préparer des états de forme semblables?—R. Je crois que l'on pourrait étendre quelque peu les états que l'on fournit actuellement aux actionnaires.

Q. Seriez-vous prêt à étudier cette question et à faire rapport au comité des nouvelles questions que l'on pourrait inclure avec profit dans ces états?—R. Oui.

Q. J'espère que M. Edwards, avec l'assentiment du comité, soumettra de nouvelles recommandations au comité à ce sujet. Croyez-vous que l'on devrait donner des renseignements sur les divers placements, classifier les placements et les faire connaître au public?—R. La classification pourvue par la loi actuelle est assez ample mais on pourrait l'étendre.

Q. Est-il nécessaire que le public connaisse la nature générale des placements d'une banque?—R. Oh, oui. Je vous ferai remarquer que d'après la cédule (g) le public peut se faire une idée assez exacte de la nature des placements d'une banque. Il y aurait peut-être lieu d'étudier la question du développement de la cédule (g), cependant, je ne suis pas certain que l'on puisse l'étendre beaucoup.

Q. Pour quelle raison ne fait-on pas connaître la somme affectée à la réserve des pertes? On a étudié cette question l'an dernier, et on l'a étudiée de nouveau l'autre jour?—R. On ne devrait pas, à mon avis, publier le chiffre de la somme affectée à la réserve des pertes pour cette raison: c'est une somme mise de côté pour couvrir une perte prévue. Cependant, les banques ne suivent pas toutes la même ligne de conduite à ce sujet. Certaines inscriront un prêt douteux dans leurs livres à sa valeur nominale, mais elles porteront également une somme suffisante pour le couvrir au compte des pertes. Une autre banque déduira du prêt le montant probable de la perte, et ne portera rien comme réserve pour pertes. Dans ces circonstances, le public pourrait facilement être induit en erreur, ne connaissant pas la méthode adoptée concernant cette réserve pour les pertes.

Q. Avez-vous fait une étude comparée des recettes des banques canadiennes et de celles des banques en d'autres pays au cours des dix dernières années?—R. Non, je ne l'ai pas fait.

M. Garland:

Q. Me permettez-vous, monsieur Good, de poser une question? Pensez-vous qu'il serait bon de faire établir un règlement, disons, par l'Association des banquiers ou par quelque autre organisation, obligeant les banques à adopter une formule régulière pour la présentation au public de leurs dépenses imprévues ou des crédits affectés à la réserve des pertes. Dans ce cas, quelle objection y aurait-il à la publication de la réserve des pertes?—R. Je ne vois pas comment on pourrait facilement en arriver à l'uniformité. La chose est presque impossible, car il n'y a pas deux prêts douteux qui présentent les mêmes difficultés. Vous ne pouvez pas appliquer une règle arbitraire à ces cas. Je ne vois pas comment la chose pourrait se faire.

Q. Vous dites que les banques ne suivent pas toutes la même pratique?—R. Non.

[M. George Edwards.]

Q. En ce qui concerne la comptabilité de fonds semblables?—R. Oui. Je vais vous donner quelques mots d'explication pour répondre à votre question: en réalité il serait très difficile d'appliquer une règle arbitraire en ce qui concerne les réserves à constituer pour toutes les catégories de prêts bancaires qui sont le moindrement douteux.

Q. Le témoin pourrait-il nous dire s'il est essentiel qu'il y ait uniformité, en tant que faire se peut, dans les rapports faits au ministre des Finances du moins; et s'il n'est pas nécessaire que l'on renseigne le public sur ces questions. Si le commerce bancaire se trouve dans une situation si peu stable, que la publication du chiffre de la réserve pour pertes et dépenses imprévues était de nature à faire tomber les banques, n'est-il pas temps de prendre des mesures pour remédier à la situation?—R. Les banques ne fermeraient peut-être pas leurs portes, mais le public serait induit en erreur sur la position des banques.

M. Good:

Q. Je voulais vous demander si vous aviez fait une étude comparée des recettes des banques au Canada et de celles des autres pays, comme des Etats-Unis ou de l'Australie, etc., pour les dix dernières années?—R. Non, je n'ai pas de connaissances spéciales sur la question.

Q. Si vous étiez inspecteur de banques, serait-il de votre compétence de vous occuper de ces questions?—R. Je crois qu'il est très important de savoir si les banques peuvent se maintenir avec leurs recettes dans les conditions actuelles; la question du pouvoir de gain d'une banque est probablement ce qu'il y a de plus important.

Q. Si vous constatiez qu'une banque payait des dividendes pris sur son capital, que feriez-vous si vous étiez inspecteur?—R. Tout dépendrait des pouvoirs qui me seraient conférés, par statut ou autrement. Mais, règle générale, l'inspecteur devrait s'opposer à cela et prendre les mesures nécessaires pour mettre fin à une pratique de ce genre.

Q. On discute depuis quelque temps sur la question de la proportion à établir entre le capital total des banques canadiennes et leurs obligations totales, pouvez-vous nous dire ce que serait une juste proportion?—R. Je n'ai pas la compétence nécessaire pour le faire.

Q. Un inspecteur de banques devrait-il être une autorité en la matière?—R. Il devrait avoir une opinion à ce sujet et essayer de se renseigner davantage en consultant de meilleures autorités..

Q. Supposons que vous constatiez que la proportion entre le capital total et les obligations totales des banques aux Etats-Unis, en Europe et en Australie est deux fois plus considérable que celle des banques canadiennes, ne seriez-vous pas porté à croire que le système bancaire canadien est en danger?—R. J'y verrais la nécessité d'une enquête.

Q. Vous n'avez aucune idée actuellement de la situation à ce sujet?—R. Non.

Q. Avez-vous établi la proportion entre le capital des banques et les sommes placées dans les immeubles des banques?—R. Je n'ai pas de chiffres exacts à ce sujet.

Q. Croyez-vous qu'il est du devoir de l'inspecteur de s'occuper de cette question?—R. Je le crois.

Q. S'il constatait qu'une trop forte partie du capital fut engagée dans des immeubles, il y aurait là matière à critique?—R. Oui, et il devrait voir à ce que ce chiffre soit diminué graduellement de manière à tirer la banque de cette situation.

Q. A votre avis, un inspecteur ne devrait-il pas voir à ce qu'un montant trop considérable ne soit pas engagé en immeubles de banque et en faire diminuer le chiffre graduellement?—R. Oui.

[M. George Edwards.]

Q. Pouvez-vous nous dire d'après les renseignements que vous avez puisés dans les rapports des banques—ces rapports spéciaux—si ces banques qui ont perdu des dépôts ont pu se récupérer, ou si elles ont dû avoir recours a des avances du gouvernement?—R. Je ne suis pas en mesure de répondre à cette question.

Q. N'avez-vous pas étudié cette question du tout?—R. Non. Vous comprenez que je n'ai agi que sur instructions directes. On ne m'a pas accordé de pleins pouvoirs.

Q. Vos instructions étaient précises?—R. Oui.

Q. Pouvez-vous nous dire en quoi elles consistaient? Vous demandaient-elles de vous assurer de la solvabilité des banques canadiennes?—R. Elles me demandaient de prendre connaissance de tous les renseignements fournis au ministre, autres que les renseignements spéciaux, et de lui faire part de la situation révélée.

Q. Je suppose qu'il s'agissait de découvrir si telle ou telle banque n'était pas en danger?—R. Il s'agissait pratiquement de voir si elles étaient solvables ou non.

Q. Vous n'aimeriez pas à vous prononcer publiquement sur cette question? —R. Non, pas sans le consentement du ministre.

Q. Avez-vous comparé les salaires et les autres dépenses des banques canadiennes avec des banques de l'extérieur?—R. Non, je ne l'ai pas fait, parce que les banques canadiennes ne donnent pas ces renseignements.

Q. Croyez-vous qu'elles devraient fournir ces renseignements?—R. Oui, je le crois. Dans ma réponse à votre question au sujet des détails de la cédule des profits et pertes, j'oserais dire que l'on devrait fournir tous ces renseignements au ministre. Je ne saurais dire actuellement quelle partie de ces renseignements devrait être communiquée aux actionnaires.

Q. Vous croyez que l'on devrait fournir confidentiellement au ministre le plus de renseignements possible?—R. Oui.

Q. Vous n'avez pas eu connaissance de dividendes payés au Canada pris sur le capital ces dernières années?

M. HEALY: Voulez-vous dire pris sur le capital autorisé, ou le capital autorisé plus le surplus?

M. GOOD: J'aurais dû dire pris sur le capital, plus la réserve.

Le PRÉSIDENT: Pas le capital autorisé, mais versé.

M. Good:

Q. Avez-vous eu connaissance de dividendes pris sur la réserve, qui n'avaient pas été gagnés par le capital?—R. Oui, dans le cas de la banque des Marchands on a tiré sur la réserve pour payer les dividendes.

M. Marler:

Q. Me permettez-vous une question? Il n'y a pas de raison pour que l'on ne tire pas sur la réserve pour payer les dividendes?—R. Non, aucune; si on en prend la responsabilité. Il y a certaines restrictions sur la déclaration des dividendes. Il faut que la réserve d'une banque dépasse 30 p. 100 pour que celle-ci puisse déclarer un dividende de plus de huit pour cent.

M. GOOD: J'avais certains chiffres à soumettre au témoin, mais je comprends que la nature de l'enquête qu'il a faite l'empêcherait de répondre à mes questions. J'espérais que M. Edwards serait en mesure de nous renseigner. Il a étudié ces rapports pendant dix jours, mais je réalise qu'il est dans l'impossibilité de nous donner des renseignements détaillés.

Le PRÉSIDENT: Avez-vous des questions définies à poser à M. Edwards, ou quelque problème à lui soumettre?

M. GOOD: Pas en ce moment.

[M. George Edwards.]

APPENDICE No 1

M. W. F. Maclean:

Q. Au sujet de la capitalisation des banques, prenons le cas de la Home Bank; quel était le chiffre de son capital?—R. $2,000,000.

Q. Savez-vous si elle avait entamé son capital longtemps avant de fermer ses portes?—R. Depuis plusieurs années, monsieur Maclean.

Q. Et pendant que son capital était entamé, a-t-elle continué à émettre le plein montant des billets autorisés par son capital?—R. Oui, à peu près.

Q. Croyez-vous que l'on devrait modifier la loi des banques de manière à leur imposer une inspection qui réduirait leur privilège d'émission proportionnellement à la diminution de leur capital?—R. Oui.

Q. Vous avez là un des scandales du commerce bancaire. Dans certains cas le capital est resté entamé pendant des années sans qu'il y ait eu restriction dans l'émission. J'espère que vous ferez une recommandation en ce sens au ministre.

M. Spencer:

Q. Je désirerais vous poser quelques questions. Vous avez sans doute eu connaissance d'une brochure distribuée par l'Association des banquiers à ses membres, on y disait que les déposants détenaient la quatrième hypothèque sur l'actif de la banque en cas de faillite?—R. C'est bien le cas, quoique je ne me rappelle pas avoir vu cela.

Q. A votre avis, quelle est la protection accordée aux déposants?—R. La solvabilité et les bonnes affaires d'une banque sont les meilleures garanties que le déposant puisse trouver.

Q. A votre avis, quelle protection les banques accordent-elles aux déposants?—R. Aucune, sauf la connaissance que la situation financière de la banque est solide.

Q. Le déposant croit que la banque est solide?—R. Oui, c'est son opinion, je suppose.

Q. Prenons, par exemple, le cas de la Home Bank qui était insolvable depuis 1916, je crois. On a laissé le public y déposer son argent en lui laissant entendre que la banque était solide?—R. Oui.

Q. La double responsabilité est-elle une protection pour les déposants?—R. Dans une certaine mesure.

Q. Vous ne sauriez dire dans quelle mesure?—R. J'ai déjà dit, je crois, au cours de mon premier témoignage devant le comité, qu'on pouvait l'estimer à 50 p. 100. On m'a fait savoir que deux banques liquidées dans le passé avaient recueilli un percentage beaucoup plus élevé. Je me suis donné la peine de vérifier la chose et je constate que les deux banques en question, la banque de Yarmouth qui fit faillite en 1905 put recueillir 84 p. 100, et la banque d'Ontario, 84 p. 100.

Le président:

Q. En quelle année?—R. En 1906. Dans le cas de la banque Sovereign, le montant perçu en vertu de la double responsabilité atteignit le chiffre de $179,000; c'est un très faible pourcentage de son capital qui était de $3,000,000. Cela se passait en 1908.

M. Morin:

Q. Avez-vous les chiffres pour la banque de Saint-Hyacinthe?

M. Benoît:

Q. Ou les chiffres de la banque de Saint-Jean?—R. Cette banque avait un capital de $500,000.

[M. George Edwards.]

M. MARLER: J'aimerais à poser une question avant que nous changions de sujet.

Un honorable MEMBRE: Donnez-nous la liste des banques que vous avez.

Le TÉMOIN: Je vais la déposer. J'ai obtenu ces renseignements après avoir déjà été questionné à ce sujet. La banque de Saint-Jean ferma ses portes en 1908. Le capital souscrit atteignait le chiffre de $500,000. La double responsabilité rapporta $161,000, soit environ un tiers. La banque de Saint-Hyacinthe···

M. Benoît:

Q. Combien les déposants reçurent-ils?

Le PRÉSIDENT: Laissez le témoin nous donner les chiffres concernant les sommes recueillies en vertu de la double responsabilité et les pourcentages; nous le questionnerons ensuite.

M. MARLER: Avant que l'on pose ces questions je voudrais vous faire remarquer, et M. Edwards partage mon avis, je crois, que dans bien des cas on n'a exigé que ce montant nécessaire de la double responsabilité. En d'autres termes, il peut se faire qu'on ait recueilli un petit montant dans certains cas parce que c'était tout ce qu'il fallait. N'était-ce pas le cas pour la banque Sovereign? Je ne veux pas qu'il y ait de malentendu à ce sujet.

Le PRÉSIDENT: Je propose que M. Edwards nous donne d'abord les chiffres, nous poserons nos questions ensuite.

Le TÉMOIN: Je crois qu'il est important de bien comprendre la question posée par M. Marler, parce qu'il peut se faire que tel soit le cas pour certaines de ces banques que je ne connais pas très bien.

Le président:

Q. Avez-vous les chiffres des autres banques?

M. Benoît:

Q. Donnez-nous les chiffres de la banque de Saint-Hyacinthe.—R. Le capital souscrit était de $504,000, et la double responsabilité rapporta la somme de $156,000. Dans le cas de la Farmers Bank—ce cas est soumis aux tribunaux.

Le président:

Q. En quelle année?—R. 1910. Son capital souscrit était de $584,000, et les paiements au 12 mars 1924 en vertu de la double responsabilité se chiffrent à $314,000, soit un peu plus de 50 p. 100. La banque de Vancouver, un bien mauvais cas, suspendit ses paiements en 1914, et son capital souscrit était de $587,000. Les paiements faits au 13 avril 1923 se chiffrent à $148,000.

Q. Pouvez-vous dire si ces sommes représentent tout ce que l'on a pu recueillir de ces banques en vertu de la double responsabilité, ou simplement ce qu'il fallait recueillir?—R. Je ne peux pas répondre dans tous les cas, monsieur le président, cependant, la question est importante.

Q. Pourriez-vous vous procurer ces renseignements et les transmettre au comité?

M. Beroît:

Q. Dans le cas de la banque de Saint-Hyacinthe il n'y avait que la moitié du capital souscrit qui était versé, et je crois que les chiffres donnés couvrent les versements faits au compte du capital?—R. C'est ce qu'on m'a dit, mais je vais prendre note de la chose et essayer de m'en assurer.

Le PRÉSIDENT: Vous laissez entendre que l'on n'a pas exigé le plein montant de la double responsabilité.

M. BENOÎT: On l'a demandé, mais les chiffres donnés par le témoin comprennent le solde de la partie du capital non versé.

[M. George Edwards.]

M. Spencer:

Q. Pouvez-vous donner une idée de la somme recueillie dans le cas de la Home Bank en vertu de la double responsabilité?—R. Pas encore, on n'en est qu'aux débuts.

Q. Le montant obtenu jusqu'à présent est plutôt faible, je crois?—R. Je le pense.

Q. Qu'est-ce qui empêche de transférer ces actions à des personnes sans responsabilité avant la faillite de la banque?—R. Rien.

Q. Comment peut-on empêcher un actionnaire de s'endetter tellement auprès de la banque que la double responsabilité dans son cas ne rapportera rien aux déposants?—R. On ne le peut pas.

Q. Les vérificateurs de la Home Bank étaient-ils compétents?—R. Le vérificateur de la Home Bank n'était pas un comptable licencié; il n'était pas un comptable-expert selon mon interprétation de ce terme.

Q. Etaient-ils aussi compétents que les vérificateurs des autres banques?—R. Les vérificateurs des autres banques sont des hommes versés dans la comptabilité qui sont en contact quotidien avec la comptabilité commerciale et les autres formes de comptabilité. Le vérificateur de la Home Bank occupait un poste académique; il était professeur dans un collège à Toronto, et je ne vois pas comment il aurait pu acquérir les connaissances que donne la pratique commerciale quotidienne, ce qui est nécessaire pour faire une bonne vérification.

Q. La banque a-t-elle employé le même vérificateur de 1916 à 1923?—R. Oui.

Q. Faisait-il partie de l'Association des comptables licenciés?—R. Non.

Q. Les banques sont-elles tenues de donner au ministre les noms des personnes qu'elles emploient pour l'inspection?—R. Voulez-vous établir une distinction avec la vérification?

Q. Non, lorsqu'une banque engage des vérificateurs pour faire examiner ses livres, est-elle obligée d'en avertir le ministre et de lui fournir les noms des personnes engagées?—R. Je crois que ces noms sont envoyés avec l'état public transmis au ministre qui doit être certifié.

Q. Le ministre des Finances savait quelle était la personne chargée de la vérification des livres de la Home Bank depuis 1916?—R. Oh, oui.

Q. Et sachant cela on a jugé à propos de laisser continuer cette vérification de 1916 à 1923, croyant que c'était dans l'intérêt du public?—R. Je ne sais pas comment le ministre pourrait être renseigné sur la compétence professionnelle de la personne nommée pour faire la vérification de la banque. D'après la revision de 1913, la loi ne dit rien au sujet de la compétence des personnes nommées aux postes de vérificateurs. Il pourrait se faire qu'il ne soit pas même comptable. Mais si son nom se trouve sur la liste, pour une raison quelconque, il est éligible au poste de vérificateur. Je crois que tous les vérificateurs étaient des comptables.

Q. Je crois que la proposition faite par le ministre des Finances intérimaire ce matin, concernant la nomination d'un inspecteur général a beaucoup de bon. Si un homme de cette envergure avait été chargé de la vérification des livres de la Home Bank, cette banque n'aurait pas pu continuer ses opérations? —R. Voulez-vous avoir la bonté de répéter votre question?

Q. Si la recommandation faite par le ministre des Finances intérimaire ce matin avait été en vigueur, et si nous avions eu un inspecteur général de grande compétence en fonction, aurait-il été possible qu'un homme comme celui qui faisait la vérification de la Home Bank restât à son poste pendant de nombreuses années sans qu'on le rapporte au ministre des Finances? Un inspecteur général lui aurait-il permis de rester en fonction?—R. Non, d'aucune façon.

[M. George Edwards.]

Q. Qu'est-ce qui empêche les autres banques d'employer un homme de ce calibre pour faire l'inspection de leurs livres?—R. Il existe maintenant une clause...

Q. Adoptée l'an dernier, mais à venir à 1923?—R. Il n'y avait rien.

Q. Rien n'empêchait avant 1923 les banques au Canada de faire vérifier leurs livres par un homme de la compétence de celui qui vérifiait les livres de la Home Bank?—R. Absolument rien.

Q. La Home Bank fournissait-elle régulièrement ses rapports au ministre des Finances?—R. Oui.

Q. Les fonctionnaires du gouvernement examinaient-ils ces rapports?—R. Je ne saurais dire.

Q. Je n'insiste pas pour que vous répondiez à ma question, mais ne pensez-vous pas qu'on ne les examinaient pas, on les mettaient au rancart?—R. Je n'oserais pas dire cela; je ne sais pas.

Q. Si on les examinait, comment se fait-il que la faiblesse de la banque n'ait pas été remarquée depuis 1916?—R. Je crois que les formules des rapports ne permettent pas de porter un jugement intelligent sur les affaires des banques.

Q. Alors pourquoi le gouvernement — je ne m'en prendrai pas à un gouvernement particulier — n'a-t-il pas fait examiner dans l'intérêt public ces rapports préparés par les banques et envoyés au ministre des Finances?—R. Je n'en sais rien.

Q. Ces rapports ont été transmis au ministre, et bien que notre système bancaire eut été défectueux comme le prouve le cas de la Merchants Bank, de la Home Bank et de la Banque Nationale, ils n'ont pas été étudiés suffisamment pour permettre au gouvernement d'avertir le public?—R. L'une des théories concernant la publication de ces rapports, c'est que cela permettrait à tout le monde de se former une opinion sur la situation de la banque. En d'autres termes, c'est une question de publicité plutôt que d'honnêteté de jugement de la part du ministère.

Q. Dans le passé on publiait une liste de rapports dans la Gazette du Canada qui ne voulaient rien dire. Nous nous imaginions que le ministère examinait ces rapports, et qu'il ferait enquête sur toute faiblesse découverte dans ceux-ci. Nous savons très bien que ces rapports étaient bons ou fanx — dans certains cas ils étaient faux, et en conséquence le public a souffert grandement du fait qu'on n'a pas examiné ces rapports attentivement. Etes-vous de cet avis?—R. Dans une certaine mesure, mais la loi est partiellement responsable de cet état de choses.

M. Good:

Q. Etes-vous d'avis que ces rapports étaient inefficaces ou insuffisants?—R. Je crois qu'ils étaient insuffisants, et le procès de la banque des Marchands a démontré que les renseignements fournis par ces rapports étaient nécessairement défectueux; c'est-à-dire qu'ils tenaient compte des chiffres des livres plutôt que des faits.

M. Spencer:

Q. Ces rapports étaient non seulement défectueux, mais ils ne protégeaient aucunement l'intérêt public parce qu'on ne les examinaient pas?—R. Je ne dirais pas parce qu'on ne les examinait pas, mais j'admettrai qu'ils ne protégeaient pas le public.

Q. Si on les examinait celui qui le faisait n'y découvrirait pas les défectuosités?—R. Voici la réponse, — prenons les rapports de la Home Bank. Il n'y avait rien dans ces rapports, transmis tous les mois au ministère conformément aux dispositions de la loi, de nature à permettre aux fonctionnaires du ministère des Finances de se former une opinion sur la faiblesse de la banque.

[M. George Edwards.]

Q. Vous admettrez qu'il est absolument nécessaire de faire faire, non seulement une inspection publique plus complète, mais une inspection par le gouvernement en plus de l'inspection faite par la banque, comme nous le disait ce matin le ministre intérimaire des Finances?—R. Je crois que le ministère devrait avoir de plus amples renseignements, et il ne les obtiendra qu'en nommant un fonctionnaire à cette fin.

M. Garland:

Q. A-t-on déjà porté plainte au ministère des Finances au sujet de la compétence du vérificateur de la Home Bank?—R. Pas à ma connaissance.

M. W. F. Maclean:

Q. Au sujet des dépôts de banque, est-il vrai que les billets de la banque ont la priorité sur les dépôts?—R. Ils ont la priorité sur l'actif de la banque.

Q. Si nous avions des billets du gouvernement à la place des billets de la banque, il ne serait pas nécessaire d'obliger les déposants à racheter les billets émis par la banque?—R. Je ne vois pas de différence dans le cas des billets du gouvernement. Il faudrait que la banque paie ces billets et l'actif de la banque en serait diminué d'autant.

Q. Si la banque achetait ces billets et obtenait une monnaie légale, elle la déposerait dans une banque fédérale de réserve et obtiendrait ses billets d'ailleurs, car lorsqu'elle émet ses propres billets ce sont les déposants qui les paient?—R. La banque doit posséder un actif suffisant pour couvrir ces émissions.

Q. Ne vaudrait-il pas mieux au point de vue de l'intérêt des banques, des actionnaires et des déposants que l'on remplace les billets des banques actuellement en circulation et qui sont une charge sur les dépôts, par les billets du gouvernement?—R. Je ne crois pas que cela fasse de différence.

Q. Le public s'en trouverait-il mieux?—R. Je ne le crois pas.

M. Spencer:

Q. J'aimerais à prendre...R. Me permettez-vous de citer un extrait de la loi à M. Maclean. Article 61.

" Excepté en la manière prescrite ci-après, le chiffre total des billets d'une banque en circulation en aucun temps ne doit dépasser l'ensemble du —

(a) Montant du capital versé et intact de la banque —

M. Maclean:

Q. A-t-on fait cela dans le cas de la Home Bank?—R. Vous avez dit que cette clause n'existait pas dans la loi actuelle, et je vous fais remarquer qu'on l'y trouve.

Q. L'a-t-on observé dans le cas de la Home Bank?—R. N'a-t-elle pas émis des billets pendant des années sur un capital entamé, n'a-t-elle pas agi illégalement?—R. Ça c'est une autre question. Je répondais simplement à l'allusion que cette disposition n'était pas dans la loi.

M. Coote:

Q. Voulez-vous avoir la bonté de m'expliquer le mot "intact", c'est-à-dire capital intact?

M. W. F. Maclean:

Q. Le capital de la Home Bank était entamé depuis six ans?—R. On n'a jamais admis qu'il fût entamé.

[M. George Edwards.]

M. Benoît:

Q. Quelle est l'autorité qui contrôle l'émission des billets?—R. L'Association des Banquiers a le devoir de surveiller les banques à ce sujet; cette émission est également réglementée de diverses autres façons.

Q. Le gouvernement n'a pas le pouvoir de la surveiller?—R. Le ministre?

Q. Le gouvernement ou le ministre n'a pas le pouvoir de surveiller l'émission des billets?—R. Je ne suis pas certain de bien comprendre votre question.

Le président:

Q. L'honorable membre désire savoir si le ministre des Finances peut contrôler la circulation?—R. Le ministre des Finances perçoit un intérêt sur toute surémission. Ceci est un préventif. Une banque ne peut pas toujours.être certaine de ne pas outrepasser ses pouvoirs, lorsqu'elle à plusieurs centaines de succursales; elle ne connaît pas exactement le chiffre de sa circulation avant que les rapports mensuels lui parviennent. S'il y a surémission, la banque prend immédiatement des mesures pour faire cesser cet état de choses et verse une amende au ministre comme pris de sa faute.

M. Benoît:

Q. Comment peuvent-elles le savoir?—R. Elles le sauront lorsque les rapports mensuels leur parviendront.

M. Coote:

Q. Le ministre tient-il ses renseignements au sujet de la surémission d'une banque de cette banque même?—R. Oui.

Le président:

Q. De quels pouvoirs le ministre dispose-t-il pour obliger les banques à diminuer leur circulation?—R. Il y a des clauses pénales dans la loi qui autorise le ministre à prendre les mesures nécessaires et à imposer des amendes aux coupables.

Q. Mais à part cela?—R. Il n'y a rien.

M. Coote:

Q. Des banques ont-elles déjà payé des amendes au ministère par suite de surémission à votre connaissance?—R. Oh, oui, elles le font continuellement, chaque fois qu'il y a surémission. Ces amendes constituent une source de revenus assez considérables.

M. Healy:

Q. De quelle manière l'Association des Banquiers surveille-t-elle l'émission des billets?

M. W. F. Maclean:

Q. Pour quelle raison l'Association des Banquiers surveille-t-elle cette émission; c'est ce que je voudrais savoir?—R. Je crois que je ne me tromperai pas si je vous donne lecture de l'article 124, je ne veux pas faire d'erreur. (Il lit):—

"L'Association réunie en assemblée peut, avec l'approbation des deux tiers des banques représentées à cette assemblée, si les banques qui donnent cette approbation possèdent au moins les deux tiers en valeur au pair du capital versé des banques ainsi représentées, établir des statuts, règles et règlements concernant,—

(a) Toute question se rattachant à la nomination ou à la destitution du séquestre et à ses pouvoirs et fonctions;

[M. George Edwards.]

(*b*) La surveillance de la confection des billets de banque destinés à la circulation, et leur remise aux banques;

(*c*) L'examen de l'emploi de ces billets par les banques;

(*d*) La destruction des billets de banque;

(*e*) La garde de l'administration des réserves centrales d'or et la mise à exécution des dispositions de la présente loi ayant rapport à ces réserves, et

(*f*) L'imposition de pénalités pour l'infraction ou l'inobservance de quelque statut, règle ou règlement établis conformément au présent article.

M. Healy:

Q. Quand cet article est-il devenu loi?—R. Soixante-trois et soixante-quatre Victoria—il y a fort longtemps.

Q. Cette loi était en vigueur alors que la Home Bank existait?—R. Oui.

Q. Et l'Association des Banquiers a permis à la Home Bank de surémettre son numéraire au cours des six dernières années?—R. Je ne sais trop comment envisager votre question, monsieur Healy; les faits sont bien connus. La Home Bank a émis des billets au plein montant de son capital versé ou à peu près.

Q. Et elle a permis à la Home Bank d'émettre plus de billets qu'elle en avait légalement le droit?—R. Je ne suis pas en mesure de vous dire ce que l'Association des Banquiers a réellement fait.

Q. Voici ma question: l'Association des Banquiers jouissait de ce pouvoir au cours des six dernières années?—R. Je ne sais pas; elle jouissait de ce pouvoir.

Q. Elle jouissait de ce pouvoir d'après la loi?—R. Elle jouissait de ce pouvoir, oui.

Q. Et au cours des six dernières années la Home Bank a émis plus de billets qu'elle en avait légalement le droit?—R. Oui.

Q. Nonobstant le fait que l'Association des Banquiers avait le pouvoir d'empêcher cela?—R. La banque était autorisée à faire ce que la loi permettait. Je ne sais pas comment l'Association des Banquiers—je veux être bien compris à ce sujet—aurait pu exercer ce pouvoir à moins qu'elle ne connût le chiffre du capital entamé de la Home Bank. Je ne sais pas jusqu'à quel point l'Association des Banquiers peut être tenue responsable en l'absence de renseignements définis sur le capital. Je préfère ne pas me prononcer sur la question; c'est tout.

Q. Laissons à d'autres le soin de se prononcer sur la responsabilité de l'Association des Banquiers, mais si elle n'avait pas connaissance de la situation de la Home Bank, ou ne pouvait pas se renseigner à ce sujet, n'était-il pas dangereux de lui confier la surveillance de l'émission des billets?—R. Je crois que cette déduction est raisonnable.

M. W. F. Maclean:

Q. Ne devrait-on pas conclure de cela que ce travail devrait être confié à un haut fonctionnaire plutôt qu'à l'Association des Banquiers ou à une organisation privée.—R. Vous posez là une question à laquelle j'ai déjà répondu plusieurs fois.

Q. Quelle est la réponse? Nous avons l'Association des Banquiers et ne devrait-on pas protéger également le pays dans ces cas.

M. MARLER: M. Healy...

M. W. F. MACLEAN: J'ai demandé une réponse. Vu que l'Association des Banquiers n'a pas rempli son devoir, de quelle manière va-t-on protéger le public? Ne croyez-vous pas que l'on devrait nommer un fonctionnaire comme le Contrôleur de la Circulation aux Etats-Unis?

Le TÉMOIN: Je crois qu'un fonctionnaire nommé par l'Etat, comme je l'ai indiqué, pourrait remplir ces fonctions.

[M. George Edwards.]

M. Coote:

Q. Je demanderais à M. Edwards de nous dire, afin de renseigner certains membres qui ne sont pas très renseignés sur cette question, s'il est vrai que les banquiers font imprimer le montant de billets qu'ils désirent pour les utiliser à n'importe quelle fin?—R. Je ne sais pas si c'est vrai, mais je suppose qu'ils font ce que vous dites. Je ne suis pas au courant des affaires de l'Association des Banquiers.

Q. Vous êtes au courant des affaires de certaines banques. N'est-il pas vrai qu'elles font imprimer beaucoup plus de billets qu'elles peuvent en émettre? —R. Oui, nécessairement.

M. MARLER: Imprimés, non émis.

Le TÉMOIN: Imprimés, mais non émis. La restriction porte sur l'émission, non sur l'impression.

M. Coote:

Q. N'est-il pas vrai qu'il arrive aux banques d'émettre plus de billets qu'elles ne le devraient d'après la loi?—R. Oui, occasionnellement.

Q. Est-il vrai que d'après la loi actuelle une banque peut dépasser de beaucoup le montant autorisé sans que le ministère des Finances s'en rende compte?— R. Non.

Q. Vous dites que ce n'est pas possible?—R. Je ne crois pas que ce soit possible.

Q. De quelle manière le ministère des Finances peut-il savoir qu'il y a surémission de la part d'une banque?—R. Par les rapports de la banque.

Q. Par les propres rapports de la banque?—R. Oui.

Q. Avez-vous eu connaissance de banques qui ont fait de faux rapports au gouvernement?—R. Pas sous ce rapport.

Q. A d'autres sujets?—R. Oh oui, la Home Bank en a fait, je crois.

Q. Ne serait-on pas tenté davantage de faire des faux rapports à ce sujet que pour les autres choses?—R. Je ne saurais me prononcer sur les tentations des banques.

Q. Ne serait-il pas aussi facile de fournir des faux rapports à ce sujet que pour les autres choses?—R. Oui, la chose est possible.

Q. Les banques ne sont-elles pas fortement tentées de surémettre lorsqu'elles ont dans leurs voûtes une provision plus considérable de billets que ce qu'elles devraient avoir?—R. La tentation serait nulle pour un banquier honnête; un banquier dont la maison se trouverait dans de mauvaises affaires pourrait se laisser ainsi tenter.

Q. N'est-ce pas accorder un privilège dangereux aux banques que de les laisser imprimer leurs billets et de n'en pas limiter le chiffre.—R. Je ne vois pas de grand danger à ce sujet.

Q. Si on vous chargeait de faire l'examen des affaires d'une banque insolvable, et que vous constatiez une surémission de $1,000,000 faite le jour de la fermeture de cette banque...—R. Je n'ai pas constaté cela.

Q. Ne jugeriez-vous pas que c'est accorder un privilège dangereux aux banques.—R. J'en viendrais peut-être à cette conclusion.

Q. Croyez-vous que le public sait que les banques ont le privilège d'imprimer des billets, pratiquement sans aucune restriction?—R. Je suppose que le public ne s'occupe pas beaucoup de ces choses. S'il examinait la situation, il se rendrait compte qu'il est nécessaire qu'une banque fasse imprimer un surplus de billets.

Q. Savez-vous si les banques des autres pays jouissent d'un tel privilège?—R. Je ne saurais dire en ce moment. Je crois qu'il y a de ces banques en Europe, mais je ne saurais affirmer de mémoire.

[M. George Edwards.]

M. Irvine:

Q. Vous dites qu'en vertu du système canadien ce procédé s'impose?—R. Je dis qu'une banque doit disposer d'une quantité plus considérable de ses propres billets que ce qu'elle peut mettre en circulation. S'il n'en était pas ainsi, elle n'aurait pas de numéraire pour ses transactions de chaque jour.

M. Spencer:

Q. Nécessairement de ses propres billets?—R. Si une banque a le privilège d'émettre un montant de ses propres billets égal au chiffre de son capital et si elle a l'intention de profiter de tous les avantages que lui confère ce privilège, il est nécessaire qu'elle dispose d'un surplus de billets imprimés.

M. Good:

Q. De manière à ne pas être obligée d'expédier ses billets d'un endroit à l'autre?—R. Une banque qui compte un grand nombre de succursales doit se garder une réserve à chacune de ses succursales.

M. Coote:

Q. Une banque peut émettre plus de billets que la loi le lui permet avant que le bureau-chef en soit averti?—R. La chose est possible.

Q. La chose est souvent arrivée?—R. La chose est arrivée.

Q. J'ai l'intention de proposer à ce comité que l'on modifie la Loi des banques de manière à limiter le montant d'un prêt consenti par une banque quelconque à toute personne, raison sociale ou corporation, à une somme ne devant pas dépasser 10 p. 100 du capital versé et du fonds de réserve de la banque. Je demanderai à M. Edwards s'il se rappelle avoir opposé une motion de ce genre faite l'an dernier?—R. Je crois avoir alors soulevé l'objection qu'une limite rigide de ce genre pourrait empêcher des transactions commerciales absolument saines et légitimes.

Q. Au sujet de la banque des Marchands, n'est-il pas probable que cette banque ne se serait pas mise dans ces difficultés, si une telle clause avait alors été en vigueur?—R. Pour répondre à votre question, il faut se rappeler tous les détails du gros prêt consenti par la banque des Marchands. J'ai cru comprendre que ce prêt avait atteint ces proportions surtout parce que le gérant local de la succursale de Montréal avait agi sans y être autorisé.

Q. Croyez-vous qu'il aurait pu faire un tel prêt si cette disposition avait été comprise dans la loi des banques?—R. Ce n'est pas la première fois que l'on agi sans autorisation. Je ne saurais dire quels auraient été les effets dans ce cas.

Q. Faut-il conclure d'après ce que vous dites que toute modification apportée à la loi des banques n'aura aucune valeur parce qu'elle sera peut-être violée par un gérant?—R. Non, je crois que les banques sont bien disposées à observer la loi.

Q. Maintenant, au sujet de la Banque Nationale, est-ce qu'une telle clause ne l'aurait pas sauvée des difficultés dans lesquelles elle s'est trouvée?—R. D'après les quelques renseignements que je possède à ce sujet, il semble qu'on a augmenté le prêt dans l'espoir de tirer la compagnie d'embarras.

Q. Et au lieu de se tirer d'embarras avec ce prêt, la compagnie a fait sombrer la banque avec elle?—R. Il est arrivé, monsieur Coote, que l'aide apportée à une maison d'affaires dans des circonstances semblables ait contribué à remettre cette compagnie sur pieds. Il est aussi arrivé que cette aide n'ait pas été suffisante pour la tirer d'embarras. Il n'y a pas de règle absolue quant à l'opportunité de secourir ces maisons d'affaires. Les directeurs doivent en décider, ce sont des hommes qui sont au courant de la situation et qui sont censés avoir étudié toutes les circonstances se rapportant à ces prêts.

Q. Je désirerais vous poser la même question au sujet de la Home Bank. Cette banque a-t-elle fait faillite à cause de prêts plus considérables que cette limite?—R. A la fois considérables et mauvais.

[M. George Edwards.]

Q. N'est-il pas fort probable que la Home Bank existerait encore si on avait restreint les prêts à cette limite?—R. Si la Home Bank s'était contenté de faire des prêts légitimes, elle existerait probablement encore.

Q. Serait-il sage d'inclure une modification de ce genre dans la loi des banques, si vous en jugez d'après votre expérience des affaires des banques faillies? —R. Je suis prêt à faire l'expérience pourvu que l'on recommande une modification qui n'embarrasse pas inutilement le commerce légitime des banques.

Q. Nous avons surtout à nous occuper de la sécurité des déposants au cours de cette enquête. Est-ce que cette modification n'augmenterait pas la sécurité des déposants?—R. Oui dans un sens, car plus les risques de la banque sont partagés, plus est grande la sécurité des déposants.

Q. Est-il vrai que plus de 50 p. 100 du capital versé de certaines de nos banques est engagé dans des prêts improductifs—R. Je ne saurais dire.

M. Marler:

Q. Nous avez-vous laissé entendre que les banques surémettent assez souvent?—R. Fréquemment, mais pas intentionnellement, je ne le crois pas.

Q. Vous ne croyez pas qu'il y ait eu de surémission voulue?—R. Je ne crois pas que les banques l'aient fait avec intention, certainement pas que je sache.

Q. C'était réellement accidentel?—R. Un simple accident.

M. Irvine:

Q. J'ai cru comprendre que M. Edwards avait répondu à M. Coote que cette surémission de la part des banques était une nécessité?—R. L'impression d'un surplus de billets est une nécessité.

Q. Quelle est l'utilité de les imprimer si on ne peut pas les émettre au besoin? —R. Prenez une banque qui compte 500 succursales, chacune de ces succursales doit nécessairement garder un certain montant des billets de la banque dans ses voutes pour ses transactions quotidiennes. Si elle ne dispose pas de ses propres billets, elle ne pourra pas payer les chèques présentés autrement qu'en monnaie légale.

Q. Voici où je veux en venir.—R. Ces billets ne valent pas plus que le papier ordinaire tant qu'ils restent dans les voutes de la banque. Ils ne constituent une obligation que lorsqu'ils sont émis, c'est une promesse de payer.

Q. C'est une promesse de ne pas payer en ce moment. On les imprime parce qu'on en a besoin et dans le but de les émettre, autrement on ne les imprimerait pas?—R. On en imprime un surplus pour les besoins de la circulation.

M. Marler:

Q. On en imprime un excédent sans les émettre?—R. Non, on les imprime dans le but de pouvoir les distribuer aux succursales.

Le PRÉSIDENT: Lorsqu'on en a besoin à un moment donné.

M. Irvine:

Q. Vous admettrez qu'on ne pourrait pas les émettre s'ils n'étaient pas imprimés?—R. Si on ne les imprimait pas, il est fort possible que les banques ne pourraient pas jouir de tous les avantages conférés par la loi des banques.

Q. Ne vaudrait-il pas mieux empêcher le surplus d'impression que la surémission?—R. Le surplus d'impression ne présente aucune difficulté, si l'Association des Banquiers réglemente les besoins d'une banque en sus de son émission.

Q. Il est parfaitement clair que le meilleur moyen d'empêcher la surémission consiste à empêcher le surplus d'impression?—R. Ce serait certainement le moyen le plus efficace.

[M. George Edwards.]

M. W. F. Maclean:

Q. N'est-ce pas une juste conclusion à tirer de votre témoignage de ce matin où vous dites que l'Association des Banquiers n'a pas rempli son devoir.—R. Je n'ai pas dit cela.

Q. Que cette association devrait être soumise à l'inspection.

M. SPENCER: C'est une autre question.

M. W. F. Maclean:

Q. Voulez-vous me dire si l'Association des Banquiers devrait être inspectée de la même manière que les banques le sont parce qu'elle n'a pas rempli ses fonctions comme le veut la loi?—R. Je crois qu'il est juste de dire que le ministre doit être renseigné sur la manière dont l'Association des Banquiers remplit ses fonctions.

Q. Et en conséquence, un inspecteur devrait l'examiner?—R. Je le suppose.

M. Spencer:

Q. La Home Bank était-elle membre en règle de l'Association des Banquiers? —R. Je crois savoir qu'elle était membre de l'Association des Banquiers.

Q. Un membre en règle?—R. Je ne sais pas, je ne connais pas le programme financier de l'Association; je ne peux pas répondre à cette question.

Q. Savez-vous si cette banque était en règle?—R. Il semble qu'on exige une contribution quelconque, au prorata des dépenses de l'Association.

Q. J'imagine qu'elle était en règle?—R. Je le crois.

M. SPENCER: Me permettez-vous de demander à M. Ross si la Home Bank était en règle avec l'Association des Banquiers?

Le PRÉSIDENT: Comme il est une heure et cinq minutes, je crois que nous devrions ajourner. J'essayerai de fournir l'occasion à M. Spencer de poser cette question à M. Ross une autre fois.

Le témoin se retire.

Le comité s'ajourne.

CHAMBRE DES COMMUNES,
SALLE DE COMITÉ 429,
MERCREDI, le 11 juin 1924.

Le comité spécial permanent choisi sur les Banques et le Commerce se réunit à onze heures du matin.

Le GREFFIER: Je dois dire que je regrette beaucoup de vous annoncer que M. Vien, le président, a été appelé, à Montréal, pour cause de maladie dans sa famille. Comme il n'y a pas de vice-président, je dois vous demander de bien vouloir nommer un président intérimaire.

M. MacKay: Je propose que M. McMaster occupe le fauteuil.

M. IRVINE: J'appuie cette proposition.

M. McMaster ayant occupé le fauteuil.

Le PRÉSIDENT INTÉRIMAIRE: Je vous remercie, messieurs.

HENRY T. Ross est appelé, assermenté et interrogé.

M. Spencer:

Q. Est-ce que la Home Bank faisait partie de l'Association des Banques? —R. Oui.

Q. Quelles sont les caractéristiques nécessaires afin de devenir membre de l'Association?—R. Il faut avoir obtenu une charte et le droit de transiger des opérations. Le nombre des adhérents est régi par le statut; il ne dépend pas de la volonté des membres de l'Association, ou de l'Association elle-même. La

[M. Henry T. Ross.]

Home Bank était membre de la Canadian Bankers' Association en vertu du statut.

Q. Alors la Home Bank était un membre en règle?—R. Cela n'entre pas en jeu. Le Parlement décrète qu'une banque qui reçoit une charte est membre. Le fait d'être en règle n'entre pas en jeu.

Q. Et donc, toutes les banques font partie de la Bankers' Association?—R. Oui.

Q. Est-ce que l'Association des Banquiers connaissait l'état dans lequel se trouvait la Home Bank avant le 17 août 1923?—R. Vous voulez dire son insolvabilité?

Q. Oui.—R. Non.

Q. Savait-elle que son capital était diminué?—R. Non.

Q. Relativement à l'article 124, sous-article B, touchant la surveillance exercée par la Bankers' Association, les billets et leur livraison aux banques, j'aimerais à vous demander quelle surveillance elle exerce?—R. Il existe actuellement la surveillance suivante sous l'empire des règlements de l'Association adoptés conformément au statut mentionné. Toute compagnie fabricante de billets de banque, les distribuant aux banques afin qu'elles les livrent à la circulation doit faire rapport à l'Association, des consignations de tous billets à la banque, un rapport du nombre de billets, leurs dénominations et tous les détails. Puis, la banque elle-même doit renvoyer à l'Association en vertu de ses règlements, un rapport du nombre de billets, leurs dénominations et les détails. On tient des comptes au grand-livre de ces reçus et l'un est pointé en regard de l'autre. L'Association reçoit aussi de chaque banque un certificat, en vertu de ses règlements, de la destruction de ses billets, après qu'ils sont devenus salis et usés. Cette description est signée par trois des directeurs de la banque et elle expose les détails des dénominations et le nombre de billets détruits, sous la surveillance personnelle des administrateurs. Ces destructions sont alors imputées contre les billets en la possession de la banque, et le nombre des billets en la possession de la banque s'en trouve diminué d'autant.

Q. Dois-je comprendre que les trois administrateurs appartiennent tous à la même banque?—R. Oui, les trois administrateurs de la même banque.

Q. Les autres banques exercent-elles quelque surveillance?—R. Non.

Q. Il n'en existe pas non plus de la part de quelque fonctionnaire étranger?—R. Non.

Q. D'un fonctionnaire du Trésor?—R. Non.

Q. Alors la chose est entièrement laissée aux banques individuelles, par l'entremise de leurs propres fonctionnaires, en tant qu'il s'agit de la destruction des billets?—R. Oui, c'est-à-dire, dans le cas des banques solvables. Dans le cas des banques insolvables, je suppose que l'Association est représentée à la destruction des billets.

Q. Je présume que l'Association des Banquiers ignorait que la Home Bank était insolvable après 1916?—R. Non.

Q. Et par conséquent on lui a permis de procéder de la même manière que dans le cas d'une banque solvable?—R. Vous dites qu'"on lui a permis de procéder". On ne pouvait pas lui refuser le droit de procéder.

Q. A mesure que la banque exerçait ses opérations bien qu'insolvable, manquant ainsi à la promesse donnée à la Bankers' Association, aussi bien qu'au ministère des Finances, au sujet des rapports qu'elle transmettait, se peut-il qu'une erreur ait été commise relativement à la destruction des billets?—R. Non. Je pense que la suite a démontré qu'aucune erreur n'avait été commise, au sujet du nombre des billets en circulation de la Home Bank. Le plus grand nombre des billets de la Home Bank ont été mis entre les mains du liquidateur, et il ne dépassait pas le nombre des billets crédités comme ayant été émis par la banque.

[M. Henry T. Ross.]

Q. Vous dites qu'un compte est tenu? Vous voulez dire un compte pour chaque banque en particulier?—R. Oui, et je puis ajouter que chaque fois l'Association publie un état relatif à la circulation des billets de chaque banque, ainsi que les billets reçus de la compagnie fabricante de billets de banque, les billets détruits, le solde en la possession de la banque à la date de l'état. Tous ces renseignements sont imprimés et distribués aux membres, afin qu'ils puissent tous connaître le compte relatif aux billets de banque pour chaque banque individuelle.

Q. L'Association des Banquiers n'exerce-t-elle pas sa surveillance d'une autre manière sur l'émission des billets?—R. A l'instant même, je ne puis penser à un autre moyen. Oui, il y en a un autre. Je puis dire que je n'ai pas fini d'énumérer les activités de l'Association à cet égard, en vertu de ses règlements. Une fois l'an, l'Association fait faire l'inspection du compte relatif à la circulation de chaque banque. En vertu d'une résolution adoptée par l'Association j'ai fait cette inspection pendant les huit dernières années. Je visite le siège social de chaque banque et j'examine tous les rapports relatifs à la circulation des billets, à la fin de chaque mois. C'est-à-dire qu'on me fournit un état des billets en la possession de la surccursale. Ceux-ci, avec les billets en la possession du trésorier de la banque, comme on l'appelle, au siège social constituent les billets appartenant à la banque. Ceux-ci déduits du compte mentionné gardé à la banque, des billets reçus, moins les billets détruits, donne la circulation en souffrance de la banque.

Q. J'aimerais à vous poser quelques questions relatives au fonctionnement de la loi des finances à partir du moment de l'émission des billets par le gouvernement fédéral, de leur placement dans la réserve d'or, et de l'émission des bills privés. D'après la loi des finances de 1914, je comprends que la banque peut confier diverses valeurs au bureau du Trésor et qu'elles peuvent être escomptées de nouveau à une certaine marge. En est-il ainsi?—R .C'est exact. Peut-être que le terme escompté de nouveau n'est pas technique. Ces garanties sont engagées en vertu de la loi des finances au gouvernement, et les avances sont faites contre les garanties engagées.

Le président intérimaire:

Q. Mais, monsieur, d'une manière générale, cet engagement de garanties aurait trait à celles qui auraient déjà été engagées par la banque?—R. Non. Si vous parlez de garanties telles que les obligations du gouvernement ou les obligations municipales, etc., non. C'est la propre propriété de la banque qui se trouve engagée, ou nous pourrions dire que ce serait des effets pour le grain et ceci serait l'obligation d'un client individuel de la banque.

Q. Dans ce cas le terme "escompté de nouveau" serait assez exact?—R. Non. Il y aura un certain nombre de ces garanties relatives au grain ou billets placés avec le Bureau du Trésor, ou avec son agent, et les avances se feront sur marge, comme M. Spencer l'a suggéré, jusqu'à, peut-être, 85 ou 90 p. 100—j'ignore ce que sont exactement les pourcentages—contre la somme totale de ces obligations. Les obligations individuelles ne sont pas escomptées de nouveau. Une avance est imputée contre les garanties lorsqu'elles sont engagées.

M. Irvine:

Q. Est-ce que des obligations urbaines seraient acceptées dans ce cas?—R. Oui, sous l'empire de la loi des finances de 1923.

Q. Prenons, par exemple, j'ignore si je devrais mentionner une ville en particulier.

Le PRÉSIDENT INTÉRIMAIRE: Appelez-la la ville "X".

[M. Henry T. Ross.]

M. Irvine:

Q. Les obligations de la ville "X" durant une certaine année valaient 100. Aujourd'hui elles valent 50 et elles sont encore déposées au bureau du Trésor. Etes-vous d'avis que c'est un dépôt sûr?—R. Je suppose que dans ce cas le bureau du Trésor dirait que probablement les trois quarts de la valeur courante pourraient être prêtés contre elles.

M. Euler:

Q. Si elles sont dépréciées après qu'elles ont été déposées, y a-t-il quelque recours possible?—R. Il faut que le bureau du Trésor y veille. Il pourrait exiger le dépôt d'autres garanties d'après les règlements.

M. Spencer:

Q. Est-ce qu'une garantie engagée envers une banque par ses clients, soit individuels ou corporatifs, peut être cédée au bureau du Trésor afin d'obtenir des avances sur celle-ci?—R. La loi conférerait ce privilège, mais je ne pense pas que l'on s'en sert dans la pratique.

M. Maclean:

Q. Y a-t-il quelque nouvel escompte?—R. Non, pas dans le sens que cette expression est employée; ce sont des "avances sur garantie".

M. Euler:

Q. Quelle est la nature de ces garanties?—R. Il y a cinq catégories, à commencer par les garanties du gouvernement fédéral, les garanties municipales, les reçus pour le grain, les documents relatifs au grain, et les effets de commerce ayant trait à l'agriculture ou au commerce, sous n'importe quelle forme.

M. Spencer:

Q. Telle que je comprends la chose, ce sont des billets de commerce cédés au ministre des Finances?—R. Oui.

Q. Et qu'il accepte?—R. Oui. Je pourrais ajouter, cependant, que le volume des avances effectuées pour chaque catégorie de garanties a été relativement faible dans le passé. Les avances générales ont été effectuées contre les obligations du gouvernement offrant les meilleures garanties.

Q. Nous savons que les billets fédéraux sont émis à la banque, mais je crois que ce n'est pas l'habitude de les mettre en circulation?—R. La banque obtient ce que l'on appelle des "billets légaux considérables"; elles reçoivent leurs avances sous forme de billets légaux considérables.

Q. Pour la commodité de la chose?—R. Oui. Ceux-ci servent soit à faire des règlements relatifs aux chambres de compensation entre les banques, ou ils peuvent être déposés à la réserve centrale d'or. Je pense que le plus grand nombre de ceux-ci servent aux chambre de compensation.

Q. Ils sont placés dans la réserve centrale d'or—les banques ont le choix d'émettre dollar pour dollar de leurs propres billets?—R. Oui.

Q. Je crois que la raison, c'est de permettre à la banque d'avoir un grand nombre de billets imprimés par l'entremise de ses diverses succursales, qui ne pourraient être placés dans la circulation avant d'être distribués au public au cas d'une course sur la banque?—R. Non. Si je puis le dire, je crois que vous confondez avec autre chose. Les propres billets de la banque jusqu'à son capital ne sont pas du tout dans cette catégorie.

Q. Il n'existe aucune restriction à leur sujet?—R. Non.

Q. Je parle des billets émis contre les billets du Dominion placés dans la réserve centrale d'or?—R. Oui.

[M. Henry T. Ross.]

Q. Est-ce un fait que les banques retiennent des billets prêts pour l'émission mais qui ne sont pas en circulation jusqu'à ce qu'ils soient distribués?—R. Oui.

Q. Je crois que cela est un fait?—R. Oui.

Q. Ce sont des billets de banque privés afin de permettre à la banque de faire face à une course sur elle. Lorsqu'ils sont émis, c'est une quantité de billets supplémentaires. Ils sont immédiatement déposés de nouveau avec la garantie attachée au bureau du Trésor afin de les couvrir.—R. Non, cette opération ne pourrait pas se faire.

Q. Qu'arrive-t-il si ces billets sont émis en montants assez forts?—R. Il faut que la banque ait les billets du Dominion dans la réserve centrale d'or afin qu'elle puisse payer aucun de ses propres billets. Elle ne peut pas attendre et couvrir la transaction plus tard par le dépôt de billets du Dominion dans la réserve centrale d'or.

Q. Alors vous voulez dire que bien que vous payez 5 p. 100 sur tous les billets du Dominion placés dans la réserve centrale d'or, vous ne les employez pas dollàr pour dollar dans la circulation de vos propres billets?—R. Je ne saisis pas très bien ou vous voulez en venir. Voulez-vous avoir la bonté de répéter.

Q. Vous payez 5 p. 100 sur tous les billets du Dominion que vous détenez avec garantie?—R. Oui, d'après la loi des Finances.

Q. Est-ce que vous ne tirez pas partie entièrement de ce privilège dans l'émission de vos propres billets?—R. La banque essaie de s'en tenir aussi près que possible à la limite. Elle ne veut pas payer 5 p. 100 plus longtemps qu'il n'est nécessaire. Elle désire réduire au minimum la différence entre les dépôts et la circulation.

Q. Vous admettez que les banques gardent une réserve de billets qui ne sont pas mis en circulation?—R. Oui.

Q. Et par conséquent, aucun frais n'est demandé pour eux?—R. Je ne vous comprends pas.

Q. Vous imposez 5 p. 100 sur tout ce que vous placez dans la réserve centrale d'or, contre lequel vous émettez des billets privés?—R. Oui.

Q. Quelles quantités sont gardées pour la circulation, qui ne sont réellement pas mises en circulation?—R. Cet état que l'association publie chaque mois indique la quantité des billets que la banque a en sa possession et qui ne sont pas émis —leur nombre est passablement grand.

Q. Il peut y avoir une non-émission sans limite?—R. Il n'y a pas de limite à cet égard. Cependant, il y a une limite très précise à l'émission.

Q. A propos de l'article 61, sous-article 2, quelles mesures prenez-vous afin de voir à ce que la banque—je parle maintenant de l'Association des banquiers —n'émet pas plus que son capital acquitté entier?—R. Il faut que l'Association se fie aux rapports qui lui sont faits par chaque banque en particulier, dans le premier cas; en outre, il y a l'inspection dont je vous ai parlé, savoir, qu'un officier représentant l'Association examine les livres et les rapports de toutes les succursales afin de constater que la banque n'a pas transmis un faux rapport. Cette inspection peut se faire en tout temps. Les règlements exigent qu'elle ne se fasse qu'une fois par année, mais en tout temps l'officier représentant l'Association peut visiter la banque et y faire l'examen de tous ses livres, y compris les rapports venant de ses succursales et les pointer, afin de voir à ce qu'ils soient conformes aux rapports réellement faits par la banque.

Q. Et cependant, avec cette inspection complète, n'est-ce pas un fait que l'Association n'avait pas réalisé que la Home Bank avait un capital diminué?— R. Cela est différent. Je ne crois pas que cela se rapporte vraiment à la question. Le capital acquitté de la Home Bank était diminué, comme nous le savons maintenant, et les officiers de la banque ont fait une déclaration, pour laquelle ils sont responsables, qu'il n'était pas diminué. D'après le statut, les officiers de la banque ont fait rapport au ministère et lui ont dit: "Notre capital acquitté est de tant et tant, non diminué". L'Association n'a pas le pouvoir d'après le statut d'examiner plus avant cette déclaration. Elle doit l'accepter.

Q. Alors y a-t-il quelque chose pour prouver qu'en tant que les administrateurs de la Home Bank ont fait une fausse déclaration, d'autres banques n'ont pas pu faire de faux rapports, et ainsi tromper l'Association des banquiers?—R. Dans tout le pointage des comptes relatifs à la circulation publiés par les banques, en tant que les consignations le démontrent, il n'y a rien pour indiquer qu'aucune banque ait fait un faux rapport à cet égard, à propos de sa circulation.

Q. Vous n'avez pas eu de témoignage, si je comprends bien, au sujet de la Home Bank depuis 1916, bien que ses affaires étaient mauvaises depuis ce temps? —R. Oui.

Q. Donc, il est possible qu'une autre banque serait dans la même situation? —R. C'est possible, mais je ne pense pas que c'est probable.

M. *Marler:*

Q. M. Ross, la question du nouvel escompte et de l'engagement a été soulevé par M. Spencer à propos des lois des Finances de 1914 et de 1923?—R. Oui.

Q. Comme question de fait, est-ce qu'on n'arrive pas au même but par un nouvel escompte et par une garantie, dans les circonstances?—R. Oui, on arrive au même but.

Q. C'est réellement la substitution d'un mot pour un autre?—R. Oui.

Q. Soit que nous employions l'expression "nouvel escompte" ou "garantie" relativement aux banques et à la loi des Finances, on obtient précisément le même but?—R. On obtient les mêmes résultats.

Q. Vous avez parlé des billets légaux considérables accordés par le ministère des Finances à la banque?—R. Oui.

Q. Ils ne sont accordés que pour la commodité de la chose?—R. Oui.

Q. Des petits billets pourraient aussi bien être accordés si la chose était nécessaire?—R. Oui, et ils le sont de fait, afin d'accommoder les banques.

Q. Et ils pourraient être mis en circulation?—R. Oui, et ils le sont effectivement.

Q. Et les billets légaux considérables sont émis pour des fins de commodité; rien de plus ou de moins?—R. La banque emploie la plupart des forts billets qu'elle reçoit du ministère des Finances à faire face à ses obligations à la chambre de compensation. Elle n'émet pas de ses propres billets à cet égard.

Q. Mais elle pourrait accorder aussi bien des petits billets?—R. Oui.

Q. Et elle les accorderait, si vous les demandiez?—R. Oui.

M. *Healy:*

Q. M. Ross, quelle est votre situation?—R. Je suis le secrétaire-trésorier de la *Canadian Bankers' Association.*

Q. Depuis combien de temps en remplissez-vous les fonctions?—R. Depuis bientôt huit ans.

Q. Et quelle était votre situation antérieure?—R. J'étais sous-ministre adjoint des Finances.

Q. Pendant combien de temps?—R. Dix ans.

Q. Et quelle est votre profession?—R. J'étais avoué.

Le *président intérimaire:*

Q. Vous étiez membre du barreau, je suppose?—R. Oui. J'ai pratiqué ma profession pendant un certain nombre d'années.

M. *Healy:*

Q. En ce qui concerne l'émission de billets par les banques, il n'y a si je comprends bien que deux personnes qui soient intéressées à l'émission des billets;

[M. Henry T. Ross.]

la banque qui les émet et la *Canadian Bankers' Association?*—R. Oui, les membres de l'Association.

Q. Le gouvernement n'a rien à voir à cela?—R. Le gouvernement n'a rien à y voir, sauf que les rapports lui sont envoyés, comme n'importe quel autre rapport.

Q. Mais il n'exerce aucun contrôle? On ne lui a pas accordé le droit légal...—R. Le gouvernement exerce un certain contrôle.

Q. S'il en exerce un, voulez-vous avoir la bonté de me dire en quoi il consiste.—R. S'il arrive qu'une banque a un excédent de billets en circulation, le gouvernement étudie son cas et s'il constate que la chose est prouvée...

Q. C'est une supposition. Il n'existe pas de méthode légale ou de mécanisme légal par lequel il exerce un contrôle?—R. Non.

Q. Sous quel contrôle ces billets sont-ils émis?—R. Sous le contrôle de chaque banque en particulier.

Q. Et de l'Association des banquiers?—R. Il pourrait en cuire à l'Association des banquiers s'il y avait excédent de circulation.

Q. Mais cela repose sur une plus haute autorité; c'est la loi?—R. Oui.

Q. Cela est prévu par le statut?—R. Oui, l'Association des banquiers exerce le contrôle que j'ai déjà exposé à M. Spencer relativement à la procuration des billets et à la tenue des comptes.

Q. Est-ce que je comprends bien le point qu'il n'y a que deux personnes—si vous voulez les appeler " personnes " la banque et l'Association, qui contrôlent l'émission des billets? Cela est exact?—R. Ce n'est pas tout-à-fait exact M. Healy, de les mettre ensemble.

Q. Ce sont les deux dont il s'agit; peu importe que je les mette ensemble ou non.—R. Oui, de la manière décrite.

Q. Quelle est d'abord la base pour l'émission de n'importe quel billet par la banque?—R. Il faut que le capital soit acquitté.

Q. Et il faut de plus qu'il ne soit pas diminué, n'est-ce pas?—R. Oui.

Q. Il faut que le capital ne soit pas diminué?—R. Oui.

Q. Etes-vous d'avis que le capital de la Home Bank était épuisé en 1916—R. Je sais seulement ce que j'ai lu dans les journaux. Je m'en tiendrais plutôt à l'opinion du commissaire McKeown à ce sujet.

Q. On en est venu à cette conclusion?—R. Oui, je crois que les liquidateurs ont dit que son capital était diminué en 1916.

Q. Mais vous ne pouvez pas être de cet avis?—R. Je ne puis pas être d'un avis contraire, parce que je n'en sais rien.

Q. Si vous ne pouvez pas être de cet avis, serait-il juste de dire que vous êtes d'un avis contraire?—R. Je ne sache pas que je sois appelé à dire si je suis de cet avis ou non.

Q. Vous êtes maintenant appelé, parce que je vous le demande?—R. Il ne s'ensuit pas nécessairement que je devrais me casser la tête pour vous répondre.

Q. Est-ce votre opinion?—R. Je crois tout à fait que le capital de la Home Bank était grandement diminué.

Q. En 1916?—R. J'ignore exactement quand. Longtemps avant sa faillite.

Q. Alors il est juste de dire que depuis 1916 la Home Bank avait dans le voisinage de $2,000,000 sans fondement légal pour son émission?—R. Je ne dirais pas cela. Je ne serais pas de cet avis. Je dirais que les billets en tant qu'il s'agissait du public, et en tant qu'il s'agissait de la banque s'appuyaient sur une émission légale.

Q. Je comprends que vous avez dit que la seule base pour l'émission légale était le capital acquitté en entier?—R. Oui.

Q. Et il n'en était plus ainsi depuis 1916?—R. En tant qu'il s'agit des formules, les billets étaient émis légalement.

[M Henry T. Ross.]

14-15 GEORGE V, A. 1924

Q. Je ne parle pas des formules; j'essaie d'arriver au fait.—R. Je n'admettrai pas que les billets n'étaient pas émis légalement.

Q. Serait-il prudent de dire qu'ils ont été émis légalement, en tant qu'il s'agissait de l'émission-papier alors qu'il n'existait pas de base réelle pour l'émission?—R. Le capital était diminué, et les officiers, administrateurs ou gérant de la Home Bank ont émis des billets irrégulièrement.

Q. C'est très vrai; cela ne donne pas sujet à discussion; cela est établi. Mais la seule base dans ce pays pour l'émission des billets, c'est le montant du capital acquitté entier?—R. Il faut encore considérer le fait que l'actif de la banque s'appuie sur la loi.

Q. Nous nous éloignons du sujet. L'actif de la banque ne donne pas le droit légal d'émettre des billets, c'est uniquement le capital et le capital tout entier; il n'y a pas de doute à ce sujet?—R. Non.

Q. Est-il juste de dire qu'il y avait $2,000,000 en circulation qui ne s'appuyaient sur aucune base pour cela?—R. C'est un terme indéfini. Il existait un fondement réel, parce que tout l'actif de la Home Bank était de par la loi responsable de sa circulation. J'appellerais cela une base réelle.

M. GARLAND: Une base réelle?

Le PRÉSIDENT INTÉRIMAIRE: Je ne crois pas que nous devions venir en aide à M. Healy.

M. Healey:

Q. Je pense que nos pensées sont les mêmes, mais nos expressions sont différentes?—R. Je le crois; je vais essayer de vous aider, M. Healy.

Q. La loi de ce pays donne à certaines gens le droit d'émettre des billets. Est-ce exact?—R. Tout à fait.

Q. Et ces seules gens sont les banques à charte du Canada?—R. Oui.

Q. Le seul droit sur lequel elles s'appuient pour l'émission de leurs billets c'est leur capital et seulement lorsqu'il est entier. En est-il ainsi?—R. Oui.

Q. Cela étant, n'est-il pas juste de dire que la Home Bank n'avait pas le droit d'émettre des billets vu que son capital était amoindri?—R. Elle n'avait pas le droit de les émettre alors que son capital était diminué.

Q. Alors n'est-ce pas une conclusion exacte de dire que depuis 1916 il y avait $2,000,000 en circulation qui n'auraient pas du l'être?—R. C'est-à-dire, si son capital était diminué à ce point.

M. MARLER: Prenez les $2,000,000. . .

M. HEALY: Je vous ai cédé une fois, M. Marler.

M. MARLER: Mon honorable ami met le témoin dans une situation. . .

M. HEALY: Le témoin est capable de se défendre lui-même.

M. Healy:

Q. Nous savons maintenant que son capital était disparu en 1916; le liquidateur l'a affirmé.—R. Si le liquidateur l'a affirmé...

Q. Il l'a dit, n'est-ce pas?—R. Oui.

Q. Je reviens maintenant à ma précédente question. Depuis 1916 la Home Bank avait en circulation $2,000,000 qu'elle n'avait pas le droit d'avoir?—R. Si son capital était amoindri à ce point, la Home Bank avait émis illégalement ces billets.

Q. Très bien. Maintenant l'autre partie à la transaction était la Canadian Bankers' Association?—R. Oui.

Q. Il n'y avait qu'elle qui exerçait une surveillance?—R. Oui. Le gouvernement l'exerçait aussi.

Q. C'est-à-dire que le gouvernement exerçait une surveillance imaginaire. Les deux parties à la transaction sont celles que j'ai mentionnées?—R. Oui.

Q. Comme résultat, lorsque la Home Bank a failli, il y avait $2,000,000 de papier illégalement émis en circulation?—R. Emis illégalement.

[M. Henry T. Ross.]

Q. En circulation?—R. Oui.

Q. Et cela est devenu une première charge sur l'actif de la Home Bank?—R. Oui.

Q. Et comme résultat, les déposants ont dû payer de leurs poches?—R. Je l'ignore.

M. W. F. MACLEAN: Entre autres.

M. Healy:

Q. Il n'en a pas été ainsi, parce que tout était épuisé. C'est le résultat définitif?—R. C'est ce que vous concluez.

Q. Je désire que vous concluiez la même chose.—R. C'est une conclusion légale et je ne vous en cite pas.

Q. C'est une question de fait?—R. Je soumets que c'est une conclusion légale.

Q. Nous allons essayer d'en faire une conclusion de fait. Les déposants ont perdu 55 p. 100 des dépôts?—R. Oui.

Q. Et ces pertes se sont élevées à bien plus de $2,000,000.

Le président intérimaire:

Q. Cinquante-cinq p. 100 s'élève à bien plus de $2,000,000?—R. Oui.

M. Healy:

Q. Par conséquent, une partie des pertes est couverte par les $2,000,000 en circulation?—R. Cela se peut.

Q. Si telle est votre réponse, je vais l'accepter, mais je pensais en être arrivé à ce qui est une conclusion établie sur un fait.

Le PRÉSIDENT INTÉRIMAIRE: C'est une question d'arithmétique.

M. HEALY: Oui, une question d'arithmétique.

Le TÉMOIN: Je désire déclarer ce que j'ai réitéré auparavant, que si l'on implique dans le cas de la Home Bank que parce que son exécutif a fait de fausses déclarations, quelque autre personne est responsable, on ne peut en arriver à une telle conclusion. Le statut stipule que l'exécutif de la Home Bank fera une déclaration de son capital acquitté entier. Il faut que l'Association des banquiers l'accepte. C'est la disposition statutaire. Il faut qu'elle l'accepte et elle doit décliner de se charger de tout autre responsabilité relative aux erreurs ou aux fausses déclarations. faites par l'exécutif de la Home Bank.

Q. Je crois qu'elle décline toute responsabilité; il n'y a pas de doute à ce sujet. Ce que nous désirons découvrir, c'est si elle devrait accepter cette responsabilité. En tout cas il en est résulté que les déposants ont perdu $2,000,000 à cause de l'émission illégale de circulation. Vous dites que l'Association des banquiers ignorait l'état de la Home Bank?—R. Non, l'Association des banquiers ignorait son état.

Q. Est-ce qu'aucun membre de l'Association était au courant de son état?—R. Je ne puis vous le dire.

Q. Je suppose que les membres de l'Association des banquiers savaient comme tout le monde que la Home Bank avait hypothéqué tous ses biens immobiliers envers Strauss & Company de New York?—R. Je suppose que le public savait qu'elle était au courant comme tout le monde l'était.

Q. Je conclus cela parce que quand n'importe qui accorde une hypothèque, elle le sait?—R. La chose a été publiée dans les archives.

Q. Et lorsque un de ses membres a hypothéqué tous ses immeubles, j'imagine que tous les autres membres le savaient?—R. C'est bien possible, probable, je crois.

Q. Est-ce que cela ne les a pas engagés à s'enquérir si l'actif de la Home Bank avait disparu?—R. Je n'en ai pas eu connaissance.

[M. Henry T. Ross.]

Q. Est-ce qu'ils n'auraient pas dû s'enquérir?—R. Je ne puis dire.

Q. Alors voici ce qui en est, et l'on ne nous a suggéré aucun remède. Une banque sans capital peut émettre jusqu'à la mesure où son capital apparaît sur le papier et personne n'y exerce aucun contrôle?—R. Il faut que la banque ait eu du capital d'abord.

Q. Oui?—R. Il est possible d'après la loi actuelle qu'une banque ait eu du capital, l'ait perdu et qu'elle continue à émettre des billets contre ce capital.

Q. Pour le plus grand dommage définitif du déposant?—R. Oui, si vous le voulez bien.

M. W. F. MACLEAN: Il n'existe pas de protection sous l'empire de la loi actuelle.

M. Healy:

Q. Pour me servir des mêmes termes que M. Maclean, la loi actuelle ne protège pas le déposant?—R. Si l'actif est suffisant, il est amplement protégé.

Q. Nous venons d'examiner un cas ou l'actif n'était pas suffisant?—R. Dans le cas présent, oui.

Q. Et la limite peut être $3,000,000, $4,000,000, $6,000,000 ou $10,000,000? —R. Toute supposition que vous voulez bien faire.

Q. Cela dépend du capital imaginaire de la banque? Comment l'Association des banquiers peut-elle remédier à cet état de choses?—R. Je ne crois pas qu'il soit nécessaire d'après la loi de faire quelque recommandation ou d'offrir quelque remède.

Q. L'Association est parfaitement satisfaite de cet état de choses?—R. Je ne sais pas ce qu'elle pense de la question que vous me posez.

Q. Je pensais qu'elle agissait par votre entremise?—R. Non, je ne puis pas dire qu'il en est tout à fait ainsi.

Q. Elle ne s'inquiète pas de cela?—R. Elle pense qu'elles n'est pas obligée de payer les dettes d'une autre personne.

Q. Mais l'Association des banquiers a volontairement assumé cette obligation?—R. Elle lui a été imposée par le statut.

Q. Et elle l'a acceptée?—R. Elle y a été forcée.

Q. Et cela pendant des années?—R. Oui.

Q. Lorsqu'elle accepte une fonction de ce genre, et qu'elle s'acquitte de la besogne que le pays lui a imposée, ne pensez-vous pas qu'une obligation lui est imposée sans égard à celui qui souffre?—R. Si elle accomplit ses obligations statutaires, je pense que son devoir a été accompli.

Q. Etes-vous d'avis que c'est un état de choses satisfaisant?—R. Je n'aimerais pas à vous le dire.

Q. Qu'en pensez vous après les dépositions que vous avez entendues ce matin?—R. C'est une opinion personnelle.

Q. Vous êtes un expert; quelle est votre opinion personnelle?—R. Je ne dois pas prétendre au titre d'expert.

Q. Si vous n'êtes pas un expert, il n'en existe pas.

Le PRÉSIDENT: Peut-être pense-t-il que la définition d'un expert, c'est un homme ordinaire qui se trouve très éloigné de chez lui.

M. Healy:

Q. Pensez-vous réellement que c'est un état de choses satisfaisant?—R. Je n'aimerais pas à vous donner mon avis, M. Healy; j'aimerais certainement à vous obliger.

Q. Je vais dire que les déposants qui ont été contraints de débourser les $2,000,000 ne croient pas que cela est satisfaisant.—R. Il me répugnerait à croire qu'un état de choses rendant un particulier responsable des dettes d'un autre serait satisfaisant.

[M. Henry T. Ross.]

Q. La chose va plus loin. Cette condition a existé pendant huit ans, alors que $2,000,000 de papier sans valeur, en tant qu'il s'agit d'une émission légale, inondait le pays, et en définitive les déposants ont été obligés de payer les pots cassés. Est-ce un état de choses satisfaisant?—R. Je penserais que c'est très peu satisfaisant.

M. W. F. Maclean:

Q. J'aimerais à demander à M. Ross s'il considère que la loi ne devrait pas être modifiée, à cause de ce que nous avons appris ce matin, pour la protection du public. Il a été clairement démontré que cette émission injustifiée s'est produite et a été en circulation pendant des années. Maintenant nous apprenons que le capital était diminué et que l'émission n'était pas justifiée. Cela étant le cas, est-ce que M. Ross, en sa qualité de secrétaire de l'Association des banquiers, ne pense pas que la loi devrait être modifiée à cet égard, et que quelqu'un devrait assumer la responsabilité du pointage de l'émission, en apprenant de temps en temps ce qu'est le véritable capital diminué de la banque?—R. M. Maclean, des mesures préventives ont été introduites dans la loi des banques de 1923, et il y a l'autre mesure préventive proposée par le ministre intérimaire des Finances à la présente session, laquelle à mon sens devrait faire beaucoup, afin d'empêcher la répétition de ce qui est arrivé dans ce cas particulier.

Q. Mais ne ce qui concerne le pointage, l'Association des banquiers a une fonction à remplir, et quelqu'un devrait la remplir.—R. Ses auditeurs devraient la remplir, et l'inspecteur-général s'il est nommé, devrait la remplir à ce sujet.

Q. Vous n'avez pas saisi où je veux en venir, mais en tout cas ma déclaration est consignée. Nous allons passer à une autre question. Au cours de votre précédent interrogatoire vous avez mentionné un nouvel escompte fait par quelqu'un, ou des avances consenties contre garantie. Qui fait cela?—R. En vertu de la loi des Finances de 1923, une banque seule peut procurer une avance...

Q. De qui?—R. Du ministre des Finances.

Q. Mais les banques n'ont pas besoin de s'adresser au ministre des Finances pour obtenir leur émission contre leur capital. A qui s'adressent-elles à cet égard?—R. C'est un droit statutaire accordé aux banques.

Q. Sans que personne en fasse le pointage?—R. Dans le premier cas, lorsque la banque s'adresse au ministre, afin d'obtenir un permis lui permettant de transiger des opérations avec le bureau du Trésor, elle doit fournir la preuve que son capital est entièrement versé en espèces. Puis, de temps en temps les officiers de la banque font des déclarations relatives au montant du capital acquitté. Cela d'après le statut, forme la base de l'émission de sa propre circulation par la banque.

Q. Mais il n'y a personne pour vérifier cette déclaration des administrateurs que le capital est actuellement entier?—R. Certainement il y a quelqu'un.

Q. Qui est-ce?—R. Les auditeurs de la banque.

Q. Mais quels sont les auditeurs de la banque?—R. Ils sont nommés par la banque. Est-ce que la responsabilité ne devrait pas incomber au ministre ou à son sous-ministre, par exemple?—R. Le ministre est nominalement responsable de ce que le bureau n'ait rien à faire avec le capital de la banque et qu'elle ne conduise pas ses affaires à l'exemple de la Home Bank.

Q. Dans l'intervalle, le public n'est pas protégé en ce qui a trait à l'émission des billets par une banque?—R. Cela soulève la question importante comme quoi les détenteurs de billets ont un droit supérieur à celui des déposants. On concède généralement que le débiteur de billets a un droit supérieur à celui du déposant.

Q. Pourquoi devrait-il l'avoir?—R. C'est un créancier involontaire.

[M. Henry T. Ross.]

Q. Vous avez dit qu'une banque avait le droit de faire partie de l'Association des banquiers?—R. Non, elle ne possède pas ce droit; elle en devient membre par statut.

Q. Alors elle en est membre?—R. Oui.

Q. Elle est aussi membre de la chambre de compensation?—R. Oui.

Q. Qui accorde les privilèges attachés à la chambre de compensation à une banque en particulier?—R. La chambre de compensation est une organisation volontaire qui se compose des banques dans une certaine ville. Les membres déterminent quelles seront celles qui jouiront des privilèges attachés à la chambre de compensation.

Q. Et elles examinent la situation des banques afin de décider si on devrait leur accorder le droit de faire partie de la chambre de compensation?—R. Je crois que n'importe quelle banque transigeant ses opérations sous le régime de la loi des Banques a toujours joui des privilèges attachés à la chambre de compensation.

Q. Est-il déjà arrivé que l'on ait refusé à une banque de faire partie de la chambre de compensation?—R. Pas à ma connaissance.

M. Hanson:

Q. J'aimerais à poser une question à M. Ross au sujet du contrôle de l'émission des billets de banque. Est-ce que la loi des Banques ne renferme pas de dispositions, donnant au gouvernement un certain contrôle sur l'émission faite par les banques, ainsi que certaines pénalités relatives à l'excédent d'émission?—R. Oui.

Q. Le paragraphe 16 de l'article 61 et les articles relatifs aux pénalités contenues dans l'article 135?—R. Oui.

Q. Est-il à votre connaissance que le gouvernement exerce un certain contrôle en vertu de ces articles?—R. Oui.

Q. Et qu'il impose des pénalités sur les banques, si par inadvertance ou calcul, elles ont un excédent de circulation?—R. C'est cela.

Q. Est-ce que la chose est d'occurrence fréquente?—R. Non.

Q. N'est-ce pas un fait que les banques ont généralement une circulation trop faible plutôt que trop forte?—R. Oui, elles s'efforcent de l'avoir passablement faible.

Q. D'après la loi des Finances de 1914, telle que modifiée en 1923, toutes les banques ont le pouvoir d'escompter de nouveau les effets de leurs clients. Est-ce l'habitude pour les banques de profiter de ce privilège, ou si elles demandent et obtiennent des avances sur les garanties subsidiaires de leur propre garantie?—R. Il en est ordinairement ainsi.

Q. Sur les garanties subsidiaires de leur propre garantie, ordinairement?—R. Oui.

Q. Profitent-elles jamais de l'autre option, savoir, le privilège du nouvel escompte?—R. Les banques sont accoutumées à obtenir des avances contre les effets sur le grain.

Q. Bien entendu, c'est purement et simplement un nouvel escompte?—R. Je ne suis pas sûr que cela prenne la forme d'un nouvel escompte. Effectivement, c'est la même chose. Il n'existe aucune différence réelle.

Q. Ce qui arrive, c'est qu'elles confient au ministère des Finances les certificats relatifs au grain, qui en loi sont les preuves du titre de propriété, et contre lesquels elles ont fait des avances aux clients?—R. Oui.

Q. Ordinairement, ce sont les certificats sur le grain en entrepôt ou en transit?—R. Oui.

Le président intérimaire:

Q. Est-ce que cela ne veut pas dire qu'elles escomptent de nouveau les propres effets que leurs clients leur ont donnés?—R. Je ne crois pas qu'il en soit

[M. Henry T. Ross.]

ainsi dans la pratique. Ces exemples ont pu se présenter, mais je dirais qu'en considérant l'ensemble des affaires transigées d'après la loi des Finances, les nouveaux escomptes ou les avances effectuées contre les effets des clients sont quantité négligeable.

Q. Cela pourrait se faire?—R. Certainement.

M. Hanson:

Q. Vous avez cité l'exemple des certificats pour le grain. Sont-ils de fait la propriété de la banque ou simplement des titre à la banque?—R. Je crois que d'après la loi ils sont la propriété de la banque. Le titre lui est dévolu. La banque en est la vrai propriétaire et elle peut en faire ce que bon lui semble.

Q. Par conséquent, elle engage sa propre propriété?—R. Oui.

M. SALES: Ceci soulève un point très important, la question de décider si un cultivateur a le droit de se désister de son billet de grain. Si M. Ross dit que les certificats appartiennent entièrement à la banque, j'aimerais savoir...

M. Hanson:

Q. Ils sont offerts ou en garantie ou en fiducie?—R. Oui.

M. SALES: Lorsqu'un cultivateur a une réserve de grain et que le certificat de l'entrepôt lui est remis, il ne s'est pas séparé de son grain, et le fait pour la banque de l'engager ou de l'interpréter comme lui appartenant est entièrement erroné.

M. HANSON: Je pense qu'il y a un peu de confusion ici. Je ne crois pas que tout propriétaire d'entrepôt donnerait jamais une garantie à la banque, ou vendrait d'après les certificats, le grain entreposé et qui n'appartient pas au propriétaire de l'entrepôt.

Le PRÉSIDENT INTÉRIMAIRE: Je crois que la question que M. Hanson est à traiter a trait aux reçus provenant de l'entrepôt représentant la propriété du grain. Supposons qu'il appartienne à un marchand de grain, et que celui-ci s'adresse à sa banque, emprunte de l'argent et remette le reçu provenant de l'entrepôt. La banque de son côté, reçoit le reçu d'entrepôt et le confie en nantissement au ministère des Finances d'après la loi des Finances de 1923, et elle obtient une avance en billets du Dominion contre lui.

M. COOTE: Est-ce que la banque a acheté ce grain? Est-ce que le grain lui appartient?

Le PRÉSIDENT INTÉRIMAIRE: Si la banque a prêté de l'argent sur le grain et qu'elle a obtenu le reçu de l'entrepôt, je suppose que c'est un document équivalent à un titre. Elle peut prendre ce titre et l'escompter de nouveau auprès du ministère des Finances.

M. HANSON: Exactement comme dans le cas d'un connaissement.

Le PRÉSIDENT INTÉRIMAIRE: Je le penserais.

M. Shaw:

Q. Vous nous avez dit que l'Association des banquiers en tant qu'Association ignorait tout de la situation dans laquelle se trouvait la Home Bank avant sa banqueroute?—R. Oui.

Q. C'est exact?—R. Oui.

Q. Est-ce que le cas de la Home Bank a jamais été discuté à l'une des assemblées de l'Association?—R. Je pense que je puis dire en toute sûreté que je ne l'ai jamais entendu discuter.

Q. S'il avait été discuté, en auriez-vous un procès-verbal?—R. Oui.

Q. Avez-vous examiné vos procès-verbaux afin d'être certain?—R. Il n'y a eu aucune discussion aux assemblées quant à la position de la Home Bank.

Q. Vous nous avez parlé des pouvoirs que possède l'Association des banquiers touchant la circulation des billets?—R. Des comptes touchant la circulation des billets.

[M. Henry T. Ross.]

Q. A la banque?—R. Oui.

Q. D'où obtenez-vous ces pouvoirs? Quel paragraphe de l'article 124 vous les confère? Est-ce le sous-article 1?—R. Oui.

Q. Ce sont les seuls pouvoirs?—R. Considérés ensemble. L'Association peut établir des règlements pour "La surveillance de la fabrication des billets de banques destinés à la circulation, et leur livraison aux banques".

Q. D'après cet article, avez-vous quelque autorité?—R. Aussi "L'inspection de la disposition de ces billets, faite par les banques", et "La destruction des billets de banque".

Q. Etes-vous autorisés en vertu de cet article ou d'après n'importe quel article—est-ce que l'Association des banquiers possède l'autorisation d'établir si oui ou non la circulation d'une banque est légale?—R. La loi stipule qu'une banque peut mettre en circulation des billets, pour un montant égal à son capital acquitté entier. La loi stipule en outre que la banque enverra un rapport au gouvernement relativement à son capital acquitté entier chaque mois. Cela établit en tant qu'il s'agit de l'Association, ce qui est le capital entier de la banque, et elle n'a pas le pouvoir de faire des recherches ultérieures.

Q. Voudriez-vous répondre à ma question: l'Association des banquiers n'a pas l'autorisation d'établir si la circulation d'une banque est légale ou non?—R. Je dis qu'elle ne possède pas l'autorisation lui permettant de déterminer, si le capital d'une banque est entier ou non.

Q. Vous avez appartenu au ministère des Finances pendant dix ans; quelle est la personne au ministère qui s'occupe de voir à ce que les banques se tiennent dans les limites fixées par la loi, en tant qu'il s'agit de la circulation des billets? —R. Il faut qu'un rapport soit adressé par la banque au ministère sur sa circulation chaque mois.

Q. Quel est le fonctionnaire du ministère à qui sont confiées les fonctions de voir à ce que les banques se tiennent dans les limites légales?—R. Entendez-vous par cela que vous voulez savoir si une personne est chargée de l'obligation légale de déterminer si le capital d'une banque est entier ou non?

Q. Oui.—R. Le statut ne contient aucune disposition de ce genre, en tant que je puis voir.

Q. Y avait-il un fonctionnaire comme celui dont je vous parle, alors que vous y étiez?—R. Je parle des statuts.

Q. Je vous parle maintenant de l'administration du ministère des Finances? —R. Le ministère des Finances reçoit ce qui équivaut à des déclarations assermentées de la part des officiers des banques.

Q. Il est parfaitement évident dans les cas de la Home Bank qu'elle avait épuisé son capital.—R. Elle a fait de faux rapports et elle est sujette aux amendes—c'est-à-dire, ceux qui en sont responsables, prévues dans la loi des Banques.

Q. Ils peuvent être emprisonnés?—R. Exactement.

Q. Mais cela n'avance pas les déposants; si la moitié des banquiers du pays allaient en prison, cela ne rembourserait pas les déposants?—R. Non.

Q. Le fait est qu'au ministère des Finances, à votre connaissance, on n'a pris aucune mesure afin de voir à ce que les banques se tiennent dans les limites fixées par la loi, au sujet de la circulation des billets?—R. Si vous voulez dire que quelqu'un au ministère des Finances aurait dû faire une évaluation, aurait dû examiner chaque garantie et chaque obligation de la banque afin de s'assurer que son capital était ou n'était pas amoindri, il n'existe pas de disposition statutaire pour une procédure de ce genre.

Q. Savez-vous actuellement d'après vos connaissances si le capital d'une banque est à l'heure qu'il est réduit ou non?—R. Je ne le sais pas; à ma connaissance, le capital de toutes les banques est intact.

[M. Henry T. Ross.]

Q. Vous n'en connaissez rien. Vous êtes dans la même situation que moi-même à cet égard?—R. J'ai les mêmes chances que vous.

Q. Savez-vous qui peut nous dire si le capital de n'importe quelle banque du Canada est diminué?—R. Je suppose que vous pouvez interroger les officiers de la banque.

Q. Ce sont les seules gens qui pourraient nous renseigner?—R. Je serais d'avis que les vérificateurs le pourraient.

Q. Pensez-vous qu'il est important qu'il existe quelque contrôle; un contrôle plus précis qu'actuellement, sur ces émissions, à cause de ces circonstances?—R. Il n'y a jamais eu, en tant que nos archives le démontrent, et à ma connaissance, de circulation par une banque différant de ses rapports publiés. En tant que je le sais, on n'a jamais fait de fausses déclarations relatives au montant de la circulation en souffrance.

Q. Cela peut être parfaitement vrai, et cependant ce peut être entièrement illégal; la circulation peut néanmoins être tout à fait illégale. N'en est-il pas ainsi?—R. Il se peut que dans le cas de la Home Bank de faux rapports aient été faits quant au montant du capital acquitté entier.

Q. Tout ce que vous avez à faire, c'est de vous assurer du montant de la circulation en souffrance?—R. Oui.

Q. Et vous ne vous occupez pas si le capital de la banque est entier ou non, ou si la banque a à son crédit quoi que ce soit dans la réserve centrale d'or qui justifierait une circulation plus considérable?—R. La réserve centrale d'or envoie un rapport chaque mois au sujet du montant que la banque possède afin de justifier sa circulation.

Q. Pouvez-vous nous dire combien est déposé dans la réserve centrale d'or? —R. Environ $60,000,000 je pense.

Q. Est-ce que c'est plus ou moins que l'année dernière à la même date?— R. Je ne puis le dire de mémoire.

Q. Vous ne savez pas si le montant qui y est placé diminue ou augmente?—R. Il varie. J'ai vu un tableau comparatif dans les journaux. Je pense que je l'ai apporté; j'ignore s'il va faire votre affaire. On dit qu'il y avait dans la réserve centrale d'or à la fin d'avril 1924, $65,600,000. Il y a un an ce montant était de $9,000,000 plus faible.

Q. M. Ross, les fonctions de l'Association des banquiers sont énoncées dans la loi de constitution en corporation, et elles comportent des dispositions telles que celles dans la Loi des banques?—R. Oui.

Q. Et pas ailleurs?—R. Pas ailleurs.

Q. Exercez-vous en aucune manière un contrôle sur les banques?—R. La circulation est le seul...

Q. C'est le seul contrôle?—R. Oui, c'est le seul contrôle.

Q. Est-ce que l'Association des banquiers exerce un contrôle autre que celui-là—par exemple, en ce qui a trait au taux de l'intérêt?—R. Vous parlez du taux demandé aux emprunteurs?

Q. Non, du taux accordé aux déposants.—R. Ç'a été l'habitude avant ma nomination — je ne sais pas comment cela s'est produit — d'accorder 3 p. 100 sur les dépôts.

Q. La Home Bank accordait davantage, n'est-ce pas?—R. Je l'ignore complètement.

Q. Est-ce qu'elle n'a pas au début. .

Le PRÉSIDENT INTÉRIMAIRE: Est-ce par entente entre les parties?

Le TÉMOIN: Je puis dire que ce n'est pas universel non plus. Il y a au moins une banque qui paie davantage.

[M. Henry T. Ross.]

M. Shaw:

Q. Quelle est-elle?—R. C'est la *Weyburn Security Bank*. Elle n'y est pas forcée. Toute banque peut payer ce qu'elle veut, et la *Weyburn Security Bank* exerce ce privilège et paie 4 p. 100.

Q. Ainsi il n'y a aucune entente, en ce qui concerne l'Association des Banquiers?—R. Il peut y en avoir eu par le passé, mais il y a au delà de vingt ans. Je sais que c'est l'usage.

Q. Y a-t-il une entente relativement au taux à percevoir des emprunteurs? —R. Il n'existe aucune entente générale.

Q. Y a-t-il quelque arrangement déterminé?—R. Oui, au sujet de certaines catégories. Il y a une catégorie d'emprunts municipaux dont le taux est de $5\frac{1}{2}$ pour 100, je crois. Ceci s'applique à un très petit pourcentage des opérations de banque.

Q. Vous voulez dire que l'on accordera un taux de $5\frac{1}{2}$ pour 100?—R. Non, c'est le taux que l'on exigera.

Q. Est-ce le taux de toutes les banques?—R. Je n'en suis pas certain.

Q. Ce règlement est-il en vigueur actuellement?—R. Les règlements sont quelquefois en vigueur nominalement, mais parfois on les enfreint plus souvent qu'on ne les observe.

Q. Je croirais qu'un grand nombre de municipalités et de districts scolaires se réjouiraient d'apprendre que le taux est de $5\frac{1}{2}$ pour 100?—R. Pas moins de $5\frac{1}{2}$ pour 100.

Q. Ce règlement me semble très sage?—R. Il ne s'applique qu'aux petites municipalités; il n'y a aucun règlement au sujet des grandes.

M. Good:

Q. Il n'y a aucune limite au maximum?—R. Non.

M. Shaw:

Q. Pouvez-vous me dire, monsieur Ross, si oui ou non le ministère a déjà imposé une amende à l'égard d'une banque qui excède sa circulation?—R. Je crois que oui.

Q. Faites-vous cette déclaration d'après votre propre connaissance?—R. J''ai eu connaissance que...

Q. Notamment, au cours de l'année dernière?—R. Je crois que oui. J'ai appris qu'il y en avait eu un cas l'année dernière.

Q. Savez-vous si la Home Bank avait été mise à l'amende?—R. Non, je n'ai jamais entendu dire que la Home Bank eut à payer quelque chose.

Q. Vous n'avez entendu parler que d'un seul cas?—R. Oui, c'est-à-dire dans les dernières dix années. Je ne sais pas, mais il dut y en avoir.

M. Hughes:

Q. Les déposants de la Home Bank ont-ils perdu de l'argent parce que la banque avait le privilège d'émettre ses propres billets ou bien parce que le capital de la banque a été entamé?—R. Les déposants de la Home Bank ont perdu de l'argent parce que l'actif de la Home Bank n'était pas suffisant en caisse pour payer les déposants.

Q. Si l'on eut fait à la Home Bank une inspection suffisante pour empêcher la banque de poursuivre ses opérations avec un capital entamé, les pertes des déposants auraient-elles été plus considérables parce que la banque avait le privilège d'émettre des billets?—R. Non. Si l'on eut fait l'inspection nécessaire je suis d'avis qu'il n'y aurait pas eu de pertes.

Q. D'après ce que vous savez et ce que l'admet généralement, il n'y a jamais eu un faux rapport au sujet de l'émission des billets parmi les rapports de la banque au gouvernement?—R. D'après moi, cela est exact; il n'y a jamais eu de faux rapports faits au gouvernement au sujet des billets émis.

[M. Henry T. Ross.]

Q. Mais il y a eu des faux rapports au sujet de la situation de la banque?—R. Au sujet du capital.

M. *Irvine:*

Q. Vous n'avez pas raison d'être plus renseigné que M. Hughes au sujet de l'émission?—R. Je crois que oui.

Q. Outre que les rapports qui vous ont été faits, c'est l'impression que j'ai gardée il y a quelques instants d'après votre réponse?—R. J'ai eu beaucoup de relations avec les banques durant les dernières 18 années. Je ne dis pas ceci au détriment de H. Hughes, mais peut-être ai-je eu plus d'occasions de vérifier la situation réelle.

Q. Vraiment?—R. Oui, probablement.

M. *Hughes:*

Q. En premier lieu les déposants de la Home Bank n'ont rien perdu parce que la banque avait le privilège d'émettre des billets sur son capital?—R. La Home Bank, naturellement, a eu valeur pour tous les billets émis par elle, et les déposants en ont bénéficié.

Q. Le privilège d'émettre des billets fut-il la cause première, ou une cause quelconque — je crois que je puis m'exprimer ainsi — de la faillite de la Home Bank?—R. Je ne le crois pas. Cependant cette déclaration est exacte.

Q. Et si l'inspection des banques est suffisante pour conserver à ces institutions leur solvabilité les déposants ne devront ni ne pourront subir de pertes à cause du privilège de l'émission de billets?—R. Je crois qu'avec ces propositions votre conclusion est exacte.

M. Hughes: Je crois que les commissaires ont cru que l'émission des billets était en soi-même...

Le témoin: La cause primitive de la faillite?

M. Hughes: Non, mais une lacune dans le système des opérations de banque au Canada.

Le témoin: Je ne crois pas que le privilège d'émettre des billets ait quelque effet sur la solvabilité ou l'insolvabilité de la banque.

M. *Euler:*

Q. Je crois qu'il est clairement établi qu'il est possible pour une banque d'émettre des billets sur un capital qui en réalité n'existe pas?—R. Oui, cela est évident.

Q. Or, d'après vous, est-ce que la proposition des modifications telle que présentée par le ministre des Finances empêchera la continuation de cette pratique que j'ai décrite?—R. Je crois que la proposition du ministre des Finances contribuera largement à prévenir la répétition de ce qui s'est produit dans le cas de la Home Bank.

Q. Avez-vous quelque suggestion à faire qui serait de nature à améliorer la proposition présentée par le ministre des Finances?—R. Non.

M. *Healy:*

Q. Je comprends, monsieur Ross, que vous avez conclu que l'émission des billets par la Home Bank n'avait pas augmenté les pertes des déposants?—R. N'avait pas augmenté les pertes des déposants? La raison pour laquelle j'ai répondu ainsi, monsieur Healy, était...

Le *président suppléant:*

Q. Etait-ce là votre réponse, d'abord?—R. Oui.

M. *Healy:*

Q. Je crois comprendre votre motif.—R. Je voudrais ajouter à cela la raison de cette déclaration, notamment: que la Home Bank a reçu la valeur pour chaque

[M. Henry T. Ross.]

billet émis et conséquemment les déposants étaient protégés jusque dans cette mesure.

Q. Ils auraient la valeur?—R. Oui.

Q. Je voudrais avoir quelques explications à ce sujet?—R. Je vais m'expliquer. Lorsqu'un client empruntait de la banque et donnait son billet à ordre en retour, il obtenait, disons, $100 en billets de la Home Bank. La banque avait alors le billet à ordre de ce client pour $100, ce qui constiuait pour les déposants une garantie jusqu'à concurrence de cette somme.

Q. Vous voulez dire que la banque pouvait percevoir l'actif du public et ne rien donner en retour?—R. Pouvait percevoir...

Q. Oui, c'est ce qu'il faut en déduire?—R. Je ne vous comprends pas très bien.

Q. Légalement, ces effets étaient sans valeur?—R. Si l'exécutif de la Home Bank a lancé ses billets pour des effets sans valeur, c'était bien regrettable.

Q. La banque avait pour $2,000,000 d'effets sans valeur qu'elle échangeait contre des effets solvables du public?—R. Il faut présumer qu'elle obtenait bonne valeur en retour.

Q. L'on admet, je crois, que la Home Bank a effectué l'émission illégale de $2,000,000?—R. Oui. Les officiers ont produit de faux rapports...

Q. Vous n'avez pas à admettre que ces gens là étaient des escrocs. Je conçois bien cela. Il n'est pas question, pour le moment, qu'ils aient fait de faux rapports, et tout ce qui s'en suit. Je n'admets pas vos conclusions. Lorsque la banque faillît il y eut pour $2,000,000 payés par les déposants?—R. Payés par ceux qui les ont reçus.

Q. Mais en définitive cet argent provient du gousset des déposants?—R. Des uns et des autres.

Q. Non, il provint du gousset des déposants en définitive, c'est-à-dire les deux millions?—R. C'en est peut-être le résultat.

Q. Ce fut le résultat, n'est-ce pas? Arrivons à des conclusions précises et non à des suppositions. Ce fut le résultat, n'est-ce pas?—R. C'est possible.

Q. Etait-ce le résultat?—R. Non, je ne puis pas admettre cela. Je ne puis pas admettre que pour tout le papier-monnaie émis par la Home Bank elle ne reçût rien en retour. Je ne puis pas admettre cela parce que je sais que ce n'est pas vrai.

Q. La somme disponible en faveur des déposants était diminuée par le montant exact de la circulation de la banque alors en cours?—R. Les déposants avaient déjà reçu quelque argent de la Home Bank, et une partie de cet argent sans doute provenait en échange des billets lancés dans le public par la banque.

Q. Je vois ce à quoi vous voulez en venir, mais je ne suis pas de votre avis? —R. Je n'y puis rien faire, M. Healy.

Q. Maintenant, il y eut perte parmi les déposants relativement à la circulation des billets, mais nous ne nous entendons pas au sujet du montant. Pouvons-nous admettre cela?—R. Je ne dis pas une perte pour les déposants. Je dis que par Statut l'actif de la banque est un passif pour le rachat des billets, et le résultat devient une perte pour les déposants.

Q. Cela produisit une diminution de l'actif jusqu'à concurrence du montant exact de la circulation en cours au jour de la faillite?—R. Je ne suis pas prêt à admettre cela, car lorsque la banque effectua l'émission de ses billets elle obtint en retour des effets négociables à même lesquels le liquidateur réalisa.

Q. Et ces effets constituaient un actif au jour de la faillite de la banque?—R. Oui.

Q. Et ils étaient compris dans le montant total de l'actif?—R. Oui.

Q. Et ils étaient diminués par le montant exact des billets en cours?—R. Oui.

[M. Henry T. Ross.]

Q. Ceci est exact, n'est-ce pas?—R. Oui, la somme totale des billets en cours constitue un premier privilège sur l'actif.

Q. Absolument; mais le montant total de l'actif de la Home Bank au jour de la faillite était réduit par la somme exacte de la circulation de la Home Bank? —R. Non pas " réduit ". Je ne m'exprimerais pas ainsi. D'après la Loi, les billets sont un premier privilège sur l'actif de la banque, et nous ne pouvons pas discuter la Loi.

Q. Ils furent payés à même l'actif?—R. Oui.

Q. Je pourrais dire que l'actif a été diminué si ce montant en a été déduit. . .

Le PRÉSIDENT INTÉRIMAIRE: Puis-je poser une question?

Le président intérimaire:

Q. En supposant que la banque, au lieu d'avoir fait de très mauvais placements, eut effectué des placements très lents; ces derniers étaient très bons mais ils étaient si lents que la banque dut fermer ses portes sans cependant que sa situation n'en soit affaiblie. Dans ces circonstances lorsque les créanciers de la banque présentèrent leurs réclamations, n'aurait-elle pas eu à répondre à la réclamation d'abord du capital immobilisé de la banque avec, en plus, tout le restant de l'actif de la banque?—R. Pas tout le capital, M. le président. Les déposants n'auraient pas eu à répondre pour le capital immobilisé.

Q. N'aurait-elle pas eu à prélever à cause de ce capital?—R. Oui, comme résultat.

Q. Or, n'est-il pas vrai qu'il y avait pour $2,000,000, disons, de billets de banque en cours sans aucun capital à l'appui, mais cela ne réduit pas les ressources totales à même lesquelles l'on peut prélever jusqu'à concurrence de ce montant? —R. Je ne suis pas tout à fait de cet avis, M. le président. L'actif de la banque a été augmenté par ce que la banque a obtenu en échange des $2,000,000 de billets qu'elle a lancés; il n'est donc pas exact de dire que l'actif de la banque a été diminué, dans le sens que vous dites, des $2,000,000 du capital. L'actif a été augmenté du produit provenant de l'émission du capital de $2,000,000.

M. Healy:

Q. Les $2,000,000 étaient réellement là lorsque la banque commença ses opérations, ils existaient en réalité?—R. Je présume que oui.

Q. Et ces $2,000,000 en espèces sonnantes furent perdus?—R. Oui, furent perdus.

Q. Et du papier-monnaie sans valeur, pour $2,000,000, fut échangé pour de bonnes garanties appartenant au public?—R. Oui.

Q. Ainsi donc, ayant perdu des espèces sonnantes et réalisé des garanties appartenant au public. . .—R. Non, pas les garanties du public, ces valeurs appartenaient à la banque.

Q. Elles appartenaient à la banque lorsqu'elles furent échangées pour ce papier sans valeur?—R. Lorsque la banque obtint des valeurs pour ce papier cela augmentait d'autant l'actif de la banque.

Q. A tout événement, c'était déjà perdu et n'avait pas été remplacés, et cela n'augmentait donc pas d'autant l'actif de la banque? Le numéraire que représentait les billets était perdu et les garanties réelles furent échangées pour du papier qui était devenu sans valeur?—R. Les détenteurs de ces billets en avaient donné la valeur.

Q. Je comprends cela, mais la théorie que vous affirmez est fausse, car le capital que représentait ce papier était là en réalité, et il fut perdu?—R. Je n'ai pas dit que le capital fut perdu.

Q. Si les $2,000,000 eussent été en billets du Dominion au lieu d'être en billets de la Home Bank, cette perte n'aurait pas eu lieu?—R. Non, il n'y aurait pas eu de perte.

[M. Henry T. Ross.]

M. Marler:

Q. M. Healey, dans son témoignage, M. Ross, considérait que les déposants perdaient $2,000,000 parce que la circulation de la Home Bank avait atteint ce montant?

M. IRVINE: C'est évident.

M. MARLER: Ce n'est pas aussi évident que vous le croyez.

M. Marler:

Q. Et M. Healy a tenté de prouver, — ou de vous faire compromettre à ce sujet—que les $2,000,000 avaient été utilisés irrégulièrement. Or, ma question est celle-ci...—R. Je n'ai pas dit "utilisés irrégulièrement". J'ai dit qu'en ce qui concerne les fonctionnaires de la banque ces derniers en avaient fait un usage irrégulier. Mais à l'égard des autres banques, l'émission est régulière.

Q. Quant aux chiffres, vous ne les utilisez qu'à titre d'épreuve?—R. C'est tout.

Q. Ni plus ni moins? Vous ne voudriez pas pour un instant oser déclarer que les $2,000,000 de billets en circulation ont été émis irrégulièrement?— R. Non.

Q. Vous ne citez ce chiffre qu'en comparaison de ce que le capital de la banque a été affaibli?—R. C'est bien cela.

Q. Et vous voulez dire que l'on a lancé une certaine circulation dans une mesure telle que le capital de la banque en a été affaibli?—R. Oui.

Q. Et ce chiffre de $2,000,000 n'existe que pour les besoins de la discussion? - -R. Et la considération que la banque a eu pour les $2,000,000 fait partie de l'actif de la banque.

Q. Or, admettons que l'émission des $2,000,000 ait réellement eu lieu, et que $2,000,000 de circulation furent alors acquis à la banque et lancés dans le public?—R. Oui.

Q. La banque devait avoir un certain but en donnant existence à cette circulation?—R. Une certaine considération.

Q. En d'autres termes, pour chaque dollar de cette circulation il était acquis quelque chose en faveur de la banque?—R. Oui.

Q. Acquis à l'actif de la banque?—R. C'est exact.

Q. Si donc tout cet actif eut été valable il aurait balancé cette circulation? —R. Certainement.

Q. Et il n'y aurait pas eu de perte possible pour les déposants?—R. Aucune perte possible.

Q. Maintenant, au cours de ce témoignage...

M. KELNER: Je soulève un point d'ordre. Je soumets que ceci n'est pas dans l'ordre. Nous avons ici des témoins que nous devons interroger pour obtenir des renseignements. Des membres du comité s'opposent à certaines réponses qui sont faites, et ensuite ils tentent de réfuter la question en interrogeant le témoin. C'est établir la discussion entre les membres par l'entremise du témoin.

M. MARLER: Il n'y a là aucun point d'ordre. Cependant je m'en rapporte à la décision du président.

Le PRÉSIDENT INTÉRIMAIRE: Je crois qu'il y a une tendance de la part de ces interrogateurs d'établir—je ne dirai pas leurs faiblesses—mais leur manière personnelle de voir par les réponses mêmes des témoins. M. Marler n'a pas manqué plus que les autres, je ne puis donc pas la déclarer hors d'ordre. Je serais donc d'avis de tâcher d'obtenir l'opinion des témoins plutôt que d'essayer de confirmer les nôtres.

M. MARLER: L'idée de M. Healy était d'astreindre M. Ross à un certain montant déterminé. Ce témoignage est consigné et je ne crois pas qu'il soit exact.

[M. Henry T. Ross.]

Le TÉMOIN: J'ai déjà prouvé avec M. Healy que pour chaque dollar en circulation que la Home Bank a émis et qui est maintenant porté au compte de l'actif de la banque, la Home Bank en a reçu valeur.

M. Marler:

Q. C'est ce que je voulais établir devant le comité, que pour la valeur de chaque dollar de billets mis en circulation par la Home Bank, il y avait un actif valable d'acquis.—R. Oui.

Q. Je veux que ce point soit clairement établi, et je vous demanderais de répondre "oui" ou "non" si vous pouvez le faire aussi catégoriquement; ce n'est pas du tout une question de circulation qui a causé la faillite de la Home Bank?—R. Non.

Q. Votre réponse est "non"?—R. Oui.

Q. Comprenez-vous de cette façon que le fait pour la banque d'avoir une circulation constitue un actif réel pour les déposants et non pas une perte, pour la raison que là où il existe un profit dans la circulation il y a un profit acquis à la banque, et que c'est un actif au profit des déposants?—R. C'est un avantage pour les déposants.

Q. En d'autres termes, la circulation est un avantage pour les déposants?—R. Oui.

M. IRVINE: Jusqu'à concurrence de $2,000,000?

M. MARLER: Pas du tout.

M. Marler:

Q. En d'autres termes, une banque qui a ce privilège, quant à la circulation si elle est bien administrée, acquiert un bénéfice et ce bénéfice doit nécessairement être attribué aux déposants—pourvu qu'il soit régulièrement utilisé? Est-ce bien cela?—R. Ce serait le résultat.

Q. Malheureusement, la Home Bank n'en a pas fait un bon usage, et n'a pas acquis suffisamment d'actif à cause de sa circulation, et l'actif n'était pas un actif régulier, et il y eut des pertes qui ne devaient pas avoir lieu?—R. C'est vrai.

Q. Cette circulation fut perdue—elle fut gaspillée?—R. Je ne sais pas dans quelle mesure. Cela ferait le sujet d'une enquête. Je suppose qu'une grande partie de l'actif actuel de la Home Bank fut acquise par l'émission de la circulation.

Q. Mais l'on avait acquis un actif raisonnable et régulier, ceci au moins est une supposition plausible...—R. Les déposants n'auraient subi aucune perte.

Q. Si l'actif avait une bonne valeur commerciale, cela aurait constitué un profit réel pour les déposants?—R. Certainement, oui.

Q. Monsieur Ross, croyez-vous qu'il y ait quelque avantage possible pour les déposants si des billets du Dominion étaient substitués à la circulation de la banque?—R. Non, parce que pour obtenir des billets du Dominion il aurait fallu en exiger l'équivalent des déposants.

Q. En d'autres termes, cela aurait été au désavantage des déposants si le privilège de la circulation eût été enlevé à la banque?—R. Oui.

Q. Vous répondez oui?—R. Oui.

M. Healy:

Q. Monsieur Ross, j'admets ce que vous dites, mais si le capital n'eût pas été perdu l'actif aurait augmenté de $2,000,000?—R. Naturellement, si la Home Bank n'avait pas subi de pertes l'actif aurait été plus considérable.

[M. Henry T. Ross.]

M. Irvine:

Q. Monsieur Ross, comparaissez-vous ici à titre officiel de représentant de l'Association des Banquiers?—R. Je comparais ici parce que le comité m'en a fait la demande.

Q. Et vous êtes témoin ce matin, pour ainsi dire, parce que vous avez été demandé...—R. Oui.

Q. Mais comparaissez-vous devant ce comité, de temps à autre, à titre de fonctionnaire de l'Association des Banquiers?—R. Je fais partie de l'Association des Banquiers, et je suis ici pour voir aux intérêts des membres de l'Association des Banquiers. Je ne puis pas dire que je représente l'Association pour toutes fins, ni je n'engage nullement l'Association ni ses membres par mes déclarations.

Q. Alors l'Association des Banquiers est intéressée au sujet de ce qui se passe dans ce comité?—R. Certainement, j'espère qu'on ne le nie pas.

Q. Non. Les intérêts des banquiers ont-ils été bien sauvegardés jusqu'ici, cette année, à votre satisfaction?—R. Je ne voudrais pas exprimer d'avis sur cette question-là.

Q. Avez-vous quelques aides avec vous?—R. Que voulez-vous dire?

Q. Etes-vous le seul dans cette salle de comité à représenter l'Association des Banquiers?—R. Oui, autant que je sache. Nous avons retenu des procureurs.

Q. Vous avez des avocats ici?—R. Oui, nous en avons.

Q. Rien qu'un avocat?—R. Nous en avons deux ou trois.

Q. Voudriez-vous nous les nommer?—R. Si le président le juge à propos.

Le PRÉSIDENT INTÉRIMAIRE: Je ne vois pas pourquoi ils resteraient inconnus. C'est un emploi très honorable que d'agir comme procureur devant un comité parlementaire.

Le TÉMOIN: M. Geoffrion est engagé par l'Association pour les fins de ce comité. Nous avons aussi nos avocats ordinaires du Parlement, le colonel Thompson, M. Daly et M. Robert Laurier.

M. Irvine:

Q. Sont-ils considérablement rémunérés, Monsieur Ross?

Le PRÉSIDENT INTÉRIMAIRE: Cette question n'est sûrement pas pertinente.

M. IRVINE: Cela m'est égal s'ils reçoivent un million de dollars par minute, je voudrais savoir s'ils gagnent leurs honoraires, car ils n'ont encore rien dit ici, et s'ils n'ont rien dit, je voudrais savoir ce qu'ils font.

L'hon. M. ROBB: Ils écoutent.

Le PRÉSIDENT INTÉRIMAIRE: N'insistez pas sur cette question.

M. Irvine:

Q. Ils n'ont fait aucune déclaration devant ce comité, n'est-ce pas?—R. Le comité n'accorde pas à ceux qui comparaissent devant lui le privilège de se faire représenter par procureur devant le comité.

Q. C'est une partie de leurs fonctions comme procureurs de l'Association des Banquiers d'agir en qualité de *whips* au cas où il y aurait un vote devant le comité?—R. Je crois que cette question n'est pertinente ni raisonnable.

Q. Elle me semble très pertinente?—R. Pour vous, mais je ne crois pas qu'elle le soit pour le comité en général.

· *Le président intérimaire:*

Q. Refusez-vous de répondre, monsieur Ross?—R. Je dis que cette question est étrangère au sujet, monsieur le président.

M. Irvine:

Q. Etrangère à quoi?—R. Etrangère au sujet à décider par le comité, c'est-à-dire savoir si le comité doit faire des recommandations pour sauvegarder les intérêts des déposants. C'est la question qui se trouve devant le comité.

[M. Henry T. Ross.]

Q. Mais n'avez-vous pas sollicité des gens pour voter contre les propositions...

M. Hughes: Monsieur le président, ceci est une insinuation mal à propos contre les membres de ce comité.

M. Irvine: Bien, monsieur le président, si le témoin ne désire pas répondre à cette question, je n'insisterai pas.

M. Irvine:

Q. Voudriez-vous nous dire de quelle manière ces avocats sont employés par l'Association des Banquiers devant ce comité? Quels sont leurs devoirs spéciaux? —R. Je soumets que cette demande est tout à fait étrangère à la question qui est devant ce comité, savoir: Quelles sont les mesures à prendre pour perfectionner la Loi des Banques et sauvegarder les intérêts des déposants.

Le président intérimaire: Ma décision en l'occurrence serait celle-ci: L'on a demandé au témoin si l'association était représentée par procureur, et il nous déclare qu'elle est représentée ici par quatre avocats. L'on demande au témoin..

M. Irvine: Quelles sont leurs fonctions spécifiques?

Le président intérimaire: Leurs fonctions spécifiques? Il refuse de répondre et je crois que nous devrions en rester là. Si ces messieurs sont ici dans un but que ceux qui les emploient refusent d'expliquer, je crois que nous devrions nous en tenir là.

M. Irvine:

Q. Une seule question, encore. Vous avez déclaré, il y a quelques instants que les propositions faites par le ministre des Finances contribueraient fortement à l'avenir à sauvegarder les intérêts des déposants. Prétendez-vous que cela ne comprend pas toute la question?—R. Nous avons entendu devant ce comité des témoignages à l'effet qu'aucun système d'inspection peut absolument prévenir des faillites de banques et des pertes pour les déposants. C'est la raison pour laquelle je fais une déclaration motivée.

Q. Voulez-vous nous dire de quelle façon, à votre avis, les déposants seront sauvegardés jusqu'à un certain point?—R. Je crois pouvoir répondre franchement à cette question. Lorsqu'un fonctionnaire avec certaines attributions entreprend d'accomplir son devoir je ne conçois qu'une banque puisse arriver à une situation aussi désespérée que celle de la Home Bank. Il y a quelque chose de tangible dans les propositions du ministre à l'effet que dès que ce fonctionnaire est convaincu qu'une institution est insolvable, il doit faire un rapport au ministre, et celui-ci a le pouvoir de nommer un curateur en charge pour terminer toutes les opérations ultérieures.

M. Coote:

Q. Je n'ai qu'une question. Je veux me reporter à une question posée par M. Irvine relativement aux avocats employés par l'Association des Banquiers. Je voudrais demander au témoin s'il y a ici quelque procureur qui représente le public ou les déposants des banques au Canada?—R. Je crois que oui; je crois qu'il y a un grand nombre de personnalités qui s'occupent des intérêts du public.

Q. Une deuxième question. Croyez-vous M. Ross qu'ils sont bien rémunérés?

Des honorables membres: Oh!

Le témoin se retire.

Le comité s'ajourne.

[M. Henry T. Ross.]

Chambre des Communes,
Salle de comité 429,
Jeudi, le 12 juin 1924.

Le comité spécial permanent des banques et du commerce se réunit à 10 heures de l'avant-midi; M. McMaster est au fauteuil.

G. D. Finlayson est rappelé.

Le témoin: M. le président, lorsque je suis venu ici en premier lieu l'on m'a demandé de fournir des renseignements au sujet de la perte de dépôts à la suite de faillites de banques au cours des vingt dernières années. Cette question fut posée par M. Healy, je crois. Par l'entremise du ministère des Finances j'ai obtenu un mémoire indiquant les pertes subies par les déposants à la suite de faillites de banques durant les vingt dernières années, et je vais vous le lire.

PIÈCE N° 17

Neuf banques ont cessé leurs opérations au cours des 20 dernières années. La Banque de Yarmouth (1905); La Banque d'Ontario (1906); La Sovereign Bank of Canada (1908); et la Banque de Saint-Hyacinthe (1901) volontairement et la St. Stephens Bank (1910).

M. Morin: Et la Banque de Saint-Jean.

Le témoin: J'y arrive. Ces cinq banques ont payé 100 cents au dollar. Dans le cas des quatre autres banques les pertes se sont produites comme suit:

Banque de Saint-Jean (1908)—
    Payé 30·2 p. 100 aux créanciers non privilégiés, laissant un déficit de . . . .$ 200,461.00

La Farmers's Bank (1910)—

    Liquidation incomplète. Nul paiement n'a été fait aux déposants, et très peu de ressources à cette fin.
    Les dépôts se montaient à $1,134,036.00

Banque de Vancouver (1914)—

    Liquidation incomplète. Le liquidateur croit que les déposants ordinaires recevront environ 6 cents au dollar. A l'exclusion du dépôt de $102,834 (créance privilégiée), et considérant les dépôts publics comme perte totale, la somme est de . . . .$ 246,755.00

M. McQuarrie:

Q. Est-ce le montant total du dividende, six pour cent?—R. L'on croit qu'il peut y avoir un autre dividende, le seul dividende.

Le président intérimaire: Le premier et le dernier.

Home Bank du Canada (1923)—

    A l'exclusion des dépôts des gouvernements provincial et du Dominion, et sur la base d'une remise de 35 p. 100 aux déposants ordinaires, la perte serait de...$9,769,940.00

M. W. F. Maclean:

Q. A propos de ces déposants privilégiés fédéraux et provinciaux, leurs dépôts sont-ils garantis?—R. Ils ont la préférence.

Q. A l'encontre du déposant ordinaire?—R. Oui, si je comprends bien. J'ai aussi demandé d'obtenir la moyenne du total des dépôts pendant les vingt der-

[M. George D. Finlayson.]

mères années. Ces chiffres pouvaient s'obtenir très facilement, je crois, de l'annuaire statistique, page 818, 1922-23. En prenant ces chiffres on peut faire le calcul de la moyenne du total des dépôts dans les banques canadiennes à charte depuis les années 1903 à 1922 inclusivement, lequel se chiffre à $1,228,880,418.

Le président intérimaire:

Q. C'est la moyenne des dépôts pour une année quelconque?—R. La moyenne des dépôts pour une année quelconque. Je crois que l'objet de cette question était de déterminer la cotisation qu'il y avait à faire sur le total des dépôts annuels pour combler les pertes qui pourraient se produire.

Q. Selon le calcul des actuaires?—R. Ce n'est réellement pas un problème au point de vue des actuaires; c'est en réalité un problème d'arithmétique parce qu'il n'y a aucune loi pour nous diriger. Voici comment l'on a procédé. La perte totale pour les déposants à la suite de faillites des banques chartées au Canada durant les vingt dernières années a été de $11,351,192, et vous obtenez la perte moyenne par année simplement en divisant cette somme par 20, ce qui donne $567,560. La moyenne totale des dépôts durant les vingt dernières années est de $1,228,880,418. Le pourcentage de la perte de la moyenne des dépôts annuels pendant les vingt dernières années est de un vingtième de un pour cent, ou .05 pour cent. Naturellement nous devons constater ceci — et c'est là la question vitale — et nous devons présumer que pendant les vingt prochaines années la perte sur les dépôts devra être la même que celle des vingt dernières années; mais qui peut dire quand se produira cette perte? Est-ce que la perte se produira en montants égaux chaque année; la perte totale se produira-t-elle au bout de cinq ans, au bout de dix ans, au bout de quinze ans ou après vingt ans?

M. Coote:

Q. Ou l'an prochain?—R. Ou l'an prochain. D'après la réponse à cette question, le coût doit varier. Un vingtième de un pour cent s'appliquerait sur la présomption que les pertes auraient lieu en sommes égales chaque année. Si, cependant, nous présumons que la perte totale en chiffre de $11,000,000 doit se produire à la fin de cinq ans, alors la cotisation annuelle devrait être de $2,012,949, soit un sixième de un pour cent, au lieu de un vingtième de un pour cent, en admettant la distribution égale des pertes. Si nous présumons que les pertes doivent se produire à la fin de dix ans, la cotisation devra être de $907,145, ou un quatorzième de un pour cent. Si nous présumons que les pertes se produiront à la fin de quinze ans, la cotisation sera de un vingt-cinquième de un pour cent.

M. Irvine:

Q. Ça comprend-il les intérêts?—R. Oui, l'intérêt est compris. Si nous présumons que les pertes doivent se produire à la fin de vingt ans, la cotisation annuelle dans l'intervalle sur la moyenne des dépôts annuels serait de un trente-troisième de un pour cent. Ces présomptions sont purement arbitraires en l'absence de toute base de statistiques régulières.

Le président intérimaire:

Q. Vous êtes un expert dans l'assurance, un actuaire. Supposons que vous ayiez une perte réelle à combler, sans avoir précisément à quelle époque elle devra se produire, pouvez-vous établir une base d'actuaire, qui constituerait une prime raisonnable d'assurance à exiger?—R. Non, ça n'est pas du tout un problème d'actuaire, messieurs, parce qu'il n'y a aucune loi pour nous diriger. Le travail de l'actuaire est basé sur la présomption de l'existence d'une loi quelconque. Il n'y a aucune loi qui régit les faillites de banque.

Q. Quelque loi selon la moyenne?—R. Une loi de moyenne. Vous avez ici quatre banques qui ont fait faillite au cours des vingt dernières années. Si nous

[M. George D. Finlayson.]

14-15 GEORGE V, A. 1924

présumons qu'il devrait y avoir une distribution équivalente de pertes durant les vingt prochaines années à venir et que vous commenciez à établir une cotisation de, disons, $567,000 par année, ou une somme équivalente, et que vous vous trouvez en présence d'une grande faillite qui comporte des millions dans la première ou deuxième année; où se trouve votre fonds? Votre fonds serait une quantité négligeable auprès du montant total de la perte.

M. F. W. Maclean:

Q. Vous pourriez faire mettre un fonds de côté dans les différentes banques et les rendre plus ou moins responsables?—R. Pour plus de sûreté il faudrait mettre de côté immédiatement un fonds pour combler le montant des pertes totales qui d'après les présomptions devront se produire au cours des vingt prochaines années.

Q. Alors, un fonds spécial?—R. C'est la seule façon de procéder avec sûreté, et même alors il peut y avoir insuffisance d'argent car l'on ne peut prévoir quelles seront les faillites qui se produiront au cours des vingt prochaines années.

M. Coote:

Q. Alors, il pourrait être pris un quart de un pour cent sur quatre vingt pour cent de ces dépôts, en supposant que les dépôts de moins de trois mille dollars seraient d'environ soixante et quinze ou quatre-vingts pour cent; et ceci pourrait être mis entre les mains de l'inspecteur qui doit être nommé sous le régime de la présente loi, et si l'on s'en sert pour couvrir les pertes, ça serait que jusqu'à concurrence de ce que ce fonds peut combler. Une faillite peut avoir lieu l'an prochain, ou il peut se passer dix ans sans qu'il ne s'en produise d'autres; et les pertes des déposants de cette banque en faillite seraient payées à tant par année, c'est-à-dire un nombre déterminé de cents au dollar de son dépôt à même ce fonds garanti?—R. Ce serait de la nature d'une cotisation *post-mortem*. La cotisation se ferait plutôt après les pertes qu'avant.

Q. Cela se ferait chaque année. Cela ne constituerait pas une garantie absolue à l'égard des déposants, mais toute contribution à ce fonds serait utilisée pour combler les pertes qui pourraient se produire?—R. La seule conclusion à laquelle je puis en arriver c'est que ce projet de dépôt à la banque n'est pas un projet d'assurance, et je ne vois pas comment son fonctionnement pourrait donner une satisfaction quelconque.

M. Morin:

Q. Quelle est la moyenne des bénéfices des banques proportionnellement à ces dépôts?—R. Je ne pourrais dire. Je puis déclarer que je n'ai pas examiné minutieusement les rapports des banques. Peut-être que quelques fonctionnaires du ministère des Finances pourraient vous donner ce renseignement.

M. Morin: La taxe doit être basée sur les profits de la banque.

M. McQuarrie:

Q. Parlez-vous des dépôts à l'épargne ou bien de tous les dépôts aux banques?—R. Ceci comprend la totalité des dépôts depuis vingt ans.

Le président intérimaire:

Q. Lorsqu'il a comparu devant nous, M. Williams a déclaré que d'après l'expérience des vingt ou trente dernières années—je ne saurais dire au juste—$25.00 pourraient assurer un million de dollars. Cela s'accorde-t-il avec vos chiffres?—R. Je ne trouve aucune justification dans les chiffres que nous avons ici pour une déclaration de ce genre. Cela peut s'appliquer aux banques des Etats-Unis—je n'en sais rien, mais cela ne s'applique certainement pas ici.

Q. Vous avez calculé selon un pourcentage. Ce pourcentage serait-il dans la proportion d'environ $25.00 pour un million de dollars?—R. Mon calcul est de un vingtième de un pour cent. Un dixième de un pour cent sur un million

[M. George D. Finlayson.]

de dollars serait de $1,000, et un vingtième de un pour cent donnerait $500, c'est-à-dire vingt fois le montant que déclare M. Williams.

M. Shaw: Les chiffres de M. Williams sont basés sur les sept dernières années, et durant la période au cours de laquelle le gouvernement des Etats-Unis a fait fonctionner un système élaboré d'inspection.

Le témoin: L'autre question sur laquelle j'ai été demandé de fournir des renseignements comportait le système de garantie à l'égard des dépôts de banque aux Etats-Unis. J'ai ici un mémoire que je crois devoir lire au comité pour sauver du temps. (Il lit):

PIÈCE N° 18

Mémoire

Re

Garantie des dépôts de banque

"La garantie des dépôts de banque est pratiquement inconnue au Canada.

"L'on dit souvent que cette pratique est en usage aux Etats-Unis et on nous fait croire qu'elle s'applique aux dépôts effectués par des particuliers. Il est donc nécessaire de déclarer catégoriquement que. . .

"1· Aux Etats-Unis la garantie des dépôts faits par des particuliers est pratiquement inconnue.

"2· Les seuls comptes qui sont garantis sont ceux des corps publics dont les règlements et statuts exigent une assurance à l'égard de ces dépôts. Ces dépôts consistent en valeurs des gouvernements d'états, de municipalités, de commissions scolaires, d'ordre de fraternité et autres institutions semblables.

"La première mesure que prend une compagnie de garantie, à laquelle demande est adressée pour garantir une certaine somme, est d'enquérir si la loi exige que le compte soit garanti. Dans l'affirmative, la demande est étudiée, sinon elle est rejetée.

"Le taux de la prime est de un demi de un pour cent de la balance moyenne, ou $5 par $1,000, et il est uniforme pour toutes les banques, les clients et les districts.

·"La demande de cautionnement est toujours faite par la banque.

"Le volume de ce genre d'opérations est considérable aux Etats-Unis et a été assez profitable pendant une certaine période. Cependant, depuis quelques années l'expérience n'a pas toujours eu le même succès, surtout dans les régions agricoles. Ces opérations se poursuivent principalement par les compagnies ordinaires d'assurance sur les garanties.

"La firme Lloyds fait peu d'opérations de ce genre aux Etats-Unis. La garantie des dépôts de banque est pratiquement inconnue en Grande-Bretagne."

Voilà ce que semble révéler l'expérience des compagnies d'assurance qui garantissent des dépôts aux Etats-Unis.

Le président intérimaire: Maintenant, messieurs, nous allons procéder à l'interrogatoire des témoins. · Avez-vous d'autres questions à poser à M. Finlayson avant de continuer avec d'autres témoins?

M. Ward:

Q. Vous avez dit, n'est-ce pas, M. Finlayson, que neuf banques avaient fait faillite au cours des derniers 20 ans, ou à peu près cela?—R. 13; environ neuf ont payé en totalité, et quatre ont subi des pertes.

[M. George D. Finlayson.]

Q. Au nombre des quatre dont les déposants n'ont pas été remboursés en totalité, je crois que la perte subie était d'environ $11,000,000?—R. Oui, $11,-000,000.

Q. Pouvons-nous raisonnablement présumer, alors, qu'à l'égard des autres banques, qui furent absorbées par des banques plus fortes, leurs pertes pourraient être comparées avec celles des banques qui n'ont pas été fusionnées? Me suis-je bien fait comprendre?

Le PRÉSIDENT INTÉRIMAIRE: Pas par moi.

Le TÉMOIN: Je ne saisis pas bien la question.

M. Ward:

Q. Voici ce que je veux demander: Si les quatre banques qui ont été mises en liquidation ont éprouvé une perte, les déposants ont subi une perte de $11,000,000, est-ce donc raisonnable pour nous de présumer que cela serait une comparaison équitable à faire à l'égard de la perte des autres banques, bien qu'elles fussent absorbées par de plus fortes institutions, si ces dernières eussent été mises en faillite? Je crois que c'est une question très importante qui semble avoir été laissée de côté dans l'enquête de ce comité. Si ces neuf autres banques ont subi des pertes semblables à celles des banques qui ont été mises en liquidation, je dois dire que c'est une question très sérieuse.

Le PRÉSIDENT INTÉRIMAIRE: Monsieur Ward, Je vais décider dès le début que nous n'entendrons aucune question qui comporte la discussion; nous ne ferons qu'interroger le témoin et lui demander son opinion.

Le TÉMOIN: Je ne pourrais pas répondre à cette question; je n'ai aucun moyen de savoir en quoi aurait consisté la perte.

Le PRÉSIDENT INTÉRIMAIRE: Avez-vous d'autres questions à poser à M. Finlayson, messieurs. Sinon, nous vous remercions, monsieur. Maintenant, M. Saunders est le prochain témoin.

J. C. SAUNDERS, sous-ministre des Finances, est appelé et interrogé.

Le PRÉSIDENT INTÉRIMAIRE: Est-ce le désir du comité d'interroger M. Saunders au sujet de la Loi de Finance? Dans l'affirmative, M. Saunders me dit qu'il a préparé un mémoire élaboré avec lequel il voudrait commencer son témoignage devant le comité. Si c'est le désir du comité, je demanderai à M. Saunders de nous lire ce mémoire. L'interrogatoire de vive voix est bien plus intéressant, mais je crois peut-être que si le mémoire n'est pas trop long nous pourrions commencer par l'entendre.

Le TÉMOIN (Il lit):

Avances aux Banques en vertu de la Loi des Finances de 1923

Sous l'autorité de l'article 2 du supplément de 1923 à la Loi des Finances de 1914, le ministre des Finances peut faire des avances par l'émission de billets du Dominion sur la garantie des valeurs suivantes (les remboursements sous l'autorité de l'article 7 à être effectués en billets du Dominion au ministre ou au Receveur général adjoint):

(a) les billets du trésor, les obligations, débentures ou stocks du Dominion du Canada, du Royaume-Uni, de toute province du Canada, et de toute possession britannique;

(b) valeurs publiques du gouvernement des Etats-Unis;

(c) valeurs municipales du Canada;

(d) billets à ordre et lettres de change garantis par titre documentaire sur le blé, l'avoine, le seigle, l'orge, le maïs, le sarrazin, le lin ou autre denrée;

[M. George D. Finlayson.]

(e) des billets à ordre émis et lettres de change tirées pour des fins agricoles, industrielles ou commerciales et qui ont été utilisés ou qui doivent être utilisés à ces fins.

L'article 6 prescrit que les avances sont pour une période de pas plus d'un an et que l'intérêt sur ces avances sera payable au taux que peut au besoin fixer le Conseil du trésor.

Le taux d'intérêt jusqu'ici fixé par le Conseil du Trésor est de cinq pour cent.

L'article 3 de la Loi prescrit que ces valeurs doivent être déposées chez le ministre ou entre les mains d'un receveur général adjoint, et en outre que le ministre peut demander aux fiduciaires des réserves centrales de l'or d'estimer et de recommander la somme qui, à leur avis, peut être convenablement avancée sur les garanties soumises.

L'article 4 prescrit que le ministre peut permettre que les connaissements ou autres titres qui s'appliquent à du grain ou autre denrée alors en transit, soient expédiées sous le contrôle de la banque à l'endroit où la délivrance est faite et où le paiement en est perçu, la banque devant être fiduciaire du ministre, jusqu'à concurrence des avances, à l'égard du produit perçu pour ce grain ou cette denrée.

L'article 5 prescrit que tous les billets à ordre ou lettres de change, à titre de garantie, ne doivent pas venir à échéance, sans compter les jours de grâce, plus de six mois à compter de la date à laquelle ils sont engagés.

L'article 9 prescrit que ces avances sont censées une somme due au gouvernement par la banque et constituent un deuxième privilège sur l'actif de la banque.

L'article 10 prescrit que la banque doit établir à la satisfaction des fiduciaires de la réserve centrale de l'or, avant qu'une avance soit faite, que tous billets à ordre ou lettres de change émis pour des fins agricoles industrielles ou commerciales, et donnés en garantie, ont été en fait émis ou tirés, ou les produits en ont été utilisés ou doivent être utilisés à produire, acheter, transporter ou mettre sur le marché du grain ou des articles, denrées et marchandises selon le sens que comporte ces mots dans la Loi des banques.

L'article prescrit que nulle avance ne doit être faite sur la garantie de billets à ordre ou de lettres de change émis pour avoir la possession ou faire le commerce de stocks, d'obligations ou d'autres valeurs ou pour être utilisés en des dépenses de capital d'une nature quelconque, et le ministre peut ordonner aux fiduciaires de s'assurer si quelques billets ou lettres de change offerts en garantie relèvent de l'interdiction du présent article.

Les avances faites sous le régime de la Loi des finances sont autorisées par le Conseil du Trésor sur la demande régulière de la banque, énumérant les valeurs offertes en garantie subsidiaire, et cette demande doit être rédigée selon la formule prescrite par le Conseil du Trésor. (Voir PIÈCE N° 19, à la page cxxxii.)

Le PRÉSIDENT INTÉRIMAIRE: Quels sont les membres du Conseil du Trésor?

Le TÉMOIN: Le ministre des Finances en est le président; le ministre des Chemins de fer et Canaux, le ministre des Douanes, le ministre de l'Intérieur et le ministre des Postes.

M. Shaw:

Q. La Loi prescrit que ce doivent être le ministre des Finances et cinq membres du Conseil privé de Sa Majesté, ainsi que le sous-ministre des Finances, d'office, comme secrétaire?—R. Oui.

[M. J. C. Saunders.]

Comme toute les avances sous le régime de la Loi des finances deviennent dues le premier mai de chaque année, c'est devenu l'usage pour les banques de soumettre au Conseil du Trésor, immédiatement avant cette date, leurs demandes pour autorisation d'avances pour couvrir les besoins anticipés ou possibles durant toute l'année qui va s'écouler, y compris le renouvellement des montants en cours. Cet usage, cependant, n'empêche pas la banque de faire les autres demandes que les circonstances peuvent exiger.

Dans le domaine de l'approbation ou de l'autorisation donnée par le Conseil du Trésor, et sur le dépôt et la garantie de valeurs approuvées, le ministère peut au besoin faire des prêts à la demande de la banque, faite par écrit ou par télégraphe. Les avances peuvent être faites à Ottawa, ou au bureau du receveur général adjoint, au choix de la banque, et les remboursements sont payables aux bureaux où les avances ont été faites. Ordinairement la plupart des avances sont faites à Montréal, à Toronto ou à Winnipeg. Lorsque des valeurs sont gardées en dépôt au ministère (comme le font plusieurs banques, soit qu'il y ait des avances en cours ou non) les avances peuvent être obtenues sur un avis d'une heure ou deux; cependant, si la chose est possible, l'on demande aux banques de donner un avis de douze heures de ce qu'elles ont besoin.

La formule du contrat de garantie à être déposée avec la garantie subsidiaire est prescrite par le Conseil du trésor (Voir pièce n° 20, imprimée, à la fin du présent témoignage). Sur la formule se trouvent imprimés les règlements, les termes et conditions qui s'appliquent à toutes les avances faites sous le régime de la Loi des finances comprenant aussi le taux et le paiement de l'intérêt, les remboursements, la remise des valeurs et la procédure par défaut.

Sous le régime des dispositions de l'article 12 de la Loi un procès-verbal du Conseil du Trésor en date du 30 mai 1923, autorisa les marges suivant lesquelles les différentes catégories de garanties déposées doivent dépasser en valeur le montant des prêts. Le tableau est comme suit:

Sur des billets et obligations du Trésor du Dominion du Canada —les avances sont de un dollar par dollar de valeur au pair;

Sur des obligations garanties quant au principal et à l'intérêt par le gouvernement du Dominion du Canada—une marge de dix pour cent sur la valeur marchande;

Sur les obligations et billets du Trésor du gouvernement britannique—une marge de 10 pour 100 sur la valeur marchande;

Sur des valeurs à courte échéance, d'un an au plus, des gouvernements des provinces du Canada—une marge de 10 pour 100 sur la valeur marchande;

Sur d'autres valeurs des provinces du Canada et des valeurs portant la garantie, principal et intérêt, des provinces du Canada— une marge de 15 pour cent sur la valeur marchande;

Sur des obligations de municipalités canadiennes—une marge de 20 p. 100 sur la valeur marchande;

Sur des consignations garanties par titres—sur le grain, la farine les céréales et la provende—une marge de 25 p. 100;

Le président intérimaire:

Q. Selon leur valeur marchande?—R. Les consignations n'ont pas de valeur marchande, 25 p. 100 de la somme prêtée, la somme engagée.

M. Shaw:

Q. C'est-à-dire le montant prêté par les banques?—R. Il n'y aurait aucune cote du marché sur ces prêts.

[M. J. C. Saunders.]

Le président intérimaire:

Q. Supposons que la banque eut avancé $1,000 sur un connaissement de 1,000 boisseaux de blé?—R. Oui.

Q. Et qu'à l'époque de l'avance par la banque le blé valait, disons, $1.10 le boisseau. Alors, d'après votre loi vous avanceriez jusqu'à $750 sur ce connaissement?—R. Oui.

Q. Cela vous donnerait une marge de plus de vingt-cinq pour cent sur la valeur du blé à l'époque où la première avance fut faite par la banque. Si le blé baisse, votre marge doit être diminuée en conséquence.—R. Mais, M. le président, c'est la banque qui prend le risque.

Q. Voici ce que je voudrais établir; c'est 25 p. 100 au-dessous de ce que la banque avait avancé sur la garantie, et non pas sur la valeur de la garantie sur laquelle la banque avait fait l'avance?—R. Oui.

M. Shaw:

Q. La banque peut avoir fait une avance trop élevée, dans lequel cas le ministère des Finances aura une marge de 25 p. 100 pour évoluer. Cela n'a aucun rapport avec la valeur des marchandises?—R. Non.

Sur des effets de commerce endossés par la banque à l'ordre du ministre des Finances—une marge de 25 à 35 p. 100 selon que peut déterminer le Ministre.

En offrant des garanties la banque en soumet ordinairement ses propres évaluations qui sont vérifiées par les fonctionnaires du ministère en regard de la valeur courante du marché et de tout autre renseignement qui se trouvent à leur portée, y compris les évaluations déterminées par le surintendant des assurances sur les placements des compagnies d'assurance, de fiducie et de prêt.

Le tableau suivant indique le maximum des prêts sous le régime de la Loi des Finances dans chacune des années de son fonctionnement

Mois	Maximum des avances pour chaque année
Novembre, 1914	$ 12,767,500 00
Janvier, 1915	10,720,000 00
Février, 1916	2,777,135 00
Octobre, 1917	52,170,000 00
Novembre, 1918	116,500,000 00
Novembre, 1919	112,957,000 00
Novembre, 1920	123,689,025 00
Janvier, 1921	108,707,960 75
Janvier, 1922	60,619,769 74
Octobre, 1923	40,020,000 00

A la date actuelle la totalité des avances en cours est de $17,000,000, dont $3,000,000 sur des billets du Trésor du Dominion du Canada, $3,000,000 sur des valeurs de céréales, et $8,630,000 sur d'autres valeurs approuvées, y compris des obligations provinciales, municipales et du Dominion.

Le tableau suivant indique la valeur totale au pair des différentes catégories de valeurs actuellement détenues par le Ministère garantissant des prêts ou disponibles à cette fin, dont le montant peut être avancé sous le régime des règlements du Conseil du Trésor, ainsi que le montant des avances actuellement en cours.

[M. J. C. Saunders.]

Valeurs	Valeur totale au pair	Montant total à avancer sur ces valeurs	Total des avances en cours
Billets du Trésor du Dom. du Can...$	40,735,000 00	$ 40,735,000 00	$ 5,370,000 00
Obligations du Dom. du Canada.. ..	16,612,400 00	16,612,400 00	
Valeurs de Gouv. provinciaux..	1,840,549 15	1,572,423 98	
Valeurs de mun. canadiennes..	3,078,974 87	2,482,734 13	
Obligations du Gouv. britannique.. ..	120,000 00	113,455 00	
Obligations garanties du Dominion..	447,333 00	387,317 72	
Obligations garanties des provinces..	329,399 00	280,140 00	8,630,000 00
Grain..	3,892,000 00	3,113,600 00	3,000,000 00
	$ 67,055,656 02	$ 65,297,070 83	$17,000,000 00

Le revenu perçu par le gouvernement, chaque année à titre d'intérêt sur les prêts de la Loi de Finance a été comme suit:

Année finissant le 31 mars	Montant
1915.. .. ..$	211,551 97
1916..	62,722 49
1917..	105,458 12
1918..	754,792 01
1919..	2,395,643 02
1920..	3,322,952 78
1921..	3,568,106 74
1922..	2,392,598 57
1923..	1,249,677 90
1924..	775,170 38
	$ 14,838,673 98

M. Shaw:

Q. Y a-t-il des obligations des Etats-Unis dans la liste?—R. Non. Il existe des dispositions pour des obligations américaines, mais il n'y en a pas eu de présentées.

M. Irvine:

Q. Pouvez-vous nous donner la somme totale qui a été avancée sur des obligations municipales?—R. Oui. Nous avons en mains des valeurs municipales canadiennes pour $3,078,000 et le montant qui pouvait être avancé est de $2,482,000. Mais à l'époque actuelle il n'y a rien en cours sur ces valeurs.

M. Maclean:

Q. Cela fait-il partie du revenu consolidé, y a-t-il des profits?—R. Oui.

M. Spencer:

Q. Depuis combien ceci fonctionne-t-il?—R. Depuis 1914 jusqu'au 31 mars dernier.

M. Hodgins:

Q. Comment tenez-vous ces valeurs municipales lorsqu'aucune avance n'est faite sur ces valeurs?—R. Elles ont été soumises au conseil, et il nous est permis de les garder de façon à ce que les banques puissent réaliser immédiatement sur ces valeurs afin d'épargner le temps de les expédier lorsque la demande est faite.

Le PRÉSIDENT: Puis-je faire une suggestion? En interrogeant M. Saunders, nous devons procéder d'une façon méthodique, et que chaque membre termine son interrogatoire avant qu'un autre puisse commencer.

[M. J. C. Saunders.]

M. *Shaw:*

Q. Depuis combien de temps êtes-vous sous-ministre des Finances, M. Saunders?—R. Depuis 1920.

Q. Et depuis combien de temps faites-vous partie du ministère des Finances? —R. Depuis 1887.

Q. Alors, j'en conclus que ce système a dû être modifié durant votre expérience au ministère des Finances?—R. Oui, M. Shaw. Le ministère des Finances d'aujourd'hui est tout à fait différent de ce qu'il était aux jours d'avant-guerre.

Q. C'est-à-dire que la Loi des Finances est de 1914?—R. Oui.

Q. Alors il y a aussi l'Hôtel des Monnaies qui relève de votre autorité depuis 1908?—R. Oui.

Q. Ainsi que les divers contrôles relatifs aux finances et toutes les autres questions qui relèvent de votre juridiction, même depuis dix ou quinze ans, qui ont considérablement changé?—R. Vous voulez parler des divers changements dans la législation des banques?

Q. Oui.—R. Oui, la Loi des Banques a également été changée.

Q. Vous nous avez parlé de la composition du Conseil du Trésor, et des arrangements pour son fonctionnement sous le régime de la Loi des Finances. Je crois que vous nous en avez suffisamment démontré le mécanisme. Qui est-ce qui détermine quels sont les membres du cabinet, quels sont les membres du Conseil Privé du Roi au Canada qui devront être membres du Conseil du Trésor? —R. Le Gouverneur en Conseil.

Q. Et je suppose que d'après la liste que vous avez donnée, ils sont choisis probablement à cause de leurs connaissances spéciales en matière de finances; est-ce là la théorie ou le principe?—R. Je les prends comme ils viennent.

Q. Vous avez toute notre sympathie. Combien de fois se réunissent-ils?—R. En temps ordinaire, ils tâchent de se réunir une fois par semaine, mais le Parlement change tout cela.

Q. De combien se compose un quorum?—R. Trois.

Q. Vous avez donc, ordinairement, une réunion par semaine avec trois membres présents?—R. C'est ce que nous essayons de faire. Il n'y a pas de temps spécifié.

Q. Est-ce qu'il y a changement de temps à autre parmi ces messieurs du Conseil du Trésor? Par exemple, serait-il impossible pour M. Motherwell de prendre la place de M. Stevens ou de l'un des autres membres, ou bien se produit-il des changements assez souvent?—R. Non, les changements sont peu fréquents, sauf lorsqu'un ministre s'absente alors qu'il est membre du Conseil, il faut donc le remplacer.

Q. Ainsi, M. Robb est parti pour l'Australie. Je suppose qu'en son absence quelqu'un dût être nommé à sa place?—R. Non, nous aurions quand même le quorum de trois.

Q. Dois-je bien comprendre que les banques seules peuvent prendre avantage de la Loi des Finances?—R. Oui, les banques seules.

Q. Je suppose, par exemple, qu'une province se présente avec des garanties de premier ordre—et beaucoup de provinces en ont...

Le PRÉSIDENT: Québec, par exemple.

M. *Shaw:*

Q. La province de Québec, par exemple, et si l'on venait vous trouver à titre de secrétaire du Conseil en disant: "Voici pour $1,000,000 d'obligations; nous voulons $10,000 en billets"; que feriez-vous?—R. Je leur dirais qu'il faut faire modifier la Loi de Finance.

Q. Ou bien les diriger vers les banques?—R. Oui, ils pourraient négocier par l'entremise d'une banque.

[M. J. C. Saunders.]

14-15 GEORGE V, A. 1924

Q. Donc cette Loi de Finance est une mesure qui ne peut fonctionner qu'à la demande des banques?—R. Oui, actuellement.

Q. Nul autre au Canada, avec quelque garantie que ce soit, n'a droit de se présenter devant ce Conseil et demander un prêt de faveur?—R. Non.

Le PRÉSIDENT: Ceci se rapproche de la discussion.

M. SHAW: Non, c'est un fait. Je refuse même d'entrer dans le domaine de la discussion sur cette question.

M. Marler:

M. MARLER: Serait-il possible de demander à ce monsieur quel avantage est-ce pour tout autre en vertu de la Loi des Finances?

M. SHAW: C'est matière à discussion.

Le PRÉSIDENT: Vous pourriez demander l'opinion du témoin à ce sujet; je ne crois pas que cela serait de la discussion.

M. SHAW: Cela pourrait être une question d'argumentation, et je ne veux pas y toucher.

Q. Maintenant monsieur Saunders, vous avez dit que le taux d'intérêt est de cinq pour cent. Ce taux a-t-il déjà varié à votre connaissance?—R. Au début de la guerre, le ministre des Finances d'alors, en agissant de façon à ce que les banques puissent effectuer un prêt considérable au trésor impérial pour des fins de guerre ici au Canada, c'est-à-dire pour de l'approvisionnement au Canada, accorda aux banques le privilège de ré-escompter, pour ainsi dire, avec la promesse qu'elles pourraient avoir des fonds à trois et demi pour cent, mais ceci n'était que provisoire car les banques en éprouvaient une certaine crainte.

Q. Ceci ne se présenta qu'en une seule occasion?—R. Oui.

Q. Ainsi il serait vrai de dire que durant le fonctionnement de cette loi, sauf la seule exception que vous avez mentionnée, le taux de l'intérêt a été fixé à cinq pour cent?—R. Cinq pour cent.

Q. Il n'y a eu aucun changement?—R. Aucun changement.

Q. Puis-je vous demander ceci? Y a-t-il quelque expert ou conseiller au Conseil du Trésor, sauf vous-même, à ces réunions?—R. J'espère que non. Je suis censé être l'aviseur.

Q. Avez-vous une connaissance spéciale des problèmes, par exemple, d'inflation et de diminution?—R. Je ne me considère pas un expert, mais j'ai naturellement un peu d'expérience et quelques connaissances sur ces questions.

Q. Pouvez-vous nous dire si, oui ou non, le taux d'intérêt peut être utilisé comme facteur pour effectuer la déflation I, ou comme une arme pour combattre l'inflation?—R. Je ne saisis pas très bien.

Q. Reconnaissez-vous que le taux d'intérêt, c'est-à-dire l'augmentation et la diminution du taux d'intérêt, est un facteur effectif, peut-être pas absolu, mais un facteur tangible pour causer la déflation ou aider à l'inflation?—R. Je ne le crois pas.

Q. Vous croyez que le taux de l'intérêt n'a aucune portée sur cette question?—R. Je ne le crois pas.

Q. Et conséquemment ce serait absolument inutile de provoquer une diminution ou une augmentation dans le taux d'intérêt pour les fins visées par les dispositions de la Loi des finances?—R. Nous ne l'avons jamais envisagé à ce point de vue, et ne l'avons jamais considéré de cette manière-là.

Q. Alors on peut voir que comme facteur pour les fins que j'ai mentionnées, le Conseil du Trésor n'en a jamais tenu compte et ne l'a jamais considéré?—R. Non, pas à ce point de vue. Mais il a toujours été considéré au point de l'aide qu'il procure aux banques dans leurs opérations dans le monde commercial.

[M. J. C. Saunders.]

Q. Est-il profitable, monsieur Saunders, pour les banques de prendre avantage des dispositions de la Loi des finances?—R. Cela doit l'être, autrement elles ne s'en serviraient pas.

Q. Et connaissez-vous la procédure ordinaire des banques relativement au fonctionnement de la Loi? Peut-être ferais-je mieux de m'y prendre de cette façon: Est-ce que cela se produit comme ceci: que les banques viennent à vous avec leurs garanties, elles prennent avantage des dispositions de cette loi, elles se procurent des billets du Dominion à cinq pour cent et portent ensuite ces billets aux Réserves centrales de l'or et obtiennent de cette façon le privilège d'augmenter leur propre circulation?—R. Oui, elles peuvent le faire; mais je crois que ce n'est pas la raison ordinaire pour l'obtenir; cela ne les payerait pas; les banques sont tellement soucieuses de faire faire ces remboursements et épargner l'intérêt de cinq pour cent que je ne crois pas qu'elles consentent à payer cinq pour cent dans le seul but d'obtenir plus de circulation, à moins qu'elles puissent le faire dans le cours de leurs opérations.

Q. Ne le font-elles pas dans leurs opérations?—R. Je croirais que oui.

Q. Et elles auraient peu de difficulté à répandre leur circulation à un taux d'au delà de cinq pour cent, n'est-ce pas?—R. Bien, naturellement nous ne suivons pas l'argent en cours pour vérifier quel est l'intérêt qu'il rapporte.

Q. Je me demandais si vous étiez au courant de ce qui me semble être une pratique évidente pour les banques de se présenter avec des billets du Dominion garantis sous le régime de la Loi des finances et les porter directement aux Réserves centrales de l'or et, en les déposant en ce lieu, obtenir le droit d'augmenter leur circulation?—R. Comme question de fait les banques utilisent ces billets surtout pour rencontrer les compensations. La circulation est une opération très compliquée pour que les banques puissent la suivre; elles ont un si grand nombre de succursales si dispersées par tout le pays, et cependant elles ont des experts qui surveillent la circulation. Lorsqu'elles croient devoir rencontrer des demandes à la chambre des compensations qui dépassent leurs ressources pour payer en billets du Dominion, elles demandent des avances, elles peuvent s'en servir, mais lorsqu'elles n'en ont pas besoin elles les retirent afin de ne pas être tenues de payer l'intérêt. Ou elles peuvent ne pas les prendre du tout.

Q. Voulez-vous dire que le but principal des banques en prenant avantage de la Loi des finances est d'obtenir une marge assez considérable pour pouvoir rencontrer leurs opérations de compensation?—R. C'est mon avis.

Q. C'est une question sur laquelle vous n'êtes pas nécessairement renseigné?—R. Non.

Q. Vous parlé de la circulation des banques. La circulation des billets de banque est fixée, comme vous le savez, par la Loi des banques et comprend le montant du capital non entamé, et est limitée à ce montant et au montant du crédit aux Réserves centrales de l'or, subordonnément à des changements durant certaines saisons de l'année, certaines dispositions supplémentaires?—R. Oui.

Q. Quelles dispositions avez-vous pour voir à ce que les banques se tiennent dans la limite légale de leur circulation?—R. Bien, monsieur Shaw, si vous examinez la Loi des banques vous verrez que nous recevons environ quatorze rapports des banques, et la circulation est contenue dans ces rapports, Ensuite nous avons un rapport mensuel spécial; ce rapport est examiné par un fonctionnaire du ministère sous ma propre direction et la circulation est vérifiée afin de voir si elle n'est pas dépassée. Naturellement si elle est dépassée il y a une amende prescrite par la loi.

Q. Je suppose que l'amende a déjà été imposée en certaines occasions?—R. Oui, mais si vous voulez bien me permettre je puis dire que je n'ai jamais eu connaissance d'une contravention de ce genre faite dans le seul but de dépasser la circulation; cela fut le résultat de quelque erreur d'écriture ou de quelque événement imprévu. Cependant nous appliquons la loi.

[M. J. C. Saunders.]

14-15 GEORGE V, A. 1924

Q. Avez-vous lu les témoignages au sujet de la Home Bank?—R. Pas très attentivement.

Q. Etes-vous au courant du fait que le capital de cette banque a été entamé considérablement depuis 1916?—R. Il n'y avait rien pour le démontrer dans les rapports faits au ministère des Finances.

Q. Un rapport vous est adressé?—R. Certainement.

Q. Je suppose, M. Saunders, que ce rapport indique le capital payé, mais vous sauriez cela sans qu'on vous le dise?—R. Oui.

Q. L'on doit indiquer dans ce rapport, de mois en mois, le montant de la circulation en cours?—R. Oui.

Q. Et tant que la circulation en cours n'excède pas le montant du capital payé vous êtes satisfait?—R. Certainement.

Q. La Loi des Banques déclare que la circulation ne doit pas dépasser le capital non entamé?—R. Bien, le capital non entamé consiste en ce que comporte les rapports de banque.

Q. Fait-on un rapport relativement au capital non entamé ou relativement au capital payé?—R. Non, c'est le capital payé. S'il fallait se mettre à ce point de vue il faudrait visiter chaque banque tous les mois pour constater sa solvabilité.

Q. Voyez-vous quelque différence entre le capital payé et le capital non entamé?—R. Non,—bien cependant—le capital payé est le montant qui a été payé à la banque. Si la banque a entamé son capital par quelques prêts, le capital payé est tout ce que l'on nous fait voir, et je ne pourrais pas dire s'il a été entamé à moins qu'on me le déclare.

Q. Mais le fait est que, en ce qui concerne le ministère, il n'y a aucun moyen de savoir si le capital d'une banque est entamé, à une époque quelconque?— R. Nous pouvons le savoir par les rapports. Ainsi, nous examinons l'actif et le passif, et si les rapports démontrent que la banque est en bonne situation, son capital ne peut pas être entamé.

Q. Durant votre expérience au ministère, est-ce qu'une banque a déjà envoyé à ce ministère un état démontrant que sa situation financière n'était pas solide?—R. Non, je ne crois pas qu'il y ait eu un tel rapport.

Q. Vous ne vous attendez pas à cela de leur part?—R. Je les croirais plutôt honnêtes.

Le PRÉSIDENT INTÉRIMAIRE: Il les croirait honnêtes.

M. Shaw:

Q. Les fonctionnaires de la Home Bank, par exemple, ne vous ont-ils jamais fait parvenir un état indiquant que, dès 1916, le capital de cette institution était entamé?—R. Non, certes. Ils ont omis de faire une foule de choses.

Q. Que dites-vous de la Banque des Marchands?—R. La Banque des Marchands?

Q. Les rapports de cette banque n'étaient pas conformes à la vérité, non plus; n'est-ce pas?—R. Jusqu'à un certain point, ils ne révélaient pas la situation exacte de la banque, mais c'était leur affaire. S'ils ont fait de faux certificats ou soumis de faux rapports, nous ne pouvions rien y voir sous le régime de l'ancienne Loi des Banques.

Q. Je ne veux pas vous blâmer, car je me rends bien compte que, étant donné le rouage dont vous disposiez à l'époque, il vous fallait accepter les rapports soumis par les banques, et advenant le cas où, soit délibérément ou par accident, ces banques aient fait de faux rapports, il vous était évidemment impossible de les contrôler?—R. Non, mais je puis dire que cette difficulté sera contournée par la proposition du ministre au sujet d'un inspecteur.

M. W. F. Maclean:

Q. Qui...

[M. J. C. Saunders.]

Le PRÉSIDENT SUPPLÉANT: Ne souffrez pas que l'on vous interrompe.

Le TÉMOIN: Parce que l'un de ses principaux devoirs consistera dans la vérification des chiffres du rapport transmis au ministère.

M. Shaw:

Q. Très bien, j'en conviens. Voici tout ce que je veux savoir de vous: Je n'entends faire de reproche à qui que ce soit. Je dis que, pour ce qui est de la situation des banques à l'heure actuelle, le ministère des Finances, le ministre des Finances, le sous-ministre des Finances, et tous les fonctionnaires du ministère doivent s'en tenir aux rapports que soumettent les banques?—R. C'est ce que le parlement nous ordonne de faire dans la loi. J'ajouterai, M. Shaw, que nos financiers constituent un groupe d'hommes supérieurs à ce point que nous ne les soupçonnerions pas de faire de fausses déclarations. Lorsqu'il y a eu des faux rapports, ils ne se sont présentés que dans certains cas à la suite de filouterie et de malhonnêteté, et l'on ne saurait se baser là-dessus pour juger des autres banques.

Q. Telle n'est pas mon intention, mais je me reporte à quinze ou vingt ans en arrière et je me souviens que dans le cas des Banques Farmers, Ontario, de la Banque des Marchands et de la Home Bank, des faux rapports ont été envoyés au ministère des Finances, si je ne me trompe?—R. Combien des banques, dites-vous?

M. MARLER: C'est là, selon moi, une assertion qui ne devrait pas figurer au dossier.

Le PRÉSIDENT SUPPLÉANT: On ne les croyait pas tous coupables.

M. SHAW: On a reconnu que les rapports étaient faux, mais il s'agissait de savoir si ces faux rapports avaient été faits de propos délibéré.

Le PRÉSIDENT SUPPLÉANT: Le fait de dire qu'une banque fait un faux rapport comporte, à mon sens, l'idée que le rapport est fait avec préméditation.

M. SHAW: Du tout, faux peut vouloir dire contraire aux faits; il peut être fait de propos délibéré ou sans préméditation.

Le TÉMOIN: Des faux rapports? Ainsi, le rapport soumis dans le cas de la Banque des Marchands dont l'embarras provenait de ce qu'elle n'avait pas tenu compte de la dépréciation de certains gros prêts: elle comptait pouvoir en effectuer le recouvrement un jour et pour cette raison elles les maintenait dans son rapport à leur valeur nominale.

Q. Veuillez ne pas vous méprendre sur le sens de mes paroles. Je n'ai en vue que les faux rapports soumis de bonne foi au ministère. C'est là le cas le plus répréhensible que l'on puisse concevoir?—R. Je ne dirais pas que les rapports sont falsifiés avec intention.

Q. Je veux parler de ces rapports que le ministère se trouve dans l'impossibilité de vérifier, qui sont faux sans qu'il y ait eu intention de les faire tels?—R. Non, si les banques y inscrivent leurs prêts, leurs prêts courants à une certaine valeur, nous ne sommes pas plus renseignés.

Q. Dans ce cas, serait-il exact de dire que, pour ce qui est de ces rapports, le rôle du ministère des Finances, tel qu'il est constitué aujourd'hui, se résume à celui d'une machine à calculer?—R. Je ne saurais être de cet avis. Tous les rapports que l'on transmet au ministère des Finances aujourd'hui—rien n'échappe au département sauf lorsqu'une banque commet délibérément une filouterie ou une fourberie dans le dessein de tromper le ministère au moyen de faux rapports.

Q. A votre sens, il existe un régime parfait qui permet de vérifier ces rapports et d'en constater l'irrégularité sauf dans des cas exceptionnels de filouterie ou de fourberie? Est-ce bien cela?—R. Oui.

Q. Dites-moi ce que vous faites pour vérifier les rapports qu'une banque envoie tous les mois, par exemple?—R. J'ai ici un relevé des rapports qui nous sont transmis, lequel relevé fait voir ce que nous faisons. C'est un document passablement long...

[M. J. C. Saunders.]

Q. Pourriez-vous nous le laisser?—R. Il n'est peut-être pas rédigé assez clairement.

Le PRÉSIDENT SUPPLÉANT: S'il n'est pas rédigé de façon qu'on le comprenne, vous feriez peut-être mieux de nous en donner lecture ou de le commenter.

M. SHAW: Je propose qu'il lui donne la forme d'un mémoire comme le premier qu'il a préparé; on le fera ensuite consigner au dossier.

Le TÉMOIN: Je pourrais l'expliquer mais il ne se prête pas à la lecture.

M. Shaw:

Q. Avant que vous abordiez ces détails, je désirerais vous faire une ou deux questions, après quoi j'aurai fini. Au sujet de la circulation, et étant donné que la circulation d'une banque est subordonnée à son capital intact, on ne saurait douter, à en juger par ce que vous venez de dire, que le ministère n'a aucun moyen de s'assurer si le capital d'une banque a ou n'a pas été entamé?—R. Non, nous n'avons pas l'inspection des banques.

Q. Et en conséquence, même une banque dont le capital est entamé peut continuer d'émettre au public des billets sans valeur ou entachés d'illégalité?—R. Les billets ne sont pas sans valeur; ils sont aussi bons que ceux des autres banques.

Q. Mais pour ce qui est de leur légalité?—R. Cela ne diminue en rien leur valeur au point de vue commercial.

Q. Je m'explique en d'autres termes—je veux être bien compris à ce sujet—est-ce qu'une banque, du fait que son capital est entamé, peut émettre illégalement ses billets, sans que le ministère des Finances en sache quelque chose?—R. Une banque ne saurait agir de la sorte sans qu'il y ait collusion de la part de plusieurs de ses hauts fonctionnaires. S'il en était ainsi, ces derniers commettraient une filouterie de propos délibéré.

Q. En sauriez-vous quelque chose?—R. Non, je n'en saurais rien.

Q. Le ministère des Finances ne le saurait pas? A présent, je veux vous parler de la monnaie. La monnaie est de votre ressort, jusqu'à un certain point, n'est-ce pas?—R. Non, la monnaie est propriété du gouvernement impérial.

Q. Mais il existe un arrangement?—R. Oui, nous payons les dépenses courantes.

Q. Vous faites, je crois, une avance de $200,000 par année?—R. Oui.

Q. Et tous les bénéfices encaissés vont au gouvernement canadien?—R. Effectivement.

Q. Je crois savoir que l'une des principales sources de bénéfices provient de la rentrée des pièces de monnaie américaine, monnaie d'argent et de cuivre, que l'on remplace par la monnaie canadienne, n'est-ce pas?—R. Nous ne recueillons pas les pièces américaines pour leur substituer notre monnaie.

Q. Dites-nous s'il n'est pas vrai qu'il y a quelques années un arrangement fut intervenu en vertu duquel les banques recueillaient la monnaie américaine et nous leur versions une commission; cet argent américain était expédié aux Etats-Unis où il devait être, et on le remplaçait par des pièces canadiennes frappées par la Monnaie royale?—R. C'est ce qui se faisait, mais cet argent n'était pas nécessairement remplacé par la Monnaie. Lorsque les banques qui faisaient ces envois diminuaient leur stock d'argent, elles étaient obligées de se procurer de l'argent de la Monnaie tout comme à l'ordinaire.

Q. Et elles n'avaient pas à le payer?—R. Assurément, il leur fallait le payer.

Q. Ces achats permettaient à la Monnaie de faire d'assez jolis bénéfices?—R. Quels achats?

Q. L'achat de l'argent monnayé destiné au remplacement?—R. Je vois ce que vous voulez dire. Nous réalisons un certain bénéfice sur notre argent monnayé...

[M. J. C. Saunders.]

Q. Environ 100 p. 100, je crois savoir?—R. Pas aujourd'hui, à peu près 50 p. 100.

Q. C'est beaucoup?—R. L'argent était à la hausse, vous le savez; tout dépend du cours de l'argent.

Q. Cet échange de la monnaie canadienne contre les pièces américaines est susceptible de gros bénéfices, n'est-ce pas?—R. Je ne vois pas du tout ce que l'argent américain vient faire ici. Notre argent monnayé est mis en circulation à mesure que les banques en ont besoin pour les fins du commerce. Lorsqu'elles ont de l'argent américain et qu'elles l'expédient aux Etats-Unis, c'est leur propre affaire. J'ajouterai qu'en ce moment les banques regorgent d'argent et en ont plus qu'il ne leur en faut en réalité.

Q. Est-ce que cet arrangement avec les banques au sujet du renvoi des pièces de monnaie américaines a pris fin?—R. Oui.

Q. Et pour cette raison, au point de vue affaires, les banques n'ont rien à gagner au renvoi de la monnaie américaine?—R. Lorsque le cours du change nous était défavorable, cela les aidait un peu pourvu que l'écart fut suffisant pour défrayer l'envoi.

Q. Toutefois, il faut que le cours du change nous soit bien défavorable pour qu'elles trouvent leur profit à renvoyer l'argent américain?—R. J'imagine qu'il n'en coûterait pas plus du quart d'un pour cent, d'ailleurs, de renvoyer cette monnaie aux Etats-Unis.

Q. Ce que je veux signaler à votre attention c'est qu'il est résulté de ces opérations un bénéfice énorme pour le gouvernement du Canada. Aujourd'hui, il n'en est plus ainsi. Et notez bien, cela parce que cet arrangement avec les banques a été supprimé; de plus, nous avons, ici au pays, beaucoup d'argent américain que l'on devrait renvoyer?—R. Non, je vous demande pardon, ce n'est pas là la raison. La raison provient de ce que, durant la guerre il nous fallait une circulation suffisante pour répondre aux besoins de l'heure. Il n'y a pas lieu de dire que l'argent américain en Canada prend la place du nôtre. Pendant la guerre, on travaillait parfois nuit et jour à l'hôtel de la Monnaie à la frappe des pièces nécessaires aux finances de guerre et nous étions inondés de monnaie canadienne.

Q. Etes-vous d'avis qu'il n'y pas d'argent américain en circulation?—R. Il y en a, mais...

Le président suppléant:

Q. Cela ne vaut pas la peine d'en parler?—R. En quantité négligeable.

M. SHAW: Je sais qu'il y en a beaucoup à Ottawa.

Le PRÉSIDENT SUPPLÉANT: La loi Gresham tendra à remplacer l'argent déprécié par les dollars américains de plus grande valeur et la monnaie américaine disparaîtra.

M. SHAW: Selon moi, vous verrez que cette loi Gresham devra être rendue un peu plus effective avant qu'elle influe sur la monnaie américaine.

M. Shaw:

Q. Alors, pendant la guerre, alors que, comparativement au change américain, le cours de notre change était à son minimum, on a renvoyé très peu d'argent aux Etats-Unis, parce que le jeu n'en valait pas la chandelle. Toutefois, le ministère des Finances a versé aux banques une légère commission dans l'ensemble—bien peu de chose—et cependant, les banques s'étaient engagées à recueillir cet argent et à l'expédier aux Etats-Unis. On me dit qu'à l'heure actuelle il y a au pays de $3,000,000 à $5,000,000 d'argent monnayé américain. Je ne saurais dire si cela est exact ou non?—R. Je ne le crois pas. Il est dangereux de s'en rapporter aux oui-dire. Je ne peux croire qu'il en soit ainsi.

[M. J. C. Saunders.]

Le président suppléant: Pendant la guerre, à ce que j'ai observé, alors que le change nous était des plus défavorable, il ne semblait certes pas circuler au pays autant d'argent monnayé ou de billets américains qu'auparavant. C'est ce que j'ai constaté.

M. Shaw:

Q. Peu m'importe que l'argent américain soit à prime ou non; le fait n'en reste pas moins, comme le dit M. Saunders, que nous faisons un bénéfice de 50 pour 100 sur notre propre argent.—R. Nous ne saurions faire cela aujourd'hui.

M. SHAW: J'en doute.

Le président suppléant:

Q. La valeur totale de l'argent, même aujourd'hui, dépasse sensiblement sa valeur intrinsèque, n'est-ce pas?—R. Oui.

M. F. W. Maclean:

Q. Pourriez-vous nous dire si le réescompte par le ministère des Finances a provoqué des pertes jusqu'à présent?—R. Pas un seul sou.

Q. A propos du réescompte vous avez parlé de la réserve centrale d'or; avez-vous déjà vu cette organisation?—R. La réserve centrale d'or?

Q. Oui.—R. La loi nous oblige à en faire l'inspection.

Q. Elle existe?—R. Oui, on a en fait l'inspection il y a trois semaines. Le ministre nomme un fiduciaire; les fiduciaires sont au nombre de quatre, et la *Canadian Bankers Association* en désigne trois. La *Royal Trust Company*, de Montréal, est la fiduciaire choisi par le ministre.

Q. La *Royal Trust* a-t-elle un trésor?—R. Elle a une voute. Cette dernière est sous garde commune avec notre propre fiduciaire qui représente le ministre. Les trois autres fiduciaires sont nommés par l'Association des banquiers.

Q. Vous avez dit que la réserve centrale d'or jouait un certain rôle en matière de réescompte?—R. Oui.

Q. Et ce sont surtout les banques qui obtiennent le réescompte?—R. Quant à cela non...

Q. Principalement? En d'autres termes: Les banques constituent la seule clientèle de réescompte?—R. Oui.

Q. Et cependant cette réserve centrale d'or, constituée pour les trois quarts par des banques, remplit les mêmes attributions vis-à-vis du public relativement au réescompte?—R. Voici en quoi elle nous est utile: Supposons que nous ayons des valeurs, des valeurs de petites municipalités, des valeurs hors-liste, des billets à ordre, ou d'autres effets de cette nature; le ministère comme tel n'aurait aucune idée de la valeur de ces effets hors-liste. C'est aux banques qu'il appartient d'estimer les crédits et si nous en obtenons un certificat attestant que nous nous pouvons avancer tant...

Q. Elles statuent elles-mêmes sur les avances qu'elles vous font, à vrai dire? —R. Oui.

Le président suppléant: Je ne crois pas que le témoin ait bien saisi cette question, car il n'aurait pas répondu affirmativement.

M. W. F. Maclean:

Q. J'ai demandé au témoins si cette réserve centrale d'or agissait à titre de conseiller du gouvernement en matière de réescompte?—R. La chose est probable.

Q. On lui demande de faire rapport au sujet de certaines valeurs?—R. Oui, lorsqu'on le lui demande.

Q. Et ce sont elles qui présentent ces valeurs?—R. Non.

[M. J. C. Saunders.]

Q. Seule une banque peut solliciter un prêt?—R. Il y a quatorze banques, et elles ne sont pas toutes représentées.

Q. Elles se prononcent au sujet de prêts que les banques ont elles-mêmes approuvés?—R. Nous sommes absolument en état de statuer sur nos propres prêts, et nous ne l'avons pas priée de le faire. Cependant, s'il nous arrive d'avoir des obligations portant sur des effets que nous ne sommes pas en mesure d'apprécier, nous demandons alors l'avis de ces financiers.

Q. Or, la réserve centrale d'or constitue principalement un trésor destiné à recevoir les valeurs?—R. La réserve centrale n'a rien à voir aux valeurs. Leurs valeurs se composent d'or ou de monnaie légale du Dominion.

Q. Invariablement des billets du Dominion, de fait?—R. Du tout.

Q. Dans quelle proportions, en chiffres ronds?

M. Coote:

Q. N'est-ce pas environ 25 pour 100 d'or?—R. A peu près. Oui, on détient à la réserve centrale d'or $9,502,533, en or monnayé et le reliquat en billets du Dominion.

M. Spencer:

Q. Quel est le montant de cette balance?—R. L'ensemble des dépôts est de $65,602,000.

M. Benoît:

Q. Où se trouve-t-elle?—R. A la *Royal Trust Company* de Montréal, dans les voûtes de cette institution.

M. W. F. Maclean:

Q. Aux Etats-Unis, c'est le gouvernement lui-même qui régit les réserves de cette nature, ainsi que le contrôleur du Trésor. Ils agissent au nom de l'Etat et c'est avec eux que les banques traitent. Nous visons à établir ici quelque chose dans le genre de ce régime américain. Aux Etats-Unis, au lieu d'une réserve centrale d'or dirigée par les banques, il existe un système de réserve nationale?—R. Vous faites allusion aux banques fédérales de réserve?

Q. Et elles relèvent du contrôleur de la circulation?—R. Vous parlez maintenant du système des banques fédérales de réserve des Etats-Unis?

Q. Aux Etats-Unis, un fonctionnaire fédéral exerce les fonctions qui semblent être dévolues ici à une compagnie de dépôt, relativement à la réserve centrale d'or, laquelle se trouve surtout sous la direction des banques.

Le PRÉSIDENT SUPPLÉANT: Quelle question faites-vous au témoin?

M. W. F. MACLEAN: Au sujet du régime financier des Etats-Unis...

Le TÉMOIN: C'est chose que je n'ai pas examinée de très près. Je ne vois pas en quoi notre système laisse à désirer.

M. W. F. MACLEAN: Cela me va, s'il dit ne pas connaître de meilleur système.

M. W. F. Maclean:

Q. En Angleterre, qui est chargé de ce service?—R. Je ne saurais dire.

M. Coote:

Q. J'aimerais à demander s'il n'est pas fixé de limite pour le montant de billets du Dominion que son ministère peut émettre sous l'autorité de la loi financière?—R. Il n'y a pas de limite du tout pourvu que les valeurs soient là.

Q. Fixe-t-on une limite pour le montant de billets que vous pouvez imprimer?—R. Non, mais je n'en imprimerais pas plus qu'il n'en faut pour répondre aux besoins probables des affaires, étant donné les frais d'impression.

[M. J. C. Saunders.]

Q. Qui fait l'impression de ces billets?—R. La *Canadian Bank Note Company*.

Q. Avez-vous déjà examiné l'à-propos d'imprimer ces billets à la Monnaie, autant que faire se peut?—R. En 1912, je suis allé à Washington; je visitai l'imprimerie de cette ville et j'ai cru qu'il serait avantageux d'exécuter nos propres ouvrages. J'ai fait un rapport dans ce sens. Cependant, vous voyez d'ici combien il serait difficile de se procurer un homme compétent pour lui confier la direction d'un service public de gravure. Il vous faudrait des ouvriers d'élite, et nous sommes dans un pays neuf. Il n'a jamais été donné suite à mon rapport.

Q. La compagnie qui imprime ces billets aujourd'hui doit avoir des experts, j'imagine?—R. Oui, mais j'ignore leur âge. La compagnie est une des plus anciennes du genre et elle est bien organisée.

Q. Savez-vous où les banques autorisées font imprimer leurs billets?—R. Pour la majeure partie, par la *Canadian Bank Note* et la *British American*.

Q. Est-ce qu'il y a une limite pour le montant de billets qu'elles peuvent faire imprimer?—R. Non, mais elles sont tenues de faire rapport à ce sujet à la *Canadian Bankers' Association*. Dans notre propre cas, monsieur Coote, il nous faut avoir ce que nous appelons une réserve. Nous nous efforçons de maintenir d'amples réserves, ce que font aussi les banques. Ces billets imprimés et gardé dans la réserve ne vaudraient plus que du simple papier. Ils sont dans la réserve pour faire face aux besoins.

Q. Oui, je sais cela, mais je voudrais savoir si le département est renseigné sur le nombre de billets ainsi imprimés par les banques?—R. Non. Elles ne nous font pas de rapport.

Q. N'êtes-vous pas d'avis que vous devriez être renseignés?—R. Non, parce que la *Canadian Bankers' Association* est au courant, et sait quelle quantité de billets sont imprimés et entre les mains de chaque banque; elle contrôle cela, comme monsieur Ross vous le disait hier.

Q. Sur quoi vous basez-vous pour justifier la délégation de ce pouvoir à la *Canadian Bankers' Association*?—R. Parce que c'est l'œuvre du Parlement qui nous en a ordonné ainsi.

Q. Le parlement n'a-t-il pas été conseillé...

Le PRÉSIDENT: M. Saunders, veuillez élever la voix, si vous n'avez pas d'objection. Saisissez bien le sens de la question, puis répondez. Répétez la question, monsieur Coote, s'il vous plaît.

M. Coote:

Q. Je demandais à monsieur Saunders sur quoi il se basait pour justifier l'attribution à la *Canadian Bankers' Association* de cette responsabilité relative à la constatation du montant des billets imprimés.—R. Ce sont les instructions du Parlement.

Q. Le parlement n'a-t-il pas eu l'avis du ministère des Finances lors de la rédaction de cette loi?—R. Cela remonte bien loin, à l'ancienne loi. J'étais, je crois, à faire des inscriptions dans un registre à cette époque; je n'en ai rien su.

Q. Maintenant que nous songeons à modifier cette loi, pourriez-vous nous dire ce que vous pensez sur la question de savoir s'il ne vaudrait pas mieux que le ministère se chargeât lui-même de cette fonction plutôt que de s'en remettre à la *Canadian Bankers' Association*?—R. C'est chose que je ne saurais recommander, parce que je ne vois la nécessité de faire des imputations sur la *Canadian Bankers' Association*.

Q. J'ose croire que vous n'entendez pas dire que j'ai fait des imputations?—R. Monsieur Coote, toutes ces questions sont susceptibles d'interprétation—je ne crois pas que ce soit votre intention—mais celles-ci mettent en cause le système bancaire actuel.

[M. J. C. Saunders.]

Q. Je vous demande si vous avez une raison pour que cette fonction ne soit pas exercée par votre département plutôt que par la *Canadian Bankers' Association*; je veux parler de la surveillance de l'impression et de la distribution des billets qui sont mis en circulation parmi le public canadien?—R. Je n'en vois pas la nécessité. Tel est mon avis, et si je comprends bien, vous me demandez simplement mon avis. Je ne crois pas que cela soit nécessaire.

Q. Selon vous, il ne serait pas plus avantageux de mettre la chose du ressort de votre propre département?—R. Je ne le crois pas.

Q. D'après vous, les rapports que les banques publient tous les mois devraient-ils être envoyés à la *Canadian Bankers' Association* ou à vous?—R. Je suis d'avis qu'ils devraient nous être soumis, comme cela se fait.

Q. Ne serait-il pas tout aussi logique d'avoir ces rapports?—R. Vous parlez des rapports requis par la Loi des Banques et que l'on nous envoie? Devraient-ils être soumis à la *Canadian Bankers' Association*? Est-ce ce que vous voulez dire?

Q. Je veux dire les rapports mensuels prescrits par la Loi des Banques.—R. C'est à nous qu'ils devraient être envoyés, à n'en pas douter.

Q. Puisque ces rapports devraient vous être envoyés, pourquoi n'en devrait-il pas être ainsi des rapports relatifs à la circulation?—R. Nous recevons les rapports sur la circulation. Les rapports des banques sur la circulation et leur billets de réserve sont choses différentes.

Q. Pour quelle raison les rapports relatifs à l'impression des billets de banque ne devraient-ils pas vous être transmis?—R. Parce que cela ne comporte aucune opération commerciale; ces billets ne valent pas, à mon avis, le papier sur lequel ils sont imprimés. Tant qu'ils ne sont pas mis en circulation, ils ne sont pas répandus dans le commerce.

Q. Une fois que ces billets sont imprimés, n'y a-t-il pas lieu d'appréhender qu'ils soient mis en circulation?—R. Pas irrégulièrement; selon moi, la chose est tout à fait improbable.

Q. Vous croyez que cela ne peut arriver?—R. Non, je ne crois pas que vous puissiez trouver une seule circonstance où cela se soit produit. Je n'en connais pas.

Q. Avez-vous déjà eu connaissance qu'une banque ait outrepassé ses pouvoirs relativement à l'émission de billets?—R. Par inadvertance, en certaines circonstances, alors que nous avons fait le pointage et attiré l'attention de la banque sur l'amende que cela entraînait.

Q. Pouvez-vous dire au comité quel moyen vous avez de vous assurer si la chose est faite par inadvertance ou avec intention?—R. La somme est tellement minime. Je me rends compte des grandes difficultés que les banques éprouvent à réglementer leur circulation de façon à ne pas violer la Loi des Banques. Elles sont tenues de faire leurs prévisions, de tenir compte de toutes leurs succursales. Si un individu fait une légère erreur et que son estimation soit insuffisante, il peut dépasser son chiffre de circulation de quelques milliers de dollars, mais si la chose était faite à dessein et si une banque prend l'habitude d'agir ainsi délibérément, les écarts s'élèveraient à des sommes beaucoup plus considérables; l'excédent de circulation n'est guère élevé. Tout cela est attribuable à des erreurs.

Q. N'est-il pas vrai, monsieur Saunders, qu'en additionnant les rapports au sujet de la circulation provenant de plusieurs centaines de succursales, il est tout aussi facile de faire une erreur dans la colonne des millions que dans la colonne d'un dollar?—R. S'il en est ainsi, cela n'est pas arrivé.

Q. Etes-vous d'avis qu'il faille attendre que cela arrive pour prendre des mesures destinées à faire relever l'impression et la circulation de nos propres agents?—R. Vous demandez si je crois qu'il faille attendre que cela arrive? Je ne compte pas que cela arrivera.

[M. J. C. Saunders.]

Q. Nous ne nous attendions pas à la faillite de la Home Bank l'année dernière.—R. La Home Bank est une exception. Parce qu'il y a eu de la fraude dans la Home Bank, il ne faut douter du régime dans son ensemble.

Q. Cette banque différait de la banque Nationale?—R. Oui, il n'y avait rien dans la banque Nationale qui puisse se comparer à la Home Bank.

Q. Si nous revenons à la Loi financière, je crois que vous avez dit que l'intérêt exigé par vous est d'un taux uniforme de cinq pour cent?—R. Le taux est de cinq pour cent.

Q. Sauf dans le cas exceptionnel que vous avez mentionné à monsieur Shaw? —R. Oui.

Q. D'habitude vous ne modifiez pas le taux d'intérêt?—R. C'est affaire d'opinion, et nous sommes d'avis que cinq pour cent est tout ce que les banques peuvent payer, et nous en avons en quelque sorte la preuve dans leur empressement à rentrer en possession de leurs valeurs dès qu'il n'en est plus besoin. Elles ne tiennent guère à s'en prévaloir à moins que les affaires ne l'exigent et qu'elles ne disposent pas de ressources suffisantes pour poursuivre leurs opérations.

Q. Avez-vous déjà examiné la question de savoir si vous ne pourriez pas, parfois, avancer cet argent aux banques à trois pour cent, de façon à les encourager à s'adresser à vous plus volontiers pour obtenir ces fonds?—R. Nous ne tenons pas à ce qu'elles le prennent. Pour ma part, je préférerais que les banques se tirent d'affaires sans ce fonds.

Q. Vous ne tenez pas à ce qu'elles l'utilisent?—R. Non, je n'y tiens pas.

Q. Quel taux d'intérêt payez-vous sur les effets du Trésor?—R. A l'heure actuelle, nous payons cinq et quart pour cent.

Q. Et vous permettez à ces banques, je crois savoir, de déposer des effets du Trésor chez vous?—R. Oui.

Q. Et en retour vous émettez des billets du Dominion?—R. Oui.

Q. Et vous exigez cinq pour cent des banques?—R. Oui.

Q. Pourriez-vous dire au comité pour quelle raison vous versez aux banques cinq et quart pour cent sur des billets du Trésor, et vous avancez ensuite des fonds aux banques à 5 pour 100? Est-ce en vue de dissuader les banques de s'adresser à vous pour des avances?—R. Les banques n'utilisent pas les effets du Trésor de cette manière. C'est une simple question d'affaires pour elles. Elles sollicitent des avances du ministère des Finances sous le régime de la Loi financière lorsqu'elles ont réellement besoin de fonds pour leurs opérations. Elles sont gênées et déposent des valeurs pour obtenir des fonds.

Le président suppléant:

Q. Je vous demanderai d'expliquer au comité comment il se fait, que, lorsque le gouvernement fédéral a besoin de fonds pour ses affaires, il paye 5¼ ou 5½ p. 100 aux banques où vous escomptez vos effets du Trésor, mais lorsque les banques ont besoin d'argent pour leurs opérations, elles en empruntent de vous et vous ne leur demandez que 5 pour cent. Voilà ce qui prête à une explication, et il existe peut-être une explication.—R. Nous n'avons que $5,000,000 garantis par des effets du Trésor. ..

M. Coote:

Q. Vous plairait-il de donner au comité de plus amples renseignements sur la raison pour laquelle vous faites des avances aux banques à un taux d'intérêt inférieur à celui qu'elles exigent de vous?—R. Lorsque nous nous adressons aux banques pour emprunter, nous le faisons subordonnément à l'état du marché, et en ce moment, nous payons 5¼ pour cent pour nos effets du Trésor en cours. Lorsque les banques obtiennent des avances de nous à 5 pour cent, elles ne bénéficient pas de la totalité de cet écart d'un quart pour cent. Elles ont leurs frais

[M. J. C. Saunders.]

généraux qui ajoutent à leurs frais, et je ne saurais dire ce qu'elles exigent; je n'ai aucun moyen de le savoir. L'écart entre cela représenterait leurs bénéfices.

Q. Monsieur Saunders, vous dites que lorsque vous consentez un prêt aux banques vous en exigez 5 pour cent, mais vous ne vous préoccupez pas de voir ce que les banques exigent.—R. Non, nous n'avons rien à y voir. Nous leur avons fait une proposition d'affaire et elles en ont profité. Nous voyons simplement à ce que nous soyons protégés, et nous-mêmes, nous encaissons un bénéfice de cinq pour cent sur l'opération.

Q. Et cependant vous ne tenez pas à poursuivre ce genre d'opérations?—R. Non, je n'y tiens pas. Je préférerais voir toute notre circulation de billets absolument sur une base d'or.

Q. C'est pour cette raison que vous avez fait cette autre déclaration?—C'est la raison, à mon propre point de vue; je souhaiterais que notre circulation fut sur une base d'or.

M. Benoît:

Q. Cent pour cent de monnaie d'or?—R. Non; la base d'or ne signifie pas dollar pour dollar.

M. Coote:

Q. Voulez-vous expliquer ce qui constitue une base d'or, M. Saunders?—R. En Angleterre, on juge que $37\frac{1}{2}$ pour 100 constitue une proportion, par rapports aux billets en cours, suffisante pour motiver l'adoption de la base d'or.

Le PRÉSIDENT SUPPLÉANT: Messieurs, j'ai deux choses à demander. Je prierai d'abord le témoin de renoncer à sa réserve habituelle et de parler plus haut. En second, je demanderai aux membres du comité d'observer le plus grand silence. Veuillez reprendre la question, M. Coote?

M. Coote:

Q. Que considéreriez-vous être une base d'or pour le Canada?—R. Avant la guerre nous en étions à 70 pour 100 d'or par rapport aux billets en cours. Aujourd'hui la proportion est de 72 pour 100 quant aux billets garantis par de l'or. Notez ceci: Nous avons en cours des billets garantis par de l'or; d'autres le sont par des valeurs, et en réunissant les deux catégories, la proportion serait d'environ 42 pour 100.

Le président suppléant:

Q. D'or?—R. D'or en garantie de l'ensemble. Je puis dire au comité que, pour ma part, je me suis déclaré en faveur de la base d'or.

M. Coote:

Q. Auriez-vous l'obligeance d'expliquer au comité ce que précisément, il faudrait faire pour cela, pour en venir à une base d'or?—R. Libérer l'or.

Q. Vous devriez, me semble-t-il, fournir quelques explications.—R. Je vais vous dire. Ainsi, lorsque vous avez une base d'or, l'or se déplace lorsque le cours des changes devient trop élevé. Par exemple, prenez mon propre cas. Tous les ans, nous avons de lourdes obligations à liquider à New-York; j'ai peut-être eu à débourser sur cette place douze, treize ou quatorze millions par année. Et cela j'ai pu le faire sans payer ces taux de change exorbitants qui nous étaient défavorables dans le passé, grâce au déplacement d'or. Vous pouvez expédier l'or à raison de cinq-huitièmes pour cent. Dans le cours ordinaire des affaires, lorsque le régime de la base d'or est en vigueur, et que les banques, ou ceux qui réglementent le change, vous disent: "il nous faut $1\frac{1}{2}$ pour 100 pour rendre ces fonds sur la place de New-York", vous répondriez: "Non, c'est de l'or qu'il nous faut pour nos propres billets", et vous expédieriez de l'or à cinq-huitièmes pour

[M. J. C. Saunders.]

100. ce qui vous assurerait vos fonds à meilleur compte. Ne voyez-vous pas que lorsqu'il y a déplacement d'or, le change ne saurait dépasser de beaucoup les frais de déplacement. Tel est le principe de la base d'or.

M. Benoît:

Q. Il n'y a pas de prime sur les échanges d'or?—R. Non.

M. Coote:

Q. Nous étions sur une base d'or avant la guerre?—R. Oui.

Q. Pourquoi ne le sommes-nous pas encore?—R. Afin de conserver nos stocks d'or. Dès la déclaration des hostilités, si vous vous rappelez, l'Allemagne cherchait à se procurer de l'or, et nous-mêmes, nous craignîmes qu'il ne s'en échappât par voie de Vancouver pour tomber dans la suite entre les mains des Allemands. Pour cette raison nous interdîmes l'exportation de l'or, et par le fait même nous avons cessé d'être sur une base d'or.

Q. Dans ce cas, une base d'or ne peut se maintenir qu'en temps de paix?—R. La base d'or peut subsister en tout temps pourvu que l'exportation de l'or ne soit pas prohibée. Dès que vous mettez obstacle au déplacement de l'or, vous cessez d'être sur une base d'or.

Q. Selon vous, avons-nous bien fait de renoncer à cette base?—R. Certes, oui.

Q. Dans ce cas, pour quelle raison souhaitez-vous que l'on y revienne aujourd'hui?—R. Parce que c'est inutile à présent. L'Allemagne peut se procurer tout ce qu'elle veut d'or en y mettant le prix.

Q. Lorsque vos stocks d'or s'épuisent comment faites-vous pour maintenir le change à son taux?—R. Selon moi, nous ne pouvons épuiser notre stock d'or, mais c'est là le danger. C'est là mon opinion personnelle. Certains financiers sont d'accord avec moi, et d'autres diffèrent d'avis mais ils sont quelque peu indécis parce que cela pourrait provoquer une prise d'assaut des ressources en or de nos banques et diminuer leur stock plus que de raison. Aussi, j'hésite quelque peu à insister sur ma manière de voir quant à l'opportunité d'établir la base d'or.

Q. Je voudrais bien creuser la question davantage, mais ce serait absorber inutilement le temps du comité; par conséquent laissons de côté cette question de la base d'or. Pour revenir au fonctionnement de la *Loi financière*, vous dirigez en réalité une espèce de banque pour les banquiers? Vous refusez des avances de billets à tout autre établissement qu'une banque?—R. La loi ne nous le permet pas.

Q. Par conséquent, vous constituez à vrai dire une espèce de banque à l'usage des banquiers?—R. Oui. Non pas une banque à l'intention des banquiers, car nous constituons un moyen de venir en aide au commerce de tout le pays. Je ne dirais pas que nous jouons le rôle d'une banque à l'usage des banquiers.

Par le président suppléant:

Q. Votre organisation est un bureau dont les banquiers peuvent obtenir du crédit, à l'exclusion des autres?—R. Oui.

M. Coote:

Q. Alors, lorsque les banques sollicitent une avance de vous, tenez-vous compte de l'état de cette institution, quant à sa solidité, abstraction faite de la valeur que vous attribuez aux garanties qu'elle vous présente?—R. Nous faisons entrer en ligne de compte la situation de la banque sous un autre point de vue, d'après son rapport mensuel. Lorsque nous recevons des valeurs, et que ces valeurs sont excellentes, nous disons à la banque: "Etes-vous en bonne posture?" Si on nous apporte les valeurs cela garantit les avances que nous consen-

[M. J. C. Saunders.]

tons sous le régime de la loi. Nous n'en sommes alors qu'à faire un seul genre d'opération.

Q. Pouvez-vous nous dire, monsieur Saunders, à la lecture de ces rapports mensuels qu'elle vous fournit, si une banque est en bonne ou en mauvaise posture?—R. Assurément, je le crois. Si son rapport est conforme aux faits, nous pouvons le dire.

Q. Pouvez-vous constater si le rapport est conforme à la vérité ou non?—R. Nous sommes tenus de les considérer comme exacts jusqu'à preuve du contraire.

Q. Vous les acceptez comme exacts.—R. Assurément. D'après la *Loi des Banques*, c'est ce que nous devons faire. C'est tout ce que le parlement exige de nous, c'est-à-dire, de se procurer les bilans et les déclarations des fonctionnaires de banques sous certaines rubriques et relativement à certaines catégories d'opérations qu'elles exécutent, et au sujet desquelles elles soumettent un rapport au ministère des Finances.

Q. Ne croyez-vous pas qu'en réalité vous devriez être mieux renseignés sur l'état des banques avant que vous ne leur avanciez des fonds sous le régime de la *Loi financière*?—R. Non, je ne vois aucun rapport entre leur situation et notre département. Lorsqu'une personne s'adresse à vous et qu'elle vous apporte d'excellentes garanties, vous vous souciez peu de ce qu'elle soit la personne la plus insolvable du pays.

Q. Lorsque vous vous adressez à une banque pour en obtenir un prêt, on exige un bilan, peu importe la garantie.—R. Cela est une question de crédit.

Q. La Banque Nationale a-t-elle obtenu des avances de fonds en vertu de la *Loi financière*?—R. Oui.

Q. A l'époque de son absorption par la banque d'Hochelaga?—R. Oui.

Q. Et vous ne saviez rien de la situation dans laquelle se trouvait la banque Nationale?—R. Je savais qu'elle avait des embarras.

Q. Saviez-vous comment elle en était arrivée à ces difficultés?—R. Oui, j'en avais une bonne idée.

Q. Etait-ce à la suite de certains prêts considérables?—R. C'est ce que je crois savoir; c'est-à-dire ce que l'on appelle "éléments d'actif inactifs".

Q. Si, dans la loi, nous avions une disposition qui limitât le montant des prêts qu'une banque pourrait consentir, à une proportion de son capital, cette clause ne tendrait-elle pas à empêcher un grand nombre de ces gros prêts inactifs? Est-ce que cela ne protégerait pas les déposants?—R. Je ne me soucie guère de donner mon avis sur les avantages et les inconvénients de pareille mesure; en réalité je ne saurais dire. Je sais que, lors de la dernière session il a été proposé que le montant d'un prêt devrait à un certain point être déterminé par le chiffre du capital de la banque. Je n'ai pas d'observations à faire à ce sujet; je ne tiens pas à me prononcer dans un sens ou dans l'autre.

Q. Il me semble que vous êtes en mesure de conseiller ce comité. Cette mesure a été proposée l'an dernier, et je crois qu'elle a été rejetée par le comité. Avez-vous eu, au cours de l'année écoulée, des raisons de nature à vous porter à croire que l'inclusion d'une clause de ce genre dans la loi serait à propos?—R. Je n'aimerais pas à affirmer que ce serait sage, car je sais qu'on prétend que vous priveriez ainsi les banques d'un gros chiffre d'affaires dont elles bénéficient aujourd'hui de la part de gens à qui l'on accorde l'ouverture de crédits importants. Ces derniers devront alors partager leurs opérations et aller d'une banque à l'autre. Ils finiraient toujours par obtenir leur crédit, mais ils ne sauraient l'obtenir en entier de leur propre banque. Quant aux avantages de la mesure, je ne me considère pas un expert sur la question. Je m'occupe de finance nationale, plutôt que de finance commerciale. Si vous voulez mon avis personnel, je crois que l'on ne devrait pas intervenir du tout.

[M. J. C. Saunders.]

14-15 GEORGE V, A. 1924

Q. Savez-vous si parmi les banques existantes il en est qui ont une trop large part de leur capital engagée dans des prêts inactifs?—R. Je répondrai que si vous preniez la peine d'examiner les rapports annuels des diverses banques à leurs actionnaires vous constateriez que, pour la plupart des banques, la proportion d'actif de réalisation immédiate est d'environ 50 pour 100.

Q. Et si elles avaient une forte proportion de l'autre moitié en prêts inactifs, cela ne constituerait pas une excellente posture?—R. Je ne saurais dire quant à cela. Je ne prétendrais pas que la totalité des autres 50 p. 100 représente des prêts immobilisés.

Q. D'après vous, est-ce qu'un prêt consenti à une société en liquidation, constitue un prêt inactif?—R. Un prêt consenti par la banque?

Q. A une compagnie actuellement en liquidation? Serait-ce, selon vous, un prêt inactif?—R. Je ne peux voir qui consentirait ce prêt.

M. Shaw: Un prêt déjà consenti.

Le témoin: Je n'ai pas l'habitude de témoigner, et j'hésite à répondre à des questions dont je ne saisis pas très bien le sens; c'est ce qui fait que je ne m'exprime pas très clairement.

Le président suppléant: Prenez votre temps, et voyez à ce que vous compreniez parfaitement la question avant d'y répondre.

M. Coote:

Q. Voici ma question: Lorsqu'une compagnie, qui a obtenu un prêt d'une banque, devient ensuite en liquidation sans avoir remboursé ce prêt, cette compagnie doit encore à la banque. Considéreriez-vous ce prêt comme un prêt inactif? —R. Monsieur Coote, cela dépendrait de la nature des difficultés de la compagnie. Une compagnie en liquidation peut en sortir indemne ou à peu de chose près, mais si sa situation est désespérée, naturellement ce serait un prêt inactif.

Le président suppléant:

Q. Permettez une question; je ne veux pas que le comité soit mis sous une fausse impression. Supposons qu'une banque ait avancé à une compagnie un fort montant, mais contre des garanties, comme par exemple des récépissés d'entrepôt pour des denrées d'écoulement facile, le fait que la société débitrice est en liquidation n'empêcherait peut-être pas la banque de rentrer dans la totalité de sa créance, dans un délai raisonnable, pourvu que les garanties soient suffisantes.

M. Coote: Ce n'est pas le cas que je désire soumettre au témoin.

Le témoin: Vous voulez parler d'un prêt consenti sur le crédit de la compagnie, sur un crédit général?

M. Coote:

Q. Un prêt qui a été consenti à la compagnie, probablement longtemps avant qu'elle soit mise en liquidation.—R. Et non garanti sauf par l'ouverture du crédit général accordé à la compagnie?

Q. Je cherche à obtenir la définition de ce qui constitue un prêt inactif?—R. Un prêt inactif est un prêt que l'on ne peut réaliser facilement. Je crois que les embarras de la Home Bank sont attribuables à ces prêts sur des étendues forestières de la Colombie-Anglaise, prêts que l'on pourrait fort bien désigner sous le nom de prêts inactifs, étant donné qu'on ne pouvait compter en effectuer le recouvrement avant des années peut-être.

Le président suppléant: Est-ce que les rapports que l'on vous soumet aujourd'hui vous permettent suffisamment de juger de la situation réelle des banques?

Le témoin: A n'en pas douter, sauf s'il y a filouterie ou escroquerie flagrante.

M. W. F. Maclean: Est-ce qu'ils révèlent la filouterie? Voilà la question.

[M. J. C. Saunders.]

M. Coote:

Q. A l'aide de ces rapports, pourriez-vous dire si une banque a prêté tout son capital à un même établissement et que ce dernier est entre les mains d'un séquestre?—R. D'après les rapports?

Q. D'après les rapports que l'on vous soumet aujourd'hui?—R. Non, je ne saurais le dire, à moins que l'examen des rapports de cette banque ne me satisfasse pas, et dans ce cas, j'aurais raison de demander à cette institution des éclaircissements sur ce qui ne m'aura pas paru clair ou que je n'aurai pas compris.

Q. Vous recevez aujourd'hui des rapports de quatorze banques. Etes-vous convaincus que, dans chaque cas, ces rapports révèlent la situation réelle de ces banques?—R. J'ai cette conviction. Je n'ai aucune raison de croire qu'une banque fasse quoi que soit de répréhensible dans ses rapports. S'il en était ainsi, ce serait irrémédiable.

M. W. F. MACLEAN: Dans ce cas, quelle est la raison d'être de cet inspecteur général dont le ministre prévoit la nomination?

M. Ross: Vous y opposez-vous.

M. W. F. MACLEAN: Non, j'y tiens. Cela en prouve la nécessité. Le département n'a pas voulu reconnaître que cela s'imposait.

Le TÉMOIN: Je vous demande pardon. Je conçois qu'advenant la nomination de cet inspecteur général, il lui faudra, entre autres choses, contrôler les rapports, établis sous diverses rubriques, que nous envoient les banques, et il le ferait.

M. Maclean:

Q. Lorsque vous avez examiné ces rapports, les avez-vous jugés satisfaisants?—R. Oui.

Q. Cependant il est arrivé des circonstances où vous avez pris de plus amples renseignements pour confirmer certains aspects des rapports sur lesquels vous aviez des doutes?—R. Non pas sur lesquels j'avais des doutes, mais que je ne comprenais pas.

Q. Pour vous éclairer sur certains détails des rapports qui, selon vous, exigeaient des explications?—R. Précisément.

Q. Après avoir obtenu ces plus amples renseignements que vous demandiez à la banque sur ses opérations, de quelle façon procédiez-vous?—R. Si les explications étaient satisfaisantes, je n'en faisais rien.

Q. Après avoir obtenu des rapports des banques, si, comme monsieur Coote le fait observer, vous constatez que l'actif de la banque est trop centralisé sur quelques comptes, que faites-vous?—R. Monsieur Malcolm, j'estime qu'il ne m'appartient pas de statuer sur ce que la banque doit faire, ou ne pas faire de son avoir. Ce sont là des opérations de banques, et ce n'est pas de mon domaine.

Q. Très bien, mais je vise à démontrer qu'il y a lieu d'épargner au ministère des Finances le risque de rapports inexacts. Le ministre a jugé à propos de faire nommer un examinateur ou un fonctionnaire quelconque pour vous aider. Si le bilan soumis par une banque n'était pas tout à fait satisfaisant aux yeux du ministère des Finances, vous prendriez de plus amples renseignements?—R. A n'en pas douter, c'est ce que je ferais.

Q. Vous seriez plus en mesure d'y remédier après avoir obtenu les renseignements, que vous le seriez s'il y avait une inspection au bureau central de la banque en vue d'empêcher cette dernière de se mettre en pareille posture.—R. Oui, naturellement, ce serait beaucoup plus embarrassant de constater qu'une banque se trouve dans cette situation.

Q. En d'autres termes, l'inspection aux bureaux principaux, laquelle porterait, à mon avis, sur les comptes importants—une inspection du bureau principal faite par un inspecteur de l'Etat—aurait pour résultat de supprimer sensible-

[M. J. C. Saunders.]

14-15 GEORGE V, A. 1924

ment le risque de voir ces gros comptes s'ouvrir?—R. Oui, c'est ce qui en résulterait.

Q. D'après ce que vous connaissez du commerce de banque, il vous est arrivé, j'imagine, de constater certains comptes inactifs dans une banque, c'est-à-dire des comptes qui, pour cette raison, n'étaient pas de réalisation immédiate. Vous savez que la chose s'est présentée au Canada?—R. D'après les rapports que l'on nous soumet?

Q. C'est ce qui est arrivé dans le cas de la Home Bank?—R. Oui, mais les rapports n'en laissaient rien voir.

Q. Naturellement non, mais vous n'ignorez pas que cela est arrivé?—R. Oh, oui.

Q. Vous êtes au fait que la plupart du temps où cet état de choses existait, la cause en était attribuable à des prêts émanant du bureau principal?—R. Selon les apparences.

Q. N'est-il jamais arrivé au pays, à votre connaissance, qu'une banque ait été entraînée dans des difficultés faute d'inspection de ses succursales au bureau principal?—R. Je ne saurais dire; je ne connais pas de cas de ce genre.

Q. Vous reconnaissez que, dans le cas des banques tombées en difficultés, les prêts émanaient du bureau principal; les prêts qui ont suscité des embarras aux banques ont été des prêts consentis par le bureau principal?—R. Oui, que je sache.

Q. Selon vous, si le ministère des Finances exigeait l'inspection des bureaux principaux, cela ferait disparaître le danger que comporte ce genre de prêts qui existaient et qui déterminaient des éléments d'actif inactifs que la banque ne pouvait liquider?—R. Oui, cela serait d'un appoint utile.

Q. L'inspection du bureau principal résoudrait la difficulté?—R. Pourvu que l'inspecteur soit compétent et soit bien au fait; cela aiderait.

Q. Quant à ces prêts, avez-vous constaté qu'en vertu de l'article 88, des avances consenties par les banques à des corporations étaient de nature à empêcher la banque de les liquider dans un délai raisonnable?—R. Nous n'avons pas de détails sur les prêts régis par l'article 88. Nous n'en savons quelque chose que s'il y a dépôt de l'avis d'intention.

Q. Dans le cours normal des opérations de banques, vous n'avez aucun renseignement?—R. Non.

Q. Mais dans les cas où vous avez demandé et obtenu de plus amples renseignements—je ne vous demande pas de révéler ce que vous savez aujourd'hui en fait de renseignements confidentiels communiqués au ministère. Je veux simplement des éclaircissements sur des choses du passé et qui n'influent en rien sur l'état actuel des banques. N'avez-vous pas constaté que, sous le régime de l'article 88, le nantissement de l'actif liquide a été, presque invariablement, suivi de réalisation facile?—R. C'est un aspect de la question que je n'ai jamais examiné. Je n'en sais rien personnellement.

Q. De la manière dont ces prêts risqués étaient effectués?—R. Non.

Q. Pour citer un cas bien connu du public et qui ne porte aucunement atteinte au crédit des banques existantes, sous quelle forme était l'hypothèque des étendues forestières de la Colombie-Anglaise, consentie à la Home Bank à titre de garantie de prêts?—R. C'était une convention particulière.

Q. Ce n'était pas en vertu de l'article 88?—R. La banque détenait les permis.

Le président suppléant:

Q. Les permis furent transportés à la banque?—R. Les permis furent transférés à la banque.

[M. J. C. Saunders.]

M. Malcolm:

Q. Ce n'était pas une opération de banque ordinaire; c'était une spéculation hasardeuse, n'est-ce pas?—R. C'était une bien mauvaise affaire que d'agir ainsi.

Q. Croyez-vous qu'un inspecteur de banque désigné par le gouvernement pour examiner les prêts d'un bureau principal approuverait ce genre de prêts?—R. Il ne les approuverait certainement pas, j'en suis certain.

Q. En d'autres termes, vous ne jugez pas cela conforme à une saine administration en matière de banque?—R. Non.

Q. Si la banque avait consenti un prêt de cette nature sur une garantie de ce genre, qu'aurait fait l'inspecteur, ou que ferait l'inspecteur une fois le prêt consenti?—R. Je ne saurais dire ce qu'il ferait. Cet inspecteur serait rompu aux affaires de banques et au fait du commerce de banques, mais je ne sais pas ce qu'il ferait. La chose n'entre pas dans le cadre de mon expérience.

Q. Ce à quoi je vise c'est de savoir quelle serait votre attitude advenant le cas où une autre banque aurait consenti un prêt sur un permis relatif à une limite forestière difficile à vendre et sur lequel on pourrait difficilement obtenir des fonds, ce qui immobiliserait une importante partie de l'actif de la banque; supposons que l'inspecteur découvre la chose, serait-il alors en mesure de signaler cet état de choses?—R. Oui.

Q. Alors, pour me servir d'une expression populaire, vous entrez en scène? —R. C'est au ministre à intervenir.

Q. Au ministère. Quelle serait la conséquence même si nous avions un inspecteur et qu'il constatât l'existence d'un pareil état de choses? Comment les déposants se trouveraient-ils sauvegardés?—R. J'imagine que le ministre se mettrait en communication avec la banque et s'efforcerait, s'il y avait moyen, de rétablir les choses de façon à la remettre sur pieds. Si le cas est désespéré, je crois que, sous le régime de l'article en question, il ferait intervenir l'Association des Banquiers et nommer un curateur.

Q. Alors il pourrait arriver que, même avec l'inspection du gouvernement, un prêt aurait été consenti à certaines conditions de nature à immobiliser l'actif de la banque plus que de raison, et l'inspecteur en ferait rapport au ministère des Finances; la banque se trouverait dans la même situation que si le ministère des Finances eut découvert la chose sans en avoir été informé par l'inspecteur?—R. Je ne saisis pas très bien.

Q. Je veux dire que cette inspection n'est qu'une simple inspection; ce n'est pas de l'administration.—R. Assurément.

Q. Et si la situation n'était pas satisfaisante aux yeux du ministre des Finances ou à vos propres yeux d'après le rapport de la banque, et qu'à la suite d'investigations particulières, vous constatez qu'à cause de sommes exagérées prêtées sur des garanties de réalisation difficile, la banque n'était pas en mesure de liquider son avoir en peu de temps, le ministère serait alors obligé d'entamer des négociations particulières en vue de remettre la banque dans une posture plus avantageuse. Si vous nommez un inspecteur de l'Etat, la même situation est susceptible de survenir. La seule différence consiste en ce que l'état de choses pourrait être constaté plus tôt et vous être signalé?—R. Certainement.

Q. A présent, monsieur Saunders, quelle est, selon vous, la meilleure proposition que le comité pourrait faire pour empêcher une banque de faire d'aussi fortes avances sur des garanties de liquidation lente, de façon que pareil état de choses devienne tout à fait impossible?—R. Je ne sais que répondre à cette question, car je ne puis concevoir qu'une banque puisse avancer une somme importante sur une garantie de cette nature.

Q. Le fait n'en reste pas moins qu'elles ont fait des prêts de ce genre.—R. N'en sont-elles pas arrivées à cela graduellement, et ensuite, en essayant de se

[M. J. C. Saunders.]

réchapper, elles se sont trouvées dans l'embarras, comme l'a fait la banque des Marchands?

Q. Cet état de choses existait?—R. Oui.

Q. En d'autres termes, l'inspection des banques aura son utilité, mais elle ne préviendra pas cet état de choses?—R. Non, je puis ajouter que, à mon avis, si les banques qui se sont trouvées dans ces circonstances fâcheuses, s'étaient résignées, aussitôt que les choses allaient mal, à subir leurs pertes et à s'en tenir là, elles auraient pu se réchapper, mais elles ont essayé de persister et se sont embourbées davantage.

Q. Vous ne tenez pas à risquer une opinion sur ce que le comité pourrait examiner en vue de prévenir cette situation dans une banque?

M. Good: La restriction des prêts, entendez-vous dire?

M. *Malcolm:*

Q. La question des garanties par rapport à l'actif liquide?—R. M'est avis que les banquiers sont gens rompus aux affaires et qu'il ne serait pas sage de s'immiscer dans leurs méthodes d'affaires ni d'entreprendre de trop diriger leurs propres opérations. Nous ne devrions leur tenir lieu de grand'père, car c'est chose dont ils peuvent se passer.

Q. Cependant, monsieur Saunders, vous vous rendez compte de la responsabilité du gouvernement à l'endroit des déposants, lorsque nous avons la réglementation des banques; il serait à l'avantage du public d'incorporer dans la loi des propositions ou des règlements susceptibles d'éliminer le danger que présente un concours de circonstances provoquées, non par le banquier intègre, mais par le banquier spéculateur ou agioteur.—R. Selon moi, ce n'est pas au moyen de lois que l'on peut reprimer le mauvais administrateur ou le spéculateur dans les affaires.

Q. Alors, d'après vous, notre unique espoir réside dans l'inspection, ce qui permet de découvrir les irrégularités le plus tôt possible?—R. Je crois que ce serait le meilleur système.

M. Irvine: Monsieur le président, j'aimerais poser une couple de questions.

Le président suppléant: Je le veux bien, mais monsieur Coote m'a demandé en particulier s'il pouvait en faire une ou deux avant de terminer.

M. Coote: Du consentement de M. Irvine.

M. Irvine: J'y consens de tout cœur.

M. *Coote:*

Q. Je voulais simplement poser une couple de questions à monsieur Saunders au sujet de ces rapports mensuels. Voulez-vous dire au comité, monsieur Saunders, ce que l'on entend par "billets à payer" par les banques?—R. Ce sont les billets qu'elles doivent.

Q. Pouvez-vous expliquer au comité comment il se trouve qu'une banque, ou quels billets une banque pourrait devoir au montant de $7,000,000? Certains membres du comité ont de la peine à concevoir qu'une banque puisse devoir autant que cela en billets.—R. La banque doit avoir réalisé certaines valeurs dans le but de se procurer des fonds pour poursuivre ses affaires, et elle doit ces fonds. Vous le savez, les banques prélèvent parfois des fonds sur leurs ressources.

Q. Empruntent-elles de l'argent, à part ce qu'elles empruntent de vous?—R. Je ne connais rien de l'administration d'une maison de banque. Comme je l'ai déjà dit, je suis versé en matière de finance nationale. Je ne saurais aller dans les banques et dire ce qui constitue les détails de leurs opérations; je sais simplement qu'elles nous soumettent un montant sous la rubrique de "billets à payer". Je sais ce qu'on entend par "billets à payer"; quand nous en avons, nous sommes tenus de les acquitter.

[M. J. C. Saunders.]

Q. Je crois que le comité comprend la chose quand il s'agit de particulier...
—R. J'ignore ce dont le montant se compose; je n'ai pas besoin de le savoir.

Q. Certains membres du comité ne peuvent s'expliquer comment une banque peut avoir 7 millions de billets à payer. Pouvez-vous nous expliquer cela?
—R. Non.

M. BENOÎT: J'avais l'impression que le montant dépassait huit millions et demi.

M. COOTE: C'est le total. j'ai vu les rapports publiés il y a un an, et une banque avait près de huit millions à elle seule, tandis que pour d'autres banques, le montant était relativement minime.

Le TÉMOIN: Supposons qu'une banque fasse des affaires avec des agents ou des correspondants à des centres éloignés, elles auraient des billets à payer à une autre institution et elle aurait des effets à encaisser provenant d'autres institutions qui lui doivent.

M. Coote:

Q. Oui, mais vous savez que dans ce rapport, il y a une rubrique montrant les balances dues à d'autres banques et à des correspondants (tant de l'étranger que du pays même); il s'agit ici de tout autre chose. Vient ensuite la rubrique "Lettres de changes acceptées en cours". Si, par exemple, vous voyez que, dans une année, une banque devait $3,500,000 sous ce chapitre, et que l'année suivante, la dette correspondante était de $20,000,000, vous iriez aux renseignements et demanderiez qu'on vous explique une aussi forte augmentation sous cette rubrique dans une année?—R. Cela dépendrait du nombre de voyageurs. Les gens s'adressent aux banques pour en obtenir des lettres de crédit, et parfois, ce genre d'affaires est plus volumineux à certaines époques de l'année. Les gens vont à l'Exposition cette année, et il est probable qu'il se fera beaucoup d'affaires sous ce chef durant l'hiver.

Q. Mais ce montant de $20,000,000 que j'ai ici, était en fin de février et cela me paraît être un bien gros montant à opposer aux $3,000,000 que devait la banque il y a un an.—R. Avec quoi établissez-vous la comparaison? Quel était le montant en février?

Q. $20,000,000?—R. Et avec quelle date le compariez-vous?

Q. Avec l'année précédente, pour la même banque.—R. Si vous vous souvenez, lors de votre revision de la *Loi des Banques*, vous avez modifié la loi à cet égard, et vous ne leur avez pas permis de poursuivre ces opérations de la même façon.

Q. Est-ce attribuable aux modifications de la *Loi des Banques*?—R. Au changement apporté à la *Loi des Banques*.

Q. Encore une autre question, seulement, dans ce cas. Vous avez entendu parler, cela va sans dire, de certain dossier confidentiel qui se trouvaient dans votre département au sujet de la Home Bank.—R. Oui.

Q. Saviez-vous que ce dossier confidentiel était là?—R. Non.

Q. Savez-vous s'il y a encore des dossiers confidentiels concernant d'autres banques?—R. Voici, monsieur Coote, un dossier confidentiel est la propriété du ministre, pour ainsi dire. Les liasses du département et celles du ministre sont deux choses différentes. Le ministre a son propre classeur et s'il a, avec une banque, des communications d'une nature confidentielle et que ces communications soient tenues secrètes, il se pourrait que je n'en sache rien, à moins que le ministre ne m'en parle. C'est communications gardent leur caractère confidentiel tant qu'ils ne les transmet pas et ordonne de les classer parmi les documents du ministère.

Q. Vous ne savez pas s'il en existe?—R. Non, je ne sache pas qu'il existe de dossier secret.

[M. J. C. Saunders.]

M. Irvine:

Q. Monsieur Saunders, vous êtes fonctionnaire du ministère des Finances, cela va sans dire.

Q. Et vous possédez des connaissances spéciales sur les questions financières dans leur ensemble?—R. Je ne dirai pas que je suis un expert. Je possède la science que j'ai acquise par expérience dans notre service, c'est-à-dire dans le domaine des finances nationales.

Q. Voici ce que je veux faire ressortir. C'est que, lorsque vous exprimé un avis, par exemple, sur la base d'or, comme vous l'avez fait, vous aimeriez que cet avis soit à l'honneur du ministère des Finances du Canada?—R. Mais cette opinion sur la base d'or, je l'ai exprimée avec des réserves. Pour vous faire voir à quel point je respecte mon sens d'expert, j'ai parlé de certains financiers de réputation qui hésitaient sur l'opportunité de revenir à la base d'or comme, à mon humble avis, j'estimais qu'on pouvait le faire, et cela n'était pas sans me contrecarrer.

Q. Je ne vous ferai plus qu'une seule question à ce sujet. Consentiriez-vous à faire consigner au procès-verbal que l'on a renoncé à la base d'or pendant la guerre dans l'unique but d'empêcher les Allemands de s'emparer de notre or?—R. Non, voici comment je m'exprimerais. Nous avons abandonné la base d'or pendant la guerre pour des raisons d'ordre militaire.

Q. C'est une réponse bien large d'application, mais je la préfère encore à l'autre.—R. Je n'aurais peut-être pas dû mettre les Allemands en cause.

Le président suppléant:

Q. Vous avez bien fait; c'était une des raisons?—R. Oui.

M. Irvine:

Q. Avez-vous, monsieur Saunders, quelque recommandation à faire au comité qui serait de nature à contribuer à la protection des déposants dans l'avenir? Auriez-vous quelques recommandations à faire?—R. Non, En réalité je crois que la nomination d'un inspecteur, comme le propose le ministre des Finances, est à peu près tout ce que l'on peut faire, et contribuerait sensiblement à sauvegarder les déposants si elle ne les protège pas absolument.

Q. Si j'ai bien compris, dans l'exposé que vous avez fait, il y a quelques instants, du projet du ministre des Finances, cette mesure aurait un double objet, savoir la création d'une garderie pour les institutions financières ébranlées, et si cela ne réussit pas, un établissement de pompes funèbres pour procéder à leur inhumation?—R. Votre description ne me plaît guère. Voici ce que je pense: la vérification de la situation des banques, d'après les rapports soumis par un fonctionnaire du ministère des Finances, donnerait à ce dernier plus d'assurance au sujet de l'état de ces institutions. Dans la suite, si le banquier s'écarte quelque peu des sains principes d'affaires, vous pourriez conférer avec lui et remettre la banque sur pied; mais si la situation est désespérée, je ne parlerais pas d'inhumation; je demanderais à l'Association des banquiers d'envoyer un curateur.

Q. Vous avez manifesté une grande confiance dans les banques?—R. Effectivement.

Q. Dans ce cas seriez-vous en faveur d'enlever la surveillance des banques au ministère des Finances pour la confier à l'Association des banquiers?—R. Non.

Q. Pourquoi pas, si vous avez une confiance illimitée en eux, et s'ils ont tous les renseignements aujourd'hui; si vous ne les suspectez même pas; pourquoi ne pas leur attribuer la direction? Je veux que vous disiez pourquoi vous ne le feriez pas?—R. Je leur laisserais l'administration de ce qui leur reste à administrer. Sous le régime de la loi nous les administrons suffisamment bien aujourd'hui. La loi impose de sérieuses restrictions. Avez-vous jamais examiné, monsieur Irvine, les avantages de la loi des banques actuelle sur l'ancienne loi? L'avez-vous déjà étudiée de près?

[M. J. C. Saunders.]

Q. Oui, mais je ne suis pas à subir un interrogatoire dans le moment. Je l'ai étudiée un peu, mais je voudrais savoir quelle raison vous empêche de consentir à ce qu'ils aient la réglementation absolue de la situation des banques? Ce sont des hommes de valeur, d'après vous; ils sont honnêtes, à ce point que vous ne sauriez même les soupçonner.—R. En Angleterre il n'y a pas de surveillance de cette nature sur les banques. Les maisons de banque d'Angleterre ne sont pas assujéties à la réglementation que nous avons ici.

Q. Dans ce cas pourquoi ne pas la supprimer et adopter le régime anglais?— R. Ce n'est pas à moi qu'il appartient de répondre à cela.

Q. Vous n'avez pas de recommandation à faire?—R. Non, je ne tiens pas à émettre un avis.

M. Speakman:

Q. J'aimerais vous demander une chose au sujet des dépositions déjà entendues. Je crois savoir, monsieur Saunders, d'après votre explication de la *Loi financière*, que le gouvernement peut avancer aux banques, pour la poursuite de leurs opérations, des fonds en billets du Dominion jusqu'à concurrence d'un montant déterminé par des demandes des banques et les garanties offertes?— R.Oui.

Q. Les obligations, les bons et les obligations garanties de l'Etat constituent les garanties accessoires les plus acceptables?—R. Oui.

Q. Je crois également savoir que le gouvernement emprunte des banques certains deniers pour les fins de l'administration des affaires publiques?—R. Oui.

Q. Pourriez-vous risquer une opinion sur l'opportunité qu'il y aurait pour le gouvernement d'emprunter de lui-même sur ces mêmes garanties accessoires dont il se sert maintenant comme base pour les prêts aux banques, c'est-à-dire qu'il emprunterait de lui-même, sur la garantie de billets du Dominion, les mêmes fonds qu'il emprunte aujourd'hui de cette façon détournée des banques, ce qui lui enleverait les charges d'intérêt qu'il est maintenant tenu de payer?— R. Les billets imprimés que nous avons actuellement en cours ne sont pas de date récente. Ce sont des effets du Trésor qui représentent la somme de $91,000,000. Cette somme est le reliquat des $143,000,000 que nous avons empruntés des banques durant la guerre. Le ministère des Finances ne tient guère à contracter d'emprunts avec les banques. Nous en avons réduit la somme de $143,000,000 à $91,000,000, et je voudrais bien que cette réduction s'accentuât davantage, si nous pouvions le faire. Mais on n'entrevoit guère la possibilité d'opérer de nouvelles réductions dans un avenir immédiat. Le ministère des Finances juge qu'il n'est pas nécessaire du tout de s'adresser aux banques pour emprunter des fonds. Nous n'empruntons pas des banques depuis des années. Nous nous efforçons de réduire le chiffre de nos emprunts de guerre. Ces effets du Trésor sont des reliquats de l'époque des hostilités.

Q. Je comprends alors, que le gouvernement a cessé d'emprunter des fonds des banques, mais à l'époque où il en empruntait, la garantie offerte était la même que celle contre laquelle les banques peuvent aujourd'hui emprunter des fonds de l'Etat, c'est-à-dire des obligations du Dominion?—R. A l'époque où nous empruntions, durant la guerre, oui.

Q. Vous vous serviez d'obligations sous la forme d'effets du Trésor?— R. Oui, nous leurs donnions des billets du Trésor.

Q. Et à l'heure actuelle, les banques se servent de ces obligations du Dominion, sous une autre forme, celle d'obligations ou d'obligations garanties, pour leurs emprunts?—R. Une fraction seulement. Elles détiennent les billets du Trésor dans leurs voûtes à titre de placement.

Q. Vous n'avez pas songé à la possibilité d'utiliser ces obligations du Dominion en vue de promouvoir vos propres intérêts?—R. Oh non, si j'agissais

[M. J. C. Saunders.]

de la sorte, le ministre m'évincerait. Je ne vise qu'à faire de la saine finance au ministère; et à mes yeux cela ne serait pas de la saine finance.

M. Speakman: J'ai essayé de suivre votre déposition d'une manière logique et sans prévention à l'égard de la finance effrénée; toutefois, je n'ai pu voir la différence qui existe entre le prêt de billets du Dominion sur des obligations, et le prêt au gouvernement contre des obligations d'Etat.

Le témoin se retire.

Le comité s'ajourne jusqu'à 2.30 heures de l'après-midi.

SÉANCE DE L'APRÈS-MIDI

Le comité reprend sa séance à 3.30 heures sous la présidence de M. Vien.

Le président: Messieurs, je crois savoir que M. Saunders a d'autres explications à donner au comité sur une question qui a été soulevée ce matin. Je suppose que le comité consent à ce qu'il reprenne sa déposition.

J. C. Saunders est rappelé.

Le président:

Q. Je crois savoir, M. Saunders, que vous aimeriez à fournir d'autres explications au comité?—R. Je veux simplement ajouter à ce que l'on a dit ici ce matin au sujet des renseignements ou du droit de regard qui, de l'avis de certains membres, devraient être du ressort du ministère des Finances relativement à la distribution des billets imprimés pour le compte des banques. D'après la loi, le ministère est tenu de laisser la chose aux soins de la *Canadian Bankers' Association.* Je n'ai pas dit, comme j'aurais peut-être dû le faire, que dans la pratique, cette Association des banquiers nous transmet un rapport mensuel de leurs constatations. Naturellement, nous n'en portons pas la responsabilité, mais nous savons ce qui se passe relativement à la distribution des billets aux banques grâce à ce rapport mensuel de la *Canadian Bankers' Association,* établi conformément à ce que cette dernière constate au cours de l'examen des banques qu'elle fait tous les mois à cet égard.

M. W. F. Maclean:

Q. Existe-t-il dans votre ministère une caisse d'épargne de l'Etat?—R. Oui, de fonctionnement très restreint.

Q. Sous quel nom la désigne-t-on?—R. La Caisse d'épargne du gouvernement fédéral.

Q. Où exerce-t-elle ses opérations aujourd'hui?—R. Dans l'île du Prince-Edouard, à Halifax, St. John et Victoria.

Q. C'est-à-dire dans les Provinces maritimes et dans la province du Pacifique?—R. Oui.

Q. Existe-t-il un bureau du sous-receveur général à Toronto?—R. Nous l'appelons le Receveur général adjoint.

Q. Le ministère ne recevait-il pas, autrefois, les dépôts de particuliers?—R. Oui.

Q. Veuillez nous dire dans quelles circonstances cette caisse d'épargne de l'Etat, très achalandée, a cessé de fonctionner à Toronto, et à quelle date?—R. Monsieur Maclean, la ligne de conduite du ministère—le ministère des Postes a des caisses d'épargne par tout le pays, aux endroits peu importants, et le ministère des Finances se trouvait alors à avoir des bureaux d'épargne distincts. Les dépôts que nous recevions du public allaient en diminuant et l'administration en devenait de plus en plus onéreuse; on les a transférés aux Postes chaque fois que la chose se pouvait faire et nous avons confié à ce ministère la direction de tout ce service.

Q. Et il en sera de même dans les Provinces maritimes?—R. Oui, dès que nous pourrons le faire. C'est ce que j'ai en vue.

[M. J. C. Saunders.]

Q. Ces caisses fonctionnent encore dans les Provinces maritimes?—R. Oui.

Q. Je veux savoir pour quelle raison on abandonne cet excellent système de caisses d'épargne de l'Etat qui offre toute la garantie voulue, et pourquoi on l'abandonne dans ma province, notamment dans la ville de Toronto. Pourquoi ne fonctionne-t-il plus à titre de caisse d'épargne de l'Etat dans Toronto?—R. Le bureau du Receveur général adjoint à Toronto est très achalandé. Il s'y effectue un fort volume d'opérations destinées à assurer les facilités voulues au service de banque de la province d'Ontario. De plus nous avons confié à ce bureau le travail relatif à nos émissions d'obligations. S'il fallait que ce bureau ouvrît des comptes d'épargne au public, cela entraînerait des frais généraux assez considérables dont pourrait se charger le ministère de Postes. C'est ce ministère qui reçoit les épargnes de Toronto.

Q. Est-ce qu'un client de cette caisse d'épargne, qui a des fonds en dépôt, pourrait les retirer par chèque?—R. Il lui faudrait donner un avis.

Q. Dans une caisse d'épargne de l'Etat?—R. Oui.

Q. On ne pourrait en obtenir un chèque accepté?—R. Non.

Q. Dans les Provinces maritimes, ainsi que dans la Colombie-Britannique, les clients ne peuvent faire accepter de chèques contre leurs dépôts?—R. Non.

Q. Pour quelle raison un déposant des caisses d'épargne de l'Etat n'aurait-il pas, tout comme les déposants des autres caisses d'épargne, le privilège de retirer leurs fonds par chèques?—R. Je crois que le département des Postes est à prendre des mesures en vue de modifier cet état de choses de façon qu'un déposant puisse retirer une certaine somme sans délai.

Q. J'ai un avis de motion à cet effet inscrit sur l'ordre du jour. Je veux tirer la chose au clair. Que savez-vous des succursales de la Caisse d'épargne de l'Etat dans la province d'Ontario?—R. Cela ne tombe pas sous l'application de la Loi des Banques.

M. W. F. MACLEAN: On m'a répondu que cette excellente Caisse d'épargne de l'Etat que nous avions à Toronto...

M. HUGHES: Est-elle excellente?

M. W. F. MACLEAN: On peut en faire une excellente chose, mais quelqu'un a entrepris des menées en vue de fermer ce bureau de Toronto. Telle est l'accusation que je porte. Ce n'est pas le fait de l'administration actuelle; cela s'est fait aux anciens jours, mais c'est un fait accompli. J'exposerai ma manière de voir un peu plus tard, mais j'ai obtenu du ministère l'aveu que cette excellente Caisse d'épargne de l'Etat qui fonctionnait à Toronto a cessé de fonctionner et fonctionne dans ces autres provinces. M. le président, si le comité est d'accord avec moi, je demanderai qu'un représentant des succursales de Caisse d'épargne de l'Etat dans la province d'Ontario soit convoqué ici pour déposer sur l'organisation administrative de cette province. Je suppose que l'on peut s'adresser au premier ministre d'Ontario ou au trésorier provincial, mais faites qu'il vienne ici et nous renseigne sur les opérations de cette succursale d'épargne dans l'Ontario. Je vais présenter ma demande sous forme de motion.

M. Healy:

Q. M. Saunders, dois-je entendre que vous dites, ou plutôt que vous avez dit ce matin, qu'une fois en usage les billets de la Home Bank étaient aussi bons que d'autres billets?—R. Oui, pour le public; je ne crois pas qu'il y ait lieu d'en douter.

Q. Je n'en doute pas non plus, mais permettez que je cite le rapport du juge McKeown, page 25. (Lisant):—

"Le capital versé et la réserve de la banque ont été intégralement perdus."

[M. J. C. Saunders.]

85980—1—24½

Quelle est, selon la loi, la base qui détermine l'émission du numéraire sous le régime de la Loi des Banques?—R. L'émission de billets par la banque elle-même jusqu'à concurrence du capital versé reste intact.

Q. Ainsi la Home Bank ne pouvait légalement, en 1916, émettre de billets? —R. Non, et cependant si elle a émis de nouveaux billets—vous n'ignorez pas que l'une des principales charges à laquelle une banque vise, c'est de mettre ses billets en circulation, et dès que la banque est en mesure de le faire, sa circulation égale son capital versé. Si, antérieurement à ce que vous dites, le capital de la Home Bank était intact—supposant qu'en 1913 sa circulation avait atteint un certain chiffre, ne pourrions-nous pas conclure que c'était à une époque où son capital versé n'avait pas encore été entamé?

Q. Je vais supposer, pour les besoins de la discussion, qu'il était encore intact en 1916?—R. Son capital intact était alors de $1,939,300, et sa circulation de $1,666,000, soit une couple de cent mille dollars de moins de ce qu'elle aurait pu être. Cette circulation n'a jamais diminué. Elle était légale et appuyée par le capital payé intact de la banque. Si la banque le désirait, ou si elle s'apercevait que son capital était, en aucun temps affaibli, qu'en résulterait-il? Il faudrait rappeler une certaine partie de la circulation de façon à ce que celle-ci ne dépassât pas le capital payé intact. Où cela la mènerait-elle? Cela n'aiderait nullement le déposant; il faudrait vendre ou se servir d'un fonds quelconque. Il faudrait diminuer l'actif pour remplacer les billets retirés de la circulation, et la situation des déposants demeurerait la même. Le déposant n'obtient ni aide, ni n'encourt d'obligation, pourrait-on dire, à cause de la circulation de la banque. Cela ne change en rien la situation du déposant. C'est ainsi que j'envisage la question.

Q. C'est là votre opinion?—R. C'est mon opinion.

Q. Il me fait plaisir de la connaître. Maintenant voyons quels étaient les faits. La banque a perdu son droit légal d'émettre des billets en 1916?—R. Oui.

Q. C'est cela. Vous vous rappelez ce qu'a dit M. le Juge McKeown?— Je n'ai pas étudié ce rapport.

Q. Il a trouvé que le capital total payé avait été perdu en 1916?—R. C'est un fait.

Q. Pour le besoin de l'argumentation, disons que le capital total payé était à cette date de $2,000,000; il n'était pas tout sorti?—R. $1,805,000.

Q. Etait en circulation à cette date?—R. Oui.

Q. Illégalement?—R. Sans doute, après que la banque eût fermé ses portes.

Q. La circulation à cette date était illégale? Est-ce bien cela?—R. Oui.

Q. Et cette circulation fut illégale de 1913 à 1923?—R. Oui.

Q. Jusqu'à ce que la banque fermât ses portes. Et la banque était sous la juridiction de deux personnes ou deux corps seulement dans ce temps-là — la banque elle-même et l'Association des Banquiers Canadiens. Le gouvernement n'avait aucune juridiction sur elle, n'est-ce pas?—R. Oui.

Q. Venons maintenant à la date de fermeture de la banque. Le montant de la circulation était représenté à l'actif par quelques garanties?—R. Le montant de la circulation était représenté...

Q. Dans le total de l'actif, parce que l'on y avait mis des garanties?—R. La circulation nette était un passif, et il y avait un actif en regard.

Q. Si le capital payé eut été intact, de combien l'actif eut-il été accru?— R. Vous voulez dire s'il était...

Q. Si le capital payé fut demeuré intact, non réduit, de combien l'actif eût-il été accru le jour que la banque faillit?—R. De la somme des $2,000,000 de son passif. Cela se trouvait quelque part dans l'actif.

Q. Exactement, parce que la circulation était alors illégale et les déposants perdirent finalement la somme totale de la circulation le jour de la faillite?—R. Je ne dis pas cela, et je vais vous dire pourquoi. Si la circulation était, comme

[M. J. C. Saunders.]

vous le dites, illégale et si on l'eût rentrée et qu'on ne l'eût pas permise, l'actif de la banque aurait dû diminuer afin de racheter les billets en circulation.

Q. C'est bien. Si la circulation eut été retirée en 1916, les déposants n'auraient pas perdu un sou. C'est ce que déclare M. le juge McKeown?—R. Je ne crois pas que c'était la circulation, mais bien l'actif. En 1916 l'actif aurait tout couvert, même les dépôts, mais non la circulation.

Q. C'est la déclaration du juge, et je crois que je pourrai vous y référer dans le jugement?—R. Je n'ai pas vu le rapport, mais si les journaux ont bien rapporté la chose hier soir, les déposants n'auraient rien perdu en 1916, la banque étant dans une position telle que les déposants auraient pu s'assurer de l'actif. Mais la circulation n'avait rien à faire avec la sauvegarde des déposants.

Q. Ai-je raison en disant ceci: Lorsque l'on découvrit que la banque n'avait aucun droit légal d'émettre des billets, et ceci se passait en 1916, si la circulation était rentrée cette perte aurait-elle été épargnée aux déposants?—Non, M. Healy, il aurait fallu aux déposants retirer ces billets de la circulation et sacrifier une somme pareille de leur actif, et cette circulation, avant de la rappeler, était une protection aux déposants. Il leur aurait fallu réduire d'autant cette protection.

Q. Je ne sais pas si vous me comprenez bien?—R. Je crois que oui.

Q. A un moment donné dans l'histoire de la banque, l'on découvrit que la circulation des billets était entièrement illégale, et cela se passait en 1916. Si l'on eût alors retiré la circulation, M. le juge McKeown déclare, je vais vous référer à la page, que les déposants n'auraient pas perdu un sou?—R. J'ai peine à croire que M. le juge McKeown...

M. Hughes: Ce qu'il en dit, c'est si la banque avait alors fermé ses portes?

Le témoin: N'ayant pas lu le rapport, je suppose que ce qu'il a voulu dire c'est que les déposants n'auraient pas perdu un sou parce que l'actif de la banque, qui n'inclut pas la circulation, aurait suffi à sauvegarder les déposants, mais si la circulation fut rentrée il aurait fallu diminuer l'actif qui aurait été diminué d'autant à l'égard des déposants.

M. Healy:

Q. Voici la déclaration, à la page... Elle se trouve sous le mot " Réponse à la question 4 ". (Elle se lit comme suit):

" (a) La liquidation suivant immédiatement telle vérification ou

" (b) L'amalgamation avec une autre banque.

" Et l'effet de vérification sur la position des déposants actuels:

" Si elle eut été faite en 1916 les déposants actuels n'auraient rien perdu."

R. Il n'y a rien là-dedans concernant la circulation de la banque. Je dis que la circulation de la banque n'a rien à faire avec l'actif.

Q. Veuillez m'excuser. Je vous comprends bien, mais vous ne paraissez pas me comprendre.—R. Oh, oui, je comprends votre point de vue, mais je n'y attache aucune valeur.

Q. J'en suis fâché, parce qu'il vaut réellement $2,000,000, dans mon idée. Je prétends que la direction aurait dû en 1916, rappeler la circulation de la Home Bank. Si cela eut été fait, la banque eut fermé ses portes. N'est-ce pas cela?—R. Non.

Q. Mais si vous rappelez toute la circulation?—R. Même si vous rappelez tout le capital...

Q. Veuillez me donner votre opinion, parce qu'à la même page j'ai celle de M. Edwards; il dit que la banque aurait perdu $3,000,000.—R. Tout le monde sait que si le capital disparaît, la banque disparaît.

[M. J. C. Saunders.]

14-15 GEORGE V, A. 1924

Q. Avez-vous répondu à ma question, que si la circulation était rappelée la banque aurait dû fermer ses portes?—R. Probablement, oui; je ne vois pas comment elle aurait pu faire autrement.

Q. Et si la Home Bank eût alors fermé ses portes, les déposants n'auraient pas perdu un sou?—R. Non, pas à cause de la circulation.

Q. La circulation était illégale et aurait dû être rappelée?—R. L'actif eût été réduit.

Le PRÉSIDENT: Vous ne donnez pas assez de temps au témoin pour répondre à vos questions, M. Healy.

M. HEALY: J'ai accordé cinq minutes au témoin pour expliquer toute la circulation.

Le PRÉSIDENT: Il n'a pas eu le temps de répondre à vos deux dernières questions.

M. Healy:

Q. Je vais lui donner tout le temps requis. J'en étais au point où si la circulation illégale eût été rappelée en 1916, les déposants n'auraient rien perdu du tout, suivant la déclaration de M. le juge McKeown.—R. Si la banque eût fermé ses portes en 1916, ils n'auraient pas perdu un sou. Mais la circulation n'avait rien à y voir.

Q. Si la circulation eût été rappelée à cette date, qu'en serait-il résulté?—R. Le résultat eût été que les ressources, le passif et l'actif de la banque auraient dû être administrés de façon à rembourser les déposants autant que possible, puis les autres créanciers de la Home Bank, et le rapport ne dit pas un mot de la circulation.

Q. La banque aurait dû fermer ses portes, n'est-ce pas?—R. Oui, je le crois.

Q. Sans causer de pertes aux déposants?—R. Oui.

Q. De sorte qu'en permettant cette circulation illégale de continuer de 1916 à 1923 les déposants n'ont pas seulement perdu $2,000,000 mais aussi 55 p. 100 de leurs dépôts?—R. Non, pas du tout. Nous ne nous accordons pas sur ce point.

M. Hughes:

Q. Je désirerais maintenant poser une question ou deux. M. Saunders, veuillez ouvrir le rapport à la page XXXIV, et lisez sous b, " Et l'effet de telle vérification sur la position des déposants actuels—si elle eût été faite en 1916, les déposants actuels n'auraient rien perdu." N'y a-t-il pas là une erreur, le mot " actuel "?—R. Je le crois.

Q. Le juge a dû vouloir dire les déposants d'alors?—R. Oui.

Q. Vous croyez que c'est bien ce qu'il voulait dire?—R. Oui, je n'ai aucun doute.

Q. Il y a pas là une faute d'impression ou un exposé erroné?

M. HEALY: Il s'agit des déposants d'alors.

Le PRÉSIDENT: A l'ordre, s'il vous plaît.

M. Hughes:

Q. Le mot " actuel " est incorrect, n'est-ce pas?—R. Il paraît étrange, mais si la banque eût fermé ses portes en 1916, il n'y aurait pas de déposants actuellement, il n'y aurait eu que les déposants d'alors.

Q. Très bien. Si la banque eût alors fermé ses portes ou si une vérification réelle eût été faite alors, l'actif de la banque aurait suffi à rencontrer les obligations envers le public?—R. Oui, c'est comme ça que je l'entends.

Q. C'est là la déclaration du juge?—R. C'est ainsi que je la comprends.

Q. Et la circulation n'avait rien à voir à la chose, soit en bien soit en mal?—R. C'est ce que j'essaie de faire comprendre à M. Healy.

[M. J. C. Saunders.]

M. Healy: Le rappel de la circulation avait tout à faire avec la question, et elle était illégale.

Le témoin: La circulation, supposons qu'elle soit de $4,000,000, et qu'elle soit illégale, cela aurait aidé aux déposants, parce que cette circulation devait être rappelée par le fond de rédemption de circulation des banques. Si l'actif n'était pas suffisant pour la couvrir, et si leur propre dépôt au fond de circulation ne la couvrait pas, les autres banques auraient perdu, et payé ce déficit. et cela aurait bénéficié aux déposants.

M. Hughes:

Q. Si une vérification convenable avait été faite alors et que la condition réelle de la banque en 1916 eût été portée à l'attention du ministre ou du gouvernement et que l'on eût pris des mesures pour fermer la banque, alors les déposants n'auraient rien perdu; le public n'aurait rien perdu?—R. C'est ce que dit le juge.

Q. C'est ce qu'a déclaré le juge.—R. Oui.

Q. Et les pertes que subirent plus tard les déposants lorsque la banque ferma ses portes ne furent pas le résultat pas de la circulation de la banque, mais du fait que la banque avait continué ses opérations avec un capital affaibli et que les conditions allaient de mal en pis chaque année.—R. Vous vous exprimez mieux que je n'aurais pu le faire moi-même.

M. Good:

Q. M. Saunders, vous avez dit ce matin, je crois, que si les rapports mensuels d'une banque n'étaient pas satisfaisants ou pas suffisamment compréhensibles, vous pouviez demander un rapport spécial ou faire une investigation spéciale? Est-ce cela?—R. Non, je n'ai pas dit que nous faisions une investigation spéciale. J'écrirais simplement, en ma capacité officielle, aux directeurs de la banque, attirant leur attention sur ce que je ne comprendrais pas et j'aurais leurs explications. C'est ce que je peux faire.

Q. Alors l'investigation spéciale dont vous parliez se ferait simplement sous la forme d'une lettre à la banque?—R. Oui et si cela n'était pas satisfaisant, si je craignais quelques difficultés, j'attirerais immédiatement l'attention du ministre et lui demanderais d'exercer son privilège en vertu de la section 56-A.

Q. Combin de fois avez-vous fait une enquête spéciale?—R. Une fois seulement depuis que je suis en fonctions.

Q. Une seule fois. Et à quelle occasion était-ce?—R. Je refuse absolument de donner des détails. J'ai trouvé que tout était correct et c'est tout ce que je peux dire.

Q. Vous considérez cette affaire comme confidentielle?—R. Non seulement confidentielle, mais dans l'intérêt public surtout à cause de la méfiance actuelle du public. Vous savez ce qui est arrivé à la *Dominion Bank* à Toronto.

Q. Pourriez-vous me dire à quelle date vous avez fait cette enquête?—R. Je ne veux faire aucune réponse; je préfère n'en pas faire.

Q. Une seule fois depuis 1920, lorsque vous devîntes sous-ministre, n'est-ce pas?—R. Oui, je puis dire cela. Je ne veux pas refuser quoi que ce soit, mais je crois qu'il vaut mieux que je ne donne aucun renseignement.

Q. Lorsque les banques demandent du numéraire, avec quoi le payent-elles? —R. Nous émettons du numéraire, argent et cuivre, et il est tenu en réserve dans tous les bureaux des S.R.G.

Le président:

Q. Que signifient les lettres S.R.G.?—R. Sous-receveur général. Alors quand une banque veut de l'argent, elle doit le payer en or ou billet du Dominion.

[M. J. C. Saunders.]

M. Good:

Q. Monnaie légale?—R. Monnaie légale.

Q. Et le gouvernement du Dominion échange le métal ou les pièces de monnaie pour de l'or ou des billets du Dominion?—R. Oui.

Q. Vous avez dit ce matin, je crois, qu'une seule fois à votre connaissance, le taux de réescompte, ou le taux de l'intérêt que l'on charge pour des avances en vertu de la Loi des Finances, avait différé de cinq pour cent?—Est-ce cela?—R. Oui.

Q. Je crois que vous avez aussi dit ce matin qu'en aucune occasion à votre connaissance cette question avait été discutée au bureau du Trésor. Est-ce cela?—R. Oui. Si vous croyez qu'il y a eu faute, je vous avouerai que je suis seul à blâmer. Je n'ai pas vu la nécessité de suggérer la chose au président du bureau du Trésor.

Q. Comme matière de fait vos suggestions et vos avis sur cette question ont été acceptées par le bureau du Trésor, n'est-ce pas?—R. J'ai l'habitude de dire beaucoup de choses, mais elles ne sont pas nécessairement acceptées.

Q. Au sujet du taux d'intérêt en vertu de la Loi des Finances, vous rappelez-vous qu'un membre du Bureau du Trésor ait suggéré une modification de ce taux?—R. Non.

Q. Et vous ne l'avez pas suggéré vous-même?—R. Non.

Q. Vous rappelez-vous la condition d'inflation durant les années, disons, de 1917 à 1920, en ce pays?—R. Oui, mais je n'étais pas alors sous-ministre, et je ne portais pas la même attention aux grandes questions financières qu'aujourd'hui.

Q. Néanmoins, vous vous rappelez le fait?—R. Oui, je le connais.

Q. Vous rappelez-vous aussi le fait que la déflation commença en 1920 et continua un an ou deux?—R. Oui.

Q. Croyez-vous qu'il eut été de bonne politique de la part du bureau du Trésor de baisser le taux de réescompte à partir de 1920, afin de permettre aux banques d'aider leurs clients et de prévenir les catastrophes qui ont eu lieu?—R. M. Good, dans mon jugement, surtout après ma nomination comme sous-ministre des Finances, les banques avaient assez de marge entre le cinq pour cent et le taux qu'elles chargeaient à leurs clients pour les induire à aider à ceux-ci et ne pas les laisser souffrir par manque d'aide.

Q. Vous croyez alors qu'aucun client n'a souffert, durant cette période, de la pression des banques?—R. Je n'en ai pas eu connaissance.

Q. Vous n'avez pas eu connaissance de détresse causée par tout le Canada par la pression des banques pendant cette période?—R. Non.

Q. Votre position ne vous met pas à portée d'acquérir cette connaissance?—R. Non.

Q. Pas même en lisant les journaux?—R. Je ne prends guère les journaux au sérieux.

Q. Déclarez-vous à ce comité que vous n'avez pas connaissance des charges, ou si vous préférez des protêts qu'ont faits les producteurs et les marchands contre la politique de contraction du pays durant ces années?—R. Oh oui, je savais que les banques réduisaient leurs crédits afin de se protéger, pourrait-on dire.

Q. Croyiez-vous que cette politique de contraction était avantageuse au pays, ou bien n'aviez-vous aucun renseignement sur ce point?—R. Je suis porté à le croire—je ne suis pas un expert en la matière—que si les banques ne s'étaient pas protégées, si elles s'étaient permis d'étendre les crédits et qu'elles eussent ensuite failli, cela aurait occasionné plus de dommages au pays que ceux qui ont pu arriver en restreignant le crédit.

[M. J. C. Saunders]

Q. Mais vous n'êtes pas prêt à admettre qu'il y a eu des dommages causés par la contraction rapide du crédit pendant cette période. Dois-je comprendre que c'est là votre opinion?—R. Je n'aimerais guère à dire que telle est ma réponse; je préférerais m'abstenir de donner mon opinion sur ce sujet.

Q. Avez-vous une opinion?—R. Je n'aimerais pas à l'exprimer car elle peut n'être pas la bonne. Je ne me crois pas en position de juger.

Q. C'est-à-dire que vous avez bien une opinion, mais que vous n'en avez pas assez confiance pour l'exprimer?—R. C'est ça.

Q. Je ne crois pas qu'il vaille la peine de pousser plus loin cette enquête. —R. Très bien.

M. *Spencer:*

Q. Pendant votre contre-examen ce matin, M. Saunders, il m'est venu à l'idée quelques questions que j'aimerais à vous poser. Vous avez déclaré que les emprunts en vertu de la Loi des Finances devenaient une seconde obligation à charge de l'actif de la banque?—R. Oui.

Q. Alors elle viendrait après les billets, mais avant les dépôts du gouvernement?—R. Non, elle fait partie de la réclamation du gouvernement. Les billets en circulation viennent en premier lieu, puis le gouvernement fédéral, et ensuite les gouvernements provinciaux; en quatrième lieu viennent ls autres réclamations.

Q. Vous avez dit qu'on s'était beaucoup servi de la Loi des Finances il y a quelques années, mais qu'aujourd'hui on s'en servait comparativement peu? —R. Oui.

Q. Pouvez-vous me dire quand on s'en sert le plus, quand le pays est prospère ou quand les conditions sont adverses?—R. On s'en sert davantage lorsque le pays est prospère. En novembre 1920, comme je le disais ce matin, ce fut le point culminant de toutes les années. Les banques avaient en vertu de la Loi des Finances $123,000,000. Si vous vous le rappelez, M. Spencer, en 1920, tout allait bien; c'était après la guerre et il y avait inflation des prix et les affaires étaient assez florissantes, ce qui demandait, naturellement plus d'argent. Le dollar valait moins, et il fallait plus de dollars pour faire des affaires.

Q. C'était mon opinion. Alors, M. Saunders, vous êtes d'opinion qu'il est profitable pour les banques d'emprunter en vertu des dispositions de la Loi des Finances?—R. Je crois qu'elles y trouvent leur profit car elles peuvent faire plus d'affaires qu'avec leurs seules ressources. Elles ne peuvent y trouver un gros profit car elles ont toujours hâte de nous remettre leurs emprunts afin de sauver le cinq pour cent d'intérêt.

Q. Autrement, quand les affaires sont bonnes elles ne demandent pas mieux que de prêter et elles déposent les garanties au bureau du Trésor?—R. Oui.

Q. Vous avez dit que les banques faisaient le plus grand usage de ce privilège en se servant de gros billets dans la chambre de compensation?—R. Oui.

Q. Plutôt que de placer les billets du gouvernement dans la réserve d'or et émettant leurs propres billets là contre, j'ai cru comprendre qu'elles s'en servaient surtout pour les compensations?—R. Pour les deux fins, mais dans un grand nombre de cas, seulement pour les compensations. Ceci leur évite le trouble de se servir de leurs petits billets pour liquider leurs dettes en la chambre de compensation.

Q. En même temps, nous avons, je crois, en chiffres ronds, environ $9,000,-000 dans la réserve d'or et environ $50,000,000 en billet et en valeurs?—R. Oui.

Q. Ne serait-il pas plus juste alors de l'appeler une réserve " dorée " qu'une réserve d'or?—R. Appeler quoi une réserve dorée?

Q. L'endroit que nous appelons maintenant une réserve d'or?—R. Que signifie un nom, en tout cas?

[M. J. C. Saunders.]

M. McMaster: " Une rose sous un autre nom sentirait aussi bon."

M. Spencer:

Q. Dans votre réponse à une question posée ce matin lorsque l'on discutait sur le sujet de l'hôtel de la Monnaie, vous avez dit que durant la guerre il y avait trop d'argent en circulation. De quelle sorte d'argent parliez-vous?—R. Durant la guerre il y avait trop d'argent en circulation? Je ne crois pas avoir fait cette déclaration.

Q. C'était au sujet de la question de M. Shaw concernant l'hôtel de la Monnaie?—R. Oui; durant la guerre il n'y en avait pas trop parce qu'on en avait besoin pour les affaires, ou on ne nous en aurait pas demandé, mais il y en avait trop en circulation pour les besoins d'aujourd'hui. Nous ne rachetons pas l'argent, c'est là la difficulté.

Q. Vous vouliez parler de la monnaie d'argent?—R. Oui trop de monnaie d'argent, c'est ce que j'ai dit, je crois.

Q. Comment savez-vous qu'il y a trop de monnaie d'argent?—R. Nous savons combien nous en émettons.

Q. Mais combien pouvez-vous savoir quand il y en a trop?—R. Les banques se plaignent et essaient de nous la renvoyer.

Q. Vous dites que le monde ne s'en sert pas et la dépose de nouveau dans les banques?—R. Certainement, et les banques ne peuvent plus la sortir.

Q. Dans votre position officielle, M. Saunders, avez-vous quelque chose à faire avec la banque d'épargnes du ministère des Postes?—R. Non. Elle est administrée entièrement par le ministère des Postes.

Q. Vous n'aimeriez pas à exprimer une opinion sur la conduite de la banques d'épargnes du ministère des Postes?—R. Non. J'ai dit en passant ce matin ou cette après-midi que le ministère des Postes modifiait ses règlements concernant les retraits d'argent, de façon à rendre l'opération plus facile aux petits déposants.

Q. En répondant à une question de M. Healy, vous avez dit, je crois, que les billets d'une banque privée n'affectaient pas les déposants?—Oui. Ils ne les affectent pas directement.

Q. Supposons que nous décidions au Canada de n'avoir que des billets émis par le gouvernement et qu'il n'y eut pas d'autres billets; quand une banque fait faillite, comme dans le cas de la Home Bank, si elle n'avait pas de billets en circulation les déposants ne seraient-ils pas mieux situés?—R. Pas du tout. La banque se servirait des billets du Dominion en échange de ses propres valeurs. La relation est la même et il est indifférent que les billets soient des billets de banque ou des billets du gouvernement.

Q. Quant à l'émission des billets de banque, n'est-il pas vrai que ces billets ont le premier droit d'être payés à même les fonds de la banque?—R. Oui.

Q. Et une partie des fonds de la banque appartient aux déposants?—R. Oui et à d'autres.

Q. Alors les billets de banque affectent les déposants?—R. Oui.

Q. Mais si l'on émettait des billets du gouvernement au lieu des billets de banque ils n'affecteraient pas les déposants?—R. Je n'aime pas le mot de déposants; ils affectent l'avoir de la banque.

Q. La responsabilité incomberait au gouvernement?—R. La responsabilité incomberait au gouvernement.

Q. De payer les billets?—R. Si la banque détenait des billets du gouvernement, ce serait un bon actif, parce que le gouvernement les rachèterait immédiatement.

Q. De sorte que, les déposants d'une banque en faillite seraient en meilleure posture si nous avions un monopole d'émission de billets par le gouvernement plutôt que des billets de banques privées?—R. Pas du tout. Si elle

[M. J. C. Saunders.]

avait des billets du Dominion en sà possession et qu'elle les apportât pour être rachetés, la banque réduirait d'autant son avoir.

Q. Les billets du Dominion seraient une obligation du gouvernement et non de la banque?—R. Oui mais l'avoir de la banque n'en bénéficie pas.

M. McMaster:

Q. Mais en cas d'émission de billets du gouvernement, la disparition du privilège que possède maintenant les banques d'émettre des billets, ne mettrait-elle pas le créancier ordinaire sur un meilleur pied?—R. Je ne le crois pas. Pas du tout. Il s'agit tout simplement d'une question de l'actif.

Q. Vous auriez le même actif que précédemment, mais il serait divisé entre tous les créanciers?—R. Non.

M. Benoît:

Q. En supposant que vous échangiez dollar pour dollar?—R. Oui, mais il ne faut pas perdre de vue la manière dont ces billets du Dominion sont acquis. Ils augmentent l'avoir d'une banque, mais quand le gouvernement les rachète, cet avoir diminue.

M. Spencer:

Q. Lorsqu'une banque faillit il y a déjà certains gages garantis par son avoir?—R. Oui.

Q. Le premier gage garanti par la loi d'une banque ce sont ses propres billets?—R. Oui.

Q. Excepté que l'on a recours au fond de rédemption de circulation de billets, pour combien?—R. Lorsque l'avoir ne suffit pas à la rédemption des billets le porteur de ces billets est protégé. Il n'est pas un client de la banque et il doit être protégé afin que les billets d'une banque canadienne puissent passer comme de l'or.

Q. Mais jusqu'à quel point les porteurs de billets d'une banque faillie peuvent-ils compter sur le fonds de rédemption de la circulation?—R. Si l'avoir de la banque n'est pas suffisant ils peuvent compter sur le fonds pour ce qui manque.

Q. Immédiatement?—R. Le liquidateur calculera ce qu'il lui faut immédiatement et il demandera la part des dépôts de cette banque dans le fonds de rédemption de la circulation. Si cela n'est pas suffisant, la balance sera prise dans le fonds général de rédemption et sera remise au liquidateur, et toutes les banques y contribueront au *pro rata* de la circulation. Ces autres banques seront alors tenues de rembourser le fonds.

Q. Revenons encore une fois sur ce terrain. N'est-ce pas un fait que lorsqu'une banque est faillie le seul secours qu'elle ait contre le fonds de rédemption de circulation des billets est ce qu'elle a contribué à ce fonds, plus l'intérêt?—R. Cela dépend du montant des billets.

Q. La somme des billets en circulation ne m'occupe pas. Avant qu'ils ne soient chargés à d'autres comptes de la banque le premier recours alors est contre le fonds de rédemption de la circulation des billets.—R. Oui, on s'adresse d'abord au fonds de circulation.

Q. Jusqu'à concurrence de la somme qu'a payée cette banque, plus l'intérêt? Supposons que la Home Bank faillisse, comme elle l'a fait d'ailleurs, et qu'elle ait $2,000,000 en circulation?—R. Oui.

Q. Et qu'elle ait payé $100,000 à ce fonds. Le montant qu'elle peut exiger immédiatement est de $100,000?—R. Non, si les liquidateurs disent, "Il nous faut immédiatement $500,000, $100,000 de cette banque et le solde des autres banques."

Q. Cela vient en conflit avec un témoignage précédent. Pourquoi ne l'a-t-on pas fait dans le cas de la Home Bank?—R. On a payé tout ce que les liquidateurs ont demandé au fonds de rédemption de la circulation.

[M. J. C. Saunders.]

14-15 GEORGE V, A. 1924

M. Irvine:

Q. Pourquoi ne pas payer davantage?—R. Que les liquidateurs fassent leur demande.

M. Spencer:

Q. Votre témoignage alors, ne coincide pas avec un témoignage précédent. Cependant, après avoir demandé au fonds de rédemption de la circulation, une somme quelconque, la balance des billets peut être prélevée sur l'actif de la banque; admettez-vous cela?—R. La balance des billets.

Q. La balance des billets. Supposons qu'il y en ait pour $2,000,000. Vous n'avez à rembourser sur ces billets que les $100,000 que cette banque a au fonds de rédemption de circulation de billets. La balance de ces billets a priorité comme réclamation contre l'actif de la banque?—R. Oui, pour les $2,000,000.

Q. Puis, quand tout est disparu, y compris les dépôts, s'il reste encore des billets, vous pouvez retourner au fonds de rédemption de la circulation et en obtenir la balance. N'est-ce pas un fait?—R. Bien, un instant, je crois que je ne vous comprends pas. . . . .

Q. Je vous conduis pas à pas, et je crois avoir raison.

M. Good: Prenons le cas de la Home Bank.

M. Spencer:

Q. Nous allons prendre la Home Bank. Elle avait environ $2,000,000 en circulation?—R. Oui.

Q. Elle avait payé au fonds de rédemption de la circulation environ $100,-000, et après que la Home Bank eut failli, tout ce qu'elle pouvait réclamer du fonds était la somme qu'elle y avait contribuée, plus peut-être l'intérêt.—R. Eh bien, tout d'abord, les liquidateurs doivent réaliser tout l'avoir liquide immédiatement pour racheter ces billets. La banque a nécessairement un avoir liquidé. On se servira d'abord de ces fonds avant de s'adresser au fonds de circulation. En d'autres termes, l'avoir réalisable servira à racheter les billets en circulation en tant que possible, puis l'on s'adressera au fonds de rédemption.

Q. C'est-à-dire, si vous en tenez strictement à la Loi des banques, vous verrez qu'elles peuvent s'adresser au fond de rédemption de la circulation pour le montant qu'elles y ont payé; puis les billets ont priorité sur les autres réclamations?—R. Oui.

Q. Ensuite, lorsque tout l'avoir est disparu, s'il y a encore des billets en circulation, on peut alors obtenir la balance du fonds de rédemption des billets?—R. Les autres banques viendront à la rescousse.

Q. De sorte que la balance de ces billets privés a priorité sur les dépôts, et passe avant les déposants eux-mêmes.

Le PRÉSIDENT: Qu'entendez-vous par billets privés?

M. SPENCER: Les billets privés des banques.

Le TÉMOIN: Il ont le même montant que l'avoir de la banque.

M. Spencer:

Q. Nous allons reprendre la chose.

Quelques honorables MEMBRES: Non, non.

Le TÉMOIN: M. Spencer, je ne crois pas que vous ayez compris. . . . .

M. McMaster: Pardonnez-moi, M. Spencer, si je fais une suggestion. Supposons que vous posiez la question: Veuillez nous dire, M. Saunders, comment les billets de banque sont protégés lors de la faillite d'une banque, et qu'il nous dise par quel moyen on rachète d'abord ces billets.

[M. J. C. Saunders.]

M. Spencer:

Q. Je préférerais la poser autrement. Les billets sont, je crois, le premier gage sur l'avoir d'une banque?—R. Oui, les billets en circulation sont le premier gage sur l'avoir d'une banque.

Q. Conséquemment, les dépôts au gouvernement fédéral et les billets émis en vertu de la Loi des Finances ne sont que secondaires?—R. Oui.

Q. Et les dépôts des provinces ne viennent qu'en troisième lieu?—R. Est-il vrai qu'une banque, comme la Home Bank, qui a hypothéqué tous ses immeubles a une corporation privée quelconque, que cette corporation a le quatrième gage sur l'avoir de cette banque?—R. Après les réclamations des provinces, celui-ci vient, c'est-à-dire qu'il est en quatrième lieu, s'il est approuvé.

Q. Et après, viennent les déposants?—R. Non, les déposants viennent aussi en quatrième lieu.

Q. Où viennent les déposants?—R. Après les gouvernements provinciaux.

Q. Sont-ils exactement sur le même pied que les créanciers nantis?—R. Je n'en suis pas sûr. Si un homme a une hypothèque sur un immeuble, il a, je suppose, un meilleur droit que celui qui n'a pas d'hypothèque; je suis sous cette impression.

Q. Autrement dit, s'il a une hypothèque sur des immeubles il serait ce que vous appelleriez un créancier nanti, et les déposants sont des créanciers non nantis?—R. Je ne puis donner une réponse officielle; c'est là une question pour les liquidateurs et ceux qui règlent définitivement les affaires d'une banque; ils connaissent les affaires de banque.

Q. Encore une question. Vous avez dit à M. Good que depuis 1920 vous n'étiez pas tout à fait satisfait des rapports des banques et que vous aviez fait une enquête. Vous ne teniez pas à donner le nom de la banque, ni la date et je ne suis pas pour vous questionner à ce sujet?—R. J'ai dit que je n'étais pas tout-à-fait satisfait de cette banque.

Q. Cette enquête, si je le comprends bien, était mal fondée; c'est ce que vous avez dit, je crois?—R. Oui.

Q. Et dans le cas de la Merchants Bank, de la Home Bank ou de la Banque Nationale? Le bilan ne montrait-il pas que quelque chose allait mal?—R. Non.

Q. C'est-à-dire que vous ne pouviez juger que sur les chiffres que l'on vous envoyait? Vous n'aviez aucun moyen de vous apercevoir que ces banques couraient de grands risques, et que le public pouvait en souffrir?—R. Non, et remarquez qu'elles étaient toutes sous l'ancienne Loi. Je crois que la Loi actuelle a été bien améliorée à la dernière session. Elle nous permet de mieux connaître la situation d'une banque que sous l'ancienne loi.

Q. Jusqu'à l'an dernier, toutes ces banques pouvaient faire des affaires à la diable, et cependant comme elles envoyaient leurs bilans, tout paraissait bien et vous n'aviez aucun moyen de les vérifier?—R. Non, je n'avais aucun moyen de vérifier leurs bilans. La loi ordonnait certaines déclarations et nous ne pouvions aller plus loin à moins de connaître la situation.

Q. Alors vous ne pouviez rien voir de louche dans les rapports que ces banques vous envoyaient?—R. Non.

Q. Quoique ces rapports fussent erronés?—R. Ces rapports paraissaient corrects.

M. Irving:

Q. Je désire éclaircir un point dont je ne suis pas très sûr. M. Saunders, est-ce réellement un fait que le Home Bank avait une circulation supérieure à ce qu'autorisait son capital intact?—R. Vu les déclarations faites ici que le capital n'était pas intact, cela doit être un fait; si le capital était très entamé ou complètement disparu, c'était certainement un fait.

[M. J. C. Saunders.]

Q. Ce qui équivant à dire que la circulation était illégale?—R. Certainement.

Q. Et cela existait en 1916, suivant le rapport du juge?—R. Le juge a-t-il dit que le capital était entamé en 1916?

M. McMaster: Le juge dit à la page XXXIX de son rapport en 1916: "Tout le capital versé et la réserve de la banque étaient perdus."

Le témoin: Alors la circulation des billets était illégale.

M. Irvine:

Q. Si je vous ai bien compris—Vous me le direz si je me trompe—la circulation n'affecte pas la relation de l'actif de cette banque à son passif?—R. A son passif, non.

Q. Cela ne l'affecte pas?—R. Non.

Q. Mais si la circulation de la banque eut été rappelée, cela aurait forcé l'institution à fermer ses portes, n'est-ce pas?—R. Vous oubliez peut-être ce point, que si la circulation eût été rappelée, il aurait fallu le faire aux dépens de l'actif.

Q. Je ne m'occupe pas de l'actif; veuillez répondre à ma question. Si la circulation de la banque eut été rappelée, cela aurait-il forcé l'institution à fermer ses portes? J'imagine que vous pouvez répondre par oui ou non?—Si les banques ne rappelaient pas leur circulation, et ne voulaient pas de circulation, et que tout de même le capital fut intact...

Q. Revenons à la Home Bank; supposons que la circulation de la Home Bank ait été rappelée par une autorité quelconque, ou par la banque elle-même, en 1916, cela aurait-il, oui ou non, forcé l'institution à fermer ses portes? —R. Naturellement, je crois que l'institution aurait été obligée de fermer ses portes, oui.

Q. Si l'institution eut fermé ses portes par le rappel de sa circulation en 1916, êtes-vous d'accord avec la déclaration du juge que les déposants n'auraient rien perdu?—R. Je ne sais pas; il a entendu les témoignages et il en est venu à cette conclusion.

Q. Vous ne discuterez pas ces témoignages?—R. Je prends la chose pour acquise. La différence est, que je n'admets pas que la circulation ait eu quoique ce soit à y voir.

Q. J'admets que la circulation n'a rien à faire avec l'actif et le passif d'une banque; vous avez dit cela. Cette question ne m'intéresse pas du tout. Le point c'est, que si la circulation eut été rappelée la banque aurait fermé ses portes?—R. Oui.

Q. Si la banque eut fermé ses portes en 1916, la perte n'aurait pas été la même; les déposants n'auraient même rien perdu, suivant le rapport du juge? —R. J'accepte cela comme venant du juge.

Q. Aviez-vous le pouvoir de rappeler ou de faire rappeler la circulation de la Home Bank?—R. Non, nous ne savions pas.

Q. Si vous aviez su, aviez-vous le pouvoir d'agir?—R. Notre pouvoir se limitait à envoyer immédiatement notre vérificateur, en vertu de l'article 56 (a), et si nous avions trouvé dans cet état, nous aurions requis l'Association des Banquiers de nommer un curateur et de le mettre en charge de la banque, comme cela fut fait à la Home Bank, parce que M. Barker y fut nommé par l'Association.

Q. Quelle excuse pouvez-vous offrir au nom du ministère pour n'avoir pas fermer cette banque en 1916?—R. Il n'y avait devant le ministère aucune preuve de son mauvais état.

Q. Alors, en dépit de la foi profonde que vous avez exprimée à l'égard des banquiers, il leur est possible d'avoir une circulation supérieure à celle que leur

[M. J. C. Saunders.]

permettrait leur capital intact, sans que vous en sachiez quoi que ce soit?—R. C'est possible, puisque c'est arrivé, mais cela ne devrait pas arriver. Il n'y a que la canaille qui le ferait.

Q. Nous savons tous que ça ne devrait pas arriver, mais cela peut tout de même arriver à l'instant même?—-R. Je ne le pense pas.

M. IRVINE: Ce qu'on en pense n'a pas d'importance, voyez-vous. C'est arrivé.

M. W. F. Maclean:

Q. Nous avons examiné ici un ancien contrôleur de la Trésorerie des Etats-Unis, et aussi un examinateur de banques américain. Avez-vous lu leurs témoignagnes?—R. J'entendis celui de M. Williams.

Q. L'avez-vous entendu dire, en sa qualité d'examinateur de banques, que s'il trouvait qu'il y avait eu une émission illégale de monnaie, ou que la banque ne pouvait rencontrer ses obligations, il lui accorderait un certain délai afin de se remettre sur un bon pied, ou bien il lui ordonnerait de fermer ses portes. Croyez-vous que ce serait dans l'intérêt du public si nous avions un officier de ce genre au pays?—R. Nous avons encore le pouvoir d'en nommer un, n'est-ce pas M. Maclean?

Q. Nous ne l'avons pas exercé dans le cas de la Home Bank?—R. Nous ne savions pas.

Q. On a à Washington un fonctionnaire qui, en faisant une investigation fermerait bien vite les portes d'une banque où l'on trouverait que les choses vont mal et qu'on n'y peut porter remède?—R. Oui.

Q. Si nous avions un tel fonctionnaire en ce pays. . . .

Un honorable MEMBRE: Nous l'aurons.

M. MACLEAN: Oui, et je désire remercier le ministre et notre ami ici pour cela. Le point, c'est qu'il y a un fonctionnaire du gouvernement des Etats-Unis, attaché à la Trésorerie, qui peut agir immédiatement lorsqu'il trouve qu'une banque a excédé ses pouvoirs, ou perdu son actif, et fermer les portes de cette banque immédiatement si elle ne peut surmonter ses difficultés.

L'hon. M. ROBB: A-t-il toujours eu cette faculté?

M. W. F. MACLEAN: Il l'a maintenant, et mon ami va nommer un inspecteur. Il a déclaré qu'il n'était pas nécessaire d'imiter l'organisation étrangère, mais il se trouve maintenant forcer de le faire.

Le PRÉSIDENT: A l'ordre.

M. W. F. MACLEAN: Le ministre m'a posé une question. Veuillez rappeler le ministre à l'ordre.

Le PRÉSIDENT: Veuillez continuer M. Maclean.

M. W. F. MACLEAN: J'ai fini mon examen.

M. Healy:

Q. Vous dites que le ministère ne connaissait nullement l'état de la Home Bank en 1916?—R. Non.

Q. Le ministre des Finances forme-t-il partie du ministère?—R. Il est le chef du ministère des Finances, mais il conserve sa propre correspondance. Comme je vous l'ai dit ce matin, toute sa correspondance ne m'est pas communiquée.

Q. J'ai votre réponse qu'il fait partie du ministère?—R. Et une partie importante.

M. Good:

Q. M. Saunders déclare que c'est son opinion que si la circulation des billets de la banque eut été rappelée, la banque aurait nécessairement dû fermer ses portes. Je désire lui demander s'il serait possible ou non, ou même probable qu'une banque puisse faire ses opérations avec des billets du Dominion si tous

[M. J. C. Saunders.]

14–15 GEORGE V, A. 1924

ses propres billets étaient remplacés par des billets du Dominion?—R. La raison pour laquelle une banque devrait fermer ses portes si elle rappelait sa circulation c'est que nous tenons pour acquis qu'elle agit en obéissance à la Loi
qui défend l'émission de billets si elle n'a pas un capital versé suffisant.

Q. Cela indiquerait qu'elle est insolvable?—R. Oui.

M. Ward:

Q. Le témoin a dit, je crois, il y a quelques instants que les modifications
apportées à la Loi des banques l'an dernier protégeraient les banques contre elles-
mêmes, pour ainsi dire, et protégeraient aussi les déposants. J'aimerais qu'il
nous donnerait des détails et qu'il nous dise en quoi ses modifications à la Loi
des banques les protègent contre elles-mêmes et protègent en même temps les
déposants?—R. Voulez-vous dire les améliorations apportées par la présente Loi
sur l'ancienne?

Q. Les modifications de l'an dernier?—R. J'ai l'explication ici, mais c'est
un peu long; le Comité désire-t-il que je la lise.

Q. Dites-nous brièvement?—R. Eh bien, il y a la vérification par les
actionnaires qui fut amendée et augmentée, comme vous le savez, l'an dernier.
C'est là une des améliorations apportées à la Loi des Banques. Il y a ensuite
les rapports.

M. Spencer:

Q. N'avons-nous pas toujours eu la vérification des actionnaires?—R. Elle
est tout-à-fait différente sous la présente loi de ce qu'elle était sous l'ancienne.
On l'a modifiée et augmentée, ou restreinte; de fait, nous avons serré les liens
presque à les étouffer.

M. Ward:

Q. Cette nouvelle vérification n'est-elle pas sujette à amendement? Quelle
est la différence, en tant que le public est concerné. Quelle est la supériorité
de la nouvelle Loi sur l'ancienne?—R. Si vous désirez aller au fond de la question, il me faudra dire ce que j'ai ici, mais c'est un peu long. Si vous voulez que
je vous explique la supériorité de la nouvelle Loi sur l'ancienne je vous lirai
l'explication préparée.

Q. J'aurais cru que le témoin pourrait nous dire en quelques mots comment
la nouvelle vérification ajoute à la protection du public?—R. Tout d'abord,
l'ancienne Loi ne requérait qu'un seul vérificateur par banque, et rien n'obligeait
d'employer un homme d'expérience, ou même un comptable. La Home Bank
avait un vérificateur qui n'était ni comptable, ni, je crois, un homme d'expérience.
Nul homme d'expérience n'aurait permis à une banque de tomber dans une telle
condition. Ceci ne pourrait arriver sous la présente Loi, avec deux comptables
réputés approuvés par la ministre des Finances. Ils ne pourraient le faire que
par collusion. Ils ne pourraient examiner les livres d'une banque comme la
Home Bank et ne pas voir le mal. Et sous l'empire de la Loi ils devraient
faire leur rapport aux directeurs et au gérant général et ainsi porter à leur connaissance la condition de la banque. Ces deux vérificateurs agissent indépendamment l'un de l'autre. Ils ne doivent pas appartenir à la même société, et
ils alternent tous les ans, l'un se retirant. Voilà une grande amélioration dans
la surveillance de la vérification des actionnaires, comparée à celle prévue par
l'ancienne Loi, lorsqu'on pouvait nommer n'importe qui.

M. W. F. Maclean:

Q. Mais un inspecteur-général serait encore mieux?—R. Nous l'espérons.

Le témoin se retire.

Le comité ajourne.

[M. J. C. Saunders.]

Chambre du Comité (429),
Chambre des Communes,
Mardi, le 17 juin, 1924.

Le Comité spécial permanent des banques et du commerce se réunit à onze heures, du matin, M. Vien le président, au fauteuil.

Le PRÉSIDENT: Hier en lisant à la Chambre la correspondance échangée entre le greffier de ce comité et M. M. Welden et Lee, j'ai dit:

" La Chambre remarquera que M. Lee ne peut pas avoir fait la déclaration à la réunion, mais nie seulement l'avoir faite à la presse. Comme le *Citizen*, le *Toronto Globe*, et plusieurs autres journaux contenaient des renseignements en un langage identique je crois que nous pouvons en déduire que la déclaration fut faite à la réunion des déposants. Il me fait plaisir que l'interpellation de mon honorable ami m'offre l'opportunité de corriger la mauvaise impression causée en public. Je ne crois pas que M. Lee ait eu l'intention de tromper malicieusement le public; mais le moins qu'on puisse dire, s'il a fait telle déclaration c'est qu'il aurait dû prendre la peine de s'enquérir auprès du secrétaire du comité exécutif des faits exacts avant de faire la déclaration que je considère injuste envers le Parlement et envers le comité."

Messieurs, je puis dire que j'ai eu le plaisir de rencontrer MM. Lee et Welden et quelques autres messieurs qui les accompagnaient ce matin, et M. Lee me dit qu'il n'y eut aucune réunion et qu'aucune déclaration ne fut faite soit à la presse, soit au comité des déposants de la Home Bank. M. Lee m'a demandé de lui permettre de faire ce matin une déclaration à ce sujet devant le comité. M. Lee est ici, et je crois que le comité lui permettra de faire la déclaration qu'il a préparée à ce sujet. Je remarquerai que nous ne voulons pas faire plus de bruit à ce sujet qu'il n'est nécessaire; mais la question des déposants de la Home Bank est d'une envergure nationale, et nous ne voulons pas que le public canadien croie que le Parlement ou ce comité a manqué à son devoir à l'égard de leurs intérêts, et du problème actuellement devant le Parlement. La correspondance montrera, je crois, que le comité a essayé de donner au comité l'aide des déposants de la Home Bank toute la considération possible. Il me fait plaisir de dire au comité que M. Lee a déclaré qu'il n'y avait pas eu telle réunion des déposants et que telle déclaration n'avait pas été faite.

M. LEE: Je suis venu ici de Toronto pour donner des explications. Tel que je l'ai télégraphié au Président, je n'ai pas donné d'interview à la presse ni rien qui puisse être interprété comme une déclaration. Je crois qu'il y eut quelques réunions locales mais je dis qu'il n'y eut aucune réunion du Comité National tenue à laquelle quelque chose de cette nature ait été dit. Comme question de fait, j'ai été en communication avec M. Mitchell, l'ancien président, et nous savions tout le temps que ce comité-ci devait nous entendre. Je crois que je n'ai fait que mon devoir envers votre comité en venant ici de Toronto et en donnant cette explication. Loin de nous l'idée de faire une telle déclaration quand nous savons que les faits sont autres.

Le PRÉSIDENT: Je crois que l'incident est clos à la satisfaction de tous. M. Ross, secrétaire de l'Association des Banquiers désire donner des explications au sujet d'une réponse qu'il a faite à une question lorsqu'il parut devant le comité.

M. H. T. Ross est rappelé.

Le TÉMOIN: A la page 334 des minutes est une question que m'a posée M. Healy.

[M. Henry T. Ross.]

14-15 GEORGE V, A. 1924

" Q. Si la circulation de la Home Bank eut été de $2,000,000 en billets du Dominion plutôt qu'en billets de la Home Bank, il n'y aurait pas eu de pertes?"

et l'on me fait répondre—

" R. Non, il n'y aurait pas eu de pertes. "

Cette réponse n'est pas correcte; je l'ai faite sans grande réflexion. Rien n'a été perdu par l'émission des billets soit de la Home Bank, soit du Dominion, et cela ne pouvait faire aucune différence au déposant que la Home Bank circulât $2,000,000 en billets du Dominion ou en émettant ses propres billets pour la raison: que si la banque eut circulé $2,000,000 en billets du Dominion, avant sa faillite, il lui aurait fallu prendre $2,000,000 de son avoir pour racheter les billets du Dominion et les avoir. La seule différence est que si elle eût circulé $2,000,000 en billets du Dominion l'argent eût été pris à même ses fonds avant la faillite. Maintenant, elle a émis $2,000,000 de ses propres billets et l'argent a dû être retiré avant la faillite. Il n'y a aucune différence. Une autre remarque, il y a un léger avantage pour les déposants dans le fait que ses propres billets furent émis parce que la banque a eu l'usage de l'argent pendant l'intérim; elle n'a pas dû payer l'argent aussi à bonne heure.

M. W. F. Maclean:

Q. Si l'on émettait des billets du Dominion et que nulle provision ne fut faite pour aider à la banque de retirer quelque avantage de l'émission des billets; si vous pouviez substituer les billets du Dominion au droit d'émission de la banque, les billets du Dominion satisferaient le public?—R. Il y aurait cette différence ici, expliquée par M. Neal dans son témoignage; si les billets du Dominion étaient émis et devenaient le seul médium de circulation, la banque serait obligée de prendre une partie de son avoir pour acheter ces billets du Dominion, et elle aurait un capital liquide diminué d'autant.

Q. Le droit d'émission pourrait être accordé afin d'obtenir des billets du Dominion au lieu des billets de banque sous les mêmes conditions?—R. Je ne crois pas que le comité favoriserait l'idée d'obliger le gouvernement à fournir des billets aux banques.

M. Irvine:

Q. Que les billets soient émis par le Dominion ou par les banques, cela ne ferait aucune différence aux déposants?—R. Pas du tout.

M. Good:

Q. Je désire demander au témoin s'il ne se rappelle pas qu'alors que M. Neal témoignait, il a émis la proposition alternative qu'une certaine quantité limitée des billets du Dominion fut donnée aux banques sans frais et que au-dessus de cette quantité ou les fit payer?—R. Je ne me le rappelle pas.

M. GOOD: Je me le rappelle distinctement.

Le TÉMOIN: Je ne me le rappelle aucunement.

Le témoin se retire.

Le PRÉSIDENT: Nous avons décidé, je crois, à la dernière séance, d'entendre un fonctionnaire du ministère des Postes au sujet de la direction de la banque d'épargnes du service postal.

M. AUSTIN BILL est appelé.

Le président:

Q. Veuillez décliner vos qualités? Vous êtes fonctionnaire au ministère des Postes?—R. Oui.

Q. Quelles sont vos fonctions?—R. Je suis chef de la division des recettes.

[M. Henry T. Ross.]

Q. Du ministère des Postes?—R. Oui.

Q. Vous connaissez l'organisation et les opérations des banques d'épargnes du service postal?—R. Oui, elles tombent dans mes attributions.

Q. Sont-elles sous votre direction?—R. Non.

Q. Qui est le directeur?—R. M. Fairweather est le surintendant sous M. Glover, le surintendant financier.

Q. Veuillez en expliquer l'organisation au comité et donnez un état général des opérations des banques d'épargnes du service postal?—R. Bien, je ne sais au juste ce que vous désirez de moi par cette question. Je suis venu sans notes ni mémoire. L'on m'a demandé de venir et de répondre aux questions que le comité voudrait poser. Je puis dire que la division des banques d'épargnes doit s'en tenir à la réception des dépôts d'épargnes.

M. W. F. Maclean:

Q. Combien y en a-t-il?—R. Treize cents, de treize à quatorze cents.

Q. Dans toutes les provinces?—R. Dans toutes les provinces.

M. Sales:

Q. Combien de bureaux de poste y a-t-il en tout?—R. Je n'ai pas le chiffre exact, mais à peu près 13,000 dont 5,500 émettent des mandats. A la fin de mars 1923, dans le rapport que j'ai devant moi, il y avait 12,228 bureaux de poste alors en opération.

M. W. F. Maclean:

Q. Et combien de bureaux émettent des mandats?—R. 5,500.

Q. On émet des mandats dans 5,500 bureaux?—R. On émet des mandats et on reçoit des dépôts d'épargnes dans 1,300 à 1,400 bureaux.

M. Sales:

Q. Pouvez-vous nous dire la raison de ce nombre limité?—R. Des banques d'épargnes?

Q. Qu'il n'y a qu'environ un millier des banques d'épargnes tandis qu'il y a 5,500 bureaux qui émettent des mandats?—R. Il peut y avoir deux raisons. L'une est que l'on n'établit une banque d'épargne que là où c'est nécessaire. Il peut y avoir de grandes facilités bancaires et le besoin d'une banque d'épargnes ne se fait pas sentir. Voilà une des raisons. Une autre raison c'est que le bureau peut n'être pas assez considérable ou bien que l'endroit où il est situé a peu d'habitants ou le besoin d'une banque d'épargnes ne se fait pas sentir.

M. W. F. Maclean:

Q. Comment établit-on une banque d'épargnes dans un bureau de poste? —R. Sur une pétition, ou des représentations faites par un député ou autre personne de l'endroit adressées à l'inspecteur de la division postale; celui-ci fait alors son rapport au ministère. Après avoir examiné la somme d'affaires faites par ce bureau, et autres choses, le ministère décide alors si l'on doit ouvrir une banque d'épargnes à ce bureau ou non.

Q. Le maître de poste est-il rémunéré pour cela?—R. Il reçoit un quart de un pour cent, plus un dixième sur les dépôts.

M. Sales:

Q. Le ministère de Postes s'efforce-t-il d'augmenter les affaires ou laisse-t-il l'initiative au peuple?—R. Je ne dirai pas cela. Si un inspecteur croit qu'un bureau de poste en ait besoin, il fait son rapport au ministère dans ce sens.

[M. Austin Bill.]

14-15 GEORGE V, A. 1924

M. W. F. Maclean:

Q. La politique du ministère est-elle de promouvoir l'usage de ces banques d'épargnes?—R. Si l'on voit qu'une localité en désire une, on est prêt à l'accorder, mais je ne dirais pas que l'on est anxieux de créer de la compétition avec qui que ce soit. Je n'aimerais pas à dire cela.

M. Sales:

Q. Comment attire-t-on l'attention du public sur ces banques d'épargnes? Les annonce-t-on?—R. Oui, on les annonce. On pose des affiches dans les bureaux de poste et des articles dans les journaux donnant des renseignements et montrant les avantages des banques d'épargnes postales.

Le président:

Q. Quand ce système fut-il introduit?—R. En 1868, je crois, peu après la Confédération.

Q. 1868?—R. Oui, je crois que c'est cette année-là.

Q. Pouvez-vous mentionner le statut?—R. Non, pas dans le moment. Je ne crois pas l'avoir parmi mes papiers ici. Je vois M. Ross ici; peut-être se rappelle-t-il le statut.

Q. Y a-t-il eu beaucoup de changements dans la législation concernant les banques d'épargnes postales?—R. Non, je ne me rappelle aucun changement, excepté un dans le taux de l'intérêt, et il y a longtemps de cela.

Q. La législation fondamentale est la même?—R. Oui, le but est le même.

M. W. F. Maclean:

Q. Quelle comparaison faites-vous de notre système avec le système anglais, ou le système américain?—R. A quel propos?

Q. Etes-vous aussi avancé qu'eux?—R. On le prétend. Naturellement, les banques d'épargnes anglaises et américaines—dans les banques américaines le taux de l'interêt n'est pas aussi élevé, je crois.

Q. Quel est le vôtre?—R. Le nôtre est de trois. Je ne donne pas ceci en guise d'information, mais simplement comme simple impression.

M. Benoît:

Q. A combien se chiffrent les dépôts des banques d'épargnes postales du Canada?—R. Environ $25,000,000, un peu plus de $25,000,000.

Q. Y a-t-il eu augmentation l'an dernier?—R. Oui il y a eu augmentation l'an dernier.

Q. Une augmentation de combien?—R. L'augmentation est d'un peu moins de $3,000,000 durant l'année.

Q. A cause de la Home Bank?—R. Eh bien. . . . .

M. W. F. Maclean:

Q. Quel est le taux dans les banques d'épargnes postales anglaises?—R. Je n'ai pas ces renseignements ici.

Q. Quelles sont les limites des dépôts—la moindre et la plus élevée?—R. On peut déposer un dollar et plus jusqu'à concurrence de $5,000.

M. Spencer:

Q. Combien peut-on déposer par année?—R. Dans le cours d'une année, je crois que c'est $2,000. Comme je le disais je ne suis pas en charge des banques d'épargnes; je m'occupe de la comptabilité. Mais je pourrai corriger ces chiffres. Je dis $2,000 parlant de mémoire.

[M. Austin Bill.]

M. W. F. Maclean:

Q. Comment un homme retire-t-il son argent? Qu'a-t-il à faire?—R. Il en fait la demande au bureau de poste local.

Q. Il signe quelque chose?—R. Il signe sa demande, oui, et transmet son livret au bureau-chef quand il s'agit de retirer plus de \$25. Quand il s'agit de moins de \$25, il peut, d'après un arrangement fait l'an dernier, retirer au bureau de poste local et faire entrer le montant dans son livret. Pour une somme plus forte, le livret doit être envoyé à Ottawa, où le compte est vérifié, et un chèque est envoyé au maître de poste qui le transmet au déposant.

Q. Cela prend combien de temps en Ontario?—R. Avec une malle journalière, cela prend une journée pour venir et une pour le retour. On s'occupe immédiatement des demandes.

Q. Cela prend tout de même deux jours?—R. Oui.

Q. Et en Colombie-Britannique cela prendrait de dix à douze jours?—R. Oui.

M. Millar:

Q. A-t-on déjà aboli de ces banques d'épargnes postales à cause de la compétition avec des banques à charte?—R. Je ne connais aucun cas où cela se soit fait. Les banques peuvent être fermées parce que les déposants auront retiré leur argent pour le déposer ailleurs.

M. Garland:

Q. Le ministère considère-t-il qu'il entre en compétition avec les banques à charte quand il établit une banque d'épargnes postale dans une petite ville?—R. Non, il n'est pas question de compétition du tout.

Q. Cela n'entre pas dans la politique du ministère?—R. Non, non, il n'est nullement question de faire compétition à une banque à charte en ouvrant une banque d'épargnes.

Q. Quels motifs concourent à l'établissement de banques d'épargnes postales?—R. Généralement parlant, le besoin s'est fait sentir de diverses manières. Par exemple, on nous demandera d'en établir une, ou encore l'inspecteur du ministère croira qu'une localité en a besoin.

Q. Dans le cas où un district déciderait, disons, par l'organe de ses représentants municipaux, ou par le conseil de ville, ou encore par quelqu'autre groupe de citoyens représentatifs qu'une banque d'épargnes postale est nécessaire dans ce district, les autorités postales accéderaient-elles à cette requête?—R. Il est tout probable qu'elles y accéderaient.

Q. Si elles ne le faisaient pas, sur quoi baseraient-elles leur refus? Comment votre ministère décide-t-il où l'on doit établir des banques d'épargnes postales?—R. Eh bien, la première chose à considérer c'est le nombre des gens qui la demandent. La seconde—elle est comprise dans la première proposition—c'est l'habileté du maître de poste actuel pour les affaires bancaires. Il n'a peut-être pas été fait maître de poste à cause de son habileté bancaire. Je crois que c'est à peu tout ce que le ministère aura à décider, en sus des représentations faites par les pétitionnaires ou par l'inspecteur.

Q. Des banques à charte ont-elles jamais fait des représentations à votre ministère, ou ont-elles protesté contre la compétition, ou suggéré l'abolition de banques d'épargnes?—R. Non, je n'en connais aucune. S'il y en a eu elles ont pu être adressées au ministre qui n'en a pas parlé aux fonctionnaires du ministère. Je ne connais aucun cas où des banques auraient demandé la fermeture d'une de nos banques d'épargnes.

Q. Avez-vous reçu des protêts ou des suggestions?—R. Non, je n'ai eu connaissance d'aucun protêt.

Q. Absolument aucun protêt?—R. Je n'en connais pas.

[M. Austin Bill.]

14-15 GEORGE V, A. 1924

M. Sales:

Q. Auriez-vous connaissance de telle correspondance en votre qualité de comptable? Cela viendrait-il devant vous?—R. Cela pourrait ne pas venir devant moi, mais une bonne partie le pourrait. C'est-à-dire que cela affecterait les comptes du bureau et serait probablement dans la correspondance générale.

M. SALES: Le témoin a déclaré n'être pas responsable de la direction des banques d'épargnes, qu'il en est le comptable.

M. Garland:

Q. Le ministère a-t-il fermé quelque banque d'épargnes postale l'an dernier?—R. On en ferme, on en ouvre et on en rouvre constamment.

Q. Quelle est la cause la plus commune qui décide de la fermeture des banques d'épargnes?—R. La cause la plus commune?

Q. Oui.—R. Une des causes serait peut-être la nomination d'un nouveau maître de poste, lorsque les autorités croiraient peut-être préférable de ne pas rouvrir la banque jusqu'à ce qu'on connaisse les capacités du nouveau maître de poste. Naturellement ceci serait dans une petite localité, non dans une grande. Dans ce cas il n'y a pas de doute que le maître de poste dans une grande ville ne s'occupe pas personnellement autant de la chose. Je parle des petites localités.

Q. Dans un tel cas la fermeture ne causera-t-elle pas beaucoup de mécontentement parmi les déposants de cette banque d'épargnes? Vous croyez que parfois cela arrive à cause d'un changement de maître de poste?—R. Oui, possiblement.

Q. Cela n'est-il pas de nature à incommoder les déposants en cet endroit?— R. Il ne faut pas oublier que cela ne peut avoir lieu que dans une toute petite localité. Dans les grands centres l'on procède avec plus de soin. Le maître de poste a des aides compétents pour la besogne.

M. Irvine:

Q. Voulez-vous dire qu'en nommant des maîtres de poste les autorités ne prennent pas en considération leurs capacités comme banquiers?—R. C'est-à-dire dans une nomination comme maître de poste dans un endroit où il n'y a pas de banque d'épargnes. Un banquier—il faut se servir du terme prudemment, car il n'escompte pas de billets et ne fait aucune opération similaire.

M. Garland:

Q. Vous avez dit que le montant total des dépôts était actuellement de $25,000,000?—R. Oui.

Q. Ne croyez-vous pas que cette somme est petite eu égard aux 1,300 ou 1,400 banques d'épargnes postales du Canada?—R. En effet.

Q. Ne croyez-vous pas qu'il serait de bonne politique d'étendre l'influence des banques d'épargnes postales, de façon à augmenter grandement la somme des dépôts?—R. Eh bien, si on le désirait on pourrait faire beaucoup de choses.

Q. Croyez-vous c'est désirable?—R. C'est une question qui demanderait une grande journée de discussion.

Q. Je vous demande tout simplement votre opinion comme expert dans le ministère? Croyez-vous qu'il soit désirable que le système des banques d'épargnes postales soit augmenté?—R. Vous me demandez mon opinion personnelle. Je crois que le ministère des Postes ne devrait pas concurrencer les services existants, mais qu'il devrait plutôt les supplémenter.

Q. Vous venez de me dire qu'il n'y a jamais eu de protêt de la part de représentants d'institutions financières au sujet de la concurrence?—R. Quant à ce qui regarde la concurrence possible, oui, à ma connaissance.

[M. Austin Bill.]

Q. S'il n'y a pas eu de protêt, pourquoi faites-vous cette suggestion qu'il n'est pas de bonne politique de faire de la concurrence, si l'on n'a pas enregistré de protêt?—R. Je ne fais que remarquer ce qui a toujours été la politique du ministère depuis le commencement. Il a été établi pour porter les gens à l'épargne.

Q. C'est la politique du ministère de ne faire concurrence à aucune institution institution?—R. Je crois que c'est le fondement de tout le système des banques d'épargnes depuis leur création.

Q. Et vous ne croyez pas qu'il soit désirable d'augmenter les affaires des banques d'épargnes postales?—R. Je ne dis pas cela parceque nous sommes prêts à l'augmenter lorsque nous croyons la chose nécessaire ou qu'on le demande.

Q. Supposons qu'une ville du Canada occidental ait une banque qui donne actuellement tous les services généralement requis; supposons que dans ce district l'on demande l'établissement d'une banque d'épargnes postale, où les gens voudraient déposer leur argent dans un endroit sûr; est-il probable que vous l'établissiez là?—R. Oh oui.

M. W. F. Maclean:

Q. Vous regardez cette banque d'épargnes postale comme un service public? —R. Oui.

Q. Et en votre qualité de fonctionnaire du ministère vous n'avez pas d'objection à augmenter ce service?—R. Pas du tout.

Q. Quelle objection auriez-vous à ce que l'on acceptât des chèques afin d'accroître l'utilité publique, de façon à ce que les gens puissent retirer leur argent immédiatement et payer leurs dettes, plutôt que d'avoir recours à Ottawa? —R. Voulez-vous dire que le déposant devrait lui-même signer ses chèques de la banque d'épargnes et le faire accepter par un des fonctionnaires du ministère?

Q. Au bureau?—R. Par le maître de poste?

Q. Oui.—R. Eh bien, j'ai dit il y a un instant que l'idée de la banque d'épargnes postale en était une d'économie.

Q. C'est un service public?—R. C'est une question d'économie plutôt qu'une question de banque. J'ai aussi dit que lorsqu'on choisit des maîtres de poste on les choisit surtout pour les affaires postables. Quand il s'agit de payer des chèques et de tenir des comptes individuels, on ajoute à la complexité des devoirs d'un maître de poste; ce serait une grosse affaire pour nous d'établir des comptes individuels dans les bureaux de poste, et pour un maître de poste d'accepter les chèques qui passeraient comme monnaie courante parmi le peuple, car c'est ce qui arriverait. C'est un mouvement que le ministère des Postes a été très lent à faire car c'est, jusqu'à un certain point, un pas plus ou moins risqué.

M. Hughes: Voulez-vous dire, M. Maclean, que les chèques seraient payés à la banque postale?

M. W. F. Maclean: Je désire faciliter le retrait de l'argent. Je voudrais que le déposant fît accepter son chèque, recevoir son argent et payer ses dettes.

M. W. F. Maclean:

Q. Le ministre des Postes est-il en ville?—R. Je ne l'ai pas vu.

M. Maclean: Je crois qu'il est en ville et j'aimerais le voir ici. On me dit qu'il a un projet pour étendre les attributions de ces banques, et je proposerais qu'on appelle le ministre des Postes à venir nous exposer sa politique. Je crois qu'il désire le faire.

M. Hanson:

Q. Ceci demanderait la tenue d'une série de livres dans les bureaux de poste?—R. Des comptes individuels.

[M. Austin Bill.]

Q. Et dans une grande ville ce serait une grosse entreprise, n'est-ce pas?
—R. Oui.

Q. Et entraînerait beaucoup de dépenses additionnelles?—R. Oui.

Q. Et beaucoup de responsabilités aux fonctionnaires des Postes ainsi qu'aux maîtres de poste?—R. Et beaucoup de méfiance parce que chacun se méfie de ce que le maître de poste connaît de ses affaires. Il leur est indifférent que les banques les connaissent.

M. McKay:

Q. Existe-t-il des banques d'épargnes là où il n'y a pas de bureau de poste?
—R. Non, pas des nôtres.

M. Hughes:

Q. Quant à étendre les attributions des banques d'épargnes postales de façon à ce qu'on accepte des chèques, n'est-ce pas là plutôt une question d'administration relevant du gouvernement que d'un fonctionnaire?—R. Eh bien, je n'émettais pas d'opinion. Si je le faisais...

M. Spencer:

Q. A propos de la réponse que vous avez faite à M. Hanson, vous avez dit que si vous augmentiez les attributions des banques d'épargnes postales cela entraînerait plus d'ouvrage?—R. Oui.

Q. Cela demanderait plus de comptabilité, mais quelqu'un pourrait le faire?
—R. Non, certaines personnes ne pourraient le faire.

Q. Si cela entraînait de l'ouvrage pour plus d'un homme, vous pourriez en avoir un autre?—R. Il y aurait la même quantité d'ouvrage à faire, mais l'ouvrage serait plus largement distribué.

Q. Je suppose que le gouvernement en recevant l'argent au moyen des banques d'épargnes postales peut faire un profit dans la transaction?—R. Les profits, c'est une autre question.

Q. Vous ne croyez pas qu'il y ait profit?—R. On emprunte de l'argent à trois pour cent, et vous pouvez faire votre propre calcul.

Q. Et l'on paie cinq et quart?—R. Trois pour cent, plus les dépenses.

Q. Vous croyez qu'il y a un profit alors?—R. Il devrait y en avoir un.

Q. Alors plus on fait d'affaires dans les banques d'épargnes postales, plus il y a de profit pour le gouvernement; les dépenses additionnelles ne compteraient pas pour beaucoup? Voulez-vous dire la dépense pour service additionnel?—R. Je ne pensais pas à cela du tout.

Q. Plus les banques d'épargnes postales feront d'affaires mieux ce sera pour le gouvernement et plus celui-ci fera de profit. Vous avez admis que l'on faisait des profits, n'est-ce pas?—R. Je vous ai donné les chiffres et vous avez conclu qu'il y avait profit.

Q. Le gouvernement fait-il des profits par les dépôts reçus dans les banques d'épargnes postales?—R. Je suppose que n'importe qui vous dira que si une personne emprunte à trois pour cent et que les dépenses de l'emprunt ne sont pas trop élevées, elle fera un profit, si elle n'est pas obligée d'emprunter à un taux plus élevé.

Q. Si le gouvernement fait un profit sur le petit montant qu'il reçoit, il devrait faire plus de profit sur un montant plus élevé. N'est-ce pas?—R. Cela paraît bien calculé.

Q. Vous avez dit qu'un individu pouvait placer jusqu'à $1,500 par année dans la banque d'épargnes postale?—R. $2,000. J'ai dit que je n'avais pas les chiffres, mais prenons ceci pour acquis.

Q. C'était autrefois $1,500; on a pu l'augmenter. Pourquoi limiter ce montant?—R. Je suppose qu'il nous faut retourner à l'idée que la banque d'épargnes fut établie pour encourager l'économie et pour remplacer le vieux

[M. Austin Bill.]

bas de laine; un endroit où un homme puisse déposer ses économies et ne pas les retirer trop facilement, et l'idée était, je suppose, qu'on n'avait pas l'intention de porter de gros comptes mais que ce serait pour les petits déposants, les déposants de petites sommes. C'était là l'idée de la chose, une idée d'économie.

Q. Vu que le gouvernement a continuellement besoin d'argent y a-t-il une raison pourquoi on limiterait le montant des dépôts?—R. Ceci est réellement une question d'administration.

Q. Je suppose que vous donneriez la même réponse à l'égard d'une limite de $5,000 pour un déposant quelconque?—R. Oui.

Q. Savez-vous quelle est la politique du ministère des Postes à cet égard? —R. Elle n'a jamais été proclamée, que je sache.

Q. Vous n'aimeriez pas à donner votre opinion personnelle et nous dire si cela serait une bonne chose ou non?—R. Je ne vois pas quelle valeur cela pourrait avoir.

M. HANSON: Est-ce juste que de poser une telle question au témoin?

M. SPENCER: Il peut refuser de répondre.

M. Spencer:

Q. Quel taux d'intérêt les banques d'épargnes postales paient-elles?—R. Trois.

Q. Ont-elles déjà payé plus?—R. Trois et demi, mais il y a déjà plusieurs années.

Q. Avant 1897 payaient-elles quatre pour cent?—R. Non trois et demi, je crois, avant 1897.

Q. Vous n'êtes pas tout à fait sûr de cela?—R. Non, je n'ai pas les chiffres, mais autant que je me le rappelle c'était trois et demi.

J. Je crois que c'était quatre. Savez-vous pourquoi on l'a réduit à trois pour cent?—R. L'argent devenait alors meilleur marché. Naturellement c'était avant mon temps, mais je suis assez vieux pour me rappeler que l'argent diminua considérablement en valeur et que plus d'emprunts se faisaient.

Q. Vous ne savez si l'on apporta quelque influence pour faire ainsi baisser les taux d'intérêts des banques d'épargnes postales afin de ne pas nuire aux institutions privées?—R. Je crois qu'il n'y a aucune trace de cela.

Q. Que fait le ministère des Postes avec l'argent reçu?—R. On le verse au ministère des Finances, et il est crédité au Fonds Consolidé, de même que tout autre argent perçu.

Q. Il sert à l'usage du gouvernement?—R. Oui.

Q. Ceci renforce mon argument; plus le gouvernement perçoit d'argent au moyen des banques d'épargnes postales, plus il fait de profit, parce que je comprends que le ministre des Finances paie cinq et quart sur les billets du Trésor. Place-t-on cet argent dans diverses banques?—R. Non, il va au ministère des Finances. Une bonne partie va au fonds général ou au fonds où va tout l'argent perçu. Il n'a aucune destination spéciale lorsqu'il atteint ce ministère.

Q. N'est-il pas déposé au nom du gouvernement dans diverses banques?— R. Non, rien ne le distingue des autres fonds qui rentrent.

M. Hanson:

Q. Il va au Fonds Consolidé?—R. Au Fonds Consolidé.

M. W. F. Maclean:

Q. Puis dans quelque banque?—R. Il n'y a pas de compte des banques d'épargnes dans aucune banque.

Le président:

Q. La balance du Fonds Consolidé est toujours dans une banque?—R. Oui.

[M. Austin Bill.]

14-15 GEORGE V, A. 1924

M. Spencer:

Q. Il n'est pas prêté aux banques?—R. Il n'est pas prêté aux banques.

Q. Le gouvernement s'en sert pour ses propres besoins. Vous avez dit, je crois, à M. Garland que si une localité désirait une banque d'épargnes postale, même s'il y avait une banque dans cette localité, cela ne l'empêcherait pas de l'obtenir?—R. Il n'y aurait aucune difficulté si elle était nécessaire; l'existence d'une autre banque n'a rien à y voir.

Q. Je puis dire que je connais un cas où une demande a été faite pour une banque dépargnes postale. Le maître de poste était consentant—c'était un homme très habile—mais la réponse vint qu'on ne pouvait l'accorder vu que la banque de cette localité avait décidé de ne pas partir. J'aimerais à savoir si vous connaissez quelque chose de cette affaire?—R. Pouvez-vous me donner le nom de ce bureau de poste? J'aimerais à le prendre en note.

M. Spencer: Egerton, Alberta.

M. Spencer:

Q. On m'a aussi dit qu'une des raisons était que le gouvernement ne voulait pas dans le moment encourager l'ouverture de banques d'épargnes? Savez-vous cela?—R. J'ignorais que ce fut là la politique du gouvernement. Ceci est un cas spécial.

M. W. F. Maclean:

Q. Vous savez qu'il y a d'autres banques d'épargnes du gouvernement à part les banques d'épargnes postales?—R. Il y en a quelques-unes.

Q. Où sont-elles?—R. Gouvernement du Dominion? Surtout dans les Provinces Maritimes.

Q. Tenez-vous leurs comptes?—R. Non, ces comptes relèvent du ministère des Finances.

Q. Vous ne savez pas que le gouvernement américain paie actuellement, je crois, quatre et demi pour cent?—R. Sur l'épargne?

Q. Sur les dépôts?—R. Non.

Q. Sous le système des *National Reserve Banks.*

M. Millar:

Q. Toutes les banques à charte annoncent dans les journaux. Que fait le gouvernement pour attirer l'attention du peuple sur les avantages des banques d'épargnes postales? Je suis sous l'impression qu'un bon nombre de gens ne connaissent rien des avantages de ces banques; je doute même qu'elles sachent que de telles banques d'épargnes existent dans leur localité. Que fait le gouvernement pour attirer l'attention du peuple sur ces avantages?—R. On met des affiches dans les bureaux de poste et des articles dans les journaux et dans les bulletins postaux. Ces bulletins sont parfois distribués au public et parfois affichés dans les bureaux de poste. Il y a des avis concernant les banques d'épargnes postales et leurs avantages. Le bulletin hebdomadaire du ministère des Postes est affiché dans les bureaux de poste et on l'envoie aussi à un certain nombre de personnes.

M. Hughes:

Q. On vous a posé des questions au sujet du développement et de l'extension du système des banques d'épargnes postales. En supposant que le gouvernement déciderait de développer le système et d'ouvrir plus de banques d'épargnes postales, d'annoncer et de faciliter les dépôts, de façon à obtenir une partie considérable du capital liquide du pays, avez-vous jamais pensé à l'effet que cela aurait sur les affaires et l'industrie?—R. Il a été...

Q. Avez-vous songé aux effets d'une telle politique?—R. J'y ai pensé.

[M. Austin Bill.]

Q. A quelle conclusion êtes-vous arrivé?—R. Ma conclusion personnelle?

Q. Officielle ou personnelle?—R. Officiellement, je n'ai jamais été appelé à donner une réponse.

Q. Personnelle alors?—R. Personnellement, je crois que si le gouvernement tenait l'argent du commerce qui va aux banques, je crois que ce serait assez désavantageux pour le pays.

Q. Le capital liquide dont on se sert maintenant dans le commerce et l'industrie de la nation, si le gouvernement s'en emparait pour ses propres besoins, quel serait l'effet sur le pays?—R. C'est une assez grosse question.

Q. Je le sais que c'est une grosse question?—R. Vous pouvez vous imaginer ce que serait l'effet en aucun temps si vous détourniez un cours d'eau de son lit ordinaire pour le faire passer dans un autre canal; ce nouveau canal pourrait être le meilleur, mais cela serait incommode...

Q. Le nouveau canal serait désavantageux?—R. Ce pourrait être le meilleur, mais il serait désavantageux de détourner ce cours de son ancien lit.

Q. Dites-vous que c'est le meilleur canal parce qu'il l'absorberait?—R. Vous me demandiez quel serait l'effet?

Q. Sur la vie industrielle et commerciale du pays?

M. W. F. MACLEAN: Et sur les banques.

M Hughes:

Q. Je vais inclure cela, sur les banques et sur la vie industrielle et commerciale du pays.

M. Sales:

Q. Il n'y aurait pas moins d'argent dans le monde, n'est-ce pas?—R. Je ne le crois pas.

M. Coote:

Q. Vous savez qu'un des·buts principaux de ce comité est de sauvegarder les intérêts des déposants en général?—R. Je le suppose.

Q. Vous n'en n'êtes pas sûr?—R. On ne me l'a pas dit, mais j'imagine que c'est le but d'un comité de la Chambre.

Q. N'avez-vous jamais entendu dire qu'un déposant des banques d'épargnes postales ait subi des pertes? Est-il possible qu'un déposant puisse perdre son dépôt dans une banque d'épargnes postale?—R. Je ne vois pas comment il pourrait le faire, parce que le gouvernement est responsable pour les actes de ses employés, et si des fonds étaient détournés, le gouvernement rembourserait le déposant.

Q. Une question ou deux sur le mode d'action de la banque d'épargnes postale. Quand un déposant désire retirer une somme de $25 au plus, veuillez expliquer au comité comment il obtient son argent?—R. Il se rend au bureau de poste local où il a déposé son argent, c'est-à-dire là où son livret en fait foi; présente son livret au maître de poste et lui dit qu'il veut retirer $25, ou une somme moindre, et le maître de poste, après avoir examiné son propre livre et vu que la balance au crédit du client couvre au moins cette somme, la lui remet. Ceci a été fait dernièrement pour accomoder le public et pour populariser la banque.

Q. Que fait le maître de poste avec le livret du déposant?—R. Le maître de poste entre dans le livret la somme retirée, puis il rapporte le fait immédiatement à Ottawa, où l'on tient le compte de ce client, et où on lui charge la somme de $25 ou du montant moindre qu'il a retiré.

M. W. F. Maclean:

Q. Il doit s'addresser à Ottawa?—R. Ceci n'est pas un retrait d'Ottawa, mais un retrait local.

[M. Austin Bill.]

M. Coote:

Q. Combien de retraits comme celui-ci pourrait-il faire? Y a-t-il une limite?
—R. Il ne pourrait, je crois, faire plus d'un retrait semblable par jour. L'idée
est de le limiter à $25. Si un client venait retirer $25 dans la matinée et qu'il
revînt dans l'après-midi chercher un autre $25, le maître de poste considérerait
la question. Je ne crois pas que le cas soit arrivé, mais s'il arrivait, le maître
de poste lui dirait " Vous violez l'intention du règlement."

Q. Y a-t-il quelque chose dans le règlement qui empêche deux retraits par
jour?—R. Je ne le crois pas, mais je crois que la chose est laissée au jugement du
préposé à la banque.

Q. Voyez-vous de grandes objections à ce que l'on augmente la somme qui
peut être retirée à un bureau local?—R. Dans les circonstances actuelles il y
en aurait, car la somme est fixée à $25. Le gouvernement est prêt à risquer
jusqu'à concurrence de $25, car il y a toujours un certain élément de risques
quand le retrait a lieu à un endroit où le compte n'est pas tenu.

Q. Quelle est la plus grosse somme que l'on puisse émettre en un mandat à
ce bureau?—R. Cent dollars.

Q. Alors quelle objection peut-on avoir à placer la limite à cent dollars
dans l'autre cas? Le ministère est-il plus autorisé à courir les risques dans ce
cas-ci?—R. Dans le cas d'un mandat le maître de poste reçoit alors $100 et
émet un ordre sur un autre bureau de poste pour cent dollars. Les mandats ne
peuvent être doublés excepté dans un cas de fraude flagrante et naturellement
il n'est pas question de la chose ici. Ils ne peuvent être doublés et je crois qu'il a
un contrôle parfait du commencement à la fin de la transaction. Mais il n'y
a pas à l'heure qu'il est un contrôle aussi parfait sur les retraits. Le ministère
est obligé de courir quelques risques.

Q. Quelle objection aurait-on à l'augmentation du montant qu'un déposant
peut avoir dans une banque d'épargnes postale? Vous comprenez que nous
sommes à étudier la question de sauvegarde des déposants. Quelle objection
a-t-on d'augmenter cette somme, ou pourquoi y aurait-il une objection quelconque?—R. Je ne vois aucune objection. Quelqu'un a suggéré que le ministre
des Postes paraisse devant le comité, dans ce cas les objections qu'il pourrait y
avoir, il vaudrait mieux que ce fût lui qui répondît à cette question.

Q. En votre qualité de fonctionnaire du ministère, quelle objection voyez-
vous?—R. Aucune au point de vue de l'emprunt, tant que nous avons les comptes
ici à Ottawa. Si l'on gardait les comptes dans les bureaux locaux, comme cela
a été suggéré...

M. W. F. Maclean:

Q. A-t-on un grand livre au bureau de poste local?—R. Non, il n'y a pas de
grand livre au bureau de poste local.

M. Coote:

Q. Vu qu'il n'y a pas de grand livre local, veuillez dire au comité quelle
difficulté on rencontrerait dans les opérations?—R. Il ne serait pas plus difficile
de manier un compte de $10,000 qu'un de $5,000.

M. Carmichael:

Q. J'aimerais à éclaircir un point. Le taux d'intérêt payé est de trois
pour cent, et je comprends que vous avez dit que le coût de l'administration était
d'un quart de un pour cent, plus un dixième?—R. C'est la commission payée
au maître de poste.

Q. Ce dixième doit être ajouté au quart de un pour cent?—R. Oui.

Q. Faisant 3.35?—R. Ceci n'est pas le coût. Ce n'est qu'une commission
sur les dépôts.

[M. Austin Bill.]

Q. A quoi ce monterait le coût total en plus de cela?—R. Nous considérons que le coût de l'administration est actuellement d'un demi pour cent.

Q. C'est-à-dire que trois et demi pour cent représente le coût total au gouvernement sur les $25,000,000 dont il a l'usage et que le gouvernement paie cinq et quart pour cent. Dans le but d'augmenter les facilitiés aux déposants, que direz-vous de l'idée de payer, disons, quatre pour cent aux déposants? Ne serait-ce pas là un pas vers l'augmentation du système et un moyen pour le gouvernement d'emprunter de l'argent à meilleur marché?—R. Je crois, réellement, que c'est là une question que l'on devrait poser au ministère des Finances, parceque c'est lui qui emprunte. Nous ne faisons qu'offrir des facilités aux déposants.

Q. Je n'insisterai pas sur la question. Quant au point soulevé par M. Hughes sur l'effet qu'aurait sur les affaires du pays tout cet argent tombant entre les mains du gouvernement, n'est-il pas vrai que quand cet argent passe aux mains du gouvernement il n'est pas enfermé dans une grande caisse? Ne s'en sert-on pas pour construire des havres, des docks, etc.? Il n'est pas mis sous clef dans un coffre?—R. Non.

Q. Cet argent circule dans le pays tout comme s'il eût été déposé dans une banque?—R. Certainement.

Q. L'argent demeure en circulation? Alors, il me semble que le meilleur moyen d'augmenter les affaires des banques postales serait de porter le taux d'intérêt à trois et demi ou peut-être quatre pour cent et la somme placée en dépôt serait alors bien augmentée et le gouvernement aurait de l'argent à meilleur marché qu'aujourd'hui?—R. On ne m'a pas questionné sur ce point.

M. Garland:

Q. Au sujet de ce même point, j'aimerais que le témoin me dise les moyens suivis. La banque d'épargnes postale dans une ville, soit dans l'est soit dans l'ouest, accepte des dépôts, des économies comme vous le dites, jusqu'à concurrence de $2,000 par année et une limite de $5,000. Que fait-on de cet argent déposé? Qu'en fait le maître de poste local?—R. Eh bien, s'il ne s'en sert pas pour payer les mandats ou des retraits, il dépose cet argent en banque.

Q. C'est-à-dire que la banque peut s'en servir?—R. Non. Le banquier envoie une traite à Ottawa et l'argent est transféré aux comptes du gouvernement ici.

Q. Est-il transféré immédiatement?—R. Aussitôt que possible, après que la traite arrive.

Q. De sorte que tous les dépôts d'épargnes sont transférés en entier à Ottawa de toutes les parties du Dominion?—R. Oui, à l'exception de ce dont on a besoin pour affaires locales. S'il y a des mandats à payer à cet endroit, le maître de poste se sert de cet argent.

Q. Quels sont les règlements à se sujet? Quel montant garde-t-on en dépôt à la banque locale?—R. On n'y garde que ce qui est nécessaire pour payer les mandats.

Q. Le maître de poste local est libre?—R. Il est soumis aux règlements.

Q. Quels règlements?—R. La réserve ordinaire est de vingt-cinq dollars, mais elle peut être augmentée dans un bureau quelconque quand on en voit la nécessité.

Q. Lorsque l'argent vient à Ottawa qu'en fait-on?—R. Le ministère des Postes reçoit la traite, tout comme n'importe quelle autre traite, excepté qu'elle est d'une forme spéciale, puis nous l'envoyons au ministère des Finances, et ce dernier ministère dépose son argent à la banque de Montréal.

Q. Exactement. Et supposons qu'une de ces banques fasse faillite, qu'arriverait-il aux dépôts?—R. Si une des banques faisait faillite?

[M. Austin Bill.]

Q. Oui, une banque quelconque où le ministère des Finances dépose les économies du peuple?—R. Les économies du peuple ne forment pas un dépôt ordinaire, vous savez.

Q. Je comprends cela, mais ils sont tout de même les économies du peuple. Vous les avez pris dans une des branches du département d'épargnes et les avez transférées à Ottawa par traite, puis tranmises au ministère des Finances qui les dépose dans une banque à charte du Dominion. N'est-ce pas là le procédé? —R. Oui.

Q. Vous comprenez, je ne prétends pas qu'aucune de ces banques soit près de faire faillite, mais en supposant qu'un horrible accident arrive et que l'une de ces banques faillisse, qu'adviendrait-il de l'argent?—R. Nous parlons maintenant non plus des dépôts des banques d'épargnes, mais d'un solde quelconque qu'aurait le gouvernement dans cette banque.

Q. C'est bien ce que ça devient, un solde du gouvernement?—R. Vous en connaissez plus long que moi à ce sujet, mais je croyais que le gouvernement avait un droit préférentiel.

Q. Vous savez qu'il en a un, n'est-ce pas?—R. Je n'ai jamais étudié la question, je le sais comme tout le monde.

M. GARLAND: C'est une manière indirecte de garantir les dépôts.

Le PRÉSIDENT: Non, je crois que le comité comprend très bien que quand le gouvernement a déposé des fonds dans une banque, ces fonds ainsi déposés par le government sont privilégiés.

M. GARLAND: Qui sont les dépôts du peuple.

Le PRÉSIDENT: La garantie du gouvernement au peuple est la garantie du ministère des Postes. Ce n'est pas que le gouvernement ait un privilège quand à la balance en banque qui ajoute la garantie aux déposants. Le déposant dans les banques d'épargnes postales a une garantie du gouvernement sur ses dépôts. Le gouvernement dépose dans le cours de ses affaires bancaires et il a un solde créditeur dans une banque et que la banque faillisse, le gouvernement a un droit préférentiel.

M. GARLAND: Exactement.

Le TÉMOIN: Je puis dire que la garantie du gouvernement sur les dépôts dans les Banques d'épargnes postales est de dix pour cent de la réserve d'or. Ceci est conservé au ministère des Finances.

M. Garland:

Q. Veuillez vous expliquer plus clairement?—R. D'après la loi de la réserve d'or, je ne sais si je cite la loi correctement, le gouvernement retient dix pour cent. Pour chaque dix dollars de dépôts d'épargnes il y a un dollar gardé en or au ministère des Finances.

Q. De sorte que lorsque le montant des dépôts augmenta de à $3,000,000 l'an dernier, vous avez eu à augmenter votre dépôt à la réserve d'or?—R. De $300,000.

M. Good:

Q. J'aimerais à savoir comment vous procédez. Lorsqu'un client de la banque d'épargnes postale désire faire un retrait supérieur à $25, il s'adresse au maître de poste de sa localité et ce maître de poste envoie à Ottawa la demande et le livret?—R. Oui.

Q. Sous quelle forme l'argent vient-il?—R. Sous forme de chèque.

Q. Où le client touche-t-il son chèque, s'il désire du numéraire, à une banque locale?—R. A une banque locale, ou chez le maître de poste quand celui-ci le peut.

[M. Austin Bill.]

M. Sales:

Q. Au pair?—R. Oui, au pair.

M. W. F. Maclean: Le témoin pourrait-il apporter de ces formules au comité? Vu qu'il n'y a pas de grand livre local, il ne peut nous en donner une copie, mais j'aimerais avoir copie de toutes les formules imprimées servant aux opérations dans les banques d'épargnes.

Le président: Toutes les formules qui sont à la disposition des déposants?

M. W. F. Maclean: Oui.

Le témoin: Vous désirez les formules dont on se sert pour retirer de l'argent.

M. W. F. Maclean: Toutes, copie du livret et de toutes les formules.

Le témoin: Toutes les formules dont on se sert dans les banques d'épargnes postales?

M. W. F. Maclean: Oui, et tous les règlements.

Le président: Vous pouvez les produire comme pièce.

M. Spencer:

Q. Tout l'argent perçu par les banques d'épargnes postales, à l'exception de légers montants retenus comme balance journalière, va au Fonds Consolidé du gouvernement?—R. J'ai expliqué la chose en disant ce dont a besoin le maître de poste pour le paiement des mandats et autres paiements.

Q. J'admets cela. Le Fonds Consolidé du gouvernement est déposé dans diverses banques. L'argent perçu retourne aux banques; il n'y a pas d'autre endroit pour le garder, et le gouvernement a des comptes de banque. Il y a deux points; l'un c'est que il n'y a que quatre pour cent du crédit en Canada représenté par du numéraire. Maintenant, le crédit de ces banques n'est pas gardé séparément. Les banques prêtent contre valeurs et tout l'argent qui a été ainsi perçu par petites sommes va au Fonds Consolidé du gouvernement puis retourne aux banques. C'est ça, n'est-ce pas?—R. Quand vous dites " retourne aux banques," ce n'est pas comme dépôt; il est aux banques pour l'usage courant.

Le témoin se retire.

M. W. F. Maclean: Je propose que l'on demande au ministre des Postes de paraître devant le comité.

Le président: Je dirai au comité à la prochaine séance si cela est possible ou non.

Le comité ajourne.

INDEX DES MODIFICATIONS PROJETÉES À LA LOI DES BANQUES

Procès-verbaux seulement—Index général aux pages suivantes

———

INDEX GÉNÉRAL

La pagination en chiffres romains s'applique aux procès-verbaux et aux pièces justificatives; la pagination en chiffres arabes, aux témoignages.

L'index aux modifications projetées figure à la page précédente.

JO

APPENDICE

AU

SOIXANTE ET UNIÈME VOLUME

DES

JOURNAUX DE LA CHAMBRE DES COMMUNES

DOMINION DU CANADA

SESSION DE FÉVRIER-JUILLET 1924

IMPRIMÉ PAR ORDRE DU PARLEMENT

OTTAWA
F. A. ACLAND
IMPRIMEUR DE SA TRÈS EXCELLENTE MAJESTÉ LE ROI
1924

LISTE DES APPENDICES—SESSION FÉVRIER-JUILLET 1924

N° 1.—Comité spécial permanent des Banques et du Commerce—recommandant dans son seizième rapport à la Chambre que ordres de renvoi, rapports, procès-verbaux et témoignages produits devant le comité concernant les déposants de la Home Bank, les crédits ruraux et divers autres sujets soient imprimés comme appendices aux Journaux de la Chambre et pour distribution. *Imprimés.* *Voir* Journaux pages 379, 423, 463 et 517.

N° 2.—Comité spécial permanent de Divers Bills privés—faisant rapport du Bill n° 47 constituant en corporation The United Church of Canada, dans son troisième rapport et soumettant une copie de ses procès-verbaux pour la gouverne de la Chambre. *Pas imprimés.* *Voir* Journaux pages 389-390.

N° 3.—Comité spécial permanent des Privilèges et Elections—soumettant ses procès-verbaux, les pièces déposées devant le comité et les témoignages rendus concernant l'affaire de l'honorable James Murdock, référés audit comité suivant la motion de l'honorable député de West Hastings le 22 mai. *Pas imprimés.* *Voir* Journaux pages 401-402, 439-443.

N° 4.—Comité spécial nommé pour s'enquérir d'un système de pension pour la vieillesse en Canada—recommandant dans son second et dernier rapport à la Chambre que ses procès-verbaux et les témoignages rendus devant le comité soient imprimés comme appendices aux Journaux de la Chambre. *Imprimés.* *Voir* Journaux pages 464-465, 509.

N° 5.—Comité spécial permanent des Chemins de fer nationaux et de la Marine Marchande—recommandant dans son cinquième et dernier rapport que les procès-verbaux ainsi que les témoignages rendus devant le comité au sujet des prévisions budgétaires des Chemins de fer canadiens nationaux et de la Marine marchande canadienne et concernant l'achat d'une certaine propriété à Paris soient imprimés comme appendices aux journaux de la Chambre. *Imprimés.* *Voir* Journaux pages 514-516, 518.

N° 6.—Comité spécial pour considérer les questions concernant les pensions, assurance et rétablissement civil des anciens soldats—recommandant dans son sixième rapport que ordres de renvoi, rapports, procès-verbaux et témoignages rendus devant le comité ainsi qu'un index convenable s'y rapportant, soient imprimés comme appendices aux Journaux de la Chambre et pour distribution. *Imprimés.* *Voir* Journaux pages 591-592, 594.

SYS

SYSTÈME DE PENSION DU VIEIL ÂGE AU CANADA

PROCÉDURES du comité spécial nommé pour faire l'étude d'un système de pension du vieil âge au Canada

COMPRENANT

L'Ordre de renvoi, le rapport final du comité présenté à la Chambre, et les témoignages rendus devant le Comité, y compris certains documents s'y rapportant

---

SESSION DE FÉVRIER-JUILLET 1924

Troisième session du quatorzième Parlement du Canada

IMPRIMÉ PAR ORDRE DU PARLEMENT

OTTAWA
F. A. ACLAND
IMPRIMEUR DE SA TRÈS EXCELLENTE MAJESTÉ LE ROI
1925

ORDRE DE RENVOI

Chambre des Communes,

Mardi, 29 avril 1924.

Résolu.—Qu'un comité spécial soit nommé pour faire l'étude d'un système de pension pour le vieil âge au Canada, que ce comité ait pouvoir d'envoyer quérir personnes, documents et archives et d'en faire rapport de temps à autre et que ledit comité soit composé des membres suivants: Messieurs Fontaine, Irvine, Logan, McConica, Munro, Neill, Preston, Raymond, Robichaud, Sexsmith, Spence et St-Père.

W. B. NORTHRUP,
Certifié. *Greffier de la Chambre.*

Mercredi, 7 mai 1924.

Il est ordonné, que pouvoir soit donné au dit comité de faire imprimer son procès-verbal de jour en jour, pour l'usage des membres du comité et de la Chambre, quand cela paraîtra justifiable et que le règlement **74** soit suspendu à cette fin.

W. B. NORTHRUP,
Certifié. *Greffier de la Chambre.*

DEUXIÈME ET DERNIER RAPPORT DU COMITÉ

CHAMBRE DES COMMUNES DU CANADA,
OTTAWA, MARDI, 1er juillet 1924.

Le comité spécial nommé pour faire l'étude d'un système de pension du vieil âge au Canada désire soumettre ce qui suit comme son deuxième et dernier rapport.

Votre comité a étudié les différents systèmes qui sont en opération en Angleterre, en Australie, en Nouvelle-Zélande et certains autres pays, entendu des témoignages, considéré sérieusement les suggestions faites et comparé les informations obtenues de trente et une municipalités au Canada, en réponse à un questionnaire envoyé à cent trente-cinq maires de ville et village des diverses provinces.

Cette question a été discutée devant cette Chambre à différentes époques depuis 1907, mais jamais aucunes recommandations n'ont été faites par aucun des comités auxquels elle avait été soumise.

Après sérieuse considération des informations obtenues des différentes sources précitées, votre comité recommande respectueusement:—

1. Qu'un système de pension pour le vieil âge soit adopté et, à une date aussi rapprochée que possible, accordé aux indigents méritants et âgés de 70 ans et plus.

2. Que les solliciteurs de pension doivent être sujets britanniques depuis au moins 20 ans résidents au Canada, ou sujets naturalisés depuis au moins 15 ans et résidents au Canada depuis vingt-cinq ans.

3. (a) Que le montant maximum de la pension soit de vingt (20) dollars par mois, montant qui pourrait être diminué pour une personne ayant un revenu personnel ou en état de gagner.

(b) Que la moitié du montant de la pension soit payable par le gouvernement de chaque province qui adopterait le système en adoptant une loi, le coût de l'administration devant être à la charge du gouvernement provincial.

Votre comité a estimé que d'après ce système il y aurait approximativement 98,841 pensionnaires éligibles et que si tous devaient recevoir le montant maximum, 20 dollars par mois, le gouvernement fédéral aurait une dépense totale annuelle de $11,860,920. Ce montant, toutefois, serait réduit par tout revenu personnel ou gain partiel. En plus, votre comité recommande que les gouvernements provinciaux, afin de s'assurer s'ils sont en faveur d'un tel système et disposés à adopter une loi à cet effet.

Votre comité recommande aussi que les procès-verbaux et témoignages rendus soient imprimés comme appendice aux Journaux de la Chambre.

Pour renseignement de la Chambre, une copie des procès-verbaux et témoignages rendus, qu'un sommaire "tableau" de toutes communications reçues des municipalités et qu'un exposé de longévité probable préparé par le département des assurances soit attaché à ce rapport.

Le tout respectueusement soumis.

W. G. RAYMOND,
Président.

Pour la motion se rapportant à la recommandation contenue dans le deuxième et dernier rapport, relativement à l'impression des procès-verbaux et témoignages rendus, comme appendice aux Journaux de la Chambre, voir Journaux, page 509, aussi Débats, édition revisée, page 4369.

NOTE.—Le premier rapport du comité est inclus dans le second des ordres de renvoi daté du 7 mai 1924.

PROCÈS VERBAL

CHAMBRE DES COMMUNES,
SALLE DE COMITÉ N° 436,
MARDI, 6 mai 1924.

Le comité se réunit à dix heures et trente (10.30) a.m.

Députés présents: — Messieurs Fontaine, Logan, Neill, Preston, Raymond, Sexsmith, Spence et St-Père.—8.

Proposé par M. Spence, appuyé par M. Neill, que M. Raymond soit élu président du comité ayant aucune autre nomination. M. Raymond est déclaré élu —

Le président exprime brièvement son appréciation de la marque de confiance que les honorables députés présents lui accordent en l'élisant président du comité et espère que les matériaux qui sont nécessaires à l'enquête, tels que proposés dans la résolution de la Chambre, seront accessibles à tous les députés du comité; et cela à une date aussi rapprochée que possible; ainsi le comité pourra poursuivre son travail.

Le comité étudie un rapport présenté à la Chambre par le comité de 1913. Il est à remarquer qu'aucune action n'a suivi le rapport, cela étant dû à la déclaration de la guerre de 1914.

Le greffier du comité dépose des copies des procès-verbaux du comité 1912-1913 et aussi un mémoire contenant des références à la législation et des dossiers officiels provenant de ces pays où un système de pension pour les vieillards est établi; ces renseignements pourront servir au comité nommé par la Chambre.

Après l'étude de ces dossiers M. St-Père propose, appuyé par M. Preston, que trois cents (300) copies de ces mémoires soient imprimées pour l'usage du comité et les membres de la Chambre, et devant contenir sur la proposition approuvée de M. Neill, la loi de pension du vieil âge de la Grande-Bretagne, décrétée en 1919. — Motion adoptée.

Sur motion de M. Neill, le comité ajourne pour se réunir à l'appel du président.

V. CLOUTIER,
Greffier du comité.

MERCREDI, 7 mai 1924.

Le comité se réunit à dix heures quarante-cinq (10.45), le président, M. Raymond au fauteuil.

Autres membres présents: — Messieurs McConica, Munro, Neill, Preston, Spence et St-Père. — 7.

Le comité étudie l'opportunité d'obtenir la permission de la Chambre pour l'impression de ses procès-verbaux, de jour en jour. En conséquence, M. McConica propose, appuyé par M. Preston, que le comité obtienne permission de la Chambre d'avoir ses procès-verbaux imprimés de jour en jour pour l'usage des membres du comité et de la Chambre quand cela paraîtra justifiable et que le règlement 74 soit suspendu à cette fin.

Motion adoptée.

Ordre est donné au greffier du comité de préparer le rapport nécessaire afin que le président puisse le présenter le même jour. Sur motion de M. St-Père, le comité ajourne pour se réunir de nouveau à l'appel du président.

V. CLOUTIER,
Greffier du comité.

5

14-15 GEORGE V, A. 1924

VENDREDI, 16 mai 1924.

Le comité s'assemble à midi.

Membres présents: — Le président, M. Raymond, M. Fontaine et M. Preston. N'ayant pas de quorum, le président ajourne les procédures à mardi, le 20 mai, à onze heures du matin.

MARDI, 20 mai 1924.

Le comité se réunit à (11) onze heures du matin, le président, M. Raymond au fauteuil.

Autres membres présents: — Messieurs Fontaine, Neil, Preston, Sexsmith, Spence et St-Père.

Etaient présents aussi: — Messieurs Tom Moore, J. T. Foster et W. L. Best, représentants les organisations ouvrières.

Le greffier du comité soumet un résumé des résolutions qui ont de temps à autre été considérées par le Parlement canadien, sur la question d'un système de pension du vieil âge au Canada.

Après l'étude de ce résumé, M. St-Père propose, appuyé par M. Spence, que ledit résumé soit imprimé dans le procès-verbal d'aujourd'hui. — Motion adoptée.

Proposé par M. Fontaine, appuyé par M. Preston: Qu'un représentant de l'organisation nationale du Travail de la Province de Québec, soit invité à venir témoigner devant le comité. — Motion adoptée.

M. Spence propose que M. John Keane, du département du service social de l'hôtel de ville d'Ottawa, soit invité à venir témoigner devant le comité. — Motion adoptée.

Le président soumet le nom du docteur McMillan, président du Conseil des salaires minimums, Toronto, comme pouvant donner au comité des informations de grande valeur ayant trait à un taux raisonnable de pension. Cette suggestion doit être prise en considération.

M. Tom Moore, président du Congrès des Métiers et du Travail, témoigne et présente les opinions des organisations ouvrières au Canada.

Durant le témoignage de M. Moore, certains points ont été expliqués par M. Foster, vice-président du Congrès des Métiers et du Travail du Canada.

Le comité ajourne pour se rassembler à l'appel du président.

V. CLOUTIER,
Greffier du comité.

JEUDI, 5 juin 1924.

Le comité se réunit à onze heures a.m., le président, M. Raymond, au fauteuil.

Autres membres présents: — Messieurs Fontaine, Irvine, Neill, Spence et St-Père.

Dans l'assistance: — M. John Keane, du département du service social de l'hôtel de ville d'Ottawa, M. J. A. Morin, vice-président de la Fédération catholique du Travail au Canada, et messieurs Byron Baker, T. J. Coughlin, et L. L. Peltier, du " Railway Transportation Brotherhoods ".'

Le président informe le comité qu'il a reçu un mémoire ayant rapport au système de pension du vieil âge en faveur des employés du chemin de fer Canadien-National. Le mémoire ayant été lu et considéré, M. Irvine propose, appuyé par M. Spence, qu'il soit imprimé dans le procès-verbal.—Motion adoptée.

Le président informe le comité qu'il a reçu un mémoire de M. J. A. Morin, au nom de la Fédération catholique du Travail du Canada, relativement à l'action prise par cette organisation, sur la question des pensions.

Le mémoire est lu et considéré, et sur motion de M. Fontaine, appuyé par M. Spence, ordre est donné de le mettre en dossiers pour en faire, plus tard, une analyse détaillée.

Un rapport montrant les dépenses d'un système de pension du vieil âge au Canada, soumis par le greffier du comité est lu et considéré. M. St-Père propose, appuyé par M. Irvine, que ledit rapport soit imprimé dans le procès-verbal.— Motion adoptée.

Le comité continue à considérer les témoignages donnés par Messieurs Keane et Peltier.

Les témoins se retirent.

Le comité alors ajourne pour s'assembler de nouveau lundi le 9 juin à onze heures du matin.

V. CLOUTIER,
Greffier du comité.

LUNDI, 9 juin 1924.

Le comité se réunit à onze heures a.m. Le président, M. Raymond, au fauteuil.

Membres présents:—Messieurs Fontaine, Irvine, Logan, McConica, Munro, Neill, Raymond, Robichaud et Spence.

Le comité sur la suggestion du président, poursuit son étude de certaines questions, relatives à la pension et aux pensionnaires, et qui doivent être incorporées dans les recommandations du comité ou reportées au Parlement, mais qui, pour le présent, ne constituent qu'une tentative; elles seront traitées de nouveau quand tous les membres pourront être présents et exprimer leurs opinions à ce sujet.

Nécessité d'un système de pension du vieil âge au Canada.—M. Neill propose, appuyé par M. Irvine, que ce comité recommande qu'un système de pension du vieil âge soit établi. Motion adoptée.

Eligibilité des futurs pensionnaires.—M. Irvine propose que l'âge de pension doit être soixante-cinq ans ou au-dessus. M. Neill soumet qu'il serait sage d'étudier ce point soulevé.

Qualifications quant à la naissance et au lieu de résidence—M. Irvine, appuyé par M. Fontaine, propose que les requérants en matière de pension doivent être sujets britanniques depuis au moins vingt ans (20), résidant au Canada ou naturalisés sujets britanniques depuis au moins quinze ans; qu'ils soient capables de montrer qu'ils résident au Canada depuis (20) vingt ans. M. Logan exprime l'opinion que le règlement doit prouver qu'il a résidé au Canada depuis vingt-cinq ans sans discontinuité avant que sa requête de pension puisse être considérée.

Taux de pension.—M. Spence, M. Neill, M. Logan, M. Robichaud, M. Fontaine, et le président s'expriment eux-mêmes en faveur d'accorder vingt dollars par mois comme pension maximum, le dit montant devant être diminué selon les revenus ou gains du requérant. M. Irvine suggère $30 dollars par mois.

Administration.—Le président propose que le fond de pension soit administré par les provinces et que le dit fond soit constitué par le gouvernement fédéral, pour la moitié du montant de la pension et par les provinces, pour l'autre moitié, mais que le coût de l'administration soit supporté par chacune de ces provinces où la Loi devra être en opération

Le comité alors ajourne, pour s'assembler de nouveau à l'appel du président.

V. CLOUTIER,
Greffier du comité.

CHAMBRE DE COMITÉ 268.

MERCREDI, 25 juin 1924.

Le comité se réunit à onze heures du matin, le président M. Raymond au fauteuil.

Membres présents: Messieurs Fontaine, Irvine, Logan, McConica, Munro, Neill, Preston, Raymond, Sexsmith et Spence.

Les minutes de la dernière assemblée sont lues. Une erreur dans le sixième paragraphe relatant les qualifications de résidence est corrigée et les minutes sont alors approuvées.

Le secrétaire fait rapport qu'il à reçu vingt-sept communications des municipalités en réponse à une lettre circulaire envoyée à cent trente-cinq maires de villes et villages dans plusieurs provinces du Canada comme suit: Alberta 6, Colombie-Britannique 10, Manitoba 8, Saskatchewan 7, Nouvelle-Ecosse 18, Nouveau-Brunswick 12, Ile du Prince-Edouard 3, Québec, 28 et Ontario 43. Un aperçu des dites communications est donné et considéré, il est ordonné d'insérer cette documentation aux archives. *Note.*—Les lettres circulaires comprenant un questionnaire furent postées le dix et le douze juin. Les réponses continuent à entrer tous les jours.

Le comité alors continue à étudier les recommandations qui ont été faites et en partie considérées à la dernière assemblée. Après considération à cet effet il fut résolu que le président et le secrétaire soient priés de préparer une copie du rapport comprenant les résolutions adoptées par le comité et que la même résolution soit soumise pour considération finale à la prochaine assemblée.

Dans le cours de l'étude apportée à la dite recommandation, M. Irvine propose de nouveau que l'âge de pension devrait être de soixante-cinq ans et que le taux de pension devrait être de 30 dollars par mois.

M. Logan propose, appuyé par M. Sexsmith, que soixante-dix ans et plus soit l'âge de pension. Motion adoptée.

M. Spence propose, appuyé par M. Neill, que le taux maximum de la pension soit vingt dollars par mois, ledit taux devant être réduit selon les revenus ou gains privés. Motion adoptée.

Le comité alors considère le coût annuel des pensions basé sur l'âge, taux de pension consenti, et le nombre des pensionnaires éligibles qui a été estimé à 98,841 personnes, ou approximativement 40 pour 100 du total de 247,103 personnes de 70 ans d'âge et au-dessus, en Canada.

La partie de frais encourus annuellement par le gouvernement fédéral, à $120 dollars par pensionnaire par année, sera évaluée à 11,860,920 dollars.

M. Fontaine propose, appuyé par M. Preston, que le fond de pension requis soit soutenu par le gouvernement fédéral contribuant la moitié du montant et les provinces l'autre moitié, mais que le coût de l'administration du système soit supporté par chacune de ces provinces où la loi sera en opération. Motion adoptée.

Le comité, après sérieuse considération, a résolu de recommander que les provinces du Canada qui ont accepté le système maintenant recommandé, doivent administrer, sous un règlement provincial ou municipal ou tous deux, les pensions payables à chacun d'eux, aussi que le gouvernement fédéral communi-

APPENDICE No 4

que avec les différents gouvernements provinciaux à la date la plus rapprochée, en vue d'assurer leur consentement à adopter le système proposé et qu'une législation soit adoptée à cet effet.

Le comité alors ajourne à lundi 30 juin, à 11 heures du matin.

V. CLOUTIER,
Greffier du comité.

CHAMBRE DE COMITÉ 436,
LUNDI, 30 juin 1924.

Le comité se réunit à onze heures du matin, le président M. Raymond au fauteuil.

Autres membres présents: Messieurs Irvine, Logan, McConica, Neill, Preston et Spence.

Le comité continue à étudier la copie rédigée du rapport pour la Chambre, la dite copie rédigée a été lue item par item et modifiée.

M. Logan propose, appuyé par M. Spence, que le rapport tel que modifié soit adopté.

Le greffier est prié de préparer le dit rapport modifié pour être présenté à la Chambre.

Le comité alors ajourne.

V. CLOUTIER,
Greffier du comité.

PENSIONS DU VIEIL ÂGE

REVISION DES

Lois récemment adoptées en Grande-Bretagne, en Australie, en Nouvelle-Zélande—Projets de loi à Washington, lois des états du Nevada, Montana, Pensylvanie, et législations actuellement en opération en Belgique, en France et en Italie. Pensionnaires éligibles au Canada.

V. CLOUTIER, Branche du comité.

Chambre des Communes, Canada,
Février **1924**

TABLE DES MATIÈRES

PENSION DU VIEIL ÂGE

GRANDE-BRETAGNE

Note.—Les détails touchant les mesures récentes prises en vue d'établir un système de pension du vieil âge en Grande-Bretagne sont donnés dans un mémoire du comité de la Chambre des Communes au Canada, octobre 1912, à la page 61. Les lois établissant un système de pension du vieil âge, 1908 et 1911, sont aussi incluses dans ce mémoire, aux pages 85 et 91 respectivement.

La loi de décembre 1919, mise en opération le 2 janvier 1920, modifie dans plusieurs détails importants, les stipulations contenues dans les lois de pension du vieil âge de 1908 et 1911.

Conformément à la circulaire émise par le ministère de la Santé en date du 31 décembre 1919, attirant l'attention des comités et sous-comités locaux de pension, sur les lois décrétées en 1919. Les modification qui suivent pourraient être mises à l'étude avant de procéder à l'étude des Règlements consolidés, qui ont été adoptés en décembre 1921.

TAUX DE PENSION DU VIEIL ÂGE

La cédule de la loi de 1908, prescrivant les divers taux de pension du vieil âge, est abrogé et l'échelle suivante est décrétée:—

Revenus du requérant ou pensionnaire.—Lorsque les revenus annuels du réquérant ou pensionnaire, calculés en vertu de la loi de Pension du vieil âge, 1908-1919:

		Taux de pension par semaine.
N'excédant pas £26 5s.		10 s.
Excédant £26 5 s. mais n'excédant pas £31 10 s.		8 s.
" £31 10 s. " " " £36 15 s.		6 s.
" £36 15 s. " " " £42 0 s.		4 s.
" £42 0 s. " " " £47 5 s.		2 s.
" £47 5 s. " " " £49 17 s.		1 s.
" £49 17 s. 6 d. . . . . Aucune pension		

Effet de la modification.—L'effet de cette modification peut s'expliquer brièvement comme suit: Personnes qui, en vertu des lois de 1908 et 1911, auraient eu droit à £5 4s., ou 3s. par semaine, auront droit de recevoir à l'avenir 10s. par semaine. Ceux qui auront droit à 2 s., ou 1 s., recevront 8 s. par semaine, et les personnes dont le revenu annuel excède £31 10 s. (approximativement 12 s. par semaine) mais n'excède pas £49 17 s. 6 d. (approximativement 19 s. par semaine) jusqu'ici n'avaient pas droit à une pension, sont maintenant en droit de recevoir une pension du vieil âge, soit de 6 s., 4 s., 2 s. ou 1 s. par semaine, conformément à leur position dans l'échelle émise ci-haut. Quand la nouvelle échelle de pension sera mise en opération, la remise additionnelle de 2 s. 6 d. par semaine payés aux pensionnaires du vieil âge, cessera naturellement avec la mise en vigueur des nouveaux taux de pension.

CONDITIONS STATUTAIRES

Revenu.—Tel qu'indiqué dans le paragraphe précédent les conditions statutaires se rapportant au revenu annuel seront à l'avenir comme suit:—

"La personne doit démontrer aux autorités des pensions que ses revenus tels que calculés d'après cette loi n'excèdent pas 49 livres, 17 schellings, 6 deniers."

14-15 GEORGE V, A. 1924

Nationalité.—Les conditions statutaires concernant la nationalité ont été modifiées, et sous l'empire de la nouvelle loi une personne remplira les conditions en satisfaisant les autorités de la pension que, depuis au moins 10 ans (au lieu de 20 ans comme autrefois) à la date de la réception d'aucun montant concernant la pension, elle est sujet britannique.

Les conditions de la dernière partie de l'article 3 (1) de la loi de 1911 ont été abrogées; ainsi une femme d'origine britannique qui cesse d'être sujet britannique par son mariage à un sujet étranger ne sera plus requise en ce qui concerne les conditions à remplir au sujet de la nationalité, de démontrer aux autorités de pension que le mari étranger est mort, ou que le mariage a été annulé, ou qu'elle est séparée légalement de son mari ou qu'il l'a abandonnée.

Résidence.—Actuellement une personne doit prouver aux autorités de pension qu'elle a résidé dans le Royaume-Uni pendant au moins 12 ans sur un ensemble de vingt ans précédant la date de la réception d'aucune somme en acompte d'une pension. Dans l'avenir la condition établie par la loi sera remplie dans le cas d'un sujet britannique de naissance, en habitant dans le Royaume-Uni pour une période de pas moins de douze ans après que cette personne a atteint l'âge de 50 ans, et dans le cas où une personne n'étant pas née sujet britannique en habitant dans le Royaume-Uni pour une période de 20 ans.

CAUSE D'INCAPACITÉ

Secours aux indigents.—Une personne ne sera pas à l'avenir frappée d'incapacité pour avoir reçu ou continué à recevoir une pension du vieil âge en raison de la réception d'autres secours. Une personne qui est devenue membre d'une maison de refuge ou autre institution pour les pauvres ne pourra plus recevoir ou continuer à recevoir une pension tant qu'elle y séjournera, pourvu cependant qu'une personne qui entre dans une institution de charité en vue d'obtenir un traitement médical ou chirurgical ne soit pas, durant une période de trois mois, si elle doit suivre un traitement pendant ce temps, privée de ses droits à une pension pour la seule raison qu'il habite une institution de charité.

Chômage.—L'article 3 (1) (*b*) de la Loi de 1908 est abrogé et à l'avenir une personne ne sera pas empêchée de recevoir une pension du vieil âge à cause d'un chômage habituel de sa part.

Condamnations.—Dans l'avenir une personne par le fait d'avoir subit une condamnation pour une offense ne sera pas privée de ses droits à recevoir ou à continuer à recevoir une pension excepté durant le temps actuel de l'emprisonnement, et l'article 4 (3) de la Loi de 1911 (qui prive de ses droits un pensionnaire du Vieil âge qui a été condamné pour toute offense énumérée dans la première cédule de la Loi d'ivresse (1898), cessera aussi d'avoir effet. Toute personne exposée à se faire détenir en vertu de la Loi d'ivresse, 1898, peut, toutefois, être encore empêchée de recevoir une pension par un ordre de la cour conformément à l'article 3 (3) de la Loi de 1908, ledit article n'étant pas changé dans la nouvelle loi.

CALCUL DE REVENUS

Valeur annuelle de propriété n'étant pas usagée ou possédée personnellement.
—La valeur annuelle de toute propriété telle que mentionnée à l'article 2 (1) (*a*) de la Loi 1911 sera à l'avenir calculée comme suit:—

Les premiers £25 de la valeur capitale de la propriété seront exclus. La valeur annuelle sur les £375 suivantes de la valeur capitale sera évaluée au vingtième de la valeur capitale; et la valeur annuelle de toute valeur capitale excédant une somme de £400 sera évaluée au dixième de la valeur capitale. Dans le cas d'un couple marié et demeurant ensemble dans la même maison, chacun d'eux doit être considéré comme ayant droit à la moitié de toute propriété leur appartenant individuellement ou conjointement et le taux ci-haut mentionné sera appliqué dans le calcul de la valeur annuelle de chaque partie de la propriété.

Secours en maladie.—En calculant le revenu mentionné à l'article 2 (1) (*b*) de la Loi de 1911 on ne tiendra aucun compte à l'avenir des montants reçus, durant une période de pas plus de trois mois au cours d'une année, par une personne, ou par le mari ou la femme d'une personne, selon le cas, en vertu d'un certificat médical comme secours en maladie accordée par une société de bien-faisance, un syndicat ouvrier ou sous l'empire de la Loi d'assurance nationale, 1911.

Meubles et effets personnels.—Aucun compte ne sera tenu à l'avenir des meubles et effets personnels d'une personne quelle que soit la valeur de ceux-ci.

Paiement du mari à la femme en vertu d'un ordre de séparation.—Quand un mari est séparé de sa femme toute somme payée par lui à elle en vertu d'un ordre de séparation sera dans l'avenir déduite en calculant ses revenus.

MODIFICATIONS MINEURES

Date du premier paiement.—Actuellement une personne n'a droit à aucun paiement pour pension du vieil âge avant le premier vendredi qui suit la date où la réclamation est accordée par le comité ou le sous-comité de pension. A l'avenir la pension commencera à compter à partir du premier vendredi après la date de la réception de la réclamation par l'officier de pension, ou le premier vendredi après la date à laquelle le réclamant devient d'abord autorisé à toucher une pension, quel que soit le dernier.

Pareillement, lorsqu'en vertu d'une décision sur aucune question qui a été soulevée, une pension devient payable à un taux augmenté, la pension augmentée devient payable le premier vendredi après que l'avis sur la question a été reçu par l'officier de pension, ou le premier vendredi après la date à laquelle la pension augmentée devient d'abord payable, quel que soit le dernier.

Si la date à laquelle le réclamant devient d'abord autorisé à toucher une pension, ou si une pension devenue pour la première fois payable à un taux augmenté tombe un vendredi, le premier paiement de la pension ou du taux augmenté de la pension deviendra dû ce vendredi, et non pas comme à présent le vendredi suivant.

Personnes souffrant d'incapacité mentales ou autres.—La nouvelle loi pourvoit à l'adoption de nouveaux règlements sous l'empire de la Loi de 1908 afin de permettre de faire des réclamations en faveur des personnes souffrant mentalement ou d'autres incapacités, et d'exercer tout autre droit en vertu de la Loi de pension du vieil âge dont peuvent jouir ces personnes. Une communication ultérieure sur cette matière sera adressée au comité et au sous-comité de pension local au temps voulu.

PENSIONNAIRES EXISTANTS

Appels.—Les demandes d'augmentations en accord avec la nouvelle échelle, des pensions existantes ou des pensions provisoirement accordées avant le 2 janvier prochain seront considérées et déterminées par l'officier de pension. Si le réclamant ou le pensionnaire est lésé par la décision de l'officier de pension, il peut en appeler de la décision, au comité ou sous-comité de pension, qui sur ce point considère et décide le cas, comme s'il devait déterminer une réclamation conformément aux dépositions de l'article 7 de la Loi de 1908. Le pensionnaire ou l'officier de pension peut en appeler au ministère de la Santé de la décision du comité ou du sous-comité de pension.

Autres conditions statutaires.—La loi stipule que les revenus annuels d'un pensionnaire actuel ne devront pas être plus considérables que s'ils avaient été calculés sous l'empire des lois de 1908 et 1911. En plus, les dispositions de la nouvelle loi modifiant les conditions statutaires quant à l'habitation, n'enlèvent pas le droit au pensionnaire actuel de continuer à recevoir la pension.

Le Dr Addison est certain que l'on peut compter sur le comité et le sous-comité de pension pour faire tous les arrangements nécessaires pour conduire déligemment les procédures occasionnées par le grand nombre de nouvelles réclamations qui leur seront soumises au commencement de la nouvelle année.

RÈGLEMENTS CONSOLIDÉS, 1922

(R.S. & O., 1921, N° 2001)

Remarque.—Les règlements ci-dessous mentionnés sont seulement quelques-uns des plus importants des 37 règlements compris dans la circulaire.

Présentation des réclamations.—Chaque personne qui désire faire une réclamation doit remplir une formule de demande et l'expédier soit au maître de poste du bureau où il désire que la pension soit payée, ou à l'officier de pension. Le directeur général de la poste doit fournir à chaque maître de poste des formules de réclamation imprimées et celui-ci doit, sur demande fournir une formule de réclamation gratuitement à chaque personne qui désire faire une réclamation.

Chaque maître de poste doit, si une personne qui désire faire une réclamation requiert son aide, donner à cette personne de telles informations et telle assistance pour remplir la formule de réclamation qu'il sera en son pouvoir de lui donner et nécessaire pour permettre à cette personne de remplir la formule convenablement.

Enregistrement des réclamations.—L'officier de pension doit tenir un registre de toutes les réclamations qui lui sont référées, et en les recevant doit, conformément à ces règlements, les enregistrer immédiatement de la manière prescrite par le trésorier, et doit numéroter toutes les réclamations consécutivement dans l'ordre de leur inscription au registre.

L'officier de pension doit inscrire aussi dans le registre des réclamations les détails prescrits par le trésorier au sujet de chaque décision du comité ou de l'autorité centrale en ce qui a trait à toute réclamation inscrite dans le registre ou en ce qui concerne toute question soulevée en rapport avec les pensions accordées sur de telles réclamations, ou relativement à toute demande de révocation ou de changement d'allocation provisoire accordée.

Réclamations examinées.—Aussitôt que possible après la réception d'une réclamation, l'officier de pension doit faire toutes les demarches nécessaires pour étudier la réclamation dans le but de s'assurer que le réclamant a droit à une pension, et s'il en est ainsi, à quel taux.

Pourvu que—

(a) Dans le cas où une réclamation faite antérieurement par un réclamant au cours des six mois précédant sa présente réclamation a été refusée et si le réclamant ne satisfait pas l'officier de pension; ou

(b) dans le cas ou une réclamation démontre à première vue que le réclamant ne remplit pas les conditions exigées par la loi;

l'officier de pension n'est pas obligé d'étudier la réclamation, mais dans ces cas ou l'officier de pension décidera en vertu de ces dispositions de ne pas étudier la réclamation il devra faire un rapport spécial au comité énumérant ses raisons.

DISPOSITIONS RELATIVES AUX QUESTIONS ET AUX DEMANDES

Privilèges des pensionnaires.—Si un pensionnaire désire soulever une question concernant le taux de sa pension hebdomadaire, ou si une personne dont la réclamation a été provisoirement accordée désire demander le changement de l'allocation provisoire, il peut le faire en envoyant un rapport écrit de la question ou de sa demande, selon le cas, avec un sommaire de toute preuve faite à l'appui de ses déclarations à l'officier de pension du district dans lequel il habite ordinairement.

APPELS

Décisions des comités.—L'officier de pension ou toute personne lésée qui désire en appeler à l'autorité centrale d'une décision du comité peut le faire en envoyant un avis d'appel à l'autorité centrale dans les sept jours après la date de la décision, ou si l'appelant est une personne à qui l'avis de la décision doit être envoyé sous l'empire de ces règlements, il pourra en appeler dans les sept jours qui suivent la réception de l'avis.

PENSION LOCALE, COMITÉS ET SOUS-COMITÉS

Nombre de personnes et quorum.—Un comité de pension local doit consister d'un certain nombre de personnes, n'étant pas inférieur à sept ni plus grand que le nombre du conseil par qui le comité est nommé, selon que le conseil peut en déterminer.

Le conseil par qui un comité est nommé peut faire les règlements en ce qui regarde le quorum, les procédures, et les places de réunion du comité, mais conformément à ces règlements, le quorum, les procédures et le lieu de réunions doivent être tels que le comité pourra déterminer.

Pourvu que le quorum ne soit pas dans aucun cas inférieur à trois.

Le terme d'office d'une personne nommée pour faire partie d'un comité doit être de trois ans ou d'une durée moindre selon qu'en déterminera le conseil au temps de la nomination, et toute personne cessant d'être membre d'un comité peut être nommée de nouveau:

Pourvu que. . .

DIVERS

Enregistrement des décès.—Le régistrateur des naissances, des décès de chaque sous-district doit une fois par semaine envoyer à ces officiers de pension dans son sous-district selon que le trésorier le demandera, par l'entremise du régistrateur général des naissances, des décès et mariages en Angleterre, un rapport concernant tous les décès:

(a) De personnes âgées de 70 ans ou plus, et
(b) De personnes aveugles âgées de moins de 70 ans qui, dit-on, touchaient une pension du vieil âge,

qui ont été enregistrés par lui dans la semaine précédant immédiatement la date de son retour.

. . . .

Dispositions des documents.—Aussitôt que la décision du comité sur toute réclamation, question ou demande est devenue finale, le comité doit retourner la réclamation, question ou demande, et tous les documents connexes en leur possession à l'officier de pension.

Distribution de livres.—Il sera du devoir de l'officier de pension, dans chaque cas où on rend une décision finale accordant une pension, de remettre au réclamant un livre contenant les ordres de pension.

Officiers de la loi des pauvres.—Dans le dessein de permettre à un officier de pension de s'assurer si un réclamant ou pensionnaire quelconque est empêché parce qu'il habite un hospice ou autre institution des pauvres, de recevoir ou de continuer à recevoir une pension, ou de s'assurer des revenus annuels d'aucun réclamant ou pensionnaire, tout officier ou personne chargée de la distribution des secours aux pauvres devra, si requis par l'officier de pension, fournir à l'officier de pension telles informations qu'il est en son pouvoir de donner.

APPLICATION DES RÈGLEMENTS

Les règlements prendront effet le 1er janvier 1922.

Les règlements de la pension du vieil âge 1911, et les règlements de la pension du vieil âge sont par les présentes révoqués

Pourvu que tout de ce qui sera fait conformément à ces règlements, soit censé, nonobstant tout ce que peuvent contenir ces règlements, avoir été validement fait et ait plein effet.

NOMBRE DES PENSIONNAIRES EN 1919

Conformément au rapport du comité départemental sur la pension du vieil âge présenté au parlement en 1919 il est rapporté que le 31 mars 1919, 920,198 personne, soit à peu près 56 p 100 du total estimé de la population septuagénaire, recevait une pension du vieil âge, dont 322,934 étaient des hommes et 597,264 étaient des femmes. Du total, 855,274 personnes recevaient des pensions au taux maximum de 5 s.

RECOMMANDATIONS PRINCIPALES DU RAPPORT DE 1919

(1) Le montant de la pension devrait être augmenté à 10 s. par semaine.

(2) Les qualifications relatives au revenu devraient être abolies.

(3) L'âge de la pension devrait rester à 70, en attendant l'enquête.

(4) Les secours à l'extérieur ou à la maison ne devraient pas être une cause d'incapacité. Les pensions ne devraient pas être payées aux personnes habitant des institutions publiques pendant plus de 3 mois.

(5) Les étrangers devraient devenir éligibles à la pension dix ans après leur naturalisation s'ils ont habité le Royaume-Uni pendant au moins 20 ans, et la possibilité d'un arrangement de réciprocité internationale devrait être considérée.

Les femmes d'étrangers nées sujets britanniques devraient être éligibles à la pension.

(6) La durée du séjour requis pour avoir droit à la pension devrait être de 12 ans après avoir atteint l'âge de 50 ans. Des arrangements réciproques en ce qui concerne la résidence dans l'Empire britannique sont suggérés.

(7) L'incapacité pendant une période quelconque à la suite d'un terme d'emprisonnement devrait être abolie sauf dans les cas d'ivresse habituelle.

(8) La perte des droits par suite de "chômage volontaire" devrait être abandonnée.

(9) Les pensions devraient compter à partir du vendredi qui suit la date de réception de la réclamation. si le pensionnaire est alors qualifié.

(10) On devrait autoriser les réclamations faites en faveur de personnes incapables de comprendre la nature de la réclamation.

(11) Les pensions devraient être inaliénables sous l'empire de la Loi des débiteurs.

RÉSERVES APPORTÉES À LA SIGNATURE DU RAPPORT DE LA MAJORITÉ

Il est important de noter que le rapport du comité ci-haut mentionné a été signé avec certaines réserves par Mlle Matheson, Henri Woodall, Arnold Rowntree, et G. R. Thorne; aussi par Mme Baker, M. Devlin et M. Walsh.

M. Woodhall signa le rapport avec la réserve que le taux des pensions devrait rester pour le présent à 7 s. 6 d., le montant maintenant payé.

M. Rowntree et M. Thorne sont d'avis que l'âge minimum requis pour la pension devrait être fixé à 65 ans dès que la situation financière le permettra; ils considèrent aussi que les 10 s. proposés sont insuffisants; et ils recommandent que le taux de pension soit fixé à 12 s. 6 d.

Mme Baker, M. Devlin et M. Walsh signèrent le rapport mais sont fortement d'avis que le minimum de l'âge requis devrait être à 65 ans.

RAPPORT DE LA MINORITÉ

Le rapport de la minorité signé par sept membres de ce comité départemental comprend plusieurs questions étudiées par le comité, ayant trait surtout à l'augmentation du taux de pension, à l'âge requis, et aussi au calcul des revenus.

M. Nathan Raw qui a signé le rapport de la minorité approuva les recommandations qui y sont faites, mais est d'opinion que le montant de la pension devrait être augmenté à 12 s. 6 d. par semaine.

Le montant payé en pension durant l'année finissant le 31 mars 1919 est approximativement de 17,728,000 livres. Le coût approximatif de l'administration pour l'année finissant le 31 mars 1920 est comme suit:—

Ministère des Douanes et de l'Accise, £335,000, ministère de la Poste, £156,-000, comité de pension local, £54,500, ministère de la Santé, £5,294, bureau de Santé Ecossais, £1,186, Bureau local du gouvernement, Irlande, £6,500, Bureau public des Archives, Irlande, £1,830, Bureau du Régistrateur général, £1,150, Papeterie et Impressions, £2,200.

ÉTATS-UNIS

NOTE.—Les premières démarches tentées pour établir un système de pension du vieil âge aux Etats-Unis ont été faites en 1907. Les renseignements complets à cet effet sont donnés dans les mémoires du comité, Chambre des Communes, octobre 1912, page 75.

En 1916, M. Sherwood a présenté à la chambre des représentants à Washington un bill qui n'est pas allé plus loin qu'au comité. En février 1924, M. Berger présentait un bill afin d'établir une pension du vieil âge dont il a été question au comité du Travail. Ces deux bills suivent ci-dessous.

En 1923, les Etats de Nevada, Montana, et Pensylvanie passent des lois d'Etat pourvoyant à une pension du vieil âge. Un sommaire de ces trois bills est donné ci-après.

SOIXANTE-HUITIÈME CONGRÈS—PREMIÈRE SESSION
(H. R. 6858)

A la chambre des représentants, le 11 février 1924, M. Berger présente le bill suivant qui a été référé au comité du travail et autorisé à être imprimé.

BILL pourvoyant aux pensions du vieil âge

Il est décrété par le Sénat et la Chambre des Représentants des Etats-Unis d'Amérique réunis, en Congrès, que toute personne fournissant les preuves satisfaisantes devant les autorités ci-après mentionnées que (lui) ou (elle)

(a) a atteint l'âge de 60 ans,

(b) a été citoyen des Etats-Unis pendant 16 années consécutives,

(c) n'a pas été condamné pour crime;

(d) s'il est époux, n'a pas sans juste cause manqué de pourvoir raisonnablement à la subsistance de sa femme et de tous ses enfants âgés de moins de 16 ans; ou si elle est épouse, n'a abandonné aucun de ses enfants âgés de moins de 16 ans; et

14-15 GEORGE V, A. 1924

(*e*) ne reçoit pas de revenus d'aucune source, sauf la pension établie par les présentes, durant les douze mois antérieurs à la présentation de son ou de sa demande, lesquels ont atteint une moyenne de $8.00 par semaine.

Sera placée sur le rôle de pension des Etats-Unis et aura droit de recevoir du gouvernement des Etats-Unis jusqu'à la mort, une personne dont la pension a été votée dans les crédits annuels par le Congrès.   Les pensions seront classées suivant la cédule ci-dessous.

1. Quand la moyenne des revenus hebdomadaires de toutes sources, telle que calculée en vertu de la loi n'excède pas $8 par semaine, il ou elle recevra une pension de $8.00 par semaine; quand la moyenne des revenus hebdomadaires d'un pensionnaire, y compris les revenus de toutes sources, excède $8.00 mais n'excède pas $10 par semaine, il ou elle recevra une pension de $6.00 par semaine; quand la moyenne des revenus hebdomadaires du pensionnaire excède $10.00 mais n'excède pas $12.00 par semaine, il ou elle recevra une pension de $4.00 par semaine.

2. Toute personne réclamant une pension en vertu de cette loi devra déposer au département de l'Intérieur un affidavit contenant tels rapports qui pourront être prescrits par le secrétaire de l'Intérieur, qui devra aussi faire tels règles et règlements qui sont nécessaires pour mettre en vigueur les dispositions de cette loi.

3. En calculant le terme de résidence ci-haut requis, telles périodes d'absence des territoires des Etats-Unis que le réclamant a passé en service à l'étranger, soit en qualité de civil ou de militaire, pour le compte des Etats-Unis, ou de tout Etat ou Territoire américain, seront considérées comme si le réclamant avait demeuré dans les limites des Etats-Unis.

4. En s'assurant des revenus ci-haut mentionnés on tiendra compte:

(*a*) De toute pension qu'un réclamant reçoit actuellement de ce gouvernement ou de tout autre gouvernement.

(*b*) De tout revenu annuel que l'on pourrait tirer d'une propriété appartenant à cette personne, lequel, bien que susceptible d'être placé ou mis en usage à profit, n'est pas placé ou mis en usage profitablement par lui.

(*c*) De la valeur annuelle de tout avantage dont jouit cette personne du fait qu'elle possède ou utilise une propriété dont elle se sert ou jouit personnellement.

(*d*) de la valeur annuelle de tout bénéfice ou privilège dont jouit cette personne.

5. En calculant les revenus d'une personne mariée et habitant avec son conjoint, on n'établira ces revenus dans aucun cas à une somme inférieure à la moitié des revenus totaux du couple; Pourvu que lorsque le mari et la femme sont pensionnaires, excepté quand ils vivent séparément, conformément à un décret; jugements, ordre ou loi de séparation, le taux de la pension pour chacun devrait être fixé aux ¾ du taux donné dans la cédule plus haut.

6. Que la pension accordée par les présentes puisse être augmentée ou diminuée tous les douze mois, toutes les fois que les revenus d'un pensionnaire augmentent ou diminuent conformément aux termes de la cédule; et le secrétaire de l'Intérieur devra faire les règlements nécessaires pour permettre ce changement de taux.

7. Que cette loi est modificatrice et supplémentaire à tous les statuts existants touchant les pensions, et tous ces statuts à tous les points de vue sont par les présentes applicables au réclamant et le protège en vertu de cette loi précisément comme s'ils avaient été incorporés dans le présent projet de loi.

8. Que la dite pension sera payée en 13 versements à l'avance, chaque année. Elle commencera à la date où le réclamant à rempli sa demande, et les arrérages à partir de ce moment jusqu'à ce qu'on n'accorde la pension, si le réclamant est alors vivant, mais non autrement, seront payés en un seul montant.

9. Dans le cas ou une personne autorisée en vertu de cette loi à recevoir une pension est incompétente ou frappée d'incapacité d'après la loi ou telle personne réside, la réclamation pour la pension de telle personne pourra être faite et la pension pourra être perçue pour telle personne par toute personne ou personnes nommées en vertu de la loi local comme gardien, curateur, tuteur ou à un titre semblable, de tel réclamant.

10. Que cette loi devra être administrée libéralement, afin d'atteindre son but, lequel est de procurer aux vieillards, à même le trésor public, un revenu suffisant pour leur permettre de passer les dernières années de leur vie sans craindre d'être dans le besoin, leur assurant ainsi un sort que leur ont mérité de longues années de service dans la société, comme citoyens de la République.

11. Que conformément au paragraphe 2, clause 2, article III de la Constitution, et au précédent établi par la loi passée par le veto du Président, le 27 mars 1868, l'exercice de juridiction par l'une quelconque des cours fédérales, quant à la validité de cette loi, est par ces présentes expressément défendu.

Remarque.—Nul autre renseignement relativement au rapport du comité concernant ce projet de loi n'a été encore reçu. On doit remarquer que ce bill a été présenté le 11 février de l'année courante.

SOIXANTE-QUATRIÈME CONGRÈS, PREMIÈRE SESSION
(A. C. 7555)

A LA CHAMBRE DES REPRÉSENTANTS,

5 janvier 1916.

M. Sherwood présenta le bill suivant, qui fut soumis au comité des pensions et que l'on ordonna d'imprimer.

UN BILL

procurant des pensions aux citoyens américains ayant atteint l'âge de soixante-cinq ans et qui sont incapables de travailler de leurs mains et dont les revenus sont moins de $200 par année.

Qu'une loi soit passée par le Sénat et la Chambre des Représentants des Etats-Unis d'Amérique, réunis en Congrès, statuant que le ou après le vingt-cinq décembre dix-neuf cent seize, tous les citoyens américains ayant un revenu de moins de $200 par année et ayant soixante-cinq ans ou plus, et qui sont incapables d'accomplir de travail manuel, état qui n'est dû à aucune mauvaise conduite de leur part, auront droit de recevoir du gouvernement une pension de $2 par semaine, payable en versements trimestriels:

Pourvu que telle personne doive, au moyen de preuves suffisantes, établir le fait qu'elle a un record continuel de trente années, à moins d'avoir été rendue incapable, sans qu'il en soit de sa faute, durant lequel temps elle n'a jamais été condamnée pour crime ou délit, et qu'elle ait été citoyen des Etats-Unis durant au moins quinze années avant d'avoir atteint l'âge de soixante-cinq ans.

Clause 2. Que toutes cesdites pensions devront commencer à compter de la date de la réception des demandes au département des pensions, après la passation et la sanction de cette loi, pourvu que nul dit pétitionnaire ne reçoive une pension sous toute autre loi, Etat, gouvernement national, ou autrement, en même temps ou durant la même période qu'il recevra une pension en vertu des stipulations de la présente loi.

Clause **3.** Que quand le mari et la femme sont tous les deux pensionnaires, excepté lorsqu'ils vivent séparément, conformément à un décret, jugement, ordonnance ou loi de séparation quelconque, le taux de la pension devra être les trois quarts du taux mentionné dans la liste susénoncée.

Clause **4.** Que partout dans cette loi où le prénom masculin est employé, il devra être interprété comme comprenant aussi le prénom féminin.

Clause **5.** Que toutes les réclamations pour des pensions de vieillesse, en vertu de la présente loi, devront être sujettes à la juridiction du secrétaire de l'Intérieur, qui devra faire toutes les ordonnances et tous les règlements nécessaires à la mise en vigueur des stipulations de la présente loi.

ÉTAT DE NEVADA

Loi relative à la pension de vieillesse—Chapitre 70, Statuts 1923
(*Voir* Les lois relatives au travail, session de 1923, compilées par Frank W.
Ingram, Commissaire du Travail, p. 19)

UN RÉSUMÉ SEULEMENT DES PRINCIPALES STIPULATIONS

Conformément aux stipulations et sous les réserves contenues dans la Loi, toute personne résidant dans l'Etat de Nevada et étant un résidant dudit Etat, aura droit à une pension de vieillesse.

Commission des pensions et Conseils de Comté.—La Commission est formée du Gouverneur, du Lieutenant-Gouverneur et du Procureur général de l'Etat. Chaque membre de la Commission, à l'exception du lieutenant-gouverneur, agira sans rémunération, mais les dépenses nécessaires et réelles, faites dans l'accomplissement de ses devoirs, lui seront payées et devront être acquittées de la même manière dont sont payées toutes les autres réclamations contre l'Etat. La Commission devra nommer le lieutenant-gouverneur comme "surintendant de la vieillesse" et elle devra fixer son salaire, qui ne dépassera pas $1,200 par année. Le surintendant, avec l'approbation de la Commission, devra nommer le nombre nécessaire d'assistants, déterminer leurs devoirs et leurs salaires devant être pourvus par les crédits de la législature. Le surintendant devra être secrétaire *ex-officio* de la Commission, sans rémunération supplémentaire.

On devra établir dans chaque comté un conseil de pension de vieillesse, devant comprendre trois personnes domiciliées dans le comté, qui seront nommées par le gouverneur pour une période de quatre années, sauf le cas où les membres sont en premier lieu nommés, alors qu'un membre sera nommé pour une période de deux années, un pour une période de trois années et l'autre pour une période de quatre années. Les membres de ce conseil devront servir sans rémunération, sauf que les dépenses nécessaires faites pendant l'accomplissement de leurs devoirs, leur seront remboursées sur présentation de pièces justificatives s'y rapportant.

La Commission et les Conseils devront se réunir régulièrement tous les trois mois et en tout autre temps qu'il pourra être nécessaire, aux endroits qui pourront être fixés par les règlements de la Commission.

Allocation.—Le montant de la pension devra être déterminé en tenant bien compte de la situation, en chaque cas, mais, en aucun cas, ce montant ne devra être tel qu'un fois ajouté au revenu du pétitionnaire, y compris le revenu provenant de la propriété, calculé selon les conditions de la Loi, la somme dépasse $1.00 par jour.

Conditions exigées du pétitionnaire.—On accordera une pension de vieillesse seulement au pétitionnaire qui

(*a*) A atteint l'âge de soixante (60) ans ou plus.

(*b*) A été citoyen des Etats-Unis durant au moins quinze (15) années précédant immédiatement la date de la demande, et demeuré dans l'Etat de Nevada durant une période de dix (10) années précédant la date de la demande.

(*c*) N'est pas, à la date de sa demande, enfermé dans une prison, une geôle, un pénitencier, une infirmerie, un asile d'aliénés, une maison de charité ou toute autre institution de correction publique.

(*d*) Pendant la période de dix années précédant immédiatement telle date, n'a pas été incarcéré durant quatre mois ou plus à cause d'un délit pour lequel il a été condamné à la prison sans l'alternative d'une amende.

(*e*) Durant six (6) mois ou plus, au cours des dix années précédant la date de sa demande pour du secours, n'a pas, dans le cas d'un mari, abandonné sa femme, ou sans bonne cause, n'a pas manqué à son soutien ainsi qu'à celui de ses enfants ayant moins de quinze (15) ans; dans le cas d'une épouse, n'a pas abandonné son mari, ou, sans bonne cause, n'a pas manqué au soutien de ceux de ses enfants étant au-dessous de l'âge et qu'elle devait soutenir.

(*f*) N'a pas, au cours de l'année précédant telle demande pour une pension, accepté de charité publique ou été un vagabond ou mendiant de profession.

(*g*) N'a pas d'enfant ou autre personne responsable de son soutien, d'après la loi, et que le Conseil ou la Commission a jugé comme étant en état de le ou la soutenir.

Personnes n'ayant droit à une pension.—Nulle pension de vieillesse ne sera accordée à une personne si la valeur de sa propriété excède trois mille dollars ($3,000), ou, si elle est mariée et non séparée de son mari ou épouse, si la valeur de sa propriété, ajoutée à la valeur de la propriété de son mari ou épouse, excède trois mille dollars ($3,000). Il ne faut pas que le requérant se soit dépossédé directement ou indirectement de sa propriété dans le but d'avoir droit à de l'assistance accordée à la vieillesse.

Frais funéraires.—A la mort d'un pensionnaire, tels frais funéraires que l'on jugera raisonnables seront payés aux personnes désignées par le Conseil, *pourvu* que ces frais n'excèdent pas cent dollars ($100), *et pourvu en plus* que la succession du défunt ne soit pas suffisante pour défrayer ces dits frais.

ÉTAT DE MONTANA

Loi relative aux pensions de vieillesse—Chapitre 72, Statuts de 1923
(*Voir* la Revue du Travail, Washington, Novembre 1923, p. 183.)

La Loi du Montana (chap. 72, Lois de 1923) propose la fondation, dans chaque comté, d'un Conseil ou une Commission de pension de vieillesse, qui recevrait des demandes de personnes âgées de 70 ans et qui ont été citoyens des Etats-Unis et résidants de l'Etat de Montana durant au moins quinze années.

Bénéfices.—Le montant des bénéfices ne doit pas excéder $25 par mois et peut être moindre, selon les conditions de chaque cas. Des autorisations mensuelles sont proposées et on a pourvu à la protection des fonds, au cas où l'on découvrirait que le pensionnaire recevait un revenu suffisant pour l'empêcher de recevoir du secours. D'après cette loi, nuls droits acquis ne sont accordés, ni aucune autre prétention qui ne puisse pas être modifiée ou annulée par un amendement ou une révocation.

Revenu.—Le revenu du requérant provenant de toutes les sources n'excédera pas $300, et le requérant ne pourra bénéficier de la loi s'il s'est dépossédé de sa propriété dans le but d'avoir droit au secours de vieillesse, ou s'il a un enfant ou une autre personne légalement responsable de son soutien et "absolument en état de le soutenir".

Empêchements à la pension.—L'incarcération dans le pénitencier de l'Etat, au cours des dix années précédentes, constitue un empêchement; ainsi que l'abandon d'une femme par son mari, au cours des quinze années précédentes, sans bonne cause, ou le fait de manquer au soutien de sa femme ou de ses enfants au-dessous de 15 ans; le même règlement s'applique au cas d'une femme qui abandonne sans raison son mari ou ses enfants au-dessous de l'âge. Le fait d'être un vagabond ou un mendiant de profession, au cours de l'année précédant la demande, est aussi un empêchement.

(Voir la *American Labour Legislation Review,* décembre 1923, à la page 317, relativement au paragraphe ci-dessous) :
Une somme n'excédant pas $100 est allouée pour les frais funéraires, quand la succession n'est pas suffisante pour acquitter ces frais. A la mort du pensionnaire, la somme totale payée avec 5 pour 100 d'intérêt doit être remboursée au comité, cet argent devant provenir de la succession qu'il aurait laissée. Si le pensionnaire possédait une propriété pour une valeur excédant le montant fixé comme base de la pension, le double de la somme ainsi illégalement reçue peut être réclamée par le comté. La loi doit être administrée par des conseils de commissaires de comté, agissant comme commisaires des pensions. Les pensions sont payables à même les fonds des pauvres du comté, conformément à la procédure spécifiée. La clause pénale s'appliquant aux cas de fraude, d'après cette loi, se trouve au chapitre 72.

ÉTAT DE PENNSYLVANIE

Loi des pensions de vieillesse—No 141 de 1923
(*Voir* la Revue du Travail, Washington, décembre 1923, page 184)

La Loi de la Pennsylvanie (n° 141) ressemble, dans ses grandes lignes, à celles du Nevada et du Montana, mentionnées plus haut.

Une commission de secours de vieillesse doit être nommée par le gouverneur, dont les membres devront consacrer tout le temps qui sera nécessaire à la surveillance du travail, moyennant une certaine allocation par jour.

Cette Commission devra nommer un surintendant, moyennant un salaire n'excédant pas $1,800 par année, lequel surintendant pourra lui-même, avec l'approbation de la Commission, nommer des assistants et déterminer leurs devoirs et leurs salaires, payables à même les crédits passés par la législature.

Des Conseils de Comté consistant en trois résidants agissant sans rémunération, sauf les dépenses, exercent une surveillance locale, conjointement avec le Conseil de l'Etat.

Y compris le revenu qu'il reçoit de n'importe quelle source, le requérant ne devra pas recevoir plus de $1.00 par jour en bénéfices.

Les requérants devront avoir au moins 70 ans et avoir été citoyens des Etats-Unis et résidents de l'Etat durant au moins 15 années. Si cette période a été interrompue temporairement, cela ne lui enlève pas son droit à la pension. A la date de sa demande, il ne faut pas que le requérant soit enfermé dans une institution de correction publique quelconque, et nulle pension ne lui sera accordée s'il a, au cours des quinze années précédant sa demande, durant six mois au plus abandonné sa femme ou manqué sans bonne cause à son soutien ou à celui de ses enfants au-dessons de 15 ans; le même règlement s'applique à la femme. Le fait d'avoir été vagabond ou mendiant de profession, au cours de l'année précédente, constitue aussi un empêchement. S'il a un enfant ou une autre personne responsable de son soutien, l'Etat n'accordera pas de secours. Le fait de posséder, seul ou conjointement avec son épouse, de la propriété ayant une valeur de plus de $3,000, constitue un empêchement. On ne doit pas disposer d'une propriété afin d'avoir droit au secours. Toute succession qui reste est responsable des montants payés en secours au pensionnaire, en son vivant, avec intérêt simple de 3 p. 100.

Des certificats accordant du secours sont faits après enquête et ils doivent être renouvelés tous les ans. Les versements peuvent être faits mensuellement ou à tous les trois mois, selon que le décidera la Commission, et les montants peuvent être changés, selon les circonstances.

Les octrois ne sont pas sujets à la cession de biens, à la saisie ou à d'autres arrêts. Dans les cas de conviction pour crime ou autre délit passible d'emprisonnement pour un mois et plus, les payements seront suspendus pendant la période d'incarcération.

D'autres stipulations ont trait aux offenses, aux frais funéraires, aux payements faits aux institutions de charité, etc., où le pensionnaire pourrait se trouver dans le temps, aux cas d'incapacité, etc.

La somme de $25,000 est réservée à l'opération de la Loi durant les deux premières années.

COMMONWEALTH D'AUSTRALIE

Remarque.—Des détails sur la Loi relative aux pensions de vieillesse, 1908-9, du Commonwealth d'Australie, sont donnés à la page **64** du mémoire du comité, octobre **1912**. La Loi elle-même se trouve à la page **119**.

La Loi a été amendée en **1909, 1912, 1916, 1917, 1919, 1920** et **1923**.

La Loi de **1908-23** est divisée en Parties, comme suit:

    I. Introduction.
    II. Administration.
    III. Pensions aux vieillards.
    IV. Pensions pour les invalides.
    V. Pensions pour les vieillards et invalides.
        Division 1.—Taux des pensions.
        Division 2.—Réclamations de pensions.
        Division 3.—Payement des pensions.
    VI. Offenses.
    VII. Divers.

PERSONNES AYANT DROIT AUX PENSIONS DES VIEILLARDS

(Voir la Partie III de la Loi)

15 (1) Conformément à la présente Loi, toute personne ayant atteint l'âge de soixante-cinq ans ou étant incapable de travailler pour le reste de sa vie, aura, pendant son séjour en Australie, droit de recevoir une pension de vieillesse.

(2) Le Gouverneur-général peut, par proclamation, décréter que l'âge auquel les femmes auront droit à la pension de vieillesse, soit soixante-cinq ans (la proclamation est datée du **18** novembre **1910**), et après et à partir de la date de telle proclamation, le paragraphe précédant immédiatement celui-ci sera quant aux femmes, lu comme si le mot "soixante" était substitué au mot "soixante-cinq".

(3) Nulle pension de vieillesse ne sera accordée à une personne ayant moins de soixante-cinq ans, à moins et jusqu'à ce que sa demande soit recommandée par écrit par un sous-commissaire:

Pourvu que ce paragraphe ne s'applique pas aux femmes, après que la proclamation aura été émise, en vertu du paragraphe précédant immédiatement celui-ci.

PERSONNES N'AYANT AUCUN DROIT À LA PENSION

16. (1) Les personnes suivantes n'auront droit à la pension de vieillesse, à savoir:

(a) Les étrangers;

(b) ...Omis dans la modification de 1912;

(c) Les Asiatiques (exceptés ceux natifs d'Australie), ou les aborigènes d'Australie, d'Afrique, des Iles du Pacifique ou de la Nouvelle-Zélande. Clause conditionnelle dans la modification de 1912

(2) Nulle femme ayant marié une des personnes n'ayant, d'après le présent article, aucun droit à une pension, n'aura, comme résultat d'un tel mariage, droit aux bénéfices de la présente Loi.

CONDITIONS NÉCESSAIRES

17. Nulle personne ne recevra une pension de vieillesse, à moins—

(a) qu'elle ne réside en Australlie à la date de sa demande pour une pension;

(b) qu'elle ait, à ladite date, été continuellement résidante durant les dernières vingt années;

(c) qu'elle soit de bonnes mœurs;

(d) dans le cas d'un mari, qu'il n'ait pas, durant douze mois ou plus, au cours des cinq années précédant immédiatement cette date, abandonné, sans bonne raison, sa femme ou pourvu suffisamment à son soutien, ou négligé de soutenir ses enfants ayant moins de quatorze ans; dans le cas d'une femme, qu'elle n'ait pas, durant douze mois au cours des cinq années précédant immédiatement cette date, sans bonne raison, abandonné son mari ou ses enfants au-dessous de l'âge de quatorze ans.

(e) que la valeur capitale nette de toutes ses propriétés, soit en ou en dehors d'Australie, n'excède pas quatre cents livres;

(f) qu'elle ne se soit pas directement ou indirectement dépossédée de sa propriété ou son revenu, afin d'avoir droit à une pension et de la recevoir, et

(g) qu'on ne lui ait pas, au cours des six derniers mois, refusé un certificat de pension, excepté à cause de son âge ou de raisons qui n'existent plus lors de sa dernière demande.

BRÈVES ABSENCES FORTUITES

18. (1) Un séjour continuel en Australie ne sera pas considéré comme ayant été interrompu par des absences de circonstances n'excédant pas en tout un dixième de la période de résidence totale.

(**1A**) Un séjour continuel en Australie ne sera pas considéré comme ayant été interrompu par une absence dans un territoire sous l'autorité du Commonwealth, ou dans une possession britannique quelconque qui devient sous l'autorité du Commonwealth (inséré en 1909).

(2) Nulle personne, qu'elle soit requérante ou pensionnaire, ne sera considérée comme ayant été absente d'Australie, durant une période d'absence d'Australie, si elle prouve que durant cette période, son domicile était en Australie, et, si elle est mariée, que sa femme et sa famille, ou sa femme (si elle n'a pas de famille), ou sa famille (si elle n'a pas de femme), résidaient en Australie et étaient soutenues par elle.

APPENDICE No 4

Administration—Ministre, Commissaires, Greffiers et Magistrats spéciaux
(Voir la partie II de la Loi)

5. Il y aura un Commissaire des pensions à qui sera confiée l'administration générale de la présente loi, sujet à l'approbation du ministre.

5A. (1) Il pourra y avoir un commissaire adjoint des pensions qui détiendra les pouvoirs que lui aura délégués le Commissaire, ou tel que prescrit.

(2) Le Commissaire pourra, par écrit de sa main, déléguer au commissaire adjoint une partie des pouvoirs ou tous les pouvoirs qu'il détient en vertu de la présente loi.

(3) Toute délégation de pouvoirs conférés en vertu du présent article pourra être révoquée à volonté, et nulle délégation de ses pouvoirs n'empêchera le Commissaire d'exercer ceux-ci.

6. Il y aura un commissaire adjoint pour chaque Etat, lequel commissaire adjoint aura les pouvoirs que lui confère la présente loi, sujet à la juridiction du Commissaire;

Pourvu que là où le Commissaire met un district se trouvant dans un Etat quelconque, sous le contrôle duquel le district est placé, exercera et remplira, pour ledit district, tous les pouvoirs, les fonctions et les devoirs d'un commissaire adjoint.

7. Le commissaire et les commissaires adjoints, pour les fins de la présente loi,

(a) assigner des témoins;
(b) entendre des preuves sous serment; et
(c) exiger la production de documents.

8. Cet article se rapporte aux cas de désobéissance aux assignations—amende: cinquante livres.

9. Cet article a trait aux peines imposées à ceux qui refusent de déposer: cinquante livres.

10. Cet article autorise le Commissaire de diviser chaque Etat, en districts, pour les fins de la présente loi.

GREFFIERS

11. (1) Le gouverneur général pourra nommer autant de greffiers de pensions qu'il jugera nécessaire aux fins de la présente loi.

(2) Chaque greffier aura le pouvoir de faire prêter serment et aura tous les autres pouvoirs, ainsi que les devoirs et fonctions, qui lui sont imposés ou conférés par la présente loi.

12. Il sera du devoir de chaque greffier—

(a) de recevoir des demandes pour des pensions;
(b) d'examiner avec soin les demandes, tel que prescrit;
(c) en général, de tenir des livres et des registres, et faire toutes les choses prescrites par la loi ou ordonnées par le commissaire ou le commissaire adjoint.

13. Le commissaire, le commissaire adjoint et tous les commissaires adjoints nommés en vertu de la présente loi devront, avant d'entrer en fonctions ou d'exercer les pouvoirs conférés par cette loi, faire devant un juge de paix ou un commissaire des preuves, une déclaration conforme à la formule prescrite.

13a. Le gouverneur général pourra nommer tous les magistrats spéciaux du Commonwealth qu'il jugera nécessaire aux fins de la présente loi.

14. (1) Il sera loisible au ministre, relativement à certains sujets ou à une catégorie de sujets, ou à un Etat en particulier ou à une partie du Commonwealth, par écrit de sa main, de déléguer, en partie ou en totalité, les pouvoirs qui lui

sont conférés par la présente loi (à l'exception dudit pouvoir de délégation), de sorte que les pouvoirs ainsi délégués peuvent être exercés par les personnes auxquelles ils ont été transmis, relativement aux sujets, aux catégories de sujets, à l'Etat ou à une partie du Commonwealth spécifiés dans l'acte contenant la délégation desdits pouvoirs.

(2) Toute délégation de pouvoirs faite d'après le présent article sera révocable à volonté, et nulle délégation de pouvoirs empêchera le ministre d'exercer ses pouvoirs.

TAUX DE PENSIONS—PENSIONS POUR LES INVALIDES ET LES VIEILLARDS

(Voir aussi la Partie V de la Loi, art. 24, 25, 26)

Les trois premiers paragraphes ci-dessous sont extraits de l'annuaire officiel pour 1922, du Commonwealth de l'Australie:

La modification sanctionnée le 30 septembre 1916 constituait une très importante modification. L'article 24 statuait en premier lieu que la pension " ne doit excéder le taux de vingt-six livres par année, en aucun cas, et le taux ne doit pas être tel que le revenu du pensionnaire, y compris la pension, dépasse cinquante-deux livres par année." Il a été modifié (a) en omettant les mots "vingt-six livres" et en insérant à la place les mots "trente-deux livres et dix shillings", et (b) en omettant les mots "cinquante-deux livres" et en insérant à la place les mots "quarante-huit livres et dix shillings". L'article 26 statuait en premier lieu que si un requérant était nourri et logé, la valeur réelle ou estimée de ceci devait être considérée comme un revenu, jusqu'à concurrence de cinq shillings par semaine. Ceci a été modifié en omettant les mots "cinq shillings" et en insérant à leur place les mots "sept shillings et six pence."

En 1919, la loi a été modifiée davantage, et le taux de pension a été augmenté à trente-neuf (39) livres par année, et le montant maximum alloué a été augmenté à soixante-cinq (65) livres par année. La valeur estimée de la nourriture et du logement a été augmentée à 10 shillings par semaine.

En 1920, certaine stipulation a été passée relativement aux aveugles pour la vie, à l'effet que le taux annuel de la pension peut être tel (n'excédant pas 39 livres), que le revenu du pensionnaire, y compris sa pension, sera égal à un montant n'excédant pas 221 livres par année, ou tel autre montant que l'on jugera comme constituant des gages ordinaires.

Dans la loi relative aux pensions pour les invalides et les vieillards, 1908-1923, l'article 24 ayant trait aux " taux des pensions " se lit comme suit:

24. (1) Dans chaque cas, le montant de la pension devra constituer un taux que le commissaire ou le commissaire adjoint qui fixe le montant de la pension, en tenant compte de toutes les circonstances du cas, jugera raisonnable et suffisant, mais ne devra pas excéder quarante-cinq livres et dix shillings par année, en aucun cas, ni ne devra être assez élevé pour rapporter au pensionnaire un revenu, y compris sa pension, de plus de soixante-dix-huit livres par année:

Pourvu que dans le cas d'une personne aveugle pour la vie ayant droit à une pension, d'après la loi, le montant de la pension soit tel (n'excédant pas quarante-cinq livres et dix shillings (par année) que le revenu du pensionnaire et de l'épouse (ou le mari) du pensionnaire, ajouté à la pension sera égal à un montant n'excédant pas deux cent vingt et une livres par année, ou telle autre somme déterminée par une loi ou par une autorité constituée en vertu d'une loi quelconque, comme devant être le taux de gages établi dans la partie du Commonwealth où réside le pensionnaire;

Pourvu, en plus, que le revenu du mari ou de l'épouse d'une personne aveugle pour la vie, dans le cas d'un mari et sa femme vivant séparés, en vertu d'un décret, jugement, ordre ou loi de séparation, quelconque, ou dans le cas de raisons spéciales qui, de l'avis du Commissaire, sont suffisantes, ne soit pas pris en considération en fixant le taux de la pension payable à la personne aveugle.

(2) Dans le cas d'un pensionnaire qui aurait accumulé des propriétés, le montant de la pension sera sujet à une déduction d'une livre pour chaque dix livres complètes excédant cinquante livres de la valeur capitale nette des propriétés accumulées;

Pourvu que, dans les cas où le mari et la femme sont pensionnaires, sauf dans ceux où ils vivent séparés, en vertu d'une décret, jugement, ordre ou acte de séparation quelconque, la déduction dans le cas de chacun d'eux soit d'une livre pour chaque dix livres complètes excédant vingt-cinq livres de la valeur capitale nette des propriétés accumulées.

L'article 25 de la présente loi de 1908-1923 a trait à l'estimation de la valeur des propriétés accumulées. A ce sujet, la loi originale a été modifiée en 1912.

L'article 28 contient des règles pour calculer le revenu. A ce sujet la loi originale a été modifiée en 1912, en 1919 et en 1923.

Tel que rédigé dans la loi de 1908-1923, l'article 28 se lit comme suit: 26, dans le calcul du revenu—

(a) dans le cas d'une personne qui reçoit la nourriture ou le logement, ou la nourriture et le logement, la valeur ou coût réel ou estimé de ladite nourriture ou dudit logement, ou de ladite nourriture et dudit logement, n'excédant pas douze shillings et six sous par semaine, sera comprise.

(b) Dans le cas d'un mari et sa femme, sauf ceux où ils vivent séparés en vertu d'un décret, jugement, ordre ou loi de séparation quelconque, le revenu de chacun d'eux sera considéré comme étant la moitié du revenu total des deux;

Pourvu que, si, pour une raison spéciale, le commissaire, est d'avis que le présent paragraphe ne s'appliquera à aucun cas en particulier, il puisse ordonner qu'il ne s'appliquera pas; et

(c) chaque aveugle du sexe mâle ayant moins de soixante-cinq ans, et toute femme aveugle ayant moins de soixante ans, soient considérés comme gagnant des gages égaux au montant qu'il ou qu'elle pourrait gagner en faisant des efforts raisonnables.

PENSIONS POUR LES INVALIDES—AUSTRALIE
(voir aussi la partie V de cette loi)

19. Cette partie ne sera pas en vigueur à la promulgation de la présente loi, mais le deviendra à une date subséquente devant être fixée par proclamation. (Proclamation émise le 19 novembre 1910. Mise en vigueur le 15 décembre 1910).

20. Sous réserve de la présente loi, toute personne ayant plus de seize ans qui n'est plus capable de travailler, parce qu'elle est invalide, et qui ne reçoit pas une pension de vieillesse, aura droit, pendant son séjour en Australie, à une pension pour les invalides.

20A. Sous réserve de la présente loi, toute personne aveugle pour la vie, ayant plus de seize ans, qui n'a pas droit, d'après l'article 20, à une pension pour les invalides et qui ne reçoit pas une pension de vieillesse, aura droit, pendant son séjour en Australie, à une pension pour les invalides.

21. (1) Les personnes suivantes n'auront pas le droit de recevoir une pension pour les invalides, à savoir:

(a) Les étrangers. (b) Les Asiatiques (exceptés ceux natifs d'Australie), ou les aborigènes d'Australie, d'Afrique, des Iles du Pacifique ou de la Nouvelle-Zélande.

14-15 GEORGE V, A. 1924

(2) Nulle femme ayant épousé une des personnes qui n'a pas droit, d'après cet article, de recevoir une pension, ne perdra son droit à une pension, comme conséquence dudit mariage seulement.

22. (1) Nulle personne ne recevra une pension pour les invalides, à moins—

(a) Qu'elle réside en Australie à la date de sa demande pour une pension;

(b) Qu'elle ait, à cette date, résidé continuellement en Australie (selon la signification de l'article dix-huit) durant au moins cinq années;

(c) Qu'elle soit devenue, pendant qu'elle était en Australie, incapable de travailler ou aveugle pour la vie;

(d) Qu'elle ne se soit pas infligée intentionnellement l'accident ou l'état d'incapacité, et que ceux-ci n'aient pas été causés dans le but d'obtenir une pension;

(e) Qu'elle n'ait aucune réclamation contre un patron ou une compagnie quelconque, ou toute autre personne ou société, obligés en vertu d'un contrat privé ou d'une entente publique à l'entretenir ou la dédommager d'une manière suffisante, à cause d'un accident ou de son état d'incapacité;

(f) Que son revenu ou sa propriété n'excède pas la limite prescrite dans les cas des requérants des pensions de vieillesse;

(g) Qu'elle ne se soit pas volontairement privée de son revenu ou de sa propriété afin d'avoir droit à une pension; et

(h) Que ses parents, à savoir: son père, sa mère, son mari ou son épouse, séparément ou conjointement, ne la supportent pas d'une manière suffisante.

(2) Pour les fins de la Loi des pensions pour les invalides, une personne affligée d'un défaut congénital et qui est, à cause de cela, incapable de travailler ou aveugle pour la vie, sera considérée comme étant devenue incapable de travailler ou aveugle pour la vie, pendant son séjour en Australie, si elle a été amenée en Australie avant l'âge de trois ans ou a résidé continuellement en Australie durant vingt années.

23. (1) Le montant d'une pension pour un invalide sera, en tous les cas, déterminé par le commissaire ou le commissaire adjoint, en tenant compte de tout revenu ou de toute propriété appartenant au requérant, et du fait que ses parents contribuent à son support, aussi du fait qu'il a reçu d'une autre source une compensation à cause d'un accident quelconque.

(2) Le commissaire ou le commissaire adjoint, dans tous les cas d'invalidité, ainsi que dans les cas d'accidents où l'incapacité permanente n'est pas évidente, ordonnera que le requérant soit examiné par un médecin compétent, qui certifiera que, d'après lui, le requérant est incapable de travailler, donnant les raisons sur lesquelles il a basé son opinion;

Pourvu que l'examen ne soit pas exigé si le requérant réside loin d'un médecin compétent, et que dans les cas où les témoignages médicaux ne s'accordent pas, le commissaire ait le pouvoir de rejeter ou d'accepter la demande.

Remarque.—Les articles des parties V, VI et VII s'appliquent aux pensions de vieillesse et celles des invalides; aussi, la partie II, ayant trait à l'administration. Les articles de la partie III ont trait aux pensions de vieillesse seulement.

PAYEMENT DES PENSIONS
(Voir division 3 de la partie V)

39. (1) Les pensions seront payées en versements bimensuels.

(2) Afin de s'assurer du montant du versement d'une pension pour une période de quinze jours, la pension annuelle sera divisée par vingt-six.

(3) Le versement d'une pension pour une période de moins de quinze jours sera en proportion du nombre de jours dans les quinze jours.

(4) Les versements d'une pension seront payables au bureau mentionné dans le certificat de pension ou à tout lieu déterminé par le commissaire adjoint.

(5) Le bureau ou le lieu de payement pourra être changé de la manière prescrite.

RÉCLAMATIONS DE PENSIONS

27. (1) Toute personne réclamant une pension devra, de la manière prescrite, délivrer ou envoyer une réclamation au greffier du district où elle réside ou à un officier nommé dans ledit district.

(2) Quand la réclamation est envoyée à un officier attitré, il devra la remettre sans tarder au greffier du district.

Enquêtes par le greffier.—Voir l'article 28 et ses paragraphes.

Ayant rapport au magistrat.—Voir l'article 29 et ses paragraphes.

Enquête et récommandation par le magistrat.—Voir les articles 30 et 31 et leurs paragraphes.

AUSTRALIE

ETAT montrant le nombre de pensionnaires, les payements pour pensions, les frais d'administration, etc.

(Extrait de l'annuaire officiel d'Australie pour 1922, et des rapports du gouvernements pour 1923, obtenus de Melbourne.)

PENSIONS DE VIEILLESSE EN 1921

Nombre de pensions en vigueur le 30 juin 1921..		192,415
Nombre de pensionnaires mâles, le 30 juin 1921..	40,222	
Nombre de pensionnaires (femmes) le 30 juin 1921.. ..	62,193	
Nombre de réclamations examinées l'année finissant en juin 1921..	14,842	
Nombre de réclamations rejetées, l'année finissant en juin 1921..	2,295	
Nombre de réclamations accordées, l'année finissant en juin 1921..	12,547	
Ajoutez les cas transférés d'autres Etats..	1,540	
Ajoutez les pensions existant le 30 juin 1920..	99,170	
Total..		113,257
Déduisez les décès, l'année finissant le 30 juin 1921.. 7,601		
Déduisez les cas transférés à d'autres Etats et ceux cancellés, le 30 juin 1921.. 3,241		
		10,842
Total des pensions aux vieillards existant, le 30 juin 1921, tel que mentionné plus haut..		102,415

PENSIONS AUX INVALIDES EN 1921

Nombre de pensions existant le 30 juin 1921..		37,981
Nombre de pensionnaires (hommes), le 30 juin 1921	17,643	
Nombre de pensionnaires (femmes), le 30 juin 1921	20,338	
Nombre de réclamations examinées, l'année finissant en juin 1921..	9,185	
Nombre de réclamations rejetées, l'année finissant en juin 1921..	2,739	
Nombre de réclamations acceptées, l'année finissant en juin 1921..	6,446	
Ajoutez les cas transférés d'autres Etats, juin 1921..	415	
Ajoutez les pensions existant le 30 juin 1920..	35,231	
Total..	42,092	
Déduisez les décès, l'année finissant le 30 juin 1921..	2,419	
Déduisez les cas cancellés et ceux transférés à d'autres Etats..	1,692	
	4,111	
Total des pensions aux invalides existant le 30 juin 1921, tel que mentionné plus haut..		37,981
Total des pensions aux vieillards et aux invalides, le 30 juin 1921..		140,396

DÉBOURSÉS ET OBLIGATIONS EN 1921

Déboursés pour les pensions, l'année finissant le 30 juin 1921.. ..	£5,074,336
Montant payé aux asiles pour l'entretien des pensionnaires..	75,905
Frais d'administration, l'année finissant le 30 juin 1921..	88,271
Obligations totales pour les pensions, l'année finissant le 30 juin 1921.	5,263,523
Pension moyenne payée à tous les quinze jours, l'année finissant le 30 juin 1921..	28 s. 9 d.
Population du Commonwealth, 31 décembre 1921..	5,510,229
Nombre de pensionnaires par chaque 10,000 de population—	
Aux vieillards.. 192	
Aux invalides.. 71	

Total.. .. .. . 263 par chaque 10,000 de population, en 1921.

PENSIONS AUX VIEILLARDS EN 1923

Nombre de pensions existant le 30 juin 1923..		107,389
Nombre de pensionnaires (hommes), le 30 juin 1923..	42,585	
Nombre de pensionnaires (femmes), le 30 juin 1923..	64,804	
Pensions existant le 30 juin 1922..	105,096	
Ajoutez réclamations reçues, l'année finissant le 30 juin 1923	13,333	
Ajoutez les cas transférés d'autres Etats, le 30 juin 1923	· 1,820	
Ajoutez les réclamations non étudiées, le 30 juin 1923	739	
Total	120,988	

APPENDICE No 4

Déduisez les décès, l'année finissant le 30 juin 1923... 7,508
Déduisez les cas annulés et ceux transférés à d'autres
Etats 4,016
Déduisez les réclamations rejetées................ 1,460
Déduisez les réclamations non étudiées, l'année finis-
sant le 30 juin 1923......................... 615

       Déduction totales...................... 13,599
Nombre total des pensions existant le 30 juin 1923, tel
que mentionnés plus haut..................... 107,389

PENSIONS AUX INVALIDES EN 1923

Nombre de pensions existant le 30 juin 1923........ 40,064
Nombre de pensionnaires (hommes), le 30 juin 1923.. 18,451
Nombre de pensionnaires (femmes), le 30 juin 1923.. 21,613

Pensions existantes, pour l'année finissant le 30 juin
1922 39,019
Ajoutez les réclamations reçues, l'année finissant le 30
juin 1923............................... 6,453
Ajoutez les cas transférés, d'autres Etats, le 30 juin
1923..................................... 395
Ajoutez les réclamations non étudiées, l'année finissant
le 30 juin 1922........................... 632

       Total 46,499

Déduisez les décès, l'année finissant le 30 juin 1923.. 2,287
Déduisez les cas transférés à d'autres Etats et ceux
cancellés 1,834
Déduisez réclamations rejetées.................... 1,959
Déduisez les réclamations non étudiées, l'année finis-
sant le 30 juin 1923 355
       Déductions totales 6,435

Nombre total des pensions aux invalides existant le 30
juin 1923, tel que mentionné plus haut.......... 40,064

Nombre total des pensions aux vieillards et aux invalides, le 30 juin 1923........................ 147,453

DÉBOUSÉS ET OBLIGATIONS EN 1923

Déboursés pour pensions, l'année finissant le 30 juin 1923..........£ 5,337,936
Montant payé aux asiles pour l'entretien des pensionnaires.......... 86,080
Frais d'administration, l'année finissant le 30 juin 1923............. 87,910
Obligations totales, au dernier jour de l'exercice financier.......... 5,518,682
Pension moyenne payée à tous les quinze jours, au dernier jour..... 28s. 9d.
Pension maximum payable au pensionnaire, par année..............£ 39
Nombre de pensionnaires par chaque 10,000 de population:

      Aux vieillards.............. 191
      Aux invalides.............. 71.

NOUVELLE-ZÉLANDE

Remarque. — Voir aussi les détails aux pages 65 et 95 du Mémoire du comité de 1912, relatif à la Loi de la Nouvelle-Zélande, 1908.

PENSION AUX VIEILLARDS EN 1921

(Extrait d'un document publié par l'imprimeur du Gouvernement, obtenu de Wellington en 1923)

La loi relative aux pensions des vieillards, aux pensions militaires et aux pensions des veuves est comprise dans la Loi des Pensions de 1913, laquelle consiste en une compilation des lois précédentes, et dans la Loi modifiant celle des Pensions, en 1914, et dans les lois relatives aux finances de 1919 et 1920. L'historique des lois relatives aux pensions des vieillards se trouve dans les éditions antérieures de cet ouvrage.

POUR AVOIR DROIT AUX PENSIONS DES VIEILLARDS

Les conditions donnant droit à la pension aux vieillards sont, en résumé, les suivantes : —

(1) Le requérant, dans le cas d'un homme, doit avoir atteint l'âge de soixante-cinq ans, ou, dans le cas d'une femme, l'âge de soixante ans.

> *Remarque.* — L'âge pour la pension a été réduite à cinquante-cinq, dans le cas des femmes, et à soixante ans, dans le cas des hommes, quand le requérant est le parent de deux enfants ou plus ayant moins de quatorze ans, et de l'entretien desquels il est responsable. La pension payable, en de tels cas, peut être de n'importe quel montant jusqu'à concurrence de treize (13) livres par année, en sus de la pension ordinaire, payable tel que ci-dessous prescrit.

(2) Il faut que le requérant ait résidé continuellement en la Nouvelle-Zélande durant les vingt-cinq dernières années.

> *Remarque.* — Un séjour continuel ne sera pas interrompu par des absences ne dépassant pas deux ans. Une période d'absence supplémentaire est allouée pour chaque année de séjour additionnelle en plus des vingt-cinq années précédant immédiatement la date de la demande, pourvu que le requérant ait résidé dans la Nouvelle-Zélande durant les douze mois précédant immédiatement ladite date de la demande. Dans le cas d'un marin, le séjour continuel ne sera pas interrompu par des absences à bord d'un bateau enregistré dans la Nouvelle-Zélande, pourvu que le requérant prouve que son domicile est en la Nouvelle-Zélande.

(3) Il ne faut pas que le requérant, au cours des douze dernières années, ait été incarcéré durant quatre mois, ou quatre fois pour une offense passible de douze mois d'emprisonnement.

(4) Il ne faut pas que le requérant ait été, au cours des vingt-cinq dernières années, emprisonné durant cinq années pour une offense quelconque.

(5) Il ne faut pas que le requérant ait, au cours des douze dernières années, abandonné sa femme (ou son mari, selon le cas) et ses enfants.

(6) Il faut que le requérant ait mené une vie sobre et respectable, durant la dernière année.

(7) Il ne faut pas que le revenu annuel du requérant, s'il est célibataire, atteigne soixante-dix-huit (78) livres, et, s'il est marié, cent trente (130) livres.

(8) Il ne faut pas que la valeur nette de la propriété accumulée soit de trois cent quatre-vingt-dix (390) livres ou plus.

(9) Il ne faut pas que le requérant se soit privé de sa propriété ou de son revenu afin d'avoir droit à une pension.

APPENDICE Nᵒ 4

N'AYANT PAS DROIT À LA PENSION AUX VIEILLARDS

Tous les résidents de la Nouvelle-Zélande pouvant remplir les conditions nécessaires auront droit à la pension aux vieillards, sauf.

(1) Les maoris recevant des subventions autres que les pensions payables à même l'octroi autorisé par la Loi relative à la liste civile de 1908.

(2) Les étrangers.

(3) Les sujets naturalisés qui ne l'ont pas été depuis une année.

(4) Les Chinois ou autres Asiatiques, naturalisés ou non, qu'ils soient sujets britanniques de naissance ou non.

Remarque.—L'expression " étranger " n'est pas censée comprendre une femme qui a cessé d'être sujet britannique à cause de son mariage à un étranger, décédé depuis, ou dont elle est légalement séparée.

RÉCLAMATIONS DE PENSIONS—GREFFIERS—MAGISTRATS

Chaque requérant doit s'adresser au greffier du district où il réside et remplir une formule de réclamation. Le greffier procède de suite à la vérification de ce que le requérant a dit, et le résultat de son enquête est transmis, avec la formule de demande, au magistrat stipendiaire présidant la cour la plus rapprochée, alors qu'on fixe une date où le requérant sera examiné personnellement. Le magistrat, qui doit examiner chaque cas en a référé, a le pouvoir de dispenser le requérant de se présenter personnellement, s'il est convaincu que les preuves documentaires à l'appui de la réclamation sont suffisantes pour la justifier.

Le magistrat fait connaître sa décision au commissaire des pensions, qui, si la pension est autorisée, émet un certificat de pension pour le montant accordé, sans lequel nul payement ne peut être fait.

La période pendant laquelle la pension est accordée est de douze mois seulement, et une demande pour son renouvellement doit être faite chaque année. Le premier des douze versements mensuels est dû le premier du mois qui suit la date de l'autorisation de la pension par le magistrat. Les payements sont faits au bureau de poste.

Bien que la date d'échéance de chaque versement tombe le premier jour du mois, le payement peut être fait n'importe quel jour entre le 23e jour du mois précédent et le premier jour du mois suivant.

TAUX DE PENSION—AUGMENTATIONS

La loi originale de 1898 accordait une pension de £18 par année ou 6s. 11d. par semaine. Ce montant fut cependant augmenté à £26 par année (soit 10s. par semaine ou £2 3s. 4d. par mois), par la Loi modificatrice de 1905.

D'après la Loi financière de 1917, toute personne recevant une pension de vieillesse recevait un montant additionnel de 5s. par semaine, comme gratification de guerre, et, selon les dispositions de la Loi financière de 1920, cette gratification fut incorporée dans la pension statutaire, portant le montant de celle-ci à 15s. par semaine ou £39 par année.

La pleine pension de £39 peut être réduite de:

(1) £1 pour chaque £1 complète de revenu excédant £39.

(2) £1 pour chaque somme complète de £10 en propriété accumulée.

(3) £1 pour chaque année ou partie d'une année au-dessous de 65 ans, si le requérant n'a pas encore atteint cet âge.

Le revenu d'un requérant marié, pour les fins de la loi des pensions, est considéré comme étant la moitié des revenus combinés du mari et de la femme. Les revenus réunis d'un couple marié ne doivent pas excéder la somme de £130, y compris les pensions.

EN QUOI CONSISTE UN REVENU

Le revenu comprend la nourriture et le logement obtenus gratuitement, et est évalué jusqu'à £26 par année, mais il ne comprend pas:—

(*a*) L'assistance en cas de maladie ou des bénéfices en cas de décès, payés par une société de bienfaisance.

(*b*) Tout argent reçu de la vente ou de l'échange de terrain ou de propriété.

(*c*) Le capital dépensé pour le bénéfice du requérant ou du mari ou de l'épouse du requérant.

(*d*) L'argent ou la valeur en argent reçu en vertu du testament d'un mari ou d'une épouse décédés.

(*e*) Tout autre argent reçu par le requérant, n'excédant pas £39 dans une d'un bâtiment ou d'une autre propriété, ou sur les dommages causés à ceux-ci, par le feu ou autrement.

EXEMPTION ADDITIONNELLE

Une exemption additionnelle d'un des item suivants est aussi allouée, celui qui procure le montant de pension le plus élevé.

(*a*) Secours au moyen de charité jusqu'à concurrence de £52 dans une année.

(*b*) Toute pension payable en vertu de la Loi dite *Miners' Pathisis* de 1915.

(*c*) Secours sous forme de cadeaux ou allocations d'un parent, jusqu'à concurrence de £52 dans une année.

(*d*) Toute pension payable en vertu de la Loi relative aux pensions de guerre, 1915.

(*e*) Tout autre argent reçu par le requérant, n'excédant pas £39 dans une année.

EN QUOI CONSISTE LA PROPRIÉTÉ ACCUMULÉE

La propriété accumulée nette comprend la valeur capitale de tout immeuble et de toute propriété personnelle appartenant au requérant, autre que des polices d'assurance et des rentes viagères, ou autres intérêts à vie sur un capital dans lequel le requérant n'a pas d'autre intérêt que le revenu qu'il en tire, moins les déductions suivantes:

(1) Le montant de l'hypothèque sur la propriété.

(2) £390 provenant du logis, y compris le mobilier et les effets personnels.

(3) £50 provenant de toute autre propriété.

La propriété accumulée nette d'un mari ou d'une femme, pour les fins de la pension, est la moitié du montant total net des propriétés accumulées des deux.

La pension n'est pas modifiée par une augmentation de la valeur de la propriété servant exclusivement comme logis, laquelle est évaluée au même montant qu'à la date où la pension a été accordée.

Des mesures sont pourvues permettant d'inclure une propriété transportée ou léguée par testament par le mari ou l'épouse d'un requérant, en fixant le montant de la pension.

POURQUOI UN MAGISTRAT EXAMINE DE NOUVEAU UN CERTIFICAT DE PENSION

Si, au cours de la durée d'un certificat de pension, un pensionnaire, ou la femme ou le mari du pensionnaire, entrait en possession d'une propriété ou d'un revenu d'une valeur excédant le montant alloué par la loi, le commissaire pourra demander au magistrat d'annuler ou de modifier la pension. Un magistrat a le pouvoir d'examiner de nouveau, de sa propre initiative, toute décision antérieure et d'annuler ou de modifier tout certificat de pension.

OFFENSES—PEINES

Toute personne qui, au moyen d'une assertion volontairement fausse, obtient ou essaie d'obtenir une pension à laquelle elle n'a pas droit, est passible de six mois d'emprisonnement, ou d'une amende de £50, ainsi que toute personne qui l'aide ou l'encourage.

C'est une offense que de recevoir de l'argent en considération d'avoir obtenu une pension pour une personne; et c'est aussi une offense que de refuser de répondre à toute question concernant un requérant ou à toute assertion contenue dans une formule de demande, la peine consistant en une amende n'excédant pas £10 en chaque cas.

Quand on a découvert qu'un pensionnaire a reçu trop d'argent, et le magistrat est d'avis que ce montant excessif a été obtenu frauduleusement, le pensionnaire est passible, à part l'emprisonnement, d'une amende représentant deux fois la somme payée de trop.

TRANSPORTANT UNE PROPRIÉTÉ À UN FIDÉI-COMMISSAIRE AFIN D'OBTENIR UNE PENSION

Toute personne, ayant droit, à d'autres titres, à une pension, qui possède une propriété dans laquelle elle réside, laquelle ne permet pas qu'on lui accorde une pleine pension, peut obtenir le droit de recevoir une pleine pension en transportant ladite propriété à un fidéi-commissaire. On permet au pensionnaire de résider dans la propriété sans payer de loyer durant sa vie, mais il devra en payer tous les impôts et autres honoraires. Si un mari et sa femme, tous les deux pensionnaires, vivent ensemble, et que l'un d'eux meurt, on permet au survivant de continuer de résider dans la propriété. A la mort des deux pensionnaires, ou dans les cas où le pensionnaire survivant n'a plus droit à une pension, le fidéi-commissaire vendra la propriété, et, après avoir déduit du produit de la vente, le montant de la pension payé, comme conséquence du transport de la propriété, avec sa commission et un intérêt à 4 pour 100, il versera le reste à la personne ou aux personnes qui y ont droit. La loi accorde le privilège au pensionnaire, ou au survivant ou à son plus proche parent ou ses plus proches parents, de payer les montants susmentionnés, n'importe quel temps, afin de recouvrer la propriété et de prévenir la vente.

PENSIONNAIRES DANS LES ASILES

Une pension accordée à une personne entretenue dans une institution charitable est payée au conseil d'administration de cette institution, sur la production d'une autorisation signée par le greffier local. Dans de tels cas, une nouvelle autorisation est requise tous les mois.

Quand une personne à laquelle une pension a déjà été accordée, est envoyée à un asile d'aliénés, les versements d'une telle pension sont payables au département des asiles d'aliénés. Une personne admise à un hôpital d'aliénation mentale, cependant, ne peut pas faire une réclamation elle-même pour une pension.

LES PENSIONS SONT INALIÉNABLES

La pension étant destinée à l'entretien personnel du pensionnaire, est absolument inaliénable, que ce soit au moyen d'une loi de cession, d'une charge, d'une saisie, d'une faillite ou autrement.

Nul versement n'est payé quand, à la date d'échéance, le pensionnaire est en prison ou hors de la Nouvelle-Zélande.

Une pension de vieillesse n'est pas payable en sus d'une pension de veuve ou une pension militaire accordée aux vétérans de la guerre des Maoris.

Etat montrant le nombre de pensionnaires, les paiements pour pensions, les obligations annuelles, etc.

(Extrait du rapport annuel du département des Pensions, obtenu de Wellington, N.-Z.)

PENSIONS AUX VIEILLARDS EN 1921

	Européens	Maoris	Total
Pension existant le 31 mars 1920..	19,198	795	19,993
Nouvelles pensions accordées en 1920-21..	2,006	146	
Décès au cours de l'année 1920-21..	1,782	98	
Annulations en 1920-21..	423	5	
Diminution nette..			156
Pension existant le 31 mars 1921..	18,999	838	19,837
Population européenne totale, le 31 mars 1921..			1,204,722
Nombre total de pensionnaires européens, de soixante-cinq et plus, le 31 mars 1921..			16,121
Nombre total de pensionnaires (femmes), européens, de soixante à soixante-quatre, le 31 mars 1921..			2,878
Pourcentage de pensionnaires européens, en proportion de la population européenne totale..			1.6
Nouvelles réclamations envoyées..			2,760
Nouvelles réclamations rejetées..			617
Obligations de l'année, le 31 mars 1921..			£737,378
Montant de la pension, en moyenne			£ 37 3s.
Dépenses totales pour l'année..			£731,343
Diminution des chiffres de l'année précédente..			£ 1,625
Coût pour chaque Européen de la population..			12s. 2d.
Crédit du subside national..			£ 30,134
Remboursé au compte public..			£ 1,313
Nombre de pensionnaires dans les hospices et les hôpitaux..			940
Montant payé aux conseils de direction de ceux-ci..			£ 36,824
Nombre de pensionnaires dans les asiles d'aliénés..			90
Montant payé au département des Asiles d'aliénés, pour ceux-ci...			£ 3,124
Versements absolument confisqués..			£ 3,806
Versements confisqués mais subséquemment payés..			£ 4,919
Nombre total de réclamations envoyées jusqu'à date		72,035	
Nombre total de réclamations accordées..		56,214	
Nombre total de décès..		28,958	
Nombre total des cas annulés..		7,419	
Grand montant total payé depuis 1898..		£ 8,660,131	
Crédit total provenant du subside national..		£ 229,154	

PENSIONS AUX VIEILLARDS EN 1923

	Européens.	Maoris.	Total.
Pensions existant le 31 mars 1923..	19,587	904	20,491
Nouvelles pensions accordées, 1922-23..	2,533	248	
Décès au cours de l'année 1922-23..	1,673	90	
Cas annulés en 1922-23..	312		
Augmentation nette..			690
Pensions existant le 31 mars 1923..	20,135	1,046	21,181

APPENDICE No 4

L'année 1922-23

Population européenne totale, le 31 mars 1923..   1,271,750
Nombre total de pensionnaires européens, de soixante-cinq ans et
    plus, le 31 mars 1923..   15,641
Nombre total de pensionnaires européens (femmes), de soixante à
    soixante-quatre ans, le 31 mars 1923..   4,494
Pourcentage des pensionnaires européens en proportion de la popula-
    tion européenne totale.. .. ..   1.6
Nouvelles réclamations envoyées..   3,435
Nouvelles réclamations rejetées..   714
Obligations de l'année, le 31 mars 1923.. .. ..   £ 770,295
Montant des pensions, en moyenne.. .. ..   £ 36.7s.
Dépenses totales de l'année.. .. ..   £ 755,324
Augmentation dans les chiffres de l'année précédente.. .. ..   £ 11,704
Coût pour chaque personne de la population européenne.. .. .. ..   11s. 11d.
Crédit provenant du subside national.. .. ..   £ 28,547
Remboursé au compte public.. .. ..   £ 1,627
Nombre de pensionnaires dans les hôpitaux et les hospices..   974
Montant payé aux conseils de direction de ceux-ci.. .. ..   £ 39,210
Nombre de pensionnaires dans les asiles d'aliénés..   90
Montant payé au département des Hôpitaux pour les aliénés.. .. ..   £ 3,259
Versements non payés, au 31 mars 1923.. .. ..   £ 2,593
Versements confisqués mais subséquement payés.. .. ..   £ 3,906
    Nombre total de réclamations envoyées jusqu'à date   78,748
    Nombre total de réclamations acceptées..   61,548
    Nombre total de décès..   32,299
    Nombre total de cas annulés..   8,068
    Grand total payé depuis 1898.. .. ..   £10,159,075
    Crédit total provenant du subside national.. .. .. ..   £ 358,445

UNE LOI RELATIVE AUX PENSIONS DES VIEILLARDS, LE 20 AOÛT 1920

BELGIQUE

(Les détails de la loi originale relative aux pensions des vieillards, passée en Belgique, en 1900, sont contenus dans le mémoire du comité, octobre 1912, à la page 68. En 1900, l'Etat accorda des primes qui furent ajoutées aux dépôts de ceux qui s'étaient assurés contre la vieillesse. De tels dépôts furent versés à la banque des fonds de retraite, sous le contrôle de l'Etat, lesquels fonds étaient administrés conjointement avec les fond d'épargnes. Une seconde stipulation permettait aux vieillards indigents d'obtenir des octrois spéciaux se chiffrant à 65 francs (environ $13) par année, même quand ils n'avaient rien contribué à la dite assistance).

Remarque.—La loi de 1920, citée plus bas, telle qu'elle paraît à la page 36671 de la série de documents législatifs, au bureau international du Travail, 1920, Genève, Suisse, a été modifiée en avril 1922; les stipulations de la dite modification sont données plus bas.

LOI DU MOIS D'AOÛT 1920

1. Tout résidant belge en Belgique, qui est né avant le 1er janvier 1858. recevra, après avoir atteint l'âge de 65 ans, une pension annuelle, sujette aux conditions mentionnées plus bas.

Les nationaux d'autres pays accordant des avantages semblables à nos nationaux, pourront bénéficier de la dite pension.

14-15 GEORGE V, A. 1924

2. Les communes dans le Royaume seront divisées en trois catégories, afin de déterminer le montant maximum de la pension:

> 1e catégorie: Les communes ayant plus de 25,000 habitants.
> 2e catégorie: Les communes ayant de 5,001 à 25,000 habitants.
> 3e catégorie: Les communes ayant 5,000 habitants ou moins.

Il sera loisible à la délégation permanente de placer une commune dans une catégorie supérieure, après une consultation avec le Conseil communal et le comité des logements d'ouvriers, ainsi que les institutions de charité.

3. Le montant maximum de la pension sera fixé comme suit:

> Pour les communes de la 1re catégorie, 720 francs.
> Pour les communes de la 2me catégorie, 660 francs.
> Pour les communes de la 3me catégorie, 600 francs.

4. Le requérant recevra une pension au taux fixé pour la commune où il était domicilié et où il résidait le 1er janvier 1920. S'il est résidant d'une commune autre que celle où il est domicilié, la pension sera basée sur le taux de la commune comprise dans la catégorie la moins favorisée des deux.

5. Si le requérant possède certaines ressources, le montant maximum de la pension sera réduit par la valeur desdites ressources, selon l'échelle graduée suivante, le tout sujet aux exceptions mentionnées dans l'article qui suit:

	Ressources du requérant Francs	Montant de la pension Francs
1re catégorie..	Plus de 720	0
	600 à 720	120
	480 à 600	240
	360 à 480	360
	240 à 360	480
	120 à 240	600
	Moins de 120	720
2me catégorie..	Plus de 660	0
	550 à 660	110
	440 à 550	220
	330 à 440	330
	220 à 330	440
	110 à 220	550
	Moins de 110	660
3me catégorie..	Plus de 600	0
	500 à 600	100
	400 à 500	200
	300 à 400	300
	200 à 300	400
	100 à 200	500
	Moins de 100	600

6. Les règlements devant être suivis dans l'évaluation des ressources d'un requérant seront émis par ordonnance royale. Néanmoins, les ressources personnelles seulement du requérant, et celles, s'il y en a, du mari ou de la femme du requérant, devront être prises en considération; de plus, nulle déduction ne sera faite pour les raisons suivantes:

(1) Les gages de la personne intéressée et de son épouse ou son mari, avec les allocations de subsistance payées par leurs enfants ou autres descendants, jusqu'à concurrence de 50 pour 100.

(2) Les rentes viagères ou autres revenus provenant des efforts de la personne intéressée dans le but de faire des épargnes pour l'avenir, jusqu'à concurrence de 360 francs.

(3) Allocations pour les chevrons accordés pour service de guerre, et les allocations accordées aux porteurs de décorations pour service de guerre.

(4) Revenus provenant de la possession d'une maison rapportant un rendement évalué, déterminé par ordonnance royale.

7. Une personne qui, après avoir atteint l'âge de 55 ans, a suffisamment réduit ses moyens de subsistance dans le but d'avoir droit à une pension, au moyen du transport des dits revenus à ses enfants ou autres personnes, n'aura pas droit à une pension.

8. Les dépenses nécessaires au payement des pensions que la présente loi procure, seront imputables comme suit: $\frac{5}{8}$ sur l'Etat, $\frac{1}{8}$ sur les provinces et $\frac{2}{8}$ sur les communes.

Il sera loisible aux communes de payer leur part, en totalité ou en partie, par l'intermédiaire de l'agence des comités institués par l'autorité et des bureaux de secours, le tout sujet à l'approbation de la délégation permanente, après que les comités attitrés et les bureaux de secours ont été consultés.

9. Les pensions seront payées tous les trois mois par le ministère de l'Industrie, du Travail et de l'Approvisionnement. La part des provinces et des communes devra être déduite de la part de revenu en impôts qui leur est assignée par l'Etat.

10. Toute pension accordée en vertu de la présente loi, sera inaliénable et exempte de la saisie, sauf les sept-dixièmes du montant de la dite pension, pour le payement à un hôpital privé ou public, hospice, etc., du coût de l'entretien du pensionnaire qui y a été admis.

11. Toute personne qui fait de fausses déclarations dans le but d'obtenir une pension de vieillesse ou de la faire obtenir, ou d'obtenir une augmentation du taux de la pension, sera passible d'emprisonnement pour pas moins d'une semaine et pas plus d'un mois, ainsi que d'une amende de pas moins de 26 et pas plus de 200 francs, ou d'une de ces deux peines.

Par exception à l'article 100 du Code pénal, l'article 85 du dit code s'appliquera aux contraventions dont il est fait mention dans cet article.

En plus, une ordonnance sera passée pour le remboursement du montant total de la pension qui aurait été payé d'une manière irrégulière.

12. Les stipulations de l'article 9 de la loi du 10 mai 1900 (l'article 9 autorisait une pension de 65 francs par année aux personnes âgées de 65 ans le 1er janvier 1901), telle que modifiée par la loi du 17 juin 1919, et de l'article 19 (l'article 10 autorisait l'émission de règlements) de la loi du 10 mai 1900, sont par les présentes abrogées.

13. Les dépenses occasionnées par le payement des pensions autorisées par la présente loi et par le versement de primes, selon les lois du 10 mai 1900 et du 5 juin 1911 (loi relative aux pensions de vieillesse pour les marins), seront dorénavant acquittées sans avoir recours au fonds spécial fondé d'après l'article 11 de la loi du 10 mai 1900, et seront imputées au crédit annuel du ministère de l'industrie, du travail et de l'approvisionnement.

Le fonds de subside spécial continuera d'exister pour les fins de liquidation.

14. Des règlements pour l'administration de la présente loi seront promulgés par ordonnance royale.

Remarque.—Ces règlements ont été émis par 4 ordonnances royales, en date du 10 et du 11 novembre 1920.

La première ordonnance a trait à l'administration de la loi.

La seconde ordonnance détermine les procédures à suivre par les communes en appelant de la réclassification.

Les troisième et quatrième ordonnances contiennent les règlements pour le fonctionnement des commissions régionales et provinciales relatives aux pensions des vieillards, dans la considération des appels au sujet des dites pensions.

Un point notable consiste en la stipulation interdisant d'avoir droit aux pensions, toutes les personnes dans les prisons, les aliénés pauvres et ceux qui sont dans des lieux de détention pour les vagabonds.

Le taux de la pension n'est pas basé sur le lieu de résidence, à la date de la demande, mais sur le lieu de résidence, le 1er janvier 1920.

LA LOI D'AVRIL 1922

Dans la loi d'avril 1922, il y a une stipulation pour l'encouragement des sociétés de secours mutuel ou associations fraternelles reconnues par l'Etat, dans le but d'en affilier les membres au fonds général de retraite, en accordant à chacun de ces dits membres un octroi annuel de deux francs devant être ajoutés à la somme de trois francs, en chaque cas, quand le livret du membre montrera que les dits trois francs ont été déposés au crédit du fonds de retraite général, à condition que les transactions et les livres des dites sociétés de secours mutuel ou associations fraternelles n'accusent aucune irrégularité.

Cette stipulation de 1922 est aussi applicable aux nationaux des autres pays, qui sont devenus résidants de la Belgique, pourvu que le pays d'origine des dits nationaux, accordent des avantages semblables, en vertu de leurs lois relatives aux pensions de vieillards, aux Belges résidant dans ces pays.

L'argent que nécessite un tel subside est imputable sur le crédit du ministère de l'industrie et du travail.

FRANCE

Remarque.—Les détails du système de pensions aux vieillards, établi sous la loi de février 1910, par le gouvernement de la France, sont donnés, en ce qui concerne le taux de la pension, les conditions requises pour avoir droit aux pensions et la fondation du fond de retraite, dans le mémoire du comité, Chambre des Communes, octobre 1912, à la page 71.

La loi de 1910 vint en vigeur le 3 juillet 1911. L'âge pour la pension fut fixé à 65 ans, mais le 1er août 1912, ceci fut réduit à 60 ans. D'autre changements ont été effectués par des modifications, en 1914, 1918, 1920 et 1922, lesquelles sont ci-après notées.

Il y a deux systèmes dans cette législation de pensions aux vieillards, au moyen desquels les ouvriers et d'autres, tels que cultivateurs peu prospères, colocataires et ouvriers n'étant pas continuellement employés, peuvent s'assurer contre la vieillesse. Ceux dont le revenu annuel excède 3,000 francs sont enregistrés, d'après des stipulations obligatoires de la loi, tandis que les cultivateurs peu prospères, les ouvriers qui ne sont pas continuellement employés et les colocataires tombent sous les stipulations volontaires. L'Etat contribue aux deux systèmes, ainsi qu'au système autonome des mineurs qui a été subséquemment fondé par une loi, en 1914. Les patrons et les employés contribuent au système de mineurs et au système obligatoire.

Le rapport de M. Peyronnet, ministre du travail, accuse une diminution considérable dans le nombre de personnes qui s'assurèrent entre le 1er janvier 1913 et le 1er janvier 1918, chose que l'on considère comme étant due en partie aux conditions de guerre.

Afin de protéger les assurés pendant qu'ils sont en service actif, la loi a été modifiée, en décembre 1915, à l'effet que les contributions au fonds, de la part de ceux qui servaient à la guerre, ainsi que de ceux qui habitaient les parties envahies de la France, furent suspendues, tandis que ces personnes ne perdaient pas leurs droit acquis aux bénéfices de la loi. La stipulation protectrice relative aux habitants des districts envahis a été passée en avril 1918.

Le nombre total des assurés au premier janvier 1918, suivant la loi de 1910, était, selon le système obligatoire, de 7,077,350 et de 776,782, suivant le système volontaire. A la même date, en 1919, le nombre des assurés était respectivement de 6,887,499 et de 477,283, et cela, à l'exclusion des régions envahies. Au 31 décembre 1920, le nombre d'assurés sous le système obligatoire était de 7,966,669 et de 416,904 sous le système volontaire.

On remarquera cependant que durant les années 1919 et 1920, le nombre d'assurés sous le système obligatoire accusa une augmentation de 311,362; par ailleurs, le nombre d'assurés sous le système volontaire décrut de 46,318. Cela provenait de ce qu'en décembre 1918 une modification avait été formulée à la loi par laquelle les salariés dont le revenu annuel s'élevait jusqu'à 5,000 francs, au lieu de 3,000 comme jadis, pouvaient bénéficier du système d'assurances obligatoires. Les salariés dont le revenu annuel excédait 5,000 francs ne pouvaient jouir des privilèges et bénéfices de ce système.

En avril 1922, la loi fut de nouveau modifiée de façon à permettre aux salariés dont le revenu annuel n'excédait pas 10,000 francs de s'assurer sous le système obligatoire, et ils étaient obligés d'en agir ainsi à moins qu'ils n'aient au préalable profité d'autres fonds spéciaux destinés à cette fin tel que prévu au dixième paragraphe de cette loi. Les salariés dont les revenus pourraient, durant la période de gain et de versements, excéder 10,000 francs auraient droit aux avantages que donne le système d'assurances obligatoires pourvu qu'ils aient contribué durant quinze années au fonds des assurances obligatoires. Ces avantages furent subséquemment accordés aux salariés dont le revenu n'excédait pas 12,000 francs.

En 1918 et en 1919, le salaire des travailleurs augmenta d'une façon si notable, comparé à ce qu'il était avant la guerre pour un travail similaire, que le gouvernement se crut justifiable de changer les conditions requises, telles que décrites plus haut, quant au revenu annuel des salariés.

En février 1914, un fonds de pensions au vieil âge fut établi en faveur des mineurs. Suivant la loi, les propriétaires de mines devaient contribuer 4 p. 100 du salaire mensuel de leurs employés pour la création d'un fonds initial, et, de plus, les contributions ordinaires devaient être versées et par les employeurs et par les employés. Durant l'année 1919, 3,648 mineurs devinrent pensionnaires de l'Etat tel que stipulé au huitième paragraphe de la loi. Sur ce nombre, 1,632 mineurs recevaient un boni de 10 francs chacun parce qu'ils avaient eu, au cours de la période de versements au fonds de pensions, trois enfants de moins de 16 ans à soutenir.

ASSURÉS, PENSIONNAIRES ET FONDS EN 1920

Inscription totale des assurés, système obligatoire, au 31 décembre.. 7,966,669
Inscription totale des assurés, système volontaire, au 31 décembre.. 416,904
Total des assurés, système obligatoire, durant l'année 1920........ 378,865
Total des assurés, système volontaire, durant l'année 1920........ 9,349
Pensions accordées aux personnes âgées de 60 ans, du fonds des assurances obligatoires..................................... 71,131
Pensions accordées aux personnes de 55 à 59 ans, du fonds des assurances obligatoires..................................... 493
Pensions accordées, du fonds des assurances volontaires............ 25,799
Nombre de pensions accordées aux mineurs..................... 4,825
Contribution moyenne par assuré en 1920, près de........ 14 francs
Contribution annuelle moyenne par assuré au fonds de pensions... 15 francs
Produit total de la vente des timbres concernant le fonds de pensions en 1920................................. 27,021,108 francs

Nombre d'assurés contribuant au fonds de pensions...... 1,801,000 environ
Contribution totale, au fonds de pensions, provenant des
    employeurs et de l'Etat........................... 1,310,591 francs

ITALIE

Observations.—Les particularités du système d'assurances au vieil âge et
pour les invalides en opération en Italie sur le principe de contributions volontaires se trouvent dans le mémoire du comité, 1912, aux pages 73-75, démontrant
que le gouvernement émit sa première loi en 1898; elle fut modifiée en 1901,
1904, 1906.

En avril 1919, un décret fut émis, devenant force de loi en 1920, par lequel
un système d'assurances obligatoires au vieil âge et pour les invalides est substitué à l'ancien système d'assurances volontaires.

Qualités requises.—Les pensions sont accordées à l'âge de 65 ans, si, au
moins durant 240 quinzaines, les versements ont été payés. Au cas d'invalidité
permanente, alors que 120 versements ont été faits, une pension intégrale
devient payable. En certains cas, les personnes âgées de 60 à 65 ans peuvent
recevoir une pension à taux réduit lors même qu'elles payent encore les primes
exigibles pour obtenir une pension intégrale à l'âge de 65 ans.

Les assurés.—Tout sujet italien de 15 à 65 ans, travaillant dans une industrie, exerçant un métier ou une profession, se livrant à l'agriculture, étant fonctionnaire ou domestique, est obligé de s'assurer. La loi profite aux étrangers
lorsque leur pays d'origine garantit des avantages équivalents à leurs nationaux.

Exemptions.—Ne sont pas tenus de s'assurer suivant la loi toute personne
qui ne se livre pas à des travaux manuels et dont le salaire excède 14 livres. Les
employés civils et de la marine marchande. Un système d'assurances volontaires est établi en faveur (*a*) des ouvriers n'appartenant à aucun corps organisé
et dont le gain n'excède pas 168 livres, (*b*) des femmes, mariées ou célibataires,
employées comme domestiques, et, (*c*) des petits propriétaires paysans, des
boutiquiers, des professionnels à gages qui ne sont pas compris dans la catégorie (*a*), et dont les taxes annuelles ne dépassent pas 8 livres.

Contributions.—L'Etat fait une contribution de 4 livres par pension; les
employeurs et les employés contribuent dans une égale proportion, la somme
variant selon le salaire. Lorsque le salaire journalier est de 1 s., 7 d., ou moins,
la contribution par quinzaine est de 5 d.; lorsque le salaire journalier excède 8 s.,
la contribution est de 2 s., 5 d. Les employeurs sont responsables du plein
montant dont la moitié peut être déduite du salaire.

Les assurés ont le privilège d'augmenter leurs contributions par payements
volontaires.

Dispositions pour les veuves et les enfants.—Lorsqu'un employé meurt sans
avoir reçu une pension, sa veuve, ou ses enfants au-dessous de 15 ans ont droit
de recevoir 2 livres par mois durant les six mois qui suivent le décès. La moitié
de cette somme est payée par l'Etat.

Administration.—Le conseil d'administration se compose de six représentants des employeurs, de huit personnes assurées sous le système obligatoire, de
deux asurés sous le système volontaire ainsi que de cinq officiers spéciaux auxquels s'ajoute un représentant de chaque ministère. Les corps provinciaux
s'occupent de l'administration locale de la loi. Le conseil d'administration est
sous la direction du ministre de l'industrie, du commerce et du travail.

PENSIONNAIRES ÉLIGIBLES AU CANADA EN 1921

En Australie et en Nouvelle-Zélande, l'âge requis pour recevoir une pension au vieil âge est de 65 ans. D'après les statistiques de ces deux dominions britanniques en 1921, se rapportant au nombre de pensionnaires de vieil âge et à la population totale de chacun d'eux, nous pouvons calculer approximativement comme suit le nombre de personnes qui, au Canada en 1921, auraient les qualités requises pour recevoir une pension au vieil âge:

D'après les statistiques du recensement du Canada en 1921, nous avions une population de 8,788,483 habitants dont 419,107 de 65 ans et plus (214,367 de sexe masculin et 204,740 de sexe féminin).

L'Australie, avec une population, au 31 décembre 1921, de 5,510,229 habitants, payait le 30 juin 1921 une pension au vieil âge à 102,415 personnes. Cela équivaut à 19.2 pensionnaires pour chaque 1,000 de population. Sur cette base le Canada aurait 168,738 personnes ayant les qualités requises pour recevoir une pension au vieil âge.

La Nouvelle-Zélande, avec une population au 31 mars 1921 de 1,204,722 habitants (d'origine européenne), payait alors une pension au vieil âge à 19,837 personnes de 65 ans et plus, y compris les pensionnaires moaris. Cela équivaut à 16.6 pensionnaires pour chaque 1,000 de population. D'après ces chiffres le Canada aurait 145,888 pensionnaires éligibles.

Se basant sur la statistique d'Australie, le pourcentage des pensionnaires de vieil âge au Canada serait approximativement de 1.92 de notre population totale et approximativement de 40 pour cent de notre population âgée, à savoir les 419,107 personnes qui ont 65 ans et plus.

Se basant sur la statistique de la Nouvelle-Zélande, le nombre total de nos pensionnaires de vieil âge équivaudrait à 1.66 p. 100 de notre population totale, ou approximativement 35 pour cent des personnes âgées à savoir, les 419,107 personnes qui ont 65 ans et plus.

TAUX DE PENSIONS

La plus haute pension au vieil âge qui puisse être obtenue en Australie est de 45 livres, 10 s., c'est-à-dire environ $221.10 annuellement. En Nouvelle-Zélande, la pension maximum moyenne est de 36 livres 7 s., soit environ $176.64 annuellement.

Le maximum de la pension en Grande-Bretagne a varié depuis 1918 alors qu'il était de 5 s. par semaine. Ayant sous le rapport du revenu les mêmes avantages, le pensionnaire de 1918, au taux actuel, recevrait 10 s. par semaine.

Le projet de loi Berger du 11 février 1924, qui fut présenté à la chambre des représentants à Washington, préconise de donner $8.00 par semaine à toute personne parvenue à l'âge de 60 ans, pourvu que le revenu individuel n'excède pas $8.00 par semaine et une pension moindre si le revenu dépasse $8.00 par semaine.

Tous les systèmes de pensions ci-devant sont établis sur le principe non contributif. Ces statistiques et ces taux peuvent donner une idée assez juste de ce qu'il en coûterait au Canada d'établir un système de pensions au vieil âge si ce système était non contributif. Les systèmes européens, à l'exception de la Grande-Bretagne, sont tous, ou à peu près, contributifs de la part des employés, des employeurs et de l'Etat. L'établissement d'un système de pensions au vieil âge semble une ligne de conduite adoptée dans plusieurs pays d'Europe.

LA LOI BRITANNIQUE DE 1909, CHAPITRE 102

Une loi modifiant les lois de pensions au vieil âge 1908 et 1911, et la loi Debtors de 1869. (23 décembre 1919.)

Qu'il soit décrété par Sa Très Excellente Majesté le Roi, sur le conseil et du consentement des Seigneurs spirituels et temporels, de la chambre des députés réunis présentement dans le parlement, et sous leur autorité comme suit:—

A.D. 1919.
Taux des
pensions au
vieil âge.

8 Ed. 7,
c. 40.
A.D. 1919.
Modification
aux conditions
légales quant
à la signifi-
cation des mots
résidence et
nationalité.

1. Une loi de pensions au vieil âge suivant les lois de pensions au vieil âge de 1908 et de 1911, sera au taux tel que fixé dans le premier appendice de cette loi au lieu du taux tel que fixé dans l'appendice de la loi de pensions au vieil âge de 1908 (dans cette loi dénommée comme suit: "La loi de 1908").

2. (1) Ce qui suit sera substitué aux paragraphes (2) et (3) de l'article deux de la loi de 1908:—

"(2) La personne doit prouver à la satisfaction des officiers chargés de l'administration du fonds de pensions que, depuis au moins dix années précédant la date à laquelle cette personne a reçu des argents du fonds de pensions, elle a été sujet britannique.

"(3) La personne doit prouver à la satisfaction des officiers chargés de l'administration du fonds de pensions que ses revenus annuels calculés suivant la loi n'ont pas excédé quarante-neuf livres, dix-sept shellings six pennies.

1 & 2
Geo. V, c. 16.

(2) Le paragraphe (1) de l'article trois de la loi des pensions au vieil âge de 1911 (dans cette loi dénommée "la loi de 1911"), qui modifie les conditions légales quant à la nationalité d'une femme qui a épousé un étranger, sera effectif comme si tous les mots de "et que" jusqu'à la fin du paragraphe étaient omis.

(3) Ce qui suit sera substitué aux mots du paragraphe (2) de l'article trois de la loi de 1911, à savoir, du commencement du paragraphe jusqu'aux mots "cette mesure":—

"Ce sera une condition établie par la loi que toute personne, pour recevoir une pension au vieil âge, établisse à la satisfaction des administrateurs du fonds de pensions, qu'elle est d'origine britannique, qu'elle a, depuis qu'elle a atteint l'âge de 50 ans, élu résidence dans le Royaume-Uni pour une période de pas moins de dix années consécutives, et, si cette personne n'est pas d'origine britannique, qu'elle a résidé dans le Royaume-Uni durant une période de douze années consécutives:

"Pourvu que dans le but de déterminer la résidence dans le Royaume-Uni suivant cette mesure. . ."

Modification
quant au
défaut de
qualités
requises.

3. (1) Les mots suivants seront substitués au paragraphe (*a*) du paragraphe (1) de l'article trois de la loi de 1908:—

"(*a*) Lorsqu'elle est détenue dans un asile ou une autre institution d'assistance publique:

Pourvu qu'une personne qui est devenue pensionnaire dans un asile ou dans une autre institution d'assistance publique dans le but de subir un traitement médical ou chirurgical ne soit pas, durant une période de trois mois de la date à laquelle elle a été admise dans une telle institution, si toutefois elle requiert un si long traitement, privée de ses droits que si, ^A.D. 1912.^ seulement, cette personne est internée dans le but de recevoir ou de continuer à recevoir une pension au vieil âge."

(2) Les dispositions de l'alinéa (6) du paragraphe (1) de l'article trois de la loi 1908 (qui privent de ses droits toute personne qui, habituellement par défaut, ne travaille pas suivant ses aptitudes), cesseront d'être effectives.

(3) Les dispositions du paragraphe (2) de l'article trois de la loi de 1908, telles que modifiées par le paragraphe (2) de l'article quatre de la loi de 1911, en tant que ces dispositions privent de ses droits toute personne après la date de son élargissement de prison, et par le paragraphe (3) de l'article quatre de la loi de 1911 (laquelle loi fait perdre ses droits à toute personne trouvée coupable suivant la loi de 1898 qui a trait à l'état d'ivresse), cessent d'être effectives. ^61 & 62 Vict.^ ^c. 60.^

4. (1) Le paragraphe (1) de l'article deux de la loi de 1911 (qui a ^Calcul des^ ^moyens.^ trait au calcul des richesses) sera amendé comme suit:—

(*a*) La valeur annuelle de telle propriété tel qu'il est fait mention dans le paragraphe (*a*) du dit paragraphe (1) sera calculée comme suit, c'est-à-dire:—
(i) Les premières vingt-cinq livres de la valeur totale de la dite propriété seront exclues; et
(ii) La valeur annuelle des trois cent soixante et quinze livres suivantes du prix de la dite propriété sera considérée comme étant la douzième partie de la valeur totale; et
(iii) Outre les quatre cents livres déjà déduites, chaque quatre cents livres seront considérées comme représentant un dixième de la valeur annuelle de la dite propriété:
(*b*) En calculant le revenu mentionné dans l'alinéa (*b*) du dit paragraphe, il ne faut pas tenir compte, en quelqu'année que ce soit, qu'une personne, le mari ou la femme de cette personne ait pu recevoir avec certificat médical, comme cela peut arriver, quelques bénéfices en maladie d'une société mutuelle, d'une union commerciale ou provenant de la loi des assurances nationales de 1911, pourvu que ces bénéfices ne s'étendent pas à au delà d'une période de trois mois: ^1 & 2 Geo. V,^ ^c. 55.^
(*c*) Il ne faut pas tenir compte des effets personnels et du mobilier d'une personne quelle qu'en soit la valeur:
(*d*) Toute somme qu'un mari séparé de sa femme paye à cette dernière en vertu d'un règlement de séparation doit être déduite lorsque les moyens de cet homme sont calculés.

(2) Le paragraphe (2) de l'article deux de la loi de 1911 sera effectif comme si à la fin on y ajoutait les mots suivants: "Et ou l'un ou l'autre des époux est ou sont propriétaires d'une propriété quelconque, chacun d'eux sera considéré comme possédant la moitié de cette propriété."

5. Toute somme qu'une personne a reçue du fonds de pensions ^La pension^ ^ne devant^ au vieil âge ne sera pas comprise dans le calcul de ses richesses aux ^pas être^ ^comptée aux^ fins de la loi des Débiteurs, 1869. ^fins de la loi^ ^Debtors.^

6. (1) Les versements devront être faits sitôt qu'une pension sera ^32 & 33 Vict.,^ ^c. 62.^ autorisée, et si, en vertu d'une décision prise sur toute complication ^Date du^ survenue, une pension devient payable à taux plus élevé, cette dernière ^commencement^

sera payable le premier vendredi suivant la date à laquelle la demande d'une pension a été reçue par l'officier du fonds de pensions ou le
jour suivant la date à laquelle l'avis de la décision prise sera parvenu
à l'officier, comme il arrive dans certain cas, ou le premier vendredi
suivant la date à laquelle le pensionnaire est appelé à recevoir une
pension ou suivant la date à laquelle la pension devient payable à
taux plus élevé, un vendredi si ces dates sont un vendredi.

(2) Si une fête légale nationale tombe un vendredi, le bureau du
trésor peut, suivant bon vouloir, envoyer les sommes dues ce jour-là
sur les pensions au vieil âge un autre jour, plus tôt ou plus tard.

7. Des règlements peuvent être faits suivant la loi de 1908 permettant à un comité local de pensions de désigner une personne pour
exercer de la part de tout prétendant ou pensionnaire qui est, pour
cause d'incapacité mentale ou autres, dans l'impossibilité de faire
valoir les droits que lui confèrent les lois de 1908 et de 1911 telles
que modifiées par cette loi, et d'autoriser toute personne ainsi nommée
de recevoir de la part et dans l'intérêt du prétendant ou du pensionnaire toutes les sommes provenant du fonds de pension au vieil âge.

8. Si une personne qui reçoit une pension lors de la mise en vigueur
de cette loi ou dont la demande d'une pension a été au préalable agréée,
sollicite que la moyenne de sa pension soit plus élevée de manière
à ce qu'elle soit conforme à l'échelle contenue dans le premier appendice de cette loi, la demande, au lieu d'être étudiée et disposée de la
manière prévue dans l'article sept de la loi de 1908, sera étudiée et
disposée par l'officier du fonds de pensions:

Pourvu que, le prétendant n'étant pas satisfait de la décision de
l'officier du fonds de pensions, il puisse en appeler de sa décision au
comité local qui étudiera le cas et rendra sa décision là-dessus comme
si la décision de l'officier du fonds de pension était le rapport d'un
officier qui aurait été chargé de s'enquérir de la légitimité d'une demande de pension et de faire rapport suivant le dit article sept.

9. (1) Si les moyens d'une personne, recevant une pension
lors de la mise en vigueur de cette loi, étaient plus considérables
étant calculés suivant les prescriptions des lois de 1908 et de 1911,
telles qu'amendées par cette loi, qu'ils seraient étant calculés suivant
les prescriptions de ces mêmes lois non amendées, les moyens de cette
personne, suivant l'esprit des lois de 1908, de 1911 et de celle-ci, ils con-
tinueront d'être calculés comme si la présente loi n'avait pas été
passée.

(2) Cette loi sera en vigueur le deuxième jour de janvier 1920.
les conditions légales pour recevoir une pension au vieil âge ne prive-
ront de ses droits toute personne recevant une pension au vieil âge,
lors de la mise en vigueur de cette loi, de continuer à recevoir une
pension.

10. (1) Cette loi peut être dénommée la loi des pensions au vieil
âge 1919, et ne fera qu'une avec les lois de pensions au vieil âge de
1908 et de 1911, et ces deux dernières et la présente loi peuvent être
ensembles dénommées, les lois de pensions au vieil âge de 1908 à 1919.

(2) Cette loi sera en viggueur le deuxième jour de janvier 1920.

(3) Les décrets mentionnés dans le second appendice de cette
loi sont par la présente revoqués dans la mesure décrite dans la
troisième colonne de cet appendice.

APPENDICES
PREMIER APPENDICE
TAUX DES PENSIONS

| Moyens du Prétendant ou Pensionnaire. | Taux des pensions par semaine. |

Quand les moyens annuels du prétendant ou pensionnaire sont calculés suivant les lois des pensions au vieil âge de 1908 et de 1911 telles qu'amendées par cette loi—

N'excédant pas £26 5 s. . . . . .10 s.
Excédant £31 5 s., mais n'excédant pas £36 10 s. . . . . 8 s.
   "   £31 10 s.   "   "   "   £36 15 s. . . . 6 s.
   "   £36 15 s.   "   "   "   £42 . . . . 4 s.
   "   £42   "   "   "   £47 5 s. . . . 2 s.
   "   £47 5 s.   "   "   "   £49 17 s. 6 d. 1 s.
   "   £49 17 s. 6 d. . . . . Aucune pension.

DEUXIÈME APPENDICE
DÉCRETS RÉVOQUÉS

Section 1 et 8.

Session et Chapitre	Titre abrégé	Limite de révocation
8 Edw. 7. c. 40.	Loi de pensions au vieil âge, 1908.	Paragraphe (2) de l'article un; alinéa (b) du paragraphe(1) de l'article trois et dans le paragraphe (2) de cet article les mots "et pour une période additionnelle de dix ans après la date à laquelle il est élargi de prison"; le paragraphe (2) de l'article cinq; Appendice.
1 et 2 Geo. V. c. 16. .	Loi de pensions au vieil âge, 1911.	Dans le paragraphe (1) de l'article trois les mots de "et que" jusqu'à la fin du paragraphe; article quatre.

CHAMBRE DES COMMUNES,
SALLE DES COMITÉS No 436,
MARDI, LE 20 MAI 1924

Le comité spécial des pensions au vieil âge s'est réuni à 11 heures du matin sous la présidence de M. Raymond, le président.

Le PRÉSIDENT:—Messieurs, il n'y eut que trois membres qui purent assister à la dernière réunion du comité, le 16 mai dernier, mais nous avons avisé alors à ce que nous pourrions faire, et nous avons cru devoir inviter M. Moore, le président du congrès des métiers et du travail, qui doit partir à la fin de la semaine pour un voyage d'outre-mer, à rendre témoignage. Nous avons appris qu'il serait assez aimable d'être ici aujourd'hui; c'est là la raison de la convocation de ce comité ce matin. Entre temps, le secrétaire a préparé un résumé, l'historique du mouvement en faveur d'une pension au vieil âge, à savoir de 1907 jusqu'à présent. Ce résumé a été transmis à chacun des membres de ce comité. Vous y trouverez d'une manière très complète tout ce qui a été fait à ce sujet soit à la Chambre des Communes, soit au comité. Je suggérerais, messieurs, que dans l'impression des délibérations du jour on y inclut ce résumé, si quelqu'un voulait bien proposer une résolution à cet effet.

Proposé par M. St-Père et secondé par M. Spence que l'historique sur la question des pensions au vieil âge préparé par V. Cloutier soit inclus dans l'impression des délibérations du jour.

Adopté.

85951—4—4

RÉSOLUTIONS ÉTUDIÉES PAR LE PARLEMENT CANADIEN SUR L'ÉTABLISSEMENT D'UN SYSTÈME DE PENSIONS AU VIEIL ÂGE AU CANADA

(Historique soumis par V. Cloutier, secrétaire du comité)

En 1907

(Session de 1906-7)

Le 20 février 1907, M. R. A. Pringle (Stormont) proposa la résolution suivante:—

" Que dans l'opinion de cette Chambre la question d'améliorer le sort des personnes âgées, pauvres et méritantes est digne de la considération et devrait recevoir l'attention prochaine et sérieuse du Gouvernement et du Parlement."

Outre M. Pringle, les membres suivants adressèrent la parole à la Chambre sur le mérite de cette question: le très hon. sir Wilfrid Laurier, M. F. W. Maclean (York), l'hon. M. Lemieux, MM. Verville, Porter, Robitaille et Bourassa.

Le vote n'ayant pas été exigé sur la résolution, elle fut retirée. (Voir Journal des Débats, 1906-7, pp. 3374-3394.)

En 1908

(Session de 1907-8)

Le 3 février 1908, M. R. A. Pringle proposa:—

" Qu'un comité spécial de neuf membres soit nommé pour étudier et considérer un ou des systèmes, subventionnés par l'Etat ou autrement, à établir comme mesure de prévoyance pour les personnes âgées, pauvres et méritantes."

Cette résolution fut appuyée par MM. Macdonell (Toronto), Logan, Smith (Nanaïmo), le très hon. sir Wilfrid Laurier, sir George Foster, le très hon. M. Fielding, M. Alex. Johnston, M. A. A. Lefurgey.

Le 10 février 1908, un comité spécial de neuf membres fut formé; l'hon. M. Lemieux en fut élu président. Il y eut trois réunions de ce comité, mais à cause des séances du matin de la Chambre lesquelles séances avaient commencé à la suite des trois réunions, il fut impossible de réunir de nouveau le comité. Aucun rapport, autre qu'un compte rendu verbal donné par le président, ne fut présenté à la Chambre. Ce compte rendu fut donné le 10 juillet de la même année. Il serait à remarquer que dix jours plus tard " La loi des rentes annuelles au vieil âge " fut approuvée par le Gouverneur Général. (Voir Journal des Débats, 1907-8, pp. 2398-2435, aussi p. 12660.)

En 1912

(Session de 1911-12)

Le 17 janvier 1912, M. J. H. Burnham proposa:—

" Que dans l'opinion de cette Chambre, il est à propos qu'un comité spécial soit formé par cette Chambre pour se renseigner au sujet d'un système de pensions au vieil âge pour le Canada, ayant pouvoir de sommer toute personne à comparaître, de faire produire documents et minutes, et devant faire rapport de temps à autre."

Cette résolution fut appuyée par l'hon. E. M. Macdonald, et le ministre des finances d'alors, Sir Thomas White, approuva l'objet de cette résolution. Lors du débat qui eut lieu sur le mérite de la question, les membres suivants adressèrent aussi la parole à la Chambre: MM. Verville, Pardee, Nickle, Clark (Red Deer), Currie (North Simcoe), sir George Foster, et l'hon. R. Lemieux. (Voir Journal des Débats, 1911-12, pp. 1352-1390.)

La discussion fut reprise le 24 janvier par l'hon. E. M. Macdonald, M. Carroll, l'bon. R. Lemieux, sir George Foster, et par l'hon. M. Emmerson. (Voir Journal des débats, 1911-12, pp. 1822-1839.)

Le 31 Janvier 1912, un comité spécial de douze membres fut formé; M. J. H. Burnham en fut élu président. Il y eut quatre séances de ce comité auxquelles furent entendues quelques dépositions; un rapport en fut présenté à la Chambre le 25 mars recommandant que plus amples informations soient obtenues quant au fonctionnement des systèmes de pensions au vieil âge en Canada et en d'autres pays. (Voir Journal des Débats, 1911-912, p. 386.)

En 1913

(Session de 1912-13)

Le 10 décembre 1912, M. J. H. Burnham proposa:—

" Que dans l'opinion de cette Chambre un comité spécial soit formé pour se renseigner sur un système de pensions au vieil âge pour le Canada et ayant pouvoir de sommer toute personne à comparaître, de faire produire documents et minutes, et devant faire rapport de temps à autre." (Voir Journal des Débats, 1912-13, p. 89).

Le 27 janvier 1913, la Chambre ordonna:—

" Que, pour faire suite à une résolution approuvée par la Chambre le 10 décembre dernier autorisant la formation d'un comité spécial pour se renseigner sur un système de pensions au vieil âge, les membres suivants constituent ce comité: MM. Bradbury, Buchanan, Burnham, Carroll, Crocket, Currie, Guthrie, Jameson, Macdonald, Mondou, Verville, et White (Leeds)." (Voir Journal des Débats, 1912-13, p. 170.)

Le procès-verbal de ce comité comprenait la somme considérable des dépositions qu'on y reçut de même que les informations obtenues de sources diverses par correspondances. Le comité fit rapport à la Chambre le 21 mai 1913, recommandant la formation d'un comité à la prochaine session. (Voir Journal des Débats, p. 625).

Pour ce qui se rapporte à la discussion au sujet de l'impression des dépositions et des délibérations, voir Journal des Débats, 1912-13, Vol. VI, pp. 10527 et 10677. Les délibérations et les dépositions en question qui sont annexées au rapport couvrent quelque 262 pages, mais le rapport lui-même ne couvre qu'une page, nommément la page 625 du Journal des Débats.

En 1914

Le 4 mars 1914, M. G. W. Kyte (Richmond) proposa:—

" Que dans l'opinion de cette Chambre un système de pensions au vieil âge devrait être inauguré au Canada."

M. Kyte, ayant parlé en faveur de la résolution, fut suivi par M. Burnham, M. Carroll, l'hon. E. M. Macdonald, le docteur Alguire, l'hon. G. P. Graham et Sir Thomas White. (Voir Journal des Débats, 1914, pp. 1333-1354, Vol. II).

14-15 GEORGE V, A. 1924

Il est indiqué à la page 1345 du Journal des Débats de 1914, que sir Thomas White, en concluant ses remarques, demanda le privilège de proposer l'ajournement du débat. Cette proposition fut agréée.

En 1922

Le premier mai 1922, M. J. E. Fontaine (Hull) proposa:—

" Que dans l'opinion de cette Chambre le gouvernement du Dominion devrait considérer opportun d'étudier les voies et moyens judicieux en vue d'établir un système de pensions au vieil âge au Canada." (Voir Journal des Débats, 1922, Vol. II, p. 1303).

La résolution de M. Fontaine fut approuvée.

Le PRÉSIDENT: Je comprends que M. Fontaine désire, par cette résolution faire comparaître devant ce comité un autre témoin.

M. FONTAINE: Je proposerais qu'un représentant des unions ouvrières nationales de Québec fut appelé à comparaître devant ce comité.

M. PRESTON: J'appuierai cette résolution.

Adoptée.

Le PRÉSIDENT: Maintenant, messieurs, nous allons procéder à l'audition du témoignage de M. Moore, le président du congrès des métiers et du travail au Canada.

MINUTES DES DÉPOSITIONS

M. Tom Moore, un témoin, est appelé..

Monsieur le président, et messieurs les membres du comité, bien que je ne puisse invoquer que le fait d'avoir été demandé de rendre témoignage devant ce comité m'a pris entièrement au dépourvu, ayant depuis assez longtemps fait des démarches pour que le Parlement s'intéresse lui-même à cette question, sachant par ailleurs qu'un comité de la Chambre avait été formé, je dois avouer que, jusqu'à ce que je reçus vendredi une communication par téléphone, je ne croyais pas que votre comité serait prêt à recevoir si tôt quelques suggestions de notre organisation. Cependant, lorsque votre secrétaire m'a téléphoné vendredi, j'ai cru devoir faire de mon mieux dans le court espace de temps que j'avais à ma disposition pour comparaître devant vous ce matin, appréciant le fait que vous avez voulu convoquer cette réunion de façon à ce que je puisse comparaître personnellement avant de quitter pour assister aux conférences internationales du travail outre-mer. Entre temps, je dus malheureusement aller à Montréal, de sorte que ce que j'ai préparé a été préparé à la hâte. Ce travail est bref, comparativement du moins, mais je crois néanmoins qu'il couvre la position prise par nos organisations sur cette question particulière. Cette question n'est pas nouvelle pour nos organisations; elle a été étudiée depuis plusieurs années, et ce que je vous présente n'est pas mon opinion personnelle mais les déclarations officielles du congrès des métiers et du travail au Canada. Peut-être pourrais-je, puisque je parle occasionnellement de la composition de notre organisation par rapport à ses membres, dire un mot de notre organisation avant de lire le mémoire. Le congrès des métiers et du travail se compose des sociétaires canadiens des unions internationales et de quelques unions nationales telles que celles des facteurs, des employés civils et autres dans le Dominion du Canada. Les citoyens canadiens seulement prennent une part exclusive aux délibérations. Personne autre n'a quoi que ce soit à faire quant aux affaires, aux déclarations ou aux décisions du congrès des métiers et du travail. Je veux que cela soit parfaitement compris, au cas où il existerait dans l'esprit de quelqu'un l'opinion que les déclarations du congrès des métiers et du travail qui vous sont transmises proviennent d'organisations étrangères ayant ses ramifications en dehors du Canada. Il est vrai que les unions dont font partie un grand nombre de nos sociétaires ont dans un but économique et industriel leurs quartiers généraux aux Etats-Unis, mais quand il s'agit de questions qui affectent le développement du Canada le congrès des métiers et du travail est le corps délibératif sur ces questions, et ainsi, je veux que les membres de ce comité soient convaincus que c'est purement le point de vue canadien qui leur sera présenté, que nos déclarations sont formulées et nos décisions prises que par des citoyens canadiens.

L'organisation s'étend dans chacune des provinces du Dominion, de l'Atlantique au Pacifique. Elle se compose d'hommes et de femmes, appartenant à toutes les dénominations, se donnant à des occupations variées. Nous ne prétendons pas représenter tous les travailleurs du Dominion ni tous les groupements ouvriers organisés, mais il serait bon pour votre comité de considérer, en outre des miennes, toutes les représentations qui vous ont été faites et ce qui a été dit antérieurement dans ce comité par un ou plusieurs officiers de l'union des cheminots. Cette dernière comprend: la fraternité des mécaniciens et des chanffeurs de locomotives. la fraternité des ingénieurs de locomotives, la fraternité des conducteurs sur les chemins de fer, la fraternité des employés préposés aux convois de chemins de fer; ces quatre organisations représentent un nombre con-

[M. Tom Moore.]

sidérable d'employés de chemins de fer lesquels employés ne sont affiliés ni à notre congrès ni aux organisations mentionnées ce matin. Je veux aller un peu plus loin en faisant la suggestion que, s'étant activement occupés de législations, peut-être leur point de vué serait de quelqu'intérêt pour vous.

Après ces quelques remarques je demanderais la permission de lire le court mémoire que j'ai préparé.

PENSION AU VIEIL ÂGE

MÉMOIRE soumis de la part du congrès des métiers et du travail du Canada

Mai 1924.

Depuis un grand nombre d'années, le congrès des métiers et du travail du Canada réclame à ses conventions annuelles l'établissement au Canada d'un système de pensions pour les personnes âgées. La nécessité d'une telle législation est constamment la préoccupation des ouvriers bien qu'il n'a pas été possible d'établir une statistique du nombre actuel des ouvriers nécessiteux résidant dans le Dominion.

Faisant suite à ces déclarations, la déclaration suivante fut unanimement adoptée à la convention du congrès des métiers et du travail du Canada tenue en la cité de Vancouver du 10 au 14 septembre 1923.

"Le Canada est encore au nombre des quelques pays industriels qui n'ont pas pris de mesures de protection pour leurs travailleurs âgés.

"On prétend que le Canada étant un pays nouveau, de telles mesures ne sont pas nécessaires, mais pour ceux qui sont en contact immédiat avec les salariés l'impérieux besoin de telles mesures de protection est de plus en plus apparent. Le Canada est un pays pour les jeunes gens et, le déversement d'immigrants jeunes et vigoureux qui répondent aux besoins de l'industrie, rend aux travailleurs âgés la tâche encore plus difficile de trouver de l'emploi.

"La création d'une pension au vieil âge ne détruirait pas l'esprit d'économie. Actuellement les plus grandes victimes sont ceux qui, ayant pu par leurs économies acquérir une modeste demeure ou des ayants droit sur une, se trouvent désormais dans l'impossibilité de trouver de l'emploi pour subvenir à leur subsistance, au payement des taxes, etc., voient ainsi leur demeure leur échapper. Leur seul espoir, dans les conditions actuelles, est qu'ils puissent mourir avant d'avoir entièrement dissipé leur peu d'économies.

"Basées sur l'examen d'un certain nombre de lois de pensions au vieil âge et sur les conditions existantes au Canada, les suggestions suivantes furent faites:—

"(1) Le gouvernement fédéral devrait avoir la responsabilité d'assurer la protection des travailleurs âgés. Cela assurerait à tous les citoyens du Canada un traitement uniforme sans égard à la province qu'ils habitent et, cela abolirait en même temps les nombreux abus qui se sont élevés dans les endroits où il existe des systèmes de pensions sous le contrôle des employeurs.

"(2) La législation devrait prévoir à l'accord d'une pension à tous ceux qui ont atteint la limite d'âge fixée, à l'exclusion cependant de ceux qui se sont assuré un revenu suffisant. Cela remédierait en outre à beaucoup de difficultés qui s'éleveraient si le soin de déterminer quelles sont les personnes éligibles était laissé à la discrétion d'un individu ou d'une commission."

[M. Tom Moore.]

Je dois dire, en passant, que cette suggestion veut que la loi s'étende à tous les individus, et alors les exceptions seront déterminées par une commission, non pas suivant les règlements de certaines commissions à l'heure actuelle. Prenez la loi de l'allocation aux mères où il vous faut prouver nécessité avant d'être admis à recevoir une pension. Nous soumettons qu'il y a une grande différence entre prouver nécessité et prouver le contraire. C'est là la signification de ce paragraphe.

M. SPENCE: Alors vous faites une distinction défavorable à celui qui a été économe et qui a accumulé assez d'argent pour ses vieux jours.

Le TÉMOIN: Non, monsieur, vous ne pouvez sûrement pas faire appel aux citoyens en faveur d'un homme qui a économisé assez d'argent pour être complètement indépendant; ses revenus du reste ne sont peut-être pas de ses propres économies ou peut-être a-t-il hérité de quelqu'individu qui lui a laissé suffisamment d'argent pour vivre. Dans ces différents cas, quels que soient les règlements à formuler, il faudrait faire exception pour les personnes qui ont un revenu suffisant, attendu qu'il serait injustifiable de leur accorder une pension. Par exemple, je ne crois pas qu'un député qui aurait été membre du parlement durant plusieurs années de même qu'un chef ouvrier puisse avoir droit à une telle pension.

"(3) La pension devrait être à la portée de ceux qui ont atteint la limite d'âge (qui ne devrait pas être plus de 65 ans) et à ceux qui, moins avancés en âge, sont devenus impotents ou incapables de gagner leur vie."

Dans ce cas, exception devrait être faite pour ceux qui, sous les lois des compensations aux ouvriers, bénéficient déjà d'une pension.

"(4) La pension devrait être à la portée de ceux qui ont eu durant un nombre raisonnable d'années, exception faite pour de courtes absences, leur domicile au Canada. (Ce nombre d'années est de vingt ans en Australie).

"(5) Presque toute la législation qui existe en d'autres pays sur cette question est intitulée "les assurances obligatoires" auxquelles l'Etat contribue largement; les travailleurs eux-mêmes contribuent un certain pourcentage au fonds de pensions. Des unions ouvrières de ce pays favorisent cette méthode en vue d'établir une pension au vieil âge bien que la majorité préconise que tous les argents proviennent d'un fonds créé par l'Etat."

J'ai clairement établi qu'il existe une divergence d'opinion dans les rangs des ouvriers à savoir si le système doit être maintenu partiellement par les contributions ou totalement par l'Etat. La majorité opine en faveur d'un fonds uniquement maintenu par l'Etat.

M. ST-PÈRE: Je réalise qu'il serait relativement facile de percevoir les contributions des groupes qui sont affiliés aux unions ouvrières, mais quant aux autres, à celui qui ne ferait partie d'aucune union, comment pourriez-vous percevoir les contributions?

Le TÉMOIN: J'ai justement ici une clause qui traite de ces cas.

"Si la méthode de contributions par primes hebdomadaires ou mensuelles est adoptée, les contributions devront se faire par l'entremise des bureaux de poste et non à l'endroit où les travailleurs sont employés."

M. NEILL: Pourquoi?

Le TÉMOIN: Parce que dans l'opinion des employeurs il vous faudrait porter une carte quelconque d'identification sur laquelle seraient indiqués les paiements qui ont été faits. En Grande-Bretagne, nous avons la carte des sans-travail qui

[M. Tom Moore.]

a été èmployée dans le but de préparer une liste des indésirables. L'employeur connaît ainsi à qui il a affaire et, si cet employeur a déjà le numéro de l'indé-sirable il peut en faire son profit. Je ne sais de quelle façon on agira au Canada; nous voulons simplement affirmer que si la perception des contributions relevait d'une commission gouvernementale au lieu d'être à la discrétion des employeurs, tout soupçon du mauvais usage qu'on pourrait faire des cartes d'identification serait ainsi dissipé, et nous savons du reste que les bureaux de poste sont partout à la portée de tous. Je pense que déjà les rentes créées par l'Etat furent administrées par l'entremise des bureaux de poste, et je ne suis pas certain si les paiements ne se font pas encore par cette voie.

Le PRÉSIDENT: Oui, c'est bien ça.

Le TÉMOIN: Cette suggestion s'inspirait donc un peu de ce qui est considéré comme étant une coutume suivie au Canada. (Lisant le mémoire).

"Le coût d'une maison, de son aménagement et de son maintien ne permet pas, suivant l'échelle actuelle des salaires, au travailleur de faire suffisamment d'économie pour ses vieux jours, excepté dans quelques cas exceptionnels en raison d'une réduction substantielle du coût normal de la vie.

Le court délai, qu'il nous restait après que votre comité nous eût exprimé le désir de connaître le point de vue du travail organisé comprenant tous les membres du congrès (160,000 environ), ne nous a pas permis de préparer un mémoire plus explicite.

Le sujet d'une pension au vieil âge a été l'objet d'enquêtes antérieures de la part du gouvernement du Canada et beaucoup d'informations à cet égard sont insérées dans les Livres Bleus du mois d'octobre 1922. En plus, une étude encore plus récente faite par M. V. Cloutier pour le gouvernement, donne une idée générale de la législation récente en Grande-Bretagne, en Australie, en Nouvelle-Zélande, traite aussi des lois projetées en quelques états des Etats-Unis et en autre pays.

L'Organisation Internationale du Travail (Ligue des Nations) a fait une étude préliminaire sur la législation des assurances sociales et rapport en a été remis à chacun des membres de cette organisation en date du 29 janvier 1924. Le Canada, étant membre de l'Organisation Internationale du Travail et étant représenté dans son conseil administratif, aura ce rapport dans les archives du ministère du Travail où votre comité trouvera ce document et ce qui est dit au sujet des pensions au vieil âge.

Il ne paraît pas nécessaire de tenter de fournir des renseignements désormais à la portée de tous et contenus dans les documents ci-devant nommés, mais il est plus approprié de restreindre notre exposé à l'opinion entretenue par les travailleurs que nous représentons.

Le désir d'une telle législation est clairement démontré chez les travailleurs, par l'intérêt qu'ils ont manifesté depuis un grand nombre d'années à ce sujet et par leur disposition de coopérer avec l'employeur à l'établissement d'un système de pension. Les travailleurs ne sont généralement pas sympathiques à l'idée que l'administration des fonds de pensions soit entre les mains des employeurs et n'accordent leur concours au maintien des systèmes établis à défaut d'une système de protection établi par l'Etat. Des systèmes de pensions sont établis dans un grand nombre de services privés et publics au Canada. l'influence que tout employeur peut exercer par ce moyen pour subjuguer les travailleurs ou les empêcher d'exercer leur liberté de changer d'emploi ou d'occupation est répréhensible et ennuyeuse pour ceux-ci et c'est une influence qui devrait disparaître aussitôt que possible.

Bien que nous n'ayons pas de statistiques quant au nombre de travailleurs qui se trouvent protégés par les fonds de pensions déjà établis, il n'y a pas de doute qu'il y a un pourcentage assez considérable de travailleurs qui bénéficient d'une telle protection.

[M. Tom Moore.]

APPENDICE No 4

Le coût, qu'il soit largement à la charge des employeurs ou défrayé par les travailleurs eux-mêmes, est à charge à l'industrie et au pays et, conséquemment, la création d'un fonds de pensions à la charge de l'Etat n'ajouterait pas aux obligations financières comme on pourrait le croire en se basant simplement, suivant les données des statistiques, sur le nombre de personnes d'un âge désigné qui auraient droit de devenir pensionnaires de l'Etat.

En ce pays, les enfants ont actuellement, en bien des cas, l'obligation de soutenir leurs parents âgés et nécessiteux. Cette obligation les empêche de voir à leur propre protection pour leurs vieux jours et place le fardeau de leur protection sur la génération suivante.

D'autres travailleurs âgés et nécessiteux sont à la merci de la charité publique et privée, et ainsi, tout considéré, il est facile de voir que l'établissement d'une pension au vieil âge serait plutôt une question d'organiser les paiements par voie de l'Etat que d'ajouter à ce qu'il en coûte déjà au Canada. Cela ferait cependant disparaître chez les travailleurs âgés la crainte de la pauvreté et leur aiderait à garder leur indépendance car sans doute un grand nombre souffre intérieurement aujourd'hui plutôt d'exposer leurs besoins.

De vieux travailleurs congédiés furent, en bien des cas, envoyés en prison à défaut d'autres moyens de pourvoir à leur soutien.

Une preuve encore que les travailleurs reconnaissent la nécessité de la création d'une pension au vieil âge, c'est le nombre de ceux qui ont tenté d'établir par l'entremise de leurs organisations ouvrières un fonds à cet fin.

En prévision de l'établissement d'un système de pensions au vieil âge, on suggère d'accorder aux travailleurs de pays étrangers ou tout au moins à ceux des pays de l'empire britanique, où pareil système existe, les mêmes privilèges qu'à nos nationaux. Cela aurait pour effet, nous croyons, de permettre à certaines familles de se réunir soit au Canada ou en autres pays d'où elles ont émigré, et d'ajouter un autre lien d'unité entre les dominions britanniques.''

Je vous soumets ce mémoire avec plaisir, monsieur le président, et, je serais très heureux de répondre aux questions qui pourraient m'être posées, d'élaborer certains points qui peuvent ne pas être clairs, et je remercie votre comité pour l'avantage qui m'est donné de comparaître devant vous.

M. Spence:

Q. Vous dites que quelquefois des gens ont dû être envoyés en prison?—R. Oui, monsieur.

Q. Je crois que cela arrive rarement maintenant depuis que l'on a établi des asiles pour les indigents. Combien de personnes sont envoyées en prison?—R. A notre dernière convention on nous rapporta deux cas de Toronto. Je pense, bien que ces cas ne sont pas extrêmement nombreux, on peut difficilement dire qu'ils sont rares. Un grand nombre de villes n'ont pas d'autre initiative à prendre. Ici même, dans la ville d'Ottawa, si je ne me trompe, je pense que vous pourriez trouver dans les archives de la cour de police des cas où le magistrat n'eut pas d'autres alternatives, bien qu'il existe un certain nombre d'institutions, de condamner à un terme de prison certains hommes alors qu'ils avaient été congédiés pour que ces derniers reçoivent le logement et la nourriture nécessaires.

Q. Quelle proportion de l'argent prélevé pour ce fonds employerait-on à l'administration? Quel pourcentage, pensez-vous, employerait-on à l'administration? D'après moi c'est une chose très importante; cela demanderait une assez forte somme pour l'administration.—R. Je ne vois pas pourquoi.

Q. Vous n'avez rien sur lequel vous pourriez émettre une opinion?—R. Je n'ai pas en ma possession d'informations authentiques, et je ne sais s'il y a quelque chose à ce sujet dans ce mémoire que j'ai reçu du Bureau International du Travail; ce mémoire est une étude assez minutieuse de ce qui se fait dans les différents pays, mais nous pourrions prendre exemple de nos lois de compen-

[M. Tom Moore.]

sations. Je ne vois pas pourquoi un fonds de pensions au vieil âge serait plus
coûteux à administrer que les lois de compensations. Je crois que le coût en
Ontario est 1 p. 100.

M. Foster (Vice-président, congrès des métiers et du travail du Canada):
Oui, environ 1 p. 100.

M. Spence:

Q. Il n'y a que les manufacturiers qui soient soumis à cette loi?—R. Vous
voulez dire que les fonds sont perçus des manufacturiers.

Q. Oui.—R. Oui, c'est vrai.

Q. Votre organisation est un groupe plus général?—R. Oui, mais vous
admettrez que les enquêtes sur les accidents, la nécessité d'un examen médical
assez dispendieux, le maintien de bureaux médicaux, les examens aux rayons-X,
les enquêtes, les examens renouvelés ainsi de suite rendent l'administration de la
loi des compensations beaucoup plus coûteuse que si vous n'aviez qu'à décider
de l'âge d'une personne; ainsi vous pouvez sûrement dire que l'administration de
la loi préconisée serait moins coûteuse que l'administration de la loi des compensations.

Le président:

Q. Un pour cent de l'argent perçu?—R. Oui.

M. Spence:

Q. Je serais porté à croire que vous devriez ajouter 49 p. 100.—R. Le gouvernement d'Ontario serait probablement heureux de vous fournir les informations désirées quant au coût de la loi des allocations aux mères.

Q. Savez-vous si cette loi fonctionne d'une manière satisfaisante?—R.
Assez bien, je crois. Il y a naturellement chez celles qui reçoivent des argents
l'impression que les bénéfices accordés devraient être plus considérables; par
ailleurs, les municipalités, au taux élevé des taxes à l'heure actuelle, sont sous
l'impression que le coût pourrait être diminué sans vouloir toutefois une diminu-
tions dans les bénéfices. En disant que la loi fonctionnait d'une manière satisfaisante, je prenais tout en considération. L'accroissement des bénéfices est
sans doute grandement apprécié, et cela a contribué à soulager dans beaucoup
de demeures la misère et la détresse.

Q. Il y a beaucoup de personnes qui ont critiqué cette loi parce qu'elles
étaient un peu économes et maintenant, elles ont de la difficulté à s'en tirer?—R.
Oui. Je suggérerais que le coût de l'administration de la loi en Ontario fût
comparé aux dépenses encourues par les commissions de compensations disons au
Manitoba et en Colombie-Britannique. Je pense que la Colombie-Britannique et
le Manitoba ont aussi une loi de compensations aux mères. Des informations de
cette nature pourraient donner une idée assez juste de ce que coûterait l'administration d'une loi de ce genre. Je soumets respectueusement que pour vous 49 p.
100 ne seraient pas nécessaires.

M. Fontaine:

Q. Les municipalités payent-elles une partie du coût de l'administration de
la loi de l'allocation aux mères?—R. Oui. Suivant la loi, elles payent 50 p. 100
du coût et le gouvernement provincial le reste.

Q. Du coût de l'administration?—R. Non, du coût des pensions. Il y a
quelques changements à faire quant à la résidence, parce qu'on a découvert que
des veuves venant de la province de Québec où il n'y a pas d'allocation aux
mères avaient obtenu des positions assez rémunératives comme celles entre
autres de femmes de ménage, et ainsi après un ou deux jours, avaient droit à
une allocation pour leurs enfants; conséquemment il y a des changements de ce

[M. Tom Moore.]

genre qui nécessitent des modifications à la loi. C'est pourquoi j'ai dit que la loi fonctionnait assez bien.

Le président:

Q. Cela s'applique seulement pour celles qui ont des enfants au-dessous de 16 ans?—R. Oui.

M. St-Père:

Q. D'après votre opinion, un système de ce genre serait-il préférable aux fonds de pensions déjà établis et administrés par différentes compagnies au profit de leurs employés?—R. Absolument, monsieur. Je crois que les employeurs admettront librement que leurs fonds de pensions a sa raison d'être; c'est de retenir leurs employés en permanence et d'éviter que ces derniers leur tournent casaque. Naturellement, il survient encore des malentendus dans ces cas, et des employés ont trouvé maintes fois que, bien qu'ils auraient aimé à prendre part à certains mouvements pour améliorer leur sort, la possibilité de perdre le privilège de réclamer une pension au vieil âge après 13 ou 14 ans de service et quelquefois plus était un facteur important de s'en exempter. Puis-je vous rappeler le cas de la grève du Grand-Tronc, il y a quelques années. C'est l'année dernière seulement que, pour quelques-uns des grévistes de 1910, les pensions furent restaurées et la supériorité d'âge reconnue. Les autorités de nos chemins de fer aussi bien que les autorités du C.P.R. admettront qu'ils s'opposent à faire entrer dans leurs règlements que les malentendus avec leurs employés ne soient pas considérés comme interruption dans le service parce qu'ils ont admis franchement que la pension avait pour effet de servir au règlement des difficultés. Vous pouvez constater quelle arme est entre les mains de l'employeur lorsqu'un homme qui se fait vieux a l'avantage de trouver de l'emploi dans d'autres industries plutôt chancelante; il lui faut à coup sûr éviter de prendre une décision qui déplairait à ses employeurs. Je me rappelle que l'an dernier un homme fut congédié du service dans l'une des usines à papier de l'Ile de Vancouver parce qu'il avait tenté de créer une organisation. Je n'hésite pas à dire que s'il y eut eu un fonds de pensions on se serait ostensiblement servi de ce moyen pour convaincre les hommes, que leurs services ne seraient plus requis et qu'ils perdraient ainsi leur pension. Pour un homme qui a atteint disons l'âge de 55 ans, vous pouvez prévoir quelle attitude il lui reste à prendre. Il restera à son emploi bien qu'il lui faille violer le principe de loyauté envers ses compagnons de travail. C'est pourquoi nous demandons que cela n'ait plus rien à faire avec les employeurs pour que tout homme puisse changer d'emploi s'il le juge opportun et profitable.

M. Spence:

Q. Le C.P.R. n'a-t-il pas un tel système?—R. Oui.

Q. Est-ce qu'il fonctionne d'une manière satisfaisante?—R. Oui, en général. Le Grand-Tronc a aussi un tel système.

Q. J'étais justement à me demander si nous ne pourrions pas obtenir un rapport quant au coût de tels systèmes. Nous ne pouvons pas dissiper l'argent comme çà à l'aventure; nous devons nous baser sur des faits positifs et voir ainsi combien cela va nous coûter.—R. Vous voulez savoir quelle somme additionnelle il en coûterait, si les fonds de pensions des compagnies étaient abolis et qu'un fonds maintenu par l'Etat fut établi? Il vous faudrait tenir compte de ce qu'il en coûte pour maintenir de vieux travailleurs dans les institutions et de différentes choses que nous avons déjà mentionnées; ce qui serait difficile à obtenir. Par ailleurs, il y aura un certain nombre de gens qui devront en définitive bénéficier du fonds de pensions au vieil âge sachant que ces derniers auront durant leur vie employé leurs économies au soutien de leurs parents; ce qui ajoutera à ce qu'il en coûte actuellement aux institutions et aux employeurs. Je ne veux nullement discuter la question des assurances particuliè-

[M. Tom Moore.]

14-15 GEORGE V, A. 1924

res de retraite, bien que je pourrais vous dire, monsieur, quant aux pensions du C.P.R. et au Grand-Tronc, qu'il y a une différence considérable entre le cout actuel et le coût probable qu'en donnent les actuaires. Suivant ces derniers, le coût du fonds de pensions pour venir en aide aux vieux travailleurs serait environ de trois ou quatre pour cent des salaires actuellement payés, tandis que, d'après une expérience de vingt années ou plus, le coût pour le C.P.R., le Grand-Tronc, le Pensylvanie s'élèverait entre trois quarts et sept huitièmes de un pour cent. Il y a donc une différence notable. Il y a tant de choses diverses à considérer, et nous en faisons une étude beaucoup plus longue et plus minutieuse que les actuaires.

M. St-Père:

Q. Les membres des unions ouvrières sont-ils favorables à ce nouveau projet? —R. Sans aucun doute, monsieur. Les hommes disons de 50 ou 55 ans, à moins qu'ils aient une position dans une industrie où ils ont travaillé durant un grand nombre d'années, se considèrent bien près d'être comptés au nombre des travailleurs déclassés. Quand un homme dit qu'il a 55 ans, il n'a la chance d'être engagé que durant les périodes actives de travail. A 65 ans, si vous cherchez du travail, il vous est pratiquement impossible d'en trouver. A cet âge, les hommes sont actuellement refusés, et c'est pourquoi nous demandons que la limite d'âge n'excède pas 65 ans parce que l'expérience nous a démontré qu'à cet âge, il est impossible pour tout homme d'obtenir une position assez rémunérative à moins qu'il ne soit déjà à l'emploi de quelqu'un.

Le président:

Q. Avez-vous jamais calculé combien de personnes deviendraient pensionnaires si la limite d'âge fixée était de 65 ans?—R. Non, monsieur, nous n'avons pas les données nécessaires pour le faire et, ainsi, nous n'avons pas essayé de l'établir parce qu'une statistique de ce genre n'a guère de valeur à moins qu'elle ne soit basée sur des faits exacts et nous n'avons pas l'avantage de l'établir.

M. Sexsmith:

Q. Ne pourriez-vous pas nous donner un nombre approximatif?—R. Non, monsieur, je ne le pourrais.

M. Neill:

Q. Approximativement 30 pour 100?—R. Je crois que la proportion établie par M. Cloutier serait plus exacte.

Le PRÉSIDENT: Le secrétaire a préparé un aperçu à ce sujet et, avec votre permission, je lui demanderai de vous le lire. Ce point est un des plus importants.

Le GREFFIER: Je tire ce qui suit du n° 1 des délibérations du comité, page 36:

PENSIONNAIRES ÉLIGIBLES AU CANADA EN 1921

En Australie et en Nouvelle-Zélande, l'âge requis pour recevoir une pension au vieil âge est de 65 ans. D'après les statistiques de ces deux dominions britanniques en 1921, se rapportant au nombre de pensionnaires de vieil âge et à la population totale de chacun d'eux, nous pouvons calculer approximativement comme suit le nombre de personnes qui, au Canada en 1921, auraient les qualités requises pour recevoir une pension au vieil âge:

D'après les statistiques du recensement du Canada en 1921, nous avions une population de 8,788,483 habitants dont 419,107 de 65 ans et plus (214,367 de sexe masculin et 204,740 de sexe féminin).

L'Australie, avec une population, au 31 décembre 1921, de 5,510,229 habitants, payait le 30 juin 1921 une pension au vieil âge à 102,415 personnes. Cela équivaut à 19.2 pensionnaires pour chaque 1,000 de popu-

[M. Tom Moore.]

lation. Sur cette base le Canada aurait 168,738 personnes ayant qualités requises pour recevoir une pension au vieil âge.

La Nouvelle-Zélande, avec une population au 31 mars 1921 de 1,204,-722 habitants (d'origine européenne), payait alors une pension au vieil âge à 19,837 personnes de 65 et plus, y compris les pensionnaires moaris. Cela équivaut à 16.6 pensionnaires pour chaque 1,000 de population. D'après ces chiffres le Canada aurait 145,999 pensionnaires éligibles.

Se basant sur la statistique d'Australie, le pourcentage des pensionnaires de vieil âge au Canada serait approximativement de 1.92 de notre population totale et approximativement 40 pour 100 de notre population âgée, à savoir les 419,107 personnes qui ont 65 ans et plus.

Se basant sur la statistique de la Nouvelle-Zélande, le nombre total de nos pensionnaires de vieil âge équivaudrait à 1.66 pour 100 de notre population totale, ou approximativement 35 pour 100 des personnes âgées à savoir, les 19,107 personnes qui ont 65 ans et plus.

Le TÉMOIN: Dois-je dire ici que dans ce calcul seraient compris tous ceux qui retirent une pension des gouvernements provinciaux, des administrations de villes, des compagnies de chemins de fer qui ont leur propre fonds de pensions, des employeurs, et aussi compris un nombre possible d'employés civils à Ottawa. Ainsi, si vous enleviez toutes ces personnes du pourcentage de pensionnaires probables les chiffres seraient considérablement moindres que si elles étaient comptées individuellement.

M. Fontaine:

Q. Pensez-vous que si le projet était adopté les compagnies privées cesseraient de payer des pensions?—R. Oui, conséquemment le coût serait défrayé par le pays.

Q. Il n'y aurait pas de réduction de ce côté?—R. Non, mais vous libéreriez les industries de cette charge et il y aurait compensation dans le coût de la production des articles manufacturés, ainsi ce ne serait réellement pas une dépense additionnelle pour le pays bien que la perception passe à d'autres mains.

M. Neill:

Q. Quel système favorisez-vous?—R. Personnellement, je favorise le système non contributif, mais l'opinion des travailleurs est quelque peu divisée à ce sujet. Je crois que vous avez reçu, il y a quelque temps, une délégation des mineurs de la Nouvelle-Ecosse qui étaient prêts à accepter le système contributif. Un certain nombre de travailleurs sont fortement en faveur du système non contributif parce que leur salaire actuel, disent-ils, est à peine suffisant pour assurer leur subsistance, toute contribution serait un fardeau et contribuerait à aggraver leur situation.

M. St-Père:

Q. Quel est le système en usage où la loi est établie?—R. Il y a tant de différents systèmes. Je crois que dans les pays d'Europe vous trouverez, d'une manière générale, le système contributif.

M. Neill:

Q. Celui de la Grande-Bretagne est non contributif?—R. Non.

Le président:

Q. Avez-vous fait une comparaison, entre le système obligatoire et le système contributif, ou plutôt, entre le système de l'Etat et le système contributif, quant à celui qui suivant vous serait le plus recommandable?—R. Pour ce pays, comme je l'ai dit, suivant mes comparaisons et suivant les chiffres que nous avons, considérant la nature de notre travail variant selon les saisons et sa distribution en

[M. Tom Moore.]

14-15 GEORGE V, A. 1924

comparaison des vieux pays, la nature plus transitoire de notre population, il me semble que l'administration d'un fonds de pension suivant le système contributif serait difficile.

M. Neül:

Q. M. Moore, vous devez réaliser que cela va coûter une forte somme au pays. D'après les chiffres qui nous ont été fournis, cela coûterait quelque chose comme trente millions de dollars annuellement. J'ai remarqué que vous avez affirmé que nous supportions actuellement encore les vieux et les malades, seulement, par des moyens divers et non satisfaisants, qu'une pension au vieil âge ferait disparaître cet état de choses avec des méthodes plus satisfaisantes, mais le coût total serait alors à la charge du gouvernement. Le coût des méthodes employées actuellement ne sera pas déduit de la somme que le nouveau système coûtera au gouvernement par le fait que ces méthodes auront été abolies, alors le gouvernement aura à sa charge une dépense additionnelle de trente-trois millions environ en accordant une pension de $10 par mois; c'est le moins que nous pouvons donner. J'admets que cela ne nous coûterait pas plus qu'il nous en coûte maintenant avec nos méthodes diverses et peu satisfaisantes, mais encore, maintenant c'est partagé. Suivant le système préconisé le gouvernement payera tout et, cela coûtera quelque chose comme trente-trois millions de dollars. Si vous ne le voulez pas contributif où prendrons-nous l'argent?—R. Il y a sans doute là un problème. Cette année le gouvernement a réduit ses impôts de vingt-quatre millions parce qu'il avait un surplus de vingt-quatre millions. Je prends cette affirmation du Journal des Débats et, je veux nullement discuter si elle est ou n'est pas authentique. C'est une affirmation qui a été faite lors du discours sur le budget. Reste à savoir si l'industrie ne préférerait pas se voir décharger du fardeau des pensions au vieil âge par la création d'un tel système plutôt que la remission cette année de cet impôt de vingt-quatre millions. Voilà une question qui se pose. Sûrement, il me faudrait être plus futé qu'un ministre des Finances s'il me fallait démontrer comment on impose des taxes ou plutôt, comment on accumule des revenus dans un pays comme le Canada. Je peux avoir beaucoup d'idées; quelques-unes capricieuses et insensées, mais si vous voulez bien je vous laisserai une suggestion. Les gouvernements provinciaux de même que les municipalités défraient actuellement en partie les dépenses du maintien des vieillards et des nécessiteux dans les institutions; il serait peut-être possible, bien que le gouvernement fédéral aurait à administrer la loi et en serait responsable, de s'entendre avec les gouvernements provinciaux pour partager les dépenses sachant que ses derniers se déchargeraient en même temps de dépenses qu'ils leur fallaient faire. Cela s'est déjà fait sur certaines questions; vous en avez le résultat dans le commun effort des bureaux de placement en ce pays, et cette méthode est suivie dans d'autres pays. En jetant un coup d'œil sur les renseignements que j'ai, je remarque que le coût des pensions au vieil âge est uniquement à la charge du gouvernement en certains pays, mais en d'autres, à la charge de l'Etat et des gouvernements locaux. Le premier système est suivi en Grande-Bretagne, en Nouvelle-Zélande, en Australie et en Uruguay et, en d'autres pays le coût est défrayé par l'imposition d'une taxe à l'employeur en raison du nombre d'hommes qu'il emploie, aux propriétaires de terrains et ainsi de suite. Quelques-uns d'entre vous ne savent peut être pas ce qu'a fait l'Uruguay, mais c'est un pays qui a une législation très progressive sur ce point. Au Danemark, en France et en Belgique, l'Etat paye la moitié des pensions et les communes l'autre moitié. En Belgique, l'Etat paye cinq huitièmes du coût total, la province un huitième et les communes deux huitièmes. Dans ces pays l'administration est en général confiée principalement à l'autorité locale. Je fais ces brèves remarques parce qu'elles sont dans le temps tombées sous mes yeux.

[M. Tom Moore.]

M. St-Père:

Q. N'est-il pas vrai, que certaines compagnies et quelques maisons de commerce ont un fonds de pensions pour lequel on perçoit de l'argent des employés, que si ces derniers sont congédiés avant de recevoir une pension ils perdent tout l'argent qu'ils ont versé?—R. Oui, nous avons eu un très grand nombre de plaintes de cette nature, comme, par exemple, d'un homme qui a travaillé jusqu'à l'année précédant celle qui lui donnait droit à sa pension de retraite, qui fut trouvé incompétent ou qui, par la réduction du personnel, fut congédié. Ces choses arrivent.

Q. Ainsi cet homme perd son argent?—R. Oui, c'est bien incertain un homme peut bien ne pas garder une position aussi longtemps qu'il l'espère.

M. FOSTER: Puis-je vous faire remarquer un point que vous n'avez pas touché par rapport à certaines industries qui ont fixé une limite d'âge à laquelle un homme doit se retirer qu'il le veuille ou non, et, ordinairement, c'est à un âge où il lui est difficile de trouver un autre emploi.

Le TÉMOIN: Oui. Les chemins de fer ont fixé un âge pour l'admission d'un homme à leur emploi à cause de leur fonds de pension, et plusieurs autres compagnies refusent les services de travailleurs après un certain âge. Avec une pension de l'État il n'y aura pas de telles restrictions. Je veux dire qu'un homme ne peut travailler pour les compagnies de chemins de fer après un certain âge.

M. FOSTER: Permettez-moi d'expliquer ici ma pensée. Je voudrais que le comité comprît bien ceci parce que nous avons plusieurs cas semblables. Il y a certaines organisations considérables, surtout dans les industries des chemins de fer, où l'on est d'opinion chez les dirigeants, qu'après un certain âge, les services d'un employé ne sont plus requis et doit se retirer. Or, si un ouvrier expert dont le salaire a toujours été raisonnable peut se trouver en situation de prendre sa retraite sans trop de dommages, il y en a d'autres, par contre, un grand nombre d'autres, travailleurs secondaires et manœuvres, qui n'ont jamais pu rien ramasser pour ce temps-là. En conséquence, ceux-là, remerciés, restent sans ressources, incapables de s'employer ailleurs, comme le cas s'est produit pour trois ex-employés qui furent laissés sans abri, sans relations et que nous avons dû faire admettre d'urgence aux refuges de la cité de Montréal.

M. PRESTON: Je croyais qu'il existait dans les compagnies de chemins de fer un système de pensions aux employés?

M. FOSTER: Je pourrais vous citer le cas d'un individu employé d'une de ces compagnies, approximativement dix ans avant la grève. Si vous vous rappelez, cette grève dura à peu près 9 semaines. Il fut repris aux termes de l'accord et demeura à son travail jusqu'en 1919, alors qu'il fut renvoyé sans pension sous prétexte que son nom avait été biffé des listes de paie au moment de la grève. Comme il n'avait aucun parent chez qui se retirer, il obtint un sursis d'un an, je crois, mais cela ne changeait rien et nous avons dû le faire admettre, depuis, à une institution de charité.

M. Sexsmith:

Q. Ce sont là des cas accidentels?—R. J'en connais trois, toutefois.

Le TÉMOIN: J'ai là, sur mon bureau, un cas présent. Un pilote du port de Saint-Jean, ayant passé, cette année encore, les examens réglementaires et dont la santé physique est parfaite, les yeux bons, avait atteint la limite d'âge. Il avait déjà obtenu un sursis de deux ans, mais aujourd'hui, forcé de prendre sa retraite, l'argent qui lui revient ne lui permettra pas de subsister longtemps. Il a fait parvenir une demande de réintégration à la compagnie qui l'employait après avoir, encore une fois, passé les examens. Je pourrais vous communiquer la lettre en question si vous le désirez, l'ayant sur moi actuellement.

[M. Tom Moore.]

M. St-Père: Une compagnie comme celle du Pacifique-Canadien, si elle a un fonds de retraite, l'a de sa propre initiative?

M. Foster: Absolument.

Le témoin: Nous avons aussi le cas présent d'un employé au Canadien-National, ayant quatorze années de service. Le système de la compagnie du Grand-Tronc, le seul actuellement en opération, exige qu'un employé ait un service de quinze ans pour avoir droit aux privilèges de la pension. Or, l'employé dont nous parlions entra au service de ladite compagnie à l'âge de 55 ans; il en a aujourd'hui 69. Il a été renvoyé sans pension, n'y ayant pas droit, paraît-il. Voici un autre cas: Un employé était préposé aux services des signaux sur une voie exploitée conjointement avec une autre compagnie, au raccordement de deux lignes, l'une principale et l'autre secondaire. Or, à cause de certains remaniements, il a passé au service du Pacifique-Canadien qui se trouvait être la ligne secondaire à cet endroit. Il fut renvoyé après, à peu près, un an de travail. Il n'a pas droit à une pension, aussi bien d'une compagnie que de l'autre, et cependant il a 41 ans de service à son actif.

M. Spence:

Q. Ce sont là des cas isolés?—R. Il s'en produit de semblables continuellement—des centaines—et nous vous donnons ici seulement les plus concrets, ceux qui nous sont présents actuellement.

Le président: Maintenant, messieurs, peut-être désirez-vous entendre M. Foster? Il a quelques remarques à ajouter aux témoignages de M. Moore que nous venons d'entendre.

M. Neill: Qui est M. Foster?

Le président: C'est le vice-président du Congrès Canadien du Travail et du Commerce.

M. J. T. Foster est appelé.

Je suis aussi le président du Conseil des Métiers et du Travail de Montréal. Je ne suis pas sûr d'ajouter à l'exposition que vient de vous donner M. le président, M. Moore. Le fait que votre comité est saisi de ce sujet prouve évidemment que son étude est jugée nécessaire et demande des mesures en ce sens. Comme l'a dit M. Moore, nous ne pouvons vous communiquer que des cas isolés réclamant le besoin de mesures à prendre. Montréal est la plus grande ville du Canada et nous voyons que, dans les œuvres de charité, beaucoup de ce qui a été fait jusqu'ici l'avait été pour venir en aide au chef de famille, au sans-travail, au destitué. Cet état de choses a nécessité le besoin de créer et d'aider un certain nombre d'institutions de charité dont quelques-unes spécialement affectées aux soins de vieillards. Nous en avons plusieurs à Montréal auxquelles nous avons dû recourir aux bénéfices d'ouvriers sans travail, sans pension, parce que là où ils ont passé leur vie, il ne s'en donnait pas, ou parce que là où il s'en donnait, pour une raison ou pour une autre, n'y avait pas droit. De plus, nous avons un certain nombre—assez important—de sans-travail qui vivent aux dépens de leurs enfants, de jeunes époux, à leur grande gêne parfois. Il semble que des mesures devraient être prises pour venir en aide à ces gens-là. Et s'il est désirable que cette aide soit rationnelle et moderne, nous croyons que le gouvernement peut la rendre telle en créant, en établissant une pension au vieil âge Nous en avons déjà les principes dans la loi de compensations aux accidents de travail, et il n'y aurait plus qu'un pas à faire en avant pour en donner le bénéfice aux personnes qui ne peuvent plus travailler, gagner leur vie.

M. Spence:

Q. Cette mesure d'une pension au vieil âge ne remplacerait pas la loi de compensations aux accidents de travail?—R. Evidemment non. Une personne qui serait déjà protégée par cette dernière loi n'aurait pas droit à la pension au vieil âge. Les cas isolés que nous avons donnés ne sont pas les seuls. Nous avons aujourd'hui cinq demandes—ou à peu près—d'assistance de particuliers activement mêlés aux industries pendant des années, et qui, cependant, ne peuvent pas se placer ailleurs après avoir perdu leurs places. Ils sont aujourd'hui trop vieux: on les jette aux déchets. Ils tombent alors aux charges de leurs parents, rendant ainsi pour ceux-là, la vie plus difficile et pénible.

M. St-Père:

Q. Supposons qu'un employé s'invalide à son travail et reçoive à cause de cela la compensation en argent que lui accorde la loi, mais, qu'à l'âge de 65 ans, il ait tout dépensé. Aurait-il droit quand même aux bénéfices de la nouvelle loi des pensions?—R. Vous imaginez ici un cas qui se produirait dans la province de Québec où l'intéressé a droit, d'après la loi, à une somme d'argent totale. Mais c'est là un exemple où la province de Québec retarde sur les autres provinces du Canada, et nous espérons sincèrement qu'elle adoptera bientôt un système de secours plus moderne et plus efficace à ce sujet, rendant par là impossible les conditions dont vous venez de parler. Une commission est d'ailleurs en train d'y travailler actuellement, et nous espérons qu'elle trouvera et mettra en pratique un système plus moderne et plus satisfaisant.

Je crois que c'est tout ce que j'avais à dire sur le sujet.

M. Moore: M. Foster sera le président du Congrès ouvrier durant mon voyage en Europe. Aussi, après samedi si votre comité désire avoir des renseignements supplémentaires, il pourra s'adresser à M. Foster qui restera, en tout temps, à sa disposition.

Le président: Une question encore. Avez-vous, à priori, une idée du montant nécessaire à la pension individuelle qu'il faudrait?

M. Moore: Nous pourrions fixer une règle déjà existante à ce sujet, mais je ne voudrais pas m'engager à dire que ce serait entièrement satisfaisant. Je vous ferai pourtant cette suggestion: Nous avons, à l'heure actuelle, dans cette province, le Bureau des Salaires minimums qui, après avoir fait enquête sur le revenu nécessaire à la subsistance de jeunes filles ou de femmes seules, a ordonné que toute industrie employant ces femmes et ces jeunes filles ne pourrait donner, en salaires, moins qu'une certaine somme, variant d'après l'industrie en cause, l'importance de la ville où elles résident, etc. Généralement parlant, je crois que vous pourriez vous arrêter à une pension de pas moins de $10 par semaine. Le Bureau précité après étude faite, décida que ce montant était le minimum que l'on pouvait accorder à une personne seule pour sa subsistance. Ce n'est donc pas trop s'avancer, je crois, que de dire qu'une somme équivalente serait aussi nécessaire à l'entretien du vieillard dont le soin est encore plus exigeant que celui d'une jeune personne. Je donne ce chiffre comme exemple seulement.

M. Neill: Personne ne désire plus ardemment que moi l'établissement d'un système de pensions au vieil âge, mais vous rendez-vous compte du fait que, d'après les chiffres établis, cela grèverait le gouvernement d'une somme de cent trente deux millions par année à raison de $40 par mois? Ne croyez-vous pas que le montant soit un peu élevé?

M. Moore: Que ce comité ou que le gouvernement lui-même songent à fixer un montant satisfaisant, la question évidemment devra être sérieusement étudiée.

M. Neill: Pouvez-vous sérieusement prendre pour base, dès le début de cette fondation, une dépense de cent trente deux millions de dollars? Existe-t-il un pays au monde qui donne ainsi en pension $10. par mois?

M. Moore: Non, aucun si ce n'est aux Etats-Unis où la vie est, socialement à la hauteur de la vie au Canada, un fait dont je suis fier et dont je peux soutenir l'existence. Vous me demandiez, je crois, si j'avais pensé au montant que j'avais donné. Je ne dis pas que votre comité ou que le gouvernement pourraient

[M. J. T. Foster.]

14-15 GEORGE V, A. 1924

donner une somme satisfaisante; mais je crois, qu'en toute justice, je devais une réponse franche à la question posée, vous laissant la décision à prendre.

Le PRÉSIDENT: Voilà où nous avons besoin de renseignements.

M. MOORE: Evidemment deux choses sont possibles dans un système de pension, l'une est de payer un montant suffisant, satisfaisant, l'autre de prodiguer des secours qui, supplémentés par un travail occasionnel, pourraient se trouver suffisants. Je crois qu'en Angleterre les secours ainsi accordés varient avec les moyens, les revenus des personnes secourues, mais, pour en revenir quand même au montant convenable. En d'autres termes, si un particulier en besoin a des économies qui lui rapportent un revenu de $7.50 par semaine, il recevrait, si le montant de la pension était fixé, à $10, $2 pour la même période. Aux compagnies des chemins de fer du Grand-Tronc et du Pacifique-Canadien; je crois savoir, le montant minimum de pension est de $30 par mois. Bien que la dite pension soit formée d'une contribution de un pour cent des salaires des employés dans la moyenne des cinq dernières années multipliées par le nombre d'années de service, le minimum n'en est pas moins fixé à $30 par mois.

M. SPENCE: Il n'est pas douteux que $10 par semaine serait le moins qu'on pourrait accorder aux pensionnés. Ils ne sauraient vivre de moins s'ils n'ont pas d'autres sources de revenus; mais il pourrait y avoir des degrés, comme dit M. Moore.

M. NEILL: Ces personnes âgées préféreraient-elles obtenir une promesse d'une pension de $10 par semaine que nous ne pourrions pas accorder, ou une plus petite somme que nous pourrions vraiment donner? Je serais bien en faveur de leur donner $50 par mois, mais le pourrions-nous?

M. ST-PÈRE: D'après les chiffres du dernier recensement, voulez-vous, M. le secrétaire, nous dire combien de personnes au Canada tomberaient sous la nouvelle loi?

Le SECRÉTAIRE: D'après le recensement de 1921 le nombre de vieillards de 65 ans et au-dessus est de 419,106.

M. NEILL: Dont à peu près trente pour cent auraient droit à la pension?

Le SECRÉTAIRE: Oui. Si nous prenons pour exemple la moyenne qu'on donne en Australie, ce serait alors 40 p. 100 de nos vieillards qui y auraient droit, et d'après la moyenne de la Nouvelle-Zélande, 5 p. 100. D'après le système australien nous aurions 168,000 pensionnés, en chiffres ronds, et d'après celui de la Nouvelle-Zélande, de 145,000.

M. FONTAINE: N'est-il pas vrai qu'un bon nombre de particuliers, même dépassant 65 ans sont encore en mesure de gagner quelque argent, de pourvoir à leur subsistance?

Le SECRÉTAIRE: En effet, et il y en aurait de ceux-là qui, de plus, jouiraient d'un revenu quelconque.

Le PRÉSIDENT: La dépense serait donc de 84 millions de dollars par année?

Le SECRÉTAIRE: Permettez-moi de vous faire remarquer qu'en Australie le nombre entier des personnes dont j'ai parlé tout à l'heure, n'ont pas tous droit à la pension maximum. Le chiffre donné est bien celui des pensionnés, mais plusieurs reçoivent beaucoup moins, encore une fois, que le montant maximum.

M. FONTAINE: Un bon nombre, en effet, de personnes âgées pourraient gagner encore quelque argent après 65 ans et n'auraient pas à recevoir, par conséquent, une pension aussi élevée. Je connais plusieurs personnes dans ce cas qui gagnent encore un salaire équivalent à celui d'un plus jeune homme.

M. MOORE: Il ne m'est pas permis de répondre directement à une question posée par un membre de ce comité, mais je désire déclarer qu'en établissant ce montant de 84 millions de dollars, on suppose que chacun de ces destitués recevrait la pension maximum, et que cette dépense n'existe pas à l'heure actuelle. Mais si vous enlevez à ce chiffre 168 mille fonctionnaires d'état, les employés

[M. J. T. Foster.]

des différents chemins de fer canadienns—Pacifique-Canadien, Grand-Tronc et Intercolonial—vous avez, je crois, réduit le nombre des pensionnables considérablement.

M. NEILL: Mais cette loi n'aurait-elle pas pour effet d'amener ces compagnies à supprimer leurs systèmes particuliers de pensions?

Le SECRÉTAIRE: Permettez-moi d'ajouter quelques chiffres. Le 30 juin 1923, l'Australie payait pensions à 107,389 personnes. La dépense s'élevait, pour le même mois, à £5,337,936 et celle de l'aide aux maisons de refuge de £86,080, avec un montant d'administration de £87,910. Ce qui fait un total approximatif de £5,450,000.

M. NEILL: Nous aurions, au Canada, 186,000 intéressés.

Le SECRÉTAIRE: Evidemment. La population est ici beaucoup plus nombreuse.

M. SPENCE: Quels sont, en Australie, les montants maxima et minima?

Le SECRÉTAIRE: La population en Australie est d'à peu près de 5,518,000.

M. NEILL: Quelle est l'échelle des pensions payées là?

Le SECRÉTAIRE: La pension maximum est de 45.10s, ou à peu près $221.00 par année.

M. NEILL: Ce qui veut dire à peu près $19.00 par mois par personne.

Le témoin se retire.

Après délibérations le comité lève la séance.

MÉMOIRE DE LA FRATERNITÉ DES EMPLOYÉS DES TRANSPORTS FERROVIAIRES

OTTAWA, 2 juin 1924.

MM. le président et les membres du comité spécialement nommé pour l'étude d'un système de pensions du vieil âge.

MESSIEURS,—Nous, les soussignés, représentants l'Association des employés des chemins de fer, désirons soumettre respectueusement à l'honorable commission un bref mémoire exprimant l'opinion que nous avons de l'institution d'un système de pension équitable et adapté aux besoins des sans-travail et des pauvres.

Le fait bien connu que la plupart des compagnies de chemins de fer canadiens ont déjà des fonds de retraite pour les employés vieillis à leur service, ne devrait pas nous empêcher de recommander ardemment la création par le gouvernement canadien d'un fonds de pensions pour le soutien de ceux des nôtres qui sont vieux et sans ressources.

Bien que certains règlements du système de pension adoptés par les compagnies susdites, et que les méthodes d'application ne soient pas, sans contestes possibles, acceptables aux employés, les bénéfices qui en résultent, néanmoins, nous ont convaincus du besoin pressant qu'il y avait de l'établissement d'un système de pension au vieil âge en pays.

Nous désirons être entendus au sujet du témoignage donné devant votre comité, le 16 mai dernier, tel qu'enregistré dans les minutes imprimées, page 52, pour ne citer qu'un exemple entre plusieurs, et auquel nous ne pouvons souscrire.

M. St-Père:

Q. D'après vous, est-ce qu'un système de cette nature (institution d'Etat) serait préférable aux autres fonds de retraite ou de pension, tels qu'institués par les différentes compagnies?—R. Oui, je le crois, monsieur, etc., etc.

Nous sommes d'avis que le témoin, sans s'en rendre compte, espérons-le, a oublié de considérer l'aspect général du système de pension en vigueur dans les compagnies de chemins de fer, car si leurs règlements et les méthodes d'application en sont évidemment fautifs, les bénéfices qui en découlent sont indéniables, méritent considération et nous osons croire qu'il vaudrait mieux pour nous guérir le patient que le tuer. De plus, la différence qui existe entre la pension au vieil âge et les conditions de son attribution à leurs employés d'âge à prendre leur retraite, et le système que pourrait instituer l'Etat, rendrait impossible le fait d'accepter pour les uns, d'imposer pour les autres cette dernière pension; la substituant ainsi en vigueur aux différentes compagnies de chemins de fer.

Nous sommes, toutefois, de tout cœur en faveur de l'établissement d'un fonds de pension au vieil âge tiré des taxes, régi et contrôlé par le gouvernement, et dont toute personne d'âge requis, n'ayant pas les moyens de subsister, recevrait une somme fixe d'argent en pension.

Etant donné que cette pension serait tirée des contributions générales, elle serait, de sa nature même, mutuelle puisque tout le monde y contribuerait, même le pensionné qui rendrait ainsi une part de son allocation au trésor, et nous favorisons ce projet d'autant plus que l'ensemble des témoignages semble indiquer que cette fondation d'Etat pourrait être mise en opération d'une façon efficace et économique.

Nous recommandons que tout citoyen—ou citoyen naturalisé demeurant au Canada le nombre d'années réglementaires et qui, ayant atteint l'âge déterminé sans qu'il ait les moyens de subsistance nécessaires, ait droit à la pension sans aucune restriction, exception faite de celle qui serait peut-être nécessaire d'établir pour la sauvegarde du fonds de pension lui-même. Le vieil âge et la misère, à l'unisson, plaident leur cause, et nous n'avons pas le droit d'éviter par des technicalités, notre devoir évident.

Nous n'avons pas voulu établir le montant du secours à donner aux pensionnés, mais nous croyons qu'il y a un minimum au-dessous duquel il ne serait pas juste de descendre. Nous croyons que l'expérience est ici le conseiller le plus sûr et qu'il serait peut-être sage de s'en tenir, tout d'abord, à un montant un peu au-dessous du minimum déjà suggéré. Il vaut mieux obtenir un demi-pain que pas de pain du tout, et l'expérience nous permettra peut-être plus tard d'obtenir la miche entière.

       Respectueusement:

          BYRON BAKER,
               Représentant législatif du B. of L. E.

          T. J. COUGHLIN,
               Représentant législatif du B. of R. T.

          L. L. PELTIER,
               Représentant législatif du O.R.C.

          W. L. BEST,
               Représentant législatif du B. of L. F. & E.

APPENDICE No 4

TABLEAU ÉTABLISSANT LE COÛT APPROXIMATIF, D'APRÈS LES CHIFFRES DONNÉS, ADVENANT LA FONDATION D'UN FONDS DE PENSION DU VIEIL ÂGE

Nombre de personnes âgées de 65 ans et plus au Canada d'après le recensement de 1921..................................	419,167
Nombre de personnes âgées de 70 ans et plus au Canada d'après le recensement de 1921....................................	247,163
En nous basant sur les rapports de l'Australie, nous voyons que le nombre de personnes ayant droit à la pension serait, approximativement, de 40 pour 100 au-dessus des chiffres donnés plus haut, soient:	
Ayants droit de 65 ans et au-dessus.......................	168,738
Ayants droit de 70 ans et au-dessus.......................	98,841
Le coût en Australie d'un particulier avec les frais d'administration, les secours aux refuges des vieillards, est de £51.6s., ou, approximativement par personne et par année..............$	250 00
Au Canada 168,738 pensionnables à $250 chacun..............$ 42,184,500 00	
Au Canada 98,841 pensionnables à $250 chacun..............	24,710,250 00

D'après la loi des pensions du vieil âge établie dans l'état de Montana, Etats-Unis, en 1923, la somme reçue par le pensionné ne peut pas dépasser $300 par année.

Au Canada: le coût de 98,840 pensionnables de 70 ans et au-dessus s'élèverait à la somme de........................$ 29,632,300 00

Au Canada: le coût de 168,738 pensionnables de 65 ans et au-dessus, à $300 par année s'élèverait à la somme de..........$ 50,621,400 00

En Belgique, d'après la loi promulguée en 1920, les contributions aux dépenses découlant du fonds de pensions, varient et sont ainsi attribuées: un $\frac{5}{8}$ de l'état, un $\frac{1}{8}$ de la province, et un $\frac{1}{4}$ aux Communes (municipalités). D'après une entente semblable entre le gouvernement fédéral du Canada, les provinces et les municipalités, la part de contribution de l'état serait de —

Pour 168,738 pensionnables (65 ans et au-dessus), au $\frac{5}{8}$ de $250 par année.............................$ 26,365,312 50

Pour 98,841 pensionnables (70 ans et au-dessus) au $\frac{5}{8}$ de $250 par année..........................$ 15,353,906 00

Pour 168,738 pensionnables (65 ans et au-dessus) au $\frac{5}{8}$ de $300 par année.............................$ 31,638,375 00

Pour 98,481 pensionnables (70 ans et au-dessus) au $\frac{5}{8}$ de $300 par année.............................$ 18,532,687 50

V. CLOUTIER,
Secrétaire du comité.

Chambre des Communes,
    Salle du comité n° 436.
Le 3 juin 1924.

MINUTES DES TÉMOIGNAGES ENTENDUS

Salle 436,

Chambre des Communes,

Jeudi, 6 juin 1924.

Le comité spécial à l'étude de la question se réunit à 11 heures de l'avant-midi sous la présidence de M. Raymond.

Le PRÉSIDENT: Messieurs, nous ferons bien, je crois, de nous mettre à l'œuvre tout de suite. Nous avons à entendre M. Keane, du Bureau de secours aux indigents de la ville d'Ottawa.

M. JOHN KEANE est appelé.

Le PRÉSIDENT: Est-il nécessaire, messieurs, d'assermenter le témoin?

M. SPENCE: C'est un règlement de la Chambre; pas une nécessité.

M. FONTAINE: Ce n'est pas nécessaire.

Le PRÉSIDENT: Très bien. Nous n'insisterons pas.

M. Irvine:

Q. M. Keane aurait-il une déclaration quelconque à faire avant qu'on l'interroge?

Le PRÉSIDENT: J'ai pensé que M. Keane, en sa qualité de directeur au service de secours aux indigents à l'hôtel de ville, aurait des renseignements à nous donner au sujet de l'assistance et du soutien des vieillards et des indigents.

Le TÉMOIN: Chargé depuis nombre d'années de ce service à l'hôtel de ville d'Ottawa, je suis, naturellement, venu en contact avec un grand nombre de personnes exigeant aide et assistance sous une forme ou sous une autre, et qui, pour cela s'adressent à nous. Au cours de l'année 1923 il y a eu $43,000 payés en secours aux familles nécessiteuses de la ville.

Le président:

Q. De familles où les membres sont âgés de 65 ans?—R. Non. Je parle des familles de cette catégorie en général. De celles-ci, 136 à peu près dépassaient 65 ans et étaient les chefs de familles.

M. Neill:

Q. Cent trente-six personnes?—R. J'entends les chefs de familles.

M. Fontaine:

Q. Pour la ville d'Ottawa seulement?—R. Oui.

M. Neill:

Q. Ai-je compris que vous parliez d'argent tout à l'heure ou de personnes quand vous énonciez le chiffre 43,000?—R. A peu près $43,000 furent distribués par la ville en secours.

Q. Alors ce fut 136 cas d'assistance que vous avez cités?—R. Le nombre des familles. Que ces familles fussent composées de personnes âgées ou de jeunes, elles n'en avaient pas moins besoin d'être secourues pendant la froide saison.

Q. Spécifié par nombre de personnes ou par somme d'argent. D'un côté c'est $43,000, et de l'autre de personnes au même chiffre. Ne pouvons-nous pas trouver un point de comparaison, de division entre les deux? Pouvez-vous nous donner une moyenne des cas en question?—R. Le nombre de familles réclamantes étaient pour 1923, de 1,710. Là-dessus 169 furent éliminées comme n'ayant pas droit aux secours, soit parce qu'elles n'étaient pas résidantes ou parce qu'elles pouvaient se

[M. John Keane.]

14-15 GEORGE V, A. 1924

suffire à elles-mêmes, ce qui laissa le nombre précité de 1,541. Certaines de ces familles ne furent secourues qu'une fois; d'autres deux fois, mais les autres pour une période plus ou moins longue. Le montant total des dépenses pour les secours extérieurs, comme je l'ai déjà dit, fut de $43,000, quelque $3,000 de moins que pour l'année 1922. Cette année-ci fut exceptionnelle à cause des soldats de retour de la guerre, et le gouvernement fédéral s'alliant au gouvernement provincial et à la ville, contribuèrent un montant à peu près équivalent au montant dépensé par la ville aux secours aux nécessiteux. Pour en venir à la question du secours au vieil âge, nous voyons que de ce nombre de 1,541,136 particuliers, chefs de familles dépassaient 65 ans. Et ceci ne comprend pas les réfugiés aux institutions de charité qui, toutefois, ne sont pas directement de notre ressort. Ceux-là se trouvaient 328 distribués en sept institutions différentes de la ville.

M. Spence:

Q. Ces 328 particuliers dépassaient-ils 65 ans?—R. Trois cent vingt-huit personnes au-dessus de 65 ans sont réparties dans diverses institutions de la ville.

M. Neill:

Q. Ces derniers seuls doivent nous occuper. Les autres ne sont que des cas passagers qui peuvent être secourus sur-le-champ. Ce qui importe ici ce sont les personnes permanemment indigentes.—R. Les personnes hébergées aux refuges en sont. Ce qui fait qu'il y a tant de maisons de refuge pour les soins de 328 personnes est, qu'à cause de la différence de langue et de religion, les Canadiens-Français vont à leur institution, l'Hospice Saint-Charles, et les Irlandais à la leur.

Q. Quelle était la moyenne du coût d'entretien de ces réfugiés? La réponse nous donnerait ici des éclaircissements. Quelle était la moyenne du coût d'entretien pour ce qui concerne les vieillards?—R. Je crois avoir donné les chiffres pour chaque cas. Mais il y avait aussi six ou sept personnes au-dessus de 65 ans qui recevaient déjà de l'aide de la pension aux mères de familles", parce que, dans certains cas, la grand'mère avait pris la place de la mère morte ou absente auprès des enfants.

Q. Le témoin a-t-il des chiffres à donner établissant combien le soin de ces 328 particuliers a coûté à la ville? Ceci encore nous donnerait les renseignements nécessaires.—R. A ceux-là la ville ne donnait rien.

Q. D'aucune manière?—R. Si, en octroyant une certaine somme chaque année à chacune de ces institutions.

Q. Quel en était le montant pour chaque individu?—R. La ville accordait une allocation à toutes ces institutions au montant de $38,000 également distribuées.

Q. Combien—R. A peu près $35,000 furent distribués l'an dernier en allocations de cette nature. Evidemment, ces allocations n'allaient pas toutes au soutien du vieil âge seulement, étant donné qu'une part allait aux institutions pour enfants délaissés.

Le président:

Q. Le montant comprend-il les frais d'administration?—R. Oui, à l'exception. Seulement il ne comprend pas les dons en nature qui pourraient être faits. Il y en a que des personnes font chaque mois régulièrement. Le montant ne comprend pas non plus les frais d'habillement. Et ce principe est, je crois, général aux autres institutions du même genre.

M. St-Père:

Q. Supposons qu'un nécessiteux âgé demande assistance à l'hôtel-de-ville qui le place dans un de ces refuges—soit catholique, soit protestant, la ville

[M. John Keane.]

contribuera-t-elle pour le soutien de ces institutions?—R. Sans doute, puisqu'elle le fait chaque année dans ce but même.

M. Neill:

Q. Ce don est global?—R. Oui, par année.

Q. Il n'y a pas un montant officiel pour chacune de ses institutions?—R. Chacune est aidée par la ville.

Q. Ce n'est pas une somme définie par homme et par année? Ce n'est qu'une aide provisoire?—R. On parle, dans les milieux municipaux d'adopter un système d'après lequel seront accordés au *pro rata* des assistés à ces refuges.

Q. Ce système n'existe pas à l'heure actuelle?—R. Il est à l'étude. Nous avons déjà eu un rapport de préparé à ce sujet, voilà quelques années, mais nous n'étions pas, alors, prêts à le prendre en considération.

M. Fontaine:

Q. Ainsi vous ne pourriez pas nous dire combien la ville dépensait en aide de personnes qui ont dépassé la soixantaine? Vous ne pouvez pas donner un chiffre approximatif de l'argent que cela a pu coûter à la ville?—R. Non, je ne saurais rien vous apprendre là-dessus.

Q. Voilà ce qui peut s'appeler s'occuper de la pension au vieil âge.—R. Remarquez bien qu'en certaines de ces maisons de refuge—une ou deux du moins—il y à la des personnes de 65 ans et au-dessus n'étaient pas des infortunés avant d'y entrer, mais avaient simplement donné à l'institution choisie tout ce qu'elles possédaient pour y vivre désormais. Les noms de ces personnes sont encore sur la liste des assistés, mais leur nombre est, toutefois, limité.

Le président:

Q. Ainsi, quand vous dites que le coût d'entretien d'un recueilli est de 63 sous par jour, le montant entier n'est pas compris?—R. Il l'est pratiquement car, des institutions mentionnées, une seulement contribue quelque chose à la dépense.

M. NEILL: Je crois que c'est là tout ce que peut nous dire le témoin.

Le PRÉSIDENT: Ce n'est pas exactement ce que nous voulons savoir.

M. SPENCE: Nous pourrions peut-être obtenir d'autres informations plus tard.

M. NEILL: Pourrions-nous entendre maintenant un des délégués des employés aux chemins de fer?

Le PRÉSIDENT: Je vous remercie, M. Keane. C'est tout pour ce matin.

Le témoin se retire.

M. L. L. PELTIER est eppelé et interrogé.

Le président:

Q. Veuillez donner vos titres au rapporteur.—R. Je suis vice-président de l'Association des chefs de trains, représentant législatif et président du Conseil législatif de la Fraternité des employés aux chemins de fer.

M. Irvine:

Q. Désirez-vous que nos questions restent dans les limites de votre témoignage?—R. Le sujet est déjà assez vaste.

Q. Voulez-vous nous expliquer comment sont administrées les affaires de la Fraternité?—R. Je veux bien.

Q. Vous avez un système de pension dans votre Fraternité?—R. Nous en avons un. Je pourrais dire que c'est une pension au vieil âge à forme de contributions mensuelles.

Q. Pour chaque membre de la Fraternité?—R. Ce n'est pas une contribution obligatoire. Les membres en font partie volontairement et la pension mise à l'échelle de 30 ans à 65 ans.

[M. John Keane.]

M. Neill:

Q. Cela entre les employés eux-mêmes?—R. Entre les employés eux-mêmes.

M. Spence:

Q. Rien d'obligatoire?—R. Rien d'obligatoire.

M. Irvine:

Q. Savez-vous le montant de la contribution per capita? En avez-vous une idée?—R. Je n'ai pas les chiffres sous la main, mais que, dans votre association, elle peut s'évaluer de 55 sous par mois à peu près, jusqu'à $3.50, selon l'âge à leur adhésion, soit pour ce dernier chiffre à 70 ans.

Le président:

Q. A quel âge cette pension est-elle payable?—R. A 65 ans.

M. Spence:

Q. Les employés ne peuvent pas entrer dans votre association à 70 ans et recevoir une pension à 65?—R. Cela s'explique par un privilège obtenu par ces membres âgés. Mais ils ne reçoivent que $20 par mois.

M. Neill:

Q. Quel est le montant, en moyenne, de la pension?—R. La moyenne, pour la donner ainsi, au pied-levé, est d'à peu près $45.

M. Fontaine:

Q. Est-ce une pension fixe, la même pour chaque membre?—R. Les membres seuls de l'association y ont droit.

M. Irvine:

Q. Advenant l'établissement d'un système de pension au vieil âge par le gouvernement, avez-vous songé aux rapports qu'il y aurait entre celle-ci et votre propre fond de secours?—R. Non. Mais il est bien entendu que si l'Association continue à donner ses pensions, elle ne tomberait pas sous la nouvelle loi fédérale.

M. Neill:

Q. Toute personne qui contribuerait tomberait sous cette loi fédérale?—R. Le fond de l'état.

Q. Avez-vous un système similaire aux compagnies de chemins de fer?—R. Elles ont des fonds de pension établis par acte du gouvernement. Je ferai ici remarquer que le National-Canadien, l'ancien Canadien-Nord, le Grand-Tronc-Pacifique n'en ont pas. Mais le Bureau de direction du Grand-Tronc a consenti à étendre les bénéfices de leur système de pension aux employés des nouveaux réseaux jusqu'à l'établissement par eux de leur propre fond de retraite. On y travaille actuellement.

Q. Ce sera par contribution obligatoire?—R. On n'en sait encore rien.

Q. On voudra une pension payable à 65 ans?—R. Oui. Le Canadien-Pacifique et le Grand-Tronc ont un fond de pension qui n'est pas à contribution.

Q. Alors un employé qui quitterait le service du Grand-Tronc y perdrait tous ses doits, n'est-ce pas?—R. S'il le faisait avant d'avoir atteint l'âge de 65 ans, oui. Les réseaux ont aussi un système par lequel un employé peut recevoir une pension à 55 ans sous certaines conditions.

Q. Dans le cas des compagnies ferroviaires la pension payée n'est pas contributive, mais librement accordée et cela si elles le veulent bien?—R. Il serait bien, je crois, d'expliquer cela. Ce n'est pas un cadeau qu'elles font. Nous considérons, nous, cette pension comme étant un arrérage de salaire. D'après les

[M. L. L. Peltier.]

règlements établis, un pensionné a droit à, disons, deux pour cent de son salaire après un long et fidèle service. Quand il atteint 65 ans il se retire, mais son nom reste sur les listes de paye de la compagnie qui l'employa, ce qui continue à l'attacher à elle, ne l'oublions pas. Il y a deux raisons pour cela: l'une est d'ordre philanthropique, et l'autre probablement d'ordre plus utilitaire—chose difficile à éviter—et voilà la raison d'être de certaines plaintes entendues par votre Comité, voilà quelque temps, à ce sujet. Je désire dire ici que l'espérance d'une pension après un long et fidèle service a pour effet de rendre les ouvriers plus satisfaits, plus malléables, les plus âgés servant, pour ainsi dire, de missionnaires de paix auprès des autres, et empêchant ainsi les mesures trop sévères que pourraient décréter les syndicats. Ceci fait l'affaire des compagnies, naturellement et je ne les en blâme pas. Mais la combinaison a probablement aussi un certain effet sur les salaires donnés.

Q. Est-ce avantageux pour les compagnies?—R. Ce l'est, et c'est aussi réellement une question d'arrérage de salaire qu'on rend ainsi.

Q. Si c'était strictement une question d'arrérage de salaire, on pourrait le percevoir en tout temps; mais si la Compagnie en cause, pour une raison ou pour une autre—d'une grève par exemple—renvoyait un employé celui-ci ne pourrait-il pas réclamer?—R. Légalement non, parce que la loi fédérale donne au Bureau de direction des compagnies le droit d'établir leurs propres règlements pour l'administration de son fonds particulier de retraite.

M. Irvine:

Q. L'idée est donc de rendre ces vieux employés plutôt dociles et malléables en vu de certaines circonstances?—R. Oui, et cependant les compagnies se sont assagies. La loyauté qu'ont ces vieux employés pour les plus jeunes s'est affirmée en plusieurs circonstances si fortement qu'ils n'ont pas toujours fait bien attention aux pertes qui pouvaient en découler pour eux.

. M. Neill:

Q. J'en conclus que votre association regarde cet état de choses dans le système de pension aux compagnies ferroviaires comme pouvant amener des pertes pour les employés, selon leur bon vouloir?—R. En effet. Les employés des chemins de fer sont pratiquement organisés cent pour cent, et si le sujet de plainte était de nature plus sérieuse, ils se réclameraient de leur influence économique pour le faire disparaître. C'est là un point délicat que d'autres dans ma position ne dirait pas aussi clairement. Le sujet de plainte n'est donc pas sérieux, ou s'il l'est il y sera porté remède, soit par les soins du gouvernement, soit par votre comité, en abolissant ce système de pensions. Je voudrais insister sur un point. Il ressort de notre soumission, comme le reconnaissent les directeurs eux-mêmes dans leurs discussions. Je dois dire qu'ils ne cherchent pas à nier le fait qu'ils ne rendent, par leurs pensions qu'un arrérage de salaire, soit $75 pour les chefs de train, $100 pour les mécaniciens—qu'ils aient d'autres revenus ou non—tandis que la pension de l'état ne serait payée qu'aux personnes sans aucun moyen de subsistance. Vous pouvez vous imaginer de la difficulté qu'il y aurait de persuader aux employés de se rendre, aussi bien que les compagnies, à cet arrangement. Les employés préféreraient sans doute se servir de leur influence économique pour faire redresser leurs griefs.

Q. Les employés alors, dites-vous, aimeraient mieux conserver le système de pension actuel et ne pas tomber sous la loi de l'aide au vieil âge du gouvernement?—R. Remarquez la différence qui existe entre les deux. Qu'obtiendraient les intéressés sous la nouvelle loi? Il y a des employés qui, par malchance ou pour d'autres raisons, ont dû se retirer sans pension à l'âge de 65 ans. Ceux-là tomberaient sous la tutelle de la loi d'état.

Q. En votre qualité d'ouvrier vous seriez donc favorable à l'établissement par l'état d'un système de pension, sans désirer toutefois en faire partie vous-

[M. L. L. Peltier.]

14-15 GEORGE V, A. 1924

même?—R. Je pourrais ici demander quelle serait la position des cent mille employés des chemins de fer qui consentiraient à contribuer une part au fond de pension de l'état Nous ne désirons pas, en tout cas, en faire partie. Elle sera, cette pension, pour de plus infortunés que nous.

Q. En ce qui concerne le système de contribution volontaire au fond de pension, que deviennent les employés qui quittent le travail, s'en vont? Perdent-ils les bénéfices de ce qu'ils ont contribué, pendant trente ans, par exemple?—R. Nous avons des fonds particuliers de $3,000 à $5,000 pour ces cas, auxquels les ouvriers contribuent par une cotisation mensuelle, ce qui fait, qu'advenant pour l'ouvrier, la perte par accident d'une main, d'un bras, des yeux ou l'invalidité, il reçoit une somme, en compensation, de trois à cinq mille dollars.

Q. Supposons qu'un employé ayant payé sa contribution annuelle pendant vingt ans à votre fraternité et que, pour une raison ou pour une autre, après cette période de temps, quitte l'emploi qu'il avait aux chemins de fer, se séparerait-il, par le fait même, de votre association?—R. Non. Bien que n'appartenant plus au service il n'en aurait pas moins le droit de rester avec nous.

Q. Alors il n'y a pas de danger pour lui de perdre rien de ce qu'il a payé en contributions?—R. Nous avons des fonds de secours au vieil âge, contre les accidents et pour les employés malchanceux ou sans travail, et ceux-là ont droit à $40 par mois. C'est là une moyenne pour les associations de ce genre. Ainsi, quand les ouvriers eux-mêmes, par les soins de leurs conventions, prennent ces précautions, pourquoi un état de neuf à dix millions d'habitants n'en ferait-il pas autant? Un autre détail pendant que j'y suis. Des chiffres comparatifs avec l'Australie ont été donnés; mais les cheminots en Australie, sont sous la loi de le pension de l'état. Ils n'ont pas de pensions particulières, et ces 200,000 employés aux chemins de fer nationaux ne doivent pas être compris dans l'estimation du coût de l'établissement d'une pension d'état.

Le président:

Q. Ce nombre de 200,000 employés comprend-il tous ceux qui sont aux chemins de fer au Canada?—R. Oui, j'en évalue le nombre à 200,000.

Q. Pour tous les réseaux?—R. Oui.

M. Neill:

Q. Si nous en jugeons par les chiffres comparatifs nous pouvons croire que les dépenses pour le Canada ne seraient pas aussi élevées que pour l'Australie? Nous aurions des sujets qui se retireraient avant d'avoir atteint l'âge de 50 ans. R. Laissez-moi vous signaler un fait spécial au Canada. Je ne veux pas nommer la compagnie en cause, mais il y en a une dont les rapports témoignent d'une chose. C'est que, tandis que le montant per capita et par individu, aux Etats-Unis de $1.51, il n'est au Canada que de 52 cents.

Q. Vous parlez des contribuables?—R. Je parle du montant payé.

Q. En secours?—R. Oui.

M. Spence:

Q. En rapport avec votre association?—R. Avec la Fraternité—l'une des fraternités.

Q. En inférez-vous alors que la Fraternité n'est pas aussi généreuse au Canada qu'ailleurs?—R. Non. Nous sommes nos propres maîtres en ce pays. C'est une grande erreur évidemment de maître sur nous de l'International, mais nous contribuons quand même à un fonds. Il est plus économique d'en gérer un que deux. Il n'y a pas de passe-droits. Je pourrais ici dire en passant que si notre dette au Canada est lourde, elle ne l'est pas plus que celle de l'Australie, de la Nouvelle-Zélande ou de la Belgique.

[M. L. L. Peltier.]

Q. Elle a augmenté en Australie.—R. Je vous ferai remarquer qu'à la fin de notre mémoire nous n'avons pas fait de recommandation à propos du montant minimum. Il est plutôt difficile de le faire quand on manque encore d'expérience de décider exactement le montant minimum possible d'une pension de cette nature.

Le président:

Q. Vous ne tenez pas à suggérer un montant?—R. Nous n'en avons pas suggéré.

Q. Personnellement, seriez-vous disposé à fixer ce montant minimum?— R. Non, monsieur. Je ne le ferais pas avant d'avoir connaissance de tous les renseignements que ce comité a rassemblés. Nous croyons que les membres de ce comité ont le cœur aussi pitoyable aux pauvres que les nôtres le sont.

M. Neill:

Q. Alors, dans votre opinion, il serait sage d'en établir le principe?—R. Oui, et de cette manière tout vous viendrait par le rouage même de l'affaire.

Q. Le coût pourrait s'élever. En tout cas il ne diminuerait pas.—R. Je pourrais ici vous demander si les dépenses d'administration de ces systèmes de pensions en Europe qui se chiffrent à des centaines de mille livres, ne vous semblent pas trop lourdes?

M. Spence:

Q. Alors vous trouvez, qu'en Australie, le système de pensions coûte trop cher au pays?—R. Sans en connaître toutes les circonstances je le crois en effet.

M. Neill:

Q. Je crains que le coût de l'administration d'une pension au vieil âge au Canada vous semblerait encore plus élevé qu'il l'est en Australie? Plus élevé je ne crois pas. Voyez vos chiffres. Voyez comment fonctionne notre système de Pensions aux mères de familles dans la loi des Accidents de travail: un pour cent. Ici je pourrais expliquer que, d'après cette dernière loi, un homme qui perd un membre obtient $40 par mois. Il y aurait ici une élimination à faire de votre part dont votre comité ne veut pas, actuellement, évaluer l'importance.

M. Irvine:

Q. Etes-vous d'opinion qu'il serait sage d'inclure dans un projet de pension que pourrait instituer le gouvernement les personnes invalidées et qui n'ont droit à aucune pension, assurance ou secours de fraternités ouvrières bien qu'ayant dépassé 65 ans?—R. Voilà qui pourrait être fait. Prenez par exemple, Ontario qui comprend, je crois, 400,000 employés travailleurs compris sous la loi des Accidents. Il n'en coûterait guère plus si votre Comité recommandait cette mesure.

Q. Vous croyez que la loi des Accidents du travail diminuerait de beaucoup les demandes de pension?—R. De beaucoup, oui.

L président:

Q. Les garçons de ferme, les tâcherons sont-ils compris dans cette loi?

M. Spence: Pas en Ontario. La loi ne comprend que les employés de manufactures.

Le témoin: Je crois qu'elle comprend une certaine quantité d'employés de toutes catégories.

M. Spence: Mais alors il faut que ces employés soient du monde industriel. Autrement ils ne tombent pas sous la loi de Compensation.

Le témoin: Si vous me le permettez je traiterai ici d'un autre aspect de la question. N'est-il pas vrai que tous les particuliers généralement classés sous

[M. L. L. Peltier.]

14-15 GEORGE V, A. 1924

le vocable d'employés, deviennent nécessiteux dans leur vieil âge? Un bon nombre d'hommes d'affaires ou de profession aussi d'ailleurs. C'est pourquoi il ne faudrait pas faire trop de distinction dans l'élaboration de la loi. En certain pays un particulier aux soins de ses enfants, ne reçoit pas de secours d'au dehors. Mais prenez un homme d'affaires dans le besoin, ou même un grand nombre d'ouvriers dans le même cas et n'allez pas vous imaginer qu'en vieillissant ils ont perdu leur amour-propre. Il leur répugne d'avoir à quêter auprès de leurs enfants—dont un seul, après tout, leur est propre—un timbre-poste pour affranchir une lettre, ou de l'argent pour payer un passage en chemin de fer. Si vous avez l'intention d'instituer un système de pension le moins du monde, ne faites pas en sorte de le restreindre au point de...

M. Neill:

Q. Le système anglais ne fait pas de restrictions dans les cas des enfants supportant leurs parents. Il reconnaît le droit de chaque destitué de recevoir suffisamment de secours pour lui permettre de vivre, qu'ils soient en mesure d'être supporté ou non. Le motif de la loi est qu'ils ne soient pas dépendant.—R. Voilà le fait.

M. Fontaine:

Q. En supposant la fondation par l'Etat d'un fond de pension, ne désirez-vous pas en faire partie?—R. Ce n'est pas là une association ouvrière et nous ne sommes pas plus généreux que d'autres. Nous ne désirons nullement en effet renoncer à une pension éventuelle de $80 à $90 par mois—que nous soyons propriétaires de trois ou quatre immeubles ou non. La pension d'état, en tout cas, ne s'élèverait pas au-dessus de $40 à $50 par mois.

M. Spence:

Q. La pension que vous receviez de l'état n'est donc pas comparable à celle que vous avez des Compagnies de chemins de fer?—R. La raison de notre hésitation à adhérer à l'autre provient de l'étude que nous en avons faite. Remarquez qu'en notre cas il s'agit d'arrérages de salaire. C'est un boni, un don pour cause de longs et loyaux services. Les intéressés ont dit: "Donnez-nous de ces services jusqu'à ce que vous ayez atteint l'âge de 65 ans, et vous recevrez alors deux pour cent d'un montant déterminé pour dix ans.

M. St-Père:

Q. Alors cet argent, vous le réclamez comme vôtre?—R. Il est nôtre voilà tout.

M. Neill:

Q. Le témoin qui, l'autre jour, prétendit qu'un système de pension au vieil âge institué par l'Etat aurait pour effet de faire tomber ceux des compagnies de chemins de fer, devait être dans l'erreur.—R. C'est qu'il se basait sans doute sur les règlements et méthodes des compagnies qui ne sont pas aussi altruistes qu'elles devraient l'être. Mais je dois ajouter que si les sujets de plaintes étaient plus graves qu'elles le sont, les employés eux-mêmes auraient bientôt fait de prendre la question à leur compte, ce qui n'empêcherait pas les compagnies d'y mettre leur mot, d'ailleurs, car, comme je l'ai dit déjà, elles ont deux motifs de le faire, l'un de bon vouloir et l'autre purement d'affaire.

M. Spence:

Q. Ce à quoi vous vous attendiez.—R. Exactement.

M. St-Père:

Q. Quand touchez-vous cette pension? A la retraite?—R. Un employé invalide après 55 ans reçoit sa pension. La limite d'âge est de 65 ans.

[M. L. L. Peltier.]

Q. Supposons qu'un employé perde sa place et quitte, par conséquent, la compagnie. Perd-il la pension qui devait lui revenir?—R. Il ne reçoit rien étant donnée la part dont la compagnie se réclame.

Q. Alors il perd son propre argent?—R. Il n'a rien donné. Au Pacifique-Canadien et au Grand-Tronc les employés ne contribuent rien au fonds de pension, non plus que les employés des chemins de fer nationaux, d'ailleurs.

Q. Prenons un autre exemple. Dans ma circonscription d'Hochelaga nous avons les usines Angus qui ont un certain nombre de pensionnés. Est-ce que la compagnie des usines accorde ces pensions de sa bonne volonté?—R. La pension est instituée par le gouvernement. La compagnie ne fait qu'y appliquer ses règlements, au *pro rata* de leur montant.

M. Fontaine:

Q. Vous avez expliqué que chaque employé contribuait deux pour cent de son salaire au fonds de retraite?—R. La compagnie en cause évalue la moyenne de pensions à payer à, disons, deux pour cent. Au Pacifique-Canadien l'employé contribue ce montant durant les dix dernières années de son service. Au Grand-Tronc ce sont les années de plein rendement économique qui comptent. Il y a des objections à faire au système des dix dernières années de service du Pacifique-Canadien.

M. Spence:

Q. Ce qui veut dire que ces employés travailleraient plus énergiquement les dix dernières années afin d'obtenir une pension plus considérable à leur retraite? —R. Exactement.

M. St-Père:

Q. Un cheminot qui prend part à une grève perd-il tout?—R. Il perd s'il est battu.

Q. Je connais trois de ces employés qui furent ainsi battus puisqu'ils ont perdu leur travail.—R. Oui, mais cela ne sert qu'à rendre la lutte plus dure encore, et les compagnies ferroviaires se sont assagies à ce sujet. Il s'est vu des cas où l'on a sollicité des pensionnés de prendre la place des grévistes.

Q. Je parle ici des employés d'usines. Ils appartiennent aux unions ouvrières; pas les cheminots ou les mécaniciens.—R. Et moi je songe à ceux-là.

Q. Comme je le disais tout à l'heure, je connais trois personnes à qui on a refusé la pension.—R. Les hommes d'équipes ont de moindres salaires.

Q. Mais le principe est le même.—R. Il devrait être le même, que le particulier ait ou non d'autres moyens de subsistance.

Q. Combien de pensionnés avez-vous dans votre association?—R. Vous ne parlez pas de la pension des compagnies ferroviaires?

Q. Je veux dire la pension servie par l'Association ouvrière.—R. De l'Association? Je ne saurais le dire en ce moment, n'ayant pas les informations ici.

M. Neill:

Q. Cela n'aurait que peu d'importance d'ailleurs, parce que cela ne donnerait que le chiffre proportionnel fourni par la Fraternité.—R. Cette part de notre Association fut établie voilà quatre ans. Etant volontaire de nature les ouvriers sont lents à s'y rallier.

M. Spence:

Q. Quelques-uns de vos membres, après qu'ils ont dépassé 65 ans reçoivent une pension des compagnies de chemins de fer et une de votre Fraternité? C'est ce qui rend la pension si élevée chez vous?—R. Non, monsieur. L'employé peut

[M. L. L. Peltier.]

recevoir une pension de sa fraternité, les assurances qu'il peut avoir, à un certain âge et cela pourrait compter comme étant la pension qui lui revient des compagnies de chemins de fer, du moins en ce qui concerne les chefs de tram et les mécaniciens—pour nous en tenir à ceux-là. Voilà la pension que donnent les compagnies, qu'il y en ait d'autre ou non. Et voilà le point capital que je voulais vous signaler spécialement; la difficulté qu'il y aurait de faire abandonner aux employés le système qu'ils connaissent aux compagnies de chemins de fer pour un autre. Ils considèrent les premiers comme étant un arrérage de salaires qui leur est dû. Ils y ont droit quand bien même ils auraient un revenu de cent mille dollars. Cette pension leur revient.

M. St-Père:

Q. Alors, c'est pour les employés une question d'arrérage de salaire?—R. Oui.

Q. Pour services loyaux?—R. Pour longs et loyaux services, oui.

M. Neill:

Q. Mais la pension que sert votre Fraternité dépend de l'état économique de vos membres. Celle qu'ils recevront de vous en y contribuant de 55 cents par mois, dépendra de leur capacité de payer ou non.—R. En aucune façon. Le confrère recevra sa pension quel que soit son revenu.

Q. C'est le principe de la pension aux chemins de fer?—R. Oui. L'intéressé reçoit un secours selon le besoin.

Q. A l'occasion seulement?—R. Oui.

Le PRÉSIDENT: J'ai ici une liste d'ouvrages intéressants sur le sujet qui nous occupe. On les trouvera à la bibliothèque du ministère du Travail.

LISTE D'OUVRAGES CHOISIS SE RAPPORTANT À LA PENSION AU VIEIL ÂGE. BIBLIOTHÈQUE DU MINISTÈRE DU TRAVAIL

GÉNÉRALITÉS

Aschrott. P. F. et Herbert Preston-Thomas. The English poor law system past and present. Londres. Knight et Cie. 1902.

Baldwin. F. S. Old Age pension scheme: a criticism and a programme. *Quarterly Journal of economics.* Vol. 24. 1909-10.

Booth. Charles. Pauperism, a picture, and the endowment of old age, an argument. Londres. Macmillan et Cie. 1892.

Epstein. Abraham. Facing old age, a study of old age dependency in the United States, and old age pensions. New-York. A. Knopf. 1922.

Frankel. Leek et Miles M. Dawson. Workingmen's Insurance in Europe. New-York. Publications du Comité de Charité. 1910.

Metcalfe. John. The case for universal old-age pension. Londres. Simpkin, Marshal et Cie. 1899.

Rogers, Frederick et Frederick Millar. Old-age pensions: are they desirable and practicable? Pro and con. Londres. Isbester et Cie. 1903.

Rubinow. I. M. Social Insurance with special reference to American conditions. New-York. Henry Holt et Cie. 1916.

Seager. Henry. R. Social insurance, a programme for social reform. New-York. Macmillan Co. 1910.

Spender. J. A. The state and pension in old age. Londres. Swan Sonnenschein et Cie. 1894.

APPENDICE No 4

AUSTRALIE

Australia. *Bureau of Census and statistics.* Report on social insurance by the Commonwealth Statistician. G. H. Knibbs. 1910.

National Civic Federation, New-York. Old age pensions—experience in Denmark, New Zealand, Australia, France and Great Britain; criticism of similar plan advocated for enactment by state legislatures.

Report made by P. Tecumseh Sherman to committee on pensions, New York. February 1923.

Northcott, Clarence. H. Australian social development. New-York. Longmans Green et Cie, 1918. (Columbia University studies in history, economics and public law. Vol. 81 No. 2).

Reeves. William Pember, state experiments in Australia and New Zealand. Londres, Grant Richards. 1902.

BELGIQUE

Ministère de l'industrie du travail et du ravitaillement. Loi concernant les pensions de vieillesse, 20 août 1920, exécution de la loi sur les pensions de vieillesse. 10 novembre 1920.

Revue du Travail. 15-31 août 1920 et décembre 1920.

Epstein. Abraham. Facing old-age, a study of old age dependency in the United States and old age pensions. New York. Alfred A. Knopf. 1922.

Frankel. Lee. K. and Miles. M. Dawson. Workingman's insurance in Europe. New York Charities publication committee. 1910.

DANEMARK

Coman. Katerine. Twenty years of old-age pension in Denmark. *The Survey,* January 17. 1914.

Epstein. Abraham. Facing old age, a study of old-age dependency in the United States and old-age pensions. New York, Alfred A. Knopf. 1922.

Frankel. Lee K. and Miles M. Dawson. Workingmen's insurance in Europe. New York. Charities publication committee. 1910.

The New old-age pensions act. *Industrial and Labour information.* September 22, 1922.

National C. vic Federation, New York. Old-age pensions—experience in Denmark, New Zealand, Australia, France and Great Britain: criticism of similar plan advocated for enactment by state legislatures. Report made by P. Tecumsed Sherman to committee on pensions. New York, February 1923.

Schou. P. Social Denmark. Quarterly Journal of Economics. Vol. 27. November 1922.

Spender. Harold. The government and old-age pensions. *Contemporary Review.* January 1908.

Woodbury. Robert M. Osial insurance old-age pensions and poor reliel. *Quarterly journal of economics.* November 1915.

FRANCE

Epstein. Abraham. Facing old-age, a study of old-age dependency in the United States and old-age pensions. New York, Alfred A. Knopf. 1922.

Foerster. Robert F. The French old-age pension law of 1910. *Quarterly Journal of Economics.* August 1910.

Frankel. Lee and Miles M. Dawson. Workingmen's insurance in Europe. New York, Charities publication committee. 1910.

82   *COMITÉ SPÉCIAL*

French Government bill on social insurance. *International Labour Review.* July-August 1921.

French proposals in suspence—a question of funds. *Industrial and labour information.* February 25, 1924.

Old-age pensions legislation in France. *International Labour Review.* April 1921.

Sherman. P. Tecumsed. Social insurance in France. Report to social insurance department. National Civic Federation. New York. 1 December, 1922.

U. S. Bureau of Labour Statistics. Old-age and invalidity pension laws in Germany, France and Australia. Washington. 1910. (Bulletin No 21.)

ALLEMAGNE

Baldwin. F. S. Old-age pension scheme: a criticism and a programme. *Quarterly Journal of Economics.* Vol. 24. 1909-10.

Dawson, William. H. Bismarck and state socialism, an exposition of the social and economic legislation of Germany since 1870. Londres. Swan, Sonnenschein et Cie. 1891.

Drage. Godfrey. The Problem of the aged poor. Londres. A. & A. Black. 1895.

Epstein. Abraham. Facing old-age, a study of old-age dependency in the United States and old-age pensions. New York, Alfred A. Knopf. 1922.

Frankel, Leo K. and Miles M. Dawson. Workingmen's insurance in Europe. New York. Publications du comité de charité, 1910.

Manes, Alfred. Social insurance in the new. Germany. The "Survey". 1er janvier 1921.

Frankel, Leo K. et Miles M. Dawson. (Ouvrage cité).

U. S. Bureau of Labour Statistics. Old Age pensions laws of Germany, France and Australia. (Bulletin n° 21).

GRANDE-BRETAGNE

Baldwin, F. S. Old-Age schemes; a criticism and a programme. *Quarterly Journal of Economics.* Vol. 24. 1909-10·

Barlow, C. A. Montague. The Old Age Pension Act, 1908, together with regulations made thereunder, official circulars and financial instructions by the Treasury. Londres. Fyre at Spottiswood. 1908.

Coman, Katherine. The problem of old age pensions in England. The Survey. Février 21 1914.

Epstein, Abraham. Facing old age, a study of old age dependency in the United States, and old age pensions, New-York. Alfred A. Knofp. 1922.

Frankel, Lee K. et Miles M. Dawson. Workingmen's insurance in Europe. New-York. Publications du comité de charité. 1910.

Publlications de la Chambre des Communes, en Angleterre. Report from the Select Committee on Pensions. Août 9, 1920. (185).

Chambre des Communes ——————— Select Committee on Aged Pensioners Bill. Rapport avec les témoignages entendus.

Ministère des Finances. *Old Age Pension Committee.* Rapport avec les témoignages entendus.

Hoare, H. J. Old age pensions, their actual working and ascertained results in the United Kingdom. Londres. P. S. King and Son. 1915.

Morse, France R. Old age pension in Great Britain and Ireland. *Chartties.* Vol. 21. Décembre le 5, 1908.

Rogers, Clement F. Old age pensions. *Economic Review.* Vol. 23, 1913.

Rubinow, I. M. Social insurance with reference to Amerircan conditions. New York. Henry Holt and Co. 1916.

APPENDICE No 4

Sherman, P. Tecumsed. Old age pensions—experience in Denmark, New Zealand, Australia, France and Great Britain. Report to committee on pensions. National Civic Federation. New-York. Février 1908.

Spender, Harold. The Government and old age pensions. *The Contemporary Review.* Vol. 93. 1908.

Woodbury, Robert M. Social insurance, old age pensions and poor relief. *Quarterly Journal of Economics.* Novembre 1915.

ITALIE

Compulsory insurance against disability and old age in Italy. *The Labour Gazette.* (Great Britain). Février 1920.

Invalidity and old age insurance in Italy. *Industrial and labour information.* March 24, 1924.

NOUVELLE-ZÉLANDE

Le Rossignol, James E. et W. D. Stewart. Socialisme d'état en Nouvelle-Zélande. New-York, Thomas Y. Crowell and Co., 1910.

Lusk, Hugh H. Le bien social en Nouvelle-Zélande, le résultat de vingt années d'une législation progressive et sa signification pour les Etats-Unis et les autres pays. New-York. Sturgis et Walton. 1913.

Reeves, William Pember. Tentatives par l'Etat en Australie et en Nouvelle-Zélande. Londres, Grant Richards. 1902.

Sherman, P. Tecumseh. Pensions aux vieillards, tentatives faites en Danemark. en Nouvelle-Zélande, en Australie, en France et en Grande-Bretagne. Rapport au comité des Pensions, Fédération civique national, New-York, février 1923.

ÉTATS-UNIS

Connecticut. *Commission du bien-être public.* Rapport, 1919. (On y mentionne entre autres sujets l'assurance-maladie et les pensions du vieil âge).

Epstein, Abraham. Face à la vieillesse, étude sur le soin des vieillards et les pensions du vieil âge. New-York. Alfred A. Knopf. 1922.

Henderson, Charles R. Assurance populaire aux Etats-Unis. Chicago, University Press. 1909.

Illinois. *Commission des lois de pension.* Rapport 1917.

Massachusetts. *Office de la Statistique.* Rapport d'une enquête spéciale au sujet des personnes âgées et dans le besoin dans le Massachusetts, 1916.

——————— *Comité des Pensions.* Rapport, 1914. (Document de la Chambre n° 2450).

——————— *Commission spéciale sur l'assurance sociale.* Rapport, 1917.

Ohio. *Commission sur l'assurance-maladie et l'assurance des vieillards.* Santé, assurance-maladie, pensions du vieil âge. Rapport, recommandations, opinions opposées. Février 1919.

Pensylvanie. *Commission des Pensions du vieil âge.* Rapport, mars 1919.

Potts. Rufus M. Assurance sociale, jusqu'à quel point elle est désirable et applicable aux Etats-Unis et par quel moyen peut-on la propager? Procès-verbaux de la convention nationale des commissaires d'assurance, 1916 (p. 24).

Projet de pension du vieil âge et d'assurance-maladie, législation du Massachusetts. *Monthly Labour Review,* mai 1917.

Rubinow, I. M. Assurance sociale avec mention spéciale des conditions en Amérique. New-York, Henry Holt et Cie, 1916.

Sherman, P. Tecumseh. Pensions du vieil âge, tentatives faites au Danemark, dans la Nouvelle-Zélande, en Australie, en France et en Grande-Bretagne. Rapport au comité des pensions, Fédération civique nationale, New-York. Février 1923.

Squier, Lee W. Soin des vieillards aux Etats-Unis; revue complète du mouvement en faveur des pensions. New-York. The Macmillan Co., 1912.

Etats-Unis. *Congrès. Sénat. Comité de l'Education et du Travail.* Témoignages, 65e congrès, 3e session, à la suite de la résolution du Sénat n° 382, donnant instruction au comité de l'Education et du Travail de recommander des méthodes pour améliorer les conditions sociales et industrielles d'après les données suggérées et indiquées dans la résolution, 1919.

Le témoin se retire.

Le comité est ajourné.

(Copie)

DÉPARTEMENT DES ASSURANCES,

OTTAWA, 13 juin 1924.

V. CLOUTIER, Ecr.,
     Chambre des Communes, Ottawa.

Cher monsieur Cloutier,

Veuillez trouver ci-après les taux de mortalité et les probabilités de vie de certaines classes d'assurés dont vous pourrez faire usage à votre convenance. Dans la préparation de chacun de ces tableaux, on a mis de côté les résultats des cinq premières années de l'assurance, afin d'obtenir un taux de mortalité raisonnablement exempt de l'influence résultant de la sélection faite par les médecins.

Age	Expérience américaine 1900-1915		Expérience canadienne 1900-1915		Expérience anglaise 1863-1893	
	Totaux de mortalité par 1000	Probabilités nettes	Totaux de mortalité par 1000	Probabilités nettes	Totaux de mortalité par 1000	Probabilités nettes
30	4.46	37.70	4.28	38.88	7.47	35.06
35	4.78	33.51	4.45	34.77	8.37	31.35
40	5.84	29.32	5.33	30.55	9.78	27.67
45	7.94	25.22	6.98	26.39	12.00	24.04
50	11.58	21.29	9.87	22.36	15.45	20.52
55	17.47	17.62	14.71	19.55	20.83	17.17
60	26.68	14.29	22.58	15.02	29.21	14.04
65	40.66	11.34	35.18	11.85	42.21	11.20
70	61.47	8.81	55.07	9.10	62.19	8.71

Vous remarquerez que le tableau se rapportant à l'Angleterre donne des moyennes moins favorables que les deux autres. Les compagnies d'assurance sont devenues plus habiles dans le choix des assurés depuis quelques années. En augmentant ou diminuant la sévérité dans le choix des assurés, les compagnies peuvent faire varier fortement le taux des mortalités. C'est pourquoi en l'absence de données bien précises sur le type de sélection adopté par chaque compagnie, il faut être prudent en formant des conclusions d'après ces données ou d'autres du même genre.

Bien à vous,

A. D. WATSON,
Actuaire.

APPENDICE No 4

COPIE DE LETTRE CIRCULAIRE ENVOYÉE AUX MAIRES DES VILLES DU DOMINION (AUX CHIFFRES DE 135)

CHAMBRE DES COMMUNES DU CANADA,

OTTAWA, 13 juin 1924.

CHER MONSIEUR, — Le comité spécial nommé par la Chambre des Communes, le 29 avril dernier, avec mission de s'enquérir au sujet du système de pension du vieil âge au Canada, désire se procurer des renseignements dignes de foi sur l'opportunité d'établir un système de pensions semblable au moyen d'une loi et d'une aide également fédérales qui pourvoiraient à l'entretien des vieillards du Canada tout entier, qui, bien que pauvres, méritent toutefois qu'on s'occupe d'eux.

Des présidents et des vice-présidents d'organisations ouvrières ont soumis des observations au comité, mais outre ces représentations, on estime qu'il convient d'obtenir l'avis des maires des citées et des villes du pays, où, croit-on, on a dû prendre des mesures de secours pour aider les femmes et les hommes âgés, disons de 65 ans et plus, qui sont dans le besoin ou dans un état tel qu'il leur faut recevoir de l'aide de provenance étrangère.

Vous pourriez grandement seconder le comité, si vous aviez l'obligeance de répondre à cette lettre, en basant votre réponse sur les questions énoncées ci-après quant à l'état de choses existant dans la cité ou la ville dont vous êtes le maire, parmi les personnes âgées et pauvres, pour lesquelles on dépense des fonds municipaux.

Veuillez adresser votre réponse tel qu'indiqué sur l'enveloppe ci-incluse. Vous n'avez pas besoin d'apposer de timbre de poste. Le comité vous serait reconnaissant, si vous lui faisiez parvenir votre réponse le plus tôt possible.

Bien respectueusement,

W. G. RAYMOND, M.P.,
Président.

V. CLOUTIER,
Secrétaire.

1. Votre avis au sujet de l'aide fédérale destinée à l'entretien des indigents ou, disons, des pauvres qui méritent qu'on s'occupe d'eux et qui ont atteint l'âge de 65 ans ou qui ont dépassé ce nombre d'années, et dont les revenus ne peuvent suffire à leur procurer les choses nécessaires à la vie?

2. Le nombre de ces vieillards nécessiteux, indiquant, séparément, si vous le pouvez, le nombre des hommes et celui des femmes qui se trouvent dans ce cas. Ne comptez que les sujets canadiens ou britanniques qui sont domiciliés dans votre cité ou votre ville ou dans une institution de charité?

3. (1) Le nombre des vieillards habitant des résidences particulières?

(2) Le nombre de ceux qui se trouvent dans des institutions de charité, mais ne comptez que les vieillards âgés de 65 ans ou plus?

4. Coût de leur entretien, par jour ou par mois?

5. Montant total acquitté par votre municipalité, en 1923, pour l'entretien de ces personnes indigentes dont l'âge représentait 65 ans ou plus?

6. Que représenterait un montant raisonnable destiné à l'entretien de ces indigents et cela, par mois ou par jour?

1

RÉPONSES REÇUES À LA LETTRE ENVOYÉE À 135 MAIRES DES VILLES ET CITÉS DE TOUT LE DOMINION

Note. — Les lettres ont été expédiées entre le 10 et le 12 juin, et à la date du 30 juin et du 1er juillet, on reçoit encore des réponses.

BRANDON, MANITOBA, 19 juin 1924.

CHER MONSIEUR, — Au nom de Son Honneur le Maire, je dois vous dire qu'il y a et doit y avoir nécessairement dans les districts nouveaux comme les Provinces des prairies, bien des gens qui, sans être imprévoyants dans leur mode de vie, sont, pour des raisons légitimes, incapables de pourvoir aux besoins occasionnés par la vieillesse et par suite dépendent plus ou moins des corps publics ou des institutions de charité.

A la demande de l'Union des villes, le conseil de ville de Brandon a de temps en temps mis à l'étude cette question sous diverses formes, soit sous forme de fonds pour les rentes viagères, soit comme assurance-vie ou assurance-maladie, et jusqu'à présent n'a pas trouvé de solution satisfaisante.

Les refuges provinciaux pour les personnes âgées et infirmes dans le Manitoba sont insuffisants pour répondre à la demande, et le gouvernement a, je crois, reçu un mémoire demandant d'augmenter les locaux dont ils peuvent disposer. Actuellement, nous avons deux ou trois personnes attendant leur admission, et quelques autres qui mériteraient une aide de la part du gouvernement fédéral et ne veulent pas se rendre aux institutions provinciales, à cause de certains préjugés; par conséquent il n'est pas douteux que le plan du gouvernement du Canada d'établir un système de pensions pour les vieillards serait particulièrement bienvenu.

La ville de Brandon a aidé cette année 10 hommes et 7 femmes de diverses manières, ces personnes n'ayant pas les moyens de se procurer les choses nécessaires à la vie. Dans quatre cas, on a payé une pension, dans d'autres, le secours a pris la forme du loyer de leur logement, et dans d'autres cas encore on a fourni de temps en temps des objets en nature.

La municipalité entretient en plus 5 hommes et 8 femmes dans les institutions provinciales et les frais se montent à environ $1,500 annuellement.

Il serait assez difficile de faire un relevé exact pour répondre à la question n° 2.

Le secrétaire-trésorier.

2

(Dépêche)

BRANTFORD, ONTARIO, 24 juin 1924.

Les membres de la S.A.O. demandent d'admettre les aveugles à la pension du vieil âge à l'âge de 50 ans, comme en Angleterre.

W. D. DONKIN, *secrétaire.*

3

CALGARY, 21 juin 1924.

1. En quelques mots, je suis d'avis que ce genre de pension est une nécessité absolue. Le sentiment public est en faveur d'une loi fédérale pour le soin des vieillards. On ne peut tolérer aujourd'hui de voir les vieillards dans le besoin. Le mode d'assistance qu'on suit actuellement est dirigé au hasard et sans uniformité. Les diverses institutions et les municipalités fournissent les fonds nécessaires, on ne peut avoir des résultats satisfaisants.

2. En l'absence de chiffres officiels, j'ai estimé que le nombre de vieillards qui seraient bénéficiàires de ce système serait d'environ trois par **200** familles. Avec une population de **65,000**, je puis dire que **180** personnes auraient droit à la pension, soit 95 hommes et 95 femmes.

3. Le nombre de vieillards qui ont reçu l'aide de la ville durant la période marquée au paragraphe **3** est de **35**. La moyenne reçue par chaque individu est de **70** c. par jour, ou $20 par mois.

4. La ville paye directement ou indirectement pour ces 35 personnes âgées de plus de 65 ans. Le montant versé directement est de $6,800. Le nombre des hommes est de **18**, et celui des femmes est de **17**. Il y a à part cela des institutions philanthropiques qui prennent à leur charge le soin et l'entretien d'un grand nombre de personnes âgées de plus de 65 ans. Ces personnes ne sont pas à la charge de la ville, mais les frais d'entretien sont défrayés par les diverses institutions et sociétés.

Les termes de ces réponses ont été vus par le maire et approuvés, et nous espérons que vous serez satisfait.

JOHN T. ROBINSON,
Surintendant du service de secours.

4

CAMPBELTON, N.-B., 13 juin 1924.

Il serait sans doute avantageux d'avoir un système de bien administré de pensions pour le vieil âge.

Nous avons dix à douze personnes qui reçoivent une allocation hebdomadaire de la ville variant entre $3 et $5. Sur ce nombre il y a 3 femmes.

Il est assez difficile d'estimer le nombre de personnes au-dessus de 65 ans qui pourraient recevoir une aide fédérale, mais il est probable que ce nombre ne dépasserait pas le chiffre de 20.

JOHN T. REID,
Greffier.

5

FARNHAM, P.Q., 18 juin 1924.

1. Il faut en prendre soin.
2. 3 hommes; 4 à 5 femmes.
3. (1)—3. (2) 7.
4. Moyenne: $10 à $12.
5. $300.
6. Il en coûte $10 par année à notre hospice pour chaque individu hospitalisé dans notre localité.

6

FERNIE, C.-B., 20 juin 1924.

Les membres du conseil de ville diffèrent d'opinion entre eux au sujet de l'opportunité d'un système de pensions pour le vieil âge.

En réponse à la deuxième question, nous ne croyons pas qu'il y ait plus de dix à vingt personnes qui pourraient recevoir une aide fédérale. Aucune de ces personnes ne reçoit actuellement une aide de la municipalité, vu qu'elles sont supportées par leur famille ou retirent quelque chose de travaux qu'elles peuvent trouver.

Nous gardons trois hommes dans le refuge provincial au coût d'environ $700 par année. Il s'y trouve aussi un autre homme venant d'un district adjacent, mais son cas relève du gouvernement provincial de la Colombie-Britannique.

ARTHUR J. MOFFATT,
Greffier et trésorier.

7

GRAND'MÈRE, P.Q., 19 juin 1924.

Re *Pension aux vieillards de plus de 65 ans*

A son avis Son Honneur le Maire croit que le gouvernement fédéral devrait prendre sur lui une charge fort louable mais qui entraînerait des dépenses considérables de fonctionnaires, locaux, etc., qui ajouterait beaucoup à la dette déjà trop lourde du Dominion. De plus les autorités provinciales et locales parviennent assez bien à subvenir à l'entretien de ces personnes âgées.

Quant aux questions 2, 3, 4, 5, 6, les officiers de l'Hôpital Saint-Joseph des Trois-Rivières pourraient vous fournir tous les renseignements désirés puisque c'est à cet endroit que nous envoyons nos vieillards.

Espérant que cette question vous donnera satisfaction, je suis,
Votre tout dévoué,

HENRI NEAULT,
Secrétaire-trésorier.

8

HULL, P.Q., 18 juin 1924.

MONSIEUR,—En réponse à la vôtre en date du 13 juin adressée à Son Honneur le Maire, je dois vous dire que la cité de Hull a actuellement 19 vieillards placés à l'hospice Saint-Charles, Ottawa, dont 15 hommes et 4 femmes, pour l'entretien desquels la cité de Hull paie $0.35 par jour, suivant convention entre les autorités de l'institution et la cité.

H. BOULAY,
Greffier de la cité.

9

LETHBRIDGE, ALBERTA, 20 juin 1924.

En réponse à la question n° 1, je suis d'avis qu'il est désirable d'avoir un système de pensions pour le vieil âge, et à la longue, il n'en coûtera pas plus d'avoir ainsi soin des vieillards que par le mode actuel. Cela augmenterait le budget fédéral, mais il y aurait une diminution correspondante dans les budgets des provinces et des municipalités. De plus, en éliminant les indigents indignes, on diminuerait les frais d'autant.

W. D. L. HARDIE,
Maire.

APPENDICE No 4

1. Vous connaissez mieux que moi la réponse à cette question.
2. 10 femmes, 9 hommes.
3. 10 femmes, 9 hommes, 60c. par jour.
4. Aucun.

A. M. TILLEY,
Sur. des pensions aux mères de famille,
Service de charité et secours.

10

MAGOG, QUÉ., 16 juin 1924.

MONSIEUR,—En réponse à votre lettre il me fait plaisir de répondre comme suit aux questions que vous nous posez:

1. Je crois que c'est un devoir pour le gouvernement fédéral de venir en aide aux vieillards âgés de soixante-cinq ans et plus qui ne peuvent se procurer les nécessités de la vie.

2. Le nombre de vieillards nécessiteux secourus par la ville de Magog, est de dix, actuellement, dont 6 hommes et 4 femmes.

3. Le nombre des vieillards habitant des résidences particulières, auxquels la ville vient en aide, est de quatre dont deux hommes et deux femmes.

4. Le nombre de ceux qui se trouvent dans des institutions de charité est de six dont 4 hommes et 2 femmes.

5. Le coût de leur entretien est de $12 par mois.

6. Le montant total payé par la municipalité en 1923 est de $1,440.

7. Le montant raisonnable qui serait nécessaire pour l'entretien d'un de ces indigents, serait un montant représentant un revenu annuel d'environ $150.

ALF. TOURIGNY,
Sec.-Trés.

11

1. Je suis d'opinion qu'il est très désirable d'établir un système de pensions pour le vieil âge.

2 et 3. Il est assez difficile de répondre avec précision à ces questions. Sans doute les rapports du recensement pourraient nous donner une idée du nombre de personnes ayant plus de 65 ans dans cette ville, renseignement que nous n'avons pas autrement. Jusqu'à présent nous avons 13 hommes et 11 femmes de plus de 65 ans que nous avons dû soutenir plus ou moins durant l'année. Ces personnes vivent toutes dans leur logement privé et ont reçu divers montants allant de $8.00 à $30.00 par mois.

4. Actuellement la municipalité n'a pas de vieillards nécessiteux à la maison de refuge ni au refuge des vieillards.

WALTER HUCKVALE,
Maire.

12

NEW-WESTMINSTER, C.-B., 19 juin 1924.

1. Il serait désirable d'établir un système de pensions pour les vieillards en Canada; les bénéfices de ce système ont été constatés en Angleterre.

2. Le nombre de personnes âgées de 65 ans et plus qui bénéficieraient de ces pensions est difficile à établir, mais on peut l'estimer à 50 dans la ville; les femmes seraient en plus grand nombre que les hommes.

3. Nous avons dans cette ville une société appelée "Benevolent Society" qui s'occupe des cas d'indigence, et les dépenses se chiffrent à environ $3,000 par année.

La plus grande partie de cette dépense est distribuée aux femmes et aux enfants, c'est-à-dire à des personnes de moins de 65 ans. Il y a cependant 5 hommes et 8 femmes ayant dépassé cet âge et qui seraient sur la liste des bénéficiaires, et le coût moyen de chacun serait d'environ $10.00 par mois.

Il y a en outre à l'hôpital deux hommes et deux femmes qui seraient aussi bénéficiaires jusqu'à leur mort. Ils ont plus de 65 ans et coûtent à la municipalité la somme de $2.50 par jour. La ville paie aussi l'entretien d'un homme chez un particulier au coût de $20.00 par mois. Dans le Refuge provincial pour les vieillards il y a 5 hommes pour lesquels la ville paie la somme de $284.04 par mois, moins 25 p. 100 fourni par le gouvernement provincial.

Pour donner une réponse absolument juste à la question n° 2, il faudrait faire une revue de la ville, vu que nous n'avons pas de registre donnant l'âge des habitants en général. La population est évaluée à 16,000, et on y trouverait la moyenne ordinaire de vieillards qui bénéficieraient des pensions proposées.

W. A. DUNCAN,
Greffier suppléant.

13

OTTAWA, CANADA, 17 juin 1924.

1. Une forme quelconque d'assurance sociale pour les vieillards nécessiteux nous aiderait sans doute à résoudre nos difficultés à ce sujet. L'établissement des rentes viagères par le gouvernement en 1908 forme un excellent moyen d'épargne et permet à un grand nombre de prévoir les besoins du vieil âge, mais plusieurs de ceux qui ont ainsi acheté une rente auraient sans doute économisé de quelque autre manière, et les municipalités n'ont à s'occuper que des cas de ceux qui n'ont pas pratiqué cette forme ou toute autre forme d'épargne.

2. Nous n'avons pas de statistique qui puisse nous permettre de répondre avec précision à cette question.

3. En réponse à cette question, je puis dire que le 27 mai 1924, nous avions sous les soins du service social de la ville les personnes suivantes âgées de 65 ans et plus et nécessiteuses:

Hommes..	60
Femmes..	76
	136

4.

Hospice Saint-Charles pour les vieillards, 53 hommes, 106 femmes..	$3,780
Maison St-Patrick, pour les orphelins, 24 h., 35 f..	1,215
Maison des orphelins protestants, 18 femmes..	675
Refuge protestant des vieillards, 27 hommes..	1,350
Refuge des femmes délaissées, 7 femmes..	675
Refuge Perley pour incurables, 4 hommes, 5 femmes.	2,970

5. Une moyenne de $3.50 par mois pour chaque individu.

6. La ville fournit aussi une moyenne de $20 par mois à 6 femmes de plus de 65 ans pour sa part d'allocation des mères de famille.

NAPOLÉON CHAMPAGNE,
Maire.

14

PARIS, ONT., 14 juin 1924.

1. Recommandable.
2. La ville de Paris n'entretient aucun vieillard en dehors de la Maison de refuge.
3. Nous avons eu deux personnes seulement qui ont reçu de l'aide cet hiver et au montant de $20 seulement.
4. Nous avons 3 vieilles femmes et 2 hommes âgés à la maison de refuge pour lesquels nous payons environ 14½c. par jour.

C. B. BARKER,
Greffier et trésorier.

15

PEMBROKE, ONT., 17 juin 1924.

1. Nous croyons très désirable d'établir un système de ce genre.
2. Il est très difficile de donner le nombre exact des personnes de 65 ans ou plus dans notre ville qui pourraient recevoir l'aide fédérale, mais nous croyons pouvoir l'estimer à 15, soit 9 hommes et 6 femmes.
3. Un vieillard reçoit $26 par mois de la caisse municipale; en sus il y en a plusieurs qui sont supportés par les sociétés sous le patronage des différentes Eglises de la ville.
4. Nous avons 6 pensionnaires dans le refuge industriel de Perth, mais la ville n'a aucune dépense de ce chef, le tout étant défrayé par le comté de Renfrew.

D. W. BLAKELY,
Sec.-trésorier.

16

PETERBOROUGH, ONT., 21 juin 1924.

Le nombre des hommes ayant dépassé l'âge de 65 ans dans la ville est de **449**, d'après ce que nous pouvons constater. Le nombre des femmes ne se trouve pas dans nos registres, mais il serait probablement à peu près égal à celui des hommes. Les nécessiteux de l'un et de l'autre sexes ne forment qu'une faible proportion de ces chiffres.

Ceux qui reçoivent une aide de la caisse municipale sans être logés dans une institution sont au nombre de huit.

Dans le refuge protestant, il y a 11 hommes et 7 femmes pour lesquels la municipalité paie $3.50 par semaine. Dans la maison de prévoyance, il y a cinq hommes et 18 femmes. La cité paie à cette institution une somme globale annuelle.

S. R. ARMSTRONG,
Greffier.

14-15 GEORGE V, A. 1924

17

Port-Arthur, Canada, 17 juin 1924.

Je suis d'opinion qu'il est très désirable d'établir en Canada un système de pensions pour le vieil âge, au point de vue humanitaire et comme moyen de venir en aide aux municipalités, qui, dans plusieurs cas, se trouvent chargées d'un très lourd fardeau.

Il serait impossible d'estimer le nombre de personnes de cette ville qui pourraient recevoir l'aide fédérale. Le seul moyen de trouver ce nombre vient des demandes de secours que nous recevons, bien que sans doute il y en ait qui méritent des secours et hésitent à les demander à la ville.

Actuellement nous assistons 8 femmes et 4 hommes qui vivent chez eux dans les limites de la ville. Nous payons comme suit: pour 2, à chacun $10 par mois; pour 4, à chacun $15, puis deux à $20 et 4 à $25.

Nous payons l'entretien de deux femmes et quatre hommes dans les refuges et les maisons de refuge. L'un de ces vieillards reçoit $75 par année et les autres, $150 par année.

J. W. CROATS,
Maire.

18

Portage-la-Prairie, Man., 21 juin 1924.

La question a été discutée par le conseil de ville, et j'ai reçu instruction de vous dire que les membres du conseil sont d'avis que les municipalités peuvent plus facilement surveiller l'entretien des vieillards nécessiteux, puisque les conditions locales sont plus facilement comprises. Le coût de l'entretien des vieillards nécessiteux revient dans tous les cas sur le contribuable, et les frais d'administration d'un département augmenteraient fortement les dépenses de ce chef.

Les abus sont plus faciles à déceler avec une administration locale.

En réponse à la deuxième question, nous aurions 11 hommes et 10 femmes susceptibles de recevoir l'aide fédérale.

Troisième question: 2 hommes et 1 femme reçoivent de l'aide à leur domicile, au montant total d'environ $500 par année.

Quatrième question: deux hommes et 1 femme sont entretenus à l'Hospice des vieillards et des infirmes, au taux de 50c. par jour chacun.

W. R. GRIEVE,
Sec.-trés.

19

Prince-Albert, Sask.

Nous croyons que le temps sera bientôt arrivé où le gouvernement fédéral comblera une lacune qui existe depuis longtemps en établissant un système de pensions pour le vieil âge, lacune qui est surtout sentie dans l'Ouest où plus d'un vieillard serait susceptible de recevoir une pension de ce genre. L'établissement de ce système serait d'un grand secours pour les municipalités qui, à cause de difficultés financières, peuvent à peine suffire à ces besoins.

Je ne puis vous donner une idée juste du nombre de personnes âgées de 65 ans et plus qui seraient susceptibles de recevoir une aide, vu que ces cas relèvent surtout des institutions privées et des individus. Cependant, la ville elle-même prend soin de 8 à 12 cas annuellement, et chaque individu coûte à la ville une moyenne de $1 par jour. Nous nous efforçons de garder ces personnes dans notre district, mais dans ces dernières années, nous avons dû envoyer trois de ces vieillards nécessiteux au refuge des vieux à Wolesly, Saskatchewan.

Je serais très heureux de connaître tout ce qui sera décidé au sujet de cette question ou toutes les recommandations que votre comité pourra faire dans ce sens.

20

REGINA, SASK., 20 juin 1924.

1· Malgré que les chiffres que nous avons sur le nombre de nécessiteux dans la ville de Regina n'indique pas une nécessité urgente d'un plan de pensions pour les vieillards, nous avons cependant plusieurs vieilles personnes qui seraient heureuses d'en profiter. Cette nécessité devient plus évidente de jour en jour, et c'est pourquoi il est désirable que le gouvernement canadien établisse un système général de pensions pour le vieil âge.

2. Impossible de donner un nombre, à part de faire une revue spéciale complète.

3. Trois femmes, cinq hommes. Environ $30 par mois.

4. Deux femmes, trois hommes; $1 par jour.

La réponse à la première question exprime l'opinion personnelle du maire, mais celle-ci est certainement appuyée par plusieurs échevins. Les réponses 2, 3 et 4 sont données par le service de secours de la municipalité.

E. BLACK,
Greffier.

21

ST. CATHARINES, ONT., 14 juin 1924.

1. Je suis d'opinion qu'on ne devrait pas accorder d'allocation aux personnes âgées de 65 ans et plus à moins d'établir un fonds de pension. Il faudrait mettre de côté une certaine proportion de leur salaire, chaque semaine, ou chaque mois ou tous les ans pour former une caisse de retraite, et cela par l'entremise des manufacturiers ou patrons, et je ne crois pas que le mode de fournir des octrois répétés venant du gouvernement soit une mesure sage, car cela tendrait à encourager l'imprévoyance. Le soin de ces nécessiteux retombant surtout sur les épaules des autorités municipales, chaque année les taxes pourvoient à un montant pour l'entretien de ces personnes; le gouvernement pourrait allouer des octrois annuels aux municipalités.

2. Dans St. Catharines, nous avons 12 hommes et 7 femmes pensionnés dans des institutions au prix de $6.50 par semaine dans l'une d'elles et $7.50 par semaine dans l'autre; cette deuxième étant en dehors de notre comté, on exige $1 de plus par semaine. Nous entretenons deux femmes nécessiteuses dans des familles au taux de $5.50 par semaine chacune. Ces personnes ainsi secourues par la municipalité reçoivent ces montants non comme des secours passagers, mais en pur don, car nous avons en outre une centaine de cas que nous secourons par suite du manque d'emploi.

L'année dernière la ville a dépensé un montant de $6,092.23 pour loger des vieillards, en outre du fort montant dépensé en secours.

JACOB SMITH,
Maire.

22

St-Etienne, N.-B., 14 juin 1924.

Le maire de Saint-Etienne, N.-B., désire exprimer son opinion en faveur d'un système de pensions pour le vieil âge, malgré que dans cette ville nous soyons assez heureux d'avoir très peu de personnes susceptibles de recevoir une aide fédérale.

Un homme reçoit assez régulièrement des fonds de la caisse municipale, et cette allocation est de $20 par mois.

Le nombre de vieillards supportés par leurs parents ou les sociétés de bienveillance et n'ayant pas de propriétés ni de revenu à eux, est peut-être de 5 ou 6 au plus. Les femmes dans les même conditions sont un peu plus nombreuses. La ville ne paie pas pour l'entretien des personnes âgées dans les institutions charitables, à l'exception de deux personnes à l'hôpital provincial des maladies nerveuses.

J. VROOM,
Greffier.

23

Stellarton, N.-É., 16 juin 1924.

En réponse à votre circulaire du 10 juin, je suis en faveur d'un système de pensions pour le vieil âge en Canada.

Nous n'avons que quelques personnes susceptibles de recevoir une pension dans les conditions prévues pour ce système.

Actuellement, nous n'avons que trois vieillards gardés dans un hospice aux frais de la ville. Ce sont toutes des femmes et elles nous coûtent environ $16 par mois.

J. W. HENDERSON,
Greffier.

24

Sussex, N.-B.

1. Aucune opinion à exprimer, n'avons pas étudié cette question.
2. Deux hommes, aucune femme.
3. Un homme reçoit $1 par jour du conseil de ville, l'autre $3 par semaine.
4. Aucun nécessiteux de la classe désignée par la question n° 4.

25

Trois-Rivières, P.Q., 17 juin 1924.

1. Très louable.
2. ....
3. (1) 7 hommes et 20 femmes, sans comprendre 66 familles. (2) 38 vieillards dont 6 sous la loi de l'assistance publique. 69 vieilles dont 27 sous la loi de l'assistance publique.
4. 45 cents par jour, dont $\frac{1}{3}$ payable par la cité.
5. Quote-part de la Cité, $1,806.75.
6. 50 cents par jour.

ARTHUR BETTEZ,
Maire.

26

WESTMOUNT, CANADA, 19 juin 1924.

Je soumets avec plaisir les renseignements suivants avec quelques suggestions:—

1. Je suis d'avis qu'il devrait y avoir au Canada un système de pensions pour les vieillards et que l'Etat devrait assurer l'établissement de ce système.

2. Je suggère que le plan s'applique d'abord à la classe des travailleurs, et c'est pourquoi il faudrait une contribution de là part du bénéficiaire dans le but de stimuler son intérêt en faveur du système.

3. La contribution de l'Etat devrait être suffisante pour couvrir disons 50 p. 100 du montant requis pour le minimum d'une pension, et le bénéficiaire devrait être appelé à fournir le reste avec la faculté de l'augmenter s'il veut grossir sa pension.

4. La pension serait plus ou moins forte suivant le montant versé par le bénéficiaire.

5. Le gouvernement ou l'Etat créerait chaque année un fonds de réserve suffisant pour couvrir le montant nécessaire aux obligations surgissant au cours de l'année. En d'autres termes, le plan serait sur une base de réserve établie par les actuaires.

6. En évaluant le passif annuel, on allouerait une recette de 5 p. 100 comme taux d'intérêt sur la réserve établie par les actuaires pour ce plan de pension aux vieillards, et le gouvernement ou l'Etat devrait combler la différence entre le taux réalisé et le 5 p. 100 établi en principe.

7. L'Etat garantirait que les contributions du bénéficiaire ou du participant porteront un intérêt de 5 p. 100 (la méthode actuelle suivie par le gouvernement de compter 4 p. 100 comme intérêt sur le fonds de pension est au-dessous du montant réellement reçu en intérêt, et le gouvernement a retiré des profits sur les fonds versés par les bénéficiaires ou les participants). Les recettes provenant de ce 5 p. 100 garanti pourraient, à mon avis, attirer un plus fort groupe et les inciter à profiter de ce plan, et le gouvernement ferait bien de mettre le plan de pension existant maintenant sur la même base, et faire profiter de ce surplus d'intérêt ceux qui participent et contribuent au système actuel des pensions.

8. Tous les employés seraient obligés de faire une déduction sur leurs gages ou leurs salaires, et ces déductions se continueraient jusqu'à, disons, 55 ans, avec faculté de les continuer afin d'augmenter le montant de la pension lors de la retraite.

9. L'âge de la retraite serait fixé à 65 ans, avec une clause autorisant la retraite avant ce temps à la suite d'incapacité ou de blessure.

10. Il y a tant de choses à considérer au sujet d'un fonds de pension que je suggérerais à votre comité, si la chose n'est pas faite déjà, de demander un rapport à des actuaires ayant étudié les diverses suggestions que votre comité pourrait faire avant de présenter un rapport au Parlement.

A la deuxième question: le nombre des hommes âgés de 65 ans et plus résidant dans la cité de Westmount est de 194.

Nous n'avons pas de statistique au sujet des femmes.

A la troisième question: les seules personnes qui reçoivent une aide de la caisse municipale durant l'année 1924 sont les indigents envoyés aux hôpitaux à cause de maladie.

A la quatrième question: nous avons une femme paralysée à l'hôpital dont l'entretien est à la charge de la cité. Un orphelin de 9 ans est pensionné dans une des institutions de la ville et nous avons 25 personnes dans les asiles d'aliénés.

P. W. McLAGAN,
Maire.

27

WOODSTOCK, ONT., 21 juin 1924.

1. Les membres du comité des finances de la cité de Woodstock sont d'avis que, dans un pays neuf comme le nôtre, il n'est pas désirable d'établir un système de pensions pour les vieillards.

2. Il serait difficile d'estimer le nombre de personnes de cette ville qui pourraient bénéficier de ce système, si on venait à l'établir, mais actuellement ce nombre serait peu considérable.

3. Aucun vieillard ne reçoit actuellement de l'aide de la ville, et nous n'avons qu'un homme et une femme qui reçoivent chacun $2 par semaine, vu qu'ils préfèrent ne pas aller à la maison de refuge.

4. Le nombre de nos pensionnaires dans la maison de refuge du comté, et âgés de plus de 65 ans, est de 13, dont 5 femmes et 8 hommes. La ville encourt de ce chef une dépense de $2.50 par jour pour chacun d'eux.

JOHN MORRISON,
Greffier.

28

Correspondances reçues trop tard pour être classifiées.

MONCTON, N.-B., 26 juin 1924.

1. Son Honneur le maire m'a donné instruction de vous répondre qu'il est fortement en faveur d'un système de pensions pour les vieillards en Canada.

2. Il est impossible de donner un chiffre exact sans faire dans la ville un relevé des personnes âgées de 65 ans et plus qui seraient susceptibles de recevoir une aide fédérale, mais je puis vous dire que nous avons dû depuis trois ou quatre ans avoir un comité appelé Comité de secours. L'année dernière, la ville a donné en secours la somme de $1,100, à part une souscription publique d'environ $200. Ces secours ont été versés à des personnes qui seraient dans les conditions voulues pour recevoir l'aide fédérale, car ce sont des vieillards sans aucun moyen de subsistance. La province du Nouveau-Brunswick s'occupe de colliger des renseignements pour établir ce qu'on appelle le plan de pension aux mères. Cette commission pourrait vous donner plus de renseignements que moi.

3. A en juger par le nombre de ceux qui ont retiré des secours de notre comité, et d'après les inscriptions faites par les commissaires du Refuge municipal, il y aurait quarante personnes environ dans cette municipalité susceptibles de recevoir l'aide fédérale. Toutes ces personnes ont reçu des secours, soit sous forme de paiement de loyer, soit en nourriture et vêtements. Dans un cas nous avons cru nécessaire de placer un homme à l'hospice et de payer $15 par mois pour lui. Durant l'été un grand nombre de ces personnes peuvent subvenir à leurs besoins grâce à des emplois temporaires.

4. Quatorze personnes de 65 ans et plus sont gardées dans un refuge appelé le Refuge municipal. Le maintien de ce refuge nous coûte annuellement une somme de $6,000. Il y a aussi nombre de pensionnaires au-dessous de 65 ans.

S. B. ANDERSON,
Greffier.

29

Saskatoon, Sask., 24 juin 1924.

1. A mon avis il est désirable que le gouvernement adopte un certain système pour prendre soin des vieillards. Actuellement la responsabilité retombe sur les municipalités où résident ces vieillards, et les nécessiteux de cette classe semblent chercher à émigrer dans les grands centres, et y demeurer assez longtemps pour établir leur droit de citoyens, afin de demander des secours aux autorités. La ville de Saskatoon a dû prendre soin de personnes de cette catégorie qui n'avait même résidé dans la ville que deux ou trois mois.

2. En réponse à la deuxième question, nous prenons actuellement soin de six hommes et de cinq femmes, mais on assiste aussi de temps en temps nombre de personnes qui seraient susceptibles de recevoir une aide fédérale.

3. Nous avons soin d'un homme et de deux femmes pour lesquels la ville paie mensuellement $80.

4. Cinq hommes et trois femmes sont entretenus à l'hospice des Infirmes de Wolsey, Sask., et nous payons pour chacun $1 par jour.

W. N. CLARKE,
Maire.

30

Saint-Lambert, P.Q., 26 juin 1924.

1. J'ai reçu instruction du maire, M. E. P. Gordon, d'accuser réception de votre lettre en date du 10 courant et de vous dire que l'établissement de pensions pour les vieillards est un projet très louable. Heureusement, dans la ville de Saint-Lambert, nous n'avons aucun sujet dans la catégorie désignée par la deuxième question.

JAMES R. BEATTY,
Sec.-trésorier.

31

Sault-Sainte-Marie, Ont., 25 juin 1924.

1. Je suis maire de cette ville depuis trois ans et j'ai été durant toute cette période en relations constantes avec le service des secours. Nous avons dépensé peu pour assister les vieillards, à part la taxe annuelle régulière imposée dans la ville par les syndics de la maison de refuge. Lorsqu'il est possible de le faire, nous forçons le fils ou la fille des nécessiteux de cette catégorie à les aider, et les autres cas sont envoyés au refuge, qui dans la plupart des cas leur constitue un foyer bien plus confortable que celui qu'ils avaient auparavant.

JAMES DAWSON,
Maire.

INDEX

Lightning Source UK Ltd.
Milton Keynes UK
UKHW041030070119
334942UK00011B/1808/P